# Toscana

*Michael Müller*

**Florenz
Elba
Umbrien**

## Recherchen

Michael Müller
Marcus X. Schmid
Michael Machatschek
Sabine Matecki
Karin Gleixner
Karin Eschold
Tobias Bauer
Bettina Forst
Judit Ladik
Martin Müller
Peter Dörnfeld

Wir danken herzlich unseren vielen Leser/innen, die uns mit Tips und Beiträgen bei der Aktualisierung dieses Buches geholfen haben

Edith Kull-Moeglich, Stuttgart; Ralph Blaes, Saarbrücken; Annette Stemmrich, Saarbrücken; Roswitha Schenkl, Lauf; Peter Spindler, Slutensee; Heinz Nederhoff, Konstanz; Martina Moretti, Elba; Paolo Bresci, Pistoia; Rosmarin Herzog, Jan Runau, Ingolstadt; Christiane Wohltmann, Hamburg; Andreas Schurig, Alfter; Martin Brandstetter, Persenbeug; Pia Jochum, Heidelberg; Klaus Eichenseer, Nürnberg; Hans Dallmann, Stuttgart; Birgit Michallik, Lohhof; Jörg Köhler, Bonn; Eckhard Hattstein, Krefeld; Steffen Benz, Tübingen; Florian Schiel, München; Silvia Dallmann, Mülheim/Ruhr; Wolfgang Heckl, München; Karl-Heinz Faber, Frankfurt; Barbara Simonsmeier, München; Christian Witschel, March; V . Klewinghaus, Burscheid; Susanne Neumann, Nürnberg; Frank Briesemeister, Darmstadt; Christa Meyer, Parderborn; Karin Stephan, Borgo San Lorenzo; Ralf Weidner, Neu-Isenburg; Monika Buchstaller Brogi, Siena; Marc Valentin, Bielefeld; Silvia Heinzelmann, Frankfurt; Michael Glaser, Aachen; Jons Ohle, Mannheim; Roswitha Kreppold, Königsbrunn; Roman Türk, Aachen; Daniel Reimann, Schonungen; Irene Riedesser,

| | |
|---|---|
| Redaktion & Layout | Michael Müller |
| Lektorat | Marcus X. Schmid |
| Kunst & Kunstgeschichte | Eberhard Fohrer, Jana Müller |
| Geschichte | Martin Müller |
| Titel / Illustrationen | Judit Ladik, Katherina Marinova |
| Fotos | siehe S. 7 |
| Karten | J. Ladik, U. Kirchner, G. Sztrecska |

Konstanz; Detlef Schmiechen-Ackermann, Hannover; J.M. Auerbach, Leimen; Sabine Beer, Heidenheim; Maria Lühder, Rielasingen; Caroline Segenthaler, CH Wabern; Silke Aich, Schwäbisch Gmünd; Ute Kurz & Ralf Schulze, Aalen; Ralf Möller, Augsburg; Christoph Maudescheid, Rothenburg; Susanne Trescher, Backnang; G. Stump, CH Luzern; Josef Meindl, Geretsried; Rudolf Polzer, Uttenreuth; Ludwig Nyenhuis, Lehrte; Frank Schwarz, Neustadt/W.; Joachim Körner, Blaustein; Peter Röwekamp, Düsseldorf; M. Richter, München; Ulrich Franck, Stuttgart; Katharina Trauthwein, Stuttgart; Clemens Preißner, Ottobrunn; Gunther Vogelsang, Murg-Niederhof; Reinhild Schario, Le Ville CAR; Robert Hill, Bruckköbel; Petra Vaßholz, Schorndorf; M. und T. Zanner, Köln; Federico Hunsperger, Radda in Chianti; Volker Piasta, Volterra; Heidi Maier, Erlangen; Susanne Trescher, Backnang; Petra Scholz, Enger; Frank Köhnlein, Stuttgart; Ursula Oberkampf, Ludwigsburg; Susanne Pfennig, Forchheim; M. Stahlhut, Minden; Gisela Schwager, Münster; Sabine Hermes, Düsseldorf; Thomas Kummer, Mannheim; Nils Engelhardt, Krefeld; Magda Wachter, Ravensburg; Ute Broszies, Lüdenscheid; Ingrid Tottenkolber/Rudolf Gebhardt, München; Anja Exner, Aachen; Claudius Mierswa, Troisdorf; Kristine + Daniela, Reutlingen; Hannelore Fuhrmann, Ottobeuren; Gabi Seuffert-Riegler, Erlangen; Gianna Bigi/Marco Borgheresi, San Casciano; Noè Bianconi, Casale Marittimo.

ISBN 3-923278-06-3

© Copyright 1981, Verlag Michael Müller, Erlangen. Alle Rechte vorbehalten. Alle Angaben ohne Gewähr. Druck: Ebner Ulm.

**7. aktualisierte und erweiterte Auflage '95**

# Inhalt

## Routen durch die Toscana und Umbrien ... 10
Die Badetour ... 10
Der Kultur- und Chianti-Trip ... 12
Die Individualistentour ... 14
Berg- und Wandertouren ... 15
Die große Umbrien-Tour ... 16

## Anreise ... 18
Mit dem eigenen Fahrzeug ... 18
Vor der Reise ... 19
Unterwegs in Italien ... 21
Anreiserouten ... 27
Mit der Bahn ... 33
Bahnfahren in der Toscana ... 36
Weitere Anreisemöglichkeiten ... 42
Unterwegs in der Toscana ... 46

## Reisepraktisches von A - Z ... 48
Ärztliche Versorgung ... 48
Botschaften ... 49
Eintrittspreise ... 50
Essen & Trinken ... 50
Wein ... 55
Feiertage ... 56
Finanzen ... 56
Haustiere ... 59
Informationen ... 59
Landkarten ... 60
Literatur ... 61
Öffnungszeiten ... 62
Pflanzen ... 63
Papiere ... 64
Post ... 64
Radio ... 65
Reisebüros ... 65
Segeln ... 65
Sprache ... 66
Strom ... 66
Telefon ... 66
Übernachten/Camping ... 68
Zoll ... 71

## Geschichte Toscana ... 72

## Kunst und Kunstgeschichte ... 102

## Florenz Stadtgeschichte ... 134

## Florenz ... 153
(Stadtplan: Übersicht S. 155; Innenstadt S. 156-157)
Übersicht Praktisches ... 152
Übersicht Sehenswertes ... 152
Fiesole ... 205

## Von Florenz nach Lucca ... 207
Prato ... 207
Pistoia ... 211
Vinci ... 219
Montecatini ... 221
Pescia ... 224
Svizzera Pesciatina ... 226
Collodi ... 227
Lucca ... 228

## Garfagnana ... 241
Bagni di Lucca ... 241
Coreglia Antelminelli ... 246

| | | | |
|---|---|---|---|
| Barga | 246 | Lago di Vagli | 249 |
| Castelnuovo di Garfagnana | 248 | | |

## Versilia ........................................................................................ 251

| | | | |
|---|---|---|---|
| Viareggio | 252 | Marina di Pietrasanta | 261 |
| Lago di Massaciuccoli | 256 | Massa | 261 |
| Camaiore | 257 | Marina di Massa | 262 |
| Lido di Camaiore | 257 | Carrara | 263 |
| Sant'Anna di Stazzema | 258 | Die Marmorbrüche | 266 |
| Pietrasanta | 259 | Marina di Carrara | 268 |

## Pisa ............................................................................................. 270

## Etruskische Riviera ................................................................... 287

| | | | |
|---|---|---|---|
| Livorno | 288 | Casale Marittimo | 297 |
| Castiglioncello | 294 | Castagnetto Carducci | 299 |
| Rosignano Marittimo | 295 | San Vincenzo | 299 |
| Vada | 295 | Populonia | 300 |
| Marina di Cecina | 296 | Campiglia Marittima | 303 |
| Cecina | 296 | Piombino | 304 |

## Maremma ..................................................................................... 306

| | | | |
|---|---|---|---|
| Follónica | 306 | Talamone | 321 |
| Massa Marittima | 308 | Monte Argentario | 322 |
| Vetulonia | 312 | Porto San Stefano | 322 |
| Punta Ala | 312 | Porto Ercole | 324 |
| Castiglione della Pescaia | 313 | Isola del Giglio | 325 |
| Marina di Grosseto | 314 | Orbetello | 328 |
| Grosseto | 315 | Ansedonia | 329 |
| Roselle | 317 | Capálbio | 330 |
| Alberese | 319 | Giardino dei Tarocchi | 332 |

## Elba ............................................................................................. 333

| | | | |
|---|---|---|---|
| Portoferraio | 347 | Fetováia | 373 |
| Rio nell'Elba | 356 | Pomonte | 373 |
| Rio Marina | 357 | Sant' Andrea | 374 |
| Cavo | 359 | Marciana | 374 |
| Porto Azzurro | 359 | Poggio | 376 |
| Capoliveri | 363 | Marciana Marina | 377 |
| Lacona-Bucht | 368 | Procchio | 378 |
| Marina di Campo | 370 | Die Bucht von Biódola | 379 |
| Cavoli | 372 | Insel Capraia | 379 |

# Nordöstliche Toscana ... 381

## Mugello ... 381

| | | | |
|---|---|---|---|
| Borgo San Lorenzo | 383 | Firenzuola | 388 |
| Ronta | 384 | Palazzuolo sul Senio | 391 |
| San Piero a Sieve | 385 | Vicchio | 392 |
| Scarperia | 386 | San Godenzo | 393 |
| Sant' Agata | 388 | | |

## Von Florenz nach Arezzo ... 394

| | | | |
|---|---|---|---|
| Valdarno | 394 | Trappola | 398 |
| San Giovanni | 394 | Rocca Ricciarda | 398 |
| Cavriglia | 395 | Arezzo | 398 |
| Pratomagno | 396 | Cortona | 405 |
| Loro Ciuffenna | 396 | | |

## Valtiberina (oberes Tibertal) ... 407

| | | | |
|---|---|---|---|
| Monterchi | 407 | Casentino | 410 |
| Anghiari | 408 | Bibbiena | 410 |
| Sansepolcro | 408 | Einsiedelei La Verna | 411 |
| Caprese | 410 | Poppi | 413 |
| | | Castel San Niccolò | 413 |

## Chianti-Gebiet ... 415

| | | | |
|---|---|---|---|
| San Casciano | 418 | San Donato | 426 |
| Mercatale | 420 | Castellina in Chianti | 427 |
| Greve | 422 | Radda | 429 |
| Panzano | 423 | Volpaia | 431 |
| | | Gaiole | 432 |

## Siena ... 433

| | | | |
|---|---|---|---|
| Geschichte | 434 | Sehenswertes | 445 |

## Westlich von Siena ... 456

| | | | |
|---|---|---|---|
| Castello di Monteriggioni | 456 | Volterra | 469 |
| Colle di Val d'Elsa | 456 | Colline Metallifere | 477 |
| San Gimignano | 461 | Larderello | 478 |
| Certaldo | 468 | Monte Rotondo | 479 |

## Südliche Toscana ... 480

| | | | |
|---|---|---|---|
| Die Abtei San Galgano | 480 | Kloster Sant'Antimo | 485 |
| Die Lehmhügel - Crete | 482 | Pienza | 487 |
| Monte Oliveto Maggiore | 482 | Monticchiello | 490 |
| Montalcino | 484 | Montepulciano | 490 |

| | |
|---|---|
| Chianciano Terme ... 495 | Bagni San Filippo ... 503 |
| Chiusi ... 495 | Radicofani ... 504 |
| Lago di Chiusi ... 499 | Bagno Vignoni ... 505 |
| Monte Amiata ... 499 | Manciano ... 506 |
| Abbadia San Salvatore ... 500 | Montemerano ... 507 |
| Santa Fiora ... 501 | Saturnia ... 508 |
| Casteldelpiano ... 503 | Pitigliano ... 510 |
| | Sovana ... 512 |

## Lago di Bolsena  *(Region Latium)* ... 515

| | |
|---|---|
| Bolsena ... 517 | Montefiascone ... 524 |
| Grotte di Castro ... 521 | Capodimonte ... 525 |
| Grádoli ... 522 | Lago di Bolsena / weitere |
| Cività di Bagnorégio ... 523 | Umgebung ... 526 |
| | Monte Rufeno ... 526 |

# Umbrien ... 527

## Umbrien / Nord

| | |
|---|---|
| Città di Castello ... 528 | Fabriano *(Region Marken)* ... 543 |
| Gubbio ... 532 | Genga ... 547 |
| Monte Cucco ... 538 | Gualdo Tadino ... 547 |
| Costacciaro ... 541 | Nocera Umbra ... 548 |
| Grotta di Monte Cucco ... 543 | |

## Umbrien / Mitte

| | |
|---|---|
| Lago Trasimeno ... 550 | Monte Tézio ... 575 |
| Castiglione del Lago ... 553 | Alcatraz ... 576 |
| Città della Pieve ... 554 | Torgiano ... 577 |
| Isola Maggiore ... 555 | Deruta ... 578 |
| Isola Polvese ... 556 | Assisi ... 580 |
| San Feliciano ... 557 | Assisi/Umgebung ... 589 |
| Monte del Lago ... 558 | San Gregorio ... 591 |
| Torricella ... 558 | Zwischen Assisi und Spoleto ... 591 |
| Passignano sul Trasimeno ... 558 | Spello ... 591 |
| Tuoro ... 560 | Foligno ... 593 |
| Borghetto ... 561 | Bevagna ... 594 |
| Perugia ... 562 | Montefalco ... 594 |
| Perugia/Umgebung ... 575 | Trevi ... 595 |

## Umbrien / Süd

| | |
|---|---|
| Spoleto ... 597 | Castelluccio ... 611 |
| Das Valnerina ... 604 | Terni ... 612 |
| Monteleone di Spoleto ... 604 | Narni ... 615 |
| Cáscia ... 606 | Todi ... 617 |
| Nórcia ... 607 | Orvieto ... 623 |
| Hochebene um Castelluccio ... 610 | |

# Anhang

**Verlagsprogramm** ........................................................................ 631

**Etwas Italienisch** ........................................................................ 642

**Speiselexikon** ............................................................................ 650

**Sach- und Personenregister** ...................................................... 653

**Geographisches Register** .......................................................... 656

## Fotonachweis

Bessi: 265; 267
Ghilardi: 237
Gianfranco Pellegrini: 281 und Innentitel
Marcus X. Schmid: 12; 15; 17; 225, 242; 245; 254; 292; 302; 316; 318; 319; 323; 343; 369; 373; 375; 377; 387; 389; 392; 416; 459; 511; 533; 550; 559; 560; 571; 583; 589; 590; 592; 597; 600; 602; 608; 613; 618
Martin Müller: 153; 194; 325; 326; 507
Michael Müller: 8/9; 18; 20; 24; 27; 35; 49; 51; 53; 55; 57; 61; 63; 67; 69; 75; 82; 99; 103; 109; 112; 129; 131; 134; 136; 143; 145; 149; 159; 160; 162; 172; 173; 177; 179; 180; 181; 185; 189; 190; 197; 201; 209; 211; 213; 216; 218; 220; 222; 227; 229; 235; 241; 243; 251; 253; 255; 259; 270; 272; 279; 285; 287; 301; 307; 309; 332; 335; 337; 339; 346; 349; 351; 354; 357; 358; 361; 362; 366; 371; 381; 395; 399; 415; 417; 421; 427; 433; 435; 445; 446; 448; 453; 455; 457; 461; 469; 473; 476; 477; 478; 481; 483; 486; 487; 489; 491; 492; 494; 496; 498; 502; 503; 505; 509; 513; 514; 515; 516; 519; 521; 523; 531; 534; 539; 552; 575; 585; 599; 604; 614; 619; 627
Verkehrsamt Marina di Pietrasanta: 258

**Toscana** - Olivenbäume, Weinberge und Meer. Eine weiche, hügelige Landschaft, und eingebettet in ihr Florenz und Siena, zwei Kulturstädte von Weltrang.
Generationen haben von den Reizen der Toscana geschwärmt. Millionen von Besuchern aus aller Welt haben die Säle der Uffizien durchwandert, haben mit ihren eigenen Augen gesehen, daß der Schiefe Turm von Pisa noch immer steht, haben sich am Strand von Elba einen Sonnenbrand eingehandelt. Doch die Toscana bietet noch mehr: Abseits der großen Touristenströme findet der Wanderer paradiesische Landstriche wie z. B. den Mugello oder die Garfagnana.

**Umbrien** - weniger bekannt und weniger bereist als die Toscana - ist ein etwas rauherer Landstrich. Im "grünen Herz" Italiens, zwischen dem toscanischen Hügelland und den Gebirgshöhen des Apennin, liegen das studentisch belebte Perugia, der Wallfahrtsort Assisi und das Weinstädtchen Orvieto.

Die einen packen die Badehose ein, die anderen das Bergseil, wieder andere einen Kunstführer über die italienische Gotik. Sie alle haben recht. Die Toscana ist vielseitig, und es hängt vom eigenen Gusto ab, wie und wo man seinen Urlaub verbringt. Nachstehend einige Routenvorschläge, die sich natürlich abändern bzw. kombinieren lassen. Das toscanisch-umbrische Straßen- und Schienennetz ist gut ausgebaut, so daß sich unzählige Reisevarianten ergeben. Entscheidend bleiben letztlich die individuellen Bedürfnisse sowie die zur Verfügung stehende Zeit.

# Routen durch die Toscana und Umbrien

## Die Badetour

340 km lang ist die Küste der Toscana! Wer möglichst rasch das Meer sehen möchte, zweigt auf der Autobahn vor Parma in Richtung La Spezia ab (bzw. steigt im Bahnhof von Parma um) und erreicht die toscanische Küste bei Carrara in der Versilia.

Zumindest, wer mit dem eigenen Fahrzeug unterwegs ist, soll sich die Gelegenheit nicht entgehen lassen und die *Marmorbrüche von Carrara* besichtigen. Weiter führt die Tour am Versilia-Strand entlang zum Badestädtchen **Viareggio** mit seinen Prunkfassaden aus der Jahrhundertwende. Von hier aus bietet sich ein Abstecher in die komplett von einem Lehmwall umschlossene Stadt *Lucca* an.

Das Schwemmland des Arno ist zum Baden nicht sehr günstig. Darüber tröstet ein Besuch von *Pisa* mit seinem schiefen Turm hinweg. Hinter *Livorno* erreicht man wieder die Küste, die sog. *Etruskische Riviera* mit mehreren Badeörtchen. Sie zieht sich bis zu Halbinsel von *Piombino*. Hier wartet die Fähre nach **Elba** (1 Stunde Überfahrt).

Auf der Insel werden alle erdenklichen Arten von Wassersport ausgeübt. Den größten Sandstrand findet man in der *Lacona-Bucht* im Süden, das reizendste Städtchen ist der Hafenort *Porto Azzurro*.

**Die Routenvorschläge**

Zurück am Festland: Südlich von Piombino beginnt die *Küste der Maremma*, hauptsächlich von italienischen Touristen aufgesucht, mit *Castiglione della Pescaia* als schönstem Städtchen. Im Hinterland überrascht das alte Erzabbau-Städtchen *Massa Marittima* den Besucher mit einer traumhaften, mittelalterlichen Piazza.

Im südlichsten Abschnitt der Maremma-Küste liegt der *Parco Naturale della Maremma*, ein Rückzugsgebiet für Maremma-Rinder, Wildschweine und Flamingos. Mehrstündige Wanderungen führen durch den Naturpark.

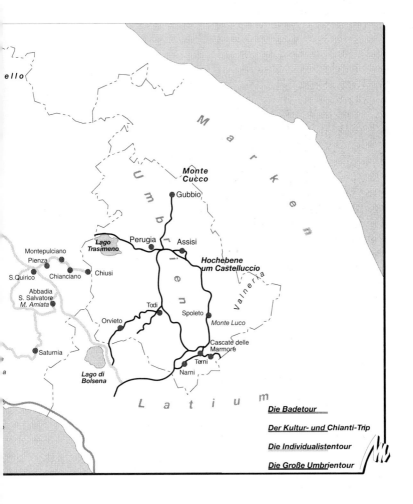

*Badespaß auf Elba: Neben sandigen Badebuchten an der Westküste reizt die nördliche Steilküste mit kristallklarem Wasser zum Schnorcheln*

Der **Monte Argentario**, der die Maremma-Küste im Süden abschließt, ist eine Insel, die mit drei Dämme mit dem Festland verbundene ist. Hier hat sich vor allem der italienische Geldadel niedergelassen. Von *Porto San Stefano* aus erreicht man nach einer Stunde Überfahrt die kleine *Isola del Giglio*, die mit einem langgezogenen Sandstrand für Badefreuden sorgt.

## Der Kultur- und Chianti-Trip

Florenz, die Wiege der Renaissance, bietet mehr als nur die Uffizien, den Dom und den Palazzo Vecchio. Weitere Highlights der Kunstmetropole siehe im Reiseteil.

Eine gebührenfreie Autobahn führt von Florenz nach Siena. Weitaus interessanter aber ist eine Fahrt durchs hügelige *Chianti-Gebiet*. Erst auf die Autobahn bis zur Ausfahrt San Casciano, dann über *Mercatale* nach *Greve*, dem heimlichen Hauptort des Chianti. Von da weiter auf der alten Staatstraße ("Chiantigiana") über **Castellina in Chianti** nach Siena. Unterwegs laden unzählige Weingüter zur Degustation des berühmtesten Tropfens Italiens ein. Außerdem ist auch die Küche ausgezeichnet, so daß man im Chianti mit ein paar Abstechern ohne weiteres zwei oder drei Tage verbringen kann, um dann wieder aufnahmefähig für die Kulturstadt Siena zu sein.

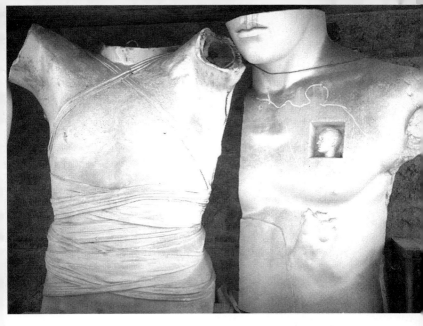

*Moderne Kunst lockt bei Sonderausstellungen*

**Siena** mit seinen mittelalterlichen Straßen, die sich dem hügeligen Profil anpassen, ist eine überaus beeindruckende Stadt. Am besten setzt man sich erst auf den berühmten "Campo", Italiens schönste Piazza und nimmt diesen Reiseführer in die Hand. Dann folgt vielleicht ein Besuch des großartigen Doms, der Nationalen Pinakothek...

Von Siena ist es nicht weit nach **San Gimignano**, wegen seiner zahlreichen mittelalterlichen Turmbauten das "Manhattan der Toscana" genannt. Im Dom und in der Kirche des Augustinerklosters sind einzigartige Fresken zu besichtigen. Dem Durstigen verschafft der berühmte "Vernaccia", ein trockener Weißwein, Linderung.

Von San Gimignano führt eine Straße nach **Volterra**, der Stadt der Etrusker und des Alabasters, durch und durch mittelalterlich. Hier befindet sich Italiens größtes Museum der etruskischen Kultur.

Die Straße führt weiter nach *Cecina* an der etruskischen Riviera. Hier in der Nähe vielleicht einen Badetag einlegen, dann Richtung Norden über Livorno nach **Pisa**, wo es mehr als nur den schiefen Turm zu sehen gibt.

Von Pisa zurück führt eine gebührenfreie autobahnähnliche Straße nach Florenz. Nördlich von Empoli lohnt das Dörfchen **Vinci** einen Abstecher, der Geburtsort des großen Leonardo - mit einem exzellenten Museum über die technischen Erfindungen des wohl genialsten Kopfes der Renaissance.

*Saturnia – auch bei Vollmond ist das Baden im heißen Wasser erlaubt*

## Die Individualistentour (südliche Toscana)

**Unberührt wirkende dünnbesiedelte Landschaften. Hier locken nicht die grandiosen kulturellen Highlights, sondern alte Klöster und beschauliche Weinbaustädtchen. Gute Küche, preiswerter als im Norden.**

Ausgangspunkt ist *Siena*, das man über die SS 2 in Richtung Rom verläßt. Durch die *Crete Senesi*, eine herbe Lehmhügellandschaft, erreicht man San Quirico, hier Abzweig nach *Pienza*, der am Reißbrett entworfenen Renaissance-Stadt. Von da weiter über das für seine Weine berühmte, mittelalterliche **Montepulciano** und den Thermalort *Chianciano* nach *Chiusi*, das mit einem hervorragenden etruskischen Museum aufwartet.

Von San Quirico weiter in Richtung Rom erreicht man bald *Bagno Vignoni,* ein kleines Nest, das ein 3000 Jahre altes offenes Thermalbad als Dorfplatz hat (leider Badeverbot). Hier zweigt ein Sträßchen zum **Monte Amiata** ab, einem bis spät ins Frühjahr mit Schnee bedeckten, erloschenen Vulkan. Wanderer umrunden ihn auf dem markierten Weg in zwei Tagen, Mountainbiker in einem halben Tag. Übernachtungsmöglichkeiten findet man am einfachsten in der alten Quecksilber-Stadt *Abbadia San Salvatore.*

Von Abbadia San Salvatore aus bieten sich für die Weiterreise zwei Möglichkeiten an: entweder wieder auf die Straße nach Rom und auf ihr

*Lago di Vagli in der Garfagnana – am Seegrund ein Dorf wie aus Zuckerguß*

zum *Bolsena-See* oder in Richtung Westen durchs Hinterland der Maremma zur Küste. Letztere Strecke kann über **Saturnia** führen, wo man auch im Mondschein in den Sinterbecken unterhalb des Wasserfalls "Cascate del Mulino" in 37 Grad warmem schwefligen Wasser plantschen kann.

## Berg- und Wandertouren in der Toscana

Noch vor einem Jahrzehnt schien es fast abwegig, in der Toscana auf größere Wanderungen oder gar Bergtouren gehen zu wollen, Wanderwege gab es kaum. Heute stimmt das Klischee, daß Italiener zu Hause vor allem dem Radsport frönen, nur noch bedingt. Längst haben sie auch Wandern und Trekking entdeckt.

In der Toscana bieten sich hierfür vor allem zwei Gegenden an: im Nordwesten die **Garfagnana** (Teil der Apenninkette) und die *Apuanischen Alpen* (Gebirgszug zwischen der Versilia und dem oberen Serchio-Tal), nordöstlich von Florenz der *Mugello*.

Ausgangspunkt für sportliche Unternehmungen in der Garfagnana ist das einst weltberühmte Bäderstädtchen **Bagni di Lucca** - heute ein heruntergekommenes Nest, doch sehenswert: Spuren von Glanz und Gloria finden sich allenthalben im Ort. Von hier aus führt eine Straße (auch eine Eisenbahnstrecke) ins *obere Serchio-Tal* nach *Castelnuovo di Garfagnana*, dem Hauptort des Tals. In Castelnuovo bekommt man ausführliches Kartenmaterial und Informationen über Touren und Schutzhütten in der Garfagnana sowie über die Ostseite der Apuanischen Alpen.

Auch der Westabhang der **Apuanischen Alpen** ist ein gutes Wandergebiet. Markierte Wege führen von *Carrara* (Marmorbrüche!) und *Massa* hoch zu den Schutzhütten im Gebirge. Auskunft in diesen beiden Städten.

Ein zweites erschlossenes Trekking-Gebiet ist der **Mugello**. Nicht ganz so alpin, aber nicht minder interessant. Aufregend schöne Touren vor allem im nördlichen Zipfel, zwischen *Firenzuola* und *Palazzuolo sul Senio*. Informationen im Hauptort *Borgo San Lorenzo*.

## Die große Umbrien-Tour

**Sie führt mitten durch das "grüne Herz" Italiens, und natürlich sind auch hier zahlreiche Abstecher möglich.**

Wer mit dem Auto unterwegs ist, erreicht Umbrien in der Regel am **Lago Trasimeno** (Abzweig von der Autostrada del Sole in Richtung Perugia). Der flache See bietet einige hübsche Badegelegenheiten und verfügt über genügend Campingplätze. Wer frisch aus Deutschland angereist ist, tut gut daran, sich hier erst auszuruhen, bevor er sich auf eine längere Tour durch Umbrien begibt. Warum nicht einen Tagesausflug auf die überaus romantische *Isola Maggiore* einplanen?

Vom Lago führt die Autobahn in kurzer Zeit nach **Perugia**. Die Hauptstadt Umbriens gefällt auf Anhieb. Düster verwinkeltes Mittelalter einerseits, im Zentrum ein breiter "Corso", auf dem in- und ausländische Studenten flanieren. Perugia lebt bis tief in die Nacht.

Von Perugia empfiehlt sich unbedingt ein Abstecher nach *Gubbio*, ein Juwel von einem Mittelalterstädtchen, zudem möglicher Standort für Ausflüge ins Bergmassiv des *Monte Cucco* (siehe Berg- und Wandertouren).

Unweit von Perugia liegt **Assisi**, wo jahraus jahrein Busse aus ganz Europa ihre Pilgerscharen entladen. Trotz all des Rummels um den heiligen Franziskus besuche man die große Basilika - einmalige Fresken.

In einer weiten Ebene führt die Straße ins mittelalterliche **Spoleto**, wo ein mächtiger Viadukt hinüber zu den bewaldeten Hügeln des Monteluco führt. Auf einer kurvenreichen Straße läßt sich hier ein Ausflug ins wildromantische Tal der Nera, ins *Valnerina* machen.

*Terni*, die zweitgrößte Stadt Umbriens, läßt man am besten links liegen - ein Zentrum der Industrie ohne jeden Reiz. Besser gleich die Stadt umfahren und in Richtung Riete die *Cascate delle Marmore* aufsuchen, ein im 3. Jh. v. Chr. geschaffenes Wasserschauspiel mit einer Fallhöhe von 165 Metern über 3 Stufen - großartig! Ein weiteres Ziel in der Umgebung von Terni ist *Narni*, ein mittelalterliches Städtchen aus grobem Stein, hoch auf einem Bergrücken über der reißenden Nera gelegen.

Von Terni führt Richtung Norden eine bequeme Straße nach **Todi**. Das auf einem Hügel über der Ebene gelegene Städtchen lohnt allein schon wegen der "Piazza del Popolo" mit seinen Palazzi den Besuch - Mittelalter pur.

Weiter geht die Reise nach **Orvieto**, das hoch oben auf einem Tuffsteinblock thront und dessen Domfassade allein ein Kapitel verdiente. Im Tuffstein übrigens wird der strohgelbe "Orvieto classico" gelagert.

Mit einem See begann unser Reisevorschlag durch Umbrien, mit einem See soll er enden: Der **Lago die Bolsena** liegt zwar nicht mehr im Umbrien, sondern bereits im Latium - jedoch nur 20 km von Orvieto entfernt. Die schönsten Badestellen befinden sich an der Nordseite des Sees.

*Wettlauf der Ceri – Gubbios spektakulärstes Stadtfest.*

▶ **Berg- und Wandertouren in Umbrien**: Im Apennin, der die Grenze zwischen Umbrien und den Marken bildet, finden sich zwei hervorragende Wander- und Bergsportgebiete.

Im Norden Umbriens, östlich von *Gubbio*, erhebt sich das Bergmassiv des **Monte Cucco** mit rund dreißig markierten Wegen. Hauptattraktion ist die riesige, erst teilweise erschlossene *Grotta di Monte Cucco*. Informationen in *Costacciaro*.

Im südöstlichsten Zipfel Umbriens, östlich von *Nórcia* liegt die **Hochebene um Castelluccio**, dominiert von den insgesamt 72 Berggipfeln des *Sibillinischen Gebirges*, ein weitläufiges Bergsportgebiet. Von *Castelluccio* (1452 m) aus, dem abgeschiedensten Örtchen ganz Umbriens, lassen sich mehrtägige Touren unternehmen. Schutzhütten findet man über die ganze Bergkette verteilt. Information in *Forca di Pesta*.

*Achtung gefährliche Straße! - für die nächsten 6 km Straßenverengung und 10 % Gefälle, Höchstgeschwindigkeit 30 km/h*

# Anreise

Die überwiegende Mehrheit der Toscanaurlauber reist, schon allein aufgrund der relativen Nähe, mit dem eigenen Fahrzeug an. Von Frühjahr bis Herbst schieben sich schier endlose Autokolonnen mit dem Reiseziel Italien über die Alpen, was vor allem in den Hauptreisemonaten Juli und August zu erheblichen Engpässen führt.

Deshalb sollte, zumindest in der Hauptsaison, die Anreise mit der *Bahn* in Betracht gezogen werden. Man entlastet die Umwelt, fährt streßfrei und zudem in Italien zu günstigen Tarifen. Das Streckennetz ist in der Toscana gut ausgebaut - wo man mit der Bahn nicht hinkommt, kann man relativ problemlos auf den *Bus* umsteigen.

## Mit dem eigenen Fahrzeug

Die Toscana liegt nah, zumindest von Süddeutschland ist sie mit dem Wagen leicht in einem Tag zu erreichen (München - Florenz ca. 650 km). In puncto Mobilität ist ein Auto natürlich von Vorteil - die Unab-

## Mit dem eigenen Fahrzeug 19

hängigkeit von Fahrplänen und Verbindungslinien läßt einen auch entlegene Winkel bequem erreichen.

Für Wassersportler, Großfamilien und Camper ist der Pkw bzw. Campingbus ohnehin erste Wahl. Man kann alles mit sich führen, was man braucht (Campingausrüstung, Schlauchboot, Surfbretter) und auch größere Einkäufe tätigen. Zwischenstops und Ausflüge auch zu abgelegenen Orten und Stränden sind jederzeit möglich.

Die Nachteile sollen jedoch nicht verschwiegen werden:
- brütende Sommerhitze im geschlossenen Blechkasten
- kostenpflichtige Autobahnen
- teurer Kraftstoff
- Großstadtchaos fast überall - endlose Blechlawinen, Staus
- Autoknacker!!

▶ **Autoreisezüge:** Generell - wer sich nicht die lange Tour durch deutsche Lande und über die Alpen zumuten will, für den bieten sich die Autoreisezüge an. Sie enden zwar schon in Norditalien, aber von dort ist es nur noch ein Katzensprung in die Toscana.

Züge aus dem Westen und Norden der Bundesrepublik starten abends nach Norditalien und fahren die Nacht durch. Im Liege- oder Schlafwagen kann man dem Streß ein Schnippchen schlagen und morgens ausgeruht sein Ziel ansteuern. Preisvergleiche lohnen, die Kosten sind je nach Reisedatum sehr unterschiedlich. Da die Kapazitäten begrenzt sind, empfiehlt sich in der Hauptreisezeit sehr frühzeitige Buchung. Buchungen können in TUI-Reisebüros und bei der DB vorgenommen werden.

Weitere Details in der Broschüre "Autoreisezüge der DB" (auch mit Verbindungen nach Süddeutschland, Österreich und in die Schweiz).

- *Folgende Züge stehen zur Auswahl:*
– Hannover, Köln-Deutz - Alessandria;
– Hamburg-Altona, Hannover, Köln-Deutz, Neu Isenburg - Bozen;
– Hamburg-Altona, Hannover, Köln-Deutz - Verona;

**Preisbeispiele** (Stand '95) 1 Auto/1 Erw. mit Liegeplatz 2. Kl.: Hannover-Bozen ab 707 DM (hin u. zurück ab 934 DM), jeder weitere Erw. 160 DM (320 DM).

## Vor der Reise

▶ **Fahrzeug-Check/Pannenvorsorge:** checken Sie die wichtigen Teile ihres Fahrzeugs vor der Fahrt gründlich durch, und achten Sie darauf, daß sich alles in gutem Zustand befindet. Vor allem die Profiltiefe der Reifen sollte man prüfen!

An Bord sollten sein - Verbandskasten (in Österreich auch für Motorradfahrer Pflicht) und Warndreieck, Reserverad (Luftdruck?), Wa-

*In der Provinz – Landstraßen wie im Bilderbuch*

genheber, Radkreuz oder Radmutterschlüssel, Starthilfekabel und Abschleppseil, Keilriemen, Satz Glühbirnen/Zündkerzen, evtl. Kontakte; außerdem Bremsflüssigkeit, Motoröl (in Italien teuer), Behälter mit Kühlwasser zum Nachfüllen, destilliertes Batteriewasser, Kontaktspray, Grundausstattung an Werkzeug. Benzinkanister sind in Italien wegen der Brandgefahr verboten (auch im leeren Zustand), werden in Touristenautos in der Regel aber toleriert (besser einen aus Blech mitnehmen).
*Werkstätten* für alle gängigen Automarken sind in den größeren Städten zu finden (Verzeichnis mitnehmen, ansonsten genügt ein Blick ins Telefonbuch). Ausnahme sind japanische Autos, die wegen der restriktiven italienischen Importpolitik nur selten anzutreffen sind. Japanische Motorräder, speziell Enduros, sind dagegen verbreitet.

▶ **Papiere:** Mitzunehmen sind der nationale Führerschein (*patente di guida*), der Fahrzeugschein *(libretto di circolazione)* und die *grüne Versicherungskarte* - letztere ist zwar keine Pflicht mehr, trotzdem wird sie bei Schadensfällen meist verlangt, gelegentlich auch bei Routinekontrollen.

▶ **Versicherung:** Anzuraten ist bei neuen Fahrzeugen unbedingt eine vorübergehende *Vollkaskoversicherung*, da die Deckungssummen italienischer Haftpflichtversicherer lächerlich niedrig sind. Bei Diebstahl springt die Vollkasko (und Teilkasko) ebenfalls ein.
Auch einen *Auslandsschutzbrief* sollte man abschließen - alle Automobilclubs und Versicherer bieten ihn an. Erstattet werden die Versandko-

sten von Ersatzteilen, der Heimtransport von Fahrzeug und Personen, eventuell anfallende Übernachtungskosten, Verschrottung, Überführung (im Todesfall) und einiges mehr. Genaue Bedingungen bei der jeweiligen Gesellschaft erfragen. Preise für vier Wochen zwischen 60 und 100 DM. Zu empfehlen der Schutzbrief des VCD (Verkehrsclub der Bundesrepublik Deutschland), der sich nachdrücklich für die Interessen der Umwelt einsetzt (VCD e.V., Postfach 170160, D-53027 Bonn, Tel. 0228/985850). Wie bei allen Versicherern muß man Mitglied werden, um den Auslandsschutzbrief zu erhalten. Der Abschluß eines Schutzbriefes bei der eigenen Haftpflichtversicherung kann eine prozentuale Herabstufung der Versicherungssumme bringen.

▸ **Karten**: für die Anfahrt durch Österreich und Schweiz reicht jeder aktuelle Straßenatlas aus. ADAC-Mitglieder können sich ein kostenloses Paket mit Karten, Gebühreninformationen etc. zusammenstellen lassen. Italien- und Toscanakarten siehe Reisepraktisches A - Z.

# Unterwegs in Italien

**Auf den ersten Blick wirkt der italienische Blechsalat chaotisch und unberechenbar. Das verspielt-kreative, gern sich etwas "anarchisch" gebärdende Naturell vieler Italiener bricht auch beim Autofahren durch. Aber keine Panik - das sieht alles schlimmer aus, als es ist! Wenn man sich einmal daran gewöhnt hat, kann das Autofahren in Italien viel Spaß machen.**

Grundlegender Unterschied zum streng regelorientierten Verkehr nördlich der Alpen: Der individuelle Entscheidungsspielraum jedes Fahrers ist wesentlich größer. Durch Regeln läßt man sich nicht tyrannisieren, fährt vielmehr nach Gefühl und achtet dabei eher auf die Verkehrspartner als auf Verkehrszeichen. Bei Rot flitzt man noch schnell über die Kreuzung, Geschwindigkeitsbeschränkungen werden fast grundsätzlich ignoriert, an Stoppschildern fädelt man sich keck in den Verkehr auf der Vorfahrtsstraße ein, latscht plötzlich auf die Bremse und plauscht mit dem Fahrer eines entgegenkommenden Wagens - oder parkt in zweiter Reihe und blockiert die ganze Straße, worüber sich niemand aufregt, am allerwenigsten die Polizei. Jedoch: im Norden Italiens ist dies alles noch nicht so stark ausgeprägt wie beispielsweise in Rom und weiter südlich. Wichtige Schilder und Ampeln werden in der Regel genauso beachtet wie bei uns - was man von Neapel nicht gerade behaupten kann.

*Defensives Fahren* ist auf jeden Fall angebracht, außerdem ein gewisses Verständnis für die südländische Fahrfreude. Italienische Fahrer fahren flott, kleben gerne an der Stoßstange ihres Vordermanns, überho-

## 22   Anreise

len bei jeder sich bietenden Gelegenheit (auch an unübersichtlichen Stellen - der Entgegenkommende hat gefälligst zu bremsen!) und schneiden dabei ganz gerne mal. Da macht auch die brave Ordensschwester keine Ausnahme. Vor allem in Großstädten sollte man wachsam sein und im Strom mitgleiten, so gut es geht, jedoch auch klar seine Absichten zeigen und zielbewußt durchführen (Spurwechsel, Abbiegen etc.). Im Zweifelsfall hat der "Stärkere" Vorfahrt, akzeptiert wird höchstens noch rechts vor links. Unangenehm sind die zahllosen *Moped- und Rollerfahrer*, die zwischen den Autokolonnen Slalom fahren und vorzugsweise rechts überholen. Bevor man das Steuer nach rechts einschlägt, immer vorher schauen - meist rast gerade einer dieser Jünglinge vorbei! Eine sympathische Gewohnheit hingegen, daß fast alle italienischen Autofahrer in der Dämmerung nur *Standlicht* einschalten - das grelle Abblendlicht wird erst benutzt, wenn es wirklich dunkel wird.

Auf den *Fernstraßen* zeigen sich Ungeduld und Temperament im häufigen Gebrauch von Hupe und Lichthupe (letztere meist nur als wohlmeinende Warnung gedacht, nicht aggressiv), gelegentlich auch in riskanten Überholmanövern. Die Dauerlichthuper auf Autobahnen gibts leider auch, jedoch lange nicht in dem Ausmaß wie in der BRD.
Statistisch eindeutig belegt - *Unfälle* mit Verletzten oder Toten sind seltener als bei uns. Blechschaden durch Auffahren kommt jedoch vor. Falls vertretbar, sollte man sich bei kleineren Rempeleien einigen, ohne Polizei bzw. die Versicherung einzuschalten und sich den Schaden lieber bar ersetzen lassen. Den Italienern ist das meist auch lieber als der langatmige Papierkrieg und die oft rigorose Höherstufung ihrer Versicherung im Schuldfall. Wichtig bei größeren Karambolagen: italienische Wagen haben an der Windschutzscheibe die Versicherungs-Nr. und Versicherungsgesellschaft aushängen. Diese unbedingt notieren und Zeugen ermitteln.

▶ **Motorrad**: Grundsätzlich gilt dasselbe wie für PKW-Fahrer. Jedoch müssen Motorradfahrer noch aufmerksamer auf Straßenzustand und Verkehr achten, da sie von den vierrädrigen Kollegen leicht "übersehen" werden. Im Falle eines Falles ist man in der Lederkombi immer schlechter dran als in der geschlossenen Blechkiste. Achten Sie auf Nebenstrecken darauf, nicht zu schnell zu fahren. Manchmal ist wegen der Hitze der Asphaltbelag in Kurven aufgeweicht - extreme Rutsch- und Sturzgefahr!
Spezielles Problem für Zweiradfahrer könnten die streng geregelten *Öffnungszeiten der Tankstellen* sein. Vor allem auf Langstrecken muß man wegen des relativ geringen Aktionsradius einer Motorrad-Tankfüllung häufig nachtanken. Deswegen immer gut kalkulieren bzw. reichlich 10.000-Lire-Scheine für Tankautomaten sammeln, sonst sitzt man unter Umständen einige Stunden auf dem Trockenen.

# Verkehrsbestimmungen

*Ersatzteile* bekommt man in größeren italienischen Städten problemlos. Trotzdem motorradspezifisches Werkzeug und wichtige Ersatzteile mitnehmen (Sicherungen, Lampen, Flickzeug, Bowdenzüge etc.).

*Hinweis*: viele Zweiradfahrer benutzen die **alte Brennerstraße** (Bundesstraße 182), um schnell und kostenfrei zur Grenze zu gelangen (siehe "Anreiserouten"). Diese ist sicher wesentlich reizvoller als die benachbarte Autobahn. Jedoch ist sie viel schwieriger zu befahren, da sie sehr schmal und für ein größeres Verkehrsaufkommen in keiner Weise geeignet ist. Jedes Jahr ereignen sich scheußliche Unfälle.

## Besondere Verkehrsbestimmungen

Höchstgeschwindigkeit

|  | Hubraum | Landstraßen- | Schnellstraßen | Autobahn |
|---|---|---|---|---|
| PKW |  | 90 km/h | 110 km/h | 130 km/h |
| PKW mit Anhänger |  | 70 km/h | 70 km/h | 80 km/h |
| Wohnmobil [1] |  | 80 km/h | 80 km/h | 100 km/h |
| Motorräder | bis 149 ccm | 90 km/h |  | verboten |
| Motorräder | ab 150 ccm | 90 km/h |  | 130 km/h |

[1] über 3,5 t

- *Weitere Verkehrsvorschriften*: vor dem **Anhalten** rechtzeitig blinken; **Abschleppen** auf Autobahnen verboten; **Straßenbahnen** haben grundsätzlich Vorfahrt; in Orten mit guter **Straßenbeleuchtung** ist Standlicht erlaubt, in **Tunnels und Galerien** grundsätzlich Abblendlicht einschalten; **Promillegrenze** 0,8 (bislang noch keine Blutproben, die Beamten entscheiden nach Augenschein).
Wichtig - ein Gegenstand, der auf dem Wagendach transportiert wird und über das Wagenende hinausragt (z. B. **Surfbrett** oder **-mast**) muß mit dem dafür vorgeschriebenen 50 x 50 cm großen, rotweiß gestreiften Schild gesichert werden. Gibts an Tankstellen für ca. 20 DM (sonst droht eine Geldstrafe).
**Nationalitätskennzeichen**: Das ovale Kennzeichen ist Pflicht. 100 DM kassiert die italienische Polizei von deutschen Autofahrern, an deren Wagen es fehlt. Die Eidgenossen kassieren 22 DM, in Österreich sind immerhin noch 14 DM fällig. Auch das neue Eurokennzeichen ist kein Ersatz!

- *Pannenhilfe*: **Notrufsäulen** stehen in Abständen von 2 km an den Autobahnen und funktionieren mit Gettoni (siehe Telefon).
Der **Straßenhilfsdienst** des italienischen Automobilclubs (ACI) ist in ganz Italien rund um die Uhr unter Tel. 116 zu erreichen. Pannenhilfe mit Bordmitteln und Abschleppen bis zur nächsten Werkstatt ist für alle Fahrzeuge mit nicht-italienischem Kennzeichen kostenlos!
**Polizeinotruf/Unfallrettung** in ganz Italien rund um die Uhr besetzt, Tel. 113.
**Notrufdienst** des ADAC und ACI (deutschsprachig) vom 1. Juni bis 30. September in **Rom** (Tel. 06/4440404).

- *Häufige Verkehrsschilder*: **attenzione uscita veicoli** = Vorsicht Ausfahrt; **divieto di accesso** = Zufahrt verboten; **lavori in corso** = Bauarbeiten; **parcheggio** = Parkplatz; **rallentare** = langsam fahren; **senso unico** = Einbahnstraße; **strada senza uscita** = Sackgasse; **zona pedonale** = Fußgängerzone, **zona rimorchio** = Abschleppzone.

## Anreise

## Autobahnen

Sie sind bis auf die obligaten Teilstücke, wo ständig verbessert oder verbreitert wird, in der Toscana meist in sehr gutem Zustand. Dafür muß man jedoch löhnen - italienische Autobahnen *(autostrade)* sind kostenpflichtig! Eine der wenigen Ausnahmen ist die gebührenfreie Strecke von Florenz nach Siena.

Kontrollstellen an jeder Einfahrt *(Alt stazione!)*, hier wird ein Ticket ausgegeben (gelben bzw. roten Knopf drücken), beim Rausfahren wird zur Kasse gebeten. Geld und Mautkarte griffbereit halten - wer die Karte verloren hat, muß die mögliche Gesamtstrecke zahlen!

Den Zahlungsverkehr erleichtert die magnetische *Viacard*, erhältlich im Wert von 50.000 (ca. 70 DM) und 90.000 Lire (ca. 125 DM) beim ADAC und ACI, an Grenzübergängen und großen Raststätten. Für Karteninhaber gibts an vielen Zahlstellen Extraspuren, dort werden die Beträge automatisch abgebucht, sonst bei den Kassenhäuschen abbuchen lassen. Auf ausreichende Deckung achten, Aufzahlen in Bargeld ist nicht möglich.

Generell - die Gebühren summieren sich schnell zu ansehnlichen Beträgen. Wer's nicht eilig hat, sollte ab und an auf die Staatsstraßen (Superstrade) ausweichen, die fast immer parallel zur Autobahn laufen. Man kann erheblich sparen!

*Trotz der hohen Strafgelder werden Verkehrsbestimmungen oft nicht ernstgenommen*

- *Gebühren*: sind nach jahrelangen Wirrwarr mit Motorgrößen, Abstand der Achsen etc. endlich einheitlich geregelt - alle **PKW, Motorräder, sowie zweiachsigen Fahrzeuge mit einer Höhe von über 1,30 m an der Vorderachse** (vom Boden gemessen) zahlen denselben Preis. Vom Brenner bis Verona werden beispielsweise L. 22.000 berechnet. Mit einachsigem Wohnwagen muß man etwa 25 % mehr löhnen, mit zweiachsigem Wohnwagen 50-60 % (mehr aktuelle Daten beim ADAC). Faustregel: als Richtwert kann man mit ca. 10 Pfennig/km rechnen.

- *Raststätten*: gibt es in ausreichender Zahl, eine gut bestückte Snackbar ist immer vorhanden. Die Self-Service-Restaurants **Agipristo**, **Motta** und **Pavesigrill** haben ein abwechslungsreiches Angebot, darunter auch ausreichend Salate. Mein Tip: Pavesigrill.

# Stadtverkehr

**Die historisch gewachsenen Stadtzentren Italiens mit ihren engen und verwinkelten Gassen sind dem rapide gewachsenen Verkehrsaufkommen nicht mehr gewachsen.**

Fast überall greift man inzwischen zu drastischen Maßnahmen: Ganze Altstadtzentren sind zeitweise oder ständig für den Autoverkehr gesperrt *(zona blu)*, nur autorisierte Fahrer und Anwohner dürfen hineinfahren bzw. dort parken - Italien als Vorreiter für Europa! Das gilt für alle Großstädte, aber auch für die meisten kleineren Orte mit historischem Stadtkern. Urlaubern ist es jedoch in der Regel gestattet, mit dem PKW ein Hotel in der Altstadt suchen.

▶ **Ins Zentrum und wieder raus**: in allen großen Städten ist die Stadtmitte mit Schilder Richtung *"centro"* gekennzeichnet und/oder mit dem Zeichen: ◉

Wer genug hat und schnell wieder auf die Autobahn will: kein Problem, so viele Autobahnhinweisschilder wie in Italien findet man selten irgendwo. Und keine Panik, wenn man einmal einen Hinweis übersieht - zwei Ecken weiter kommt garantiert der nächste.

▶ **Ampeln**: Abbieger bekommen oft eher Grün als Geradeausfahrer. Darauf achten - sonst gibts ein melodisches Hupkonzert. An Ampeln immer Türschließknopf runter - Scheibenwäscher, Krimskramsverkäufer und Bettler sind nicht immer seriös.

▶ **Parken**: Abschleppdienste haben Hochkonjunktur! Unübersehbar kennzeichnen in den Stadtkernen Schilder die Zonen, wo falsch parkende PKW an den Haken genommen werden. Auch in Kurven, Tunnels oder hinter Bodenwellen wird sofort abgeschleppt (Kostenpunkt mindestens 200 DM). Generell kann das Parken in Verbotszonen sehr teuer werden, vor allem in Städten mit historischen Zentren. Alljährlich zum Beginn der Touristensaison macht die Polizei verstärkt Jagd auf Parksünder. Bußgelder bis zu 300 DM sind möglich, aber auch das andere Extrem - mangels Personal oder Interesse nicht einmal ein Strafzettel. Dran denken - an schwarz-gelb markierten Bordsteinen dürfen nur öffentliche Verkehrsmittel parken. Ärger vermeidet man, indem man sich eine Parklücke außerhalb des 'centro storico' sucht und zu Fuß hineinläuft oder den PKW auf einem der gebührenpflichtigen (aber nicht immer bewachten) *Parkplätze* abstellt, die fast jede Stadt in Fußentfernung zu den Sehenswürdigkeiten anbietet. Wer in einem Hotel in der Altstadt untergekommen ist, erhält dort meist einen *Anwohner-Parkausweis*. Falls nicht, kann es sein, daß man den PKW nach dem Entladen wieder aus dem Zentrum entfernen und außerhalb parken muß. Über eigene Garagen verfügen nur Hotels der teureren ***-Kategorie.

# 26 Anreise

Tip - wenn Sie **zugeparkt** sind, z. B. durch ein Auto in zweiter Reihe, drücken Sie ein paar Mal kräftig auf die Hupe. Meist kommt dann der Fahrer eilends aus der nächsten Bar und fährt sein Vehikel aus dem Weg. Dieses Gebahren ist keine Unhöflichkeit, sondern wegen des Mangels an Parkplätzen gängige Praxis.

▶ **Fahrzeugdiebstahl**: in italienischen Großstädten häufig geübter Sport. Ganze Wagen verschwinden zwar selten, aber verlockend präsentierte Inhalte werden immer wieder Beute von Langfingern. Meist wird in einem solchen Fall die Scheibe eingeschlagen, und binnen Sekunden ist das Auto ausgeräumt. Riskante Örtlichkeiten erkennt man an den Haufen von Glassplittern auf der Straße!

Ganz wichtig deshalb: nichts im Fahrzeug lassen, **das Handschuhfach leeren und offen stehen lassen** (signalisiert - hier gibts nichts zu holen). Neueste Mode - man trägt wieder Autoradio! In Großstädten hat sicher jeder dritte einheimische Autofahrer sein wertvolles Stück unter dem Arm. Wer auf Nummer Sicher gehen will, baut sein Radio und/oder Kassettendeck bereits zu Hause aus. Italienische Autos haben häufig eine *Alarmanlage* - um die sich wegen der häufigen Fehlalarme jedoch niemand schert, wenn sie losheult. Empfehlenswerter ein massives *Lenkradschloß*, das Kupplungspedal und Lenkrad verbindet.

Falls das Fahrzeug gestohlen wird, sich sofort an die nächste Polizeidienststelle wenden. Für die Verlustanzeige an die Versicherung benötigt man die **carta bollata**, ein Formular, das man in Tabacchi-Läden kaufen kann. Die Polizei muß darauf den Verlust des Wagens bestätigen.

## Kraftstoff

"In Italien sehr teuer!" mußten wir in der letzten Ausgabe an dieser Stelle noch vermerken. Durch die Mineralölsteuererhöhung einerseits und die Lira-Abwertung andererseits herrschen in Deutschland inzwischen "italienische Verhältnisse"...

Wer einen *Diesel* fährt, kann sich glücklich schätzen, jedoch führt noch lange nicht jede Zapfstelle diesen Kraftstoff. Normalbenzin sollte man wegen der niedrigen Oktanwerte nicht tanken. *Bleifrei* wird in der Toscana inzwischen fast flächendeckend angeboten, vor allem natürlich an den Autobahnen und in den Städten. In der Hochsaison kommt es jedoch gelegentlich zu Nachschubschwierigkeiten.

• *Tankstellen*: sind an **Autobahnen** Tag und Nacht geöffnet, ansonsten in der Regel von 12.30-15.30 h und an den Wochenenden geschlossen. Manchmal gibts **Zapfautomaten**, an denen Sie mit einem unzerknitterten 10.000-Lire-Schein tanken können. Kreditkarten werden nicht immer akzeptiert! Da in

# Anreiserouten 27

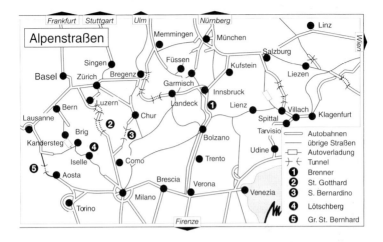

Italien noch eine Menge kleiner Tankstellenpächter arbeiten, die mit ihrer Zapfstelle so gerade über die Runden kommen, kommt es immer wieder zu Streiks! Diese können bis zu fünf Tagen dauern. Wer dann "trocken" erwischt wird, schaut alt aus. Nur Autobahntankstellen, auf denen das Streiken verboten ist, können in einem solchen Fall weiterhelfen.

▶ **Preise** ('95): einheitlich geregelt, aber schwanken; manchmal gibt es Sconto (Rabatt) von einigen Lire (ca. 10-30): Super (*super*) ca. L. 1715 (97 Oktan); Bleifrei (*senza piombo*) ca. L. 1605 (95 Oktan); Diesel (*gasolio*) ca. L. 1270.

**Benzingutscheine**: sind schon 1992 endgültig abgeschafft worden.

# Anreiserouten

Je nachdem, aus welcher Ecke man kommt, muß man die Alpen via Schweiz oder Österreich durchqueren. Die Möglichkeiten sind vielfältig, ebenso die landschaftlichen Eindrücke. Eine Übernachtung unterwegs kann reizvoll sein, z. B. im mondänen St. Moritz oder am idyllischen Fernsteinsee.

Generell gilt: Wer sparen will, sollte spätestens ab der italienischen Grenze die Autobahn meiden. Das italienische Autobahnnetz ist zwar hervorragend ausgebaut, jedoch fallen erhebliche Mautgebühren an (siehe oben). Einige Varianten, auf denen man den kostspieligen Autobahnen ein Schnippchen schlagen kann, sind in den folgenden Routen-

# 28  Anreise

beschreibungen aufgeführt. Dabei fallen in der Regel jedoch längere Fahrtzeiten an.

- *Staus vermeiden*: die Automobilclubs AvD, ACE und ADAC erarbeiten für Mitglieder einen **kostenlosen Streckenplan** von Start- bis Zielort.
- **Staukalender** des ADAC oder ACE anfordern.
- Unterwegs **Straßenbericht** im Radio hören und eventuelle Ausweichrouten überlegen. Am Brenner **Radio Bozen** auf UKW 98,1/99,0/99,6 oder 101,5 mHz (Verkehrsdurchsagen jeweils kurz vor 10, 12, 13, 17 und 20 h).

## Aus Süddeutschland

**Die gängigste und bequemste Route ist sicher die Autobahn über den Brenner - zügig zu befahren, ausreichend Raststätten und Tankstellen (auch in Italien). Jedoch fallen ab Innsbruck hohe Mautgebühren an. Zu Ferienterminen außerdem extrem stauanfällig!**

Von **München** auf der A 8 Richtung Salzburg, ab Inntaldreieck die A 93 zum Grenzübergang Kiefersfelden/Kufstein nehmen. Nach **Innsbruck** auf der breiten Autobahn A 12.

Von der Olympiastadt führt der schnellste Weg nach Italien über die *Europa-Brücke* und *Brenner-Autobahn*. Allerdings ist die Mautgebühr erheblich - einfach muß man mit 19 DM rechnen (Motorrad 14 DM) bzw. dem Gegenwert in Schilling oder Lire (Wechselgeld gibts in Schilling). Spartip siehe unten "Innsbruck - Brenner".

Ab dem **Brennerpaß** (1374 m, österr./ital. Grenze) zügige Talfahrt die lang ausgleitenden Südtiroler Täler entlang. Zwischen sonnendurchglühten Weinhängen, Obstbaumkulturen und schroffen Felshängen kleben beidseitig der Autostrada Ritterburgen wie aus dem Bilderbuch. Vorsichtig fahren, anfangs ziemlich steil, außerdem viele schlecht beleuchtete Tunnels ohne Begrenzungspfähle! Bei Sterzing Mautstelle mit sommerlicher Staugefahr. Über Bozen und Trento geht es schnell nach **Verona**, wo die endlose Weite der Poebene beginnt. Kurz vorher bei Rovereto Sud/Lago di Garda-Nord Abfahrt zum **Gardasee**.

Bei **Modena** wechselt man von der A 22 auf die A 1 nach **Bologna**, die berühmte *strada del sol* die von Milano über **Florenz** bis Rom führt. Ab Bologna wird das Land unvermittelt hügliger. Schroffe Klippen und grüne Bergrücken signalisieren den Beginn des Apennin. Viele Kurven und Tunnels, dazu ständig starker Verkehr Richtung Toscana.

▶ **Varianten:** wer mehr von der Landschaft sehen und gleichzeitig Mautgebühren sparen will, kann sich für folgende Strecken entscheiden. Allerdings benötigt man dafür in der Regel mehr Zeit.

• *München - Innsbruck*: wer aus Richtung Nürnberg kommt, kann kurz vor Autobahnende in München den Abzweig Richtung **Garmisch** nehmen. Auf einer Ringstraße fährt man westlich ums Zentrum und dann auf die sogenannte **Stamberger Autobahn** nach Garmisch - gut ausgebaut mit etlichen Rastplätzen

## Anreiserouten 29

und schöner Sicht auf die Alpen. Autobahnende 17 km vor Garmisch, auf der Landstraße mit oft zähfließendem Verkehr weiter zum Grenzübergang Mittenwald/Scharnitz. Letzte deutsche Tankstelle am Grenzübergang. Abenteuerlich dann die Fahrt den **Zirlerberg** hinab nach Innsbruck (15 % Gefälle, in umgekehrter Richtung für Gespanne verboten!). Alle paar hundert Meter steile Auslaufspuren, falls die Bremsen versagen. Beeindruckender Blick auf das Inntal und die Olympia-Stadt!

Oder auf der sogenannten **Salzburger Autobahn** bis zum Abzweig Holzkirchen, von dort die B 318 weiter Richtung Tegernsee (kleine Pause einplanen). Über Kreuth (beliebter Treffpunkt von CSU-Politikern) hin-auf zum Achenpaß (20 % Gefälle). Auf einer Landstraße erreicht man dann die Autobahn nach **Innsbruck**.

• *Innsbruck - Brenner*: diese Strecke kann man auch "mautfrei" befahren. Lediglich eine Stunde länger als die Autobahn, und für LKW verboten ist die Fahrt über die **alte Brennerstraße (182)** neben der Autobahn durch das reizvolle Eisacktal. Von der Inntalautobahn in Innsbruck Süd abfahren und blaue Hinweistafeln beachten, Abzweig erfolgt im Zentrum von **Innsbruck**. Äußerst kurvenreich, schmale Ortsdurchfahrten, gemütliche Rasthäuser und imposante Panoramen - anfangs der herrliche Rückblick auf Innsbruck und die Olympiaschanze. Dann aus der Froschperspektive die mächtige Europabrücke mit ihren gewaltigen Pfeilern. Geschwindigkeitsbeschränkungen und Überholverbote beachten, Polizei kontrolliert hier gerne. In den Ortschaften außerdem unbedingt Fuß vom Gaspedal, die Bewohner leiden unter dem ständigen Durchgangsverkehr!

**Tip** - Wer's eilig hat und dennoch sparen will, nimmt die Brenner-Autobahn nur bis Ausfahrt **Stubai**, kostet ca. 7 DM (PKW und Motorrad). Dann hat man das steilste Stück hinter sich und fährt gemütlich die alte Brennerstraße zur Grenze hinauf, ca. 20 min.

• *Brenner - Verona*: Parallel zu der gebührenpflichtigen Autobahn verläuft die **Staatsstraße (SS 12)**. Die Fahrt kann deutlich länger dauern, muß aber nicht - je nach Tageszeit und Verkehrstaufkommen. In den Ortschaften und Städten oft Staus an den Ampeln, meist gibt es aber Umfahrungen.

Streckenverlauf: **Brenner - Sterzing** kurvige Landstraße mit starkem Gefälle, **Sterzing - Bozen** schmale Straße mit schlechten Überholmöglichkeiten, **Bozen - Trento** breit, neuer Fahrbahnbelag und gute Überholmöglichkeiten, **Trento - Verona - Modena**, wiederum ziemlich schmale Fahrbahn und zahlreiche Ortsdurchfahrten (für 100 km ca. 1,5-2 Std.)

• *Pfronten-Reutte*: aus Richtung Ulm oder Würzburg kommend die A 7 bis Autobahnende, dann Landstraße bis zum Grenzübergang **Pfronten-Reutte** (oft Staus). Weiter über den **Fempaß** (1209 m) auf die Auffahrt Mötz der Autobahn nach Innsbruck. Landschaftlich schöne Route, zur Feriensaison jedoch meist überlastet.

• *Felbertauernstraße*: eine der landschaftlich reizvollsten Alpenstrecken durch den **Nationalpark Hohe Tauern**. Von München fast Luftlinie zur Adria! Es geht ab Inntaldreieck auf der A 12 bis Ausfahrt Wörgl, von dort rüber nach Kitzbühel und anfangs auf der Bundesstraße 161, dann auf der B 108 durch den Felbertauern-Tunnel (Maut ca. 28 DM, Raststätten vor und nach dem Tunnel). Ab **Lienz** wieder hinüber zur Brennerroute (B 100 bzw. SS 49) oder über Toblach und Cortina d'Ampezzo auf der SS 51 Richtung Venedig.

## Alternativen zur Alpenüberquerung via Brenner

Die Brennerstrecke ist zwar die schnellste, aber nicht unbedingt die reizvollste Anfahrt.

• *Reschenpaß*: schöne, aber etwas umständliche Strecke von Garmisch-Partenkirchen, Füssen oder Kempten. Man umfährt das Zugspitzmassiv westlich und hält sich in Richtung **Fernpaß** (1209 m). Nach dem Paß kurvt die steile Bergstraße hinunter zum **Fernstein** am hübschen gleichnamigen See, eine dunkelgrüne Wasserfläche inmitten von Nadelwäldern (gute Stelle zum Rasten bzw. Übernachten, Hotel und Campingplatz vorhanden, serviert werden Forellen aus eigener Zucht). In Nassereith rechts ab (beschildert) und über Imst (Campingplatz Imst-West) und Landeck ein Hochtal hinauf nach **Nauders**. Zwischen Imst und Landeck Autobahn, kurz vor Nauders Serpentinen mit Galerien. Wenig später die italienische Grenze am **Reschenpaß** (1504 m), bereits auf italienischer Seite der langgestreckte Reschensee, gefolgt vom Valentino-See. In einer langen Schleife geht es den attraktiven **Vinschgau** hinunter nach **Meran**. Von dort aus gelangt man über die Landstraße 38 bei Bozen auf die A 12 Richtung Verona.

• *Engadin*: interessante Variante, falls man von Bayern aus einen Abstecher zum Comer See machen will. Bis kurz vor Nauders dieselbe Strecke wie unter Reschenpaß beschrieben. Dann in die nahe Schweiz abzweigen (beschildert), auf der Landstraße 27 ein langes Tal mit Steilhängen entlang und über **Zernez** (bester Ausgangspunkt für Touren im Schweizer Nationalpark) ins obere Engadin mit dem weltberühmten Skikurort **St. Moritz** am gleichnamigen See (Campingplatz Olympiaschanze 2 km westlich vom Ort). Im Sommer ist hier kaum etwas los. Weiter gehts an drei schönen Seen vorbei, über den eindrucksvollen **Malojapaß** (1815 m) und in steilen Haarnadelkurven hinunter in die italienische Schweiz mit kleinen hübschen Orten mit Bruchsteinhäusern und verwitterten Stein- und Schindeldächern. Über **Chiavenna** (bereits Italien) gelangt man dann rasch zum Nordende des **Comer Sees**.

## Aus Österreich

**Je nach Wohnort und Reiseziel bieten sich zwei grundsätzliche Routen an - entweder auf der A 2 und A 23 zur Adria oder auf der A 1 über Salzburg.**

Für alle, die aus dem Osten der Alpenrepublik kommen und noch einen Zwischenstop an der Adria oder in Venedig einlegen wollen, bietet die noch nicht ganz fertiggestellte **Autobahn A 2** von Wien über Graz bis 40 km vor Klagenfurt den schnellsten Einstieg. Bis Klagenfurt dann zwar chronisch staugeplagte Landstraße. Nach der Ortsumgehung aber wieder auf die A 2 und ab Villach auf der neuen **Alpen-Adria-Autobahn A 23** (Grenzübergang Tarvisio) über Tolmezzo und Udine in 1 1/2 Std. zur Adria.

Falls man von Westen her nach Italien hereinfahren will, z. B. um einen Zwischenstopp an einem der oberitalienischen Seen einzulegen, kann man alternativ dazu die Österreich der Länge nach durchlaufende

**Autobahn A 1** von Wien nach Salzburg nehmen. Von Salzburg kommt man auf der A 8 Richtung München bis zum *Inntaldreieck* und über Innsbruck zum *Brenner* (siehe oben).

Außerdem kann man von Salzburg die **Tauern-Autobahn A 10** Richtung Süden benutzen - technisch ausgereift, zwei 6-km-Tunnels, Maut ca. 30 DM. Ab Spittal bis Villach weiterfahren (dort neue Autobahnumgehung) und die neue Autobahn A 23 über Udine nehmen oder über Lienz hinüber zur Brennerroute.

▸ **Variante:** Für alle, die mehr von den Alpen sehen wollen.

• *Semmering*: schöne Bergstrecke über den Semmering, Bruck an der Mur und Leoben nach **Klagenfurt** (Autobahn nur von Wien bis Neunkirchen). Ab Klagenfurt wie oben A 2 und A 23 zur Adria. Oder über Villach bis **Spittal** und weiter über Lienz die F 100 das Tal der Drau entlang. Ab **Dobbiaco** (Toblach) in Italien die SS 49 bis Brixen, dort Anschluß an die Brenner-Autobahn nach **Verona**. Oder Richtung Süden die SS 51 über Cortina d'Ampezzo nach Venedig.

## Aus der Schweiz und dem Westen Deutschlands

Für alle, die aus dem Westen der Bundesrepublik kommen, ist die Rheinautobahn Frankfurt-Basel die ideale Anfahrt. Weiter gehts landschaftlich eindrucksvoll - aber mit Pflicht zur Vignette - auf der N 2 durch die Schweiz und hinunter nach Milano. Allerdings erhebliche Staugefahr - Richtung Italien die Juliwochenenden, zurück im August.

In der BRD überwiegt flaches Terrain, so daß man rasch vorwärtskommt. Ab **Basel** die N 2 - vorwiegend weite Kurven und leichte Steigungen mit ein paar Tunnels durch den Jura. Über Luzern schöne Strecke am Vierwaldstätter See entlang und anschließend durch den *St. Gotthard-Tunnel* (mit 16,3 km längster Straßentunnel durch die Alpen!) - gebührenfrei und bekannte Wetterscheide: Auch wenn es am nördlichen Tunneleingang Bindfäden regnet, am südlichen Ausgang lacht meist die Sonne. Weiter auf malerischer Strecke am Luganer See (Damm) zum schweiz.-ital. Grenzübergang **Chiasso**. Unmittelbar nach der Grenze geht es an **Como** vorbei. Ein Stopp in der Stadt am gleichnamigen fjordartigen See lohnt, hübsche Altstadt und eindrucksvoller Dom. Nach **Milano** zügige Autobahn durch die flache Poebene, am Autobahnring um die Millionenstadt immer erheblicher Verkehr, oft Staus! Dann weiter auf der A 1 über Modena, Bologna nach **Florenz**.

▸ **Varianten:** für diese Hauptstrecke gibt es einige, meist weniger belastete Ausweichrouten.

• *Bodenseeraum*: 1) Autobahn A 81 von **Stuttgart** über Rottweil bis Autobahnkreuz Singen, weiter über Schaffhausen nach **Zürich** (Transit-Schnellstraße um das Stadtzentrum herum), weiter nach **Luzern**, wo man auf die oben beschriebene N 2 durch den St. Gotthard-Tunnel trifft (von Singen bis Winterthur keine Autobahn). Weniger stauanfällig als die Hauptstrecke über Basel.

# 32   Anreise

2) Von Ulm über **Bregenz** nach Chur (kleines Stück um Bregenz herum noch nicht als Autobahn ausgebaut).Trifft bei St. Margrethen auf die N13. Von da weiter über Chur und durch den San-Bernardino-Tunel (6,6 km Länge) ins Tessin, wo man nördlich von Bellinzona auf die Gotthardlinie trifft.

• *Bern:* wer den äußersten **Westen Oberitaliens** passieren will, kann auch über Bern fahren.

1) Ins **Aostatal** kommt man von **Bern** auf der Autobahn N 12 zum Genfer See. Dort die N 9 bis **Martigny** nehmen, weiter die Paßstraße über den **Großen St. Bernhard** ins tief eingeschnittene Aosta-Tal am Fuß des Montblanc-Massivs - landschaftlich großartige Strecke! Jedoch - der Große St. Bernhard ist fast 2500 m hoch und besitzt Steigungen bis zu 10 %, ist deswegen bis zu 5 Monaten im Jahr gesperrt! In diesem Fall den 5,8-km-Tunnel durch den *St. Bernhard* nehmen, schweiz./ital. Zoll- und Paßkontrolle bei der Einfahrt. Maut kostet ca. 27 SFr für Motorräder und PKW's (auch mit Anhänger), Wohnmobile und Kleinbusse zahlen 56 SFr.

Ab Aosta, hinter Ivrea erst ein Stück auf der A 26 (Richtung Genua), dann entweder auf der A 4 nach Milano und weiter auf der A1 nach Piacenza oder weiter auf der A 26 über Alessandria nach Genua und auf der A 12 weiter nach Livorno.

2) Von Bern in Richtung Lago Maggiore besteht außerdem die Möglichkeit, per Autoverladung durch den **Lötschberg** und weiter über die bequeme **Simplon-Paßstraße** zu fahren. In Kandersteg mit dem Auto auf den Zug, 15 Min. später ist man in Goppenstein - kostet für PKW, Wohmobile bis 3,5 t und Kleinbusse ca.25 SFr. Motorräder zahlen 16 SFr.

Alle Schweizer Autobahnen und autobahnähnlichen Straßen sind **gebührenpflichtig**. Pauschal wird der Preis von 40 SFr. (ca. 48 DM) für eine **Vignette** (Plakette) erhoben. Sie ist nicht übertragbar, jeweils für ein Jahr gültig und muß gut sichtbar ans Fenster des Fahrzeugs geklebt werden (nicht nur provisorisch zu befestigen, wie das manche Schlingel machen, um sie später für ein anderes Fahrzeug zu verwenden ...). Wer auf einer Autobahn "ohne" erwischt wird, muß den mehr als dreifachen Preis (100 SFr.) bezahlen. Für Anhänger wird eine zusätzliche Vignette benötigt. Die Plaketten sind an den Grenzen, sowie auf jeder Schwizer Poststelle erhältlich. Um Wartezeiten zu vermeiden, sollte man sie aber besser bereits vor der Fahrt bei einem Automobilclub erstehen.

## Zwischenstopp in Oberitalien

Vor allem die Städte sind kulturelle Höhepunkte, ganze Stadtkerne mehr oder minder unversehrt, vom Mittelalter bis zum 18./19. Jh. findet man alles, was in Deutschland den Bomben und phantasielosen Betonzweckbauten zum Opfer gefallen ist.

**Gardasee**: malerischer, langgestreckter Alpensee mit mediterranem Klima, Eldorado aller Windsurfer. Im Sommer fast völlig mit Surfbrettern bedeckt: Spötter behaupten, daß man auch als Fußgänger den See überqueren kann. Die Kulisse ist einmalig. Auf der einen Seite die steil ansteigenden, grauen Felsen und auf dem dunkelblauen Wasser die bunten Windsurfer. Außerdem viel üppige Vegetation, Zypressen, Zitronen u. ä., Abstecher lohnt sich. Sehr reizvoll das Westufer, abenteu-

Optimale Ergänzung zum Toscana-Band - der **Oberitalien**-Führer von *Eberhard Fohrer* im gleichen Verlag. Viele Tips zu den interessantesten Orten und Landschaften. Die besten Badeplätze an Alpenseen, Riviera und Adria werden ebenso detailliert beschrieben wie die berühmten Kulturstädte Verona, Venedig. Aber auch Orte abseits der großen Touristenströme werden ausführlich behandelt. Außerdem sind eine Vielzahl Tips und Adressen zum Übernachten, Essen, Ausgehen, Einkaufen etc. enthalten.

erliche Küstenstraße (viele unbeleuchtete Tunnels). Zahlreiche Zeltplätze an der südlichen Hälfte des Sees. Alle Städte am Gardasee haben z. T. arg überhöhte Preise (Unterkunft, Essen usw.).

**Verona:** Große historische Altstadt mit vielen gut erhaltenen Palazzi und schönen Kirchen. Die meisten Straßen im Zentrum sind zu Fußgängerzonen umgestaltet worden. Mittelpunkt ist die altertümliche Piazza dell'Erbe mit dem bunten Obst- und Gemüsemarkt. Sehenswert auch das altrömische Amphitheater (noch sehr gut erhalten, unbedingt lohnend im Sommer die Opernfestspiele!).

**Bologna:** Das "rote" Bologna, seit Jahrzehnten von den Kommunisten regiert, ist die älteste Universitätsstadt Europas. Heute eine quirlige Studentenstadt mit historischem Zentrum in Rot- und Ockertönen, kilometerlange Arkadengänge. Reges Nachtleben; ein "Geheimtip" unter den oberitalienischen Städten.

**Alternative zur Autobahn Bologna - Florenz:** ab Bologna über die SS 64, das Reno-Tal entlang über Marzabotto, Silla nach Pistoia.

# Mit der Bahn

Zugfahren ist eine umweltverträgliche Art des Reisens und lohnt wegen der günstigen italienischen Tarife. Zudem ist Italien ein ausgesprochenes Bahnland mit gut ausgebautem Streckennetz und häufigen Verbindungen.

# 34  Anreise

Für die Anreise muß man allerdings gutes Sitzfleisch mitbringen - von München nach Florenz sind es beispielsweise etwa 10 Stunden, von Frankfurt nach Florenz 13 Stunden. Mit Verspätungen sollte man grundsätzlich rechnen, deshalb für eventuelles *Umsteigen* immer genügend Zeit einkalkulieren - es ist nicht gesagt, daß der Anschlußzug wartet. Vor der Abreise in der BRD außerdem Tageszeitungen und Nachrichtensendungen nach eventuellen *Streiks* (Sciopero) in Italien durchforsten - alle Jahre wieder legt das italienische Bahnpersonal für einige Tage die Arbeit nieder. Meist strategisch so geschickt am Beginn oder Ende der Feriensaison plaziert, daß die internationale Medienaufmerksamkeit und empörte Beschwerden hängengebliebener Touristen für zusätzlichen Druck auf die Behörden sorgen.

• *Kosten*: in der BR Deutschland sind die Bahnpreise hoch, in Italien niedrig! Wer aus dem Norden Deutschlands kommt, muß deshalb deutlich tiefer in die Tasche greifen als z. B. Bayern und Schwaben. Helfen kann dabei bedingt der **Sparpreis** bzw. **Supersparpreis** der DB (siehe Kasten Sondertarife/Bahnpässe). Oder man fährt per **Mitfahrzentrale** bis Süddeutschland (Hamburg-München ca. 70 DM) und steigt dort in den Zug um. Wenn man **Hin- und Rückfahrkarte** zusammen löst, bringt das finanziell nur etwas bei Anfahrt über die **Schweiz** (ca. 10-15%). In Italien Ermäßigung nur bei Strecken bis 250 km und Rückfahrt innerhalb von drei Tagen, auch in Österreich gibt es keine lohnende Rückfahrtermäßigung.

## Hauptrouten über die Alpen

▸ **Brenner-Linie:** München - Kufstein - Innsbruck - Brenner - Bozen - Trento - Verona. Gut 10 Verbindungen täglich, eine der wichtigsten Nord-Süd-Verbindungen über die Alpen, die Züge sind dementsprechend überfüllt.
Diese Route bietet sich für den gesamten Osten und Nordosten der BRD an - Hamburg, Hannover, Göttingen, München u. a. Sehr schöne Strecke, aber wie die Autobahn eine Art Nadelöhr mit gelegentlichen Verspätungen auf dem österreichischen Streckenstück. Kostenpunkt München - Verona ca. 66 DM bzw. 132 DM hin u. zurück (2. Kl.).
Der Name **Brenner** stammt von einem Bauern namens Prenner, der oben auf dem Paß seinen Hof hatte. Teilweise sehr schöne Streckenführung mit Tunnels und Stützmauern am Fluß Sill entlang, nach Innsbruck bei Patsch am Fuß vom Patscherkofel toller Blick ins Stubaital. Die Grenzstation Brennero kommt kurz nach dem kleinen dunkelgrünen Brennersee. Südlich vom Paß nochmals schöne Fahrt im Eisacktal, dann hinunter nach Oberitalien.

▸ **Semmering-Bahn:** Wien - Villach - Tarvisio - Udine - Venedig. Verkehrt mehrmals täglich.
Die erste große Gebirgsbahn Europas, schönste Anfahrt für Wiener bzw. Österreicher aus dem Osten der Alpenrepublik. Die Auffahrt am Semmering (986 m) geht durch 15 Tunnel und ebensoviele Viadukte, später prächtige Fahrt am Wörthersee entlang und durch die saftig-

## Mit der Bahn

*Die 1860 eingeweihte »Porettana« war die erste Bahnstrecke von Bologna nach Florenz*

grünen Almen Kärntens. Meist sehr voll.
▶ **Gotthard-Linie**: Basel - Luzern - Arth/Goldau - Göschenen (Gotthard-Tunnel) - Airolo - Bellinzona- Lugano - Chiasso - Como - Milano. Die wohl berühmteste Alpenstrecke durchsticht mit einem 15 km-Tunnel das Gotthardmassiv (3000 m). Nach Basel SBB kommt man im IC-Takt von vielen deutschen Großstädten, von dort nach Milano Verbindungen bis zu 10x täglich.

Für Südwestdeutschland und Schweizer, aber auch den ganzen Westen der BRD einschließlich Zentraldeutschland/Frankfurt billigste und schnellste Verbindung. Eindrucksvolle Alpendurchquerung, dazu das effiziente Schweizer Bahnsystem mit Komfort, pünktlichen Verbindungen und geleckten Bahnhöfen.

Ab Luzern schöne Fahrt am **Vierwaldstätter-See** entlang. Weiter am Ufer des Zuger-Sees, dann der malerische Lauerzer-See. Nach der Kantonshauptstadt Schwyz ein weiterer Arm des verzweigten Vierwaldstätter-Sees, der Urner See. Ab **Erstfeld** beginnt die Bergstrecke - Tunnels, Viadukte, schöne Ausblicke! Bei **Wassen** eine raffinierte Doppelkehrschleife mit mächtigen Viadukten, man sieht das Dorf mit seinem herausragenden Kirchturm dreimal, jedesmal aus einer anderen Perspektive. Ab Göschenen dann der gewaltige **Gotthard-Tunnel**! Die Durchbohrung dauerte von 1872-1880 und war eine Leistung ohnegleichen. Über dem Tunnel türmen sich noch 1600 m Gestein, das entspricht einem Druck von 5 Mio. Kilo auf den Quadratmeter. Der Ingenieur des Tunnels, Louis Favre, starb während der Arbeiten im Tunnel an einem Schlaganfall, außerdem gab es noch weitere 177 Tote. Nicht weit vom Südportal liegt die Ortschaft Ambri-Piotta. Von hier führt die steilste Drahtseilbahn der Welt zum **Ritomsee**, einem Stausee, der im Besitz der Schweizerischen Bundesbahnen ist - herrliches Wandergebiet für Alpenfreaks. Weiter geht's in den italienischen Teil der Schweiz, über **Bellinzona** und den Nobelkurort **Lugano** am Luganersee zum Grenzort **Chiasso** und über **Como** am Comer See nach **Mailand**. Insgesamt hat die Strecke über 80 Tunnels!

Reizvolle Variante ist die **Centovalli-Bahn**: in **Bellinzona** nach **Locarno** umsteigen, von dort die hübsche Nebenstrecke durch das Centovalli nach **Domodossola**, etwa 8 x tägl., ca. 2 std. (Privatbahn, die von einer Schweizer und einer italienischen Gesellschaft betrieben wird: FART/SSIF). In Domodossola Anschluß an das Bahnnetz der FS und weiter nach Mailand oder Turin.

▶ **Stuttgart - Singen - Schaffhausen - Zürich:** Alternative zur Anfahrt nach Basel, in *Arth/Goldau* trifft man auf die Gotthard-Linie, weiter wie oben.

▶ **Lötschberg/Simplon-Bahn:** Bern - Spiez - Brig - Domodossola - Arona - Milano. Von der Westschweiz nach Italien führt diese weitere wichtige Schweizer Bahnlinie. Es geht durch den *Lötschbergtunnel* (15 km), über Brig ins Wallis und durch den *Simplontunnel* (20 km!) rüber nach Italien.

▶ **Albula- und Bernina-Linie:** Chur - St. Moritz - Tirano - Mailand, dort umsteigen nach Florenz. Der Bernina-Express ist ein absoluter Höhepunkt! Es geht durch den höchsten Alpentunnel (Albula) und an phänomenalen Gletschern vorbei, südlich von St. Moritz bewältigt die Bahn extreme Höhenunterschiede. Teilweise Züge mit offenen Panoramawagen!

In den Hauptreisezeit sind die Züge auf allen alpenüberquerenden Linien brechend voll. Rechtzeitig *Platzkarte* sichern (frühestens zwei Monate, spätestens 5 Stunden vorher für 3,50 DM).
Auf den meisten Strecken gibt es durchgehende *Schlaf- und Liegewagen*.

## Bahnfahren in der Toscana

**Ferrovie dello Stato (abgekürzt FS) heißen die italienischen Staatsbahnen. Die Züge sind fast durchgängig modern und ähneln in Komfort und Ausstattung sehr den mitteleuropäischen Bahnen.**

Die Zugdichte ist hoch, und die Preise sind günstig. Faustregel: je länger die Fahrt, desto günstiger der Preis pro Kilometer (Beispiel: 10 km kosten ca. 1,40 DM, 100 km aber nur ca. 9 DM). Allerdings sollte man sich aus den Fahrplänen immer den geeigneten Zug heraussuchen: Die Nahverkehrszüge namens *Locale* sind langsam und halten an jeder Station. Etwas flotter bewegen sich die *Diretti* (Dir.), die aber ebenfalls

## Bahnfahren in der Toscana 37

häufig halten, *Espressi* (Expr.) sind dagegen durchwegs schnell. Am schnellsten fahren die *Rapidi* bzw. *Intercity-Züge* (IC), die meist zuschlags- und gelegentlich platzkartenpflichtig sind.
Seit 1987 verkehren in Italien einige hundert neue Intercity-Züge im Stunden-Takt zwischen den Großstädten. Deutlich mehr Komfort und Schnelligkeit sind geboten, allerdings mit Zuschlägen bis zu 30 % vom Fahrpreis, je nach Streckenlänge. Außerdem lohnt es sich, auf den Abfahrtsplänen genau hinzusehen: Manche Intercity- bzw. Rapidozüge besitzen nur 1. Klasse-Wagen zum entsprechenden Preis (Platzreservierung obligatorisch). Trotz aller Modernisierungen sind Verspätungen nach wie vor häufig und sollten einkalkuliert werden. Sie rühren zum Teil daher, daß die Strecken oft nur eingleisig sind und sich besonders in Nord-Süd-Richtung die Züge auf wenigen Linien drängeln. Auch die "tartaruga", die rasende Schildkröte, deren Konterfei viele Loks ziert, hat daran nicht viel ändern können. Nahverkehrszüge sind übrigens meist pünktlicher als Fernzüge. In der Regel sind die Züge überfüllt, was aber gerade beim italienischen Temperament viel Spaß bringen kann.
Spaß machen auch die neuen Fahrplan-Computer namens *"Digiplan"*, die mittlerweile in allen großen Bahnhöfen Italiens stehen - es darf getüftelt und geknobelt werden. Die großen Automaten haben zwei Sichtscheiben, auf denen das italienische und das europäische Bahnnetz abgebildet sind. Durch kräftiges Berühren des Abfahrts- und Zielorts (druckempfindliche Sensoren) werden auf einem Bildschirm die genauen Daten aller Verbindungen des Tages aufgezeigt (Abfahrtszeit, Gleis, Preis, eventuelle Zuschlags- und Platzkartenpflicht, Fahrtdauer, Ausstattung des Zugs etc.). Die Auskünfte kann man sich auf deutsch geben und auf Wunsch sogar ausdrucken lassen. Wenn die Maschinen funktionieren (was bei ca. 60 % tatsächlich der Fall ist), eine wirklich nützliche Einrichtung, die langes Warten vor Auskunftsschaltern verhindert.
Auch *Fahrscheinautomaten* gibt es inzwischen hier und dort für Fernstrecken - diese funktionieren mit Druck auf die Bildschirmscheibe.

▶ **Streckennetz der FS**: in der Toscana relativ gut ausgebaut, praktisch alle größeren Orte sind mit der Bahn schnell und zuverlässig zu erreichen.
Neben den Apenninstrecken ist besonders die Küstenlinie, die sich von der *Riviera* kommend bis zur Toscanaküste hinzieht, für die Anreise reizvoll. Sie führt mit ihren zahlreichen Tunnels und Galerien die gesamte Küste von Ventimiglia bis Pisa dicht am Meer entlang. Die Strecke Milano-Bologna-Florenz-Rom ist der Stolz der italienischen Bahnbauer. Die sogenannte *Direttissima*, d. h. eine annähernde geradlinige Ideallinie mit möglichst wenigen zeitraubenden Kurven und Bergüberquerungen wurde schon zwischen den zwei Weltkriegen für die Strecke Bologna-Florenz fertiggestellt - mit ihren 29 Tunnels (Gesamtlänge 37 km, der längste 19 km!) eine gigantische Ingenieurs-

## 38  Anreise

leistung. Zwischen Florenz und Rom beinahe schnurgerade Schienenführung, auf der die Züge voll ausgefahren werden können.

▶ **Privatbahnen:** Außer dem staatlichen Netz gibt es noch eine Handvoll privat geführter Bahnen. In der Toscana gibt es die Linie "Ferrovia Centrale Umbra", die von dem im oberen Tibertal gelegenen Sansepolcro über Perugia nach Terni führt.

▶ **Information:** Italienische Staatsbahnen (FS), Bahnhofsplatz 2, 80335 München, Tel. 089/591597, Fax 553406.

• *Albergo Diurno*: jeder größere Bahnhof besitzt diese Einrichtung, wo man sich waschen, rasieren und duschen kann, außerdem die Haare schneiden und sich Maniküre angedeihen lassen kann. Die wichtigste Serviceeinrichtung, das Duschen, kostet meist stolze 7-10 DM.

• *Fahrpläne*: die FS gibt ein kostenloses Heft mit den wichtigsten Fahrplanauszügen heraus, erhältlich an italienischen Bahnhöfen. Darin finden sich alle landesweiten Verbindungen sowie wichtige Fahrpläne des jeweiligen Landesteils. Es heißt **principali treni** bzw. **principali collegamenti** und ist in mehreren Ausgaben erhältlich (für ganz Italien, den Norden, Zentralitalien, Süditalien und Sardinien). Ansonsten auf die unten erwähnten Kursbücher zurückgreifen.

• *Gepäckaufbewahrung*: in beinahe allen italienischen Bahnhöfen möglich, kostet pro Gepäckstück ca. 2 DM DM für 24 Stunden (in großen Bahnhöfen rund um die Uhr offen). Schließfächer gibt es im ganzen Land nicht.

• *Kursbücher, Karten und Literatur*: für Bahnfans unverzichtbar ist das folgende Angebot der **SBB-Verkaufsstelle für ausländische Kursbücher**, Büro 224, Hauptbahnhof CH-9001 St. Gallen, Tel. 071/226180:
**Il treno (Orario ufficiale)**, das offizielle Kursbuch der FS, ca. 23 SFr.
**Pozzo Orario Generale**, komplettes italienisches Kursbuch - taschenbuchgroß - ca. 19 Sfr, gibt's auch an Bahnhofskiosken.

**Lampo**, Kursbuch mit den wichtigsten Linien Italiens, ca. 10 Sfr.
**Eisenbahnkarte von Italien** (DB, 1974). Im Maßstab 1:1.000.000 eine große Bahnkarte ganz Italiens. In Teilen veraltet, trotzdem noch sehr brauchbar, weil äußerst akkurat und umfassend (sämtliche Bahnhöfe, außerdem alle Privatlinien Italiens, die allerdings mittlerweile z. T. stillgelegt oder durch Busse ersetzt wurden). Etwa 15 SFr.

• *Platzkarten*: bei grenzüberschreitenden Zügen unbedingt notwendig, aber auch auf innteritalienischen Strecken sehr sinnvoll. Kann für viele italienische Züge auch von großen Bahnhöfen in BRD, CH und A gemacht werden (frühestens 2 Monate, spätestens 5 Stunden vor Abfahrt). In einigen wenigen Zügen ist Platzkartenpflicht obligatorisch (auf Fahrplänen vermerkt).

• *Schlaf- und Liegewagen*: in vielen Inlands- und Auslandszügen. Italienische Schlafwagen haben in der 1. Klasse 1- oder 2-Bettabteile, in der 2. Klasse 2 oder 3 Betten. Liegewagen in 1. Klasse 4, in 2. Klasse 6 Liegeplätze. Zu viel an Komfort darf man sich nicht erwarten, sind aber in Italien preiswerter als in BRD, CH und A. Ein Liegewagenplatz 2. Klasse kostet auf innteritalienischer Strecke ca. 26 DM, auf grenzüberschreitenden Strecken nur geringfügig mehr (Schlafwagen das Dreifache).
**Tip** - Italienische Abteile haben oft Verschlußhebel, die nur von innen zu betätigen sind (gut wegen Diebstahlsgefahr).

## Sondertarife / Bahnpässe

• *Sondertarife* der DB (Stand '95): Sparpreis, zusammenreisende Personen fahren auf Inlandstrecken von mehr als 400 km mit diesem Festpreis günstiger als mit einer Normalfahrkarte - die erste Person zahlt auf dem deutschen Streckenteil 190 DM für Hin- u. Rückfahrt 2. Kl. (ICE 270 DM), bis zu vier Mitfahrern werden 50 % Rabatt auf den Sparpreis gewährt (Mitfahrer-Sparpreis 2.Kl. 95 DM, ICE-Mitfahrer-Sparpreis 135 DM). Lohnt sich, wenn der Wohnort weit von der Grenze entfernt liegt, im Fall Italien also für Reisende aus Mittel- und Norddeutschland. Bedingung ist gemeinsame Hin- u. Rückfahrt, Geltungsdauer 1 Monat. Früheste Rückfahrt möglich am Samstag nach dem ersten Geltungstag.

**ICE-Super-Sparpreis**, ist eine reine ICE-Ermäßigung für zusammenreisende Personen, gilt einen Monat lang (jedoch nicht an Freitagen und Sonntagen). Lohnt ebenfalls nur auf längeren Strecken - die erste Person zahlt 220 DM (incl. Zuschläge), bis zu vier Mitfahrer zahlen die Hälfte. Früheste Rückfahrt möglich am Samstag nach dem ersten Geltungstag.

**Bahncard**, bei besonders langen Anfahrten (z. B. Hamburg-Kufstein) macht sich die Anschaffung einer Bahncard (220 DM, 2. Kl.) langfristig bezahlt, denn man kann sie anschließend im innerdeutschen Bahnverkehr ein Jahr lang weiterbenutzen (50 % vom Normaltarif).

**Twenticket**, wer unter 26 ist und die Bahn nur für Hin- und Rückfahrt in Anspruch nimmt, sollte unbedingt mit einem solchen Ticket fahren. Gibts in DER-Reisebüros und bringt Ermäßigungen von ca. 20 %, Benutzung von EC/IC-Zügen ist zuschlagsfrei. Im Ausland kann man die Fahrt jederzeit unterbrechen.

• *Italienische Bahnpässe* (Stand '95): Ihre Anschaffung rentiert sich nur, wenn man viel mit der Bahn herumfährt. Man kann sie bei der Kölner Auslandsvertretung der italienischen CIT-Reisebüros (Compagnia Italiana Turismo) erwerben - 50667 Köln, Komödienstr. 49, Tel. 0221/2070916-18. In Italien gibt es die Netzkarten an den Bahn-Grenzübergängen, in großen Bahnhöfen u. Reisebüros.

**Biglietto turistico di libera circolazione** (BTLC), unbegrenzte Kilometer auf allen Strecken der FS (IC-Zuschläge und Platzreservierungen für zuschlagspflichtige Züge müssen extra gezahlt werden). Gibts für 8, 15, 21 oder 30 Tage (ca. 274, 342, 395, 479 DM, Kinder 4-11 J. die Hälfte). Gegen Zahlung des entsprechenden Aufpreises können die Karten an großen italienischen Bahnhöfen verlängert werden (max. jedoch nur um die ursprüngliche Geltungsdauer). Bei Kauf Paß vorlegen.

**Biglietto chilometrico**, mit dieser Fahrkarte der italienischen FS können bis zu 5 Personen in max. 20 Fahrten insgesamt 3000 Bahnkilometer abspulen. Kostet etwa 268 DM und gilt 2 Monate lang. Für Kinder von 4-11 J. wird nur die Hälfte der gefahrenen Kilometer berechnet.

**Carta verde**, mit dieser Karte bekommt, wer unter 26 ist, Ermäßigung von 20 % auf alle Bahnfahrkarten (1. + 2. Kl.). Erhältlich für L.40.000 gegen Vorlage des Reisepasses in allen größeren Bahnhöfen und Reisebüros Italiens.

Über 60 Jahre erhält man dieselben Ermäßigungen mit der **carta d'argento**.

• *Internationale Bahnpässe* (Stand '95): das neue **InterRail-Ticket** für alle unter 26 Jahre kostet 630 DM, gilt einen Monat lang und bringt unbeschränktes Bahnfahren auf den staatlichen Bahnnetzen von mittlerweile allen euopäischen Ländern außer Albanien (halber Fahrpreis im Land, in dem die Karte ausgestellt wurde). Außer dem Globalticket besteht auch die Möglichkeit, verschiedene geographische Zonen-Netzkarten zu wählen (insgesamt 7). Wer ausschließlich in Italien reist, ist mit den nationalen

# 40  Anreise

Pässen (s. o.) beser bedient, wer die Bahn nur braucht, um an- und wieder abzureisen, fährt mit Transalpino und Twentours günstiger. **Euro Domino** für alle; man kann Netzkarten von insgesamt 26 europäischen Ländern kaufen (außer Wohnsitzland) und kann dann innerhalb eines Monats pro Land an 3, 5 bzw. 10 Tagen das gesamte staatliche Bahnnetz benutzen (zuschlagspflichtige Züge ohne Aufpreis), Jugendliche bis 26 J. erhalten die Netzkarten verbilligt, Kinder von 4-11 J. um 50 % reduziert. Dazu gibts 25 % Ermäßigung für die Strecke vom Wohnort bis zur Grenze und für Strecken in Transitländern. Klingt zwar etwas kompliziert, kann sich aber lohnen, falls man nicht länger als einen Monat unterwegs ist. Man legt die 3, 5 bzw. 10 Tage am besten so an, daß An- und Rückfahrt, sowie 1, 3 bzw. 8 längere Bahnfahrten innerhalb Italiens abgedeckt sind. Die italienische Netzkarte (z. B. 5 Tage, 2. Kl.) kostet für Erwachsene 309 DM, für Jugendliche bis 26 Jahren 233 DM.

**Euro-Minigruppe**, gültig für Gruppen von 2-5 Personen auf 18 europäischen Bahnstrecken. Jugendliche unter 16 J. erhalten 50 %, über 16 J. 25 %. Mindestens eine Person muß unter 16 J. sein, und ein Erwachsener muß dabei sein. Bedingung ist gemeinsame Hin- und Rückfahrt auf internationalen Strecken.

**Rail Europ S** (1. und 2.Kl.), Senioren mit einer Senioren-Bahncard können auch im Ausland (auf 25 europäischen Saatsbahnen) ermäßigt reisen - wenn sie zusätzlich eine Rail-Europ-S-Karte kaufen.

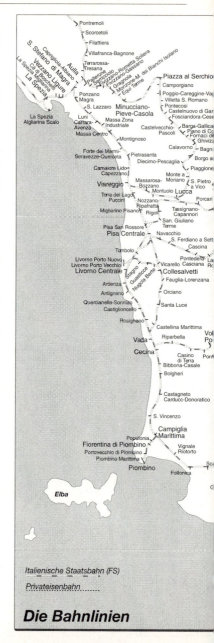

*Italienische Staatsbahn (FS)*

*Privateisenbahn*

## Die Bahnlinien

## Sondertarife / Bahnpässe 41

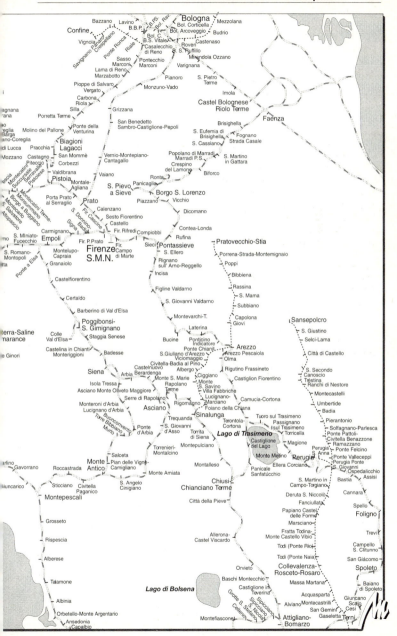

# Weitere Anreisemöglichkeiten

## Flugzeug

Alitalia startet von Frankfurt und München mehrmals täglich nach Florenz. Außerdem gibt es täglich Flüge von Frankfurt und München nach Pisa. Auch Lufthansa fliegt die toscanischen Städte täglich an. Details in den Flugplänen, die man sich schicken lassen kann, bzw. in IATA-Reisebüros.

Günstig sind die "flieg & spar"-Tarife, die gar nicht mal so viel teurer sind als der Zug. Jedoch muß man rechtzeitig buchen und sich terminlich flexibel zeigen, wenn man diese günstigen Preise ergattern will.

- *flieg & spar-Tarif*: Direktflüge mit der Lufthansa nach **Florenz** ab Frankfurt ca. 698 DM, ab München 598 DM. Auch ab Berlin gibt es neuerdings Direktflüge mit der East West Airlines nach Florenz (tägl. außer Sa/So).
Außerdem Direktflüge Frankfurt - Pisa.
**Konditionen**: einmaliges Umsteigen ist möglich, Hin- und Rückflug muß man fest buchen und spätestens 24 Std. nach Reservierung bezahlen. Aufenthaltsdauer bis zu drei Monaten, frühester Rückflug am Sonntag nach dem Hinflug. Bei Rücktritt vor Reiseantritt muß man eine Gebühr von 100 DM bezahlen, Erstattung für Rückflug möglich, jedoch zu ungünstigen Konditionen.
- *Jugendtarife*: Auf alle Flüge 25 % Jugendermäßigung (bis 24, bei Studenten bis 26 Jahren).
Flüge nach **Elba**, siehe Elba.

▸ **Inneritalienische Flüge**: praktisch zwischen allen Großstadtflughäfen, zu gemäßigten Preisen.

Die italienischen **Weekend-Preise** bringen Ersparnis bis zu 40 % (Hin- u. Rückflug an Sa oder So innerhalb von vier Wochen), Ermäßigung gibt es auch für Ehepaare, Familien und Jugendliche bis 22 Jahre.

▸ **Rail & Fly**: mit dem Zug zum Flug - preiswerte Möglichkeit, mit der Bundesbahn vom Heimatort zum Flughafen und wieder zurück zu reisen! Kostet in der 2. Klasse bei Entfernung bis zu 250 km für Einzelreisenden 99 DM hin und zurück (jede weitere Pers. 50 DM, Kind von 4 bis 11 J. 10 DM), ab 251 km 140 DM (jede weitere Pers. 70 DM, Kind 10 DM). Die Strecke vom Bahnhof zum Airport und umgekehrt ist inbegriffen.

## Mitfahrzentralen

Preisgünstige Lösung für Fahrer und Mitfahrer - ersterer spart Benzinkosten, letzterer kommt ein ganzes Stück billiger als mit der Bahn über die Alpen. Vor allem in Groß- und Universitätsstädten der Bundesrepublik existieren mittlerweile rund 100 Mitfahrzentralen (MFZ), die Fahrer und Mitfahrer vermitteln.

Wer also mit einem PKW nach Oberitalien fährt und noch Mitfahrer für die Anreise sucht, ruhig mal bei der nächstgelegenen Zentrale anrufen. Dasselbe gilt für alle, die eine *MFG* (Mitfahrgelegenheit) suchen. Meist wird man schnell fündig. Viele Angebote auch an den Schwarzen Brettern von Unis und in einschlägigen Kneipen.

Falls der Fahrer ein anderes Ziel hat als ein Mitfahrer, kann man sich natürlich auch auf ein Teilstück der Strecke einigen, und der Mitfahrer legt den Rest seiner Route mit Bahn oder Daumen zurück.

- *Kosten*: falls es zur Vermittlung durch eine MFZ kommt, muß der Mitfahrer als Fahrpreis einen von der MFZ festgelegten **Benzinkostenanteil** an den Fahrer zahlen. Zusätzlich werden eine **Vermittlungsgebühr** und eine kleine Summe für die **Insassenversicherung** an die MFZ fällig (für den Fahrer fallen keinerlei Kosten an).
Derzeitiger Preis **München - Florenz** ist beispielsweise ca. 59 DM pro Pers (inkl. Vermittlungsgebühr).

## Fahrrad

**Ist in der Toscana aufgrund der vielen Steigungen eine schweißtreibende Angelegenheit. Zur Anfahrt über die Alpen und zur Durchquerung des steilen Apennin sollte man reichlich Kondition mitbringen.**

Italien ist das klassische Land des Radsports, fast alle Italiener lieben schicke Räder - wer mit dem Rennrad unterwegs ist, erregt viel Aufmerksamkeit. Vor allem in der brettflachen Po-Ebene fährt jeder Rad, dieser Sport ist hier ähnlich populär wie in Holland. Markierte Radwege gibt es allerdings kaum - nur im Po-Delta um Ferrara und Ravenna sind mehrere hundert Kilometer für Radfahrer ausgebaut.

Die meisten Straßen am Stiefel sind problemlos zu befahren - italienische Autofahrer sind im allgemeinen rücksichtsvoll (entgegen ihrem Ruf!), hupen vor dem Überholen kräftig und machen, wenn möglich, einen großen Bogen um den Radler. Nicht erschrecken beim Hupen, ist als wohlgemeinte Warnung gedacht!

- *Anreise per Bus und Fahrrad:* Das **ADFC-Fahrrad-Reisebüro** in Bremen bietet für Fahrradfahrer wohl die interessanteste Anreisemöglichkeit. Ab Anfang April bis Ende Sept. fahren wöchentlich Omnibusse mit Anhänger für die Räder direkt nach Florenz/Livorno. Wichtig ist das rechtzeitige buchen. Abfahrtsrouten: 1) Frankfurt, Stgt, München; 2) Osnabrück, Dortmund; 3) Hamburg, Berlin. Preis ab München ca. 275 DM. Adresse: Velomobil GmbH, Pf 107 747, 28077 Bremen, Tel. 0421/34639-16.

- *Anreise mit per Bahn und Fahrrad:* Fahrradmitnahme im gleichen Zug zur Zeit nur noch mit dem Eurocity Raffaelo (Zürich - Rom) möglich, und auch dieses Angebot ist auf den 1. April - 25. Juni ('95) begrenzt. Preis ca. L. 45.000. Für aktuelle Infos: Rufen Sie bei den Italienischen Staatsbahnen in München an: 089/591597,

Früher konnte, wer nicht über die Alpen strampeln wollte, den Drahtesel mit der Bahn als Vorausgepäck zu einem italienischen Bahnhof seiner Wahl schikken. Mittlerweile haben die italienischen Staatsbahnen diesen Service storniert! Man kann Räder nur noch als **Kleingut im Güterverkehr** aufgeben. Das dauert ca. 1 Woche und kostet vor allem wesentlich

## 44  Anreise

mehr: Ehemalige Gepäck-Pauschalpreise von 15 DM haben sich auf Transportkosten von ca. 200 DM gesteigert. Wichtig - empfindliche Teile des Rads gut einpacken, beim Bahntransport wird es nicht immer mit Samthandschuhen angefaßt! Der Versand/Empfang wird durch die Beteiligungsgesellschaft Omniaexpress durchgeführt.

• _Fahrradmitnahme innerhalb Italiens_: Im italienischen Kursbuch mit dem Symbol _Bici-Zug_ gekennzeichneten Zügen ist eine Mitnahme möglich. Satteltaschen und anderes Gepäck darf nicht auf den Rädern bleiben. Die Gebühr beträgt unabhängig von der Entfernung L. 5000.

▶ **Wahl des Fahrrads**: ein berggängiges Rad mit umfangreicher Gangschaltung bringt große Vorteile. Grundsätzlich genügt zwar ein _Dreigang-Rad_ - man muß aber immer damit rechnen, einen halben Tag bergauf schieben zu müssen (für die Talfahrten auf jeden Fall eine _zweite Handbremse_ montieren, beide Bremsen neu abgleichen und einen Ersatzbremszug incl. Verschleißteile wie Bremsklötzchen mitnehmen).
Sinnvoller ist ein _12-Gang-Tourenrad_ (ca. 14 kg schwer) mit einem speziellen hinteren Schaltwerk für Bergfahrten. Kettenräder vorne 42/52 Zähne, Ritzel 14 bis 31 Zähne. Gepäckträger hinten, beladen mit höchstens 16 kg incl. Wasser und Verpflegung. Das Fahren mit Pedalhaken, Riemen und Rennsportschuhen mit Pedalklammern erfordert Übung (vor allem beim Absteigen, denn die Füße sind während der Fahrt festgeschnallt), aber am Berg ist das wie ein zusätzlicher Gang mehr. Weiterhin überlegenswert - die _Reifenbreite_. Schmale Reifen rollen zwar schnell, haben aber kaum Federung, breite Reifen erfordern höheren Kraftaufwand, sind aber bequemer für den Fahrer.

• _Gepäck/Werkzeug:_ das Gepäck in **wasserdichten Packtaschen** am Hinterrad verstauen. Falls nötig, vorne einen zusätzlichen Gepäckträger installieren. Bei zu viel Gewicht können Speichenbrüche die Folge sein. Da es, außer in den Großstädten, kaum Fahrradwerkstätten gibt, Zahnkranzabnehmer, Ersatzspeichen passender Länge (sicherheitshalber eventuell noch um 1 mm abfeilen), Nippel und Speichenschlüssel mitnehmen.
Wichtig - genügend **Ersatzmaterial** für Gangschaltung, Bremsen und Reifen einpacken - in Italien werdet ihr nicht immer das Richtige bekommen. Ansonsten natürlich fahrradspezifisches Werkzeug, ausreichend **Flickzeug** und zwei Ersatzschläuche mitnehmen. Um mehrere 'Platten' werdet ihr kaum herumkommen!

• _Kleidung_: **Rennhosen** mit Innensitzleder (eincremen) sind empfehlenswert, fährt man mehr als 50 km am Tag. Gegen die Sonne unbedingt eine Kopfbedeckung (z. B. Rennmütze) sowie **Sonnencreme** mitnehmen, Lichtschutzfaktor mindestens 10, besser mehr. Zwei Tuben vor der Reise kaufen, in Urlaubsgebieten gibt es sowas erfahrungsgemäß nicht immer. Alle freien Körperteile eincremen, erst spät am Abend merkt man, wo man es vergessen hat!
Wasserdichte (aber luftdurchlässige!) Kleidung ist ebenfalls sinnvoll, optimal ist Goretex (oder Sympatex), leider sündhaft teuer.

• _Karten_: möglichst wenig, bei Großfahrten wird das sonst zu schwer, trotzdem: Maßstab 1:200.000 bis 1:300.000 ist ideal.

## Von Mittenwald nach Bologna

Hinter Scharnitz steigt die Straße stärker an, dann folgt bald der gefürchtete *Zirler Berg* - breit ausgebaute Straße mit 16 % Gefälle hinunter ins Inntal! Radfahrer müssen hier theoretisch bergab schieben - wer das Schild "übersieht", sollte unbedingt vorher seine Bremsen überprüfen, Lebensgefahr!

Über Innsbruck dann auf der kurvigen Bundesstraße 182 hinauf zum *Brenner-Paß*, unterhalb des Passes kommt noch eine stärkere Steigung. Einmal "über den Berg", geht es bis in die Poebene bergab! Zuerst über *Bozen* zum idyllischen *Kalterer See (Lago di Caldaro)*. Dort zwei Zeltplätze direkt am Seeufer, rundum viel Weinanbau.

Am nächsten Tag auf schmalen Straßen nach *Trento* und weiter nach Riva del Garda am Nordende des *Gardasees*. Die Uferstraßen sind berüchtigt - schmal und unbeleuchtete Tunnels mit starkem Gegenverkehr. Die Ostseite ist nicht ganz so tückisch. Aber unbedingt mit Licht fahren! Bequeme Alternative - von Riva del Garda per Schiff nach *Sirmione* am Südende des Sees (Fahrradtransport möglich). Am Ostufer und an der südlichen Seeseite gibt es zahllose Campingplätze.

Vom Gardasee ist man rasch im nahen *Verona*, südlich des Sees beginnt die *Poebene*. Hier kann man seinen Tritt finden, ausschließlich Flachland, kleine Straßen zwischen großen Feldern, fruchtbare Kulturlandschaften. Erinnert an Holland. In *Mantua* Zeltplatz Sparafucile bei der Jugendherberge, ca. 3 km vom Zentrum.

Ab Mantua weiter durch die Poebene bis **Bologna** fahren. Dort endet die Staatsstraße (SS 9) in einer Stadtautobahn. Am besten weiter stur nach Wegweisern radeln, Polizei macht nichts. Camping Piccolo Paradiso (sehr schön!) liegt 16 km südlich an der SS 64 bei Sasso Marconi. Die SS 64 führt über das Apenningebirge nach **Pistoia** - steile grüne Hänge, wilde Felszacken. Höchster Punkt: **Passo della Porretta**, 932 m über Meeresspiegel. Von Pistoia aus sind es nur noch ca. 40 km bis Florenz.

## Trampen

Nach Italien in der Regel kein Problem. Am besten schon an einer bundesdeutschen Autobahnraststätte versuchen, einen Fahrer zu bekommen, der über die Alpen fährt. In Italien ebenfalls an Autobahnraststätten stehen oder an Auffahrten (vor dem Autobahnschild). Günstig sind auch Mautstellen, allerdings gibts dort gelegentlich Ärger mit der Polizei. Direkt an der Autobahn trampen ist zwecklos und streng verboten.

Am besten funktioniert das Trampen allein. Zu zweit gehts meist reibungsloser, wenn ein Mädchen dabei ist (wirkt für den Fahrer vertrauenswürdiger). Mädchen sollten keinesfalls allein trampen. Ein bißchen aufs Äußere achten, kann ebenfalls viel bringen. Wichtige Regel außerdem - bei italienischen Autos mit Temperament auf sich aufmerksam machen. Bewegungslose Statuen am Wegesrand werden übersehen. Wenn gar nichts mehr läuft - die italienischen Staatsbahnen sind ausgesprochen preiswert (siehe unten)!

- *Tips*: gutes **Kartenmaterial** mitnehmen (wichtig, daß Raststätten eingezeichnet sind!).

  **Schild** mit eurem Fahrtziel bzw. der Richtung, in die ihr mitgenommen werden wollt. **Nachts** nur an beleuchteten Stellen stehen.

  **Geld/Reiseschecks** immer am Körper tragen. Vorsicht beim Aussteigen, wenn das Gepäck noch im Auto ist.

  **Stift** griffbereit, um sich notfalls die Autonummer notieren zu können. Auch Wagentyp und Farbe merken.

- *Versicherung*: in der **BRD**, **Österreich** und der **Schweiz** trägt die Haftpflicht-Versicherung des Fahrers bei einem Unfall auch die Kosten, wenn ein mitreisender Tramper zu Schaden kommt. Allerdings nur bis zur festgelegten Deckungssumme - üblich sind in der BRD 2 Millionen DM bzw. unbegrenzt. Bei den Automobilclubs gibt es Vertragsformulare, in denen der Fahrer von einer die Deckungssumme übersteigenden Haftung freigestellt wird **(Haftungsbeschränkungserklärung)**. Diese müßte er sich von einem Mitreisenden unterschreiben lassen, Unterschrift nur gültig, wenn der Unterzeichnende volljährig ist. Vor strafrechtlicher Verantwortung kann man sich jedoch nicht befreien: Ein Autofahrer, der schuldhaft einen Unfall verursacht, bei dem ein mitfahrender Tramper verletzt wird, muß mit einem Verfahren wegen fahrlässiger Körperverletzung rechnen. Dieses Risiko ist durch nichts auszuschalten.

  In **Italien** sind zum einen die Haftpflichtsummen äußerst niedrig, zum anderen sind Tramper über die Haftpflichtversicherung eines italienischen Fahrers nicht mitversichert! Tramper sollten deshalb für die Dauer des Aufenthalts besser eine zusätzliche **Unfallversicherung** abschließen.

# Unterwegs in der Toscana

▶ **Überlandbusse:** Ein dichtes Netz von Busrouten zahlreicher Gesellschaften ergänzt die Bahnstrecken. Benutzung in erster Linie sinnvoll für Orte, die keine Schienenverbindung haben - speziell in den Alpenregionen wird man häufig auf den Bus umsteigen müssen. Auch kleinste Orte werden angefahren. Wenn man jedoch die Wahl hat zwischen Bahn und Bus, reist man per Zug meist schneller (ausgenommen "Locale"-Züge).

Die Terminals liegen oft in der Nähe des Hauptbahnhofs (Details in den Ortstexten). Fahrscheine rechtzeitig besorgen, Busse sind oft überfüllt. An Sonntagen stark eingeschränkter Verkehr!

▶ **Stadtbusse:** Oft etwas chaotisch wirkendes System - Endstationen sind selten an den Bussen angeschrieben, ebenso kann man an den Haltestellen kaum etwas über die Streckenführung, Verkehrszeiten und Häufigkeit der Verbindungen nachlesen. Durchfragen ist angesagt.

Kostenpunkt in den Städten meist um die 1400 Lire. Wichtig: Die Tikkets muß man *vor der Fahrt* in Kiosken, Tabakläden und Bars kaufen, am besten gleich mehrere auf einmal. Im Bus entwerten, falls der Automat funktioniert.

▶ **Taxi**: Etwas preiswerter als bei uns - allerdings gibt es auf den Grundpreis zahlreiche Zuschläge: für Feiertage, Gepäck, Nachtfahrten, Fahrten von und zum Flughafen. Darauf achten, daß der Taxameter eingeschaltet ist.
*Taxistände* sind in den gelben Seiten der Telefonbücher verzeichnet.

▶ **Mietfahrzeuge**: In allen Städten und Flughäfen, außerdem in vielen großen Touristenorten sind die bekannten internationalen Firmen Avis, InterRent/Europcar, Hertz und Budget vertreten, zusätzlich italienische Firmen wie Eurodollar und Maggiore. Die Wagen sind vergleichsweise teuer, die Tagestarife setzen sich meist aus einem Grundbetrag und einer Pauschale pro gefahrenem Kilometer zusammen (oder höherer Tarif ohne Pauschale, der etwa dem Grundbetrag plus Kilometergeld für 100 km entspricht). Wenn man viel unterwegs sein will, fährt man mit dem *Wochentarif* meist günstiger, bei dem kein Kilometergeld kassiert wird. Bei manchen Firmen gibt es ermäßigte *Wochenendtarife* (Fr nachmittag bis Mo früh). Im Preis inbegriffen sind Haftpflichtversicherung und manchmal Teilkasko mit Selbstbeteiligung (die man gegen Aufpreis wegversichern kann). Generell darf man erst ab 21 Jahren einen Wagen ausleihen, 1 Jahr Fahrpraxis ist Bedingung.
**Fahrradverleihstellen** sind bisher noch unterrepräsentiert, und meist nur in größeren Städten zu finden.

# Reisepraktisches von A - Z

## Ärztliche Versorgung

Wer in einer gesetzlichen Krankenkasse ist, sollte den Anspruchsschein für ärztliche Behandlung in EU-Ländern mitnehmen (E 111). Das Formular gibt's bei der eigenen Krankenkasse.

Den E 111-Schein schon vor der Abreise soweit wie möglich ausfüllen. Im Krankheitsfall damit zur nächsten *Unità Sanitaria Locale*, der örtlichen Niederlassung des staatlichen italienischen Gesundheitsdienstes. Dort bekommt man einen italienischen Krankenschein. Das kann je nach Andrang seine Zeit dauern (meistens sind die U.S.L.-Büros überfüllt). Man sollte deshalb versuchen, sich direkt an den Leiter *(capo)* bzw. den leitenden Arzt *(primo medico)* zu wenden, nicht an die normalen Kundenschalter. Mit dem glücklich erworbenen Schein kann man dann endlich einen Arzt aufsuchen und sich kostenfrei behandeln lassen - allerdings nur in einer Praxis, die das Papier der ständig am Rande der Zahlungsunfähigkeit schwebenden staatlichen Krankenkasse auch anerkennt. Die italienische Kasse rechnet dann mit der eigenen Kasse ab.

Wichtig - da viele Ärzte den Krankenschein des staatlichen Gesundheitsdiensts nicht annehmen, kann es vorkommen, daß man bar bezahlen muß. Gegen eine genaue Quittung *(ricevuta fiscale)* des behandelnden Arztes, die Diagnose, Art und Kosten der Behandlung beinhalten sollte, erhalten Sie aber Ihre Ausgaben zu Hause von Ihrer Krankenkasse zurückerstattet. Trotzdem kann der Abschluß einer zusätzlichen **privaten Auslandskrankenversicherung** sehr sinnvoll sein, wie sie die die meisten privaten Krankenversicherer (auch für Mitglieder gesetzlicher Kassen) und manche Automobilclubs preiswert anbieten (unter 1 DM pro Tag). Diese deckt nämlich außer den Apothekenkosten auch einen aus medizinischen Gründen notwendig gewordenen Rücktransport nach Hause ab.

Für **Österreicher** ist der oben beschriebene Ablauf ebenfalls gültig (Anspruchsformular SE 100-07).
**Schweizer** müssen ihre Behandlungskosten selbst bezahlen.

● *Notruf* (soccorso pubblico di emergenza): **Tel. 113** wählen (einheitlich in ganz Italien), Adresse nennen und um Unfallhilfe (pronto soccorso) bitten - die Polizia am anderen Ende der Leitung schickt dann die Ambulanz.

● *Erste Hilfe* (soccorso medico urgente): in Touristengebieten gibt es während der Saison in so gut wie jedem Ort eine von der Comune unterhaltene Station der **guardia medica turistica**, in der angehende Ärzte Erste Hilfe leisten. Eine vor-

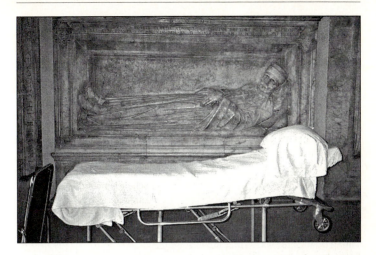

*Krankenbahre vor einem Grabmal im Ospedale della Scala in Siena*

bildliche Einrichtung, denn die Behandlung dort ist kostenlos. Das behandelnde Personal ist sachkundig, schreibt Rezepte aus, gibt Medikamente und Spritzen und ist zudem sehr hilfsbereit.

• *Apotheken*: (farmacia) können bei kleineren Wehwechen den Arzt ersetzen. Viele Medikamente sind rezeptfrei erhältlich, darunter auch verschiedene Antibiotika. Apotheken sind in der Regel Mo-Sa 8.30-13 u. 16.15-19.45 h geöffnet, Not- und Wochenenddienste sind an jeder Apotheke angeschlagen.

• *Privatversicherung*: falls Sie privat versichert sind, müssen Sie anfallende Rechnungen selbst bezahlen. Gegen genau ausgefüllte, quittierte Rechnungen erstattet ihre Kasse nach der Rückkehr die aufgewendeten Beträge - allerdings nur soweit, wie sie der italienische Gesundheitsdienst ebenfalls getragen hätte. Prüfen Sie, ob ihre Kasse auch etwaige Rücktransportkosten übernimmt.

# Botschaften

Nur in Notfällen (z. B. Verlust sämtlicher Reisefinanzen) aufzusuchen. Mit Überbrückungshilfe sieht's aber schlecht aus. Meist wird man aufgefordert, sich das nötige Geld für die sofortige Heimreise von zu Hause schicken zu lassen. Verständlich, wenn man bedenkt, daß jährlich Hunderte von Urlaubern bei der Botschaft anklopfen und um Geld bitten, das sie dann oft erst nach zähen Mahnungen zurückzahlen. Im wirklich akuten Notfall wird aber weitergeholfen - Bahnkarte plus etwas Verpflegungsgeld für unterwegs. Selbstverständlich sind alle Auslagen zurückzuzahlen.

**Deutsche Botschaft**: Rechts- und Konsularreferat, Via F. Siecci 2/C-4, I-

00198 Roma, Tel. 06/884741.
- *Generalkonsulate*: 50123 *Firenze*, Konsul Horst Dedecke, Lungarno Vespucci 30, Tel. 294722. Zuständig für die Provinzen Arezzo, Pistoia, Siena, Florenz. Montag-Freitag 9.30-12.20 Uhr.
57100 *Livorno*, Piazza della Vittoria 56, Tel. (0586) 890008, zuständig für die Provinzen Grosseto, Lucca, Pisa, Livorno.
**Österreichische Botschaft**: Via Pergolesi 3, I-00198 Roma, Tel. 06/8558241.
- *Generalkonsulat*: 50122 Firenze, Via dei Servi, 9, Tel. (055) 2382008.
**Schweizer Botschaft**: Via Barnaba Oriani 61, I-00197 Roma, Tel. 06/8083641.
- *Generalkonsulat*: Firenze, c/o Hotel Park Palace, Piazzale Galileo 5, Tel. 222.434.
**Italienische Botschaften**:
**in der BRD**: Karl-Finkelnburg-Str. 51, 53173 Bonn 2, Tel. 0228/82006-0.
**in Österreich**: Metterlinggasse 13, A-1030 Wien, Tel. 1/71251210.
**in der Schweiz**: Elfenstr. 14, CH-3000 Bern, Tel. 031/444151.

# Eintrittspreise

Die Toscana weist die größte Dichte an Kunstschätzen in Italien auf. Da die Italiener dies inzwischen gut zu vermarkten wissen, kommt ein ausgiebiger Kulturtrip den Interessierten entsprechend teuer. Dasselbe gilt auch für Tanz- und Musikschuppen.

**Schlösser**: Liegen preislich etwas unter Museen, oft ist eine Führung inbegriffen.

**Kirchen**: erfreulicherweise immer frei - Sakristei, Kirchenschatz, Dommuseum und andere "Extras" kosten dafür meist etwas. Bitte darauf achten: Der Zugang zu den Hallen Gottes ist nur in "anständiger" Kleidung gestattet - keine Shorts, keine Träger-Shirts und nackte Schultern!

**Museen und Galerien**: die Preise liegen hoch - von 5 bis 14 DM, je nach touristischem "Wert" der Ausstellung. Studentenermäßigung gibt es in ganz Italien nicht (Ausnahme: Vatikanische Museen im Rom), manchmal jedoch freie Eintrittstage.

**Musikclubs bzw. -lokale**: Oft wird eine Mitgliedskarte verlangt, die sog. *Tessera* - aus dem einfachen Grund, um Geld zu sparen (die Lizenzen für Musiklokale sind deutlich teurer als für "Clubs"). Die Tessera kostet meist nur ein paar Mark, und man kann sie auch für einen einmaligen Besuch erwerben. Da die Strafen hoch sind, wenn bei Polizeikontrollen Besucher ohne Clubausweis erwischt werden, wird Eintritt ohne Tessera nur sehr selten gewährt - einfach fragen.

**Diskotheken**: sehr teuer, unter 20 DM läuft selten etwas, meist werden es 30 DM (ein Getränk frei).

# Essen & Trinken

Die toscanische Küche ist bekömmlich - gekocht wird in traditionell mit wenig Fett und viel Gemüse; das Fleisch wird oft über Holzkohle gebraten. Eine gewisse Verwandtschaft zur französischen Küche besteht.

Auch in Italien begnügt man sich nicht mit einem Hauptgericht - der Magen wird durch diverse *Vorspeisen* und am besten noch durch einen Campari als Aperitiv auf das Hauptgericht vorbereitet.

Als *primo piatto* (erster Gang) gibt es dann eine Suppe oder eine Pasta

## Essen und Trinken 51

(Teigware), obwohl in der Toscana Nudelgerichte eigentlich nicht zur traditionellen Küche zählen.

Der Hauptgang, das *secondo*, mit Fleisch oder Fisch (teuer), wobei Beilagen (*contorni*) meist extra bestellt werden müssen.

In Orten, die touristisch angehaucht sind, werden sogenannte Festpreismenüs *(Menù a prezzo fisso* oder *Menù turistico)* angeboten - oft die einzig preiswerte Art, seinen Magen mehr oder weniger angenehm gefüllt zu bekommen. Wer es liebt, *à la carte* zu speisen, wird tiefer in die Tasche greifen - auf den Listenpreis kommen noch 12 - 15% Bedienung *(Servizio)* und ca. 2 DM für das Gedeck *(Coperto)* dazu! Und noch etwas: In kaum einem anderen europäischen Land verrechnen sich die Ober so häufig wie in Italien - also immer nachzählen und sich eine Rechnung *(Ricevuta Fiscale)* aushändigen lassen!

*Das Ristorante »il Bargello« in Florenz hat die dekorativen 10 Sterne inzwischen wieder übermalt - wirkte abschreckend teuer.*

**Die Lokale**: die Unterschiede zwischen den einzelnen Gattungen verwischen sich zusehends. Gemeinsam ist, daß sie fast alle einen Ruhetag in der Woche haben (an der Tür angeschlagen).

**Ristorante**: mehr das gehobene (auch preislich!) Speiselokal, wohin man seine Freunde und Geschäftspartner ausführt. Reiche Auswahl an antipasti, die oft fein säuberlich in der Nähe des Eingangs aufgereiht sind. Geboten sind allgemeine italienische Küche und regionale Spezialitäten, die je nach geographischer Lage ihren Schwerpunkt auf Fleisch oder Fisch haben.

**Trattoria**: seinem Ursprung nach die einfache, bodenständigere, ursprünglich auch preiswertere Variante. Oft Familienbetriebe seit Generationen, in denen man weiß, was schmeckt und hauptsächlich die regionale Küche pflegt. Inzwischen hat sich manches geändert - so nennen sich viele Ristoranti Trattoria, sei es, um gewisse "Volkstümlichkeit" vorzuspiegeln, sei es, weil man sich wirklich dieser Tradition verpflichtet fühlt und entsprechend arbeitet. Hierbei oft echte Volltreffer, was die Qualität der Speisen angeht! Wichtig jedoch - die Bezeichnung Trattoria sagt nichts über die Preise aus, meist ißt man dort genauso oder fast genauso teuer wie im Ristorante. Generell vorher einen Blick auf die Karte werfen, um vor unliebsamen Überraschungen sicher zu sein.

**Osteria**: selten geworden, traditionell das Gasthaus um die Ecke, wo die Arbeiter und Angestellten in der Mittagspause essen und man sich abends zum Weintrinken trifft. Doch auch hier zunehmend der Trend, daß sich hinter der Bezeichnung 'Osteria' oder 'Hostaria' superteure Luxusschuppen verbergen.

**Pizzeria**: Wer auf Nummer Sicher gehen will, sowohl preislich wie auch vom wenig "exotischen" Angebot. Bestellungen von einem einzigen Gericht sind üblich, sei es Pizza oder eine Nudelspeise incl. Salat. Nicht von ungefähr trifft man dort meist die Ortsjugend, die in den teuren Ristoranti höchstens im Familienverband auftaucht.

**Birreria**: entgegen dem Namen nicht eine Kneipe, in der nur getrunken wird, sondern ein Bierlokal, in dem ganze Mahlzeiten serviert werden. Man trifft sich hier zum Essen und Biertrinken.

**Enoteca oder Vinaio**: Weinlokal mit meist großem Angebot regionaler und überregionaler Weine. Man ißt ein paar Snacks und kostet sich durch die Weinkarte.

**Tavola Calda/Rosticceria**: den ganzen Tag warm gehaltene Speisen, viele Salate, Sandwiches (panini) etc. Meist relativ preiswert, Speisen oft zum Mitnehmen.

**Self-Services**: in den Großstädten inzwischen weit verbreitet. Neben der internationalen Hamburgerkultur gibts erfreulicherweise oft eine reichhaltige Salatbar und diverse italienische Gerichte, ansonsten auch Pizza vom Blech, Faßbier etc. Vorzugsweise die Self-Service-Ketten 'Brek' und 'Ciao Ciao' bieten oft gute Küche.

**Bar**: an jeder Straßenecke - hier kehrt man tagsüber im Vorübergehen ein, um an der Theke einen caffè, ein Gläschen Wein oder einen Grappa zu schlürfen, ein paar Worte zu wechseln und sich von der Arbeit zu erholen. Abends fungiert die Bar als Treffpunkt der Männer aus der Umgegend, meist geht es hoch her.
Sitzgelegenheiten sind traditionell rar, man diskutiert im Stehen. Inzwischen haben viele Bars auch Stühle und Tische im Freien, an denen man oft deutlich mehr zahlt als am Tresen.

**Caffè**: Übergänge zur Bar fließend. Entspricht unserem Café, meist mit ausgedehnter Freiluftzone an exponierten Plätzen und Straßen. Wenn man Platz nimmt, sind die Preise stolz - ein kleines Bier (0,3 ltr.) kostet beispielsweise um die 7 DM, aber auch Büchsengetränke wie Cola etc. machen auf die Dauer arm. Besser fährt man mit einem Glas Wein (un bicchiere di vino).

## Frühstück *(prima colazione)*

Kann man sich in Italien abgewöhnen. Kaum ein Italiener frühstückt kräftig, meist reicht ein Hörnchen *(cornetto)* in der nächsten Bar, dazu ein hastig runtergekippter Cappuccino. Dementsprechend gibt es kaum Cafés mit Frühstücksangebot - man kann sich aber meist einen Toast oder ein belegtes panino bestellen. Auch in den Hotels fällt die erste Tagesmahlzeit äußerst bescheiden aus.

## Vorspeisen *(antipasti)*

Meist sehr individuell nach Art des Hauses zusammengestellt. Typisch z. B. geräucherter Schinken mit Melone oder spezielle toscanische Hartwurstsorten - garniert mit Oliven und manchmal auch etwas Salat; oder auch *frutti di mare*, ein leckerer Meeresfrüchtesalat. *Mallegato, Biroldo*: Blutwürstchen mit Schweineblut und Fleischstückchen. *Finocchiona*: eine mit Fenchel gewürzte Salami-Art.

## Essen und Trinken

*Frischgebackenes Fladenbrot (Torta calda) im Caffè Universal*

### Erster Gang *(primo piatto)*

**Minestre**: Darunter werden Teigwaren, Suppen und Reisgerichte verstanden.

**Suppen** *(zuppe):* Am bekanntesten ist die *Minestrone*, eine dicke Gemüsesuppe mit allem, was der Garten zur entsprechenden Jahreszeit hergibt. Typisch für die Toscana sind *Minestrone lunigianese* mit Bohnen, Kastanien, Reis und diversen Kräutern. Eine reichhaltigere Abart ist die *Minestrone alla Casalinga* mit Kartoffeln, Sellerie, Tomaten, Kohl, pürierten Bohnen und Nudeln. In einfachen Trattorie kommt auch häufig *Consome* (Fleischbrühe) mit Hühnerfleisch und Nudeln auf den Tisch.

**Teigwaren** *(pasta asciutta):* Als Vor- oder Hauptgericht. Es gibt im Land einige Hundert verschiedene Nudelarten, die sich durch Rezeptur, Form oder Füllung unterscheiden. Gute Trattorie verzichten auf die industriell hergestellten Teigwaren, sie machen sie selber oder kaufen beim Nudelbäcker ein.

**Pizze** sowohl als *primo piatto*, als auch als eigenständige Mahlzeit möglich (Pizzeria). Die italienischen Pizzabäcker im deutschen Exil gehen verschwenderisch mit dem Belag um - dicke Schinkenscheiben und viel Käse sorgen dafür, daß der trockene Boden nicht mit dem Mund in Berührung kommt. Daß in Italien sparsamer damit umgegangen wird, enttäuscht oft ein wenig - trotzdem, für den Budget-Touristen oft die einzige Möglichkeit, eine preiswerte, warme Mahlzeit zu bekommen.

## Hauptgerichte *(secondi piatti)*

Ob Fisch oder Fleisch muß die individuelle Gaumenlust entscheiden. Als *contorni* (Beilagen) kommen häufig Bohnen oder Tomaten auf den Tisch. Leider oft nur in dekorativen Dosierungen, sie müssen, wie gesagt, normalerweise extra bestellt werden. Im Süden schätzt man ausgereiftes Gemüse/Obst weit weniger als bei uns - die Tomaten kommen deshalb oft noch grün auf den Teller, wobei die gallertartige Fruchtfüllung entfernt wurde, um damit die Minestrone anzureichern.

**Fleischgerichte**: Bekanntes Beispiel ist das "Beefsteak auf Florentiner Art" (*bistecca alla fiorentina*). Es wird ohne Fett und ungesalzen auf den Holzkohlegrill gelegt, damit der Saft nicht verlorengeht. Das Lendenstück soll mindestens 500 Gramm schwer sein und wird erst nach dem Braten (ca. 10 - 14 Min.) zerlegt. Probieren Sie es einmal in einem Florentiner Restaurant, allerdings nicht billig!

**Fischgerichte**: Wegen der Meeresnähe große Auswahl an Fisch und Krebsgetier. Auf jeden Fall die Fischsuppe von Livorno probieren (*Cacciucco*) - ein duftendes Vielerlei aus Krabben, rosig-zarten Tintenfischchen, Aal, Langusten u. a. in einem fein abgeschmeckten Sud.

## Eis *(gelato)*

Das italienische Eis ist das beste der Welt! Seine Herstellung gilt fast als Kunst - "gelato artigianato", wie man oft liest, heißt nicht künstlich hergestellt, sondern vielmehr kunstfertig. Die angebotenen Sorten gehen meist in die Dutzende.

Herrlich erfrischend und aromatisch ist auch *granita*, ein flüssig-körniges Eisgemisch, das in großen Rührgeräten den ganzen Tag über frisch gehalten wird - häufige Geschmacksrichtungen sind *menta* (Minze), *limone* (Zitrone), *aranciata* (Orange) und *caffè*.

## *Toscanische Spezialitäten*

* *arista alla fiorentina:* deftige Scheiben Rinderlende (die würzigsten kommen aus dem saftiggrünen Chiana-Tal). Das Fleisch wird mit Öl und Knoblauch eingerieben und mit Rosmarin gewürzt. Anschließend auf Holzkohle gebraten. Serviert mit zerlassener Butter, Spinat, Gemüse, oft auch mit Pilzen garniert.

* *calamari ripieni:* Tintenfische, gefüllt mit Ei, Knoblauch, Petersilie und Semmelbrösel, kräftig gewürzt und in Öl gebraten. Dazu Tomatensoße.

* *finocchi in tegame:* Fenchel, mit Knoblauch und Zwiebeln in Öl weichgedünstet.

* *lombatine di vitella con funghi:* Kalbslende in Butter gebraten, mit

Champignons und Tomatensoße weichgeschmort.
* *pesto:* Basilikumsoße mit püriertem Knoblauch, Pinienkernen, Pecorino-Käse, Öl, Majoran.
* *polenta alla toscana:* Gerösteter Maisbrei mit Kalbfleischwürfeln, Zwiebeln, Petersilie, Rosmarin, schwarzen Oliven, überstreut mit geriebenem Parmesankäse.
* *pollo alla fiorentina:* gewürzte Hühnerfleischstückchen, werden in einem Ausbackteig goldbraun frittiert.
* *polpette:* Hackfleischbällchen mit Petersilie, rohen Schinkenstückchen, Ei, Muskatnuß und geriebenem Parmesankäse.
* *salsa d'erbe all'uso toscana:* toscanische Kräutersoße mit in Olivenöl eingeweichtem Weißbrot, Knoblauch, Oliven, Estragon, Oregano, Essig.
* *trippa alla fiorentina:* gekochte Kutteln mit Zwiebeln, Tomatenmark, Petersilie, Salbei und geriebenem Parmesankäse.

## Wein

Der rubinrote Chianti spritzte nur so; die *fiaschi* - Flaschen, dickbauchig und bastumhüllt, flogen nach der Theatervorstellung auf die Bühne. Nicht, weil der Wein nicht mundete, er machte die Gemüter impulsiv, doch was die Schauspieler boten, sprengte die Grenzen des Erträglichen entschieden. Das passierte irgendwann im 13. Jh. und wurde *Fiasko* genannt. Ein Wort für ein mißglücktes Unternehmen/Tumult war geboren und wurde auch in den deutschen Wortschatz übernommen.

Heute wird der Chianti, der wohl bekannteste italienische Wein, nicht mehr in den bauchigen Ballonflaschen abgefüllt. Qualitätsweine kommen alle in die Bordeaux-Flaschenform.
Aus dem klassischen Anbaugebiet zwischen Florenz und Siena kommt der *Chianti Classico*, die anderen Chianti-Weine tragen andere Beinamen. Bekannte Handelsmarken sind *Gallo*, *Putto* und *Lupa Romana*. Die Anbaufläche ist über 70.000 Hektar

groß, und pro Jahr werden einige Millionen Hektoliter erzeugt. Ein *Chianti* darf nicht vor dem 1. März nach dem Herstellungsjahr verkauft werden; erst nach drei Jahren bekommt die Flasche das Prädikat *"Riserva"*.
Mehr über Chianti unter: *"Chianti-Gebiet"*.

## Feiertage

Am 15. August, an Mariä Himmelfahrt, wird in ganz Italien **Ferragosto** gefeiert. Dieses Hauptfest der Marienverehrung ist außerdem das größte Familienereignis in Italien und Höhepunkt der Urlaubssaison - dran denken, daß an diesem Tag alles geschlossen ist!

• *Feiertage*: **Weihnachten, Neujahr** und **Dreikönigstag** (6.1.) wie in der Heimat. **Karfreitag** ist kein Feiertag, **Ostermontag** jedoch wie gewohnt. 25. April - **Tag der Befreiung** (von der deutschen Wehrmacht). **1. Mai** selbstverständlich. **Pfingsten** nur Sonntag (Mai). 6.6. **Republikgründung**. 15.8. **Himmelfahrt** - absolutes italienisches Hauptfest! 1.11. **Allerheiligen** wie bei uns; 8.12. **Marias unbefleckte Empfängnis**.

## Finanzen

Trotz der hohen Inflation in Italien, welche die Preise jährlich in neue Höhen trieb, wurde der Wechselkurs "künstlich" stabil gehalten. Bis zum großen Knall und Fall im Frühjahr 1995. Jetzt hoffen die italienischen Tourismusmanager nicht nur auf eine neue Reisewelle ausländischer Touristen, sondern auch auf Italiener deren Urlaub im eigenen Land wieder erschwinglich wird.

Es gibt 1000-, 2000-, 5000-, 10.000-, 50.000- und 100.000-Lire-Scheine, außerdem 5-, 10-, 20-, 50-, 100-, 200- und 500-Lire-Münzen. Auf den ersten Blick gewaltig scheinende Beträge - doch 1000 Lire sind nur knapp 0,85 DM! Größere Scheine sollte man immer nach dem Wasserzeichen überprüfen, da viel Falschgeld in Umlauf ist. Auch Telefonmünzen werden als Geld verwendet (Wert 200 Lire). 1-Lira-Münzen gibt es schon lange nicht mehr.

▶ **Preise**: Die Lebenshaltungs- und Übernachtungskosten liegen inzwischen etwas unter mitteleuropäischem Niveau, Benzin (auch Diesel) ist sogar billiger, Essen im Restaurant ebenfalls. Günstiger als in BRD, CH und A sind besonders öffentliche Verkehrsmittel.

▶ **Geldwechsel**: so viel wie möglich erst in Italien wechseln - dort ist der Kurs besser als zu Hause. Außerdem immer bei Banken oder offiziell autorisierten Wechselstuben tauschen (*cambio* = Geldwechsel). Hotels, Campingrezeptionen, Läden und private Wechselstuben tauschen zwar auch oft Bargeld und Schecks ein, jedoch meist zu deutlich schlechterem Kurs bzw. mit hohen Wechselgebühren! Dran denken, bei Scheck-

**Finanzen** 57

*Meiden Sie private Wechselstuben, Bankautomaten bieten die günstigste Wechselmöglichkeit*

einlösung wird häufig der Paß verlangt. Wichtig außerdem - immer checken, wie hoch die verlangte *Kommission* ist (in Touristenorten oft am Schalter ausgehängt, teilweise sehr versteckt, ansonsten fragen), die Differenzen sind erheblich. Man kann vielleicht eine Menge Geld sparen, wenn man ein paar Schritte weiter zur nächsten Bank geht!
Wer am Wochenende plötzlich ohne Moneten dasteht, kann in Großstädten tagsüber meist im *Bahnhof* tauschen und zwar am besten bei der offiziellen Wechselstelle der Bahn (FS), die weniger Gebühren verlangt als die ebenfalls im Bahnhof ansässigen Bankfilialen.
Bargeld, Reise- und Euro-Schecks werden in italienischen Banken in der Regel akzeptiert, ebenso gibt es in den meisten Städten Geldautomaten. Interessante Möglichkeit: das *Postsparbuch*.

▶ **Banken**: In die heiligen Hallen darf man meist nur einzeln eintreten. Eine Eingangsschleuse mit ampelähnlichem Türöffner regelt den Verkehr. Gelegentlich mit Metalldetektor ausgerüstet, verwehrt sie Menschen mit opulenten Schlüsselbünden, Gürtelschnallen und viel Münzgeld manchmal den Eintritt. Dann hilft nur "Abspecken". Ab und an, insbesondere im Süden des Landes, trifft man auf das Verfahren am Auszahlschalter, daß Sparbücher, Zahlungsanweisungen und dergleichen auf einen Haufen gelegt werden - das ersetzt die Warteschlange. Wer seine Papiere nicht dazubugsiert, kommt nie an die Reihe.
Die Öffnungszeiten sind in ganz Italien in der Regel Mo-Fr 8.30-13.20 h.

## Reisepraktisches A - Z

Gelegentlich können sie regional leicht schwanken (z. B. 8.30-14 h oder 9-14 h). Nachmittags sind die Banken meist geschlossen, verschiedentlich aber auch kurzzeitig geöffnet, meist 15-16 h. Deshalb immer rechtzeitig umtauschen!

• *Bargeld*: wird überall angenommen, zudem müssen zu Hause keinerlei Schecks eingekauft werden (Zeit- und Geldersparnis). Kommissionsgebühr wird nur beim Eintausch im Ausland fällig, Kurs entspricht etwa dem von Reiseschecks. Nachteil - bei Verlust oder Diebstahl keinerlei Ersatz durch die eigene Bank.

• *Reiseschecks*: muß man vor der Abfahrt bei seiner Bank einkaufen, wobei 1 % des Werts als Gebühr erhoben wird - weitere Gebühr bei der Einlösung im Ausland. Man sollte auf jeden Fall DM-Reiseschecks eines bekannten Instituts einkaufen (z. B. American Express oder Visa), keine Lire-Schecks. Der Kurs ist etwa identisch mit dem von Bargeld. Bei Verlust oder Diebstahl kann man die Schecks sperren lassen. Ersatz leisten viele große Banken, falls man die **Kaufbestätigung** für die Schecks vorzeigen kann. Ansonsten hilft ein spezieller Kurierdienst (Näheres beim Einkauf der Schecks). Kaufquittung und Schecks immer getrennt aufbewahren, außerdem Nummern der Schecks notieren.

• *Euroschecks*: Euroschecks immer in Lire ausstellen, Höchstbetrag pro Scheck derzeit **300.000 Lit**. Kurs entspricht etwa dem von Bargeld. Vorteil - Euroschecks trudeln oft erst Wochen nach dem Umtausch bei der heimischen Bank ein und werden erst dann vom Konto abgebucht und zwar zum jeweils gültigen Tageskurs (was bei Italien jedoch nichts bringt). Dabei werden zusätzlich 1,75 % des Betrags (aber mindestens 2,50 DM) als sog. Fremdgebühren fällig - bei 300.000 Lire also etwas über 7 DM. Damit sind Euroschecks zwar teuer, dieser Nachteil wird aber durch die späte Abbuchung ausgeglichen. Auch bei der Einlösung in Italien werden manchmal Gebühren verlangt. Diese sind, falls nicht als Steuer deklariert, laut Auskunft der Banken nicht gerechtfertigt und können deshalb nach der Rückkehr gegen Nachweis von der eigenen Bank zurückgefordert werden. Lassen sie sich eine Quittung (ricevuta) über den gezahlten Betrag ausstellen.

Generell wichtig - Scheckkarte und Schecks immer getrennt aufbewahren! Bei Verlust **nur des Schecks** oder **nur der Karte** haftet der Inhaber im allgemeinen **nicht** für einen etwaigen Schaden durch Abheben von Fremdpersonen (jedoch gibt es inzwischen bereits anderslautende Urteile von deutschen Gerichten!). Falls beides weg kommt, wird von Sparkassen und Banken, wenn überhaupt, Ersatz nur bis zu einer bestimmten Höhe geleistet (von Institut zu Institut verschieden). Im Verlustfall immer gleich bei der eigenen Bank anrufen, damit die Schecks gesperrt werden (außerhalb der Öffnungszeiten beim zentralen Bereitschaftsdienst in Frankfurt anrufen, Tel. 069/740987). Neue Euroschecks stellt nur die eigene Bank aus.

• *Geldautomaten*: Mit der **ec-Karte** kann man in allen größeren italienischen Städten auch an Wochenenden problemlos Bargeld bis zu 300.000 Lire bekommen - vorausgesetzt die Apparate funktionieren, was nicht immer der Fall ist. Vorteil - keine Kommission bei der Auszahlung! Zu Hause werden Fremdgebühren wie bei Euroschecks berechnet.

• *Postsparbuch*: funktioniert inzwischen bei jedem italienischen Postamt. Großer Vorteil - das Abheben vom Postsparbuch ist im Ausland **kommissionsfrei**. Jedoch benötigt man für Italien spezielle Rückzahlungskarten und Rückzahlungsscheine. Diese muß man spätestens 10 Tage vor Reiseantritt beim heimischen Postamt bestellen (Postsparbuch und blaue Ausweiskarte mitbringen) und erhält sie dann per Einschreiben rechtzeitig vom Postsparkassenamt zugesandt.

**"Vorrei prelevare del denaro"** - "ich möchte Geld abheben". Ausgezahlt wird in Lire, nur gegen Vorlage des Personalausweis o. Reisepaß und pro Postsparbuch bis zur Höchstsumme von 1 Million Lire (ca. 1420 DM) pro Rückzahlungskarte (es können mehrere Rückzahlungskarten bestellt werden). Postsparbuch und blaue Ausweiskarte muß man nicht mit auf die Reise nehmen.

Falls Sie kein Postsparbuch haben, können Sie bei Ihrer Post problemlos eines nur für die Reise anlegen lassen.

• *Kreditkarten*: die gängigen Karten werden in vielen Geschäften, Hotels und Restaurants akzeptiert, brauchbar z. B. **Eurocard** und **Visa**. Die vom Konto abgebuchten Beträge werden nach normalem Umtauschkurs berechnet, bis zur Belastung kann es wie bei Euroschecks oft lange dauern. Achtung jedoch - **Tankstellen** akzeptieren die Cards nicht immer, deshalb zum Tanken immer Bargeld dabei haben!

**Wechselkurs (April 95): 1 DM = ca. 1200 Lire; 1000 Lire = ca. 0,80 DM** (Zum Vergleich 1992: 1 DM = 720 Lire)

## Haustiere

Wer seinen Waldi liebt, will ihn natürlich mit auf die Reise nehmen. Kontaktieren Sie Ihren Tierarzt mindestens einen Monat vor der Reise. Benötigt wird ein tierärztliches *Gesundheitszeugnis* (nicht älter als 30 Tage), außerdem muß der Gute nachweislich gegen *Tollwut* geimpft sein (frühestens 11 Monate, spätestens 20 Tage vor Reiseantritt). Maulkorb und Leine müssen im Gepäck sein. Viele Hotels und Campingplätze akzeptieren, wenn überhaupt, nur kleine Hunde, die nicht in den Speisesaal, an den Strand bzw. Poolbereich dürfen.

## Informationen

**Für erste allgemeine Anfragen an das staatliche italienische Fremdenverkehrsamt ENIT (Ente Nazionale Industrie Turistiche) wenden. Es hat in der Bundesrepublik Deutschland drei Niederlassungen, in der Schweiz und in Österreich je eine.**

Von allen europäischen Fremdenverkehrsämtern veröffentlicht ENIT wohl das meiste deutschsprachige Prospektmaterial. Zu jeder Provinz der Toscana gibt es Dutzende und Aberdutzende von Broschüren, Listen, Karten und Verzeichnisse.

In Kauf nehmen muß man, daß der größte Teil des Info-Materials sehr allgemein gehalten ist. Gezielte briefliche Anfragen werden selten detailliert beantwortet, sondern mit der Zusendung der immer gleichen stereotypen Unterlagen. Telefonisch werden Auskünfte in München und Frankfurt während der Hochsaison nur in dringenden Fällen er-

teilt (Anrufbeantworter verweist auf andere Nummer).
Lassen Sie sich am besten allgemeine Informationen über die Provinzen oder Städte schicken, die sie besuchen wollen, eine Landkarte und bei Bedarf das Hotel- bzw. Campingverzeichnis. Vor Ort kann man gezielter fragen und sein Prospektmaterial noch aufstocken. Oft sind deutschsprachige Broschüren erhältlich.

- ENIT-Büros: **BRD**, Kaiserstr. 65, D-60329 Frankfurt/M., Tel. 069/237410, 237430. Fax 232894.
Berliner Allee 26, D-40212 Düsseldorf, Tel. 0211/132231-32, Fax 134094.
Goethestr. 20, D-80336 München, Tel. 089/530369-60, Fax 534527.
**Österreich**, Kärntner Ring 4, A-1010 Wien, Tel. 01/654374, Fax 5050248.
**Schweiz**, Uraniastr. 32, CH-8001 Zürich, Tel. 01/2113633, Fax 2113885

▶ **In Italien:** jeder größere Ort hat eine Auskunftsstelle, ansonsten übernimmt das Rathaus (municipio) diese Funktion. In großen Städten gibt es fast immer eine Zweigstelle der Information im Bahnhof, außerdem sind in verschiedenen Autobahnraststätten Auskunftsstellen eingerichtet. In Provinzhauptstädten arbeitet immer ein Informationsamt für die gesamte Provinz *(früher EPT, heute APT genannt = Azienda di Promozione Turistica)* und eines für die Stadt *(Azienda Autonoma di Soggiorno e Turismo = AAST* oder einfach *ufficio informazioni)*. In kleineren Orten heißt das Informationsbüro oft *Pro Loco*.

Ausgegeben werden u. a. kostenlose Unterkunftsverzeichnisse, Stadtpläne und reichhaltiges Prospektmaterial. Gelegentlich spricht jemand hinter dem Schalter Deutsch oder Englisch. Der Service der Zimmervermittlung ist nur selten anzutreffen.

Im Reiseteil sind alle Informationsadressen unter den jeweiligen Orten aufgeführt.

## Landkarten

Italienkarten bzw. Toscanakarten gibt es jede Menge, die meisten sind gut. Man hat die Qual der Wahl und sollte sich für die Karte entscheiden, die den eigenen Bedürfnissen am nächsten kommt (sind z. B. Bahnlinien, Autobahnabfahrten, Raststätten und Stadtpläne enthalten?). Im folgenden eine Auswahl.

Kostenlos erhältlich ist diverses Kartenmaterial bei vielen Informationsstellen, vor allem Stadtpläne bekommt man überall.

- *Kümmerly & Frey*: konkurrenzlos genau und ästhetisch ansprechend ist die **Toscanakarte** (1.200.000, 16.80 DM). Sogar die Bahnlinien mit allen Stationen sind verzeichnet. Die Karten stammen vom Touring Club Italiano und gehören mit zum besten, was es über diese Region an Kartenmaterial gibt.
Nicht ganz so gut gelungen und in anderer Technik und Farbgebung die Karten **Italien gesamt** (1:1.000.000, 14.80 DM) und **Italien Nord** (1.500.000, 14.80 DM), letztere mit Autobahnabfahrten und Raststätten. Außerdem gibt es eine weitere Karte **Italien** im jugendlichen Outfit, mit diversen Stadtplänen. (1:1.000.000 für runde 10 DM).

- *Kompaß*: Speziell für Wanderer sind die

Karten **Siena-Chianti/Colline Senesi**, sowie **Firenze-Chianti** gedacht. Im Maßstab 1:50.000 bieten diese Pläne genug Detailinformation für selbst zusammengestellte Wanderungen.

Auch über die Südtoscana (Siena - Montepulciano) und Umbrien sind inzwischen weitere Blätter erschienen.

- **Euroatlas Italien**: Italien komplett (1:300.000), 19,80, RV Verlag.
- *Freytag & Berndt*: **Italien gesamt** (1:650.000, 12.80 DM) und **Norditalien** incl. **Toscana** (1:500.000, 12.80 DM). Die Norditalienkarte ist mit namentlich gekennzeichneten Autobahnabfahrten ausgestattet. Auf der Rückseite der Karte sind Kurzbeschreibungen der wichtigsten Sehenswürdigkeiten enthalten.
- *Mairs Geographischer Verlag*: Shell-Karte **Toscana**, mit Autobahnabfahrten und Raststätten sowie Ortsregister (1:250.000, 12.80 DM).
- *Michelin*: **Italien gesamt** (1:1.000.000, 13.80 DM), **Italien-Mitte** (1:400.000, 13.80 DM). Übersichtliche und genaue Karten mit Stadtplänen, jedoch fehlen auf der Gesamtkarte die Bahnlinien und die Namen der Autobahnabfahrten. Auf dem anderen Plan sind die Bahnlinien jedoch enthalten.
- *ADAC*: **Gesamtitalien**, dargestellt in zwei Karten **Nord** und **Süd**.
- *Reise- und Verkehrsverlag RV*: **Italien gesamt**, mit Teilen von Süddeutschland, Schweiz und Österreich, deshalb brauchbar für die Anreise (1:800.000, 12.80 DM). Außerdem gibt es eine Karte **Italien 3** (*Toscana, Emilia-Romagna, Umbrien*), die auch Stadtpläne von Bologna, Florenz und Rom sowie Campingplätze enthält (1:300.000, 14.80 DM).

*Profundes Hintergrundwissen findet man eher in Buchhandlungen zu Hause*

# Literatur

Nur einige wenige Empfehlungen. Die Toscana als altes Kultur- und Reiseland hat natürlich schon Berge von beschriebenem Papier verschlungen. Eine gute Ergänzung zu unserem Toscana-Reisehandbuch können folgende Bände sein:

**Iris Origo**, Im Namen Gottes und des Geschäftes, Lebensbild eines toscanischen Kaufmanns der Frührenaissance, C. H. Beck Verlag. Fast 20 Jahre dauerte es, bis dieses Werk in deutscher Sprache veröffentlicht wurde. Es war eine wahre Fleißarbeit, aus ca. 300 Geschäftsbüchern und etwa 100.000 Briefen des erfolgreichen Textilhändlers Marco Datini (1335 - 1410) Lebensart und Geschäftspraktiken zu rekonstruieren.

**Hermann Hesse**, Italien, Suhrkamp-Verlag. Stimmungsbilder aus Oberitalien mit eigenen Kapiteln über Florenz, Toscana und Umbrien.

**Wolfgang Braunfels**, Mittelalterliche Stadtbaukunst in der Toscana, sehr speziell, detailliert und aufschlußreich, Mann Studio-Reihe.

**Kunstführer** zur Toscana gibt es u. a. von Knaur, DuMont und Artemis. Alle nicht gerade preiswert.

Inzwischen sind auch einige **Wanderführer** erschienen: "Wanderungen in der Toskana", Bruckmann Verlag, sowie "Richtig Wandern Toscana/Latium", DuMont.

*Und natürlich die "Klassiker" des 19. Jahrhunderts:*

**Jakob Burkardt**, Die Renaissance in Italien (nur noch in Bibliotheken).
**Ferdinand Gregorovius**, Wanderjahre in Italien, Beck Verlag.
**Johann Wolfgang v. Goethe**, Die Italienische Reise, Insel Taschenbuch.

### Sprachführer

Empfehlenswert wegen der guten Praxistauglichkeit und der übersichtlichen Aufmachung ist der Sprachführer *walk&talk,* erschienen im Thomas Schreiber Verlag, München. Preis 14,80 DM.

# Öffnungszeiten

Grundprinzip ist die Siesta. Dafür hat man abends oft länger geöffnet, wenn die Hitze nachgelassen hat.

**Geschäfte**: generell nicht so starr geregelt wie nördlich der Alpen. In der Regel Mo-Fr vormittags ca. 8.30/9-12.30/13 h, nachmittags ca. 15/16-19.30/20, Sa 9-13 h. Vor allem Souvenirläden und andere Geschäfte mit touristischem Bedarf schließen ihre Pforten aber erst wesentlich später - je nach Kundeninteresse. Gerade in Ferienorten läuft abends ein Großteil vom Umsatz.

**Kirchen**: von 7 h bis 12 h mittags sind alle offen. Dann wird unbarmherzig geschlossen und frühestens gegen 16, oft erst 17 h wieder aufgemacht, um bis 19 oder 20 h geöffnet zu bleiben. Sonntags während der Messen ist keine Besichtigung möglich.

**Museen**: hier herrschen nicht selten verwirrende Verhältnisse. Meist werden die Zeiten mehrmals jährlich geändert, einzige Konstante ist, daß staatliche Museen montags fast immer geschlossen haben und ansonsten meist Di-Fr (oder Sa) vormittags 9-14 h und So 9-13 h geöffnet sind.

**Banken und Post** siehe im entsprechenden Abschnitt. Apotheken unter "Ärztliche Versorgung".

## Pflanzen

Vieles wächst in der Toscana wild: Thymian, Lavendel, Alpenveilchen, Christrosen, Orchideen, Tulpen, aber auch Fenchel, Spargel und Hopfen.

**Eichen** *(Quercus robur und Quercus cerris):* wohl am meisten verbreitet. Vielfach eher Buschwerk, da alle 10-12 Jahre abgeholzt wird (Brennholz!).

**Zypressen**: das Wahrzeichen der Toscana. Alleen, Einzelbäume an markanten Punkten, ganze Wälder; Cypressus sempervivens existiert in zwei Wuchsformen: klassisch *(pyramidalis)* und weiter ausladend *(horizontalis);* Holz sehr witterungsbeständig, harzig, ausgeprägter stechender Geruch (also nichts für Käsebretter!); Verwendung: Außentüren, Fenster, Balken (Nachteil: oft drehwüchsig - wirft sich).

**Kastanie**: verbreitet in eher etwas höheren Lagen. Kastanie ist das einheimische Bau- und Schreinerholz für Balken, Fenster, Türen, Möbel, Innenausbau... einfach alles; auch Pfosten und Rebstecken sind meist aus Kastanie. Markante Strukturen, ähnlich der Eiche, aber etwas grobgäriger und weicher. Kastanien und Eicheln sind die Futterbasis der im Chianti heimischen Wildschweine.

**Robinie** *(Scheinakazie):* leicht und luftig mit ihren hellgrünen, feingefiederten Blättern, den süß duftenden, in Trauben hängenden Blüten. Der fast wasserklare Akazienhonig ist besonders delikat. Sehr verbreitet, aber nie als geschlossener Wald.

**Erlen, Pappeln**: in Niederungen, an Flußläufen.

**Hainbuche**: an Schattenhängen.

**Kiefer**: findet sich oft im Mischwald

**Fichte**: als Zierbaum.

**Pinie** *(Pinus pinea):* vereinzelt geschlossene Wälder in niederen Hügellagen; typisch ist die Schirmform.

**Steineiche** *(Quercus ilex, leccio):* immergrün, verbreitet in milden Lagen.

**Wacholder**: Die Beeren werden z. T. noch gesammelt.

**Erika**: in Wäldern z. T. mannshohe Stauden (dort finden sich die Steinpilze).

**Ginster:** blüht ab Ende Mai bis gegen Mitte Juli und reißt alle in seinen Bann - der Duft, das Gelb im Kontrast zu den Mohnblüten und den wilden Wicken.

**Schwarzdorn:** undurchdringliche Hecken, zeitig im März, über und über mit weißen Blüten bedeckt.

**Feuerdorn:** leuchtend rote Beeren im Herbst; nördlich der Alpen im Ziergarten zu finden.

## Papiere

Für die Einreise nach Italien genügt der Personalausweis (carta d'identità) - wie in allen EU-Ländern. Wer auf Nummer Sicher gehen will, nimmt noch seinen Reisepaß (passaporto) mit und zusätzlich Kopien beider Papiere.

Vorteil eines zweiten Ausweises - während ein Papier meist bei der Hotel- oder Campingplatzrezeption liegt, kann man mit dem zweiten jederzeit Schecks eintauschen (die Banken verlangen in der Regel die Vorlage eines Identitätspapiers). Bei Diebstahl oder Verlust eines Ausweises kann man mit dem anderen problemlos wieder ausreisen. Kinder unter 16 Jahren benötigen einen *Kinderausweis* oder müssen im Paß der Eltern eingetragen sein. Kinder und Jugendliche, die ohne Erwachsene reisen, benötigen außer ihrem Ausweis eine schriftliche *Vollmacht* der Erziehungsberechtigten, die in Englisch oder Französisch abgefaßt sein muß.

**Diebstahl oder Verlust**: in jedem Fall sofort zur Polizei gehen. Falls dies der einzige Ausweis war, den man dabei hatte, bekommt man ein Formular, das zur Heimreise berechtigt. Kopien des verlorengegangenen Papiers sind nützlich und helfen der Polizei bei der Identitätsüberprüfung (Nummer des Passes, ausstellende Behörde etc.).

▶ Einreise mit dem Kfz siehe 'Anreise mit dem eigenen Fahrzeug'.

## Post

Die italienische Post genießt nicht den besten Ruf. Die Karte an die Lieben kann lange unterwegs sein. Deshalb besser in einen Umschlag abschicken - Briefe laufen schneller.

Der Vermerk "Per Luftpost" *(via aera)* bringt bei Karten und Briefen nichts, da sie generell per Luft befördert werden. Dauer in die BR Deutschland etwa 5 bis 6 Tage. Päckchen müssen offen sein (wie z. B. Drucksachen in Deutschland), Pakete brauchen eine spezielle Plombe (in 'Tabacchi-Laden').

**Öffnungszeiten**: in der Regel Mo-Sa 8.30-14 h, Sa 8.30-12 h. Hauptpostämter in größeren Städten 8.30-18 h.

**Briefmarken:** *Francobolli* kann man nicht nur bei der Post kaufen, sondern auch in vielen Tabacchi-Läden und Bars. Porto für Postkarte in EU-Länder L. 650, Standardbrief in EU-Länder L. 750.

**Poste restante**: jedes Postamt nimmt postlagernde Sendungen an. Diese

# Segeln 65

können mit Personalausweis und gegen kleine Gebühr abgeholt werden. Ein Brief wird bis zu zwei Monaten aufbewahrt. Den Empfängernamen (Nachnamen unterstreichen!), das Zielpostamt und "Poste restante" auf den Umschlag schreiben. Tip - falls der Beamte beim Abholen unter dem Familiennamen nicht fündig wird, auch unter dem Vornamen nachschauen lassen. Das Einordnen teutonischer Namen fällt italienischen Postbeamten verständlicherweise schwer.

**Telegraphische Postüberweisung**: wenn die Mittel ausgehen, der schnellste Draht zur Heimat! Zu Hause eine Vertrauensperson anrufen und bitten, die gewünschte Summe per telegraphischer Postanweisung unter Angabe des Empfängernamens ans Hauptpostamt einer bestimmten Stadt zu schicken (am besten eine größere Stadt, Provinzhauptstadt o. ä.). Normalerweise ist die Anweisung innerhalb von 48 Stunden angekommen und man bekommt die Summe in Lire ausgezahlt. Diese Transaktion kostet eine Gebühr von ca. 30 DM (vom Absender zu zahlen).

Falls der Empfänger verhindert ist, das Geld zu holen, kann man den Betrag ohne weitere Kosten wieder zurücktransferieren lassen (dauert aber einige Wochen). Die bereits bezahlte Gebühr ist aber meist verloren.

**Postsparbuch**: siehe unter S. 56 Finanzen.

## Radio

Die Privatsender gehen in die Hunderte - einer übertönt den anderen mit nervtötendem Gedudel und Geplapper, alle 5 Minuten unterbrochen durch die Werbung für den nächsten Sanitärausstatter. Kaum Wortbeiträge oder Nachrichten.

## Reisebüros

Büros, die auf Italien spezialisiert sind, findet man in Großstädten auf den gelben Seiten des Telefonbuchs. Sehr kompetent in allen Verkehrsfragen sind die CIT-Büros. *CIT (Compagnia Italiana Turismo)* ist eine Tochtergesellschaft der italienischen Staatsbahnen FS und hat Niederlassungen in jeder größeren italienischen Stadt, außerdem auch eine in Deutschland: Komödienstr. 49, 50667 Köln, Tel. 0221/2070916-18.

## Segeln

Weitere Tips und Adressen für Segler bei Elba unter Sport

**Einreisebestimmungen:** Für die zeitweise Einfuhr von Wassersportfahrzeugen von bis zu 12 Monaten bedarf es keiner offiziellen Genehmigung. Lediglich gültige Schiffspapiere, ein Versicherungsnachweis und der amtliche Sportbootführerschein sind erforderlich.. Weitere Informationen über den ADAC, die italienischen Fremdenverkehrsämter und den Deutschen Seglerverband.

**Wetterberichte:** gibt es täglich bei der Capitaneria in Italienisch, oft auch in Englisch. Auf Kurzwelle sendet die Deutsche Welle einen Seewetterbericht Mittelmeer (6075 Khz um 17h 45 Sommerzeit). Hochseeyachten müssen alle mit UKW-Funk ausgerüstet sein; die italienischen Küstenfunkstellen senden regelmäßige Wetterberichte auf UKW auch in Englisch.

**Treibstoffversorgung**: ist in Elba recht umständlich. In den Sommermonaten muß man sehr lange warten; oft wird der Treibstoff in Kanistern zum Schiff geholt. Wassertankstellen sind nur in Portoferraio und Porto Azzurro zu empfehlen. In Marciana Marina ist es an dem Steg der Tankstelle zu flach!

## Sprache

**Die meisten deutschen Urlauber, die Italien besuchen, sprechen kein Italienisch - und die meisten Italiener kein Deutsch, zumindest in den großen Binnenstädten.**

Anders an der Küste. Jeder Italiener, der im Tourismusgeschäft tätig ist, beherrscht wenigstens einige Brocken Deutsch. Der jahrzehntelange Umgang mit den Besuchern aus dem Norden macht sich hier überall bemerkbar. In den Großstädten findet man außerdem in wachsender Zahl Menschen mit Englischkenntnissen.

Wer etwas Italienisch üben will, findet einen "kleinen Sprachführer" am Ende des Buchs. Auch ein Volkshochschulkurs kann nützlich sein. Ansonsten gibt es viele Sprachschulen und Universitätsinstitute, die vor Ort Italienischkurse für Ausländer abhalten, z. B. in Florenz, Siena und Perugia. Dies eine interessante Möglichkeit, Ferien und Lernaufenthalt miteinander zu kombinieren. Mit am beliebtesten und auch preislich günstig sind die Kurse der *Università Italiana per gli Stranieri*, Palazzo Gallenge, Piazza Fortebraccio 4, I-66100 Perugia, Tel. 075/64344. **Weitere Sprachschulen** unter den Ortskapiteln (Siehe Sachindex "Sprachschulen").

## Strom

Fast überall 220 Volt, allerdings passen die Schukostecker nicht. Adapter *(spina di adattamento)* kann man überall kaufen bzw. im Hotel ausleihen.

## Telefon

**Das italienische Fernsprechsystem hat sich in den letzten Jahren stark verbessert. Mittlerweile ist die Durchwahl ins Ausland von fast allen Telefonzellen problemlos möglich.**

In größeren Städten findet man *SIP-Telefonzentralen* mit Zählertelefonen, wo man nach dem Gespräch zahlt. In kleineren Orten gibt es Telefone mit Zähler oft in Bars, diese sind durch ein Telefonsymbol *(interurbano automatico oder telefono pubblico)* gekennzeichnet, oft hängt dort aber auch nur ein Münzapparat.

Für Auslandsgespräche generell wichtig: **langsam wählen!** Erst die

## Telefon

Landesvorwahl, dann die Ortsvorwahl **ohne die Null**, dann die Teilnehmernummer. Wenn das Amtszeichen ertönt, auflegen und nochmals versuchen. Oft sind mehrere Anläufe nötig.

• *Telefonzellen*: Für **Ortsgespräche** genügt ein 200-Lire-Stück bzw. ein *Gettone*, das sind spezielle Telefon-Münzen, die ebenfalls 200 Lire wert sind (erhältlich in manchen Tabacchi-Läden, Bars etc.). Für **Ferngespräche innerhalb Italiens** reichen meist 5-10 Münzen. Für **internationale Gespräche** nur die neuen orangeroten Fernsprecher benutzen - sie funktionieren mit Gettoni, 100-, 200- und erfreulicherweise auch mit 500-Lire-Münzen (die älteren blau-gelben Apparate nehmen nur 100-Lire-, 200-Lire-Stücke und Gettoni an). Nachteil: Je nach Dauer braucht man ganze Hände voller Münzen bzw. Gettoni. Das ständige Nachwerfen verlangt Übung.

Ausgesprochen praktisch sind die modernen Apparate mit Digitalanzeige, die mit magnetischen **Telefonkarten** (carta telefonica) funktionieren. Diese kann man für 5000 bzw. 10.000 Lire in Tabacchi-Läden, SIP-Büros und an manchen Hotel- bzw. Campingplatz-Rezeptionen kaufen. Die verbrauchten Beträge liest der Apparat von der Karte ab, bis sie leer ist; man kann ohne Unterbrechung weitertelefonieren, wenn man eine neue nachschiebt (ein Wechsel auf Münzen ist nicht möglich).

• *SIP-Zentralen*: Vom Schalterbeamten läßt man sich eine Zelle zuweisen und kann dort von einem **Apparat mit Zähler** telefonieren. Erst nach Gesprächsende zahlt man laut Zählerstand. Leider verschwinden die Telefonzentralen allmählich bzw. werden durch Münz- und Kartentelefone ersetzt - korrespondierend zur Verbesserung der allgemeinen Telefonverbindungen. *SIP* ist übrigens das Kürzel für "Società Italiana per l'Esercizi delle Telecomunicazioni".

• *Telefonbars*: haben einen oder mehrere Apparate mit Münzbetrieb oder Zähler, die jedoch nur gelegentlich in Zellen untergebracht sind - dementsprechend hoch ist der Geräuschpegel durch den Barbetrieb. Die Gebühren liegen meist etwas höher als im Telefonamt.

• *R-Gespräch* ('Deutschland direkt'): wird von der Frankfurter Vermittlungszentrale der Telekom rund um die Uhr vermittelt. Die Zentrale erreicht man unter Tel. 1720049 gebührenfrei, die Vermittlungsgebühren (die dem gewünschten Gesprächspartner aufgebrummt werden) sind allerdings recht hoch.

• *Gebühren*: Die Tarife für Gespräche von Italien in die BRD sind erheblich höher als umgekehrt - wenn möglich, sollte man die Billigtarifzeiten nutzen; es gibt neben dem Normaltarif zwei **Billigtarifstufen**. Am billigsten telefoniert man von 22-8 h, drei Minuten kosten dann ungefähr L.4000.

**Vorwahlen:** Wenn Sie **aus Italien** anrufen: Deutschland = 0049; Österreich = 0043; Schweiz = 0041. Wenn Sie **nach** Italien telefonieren wollen: aus der BRD 0039, aus Österreich 040, aus der Schweiz 0039. Immer die Null der Ortsvorwahl weglassen.

# Übernachten / Camping

Der Standard in Italien ist hoch und die Preise bewegen sich seit 1995 wieder auf moderatem Niveau – nichts wie hin? Wer gerade im Juli/August oder gar am Ferragosto (15. August), dem Höhepunkt der Urlaubssaison auf Zimmersuche ist, schlüpft schnell in die Rolle eines Hausierers, aber mit umgekehrtem Vorzeichen: *tutto completo!*

Wer solche unliebsamen Überraschungen vermeiden will, kann nur durch rechtzeitige Zimmerreservierung vorbeugen. Hilfreich dabei sind unsere Übernachtungstips (in den jeweiligen Ortskapiteln) mit Anschrift und Telefonnummer (!), buchen Sie einfach aus Deutschland vor.

Außerdem gibt es bei den italienischen Fremdenverkehrsämtern das meist Alljährlich aktualisierte Unterkunftsverzeichnis (*Annuario degli Alberghi*). Darin sind alle registrierten Hotels, Pensionen (oft auch Campingplätze, Jugendherbergen und Ferienanlagen) mit Adressen, Preisangaben, Öffnungszeiten und Hinweisen zur Ausstattung verzeichnet.

▶ **Hotel-Klassifizierung/Preise:** die italienischen Hotels und Pensionen sind von den Tourismusbehörden der Provinzen in fünf Kategorien unterteilt (1-5 Sterne). Wir haben diese Klassifizierung bei den Hotelbeschreibungen jeweils angegeben, obwohl sie nicht immer etwas über den Zustand bzw. den Service, Freundlichkeit etc. aussagen.

***** = **Hotel der Luxusklasse** mit Air-Condition, Telefon, Farb-TV und Eisschrank/Frigobar auf dem Zimmer. Sind rar gesät und meist nur in Großstädten und sehr bekannten Touristenorten anzutreffen. Gutes Restaurant selbstverständlich. Swimmingpool, Privatstrand, Tennis, Disko u. dgl. meist vorhanden. Preisniveau mehr oder minder unbezahlbar, ca. 400-800 DM fürs DZ.

**** = **first-class-Hotel**, ebenfalls für gehobene Ansprüche, Preise ab mindestens 200 DM fürs DZ, meist aber gut 300-400 DM.

*** = **Mittelklassehotel**, sauber, mit ordentlicher Ausstattung und eigenem Bad. Qualitätsunterschiede sind aber durchaus festzustellen. Preis ca. 80-200 DM fürs DZ.

** = **untere Mittelklasse**, Qualitätsunterschiede spürbar, von vernachlässigt bis gut. Oft gibt es Zimmer wahlweise mit oder ohne eigenes Bad. Je nach Besitzer viel persönliche Atmosphäre oder das Fehlen derselben. Zimmer mit Dusche ca. 70-120 DM, ohne Dusche 60-80 DM.

* = **einfache Locande und Pensionen** in meist älteren Häusern. Oft im Inland und

## Übernachten / Camping 69

*Auch in der Toscana – "Urlaub auf dem Bauernhof" (Agriturismo)*

in größeren Städten. An der Küste seltener, weil damit nicht viel zu verdienen ist. An Ausstattung keine Ansprüche stellen.

Zimmer mit Bad ca. 50-70 DM, mit Etagendusche meist ab 40 DM aufwärts.

**Jugendherbergen** *(Ostello/Albergo per la Gioventù)*. Nähere Beschreibung in den entsprechenden Ortskapiteln. Jugendherbergen gibt es in: **Abetone, Arezzo, Cortona, Florenz, Lucca, Marina di Massa, Perugia, Siena, San Gimignano, Tavernelle (Chianti)**. Die Übernachtung kostet meist um 20 DM.

▸ **Ferienwohnungen/Appartements:** preiswerte Alternative zu den oft kostspieligen Hotels, ebenfalls von vielen Reiseveranstaltern mit individueller Anfahrt angeboten. Eine Ferienwohnung hat Vorteile: Man kann mit dem eigenen Herd die hohen Ristorante Kosten vermeiden, und wenn man vor Beginn der eigentlichen Hauptreisesaison bucht und zu mehreren ist, kann ein Aufenthalt durchaus preisgünstig sein. Vor allem für Familien mit Kindern ideal - mehr Freiraum als im Hotel, individuelle Zeiteinteilung unabhängig von Essenszeiten, selbstgekochte Mahlzeiten etc. Bezüglich Qualität der Ferienhäuser gibt es natürlich diverse Standards, die sich meist im Preis bemerkbar machen. Wer kein eigenes Fahrzeug hat, sollte sich bei der Buchung unbedingt nach der genauen Lage des Objekts bzw. der Entfernung des nächsten Orts erkundigen - nicht angenehm, mehrere Kilometer zum Einkaufen laufen zu müssen. Der Minimalaufenthalt beträgt meist eine Woche, im Juli/August zwei bis drei.

• *Anbieter:* **Aki-tours,** Schillerstr. 1, 76530   Baden-Baden, Tel.   07221/2072-3,   Fax

## 70   Reisepraktisches A - Z

29888. Komfortable Ferienhäuser und Landgüter in der Toscana.

**Bella Italia Reisen**, Königsallee 64, 40212 Düsseldorf, Tel. 0211/13.30.76. Tos und Umb, ca. 300 Angebote.

**Ciao Italia Reisen**, Burgmauer 28, 50667 Köln, Tel. 0221/257.66.08 (Tos, Umb).

**cultura Ferienhäuser u. Wohnungen**, Kaiserdamm 95, 14057 Berlin, Tel. 030/301.90.81 (Tos, Umb, Elba), 200 Angebote.

**Destination Cuendet**, Friedrich-Stoltze-Str. 13a, 61462 Königstein, Tel. 06174/2.37.32 (Tos, Umb).

**E. Gries Individual-Reisen**, Elisabethstr. 79, 40217 Düsseldorf, Tel. 0211/38.10.45. Landesinnere, Reiterferien.

**IHZ-Italia Hotel**, Wandsbeker Chaussee 54, 22089 Hamburg, Tel. 040/25.90.41. Tos 70 Objekte.

**Italian Step Reisen**, Hermann-Lingg-Str. 7, 80336 München, Tel. 089/530.95.00, große Agentur.

**RCR Partner**, Niederwerrner Str. 52, 97421 Schweinfurt, Tel. 09721/80.43.42, Tos/Umb, ca. 1000 Angebote.

**Renate Drescher** Travel Taverne, Marienstr. 18, 80331 München, Tel. 089/22.24.88.

**Siglinde Fischer**, 7951 Hochdorf, Tel. 07355/17.75 (Tos).

**Solemar-Firenze**, Hunsrückweg 1, 65439 Flörsheim, Tel. 06145-6011. Ca. 1000 Objekte.

**Toscana Landhäuser**, Corinna Hochmuth, Rosengasse 15, 89073 Ulm, Tel. 0731/967330.

**toscan reisen Stüfen**, Wittelsbacher Str. 7, 50321 Brühl, Tel. 02232/2.72.83, Tos u. Lago Trasimeno.

**Toscana Landhäuser**, Rosengasse 15, 89073 Ulm, Tel. 0731/96.73.30, Tos/Umb. 500 Angebote.

**Toscana Reisedienst**, Bahnhofstr. 94a, 82166 Gräfelfing, Tel. 089/854.55.21, 800 Angebote in der Toscana, davon 60 auf Elba.

**Toscana-Reisen**, Loewenhardtdamm 33, 12101 Berlin, Tel. 030/75.68.13, 10 Häuser (Forte dei Marmi).

**umbria casale**, Kapitän-Wagner-Str. 2, 88048 Friedrichshafen 1, Tel. 07541/4.40.00, viel Agritourismus, 42 Objekte.

**Urlaubsfreude**, Zoppoter Str. 7, 14199 Berlin, Tel 030/8.23.80.09 (gehobene Preisklasse, 2000 Häsuser in Tos, Umb).

**Volotur-Reisen**, Mainzer Str. 1, 80803 München, Tel. 089/39.98.38, kleinere Häuser/Appartements auf Elba.

**Voyage Sud-Soleil**, Günterstalstr. 17, 79102 Freiburg, Tel. 0761/70.87.00, Häuser um Arezzo, auch Elba und Grosseto.

• *Buchung*:
für die Hochsaison mindestens 1/2 Jahr vorher. Vor Ort wird man im Juli/August große Schwierigkeiten haben, leere Wohnungen zu finden! In der Vor- und Nachsaison (April/Mai/Juni bzw. September/Oktober) kann man dagegen auch direkt vor Ort fündig werden, entweder durch Maklerbüros in den größeren Orten (Auskunft in den Informationsstellen) oder durch Erkundigungen auf eigene Faust. Meist weiß der Pächter der nächsten Bar Bescheid.

• *Preise*: falls man bereits zu Hause buchen will, beginnen die **Wochenpreise** bei günstigen Anbietern in der NS bei 400 DM für ein 4-Pers.-Appartement und können sich im Juli/August bis über 1000 DM steigern. Beim Wälzen der Prospekte nicht die **Nebenkosten** für Strom, Wasser, Gas, Endreinigung vergessen, die in den meisten Broschüren klein und verschämt am Rande stehen (soll sich laut Urteil des Bundesgerichtshofs demnächst ändern).

▶ **Agriturismo:** das, was wir unter "Urlaub auf dem Bauernhof" kennen. Eine interessante Art der Feriengestaltung, wobei man das Leben der Menschen in den Dörfern kennenlernt und diesen dabei auch finanziell unter die Arme greift. Urlaub nicht in den großen, oft anonymen Touristenzentren, sondern hautnah im bäuerlichen Bereich mit allen Möglichkeiten, die daraus erwachsen. Sprachkenntnisse sind sinnvoll, aber natürlich nicht Bedingung. Zimmer kosten ca. 30 DM pro Tag/Kopf, Halbpension (Übernachtung, Frühstück u. Abendessen) ca. 50-70 DM pro Pers., Mindestaufenthalt in der Regel eine Woche. Falls Sie für den August buchen wollen, sollten Sie sich wegen der starken Nachfrage spätestens im Februar verbindlich anmelden.

## Camping *(campeggio)*

**Öffnungszeiten der meisten Plätze nur von Mitte April bis Ende Oktober!**

An der Küste besteht ein größeres Angebot. Die Städte sind weniger gut augestattet und während der Hauptreisezeit mittags schon ausgebucht. Einige (z. B. Lucca) besitzen gar keinen Campingplatz, in anderen (z. B. Perugia) liegt der Camping weit außerhalb und kann nur umständlich per Bus erreicht werden. Preislich liegen die Plätze auf Elba an der Spitze, wer mit dem Wagen anreist, zahlt pro Kopf bis zu 25 DM pro Nacht. Florenz schwebt auf ebenso hohem Preisniveau. Noch eine Eigenart sollte erwähnt werden: Leute ohne Zelt haben oft keine Chance, aufgenommen zu werden (speziell auf Elba).

## Zoll

**Es gelten die einheitlichen Richtlinien der EU (Broschüre beim heimischen Zollamt erhältlich).**

Im privaten Reiseverkehr innerhalb der EU unterliegen Waren zur eigenen Nutzung keinerlei Beschränkungen. Bei Rauchwaren und Spirituosen gehen die Zöllner von folgenden Richtmengen aus: 800 Zigaretten, 200 Zigarren oder 1 kg Tabak, 10 l Spirituosen, 20 l sogenannnte Zwischenprodukte (z.B. Campari, Portwein, Madeira, Sherry), 90 l Wein und 110 l Bier. Eine Überschreitung ist im Einzelfall möglich, wenn nachgewiesen wird, daß auch diese große Menge nur für den privaten Gebrauch bestimmt ist (Hochzeitsfeier etc.). Also: Leute ohne Raucherhusten und Leberzirrhose könnten bei größeren Mengen an der Grenze Probleme bekommen.

Keine Freimengen für Jugendliche unter 17 Jahren.

Für die **Schweiz** sowie für Einkäufe in Duty-free/Tax-free-Shops gelten weiterhin niedrigere Quoten:
200 Zigaretten oder 100 Zigarillos oder 50 Zigarren oder 250 g Tabak; 1 l. Spirituosen oder 1 l. Zwischenerzeugnisse oder 2 l. Wein oder 2 l. Bier sowie Geschenke bis 1000 öS bzw. 200 SFr.
Bei Transitreisenden nach Deutschland werden diese Quoten in der Regel nicht streng angewandt.

# Zeit-Tafel

| | |
|---|---|
| 1400-1000 v. Chr. | Jüngere Bronzezeit in der Toscana. Entstehung der Terramare-Kultur. Seit 1000 v. Chr. erste gesicherte Spuren der Etrusker, Verschmelzung mit den Ureinwohnern zur kulturellen Einheit. |
| 1000 - 750 v. Chr. | Übergang zur früheisenzeitlichen Kultur, Höhepunkt in der Villanova-Kultur ab 800 v. Chr. |
| 6. Jh. v. Chr. | Höhepunkt der etruskischen Kultur unter dem Zwölfstädtebund, Ausdehnung der etruskischen Herrschaft bis nach Rom. |
| 540 v. Chr. | Seesieg der Etrusker und Karthager über die Griechen vor der Ostküste Korsikas. |
| 510 v. Chr. | Vertreibung des etruskischen Königs aus Rom. |
| 4. Jh. v. Chr. | Rom beginnt mit der Eroberung der Toscana, die bis etwa 400 n. Chr. Teil des Römischen Reichs bleibt. |
| 217 v. Chr. | Sieg Hannibals beim Trasimenischen See über die Römer. |
| 89 v. Chr. | Die Bewohner der Toscana erhalten das römische Bürgerrecht. |
| ab 1. Jh. n. Chr. | Christianisierung der Toscana. |
| 410 | Die Westgoten durchziehen Italien und die Toscana. |
| 476 | Zusammenbruch des weströmischen Reichs. |
| 493 - 552 | Herrschaft der Ostgoten in Italien. |
| 568 - 774 | Toscana Teil des Langobarden-Reichs. |
| 774 | Gründung des Herzogtums Tuscien durch Karl den Großen. |
| 887 - 962 | Unabhängiges italienisches Reich, Ungarn-Einfälle bis in die Toscana. |
| 962 | Die Markgrafschaft Tuscien wird unter Otto I. wieder Teil des Hl. Römischen Reichs. |
| seit 1000 | Aufstieg der Städte in der Toscana, vor allem Pisa, Lucca, Florenz. |
| 11. Jh. | Mathilde von Canossa ist Markgräfin von Tuscien. |
| 1050 | Baubeginn des Doms von Pisa. |
| 1077 | Heinrich IV. als Büßer in Canossa. |
| ab 1100 | Das Fürstenhaus der Guelfen (Papstanhänger) stellt die Markgrafen von Tuscien. |

## Toscana Geschichte

| | |
|---|---|
| ab 1100 | Konkurrenz zwischen Papsttum und Kaiserreich fördert die Entstehung unabhängiger Stadtrepubliken auf Grundlage der Zunftorganisation. Entstehung eines Bankensystems. |
| ab 1200 | Rivalität der Guelfenstädte (Papstanhänger) Florenz, Lucca und Montepulciano und der Ghibellinenstädte (Kaisertreue) Pistoia, Pisa, Siena und Arezzo. |
| ab 1269 | Florenz dehnt Vorherrschaft über die Toscana aus, demokratische Verfassungen auch in Siena und Lucca. |
| ab 1340 | Bankenkonkurse der Bardi und Peruzzi. Pestkatastrophe in der Toscana fordert 80.000 Menschenleben. |
| ab 1370 | Aufstände gegen die großbürgerliche Oligarchie, Ciompi-Aufstand 1378. |
| ab 1434 | Aufstieg des Medici-Clans, dessen Herrschaft - mit Unterbrechungen - bis 1737 andauert. |
| 1494 - 1512 | Vertreibung der Medici; Versuch eines demokratischen Neubeginns unter Savonarola. Politische Rechte auch für die bisher Unterprivilegierten. 1497-1498 Exkommunikation und Hinrichtung Savonarolas. |
| ab 1500 | Wirtschaftlicher und kultureller Niedergang in der Toscana, Stadtflucht, Hinwendung des Großbürgertums zum Grundbesitz. |
| ab 1512 | Rückkehr der Medici; Polizeiterror und Spitzelwesen. Machiavelli verfaßt seine Schrift "Der Fürst" (Il principe). |
| ab 1532 | Aufstände der Demokraten und Savonarola-Anhänger. Endgültige Zerstörung der republikanischen Staatsform, Florenz wird Herzogtum unter den Medici. |
| ab 1569 | Medici-Absolutismus: Toscana wird Großherzogtum. |
| 1618 - 1648 | Dreißigjähriger Krieg. |
| ab 1620 | Hungersnöte und Pest. Wiedereinsetzende Landflucht, Zusammenbruch der Wirtschaft und Verarmung der Städte. |
| 1737 | Der letzte Großherzog aus dem Haus der Medici stirbt. |
| 1737 - 1799 | Toscana unter Kontrolle der Lothringer und des Habsburgerreiches. |
| 1799 - 1814 | Toscana unter Napoleonischer Besatzung. |
| 1814 - 1860 | Toscana wieder bei Österreich. |
| 1840 | Beginnende Industrialisierung. |
| 1860 | Toscana wird Teil des geeinten Königreichs Italien. |

| | |
|---|---|
| 1916 - 1918 | Italien nimmt am Ersten Weltkrieg teil. |
| 1922 | Machtergreifung Mussolinis ("Marsch auf Rom"). |
| 1940 | Italien tritt in den Zweiten Weltkrieg ein. |
| 1943 - 1945 | Partisanenkrieg in Italien, Sturz Mussolinis und Kampf gegen die deutsche Besatzungsmacht. |
| 1946 | Italien wird Republik mit 18 Provinzen, eine davon ist die Toscana. |

# Geschichte

**Zweifellos gehört die Toscana zu den bedeutendsten Kulturlandschaften nicht nur Itallens, sondern ganz Europas - und das schon seit fast 3000 Jahren.**

Zu Beginn des 1. Jahrtausends v. Chr. entstand hier die erste Hochkultur auf italienischem Boden, die der *Etrusker*. Deren lateinische Bezeichnung *"Etrusci"* oder *"Tusci"* gab der Landschaft ihren Namen: Etrurien, später: Toscana. In *römischer Zeit* gehörte die Toscana zum Kernland des Imperiums, was in gleicher Weise auch für ihre geschichtliche Stellung im *Hochmittelalter* als Teil des deutsch-römischen Kaiserreichs galt. Zum gefährlichen Rivalen für die kaiserliche Herrlichkeit stiegen im 13. Jahrhundert selbstbewußte Städte empor: Pisa an der Spitze; Florenz, Siena, Prato und Lucca folgten. Diese Stätten bürgerlicher Selbständigkeit erlebten nicht nur die Entstehung der modernen italienischen Hochsprache, sie wurden auch die Geburtsorte der Neuzeit, die im Gewand der *Renaissance* und des *Humanismus* von hier aus ihren Siegeszug durch ganz Europa antrat.

Heute ist die Toscana längst zum Symbol der Italien-Sehnsucht des kultur- und sonnenhungrigen Rests der Welt geworden. Endlos ist die Liste der prominenten Reisenden - Goethe, Heine, Stendhal, Mark Twain, Tschaikowsky, Richard Strauß... Mit ihren zu Wort und Musik gewordenen Impressionen verbreiteten sie das dort Erlebte in alle Welt.

## Voretruskische Kulturen

Die ältesten zivilisatorischen Spuren, die sich im Raum der heutigen Toscana nachweisen lassen, stammen aus der Zeit um 1400 v. Chr., der *jüngeren Bronzezeit*. Die Archäologen unterscheiden dabei die *Apenninische Kultur* Mittel- und Süditaliens, deren Siedlungsform aus Rundhütten und Höhlen bestand. Sie kannte neben Steinwerkzeugen

*"Tanzendes Paar" (aus der Tomba delle Leonesse, 470 v. Chr.)*

auch Geräte und Schmuck, und ihre Keramik ist mit Mäandern und Spiralen geschmückt; daneben existierte in Norditalien, vor allem in der Poebene, die *Terramare-Kultur*. Benannt nach den *Terramaren* (zu deutsch "fette Erde") bildet sie eine Sonderform der bronzezeitlichen Siedlungen in Oberitalien. Die Häuser wurden auf Pfählen errichtet und die Siedlungen mit einem breiten Graben sowie einem holzgestützten Wall umgeben.

Etwa um 1000 v. Chr. vollzog sich der Wandel von der bronzezeitlichen zur *früheisenzeitlichen Kultur*, die Mitte des 8. Jh.s v. Chr. ihren Höhepunkt erreichte. Benannt wurde diese in Nord- und Mittelitalien auffindbare Zivilisation nach dem ergiebigsten Fundort *Villanova* östlich von Bologna. Charakteristisch für die *Villanova-Kultur* sind Grabsteine von bikonischer Form und mit geometrischen Verzierungen. Überreste aus jener Zeit kann man heute im Florentiner Archäologischen Museum sehen.

## Die Etrusker

Sie zählen zu den eher friedlichen Völkern. Ihr Ursprung ist ungeklärt bis zur Zeit zwischen 1000 und 800 v. Chr., aus der wir erste Informationen besitzen. Sie selbst nannten sich Rasenna, während sie für die Griechen die Tyrrhenoi und für ihre römischen Nachbarn die Tusci oder Etrusci waren.

## Toscana Geschichte

Ihre Verschmelzung mit der älteren Villanova-Kultur scheint im großen und ganzen friedlich abgelaufen zu sein, doch nach und nach wurde die *Region zwischen Arno und Tiber* Etruskerland, nachdem benachbarte Volksstämme wie die Umberer unterworfen waren. Ihre Vorherrschaft verdankten die Etrusker ihren Bearbeitungskünsten eines unedlen, dafür umso härteren Materials, des Eisens, das die Menschheit erst seit wenigen Jahrhunderten für sich nutzbar gemacht hatte. *Elba*, das von etruskisch "*Ilva*" stammt und so viel heißt wie Eisen, war das *Zentrum des Erzabbaus*, dessen Spuren noch heute am Strand von Baratti, unweit von Piombino, in Form riesiger Schlakkehalden zu sehen sind und die seit dem Ersten Weltkrieg zu erneuter Nutzung kamen. Unter diesen Halden fanden sich eindrucksvolle, nach innen gewölbte *Grabkammern*, in denen die Eisenherren der Toscana ihre Toten mit reichen Grabbeigaben bestatteten.

Die Baukünste der Etrusker offenbaren sich nicht minder imposant bei *Sesto Fiorentino*, ganz in der Nähe von Florenz, wo zwei nahezu vollständig erhaltene Grabkuppeln ausgegraben wurden.

Im 6. Jh. v. Chr. gelangten die Etrusker zum Höhepunkt ihrer Macht, die vor allem durch den sagenhaften *Zwölfstädtebund* ausgeübt wurde. Sechs dieser Städte lagen auf dem Gebiet der heutigen Toscana, unter anderem *Volterra* und *Arezzo*. Aber auch andere Städte wie *Pisa* und *Florenz* gehen auf etruskische Gründungen zurück.

Die Etrusker gewannen unter dem Geschlecht der *Tarquinier* die Vorherrschaft über das noch junge Rom und sollten sie bis gegen Ende des 6. Jh. v. Chr. behalten. Ihr Einfluß auf das noch rohe Bauernvolk der *Latiner* muß gewaltig gewesen sein; selbst so typisch Römisches wie Toga, Gladiatorenspiele oder der Triumphzug des siegreichen Feldherren sollen ihren Ursprung bei den Etruskern haben. Die Grenzen ihrer Expansion erreichten sie erst, als sie mit Capua und Pompeji auch die Campagnia und mit Bologna die Poebene kontrollierten.

Ihre großen Rivalen waren die *griechischen Kolonien* in Italien und die weitverstreuten Städtegründungen der *Phönizier*, die aber beide zugleich die wichtigsten Handelspartner waren. Der Austragungsort für die militärischen und handelspolitischen Auseinandersetzungen war das Meer, dessen Gefahren die Etrusker ebenso unerschrocken auf sich nahmen wie die berühmteren Nachfahren des Odysseus. Im Jahr 540 v. Chr. gelang den Herren der Toscana im Bunde mit dem phönizischen Karthago in der *Seeschlacht bei Alalia* (Korsika) ein entscheidender Sieg über die Griechen, was den "Tyrrhenern", wie sie von ihren Feinden genannt wurden, die Seeherrschaft über das bis heute als Tyrrhenisches Meer bezeichnete Gewässer sicherte.

Doch schon 510 v. Chr. wurden die verhaßten *Könige der Tarquinier* aus Rom vertrieben, für das damit die Zeit der Republik begann. 482 v.

Chr. gelang es den Griechenstädten Süditaliens, die Meerenge zwischen Italien und Sizilien dauerhaft für etruskische Schiffe zu sperren. 474 v. Chr. war es mit der Seemachtsherrlichkeit endgültig vorbei, als die Etrusker dem in Sizilien ansässigen *Hieron von Syrakus* unterlagen und von nun an Plünderungen der Küste und die Besetzung Elbas durch die syrakusanische Flotte hinnehmen mußten.

Der gefährlichste Feind der Etrusker war allerdings *Rom*, das seine Herrschaft immer weiter nach Norden in die etruskischen Kernlande ausdehnte, bis die Römer den vereinten Etruskern im Jahre 303 v. Chr. die entscheidende Niederlage bereiteten.

Mit dem Untergang der etruskischen Herrschaft verschwanden auch ihre Kultur und Sprache, soweit sie nicht von den siegreichen Römern übernommen wurden.

## Die Toscana unter den Römern

**So viel die römischen Eroberer auch den Etruskern zu verdanken hatten, so viel Römisches eigentlich etruskisch war, die neuen Herren ließen kaum etwas von der einstigen Hochkultur übrig.**

Roms straffe Organisation, seine von Funktionalität bestimmte Politik zeigten sich den Etruskern überlegen und veränderten das Gesicht der Toscana. Festungs-, Brücken- und Straßenbau erschlossen das Land, sorgten für einen wirtschaftlichen Aufschwung und sicherten die militärische Macht. Die *Via Aurelia* verlief von Rom entlang der Tyrrhenischen Küste bis nach Genua, und die *Via Cassia* verband die Hauptstadt mit Arezzo und führte weiter über Florenz bis Bologna.

Die Toscana teilte damit im 3. und 2. Jh. v. Chr. das Schicksal aller Feinde Roms, die in langen Kriegen unterworfen und dann zu Bundesgenossen gemacht wurden. Für die römischen Kriege gegen Karthago, gegen die Gallier und die Diadochenreiche des Ostens mußten die Städte Etruriens ihren Beitrag an Soldaten und Finanzen leisten. Dabei wurden die Toscana und das benachbarte Umbrien noch einmal zum Schlachtfeld, als im Jahre 217 v. Chr. der Karthager *Hannibal* ganz Italien in Angst und Schrecken versetzte. Beim *Trasimenischen See* schlug Hannibal die Römer vernichtend. Dennoch war den Karthagern nicht der endgültige Sieg vergönnt, Rom und seine (Zwangs)Verbündeten triumphierten zuletzt auch in diesem Kampf.

Das nach vierjährigem, blutigem Bürgerkrieg 89 v. Chr. von den Bundesgenossen erkämpfte *römische Bürgerrecht* brachte den Bewohnern der Toscana neben der ersehnten politischen Gleichberechtigung aber auch neue soziale Probleme. Mit dem Recht, sich Römer nennen zu dürfen, verband sich allzu oft auch der Wunsch, in der Hauptstadt des Imperiums, dem Nabel der Welt, zu leben. Tausende und Abertausende strömten gegen Ende des ersten vorchristlichen

Jahrhunderts aus allen Teilen Italiens nach Rom, wo der Slogan *"panem et circenses"* - *"Brot und Spiele"* - den Ärmeren ein angenehmeres Leben versprach. Verstärkt wurde diese Landflucht noch durch Billig-Importe von Getreide aus den römischen Kolonien, die die Landwirtschaft in Italien und besonders in der hügeligen Toscana völlig unrentabel machten. Brachliegende Felder, überwucherte Weinberge und verlassene Dörfer waren die Folge. Überall fehlte es an Menschen, um das Land weiter zu kultivieren - während Rom längst aus allen Nähten platzte, zur Millionenstadt geworden war.

Im Zeichen eines allgemeinen Bevölkerungsrückgangs in der Spätantike, vor allem in Italien und Griechenland, verschärfte sich die Lage auf dem Land weiter. Sogar die Eisenerzförderung in der Toscana, die seit den Etruskern den Reichtum der Region ausmachte, wurde eingestellt, man hatte ergiebigere Fundstellen entdeckt.

Auch die einst blühenden römischen Städte in der Toscana wie *Pisae*, *Florentina* und *Luca* verfielen zusehens.

## Die Germanen in Italien

**Nicht erst im Zeitalter des Massentourismus ist Italien und besonders die Toscana zum Inbegriff paradiesischer Wonnen für alle jene geworden, denen in heimatlichen Gefilden selbst im Sommer nur ein grün angestrichener Winter beschert ist. Schon eineinhalb Jahrtausende zuvor hatten die Vorfahren der heutigen Mittel- und Nordeuropäer, wie vom Gesang der Sirenen angezogen, ihr Glück im alten Römerland gesucht.**

So kam der Todesstoß für das Römische Reich von außen: 410 n. Chr. durchzogen zum erstenmal seit Jahrhunderten wieder landhungrige Eroberer die italienische Halbinsel und streiften bei ihrem Vormarsch auf Rom auch die Toscana - es war die *Völkerwanderungszeit*. Doch während diese Völkerschaften (Westgoten, Hunnen und Vandalen) nur zum Plündern ins Land kamen, zogen die *Ostgoten* im Jahre 493 unter *Theoderich* gegen Süden, um das Erbe des herrenlos gewordenen Italien anzutreten und die zum Teil menschenleeren Räume zu besiedeln. Die Toscana sank, wie bereits in der römischen Blütezeit, weiter zur unbedeutenden Provinz herab.

Das in Ost- und West-Rom zersplitterte alte Reich war nicht mehr zu retten, denn bereits 568 drangen neue Germanenscharen, diesmal *Langobarden*, nach Italien ein. Damit war der entscheidende Schritt zur staatlich-territorialen Aufsplitterung Italiens getan, aber auch die Selbständigkeit der Toscana war nach jahrhundertelanger Abhängigkeit erstmalig wiederhergestellt.

Zum Verhängnis wurde den Langobarden letztendlich aber ihre Uneinigkeit; Autonomiebestrebungen der Herzöge gegen das Königtum in Pavia führten zu langen, kräftezehrenden Kämpfen. Geschürt wurde dieser Konflikt zugunsten der Herzöge auch vom Papst, der nichts mehr fürchtete als ein geeintes, starkes Reich, wie es eine langobardische Zentralgewalt hätte schaffen können.

Zu seiner Unterstützung rief der Papst neue Völkerschaften auf die Bühne der italienischen Politik - die *Franken*. Deren König *Pippin* sicherte dem Papst nicht nur Schutz zu, sondern erhob ihn auch zum territorialen Oberhaupt des Herzogtums Rom, die Grundlage für den späteren *Kirchenstaat* und die weltliche Herrschaft des Papstes, die bis 1870, dem Gründungsjahr des Königreichs Italien, dauern sollte.

Den zweiten entscheidenden Schlag für den Papst und gegen die Langobarden führte Pippins Sohn *Karl der Große*. 774 zog er mit seinem Heer nach Italien und belagerte Pavia. Während die Stadt langsam ausgehungert wurde, bestätigte Karl die Pippinischen Verträge und wurde selbst zum Schutzherrn der römischen Kirche ernannt.

Nach der Einnahme Pavias setzte sich Karl in selbstbewußter Manier mit eigener Hand die eiserne Krone der Langobarden aufs Haupt und führte fortan den Titel *König der Franken und Langobarden*.

## Die Toscana und die Deutschen

Nach der Übernahme des langobardischen Erbes in Nord- und Mittelitalien begann die Eingliederung in das Großreich der Franken. Aus dem selbständigen Herzogtum Tuscien wurde eine Markgrafschaft gleichen Namens, die das Reich gegen den Kirchenstaat im Süden abgrenzte.

Auch das *Lehenswesen* - die Basis der königlichen Macht - wurde aus dem Norden exportiert. Der König vergab Herzogtümer, Markgrafschaften und Grafschaften als Lehen an den Adel, der von diesen Gütern lebte und als Gegenleistung zur Heeresfolge verpflichtet war. Auch der *Klerus* war Teil des Feudalsystems: Bischöfe und Äbte erhielten päpstliche Lehen und gaben sie wieder an Vasallen weiter.

Der *Feudalismus* hatte damit auch in Italien Fuß gefaßt, dessen Grundlage die Bauern mit mehr als 90 % der Bevölkerung bildeten.

Mit dem Tod *Karls des Großen* brach nicht nur sein Reich nördlich der Alpen in Stücke, auch Italien entglitt unter seinen Nachfolgern mehr und mehr der Kontrolle von außen. Der Zeitraum zwischen 887 und 962 war die Epoche eines gewaltigen Machtvakuums, das keiner der heimischen Fürsten zu füllen in der Lage war.

Es ist die Zeit der *Ungarneinfälle*, von denen auch die Toscana nicht verschont blieb. Mordend und plündernd durchzogen Reiterhorden das Land, um es dann so schnell zu verlassen, wie sie gekommen waren.

Das in kleine Territorien zersplitterte Feudalsystem des unabhängigen Italien hatte nicht die Kraft, sich gegen das räuberische Reitervolk zur Wehr zu setzen. Dieser Zustand änderte sich 955 mit dem Sieg

Ottos I. gegen die Ungarn auf dem Lechfeld bei Augsburg. Otto erhob nun Anspruch auf die Kaiserkrone und machte Nord- und Mittelitalien zum Bestandteil seines deutsch-römischen Imperiums.

In der Toscana änderte dies an den bestehenden Verhältnissen wenig, das Land wurde weiterhin von wenigen Feudalherren beherrscht, wenn auch in immer größerem Umfang Geistliche in weltliche Lehensämter eingesetzt werden. Die Amtssitze der Bischöfe entwickelten sich dabei immer stärker zu Keimzellen städtischen Lebens.

## Die Herren und die Dame von Canossa

Auch im anbrechenden Hochmittelalter blieb die Toscana nicht verschont von großen europäischen Konflikten, wie jener, der sich immer deutlicher zwischen Kaiser und Papst anbahnte. Mit dem Unterschied allerdings, daß aus dem bisherigen Randschauplatz Toscana nun einer der zentralen Zankäpfel der rivalisierenden Politik von Kaiserreich und Kurie wurde.

In der Toscana stiegen unter den *ottonischen Kaisern* und ihren Nachfolgern, den Saliern, die Grafen von Canossa zu ungewöhnlicher Bedeutung auf, obwohl deren Stammsitz, die Burg von Canossa, nicht in der Toscana, sondern in der benachbarten Emilia-Romagna lag.

Als Erbin und Lehensherrin der Grafschaft Tuscien erlangte *Mathilde von Canossa* Berühmtheit, als sie im Streit zwischen Kaiser *Heinrich IV.* und Papst *Gregor VII.* für den Papst Partei ergriff. Heinrichs Position war damit entscheidend geschwächt, so daß Papst Gregor erfolgreich seine Waffe einsetzen konnte - den Kirchenbann.

Es war im Januar 1077, als der gebannte Heinrich mit bescheidenem Gefolge nach Italien reiste, um seine Absolution beim Papst zu erreichen. Gregor VII. verkannte die Absicht des Kaisers, er fürchtete sich vor einem kriegerischen Vorgehen und flüchtete daher auf die Burg Canossa, wo er bei seiner Parteigängerin und Freundin Mathilde sicher sein konnte. Die antipäpstliche Propaganda ließ es sich natürlich nicht nehmen, Gerüchte über ein intimes Verhältnis zwischen Gregor und Mathilde zu verbreiten. Wie dem auch sei - der Kaiser folgte dem Papst und zog dreimal barfuß im Büßergewand vor die Burg von Canossa (wohlgemerkt: es war Januar!), bis er eingelassen und ihm Absolution erteilt wurde. Heinrich IV. konnte so seine Krone retten, aber die Gewichte hatten sich stark zugunsten des Papstes verschoben.

Seit diesen Tagen dürfte kaum jemandem der *Gang nach Canossa* fremd sein, sei es aus eigener Erfahrung oder nur aus der Schulzeit.

Der Streit um die Toscana, die Mathilde mangels Erben der Kurie vermacht hatte, entbrannte nach ihrem Tod im Jahre 1115 erneut und wuchs sich zu einem jahrhundertelangen Zank zwischen Papsttum und Kaiserreich aus.

# Der Aufstieg der Städte

Während Kaiser und Papst miteinander im Streit lagen, wußten die aufstrebenden Städte der Toscana diese Schwäche der weltlichen Macht für sich zu nutzen. Aber nicht in der Weise, daß auch sie sich gegen den Kaiser stellten; im Gegenteil, in einer Zeit der kirchlichen Opposition und eines allgemeinen Verfalls des Lehenssystems - der niedere Adel betrachtete die vergebenen Lehen nun meist als sein Eigentum - wurden die Städte zu einer wichtigen Stütze des Kaisers.

*Heinrich IV.* war so der erste, der den Kommunen Zugeständnisse machte. Im Jahr 1081 verpflichtete er sich, im Umkreis von 10 km um Lucca keinen Palast zu bauen. Noch weiter kam er Pisa entgegen, indem er auf die höchste Gerichtsbarkeit in der Stadt verzichtete.

Pisa war die mächtigste unter den toscanischen Städten und zudem für lange Zeit die einzige Hafenstadt in der Region. In ganz Italien konnten sich nur Venedig und Genua mit den Handelserfolgen der Pisaner Kaufleute messen.

Im Bunde mit Genua gelang es, die Sarazenen in Süditalien zu kontrollieren und später sogar die Moslems aus Sizilien zu vertreiben.

Einen noch deutlicheren Aufschwung der Seestädte bewirkte die mit großem militärischem und finanziellem Aufwand betriebene *Kreuzzugsbewegung*. Durch die Eroberung der Küsten Palästinas und Syriens gewannen Pisa, Genua und Venedig nicht nur wichtige Handelsstützpunkte im östlichen Mittelmeer, vor allem der Warenaustausch mit dem gesamten Vorderen Orient erlebte einen großen Aufschwung.

*Mit dem Reichtum wuchs auch das politische Selbstbewußtsein: Inmitten eines mittelalterlichen Europa entstanden städtische Republiken, die selbst über ihr politisches Schicksal bestimmten.*

In *Pisa* lenkten neben den Konsuln und anderen hohen Beamten auch noch 30 Adelsfamilien die Geschicke der Stadt, doch vielerorts, wie in San Gimignano oder in Florenz, hatten die alten Eliten der Aristokratie jeglichen Einfluß verloren. Auch in der *Bautätigkeit* drückte sich dieses Selbstbewußtsein der jungen Städte aus: Mitte des 11. Jh.s begannen die Pisaner mit dem Bau ihres Doms, später mit dem berühmten Turm, der sich schon während der Errichtung neigte, und schließlich mit dem Baptisterium. Über 100 Jahre investierten Stadt und Bürger in den Sakralbau, der Macht und Wohlstand der Stadt dokumentierte.

Die Städte wuchsen mit rasanter Geschwindigkeit; immer neue Stadtmauern in immer weiterem Umkreis um die Kommunen wurden errichtet. Das frühmittelalterliche Pisa umfaßte eine Fläche von etwa 30 Hektar, die 1162 vollendete Stadtmauer nördlich des Arno umschloß 114 und die gegen Ende des 13. Jh.s

*Geschlechtertürme als Zeichen der Macht*

errichtete Stadtmauer 154 Hektar!

Die Ursache für das explosionsartige Wachstum war eine dramatische Landflucht, die die Toscana erlebte. Die leibeigenen Bauern liefen ihren Feudalherren davon, um in der Stadt ein gewisses Maß an Freiheit und vor allem Wohlstand zu finden.

Im Textilhandwerk, der Metallverarbeitung und anderen Gewerben der aufstrebenden Handelsstädte waren die landflüchtigen Bauern als Arbeitskräfte hochwillkommen.

## Die große Zeit der Stadtrepubliken

**Lethargie und innere Streitigkeiten des deutschen Kaisertums waren das Glück der italienischen Kommunen. Der Untergang der deutschen Zentralgewalt nach dem Tod Kaiser Friedrich Barbarossas erweiterte den politischen Freiraum für eine noch stürmischere Entwicklung und ließ das 13. Jahrhundert mit seinem geistigen und politischen Ringen zum bewegtesten des Mittelalters werden.**

Während *Franz v. Assisi* und seine Bettelmönche ("Franziskaner") mit ihrer Botschaft von Armut und Bescheidenheit vor allem in der bäuerlichen Bevölkerung großen Widerhall fanden, hatten sie mit ihrer Lehre in den reichen Stadtrepubliken umso weniger Erfolg - verständlicherweise. Die Kommunen der Toscana schielten statt dessen eifersüchtig nach Pisa, das Mitte des 13. Jh.s. noch immer die unumstrittene Vormacht Mittelitaliens war und dessen Status- und Machtsymbol, der Dom, andernorts bald eifrig kopiert wurde.

## Die Stadtrepubliken 83

So baute in Lucca und Prato der Comasker Guidetto im pisanischen Stil. In Massa Marittima begann Meister Heinrich mit dem Bau eines Doms, mit dem sich die durch Kupfer- und Goldminen reich gewordene Stadt schmücken wollte. Auch Siena nahm Anleihen bei Pisa. Niccolò Pisano, der den (bis heute) häufigsten Familiennamen der Stadt mit dem Schiefen Turm trug, hatte bei den großen Bildhauern der Lombardei gelernt, bis er mit der Kanzel des Baptisteriums in Pisa sein erstes Meisterwerk schuf. Später führte ihn sein Weg nach Lucca und eben nach Siena. Seine 1268 vollendete Kanzel im Dom von Siena gilt als das erste plastische Werk der Toscana im neuen Stil der Gotik. Auch in der Architektur entschieden sich die Sienesen für diesen Stil statt zur Nachahmung des pisanischen Vorbilds. Dies bezeugt Selbstbewußtsein, das mit dem Reichtum der Handelsherren gewachsen war.

Während Pisa seinen Gewinn jenseits des Meeres suchte, fanden ihn die Sienesen auf dem Landweg in Frankreich und Spanien. Das dort gewonnene Geld floß in die gerade gegründeten *Banken* der Stadt, die ältesten Europas, die es gegen Zinsen und Sicherheiten an hohe Geistliche und Kommunen weiterverliehen.

Mit diesen Geldgeschäften modernster Art war nicht nur eine neue Institution des öffentlichen Lebens geschaffen, auch ein Prinzip des *Kapitalismus* war damit geboren und sollte lange vor seiner klassischen Zeit, dem industriellen Zeitalter, eine Hochblüte erleben. Wie ungebrochen diese Tradition fortdauert, zeigt die über 500jährige Geschichte der ältesten Bank Italiens, der "Monte dei Paschi di Siena", die noch heute überall in der Toscana Filialen unterhält.

Das ausgehende 13. Jh. wurde in der Toscana durch ein wichtiges Ereignis geprägt, den *Niedergang Pisas.*

Handelsstreitigkeiten hatten die alte Feindschaft zwischen Pisa und Genua wieder aufleben lassen, seit 1282 kämpften beide Städte gegeneinander zur See. 1284 kam es zur Entscheidungsschlacht, in der Pisa schwer geschlagen wurde und sich nie mehr davon erholen konnte.

Ein zweiter Schicksalsschlag kam hinzu: Der Arno, der Fluß, der Pisa zur Hafenstadt gemacht hatte, schleppte Unmengen an Sand und Geröll aus den Apenninen mit sich und ließ den Hafen langsam versanden. Aus dem meerbeherrschenden Pisa wurde eine stille Landstadt, die heute 10 km vom Meer entfernt liegt...

Florenz profitierte am meisten vom Niedergang Pisas. Dort hatten 1282 die erstarkten *Handwerkszünfte* die Führung übernommen und die Herrschaft des Adels eingedämmt, dessen politische Vormachtstellung angesichts der gewachsenen Bedeutung von Handel und Handwerk, von Banken und Industrie unhaltbar geworden war.

Nach außen lag die Stadt weiterhin in Dauerquerelen mit anderen toscanischen Kommunen, vor allem Arezzo, ohne einen entscheidenden Erfolg zu erringen. Und auch im Innern lebten alte Konflikte wieder auf, die *Schwarzen* (Papstanhänger) und die *Weißen* (Kaisertreue) kämpften erbittert gegeneinander mit selbst für die Bürgerkriege der Toscana unerhörtem Haß und Grausamkeit. Hunderte von "Schwarzen" wurden damals in Pistoia hingerichtet, während man in Florenz die "Weißen" aus der Stadt verbannte, darunter im Januar 1302 auch Italiens größten Dichter *Dante Alighieri*, der 19 Jahre später, noch immer im Exil in Ravenna, starb.

Noch heute finden sich in fast jeder Stadt der Toscana deutliche Zeichen dieser blutigen Bürgerkriege in Gestalt hoher *Geschlechtertürme*. Diese Türme dienten nicht allein einem militärischen Zweck, sie waren sowohl Heimburg ihrer Eigentümer, in die sie sich im Falle eines Angriffs zurückziehen konnten, als auch äußeres Machtsymbol.

Nach dem Niedergang Pisas im 13. Jh. sank nun auch *Siena* zu einer stillen toscanischen Provinzstadt herab. Entscheidender Grund für den Niedergang der Stadt war die *Pest*. Im Jahr 1348 durchzog der Schwarze Tod zum ersten Mal die toscanischen Lande und forderte allein in Siena über 80.000 Todesopfer. Ein Aderlaß, von dem sich die Stadt nie mehr erholte.

Der Sturz Pisas und Sienas zog nun alles, was an lebendigen Kräften in der Toscana noch existierte, in die weiter aufstrebende Arnostadt Florenz, in sich, weniger konservativ, weniger vornehm als Siena, das Mittelalter zu verabschieden begann.

*Florenz* war jetzt *die* Stadt des Kapitalismus geworden, auf Handel und Gewerbe hatte sich die Geldwirtschaft aufgebaut. Die Florentiner Banken wurden weltbeherrschend, der Florentiner Gulden (*Florin*) die Hauptmünze der damaligen Zeit. Auch die Sozialordnung blieb davon nicht unberührt. Den Kaufmanns- und Handwerkszünften entwuchs ein neuer Adel, der sich nicht auf Geburt, sondern auf Geld stützte.

Das Streben der *"neuen Aristokratie"* nach der uneingeschränkten politischen Macht in Auseinandersetzung mit den Schichten des mittleren Bürgertums, der Handwerker und der Arbeiter blieb nicht aus, doch schon bald war sie Träger der Florentiner Stadtkultur, denn nur sie verfügte über die Mittel zur Förderung der Künste und Wissenschaft.

Eine genaue Schilderung dieser Gesellschaftskreise ist uns mit *Giovanni Boccaccios* "*Decamerone*" überliefert. Seine Novellensammlung beginnt im Pestjahr 1348, das auch seine Vaterstadt Florenz nicht verschont ließ.

Mit dem Aufstieg des Großbürgertums wagte auch die *Naturwissenschaft* einen Neuanfang; die Welt wird nicht mehr als gottgewollt begriffen, der bürgerliche Mensch beginnt, seine Umwelt mit seinem Verstand und seinem Gefühl zu erforschen. Das Mittelalter nimmt seinen Abschied, die "Neu-Zeit" hält ihren Einzug.

## Die Toscana unter Florentiner Vorherrschaft

Das 14. Jahrhundert war die Zeit der Bürgerkriege und Parteikämpfe um die Republik. Gegen Ende des Jahrhunderts hatte sich die - vorübergehende - Herrschaft eines Florentiner Geschlechts gefestigt - das der Albizzi. Unter ihm dehnte Florenz sein Territorium bedeutend aus:

1380 wurde Arezzo und im Jahr 1406 das alte, kraftlos gewordene Pisa, der einstige Erzrivale, dem florentinischen Staatswesen einverleibt. Doch neben den Albizzi meldeten vor allem die reichen Kaufmannsfamilien der *Medici* und *Strozzi* ihren Anspruch auf die Macht an. Zwar versuchten die Albizzi, *Cosimo de'Medici*, ihren gefährlichsten Gegner, mit allen Mitteln auszuschalten (Todesstrafe, danach in 10jährige Verbannung gemildert), doch hatten sich die Anhänger Cosimos in Florenz bald durchgesetzt, und der Verbannte hielt 1434 unter dem Jubel des Volkes seinen Einzug in die Arnostadt. Mit diesem Tag wurde er nicht nur Alleinherrscher über die Stadt für 30 Jahre, er leitete damit auch die lange Herrschaft der Medici ein, die, mit kurzen Unterbrechungen, bis 1737 andauern sollte.

Die Verfassung der Republik war unter der Herrschaft Cosimos ausgehöhlt worden, formal aber unangetastet geblieben. Die Intrigen gegen Cosimo wuchsen seit 1460 unter seinen eigenen Parteifreunden. Sie versprachen sich durch die Rückkehr zur alten Verfassung persönliche Vorteile und setzten Luca Pitti an Cosimos Stelle. Luca gebärdete sich als Tyrann und mißbrauchte die Macht zur persönlichen Bereicherung. Cosimo dagegen zog sich ins Privatleben zurück, jedoch nicht ohne seinen Einfluß und sein Geld wirken zu lassen. Dieser große Mäzen der Künste und der Wissenschaft galt nämlich nicht zuletzt auch als Meister der politischen Korruption. Charakterstarke Gegner, die mit Geld nicht auszuschalten waren, wußte er durch Verbannung oder durch wirtschaftlichen Ruin unschädlich zu machen.

So bestimmte Cosimo de'Medici das politische und kulturelle Leben seiner Stadt, und als er 1464 starb, konnte sich sein nur mäßig begabter Sohn *Piero* auf seine Verdienste stützen. Die Medici waren längst zu einer staatlichen Institution in Florenz geworden und konnten sich der Unterstützung des Großteils der Bevölkerung sicher sein.

Bereits 1470 starb Piero und vererbte dem 21jährigen *Lorenzo* nicht nur unermeßliche Schätze, sondern auch die Regierung. Lorenzo bewies anfangs wenig Sinn für das Geschäft, dafür umso mehr für die Verschwendung. So kam es, daß er bald einen Großteil seines Vermögens verlor und der Bankrott drohte. Seine Bankhäuser in Brügge, Lyon und Mailand mußten liquidiert werden, und Lorenzo war gezwungen, bei seinen Verwandten 60.000 Dukaten Kredit aufnehmen.

Als Staatsmann war er dafür

## Toscana Geschichte

umso energischer. Zwar wahrte auch er formal die Verfassung, doch vermengte er private und öffentliche Interessen, vor allem wenn es um Geldfragen ging. Selbst vor Krieg schreckte er nicht zurück. Als es in Volterra, wo er sich an der Ausbeutung neu entdeckter Alaunlager (ein aluminiumhaltiges Mineral) beteiligt hatte, zu Streitigkeiten zwischen der Stadtverwaltung und den Florentiner Kapitalisten gekommen war, nutzte Lorenzo seinen Einfluß und ließ Florenz mit Waffengewalt gegen die kleine Stadt vorgehen. Seine Erfolge und seine anhaltende Beliebtheit bei den unteren Klassen schürten den Haß seiner Gegner, voran das Geschlecht der *Pazzi* und Papst *Sixtus IV.*, der auf den Sturz der Medici hinarbeitete, um die Toscana unter seine Kontrolle zu bringen (siehe auch folgenden Kasten).

Am Ende des 15. Jh.s standen die Medici auf dem Höhepunkt ihrer Macht und sahen sich gleichrangig mit den ersten Fürsten Europas. Lorenzos Sohn *Giovanni* wurde 1489 zum Kardinal und 1523 gar zum Papst geweiht, und seine Tochter Magdalena verheiratete der Vater mit einem Sohn des Papstes Innozenz VIII. - auch dieses Kuriosum gab es während der Renaissance.

Nicht minder aktiv war Lorenzo, schon zu Lebzeiten "*il magnifico*" - "der Prächtige" genannt, als *Förderer der Künste*. Zu seiner Zeit stieg die vom Großvater Cosimo gegründete sog. *Platonische Akademie* in Florenz zu Weltruhm empor, ebenso wie ihr berühmtester Lehrer *Giovanni Pico della Mirandola*.

---

Unter den Medici wurde Florenz die Stadt beeindruckender architektonischer Schönheit. Bis Anfang des 15. Jh.s dominierte der enge Wohnbau mit seinen festungsartigen Türmen. Gotische Paläste wie Siena besaß die Arnostadt nicht. Nun aber bauten *Brunelleschi* und *Alberti* den großen, weiten Palast im Stil der neuen Zeit, der *Renaissance*. Der Zweck der Verteidigung war nicht mehr der Grundgedanke der Architektur; Pracht, Schönheit und Wohnlichkeit kamen jetzt ganz zum Zuge. Nur die unteren Stockwerke der Paläste mit ihren unbehauenen Steinen, kennzeichnend für den florentinischen Palastbau, erinnerten etwas an die früheren Wohnfestungen.

Sich selbst übertroffen hat sich Filippo Brunelleschi aber mit der von 1420 - 1436 erbauten *Domkuppel* der Kathedrale *Santa Maria del Fiore* in Florenz. Sie ist die erste selbsttragende Kuppelkonstruktion der Geschichte und ringt durch ihre statische Kühnheit noch den Architekten unserer Tage Bewunderung ab, wenn auch in jüngster Zeit Risse im Mauerwerk Anlaß zur Sorge geben.

Die Feinde in Rom ersannen eine Intrige par exellence. Der päpstliche Söldnerhauptmann *Giambattista* und zwei Priester wurden für die Pläne gewonnen und der Erzbischof von Pisa, ein Gegner der Medici, in die Pläne eingeweiht. Und während päpstliche Truppen an die Grenze der Toscana rückten, überschlugen sich in Florenz die Ereignisse. Am 26. April 1478 ging Lorenzo mit seinem jüngeren Bruder Giuliano zur Messe in den Dom, und als der Priester die Hostie erhob, stürzten sich die Verschwörer auf die Medici. Giuliano starb unter den Dolchstößen der Mörder, während Lorenzo nur leicht verwundet in die Sakristei fliehen konnte. Nach der gescheiterten Verschwörung begann in der Stadt eine Treibjagd auf die Anhänger der Pazzi. Nicht nur der Erzbischof von Pisa und Francesco Pazzi, die beide an einem Fenster des Palastes der Signorie baumelten, gehörten zu den Opfern dieser Tage.

## Der religiöse Reformer Savonarola

Doch inmitten dieser kulturellen Aufbruchstimmung störte plötzlich die mahnende und anklagende Stimme eines Dominikaner-Mönchs aus Ferrara: *Savonarola*. Angesichts des Reichtums, der Abwendung vom Religiösen hin zur Wissenschaft und angesichts der fortschreitenden Verweltlichung der Kirche bis hinauf zum Papst, wurde Savonarola zum erbitterten Feind der Medici, die mit der Renaissance das Übel von Macht und Korruption heraufbeschworen hatten.

Von der Kanzel hielt er donnernde Predigten gegen die Nacktheiten in der neuen Kunst, gegen Willkür und Dekadenz, und das Volk folgte mit Begeisterung seinen Reden. 1491 predigte er zum ersten Mal im Dom von Florenz und verkündete den baldigen Tod Lorenzos, des Papstes und des Königs von Neapel. Die Menge war gebannt und erzitterte, als Lorenzo, erst 44jährig, 1492 starb.

Sein Sohn *Piero*, der die Nachfolge antrat, war ein Mann von großen Körper- und geringen Geisteskräften, kaum geeignet, auf diese Herausforderung zu antworten. Zum ersten Mal seit Jahrhunderten sah Italien wieder einen fremden Eroberer, und zwar in Gestalt des französischen Königs *Karl VIII*. Kaum standen seine Heere in der Toscana, fand er Unterstützung durch Siena, Pisa und Lucca. Piero de'Medici verlor die Nerven und erkaufte sich die Rettung seiner Haut durch die Übergabe aller Festungen des Landes an die Franzosen. Das war Wasser auf Savonarolas Mühlen, in Florenz brach der Aufstand gegen die Medici los und die Familie entkam mit knapper Not nach Bologna.

Kampflos zog Karl VIII. in die Stadt ein und bezog im Palast der

Medici für zehn Tage Wohnung. Als der König Florenz wieder verließ, war die Stadt zwar frei, aber es blieb ein politisches Vakuum, das Savonarola rasch ausfüllen konnte.

Der Dominikaner versuchte das Unmögliche - die Zeit zurückzudrehen. Alles, was unter Lorenzo *il magnifico* geschehen war, erschien ihm Sünde. Er war bemüht, die Demokratie wiederherzustellen und unterwarf Handel und Wandel christlichen Grundsätzen, womit er dem zügellosen Kapitalismus zugunsten des Volkes Einhalt gebot, doch überschattet wurde seine Herrschaft auch durch eine Barbarei ersten Ranges - die feierliche *"Verbrennung der Eitelkeiten"* am Fastnachtsdienstag 1497. Vor dem Palast der Signoria war ein Scheiterhaufen mit "schmutzigen" Büchern und "nackten" Malereien aufgetürmt und unter dem Jubel der Menge verbrannt worden. Unschätzbare Kunstwerke, etwa von Petrarca, Boccaccio und Botticelli gingen so verloren.

Doch bald sollte der *Bilderstürmer Savonarola* das Schicksal der von ihm zerstörten Kunstschätze teilen, denn seine Feinde, allen voran der Papst und die Medici ruhten nicht. Einem Predigtverbot, das der Mönch nicht befolgte, schickte die Kurie die Exkommunikation hinterher, was Savonarola seiner Anhänger beraubte. Am 23. Mai 1498 wurde er vor demselben Palazzo Vecchio, wo man die "Eitelkeiten" verbrannt hatte, gehängt und seine Asche in den Arno gestreut.

## Florenz - von der Stadtrepublik zum Fürstenstaat

**Das Florenz nach Savonarola stand wieder dort, wo es bereits vor den Medici gewesen war. Und der alte Hader zwischen den Familien des Großbürgertums begann wieder aufzuleben und damit auch der Kampf um die Vormachtstellung in der Toscana.**

1512 kehrten die Medici, nach 18jähriger Verbannung, nach Florenz zurück. Ihre ehemals demokratisch legitimierte Position bauten sie schrittweise zu einer *absolutistischen Herrschaft* aus, nach innen wie nach außen. In der Wahl der Mittel waren sie dabei nicht zimperlich: Bestechung und Bespitzelung ihrer Gegner, Folter und Kerkerhaft für die Opposition, Wahlmanipulationen - solange noch gewählt werden durfte - die über die Jahrhunderte hinweg hochgepriesenen Kunstmäzene von Florenz verstanden ihr politisches Geschäft.

Das machtpolitische Denken eines *Niccolò Machiavelli*, seine Verherrlichung von absoluter Staatsmacht und Fürstenherrschaft waren charakteristisch für das Denken dieser Zeit.

Wechselnde Bündnisse mit den europäischen Herrscherhäusern, machtpolitisch motivierte Heiraten und gar der Anspruch des Medici-Clans auf den Papstthron - diesem Druck waren die demokratischen Kräfte in Florenz auf Dauer nicht gewachsen.

Als im Jahre 1530 ein kaiserlich-päpstliches Heer vor der Stadt lag und sie monatelang aushungerte, war das Ende der Republik von Florenz endgültig gekommen. Tausende hatten bereits in den Kriegen der letzten Jahre den Tod gefunden, Handwerk und Handel, einstige Quellen des Reichtums, lagen schon lange darnieder.

1531 wird nun der erste Medici mit kaiserlicher Rückendeckung in den Rang eines Herzogs erhoben. Der Widerstand erstirbt jedoch nicht und äußert sich auch in der neuentflammten Rivalität einiger toscanischer Städte gegen Florenz: Während Pisa bereits seit mehr als 100 Jahren unter Florentiner Kontrolle stand, regten sich in Siena und anderen Städten unverdrossen die demokratischen Kräfte. Siena erlebte Anfang des 16. Jh.s eine neue Blütezeit, und es gelang der Stadtrepublik sogar, die spanische Besatzungsmacht abzuschütteln, ein Zustand, den die Medici nicht akzeptieren konnten.

## Das Großherzogtum Toscana unter den Medici

**Wenn Florenz auch zu einer Macht zweiten Ranges herabgesunken war, so gelang es doch mit Unterstützung deutscher und spanischer Truppen und nach blutigen Kämpfen, Siena im Frühjahr 1555 unter mediceische Kontrolle zu bringen.**

Das Territorium des Herzogtums erstreckte sich damit über die ganze Toscana. Livorno, das schon 1421 an Florenz gefallen war, wurde weiter befestigt und zum Freihafen erklärt, denn der versandete Hafen Pisas war mittlerweile unbrauchbar geworden.

Florenz hatte sich von einem Stadt- in einen Flächenstaat verwandelt, von einer Republik zur Monarchie. Die Medici waren von Bankiers zu Fürsten avanciert und strebten sogar nach der Königswürde. Auch wenn sie dies nicht realisieren konnten: seit Cosimos I. Ernennung zum *Großherzog* durch den Papst (1569) beherrscht der Medici-Clan die Toscana ohne Unterbrechung bis zum Aussterben dieses Geschlechts im Jahre 1737.

Mit dem Medici-Absolutismus des 16. Jh.s ist nicht nur der künstlerische Höhepunkt der Renaissance überschritten; das 16. Jh. als Zeitalter des Umbruchs in die Neuzeit verhilft anderen europäischen Staaten zu Macht und Glanz. Neue Erdteile werden entdeckt, die Erfindung neuer Produktionsmethoden folgt, mit denen das in Zünften organisierte, mittelalterliche Handwerk nicht mehr Schritt halten kann.

Die Erfindung des *mechanischen Webstuhls* läßt die Preise für Textilien ins Bodenlose fallen, die Lebensgrundlage zahlloser Handwerksbetriebe wird zerstört. Der toscanische Handel verliert seine erstrangige Bedeutung in Europa, was eine gigantische Auswanderungswelle nach sich zieht. Holland, Frankreich und England werden jetzt für viele zum Hoffnungsträger für den Aufbau einer neuen Existenz.

Das Großbürgertum seinerseits und all die, die sich's leisten können, ziehen aufs Land zurück, meiden die riskant gewordenen Kapitalinvestitionen in Handel und Kreditwesen und entdecken Land- und Großgrundbesitz als risikoarme Geldanlage: *Mezzadria* (Halbpachtsystem) hieß die vorherrschende Form der landwirtschaftlichen Produktion, bei der der Pächter seinem Grundherrn die Hälfte des Ertrags abliefern muß; für den toscanischen Geldadel in diesen krisengeschüttelten Zeiten mit Sicherheit ein gutes Geschäft.

Der Niedergang des Großherzogtums Toscana von einer europäischen Wirtschafts- und Kulturmacht ersten Ranges zur Beschaulichkeit und Provinzialität eines Agrarlandes setzte sich im 17. Jh. fort, wenngleich die Universität von Pisa, besonders aber der Pisaner *Galileo Galilei* noch einmal epochemachende Glanzpunkte in der naturwissenschaftlichen Erkenntnis unseres Planeten setzten.

Wirtschaftliche *Stagnation*, kirchliche *Inquisition*, die verheerenden Folgen des *30jährigen Krieges* und der Todeshauch der *Pest* - das waren die Marksteine, die das Alltagsleben der Toscana im 17. Jh. prägten und erschütterten.

Aufstände und Hungersnöte sind die Folge; nach der Stadtflucht des 15./16. Jh.s gingen die Menschen erneut vom Land in die Städte, wo sie sich Brot und Arbeit, zumindest Almosen erhoffen, was jedoch lediglich die weitere Verarmung der Städte beschleunigt.

Während die großherzoglichen Medici sich unter *Cosimo I.*, *Francesco I.* und *Ferdinando I.* (1511 - 1587) zunächst noch erfolgreich um Landkultivierung, Entwässerungsprojekte und Belebung des Handels bemüht hatten (so erhielt *Livorno* einen neuen, international offenen Freihafen, Anreiz für viele Kaufleute, sich hier niederzulassen), hatten ihre Nachfolger die Toscana bis zum Ende des 17. Jh.s zu provinzieller Bedeutungslosigkeit heruntergewirtschaftet.

So war es nicht verwunderlich, daß mit dem Tod des letzten Großherzogs der Medici, *Gian Gastone* (1737), der keinen Nachfolger hinterließ, sich ein anderes europäisches Geschlecht des toscanischen Vakuums bemächtigte.

## Die Toscana unter den Habsburgern

**Die Habsburger in Gestalt des Franz von Lothringen (Franz II.), des späteren Gemahls der Kaiserin Maria Theresia, ergatterten den Titel des toscanischen Großherzogs.**

Der Toscana brachte dies zunächst wenig Nutzen: Die neuen Untertanen mußten sich gedulden, bis sie ihren vielbeschäftigten Regenten einmal leibhaftig zu Gesicht bekamen. Und der erste Besuch von Franz II. in der südlichen Provinz sollte auch der letzte sein, womit feststand, daß Florenz kaum seine Bedeutung als Residenzstadt behalten sollte. Schon nach drei Monaten kehrte er wieder nach Wien zurück, doch hatte er dem bewährten Beamtenkorps der Medici die Verwaltung des Landes überlassen, während er sich selbst die Richtli-

## Großherzogtum Toscana

nien der Außenpolitik vorbehielt.

Im wesentlichen war die Toscana nicht mehr als eine wohlfeile Geldquelle für die kaiserlichen Steuereintreiber, und auch die Einführung der militärischen Dienstpflicht empfand die Bevölkerung als schlimme Zumutung. Schon das soldatenhungrige Preußen hatte immer wieder junge Männer für den Armeedienst angeworben, bis ein Verbot des Regenten dem ein Ende setzte. Doch die Großmachtpolitik Österreichs, die unter anderem den Siebenjährigen Krieg zur Folge hatte, forderte bald selbst Aushebungen in der Toscana, und im Winter 1758 marschierten die ersten 3000 Mann in der Uniform der österreichischen Armee nach Norden über die Alpen. Sie schlugen sich dort, ganz im Stil der Zeit, für eine Sache, die gar nicht die ihre war. Die Beliebtheit des österreichischen Herrschers wuchs so nicht gerade, doch regte sich kein Widerstand, man wußte, daß er chancenlos bleiben würde.

Die Zustände, die der Nachfolger von Franz II., Erzherzog Leopold, 1769 vorfand, waren besorgniserregend. Das Land, bei dem einst ganz Europa Schuldner war, war zum Armenhaus geworden. Arbeitslosigkeit, Bettelei, Seuchen und eine akute Finanzknappheit standen auf der Tagesordnung. Leopold, ein Kind des Zeitalters der Aufklärung, verfügte eine Reihe revolutionär anmutender Reformen, darunter die Gleichheit der Bürger vor dem Gesetz sowie die Abschaffung von Folter und Todesstrafe.

Die Toscana indes blieb, obwohl auf dem Papier immer noch selbständig, eine politische Größe dritten Ranges. Die Fäden der europäischen Großmachtpolitik im aufkommenden Zeitalter der bürgerlichen Revolution wurden anderswo gezogen: 1795 bedrohte *Napoleon Bonaparte* die Toscana von Oberitalien aus, und die Flotte seines großen Konkurrenten England richtete den Blick auf den wichtigen Hafen Livorno. Napoleon kam seinem Gegner, wie so oft, zuvor, und im Juni 1796 besetzte eine französische Division die Hafenstadt, kurz darauf auch Florenz. In der Kunstsammlung der Uffizien bediente sich Napoleon in der bekannten Weise, mit der er aus ganz Europa Schätze von einmaligem Rang nach Paris entführen ließ, wo sie zum Teil noch heute zu finden sind.

Widerstand konnte die Toscana nicht leisten, sie war längst zum Spielball der Weltpolitik (und dies hieß damals immer: europäische Politik) geworden. Der Außenhandel ging durch die Besetzung Livornos auf Null zurück, zumal die englische Kriegsflotte vor dem Hafen kreuzte und auch die Insel Elba in englischer Hand war.

## Die Toscana im Napoleonischen Zeitalter

**Dem letzten Habsburger (Ferdinand III.), der 1799 das Land verlassen mußte, folgte ein französischer Kommissar, der ganz als das auftrat, was er war - der verlängerte Arm der Regierung in Paris. Nach dem Vorbild des eigenen Landes wurde die Toscana in elf Bezirke geteilt, und die Besatzer benahmen sich als die uneingeschränkten Herren, so daß es nur eine Frage der Zeit war, wie lange die Bevölkerung dies widerstandslos hinnehmen würde.**

Vorübergehend gelang es den Toscanern, im Windschatten der Erfolge des anti-napoleonischen Österreich, die Franzosen nach Norden abzudrängen, doch mit dem Sieg der napoleonischen Truppen bei Marengo im Juli 1800 war das Schicksal Italiens und der Toscana in die Hände Frankreichs gefallen. Napoleon machte die Toscana zum Marionettengebilde "Königreich Etrurien", um sie bald darauf ganz seinem Imperium einzuverleiben.

Von nun an mußten die Toscaner, wie fast alle Europäer jener Kriegsjahre, ihren Blutzoll entrichten. Mit Napoleons Armeen marschierten und kämpften sie in Spanien, in Österreich und zuletzt in Rußland.

Der Zusammenbruch des Napoleonischen Imperiums nach dem Blutbad der Völkerschlacht bei Leipzig 1813 (über 100.000 Tote und Verwundete) zog automatisch den Verlust der Toscana nach sich, wenngleich Napoleon eine kurze Galgenfrist bis zum Ende seiner politischen Karriere verblieb: Mit einer Ehrengarde von 800 Mann durfte der große Kaiser in seinem stark geschrumpften Imperium noch eine Weile regieren - auf der Insel Elba nämlich.

Zur gleichen Zeit trafen sich in Wien alle ehemaligen und noch immer gekrönten Häupter der Mächte des alten Europa, um den durch Revolution und Napoleon erschütterten Kontinent wieder in die Bahnen ihrer Interessen zu lenken.

## Noch einmal unter Habsburgs Doppeladler

Der Wiener Kongreß entschied auch über die Toscana, und er entschied zugunsten des emigrierten Großherzogs Ferdinand III. Nach 15 Jahren französischer Besatzung war nun den Toscanern auch der Habsburger willkommen, solange er nur Frieden und wirtschaftlichen Wiederaufstieg garantierte.

Auf Ferdinands Veranlassung hin wurde das versumpfte Chianatal trockengelegt und zahlreiche Brücken im ganzen Land errichtet. Er verstand es, sich den Respekt der Bevölkerung zu erhalten, und als Ferdinand 1824 starb, trauerte man um den verlorenen Regenten.

Sein Sohn *Leopold II.* sorgte für weitere Verbesserungen in der Landwirtschaft und im Verkehrswesen; Straßen wurden gebaut und bald die ersten Eisenbahnlinien (z. B. Florenz - Pisa), die Industrie wurde durch Reformen des Zoll- und Bankwesens gefördert. Besonderen Vorrang genoß dabei Livorno, das beständig weiterwuchs und die Toscana übers Meer wieder mit aller Welt verband.

In Montecatini wurden seit 1827 Kupfergruben erschlossen und industriell ausgebeutet. Auch in der Toscana, dem Ursprungsland des Frühkapitalismus, hielt nun langsam die *industrielle Revolution* und die sie begleitende Wirtschaftsform des "klassischen" Kapitalismus ihren Einzug.

Doch die industrielle Revolution zog die Forderung nach einer politischen zwingend nach sich; und dies bedeutete im 19. Jh. in der Toscana (wie auch in Deutschland und anderswo) die Forderung nach nationaler *Freiheit* und *Einheit* und rechtlicher *Gleichheit* der Bürger - die *Brüderlichkeit* entpuppte sich im nachhinein allerdings zumeist als schöne Utopie...

So gärte es in der Toscana und anderen Teilen Italiens bereits seit den Tagen des Wiener Kongresses (1815) in den akademischen Zirkeln wie im Volk, gegen die Mächte des alten Europa, gegen Feudalstrukturen und gegen Fürstenthrone. Die Parole hieß: *Risorgimento* - nationale Wiedergeburt.

In den großen Städten des Landes kam es wiederholt zu Demonstrationen, die dem Großherzog die Forderung nach Volksversammlung und Parlament vortrugen.

Während der revolutionären Umwälzungen im Europa des Jahres 1848 und nachdem die Könige von Piemont und Sizilien sich dem Druck der Bevölkerung gebeugt und eine Verfassung verabschiedet hatten, vollzog auch *Leopold II.* diesen Schritt. Am 17. Februar 1848 erhielt das Großherzogtum eine Verfassung, die es zur *konstitutionellen Monarchie* machte.

Doch dies konnte für die radikalen Demokraten und Republikaner nur ein mageres Zugeständnis sein, von der Forderung nach nationaler Einheit ganz zu schweigen, der vor allem die Herrschaft Österreichs in Oberitalien im Wege stand. So erhoben sich noch im Revolutionsjahr 1848 die Mailänder und Venezianer gegen die Fremdherrschaft der Habsburger, und auch die Toscana geriet in den Taumel dieses Freiheitskrieges. Aus dem ganzen Land strömten Freiwillige zusammen, voran die akademische Jugend, bis Leopold II. Österreich den Krieg erklärte.

Doch den Truppen der österreichischen Feldherrn *Radetzky* (bekannt durch den gleichnamigen Marsch des Wiener Operettenkönigs Johann Strauß) unterlagen die Verbündeten im Juli 1848 bei Custozza. Florenz und vor allem Livorno jedoch blieben trotz der Niederlage die Zentren des Protestes, den auch in die Hafenstadt entsandte Truppen nicht niederzuschlagen vermochten.

Das Land blieb aber von österreichischen Truppen besetzt, und trotz vieler Bemühungen gelang Leopold nur eine Herabsetzung der Truppenstärke, nicht aber die generelle Aufhebung der Besatzung. Der Druck aus Wien blieb so stark, daß selbst die Verfassung wieder aufgehoben werden mußte.

Der politischen Entwicklung der Zeit war dieser Kurs völlig entgegengesetzt. Der Gedanke der *Einigung Italiens*, des *Risorgimento* (Wiedergeburt), getragen von Piemont und Politikern wie *Mazzini* und *Garibaldi*, fand auch in der Toscana immer mehr Anhänger. Als 1859 der Krieg zwischen dem Königreich Piemont-Sardinien und Österreich ausbrach, verlangte die Bevölkerung der Toscana abermals die Teilnahme am Kampf gegen die Habsburger. Der Großherzog zögerte, bis er von den Ereignissen überholt wurde und das Militär zur Bevölkerung überlief.

Damit war das Ende der Habsburger-Herrschaft in der Toscana gekommen. Am 27. April 1859 erklärte *Leopold II.*, der letzte Habsburger, seine Abdankung.

Über das künftige Schicksal der Toscana entschied eine Repräsentantenversammlung, die die Absetzung der lothringisch-habsburgischen Dynastie erklärte und einwilligte, "Teil eines konstitutionellen (italienischen) Reichs unter dem Szepter König *Viktor Emanuels*" werden zu wollen. Eine Volksabstimmung bestätigt diesen Entschluß.

Gegen Ende des Jahres 1860 war die italienische Halbinsel mit Ausnahme des Kirchenstaats unter piemontesischer Herrschaft vereint. *Viktor Emanuel* trug nun den Titel eines *"Königs von Italien"* und erklärte Florenz, das Herz der Toscana, zur Hauptstadt des Königreichs.

Das ursprüngliche Ziel - die demokratische Republik - blieb, wie auch in Deutschland, unerreicht. Das magere Resultat der oft so blutigen Kämpfe gegen Fürsten- und (österreichische und Napoleonische) Fremdherrschaft war ein konstitutionelles, nationales Königreich. Der "Rausch der Illusion" (R. Günter) von Demokratie im Inneren und Äußeren verflog rasch, was blieb, war ein Panoptikum nationalistischer Eitelkeiten, Untertanengeist mit Glanz und Gloria und Kerker für die Opposition - wie es uns auch aus den Zeiten des deutsch-wilhelminischen Kaiserreichs bestens bekannt ist.

## Die Toscana als Teil des italienischen Königreichs

Nur wenige Jahre, bis 1871, blieb die Stadt der Medici die Hauptstadt des neuen Königreichs, bis Rom, die übermächtige Rivalin im Süden, ihr den Rang ablief. Florenz und die Toscana sanken damit wie alle übrigen italienischen Großstädte und Regionen zur Provinz herab. Nur für den interessierten Kunstreisenden blieb die Landschaft der Mittelpunkt Italiens.

In den traditionellen Gewerben des Finanzwesens, der Textilindustrie und der Landwirtschaft, voran der Weinbau, blieb die Toscana eine bedeutende Wirtschaftskraft des Landes. Die Landschaft Mittelitaliens nahm in der zweiten Hälfte des 19. Jh.s, ähnlich wie heute, neben der geografischen auch eine wirtschaftliche Mittelstellung ein. Der Norden fand bald Anschluß an das industrielle Zeitalter und den damit verbundenen sozialen Problemen, während der Süden agrarisch blieb und zum Armenhaus Italiens wurde. Nicht zufällig geht daher heute noch manchem Norditaliener der Spruch über die Lippen: *"Hinter Florenz beginnt Afrika".*

Die Toscana liegt zwischen diesen beiden Extremen. Während in Prato die Textilindustrie, in Pisa die Glasherstellung und in Livorno der Schiffsbau angesiedelt sind, wird nur wenige Kilometer außerhalb der Städte intensive Landwirtschaft betrieben, vor allem im Chianti-Tal, der Produktionsstätte des weltberühmten Rebensafts.

Was die "große" Politik angeht, so waren die Toscaner an die Entscheidungen der Zentralregierung in Rom gefesselt - der Preis für die Einheit. Die anhaltende Gegnerschaft zu Frankreich führte Italien 1882 in den *Dreibund* mit Deutschland und Österreich, obwohl die Beziehungen zum Habsburger-Reich traditionell nicht zum besten standen. Schutz für seine langen Küsten, allein 340 km messen die der Toscana, fand Italien im Mittelmeerbündnis mit England. Verträge mit Frankreich und Rußland folgten, so daß Italien voll in das widerspruchsvolle Bündnissystem der europäischen Großmächte integriert war. Gerade diese Integration führte Italien geradewegs in die Katastrophe des *Ersten Weltkriegs* hinein, obwohl es sich bei Kriegsausbruch im Sommer 1914 zunächst neutral verhalten hatte.

Doch 1915 trat auch Italien in die Völkerschlacht ein, und zwar nicht auf seiten seiner Dreibundpartner (Deutschland/Österreich), sondern der Alliierten. Zuerst ging es gegen Österreich und bald, ab Juni 1916, auch gegen Deutschland. Drei Jahre lang wurde in erbitterten Bergschlachten gekämpft, bis die Mittelmächte erschöpft waren und im November 1918 kapitulierten. Im anschließenden *Frieden von St. Germain* erhielt Italien vom zerfallenen Habsburger-Reich Südtirol, Triest und Istrien.

## Zwischen den Weltkriegen

**Österreich-Ungarn, der Erzfeind Italiens aus dem Risorgimento, war zusammengebrochen, doch für die Sieger begannen, nachdem der nationale Rausch verflogen war, jetzt erst die Probleme offenbar zu werden.**

Bauern und Arbeiter strömten von der Front in die Heimat zurück, um sich oft sofort in der Arbeitslosigkeit wiederzufinden. Wirtschaftliche Zerrüttung und Verarmung breiter Schichten, grassierende Verschuldung und Inflation entluden sich in politischer Radikalisierung, in Streiks und Fabrikbesetzungen. Am 23. März 1919 wurde in Mailand die faschistische Bewegung gegründet. Zu den Männern der ersten Stunde gehörte auch *Mussolini*, der mit Anleihen bei Nationalisten und Sozialisten eine eigene Parteiideologie schuf.

Die Antwort der Linken blieb nicht aus, am 21. Januar 1921 wurde in Livorno, einer Stadt ständiger politischer Bewegung, die *Kommunistische Partei (PCI)* gegründet. Während sich die Anhängerschaft der Kommunisten im wesentlichen auf das Industrieproletariat und die mittellosen Landarbeiter erstreckte, konnten sich die Faschisten auf die Unterstützung der Industriellen, der Großgrundbesitzer, des Mittelstands, aber auch auf kleine Teile der Arbeiterschaft stützen.

Die Entscheidung für Mussolini fiel Ende Oktober 1922 durch den sogenannten *Marsch auf Rom*. Die paramilitärische Organisation der Faschisten besetzte alle Schlüsselpositionen im Land, so daß ihr Marsch durch die Hauptstadt nurmehr eine Parade und kein Kampf war. König Viktor *Emanuel III.* gab klein bei und beauftragte Mussolini mit der Bildung einer Regierung. Die Monarchie bestand pro forma weiterhin, doch Italien war zur faschistischen Diktatur geworden.

## Die Diktatur Mussolinis

**Mussolinis Politik zielte von Anfang an auf die Errichtung eines autoritären Staates ab. Gegnerische Parteien, oppositionelle Gewerkschaften und Jugendorganisationen wurden verboten. Auch mit der katholischen Kirche (der römische Kirchenstaat war 1870 enteignet worden) wußte sich der "Duce" zu arrangieren, indem er 1929 mit dem Papst die Lateranverträge unterzeichnete auf der Basis der gegenseitigen Duldung des jeweiligen Machtbereiches.**

Außenpolitische Erfolge stabilisierten die innenpolitische Entwicklung: 1924 einigte man sich mit Jugoslawien, war am Locarno-Abkommen beteiligt und kooperierte vertrauensvoll mit den Demokratien Frankreich und England. Erst das italienische Expansions Abenteuer in Äthiopien trübte das Verhältnis zu den Weltkriegsalliierten, und auf der Suche nach neuen Verbündeten stieß Mussolini auf *Hitler*.

Gemeinsam unterstützten Italiener und Deutsche die Faschisten im *spanischen Bürgerkrieg* und schufen 1936 die *Achse Berlin-Rom*, ein Bündnis, das Mussolini und Italien in den persönlichen und nationalen Untergang reißen sollte: Am 10. Juni 1940 trat Italien an der Seite des deutschen Reichs in den *Zweiten Weltkrieg* ein, um sich bald auf der Jagd nach außenpolitischem und nationalem Prestige in erfolglose Unternehmungen in Griechenland und Nordafrika zu stürzen. Im

Sommer 1943 zogen sich die Verbündeten nach Italien zurück, doch der Gegner folgte, Amerikaner und Engländer landeten in Sizilien. Während die Alliierten bald große Teile Süditaliens unter ihre Kontrolle brachten, erhoben sich die Italiener quer durch alle Parteien gegen Mussolini, vom Kommunisten bis zum Katholiken, vom Bauern bis zum Unternehmer. Am 25. Juli 1943 wird der Diktator verhaftet, die faschistische Partei aufgelöst, und Marschall *Badoglio* übernimmt die Regierung. Badoglio suchte sofort die Annäherung an die Alliierten und schloß mit ihnen im September 1943 einen Waffenstillstand. Doch nun griff die deutsche Wehrmacht massiv ein, sie besetzte alle Schlüsselpositionen im Norden, entwaffnete die italienische Armee, die SS befreite Mussolini. Mitten durch Italien, von Neapel bis Pescara, erstreckte sich von November 1943 bis Mai 1944 die Front und spaltete das Land in zwei Lager.

Im von Deutschland besetzten Teil Italiens regte sich nun der offene Wiederstand. Bewaffnete *Partisanen* (es waren über 200.000!) kämpften gegen die Deutschen und die eigenen faschistischen Landsleute. Im August 1944 tobten in Florenz erbitterte Kämpfe zwischen Partisanen und deutschen Truppen, und als die Stadt befreit war, war dies nicht das alleinige Verdienst der Alliierten, sondern zugleich der Beginn einer demokratischen Zukunft für Italien.

Aber nicht überall war der "Nordwind", wie sich die Partisanen nannten, erfolgreich, sie mußten auch Rückschläge durch die große Brutalität des Gegners hinnehmen. Die letzte Rückzugslinie der Deutschen, die sog. "Gotenlinie" im Apennin, fiel erst im April 1945, nach heftigsten Kämpfen zwischen alliierten Truppen und deutscher Wehrmacht. Diese sowie die SS hatten zuvor die *Politik der verbrannten Erde* mit deutscher Gründlichkeit besonders im Norden der Toscana praktiziert: Es wurde zerstört und geplündert, solange es die Zeit noch erlaubte, tausende von Menschen, ganze Dorfgemeinden, vor allem in den Provinzen Pisa, Lucca und Arezzo, wurden von deutschen Soldaten oder der SS ausgelöscht. Auch für Mussolini kam nun das Ende, im April 1945 war er von Partisanen gefangen und getötet worden. Italiens faschistische Ära war damit beendet, aber im Gegensatz zu Deutschland hatte man sich die Chance für einen demokratischen Neubeginn aus eigener Kraft erkämpft.

## Politischer Neubeginn und Kollaps der Ersten Republik

Der politische Neuanfang Italiens geschah als *Republik*. Bei einer Volksabstimmung im Jahr 1946 entschieden sich 12,7 Mio. gegenüber

10,7 Mio. Italiener gegen die Monarchie und Viktor Emanuel III. Im gleichen Jahr noch fanden landesweite Wahlen statt, aus denen die *Christlich-Demokratische Partei (DC)* mit 35,2% der Stimmen als stärkste politische Kraft hervorging. Es folgten die *Sozialisten (PSI)* mit 20,7% und die *Kommunisten (PCI)* mit 19%.

In der Toscana allerdings fiel die Verteilung der Kräfte anders aus. Hier wurden die Kommunisten zur stärksten Partei - eine Position, die sie ein halbes Jahrhundert lang immer wieder erfolgreich verteidigt haben.

Zahlreiche Regierungswechsel prägen Italiens Erste Republik, doch mehr oder weniger spülten die Kabinettstrudel immer wieder dieselben Männer nach oben, und eines blieb sich immer gleich: Christdemokraten und Sozialisten teilten sich die Macht und verteilten die Posten, die starke kommunistische Partei mußte draußen bleiben. Auch die Wirtschaft gewöhnte sich allmählich an die ewiggleichen Regierungs-Köpfe - ein günstiger Boden für den Lobbyismus und schließlich für einen dichten Filz aus wirtschaftlicher und politischer Macht. Die Mafia ihrerseits hatte ihre Tentakel längst in die politische Administration geschlagen. Das so von Wirtschaftsmächtigen und Mafiosi geschmierte Politiker-Karussell drehte munter weiter, bis Anfang der 90er Jahre die Justiz Sand ins Getriebe schleuderte.

In Süditalien erschreckten mutige Richter die allmächtige Mafia, indem sie die Finanzkanäle diverser Firmen ausleuchteten. In Milano deckte der Richter-Pool *Mani pulite* (= saubere Hände) eine Schmiergeldaffäre nach der anderen auf, und bald geriet das gesamte politische System ins Wanken. Zwar hatten die Italiener sich längst daran gewöhnt, daß ihre Politiker geschmiert waren. Aber erst jetzt erfuhren sie, in welch gigantischen Ausmaßen dies geschah. Was das Volk als Kavaliersdelikt zu akzeptieren gewohnt war, entpuppte sich als hochgradige Kriminalität. Ermittelt wurde nicht nur gegen die Generalmanager der Großkonzerne Olivetti und Fiat, sondern auch gegen nahezu die gesamte Politikerkaste. 1992 stand mehr als ein Viertel der italienischen Abgeordneten unter Anklage; der zweimalige Ministerpräsident und Sozialistenchef *Bettino Craxi* flüchtete noch rechtzeitig vor dem Arm des Gesetzes nach Tunesien und ließ sich von seiner dortigen Villa aus krankmelden. Gegen den bald 75jährigen *Giulio Andreotti*, 30mal Minister, 7mal Regierungschef und in den Augen vieler Italiener lange ein ehrlicher Christdemokrat, wird heute wegen mafioser Bandenbildung und Anstiftung zum Mord ermittelt. Ende 1993 war die Erste Republik moralisch und politisch bankrott.

## Die sog. Zweite Republik - ein Medienzar macht Politik

Neuwahlen im März 1994 sollten Italien aus der politischen Krise herausführen. Um der elenden *Partitocrazia* (Herrschaft der Parteien bzw. der Parteichefs über die Regierung) einen Riegel vorzuschieben, wurde zuvor per Volksentscheid das Wahlgesetz grundlegend geändert; drei Viertel aller Abgeordneten unterstehen seither der Majorzwahl (Direktwahl der Abgeordneten, einfache Mehrheit genügt).

Die stark angeschlagene Christlich-Demokratische Partei taufte sich in *Italienische Volkspartei (PPI)* um. Bereits ein paar Jahre vorher hatte sich die Kommunistische Partei in *Demokratische Partei der Linken (PDS)* umbenannt. Auf der äußersten Rechten - vor allem im Süden des Landes erfolgreich - agierten die Faschisten unter dem Namen *Italienische Soziale Bewegung (MSI)*. Der industrialiserte Norden wollte nicht mehr länger wirtschaftliche Entwicklungshilfe für den Mezzogiorno leisten, zumal diese Gelder die Konten der Mafia füllten. Es entstand die Bewegung *Liga Nord (Lega Nord)* mit einer stark föderalistischen Zielsetzung.

Doch nicht nur die alt-neuen Parteien meldeten sich zur Wahl, sondern auch Sammelbewegungen ohne Parteistruktur. Eine solche hatte nur drei Monate vor dem Wahltermin der Mailänder Medienmogul

*Der Wahlverlierer im Frühjahr 1995*

*Silvio Berlusconi* zusammengezimmert. Seine Bewegung *Vorwärts Italien (Forza Italia)* versprach, die Kommunisten von der Macht fernzuhalten und eine Million Arbeitsplätze zu schaffen - natürlich ohne ins Detail zu gehen. Im übrigen beschränkte sich Berlusconi darauf, ein stets gebräuntes Gesicht mit einem optimistischen Lächeln zu präsentieren - nicht in natura, sondern über seine fünf privaten Fernsehstationen, mit denen er Italiens Wohnzimmer beherrscht. Nebenbei gehört ihm auch Italiens beliebtester Fußball-Club - die "Azzurri" von Milano kicken für ihn. Filmregisseur *Nanni Moretti* traf den Nagel auf den Kopf: "Die Italiener werden nur rebellisch, wenn man ihnen zwei Dinge nimmt: den Fußball und das Fernsehen. Berlusconi gibt ihnen beides, also wählen sie ihn." Im März 1994 wurde der politische Newcomer quasi über Nacht zum italienischen Regierungschef.

Doch um die parlamentarische Mehrheit abzusichern, mußte der Wahlsieger ein Bündnis eingehen. Als Regierungspartner bot sich Berlusconi die *Nationale Allianz (AN)* an, ein vom faschistischen *MSI* gesteuerter Wählerverein, dessen Vorsitzender *Gianfranco Fini* lieber von Post-Faschismus als von Faschismus redet. Mittlerweile ist der *MSI* mitsamt seinen hartgesottenen Duce-Anhängern praktisch in der *AN* aufgegangen. Als zweiten Partner holte sich Berlusconi die *Lega Nord* in die Regierung. So hatte der "Telekrat" (oder "Sua Emittenza", wie die italienischen Zeitungen bald spotteten) die parlamentarische Mehrheit hinter sich - der Schacher um die Ministerposten konnte beginnen.

Den Anteil der *Forza Italia* an der Regierungsmannschaft bestritt Berlusconi zu einem großen Teil mit Mitarbeitern seiner hochverschuldeten Holding *Fininvest*. Die *Lega Nord* pokerte mit Erfolg um das Innenministerium. Die *AN* ihrerseits stellte auch einige Minister, was bei der europäischen Linken Entsetzen hervorrief: Zum ersten Mal seit Kriegsende fanden sich wieder Faschisten auf Regierungssesseln.

Innerhalb der Koalition herrschte bald ein Gezänk wie in den guten alten Zeiten, und ganz nebenbei sah man auch einige abgehalfterte Polit-Profis wieder auftauchen. Zu allem Überdruß waren die Richter von *Mani pulite* in der Zwischenzeit nicht untätig gewesen; sie ermittelten wegen einer Schmiergeldaffäre gegen Berlusconis Bruder Paolo, und der zum Regierungschef aufgestiegene Konzernherr fürchtete zu Recht, selbst ins Gerede zu kommen. Kurzum: Der Lack war ab, und das Gesicht der Zweiten Republik sah dem der Ersten Republik zum Verwechseln ähnlich.

Berlusconi mußte bald feststellen, daß man einen Staat nicht wie einen Privatkonzern regieren kann. Das sonnengebräunte Gesicht auf der Mattscheibe lächelte immer seltener, die versprochene Million an Arbeitsplätzen war so fern wie eh und je, und einigen Wählern begann allmählich zu dämmern, daß sie einem Fernsehtraum aufgesessen waren.
Im Dezember 1994 versagte *Umberto Bossi*, Chef der *Lega Nord*, die Unterstützung des Haushaltentwurfs und ließ die Koalition platzen - Berlusconi mußte gehen.

Derzeit (April 1995) regiert der vom italienischen Staatsoberhaupt interimistisch eingesetzte *Lamberto Dini*. Berlusconi, der gescheiterte Medienzar, versagt seinem ehemaligen Finanzminister jede Unterstützung und fordert Neuwahlen. Die Linke - durch Schaden klug geworden - verlangte, daß vor allfälligen Wahlen erst Berlusconis Medienmonopol entflochten werden muß.
Am 23. April 1995 fanden in Italien Regionalwahlen statt - die Resultate geben ein Bild des derzeitigen

Kräfteverhältnisses. Stärkste Partei wurde die kommunistische Nachfolgerin *PDS* mit 24,6% der Stimmen, gefolgt von Berlusconis *Forza Italiana* mit 22,4%. Die neofaschistische *Nationale Allianz* brachte es auf 14,1%.

Zurück zur Toscana. Bei den vorgenannten Regionalwahlen ist sie ihrer Tradition treu geblieben - sie wählte links. Zusammen mit den Regionen Reggio-Emilia, Umbrien und Marken bildet die Toscana weiterhin den "roten Gürtel" auf der politischen Landkarte Italiens.

Die *Demokratische Partei der Linken (PDS)*, die aus der Kommunistischen Partei hervorgegangen ist, bleibt in der Toscana fest verankert. Bemerkenswert erscheint dies vor allem deshalb, weil die Region inzwischen zu den wohlhabenderen Italiens zählt. So ist die Toscana keineswegs eine "rote Bastion der Armut", kein Zentrum des radikalen Industrieproletariats, sondern vielmehr eine von Handwerksproduktion und Kleinbetrieben dominierte Gegend, in der "links" denken und leben für die Mehrheit der Bevölkerung zu einer Selbstverständlichkeit geworden ist. Dies prägt weite Bereiche des öffentlichen, kulturellen und privaten Alltags - in den Städten wie auch in den Dörfern der dünner besiedelten Landstriche.

So ist die Toscana nicht nur ein Museum der Renaissance, wo einst die Neuzeit zur Welt kam, sondern auch lebendige Gegenwart, die auf die Zukunft hin ausgerichtet ist.

## Kunstregister

| | |
|---|---|
| Alberti, Battista | 123 |
| Andrea de Verrocchio | 126 |
| Architektur | 111 |
| Barock | 132 |
| Bartolomeo, Fra | 133 |
| Bartolomeo, Michelozzo | 123 |
| Bildhauerei | 112 |
| Boccaccio, Giovanni | 108 |
| Bondone, Giotto di | 105 |
| Botticelli, Sandro | 126 |
| Brunelleschi, Filippo | 122 |
| Cimabue | 106 |
| Dante Alighieri | 108 |
| Donatello | 122 |
| Etrusker | 102 |
| Fra Angelico | 124 |
| Freskenmalerei | 115 |
| Ghiberti, Lorenzo | 122 |
| Ghirlandajo, Domenico | 126 |
| Gozzoli, Benozzo | 124 |
| Hochrenaissance | 127 |
| Humanisten | 106 |
| Künstlereinkommen | 120 |
| Leonardo da Vinci | 131 |
| Lippi, Fra Filippo | 124 |
| Malerei | 114 |
| Manierismus | 132 |
| Masaccio | 120 |
| Masaccio | 124 |
| Medici, Lorenzo di | 117 |
| Michelangelo Buonarroti | 127 |
| Naturalismus | 110 |
| Orcagna, Andrea | 105 |
| Petrarca, Francesco | 108 |
| Piero della Francesca | 123 |
| Pisano, Andrea | 105 |
| Pisano, Nicola | 105 |
| Pitti, Lucca | 117 |
| Quercia, Jacopo | 105 |
| Raffael | 132 |
| Renaissance | 109 |
| Robbia, Luca della | 123 |
| Salutati | 108 |
| Sixtinischen Kapelle | 115 |
| Strozzi, Filippo | 117 |
| Uccello, Paolo | 123 |
| Vasari, Giorgio | 133 |

# Kunst und Kunstgeschichte

## Schönes von den Etruskern

Aus den Tagen der Etrusker hat man so manches ausgegraben: Verzierte Alabasterurnen, Vasen, Amphoren u. a. hoben die Archäologen ins Licht der Museumsvitrinen. Daneben sind hauptsächlich die realistische etruskische Porträtkunst und die farbigen Wandmalereien der Etrusker berühmt geworden. Etliches kann man in den Museen der Toscana bewundern: Die meisten Funde hat man ins Archäologische Museum nach Florenz gebracht, aber auch die Museen der kleineren Städte Siena, Arezzo, Cortona, Grosseto, Orbetello, Volterra und Chiusi haben Bemerkenswertes zu bieten.

Im sehr sehenswerten etruskischen Museum in *Chiusi* stehen u. a. ein Bronzethron und reich mit Reliefs geschmückte Alabastersarkophage. Dazu kommen städtebauliche und architektonische Fragmente, z. B. die der alten Stadtmauern in Perugia und Volterra (mit dem berühmten Tor).

Vor allem aber hat man einige etruskische Gräberstädte freigelegt, sogenannte *Nekropolen*. Die Etrusker hatten offenbar einen ausgeprägten Totenkult, anders lassen sich die weit ausgedehnten Grabanlagen kaum erklären. Überaus reiche Ausschmückungen (Malereien) und viele Grabbeigaben belegen die große Bedeutung dieser Nekropolen vor allem in Tarquinia, Chiusi, Roselle, Populonia, Sovana, Vetulonia. In Chiusi

*Etruskischer Sarkophag*

hat man außerdem unterirdische Gänge aus etruskischer Zeit entdeckt und in Pieve di Socana, einem Dorf bei Florenz, die Reste eines alten Etruskertempels.

## ... wenig von den Römern

Von den Römern, die die Nachfolge der Etrusker in der Toscana antraten, ist kaum etwas erhalten. Die Toscana wurde lange nicht so vollständig erschlossen wie andere Gebiete des Reiches. Ihre Spuren lassen sich hauptsächlich in den Städten Florenz, Fiesole, Arezzo, Pisa, Lucca u. a. verfolgen. In Roselle hat man beispielsweise die Grundmauern des Amphitheaters, des Kaiserforums und der Thermen freigelegt. Außerdem stehen dort noch Teile der alten etruskischen Zyklopenmauern (über 3 km lang). Die Funde aus der Römerzeit befinden sich hauptsächlich im Archäologischen Museum von Florenz.

## Romanik

Während in den folgenden Jahrhunderten der Osten Italiens durch die *byzantinische Kunst* beeinflußt wurde (besonders Ravenna, Venedig), konnte sich im Westen kein einheitlicher Stil durchsetzen. Die frühchristliche Kunst entwickelte sich in anderen Regionen, die Toscana war zu dieser Zeit arm und ausgeblutet.

Erst seit dem 11. Jh. erblühte mit politischer Stabilisierung und zunehmendem Wohlstand der Städte auch wieder die Kunst. Es bildete sich eine Stilrichtung heraus, die man später als *romanisch* bezeichnete. Sie entstand in Frankreich aus der Verschmelzung römischer, byzantinischer und karolingischer Elemente. Vor allem im Kirchenbau schlug sich der neue Trend nieder (charakteristisch sind die Tonnengewölbe der Basiliken und die bekannten *Rundbögen*). Er setzte sich erst gegen Ende dieser Epoche (Anfang des 13. Jh.) in Deutschland durch. Aber auch in Mittelitalien sind noch Kirchen aus dieser Stilepoche zu finden: romanische Basiliken, Baptisterien und Campanili in Parma, Modena, Lucca und Pavia, San Miniato und das Baptisterium in Florenz, und nicht zuletzt der Campo Santo, der Dom und der weltberühmte Schiefe Turm in Pisa. In der Toscana wurde die Romanik insoweit variiert, als hier die Fassaden mit farbigem Marmor verkleidet wurden, z. B. am Dom in Pisa (er wurde allerdings während der Renaissance erneuert), eine Mode, die aus dem Orient übernommen worden war.

## ... und Gotik

Seit Ende des 12./Anfang des 13. Jh.s begann sich ein neuer Stil herauszubilden. Diese Stilrichtung nahm in Nordfrankreich ihren Ausgang und verbreitete sich im ganzen christlichen Abendland, auch in Italien. Der gestiegene Wohlstand von Kirche und Stadtbürgern erlaubte es jetzt, monumentalere Gebäude als bisher zu errichten. Dies drückte sich, dem Zeitgeist entsprechend, hauptsächlich im Kirchenbau aus. Weithin sichtbar sollten die Gotteshäuser sein, ein Sinnbild für die Größe des Glaubens, aber auch für die beginnende weltliche Macht der Kirche. Dazu kamen die (für die *toscani*schen Städte charakteristischen) Stadtpaläste des alten Adels und der durch Handel und Bankgeschäfte reich gewordenen Geldbürger mit ihren hoch aufragenden Türmen. Bestes Beispiel heute: *San Gimignano*. 13 von ursprünglich 72 dieser sogenannten *Geschlechtertürme* stehen noch - Fluchtburgen der rivalisierenden Stadtfamilien, die sich häufig bis aufs Messer bekämpften und im Fall eines Sieges den feindlichen Turm triumphierend abtrugen.

Die *italienische Gotik* hat allerdings nie das Himmelsstürmende und Flächenauflösende der französischen Vorbilder übernommen (Ausnahme ist der gewaltige *Mailänder Dom* - das Monumentalwerk der italienischen Gotik und stark vom Norden beeinflußt). Die mittelitalienische Gotik enthielt immer noch klassische Elemente der Antike: Die Horizontalen wurden nach wie vor betont, die Decken nicht in unheimliche Entfernungen entrückt, und auch hohe Kreuzrippengewölbe, wie sie bei uns typisch waren, wird man vergeblich suchen.

Statt dessen konzentrierte man alle Kraft auf die Ausgestaltung verschwenderisch schöner Fassaden - meistens verwendete man verschiedenfarbigen Marmor und schuf damit Werke von wirklich atemberau-

# Gotik 105

bender Schönheit; beste Beispiele die Dome von Florenz, Siena und Orvieto.

## Gotische Kirchen

*Florenz:* Santa Croce, S. Maria Novella, S. Trinità, erster Bauabschnitt des Domes S. Maria del Fiore

*Assisi:* S. Clara und - in einfachem, franziskanischem Geist - San Francesco

*Siena:* der in romanischem Stil begonnene Dom und die Ruine San Galgano bei Siena (einmal die schönste gotische Zisterzienserabtei Italiens - heute ohne Dach)

## Gotische Profan-Bauten

*Florenz:* Palazzo Vecchio und Palazzo Bargello. Außerdem Orsanmichele (als Kornspeicher geplant, als Kirche vollendet)

*Perugia:* Palazzo Comunale

# Bildhauer und Maler

**Nicola Pisano** *(um 1206 - 80)* und sein Sohn **Giovanni** (um 1250 - 1328). Berühmt ist der Brunnen in Perugia, an dem sich beide versuchten (Fontana Maggiore). Nicolas Hauptwerke: Die Kanzeln im Baptisterium von Pisa und im Dom von Siena.

Eine Generation danach **Andrea Pisano** (1273 - 1348): Er war an den Baptisteriumstüren von Florenz beteiligt und wirkte auch an der Domfassade mit (Reliefs am Campanile).

**Andrea Orcagna** *(ca. 1308 - 1368):* Marmortabernakel in Orsanmichele, Altarbild in S. Maria Novella (Strozzi-Kapelle).

**Jacopo della Quercia** *(1365 - 1438)* aus Siena. Werke vor allem in Siena und Lucca.

**Giotto di Bondone** *(um 1266 1337)*, der bedeutendste toscanische Maler der Zeit. Er ist eigentlich der erste *Naturalist* und damit ein Vorläufer der Renaissance. Mit seinen Menschendarstellungen überwand er die Unpersönlichkeit und Steifheit der byzantinischen Kunst, die zu seiner Zeit noch sehr verbreitet war. Seine Menschen sind lebendiger geworden, sie haben nicht mehr dieselbe stereotype Mimik. Giotto berücksichtigte mehr die Einzelpersönlichkeiten und deren Gefühle, eine revolutionäre Neuerung, die die Weichen stellte für die nächsten zwei Jahrhunderte. In der Raumdarstellung war Giotto allerdings noch traditionell gebunden, erst in der Renaissance wurde die Perspektive, die räumliche Tiefe entdeckt, eine große Errungenschaft für alle zukünftigen Malergenerationen.

Die schönsten Werke von Giotto: In *Florenz* die Fresken von S. Croce, in *Assisi* die Fresken zum Leben des Heiligen Franz in S. Francesco. Auch der Campanile in Florenz ist von ihm entworfen.

Nebenbei bemerkt: Giotto war einer

der wenigen Künstler seiner Zeit, die wohlhabend wurden. Er war der Hausmaler einiger der reichsten Florentiner Familien (*Bardi*, *Peruzzi*) und des Königs von Neapel. Nebenbei betrieb er noch andere einträgliche Geschäfte, z. B. die Vermietung von Webstühlen an Handwerker (120 % Rendite pro Jahr!. Ein ausgesprochen "weltlicher" Mann also, obwohl die Themen seiner Bilder teilweise sehr christlich waren.

Erwähnenswert außerdem noch **Cimabue** (1240 - 1302). *Dante* nannte ihn den bedeutendsten Maler seiner Zeit. Von Cimabue stammt das berühmte Kreuz in *Santa Croce*, das während der Überschwemmungskatastrophe von 1966 schwer beschädigt wurde. In den *Uffizien* das Tafelbild der *Thronenden Madonna* und Fresken in *S. Francesco*.

In der Malerei setzte sich immer stärker eine Art *Naturalismus* durch, die Renaissance mit ihrer starken *Realitätsnähe* begann sich abzuzeichnen. In den Städten drängte das Bürgertum zur wirtschaftlichen Macht, Wirklichkeitssinn und Lebensgefühl fanden ihren Niederschlag auch in der Kunst. Allerdings - Inhalt und Themen der Bilder blieben nach wie vor christlich, Gott war präsent wie immer - aber er thronte nicht mehr über der Welt, er lebte jetzt in ihr! Es setzte sich die Erkenntnis durch, daß jedes auch noch so kleine Etwas Teil der gesamten göttlichen Schöpfung ist. Das bedeutete, daß die herkömmliche Thematik der Bilder (Leben Jesu, Heilige, Dreieinigkeit usw.) erweitert wurde, z. B. durch die Darstellung der Natur - zwar noch schematisch und schablonenhaft, aber immerhin. Auch das starre, von der Kirche geprägte Weltbild mit seiner strengen hierarchischen Rangordnung der Gesellschaft (Gott, König, Klerus, Adel, Volk) begann sich in der Kunst ganz allmählich zu verändern, das gehobene Selbstbewußtsein der Geldbürger drängte nach Selbstdarstellung.

# Die Revolution der Humanisten

**Die geistige Elite der Zeit waren die Humanisten - so jedenfalls sahen sich diese Gelehrten selbst. Sie studierten die Schriftsteller der Antike und sprachen untereinander in lateinischer Sprache. Unter "humanitas" wurde von ihnen Tugend und Gelehrsamkeit verstanden. Ein Mensch ist nur dann ein wahrer Mensch, wenn er wissenschaftlich und literarisch gebildet und tugendhaft ist.**

Angefangen hatte es damit, daß im 15. Jh. das Studium der Antike in Mode kam. Jahrhundertelang hatte die Kirche das Bildungsmonopol in Händen gehalten, alle Vermittlung von Wissen war über die kirchlichen Institutionen gelaufen und dementsprechend zurechtgebogen worden. Erst ganz allmählich begannen sich einige Gelehrte davon zu lösen und

## Die Humanisten

auf eigene Faust Forschung zu betreiben. Man entdeckte die Antike und ihre Wissenschaften, ihre Philosophie und ihre Kunst also buchstäblich neu. Die sogenannte "Renaissance", die "Wiedergeburt" der Antike hatte begonnen. Die meisten Gelehrten der Zeit gingen jetzt mit Eifer daran, die "Alten" zu studieren: Moralphilosophie und Ethik (vor allem Plato und seine Schule standen hoch im Kurs), Poetik und Geschichtsschreibung, vor allem natürlich die Sprachen Griechisch und Latein, das altrömische Leben - praktisch alles, was mit der Antike zu tun hatte, wurde begierig aufgesogen.

In den neuen Stadtrepubliken, vor allem in *Florenz*, blühte der Humanismus auf, weil das Ideal der republikanischen Staatsordnung jetzt auch mit den antiken Vorbildern dieser Staatsform theoretisch begründet werden konnte. Nicht wenige Humanisten errangen politische Ämter, und humanistische Bildung wurde sozusagen obligatorisch für die Staatsoberhäupter. Wohldurchdachte Gesetze sollten die Gesellschaft dazu befähigen, daß jeder Einzelne das Gemeinwohl im Auge hatte. Freilich schloß das nicht das Recht eines jeden auf Bildung ein, genauso wenig, wie die Republikaner daran dachten, jeden an der politischen Macht zu beteiligen. Genau wie die antiken Stadtstaaten waren auch die toscanischen Städte fest in der Hand der begüterten Oberschicht, das einfache Volk (und das war nach wie vor der Großteil der Gesellschaft) hatte keine politischen Rechte.

Als später die *Medici* in Florenz die Macht für sich allein beanspruchten, bedeutete dies zwar das Ende der republikanischen Ideale, aber die Humanisten waren flexibel. Flugs besannen sie sich auf die kontemplative Philosophie der Griechen (vor allem Plato) und verkündeten nun das Lob des Lebens in der Zurückgezogenheit. Männer sollten der Politik fern bleiben und gleichgültig gegenüber materiellen Gütern sein, eine Lehre, die sich bei diktaturähnlichen Zuständen schon oft bewährt hatte.

Jedoch: Für das Ansehen der Kunst und ihrer Produzenten erwarben sich die Humanisten Verdienste, indem sie die handwerkliche Kunst in ihrem Wert den literarischen Werken gleichsetzten und beide als untrennbare Einheit betrachteten; eine Abwertung der bildenden Kunst hätte auch eine Abwertung der hochgeschätzten und bewunderten antiken Künstler bedeutet. Insofern wurden die Kunst-Handwerker gewissermaßen gesellschaftsfähig gemacht und standen jetzt praktisch gleichrangig neben Dichtern und Wissenschaftlern! Die Künstler ihrerseits gingen eine enge Kooperation mit den Humanisten ein: Diese waren ihre wissenschaftlichen Berater, mit ihrer Hilfe konnten sie die antiken Inhalte besser verstehen und reproduzieren. Auf der anderen Seite waren den Humanisten die Künstler zur Verbreitung ihrer Ideen nützlich, die Literatur allein reichte dafür nicht aus. Ein gut gemaltes Bild konnte oft mehr bewirken als ein wissenschaftliches Buch. Der moderne Begriff des "schöpferischen" Menschen entstand eigentlich erst damals im 15./16. Jh., und die gehobene Stellung der Künstler brachte nun auch mehr Aufträge von öffentlicher und privater Seite ein - der *Kunstboom* der Renaissance begann.

## Einige bekannte Humanisten

▶ **Francesco Petrarca** *(1304-74)*, Dichter und einer der frühen Vertreter des Humanismus. Er wäre in Florenz geboren, wenn nicht sein Vater, Petracco di Parenzo, verbannt worden wäre. So kam es, daß er das Licht der Welt in *Arezzo* erblickte. Hier kann man in der Via dell'Orto 28 das wiederinstandgesetzte Geburtshaus mit Petrarca-Akademie und reichhaltiger Bibliothek besichtigen. Petrarca, der noch heute als "Begründer" des Humanismus gilt, besaß unter anderem Abschriften der Werke Homers. Sein berühmter Freund Giovanni Boccaccio kopierte sie und ließ sie übersetzen, um als erster Italiener Homer lesen zu können.

▶ **Giovanni Boccaccio** *(1313 - 75)*, der Meister der galanten Novelle, wurde als Dichter des *Decamerone* weltbekannt. In diesem Werk läßt er von zehn jungen Adeligen an zehn Tagen je zehn Liebesgeschichten erzählen. Die jungen Leute haben sich auf der Flucht vor der Pest aufs Land zurückgezogen und vertreiben sich durch ihre teils tragischen, teils ironischen, teils derben und humoristischen Geschichten die Zeit.

Mit seinem Werk schuf Boccaccio, der Sohn aus der Liaison eines florentinischen Kaufmanns mit einer französischen Adeligen, einen novellistischen Reichtum, aus dem die italienische Prosa noch lange schöpfte.

Seine und Petrarcas Dichtungen trugen entscheidend mit dazu bei, die Menschen für die Gedankenwelt der Antike zu begeistern.

▶ **Salutati** *(1375-1406)*, Kanzler von Florenz: Auch er war Humanist und literarisch tätig. Er tat viel dafür, Florenz zu einem Zentrum für Humanisten und Künstler zu entwickeln. Im Gegensatz zu Petrarca betonte er stärker das Moment der Gesellschaft; in ihr sah er das Ursprüngliche und Wesentliche, aus dem die Bedeutung des Einzelnen abzuleiten sei.

▶ Was Petrarca und Boccaccio aber verband, war die Bewunderung für ihren Vorgänger **Dante Alighieri** *(1265 - 1321,* dessen Werk sie verbreiteten und damit seine heutige Bedeutung begründeten. Mehr Aufsehen als der Dichter Dante erregte allerdings zunächst der Politiker. 1265 in Florenz zu einem Zeitpunkt geboren, als die Sache des Kaisertums in Italien eigentlich schon verloren war, schlug sich Dante auf die Seite der kaiserlichen Ghibellinen. 1312 wurde er deswegen auf Lebenszeit aus Florenz verbannt und zog, heimatlos geworden, zwei Jahrzehnte durch Italien und Europa, bis er 1321 in Ravenna der Malaria erlag. Erst im Exil erschloß sich ihm der Horizont für sein bekanntestes Werk, die *Divina Commedia* (Göttliche Komödie). In diesem Werk faßt Dante noch einmal die ganze mittelalterliche Weltanschauung zusammen, doch im

Anknüpfen an antike Vorbilder (Vergil als Führer durch die Unterwelt) und im weltlichen Inhalt seiner Dichtung weist er bereits weit darüber hinaus. Noch bemerkenswerter ist sein Bruch mit dem Lateinischen, er denkt und schreibt in der Sprache der Florentiner, dem Volgare, aus dem sich das heutige Italienisch entwickelte. Dante selbst beschrieb den Weg zum Italienischen, mit dem er den Bewohnern der Halbinsel eine Hochsprache schuf, in einer den Dichter charakterisierenden Anekdote: *"Der erste, der in der Volkssprache zu dichten sich anschickte, tat es, damit er seiner Herrin verständlich sei, der es schwer fiel, lateinische Verse zu verstehen"*.

*Dante Alighieri*

# Die Florentiner Renaissance

### Die Wiedergeburt der Antike

Florentiner Künstler waren es, die, beeinflußt von der neuen Denkart des Humanismus, die antiken Bauwerke der Griechen und Römer neu entdeckten.

Sie reisten nach Rom und untersuchten die noch erhaltenen öffentlichen Gebäude und Tempel der alten Römer an Ort und Stelle. Deren Grundformen wurden eifrig festgehalten und in der eigenen Architektur nachgeahmt. Auch in der Toscana wurden manche antiken Kunstwerke ausgegraben. Zwar waren während des Mittelalters die Quellen der Antike nicht völlig vergessen, jedoch waren mittelalterliches Denken und Kunst ins Jenseitige gerichtet. Brauchbare Gedanken der Antike waren vom Christentum absorbiert, andere wieder totgeschwiegen worden, antike Werke waren fast nur noch hinter den verschlossenen Türen der klösterlichen Scriptorien kopiert worden. Sinnesfreudigkeit, Entdecker- und Wissensdrang hatte die Kirche über die Jahrhunderte hinweg erfolgreich unterdrückt, was sich nun ändern sollte.

Florenz war im 15. Jh. reich und mächtig geworden. Das Selbstbewußtsein seiner Bürger verlangte nach Repräsentation, nach Selbstdarstellung. Auch die Kunst der alten Römer war frei von christlicher Entrücktheit und Verklärung und strotzte vor Kraft. Dieser Geist erfüllte die reichen Florentiner Bankiers und Kaufleute, die sich selbst Denkmäler setzen wollten und dafür gewaltige Geldmittel zur Verfügung stellten. Die Renaissance-Kunst war zum größten Teil reine Auftragskunst, deren Aufgabe vor allem darin bestand, Paläste, Kirchen und Landhäuser (nach dem Vorbild der antiken römischen Villen) zu errichten.

## Renaissance und Kapitalismus

Die Florentiner Renaissance war untrennbar mit dem aufblühenden Kapitalismus in der Stadt verbunden. Alle Wesenszüge dieser Konzentration der Wirtschaftsmacht in der Hand einiger weniger Geldbürger findet man in der Kunst der Zeit wieder. Hier in Florenz hat sich der Kapitalismus der beginnenden Neuzeit in besonders ausgeprägter Form entwickelt. Im 15. Jh. setzte ein allgemeiner Rationalisierungsprozeß in der Wirtschaft ein, die Textilarbeiter wurden vom Unternehmer in vorindustriellen "Fabriken" zusammengefaßt, in denen profitabler und zweckmäßiger, überschaubarer und planbarer gearbeitet werden konnte. Dies fand seinen Niederschlag auch in der Kunstentwicklung der Zeit. Auch hier setzte ein Rationalisierungsprozeß ein, der große Werkstätten zum Zwecke der Kunstproduktion entstehen ließ und die Herstellung von Kunstwerken und kunstgewerblichen Artikeln zu einem wichtigen Faktor der Gesamtwirtschaft machte.

## Der neue Naturalismus

Was nun vor allem von der Kunst gefordert wurde, war Realismus und Exaktheit, Konzentration auf die wirklichkeitsgetreue Darstellung von Mensch und Natur. Skulpturen und Darstellungen der Malerei wollten nicht mehr nur symbolhaft und starr die geistige Grundhaltung der Menschen ausdrücken, wie es im Mittelalter der Fall gewesen war, jetzt zeigten die Künstler das Individuum in seiner Körperlichkeit und seinen Gefühlen.

Eine Abneigung gegen das Irrationale machte sich breit, eine Abneigung gegen alles Unberechenbare. Als schön galt nun, was logisch und berechenbar war, und all das, was man gewissenhaft dem Vorbild der Natur getreu nachgeformt hatte.

Der Begriff der als *irrational* abgelehnten Gotik wurde bezeichnenderweise erst in der Renaissance geprägt: Gotisch, das bedeutete für die Humanisten soviel wie *barbarisch* (die Goten waren für sie Barbaren). Eine aus dem barbarischen Norden importierte Kunstrichtung also, die es durch eine *im eigenen Land gewachsene Kunst* zu ersetzen galt. Die Vorbilder fand man in der Antike. In Bauten und Skulpturen der alten Römer und Griechen sah man zeitlos schöne Werke einer noch unverbildeten Menschheit, die Bauwerke beeindruckten durch ihre Einfachheit und Harmonie, die Menschendarstellungen imponierten durch die Lebendigkeit des Ausdrucks und durch die realistische Genauigkeit der Abbildung. Diesen Realismus der Alten wollte man erreichen, wenn möglich noch übertreffen. Der Begriff der "Renaissance" (ital. *rinascita*) = Wiedergeburt der Ideale der Antike, ist also nicht allein künstlerisches Programm, sondern auch politisch und philosophisch zu verstehen.

In den ersten Jahrzehnten des 15. Jh.s setzte diese Entwicklung in Florenz ein. Bis ins 16. Jh. hatte sie ganz Italien erfaßt und sich in Europa ausgebreitet. Noch heute gilt Florenz als das Zentrum der Renaissance-Kunst überhaupt. Nirgendwo sonst kann man auf so engem Raum so zahlreiche Werke dieser Epoche finden.

## Architektur

**Toscanische Architektur = Renaissance-Architektur - dieses bei vielen Touristen verbreitete Bild von der Toscana trifft nur einen Teil der Wirklichkeit, denn es verkennt die Schönheit ihrer zahlreichen mittelalterlichen Städte. Die Renaissance mit ihren rigorosen Veränderungen und z. T. auch Zerstörungen des mittelalterlichen Stadtbilds hat daran großen Anteil.**

In der Gotik waren es vor allem die Kirchen gewesen, die in der Baukunst im Vordergrund gestanden hatten, jetzt kamen Großprojekte wie öffentliche Bauten (die Stadt brachte damit ihre Macht zum Ausdruck) und die repräsentativen Paläste der reichen Kaufleute hinzu. Wichtig waren jetzt Funktionalität, äußere Gestaltung und Dekoration. Die Konstruktion der Bauten, der eigentliche Baukörper also, trat oft etwas in den Hintergrund.

Die Architekten der Renaissance lehnten sich eng an die Bauwerke der Antike an, die drei Epochen in ihrer Baukunst gekannt hatte: die *dorische*, die *ionische* und die *korinthische*, jeweils unterschieden durch die Form der Säulen und Kapitelle. Die toscanischen Baumeister fügten zwei weitere hinzu, die sogenannte *toscanische* (als Variante der dorischen) und die *Kompositordnung* (Bereicherung der korinthischen Ordnung). Diese Ordnungen waren wichtige gestalterische Mittel für den Aufbau und die Gliederung der Fassaden wie auch für die Innenausstattung. Eine beliebte Form der Fassadengestaltung war im 15. Jh. die *Rustika-Gliederung*. Dabei bestand die ganze Mauer aus massiven, nur grob behauenen Blöcken. Später ging man dazu über, einzelne Stockwerke eines Gebäudes in verschiedenen Ordnungen zu gestalten - z. B. im Erdgeschoß die toscanische, oben dagegen die Kompositordnung.

# Kunstgeschichte

*Der Innenhof des Bargello in Florenz*

Bei der Planung des Baukörpers wurde meist auf bewährte Formen zurückgegriffen: Der Kirchenbau bevorzugte vor allem den *kreuzförmigen Grundriß* oder die *Rundform*. In beiden Fällen wurde meist eine *Kuppel* über das Zentrum gesetzt. Die Paläste dagegen baute man in der Regel quaderförmig. Für die Dachkonstruktionen wurden entweder das *Tonnengewölbe* (im Gegensatz zum Kreuzgewölbe der Gotik) verwendet oder *Flachdecken*. Und für die Integration von Säulen und Fensterornamenten diente der *halbkreisförmige Bogen* als bevorzugtes Konstruktionselement.

## Bildhauerei

Naturgetreue Wiedergabe bei gleichzeitiger fast heroischer Verklärung - das wurden die wichtigsten Gestaltungsmerkmale der jetzt entstehenden Skulpturen. Die imposanten Werke der antiken Bildhauer wurden nachgeahmt und übertroffen.

Zum ersten Mal seit dem Altertum wurden Menschen wieder nackt dargestellt (wohl die erste derartige Skulptur war der *David* von *Donatello*). Bis in die kleinsten Details wurde der Körper des Menschen studiert, der vollkommene menschliche Körper wurde zum Ideal - der Mensch, "das Maß aller Dinge", das edelste aller Geschöpfe. In der mittelalterlichen Kunst waren die Menschen relativ starr und unbeweglich dargestellt worden, sie waren Symbolträger für eine geistige Grundhaltung. Jetzt aber rückte der Mensch als natürliches Phänomen, als Wesen aus

Fleisch und Blut in den Vordergrund. Dazu kam eine neue technische Errungenschaft: die *Entdeckung der Perspektive*. Mit mathematischem Kalkül und wissenschaftlicher Genauigkeit gingen die Renaissance-Künstler daran, die dreidimensionale Wirklichkeit wiederzugeben. Vor allem die Bildhauer steigerten diese neue Technik zu atemberaubender Perfektion.

### Über das Herstellen einer Skulptur

Zuerst eine gezeichnete Vorskizze. Der Auftraggeber hatte natürlich ein gewichtiges Wörtchen mitzureden.

Dann ein kleines Modell aus weichem Material, Wachs oder Ton (einige sind bis heute erhalten geblieben).

Als nächstes folgte die Ausarbeitung einer originalgroßen Figur und zwar aus Ton (als Anschauungsobjekt).

Je nachdem, ob eine Skulptur aus Stein (Marmor) oder ein Bronzeguß geplant war, erfolgte jetzt erst die Herstellung der eigentlichen Figur.

**Bildwerke aus Stein**: Die groben Meißelarbeiten für die Umrisse der Figur übernahmen im allgemeinen die Gehilfen und Lehrlinge. Der Meister fertigte nur die wichtigsten Teile selbst und ging erst später an die endgültige Fertigstellung der Skulptur oder des Reliefs mit all der nötigen Feinarbeit (Mimik, Gewandfalten, Muskeln usw.).

Nur *Michelangelo* machte hier eine Ausnahme: Er war von Anfang an, d. h. vom Heraushauen der Blöcke in den Steinbrüchen von Carrara bis zum letzten Meißelstich an der vollendeten Skulptur ständig anwesend und fertigte die ganze Figur, bis auf unwesentliche Arbeiten, alleine an. Angeblich gab ihm das Zurechthauen der Blöcke in den Steinbrüchen unter seiner Aufsicht ein hohes Maß an Inspiration für das spätere Werk.

**Bronzeskulpturen**: Bei der Herstellung von Bronzewerken war eine enge Zusammenarbeit von Bildhauer und Gußfachleuten notwendig. Oft ließ der Bildhauer den Guß von einem befreundeten Künstler, der auf das Gießen spezialisiert war, durchführen. *Donatello* z. B. überließ den Guß seiner Figuren seinem Kompagnon *Michelozzo*.

Der Guß gelang nicht immer auf Anhieb. So hatte Michelangelo mit dem Guß einer Statue des Papstes Julius II. immense Schwierigkeiten. Der Guß mißglückte, weil das verwendete Material nicht richtig schmolz. Michelangelo und sein Gußmeister mußten daraufhin den ganzen Ofen zertrümmern, um die erstarrte Gußmasse herauszuholen. Erst der zweite Versuch gelang.

## Die Malerei

kam zu einem Höhepunkt in ihrer Entwicklung. Hatte sie bisher mehr ein Schattendasein gefristet, wurde sie jetzt die Kunst der Künste. Ihre technischen Hilfsmittel wurden verbessert - im 15. Jh. wurden die <u>Ölfarben</u> aus den Niederlanden eingeführt, und man benutzte jetzt erstmals <u>Leinwand</u> als Malgrund (Kostensenkung, leichtere Transportfähigkeit als Holz).

Wichtig für eine naturgetreue Wiedergabe war die Plastizität der gemalten Figuren. Dank der neuen Perspektiv-Technik konnte die Dreidimensionalität des Raumes überzeugend dargestellt werden. Den Malern gelang es immer besser, die individuellen Züge der Porträtierten wiederzugeben: Statt der bisher gebräuchlichen Profilansicht wurde nun die Dreiviertelansicht verwendet (die Porträtierten wurden von vorne gemalt und wendeten den Kopf etwas zur Seite).

Auch die **Landschaftsmalerei** machte große Fortschritte:
Die Natur wurde von den Künstlern zusehends als Malobjekt anerkannt, man fertigte Naturstudien, beobachtete Pflanzen, Tiere, Wolken etc. Allerdings wurde der Mensch aus den Landschaftsbildern noch nicht vollständig ausgeschlossen - das reine Landschaftsbild entwickelte sich erst später.

Probleme traten auf, da die Maler des 15. Jh.s zunehmend weltlich eingestellt waren. Zwar waren die Themen der Bilder noch immer weitgehend religiös, jedoch wurden sie sinnlicher gemalt als früher. Heiligenfiguren wurden realistischer dargestellt und trugen oft die Gesichtszüge stadtbekannter Persönlichkeiten. Zitat des Predigers *Savonarola*: "Ich sage euch, die Gottesmutter kleidet sich wie eine arme Frau, ihr aber stellt sie wie eine Dirne dar."

---

Für Strenggläubige waren die neuen Bilder oft ein Verstoß gegen die guten Sitten: Im San-Marco-Kloster wurde das Bildnis eines schönen Jünglings, das den Heiligen Sebastian darstellte, in den Kapitelsaal verbannt. Einige Frauen hatten den Mönchen sündhafte Gedanken gebeichtet, die in ihnen beim Betrachten des Bildes hochgestiegen waren. Es kursierten in den Städten auch "anstößige" Bildnisse - einer der Gründe für die Verbrennungen von "Schund", die Savonarola später organisierte (siehe Geschichte von Florenz).

## Die Freskenmalerei

Besondere Technik zur Herstellung von Decken-, Wand- und Kuppelgemälden. In der Renaissance-Zeit zum ersten Mal in größerem Rahmen ausgeführt und eine der großen Leidenschaften der Renaissance-Maler!

Wahrscheinlich wurde sie bereits in der Antike von den Griechen, Etruskern und Römern ausgeübt und jetzt in der Malerei vervollkommnet. Im Gegensatz zur *A-secco*-Malerei, dem Malen auf trockenem Untergrund, wird *a fresco* auf den noch frischen und feuchten Putz der Wand gemalt.

**Der Arbeitsgang**: Der Meister entwirft zunächst eine verkleinerte Gemäldekomposition auf Papier. Mit Hilfe eines Quadratnetzes wird das Bild durch die Gehilfen in *Originalgröße* auf einen Karton gezeichnet. Anschließend werden die Umrisse mit einem spitzen Eisengriffel in den frisch aufgetragenen Kalkmörtel durchgepaust (diese Einritzungen sind heute noch, aus der Nähe betrachtet, an der Decke der Sixtinischen Kapelle zu erkennen). Da der Verputz der Wand bei dieser Arbeit frisch sein muß, wird die zu bemalende Wandfläche in "Tagwerke" unterteilt, d. h. es wird nur ein so großes Stück Putz aufgezogen, wie der Künstler in einem Tag bemalen kann.

Für die Bemalung eignen sich nur Farben, die durch den scharfen Kalkgrund nicht zerfressen werden. Die meisten Ölfarben sind daher nicht zu gebrauchen, die Farbpalette ist erheblich eingeschränkt. Nur sehr wenige und noch dazu recht mühsam herzustellende Farben verbinden sich organisch und auf Dauer mit dem Kalkgrund, (das sind in der Hauptsache Erd- und Metallfarben: Ockererden, Eisen- und Manganoxyde, Kalkweiß und Oxydschwarz, grüne Erde u. a.). Das Farbenspektrum ist eng, umso größer die Kunst des Malers, daraus ein wirkungsvolles Ganzes zu zaubern.

Der Vorteil dieser Art von Wandmalerei ist, daß die Farben nach dem Trocknen des Kalkgrundes mit ihm untrennbar verbunden sind. Es gibt kein Abblättern der Schicht, und das Gemälde ist dauerhaft konserviert (für Jahrhunderte - wie den Renaissance-Künstlern vorschwebte). Allerdings sind besonders die Deckengemälde eine äußerst mühselige, körperlich sehr beschwerliche Arbeit: auf einem schwankenden Gerüst stehend, ständig nach oben starrend, dazu die tropfende Farbe, die Bart und Gesicht vollkleckst. Wiederum ist es der Einzelkämpfer Michelangelo, der keine Helfer für die Arbeiten in der Sixtinischen Kapelle zuläßt. Ganz allein bemalt er in monatelanger Arbeit die Decke.

In Florenz wirkten seit dem 14./15. Jh. einige hervorragende Fresko-Künstler. Die gegenseitige Konkurrenz spornte sie zu immer größeren Leistungen an. Wichtig war aber auch, daß man einen Mäzen von sich überzeugen konnte, denn ohne materielle Unterstützung war man zur Bedeutungslosigkeit verurteilt. Bezeugt sind aus dieser Zeit Neid und Eifersucht führender Künstlerpersönlichkeiten untereinander - auf so engem Raum, wie der Florentiner Kunstmarkt es war, wohl kein Wunder, man nahm sich ja praktisch gegenseitig die Aufträge weg.

> **Künstler-Konkurrenten**
> Raffael war, wie so oft, in Begleitung etlicher Bewunderer und Schüler unterwegs. Michelangelo, einsam und verbissen wie immer, trifft ihn auf dem Weg in die Sixtinische Kapelle. *"Wie ein Fürst mit seinem Gefolge!"* ruft Michelangelo ihm verächtlich zu. Raffael, nicht mundfaul, erwidert prompt: *"Und du, einsam wie der Henker!"*

# Die Auftraggeber

Im 14. Jh. waren es hauptsächlich die Zünfte, Stadtverwaltungen, geistliche Orden und einige private Stifter, die künstlerische Aufträge vergaben. Besonders die Städte hatten den Ehrgeiz, sich gegenseitig zu übertrumpfen und durch rege Bautätigkeit das Ansehen der eigenen Kommune zu heben. Selbst kirchliche Bauwerke wurden oft nicht von der Kirche, sondern von bürgerlichen Auftraggebern geplant.

Bei der Durchführung der Bauten fungierten die Zünfte oft als die Organisatoren: Sie bildeten Kommissionen, die mit der Durchführung der Bauvorhaben beauftragt wurden. Diese schrieben Wettbewerbe unter den Architekten aus, vergaben schließlich den Bauauftrag, überwachten im weiteren den Fortgang der Arbeiten und zahlten die Löhne aus. Der Dom und das Baptisterium in Florenz wurden auf diese Weise erbaut. So war für die Herstellung der Bronzetüren des Baptisteriums 1401 ein großer Wettbewerb ausgeschrieben worden. Über 20 Künstler beteiligten sich daran, sechs kamen in die engere Wahl und mußten Probeentwürfe anfertigen, darunter *Brunelleschi* und *Ghiberti*. Ein Kollegium von 34 Kunstfachleuten entschied dann, wer die Türen anfertigen sollte (mehr darüber im Kapitel Künstler).

### Die Medici als Mäzene

Seit der Renaissance sind es zusehends vermögende Privatleute, die Kunstwerke in Auftrag geben. Im Übergang von Frührenaissance zur Spätrenaissance läßt sich ein neuerlicher Wechsel im Gebaren der kunstliebenden reichen Florentiner erkennen: Während anfangs die

Stiftertätigkeit für öffentliche Bauten im Vordergrund steht, kommt es im 16. Jh. zu einem Rückzug in die Privatsphäre - ein neuer Typus, der des *Sammlers* von Kunst, entsteht. Während *Cosimo de' Medici* noch den großzügigen Stifter herauskehrt, ist sein Enkel *Lorenzo* bereits ganz zum Sammler aus Leidenschaft geworden, große Bauprojekte sind bei ihm selten. Worin sich die beiden und die übrigen Medici aber gleich waren - in ihrer Vorsicht in Bezug auf die öffentliche Meinung: Alle waren sie darauf bedacht, nicht allzu offen zu zeigen, was sie mit ihrem Riesenvermögen alles anstellten. Deshalb gaben die Medici gerne Geld für kirchliche Stiftungen, um ihre kostspieligen Privatinteressen etwas zu kaschieren. Hauptsächlich Cosimo war sehr darauf bedacht, seine private Kunstleidenschaft zu verbergen, er fürchtete Unruhen in der Stadt, wenn bekannt würde, wofür er sein Geld ausgab. Ein weiterer Grund, weshalb Cosimo für kirchliche Bauten riesige Summen springen ließ, waren wohl auch Gewissensbisse wegen etlicher politischer Skrupellosigkeiten, die er sich hatte zu Schulden kommen lassen.

Der wesentliche Grund jedoch für die immensen Bauvorhaben war der Wunsch nach bleibendem Ruhm. Cosimo selbst soll gesagt haben: "Kein anderes Gedächtnis bleibt von uns, als nur die Bauwerke, die Zeugnis geben von denen, die ihre Urheber gewesen, durch Hunderte und Tausende von Jahren."

1440 belief sich das Vermögen der Medici auf etwa 240.000 Fiorini und vermehrte sich ständig.

Zum Vergleich: Ein Lehrling verdiente pro Jahr bei freier Kost und Unterkunft 6 Fiorini, im 2. Berufsjahr 18 Fior. Als Spitzenlohn galt ein Einkommen von 80 Fior. pro Jahr, wie es etwa Ghiberti seinem ersten Gehilfen für die Arbeiten am Paradiestor zahlte.

Ein kleines Madonnenbild kostete damals ca. 1 Fiorino.

## Weitere Mäzene

**Filippo Strozzi** *(geb. 1372):* einer der größten Steuerzahler der Stadt. Stiftungen seiner Familie finden sich besonders in *S. Trinità* und *S. M. Novella*. Er plante auch lange vor Cosimo eine öffentliche Bibliothek. Von Cosimo 1434 verbannt, lebte er danach in Padua (Palazzo Strozzi an der Piazza Strozzi).

**Lucca Pitti**: ein Hochstapler, der sich durch einen Superpalast ein Denkmal setzen wollte und pleite ging. Für Stiftungen hatte er dann kein Geld mehr (*Palazzo Pitti* an der Piazza Pitti).

Von **Lorenzo de' Medici** wurden bei weitem nicht so viele Gelder für öffentliche Bauten aufgewendet wie von Cosimo. Was für Lorenzo vor allem eine Rolle spielte, waren Kleinkunstwerke aller Art. Er betätigte sich auf diesem Gebiet sein ganzes Leben als leidenschaftlicher Sammler und besaß eine riesige Kollektion von Kleinkunstobjekten mit antikisierendem Charakter.

## Kunstgeschichte

> **Wenn das Geld im Kasten klingt, die Seele aus dem Feuer springt!**
> (Bauernspruch aus dem 16. Jahrhundert)
>
> Seine Taten hatte Cosimo dem Papst Eugen persönlich gebeichtet - worauf er von diesem anscheinend ebenfalls sehr geschäftstüchtigen Herrn zu einer Geldstrafe verdonnert wurde: Er sollte als Sühne für seine Schandtaten 10.000 Fiorini zur Neuerrichtung von San Marco springen lassen. Cosimo ließ springen - für diesen Bau insgesamt 40.000(!) Fiorini: Neubau der Kirche, Neuaufbau der gesamten Klosteranlage, Gründung einer Bibliothek - der Prior hatte Vollmacht, alle weiteren Auslagen für die Bibliothek vom Konto des Bankhauses Medici zu begleichen.
>
> Dazu kamen Aufwendungen für Santa Croce (etwa 8.000 Fiorini), Zahlungen für San Lorenzo (ca. 60.000 Fiorini - natürlich im Lauf von Jahrzehnten) und für die Badia (ehemaliges Kloster beim Bargello): 70.000 Fior. Im Laufe von drei Jahrzehnten wurden von Cosimo 180.000 Fiorini in öffentliche Bauten gesteckt - und sicher noch einmal die gleiche Summe für private Bauvorhaben ausgegeben. Sicherlich auch eine gute Möglichkeit, Steuern zu sparen.

Den Grundstock seiner Sammlung bildeten 5000 - 6000 Gemmen und Kameen. Lorenzo stand in Kontakt mit vielen Künstlern - aber längst nicht mit allen bedeutenden. Leonardo da Vinci z. B. war in Florenz zeitweise arbeitslos und deswegen schließlich gezwungen, nach Mailand zu gehen. Am nächsten stand Lorenzo ein gewisser *Bertoldo*, ein äußerst dienstfertiger Mann, der die künstlerischen Wünsche seines Geldgebers prompt erledigte. Er schuf vor allem Kleinplastiken aus Bronze, die Lorenzo begeistert seiner Sammlung einverleibte. Lorenzo genoß es, sich im täglichen Leben mit den Schönheiten der Kunst und vor allem mit Kostspieligkeiten zu umgeben - das Hobby eines reichen Herrn...

## Die Kunstwerkstätten

Der übliche Arbeitsort bei der Herstellung von Kunstwerken - kaum ein Künstler arbeitete allein. Den exzentrischen, "genialen" Künstlertyp, der durch seine individuelle Originalität besticht, gibt es erst seit der späten Renaissance. Die Künstler begannen sich damals auf Grund des gehobenen Kunstbedarfs der reicheren Schichten ihres Eigenwertes erst allmählich bewußt zu werden.

*Michelangelo* ist einer der ersten Vertreter dieses "individuellen" Künstlertyps, der einen klaren Trennungsstrich zum traditionellen Kunsthandwerk zieht. Im 15. Jh. aber lebten die Maler, Bildhauer

## Kunstwerkstätten 119

und Baumeister noch ganz in der *Tradition der Zünfte*. Sie sahen sich selbst zunächst nur als (vielleicht etwas gehobenere) Handwerker - demselben Ausbildungsgang und denselben Zunftbestimmungen wie diese unterworfen. Die Ausbildung geschah in großen Werkstätten, deren Zahl allmählich wuchs. Schon als Kind trat man in eine dieser Werkstätten ein. Je berühmter der Leiter des "Betriebes", desto zahlreicher die Bewerbungen.

Ihrer Herkunft nach stammten diese *Kunst-Handwerker* aus allen Schichten, sowohl aus künstlerischen Berufen (Goldschmied, Steinmetz) wie auch aus kunstfremdem Milieu. So war der Vater *Fra Filippos* Metzger, der von *Fra Bartolomeo* Maultiertreiber, *Leonardo da Vinci* entstammte einer Notarsfamilie, während *Michelangelos* Vater städtischer Verwaltungsbeamter war.

Praktisch alle bedeutenden Künstlerpersönlichkeiten der Florentiner Renaissance haben eine solche Ausbildung durchlaufen. In den Werkstätten konnten sie sich profilieren und je nach Eignung und Vertrauenswürdigkeit wichtige Positionen einnehmen. Das ging so weit, daß manche Meister ihren fähigsten Gehilfen die Aufsicht über den gesamten Werkstättenbetrieb überließen, um sich selbst mit speziellen Aufträgen beschäftigen zu können. In den zahlreichen *Kunstateliers* in Florenz entstanden jedoch keinesfalls ausschließlich besonders gehobene Arbeiten, vielmehr wurden künstlerische und handwerkliche Aufträge aller Art angenommen: Gemälde, Holzschnitzereien, Einlegearbeiten, aber auch Ladenschilder, Dekorationsgegenstände, Wappen, Zunftfahnen, Hochzeitstruhen usw. Natürlich nahm nicht jeder Meister kleinere Aufträge an, jedoch existierten im 15. Jh. bereits so viele Werkstätten in Florenz und Umgebung, daß jede noch so kleine Arbeit irgendwo ihren Produzenten fand.

Die Bedeutung der Kunstwerkstätten belegen einige Zahlen: In der 2. Hälfte des 15. Jh.s gab es in Florenz laut Zunftverzeichnis:

*84 Schnitzerateliers, 41 Maler- und 84 Bildhauerwerkstätten sowie 44 Gold- und Silberschmiedwerkstätten.*

Dagegen existierten in der Stadt damals beispielsweise nur 70 Metzgermeister und 66 Gewürzhändler. Mehr Kunst als Fleisch also... Kaum verwunderlich daher, daß nicht alle Ateliers einen besonders hohen künstlerischen Anspruch hegten. Es wurde auch viel Ramsch angeboten, und die Bürger, die es sich leisten konnten, kauften trotzdem.

Aufgrund der republikanischen *Zunftverfassung der Stadt* hatten die Künstler und Kunsthandwerker auch *politischen Einfluß*. Zwar übten nur die oberen sieben Zünfte wirkliche politische Macht aus, aber die Maler gehörten der Zunft der Ärzte und Apotheker an, von denen die Farben geliefert wurden, also einer der oberen Zünfte. Eine der Hauptaufgaben der Zünfte bestand darin, die einheimischen Künstler gegen die Konkurrenz aus den Nachbarstädten zu schützen. Trotzdem existierte auch eine kleine *Kolonie ausländischer Künstler* (Deutsche und

Niederländer), die gegen Bezahlung der doppelten Lizenzgebühr in Florenz arbeiteten. Die Zunftorganisation bot die Gewähr, daß ein Stück "*made in Florenz*" war und der Kunstkäufer sicher sein konnte, daß zur Herstellung der Produkte nur erstklassige und haltbare Grundstoffe verwendet worden waren.

## Werkstattausbildung

Die Ausbildung der Lehrlinge begann mit dem Erlernen verschiedener Fertigkeiten: Farben zubereiten und mischen, Pinsel herstellen, Bilder vorbereiten (grundieren etc.). Dann ging man an Malstudien, Kopieren, Details eines Bildes anfertigen, Anatomiestudien usw. Der Lehrling sollte dazu qualifiziert werden, selbständig Teile eines Kunstwerkes oder auch ganze Entwürfe anzufertigen.

Viele Kunstwerke wurden in den Ateliers in Gemeinschaftsarbeit hergestellt, das ergab oft einen gewissen Ausgleich der individuellen Technik der Mitarbeiter, allerdings auch Stilvermischungen. In Kleinbetrieben arbeitete der Meister mit drei, manchmal auch mehr Gehilfen.

Manche Familienbetriebe wurden über Generationen hinweg weitervererbt. Oft taten sich auch jüngere Künstler zusammen, um gemeinsam eine kleine Werkstatt zu gründen und die Kosten zu teilen (wie z. B. *Donatello* und *Michelozzo*). Die großen Bildhauerarbeiten wurden vor allem in Werkstätten produziert, die eine fast schon fabrikmäßige Ausdehnung hatten. So arbeiteten in *Ghibertis* Bronzegießerei 20 Gehilfen an der Herstellung der Türen für das *Baptisterium*. Bei den Malern war es unter anderem *Ghirlandaio*, der für seine großen Freskoarbeiten sehr viele Helfer heranzog; auch *Donatello* beschäftige zeitweise bis zu 20 Angestellte.

## Die finanziellen Verhältnisse der Künstler

Im allgemeinen waren sie nicht gerade glänzend, aber die meisten kamen über die Runden. Durch stetige künstlerische Arbeit konnte man ein Einkommen erzielen, das dem Verdienst des bürgerlichen Mittelstandes in etwa entsprach. Die Quellen berichten des öfteren davon, daß sich einige Künstler Häuser erworben hatten, manche der bedeutenderen sogar Grundbesitz.

Allerdings: Nicht jeder hatte Glück. Schwierig wurde es vor allem, wenn ein Meister erkrankte und nicht genug Rücklagen hatte. Von *Masaccio* ist überliefert, er sei in großer Armut und mit einem großen Schuldenberg gestorben. Zeitweise konnte er seine Lehrlinge nicht mehr entlohnen. Auch der große *Donatello* hatte keine glückliche Hand in Gelddingen. Er stand - wie uns zeitgenössische Berichte erzählen - materiellem Wohlstand relativ gleichgültig gegenüber. *Filippo Lippi* wiederum hatte zeitweise

## Künstler und ihr Einkommen

nicht einmal das Lebensnotwendigste zur Verfügung - es mangelte ihm an Kleidung und Mobiliar - ähnlich erging es auch *Gozzoli*. Die künstlerischen Aufträge wurden fast ausschließlich in Raten bezahlt, dabei kam es oft zu erheblichen Rückständen von Seiten der Auftraggeber. Wirtschaftliche Krisenperioden wirkten sich sofort ungünstig auf die Auftragslage aus, von der die Künstler ja abhängig waren. Nicht selten mußte eine künstlerische Unternehmung deshalb abgebrochen werden, weil der auftraggebende Kaufmann zahlungsunfähig geworden war.

Besonders im Alter wurde die Lage der Künstler prekär, die nicht genug vorgesorgt hatten. So klagt der betagte *Uccello* verzweifelt, daß er nichts mehr besitze, nicht mehr arbeiten könne und eine kranke Frau habe...

Am besten ging es den Künstlern, die bei einem Mäzen mehr oder minder fest angestellt waren: *Fra Angelico* z. B. erhielt sein Geld von der Kirche und zwar das durchaus gute Monatseinkommen von 15 Fiorini. Spitzenlöhne für Aufträge waren zwar selten, doch im allgemeinen waren die Honorare zufriedenstellend: Für Altarbilder wurden durchweg Preise zwischen 100 und 200 Fiorini bezahlt, für kleinere Freskenarbeiten 15 - 30 Fiorini. Größere Projekte (z. B. Zyklen von großen Wandgemälden) wurden mit bis zu 1000 Fiorini entlohnt. *Ghiberti* bekam während seiner Arbeit an den Baptisteriumstüren ein festes Gehalt von 200 Fiorini jährlich - ein echtes Spitzeneinkommen. Er mußte sich allerdings verpflichten, bis zur Fertigstellung der Türen seine volle Arbeitskraft dafür einzusetzen.

Vergleichszahlen: Ein einfaches Haus kostete zwischen 100 und 300 Fiorini, Wohnungsmiete um die 10 Fiorini jährlich.

Oft wurde der zu zahlende Preis erst nach Fertigstellung eines Werkes festgelegt und zwar durch von beiden Parteien bestellte *Schiedsrichter*. Während der Arbeit lebte der Künstler von Abschlagszahlungen. Oft gab es bei solchen nachträglichen Taxierungen Streit - der Auftraggeber versuchte natürlich, den Preis zu drücken. Bei Freskoarbeiten in Klöstern, die sich über längere Zeiträume hinzogen, erhielten die Ausführenden Kost und Wohnung, die auf ihr Gehalt angerechnet wurden. Und ebenfalls angerechnet wurde es, wenn - wie von *Vasari* überliefert - die Gehilfen des Künstlers in die klösterlichen Vorratskammern eingedrungen waren.

Gegen Ende des 15. Jh.s steigen die Honorare für Künstler spürbar: *Ghirlandaio* erhält für Ausmalarbeiten etwa 1.000 Fiorini, *Lippi* in Rom (dort war die Bezahlung besser) 2.000 Fiorini, *Michelangelo* kassiert für die Deckengemälde in der Sixtinischen Kapelle sogar 3.000 Fiorini. *Michelangelo* ist einer der wenigen, die durch die Malerei reich wurden - er hinterließ ein riesiges Vermögen (s. a. unter *Michelangelo*). Und auch *Leonardo da Vinci* bekommt fürstliche Honorare. Vor allem an den Löhnen wird deutlich, daß die Künstler Ende des 15. Jh.s geachtete Persönlichkeiten geworden waren. Der Mythos des einzigartigen

Künstlergenies entsteht nun, die kollektive Arbeitsweise der früheren Kunsthandwerkstätten verschwindet. Was jetzt zählt, ist der Künstler, der ein Werk vom ersten bis zum letzten Strich selbsttätig ausführt. Beispielhaft für diesen neuen Künstler-Typus: Michelangelo.

# Künstler der Renaissance

**Man sollte nicht vergessen, daß kaum einer von ihnen wirklich allein gearbeitet hat. Kunst wurde hauptsächlich kollektiv gefertigt, die vielen Helfer aber sind heute vergessen, nur die Namen der "Großen" leben weiter:**

**Lorenzo Ghiberti** *(1378 - 1455)*. Florenz hatte einen Wettbewerb ausgeschrieben für ein zweites Bronzetor zum Baptisterium. Man wollte die Stadt Pisa, die ihren Dom bereits mit wunderbaren Türen ausgestattet hatte, übertreffen. Vielleicht sind wegen dieses Wettbewerbsdenkens der Städte die Florentiner Kunstwerke so gut geraten. *Brunelleschi* hätte diesen Auftrag sehr gerne bekommen, doch die ehrenwerte Aufgabe, eine Bronzetür für das Baptisterium zu gestalten, fiel Ghiberti zu. Ghiberti dienten sowohl antike Kunstwerke, die er in Rom gesehen hatte, als auch das Werk Andrea Pisanos zum Vorbild.

Ghibertis 1452 vollendete *Paradiespforte* wurde das meistbewunderte Kunstwerk seiner Zeit. 1475 schrieb ein "Kunstkritiker": *"Wer wäre nicht ergriffen, wenn er solche Wunder erblickte, wer wäre nicht starr und fast von Sinnen?"* Und Michelangelo sagte später von Ghiberti: *"Hätte er nicht dieses einzigartige Werk geschaffen, niemand würde heute noch von ihm reden."* Von Michelangelo stammt auch der Name Paradiespforte.

**Brunelleschi, Filippo** (1377 - 1446), schien wegen seiner Niederlage bei dem Wettbewerb um die Bronzetore recht verärgert gewesen zu sein. Jedenfalls suchte er sich anschließend ein neues Aufgabengebiet, nicht zu seinem und der Florentiner Schaden, wie sich herausstellen sollte. Er ging nach Rom und studierte die antiken Bauwerke, vor allem Kuppelbauten.

Später schuf er dann die gewaltige Kuppel des Florentiner Doms. Es war der erste Kuppelbau seit der Antike, die erste *freischwebende* Strebekuppel überhaupt. Ihm war ein neues Weltwunder geglückt.

Brunelleschi gab den maßgebenden Impuls für die Renaissance-Baukunst. 1430 erbaute er die Pazzi-Kapelle im vorderen Klosterhof von Santa Croce, ferner die Kirche Santo Spirito und begann 1425 mit dem Bau von San Lorenzo, von der er die Alte Sakristei noch selbst vollendete. Diese Bauten sind, typisch für die frühe Renaissance-Baukunst, gekennzeichnet vom Streben nach Strenge und Klarheit.

Als Brunelleschi nach Rom reiste, begleitete ihn sein 46 Jahre alter Freund *Donato di Bardi*, genannt **Donatello** (1386 - 1466). Auch sein Schaffen wurde durch die Ausstrahlung der

## Künstler der Renaissance

> **Nacktheit** war im Christentum verpönt gewesen, und den Künstlern war es verboten, anatomische Studien zu treiben (vor einem meiner Vorfahren, einem Bildhauer im Barock, wird berichtet, daß er sich nackt hinlegte und seinen eigenen Körper studierte - der Verf.). Inzwischen waren die Päpste selbst so "verweltlicht", daß sich das wiedererwachte "antike" Lebensgefühl beinahe ungehindert ausbreiten konnte. Nur Savonarola versuchte, das Rad der Geschichte wieder zurückzudrehen. Und Michelangelo sollte später dazu gezwungen werden, einige seiner Figuren zu "bekleiden".

antiken Kunstwerke inspiriert. Mit seiner Davidstatue schuf er den ersten Bronzeakt seit der Antike.

Donatello war vielleicht der bedeutendste Bildhauer der Florentiner Frührenaissance. Einen guten Überblick über sein Schaffen gibt das *Museo Nazionale* (Bargello): u. a. der vorhin angesprochene *David* in Bronze, ein weiterer *David* in Marmor, außerdem *S. Markus* und *S. Giorgio* (beide ursprünglich für die Kirche Orsanmichele bestimmt). Ebenso von Donatello *Judith und Holofernes* vor dem Palazzo Vecchio und eine der beiden Sängerkanzeln im Dom-Museum.

Ihr Gegenstück stammt von **Luca della Robbia** (1400 bis 1482) und ist eine der bedeutendsten Steinplastiken. Er kommt aus einer echten Künstlerfamilie, hauptsächlich Bildhauer sind aus ihr hervorgegangen. Seine Spezialität waren glasierte, bemalte Tonreliefs, mit denen man häufig Türbögen und Altäre schmückte. Seine Familie hatte in der Herstellung dieser Reliefs fast eine Monopolstellung. Häufigstes Motiv: Madonna mit Kind (weiß auf blauem Grund).

**Battista Alberti** *(1404 - 72)*, ein Allround-Genie. Er war Maler, Dichter, Musiker, Philosoph, Mathematiker, Ingenieur, sogar Sportler (angeblich übersprang er 1,80 m!), vor allem aber war er Architekt. Er verfaßte ein bedeutendes Traktat über die Architektur, das viele Baumeister seiner Zeit beeinflußte. Darin legte er großen Wert auf die Anwendung wissenschaftlicher Erkenntnisse in der Baukunst. Der *Palazzo Rucellai* (damals eine der reichsten Familien der Stadt) ist von ihm entworfen worden.

**Paolo Uccello** *(1397 - 1477)*, Maler. Er bemühte sich in seinen Werken vor allem um die Wiedergabe der Perspektive und war darin einer der Vorreiter der Renaissance. Gemälde von ihm in den Uffizien. Im Dom von Florenz ein Reiterstandbild.

**Michelozzo Bartolomeo** *(1396 - 1472)* - Architekt. Er war ein Freund Cosimos und von diesem beauftragt worden, seinen Palast zu errichten. Außerdem arbeitete er als Bildhauer (z. B. Tabernakel in S. Miniato - Florenz).

**Piero della Francesca** *(1416 - 1492)*, Maler. Sein Hauptwerk befindet sich nicht in Florenz, sondern in Arezzo. Es handelt sich um einen Freskenzyklus zur Geschichte des Heiligen Kreuzes (in der Kirche San Francesco). Mehr darüber unter Arezzo. Leider sind die meisten seiner Werke verlorengegangen, trotz-

## Kunstgeschichte

dem wird er zu den wichtigsten Malern seiner Zeit gezählt. Auch als Kunsttheoretiker machte er sich einen Namen, und in Florenz war er ein höchst angesehener Mann. Er wirkte noch in vielen anderen Städten Italiens, z. B. in Rimini, Ferrara und Rom. Weitere Werke sind in Sansepolcro, seinem Geburtsort im oberen Tibertal am Fuß der Alpe della Luna, zu sehen: im Palazzo Comunale *Auferstehung* und *Madonna della Misericordia* (eins seiner reifsten Werke), außerdem in Monterchi (nahe Sansepolcro) ein berühmtes Fresko *Madonna del Parto*.

**Masaccio** *(1401 - 28)*, der vielleicht bedeutendste Maler des Quattrocento (15. Jh.). In seinem kurzen Leben hat er Bedeutendes geleistet und neue Impulse, die von der Bildhauerei ausgegangen waren, in die Malerei umgesetzt. Berühmt ist sein Fresko der Cappella Brancacci in S. Maria del Carmine in Florenz. Seine Figuren lassen sich mit denen Giottos vergleichen, aber im Gegensatz zu dessen Kunst arbeitete Masaccio bereits vollkommen dreidimensional. Die auffallende Körperlichkeit seiner Menschen machte ihn zu einem der Begründer der Renaissance-Kunst. Auch seine Landschaften sind durchwegs erstaunlich realistisch. Anstelle der Linie setzte er die Abgrenzung durch den Kontrast der Farben. Diese Technik Masaccios fand viele Nachahmer und wurde später zu einer der Grundlagen der gesamteuropäischen Malerei. Zu seiner Zeit allerdings hatte man seine Bedeutung noch nicht erkannt, er starb arm und verschuldet.

**Fra Angelico** *(1400 - 1455)* - Besonders schön seine Fresken in San Marco (Florenz). Ihm gelang es großartig, verschiedene Gefühlsregungen auf die Gesichter seiner Menschen zu zaubern: Trauer, Erregung, innere Sammlung. Seine Themen: Heilsgeschehen und Leben Christi. Darstellung von Einzelpersonen im Vordergrund, leuchtende Farben.

**Benozzo Gozzoli***(1420 - 1497)*, ein Schüler Fra Angelicos. Nach dem Tode Cosimos lebte er lange Jahre außerhalb von Florenz und kehrte erst als alter Mann wieder in die Heimat zurück. Seine Malweise war sehr farbenfroh und prächtig, wenn auch vielleicht nicht sehr originell. Zu seinen Hauptwerken gehören die Fresken im Palazzo Medici, darunter *Zug der Heiligen Drei Könige*. Er porträtierte darin viele Persönlichkeiten des Mediceischen Hofes, wahrscheinlich auch Lorenzo (einer der drei Könige).

**Fra Filippo Lippi** *(ca. 1406/1409 - 1468)* - er führte alles andere als ein Mönchsleben, trieb sich in halb Italien herum und bezahlte seine Reisen mit Porträts. Einmal verschleppten ihn Piraten nach Afrika, ließen ihn aber wieder frei, nachdem er ein besonders gelungenes Bild des Pascha an die Wand des Gefängnisses gemalt hatte. Um ihn seßhaft zu machen, gab man ihm schließlich ein kirchliches Amt und ernannte ihn zum Kaplan eines Klosters. Kaum in Amt und Würden, verführte er eine schöne Nonne. Seine Stellung war er damit wieder los, schlimmeren Konsequenzen seiner Tat ging er aus

---

*Ausschnitt aus der Geburt der Venus von Botticelli* ▶

dem Weg, indem er die Schöne heiratete. Trotzdem wurde er später doch noch ein geachteter Mann - dank seiner malerischen Qualitäten. Vor allem Cosimo de'Medici (später auch Piero de'Medici) hatte großen Gefallen an ihm gefunden, von ihm erhielt er zahlreiche Aufträge. Berühmt wurden seine Madonnenbilder - ihre Anmut und Natürlichkeit waren damals einzigartig. Erst *Botticelli* konnte, 60 Jahre später, mit ihm konkurrieren. Dieser war es auch, der Lippi als den größten Maler seiner Zeit bezeichnete. Filippo starb im selben Jahr wie Piero de'Medici, Lorenzos Vater - wahrscheinlich an Gift, das ihm von der Familie eines betrogenen Mädchens verabreicht worden war. Nichtsdestotrotz: Lorenzo stiftete für sein Grab in Spoleto ein Marmorepitaph. Lippis Hauptwerke: Fresken im Dom von Prato und Spoleto.

**Sandro Botticelli** *(1444 - 1510)*, ein später Nachfolger Filippo Lippis. Auch er ließ sich von der Antike inspirieren, malte jedoch weniger realistisch als phantastisch. Er war ein unruhiger Geist, impulsiv und unberechenbar und schuf viele Bilder mit religiösen und allegorischen Inhalten. Seine wichtigsten Werke sind der *Frühling* und die *Geburt der Venus* (in den Uffizien). Besonders bekannt ist seine *Venus* geworden: Sie scheint zu schweben und wird von der Göttin des Windes in die Arme des Frühlings getrieben. Seine Frauen sind nicht nur schön, sondern auch geistvoll, manchmal lieblich, manchmal melancholisch und

herb. Auf dem Bild *Anbetung der Könige*, das ein reicher Kaufmann für einen Altar in Santa Maria Novella stiftete, verewigte er die mediceische Familie. Hauptsächlich wurde er von Lorenzo de'Medici gefördert. Außerdem stand er unter dem Einfluß der Humanistenkreise in Florenz, weshalb die antike Mythologie sein Werk prägt. Später geriet Botticelli ganz in den Bann des leidenschaftlichen Mönchs Savonarola (siehe auch *Geschichte Florenz*).

**Andrea de Verrocchio** *(1436 - 1472)* - Bildhauer, Maler, Goldschmied und Erzgießer. In Orsanmichele zu Florenz ist von ihm die ruppe *Christus mit dem Hl. Thomas* zu bewundern. Nennenswert auch der *David* im Museo Nazionale (Bargello).

Obwohl Donatello seinen berühmten *David* erst 30 Jahre später formte, steht Verrocchios Skulptur in kunsthistorischer Konkurrenz dazu; Donatellos Werk wird heute allgemein als "klassischer" bewertet. Leonardo da Vinci begann übrigens sein Schaffen in Verrocchios Werkstatt. Verrocchio beschränkte sich schließlich ausschließlich auf plastische Arbeiten und vertraute Leonardo die Malaufträge an. Anscheinend war Verrocchio ziemlich jähzornig: Es wird berichtet, daß er einem von ihm geformten Reiterstandbild den Kopf abschlug, weil ein Konkurrent den Auftrag bekommen sollte. Die Feinheit und Genauigkeit seiner Werke scheint in eigenartigem Gegensatz zu seinen Charakterzügen zu stehen.

**Domenico Ghirlandajo** *(1449 -*

*1494).* Er schuf u. a. die Chorfresken von S. Maria Novella und die der Kapelle Sassetti in der Kirche Santa Trinita. Farbenfrohe, weltlich heitere, harmonische Bilder. Auch er nahm Angehörige der Familie Medici und andere Patrizier als "Modell" für die Realisierung seiner Themen aus der Biblischen Geschichte oder aus Heiligenlegenden.

# Künstler der Hochrenaissance

Michelangelo, Leonardo da Vinci, Raffael - ihr Wirken verkörpert den Höhepunkt der Florentiner Kunstentwicklung. Man sieht in ihrem Schaffen heute den Gipfel der Renaissance-Kunst. Michelangelo, der leidenschaftlichste und unruhigste, überwand in seinem Spätwerk bereits den abgeklärten Heroismus der Renaissance und leitete eine neue Entwicklung hin zum sogenannten Manierismus ein.

Die Stadt zehrt heute noch von den "Glorreichen Drei" - es gehört einfach dazu, zumindest einmal die Medici-Kapelle von Michelangelo gesehen zu haben.

Untereinander waren sie nicht gerade das, was man als dicke Freunde bezeichnen kann. Ehrgeiz und gegenseitiger Konkurrenzdruck waren wohl zu groß, als daß man sich gegenseitig öffentlich hätte anerkennen können. Michelangelo schimpfte über Raffael, er hätte keine Begabung, seine Kunst sei nur mühsam angelernt. Raffael, der Jüngste von ihnen, hatte es in der Tat am schwersten, einen vollkommen eigenständigen Stil zu entwickeln, er hatte ja immer das Vorbild der beiden anderen vor Augen. In der Malerei lernte aber auch Michelangelo viel von Leonardo, wenngleich persönliche Begegnungen selten waren; fanden sie doch statt, kam es oftmals rasch zum Streit.

## Michelangelo Buonarroti *(1475 - 1564)*

Michelangelo gilt neben Leonardo da Vinci als das größte Genie der Renaissance. Er war ein vitaler Mann, wurde fast 89 Jahre alt und meißelte noch sechs Tage vor seinem Tod an einer Marmorstatue, der *Pieta*. Diese Vitalität gab er sowohl seinen Gemälden als auch Skulpturen mit. Sie sind von gewaltiger Ausdruckskraft und von heroischer Bewegung. Gerade in seinen späteren Werken sprengte Michelangelo den Rahmen der strengen zeitgenössischen Renaissance durch den überquellenden Reichtum an Form und Bewegung. Es entstand der sogenannte *Manierismus*. Dieser Stil war unruhiger und spannungsreicher als der der Hochrenaissance, die vor allem durch die Klarheit und Logik ihrer Formen bestach. Für Michelangelo war diese Darstellungsweise zu abgeklärt, seine Kunst wurde jetzt phantasievoller und gedanklich komplizierter, es zeigte sich bereits eine Tendenz zur Abstrak-

## 128 Kunstgeschichte

tion. Die Rhythmik und Dynamik dieses manieristischen Stils leitet dann später die Epoche des Barock ein.

Als Jüngling wurde Michelangelo von *Lorenzo de'Medici* in sein Haus aufgenommen - Lorenzo entdeckte ihn bei Ghirlandaio, als er gerade einen Satyrkopf schnitzte und war von Michelangelos Talent und Aufnahmefähigkeit begeistert. Auch die beiden Medici-Päpste *Leo X.* und *Clemens VII.* sollten später zu Michelangelos Auftraggebern gehören.

Eines seiner Bekanntesten Werke ist der *David*. Schon zwei Bildhauer hatten sich vor ihm an einem Marmorblock versucht, um daraus einen David zu meißeln. Beide hatten ihr Vorhaben schließlich enttäuscht aufgegeben. Michelangelo jedoch schaffte das Unmögliche: Er schuf eine der schönsten Skulpturen der Kunstgeschichte. Eine Kommission von bedeutenden Künstlern (unter ihnen Leonardo da Vinci) beschloß, die Riesenstatue vor dem Palazzo Vecchio aufzustellen, wo sie bis 1873 stand. Um sie vor Witterungseinflüssen zu schützen, wurde sie in die Akademie der schönen Künste (Galleria dell'Accademia) gebracht. Auf dem ehemaligen Standplatz steht heute eine Kopie.

Kurz vor dem Sturze Pieros, dem Sohn Lorenzos, floh Michelangelo nach Bologna, da er bei den Medici ein- und ausgegangen war und fürchten mußte, auf Lebzeiten verbannt zu werden. In Bologna ließ er sich von den Skulpturen des *Jacopo della Quercia* beeinflussen. Später ging er nach Rom, kehrte aber immer wieder vorübergehend in seine Heimatstadt Florenz zurück.

Obwohl er einige Jahre am Medici-Hof verbracht hatte, war er im Grunde seines Herzens ein freiheitsliebender Republikaner. Einige Jahre, nachdem die Medici aus Florenz verbannt worden waren und die Stadt von den Verbündeten des Papstes belagert wurde, arbeitete er sogar als General-Gouverneur an den Befestigungswällen. Die Mauern hielten jedoch nicht stand, Florenz kapitulierte, und die Medici kehrten zurück.

Das war im Jahr 1530. Florenz hatte inzwischen seine führende Rolle auf dem Gebiet der bildenden Kunst ausgespielt. Die großen Künstler wanderten in andere Städte ab, und Michelangelo ging 1534 für immer nach Rom. Zuvor aber schuf er im Auftrage der Medici die - unvollendete - Grabkapelle mit den Grabdenkmälern des Giuliano de'Medici und des Lorenzo de'Medici, Herzog von Urbino, zwei unbedeutenden Medici-Abkömmlingen. Florenz hatte sein bedeutendstes Michelangelo-Werk erhalten.

Einen Großteil seines Lebens jedoch plagte sich der Künstler mit der Verpflichtung herum, Papst *Julius II.* ein imposantes Grabmal zu errichten. Der Vertrag wurde mehrfach geändert, und Michelangelo versuchte vergeblich, ihn zu kündigen. Schließlich einigte er sich mit den Erben auf einen Kompromiß, zu dessen Ausführung auch noch andere Künstler herangezogen wurden. Michelangelo konnte selten so arbeiten, wie er es wollte; beinahe immer war er von seinen Auf-

## Künstler der Hochrenaissance

traggebern abhängig, und oft stagnierte auch noch die Finanzierung der Aufträge. Um den Marmor für seine Kunstwerke auszusuchen, fuhr er selbst in die Marmorbrüche bei Carrara, ließ Straßen anlegen und überwachte das Brechen der Marmorblöcke. Manchmal hielt er sich dort monatelang auf. Sein Wunschtraum war, aus einem Marmorberg ein kolossales Kunstwerk zu hauen, das weithin übers Meer sichtbar sein sollte, aber er konnte niemanden für diesen Plan erwärmen. Von Papst *Julius II.* war er zum Bemalen der Decke der Sixtinischen Kapelle verdonnert worden, obwohl die Arbeit am Julius-Grabmal noch längst nicht abgeschlossen war. Obwohl er sich zum Bildhauer, nicht aber zum Maler berufen fühlte, sicherte er sich gerade mit den biblischen Deckenfresken, in die er so manche architektonische Vorstellungen miteinbrachte, und mit dem Fresko des Jüngsten Gerichts, das er später (1534) unter dem zweiten Medici-Papst *Clemens VII.* an der Altarwand der Sixtinischen Kapelle anfertigte, seinen größten Ruhm.

*"Die Heilige Familie" von Michelangelo*

Nicht unerwähnt soll bleiben, daß Michelangelo auch lyrische Arbeiten verfaßt hat. *Goethe* sagte über ihn: *"Die innere Sicherheit und Männlichkeit, seine Größe, gehen über jeden Ausdruck".*

### Einige Werke von Michelangelo in Florenz

- In der Casa Buonarroti (Via Ghibellina 70): Dieses Haus, einst in Michelangelos Besitz, ist zu einer Erinnerungsstätte gemacht worden. Einige der ausgestellten Werke: *Madonna an der Treppe* (Flachrelief), *Kampf der Kentauren und Lapithen* (Hochrelief), *Herkules und Kakus* (plastische Modellskizze).
- Im Bargello: Der *trunkene Bacchus* (Skulptur), *Madonna Pitti* (Relief), *Brutus, Apollo* u. a.
- In der Akademie der schönen Künste
  *David, Matthäus, Die vier unvollendeten Sklaven.*
  In San Lorenzo: Medici-Gräber.
- Im Dom: die *Pietà*
  In den Uffizien: die *Heilige Familie* u. a.

## Der Einzelkämpfer der Kunst

*"Ich bin gezwungen, mich mehr als andere zu lieben. Ich bin hier in großer Kümmernis und unter schwersten körperlichen Anstrengungen. Ich habe keinen Freund, will auch keinen haben..."* (aus einem Brief Michelangelos während der Arbeit an den Deckengemälden der Sixtinischen Kapelle).

Michelangelo war kein einfacher Charakter, er stand ständig unter Spannung, war aufbrausend und diktatorisch gegenüber Mitarbeitern. Im Grunde lehnte er Helfer ab; er war Einzelgänger und wollte seine Werke bis zum letzten Schliff allein fertigstellen. Während seiner Arbeit in der Sixtinischen Kapelle ließ er an das Gerüst Sichtblenden anbringen, um vor neugierigen Blicken geschützt zu sein. Michelangelo war nie verheiratet, er hatte kaum Interesse an Frauen. Sein hohes Alter schrieb er seiner sexuellen Enthaltsamkeit zu. Michelangelos ganzes Interesse galt nur seinen Werken, in sie legte er alle seine Gefühle und seine ganze Kraft. Seine anatomischen Studien trieb er so weit, daß er sich sogar intensiv mit dem Sezieren von Leichen beschäftigte.

Michelangelo litt an seiner selbstgewählten Einsamkeit. Er war oft tief melancholisch und klagte bitter über sein unerfülltes Leben. Einige Psychologen haben behauptet, Michelangelos stark empfundene eigene Häßlichkeit wäre die Triebfeder gewesen für seine leidenschaftliche Suche nach Schönheit. Eine tiefere innere Ruhe fand er wohl nie in seinem Leben; er fühlte sich immer wieder durch den Marmor zu neuen Taten herausgefordert und war rastlos tätig. Besonderes Merkmal seiner Kunst war, daß er viele Werke absichtlich unvollendet ließ. Das hat Anlaß zu vielen Spekulationen gegeben. Vielleicht wollte er die vielen Möglichkeiten, die er in der bildhauerischen Bearbeitung des Steins sah, nicht durch eine einzige Lösung zerstören.

Geboren wurde er übrigens als Sohn eines städtischen Beamten. Seine Amme, die ihn während der ersten Lebensmonate an die Brust nahm, war die Frau eines Steinmetzes. Nach seiner eigenen Einschätzung machte ihn dies, zusammen mit der günstigen Konstellation seiner Geburtssterne, zu einem Meister der Marmorplastik.

Michelangelo brachte es zu großem Reichtum: Dank seiner äußerst bescheidenen Lebensführung und gesalzener Honorare (besonders bei päpstlichen Aufträgen) konnte er Häuser erwerben und seinen ererbten Landbesitz bei Settignano vergrößern. Nach seinem Tod fand man allein in einer Truhe seines Hauses 8.000 Golddukaten (nach heutiger Rechnung etwa 400.000 DM).

## Leonardo da Vinci
*(1452 - 1519)*

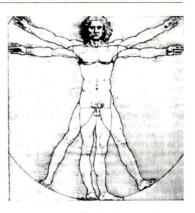

Er war nicht nur genialer Künstler, sondern auch ein bedeutender Naturforscher und Ingenieur. Neben Bildhauerei und Kunst beschäftigte er sich intensiv mit Anatomie, Astronomie, Botanik, Mathematik, Maschinenbau und Musik.

Leonardo wurde in *Anchiano* geboren und wuchs auf in dem Dorf *Vinci*, wo auch heute noch das Haus seiner Kindheit zu besichtigen ist. Hier wird u. a. eine Dia-Show geboten, die Leben und Werk des "Genies" darstellt. Seine Erfindungen sind im dortigen Schloß ausgestellt.

Leonardo war ein unglaublich vielseitiger und vielbeschäftigter Mann. Seine Tätigkeit als Ingenieur stand dabei im Vordergrund, und er übte sie bei zahlreichen Herren aus (allein zwischen 1490 und 1507 bei fünf verschiedenen). Florenz, Mailand, Venedig, Piombino, Pisa und andere Städte suchten seine Hilfe, hauptsächlich in militärischen Fragen. Leonardo war einer der begehrtesten Militäringenieure seiner Zeit - er konstruierte Waffen, Befestigungen, Belagerungsmaschinen u. a.; im beginnenden Zeitalter der Feuerwaffen war Leonardo einer der Erfinder schwerer Kanonengeschütze. Neben dieser wenig humanen Forschertätigkeit war Leonardo jedoch auch einer der wichtigsten Maler seiner Zeit.

Als junger Mensch kam Leonardo nach Florenz und ging bei *Verrocchio* in die Lehre. Eine Anekdote erzählt, daß dieser, als er in ihm den genialen Meister erkannte, seinen Pinsel zerbrach. Später wurde Leonardo zusammen mit Michelangelo beauftragt, einen Entwurf für den Saal des Großen Rates in Florenz (*Palazzo Vecchio*) anzufertigen. Leider wurde keiner der beiden Entwürfe vollständig ausgeführt.

Am berühmtesten ist wohl Leonardos - leider im Louvre in Paris aufbewahrte - *Mona Lisa*. Sie war die Frau eines Florentiner Kaufmanns, die Leonardo bei einem seiner Aufenthalte in Florenz porträtierte.

Leonardo war ein Meister der Hell-Dunkel-Abstufung (das sogenannte *Chiaroscuro*) und des *Sfumato*, d. h. der Technik der Abgrenzung von Konturen durch zarte Farbabstufungen und getönte Schatten. Dadurch wurden die Umrisse von Gestalten nicht scharf abgesetzt, sondern erschienen leicht verschwommen, was der realistischen Wirkung der Gemälde zugute kam. Daneben fertigte er unendlich viele Bewegungs- und Anatomiestudien an und war - "nebenbei" - auch ein hervorragender Karikaturist. Seine gnomenhaften

**132    Kunstgeschichte**

"Charakterköpfe" erschienen schon zu Lebzeiten im Druck.
Leider sind von seinen malerischen Werken nicht viele unversehrt erhalten. In den Uffizien hängen u. a.: *Taufe Christi*, *Anbetung der Könige*, *Mariä Verkündigung* und *Madonna mit Kind*.

## Raffael *(1483 - 1520)*

Der jüngste des Dreiergespanns, eigentlich *Raffaello Santi*. Er war 30 Jahre jünger als Leonardo, acht Jahre jünger als Michelangelo und starb bereits im Alter von 37 Jahren; vier Jahre war er allein in Florenz tätig. Er war sehr viel ausgeglichener als Michelangelo, auch kontaktfreudiger; die Menschen strömten ihm zu, bewunderten ihn und liebten ihn als Künstler und als Mensch. Er hat wohl ein relativ glückliches Leben geführt und war schon bald in der Lage, mit seiner Kunst eine Menge Geld zu verdienen.

Raffael hatte ein tiefes Empfinden für Harmonie und Ausgeglichenheit - seine Bilder spiegeln das wider. Bereits in seinen Jugendjahren hatte er in Urbino am Hof von Montefeltro die wesentlichen Grundlagen seiner Kunst entwickelt. Diese Stadt lag weit weg von den politisch unruhigen Zentren der größeren Städte, und eine Menge namhafter Humanisten wohnte dort. Es war eigentlich eine Umgebung, wie sie sich ein Künstler wie Raffael nur wünschen konnte.

Doch mit 21 Jahren (1504) zog es auch ihn nach Florenz. Eine Fülle von Anregungen kam hier auf ihn zu, besonders Leonardos Kunst beeindruckte ihn: Das *Sfumato* (siehe *Leonardo*) und die Komposition seiner Bilder (z. B. die Pyramidenkomposition) verwendete er für seine eigenen Madonnendarstellungen. Die Kunsttechniken Michelangelos studierte er zwar ebenso, aber dieser impulsive Künstler und seine leidenschaftliche Darstellungsweise blieben Raffaels Temperament doch recht fremd. 1508 zog er, wie so viele andere Künstler, nach Rom zum Vatikan - hier war nach und nach das neue Zentrum der Hochrenaissance entstanden. Die Päpste zahlten gut, die Auftragslage war günstig, und Raffael schuf hier seine bedeutendsten Werke. Aber auch aus seiner Florentiner Zeit sind zahlreiche berühmte Werke erhalten, u. a. eine Serie von Madonnenbildern: *Madonna del Granduca*, *Die Madonna mit dem Baldachin* (Palazzo Pitti), *Die Madonna mit dem Stieglitz* (Uffizien). Seine anderen Madonnendarstellungen hängen heute in Paris, München und Wien.

## Manierismus - Barock

Im 16. Jh. ging der Einfluß der Florentiner Kunst auf das übrige Italien spürbar zurück.
Die schwierige innenpolitische Lage (Savonarola, Vertreibung und Rückkehr der Medici, Zerstörung der republikanischen Staatsform,

## Manierismus, Barock 133

Volksaufstände und die nicht abreißenden Invasionen von außen) gingen nicht spurlos an den Bewohnern vorüber.
*Lorenzo de'Medici* empfahl die Florentiner Künstler schon an andere Städte; er selbst sammelte lieber Kunst, als den Mäzen zu spielen. Die große Zeit, in der Florenz in der Kunst tonangebend für ganz Italien gewesen war, ging zu Ende.
Statt dessen wurde das mächtige Rom immer mehr zu einem Sammelbecken der Künstler der Hochrenaissance. Nach der Zeit der Kirchenspaltungen erstarkte die Stadt zusehends. Ihre Päpste, z. B. *Julius II.* und *Sixtus IV.*, waren sehr "weltliche" Herren, die mit den gewaltigen Geldmitteln der Kurie die bekanntesten Künstler, Baumeister und Literaten anlockten, um dem lädierten Image der Kurie wieder zu neuem Glanz zu verhelfen. Rom übernahm jetzt die Rolle, die Florenz in den letzten 150 Jahren gespielt hatte; die wichtigsten künstlerischen Impulse strahlten jetzt von hier in die Welt aus.

In Florenz lebten jedoch nach wie vor bedeutende und gute Künstler:

**Maler**: Wichtigster Vertreter der Hochrenaissance war *Fra Bartolomeo* (1472 - 1517), er schuf z. B. die Altarbilder von S. Marco.

Daneben *Giorgio Vasari* (1511 - 1574): Er hat zahlreiche bedeutende Künstlerbiographien geschrieben, war aber in der Hauptsache Architekt. Von ihm stammt der Entwurf zu den *Uffizien*. Sehenswert sind seine Porträts (Medici-Porträts) wie auch die von *Angelo Bronzino*.

**Architekten**: *Ammannati* baute den Palazzo Pitti um, *Tribolo* entwarf den Boboli-Garten.

**Bildhauer**: *Giovanni da Bologna - Hermes* (in Bargello), *Benvenuto Cellini - Perseus* (Loggia dei Lanzi).

Die **Barockkunst** ist in Florenz nicht mehr so ausgeprägt vorhanden. Wer will, kann Maler dieser Epoche in den Uffizien betrachten. Interessant übrigens auch die Gärten und Villen der Umgebung von Florenz wie auch in der übrigen Toscana. Sie stammen hauptsächlich aus Renaissance und Barock. Ihre kunstvolle Gestaltung ist der Versuch, die Natur durch den menschlichen Geist zu formen.

# Florenz - Metropole einer neuen Zeit

## Frühe Anfänge

Wahrscheinlich hatten die sagenumsponnenen Etrusker ihre Hand im Spiel, denn für ihre große Niederlassung Fiesole brauchten sie einen Hafen am Arno. Doch nachdem der römische Militärapparat ihre Spuren ausgelöscht hatte, zeigte sich, daß auch die neuen Herren Interesse an der kleinen Flußsiedlung hatten.

Nach der völligen Zerstörung des Städtchens im Jahre 82 v. Chr. durch den berühmt-berüchtigten Feldherrn *Sulla*, legte dieser einige seiner Legionen hierher. *Cäsar* schließlich ließ hier seine verdienten Haudegen ansiedeln; eine sogenannte Veteranenkolonie entstand. Auch der Name der neuen Stadt wird jetzt erstmals erwähnt: *Florentia* - die Blühende. Die Entstehung des Namens ist durch tausend Legenden verwischt worden, am nettesten vielleicht ist die Vermutung, daß sich der Name auf die riesige Menge von Blumen (*flores*) bezieht, die zwischen Arno und Mugnone wuchsen. Doch vielleicht meinten die militärbegeisterten Römer damit auch den Haufen müder Kämpfer, die sich hier ihr Häuschen bauten? Jedenfalls, erscheint schon früh im Stadtwappen der Florentiner eine *Lilie*.

Im weiteren scheint sich eine Art Miniatur-Rom entwickelt zu haben mit all den öffentlichen Attributen des Wohlstands wie Theater, Forum, Kapitol und natürlich den Bädern. Im Stadtbild entdeckt der Kenner noch heute Relikte dieser Zeit - doch kaum jemand fährt heute nach Florenz, um die quadratische Grundform des alten römischen Lagers zu suchen. Der Dom steht übrigens fast genau an der Nordostecke dieses *Castrums*. Das

Forum befand sich damals dort, wo heute die *Piazza della Repubblica* liegt, und wo sich heute der mächtige *Palazzo Vecchio* erhebt, feuerten in den ersten Jahrhunderten n. Chr. die blutgierigen Zuschauer die Gladiatoren im *Amphitheater* an, das 15.000 Besucher fassen konnte. Damals schon sprachen die Geschichtsschreiber gern vom Reichtum der Florentiner.

In den Jahrhunderten nach der Zerstörung des Weströmischen Reiches durch die landhungrigen Horden der Germanen (5. - 8. Jh. n. Chr.) ließen sich auch in der Toscana *Germanenstämme* nieder, allen voran die *Goten*. Außerdem mischten sich die Byzantiner immer wieder ein, später die Langobarden.

In dieser Zeit wurde Florenz mehrmals erobert und geplündert, die Einwohnerzahl sank rapide. Damals entstand auch die Legende der *Heiligen Reparata*, die die Stadt vor einem Angriff der "Barbaren" bewahrte - Reparata wurde daraufhin zur Schutzpatronin der Stadt ernannt, ihr Sieg wird alljährlich mit einem großen Fest gefeiert.

Erst unter den *Franken*, die mit ihrem Kaiser *Karl dem Großen* bald ganz Mitteleuropa beherrschten, ging es mit der Stadt wieder bergauf. Die stabilen politischen Verhältnisse förderten die Einwanderung, und bald konnte Florenz wieder um die 15.000 Seelen in seinem Mauerring beherbergen.

Natürlich war den Stadtherren von Florenz das benachbarte Fiesole ein Dorn im Auge, man sah nicht gerne eine andere, nicht unbedeutende Kommune vor den eigenen Mauern. Es ist historisch nicht sicher belegt, aber wahrscheinlich, daß die Florentiner im Jahre 1125 Fiesole eroberten und es bis auf die Grundmauern zerstörten.

## Der Wollhandel

**Schon im 11. Jh. begann sich Florenz wirtschaftlich zu konsolidieren, erster bescheidener Wohlstand breitete sich aus. In den nächsten Jahrhunderten wurden die Voraussetzungen für einen einzigartigen Aufschwung geschaffen, den die Stadt im ausgehenden Mittelalter erleben sollte.**

Vor allem die *Kreuzzüge* des 12. Jh.s spielten dabei eine Rolle: Florentiner Handelsherren knüpften die ersten größeren Handelskontakte mit dem Orient, und bald entwickelte sich reger Warenaustausch. Durch die geographische Lage der italienischen Halbinsel zwischen Europa und dem Orient gewannen die italienischen Städte zunehmend an Bedeutung. Hier wurden die Waren aus dem fernen Orient (Gewürze, Stoffe etc., aber auch Sklaven) in Empfang genommen und die europäischen Güter nach Übersee verschifft. Dank der guten Verkehrslage der Toscana - der Norden war über die nahen Alpen leicht erreichbar, der Fernhandel konnte über die Häfen Genua, Venedig, Pisa ab-

## Florenz Geschichte

*Ein Wollhändler*

gewickelt werden - entstanden *große Handelsstädte*. Besonders Florenz tat sich dabei vor allem durch den Tuchhandel hervor.

*Florentiner Webstoffe* wurden bald in alle Welt exportiert, sie waren wegen ihrer guten Qualität berühmt. Die Rohstoffe dafür importierte man vor allem aus Flandern, Nordfrankreich und England. Durch eine Reihe von Veredelungsprozessen, hauptsächlich Färbung und Appretur, machten die Florentiner Wollarbeiter die Tuche "hoffähig" und konnten so die steigende Nachfrage des Orients und Europas nach luxuriösen Textilien befriedigen. Besonders die Wollhandel die von der arabischen Algarve (Portugal) stammenden Luxusstoffe nahmen die Florentiner Tuchhändler zum Vorbild. Es gelang ihnen, aus den rauhen Stoffen der nördlichen Länder glatte und glänzende Tuche mit leuchtenden Farben zu machen - so recht nach dem Geschmack orientalischer Potentaten und europäischer Fürstenhöfe.

Florenz wurde so zu einer führenden Wirtschafts- und Handelsmacht. Niederlassungen entstanden in Palästina wie auch in Europa.

# Kapitalismus ...

**Mit dem Kapital, das durch den Großhandel gewonnen worden war, bauten die Florentiner eine einheimische Wollindustrie auf, die sie von ausländischen Importen unabhängig machte. Noch heute erinnern das in Hausfassaden eingemauerte Zeichen der Wollzunft (ein Schaf mit Fähnchen) und auch Straßennamen an diese Zeit.**

Hier in Florenz wurde erstmalig der Schritt vom kleinen Handwerksbetrieb zur Manufaktur, der "Fabrik" auf Grundlage handwerklicher Arbeit gemacht, in der arbeitsteilig und damit rationeller produziert werden konnte.

Die Menschenmassen, die auf der Suche nach Arbeit in die reich gewordene Stadt strömten, gingen ihrer Arbeit in den "Großbetrieben" der Florentiner Kaufleute nach. Die Arbeitsteilung war perfekt: Es gab Wollkämmer, Wollwäscher, Wollkratzer (die größte Gruppe der Arbeiter - sie zerzausten die Wollmassen mit Stahlkratzern und bereiteten sie so zum Spinnen vor), Färber, schließlich die Spinner, die Arbeiter am Scherrahmen, die Weber u. v. a. Die *Arbeiter* waren in verschiedene Lohngruppen aufgeteilt, gearbeitet wurde von Sonnenaufgang bis Sonnenuntergang. Vor allem die vorbereitenden Arbeiten an der Wolle - das Waschen, Schlagen (Säubern von Schmutzpartikeln), Kämmen und Kratzen - wurden von Lohnarbeitern besorgt, die fast alle als Tagelöhner arbeiteten. Sie bildeten die größte Gruppe der Wollarbeiter und waren gleichzeitig die Ärmsten und die am meisten Verachtetsten - in der Literatur der Zeit werden sie immer nur äußerst geringschätzig und am Rande erwähnt. Ihre finanzielle und soziale Stellung war erniedrigend, über die Stellung als *Tagelöhner* gelangte von ihnen niemand hinaus. Anstellungsverträge über einen längeren Zeitraum als ein paar Wochen waren äußerst selten.

Je nach Gutdünken oder konjunktureller Lage konnte der Unternehmer sie entlassen und wieder einstellen. Arbeitsschutz und Versicherungen gab es natürlich nicht, die Löhne waren zumeist Minimallöhne, mit denen man gerade eben existieren konnte. Deshalb waren gerade die Wollkämmer wirtschaftlichen Krisen hilflos ausgeliefert. Bezeichnendes Beispiel dafür der Ausspruch eines unbekannten Wollarbeiters (überliefert in einem Katasterbuch von 1427): *"Ich bin Wollkratzer - wenn ich einen finde, der mir Arbeit gibt".* Die Verbitterung und das revolutionäre Potential waren dementsprechend hoch - immer wieder kam es in Florenz zu blutigen Aufständen dieser Arbeiter, die sich die ihnen verwehrten politischen Rechte und eine wirtschaftliche Besserstellung zu erkämpfen versuchten.

## ... und Großbanken

Als 1406 die große Rivalin Pisa besiegt werden konnte, hatte Florenz endlich einen eigenen Hafen und war nicht mehr auf das Wohlwollen der großen Hafenstädte Genua und Venedig angewiesen. Die Florentiner konnten jetzt ihren Seehandel selbständig organisieren, und der Erfolg zeigte sich auch bald. Die Jahre 1400 - 1440 zeigen den Florentiner Staat auf dem Höhepunkt seiner wirtschaftlichen Macht.

**Bank in Florenz (15. Jh.)**

Im selben Jahr, 1421, in dem auch Livorno endgültig als Hafen gewonnen ist, wird dem einzigartigen Projekt *Brunelleschis*, dem Bau der Domkuppel, zugestimmt!

Das ausgedehnte internationale Handelsnetz, das nun entstand, brauchte bald auch ein Bankensystem. In kurzer Zeit entstanden zahlreiche Bankniederlassungen, nicht weniger als 80 gab es bereits im 13. Jh. Ganz Europa wurde mit einem Netz Florentiner Bankhäuser überzogen, und bald mischten die Florentiner in der internationalen Politik kräftig mit. Ob Kaiser oder König, Bischof oder Papst, die Florentiner hatten mit Sicherheit ihre Hände, sprich ihre Schecks, im Spiel. Selbst der Papst wickelte seine Geldgeschäfte über Florenz ab, wodurch immense Beträge durch die Hände der Florentiner Bankiers flossen.

Nach den Worten des italienischen Historikers Villani brachten die Bankenzusammenbrüche des 14. Jh.s, die noch viele andere Firmen mit sich rissen, "größeres Elend und Verderben, als je über die Stadt gekommen war", weshalb sich die großen Kaufmannsgeschlechter nun auf das weniger riskante und nichtsdestoweniger profitable Geschäft des Großgrundbesitzes verlegten.

Trotz alledem gelten die Florentiner als die eigentlichen Begründer des Bankwesens. Der *Florin*, die Goldmünze von Florenz, wurde die beständigste Währung in Europa.

> Die *Kurie* war schon damals eine äußerst reiche Organisation - der europäische Klerus mußte 10 % seiner Einnahmen an den Vatikan abgeben, das ergab zeitweilig das Dreifache der Einnahmen des französischen Königs!
> Dagegen war das Geschäft mit dem europäischen *Hochadel* nicht immer so problemlos. So finanzierten zwei Florentiner Bankhäuser, die *Bardi* und *Peruzzi*, den Krieg Englands gegen Frankreich (1345, der sogenannte 100jährige Krieg) und mußten, da der englische König verlor, die riesige Summe von 1.365.000 Fiorini abschreiben.

## Der Adel wird vertrieben

**Es ist kaum verwunderlich, daß das Besitzbürgertum in Florenz auch politische Rechte in Anspruch nehmen wollte. Man wollte es nicht länger den adligen Feudalherren überlassen, die Geschicke der Stadt zu bestimmen; die Wirtschaft konnte nur expandieren, wenn sich die Politik mit ihr in Einklang befand.**

Dieses Selbstbewußtsein der Florentiner Bürger (und nicht nur sie, auch die Bürger der anderen Städte in der Toscana dachten so!) konnte sich erfolgreich entwickeln aufgrund des *Machtvakuums*, in dem sich die Toscana im 11. und 12. Jh. befand. In diesem Zeitraum kam es zum großen Machtkampf zwischen den beiden Universalgewalten Kaiser und Papst, in dessen Verlauf es den Städten gelang, ihre Unabhängigkeit zu erkämpfen. Es bildeten sich die Parteiströmungen der *Ghibellinen* (die Kaiserfreundlichen) und der *Guelfen* (Papstanhänger) heraus. Dabei spielten weniger religiöse Motive eine Rolle, sondern vielmehr handfeste politische und wirtschaftliche Interessen.

Die kaiserliche Politik hatte den Spielraum der freiheitsbewußten Florentiner ganz erheblich eingeengt. Die Kaiser sahen in den selbständigen Stadtstaaten der Toscana Störfaktoren, die die eigene Macht einschränkten, und am liebsten hätten sie sie dem Erdboden gleichgemacht.

Das Finanzbürgertum dagegen sah in den weltweiten Beziehungen der Kirche die Möglichkeit, sie für die Erweiterung der eigenen Handelsbeziehungen zu nutzen. So schlossen sich aufsteigendes Bürgertum, Großhandelsleute und Bankiers von Florenz zur guelfischen (= papsttreuen) Parteiströmung zusammen, die traditionellen Kräfte des Geburtsadels dagegen zur ghibellinischen (= kaisertreuen).

Bald kam es zu einem wahren Kesseltreiben gegenüber den verhaßten Adelsfamilien. 1250 wurden die Ghibellinen während des sog. *Primo popolo*, der ersten Volksregierung, nach mörderischen und blutigen Kämpfen aus Florenz hinaus auf ihre Landburgen vertrieben. Heftiger Widerstand der unterlegenen Blaublütigen gegen die Volksparteien war die Folge, doch der Aufstieg des Handels- und Finanzbürgertums der wirtschaftlich blühenden Stadt war nicht mehr aufzuhalten; die nichtadlige, wirtschaftlich erfolgreiche Schicht drängte zur Spitze, die Stadt wurde guelfisch.

Eine der ersten nichtaristokratischen Verfassungen des Mittelalters wurde eingeführt.

## Die Verfassung der Republik

**Die politischen Rechte, die sich das Bürgertum erkämpft hatte, beinhalteten allerdings schon die Tendenz zu neuer, oligarchischer Tyrannei, zur Herrschaft eines neuen "Adels". Wirklichen politi-**

schen Einfluß hatten nur die etwa 6.000 Vollbürger der Stadt, nur sie durften Ämter übernehmen (bei einer Gesamtbevölkerung von etwa 50.000).

Jedoch: Diese Art der oligarchischen Demokratie war für Europa einmalig und beispiellos revolutionär! Vollbürger waren diejenigen, die schon seit Generationen in der Stadt ansässig waren, und die vor allem über ein beträchtliches Vermögen verfügten. Wie in allen Stadtverfassungen des ausgehenden Mittelalters blieb die Politik auch in Florenz eine Angelegenheit der Besitzenden. Im Kampf um die Macht im Staat rangen schließlich ab dem 14. Jh. nur noch einige reiche Familien, die die politischen Organe mit ihren Parteigängern durchsetzten.

Eine wichtige Rolle in der neuen Verfassung, die zwar immer wieder geändert, in den Grundzügen aber die ganze Renaissance hindurch beibehalten wurde, spielten die neugebildeten Zünfte.

## Zunft-Demokratie

Alle angesehenen Berufsgruppen (z. B. Handwerker und Geschäftsleute) organisierten sich in den Zünften und hatten damit das Recht, sowohl den Beamtenapparat als auch die gesetzgebenden Körperschaften der Stadt zu wählen. Es gab sieben (später 12) *obere Zünfte* (Richter, Notare, Wollhändler, Wollfabrikanten, Bankiers, Ärzte und Apotheker, Pelzhändler) und 14 niedere (Metzger, Schuhmacher, Schreiner, Hufschmiede, also die eigentlichen Handwerker).

Zunft- und damit *politisch rechtlos* waren die Tagelöhner und Arbeiter, die nur kurzfristige Arbeitsverträge hatten, so z. B. der größte Teil der Wollarbeiter, im übrigen aber auch Adel und Klerus und - "natürlich" die Frauen.

Aus den sieben oberen Zünften, der neuen Aristokratie der Stadt, rekrutierten sich die wichtigsten Beamten und die gesetzgebenden Körperschaften. In die Stadtverwaltung, die sog. *Signoria,* wurden aus den sechs Stadtteilen alle zwei Monate (!) je zwei *Priore* (Vorsteher) gewählt, insgesamt also 12. Diese mußten während ihrer Amtszeit gemeinsam im Stadthaus wohnen, essen und schlafen und sich ausschließlich ihrem Amt widmen. Sie durften niemals allein unters Volk gehen, sondern immer nur in Gruppen. Mit diesen Maßnahmen sollte eine gegenseitige Kontrolle gewährleistet werden, niemand sollte die Machtfülle, die dieses Amt mit sich brachte, mißbrauchen können.

Daneben gab es noch zwei Stadtkommandanten:

Der **Podestà** mußte aus einer anderen Stadt stammen und wurde für ein Jahr gewählt. Er durfte kein anderes Privathaus als sein eigenes betreten, um unstatthafte Einflußnahme auf seine Amtsführung durch andere Familien zu verhindern. Nach Ablauf seiner Amtszeit durfte er die Stadt nicht sofort verlassen, um prüfen zu können, ob je-

mand eine Klage gegen seine Tätigkeit vorzubringen habe
Der **Capitano** wurde von den Bürgern gewählt mit dem Auftrag, den Podestà zu überwachen. Er war jeweils ein halbes Jahr im Amt.

Ein wichtiger Mann im Staate war der *Gonfaloniere*, der Oberbefehlshaber der Bürgermiliz, die gegen die ständigen Übergriffe der entmachteten Adligen aufgestellt wurde. Der Gonfaloniere war befugt, einen Edelmann hinrichten zu lassen, falls er des Mordes an einem *Popolano* (einfacher Mann) überführt worden war. Bei leichteren Vergehen wurde statt dessen "nur" eine Hand abgehackt. An den öffentlichen Gebäuden in Florenz hingen zeitweise Kästen, in die man anonyme Anklagen gegen Adlige werfen konnte. Bekannt ist die erbitterte Frage eines gnädigen Herrn, ob man vielleicht sein Haus einreißen wolle, weil sein Pferd einem *Popolano* versehentlich mit dem Schweif übers Gesicht gewischt habe.

Die *Legislative* setzte sich aus fünf (!) *Körperschaften* zusammen: der Rat der Hundert (Finanzen), zwei Ratsversammlungen des Podestà - eine mit 90 Mitgliedern, die andere mit 300. Dazu ebenfalls zwei des Capitano (36 und 150 Mitglieder). Sie wurden jedes halbe Jahr neu gewählt.

Für alle Ämter - und es waren dies ca. 3000! - galten zwei Grundregeln: *kurze Amtszeit* (meist 2 - 6 Monate) und *Verbot der Wiederwahl* in zwei aufeinanderfolgenden Wahlperioden. Es wurde kein Aufwand gescheut, um eine weitgehende Kontrolle von "unten" zu verwirklichen und eines zu verhindern: Machtkonzentration und Ämtermißbrauch.

Der Kampf der unteren Zünfte ging im 13./14. Jh. insbesondere darum, ebenfalls politische Ämter bekleiden zu dürfen. Das gelang auch zeitweise. Die Adligen dagegen waren aus diesem System gänzlich ausgeschlossen - kein Wunder, daß sie bei jeder Gelegenheit versuchten, Unruhe zu stiften.

## Die Arbeiteraufstände

**Der Florentiner Verfassung wurde nicht nur seitens des Adels Widerstand entgegengesetzt, viel nachdrücklicher waren im 14. Jahrhundert die Versuche der niederen Wollarbeiter, aus ihrer rechtlosen und unterdrückten Stellung herauszukommen sowie bessere Bezahlung und politische Rechte zu erkämpfen, d. h. Recht auf Bildung eigener Zünfte.**

Die angestaute Unzufriedenheit des städtischen "Proletariats" entlädt sich seit Beginn des 14. Jh.s immer wieder in Aufständen, die oftmals recht spontan entstehen, ohne ein wirklich politisches Programm zu haben. Ihr Zorn richtet sich nicht nur gegen den Adel, sondern zunehmend auch gegen Korruption und Macht der reichen *Guelfen*.

## Der Ciompi-Aufstand
*(Aufstand der Wollweber)*

1378 kam es zu einem großen Aufstand der Wollkämmer in Florenz; in der ersten Kampfeswut gingen Häuser der Reichen, Kirchen und Klöster in Flammen auf. Diesmal schafften es die Arbeiter, für kurze Zeit an die Macht zu kommen. Mit aller Energie gingen sie daran, die Zustände zu verändern: gerechtere Steuergesetzgebung (z. B. Aufhebung der Mehlsteuer), Herabsetzung des Salzpreises, Getreidevergabe an die Ärmsten, Aufhebung des Amtes der Überwachungsbeamten und vor allem Gründung dreier neuer Zünfte, die zum größten Teil aus den bisher rechtlosen Taglohnarbeitern bestanden.

Doch es zeigte sich, daß die verschiedenen politischen Strömungen nicht unter einen Hut zu bringen waren; die radikalsten der Revolutionäre machten Front gegen die gemäßigteren, sie wendeten sich gegen ihre eigenen Führer, einer der führenden Köpfe wurde wegen angeblichen Verrats enthauptet. In zweitägigen Straßenschlachten bekämpften sich die Revolutionäre gegenseitig, das Ganze löste sich im allgemeinen Chaos auf.

Die inneren Zwistigkeiten der Aufständischen waren die Ursache ihrer Niederlage, viele der maßgeblichen Leute des Aufstands wurden aus der Stadt verbannt, die alte Ordnung wiederhergestellt.

Die Angst vor weiteren Aufständen saß den Staatsmännern im Nacken, die Repression nahm zu: Neuangestellte Sicherheitsbeamte haben die alleinige Aufgabe, die Einhaltung der neuen Vorschriften zu überwachen; an den eingenommenen Strafgeldern sind sie beteiligt. Unter keinen Umständen dürfen sich Arbeiter der niederen Wollzünfte unbeobachtet zusammenfinden, nicht einmal mehr zu religiösen oder geselligen Anlässen. Selbst die Trauerfeiern und Hochzeitsgesellschaften wurden überwacht.

Ein *strenges Reglement* beherrschte das tägliche Leben: So war es verboten, in Kneipen zu fluchen, auf der Straße zu spinnen und zu weben. Auch Radschlagen, Tanzen und andere Belustigungen wurden unter Strafe gestellt. Wurde bei einem Todesfall getrauert, so mußte das leise geschehen und nicht vor dem Haus des Verstorbenen. Die Frau-

---

Bezeichnend für das herrschende Denken der damaligen Zeit war es, daß man in den einfachen Arbeitern und Taglöhnern nichts als billige Arbeitskräfte sah, die man drücken und schinden müsse, da sie durchwegs arbeitsscheu und aufrührerisch seien. Diese Arbeiter waren praktisch vollständig abhängig von ihrem "Arbeitgeber", der eine scharfe Kontrolle der Arbeit ausübte und zu strengster Bestrafung selbst bei kleineren Vergehen schritt, ja selbst zur Folter, die bis 1378 noch ausdrücklich erlaubt war. Dazu kam eine hohe Besteuerung der Löhne, teure Mieten und hohe Preise für lebensnotwendige Nahrungsmittel sowie schließlich - selbstverständlich - ein absolutes Koalitionsverbot (Verbot, sich zu organisieren)!

en hatten sich dezent zu kleiden, in Wirtschaften durften sie Wein nur dann servieren, wenn sie zur Familie des Wirts gehörten. Und außerdem hatte man nach dem Abendläuten zu Hause zu sein.

Der Versuch, das Leben in der Stadt auf diese Weise einigermaßen im Griff zu behalten, gelang jedoch nie vollständig; die Stadt brodelte von den verschiedensten politischen Strömungen und oft genügte ein Funke, um die Stadtviertel in Schlachtfelder zu verwandeln.

Während sich so Ende des 14. Jh.s noch die *Albizzi*, die *Strozzi* und die *Uzzano* die Macht teilten, wuchs allmählich ein neuer Träger der Macht heran: die *Familie der Medici*.

*Cosimo I.*

## Die Medici - Mäzene und Tyrannen

**Der Name bedeutet eigentlich "Ärzte" - wahrscheinlich gehörten die Medici einmal der Gilde der Mediziner an, eine Zeit, an die das mit roten Kugeln (Pillen) geschmückte Familienwappen erinnert.**

Den Medici war es im Laufe der Vertreibung des Adels gelungen, ein riesiges Vermögen zusammenzutragen - seit dem 13. Jh. gehörten sie zu den führenden Familien der neuen Geldaristokratie. In der Politik war ihr Name bisher aber noch nicht so häufig erschienen wie der anderer Familien.

Seit dem 14. Jh. ist der Name ihres Geschlechts eng mit dem Schicksal von Florenz verbunden und sollte es bis ins 18. Jh. auch bleiben. Insbesondere die beiden bekanntesten Mitglieder der Medici, *Cosimo der Ältere* und *Lorenzo il Magnifico*, erwarben sich Ruhm und Anerkennung, indem sie künstlerische Begabungen förderten und die Stadt mit den weltberühmten Kunstwerken schmückten, die Florenz heute zur *Wiege der Renaissance* machen.

Es waren aber auch die Medici, die die alte Stadtrepublik endgültig zerstörten und mit polizeistaatlicher Überwachung, Wahlschwindel und Verfassungsänderungen die alleinige Herrschaft der Oberschicht durchsetzten. Als Politiker unterschieden sie sich nicht von den anderen ihrer Zeit, sie waren genauso kriegerisch und intrigant, genauso machthungrig und korrupt wie andere Regenten! Mit List, Skrupellosigkeit und geschicktem Taktieren hatten sie ihr Vermögen und ihre Macht errungen. Oft lag ihnen das Verhandeln mehr als das Kämpfen, mit Geld konnte man (und kann es noch) fast alles regeln.

So übten sie ihre Herrschaft lange Zeit ohne offiziellen Titel aus: Auf dem Papier war Florenz noch immer Republik. Doch nichts lief ohne die Einwilligung der Medici-Familie, die ihre Gegner verfolgte, verbannte und einkerkerte.

## Die Medici-Dynastie

**Giovanni di Averardo de'Medici** (1360 - 1429), er gilt als der eigentliche Begründer der Medici-Dynastie.

Unter ihm gewann das Bankhaus der Familie seine überragende Bedeutung; Niederlassungen entstanden in der größten Handelsstadt Nordeuropas, Brügge, dazu in Venedig, in Avignon (wo der Papst damals residierte) und in London. Als zweitreichster Florentiner seiner Zeit wurde er 1422 zum *Gonfaloniere* gewählt. Er finanzierte u. a. den Architekten *Brunelleschi* und den Bildhauer *Donatello*.

Bestattet ist er als erster der Medici in San Lorenzo, der zukünftigen Grabkirche für die Familie.

### Cosimo il Vecchio, *"Vater des Vaterlandes" (1389 - 1467)*

Nachfolger im Amt wurde Giovannis Sohn Cosimo, Cosimo der Ältere (*il Vecchio*) genannt, da in der Geschlechterfolge später ein weiterer Cosimo auftaucht. Konkurrenten um die Führung im Stadtstaat waren schon seit langer Zeit die Familien der Albizzi und Strozzi gewesen. Unter ihrer Führung hatte Florenz im späten 14. und im frühen 15. Jh. etliche Städte dem eigenen Einflußbereich einverleiben können: 1350 Prato, 1380 Arezzo, 1406 Pisa, 1411 Cortona, 1421 Livorno.

Cosimo begann seine Herrschaft über Florenz (nach kurzer Verbannung durch die Albizzi) im Jahre 1429. Sie sollte drei Jahrzehnte andauern.

*Außenpolitisch* versuchte er, zwischen den starken italienischen Stadtstaaten Venedig, Mailand, Neapel, Florenz und dem Kirchenstaat ein politisches Gleichgewicht herzustellen. Dies gelang ihm vor allem durch Winken mit seinen Geldscheinen. Sowohl die Herrscher wie auch ihre Frauen waren kleinen Geschenken nicht abgeneigt.

*Im Inneren* regierte Cosimo mit Bestechung, Bürgerkriegsdrohungen und Pressionen, vor allem gegen die republikanische Opposition.

Gegen die Konkurrenz der *Albizzi* blieb er erfolgreich und erstickte jeden Widerstand im Keim. Er scheint hier die größte Gefahr für seine Stellung gesehen zu haben, die er anscheinend allzugerne lebenslang behalten wollte, obwohl er immer von sich behauptete, er sei "nur" Geschäftsmann und verstehe nichts von Politik.

Unter Cosimo wurde Florenz zur Kunststadt, die *Frührenaissance* hatte begonnen. Viele Künstler waren bereits unter seinem Vater Giovanni tätig, und auch er hatte starke persönliche Bindungen zu ihnen. Im Wettbewerb mit anderen Mäzenen entstanden viele der bedeutendsten Kunstwerke in Florenz mit seinen Mitteln.

Cosimo starb 1464 im Alter von 77 Jahren und wurde in San Lorenzo begraben. Seine Anhänger schmückten seinen Grabstein mit dem Titel *Vater des Vaterlandes* (*pater patriae*).

## Piero der Gichtige

*Piero*, der Sohn Cosimos, setzte die Tradition seiner Väter fort, die Fäden der Politik erfolgreich in Händen zu halten, obwohl er Zeit seines Lebens von der Gicht, dem Familienleiden der Medici, befallen war. *Il gottoso*, dem Gichtigen, gelang es, eine groß angelegte Verschwörung gegen die Medici niederzuschlagen, wobei ihn sein Sohn Lorenzo (knapp 20 Jahre alt) bereits tatkräftig unterstützte. Fünf Jahre stand Piero an der Spitze des Staates, dann starb er an seinem Leiden (1469).

**Lorenzo**, *il Magnifico,* der "Prächtige": Sein bevorzugtes Mittel, die Opposition gegen sich ruhig zu halten, waren glanzvolle Volksfeste - im altbewährten Stil römischer Kaiser. Obwohl der "Prächtige" auch ständig versuchte, jeglichen Anschein von Alleinherrschaft zu vermeiden, hielt er dennoch alle Fäden in der Hand. Auf Umwegen setzte er eine Verfassungsänderung durch. Er setzte nämlich einen Rat der 70 ein, der völlig von ihm abhängig war. Obwohl formal die republikanische Form gewahrt blieb, traf er allein alle Entscheidungen. Die Medici waren also, lange bevor sie den Titel eines Herzogs oder Großherzogs hatten, "tyrannische" Alleinherrscher, deren Leben mehr als einmal, sei es durch den Volkszorn oder den ehrgeiziger Konkurrenten, gefährdet war.

## Die Pazzi-Verschwörung *(1478)*

Lorenzo hatte sich den Zorn des Papstes Sixtus IV. zugezogen, da er sich geweigert hatte, ihm ein profitables Vorhaben zu finanzieren. Dafür sprang die Pazzi-Bank ein. Pazzi sah die Stunde gekommen, seinem Konkurrenten eins auswischen zu können und stachelte die Kirchenleute gegen Lorenzo auf, dessen Macht der Kurie nicht ganz geheuer war. Es wurde eine Intrige gesponnen, an der neben den Pazzi auch der Erzbischof von Pisa beteiligt war, und bei der der Papst die

Fäden in der Hand hielt. Allerdings soll er ausdrücklich eine unblutige Revolution gewünscht haben.

Jedenfalls wurde im April 1478 während eines Gottesdienstes ein Mordanschlag auf die beiden Medici *Lorenzo* und seinen Bruder *Giuliano* verübt. Da der dafür vorgesehene Soldat wegen des geheiligten Ortes Skrupel bekommen hatte, waren für ihn zwei Priester eingesprungen. Giuliano, der "Liebling" des Volkes, wurde erstochen, Lorenzo konnte sich mit Freunden in die Sakristei retten. Die Mörder stürmten darauf mit ihrem Anhang den Palazzo Vecchio, wurden aber dort von den Freunden und Anhängern der Medici gestellt und an den Fenstern des Palazzos aufgehängt. Auch der rotbestrumpfte Pisaner Erzbischof büßte dort mit zappelnden Beinen für seine Sünden. Mehr als 80 Menschen wurden hingerichtet, alle, von denen die Medici nur im entferntesten annahmen, sie seien an dem Komplott mitschuldig.

Lorenzo soll kein besonders hübscher Mann gewesen sein, noch dazu hatte er eine schrille Stimme, doch sein Charme und sein Intellekt hätten das wieder wettgemacht, berichten uns die Chronisten (ein markantes Gemälde von Lorenzo aus der Zeit um 1500 hängt im Museo Mediceo, Palazzo Medici-Riccardi in Florenz). Auch ihn begann schon in jungen Jahren die Gicht zu quälen, und er starb an diesem Leiden bereits mit 43 Jahren.

### Der Philosoph Lorenzo

Selbst ein philosophischer Kopf, sammelte Lorenzo Denker und Dichter um sich. Man erkannte damals die vernebelnde Kraft der kirchlichen Dogmen und entdeckte die Philosophien der Antike neu.

Als Humanismus breitete sich diese neue Weltsicht bald über ganz Europa aus; man setzt heute damit den Beginn der aufgeklärten Neuzeit an. Der Hof der Medici wurde damals zum Mittelpunkt des italienischen Humanismus.

### Der Mäzen Lorenzo

Vor allem waren es natürlich die bildenden Künste, die für Lorenzo Bedeutung hatten; es galt ja, die Größe und Macht von Florenz (und somit die der Medici) in glanzvollem Rahmen darzustellen, wie dies auch die anderen taten: Jeder reiche Bürger von Florenz, der etwas auf sich hielt, finanzierte Kunstwerke, um seinen Namen zu verewigen - das gehörte zum guten Ton. Lorenzos besondere Vorliebe war das Sammeln von Kleinkunst. Er hatte eine riesige Sammlung gut geschützt vor der Kritik der Öffentlichkeit in seiner Villa verborgen und achtete sehr darauf, daß sein öffentliches Auftreten nicht allzu prunkvoll gestaltet wurde.

Die Kunst, die damals entstand, war praktisch ausschließlich Auftragskunst, die Künstler schufen im großen und ganzen, was ihnen befohlen wurde. Auch makabre Arbeiten wurden gewissenhaft ausgeführt: so z. B. vom großen *Botticelli*, der nach der grausamen Niederwerfung der Pazzi-Verschwörung den Auftrag bekam, die Leichen einiger der Hingerichteten auf die Außenwand des Palazzo Vecchio zu malen, als Hochverräter mit dem Kopf nach unten, wie sie auch leibhaftig aus den Fenstern gebaumelt hatten. Diese Arbeiten dienten selbstverständlich als abschreckende Warnung für aufmüpfige Zeitgenossen - welch praxisnahes Kunstverständnis...

## Künstler um Lorenzo:

*Leon Battista Alberti*, Allround-Genie: Architekt, Maler, Musiker, Sportler, Philosoph und mehr.
*Filippo Lippi*, Maler und Casanova, immer auf der Flucht vor den erbosten Eltern seiner jeweiligen Geliebten.
*Benozzo Gozzoli*, Maler;
*Domenico Ghirlandaio*, einer der angesehensten Maler seiner Zeit;
*Michelangelo*, den der junge Lorenzo bereits in der Werkstatt von Ghirlandaio bewunderte und später förderte.

Lorenzo hatte in den 23 Jahren seiner Herrschaft drei Attentate überlebt, im Jahre 1492 starb er an der Gicht. Kaum zwei Jahre nach seinem Tod werden die Medici für beinahe zwei Jahrzehnte aus Florenz vertrieben.

## Savonarola, "der Zorn des Herrn"

Schon zu Lebzeiten von Lorenzo war in Florenz ein Mönch namens Fra Girolamo Savonarola an die Öffentlichkeit getreten. Er war Prior des Klosters San Marco und machte bald mit seinen leidenschaftlichen und packenden Predigten von sich reden.

Lorenzo selbst hatte ihn 1490 nach Florenz geholt. Das war ein schwerer Fehler gewesen, denn diesem glühenden Anhänger und Prediger christlicher Einfachheit gelang es, die Gemüter der Florentiner zu erschüttern und den schwindenden Glauben an die Medici zur offenen Rebellion zu steigern. Lorenzo selbst hatte daran mitgearbeitet, seine eigene Stellung zu schwächen, denn mit seinen ungeheuren Ausgaben hatte er sowohl das Vermögen der Medici schwer geschädigt als auch die Staatsfinanzen veruntreut. Wieder einmal waren es besonders die entrechteten und armen Wollarbeiter, die Savonarolas Lehre begierig aufnahmen; von einem Stadtregiment unter seiner Führung versprachen sie sich eine bessere Existenz und politische Rechte.

Savonarolas mitreißende Beredsamkeit wiegelte die halbe Stadt auf, machte Stimmung gegen die Verschwendungssucht am Mediceischen Hof, gegen die Unchristlichkeit des gesamten Lebens, die Verweltlichung der Kunst. Nicht zuletzt der sittliche Verfall der höheren Geistlichkeit, einschließlich des Papstes, war ihm ein Dorn im Auge.

Savonarola sah sich durch göttliche Stimmen zum Propheten berufen, er kündigte furchtbare Katastrophen und ein bald hereinbre-

## "Die Verbrennung der Eitelkeiten"

Der Höhepunkt in Savonarolas Regierungszeit wurde die sogenannte *Verbrennung der Eitelkeiten* am Fastnachtsdienstag 1497. In sämtliche Häuser der Stadt wurden unter dem Schutz von Bewaffneten Kinder geschickt, die alles herausholen sollten, was der neuen "christlichen" Lebensführung nicht entsprach.

Bald stapelten sich auf den Straßen Schmuck und Kleidung jeder Art, Musikinstrumente, Bücher, Kunstgegenstände, Toilettenartikel, Parfüm, Teppiche, Stoffe und vieles mehr; Wertvolles und Tand wurden wild durcheinandergeschmissen. Die riesige Menge von "sündigen" Gegenständen wurde auf der *Piazza della Signoria* zusammengetragen. Es entstand ein Berg von 20 m Höhe und 70 m Umfang! Ein venezianischer Kaufmann, der entsetzt die Riesenpyramide sah, wollte das Ganze für 20.000 Gulden kaufen. Das wurde abgelehnt, statt dessen ließ man den Händler schnell porträtieren und hängte sein Bildnis an die oberste Spitze der gesamten "Welteitelkeit". Dann wurde das Ganze angezündet und unter frommen Gesängen und lautem Jubel verbrannt.

Damit hatte Savonarola den Bogen überspannt, seine Feinde erhielten Oberwasser. Auch die Stadtväter (die Mitglieder der *Signoria*) wendeten sich schließlich gegen ihn (auf Betreiben der Medici, die aus dem Exil eifrig gegen den Reformator agierten).

chendes Strafgericht an, falls man die christlichen Lehren der Einfachheit des Lebens, der Solidarität und der alten demokratischen Traditionen nicht befolgen würde.

Die Stimmung in der Stadt brodelte. Als dann der französische König *Karl VIII.* gegen Florenz zog und *Piero*, der Nachfolger Lorenzos, nichts tat, um ihn aufzuhalten, schwappte der von Savonarola geschürte Volkshaß über. Die *Signoria* (Ratsversammlung von Florenz) erklärte Piero und die anderen Familienmitglieder der Medici zu Verrätern, der Medici-Clan mußte ins Exil flüchten. Damit war die Demokratie in Florenz wiederhergestellt - für beinahe zwei Jahrzehnte. Das Steuerwesen wurde reformiert und dem Wucher der Florentiner Bankiers Einhalt geboten. Die Demokratie soll auch die bisher Ausgeschlossenen beteiligen. Ein neues Parlament von bisher nie dagewesener Größe wird gewählt: 3000 Abgeordnete sollten die Entscheidungen für den Stadtstaat fällen! Doch der Staat unter Savonarola mischte sich bald auch in die Lebensführung jedes einzelnen ein. Das tägliche Leben wurde durch eine Vielzahl von Verordnungen geregelt: betont einfache Kleidung, nur noch geistliche Vergnügungen, überall in den Straßen Heiligenbilder, täglich Gottesdienste und dergleichen mehr.

Zwar hatte Savonarola noch immer viele Anhänger, darunter auch viele Künstler und Gelehrte, z. B. *Botticelli*, der Zeit seines Lebens nur noch geistliche Gemälde malte. Aber in der vom Parteiengezänk beherrschten Stadt wuchs auch allmählich der Widerstand gegen den religiösen Reformer und seine Anhänger.

Die christliche Stadtrepublik, die Savonarola und seine Anhänger in Florenz konstituiert hatten, stand natürlich im Gegensatz zu der monarchischen römisch-katholischen Kirchenorganisation. Als Savonarola auch noch ein Konzil einberufen wollte, das der Papst zu Recht fürchtete, weil er sich seinen Titel mit Geld erkauft hatte, erteilte der ihm zunächst Predigtverbot und exkommunizierte ihn schließlich.

Die Gegensätze spitzten sich zu, im Frühjahr 1498 wurde der Prior aufgefordert, die Wahrheit seiner Lehre durch die Feuerprobe zu beweisen, d. h. wenn er unversehrt durch ein Feuer ginge, würde man ihm glauben. Savonarola lehnte ab. Man warf ihm Feigheit und Lüge vor; er wurde mehrere Tage schwer gefoltert, widerrief aber nichts von seiner Lehre. Auch nach abermaligem Foltern konnte man ihm kein Schuldgeständnis entlocken. Als Gesandte des Borgia-Papstes das Todesurteil bestätigten, war es soweit: Savonarola und zwei Vertraute wurden auf demselben Fleck, wo ein Jahr vorher die Kostbarkeiten

*Savonarola*

der Florentiner in Flammen aufgingen, aufgehängt und anschließend verbrannt. Die Asche streute man vom Ponte Vecchio aus in den Arno.

Nach der Hinrichtung von Savonarola war die eigentliche Glanzzeit der Architektur und Kunst in der Stadt vorbei. Die Herrschaft Savonarolas hatte ihre Spuren hinterlassen, ebenso die Besatzungszeit der Franzosen. Ein übriges tat der spürbare *Rückgang der Wollverarbeitung* in der Stadt.

Auch die Besitzbürger mußten im folgenden ihre Gürtel enger schnallen, das Mäzenatentum ging zurück, die Künstler wanderten ab, hauptsächlich nach Rom.

## Die späten Medici - Großherzöge der Toscana

14 Jahre nach ihrer Vertreibung, 1512, sieht man die Medici wieder in der Stadt. Mit Hilfe der gekrönten Häupter Europas und des Papstes war es ihnen gelungen, einen Krieg gegen die Heimatstadt zu gewinnen und das Stadtregiment wieder an sich zu reißen.

Florenz wurde jetzt zum *Polizeistaat* ausgebaut - mit Geheimpolizei, gekauften Söldnern und Terrorjustiz. In versteckt angelegten Gefängnissen verschwanden Tausende von Florentinern; die Medici und andere Großbürger bauten sich schöne Villen auf dem Land und verließen in den krisengeschüttelten Zeiten des 16. Jh.s ihre festungsartigen Stadtpaläste.

Es war Not am Mann, als 1519 der letzte legitime männliche Erbe starb. Schnell sorgte der Medici-Papst *Leo X.* dafür, daß wieder ein Familienmitglied die Geschicke der Republik Florenz leitete; ob legitimer oder illegitimer Abstammung spielte keine Rolle. Er schickte *Giulio*, den außerehelichen Sohn von Giuliano, dem der Pazzi-Verschwörung zum Opfer gefallenen Bruder des *prächtigen* Lorenzo, nach Florenz. Er war in der kirchlichen Hierarchie bereits zum Kardinal aufgestiegen. Schon vier Jahre später wurde er selbst Papst.

Doch bereits dessen Nachfolger, *Alessandro Medici*, wird wieder von der Florentiner Bürgerschaft vertrieben. Der Widerstand von Demokraten und Anhängern Savonarolas ist noch lebendig, auch wenn mehrere Aufstände mißglücken und ihre Anführer hingerichtet werden. Mit Folter und Spitzelwesen wollen die Medici die Opposition einschüchtern, und mit Hilfe des Medici-Papstes *Clemens VII.* gelingt ihnen die abermalige Rückkehr nach Florenz. Im Jahre 1532 erhält der erste Medici mit kaiserlicher Rückendeckung den Titel *Herzog von Florenz*, die republikanische Verfassung ist nun endgültig einer absolutistischen gewichen. Seit 1569 schließlich wird aus dem absolutistischen Stadtstaat ein Flächenstaat Toscana, die Medici-Fürsten dürfen sich fortan *Großherzöge der Toscana* nennen.

### Niccolò Machiavelli

Als zynischer Analytiker und Verteidiger staatlichen Terrors gegen die Opposition hat er sich mit seinem Werk *Der Fürst* (1512) einen Namen gemacht. Sein Idealbild von einem Staatsmann beschreibt er als das eines Herrscher, der machtvoll und tüchtig nur das Wohl des Staates im Auge hat. Seine Absichten soll er rücksichtslos und unnachgiebig durchsetzen, auch Folter sei im Einzelfall legitim, wenn sie nur der Erhaltung der Macht diene. Zu Unrecht von den Medici der Verschwörung verdächtigt, wurde Machiavelli das Opfer seiner eigenen Theorie und mußte sich unfreiwillig einige Zeit im Kerker aufhalten.

> **Der Niedergang der Florentiner Wollindustrie unter den Medici**
> Gegen Ende des 15. Jh.s neigte sich der wirtschaftliche Höhenflug der Stadt langsam dem Ende zu, im 16. Jh. gefolgt von einem allgemeinen Niedergang der Wirtschaft und bald auch des Kunstschaffens. Der glanzvolle Luxus der Medici konnte diese Entwicklung zwar noch verdecken, aber nicht rückgängig machen. Die *Entdeckung des amerikanischen Kontinents* Ende des 15. Jh.s hatte die Schwerpunkte des Welthandels entscheidend verschoben. Der Orient war nicht länger der Haupthandelspartner für Europa, und Italien verlor seine bisher günstige geographische Mittelstellung, die den früheren Boom der italienischen Städte bewirkt hatte. Die ozeanischen Länder England, Frankreich, Spanien rückten jetzt in den Vordergrund, besonders die englische Wollindustrie wurde führend. Auch und gerade Florenz bekam das empfindlich zu spüren. Hinzu kam die wachsende Konkurrenz der anderen italienischen Städte; sie produzierten billiger und drängten unaufhaltsam auf den Florentiner Markt. So vermehrten sich die *Fabrikverkäufe* in Florenz, viele Arbeiter wanderten ab.

Die Medici sicherten jetzt ihre Herrschaft durch Zwingburgen, die sie in den unterworfenen Städten der Toscana erbauen ließen - in Arezzo, Siena, Volterra, Pisa und anderen Orten. In Florenz wurden gleich zwei Festungen errichtet - die Fortezza da Basso und die Fortezza del Belvedere.

## Nach den Medici

**Bis ins 18. Jahrhundert dauerte die Herrschaft der Großherzöge ohne Unterbrechung an. Dann jedoch sollte ein gewisser Giovanni Gastone zum letzten Vertreter dieses berühmten Geschlechts werden; mit 53 Jahren hatte er die Regierung übernommen und starb 1737, als unglücklicher Alkoholiker und ohne Nachkommen.**

Seiner Schwester Anna Maria Luisa war die letzte Großtat der Medici zu verdanken, indem sie die ihr zugefallenen Kunstschätze in Florenz sammelte und in ihrem Testament geschlossen der Stadt Florenz vermachte. Es war damals die *größte Kunstsammlung der Welt*, die sich auch heute noch mit denen in Spanien oder Frankreich messen kann.

Ab 1737 fiel die ganze Toscana einschließlich Florenz an die *Habsburger*. 1859 flüchtete der letzte Österreicher Hals über Kopf aus Florenz - die Toscana schloß sich dem nun endlich zustandegekommenen **Nationalstaat Italien** an. 1864-71 wurde Florenz kurzzeitig sogar Hauptstadt des neuen Staates, ein flüchtiger Glanz für die einstige Medici-Stadt.

Zur weiteren Geschichte von Florenz bitte weiterlesen im Kapitel "Geschichte der Toscana"!

# Florenz

## Kurzübersicht der einzelnen Rubriken

Adressen 160
Anreise 158
Apotheken 161
Ärzte 160
Automobilclubs 161
Autoverleih 161
Bahnhof 158
Diebstahl 161
Discos 171
Essen & Trinken 168
Fahrräder/Mofas 161
Feste 163
Fluggesellschaften 161
Flughafen 161
Gelaterias 170
Geldwechsel 161
Hotels / Pensionen 165
Informationsbüros 155
Jugendherbergen /
Studentenwohnheime 167
Konsulate 161
Lokale 170
Märkte 162
Mitfahrzentrale 161
Pannenhilfe: 161
Parkhäuser 160
Parkplätze 160
Postamt 161
Postleitzahl 155
Reisebüros 161
Reservierungen 165
Studentenreisebüro 161
Supermarkt
Tanzen 171
Taxis 159
Telefonieren
Telefonvorwahl 155
Übernachten 164
Veranstaltungen 163
Veranstaltungskalender 170
Verkehrsmittel 158
Wein 162

## Verzeichnis Sehenswertes

Archäologisches Museum 204
Baptisterium 187
Bargello 190
Boboli-Gärten 192
Certosa 203
Dom 184
Dommuseum 188
Fiesole 205
Forte di Belvedere 193
Galleria dell'Accademia 204
Galleria dell'Arte Moderna 192
Galleria Palatina 192
Klöster und Kirchen 194
Loggia dei Lanzi 174
Medici-Grabkapellen 188
Museo di Storia della Scienza 204
Orsanmichele 202
Palazzo Vecchio 176
Piazza della Signoria 173
Piazzale Michelangelo 193
Pitti-Palast 191
Ponte Vecchio 191
San Marco 198
San Miniato al Monte 193
Santa Croce 195
Santa Maria del Carmine 202
Santa Maria Novella 200
Santo Spirito 202
Sehenswertes 172
Silbermuseum 192
Uffizien 177
Weitere Museen 204

# Florenz

*Wer während der brütend heißen Hochsommertage die Stadt besucht, wird den Aufenthalt weniger genießen können - Hitze, Staub, Krach, Abgase und in jedem Winkel eine Menge kulturbeflissener Touristen.*

**Florenz ist ein einzigartiges Zentrum der mittelalterlichen Kunst, und Ende des 15. Jh.s wurde hier die Renaissance geprägt. Auf Bauwerke dieser Epoche stößt man überall in der Stadt: Von außen eher schlicht, sind sie innen umso prunkvoller ausgestattet.**

Florenz liegt in einer weiten Flußniederung. Die Altstadt drängt sich dicht an das Ufer des trüben Arno. Weiter außerhalb, in der grünen Hügellandschaft, stehen jahrhundertealte Sommervillen. Dem Besucher wird einiges geboten: Kammermusik in altehrwürdigen Palästen, Jazzkonzerte auf historischen Plätzen (Eintritt frei), und am Fluß unter den Gewölben des *Uffizien-Palastes* warten Kunststudenten auf Kundschaft - die Porträtzeichnung für 40 DM. Ein Eldorado für Schmuckkäufer ist der *Ponte Vecchio*. Dichtgedrängt stehen hier zahlreiche kleine Juweliergeschäfte und bilden auf dieser ältesten Brücke von Florenz eine Ladengasse.

Rom, Venedig und Florenz sind die wichtigsten Zentren der Geschichte und der Kunst Italiens. Architektonisch verblaßt Florenz ein wenig neben den beiden anderen Städten. Florenz ist nüchtern, seine Paläste wirken streng und ähneln oft mehr einer Festung als einem Prunkbau. Zweifellos gibt es lieblichere Orte in der Toscana.

# 154 Florenz

Wer jedoch eine Antenne für Geschichte und Kunst mitbringt, Hitze, Staub und Autos gewohnt ist, wird in Florenz immer wieder Interessantes kennenlernen. Fast ein Jahrhundert lang war die Stadt das "geistige Zentrum" des Abendlandes; es blühten Humanismus, Renaissance und der Kapitalismus, der hier seine Anfänge nahm. Der Florin wurde zur härtesten Währung ganz Europas. Die Bankierfamilie der Medici überspannte den Kontinent mit einem Netz von Bankfilialen und Handelsniederlassungen, Hand in Hand mit der päpstlichen Weltmacht.

---

**4. November 1966**: Eine verheerende **Flutkatastrophe** bricht über Florenz herein! Seit dem 25. Oktober hat es geregnet, ab dem 3. November werden die Niederschläge immer heftiger. Die Kanalisation versagt, der Arno tritt über die Ufer, die Juwelierläden auf dem Ponte Vecchio werden meterhoch überflutet. Einige Stadtviertel versinken 4 m tief im Schlammwasser, 20.000 Autos verschwinden in den Fluten! Neben den immensen Zerstörungen, von denen die Bevölkerung direkt betroffen ist, werden vor allem auch Museen und Bibliotheken in Mitleidenschaft gezogen. Über 250.000 Bände bleiben schlammverkrustet zurück, nachdem der Wasserspiegel gesunken ist. Eine riesige Anzahl von Kunstwerken ist vernichtet oder beschädigt. Über 50 Kirchen sind in Mitleidenschaft gezogen, über 300 Bilder auf Holz, 600 Bilder auf Leinwand und, und, und... In jahrelanger Arbeit konnten die meisten Objekte wieder restauriert werden.

---

Über 600.000 Menschen leben heute im Großraum Florenz. 1952, als die Landflucht gerade begonnen hatte, waren es 380.000.

**Touristenzahlen**: Die Steigerungsraten waren bis Ende der 80er Jahre (alp)traumhaft - bis zu 2,5 Millionen Besucher kamen jährlich in die Stadt, angeführt von den Amerikanern als größte ausländische Gruppe. Zum Glück sind nicht alle der Besucher Touristen, denn 1990 besuchten "nur" 1.048.186 die Uffizien, die Galleria dell´ Accademia stand mit 748.714 Besuchern an zweiter Stelle. Wie das Frühjahr '95 zeigte, kommen jetzt wieder mehr Deutsche in die Stadt.

Florenz ist heute Sitz der Regierung der *Region Toscana* und ihrer neun Provinzen Florenz (FI), Pistoia (PT), Lucca (LU), Massa-Carrara (MS), Pisa (PI), Livorno (LI), Grosseto (GR), Siena (SI) und Arezzo (AR).

---

Ausführliche Informationen zur Stadtgeschichte haben wir für Sie im Kapitel "Florenz - Metropole einer neuen Zeit" im Einleitungsteil ab S. 134 zusammengestellt.

# Florenz 155

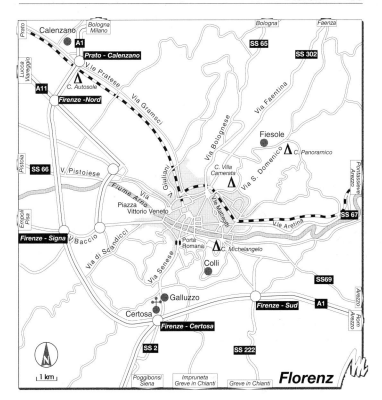

## Informationsbüros

**Hauptbahnhof**, in einem kleinen Pavillon vor dem Osteingang (bei den Busabfahrtsstellen). Öffnungszeiten: Sommer (Ostern bis Ende Oktober) 8-19 Uhr, Winter 8-13 Uhr, Sonntag 8-13.30 Uhr. Tel. 212245.

Neben der **Piazza Signoria**, Chiasso dei Baroncelli 17r (Gäßchen rechts neben der Loggia dei Lanzi). Öffnungszeiten: Sommer (Ostern bis Ende Oktober) 8-19 Uhr, Winter 14-17 Uhr, Sonntag geschlossen. Tel. 2302124.

**Via Cavour 1r** (Nähe Galleria dell'Accademia). Öffnungszeiten: 8-14 Uhr. Sonntag geschlossen. Tel. 2760382.

A.P.T.-Hauptbüro, Via A. Manzoni 16, (in einem alten Palast östlich des Stadtzentrums). Geöffnet 8.30-13.30 Uhr, Sonntag geschlossen. Tel. 2478141.

Telefonvorwahl 055 / Postleitzahl 501(00) die letzten Ziffern variieren je nach Stadtviertel

# Florenz / Reisepraktisches

## Anreise

▶ **Mit dem Auto:** Wer von Bologna her nur für einen Tagesbesuch in die Stadt kommt, verläßt am besten bereits bei Prato/Calenzano die Autobahn, um über die Viale Pratese zum Großparkplatz Fortezza da Basso vorzustossen.

Wer Campingplätze sucht, sollte die Stadt auf der Autobahn umfahren (Richtung Rom) und dann von Süden her (Ausfahrt Firenze-Sud) in Richtung Zentrum einbiegen.

Die erweiterte Innenstadt ist *Zona di Traffico Limitato*, das heißt für Anwohner reserviert. Sie dürfen nur zum Hotel fahren, um Ihr Gepäck loszuwerden. Keine Parkmöglichkeit im Innenstadtbereich, dafür erhöhte Abschleppgefahr.

▶ **Hauptbahnhof**, *Stazione Santa Maria Novella*: ein futuristischer Bau anno 1932. Erbaut von Giovanni Michelucci, kühl und funktionell; viel Marmor und ein gezacktes Glasdach. Hier stoppen alle Fernreisezüge der Europaverbindungen Hamburg-Basel-Mailand-Rom und München-Bologna-Rom.

Querverbindung über Empoli nach Pisa; nach Siena in Empoli umsteigen.

**Gepäckaufbewahrung**: am Bahnsteig 16, durchgehend geöffnet.
**Zugauskunft**: 9-17 Uhr; telefonische Auskunft: 288785 (ohne Chance durchzukommen).
**Fahrscheine**: für Stadtbusse (ATAF) an Automaten und am Kiosk.

**Geldwechseln**: siehe unter Adressen.
**Hotelinformation/Reservierung**: Büro am Ostausgang der Haupthalle, geöffnet von 9-20 Uhr, Tel. 282893.
**Touristeninformation**: am Ostausgang bei den Busabfahrtstellen. Siehe Informationsbüros.

### Überlandbusse *(Busterminal neben dem Bahnhof)*

**Fa. LAZZI**, Piazza Stazione 4-6r: nach La Spezia, Livorno, Lucca, Pisa, Viareggio, Pistoia. Tel. 215154.
**Fa. SITA**, Via Santa Caterina da Siena 15r: nach Assisi, Bologna, Camaldoli, Casentino, Chianciano Terme, Colle Val d'Elsa, Greve, La Verna, Massa Marittima, Montevarchi, Perugia, Piombino, Siena, Volterra. Tel. 483651 (Samstag/Sonntag: Tel. 211487).
**Fa. CAT**, Via Fiume 5r: nach Anghiari, Arezzo, Città di Castello, Gubbio, Sansepolcro. Tel. 283400.
**Fa. Co.PI.T.**, Piazza S. Maria Novella 22r: nach Pistoia. Tel. 215451.

## Unterwegs in der Stadt

Die Orientierung wird erschwert durch die unterschiedlichen Hausnummern: Die roten (für Geschäfte) und die schwarzen (für Privathäuser) laufen in derselben Straße in dieselbe Richtung aber mit verschiedenen Geschwindigkeiten. In unseren Adreßangaben steht hinter der Ziffer ein "r", sofern es sich um eine rote Hausnummer handelt.

▶ **Städtische Verkehrsmittel:**

• *Stadtbusse*: Am Bahnhof bekommt man fast jede Linie, ebenso neben dem Dom (Via de Cerretani).
**Tickets** vorher besorgen! Man erhält sie

# Florenz

## Übernachten

1. Casa delle Studente
2. Hotel Select
3. Hotel Golf
4. Hotel Palazzo Vecchio
5. IYH Archi Rossi
6. Albergo Mia Casa
7. Hotel Monica
8. Casa delle Studente
10. Hotel Il Granduca
14. Hotel La Noce / Pensione Regina
16. Hotel Grazia e Griselda
19. Pensione La Mia Casa
22. Hotel Ottaviani
26. Hotel Pendini
31. Albergo Firenze
32. Soggiorno Rina
39. Albergo Santa Croce
43. Hotel Alessandra
45. Hotel Porta Rossa
46. Hotel Beacci Tornabuoni
47. Hotel Bretagna
49. Ostello Santa Monica
51. Hotel Park Palace
52. Villa Betania
53. Hotel Annalena
54. Pensione Le Sorelle Bandini
58. Hotel La Scaletta

## Essen, Trinken, Nachtleben

9. Ristorante Il Cardellino
11. Café Voltaire
12. Be Bop
13. Trattoria/Fiaschetteria Mario
15. Fastfood Italy & Italy
17. Ristorante La Carabaccia
18. Trattoria Giorgio
20. Ristorante Sabatini
21. Snack Amon
23. Ristorante/Rosticceria La Spada
24. Fiaschetteria Il Latini
25. Spaziouno
27. Caffé Paszkowski
28. Caffé Giubbe Rosse
29. Caffé Gilli
30. Festival del Gelato
33. Trattoria Le Mosacce
34. Ristorante Sasso di Dante
35. 055 Revolution
36. Ristorante La Maremmana
37. Gelateria Vivoli
38. Red Garter
40. Gelateria dei Neri
41. Trattoria Da Benvenuto
42. Ristorante Il Bargello
44. Ristorante/Birreria Le Boccale
48. Trattoria Sabatino
50. Trattoria Diladdarno
55. Trattoria La Casalinga
56. Il Cantinone del Gallo Nero
57. Trattoria Quattro Leoni
59. Pizzeria I Tarocchi
60. Osteria Antica Mestica San Nicolo
61. Sfizio

im Bahnhof (ab Automat), in vielen Bars und an den meisten Kiosks. Die einfache Fahrt (Standardticket mit 70 Minuten Gültigkeit) kostet 1.400 Lire (im 8er-Block etwas billiger), ein 120-Minuten-Ticket 1.800 Lire. **Touristenkarten**, gültig für 24 Stunden, 5.000 Lire, lohnen sich kaum, da in Florenz alles recht nah beieinander liegt. Für 1995 sind leichte Preiserhöhungen geplant.
• *Taxis:* eine Fahrt vom Dom zum Campingplatz Michelangelo kostet ca. 25 DM. **Funktaxi** Tel. 4242 oder 4390.

▶ **Mit dem Auto in der Stadt:** Die Innenstadt wurde zur autofreien Zone erklärt (*Zona Blu*). Für den Besucher hat Florenz dadurch an Reiz gewonnen. Warum trotzdem noch so viele Fahrzeuge in der Stadt herumkurven, liegt wohl an den großzügig vergebenen Ausnahmegenehmigungen und den laxen Kontrollen der blaubefrackten Stadtpolizisten. Und da auch motorisierte Zweiradfahrer von der Beschränkung ausge-

## Florenz / Reisepraktisches

**BENVENUTI NEL PIU' GRANDE PARCHEGGIO PUBBLICO DI FIRENZE**
**WELCOME TO THE BIGGEST PUBLIC PARKING OF FLORENCE**

nommen sind, erleben Vespa- und Motobecane-Händler einen regelrechten Boom. Trotzdem ist es in der Innenstadt wesentlich ruhiger geworden, der Kohlendioxidgehalt der Luft sank um mehr als 20%.
Die Anfahrt zum Hotel zwecks Ablieferung des Gepäcks ist nach wie vor möglich. Das Auto muß dann allerdings wieder raus!

**Parkplätze**: Es empfiehlt sich, den Wagen auf einem bewachten Parkplatz am Rand der Altstadt abzustellen - besonders, wenn für jeden Dieb ersichtlich das ganze Reisegepäck im Wagen verstaut ist! Vor allem am südlichen Arno-Ufer, unterhalb des Piazzale Michelangelo, sieht man viele Glasscherben von eingeschlagenen PKW-Scheiben am Straßenrand. In der Regel wird auf bewachten Parkplätzen eine Gebühr von je 2.000 Lire für die ersten beiden Stunden, von 3.000 Lire für jede zusätzliche Stunde erhoben.

Eine riesige **Tiefgarage** mit 2000 (!) Stellplätzen wurde Anfang 1992 am Hauptbahnhof eröffnet.

Großparkplatz **Fortezza da Basso**: Nähe Hauptbahnhof, häufig Busse in die Innenstadt, die in 10-15 Minuten aber auch zu Fuß erreichbar ist. Parkgebühren: 1.500 Lire pro Stunde, 27.000 Lire für 24 Stunden.

**Wichtig**: Jeder Straßenzug wird einmal pro Woche zu nächtlicher Stunde gereinigt. Beachten Sie das Schild **Pulizia Strada** mit der Angabe des Wochentages. Wer dennoch parkt, findet seinen Wagen im "Parco Macchine Requisite", an der Via Circondaria 19 (Bus Nr. 23) wieder, Tel. 355231. Die Abschleppgebühren betragen ca. 100 DM !

Es kann aber auch weniger tragisch enden, wie uns unser Leser Clemens Preißner schrieb: "Kostenschonend und fremdenfreundlich kann das Auto unter Umständen auch in einer bereits gereinigten (Neben-)Straße gefunden werden. Daher: Vielleicht hilft ein bißchen Suchen über den ersten Schock des verschwundenen Autos hinweg. Die Straße, an der der Wagen abgestellt worden ist, kann man unter der Tel.-Nr. 36911 erfragen - offenbar die Nummer der Straßenreinigung."

**Parkhäuser**: Es gibt etliche private Parkhäuser in der Innenstadt. Dauerparken kostet dort je nach Wagengröße 30 bis 36 DM pro 24 Stunden.

**Kostenloses Parken** nur außerhalb der Innenstadtzone. Am ehesten vielleicht an der *Piazza Vittorio Veneto* (Arno-Brücke Ponte D. Vittoria). Von hier häufig Busse via Hauptbahnhof ins Zentrum.

## Nützliche Adressen

• *Ärzte*: Eine komplette Liste von deutschen bzw. deutschsprachigen Ärzten ist beim Konsulat erhältlich. Allgemeinpraktiker sind auf ihr kaum vertreten, dafür einige Spezialisten, u. a.:

Dr. Liane Ledwon (**Homöopathin**), Via Laura 54. Tel. 2345444.
Francesco Porro M.D. (**Kinderarzt**), Via Lorenzi il Magnifico 59. Tel. 475411.
Dr. Birgit Knöpfel (**Dermatologin**), Viale Ele-

onora Duse 12. Tel. 604780 oder 601425.
Prof. Dr. Claus Avril (**Zahnarzt**), Piazza dell'Olio 1. Tel. 287882.
Dr. Detlef Bangert (**Zahnarzt**), Vicolo Canneto 2. Tel. 214533.
Dr. Markus S. Brinkmann (**Zahnarzt**), Via Leonardi Bruni 10. Tel. 6800013.

• *Apotheken*: Durchgehend geöffnet (Nachtdienst und Wochenende) sind: **Comunale**, im Hauptbahnhof. Tel. 289435. **Molteni**, Via Calzaioli 7r. Tel. 289490. **Taverna**, Piazza S. Giovanni 20r. Tel. 284013.

• *Automobilclubs*: Automobil Club d'Italia (A.C.I.), Viale Amendola 36, Tel. 24861. Touring Club Italiano (T.C.I.), Viale S. Lavagnini 6r, Tel. 474192.

• *Diebstahl*: Polizeipräsidium: "Questura" (Ufficio Stranieri), Via Zara 2. Tel. 49771.

• *Autoverleih*: **Avis**, Lungarno Torrigiani 33b, Tel. 241145. Samstag/Sonntag: Borgo Ognissanti 128r, Tel. 213629. **Hertz**, Via Maso Finguerra 23r, Tel. 2398205. **Europcar**, Borgo Ognissanti 53r, Tel. 2360072.

• *Fahrräder/Mofas*: **Alinari**, Via Guelfa 85r. Auch Mountainbikes im Verleihe. Tel. 280500.

• *Fluggesellschaften*: **Lufthansa**, Via Pellicceria 6, Tel. 2382890.
**Swissair**, Via del Parione 1, Tel. 295055.
**Alitalia**, Lungarno Acciaiuoli 10, Tel. 27881.

• *Flughafen*: **Pertetola**, Via del Termine 1, 7 km außerhalb gelegen. Tel. 373498. Direktflüge mit der *Meridiana* nach München. Vom Bahnhof fahren *SITA*-Busse zum Flughafen.

• *Geldwechsel*: viele Banken im Zentrum (Öffnungszeiten in der Regel 8.30-13.30 Uhr und 14.45-16.00 Uhr). Benutzen Sie außerhalb der Öffnungszeiten die zahlreichen Geldautomaten, die im Zentrum angebracht sind (oft auch mit Geldscheinwechsel-Automaten). Private Wechselbüros verlangen an Wochenenden oft horrende Provisionen (8%) für Euroschecks. Mit am günstigsten ist die "Floh"wechselstube links vom Uffizzieneingang.

Geldwechsel ist auch an einem Extraschalter bei der Zuginformation des Hauptbahnhofs möglich. Hier werden allerdings nur Reiseschecks und Bargeld (keine Euro- und Visaschecks) gewechselt. Geöffnet täglich 8-20 Uhr.

• *Internationale Buchhandlung*: **Libreria Internazionale Seeber**, Via Tornabuoni 68r.
**Feltrinelli**, Via Cavour (große Auswahl an Kunstbüchern).

• *Konsulate*:
**Deutschland**: Lungarno Vespucci 30. Öffnungszeiten: Montag-Freitag 9.30-12.30 Uhr, nachmittags nur nach telefonischer Vereinbarung. Tel. 294722.
**Schweiz**: c/o Hotel Park Palace, Piazzale Galileo 5. Öffnungszeiten: Dienstag und Freitag 16-17 Uhr. Tel. 222434.
**Österreich**: Via dei Servi 9. Öffnungszeiten: Montag, Mittwoch und Freitag 10-12 Uhr. Tel. 2382008.

• *Pannenhilfe* des ACI: Tel. 116

• *Postamt*: Palazzo delle Poste, Via Pellicceria (neben Pzz. Repùbblica). Geöffnet Montag - Freitag 8-19 Uhr, Sa. 8.15-12 Uhr.

• *Telefonieren*
**Postamt** täglich 8-23.30 Uhr.
**SIP Bahnhof**, 8-21.45 Uhr, Sonntag geschlossen.
**SIP Via Cavour 21r**.

• *Reisebüros*: **Agenzia Autostop**, seit 1986 besteht nun schon die erste und einstweilen einzige **Mitfahrzentrale** von Florenz. Der Deutsche Klaus Monreal spezialisierte sich hauptsächlich auf Reiseangebote in die nordischen Länder, für Reisen innerhalb Italiens macht eine Mitfahrzentrale wegen den billigen Zugpreisen wenig Sinn. Auch Transalpino-Fahrkarten sind hier erhältlich. *Adresse*: Borgo de Greci 40r (zwischen Piazza Signoria und Santa Croce). Tel. 280626.

• *Studentenreisebüro*: **S.T.S.**, Servizio Turistico Studentesco e Giovanile, Via Zannetti 18r (Nähe Medici-Kapellen), Tel. 288412.

# Einkaufen

Für Selbstversorger und Camper ist es nicht einfach, einen ganz gewöhnlichen Lebensmittelladen oder Supermarkt zu finden (abgesehen vom Stadtviertel um die Markthalle). Die Mieten im Zentrum sind so hoch, daß ein Lebensmittelhändler sie kaum bezahlen kann. Gemüsemärkte siehe weiter unten.

- *Supermarkt*: Mit am zentralsten gelegen ist **Standa** (gegenüber der neuen Post). Vom Dom die Via dell' Oriuolo entlang bis zur *Via Pietrapiana*.
**Coop**: Nähe Bahnhof, Via Nazionale 32r und direkt unter dem Bahnhof, Eingang Via Alamanni 2r.
- *Luxusläden*: Die **Via Tornabuoni** ist eine der teuersten Einkaufsstraßen Italiens - Bekleidung, Leder, Parfums...
- *Schmuck*: **Ponte Vecchio**, winzige Läden dicht an dicht.
- *Keramik*: **Ginori**, Via dei Rondinelli 5r. Exklusives Porzellan. **Sbigoli**, Via San Egidio 4r. Eine seit 1850 bestehende Töpferwerkstatt mit rostbrauner Toscana-Keramik. **Lerbavoglio**, Via Verdi 63 r. Keramik mit zarten Mustern, Töpferscheibe und Brennofen im Raum. **Il Tegame**, Piazza Salvemini 7. Gebrauchskeramik, hübsche Tassen etc.
- *Brokat/Seidenstoffe*: **Lisio**, Via dei Fossi 45r. U. a. mit Motiven aus Botticelli-Bildern.
- *Fabrikverkauf*: **Lori Clara** (Bekleidung), Viale E. de Nicola 15. ; **Madova** (Lederhandschuhe), Via Guicciardini 1R.
- *Apotheke/Liköre*: **Farmacia S. Maria Novella**, Via della Scala 16r. Allein der üppig ausgeschmückte Verkaufsraum der alten Klosterapotheke ist einen Besuch wert. Würzige Kräuterliköre.
- *Wein*: **Antinori**, Piazza degli Antinori 3. Die weltberühmten Weine der Marchesi Antinori werden bis Japan und Amerika exportiert. Degustation und kleine Gerichte. Unsere Empfehlung: Santa Cristina oder Chianti Classico Villa Antinori Riserva. Mehr über die Firma Antinori siehe San Casciano.
**Frescobaldi**, Via Santo Spirito 11. "Die Frescobaldi gelten als die ältesten Weinproduzenten Italiens. Obwohl das 'Unternehmen' einen außerordentlichen Ausstoß an Flaschen hat, ist die Qualität durchaus beachtlich. Besonders empfehlenswert sind der Chianti Rufina Montesodi, der Chianti Rufina Nipozzano und der pomino Rosso." (Leserbrief Claudius Mierswa, Troisdorf)

## Märkte

▶ **Strohmarkt** an der Via Calimala (neben der Piazza della Repubblica). Früher war in der wuchtigen Loggia mit den hohen Säulenbögen im Renaissance-Stil (1547-1551) der Seiden- und Goldmarkt zu Hause. Heute ist der Strohmarkt auf Touristen ausgerichtet: viele Ledersachen, Strohhüte und Taschen.

▶ **Mercato di San Lorenzo:** In der Via del Ariento (Nähe Medici-Kapellen). Es ist die größte Lebensmittelmarkthalle der Stadt. Unten gibt es Fisch, Fleisch, Ge-

*Luxusläden in der Via Tornabuoni - wegen der hohen Preise mehr für "Window Shopping" geeignet*

flügel und Käse, oben (per Rolltreppe) Gemüse und Obst. Nichts für Leute mit schwachen Nerven und Mägen oder für Vegetarier! An den Fleischständen baumeln tote Hasen, das Geflügel wird zwar gerupft, doch der Kopf bleibt meistens dran, an den Wildschweinkeulen kleben noch die Borsten. Auch der etwas strenge Geruch in der unteren Halle dürfte nicht jedermanns Geschmack sein. Der Markt ist von Montag bis Samstag von 7.30 bis 13 Uhr (im Winter auch Samstag 16-19 Uhr) geöffnet.
In den Straßen um die Markthalle gibt es viele fliegende Händler. Große Auswahl an Spielsachen (Plastik), Bekleidung und Secondhand-Klamotten. Die Markthalle ist die beste Einkaufsmöglichkeit für Selbstversorger.

▶ **Mercato Cascine**: Großer Wochenmarkt, der jeden Dienstag von 8 bis 13 Uhr am Arno-Ufer zwischen dem Ponte della Vittoria und der Fußgängerbrücke zum Stadtviertel Isolotto (die Florentiner nennen es "Le Bronx") stattfindet. Auf zwei Kilometer Länge reihen sich hier entlang des Cascinen-Parkes die Stände. Das Angebot ist entsprechend groß. Eßwaren, Geschirr, Töpfe, Küchenzubehör, Kleidung, Geschenke, Taschen, Schmuck - es gibt einfach alles, vom einfachen Porzellanteller für eine Mark bis zur Levis-Jeans oder dem Kronleuchter. Und das bei einem gewissen Maß an Verhandlungsgeschick zu günstigen Preisen. Modische Jackets wechseln hier beispielsweise auch schon mal für nur 25 DM den Besitzer.

▶ Wer sich für **Kunsthandwerk** interessiert, der sollte sich jeden zweiten Sonntag im Monat freihalten und zur *Piazza Santo Spirito* gehen. Dort findet dann ab 9 Uhr ein großer Kunsthandwerksmarkt statt. Zum großen Teil kommen die Meister selbst und fertigen ihre Bilder, Schmuckstücke, Eisengießereien oder Verzierungen vor den Augen des Publikums an. Man muß nicht unbedingt etwas kaufen, um eine gute Show zu erleben. Außerdem gibt es Antiquitäten und Möbel.

▶ **Flohmarkt**, täglich an der Piazza dei Ciompi. Eher bescheiden.

## Feste und Veranstaltungen

**Ostersonntag** *(Scoppio del Carro):* Während im Dom die Messe gefeiert wird, fährt vor dem Dom der von zwei Ochsen gezogene *Carro* vor - ein Holzkasten, einem chinesischen Heiligtum ähnlich, bestückt mit Bildern und jeder Menge Feuerwerkskörpern. Während man in der Kirche das "Gloria" anstimmt, schlägt aus dem Portal ein Feuerschweif und entzündet das Feuerwerk.

**24. Juni** *(Calcio in Costume):* Das traditionelle Florentiner "Fußballspiel" am Tag des Schutzheiligen San Giovanni auf der Piazza della Signoria. Es hat seinen Ursprung im 16. Jh., als *Karl V.* ohne Erfolg die Stadt belagerte.

## 164  Florenz / Reisepraktisches

Es spielen jeweils Mannschaften der vier alten historischen Stadtteile gegeneinander. Begonnen wird der Festtag mit einem langen Zug, der beim Dominikanerkloster Santa Maria Novella beginnt. Die über 500 Teilnehmer stecken alle in historischen Kostümen - vom Feldmeister bis zu den mächtigsten Vertretern der Zünfte. Das von den Florentinern ausgeübte Fußballspiel geht auf das römische *Arpasto* zurück, bei dem mehr geschlagen als gespielt wurde.

Gespielt wird mit zwei Mannschaften von je 27 Spielern. Punkte werden nicht nur durch erfolgreiche Torschüsse erzielt, sondern auch, wenn die gegnerische Mannschaft am Tor vorbeischießt. Die Verteidiger müssen in der Tat höllisch aufpassen: Wird nämlich der Ball abgewehrt und fliegt dabei über das Tor hinweg, gibt's einen 1/2 Punkt für den Gegner. Angezeigt werden die Punkte durch Heben von Fähnchen: rechteckig für 1 Punkt, dreieckig für 1/2 Punkt. Das Match dauert 60 Minuten.

**Firenze Estate:** alljährlich von Ende Juni bis Mitte August stattfindendes Jazz- und Folkfestival. Veranstaltet werden die Konzerte auf öffentlichen Plätzen, vor allem auf der Piazza della SS. Annunziata, aber auch auf weiter außerhalb gelegenen Plätzen (Piazza delle Carmine und Piazza Santa Croce). Auch ausländische Interpreten sind vertreten.

> *Tip:* Kaufen Sie sich das Heft *Firenze Spettacolo* mit einem vollständigen Veranstaltungskalender und den Zeiten der abendlichen Sommerkonzerte mit klassischer Musik, die im Palazzo Pitti und im römischen Theater von Fiesole stattfinden.

# Übernachten

*Teuer? Nein, werden Sie von Ihrem Kammervermieter zu hören bekommen - in Rom liegen die Preise 18 % und in Venedig gar 25 % über Florentiner Niveau.*

Trotz des riesigen Angebots ist es besonders in der unteren und mittleren Preisklasse schwierig, ein Zimmer zu bekommen.
Gelegentlich stößt man auf Pensionen in aufwendigen Kaufmannshäusern mit riesigen Zimmern, Stuckarbeiten, antiken Möbeln... Nachteil: sehr laut, bis tief in die Nacht kann der Verkehrslärm anhalten. Aber gerade auf diesem Gebiet hat sich in den vergangenen Jahren viel verbessert, die Innenstadt wird immer mehr Fußgängerzone.
**Ruhige Hotels**, meist der gehobenen Preisklasse, im Villenvorort Colli, ca. 3 km außerhalb und Richtung Fiesole.
**Billige Pensionen** häufen sich im Bahnhofsviertel. Sehr ärgerlich: Viele Pensionen/Hotels der Preisklasse bis 80 DM erwarten Hausgäste um 24 Uhr zurück!

## Übernachten 165

**Kirchliche Übernachtungsmöglichkeiten:** Das Touristenbüro hat eine Liste von über 10 Adressen von Klöstern oder Priesterseminaren. Pro Person kostet dort die Nacht inkl. Frühstück ca. 35 DM.

*Reservierungen*

**Von Deutschland aus:** Florence Promhotels, Viale A. Volta 72, Tel. 570481.
Family Hotel, Via Faenza 77, Tel. 217975. Für Reservierung der preiswerteren Hotels wende man sich an Coopal, Via Il Prato 2r, Tel. 219525.
Gelegentlich wird für Reservierungen eine Anzahlung per Postanweisung oder Scheck erwartet.
**Per Auto:** an der letzten Raststätte vor Florenz (aus Richtung Bologna kommend), Area di Servizio AGIP "Peretola", außerdem an der Autobahnraststätte "Chianti Est".

**Wer per Zug ankommt:** sofort ins Reservierungsbüro im Hauptbahnhof (linker Hand, wenn man von den Zügen kommt). Während der Saison langes Schlangestehen, private Vermittler offerieren preiswerte Alternativen. Wer alleine unterwegs ist, sollte sich einen Partner suchen - Einzelzimmer sind schwierig zu bekommen. Ansonsten Reisegepäck zur Aufbewahrung geben, bevor man sich selbst auf die Suche macht.
**Hotelinformation/Reservierung** von 9 - 20 Uhr, Tel. 282893.

*Nachfolgende Preisangaben beziehen sich auf die Hauptsaison, in der Nebensaison ist die Übernachtung in der Regel wesentlich billiger (bis zu 40%).*

## Hotels / Pensionen

\*\*\* **Beacci Tornabuoni (46)**, Via Tornabuoni 3, DZ mit Bad 240 DM. Im 3. und 4. Stock eines alten Stadtpalastes mit verwinkelten Treppen und Gängen, die hübsch mit Antiquitäten dekoriert sind. Frühstück auf einer bepflanzten Dachterrasse. Geräumige Zimmer. Tel. 212645.

\*\*\* **Golf (3)**, Viale Fratelli Rosselli 56, DZ 220 DM. Hier ist man mehr auf den Geschäftsreisenden eingestellt, das heißt auch außerhalb der Saison oft ausgebucht. Für drei Sterne nicht gerade billig - aber für Autofahrer gibt es Parkplätze hinterm Haus. Tel 281818.

\*\*\* **Select (2)**, Via G. Galliano 24, DZ 200 DM. Modern und komfortabel, knapp außerhalb des Stadtzentrums. Alle Zimmer mit Bad, Klimaanlage, TV und Minibar. Hoteleigene Garage. Deutschsprachige Rezeption. Tel. 330342.

\*\*\* **Annalena (53)**, Via Romana 34, DZ mit Bad 190 DM. Verwinkeltes Haus mit niedrigen Holzdecken. Die Zimmer meist mit Blick auf die Giardini di Boboli oder in den alten Klostergarten, der noch vor einigen Jahren für Pensionsgäste zugänglich war (jetzt eine Gärtnerei). Ca. 5 Min. vom Pittipalast entfernt. Tel. 222402.

\*\*\* **Porta Rossa (45)**, Via Porta Rossa 19, DZ mit Bad 170 DM, ohne 130 DM. Mit die älteste Herberge der Stadt (14. Jh.). Viele Umbauten während der vergangenen Jahrhunderte haben ein interessantes Stilgemisch bis zur Jahrhundertwende geschaffen. Meist geräumige Zimmer, in denen man sich wohlfühlen kann, obwohl die Betten aus der Campingabteilung eines Kaufhauses stammen könnten. Relativ ruhig, zentral in einer engen Gasse gelegen. Tel. 287551.

\*\*\* **Pendini (26)**, Via Strozzi 2, DZ mit Bad 170 DM, ohne 120 DM. An der Piazza Repubblica in den oberen Stockwerken eines Monumentalbaus (Ende 19. Jh.). Riesige Zimmer mit spiegelndem Parkettboden, jedes mit einer kleinen Hausbar, halbbarockes Mobiliar. Ein Teil der Zimmer mit Blick auf die Piazza, der andere Teil etwas trist zum dunklen Innenhof. Tel. 211170.

\*\* **La Scaletta (58)**, Via Guicciardini 13r, DZ mit Bad 130 DM, ohne 100 DM. Gleich hinter dem Ponte Vecchio Mit Lift hinauf, oben liebenswert unaufgeräumte Rezeption, über verwinkelte Treppen steigt man zu den Zimmern sehr unterschiedlicher Größe (fragen Sie nach dem "großen Zimmer"). Solide eingerichtet mit Tapeten und schönem Keramikziegelbo-

## Florenz / Reisepraktisches

den, dazu altertümliches Mobiliar. Vom Dachgarten herrlicher Blick auf die Boboli-Gärten. Die nette Besitzerin spricht Englisch. Tel. 283028.

** **Alessandra (43)**, Borgo SS. Apostoli 17, DZ mit Bad 120 DM, ohne 100 DM. Zentrale Lage. Weißgekalkte, große Zimmer in den oberen Etagen des Hauses. Einrichtung: schwere, geschmackvolle Holzmöbel. Sauber und freundlich. Tel. 283438.

** **Palazzo Vecchio (4)**, Via B. Cennini 4, DZ mit Bad 120 DM, ohne 100 DM. Einfache, etwas altmodische Zimmer, aber mit Telefon. Parkmöglichkeit für einige Gästeautos im Vorhof. Tel. 212182.

** **La Noce (14)**, Borgo La Noce 8 (bei der Markthalle), DZ mit Bad 120 DM, mit Frühstück deutlich teurer. Das alte Haus wurde im 1. Stock komplett modernisiert, alles ist mit hellblauem Teppichboden ausgelegt. Bequeme Betten und TV. Freundlicher Besitzer mit deutschem Namen. Tel. 292346.

** **Grazia e Giselda (16)**, Via L. Alamanni 5, DZ 110 DM, teils mit, teils ohne Dusche. Sauber. Tel 211145.

** **Lorena**, Via Faenza 1 (gegenüber der alten Medici-Kapelle), DZ mit Dusche 100 DM. Die Zimmer sind nicht besonders geräumig, aber nett eingerichtet. Tel. 282785.

** **Santa Croce (39)**, Via Bentaccordi 3, DZ mit Bad 100 DM. Ruhige Lage in einer mittelalterlich-düstern Gasse des Santa-Croce-Viertels. Kleine Zimmer. Tel. 214203.

** **Bretagna (47)**, Lungarno Corsini 6, DZ mit Bad 100 DM, ohne 85 DM, mit Frühstück ca. 20 DM teurer. Prächtige Lage zentral am Arnoufer. Im wunderschön ausgestatteten Salon Kristalleuchter und dicke Plüschsessel, die langen verwinkelten Gänge mit grünen Teppichböden, die Zimmer dagegen eher einfach gehalten - Fliesenböden, Waschbecken, nur z. T. Blick auf den Fluß. Tel. 289618.

** **Monica (7)**, Via Faenza 66, DZ mit Bad 90 DM, ohne 80 DM. Neu renoviert, klein, freundlicher Inhaber. Sogar eine Terrasse zum draußensitzen gibt's im 1. OG. und auch eine Klimaanlage. Tel. 283804.

* **Le Sorelle Bandini (54)**, Piazza Santo Spirito 9, DZ mit Du/WC 100 DM, ohne 70 DM. Historische Atmosphäre im obersten Stockwerk eines altehrwürdigen Palazzo aus dem 15. Jh. Phantastische Loggia mit kuscheligen Korbstühlen und Blick auf die belebte Piazza tief unten und weit über die Dächer. Vom Speiseraum und einigen Zimmern Blick auf Innenstadt, Dom und Palazzo Vecchio. Es gibt mehrere große Aufenthaltsräume. Besitzer Mimmo spricht Englisch. Telefonische Vorbestellung in der Nebensaison mindestens 3 Wochen vorher, in der Hauptsaison einige Monate vorher. Tel. 215308.

* **Regina**, Borgo La Noce 8 (bei der Markthalle), DZ mit Bad 100 DM. Zimmer in der 2. Etage. Selbe Adresse und selber Besitzer wie ** La Noce, insgesamt aber einfacher gehalten und etwas preiswerter. Altes Mobiliar, z. T. sogar Stilmöbel. Tel. 292346.

* **Il Granduca (10)**, Via Pier Capponi 13 (nähe Piazzale Donatello), DZ mit Dusche 90 DM, ohne 80 DM. 3-stöckiges Hotel, 10 Gehminuten von der Altstadt. Die 21 Zimmer sind teilweise renoviert, sauber. Kleiner Garten, eigene Garage. Tel. 572803.

* **Firenze (31)**, Piazza Donati 4, DZ mit Bad 85 DM, ohne 75 DM, Frühstück inklusive. Kleine, renovierte Zimmer in zentraler Lage. Im Haus wurde vor über 700 Jahren Gemma Donati geboren, die spätere Signora Dante. Sehr freundlicher Empfang. Tel. 214203.

### *Hotels im Grünen*

Südlich der Boboli-Gärten, in Richtung Siena:

**** **Park Palace (51)**, Piazzale Galileo 5, DZ 340 DM. Alte Villa mit großem Garten und Swimmingpool. Zimmer sehr geräumig, geschmackvoll mit modernem Mobiliar ausgestattet (Hausbar im Zimmer). Repräsentativer Aufenthaltsraum. Tel. 222431.

*** **Villa Betania (52)**, Viale del Poggio Imperiale 23 (von der Porta Romana stadtauswärts, erste große Ampel links - Abzweigung zur Piazzale Michelangelo). DZ mit Dusche 160 DM. Altes, hübsch renoviertes Landhaus. Ruhige Lage inmitten eines kleinen Parks. Große, helle Räume mit Stuckdecken und modernem Mobiliar. Tel. 222243.

Weitere Hotels in findet man in **Fiesole**, ca. 7 km nordöstlich von Florenz. Siehe dort.

## Übernachten 167

### Preiswerte Pensionen

In Florenz sind preiswerte Übernachtungsmöglichkeiten oft von Dauermietern (z. B. Studenten) belegt. Im Stadtviertel östlich neben dem Bahnhof liegen viele preiswerte Unterkünfte; in den Straßen **Via Fiume, Via Faenza, Via Nazionale** und **Via Guelfa** sind in manchen Häusern bis zu 5 Pensionen untergebracht. 1-Stern-Pensionen sind in Bahnhofsnähe allerdings inzwischen immer seltener zu finden, und bei den 2-Sterne-Etablissements steigt die Tendenz, eine Kategorie höher zu gehen. In einigen 1-Stern-Pensionen stehen bis zu 5 Betten im Zimmer (dann wird's billiger). Gerade in dieser Kategorie fällt es schwierig, einige Häuser besonders hervorzuheben.

• *Billigpensionen in Bahnhofsnähe:*
\* **Ottaviani (22)**, Piazza Ottaviani 1, DZ mit Bad 80 DM, ohne 60 DM. Einfache, aber sehr saubere Pension wenige Schritte von der Pzza. Santa Maria Novella. Tel. 2396223.
\* **La Mia Casa (19)**, Piazza Santa Maria Novella 23, DZ mit Bad 60 DM, ohne 50 DM. Alter Palazzo mit einfach eingerichteten Zimmern, sehr beliebt, deswegen oft 'completo'. Tel. 213061.
• *Weitere Billigpensionen:*
\* **Mia Cara (6)**, Via Faenza 58, DZ mit Bad 60 DM, ohne 50 DM. Tel. 216053
\* **Rina (32)**, Via Dante Alighieri 12, DZ ohne Bad 60 DM. Tel. 213209.

### Jugendherbergen / Studentenwohnheime

**IYH Ostello Archi Rossi (5)**, Via Faenza 94r. 1994 neu eröffnete Jugendherberge mit 22 Zimmern und insgesamt 80 Betten. Tel. 290804.
**IYH Ostello della Gioventù**, Viale Augusto Righi 2/4. Liegt ca. 4 km außerhalb am Stadtrand, Richtung Fiesole, inmitten eines Parks. Zu erreichen vom Bahnhof per Bus Nr. 17 B, Fahrzeit ca. 25 Min. Aussteigen in der Viale Augusto Righi, von dort ca. 1 km eine schmale Straße bergauf!
In der etwas desolaten Villa Camerata aus dem 17. Jh. herrscht Massenbetrieb, ca. 400 Betten, 10-20 Betten pro Saal. Großzügige, prunkvolle Empfangshalle. Übernachtung inkl. Frühstück kostet ca. 22 DM, warmes Abendessen ca. 15 DM. Nachteil: Da die Herberge so weit außerhalb liegt und um ca. 23 Uhr geschlossen wird, gibt es für die Gäste kein "Florenz bei Nacht".
Auch **Campingmöglichkeit** (April - ca. Okt.), ungefähr 1/3 billiger als auf Camping Michelangelo. Tel. 601451.
**Ostello Santa Monaca (49)**, Via Santa Monaca 6. Privatherberge. Vorteil: ca. 10 Min. vom Zentrum entfernt, aber oft überfüllt (am besten schon am Morgen in die Liste eintragen). Preislich etwas teurer als die IYH Ostelli. Geschlossen von 9.30-16.00 Uhr, dann wieder geöffnet bis 24 h. Tel. 268338.
**Casa delle studente (8)**, Viale Morgagni 51 (Nähe Piazza Dalmazia, im Norden der Stadt). Studentenwohnheim, für Reisende im August geöffnet Zwei bis vier Betten in einem Zimmer. Nur mit internationalem Studentenausweis. Tel. 43891.
**Casa delle studente (1)**, Piazza dell'Indipendenza 15. Unterkünfte zu den gleichen Bedingungen wie im vorgenannten und ebenfalls nur im August. Tel. 4389603.

### Camping

In unmittelbarer Umgebung der Stadt nur drei Plätze. Von Juli bis September immer ausgebucht. Nur wer am Vormittag ankommt, hat eine reelle Chance.

**Michelangelo**, Viale Michelangelo 80, ca. 20 Min. vom Zentrum entfernt. Verbindung vom Bahnhof per Bus Nr. 13. Der städtische Campingplatz von Florenz liegt hübsch am Hang unterhalb des Piazzale Michelangelo, beim Zähneputzen sieht man im Spiegel die Kuppel des Doms. Nur wenig Schatten durch dünne Olivenbäume. Nachts dringt viel Verkehrslärm aus der Stadt hinauf, am frühen Abend dröhnt die Musikbox am Terrassencafé mit den neuesten Hits. Preise: 2 Personen plus Zelt ca. 25 DM, Auto ca. 6 DM extra. Ganzjährig geöffnet. Tel. 6811977.
**Internazionale**, am Ortsausgang von Galuzzo (ca. 7 km südlich von Florenz,

**168**  Florenz / Reisepraktisches

Straße nach Siena, nicht weit von der Autobahnausfahrt Firenze-Certosa). Ca. 2mal stündlich Bus Nr. 37 ins Zentrum. Großzügiges Gelände auf einem Hügel. Von der einen Seite hört man den Autobahnverkehr. Geöffnet 1 Woche vor Ostern bis Oktober. Tel. 2034704.
**Villa Camerata**, siehe oben unter Jugendherbergen, IYH Ostello della Gioventù.

**Autosole**, bei *Calenzano* (ca. 10 km von Florenz entfernt, neben der Autobahn Richtung Bologna, Ausfahrt Prato-Calenzano). Der Camping liegt im Industriegürtel zwischen Florenz und Prato, viele Dauercamper. Nur für Anreisende zu empfehlen, die kaum mehr die Aussicht haben, einen freien Platz in Florenz zu ergattern. Tel. 882391.
Weitere Campingmöglichkeit siehe **Fiesole**.

# Essen & Trinken

Wer echte Florentiner Küche kosten will, muß eine Menge Lire hinblättern oder nimmt eine längere Suche am Altstadtrand in Kauf. Die Restaurants im Zentrum sind zu 90% auf Touristen eingestellt - die Wirte haben Laufkundschaft. Um den Laden voll zu bekommen, braucht keiner zu zaubern. Preisgünstig ist das *Menu a prezzo fisso* (ca. 15-25 DM), viel Genuß dürfen Sie bei dieser Variante jedoch nicht erwarten. Meiden Sie die Pizza-Stuben im Altstadtkern!

An Sonntagen ist es schwierig, ein passendes Lokal zu finden, die meisten Familientrattorien haben an diesem Tag geschlossen.

**Ristorante Sabatini (20)**, Via de Panzani 9. Eine der ersten Adressen für Feinschmecker. Die dortigen Preise kann sich allerdings nur ein italienischer Grandseigneur oder ein deutscher Zahnarzt leisten - ein *Pasto Fiorentino* allein kostet ca. 50 DM.
**Ristorante La Maremmana (36)**, Via de'Macci 77r. Etwa zehn Minuten Fußweg vom Zentrum, dafür nicht so überlaufen. Stellen Sie sich Ihren Teller mit Antipasto selber zusammen, über zwanzig verschiedene Variationen stehen zur Auswahl (diverse Muschelarten, Fisch mit und ohne Tinte, Salate...). Der Teller kostet ca. 8 DM. Auch hervorragende Pasta. Besonders zu empfehlen: Crêpes alla Fiorentina. Hat mit den französischen Pfannkuchen nichts zu tun, ähnelt eher einer Lasagne mit Spinatfüllung. Komplettes Festpreismenü (mit einer geringeren Auswahl) ab 21 DM inkl. ein halber Liter Wein. Sonntag geschlossen.
**Ristorante La Carabaccia (17)**, Via Palazzuolo 190r. Auch hier treffen sich Feinschmecker mit dünnem Portemonnaie. Täglich nur eine kleine Auswahl an Hauptgerichten, z. B. cinghiale ai porri - Wildschwein mit Lauchgemüse (eine Seltenheit in Italien) oder Bocconcini di vitella al curry - man wird nicht enttäuscht. Menü ca. 45 DM, Wein aus eigener fattoria! Sonntag und Montagmittag geschlossen.
**Fiaschetteria Il Latini (24)**, Via Palchetti 6r (in einer versteckten Gasse westlich der Via Tornabuoni. Mittelklasserestaurant mit ausgezeichneten Speisen. Wird hauptsächlich von Italienern besucht. Einfach eingerichtet, an der Decke hängen kiloschwere Schinken. Viele Spezialitäten, z. B. Arista di maiale (Schweinerücken). Zum Nachtisch Biscottini e Morellino (Plätzchen mit speziellem Rotwein). Komplettes Menü ca. 40 DM. Montag und Dienstagmittag geschlossen.
**Trattoria Da Benvenuto (41)**, Via Mosca 16r. Hier wurde in jüngster Zeit eine dieser stromlinienförmigen Glas-Alu-Türen angebracht. Innen ist der Familienbetrieb aber beim Alten geblieben - enge Tischreihen mit Bänken im kleinen Speisesaal neben der Küche (im Nebenraum etwas gepflegter). Der Eintritt erfolgt über die Café-Bar, in der sich besonders abends die Gäste für einen Sitzplatz anstellen. Gute Auswahl an Tagesgerichten, preiswerte und sehr gut zubereitete Mahlzeiten für ca. 25 DM. Montag und Mittwoch geschlossen.

## Essen & Trinken 169

**Trattoria Quattro Leoni (57)**, Piazza della Passera (bei der Piazza Pitti in die Via dello Sprone einbiegen). Ein Bekannter aß hier schon Anfang der 60er Jahre während seiner Studienzeit - damals kostete ein Menü 450 Lire. So geht's natürlich nicht mehr, aber preiswert ist die Familientrattoria geblieben. Ob das auch für 1995 noch gilt? Dann nämlich soll sich seine frisch renovierte Trattoria "molto piu grande" präsentieren, wie der Besitzer versprach. Samstagabend und Sonntag geschlossen.

**Ristorante Sasso di Dante (34)**, Piazza delle Pallattole 6r. Unmittelbar beim Dom und vollkommen auf den Tourismus eingestellt: Menu zu 25 DM (inkl. 0,25 l Liter Wein), Menu zu 40 DM, z. B. Osso Buco (inkl. 0,5 Liter Wein) oder vegetarisches Menu (Gemüseomelettes etc.) zu 25 DM.

**Osteria Antica Mescita San Niccolo (60)**, Via San Niccolo 62r. "Inmitten von einfachen Holzbänken, ungedeckten Tischen, holzgetäfelten Wänden, Regalen voller Weinflaschen und einer blankpolierten Messing-Kaffeemaschine bekommt man hier so seltsame Dinge wie 'Pappa ai pomodori' (Tomatenbrei mit Zwiebeln), 'Fegato alla fiorentina' (Leber auf Florentiner Art) und 'Lingua in salsa verde' (Zunge in Grüner Soße) serviert. Die Preise sind der Einfachheit halber einheitlich: Vorspeisen kosten 4.000 Lire, Hauptgerichte 6.000 Lire, der halbe Liter Rotwein ist für 4.000 Lire zu haben." (Leserbrief Ingrid Rottenkolber/Rudolf Gebhardt, München)

**Ristorante Il Cardellino (9)**, Via San Gallo 37r. Unprätentiöse, preiswerte Hausmannskost, z. B. Bocconcini alla fiorentina (Rindsgulasch in Tomatensauce). Menu ca. 20 DM, aber auch à la carte sehr billig. Als Wein wird ein Chianti (La Quarcia) oder ein leichter Roter serviert.

**Trattoria Giorgio (18)**, Via Palazzuolo 100. Klein, sauber, etwas hektisch. Eines der preiswertesten Festpreismenüs der Stadt. Für ca. 18 DM eine Portion Nudeln als Vorspeise, Hauptgericht z.B. Rindersteak (Mini, aber es reicht) und Salat. So. geschl.

**Il Cantinone del Gallo Nero (56)**, Via San Spirito 6r. Toscana-Weine und Antipasti. Kühler Keller mit großer Auswahl an Chianti classico mit dem schwarzen Hahn. Testmöglichkeit und gute toscanische Snacks (Crostini). Geöffnet: 12.30-14.00 und 19.30-23 Uhr.

**Trattoria Diladdarno (50)**, Via de'Serragli 84. Geräumiges Interieur mit langen Tischen. Die farbenfrohen Gemälde wirken etwas exotisch auf dem Hintergund der blassen, lindgrünen Wände. Für das Menu (20 DM) relativ große Auswahl. Eine aparte Sache zur Abrundung des Mahls sind die "Biscottini" mit Vinsanto.

**Pizzeria I Tarocchi (59)**, Via de'Renai 12r. Preiswerte und gute Pizzeria. Pasta und Pizza ab 8 DM. Dementsprechend meist überfüllt. Wartezeiten bis zu einer Dreiviertelstunde keine Seltenheit. Vorbestellung (fast) unmöglich. Tip: Wer in Ruhe essen will, kommt lieber gleich erst um 22 Uhr. Bedienung immer im Streß, aber dabei erstaunlich gelassen.

**Trattoria Le Mosacce (33)**, Via del Proconsolo 55r. Mitten im Zentrum hat sich dieses Lokal gehalten, scheinbar ohne auf die vorbeiziehenden Touristenmassen zu achten: Schinken hängen an der Theke, die Korbflasche steht auf dem Tisch. Mittags ist Hochbetrieb, man bekommt einen freien Platz an einem der langen Tische zugewiesen und schnell mit dem Nachbarn ins Gespräch. Arbeiter kommen und verdrücken hier eine Portion Spaghetti und einen Teller Kutteln hinterher - ein uriger Betrieb, in dem man ohne Italienischkenntnisse ziemlich verloren dasitzt.

**Trattoria Sabatino (48)**, Via Borgo S. Frediano 39r. Äußerst preisgünstiges Restaurant mit mehreren kleinen Eßräumen. Die Wände mit einfachen Malereien und einer Uhr notdürftig dekoriert. Guter, freundlicher Service. Das Menü, oft etwas lauwarm serviert, kommt auf ca. 18 DM. Sonntag geschlossen.

**Ristorante Il Bargello (42)**, Borgo dei Greci 37r. Der Versuch, mit Kupferkesseln, Pflanzen und Draht im Inneren ein grünes Dach zu spannen, trägt vielleicht in ein paar Jahren Früchte. Durchschnittliche Küche, Menu für 20 DM, etwas lieblos serviert. Mit mehr Liebe wurde der Penner bedient, der draußen vor der Tür einen Teller Spaghetti und hinterher einen heißen Kaffee bekam.

**Trattoria La Casalinga (55)**, Via dei Michelozzi 9. Einfach eingerichtet, gekalkte Wände und fahle Neonbeleuchtung. Viele Studenten, besonders abends sehr hektisch. Preiswerte Menüs (ca. 20 DM). Nur einige Standardgerichte zur Auswahl, meist mit Pommes Frites. Sonntag geschlossen.

**Ristorante/Rosticceria La Spada (23)**, Via della Spada 62r. Leckere Salaten und gegrillte Hähnchen zum Mitnehmen (wie in einer Metzgerei). Im Hinterzimmer Trattoria. Relativ teuer und grell. Festpreismenüs für ca. 25 DM mit Wein. Dienstag geschlossen.

**Trattoria/Fiaschetteria Mario (13)**, Via Rosina 2r. Einfach und bodenständig.

**Snack Amon (21)**, Via Palazzuolo 28r. Kleiner ägyptischer Imbiß.

**Fastfood Italy & Italy (15)**, Piazza della Stazione 25r. Einen McDonalds gibt es in der Stadt der Renaissance zwar noch nicht, doch das Fast-food hat auch hier Einzug gehalten. Immerhin gibt es im doppelten Italy nicht nur die berühmt-berüchtigten Fleischklopse im Wabberbrötchen, sondern auch Salate und Pasta.

▸ **Eispaläste: Gelateria Vivoli (37)**, Via Isola delle Stinche 7r (in einer unscheinbaren Gasse hinter dem Teatro Verdi). Die traditionsreichste Eisstube von Florenz. Die verschiedenen Eissorten sind auch in New Yorker Edelrestaurants zu haben.

**Festival del Gelato (30)**, Corso 75r. Der Eispalast würde einer Disco alle Ehre machen: Es glitzert und blinkt zur musikalischen Dauerberieselung. Die Qualität des Eises allerdings besteht den Vergleich mit dem vorgenannten Lokal nicht.

**Gelateria dei Neri (40)**, Via dei Neri 22r. "Di M. Vivoli" prangt über dem Eingang. Doch hat das Lokal mit dem traditionsreichen Betrieb (s. o.) nichts zu tun. Trotzdem: hervorragendes Eis.

# Abends in Florenz

Freunde nicht nur klassischer Musik besorgen sich den Veranstaltungskalender der Azienda di Turismo, werfen einen Blick in die Zeitung *Firenze Spettacolo* oder noch besser holen *Florenz Aktuell* beim Touristenbüro (gratis). Besonders während des Musikfestivals von Anfang Mai bis Mitte Juli wird fast täglich etwas geboten, häufig Konzerte im Innenhof des Pitti-Palasts oder in lauschigen Klostergärten.

Liebhaber nostalgischer Café-Kultur sollten abends die Caféhäuser an der Piazza della Repubblica besuchen. Dezenter Unterhaltungsmusik am Flügel lauscht der Besucher im matten Art-Deco-Glanz des **Paszkowski (27)**. An derselben Seite des Platzes das **Gilli (29)**, das - 1733 gegründet -zu den ältesten Cafés der Stadt zählt, und gegenüber das ebenso elegante **Giubbe Rosse (28)** mit einem beachtlichen Angebot an Tageszeitungen. Aber dem feinen Publikum auf die Tassen zu schauen hat seinen Preis, der Cappuccino kostet 6 DM, das Glas Bier 8 DM.

## Lokale

Kneipen, Jazz- und Musiklokale gibt es viele. Die Studenten, vornehmlich die Sprachschüler aus den USA und der Bundesrepublik, möchten ein buntes Abendprogramm nicht missen. Die Kneipe am Eck (*Birreria, fiaschetteria*) zählt in Florenz fast zu den Luxusvergnügen - die Halbe

## Nachtleben 171

Bier kostet ca. 8 DM !

Um Steuern zu sparen, sind viele "Clubs" nur für Mitglieder zugänglich, will heißen, man bekommt für den Abend eine Besucherkarte ausgestellt - gelegentlich umsonst, wenn's innen leer ist. Bei anderen ist der erste Abend kostenlos, wer ein zweites Mal kommt, zahlt Clubbeitrag (*tessera* zwischen 5 und 15 DM pro Monat).

> Viele Kneipen im Universitätsviertel zwischen Dom und Piazza SS. Annunziata, v. a. am Borgo Pinti und der Via dei Servi.

**Be Bop (12)**, Via dei Servi 28. Eines meiner Lieblingslokale, oft spielen Gruppen. Wem es zu laut wird, kann sich in die zwei Hinterzimmer des Kellergewölbes zurückziehen. Frauen scheuen sich nicht, alleine reinzuschauen.

**Café Voltaire (11)**, Via degli Alfani 26r. Das Lokal ist äußerlich eindeutig dem Züricher Vorbild gleichen Namens, der Geburtsstätte von Dada, nachempfunden. Sehr gemischtes Publikum, weniger modisch aufgepeppt. Am frühen Abend auch Restaurationsbetrieb - später oft Musik oder Varieté- und Zauberkünstler. Ungezwungen liest man die Tageszeitung (gute Auswahl) oder spielt Schach. Erster Besuch gratis.

**055 Revolution (35)**, Via Verdi 57r. Rock-Café, in dem abendlich häufig Live-Konzerte regionaler Gruppen gegeben werden. Auftritte gegen 23 Uhr, Schließung gegen 4 Uhr. Ab Mitternacht in der Regel brechend voll. Kein Eintritt, dafür erhöhte Getränkepreise.

**Red Garter (38)**, Via dei Benci 33r. Eine rockige Musikkneipe, viele amerikanische Gaststudenten. Donnerstag, Freitag und Samstag Live-Musik, es wird gerne wild getanzt. Eintritt ca. 12 DM, erstes Getränk frei.

**Sfizio (61)**, Lungarno Cellini 1r. Moderne 'Trendy'-Bar mit Video, Juke-Box und großer Freiluftterrasse, gut besucht von Yuppies und Szene-Publikum, Bier 10 DM.

**Ristorante/Birreria Le Boccale (44)**, Borgo SS. Apostoli 15. Am frühen Abend Speiserestaurant, später schaut man auf ein Bier vorbei. Von den jüngeren Florentinern schon seit Jahren vielbesucht. Exzellente Antipasti (man stellt sich den Teller selbst zusammen). Komplettes Menü ca. 25 DM. Montag geschlossen.

**Spaziouno (25)**, Via del Sole 10 (westlich der Via Tornabuoni). Kino ist fast untertrieben. Fernsehsaal mit Großleinwand, aber schlechter Tonqualität, und Kneipe. Wohl kaum zu unterbietende Preise (liegt wohl daran, daß das Lokal im Besitz der ehemaligen Kommunistischen Partei ist): Mineralwasser 50 Pfennige, Wein 1.40 DM pro Glas. Idealer Treffpunkt als Ausgangsstation für ausgedehnte Nachtbummel. Oben im 1. Stock ein Programm-Kino, Eintritt 7 DM. Beim ersten Mal muß allerdings für eine Gebühr von drei Mark dem Kinoclub beigetreten werden. Damit kann man sich alle Filme des Abends nacheinander anschauen. Wochentags laufen drei Streifen, am Sonntag sogar vier. Oft Werkschauen bekannter Regisseure, zum Beispiel Luigi Viscontis.

### *Tanzen*

*Einrittspreise* um die 15 DM, erster Drink umsonst.

Im Zentrum einige Discos, u. a. **Space Electronic**, Via Palazzuolo 37 - verrückte Einrichtung.

**Tenax**, zur Zeit am meisten "in". Publikum - gestriegelte "Post Punks", hart im Trend. Liegt ziemlich weit außerhalb (ca. 10 km) auf halbem Weg nach Prato. Bus Nr. 29/30. Via Pratese 46.

# Florenz/Sehenswertes

*Japanische Besuchergruppe vor dem Dom*

# Sehenswertes

**Es lohnt sich, die im Mittelalter gewachsene Stadt zu durchstreifen - mit ihren immensen Kunstschätzen ist sie einmalig. Besser als in überfüllten Gemäldegalerien lassen sich die großen Meister anhand ihrer Fresken in "ruhigen" Klosterkirchen studieren.**

Zur Einstimmung an der Piazza della Signoria ein kühles Bier trinken, die Harmonie des Platzes auf sich wirken lassen. Dann vielleicht hinüber zum Ponte Vecchio schlendern, wo zierliche Goldschmiedearbeiten in den Auslagen funkeln.

Florenz wurde im ausgehenden Mittelalter geplant und systematisch angelegt; es gab keinen Wildwuchs. Gemeinsam wurde bestimmt, wie ein neues Bauwerk in das Bestehende eingefügt werden konnte. Von den Stadtoberen wurde festgelegt, welche Fassade und welche Bausteine die Neubauten haben sollten. Die Berufsstände wie Schuster, Tuchhändler, Metzger wurden in jeweils unterschiedlichen Straßenzügen angesiedelt.

Diese Bauordnung wurde erst später durch die *Medici* und andere superreiche Bankiersfamilien "gestört", die ihre Renaissancepaläste in der Stadt hochzogen. Dazu mußten oft halbe Straßenzüge niedergerissen werden, sie gaben aber Florenz den Anstrich einer völlig neuen

Architektur. In dieser Zeit beriefen sich Baumeister wie Künstler auf das abgewandelte Ideal der Antike.

*Eintrittspreise*: Der Besuch einiger interessanter Bauten und Ausstellungen addiert sich leicht auf ca. 30 DM! (5.000 Lit. für die Domkuppel, 12.000 Lit. für die Uffizien, 9.000 Lit. für die Medici-Kapellen etc.).

## Piazza della Signoria

**Sie gehört zu den berühmtesten Plätzen Italiens - eine großartige Kulisse alter Bauten, dominiert vom Palazzo Vecchio (Rathaus) und der Loggia dei Lanzi. Im Florentiner Stadtgewühl ist die Piazza della Signoria eine Oase der Ruhe, da sie für den Autoverkehr gesperrt ist. Statt dessen verkehren Pferdedroschken (ca. 30 DM für eine halbstündige Stadtrundfahrt).**

Der große Brunnen vor dem Palazzo wurde von *Ammannati* entworfen und provozierte bei der damaligen Bevölkerung den Ausspruch: *Oh, Ammannati, welch schönen Marmor hast du verschwendet!* Wie dem auch sei, Neptun als "schwammiger Weißling" ist ein beliebtes Fotomotiv. Neben ihm posiert auf der Piazza *Michelangelos* berühmter "David" - seit 1873 nur noch als Kopie; das Original ist in der Galleria dell'Accademia zu sehen. Die dritte Skulptur ("Herkules und Cacus") vor dem Palazzo stammt von *Baccio Bandinelli* und gilt allgemein als dessen Hauptwerk.

Nicht weit vom Brunnen ist eine Schrifttafel in den Boden eingelassen. Hier wurde 1498 *Savonarola*, der populäre Reformator, hingerichtet und verbrannt. In einer Zeit revolutionärer Unzufriedenheit der unteren Stände gegen Macht und Willkür des Großbürgertums suchte er die Rückbesinnung auf die demokratischen und christlichen Ideale der Stadtrepublik. Papst und Medici jedoch erstickten die Unru-

*Treffpunkt Piazza della Signoria – "Hercules und Cacus" vor dem Palazzo Vecchio*

heherde. Die Legende erzählt, Savonarolas Herz sei nach seiner Verbrennung unversehrt in der Asche gefunden worden.

Zur Zeit des großbürgerlichen autokratischen Regimes wurden hier am Platz die sogenannten Volksabstimmungen abgehalten: Die versammelten Bürger wurden von Soldaten umzingelt und mußten die ernannten Stadträte in ihrem Amt bestätigen.

Wem die Cafés an der Piazza zu teuer sind, der setzt sich auf die Stufen der Loggia. Hier spielen oft bis weit nach Mitternacht Straßenmusiker - wegen des hohen Gewölbebaus ist die Akustik ausgezeichnet. **Imbißmöglichkeiten** in der Via Cerchi: ein Milchladen mit frischem Joghurt, Obstgeschäfte sowie eine Imbißstube mit belegten Brötchen.

## Loggia dei Lanzi *(Loggia della Signoria)*

**Die Bogenhalle an der Piazza della Signoria stammt aus der Zeit des Übergangs von der Spätgotik zur Renaissance (Ende des 14. Jh.). Hier fanden die Wahl der Stadtoberen und ähnliche Anlässe statt, im 16. Jh. diente die Loggia als Unterkunft für die Leibwache Cosimos I.**

Heute befinden sich unter dem Kreuzgang v. a. Skulpturen aus der römischen Antike und der Florentiner Spätrenaissance. Von *Giambologna* stammen "Der Raub der Sabinerinnen", "Herkules und der Zentaur Nessus" sowie "Menelaos hält den Körper des Patroklos"; neueren Datums ist "Der Raub der Polinexa", ein Werk von *Pio Fedi* (1816-1892).

Das populärste Werk der Loggia ist der "Perseus" von *Benvenuto Cellini*, eine Bronzearbeit aus dem Jahre 1533. Perseus hält den abgeschlagenen Kopf der Medusa - in dicken Trauben hängt noch das Blut daran...

---

### Streit beim Bau der Loggia
Der Weiterbau des Doms wurde zugunsten der Loggia unterbrochen. Die Bevölkerung und die Stadtregierung (gewählt aus den sieben oberen Zünften) stritten sich. Das Volk wollte sich vom traditionellen Domplatz als Versammlungsort nicht trennen, während der Bau der Loggia als Provokation der allgegenwärtigen Staatsgewalt empfunden wurde und das einfache Volk verunsicherte: "Eine Loggia geziemt einem Tyrannen und nicht dem freien Volke."

---

*Goethe* übersetzte in seiner "Italienischen Reise" eine Autobiographie Cellinis, in der die näheren Umstände der Gestaltung des Perseus beschrieben sind: Cellini hatte zuvor am französischen Hof gearbeitet und kam - von Heimweh getrieben - nach Florenz zurück. Bei den anderen Künstlern der Stadt fand er keinerlei Unterstützung, da er als Fürstengünstling galt. Kein Mensch traute Cellini das technisch äußerst schwierige Werk zu. Probleme ergaben sich besonders wegen der weit auseinandergezogenen Arme und Beine der Skulptur - so konnten sich beim Guß leicht Luftblasen bilden. Als die Form endlich zum Guß fertig war und der Schmelzofen glühte, bekam der Künstler heftige Kopfschmerzen und hohes Fieber und mußte sich ins Bett legen. Seine Gesellen übernahmen die Verantwortung und machten den Rest. Der Guß gelang, und Cellini war sofort wieder flott.

### Von Tarnkappen, geflügelten Rössern und der schönen Andromeda

Die grausig-schöne Geschichte von *Perseus dem Medusentöter* geht zurück auf die alten Griechen: Perseus, ein gutaussehender und tapferer Jüngling, zog aus, die schreckliche Medusa zu töten, die mit ihren zwei Schwestern am Ende der Welt hauste. Glücklicherweise traf er unterwegs die Nymphen, die ihm einen Reisesack, Flügelschuhe, mit denen er fliegen konnte, und eine Tarnkappe schenkten.

Am Wasserring angelangt, der die Welt begrenzt, traf er auf die drei schrecklichen Schwestern. Sie schliefen gerade und boten einen furchterregenden Anblick: auf dem Kopf Schlangen statt Haare, Hauer im Mund wie bei Wildschweinen und dazu riesige goldene Flügel!

Medusa hatte jedoch einen Fehler: Sie war sterblich. Vorsichtig tastete sich Perseus an die Schlafenden heran, den Kopf immer abgewendet, denn jeder, der dem Ungeheuer in die Augen sahen, wurde sofort zu Stein!

Perseus - clever! - hielt seinen Schild so, daß er nur das Spiegelbild der Schwestern darin sah. Dann schlug er mit einem gewaltigen Streich Medusa das Haupt ab. Ein dicker Strahl dunkelroten Blutes sprang aus dem Leib hervor und außerdem noch Pegasus, das geflügelte Roß der Dichter, das in Medusa gefangen gewesen war.

Mit schrecklichem Geheul stürzten sich ihre beiden Schwestern jetzt auf Perseus. Der aber steckte das abgeschlagene Haupt schnell in seinen Sack, setzte die Tarnkappe auf, die ihn unsichtbar machte, und flog mit den Flügelschuhen davon. Die zwei Ungeheuer jagten tobend hinterher, aber sie konnten ihn nicht sehen, und so gelang dem Jüngling die Flucht...

Auf dem Heimweg erwies dem wackeren Perseus das Haupt der Medusa noch viele gute Dienste, denn jeder, der es ansah, wurde sofort zu Stein. Unter anderem auch der Riese *Atlas*: Sein ungeheurer Körper fiel der Länge nach hin und verwandelte sich in das (heute marokkanische) Atlasgebirge. Seine Glieder wurden zu Berggipfeln, das Haupt- und Barthaar zu endlosen Wäldern.

Später stieß Perseus auf die schöne *Andromeda*, die er - verständlich - nicht zögerte zu ehelichen. Doch prompt wurde die brave Hochzeitsgesellschaft

> Opfer einer gedungenen Mörderschar. Alles schien verloren, doch Perseus behielt einen klaren Kopf und rief: "Wer mein Freund ist, wende sein Haupt ab!" Die Angreifer lachten darüber, Perseus aber zog das Medusenhaupt aus der Tasche, und alle, die es sahen...
> Darauf lebten Perseus und seine Frau noch viele Jahre glücklich zusammen, bis sie nach ihrem Tod von den Göttern zu den Sternen erhoben wurden. So stehen noch heute am Nachthimmel neben der Kassiopeia zwei andere Sternbilder: Perseus mit dem geheimnisvollen Stern Algol (Vorsicht: er soll das Haupt der Medusa sein!) und Andromeda...

## Palazzo Vecchio

**Das Rathaus - hier lebten zur Zeit der Florentiner Zunft-Demokratie, jeweils für 60 Tage gewählt, die zwölf Stadtoberen. Sie mußten während ihrer gesamten Amtszeit in einem Raum zusammen leben, um jede Möglichkeit der Beeinflussung von außen zu verhindern, und durften den Palast nur zwecks Amtsgeschäften verlassen.**

Der große rechteckige Bau mit gotischen Fenstern und mittelalterlicher Brüstung wurde zwischen 1298 und 1314 erbaut. Nach den zunftdemokratischen Wohngemeinschaften (s. o.) war der Palazzo Vecchio Sitz *Cosimos I.* und weiterer Medicis.

▶ Auch wenn der Palazzo von außen sehr schlicht wirkt, so ist das Innere doch sehr aufwendig und prunkvoll. Man betritt als erstes einen **Innenhof** mit Säulengang, ausgeschmückt mit Fresken und Stuckarbeiten. Der hübsche Brunnen geht auf einen Entwurf *Vasaris* zurück.

An den Innenhof grenzt der einzige Raum, der aus der Erbauerzeit noch erhalten blieb: der *Waffensaal* (geschlossen).

▶ Im **ersten Stock** ist einzig der *Saal der Fünfhundert* zugänglich. Ursprünglich waren Michelangelo und Leonardo da Vinci, die beiden größten Söhne der Stadt und erbitterte Rivalen, damit beauftragt worden, die Saalwände mit Fresken der beiden entscheidenden Schlachten der Republik (Schlacht von Cascina 1364 und Schlacht von Anghiari 1440) zu bemalen. Aber beide Fresken kamen nie zur Ausführung. Von Leonardo weiß man, daß er die Arbeit aufgeben mußte, weil ihm beim Ausprobieren einer neuen Freskotechnik die Farben an der Wand zerrannen. Von *Michelangelo* ist immerhin der sogenannte "Genius des Sieges" zu sehen, die Statue eines Jünglings, der einen Riesen bezwingt (1533-34 für das nicht verwirklichte Grabmal von Papst Julius II. ausgeführt und seit 1980 im Saal der Fünfhundert). Daneben eine ganze Serie von Herkules-Statuen, die amüsanteste vielleicht "Herkules und Diomedes" von *Vincenzo de Rossi* - Diomedes geht dem

## Uffizien 177

*Innenhof der Uffizien: Zwischen den beiden Palastflügeln warten die Porträtmaler auf Kundschaft.*

griechischen Helden recht handgreiflich ans Gemächt.

Im **zweiten Stock** sind zahlreiche Räume zu besichtigen, u. a. der *Saal der Elemente*, in der Ausschmückung unverkennbar ein *Vasari*-Werk. In einer rundum mit viel Gold dekorierten *Kapelle* verbrachte Savonarola die letzte Nacht vor seiner Hinrichtung. Der prunkvolle *Audienzsaal* ist mit großflächigen Schlachtenfresken ausgeschmückt. Im *Geographie-Saal* kann man sich dem Studium alter Länderkarten von Grönland bis zum Bosporus hingeben.

Zum Abschluß sollte man es sich nicht nehmen lassen, auf den **Turm** des Palastes hochzusteigen - einmaliger Blick auf Florenz!

*Öffnungszeiten*: werktags 9-19 Uhr, sonntags 8-13 Uhr, Donnerstag geschlossen. Eintritt ca. 8 DM.

## Uffizien *(Palazzo degli Uffizi)*

Die Uffizien, das "Museum der Superlative", wird gerne in einem Atemzug mit dem Louvre und dem Prado genannt. Hier wird eine derartige Masse an Kunstwerken ausgestellt, daß mit einer genauen Beschreibung mehrere Bücher gefüllt werden könnten - interessant ist der Besuch für Leute mit gezielten Interessen. Einzelne, großartige Kunstwerke gehen für den Laien in der Masse unter.

Am rechten Arno-Ufer liegt der von *Vasari* im 16. Jh. entworfene u-förmige Palastbau. Hier waren die wichtigsten Ämter des Stadtstaates untergebracht. Noch im selben Jahrhundert gründete *Francesco I. de' Medici* im dritten Stock der Uffizien eine Galerie. Seine Nachfahren machten es sich zur Herzenssache, die Sammlung zu vergrößern. So entstand eine der berühmtesten Galerien der Welt.

**Schwerpunkt der Sammlung**: Florentiner und Toscanische Schule aus dem 13. bis 16. Jh., aber auch Werke anderer italienischer sowie deutscher und holländischer Meister. Ursprünglich war die Gemäldegalerie die Privatsammlung der Medici-Familie; mit dem Tod des letzten Medici ging sie als Geschenk vollständig an die Stadt Florenz über.

Bis Ende des 14. Jh. findet man in der Malerei nur religiöse Motive, und die plastische Darstellung steckt noch in den allerersten Anfängen: Gekreuzigter Heiland und Madonna mit Kind überwiegen. Erst mit der Renaissance wird das rein religiöse Bild seltener. In den Vordergrund tritt nun die Darstellung des Menschen und ersetzt das göttliche Anbetungsbild. Als Vorlagen dienen neben Figuren der griechischen Mythologie jedoch noch vorwiegend biblische Szenen. Erst später folgen das Porträt und das reine Landschaftbild.

▶ **Öffnungszeiten**: Dienstag - Samstag 9-19 Uhr, Sonntag 9-14 Uhr. Eintritt ca. 12 DM.

## Rundgang durch die Uffizien

Die Kirche San Pier Scheraggio (neben dem Eingangsraum): Die 1068 eingeweihte Kirche ist kaum mehr als solche zu erkennen. Schon vor Vasari riß man das linke Schiff ab, später wurde der Rest der Kirche in die Uffizien eingegliedert. Restaurierungsarbeiten förderten römisches Mauerwerk mit Fresken zu Tage.

Heute hängen hier die fast lebensgroßen Porträts der "Berühmten Persönlichkeiten", die *Andrea del Castagno* für die Medici-Villa Carducci gemalt hatte (u. a. die Bildnisse Boccaccios und Petrarcas).

**Kabinett für Zeichnungen und Drucke im 1. Stock** *(Gabinetto dei Disegni e delle Stampe):* Im ehemaligen Theaterraum der Medici wurde eine der namhaftesten Sammlungen an Zeichnungen und Drucken untergebracht. Besonders zahlreich vertreten sind die Florentinischen Schulen des 14. - 17. Jh. Sehenswert sind die Studie von *Paolo Uccello* "Ein Krieger zu Pferde" und *Filippo Lippis* Zeichnung "Madonna mit dem Kinde und Engel" sowie, aus der fast vollständigen Sammlung florentinischer Künstler des 16. Jh., die "Handstudie mit Buch" von *Andrea del Sarto*.

**Die Skulpturensammlung** und die **drei Korridore**: Die Medici sammelten mit Leidenschaft antike und "moderne" Skulpturen. Die heute in den Uffizien noch vorhandenen Skulpturen sind hauptsächlich in den Korridoren des Palastes ausgestellt. Die drei Korridore mit ihren Fen-

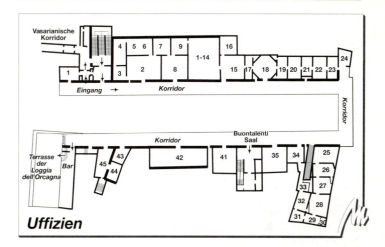

sterreihen und ihrer großzügigen Bauweise wirken elegant. Die Dekken zieren die ursprünglichen Fresken aus dem 16. Jh.: Es sind "Grotesken", ein farbenfrohes, dichtes Netz aus Pflanzen- und Tiermotiven mit mythologischen, allegorischen und symbolischen Darstellungen zum Ruhm der Medici. Sie wurden unter Anleitung *Alessandro Alloris* gemalt.

**Saal 1** *(Sala archeologica):* enthält als einziger antike Werke - wenig spektakulär, vornehmlich hellenistische Statuen.

**Saal 2** *(Sala del Duecento und Giotto-Saal):* An zentraler Stelle ist die Maestà von *Giotto* (Madonna von Ognissanti) untergebracht. In diesem Gemälde sind die Anfänge der perspektivischen Darstellung auszumachen. An den Nebenwänden hängen thronende Madonnendarstellungen aus dem 13. Jh. Die "Madonna Santa Trinità" von *Cimabue* ist noch ganz der byzantinischen Malerei verhaftet, während in *Duccios* "Madonna Rucellai" bereits erste gotische Stilelemente auftauchen.

**Saal 3** *(Saal des sienesischen Trecento):* Die sienesische Kunst des beginnenden 14. Jh. ist charakterisiert durch ihre Lebendigkeit. *Simone Martinis* "Verkündigung" läßt den strengen Bildaufbau vermissen, der die früheren Jahrhunderte geprägt hatte. Für seine Zeit allerdings war der Sieneser noch zu "modern". *Ambrogio Lorenzetti* ist mit dem restaurierten Gemälde "Vorstellung Jesu im Tempel" vertreten, in dem das heilige Kind unbekümmert am Finger lutscht.

**Saal 4** *(Saal des Florentinischen Trecento):* Die florentinische Kunst der ersten Hälfte des 14. Jh. stand unter direktem Einfluß Giottos. Die perspektivische Technik des großen Künstlers ist im Altarbild der Heiligen Cäcilie, Werk eines bisher nicht identifizierten Schülers von Giotto,

## 180   Florenz/Sehenswertes

*Frau Herzog von Urbino* (v. Piero della Francesca, beide Gemälde im Saal 7)

gut erkennbar. Von *Giottino* stammt die "Kreuzabnahme (Beweinung) Christi", eine Pietà mit dem Ausdruck von Schmerz und Trauer. Die einzelnen Figuren sind vor dem goldenen Hintergrund kontrastreich voneinander abgesetzt.

**Saal 5/6** *(Saal der Spätgotik):* Die Spätgotik oder auch der franko-flämische Stil gelten als Fortsetzung der alten Malweise, in der Größenverhältnisse wie perspektivische Anordnung noch keine Rolle spielen.

**Saal 7** *(Saal der Frührenaissance):* In der Mitte des 15. Jh. konnten die humanistischen Ideen auch die Malerei erobern. Es wurden nicht mehr nur kirchliche Themen verarbeitet, die Erforschung einer naturgetreuen und "wissenschaftlichen" Darstellungsweise wurde großgeschrieben. Zu sehen sind u. a. zwei Madonnen mit Kind von *Masaccio,* der gelegentlich als Vater der Renaissance-Kunst bezeichnet wird.

**Saal 8** *(Saal Filippo Lippis):* Vermutlich wegen seiner Schwäche für weibliche Reize malte *Fra Filippo* die schönsten Marien-Darstellungen. Die zarte Sinnlichkeit seiner Madonnen weist auf ein anbrechendes "heidnisch-frohes" Zeitalter hin. Auf dem Gemälde "Krönung Mariä" ist der Künstler kniend unter den anmutigen Nebenfiguren zu sehen. Die berühmte "Madonna mit Kind und zwei Engeln" hängt ebenfalls hier (eine Studie zu diesem Werk findet sich im 1. Stock).

**Saal 9** *(Saal des Antonio Pollaiuolo):* In diesem Saal kann man die rasche kulturelle Entwicklung der 60er Jahre des 15. Jh. studieren. *Antonio Pollaiuolo* war wegen seiner Gold-, Silber-und Bronzearbeiten der Lieblingskünstler von ganz Florenz. Neben seinen Gemälden sind von seinem Bruder *Piero* die sechs "Tugenden" zu sehen - die siebte Tugend, die "Stärke", schuf *Botticelli* - sowie zwei weitere Jugendwerke, die "Auffindung von Holofernes Leichnam" und die "Rückkehr Judiths aus dem feindlichen Lager", beides sehr naturalistische Arbeiten.

**Saal 10/14** *(Botticelli-Saal):* Mit seiner sanft-erotischen Malweise prägte *Botticelli* das 15. Jh. Er malte mit Vorliebe gutaussehende Frauen mit schmalen Gesichtern. Weltberühmt sind seine "Allegorie des Frühlings" und die "Geburt der Venus". Diese

Venus lebte wirklich, hieß Simonetta Vespucci, war stadtbekannt und vielbegehrt und starb in jungen Jahren an Tuberkulose. Neben weiteren Werken Botticellis ist auch eine Reihe von Gemälden seines Schülers *Filippino Lippi* (Sohn von Filippo Lippi) ausgestellt.

**Saal 15** *(Leonardo-Saal):* In diesem Raum sind neben zwei Bildern *Leonardo da Vincis* auch Werke jener Künstler zu sehen, die in *Verrocchios* Werkstatt tätig waren. Die "Taufe Christi" stammt von Verrocchio mit Ausnahme des linken Engels und der dunstigen Landschaft, die Leonardo als Schüler gemalt hat. "Die Anbetung der Könige", eine unvollendete Arbeit, war bereits ein eigenständiges Werk Leonardos.

**Saal 16** *(Saal der Landkarten):* Hier dekorierten einst die Karten des alten Herrschaftsbereichs von Florenz die Wände, heute sieht man lediglich noch die Karte der Insel Elba. Bis vor 200 Jahren waren noch originale wissenschaftliche Instrumente ausgestellt, heute leider nur noch die Kopien von Galileis Fernrohr und seines Astrolabiums sowie sechs Gemälde von *Hans Memling*.

**Saal 17** *(Saal des Hermaphroditen):* Ursprünglich wurden auch hier wissenschaftliche Geräte gesammelt. Die Grotesken lassen noch verschiedene Instrumente erkennen. Die Hauptsehenswürdigkeit dieses Saals sind jedoch die römischen Marmorskulpturen "Liegender Hermaphrodit" und "Amor und Psyche".

**Saal 18** *(Tribuna):* Der reichgeschmückte, achteckige Raum mit

*Herr Herzog von Urbino*

den Symbolen der vier Elemente war für die Meisterwerke aus der Sammlung der Medici gedacht und wurde dafür eigens von *Buontalenti* ausgeschmückt. Unter den Statuen befindet sich die berühmte "Mediceische Venus". An den Wänden Arbeiten von *Bronzino*, *Vasari* u. a.

**Saal 19** *(Saal Peruginos und Signorellis):* Neben den Werken von *Signorelli* und *Perugino* sind hier Arbeiten verschiedener Meister aus der Emilia-Romagna und Mittelitaliens untergebracht.

**Saal 20** *(Saal Dürers und der Deutschen):* In diesem Saal sind Werke von *Dürer*, *Cranach* und anderen deutschen und flämischen Meistern des 15. und 16. Jh. ausgestellt. Man kann "Adam und Eva" in den Versionen von Dürer und Cranach vergleichen oder Dürers Radierung "Großer Kalvarienberg" mit dem gleichnamigen Gemälde von *Breughel*.

**Saal 21** *(Saal Giovanni Bellinis und Giorgiones):* Bellini und Giorgione waren zwei große venezianische Maler der Renaissance. Die "Allegorie" ist ein wohlbekanntes Werk von Bellini, seine Heiligengestalten inmitten einer magisch wirkenden Landschaft haben recht Menschliches an sich.

**Saal 22** *(Saal der niederländischen und deutschen Meister):* Zu sehen sind Werke der deutschen und holländischen Meister des 15. und 16 Jh., u. a. ein Selbstbildnis *Hans Holbeins d. J.* sowie zahlreiche Porträts von *Hans Memling*.

**Saal 23** *(Correggio - Saal):* Eigentlich hieß er Antonio da Allegri, aber man nannte ihn nach seinem Heimatort. *Correggio* ist ein Meister der Licht- und Schatteneffekte, seine Gestalten scheinen aus Fleisch und Blut. Neben seinen Werken hängen u. a. einige von *Andrea Mantegna*, dem großen norditalienischen Meister des 15. Jh.

**Saal 24** *(Saal der Miniaturen):* Miniaturensammlung der großherzoglichen Familie.

**Saal 25** *(Saal Michelangelos und der Florentiner):* In diesem Saal ist das einzig gesicherte Bild *Michelangelos* zu sehen. Das berühmte *Tondo Doni* (rundes Votivbild) mit der Darstellung der heiligen Familie ist in Aufbau und Bewegung seiner Figuren ein revolutionäres Werk.

**Saal 26** *(Saal Raffaels und Andrea del Sartos):* Neben *Raffaels* "Madonna mit Zeisig" sind ein Selbstbildnis des Meisters sowie Porträts von Julius II. und Leo X. mit den Kardinälen zu sehen. Für das Bild "Die Harpyien-Madonna" von *Andrea del Sarto* stand dessen Frau Lucrezia del Fede Modell.

**Saal 27** *(Saal Pontormos und Rosso Fiorentinos)* mit Werken der Schüler von Andrea del Sarto. *Pontormo* malte Fresken, die sogar Michelangelos Bewunderung fanden. Seinen Gemälden fehlt jedoch die berühmte Weichheit und Harmonie, die Figuren sind von Unruhe und gespannter Haltung gekennzeichnet.

**Saal 28** *(Tizian-Saal):* Der Saal der venezianischen Renaissance mit ihrem großen Porträtisten Tizian. Er malte nackte Frauen, die nicht mit einer überirdischen Unschuld versehen, sondern schön, kräftig und gesund waren, z. B. die berühmte "Venus von Urbino". Ferner sind zahlreiche Porträts von Dogen und reichen Leuten unter seiner Hand entstanden. Palma il Vecchio ist als weiterer Vertreter der venezianischen Schule erwähnenswert. Er malte weite Landschaften mit farbenfrohen Gestalten.

---

Als *Manierismus* wird eine Stilrichtung bezeichnet, die sich von ihrer klassischen Form (hier: der Renaissance) entfernt und leicht abstrakte Formen annimmt. Die Realität wird negiert zugunsten der Darstellung des Abnormen, Figuren werden zugunsten der Ausdruckssteigerung übertrieben. Man sieht darin eine Flucht des Künstlers vor der Realität einer von politischem Chaos geprägten Zeit (hier: 1520-1550).

## Uffizien

### Der Bombenanschlag vom 27. Mai 1993

Der 27. Mai 1993 wird als schwarzer Tag in die Annalen der Uffizien eingehen. Bis heute sind die Täter des Sprengstoffanschlags auf die Uffizien noch nicht ermittelt, hingegen der Schaden: 90 Kunstwerke beschädigt, 3 für immer verloren. Die Restaurierungsarbeiten nehmen Zeit in Anspruch.

Seit dem Anschlag sind einige Räume geschlossen, ebenso der Vasarische Korridor. Einiges wurde umgestellt, so daß unsere Kurzbeschreibung der Säle (v. a. Säle 33-45) für das Jahr 1995 nur mit Abstrichen zutrifft. Die Wiedereröffnung des Vasarischen Korridors (wie bisher nur nach Voranmeldung zugänglich) wurde zum April/Mai 1995 in Aussicht gestellt. Bis Weihnachten 1995 sollen dann die Uffizien wieder in ihrem vorherigen Zustand zugänglich sein, also unserer Beschreibung entsprechen.

---

**Saal 29** *(Parmigianino-Saal)*: Ein wichtiges Werk des berühmten Manieristen ist die "Madonna mit dem langen Hals", eines seiner Alterswerke. Dieses Gemälde vereinigt alles, was *Parmigianino* auszeichnet: die Längung der Glieder, die Kostbarkeit der Farben und der Details sowie die Perfektion der Komposition.

**Saal 30** *(Kabinett der emilianischen Maler)* Werke von Künstlern aus Ferrara wie z. B. *Mazzolino*.

**Saal 31** *(Saal Dosso Dossis)*: Neben Bildern von *Dossi*, der ähnlich wie *Mazzolino* in einer bizarren Technik gemalt hat, sind Gemälde venezianischer Künstler zu sehen.

**Saal 32** *(Saal Sebastiano del Piombos und Lorenzo Lottos)*: Gemälde dieser beiden Künstler, darunter eine Studie *Sebastiano del Piombos* zu Michelangelos Fresken in Rom "Der Tod des Adonis".

**Saal 33** *(Korridor des 16. Jh.)*: Manieristische Werke verschiedener Schulen und Künstler dekorieren die Wände des Durchgangsraumes, u. a. auch ein Gemälde von *Vasari*.

**Saal 34** *(Veronese Saal)*: Er kam aus Verona nach Venedig und hieß eigentlich Paolo Galiari. Im Laufe seines Schaffens wurde *Veronese* der größte Dekorateur in Venedig. Er war geblendet vom Pomp und Reichtum der Stadt, für das Düstere hatte er keinen Blick. Neben seinen in warmen Tönen gemalten Bildern sind auch Werke des großen Porträtisten *Moroni* zu sehen.

**Saal 35** *(Saal Tintorettos und Baroccis)*: Iacopo Robusti war der Sohn eines Färbers, daher sein Deckname *Tintoretto* (Färberlein). Tizian hatte ihn gerade für drei Tage als Lehrling beschäftigt, als er ihn schon wieder entließ, da er in Iacopo einen großen Konkurrenten befürchtete. So jedenfalls erzählt die Legende... *Federico Barocci* aus Urbino verwendete bereits Elemente, die das Barockzeitalter ankündigen. Als letztes soll *El Grecos* einziges Bild in den Uffizien erwähnt werden, "Evangelist Johannes und der heilige Franziskus", das mit seiner deutlich verfeinerten Maltechnik sofort auffällt.

**Saal 41** *(Rubens-Saal)*: Neben *Rubens'* Gemälden sind hier auch Bilder von *Anton van Dyck* ausgestellt. Von

Rubens stammt das Porträt Isabelle Brandts, seiner ersten Frau. Des weiteren ist ein Porträt Galileo Galileis von *Justus Susterman* zu sehen.

**Saal 43** *(Caravaggio-Saal):* Wie bei der Bearbeitung seiner mythologischen Themen ("Bacchus", "Medusa") zeichnet sich *Caravaggio* auch in der Darstellung biblischer Szenen durch genaue Beobachtung aus ("Die Opferung Isaaks").

**Saal 44** *(Rembrandt-Saal):* Werke nordeuropäischer Maler des 17. Jh. Von *Rembrandt* sind Selbstbildnisse aus seiner Jugend sowie einige Alterswerke ausgestellt.

**Saal 45** *(Saal des 18. Jh.):* Wie im Vasarischen Korridor dominieren auch hier Gemälde von italienischen und französischen Malern.

**Der Vasarische Korridor** ist nur nach Voranmeldung oder für Gruppenbesuche zugänglich. Der fast 1 km lange Korridor verbindet die Uffizien mit dem Palazzo Pitti. Gebaut wurde er unter *Cosimo I.*, der damit inmitten des städtischen Tumultes einen ruhigen Weg zwischen Regierungspalast und Residenz schaffen wollte. Die Idee, diesen Weg mittels Aufhängung von Kunstwerken etwas kurzweiliger zu gestalten, machte den Vasaraischen Korridor zu einer der frühesten Kunstgalerien.

Über 700 Arbeiten aus dem 17. bis 20. Jh. von Künstlern verschiedener Nationen sind im Korridor untergebracht, darunter eine Reihe von Selbstbildnissen, u. a. auch von *Chagall*. Zahlreiche Fenster bieten dem Besucher eine abwechslungsreiche Aussicht.

## Der Dom *(Duomo S. Maria del Fiore)*

**Das Wahrzeichen von Florenz und eine der größten Kirchen der christlichen Welt! Innen relativ nüchtern gehalten, eine Mischung aus religiösem und weltlichem Bau: Bis zum 14. Jh. war der Dom der Versammlungsort des Stadtparlaments. Die gesamte Florentiner Bevölkerung - 30.000 Menschen - fand hier Platz.**

Das größte mittelalterliche Kulturereignis war die Predigt. Zu den Predigten *Savonarolas* versammelten sich im Florentiner Dom bis zu 12.000 Personen; aber auch Dichterlesungen z. B. von Dantes Werken wurden hier veranstaltet. Der Platz vor dem Dom war Ort der Stadtgerichtsbarkeit und der Hauptaltar Tatort einer blutigen Machtintrige gegen die Medici (an der auch der Papst beteiligt war).

Der Bau wurde 1269 von *Arnolfo di Cambio* begonnen, vom berühmten *Giotto* und nach dessen Tod von *Talenti* fortgeführt. *Brunelleschi* vollendete das Werk, indem er die imposante Kuppel aufsetzte. Der Baustil läßt sich nicht mehr in die Gotik einordnen, er läutet bereits die Renaissance ein. Die Einweihungsfeier fand 1436 statt.

Die erst 1875-87 nach dem Entwurf von *Emilio de Fabris* errichtete **Fassade** bietet trotz ihres eklektizistischen Stils einen einzigartigen Anblick mit ihrer außergewöhnlichen Gestaltung aus rotem, weißem und grünem Marmor. Die Statuen in den Nischen unter dem Tympanon stellen große Florentiner Persönlichkeiten dar, über den Portalen thronen die Apostel. Weitere biblische Motive finden sich auf den kunstvollen vorderen Portalen.

▶ **Im Inneren** wirkt der Bau ziemlich kahl, vielleicht, weil er nicht allein der Lobpreisung Gottes, sondern mehr als Versammlungsort diente. Im linken Seitenschiff zeigen zwei gemalte Reiterstandbilder von *Paolo Uccello* und *Andrea del Castagno* zwei berühmte Söldnerführer der Stadtrepublik: John Hawkwood, ein englischer Condottiere, der einen Weberaufstand blutig niederschlug, und Niccolò da Tolentino, den Heerführer der Schlacht von San Romano, in der die Florentiner den endgültigen Sieg über die Sieneser errangen.

*Glockenturm mit Dom*

Die dunklen Glasmalereien der Kuppel stammen von *Uccello, Donatello, Andrea del Castagno* und *Ghiberti*.

▶ **Kuppel**: Sie ist mit der obenaufgesetzten Laterne 91 m hoch! Innen sind die Kuppelgewölbe mit Fresken bemalt, die das Jüngste Gericht darstellen. Der Kuppelbau wurde schon 1366 vom Stadtrat beschlossen, aber kein Baumeister wagte sich an das monumentale Werk. Erst nach einer Ausschreibung im Jahre 1418 legte *Brunelleschi* seine Pläne auf den Tisch und konnte 1436 mit der Ausführung beginnen.

Es lohnt sich unbedingt, die Kuppel hinaufzusteigen - dies nicht nur wegen der berühmten **Aussichtsplattform**. Interessant ist auch die Anordnung der Ziegelsteine in verschiedenen Ebenen, um die immense Spannung aufzunehmen. Der Baumeister ließ den "Ur-Porotonziegel" herstellen: Der Lehm wurde mit Stroh vermischt, das beim Brennen verkohlte und feine Hohlräume verursachte - dadurch wurde viel Gewicht eingespart. Im Zweiten Weltkrieg diente das Labyrinth von Gängen und Treppchen zwischen der inneren und äußeren Kuppelschale einigen hundert Flüchtlingen als Versteck vor den Nazis.

*Öffnungszeiten*: Montag - Freitag, 9-18 Uhr, Samstag 8.30-17 Uhr (am ersten Samstag des Monats nur bis 15 Uhr. Eintritt: ca. 5 DM.

▶ Der **Glockenturm** (Campanile) wurde von *Giotto* entworfen, der jedoch vor der Fertigstellung starb. Ursprünglich sollte der Turm 122 m hoch werden, aber schließlich begnügte sich die Bauleitung mit 84 m. Mit seiner Verkleidung aus farbigem Marmor ähnelt er stilistisch dem Dom.
*Öffnungszeiten*: täglich 9-16.20 Uhr. Eintritt: ca. 5 DM

Einzigartig sind die dekorativen **Flachreliefs** des Glockenturms. Sie veranschaulichen das christlich-humanistische Weltbild. Der größte Teil wurde durch Kopien ersetzt, da die Abgase das Material zerfraßen. Die Originale stehen heute im Dommuseum.

Erläuterungen: Der von der Erbsünde belastete Mensch schlägt sich durchs Leben. Geleitet von den guten Tugenden übt er sein Handwerk aus. Er beschäftigt sich mit Kunst und Wissenschaft, und mit Hilfe der heiligen Sakramente kommt er nach dem Tod in den Himmel. Überschattet wird das menschliche Leben vom Schicksal (rhombenförmige Reliefs weiter oben), das von den Propheten (erhöhte Statuen) angekündigt wird.

Die untere Reihe der sechseckigen Reliefs stammt von *Andrea Pisano*. Hier werden zum ersten Mal in der Florentiner Baugeschichte auch die Künste der Handwerker dargestellt. Schließlich kämpften damals die unteren Volksschichten um Beteiligung an der Stadtregierung.

An der Westseite beginnt der Zyklus mit der Erschaffung Adams und Evas (Feldarbeit); es folgen die ersten Viehzüchter, dann Kains Sohn Jubal (Erfinder von Musikinstrumenten) und Tubalkain (der erste Schmied), schließlich Noah, der erste Weinbauer. Die letzten fünf Reliefs stammen von *Luca della Robbia* und wurden erst 100 Jahre später angefertigt. Im Renaissance-Stil beachten sie die Regeln der Zentralperspektive.

Die rhombenförmigen Reliefs weiter oben stellen die sieben Planeten, die sieben Tugenden und die sieben Sakramente dar. Im dritten Geschoß, in den Nischen: Statuen von *Donatello* und *Nanni di Banco* - Darstellungen von Propheten und Seherinnen.

### Die Finanzierung des Dombaus

Verantwortlich für den Bau war die Stadtverwaltung, nicht der Bischof. Von ihr wurde die Dombaubehörde (Domopera) bestimmt und mit der Ausführung betraut. Zeitweise wurden bis zu 8,5% (!) der Florentiner Steuereinnahmen in den Bau gesteckt. Bei einer Bauzeit von fast 70 Jahren ergaben sich dadurch astronomische Summen. Da auch dies nicht ausreichte, wurden Sammelbüchsen in den Kaufmannsläden aufgestellt und eine zusätzliche Erbschaftssteuer eingeführt (unabhängig vom Vermögen 3 Fiorini pro Nase).

# Baptisterium  *(Battistero S. Giovanni)*

Die Florentiner Taufkirche entstand in der zweiten Hälfte des 11. Jh.. Hier wurde bis ins 19. Jh. jeder Stadtbürger getauft, denn für Ungetaufte war das Betreten einer Kirche verboten. Eine besondere Sehenswürdigkeit sind die drei Eingangstore mit ihren Bronzereliefs.

Obwohl Dom und Baptisterium so dicht nebeneinander plaziert sind, war die Taufkirche ursprünglich die "Hauskapelle" des anliegenden Bischofspalastes; eine Häuserreihe trennte sie vom erst später errichteten Dom.

Das regelmäßige, achtseitige Baptisterium wird von Kunstwissenschaftlern als *Proto-Renaissance-Bau* bezeichnet, ein Vorläufer der Renaissance also. Nach der damaligen Mode wurden antike Säulen in die mittelalterliche Bauform integriert und die Außenwände mit fünf Zentimeter dicken Marmorfliesen verkleidet. Die Anordnung von weißem Marmor aus Carrara und grünem aus Prato mit geometrischen Figuren und Zebrastreifen lockerte die Fassade optisch auf (sog. Inkrustation).

▶ Die drei **Bronzetüren** zeigen sehr deutlich den Wandel des Kunstgeschmacks: Das erste Tor wurde 1330 begonnen, das berühmte *Paradiestor* 1452 fertiggestellt.

**Südportal**: Es stammt von *Andreas Pisano* und zeigt Begebenheiten aus dem Leben Johannes des Täufers. In den unteren acht Feldern symbolisieren Frauengestalten die christlichen Tugenden.

**Nordportal**: Vom Bauauftrag bis zur Fertigstellung dauerte es 20 Jahre, bis *Lorenzo Ghiberti* das Werk abliefern konnte. Auch hier 28 Felder, oben mit dem Leben Christi, unten die Evangelisten.

**Paradiestor** (Michelangelo prägte diesen Namen für das Ostportal): Während bei den anderen Toren die Motive nur einzeln hervortreten, wirken hier die Reliefs sehr bildhaft. Die Szenen sind eingebettet in weite Naturlandschaften und mächtige Bauwerke.

Dargestellt werden zehn Begebenheiten aus dem alten Testament - besonders beeindruckend die Opferung des Isaak. Sie ist das Meisterwerk von *Ghiberti*, in dessen Werkstatt auch Donatello lernte. Über 25 Jahre benötigte er zum Formen und Gießen der wuchtigen Torflügel mit ihren mehr als hundert Figuren.

Weitere Darstellungen: Adam und Eva inmitten einer üppigen Vegetation, der Betrug Jakobs an seinem Bruder Esau (für einen Teller Linsen erkauft er sich das Recht des Erstgeborenen - mit Renaissance-Bauwerken im Hintergrund), die Segnung des Betrügers durch seinen blinden Vater Isaak.

Auch ein Selbstbildnis hat Meister Ghiberti in sein Werk geschmuggelt: auf der rechten Leiste des linken Flügels (3. Kopf von unten) - in einer

Reihe von Seherinnen und Propheten.
Wie Michelangelos *David* auf der Piazza della Signoria und die Pisano-Reliefs des Campanile ist auch das "Paradiestor" am Baptisterium eine Kopie. Das Original wird restauriert. Vier Darstellungen hatten bis 1994 die Restaurierungswerkstatt verlassen und den Weg ins Dommuseum gefunden.

Im **Inneren** zeigt das Baptisterium prachtvolle Mosaike: Ein Trupp venezianischer Steinschneider war hier mit der Nachahmung der Glitzerpracht einer orientalischen Moschee beauftragt. Phantastisch bis teuflisch wirkt das Deckenmosaik oberhalb der Chornische. Es zeigt einen menschenfressenden Satan, der das Jüngste Gericht symbolisiert. Darüber thront Jesus auf einem schillernden Regenbogen. Der Marmorfußboden zeigt Tierkreiszeichen sowie orientalische Motive.

Das Grabmal des Gegenpapstes Johannes XXIII. (zwischen zwei Säulen) wurde von *Donatello* und *Michelozzo* angefertigt. Johannes XXIII. war vom Konstanzer Konzil abgesetzt worden und hatte danach bei seinem Sponsor Cosimo de'Medici fürstliche Gastfreundschaft gefunden.

*Öffnungszeiten*: Montag - Samstag 13.30-16.30 Uhr, Sonntag 9-13 Uhr. Eintritt frei.

## Dommuseum *(Museo dell'Opera del Duomo)*

Es steht etwas unauffällig gegenüber der Ostseite der Kathedrale und präsentiert neben Überresten romanischer Architektur einige Ornamente und Kunstwerke, die an der Kathedrale, am Campanile und am Baptisterium angebracht waren. Das bemerkenswerteste Kunstwerk stammt von *Michelangelo*: Die "Pietà" blieb unvollendet und war für sein eigenes Grab gedacht.

Interessant ist auch *Donatellos* Sängertribüne: ein lustiges Marmorrelief, in dem sich halbnackte Kinder balgen. Aus unerfindlichen Gründen wurde die Tribüne aus dem schmucklosen Dom entfernt. Eine weitere Sängertribüne stammt von *Luca della Robbia* - sein bedeutendstes plastisches Werk.

Ein Teil der restaurierten "Paradiestür" (siehe Baptisterium) hat ebenfalls den Weg ins Dommuseum gefunden.

*Öffnungszeiten*: 9-18 Uhr, sonn- und feiertags 9-13 Uhr. Eintritt: ca. 5 DM.

## Die Medici-Grabkapellen *(Cappelle Medicee)*

**Das aufwendige Familiengrab der Medici an der Piazza Madonna - nicht weit vom Dom - lohnt allein schon wegen der Werke Michelangelos einen Besuch.**

Errichtet wurde der kuppelförmige Bau (1604) eigentlich für einen anderen Zweck: Die allmächtigen Florentiner wollten das "Heilige Grab"

## Medici-Kapellen 189

von Jerusalem hierher schaffen, was allerdings nicht klappte.
Man betritt zunächst eine angenehm kühle und schlichte Krypta. In den Boden sind die Grabplatten der weniger bekannten Familienmitglieder eingelassen. Darüber liegt die prunkvolle **Fürstenkapelle**, völlig aus Marmor. Die Wappen der einzelnen Städte des "Staates" Florenz sind Einlegearbeiten aus Halbedelsteinen. In ihrer Farbenpracht und absoluten Exaktheit wirken sie fast wie gemalt. Speciell für diese Arbeiten wurde damals eine Steinschneideschule ins Leben gerufen, die noch heute existiert. Die riesigen, fast plump wirkenden Sarkophage waren für die Familie Cosimos bestimmt. Hinter dem Altar in den kleinen Kapellen sind alte Goldschmiedearbeiten zu bewundern.

*Die Medici Kapellen – außen schlicht, aber innen umso punkvoller*

Die **Neue Sakristei**: Hier befindet sich ständig eine dichte Menschentraube. Kunstprofessoren erklären wortreich ihren versammelten Schülern die Ästhetik der Form und Linienführung. Es wird ein Foto nach dem anderen geschossen, jeder möchte den großen Michelangelo auf die Platte bekommen. Drei Jahre lang arbeitete er an der Sakristei, doch sein Werk blieb unvollendet. Michelangelo stellte lebendig wirkende, stark idealisierte Abbilder der Toten her - im Gegensatz zur frühen Renaissance, die Tote stets mit geschlossenen Augen darstellte. Seine zwei Grabmäler sind von beeindruckender Größe und fast sinnlicher Schönheit.

Links das **Grabmal Lorenzos** - der Herzog in nachdenklicher Haltung, zu seinen Füßen die "Morgenröte", neben ihm der "Abend", ein kraftvoller Männerkörper.

Gegenüber das **Grabmal Guilianos**. Er ist als Feldherr dargestellt, zu seinen Füßen liegen Mann und Frau - "Tag und Nacht". Der bärtige "Tag" wurde im Gesicht nicht fertig ausgeführt und zeugt von männlicher Anspannung und Entschlossenheit. Die verführerische "Nacht" vermittelt ein Gefühl der Ruhe und Entspanntheit.

*Öffnungszeiten*: 9-14 Uhr, Montag geschlossen. Eintritt: ca. 9 DM.

*Ponte Vecchio – früher die Brücke der Metzger, heute wird wertvoller Goldschmuck in den Brückengeschäften feilgeboten*

## Der Bargello   *(Museo Nazionale del Bargello)*

Das weltberühmte Museum für Bildhauerei - von außen ein schlichter, festungsartiger Bau aus dem 15. Jh. - war ursprünglich Sitz des obersten Gerichtshofs, später Staatsgefängnis mit Folterkammern und Schafott. Damals wurden die Außenmauern des Justizgebäudes zur Abschreckung mit sogenannten Schandbildern bemalt - sie zeigten überlebensgroße Hinrichtungsszenen der bekanntesten "Volksverräter" der Zeit.

Wer den Bau von außen betrachtet, erwartet kleine Rittersäle und enge Treppenaufgänge. Doch die für den Bargello zuständigen Dombaumeister der Frührenaissance brachten "Weihrauchduft" in den Staatspalast, die riesigen Säle und Bogengänge schaffen fast Kirchenatmosphäre.

Man betritt den Bargello durch einen schönen Innenhof, umgeben von einem Portikus. Hier stehen Statuen aus der Hochrenaissance, darüber eine hohe, malerische Loggia.

In den einzelnen Sälen sind Skulpturen aus der Toscanischen Schule des 14. Jh. zu sehen, aber auch große Werke von *Michelangelo* wie "Apollo", "Madonna Pitti" u. a. m.

Im ersten Stock begegnet man einem weiteren Genie der Renaissance, dem Naturalisten *Donatello*. Er ist mit "Sankt Georg", "David" und

"Johannes dem Täufer" vertreten. Im weiteren sind Glasarbeiten, Elfenbeinschnitzereien, Terrakotten, Hieb- und Stichwaffen sowie Werke weniger bekannter Florentiner Künstler versammelt.
*Öffnungszeiten:* 9-14 Uhr, Montag geschlossen. Eintritt ca. 8 DM.

## Ponte Vecchio

Der Ponte Vecchio ist die einzige noch erhaltene mittelalterliche Brücke in Florenz. Ursprünglich waren hier ausschließlich die Florentiner Metzger mit ihren Verkaufsständen zu finden. Erst im 16. Jh. zogen die Goldschmiede ein.
Die übrigen z. T. mittelalterlichen Brücken über den Arno wurden kurz vor Ende des Zweiten Weltkriegs von der deutschen Wehrmacht gesprengt, um die alliierten Truppen am Vormarsch zu hindern.

> Der Bau der Brücken unterlag bis ins 13. Jh. den kirchlichen Verwaltungen. Sie mußten ebenso wie die Dombaugesellschaft Gästehotels bereitstellen. In den Brückenhotels nächtigten die bessergestellten Kaufleute, während im Domhotel Beamte Unterkunft fanden. Grundstücke waren damals so teuer, daß auf den Brücken Ladenstraßen mit kleinen Buden entstanden. Mietverträge mit 20jähriger Laufzeit für die Läden sollten die Baukosten abdecken.
> Andere Brücken dienten dem Gebet. Dort ließen sich Bettelmönche in kleinen Kabäuschen einmauern und lebten von Essensgeschenken, die durch eine Luke eingeschoben wurden. Eine Kapelle mit Muttergottesbild half gegen Liebesschmerz; der scheint damals bereits dermaßen verbreitet gewesen zu sein, daß die Bittgeschenke täglich abgeräumt werden mußten, um Platz für neue zu schaffen.

## Der Pitti-Palast

Er liegt auf der südlichen Flußseite, an der Verlängerung des Ponte Vecchio. Es sollte der größte Bau der Stadt werden - der reiche Kaufmann *Pitti* wollte mit dem Glanz der Medici konkurrieren. *Brunelleschi* entwarf den mittleren Gebäudeteil im Renaissance-Stil, das Innere prunkt mit aufwendigen Sälen. Doch die Pittis gingen bald pleite; so erwarben die *Medici* den Palazzo, und im Jahre 1640 stand er so, wie er heute zu sehen ist. Die Medici und das Haus Lothringen lebten und herrschten zeitweilig im Palast. Heute sind hier mehrere Museen und Galerien untergebracht.

## 192    Florenz/Sehenswertes

▶ **Galleria Palatina**: Über 500 von den Medici gesammelte Arbeiten aus verschiedenen Kunstepochen dekorieren die Säle. Eine Ordnung ist nicht auszumachen. Fresken und Bilder hängen von der Decke bis zum Boden dicht beieinander - Kunst statt Tapete. Die Masse erschlägt den Besucher, das Auge findet kaum Halt. Trotzdem sei der Besuch empfohlen, allein schon wegen des guten Einblicks in den verschwenderisch-aufwendigen Lebensstil der Herrscherfamilie. Nebst der Privatkapelle der Großherzogin *Maria Magdalena von Österreich* (Gemahlin *Cosimos II.*) ist auch ihr Badezimmer zu sehen - ein eher bescheidener Ort inmitten der prunkvollen Räumlichkeiten.
Wer sich Zeit nimmt findet in der Masse Gemälde von *Raffael, Rubens, Tizian, Caravaggio, Perugino, Fra Bartolomeo, Vasari, Sodoma, del Sarto, Tintoretto, Luca Signorelli, van Dyck, Velazquez...*
*Öffnungszeiten*: 9-14 Uhr, Montag geschlossen. Eintritt ca. 12 DM.

▶ **Galerie der modernen Kunst** *(Galleria dell'Arte Moderna):* In der Hauptsache Bilder des Klassizismus (19. Jh.), aber auch Macchiaiolo-Stil (der Name kommt von Farb-Kleckser) - diesen Künstlern waren jegliche akademische Malregeln ein Greuel. Nur wenig Zeitgenössisches!
*Öffnungszeiten*: 9-14 Uhr, Montag geschlossen. Eintritt ca. 4 DM.

▶ Das **Silbermuseum** ist eine riesige Sammlung von Juwelen, Porzellan, Stoffen und Edelsteinen. Die Säle sind mit Panoramafresken prunkvoll, für manchen Geschmack etwas kitschig bemalt.
Ein weiteres Museum ist die **Kostümgalerie** *(Galleria del Costume)*. Säle voller Kleiderpuppen zeigen, was im 17. und 18. Jh. Mode war.
*Öffnungszeiten*: 9-14 Uhr, Montag geschlossen. Eintritt ca. 8 DM (Eintrittskarte gültig für Silbermuseum und Kostümgalerie).

Wer Interesse hat, kann sich noch die **Appartamenti Monumentali** anschauen; in den "königlichen Gemächern" wohnten die Medici, später auch die italienischen Könige.
*Öffnungszeiten*: Mittwoch, Freitag und Sonntag 9-13 Uhr.

## Boboli-Gärten   *(Giardini di Boboli)*

Hinter dem Palazzo Pitti liegen die Boboli-Gärten, eine von Gartenarchitekten kunstvoll gestaltete Parkanlage. Meterhohe Hecken, in denen Nischen für Büsten und kleine Skulpturen ausgespart sind, unterteilen das weitflächige Gelände.
Hier findet man immer ein schattiges Plätzchen. Am besten, man durchstreift die Boboli-Gärten durch die kühlen, überwachsenen Bogengänge seitlich der Hauptwege. Sehenswert ist der *Bacchus-Brunnen*, gleich am Eingang hinter dem linken Palastflügel - das dicke Männchen auf der Schildkröte war der Hofzwerg Cosimos I.

Ein Stück von dieser skurrilen Figur entfernt liegt die *Grotte des Buontalenti*, eine künstliche Tropfsteinhöhle zum Entertainment der Blaublütigen. Hier standen früher die "Vier gefangenen Sklaven" von Michelangelo, heute durch eine billige Tuffnachbildung ersetzt (Original in der Galleria dell'Accademia). Im Original hingegen zu sehen ist eine schöne "Venus" von *Giambologna* in der letzten Grotte. Etwas oberhalb trifft man auf einen riesigen Brunnen mit einem verspielten Gärtchen darin, umschlossen von einem breiten Wassergraben.

Von den oberen Gartenanlagen genießt man einen herrlichen Ausblick auf die Dächer von Florenz.

*Öffnungszeiten*: täglich 9-16.30 Uhr, am ersten und letzten Montag des Monats geschlossen. Eintritt ca. 4 DM.

▶ **Forte di Belvedere**: Die Festung auf einer Hügelkuppe oberhalb des Pitti-Palastes (hinter den Boboli-Gärten) stammt aus dem ausgehenden 16. Jh. und wurde von *Buontalenti* entworfen.

Hier oben erfreut man sich einer tollen Aussicht über die Stadt. In der Festung finden wechselnde Ausstellungen statt. Ein wenig unterhalb liegt ein nettes Terrassencafé. Hinter dem Forte führt die Via Belvedere an der alten Befestigungsmauer entlang ins Tal zurück - ein schöner Spazierweg, auf der einen Seite die Festungsmauer mit grünen Büschen und Olivenbäumen, rechts der Straße Gärten. Unten angekommen, führt rechts eine Steintreppe hinauf zum Piazzale Michelangelo.

## Piazzale Michelangelo

Der berühmteste Aussichtspunkt von Florenz liegt am grün bewaldeten Berghang. Den riesigen asphaltierten Platz, gesäumt von einer niedrigen Balustrade, ziert eine weitere Kopie des "David" von Michelangelo. Tagsüber werden beim Betrachten der Stadt wenig romantische Anwandlungen aufkommen - der Platz ist überladen mit Reisebussen, Touristen und Souvenirläden. Schöner ist es hier in den Abendstunden!

## San Miniato al Monte

Das von Florentiner Liebespärchen gern besuchte Kirchlein liegt mitten im Grünen, auf einer Hügelkuppe oberhalb des Piazzale Michelangelo. Auf den Rasenflächen daneben darf man es sich gemütlich machen.

Die äußerst klare Linienführung der Frontfassade ist typische Florentiner Romanik des 11. Jh., durch verschiedenfarbige Marmorverkleidung werden hübsche geometrische Muster erzeugt. Im Inneren beeindrucken die feinen Marmorintarsien am Boden und Freskenmalereien. Prunkstück ist die Kanzel - eine Filigranarbeit in Marmor. Geweiht ist die Kirche dem heiligen Miniatus, einem Opfer von Kaiser

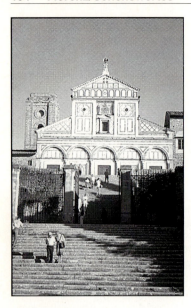

*San Miniato – weit entfernt vom Großstadtgewühl*

Decius, der als einer der fanatischsten Christenverfolger in die Geschichte einging. Miniatus starb hier, nachdem er von seiner Hinrichtungstätte geflohen war und mit seinem Kopf in der Hand den Arno überquert hatte - so jedenfalls erzählt es die Legende.

# Klöster und Kirchen

Neben der Stadt, die den Dom finanzierte, waren die Ordensgemeinschaften die fleißigsten Kirchenbauer. Es entstanden wuchtige Kirchenschiffe, deren gotischer Stil von der strengen Einfachheit der Zisterzienser-Klosterarchitekten beeinflußt war.

Die wichtigsten Orden in der Toscana waren die der *Dominikaner* und der *Franziskaner*, beide im 13. Jh. gegeründet. Ursprünglich stellten sie eine Gegenbewegung zur "verweltlichten" Kirche und zum Reichtum des aufstrebenden Großbürgertums dar. Besonders der Bettelorden der Franziskaner, der jegliches Eigentum ablehnte, bildete einen krassen Gegensatz zur päpstlichen Praxis. Nach und nach paßten sich die Orden jedoch dem "offiziellen" Klerus an, die vom heiligen Franz von Assisi propagierte Armut stieß im Vatikan auf taube Ohren.

Zahlreiche Adelige zogen sich mit ihren weltlichen Reichtümern in die abgeschlossene Klosterwelt zurück, die sich immer mehr als müßiger Versammlungsort von Leuten erwies, die von der christlichen Lehre bedenklich abirrten. Zusätzlich wurde der kirchliche Besitz an Grund und Boden durch Spender und Erblasser, die um ihr Seelenheil fürchteten, ständig vergrößert, so daß er sich Ende des 14. Jh. auf etwa 20 - 30% des gesamten Florentiner Stadtstaats belief. Obwohl Florenz oft an Getreidemangel und Hungersnöten litt, wurden die Klostergüter weniger stark bewirtschaftet als die der kleineren Pachtbauern. Daraus ergaben sich zwangsläufig Spannungen mit dem mächtig gewordenen Staat.

# Santa Croce

Kirche und Ruhmeshalle zugleich. Hier liegen *Michelangelo, Machiavelli, Galilei* und weitere verdienstvolle Florentiner Bürger begraben.

Die von den Franziskanern erbaute riesige Klosterkirche (116 m lang) ist die an Kunstschätzen reichste Kirche von Florenz. Baubeginn war 1295, doch es dauerte bis 1385, bis die Kirche vollendet war. *Vasari* "modernisierte" Mitte des 16. Jh. das Längsschiff und übermalte einen Großteil der gotischen Fresken. In den Seitenkapellen, die die reichen Kaufmannsfamilien der Stadt ausschmücken ließen, befinden sich wertvolle Fresken von *Giotto* und anderen Malern.

▶ **Hauptschiff**: Das *Grabmal Michelangelos* ist kaum zu übersehen. Cosimo I. ließ den toten Meister aus Rom in seine Heimatstadt überführen - *Vasari* baute die Grabstätte. Auf dem Sarkophag werden die Künste der Malerei, Bildhauerei und Architektur symbolisiert.
Eine Nische weiter wurde im 19. Jh. ein Denkmal für den größten aller italienischen Dichter errichtet, den in Florenz geborenen *Dante Aligheri*.
Unweit davon steht eine fein skulptierte Marmorkanzel von *Benedetto de Maiano* (15. Jh.) mit fünf Flachreliefs, die aus dem Leben des heiligen Franziskus erzählen.
Als nächstes gelangt man zum *Grabmal Machiavellis*, vor dessen Größe der Verfasser der Inschrift kapitulierte: "Für einen so großen Namen ist kein Lob groß genug" meint er in lateinischer Sprache.
*Donatellos* "Verkündigung" - ein paar Meter weiter - ist ein fein bearbeitetes, vergoldetes Sandsteinrelief. Der von Gottvater gesandte Engel verkündet in Demut die wundersame Empfängnis. Maria wird von Donatello als ein unschuldiges Bauernmädchen dargestellt - im Gegensatz zu den "madonnenhaften" Bildnissen anderer Meister des 15. Jh.
Gleich daneben liegt der Opernkomponist *Gioacchino Rossini* begraben, kein Florentiner, nicht einmal Toscaner, sondern aus den Marken stammend und in Paris gestorben - aber eben doch ein berühmter Italiener.
An der linken Wand des Längsschiffs - gegenüber dem Michelangelo-Grab - ruht *Galileo Galilei*, dem die römische Kirche (als heilige Inquisition) zweimal den Prozeß machte und über 100 Jahre später dann doch noch einen Ehrenplatz einräumte.

▶ **Baroncelli-Kapelle**: Sie enthält das Grabmal der Familie Baroncelli (Bernardo Baroncelli wurde nach einer Verschwörung gegen die Medici gehenkt). Die Fresken stammen von *Taddeo Gaddi*, einem Schüler Giottos. Er malte weniger realistisch als sein Meister, der die "unbefleckte Empfängnis" anzweifelte. Bei der Verkündigungsszene sitzt die Jungfrau Maria demütig am Boden. Gaddis Stil ist märchenhaft, seine

## Florenz/Sehenswertes

Motive sind häufig Nachtszenen (z. B. "Verkündigung an die Hirten").
Von *Giotto* und seinen Schülern (darunter auch Taddeo Gaddi) stammt der Altar der Kapelle mit der Darstellung der Krönung Mariens. Dank den vielen Heiligenscheinen dominiert Gold das Bild.

**Seitenkapellen im Transsept**: Sie wurden im sachlich-einfachen Baustil der Zisterziensermönche erbaut. Ein Leckerbissen sind sie wegen der zum Teil restaurierten Fresken von *Giotto*, *Gaddi* und anderen.

▶ **Bonaparte-Kapelle**: Früher war sie möglicherweise von Giotto ausgestaltet. Die Kapelle hat mehrere Stifter gehabt, bevor sie endgültig von den Bonapartes vereinnahmt wurde. Im schmucklosen Interieur ruhen Napoleons Schwägerin *Julie Clairy Bonaparte* sowie deren Tochter *Charlotte Bonaparte*, von Napoleons Gnaden Infantin von Spanien und "ihres Namens würdig", wie die Inschrift vermerkt.

▶ **Peruzzi-Kapelle**: Die zu ihrer Zeit reichste Bankiersfamilie der Peruzzi (später pleite gegangen wie die Bardi) gab *Giotto* den Auftrag zur Wandbemalung (1328). 1740 übertüncht, wurden die Bilder erst Ende der 50er Jahre wieder freigelegt.
Giotto stellte viel Architektur ins Bild, um den Figurengruppen einen Rahmen zu geben - menschliche Körperformen stellte er realistisch, fast plastisch dar. An der linken Seite die Geschichte Johannes des Täufers: "Verkündigung der Geburt an Zacharias", "Geburt", "Namensgebung", "Gastmahl des Herodes", rechts Geschichten aus dem Leben Johannes des Evangelisten: "Johannes auf Patmos", "Erweckung der Drusiana" und die "Himmelfahrt".

▶ **Bardi-Kapelle**: Zu Ehren der Bardi-Familie malte *Giotto* Episoden aus dem Leben des heiligen Franz von Assisi. Links die "Ablage der Kleider vor dem Bischof Guido und dem Vater", "Erscheinung der Brüder in Arles", "Tod des Heiligen" (Franz von Assisi liegt tot auf der Bahre, seine Seele wird von vier Engeln in den Himmel getragen). Rechts: "Verleihung der Ordensregel", "Feuerprobe vor dem Sultan", "Visionen des Bruders Augustin und des Bischofs von Assisi". Oben im Gewölbe die drei franziskanischen Tugenden: Armut, Gehorsam, Keuschheit. Das Altarbild der Kapelle, ein kostbares Gemälde auf Holz, stammt aus dem 13. Jh. und zeigt Franziskus umrahmt von Episoden aus seiner Biographie. Über dem Eingang zur Bardi-Kapelle ist ein weiteres Fresko von Giotto zu sehen, die "Stigmatisierung des heiligen Franziskus auf dem Berg La Verna".

▶ **Bardi-di-Vernio-Kapelle**: die Kapelle der Papstbankiers-Familie Bardi. Über dem Grab ein Fresko von *Maso di Banco* (ca.1340) - ebenfalls ein Schüler von Giotto. Es zeigt das Jüngste Gericht. Der Stifter, Bettino di Bardi, ist darauf abgebildet: Gerade wieder auferstanden, kniet er auf seinem Sarkophag und blickt flehend zum Himmel.

# Santa Croce 197

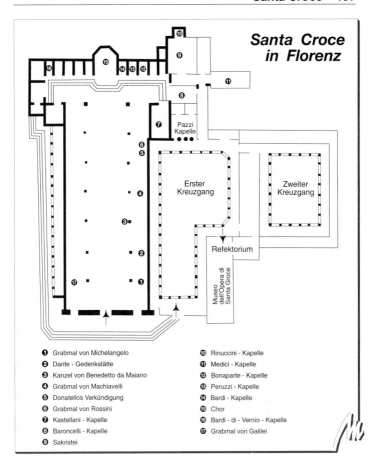

- ❶ Grabmal von Michelangelo
- ❷ Dante - Gedenkstätte
- ❸ Kanzel von Benedetto da Maiano
- ❹ Grabmal von Machiavelli
- ❺ Donatellos Verkündigung
- ❻ Grabmal von Rossini
- ❼ Kastellani - Kapelle
- ❽ Baroncelli - Kapelle
- ❾ Sakristei
- ❿ Rinuccini - Kapelle
- ⓫ Medici - Kapelle
- ⓬ Bonaparte - Kapelle
- ⓭ Peruzzi - Kapelle
- ⓮ Bardi - Kapelle
- ⓯ Chor
- ⓰ Bardi - di - Vernio - Kapelle
- ⓱ Grabmal von Galilei

In der benachbarten Nische ein weiteres Fresko von Maso di Banco. An der rechten Wand Geschichten aus dem Leben von Papst Sylvester und Kaiser Konstantin: Sylvester bändigt den Drachen, der das Capitol verwüstet hat und erweckt zwei vom bösen Tier getötete Zauberer zum Leben. Rechts kommt Kaiser Konstantin und wird Zeuge des Wunders - und damit Christ.

▶ **Pazzi-Kapelle**: Der von *Brunelleschi* konzipierte Familientempel steht am Kopfende des ersten Kreuzgangs und ist von diesem aus über einen

separaten Eingang zu erreichen. Brunelleschi engagierte für die
Ausgestaltung eine Reihe berühmter Zeitgenossen, u. a. *Donatello* und
*Luca della Robbia*. Vom Meister selbst stammen die vier schmucken
Evangelisten-Medaillons in der Kuppel.

40 Jahre nach der Fertigstellung der Kapelle wurden die Pazzi auf der
Piazza della Signoria gehängt - ihre Verschwörung gegen die Medici
hatte sich als Fehlschlag erwiesen. (*Botticelli* bekam den Auftrag, die
Hinrichtungsszene auf der Mauer des Palazzo Vecchio zu verewigen.)

Eintritt: ca. 3 DM.

## San Marco *(Museo San Marco)*

Das überaus harmonische Dominikanerkloster ist vor allem für seine
Werke von *Fra Angelico* (1387-1455) bekannt. Nirgendwo finden sich so
viele Fresken und Bilder von ihm wie hier. Der malende Mönch lebte
im nahen Dominikanerkonvent von Fiesole, als er den Auftrag erhielt,
San Marco auszuschmücken.

Gebaut wurde die Anlage als Erweiterung eines früheren Silvestriner-
klosters. Das Kapital stellten die Medicis zur Verfügung. *Cosimo der
Ältere* ("Il Vecchio") verbrachte hier seinen Lebensabend - im Unterschied
zu seinen mönchischen Wohngenossen immerhin in einer Doppelzelle.

Ein weiterer illustrer Gast von San Marco war *Savonarola*. Der berühmte
Moralist amtierte hier als Prior, bevor er politisch von sich reden machte.

Zum Kloster gehören zwei Kreuzgänge, wovon der hintere den in San
Marco residierenden Dominikanern reserviert ist. Die Kirche selber ist
wenig aufregend, umso mehr aber das **Museum**, das den Kreuzgang
des heiligen Antonius mit den angrenzenden Räumlichkeiten sowie die
darüber liegenden 44 Mönchszellen und eine Bibliothek umfaßt.

Im **Kreuzgang des Heiligen Antonius** ist ein fast 10 Meter breites
Kreuzigungsfresko von *Fra Angelico* die Hauptsehenswürdigkeit. An
den Nebenkreuzen hängen die beiden Räuber - blond der gute,
schwarzhaarig der schlechte.

Hinter dem Kreuzgang liegt das sog. **Große Refektorium**. Es wird dominiert vom "Wundertätigen Mahl des Heiligen Dominikus" mit der
Kreuzigung darüber. Das Fresko stammt von *Giovanni Antonio Sogliani*
und lehnt sich in seiner Komposition an die klassischen Darstellungen
des letzten Abendmahls Christi an: An Stelle der zwölf Apostel sitzen
zwölf Dominikaner zu Tisch, im Zentrum als älterer Mann der
Ordensstifter. Der Tisch ist leer, die Gläser stehen umgekehrt. Zum
Glück sind zwei Engel hereingeschwebt, die Speis und Trank bringen.
Aufmerksamkeit verdienen die sehr individuellen Gesichtszüge der
Mönche, der Maler hat eindeutig damals im Kloster lebende Mönche
porträtiert.

Das sog. **Kleine Refektorium**, über eine Treppe vom Korridor aus erreichbar, zeigt - Refektorien sind schließlich Speiseräume - das "Letzte Abendmahl" von *Ghirlandaio*. Wegen Restaurierungsarbeiten wird der Raum vermutlich erst wieder ab 1996 zugänglich sein.

In der **Sala del Lavabo** (Waschraum) ist *Fra Angelico* mit drei Tafelgemälden vertreten, die dem Frühwerk des Meisters zugeordnet werden. Das eine zeigt die Heiligen Franziskus und Onofrius, letzterer mit Haupthaar bis zu den Waden. Onofrius, ein abessinischer Prinz und Asket, ist eine der sonderlichsten Figuren aus dem Reigen der Heiligen. Er lebte jahrelang als Eremit in der Wüste und soll wöchentlich einmal mit einem Brotstück direkt vom Himmel versorgt worden sein. Möglicherweise wurde er sündig, als er Besuch vom Teufel bekam, der sich als lüsterne Nonne verkleidet hatte.

Die kleine **Sala di Fra Bartolomeo** ist speziell diesem Künstler gewidmet, in der gegenüberliegenden noch kleineren **Sala di Baldovinetta** ist ein Tafelgemälde von *Benozzo Gozzoli*, Fra Angelicos berühmtestem Schüler zu sehen.

Die **Sala degli Ospiti** (Pilgerherberge) schließlich ist das Kernstück des Museums. Hier ist eine ganze Reihe von Bildern *Fra Angelicos* untergebracht. Zwei monumentale Tafelgemälde stellen die thronende Maria mit Kind, umgeben von Heiligen, dar. Eines von ihnen, mit Cosimus und Damian im Vordergrund, war für den Hochaltar von San Marco bestimmt. Die streng symmetrische perspektivische Komposition - man beachte den Fußboden, auf dem Cosimus und Damian knien - verleiht dem Bild eine optische Tiefenwirkung. Daneben sind zwei Bilder von der neunteiligen Predella (Altarsockel) ausgestellt, die restlichen sieben verteilen sich auf Museen in München, Paris, Dublin und Washington.

Bei der Betrachtung des "Jüngsten Gerichts" erfuhr der mittelalterliche Mensch, wohin der Lebenswandel führen kann: ins Paradies oder in die von Fra Angelico sehr ergötzlich gestaltete Küche des Teufels, dort in den Schmortopf und dann ins bluttriefende Maul eines schwarzen Monsters. Eine Reihe offener Gräber, wie sie 500 Jahre später Salvador Dali gezeichnet haben könnte, trennt Himmel und Hölle.

Ein weiteres großartiges Werk sind die Türfelder eines Silberschranks, die in 35 Darstellungen aus den Evangelien erzählen. Konzipiert wurde der Bilderzyklus von Fra Angelico, an der Ausführung war neben dem Meister und seiner Werkstatt auch *Alesso Baldinetti* beteiligt.

Im Obergeschoß liegen insgesamt 44 **Mönchszellen**, jede von ihnen mit einem Fresko ausgestattet, einige stammen von *Fra Angelico* selbst, andere hat er nur konzipiert und die Ausführung seinen Schülern überlassen.

Eine Besonderheit bildet die Zelle Savonarolas (Zelle Nr. 12), eine kleine Gedenkstätte an den gestrengen Dominikanermönch, der wegen seiner feurigen Reden wider den Sittenverfall am päpstlichen Hof auf dem Scheiterhaufen landete. Zwei anonyme Bilder aus dem 17. Jh. zeigen seine öffentliche Hinrichtung auf der Piazza della Signoria. Daneben hängt das berühmte Savonarola-Porträt von *Fra Bartolomeo*; der bekannte Maler war ein glühender Anhänger Savonarolas.

Von der Zelle Nr. 38 führt ein Durchbruch zu einer zusätzlichen Zelle (Nr. 39), eine kleine Regelwidrigkeit in der sonst strengen Architektur. Die "Zweizimmerwohnung" war *Cosimo dem Älteren*, dem Stifter von San Marco zugedacht, der hier seinen Lebensabend verbrachte.

Zum Abschluß wandle man durch die langgestreckte **Bibliothek**, deren Eingang zwischen den Zellen Nr. 42 und 43 liegt - nach 44maligem Bücken und Reingucken in eine enge Mönchszelle eine wahrhafte Erholung.

*Öffnungszeiten*: Dienstag - Samstag 9-14 Uhr, Sonntag 9-13 Uhr. Eintritt ca. 8 DM.

## Santa Maria Novella

Das erste Kloster der Dominikaner von Florenz stammt aus dem 13. und 14. Jh. Wer vom Bahnhof her kommt, findet den etwas groben, gotischen Bau erst wenig attraktiv. Ist man jedoch - an der alten Friedhofsmauer entlang - auf der großzügigen Piazza Santa Maria Novella angelangt, präsentiert sich die Kirche von ihrer schmuckeren Seite. Der obere Teil der Fassade aus schwarzem und weißem Marmor wurde erst im 16. Jh. fertiggestellt und zeigt eine gelungene Synthese von gotischen Elementen und früher Renaissance; im Giebel prangt die Sonne, das Wappen des Quartiers von Santa Maria Novella. Die begrünte Piazza selber - ein angenehmer Ruhepunkt in der hektischen Stadt - ist auch einen Augenschein wert. Die beiden Obelisken, auf je vier bronzenen Schildkröten ruhend, dienten als Ziel beim traditionellen *Palio dei Cocchi* (Wettrennen der Kutschen), der noch bis zur Mitte des vorigen Jahrhunderts durchgeführt wurde.

Im Inneren ist die Kirche ziemlich kahl. Sie ist fast 100 Meter lang, und wirkt dank der zebragestreiften Gewölbebögen im Mittelschiff noch länger - ein optischer Trick der gotischen Architektur.

Man darf sich vom ersten Eindruck der Kahlheit nicht täuschen lassen, einige großartige Kunstwerke finden sich auch in dieser Kirche.

Das bemerkenswerteste unter ihnen ist zweifellos das Trinitätsfresko von *Masaccio* beim dritten Altar der linken Seitenwand. Sein kurzes Leben, er wurde nur 27 Jahre alt, verwendete Masaccio darauf, die perspektivische Darstellungsweise zu entwickeln. Nächtelang verschmähte er deswegen das eheliche Schlafgemach. Als das Trinitätsfresko 1427 vollendet war, sprachen Künstlerkollegen zu Recht von noch nie dagewesener künstlerischer Qualität: Es ist eines der ersten

*Santa Maria Novella – im Seitenaltar das perspektivische Trinitätsfresko von Masaccio*

Werke der Zentralperspektive, die später für die Renaissance bestimmend wird. Die geschickte Plazierung der Figuren im Bildraum unterstreicht die optische Tiefenwirkung zusätzlich: Gottvater über und gleichzeitig auch hinter dem gekreuzigten Christus, zwischen den beiden symbolisiert eine Taube den Heiligen Geist. Im untersten Teil des Gemäldes erinnert ein menschliches Skelett an die Vergänglichkeit alles Irdischen. Auf den Stufen darüber - zwischen Tod und göttlicher Dreieinigkeit - kniet das Stiftereehepaar Lenzi.

Die Hauptkapelle des Chors ist vollständig mit Fresken von *Ghirlandaio* ausgeschmückt. Der Auftraggeber, *Giovanni Tornabuoni*, wünschte sich, daß das Werk der "Lobpreisung seines Hauses und seiner Familie" diene. Dies hat Ghirlandaio denn auch ausgiebig berücksichtigt. Diverse Tornabuoni und Mitglieder befreundeter Familien figurieren als Komparsen in den biblischen Darstellungen. Die Noblesse der florentinischen Renaissance gibt sich in Ghirlandaios Fresken die Ehre - eine Mischung von sakraler Kunst und Porträtmalerei.

Die erste Seitenkapelle rechts, die sog. Strozzi-Kapelle ist ein Werk von *Filippino Lippi*, der hier einige sehr drastische Szenen zeigt, z. B. die "Kreuzigung des heiligen Philipp", eine offensichtlich technisch recht anstrengende Hinrichtung, oder das "Martyrium des Evangelisten Johannes": Der Heilige steht im Kochtopf, betet und wirft einen mitleidsvollen Blick auf seine Peiniger, die das Feuer schüren.

Ärgerlich für den Betrachter, sei es der Fresken Ghirlandaios oder Filippino Lippis, ist der Beleuchtungsautomat. Der ganz schnelle Blick kostet 50 Lire, der weniger schnelle 100 Lire und der noch immer zu schnelle 500 Lire. Ein kontemplatives Anschauen wird verunmöglicht, da man wiederholt aufstehen, Geld hervorkramen und einwerfen muß. Es sei denn, man läßt sich die Kunstbetrachtung von anderen Touristen finanzieren.

## Orsanmichele

Sie liegt zwischen der Piazza della Repubblica und der Piazza della Signoria und wirkt ganz und gar nicht wie ein sakraler Bau. Kein Wunder, denn sie sollte Kirche und Kornspeicher zugleich sein, im unteren Geschoß wurde noch bis 1367 der Kornmarkt abgehalten. Dann mauerte *Talenti* die Arkaden zu und entwarf stattdessen wunderschöne, zarte Portale. In den 14 äußeren Mauernischen stehen Marmorskulpturen von Schutzheiligen der Zünfte. Die Renaissance-Plastiken stammen von *Donatello* (Bronzekopie des Heiligen Georg, das Marmororiginal befindet sich heute mitsamt Nische im Bargello), *Ghiberti* (Matthäus, Johannes der Täufer, Stephanus), *Nanni di Banco* (Egidius) und anderen Künstlern.

Eine Sehenswürdigkeit im düsteren Inneren ist das berühmte Marmortabernakel von *Orcagna* - eine einzigartige Arbeit mit einer Fülle von Flachreliefs, Engelchen und Statuetten.

## Santo Spirito

Die Kirche liegt abseits der Touristenströme im nach ihr benannten Stadtviertel südlich des Arnos.

San Spirito ist ein schönes Beispiel für die Frührenaissance. Der Entwurf stammt von *Brunelleschi*, doch wurde die Kirche erst 1482, fast vier Jahrzehnte nach seinem Tod, von *Salvi d'Andrea* vollendet. Der äußerlich schlichte Bau veranschaulicht aufs beste die damals neue Raumauffassung, die Aufhebung der Vielfalt in harmonischer Einheitlichkeit. Die 38 Familienkapellen bergen nur noch einen kleinen Teil ihrer ehemaligen Kunstschätze.

## Santa Maria del Carmine

Ebenfalls südlich des Arnos findet man diese Barockkirche aus dem 18. Jh. mit restaurierten Fresken von Meister *Masaccio* aus den Jahren 1423-28. Wie das kam? Die Kirche brannte ab, aber wie durch ein Wunder blieb die rechte Seitenkapelle vom Feuer verschont.

Der im Alter von 27 Jahren gestorbene Masaccio konnte nur noch den oberen Teil des Freskenzyklus "Szenen aus dem Leben Petri" fertigstellen, den Rest besorgte *Filippino Lippi*. Das berühmte Meisterwerk

"Vertreibung aus dem Paradies" (linker Pfeiler oben) zeigt deutlich den realistischen Stil, der den Beginn der Renaissance-Malerei kennzeichnet. Plastisch und klar spiegeln sich Gefühlsregungen in den Gesichtern der aus dem Paradies Vertriebenen. Das Feigenblatt, das auf kirchlichen Befehl während der Gegenreformation mit Tempera auftragen wurde, ist mit offizieller Genehmigung wieder entfernt worden...

## Certosa

*Certosa* heißt Kartause, und eine Kartause ist ein Kloster des Kartäuserordens. Diese vom heiligen Bruno aus Köln gegründete Gemeinschaft gehören zu den strengsten Orden im ganzen Katholizismus. Die Kartäuser verbringen einen Großteil ihres Lebens in ihrer Zelle, die Stimme erheben sie nur beim gemeinsamen Gebet.

Die Kartause von Florenz liegt bei Galluzzo, 4 km südlich der Stadt; über dem Abzweig der Superstrada nach Siena thronend, ist sie für Autofahrer kaum zu übersehen. 1957 verließen die letzten Kartäuser das Kloster und überließen es den Zisterziensern. Von ihnen bewohnen derzeit 10 Mönche die Anlage, die u. a. eine Apotheke mit Likörverkauf unterhalten und Busladungen von Touristen durch die wichtigsten Räumlichkeiten führen.

Kunstinteressierte werden kaum auf ihre Kosten kommen. Allein die etwas fahl gewordenen Fresken von *Jacopo Pontormo* in der klostereigenen **Pinakothek** verdienen Aufmerksamkeit. Der Maler hatte sich, als 1523 in Florenz die Pest ausbrach, in die Kartause gerettet und hier einen sehr eigenartigen Bilderzyklus ("Passion Christi") geschaffen. Er gilt als eines der frühesten Zeugnisse des Manierismus.

In der barocken **Klosterkirche** mit der "Himmelfahrt des heiligen Bruno" über dem Altar ist vor allem das Chorgestühl sehenswert: großartige Intarsienarbeiten sowie geschnitzte Darstellungen von Heiligen in den Rückenlehnen.

Der Besucher wird weiter zum **Großen Kreuzgang** geführt, an den sich die einzelnen Zellen anschließen. Neben jeder Tür befindet sich eine Durchreiche, durch die einst den Mönchen ihre Nahrung zugeschoben wurde. Unwillkürlich denkt man ein Gefängnis; beim Blick von außerhalb aber, etwa von Galluzzo aus, entpuppen sich die Zellen fast wie kleine Einfamilienhäuschen.

Ein architektonisches Juwel des Klosters ist der **Kreuzgang der Laienbrüder** aus dem 15. Jh., ein kleiner rechteckiger Innenhof mit doppelten Arkaden.

Zum Abschluß empfiehlt sich unbedingt der Besuch der **Klosterapotheke** (Farmacia): Verkauf von eigengebrannten Likören, u.a. auch Sambuco.

*Anfahrt*: Vom Stadtzentrum Richtung Siena, kurz nach Galluzzo führt eine breite

Auffahrt hoch zur Kartause. Oder mit Bus Nr. 37 von der Piazza Santa Maria Novella. *Öffnungszeiten*: 9-12 Uhr und 15-18 Uhr, Montag geschlossen. Regelmäßige Führungen, gelegentlich auch deutschsprachige (Trinkgeld).

# Weitere Museen

Florenz kann sich sehen lassen: Über 40 Museen zählt die Stadt. Auch der kulturbeflissenste Besucher wird sie kaum alle besichtigen können. Die wichtigsten Museen wurden in den vorhergehenden Kapiteln beschrieben. Hier eine Auswahl weiterer Einrichtungen:

▶ **Galleria dell'Accademia**: Vor allem Gemälde und Skulpturen toscanischer und umbrischer Künstler - *Botticelli, Perugino* und viele andere. Doch werden sie alle von einem einzigen Werk in den Schatten gestellt, dem vielkopierten Original von *Michelangelos* "David". Das 4,10 m hohe Meisterwerk entstand 1501 als Symbol der Demokratie und als Zeichen des (vorübergehenden) Sieges über die Tyrannei der Medici. David ist seit einem Anschlag auf seinen Fuß nur noch von vorne zu betrachten.
*Öffnungszeiten*: Dienstag - Samstag 9-19 Uhr, Sonntag 9-14 Uhr.

**Lesermeinung**: "Das Museum habe ich als einzige 'Touri'-Falle empfunden. Außer den Werken von Michaelangolo wurden fast nur sakrale Bilder gezeigt - davon gibt es schon genug in den Uffizien zu sehen - und eine wild zusammengestellte Skulpturensammlung. Viele Stücke stammen aus dem letzten Jahrhundert. Ich hatte den Eindruck in ein Gartencenter für Springbrunnenfiguren geraten zu sein. So ungefähr war die Motivwahl und die Qualität der Arbeiten. Besonders schön nichtssagend fand ich die an den Wänden hochgezogene Büstensammlung. Hier regierte abermals das Motto 'Masse statt Klasse'. Ich kann mich des Eindrucks nicht erwehren, daß hier alles an Restkulturgütern gnadenlos zusammengepfercht wurde, damit der 'Betrug am Kunden' nicht allzu stark auffällt. In einigen Räumen im zweiten Stock hingen zwar noch Bilder an den Wänden, diese waren aber aufgrund von Personalmangel oder vorausgesetztem Desinteresse der Masse des Publikums nicht zugänglich." Marc Valentin, Bielefeld.

▶ **Archäologisches Museum**: eine überragende Sammlung von ägyptischer und etruskischer Kunst - Mumien und altägyptische Sarkophage neben etruskischen Urnen und Bronzefiguren.
*Öffnungszeiten*: 9-11.30 Uhr, Montag geschlossen. Eintritt ca. 8 DM.

▶ **Museum für Geschichte der Wissenschaft** *(Museo di Storia della Scienza)*: Eine Fundgrube für technisch Interessierte. Erstaunlich ist, mit welcher Präzision bereits im 16. Jh. mechanische Meßgeräte gebaut wurden. Im ersten Stock finden sich Instrumente zur Bestimmung der Mondstellung. Im Saal 5 ist das Fernrohr zu sehen, mit dem *Galilei* die Jupitermonde entdeckte, daneben technische Kunstwerke aus Glas: fein ziselierte Thermometer (70 cm hoch), zum Teil spiralförmig.
In den oberen Geschossen sind zahlreiche weitere Wunderwerke aus

den Bereichen Pneumatik, Chemie und Anatomie untergebracht.
*Öffnungszeiten*: Montag, Mittwoch, Freitag 9.30-13 Uhr und 14-17 Uhr; Dienstag, Donnerstag, Samstag 9.30-13 Uhr. Eintritt ca. 10 DM.

# Fiesole

**Der Ort, ehemals eine etruskische Siedlung, liegt ca. 8 km nordöstlich auf einem Hügel oberhalb von Florenz. Die Straße mit einigen schönen Aussichtspunkten führt in vielen Serpentinen hinauf. Im Grünen liegen die Villen wohlbetuchter Florentiner versteckt.**

An der Piazza Mino, dem Hauptplatz, wo in römischer Zeit das Forum lag, befinden sich die meisten Sehenswürdigkeiten des Städtchens.

Der **Dom** (Anfang 11. Jh.), an der Nordseite, wurde während der Renaissance mehrmals umgebaut. Mit dem angebauten schlanken Glokkenturm wirkt der Bau aus Naturstein schlicht. In der Salutati-Kapelle sind bildhauerische Meisterwerke von *Mino da Fiesole* zu sehen.

Das an den Dom angebaute **Bandini-Museum** zeigt Terrakotten aus der Della-Robbia-Schule (15. und 16. Jh.) und in den oberen Räumen Gemälde aus dem 14. Jh. - darunter zwei Originale von *Fra Angelico* und *Filippo Lippi*.
*Öffnungszeiten*: Sommer 9.30-13 Uhr und 15-19 Uhr, Winter 10-13 Uhr und 15-18 Uhr; Dienstag geschlossen.

Fast so groß wie der Dorfkern von Fiesole ist das *römisch-etruskische Ausgrabungsgelände* hinter dem Dom. Das imposante *römische Theater* aus dem 1. Jh. v. Chr. erfüllt jeden Sommer wieder seinen ursprünglichen Zweck. Überreste der Thermen sowie eines römisch-etruskischen Tempels wurden ausgegraben. Die Ausgrabungspläne und Funde werden im *archäologischen Museum* (Museum Faesulanum), einem klassizistischen Bau präsentiert - eine Sammlung, die sich sehen lassen kann.
Im *Museo Civico*, ans Ausgrabungsgelände anschließend, kann man den archäologischen Rundgang fortsetzen - doch sind die dort ausgestellten Scherben eher für den Spezialisten interessant. Dieser besucht zum Abschluß das *Antiquarium Costantini*, eine an die öffentliche Hand übergegangene Privatsammlung von kostbaren Amphoren etruskischer und griechischer Provenienz - beachtliche Darstellungen aus der griechischen Mythologie.
*Öffnungszeiten*: Sommer 9-19 Uhr, Winter 10-16 Uhr; Dienstag geschlossen. Eintritt (Sammelkarte für alle in diesem Abschnitt genannten Sehenswürdigkeiten) ca. 5 DM.

Auf einem Hügel oberhalb von Fiesole liegt das **Kloster San Francesco**, das man schnaufend über ein steiles Sträßchen erreicht. Als Lohn winkt ein wunderschönes Paronama über Florenz samt Umland.

- *Telefonvorwahl*: 055
- *Verbindung*: Stadtbus Nr. 7 vom Hauptbahnhof Florenz.
- *Information*: **A.P.T.-Büro**, Piazza Mino 37 (Hauptplatz). Geöffnet werktags 8.30-13.30 Uhr, in der Hauptsaison auch nachmittags. Tel. 598720.

## Florenz/Sehenswertes

### Übernachten/Camping

**\*\*\*\* Villa San Michele**, Via di Doccia 4 (kurz unterhalb von Fiesole, Toreinfahrt rechts), DZ 600-1200 DM (!!!). Luxusherberge am Berghang, in französischer Hand. In einem alten Franziskanerkloster aus dem 17. Jh. sind geschmackvoll Zimmer (Baldachin über dem Bett) eingerichtet. Im kühlen Kreuzgang auf der Talseite das Restaurant. Von führenden Yuppies und Spesenrittern empfohlen. Tel. 59451.

**\*\*\* Bencista**, Via Benedetto da Maiano 4 (etwa auf halber Höhe des "Fiesole-Hügels"), DZ mit Bad ca. 170 DM, ohne ca. 140 DM. Riesiges, altes Landhaus mit über 30 Zimmern. Lange Schotterzufahrt von der Hauptstraße aus. Abgeschirmte Lage, toller Blick auf die Stadt. Tel. 59163.

**\* Villa Sorriso**, Via Gramsci 21 (Hauptstraße), DZ mit Dusche/WC 70-100 DM, ohne 60-90 DM. Große, modern-einfach eingerichtete, saubere Zimmer, die nach hinten - im ersten Stock über einem Ristorante - gelegen sind; nachts trotzdem annehmbarer Geräuschpegel. "Sehr netter und bemühter Vermieter (Mittvierziger). So ziemlich das beste und reichhaltigste Frühstück, das wir auf unserer Reise bekamen - serviert unter freiem Himmel bzw. Sonnenschirmen auf einer Terrasse mit sehr schönem Landschaftsblick. Der Padrone bereitet das Frühstück für jeden sichtbar (nichts für ganz Empfindliche) in einer auf der Terrasse installierten Küchenzeile selbst zu (z. B. das Frühstücksei nach Wahl)." *(Meike und Thomas Zanner, Köln)*. Tel. 59027.

**\* Villa Baccano**, einige Kilometer außerhalb von Fiesole (an der Auffahrt zum Camping Paradiso), DZ mit Bad/WC 75-90 DM, ohne 70-85 DM. Großes Haus mit vielen geräumigen Zimmern; ältere Einrichtung, aber sauber. "Besitzerin/Vermieterin ist eine seltsame, kleine ältere Frau, die keinen besonders freundlichen Eindruck machte, sondern eher geldgierig wirkte (sie weckte uns z. B. am ersten Morgen gleich um acht Uhr, da sie angeblich unbedingt den zweiten Personalausweis benötigte)... hat trotz allem irgendwie 'was'". *(Meike und Thomas Zanner, Köln)*. Tel. 59341.

**Camping Panoramico**, Via Peramonda 1. Ca. 8 km außerhalb von Fiesole (im östlichen Ortsteil der Via Francesco Ferrucci folgen, dann ausgeschildert). Sehr schöne Lage auf einer Hügelkuppe (mit Aussichtsplattform über Florenz). Hier weht ständig eine leichte Brise, und es gibt weniger Stechmücken als im Stadtcamping Michelangelo. Viel Schatten durch hohe Zypressen. Restaurant, Supermarkt. Auch Bungalowvermietung. Angenehm und empfehlenswert. Ganzjährig geöffnet. Tel. 599069.

# Von Florenz nach Lucca

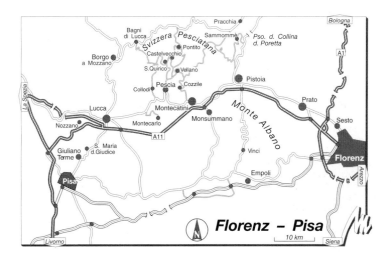

# Prato

Mittelalter pur inmitten eines wild gewachsenen Industrievierts. Der aufblühenden Tuchindustrie war Florenz bereits vor 500 Jahren zu eng und auch zu teuer, woraufhin viele Handwerksbetriebe in die "Vorstadt" aussiedelten. Außerdem gab es hier zum Färben genug frisches Wasser aus dem Apennin.

Schon im Mittelalter entstanden in Prato die ersten Wollwebereien. Heute ist Prato die "Lumpenstadt" Italiens und einer der weltgrößten Altkleider-Verwerter. Ganze Güterzüge voll mit verschlissenen Textilien kommen zur Weiterverarbeitung hierher - nicht nur aus Nordeuropa. In den Fabrikhallen türmen sich riesige Altkleiderberge, die per Hand sortiert werden. Mit bloßem Griff wird dabei der Woll- bzw. Baumwollanteil geschätzt. In Prato selber findet man zahlreiche Läden, die nicht auf Touristen zugeschnitten sind: Stoffe, Mode, Aussteuer, Secondhand-Textilien.

Das Recycling-Geschäft mit der Weiterverarbeitung der Reißwolle lief prima, bis der Dollar an Wert verlor und die USA als wichtigstes Abnehmerland fast ausfielen. Die Hausbank der Textilindustriellen, die *Cassa di Risparmio di Prato*, mußte wegen überfälliger Kredite beinahe

## Von Florenz nach Lucca

Konkurs anmelden, viele der unzähligen Kleinbetriebe schlossen ihre Tore. In jüngster Zeit hatte Prato eine starke Zuwanderung aus dem Süden zu verzeichnen, die Bevölkerungszahl verdoppelte sich in den letzten dreißig Jahren auf heute knapp 170.000 Einwohner.

- *Telefonvorwahl*: 0574
- *Information*: **A.P.T.-Büro**, Via Cairoli 48. Geöffnet 9-13 Uhr, Sonntag geschlossen. Tel. 24112
- *Verbindungen*: **Zug**: Prato liegt an der Strecke Bologna - Florenz. Stündlich meist mehrere Züge nach Florenz, per Express 10 Min. Fahrzeit. Eine Nebenlinie zweigt nach Viareggio bzw. Pisa (via Pistoia, Lucca) ab.
Die Züge nach Bologna und Florenz halten an der **Stazione Centrale**, für die Strecke nach Viareggio bzw. Pisa ist die etwas zentraler gelegene **Stazione Porta al Serraglio** zuständig.
**Bus**: ab Piazza S. Francesco mit LAZZI nach Florenz und Pistoia.
- *Parken*: innerhalb der Altstadtmauern praktisch unmöglich. Größerer, zentral gelegener, gebührenpflichtiger Parkplatz direkt außerhalb der Stadtmauer bei der Piazza San Marco (von Florenz kommend: am Hauptbahnhof vorbei, über den Fluß, dann der Ausschilderung folgen).
- *Einkaufen*: Kleine **Second Hand-Shops** in der Altstadt.
Größere Auswahl bei **Metropolitan**, Via Quarto dei Mille 4 (im Industriegebiet, Nähe Via del Castagno): eine ganze Halle voll - bis zum Wintermantel aus New York für 80 DM.
- *Feste*: An Ostern, am 1. Mai, 15. August und beim **traditionellen Volksfest** am 8. September, wird von der Außenkanzel des Doms der **heilige Gürtel** gezeigt. Der Legende zufolge handelt es sich um den Gürtel der Gottesmutter Maria. Ein Prateser Kaufmann soll ihn als Mitgift bekommen haben, als er die Tochter eines Jerusalemer Kollegen ehelichte.

### Übernachten

Während der Urlaubszeit, wenn Fabriken und Handelshäuser Ferien machen, besteht eher die Möglichkeit, ein preiswertes Zimmer zu bekommen.

\*\*\* **Villa S. Cristina**, Via Poggio Secco 58 (etwas außerhalb, aus Florenz kommend, kurz vor Prato rechts den Hang hinauf - Via del Fontanaccio), DZ mit Bad 130-170 DM. Ein ehemaliger "Palast" aus dem 18. Jh., mitten in einem kleinen Park gelegen. Tel. 595951.
\*\*\* **Flora**, Via Cairoli 31, DZ mit Dusche/WC und TV 100-150 DM. Sauber und gepflegt. In Pratos Altstadt die Nummer Eins. Hoteleigene Garage. Tel. 33521.
\*\*\* **Giardino**, Via Magnolfi 4, DZ mit Bad 100-140 DM, ohne 90-110 DM. Der Name verspricht, was das Haus nicht halten kann: Mit dem Garten sind wohl die paar Pflanzentöpfe auf der Straße gemeint. Ebenfalls Altstadtlage mit eigener Garage. Tel. 26189.

### Essen

Die Spezialität von Prato heißt *"Sedani alla pratese"*. Die weichgekochten Selleriestangen werden flachgepreßt und mit Jägerpaste (Hühnerleber mit Kalbfleisch, Eigelb und diversen Gewürzen) bestrichen, anschließend zusammengerollt, mit Mehl und Brotkrümeln paniert und in Fett ausgebacken.

**Ristorante Tonio**, Piazza Mercatale 161. Hauptsächlich bekannt für seinen frischen Fisch, serviert aber auch lokale Spezialitäten. Menü ca. 50 DM. Sonntag und Montag geschlossen.
**Trattoria Lapo**, Piazza Mercatale 141. Einfache und billige Trattoria, seit über 50 Jahren in Familienbesitz und über Mittag von Arbeitern aufgesucht. Der bescheidene, große Saal erinnert etwas an Raststätten einstiger DDR-Autobahnen, ebenso die Wartezeiten - ansonsten durchaus sympathisch. Sonntag geschlossen.

*Castello dell'Imperatore - die Kaiserburg aus dem 13. Jh. dominiert das Zentrum*

## Sehenswertes

▶ **Stauferkastell**: Die auffällig helle, nordisch-wuchtige Fluchtburg aus dem Jahr 1237 ist eines der wenigen Zeugnisse staufischer Architektur in Mittelitalien. Das wehrhafte Outfit täuscht aber: im Inneren komplett ruinöser Zustand.
*Öffnungszeiten*: 9-11.30 Uhr und 15-17.30 Uhr, Sonntag 9-11.30 Uhr, Dienstag geschlossen.

▶ **Dom Santo Stefano**: Die hübsche Kanzel an der Außenfassade weist auf den Domplatz als einst wichtigsten Versammlungsort hin. Sie ist ein Werk von *Donatello* und *Michelozzo*. Die tanzenden Putten in den Reliefs sind Kopien. Die Originale wurden ins Dom-Museum gerettet.
Im Inneren gehen romanischer und gotischer Stil eine Symbiose ein. Hauptsehenswürdigkeit ist der Freskenzyklus von *Filippo Lippi* im Hauptchor, an der linken Seitenwand die Lebensgeschichte des Märtyrers Stephan, rechts der Lebensweg Johannes des Täufers, ein aufwendiges Malwerk. In der "Tanzenden Salome" verewigte der liebeslustige Mönch eine seiner Geliebten, die Nonne Lucrezia Buti; die beiden hatten einen gemeinsamen Sohn.

▶ **Palazzo Pretorio**: Sitz der früheren Stadtregierung. Im Inneren ist heute das **Museo Civico**, die städtische Pinakothek untergebracht, eine reiche Sammlung mit Werken von *Luca Signorelli*, *Bernardo Daddi* und anderen. Bemerkenswert ist *Filippo Lippis* "Madonna del Ceppo": Der

Geldgeber Francesco Datini wird in wohltätiger Pose dargestellt. Der erfolgreichste Textilkaufmann Pratos (gest. 1410) hinterließ sein Vermögen einer Stiftung. Vom in Prato geborenen *Filippino Lippi* (Sohn Filippos) ist ein Tabernakel zu bewundern.
*Öffnungszeiten*: 9.30-12.30 Uhr und 15-18.30 Uhr, Sonntag 9.30-12.30 Uhr, Dienstag geschlossen. Eintritt ca. 5 DM (Karte gilt auch für das Museo dell'Opera del Duomo und das Museo di Pittura Murale).

▶ **Museo dell'Opera del Duomo:** Vom Dom ins Museum gerettet wurden u. a. *Filippo Lippis* "Begräbnis des heiligen Girolamo" sowie ein von *Paolo Uccello* gemaltes Porträt Jacopone da Todis.
*Öffnungszeiten*: dieselben wie das Museo Civico. Eintritt ca. 5 DM (Karte gilt auch für das Museo Civico und das Museo di Pittura Murale).

▶ **Museo di Pittura Murale:** im Kloster San Domenico. Wer Wandmalereien im Stil der mexikanischen "Murales" erwartet, liegt falsch. Am Anfang dieses einzigartigen Museums stand die Frage: Wohin mit den Vorzeichnungen der Fresken, nachdem man diese von der Mauer abgelöst hatte? Diese Vorzeichnungen, meist mit Rötelerde gefüllte Ritzungen, zu erhalten, hat sich das kleine Museum zur Aufgabe gemacht. Zu sehen sind die Konturen der von *Paolo Uccello* im Dom abgenommenen Fresken. Zum Vergleich sind Leuchtkopien der dazugehörigen Fresken ausgestellt.
*Öffnungszeiten*: 9-12 Uhr, Dienstag geschlossen. Eintritt ca. 5 DM (Karte gilt auch für das Museo Civico und das Museo dell'Opera del Duomo).

▶ **Textilmuseum** *(Museo del tessuto)*, Viale Repubblica 9 (Neustadt). Das im *Istituto T. Buzzi* (Textilfachschule) untergebrachte Museum ist einzigartig in Italien - alte Webstühle und Stoffe vom 15. Jh. bis zu Beginn des 19. Jh. Die ältesten Stücke meist in Weiß, Rot und Grün, im 16. Jh. kamen Gold- und Silberfäden in Mode. Im 17. Jh. dominierten hellblaue und türkisfarbene Stoffe.
*Öffnungszeiten*: 9 - 12 Uhr, Sonntag geschlossen.

▶ **Museum für zeitgenössische Kunst** (*Museo d'arte contemporanea*), Viale della Repubblica 277 (Neustadt, ganz nah bei der Autobahnausfahrt Prato-West). In Sachen mittelalterlicher und Renaissance-Kunst ist Florenz nicht zu schlagen, also hat man sich in Prato auf moderne Kunst verlegt. Selbst Florentiner sind neidisch auf diesen supermodernen Museumskomplex - ein Zentrum für moderne Kunst mit anspruchsvollem Ausstellungsprogramm.
*Öffnungszeiten*: Information und Katalogabteilung: Montag - Freitag 9-13 Uhr und 14-18 Uhr; Ausstellungen: 10-19 Uhr, Dienstag geschlossen; Eintritt ca. 12 DM.

*Im Erzbischöflichen Palast ist heute das Informationsbüro untergebracht*

# Pistoia

Der Marktplatz heißt Piazza dell'Ortaggio (Gemüse), daneben die schmucke Piazza del Sale (Salz) mit den Nebengäßchen Sorucciolo dei Cipolloni (Zwiebeln) und Vicolo del Cacio (Käse). Gemüse, Käse, Fisch, knackig frische Salatstauden, alles appetitlich auf den Markttischen aufgereiht - so zeigt sich das Herz Pistoias.

Schon bei der Anreise wirkt die Stadt offen, kein Vorstadtdickicht - im breiten Tal viel Landwirtschaft, Baumschulen und die riesigen Glashäuser der Blumenzüchter. Hier an den Ausläufern des Apennin bleibt auch während der heißen Sommermonate ein wenig Bodenfeuchte erhalten.

Das historische Zentrum ist die *Piazza del Duomo* - weitläufig, aber bar jeglicher Geschäfte und Cafés. Die Bauten kommen dadurch um so mehr zur Geltung: das zebragestreifte marmorne Baptisterium im Kontrast zu den Ton- und Natursteinfassaden der Palazzi. Besonders malerisch ist der ehemalige Bischofspalast mit seinen weit ausladenden Fensterflächen. Er sollte ebenfalls mit Marmor verkleidet werden - das Geld reichte jedoch nur für einige Quatratmeter.

Pistoia, lange im Spannungsfeld der beiden "Großmächte" Florenz und Pisa, war bereits im 16. Jh. ein bedeutender Waffenproduzent. Die

# 212 Von Florenz nach Lucca

*Pistole*, hier erfunden und hergestellt, kam so zu ihrem Namen. Während des Zweiten Weltkriegs war Pistoia bevorzugtes Ziel alliierter Bombergeschwader: *San Giorgo*, eine moderne Waffenfabrik Mussolinis, war ihr Ziel. Heute werden in den Fabrikhallen U- und S-Bahnwaggons zusammengenietet.

Die Stadt lebt zum beträchtlichen Teil von den Baumschulen, welche über 1000 Hektar Land bewirtschaften. Sogar Olivenbäume können als stattliche Jungbäume erworben werden. Ein großer Teil der Pflanzen wird in den Norden exportiert.

- *Telefonvorwahl*: 0573
- *Information*: im Bischofspalast (Palazzo dei Vescovi) an der Piazza del Duomo. Geöffnet Montag - Samstag 9-12.30 Uhr und 15.30-19 Uhr. Tel. 21622.
- *Verbindungen*: **Eisenbahn**: Pistoia liegt an der Strecke Florenz - Pisa bzw. Viareggio. Eine interessante Anreisevariante aus dem Norden führt von Bologna direkt nach Pistoia: mit der "Porrettana" über Serpentinen und durch zahlreiche Tunnels. Die Gebirgsbahn war früher die einzige Zugverbindung Roms nach Norden. Siehe auch weiter unten bei Sammommè.
**Bus**: nach Florenz (30 Min.), Lucca, Viareggio mit LAZZI; nach Vinci mit COPIT.
- *Einkaufen*: **Fischmarkt** in den Gassen an der Piazza dell'Ortaggio, gleich nebenan der **Gemüsemarkt**. In der unmittelbaren Umgebung findet man auch einige alte **Kupferschmiedwerkstätten**.
**Wochenmarkt**: Mittwoch und Samstag.
**Antiquitäten-Markt**: Jeden 2. Samstag im Monat (nicht Juli/August) in der Via Pacinotti, auf dem früheren Gelände der Waggonfabrik "Brede".

## Übernachten

Einige Mittelklassehotels buhlen um ein volles Haus. Da Pistoia touristisch noch nicht so überlaufen ist, hält sich das Preisniveau in Grenzen.

\*\*\* **Milano**, Viale Pacinotti 10, DZ mit Bad ca. 130 DM, gegen Aufpreis auch mit Klimaanlage. großzügiger Bau. Pistoias erste Adresse. Eigener Parkplatz (10 DM extra). Tel 975700.

\*\*\* **Patria**, Via F. Crispi 6, DZ mit Dusche ca. 130 DM. Geschmackvoll, Stofftapeten, teures, modernes Mobiliar (aus ansässiger Möbelfabrik). Tel. 25187.

\*\* **Firenze**, Via Montanara e Curtatone 42, DZ ohne Bad ca. 50 DM. Ein italienisch-amerikanisches Pärchen hat die frühere Uralt-Pension übernommen und noch einen Stern dazugemacht. Tel. 23141.

- *Außerhalb*:

\*\*\* **Il Convento**, Via S. Quirico 33 (ca. 5 km außerhalb, an der Straße über Montale nach Prato, bei der "Fina"-Tankstelle den Berg hinauf), DZ ca. 150 DM. Altes, weißgestrichenes Franziskanerkloster am Berghang, ruhig und abgeschirmt. Aus den kleinen Fenstern schöner Blick auf die Ebene. Großes Schwimmbad im Park. Tel. 452651.

Weitere Hotels außerhalb siehe unter Umgebung/Sammommè.

- *Camping*: **Barco Reale**, ca. 15 km südlich von Pistoia, Richtung Vinci, bei S. Baronto im Montalbano-Gebiet. Hübsch terrassiertes Gelände auf einer mit Pinien und Eichen bewaldeten Hügelkuppe. Das Restaurant bietet abends gute Pizzen und Pasta zu akzeptablen Preisen. Geöffnet von April bis ca. Mitte Oktober. Tel. 88332.

## Essen/Trinken

**Ristorante Il Ritrovo di Iccio**, Via dei Fabbri 7. Ein gemütliches, kleines Restaurant in der Altstadt, gleich neben dem Markt. Hier wurde die traditionelle Küche wiederentdeckt. Als Vorspeise empfiehlt sich "Farro" (Graupensuppe mit passierten Bohnen), als Hauptgericht "Noce di Vitella ai pinoli" (zarte Kalb-

## Pistoia 213

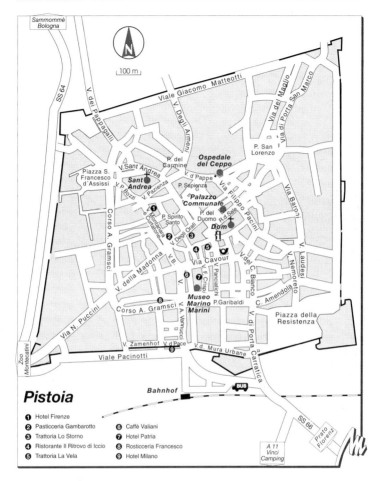

### Pistoia

❶ Hotel Firenze
❷ Pasticceria Gambarotto
❸ Trattoria Lo Storno
❹ Ristorante Il Ritrovo di Iccio
❺ Trattoria La Vela
❻ Caffè Valiani
❼ Hotel Patria
❽ Rosticceria Francesco
❾ Hotel Milano

fleischscheiben in einer Soße aus Essig, Brotkrumen und Pinienkernen). Das Menü kommt auf ca. 50 DM zu stehen.

**Trattoria La Vela,** Piazza dell'Ortaggio 12/13 (Altstadtmarkt). Menü ca. 35 DM (mittags werden auch preiswertere Festpreismenüs angeboten). Silvano, ein Gastronomie-Profi mit Gesellenjahren in der Schweiz und in Deutschland, hat hier seinen Meisterbetrieb eröffnet. Der Wirt kocht persönlich. Zu den Spezialitäten des Hauses zählen u. a. Gnocchi mit Fischsoße und Curry. Sonntag geschlossen.

**Trattoria Lo Storno,** Via del Lastrone 8 (gleich neben dem Markt). Traditionelle, einfache Küche. Die Blutwürste der Trattoria und ihre anderen Schlachttag-Gerichte ("Carcerato", "Biroldo" oder "Mibliaccio") und Kutteln waren einst berühmt. Die Eßgewohnheiten haben geändert, und La Storno wird heute (leider) weniger besucht. Sonntag geschlossen.

Lesertip P. u. R. Berati: **La Sala,** das Lokal ist urgemütlich, das Essen umwerfend gut (...Pizza traumhaft dünn und knusprig...). Via S. Anastasio 4.

**Rosticceria Francesco**, Corso Gramsci 10 (Ecke Via Costituzione). Große Auswahl an Pizzen, Antipasti, Sandwiches.

**Pasticceria Gambarotto**, Via Montanara e Curtatone 12. Pistoias erste Adresse für eine lokale Schlecker-Spezialität: "Bitonata" - leckere Eistorte mit Schokoüberzug, im Inneren karamelisierte Bisquits.

**Caffè Valiani**, Via Cavour 55, im zebragestreiften ehemaligen Oratorio San Antonio Abate untergebracht. Angenehmer Aufenthaltsort für Zeitungsleser. Der Barkeeper versteht sich auf raffinierte Drinks. Im hinteren Saal beginnt die "Galleria Valiani", die sich im Souterrain fortsetzt und auf alte (meist zweitklassige) lokale Meister spezialisiert ist.

• _Außerhalb_: **Ristorante La Cugna**, 8 km außerhalb, an der Straße nach Bologna. Auch LKW-Fahrer halten hier gerne. Es lohnt sich, von Pistoia extra hochzufahren. Solide Küche, regionale Spezialitäten kommen frisch auf den Tisch. Als Beilage findet man auch die in der toscanischen Gastronomie überaus raren Pellkartoffeln (Patata lessa). Menü um die 30 DM. Mittwoch geschlossen.

## Sehenswertes

Die während des Mittelalters reich gewordene Handwerksstadt hat einiges vorzuweisen. Einflüsse der Florentiner und Pisaner Gotik entdeckt man an vielen Bauwerken. Pistoia war lange Zeit kaisertreu. 1530 übernahm Florenz die Herrschaft über die Stadt. Bemerkenswerte Bauwerke entstanden danach keine mehr.

▶ **Dom:** Der dem heiligen Zeno gewidmete Bau birgt in seinem Inneren eine filigrane Kostbarkeit - einen silbernen Altar. Er befindet sich in der _Capella di San Jacopo_ (rechte Seite). Mehrere Generationen von Gold- und Silberschmieden arbeiteten daran (1287-1456), ebenso _Brunelleschi_, der Baumeister der Florentiner Domkuppel. Dargestellt werden Szenen aus dem Neuen Testament. Wer sich nicht mit dem Blick durch die Gittertür begnügt, sondern das Kunstwerk aus der Nähe betrachten will, zahlt 1,50 DM Eintritt.

▶ **Palazzo Comunale:** Der mächtige Stadtpalast (1339-1385) am Domplatz beherbergt das **Museo Civico**, das neben der städtischen Kunstsammlung (v. a. Gemälde aus dem 15. und 16. Jh.) Keramik und Münzen ausstellt.

In der zweiten Etage befindet sich das **Giovanni Michelucci Research Center** mit Zeichnungen, Projekten und Modellen des berühmten Pistoieser Architekten, von dem u. a. auch der Bahnhof in Florenz stammt.
_Öffnungszeiten_: Dienstag - Samstag 9-13 Uhr und 15-19 Uhr, Sonntag 9-12.30 Uhr. Eintritt ca. 4 DM.

▶ **Sant' Andrea:** Schmuckstück der Kirche ist eine Kanzel von _Giovanni Pisano_, ein bildhauerisches Meisterwerk mit plastisch dargestellten Szenen des Neuen Testaments (von der Verkündigung Mariä bis zur Kreuzigung). Von seinem Vater, _Nicola Pisano_, der 1260 die erste freistehende Kanzel (im Baptisterium von Pisa) entwarf, stammt ein Kruzifix im rechten Seitenschiff.

_Vor und hinter den Streifen: Kiosk in Pistoia_ ▶

*Der Führerstand der nostalgischen Porettana-Bahn*

▶ **Ospedale del Ceppo:** In intensiven Farben leuchten die "sieben christlichen Barmherzigkeiten" von der Fassade des alten Krankenhauses. Die wie ein Band aneinandergereihten Tonreliefs (1514) sind die bemerkenswertesten Werke aus der Florentiner Großwerkstatt der *Della-Robbia-Brüder*.

Das Ospedale wurde von den wohlhabenden Eheleuten Antimo und Bandinella ins Leben gerufen. Im Traum zeigte ihnen die heilige Maria den Platz zum künftigen Bau: am Ufer des kleinen Brana-Baches. Ein blühender Baumstumpf (*ceppo*) auf dem Grundstück wurde als Sammelbüchse für die Almosen benutzt.

Das Krankenhaus ist heute um einige Neubauten erweitert.

▶ **Museo dei Ferri Chirurgici:** Einmalig in Italien - Werkzeuge der Heilkunst aus vergangenen Jahrhunderten, als im Ospedale noch eine medizinische Fakultät untergebracht war. Im Sekretariat des Krankenhauses nach Besuchsmöglichkeit fragen.

▶ **Museo Marino Marini:** Zeichnungen und Entwürfe des 1901 in Pistoia geborenen, 1980 verstorbenen Bildhauers. Inspiriert von etruskischen Skulpturen, fand *Marini* zu einem modern-abstrakten Stil. Hauptmotive: Pferde, Reiter, Jongleure.
*Öffnungszeiten*: Dienstag - Samstag 9-13 Uhr u. 15-19 Uhr, Sonntag 9-12.30 Uhr. Eintritt frei.

▶ **Giardino Zoologico:** ein beispielhaft gepflegter Privat-Zoo, 4 km westlich von Pistoia. Ursprünglich wollte der Biergroßhändler Raffaello Galardini an dieser Stelle ein Hotel errichten. Als ihm die Baugenehmigung versagt blieb, entstand diese Oase, in der sich heute selbst ein Polarbar wohlfühlt.

Neben dem Zoo *Schwimmbad* und *Pferdevermietung*.
*Anfahrt*: Pistoia in Richtung Castagno verlassen; Busse stündlich ab der Piazza S. Francesco.

# Umgebung

▶ **Sammommè**: Am Hang des Apennin, 16 km nördlich von Pistoia an der Bahnlinie nach Bologna, liegt dieser Bergort. Ein kleiner Platz neben einer unscheinbaren Kirche, unterhalb davon ein paar Häuser und eine Bar - das ist auf dem ersten Blick alles, was man erkennt. Sammommè ist aber größer - versteckt unter dem dichten Baumbestand zieht sich der Ort den Berg hinauf. In einer großen Parkanlage wurde ein öffentlicher Kinderspielplatz eingerichtet. Viele Häuser sind nur während der Sommermonate oder an Wochenenden bewohnt. Landwirtschaft, auch Weidewirtschaft wird hier seit Jahrzehnten nicht mehr betrieben.

Seine turbulenteste Zeit erlebte Sammommè 1860 mit der Inbetriebnahme der *Porettana*, einer nach dem Thermalbadeort auf halbem Weg nach Bologna benannten Eisenbahnlinie. Um die Jahrhundertwende entstand ein Hotel, das den damals noch wenigen Sommerfrischlern eine Übernachtungsmöglichkeit bot. Doch schon 1932, nach der Fertigstellung der neuen *Direttissima* von Florenz nach Modena, verlor die Porettana an Bedeutung. Erst 1945, als die Alliierten die Eisenbahnbrücken erfolglos bombardierten, um die deutsche Wehrmacht vom Nachschub abzuschneiden (Gotenlinie) geriet Sammommè wieder in die Schlagzeilen. Einige Brücken sprengte dann die Wehrmacht selber in die Luft, um die Verfolger aufzuhalten.

Die Nahverkehrszüge, die fast stündlich zwischen Pistoia und Prácchia verkehren, sind Museumstücke aus den Anfangsjahren der Eisenbahnelektrifizierung. Die "Amsaldo Type 840 Triebwagen BJ 1946" befahren noch zuverlässig die Strecke. Machen Sie einen Test!

- *Anfahrt*: von Pistoia aus entweder über die bequeme SS 64 (Richtung Bologna) und nach ca. 15 km dem Schild folgend links abzweigen oder die romantische, holprige und sehr steile Straße über San Felice hoch.
- *Übernachten/Essen*: *** **Arcobaleno**, DZ mit Frühstück 70-140 DM (Preise saisonabhängig). Auch Ferienwohnungen. Fast alle Zimmer mit eigenem Balkon. Großzügige Terrasse, Swimmingpool und Tennisplatz. Auch das Restaurant ist sehr zu empfehlen: Der Wirt steht meist selbst in der Küche, sein Sohn Riccardo (er spricht gut deutsch) sorgt sich um den vorzüglichen Service. Spezialitäten sind Ravioli mit Spinat- und Ricottafüllung sowie verschiedene Fleischgerichte mit Pilzen. Menü ca. 35 DM. Tel. 0573/470300.
** **Guidi**, nicht ganz einfach zu finden - knapp hinter dem Oratorio di Santa Maria in Savaiana links einbiegen, DZ mit Dusche/WC ca. 70 DM. Geräumige Zimmer. Das Hotel wurde 1935 eröffnet. Der verstorbene Mann der Inhaberin war mit 12 Jahren von zu Hause abgehauen. Bevor er dieses Hotel eröffnete, arbeitete er viele Jahre im Londoner Ritz.
- *Lesertip*: "Falls die ganze Toscana ausgebucht erscheint: Im Albergo Guidi in Sammommè ist bestimmt noch ein Zimmer frei... Das Haus hat bestimmt schon mal bessere Zeiten gesehen, die Betten sind durchgelegen (ehemalige Krankenhausbetten?), die Besitzerin ist weit über 70 Jahre alt - Urlaub wie bei Oma. Es empfielt sich eine Anmeldung im Fremdenverkehrsamt von Pistoia. Wenn man sich mit der alten Dame gut stellt, kocht Sie sogar - und das nicht schlecht" (R. Hill, Bruchköbel). Tel 0573/470022.

## Wanderung von Prácchia nach Sammommè *(2,5 Std.)*

Es empfiehlt sich, mit der Eisenbahn nach Prácchia zu fahren und von dort zurück nach Sammommè zu wandern. Somit hat man auch eine Fahrt mit dem "Museumszug" unternommen. Er verkehrt fast stündlich, die Abfahrtszeiten sind neben der Kirche ausgeschrieben. Die Bahnstation befindet sich etwa 10 Minuten außerhalb des Orts.

**Routenvorschlag**: Ab *Bahnhof Prácchia* erst Richtung Dorf, dann nach ca. 200 m die Bahnlinie unterqueren. Danach rechts - bald entdeckt man die ersten Markierungen. Eine Forststraße (später asphaltiert) führt, an einer Getränke-Abfüllung vorbei, leicht ansteigend den Hang entlang nach Süden. Nach etwa einer halben Stunde verläßt man diesen Weg (bei einer Linkskehre) und geht auf dem GEA weiter - ein Pfad durch einen herrlichen Kastanienwald den Berg hoch. Nach etwa 1 1/4 Stunden erreicht man den Bergkamm - nur große Schieferbrocken ragen aus dem kahlen Boden. Ab hier geht es nur noch bergab. Man durchquert bald einen verwilderten Obstgarten mit den Ruinen eines Bauernhofes. Gleich danach folgt ein Teich, hinter dem man den markierten GEA (*Grande Escursione Appenninica*) verläßt und rechts eine Wiese überquert, die im Sommer gerne als Zeltlager benutzt wird. Bald wird weiter unten ein kleiner See mit Bauernhof sichtbar - ein Rehabilitationszentrum für Drogenabhängige. Den See links umgehen, dann rechts einen steilen Hohlweg den Berg hinunter. Es folgt eine letzte Bachüberquerung, und man erreicht *Pilloni*. Von hier aus führt eine schmale, asphaltierte Straße in Serpentinen hinunter nach *Sammommè*.

*Vom Bergkamm hat man eine wunderschöne Fernsicht*

> **Wanderkarte**: Eine Wanderkarte für ca. 8 DM, Maßstab 1:50.000, ist sowohl im Hotel Arcobaleno in Sammommè als auch im Hotel Melini in Prácchia erhältlich.
> **Markierung**: rot-weiß, bzw. Streckennamen GEA (Grande Escursione Appenninica) und M.P.T. (Montagna Pistoiese Trekking). Die Strecke ist ein Teil des Europawanderwegs 1 (von Norwegen nach Sizilien). Das letzte Drittel des beschriebenen Routenvorschlags verläuft ohne Markierung.

# Vinci

*"Durch den Biß der Tarantel bleibt der Mensch bei seinem Vorsatz, den er erwog, als er gestochen wurde."*
Leonardo da Vinci

**Auf halber Strecke zwischen Pistoia und Empoli liegt Vinci, der Geburtsort von Leonardo da Vinci. Gleich zwei Museen erweisen dem berühmten Sohn des Städtchens die Ehre.**

Die bekanntesten Werke Leonardos hängen im Louvre und in den Uffizien, in Vinci zeigt man vor allem eine andere Seite des vielseitigen Genies der Hochrenaissance: die des Naturwissenschaftlers, des Tüftlers und Erfinders.

**Museo Leonardiano da Vinci**: mitten im Städtchen, in den drei Stockwerken des alten Castello von Conti Guidi eingerichtet. Anhand von Leonardos Skizzen wurden Kriegsmaschinen, diverse Arbeitsgeräte und Fortbewegungsmittel nachgebaut. Zu letzteren zählen ein Flugapparat, ein Fahrrad mit Kettenantrieb, das erste "Auto" der Welt, ein "Hubschrauber", ein militärischer Panzer (der Schildkröte abgeguckt), Schwimmflossen sowie eine Taucherausrüstung. Seinem Wasserski scheint Leonardo selber nicht ganz getraut zu haben - gleich daneben sind die Skizzen für einen Rettungsring ausgestellt. Fast 100 Exponate sind in dieser einmaligen Ausstellung versammelt. Die Modelle sind auch in deutscher Sprache kommentiert.

Im dritten Stock werden Videofilme über das Wirken Leonardos gezeigt.
*Öffnungszeiten*: 9.30-18 Uhr. Eintritt ca. 5 DM.

In der **Bibliothek** neben dem Museum ist eine der bedeutendsten Sammlungen (neben derjenigen von Milano) über Leonardo untergebracht: mehr als 6000 Bücher und Publikationen in verschiedenen Sprachen. Die ältesten der hier archivierten Texte datieren aus der Mitte des 17. Jh.

*Drahtesel von Leonardo da Vinci*

**Museo Ideale Leonardo da Vinci**: Das 1993 gegründete "Idealmuseum" unter der Schirmherrschaft des "Armand Hammer Center for Leonardo Studies at UCLA" ist in zwei Weinkellern untergebracht. In die Weinfässer wurden Fenster eingesetzt, die Kopien von Leonardo-Gemälden zeigen. Die Ausstellungstechnik ist durchaus interessant, in den Nebenräumen werden Video und CD-ROM eingesetzt. Die augenscheinlich ambitionierte Gesamtkonzeption hat jedoch einige Mängel. Konstruktionen anhand von Leonardos Skizzen werden im Museo Leonardiano da Vinci publikumsfreundlicher präsentiert, und da, wo das "Idealmuseum" innovativ wird, muß man sich durch langatmige italienische Texte lesen. Das deutschsprachige Führungsblatt ist unzureichend.
Sehenswert sind die Studien Leonardos zur Umleitung des Arnos sowie die Dokumentation von auf Initiative des Idealmuseums angegangenen Restaurierungsarbeiten von Gemälden des Meisters.
Fazit: für Laien eher enttäuschend, für Spezialisten ein Muß.
*Öffnungszeiten*: 10-13 Uhr und 15-19 Uhr. Eintritt ca. 5 DM.

**Geburtshaus Leonardos**: Es liegt im Weiler *Anchiano*, ca. 4 km südöstlich von Vinci. Für Leonardo-Pilger ein Muß, der Laie schätzt mehr den Weg als das Ziel: Wanderung durch eine reizvolle Landschaft mit Olivenhainen.

# Montecatini

Ein gepflegtes Thermalbad mit weitläufigen, exotischen Parkanlagen und pompösen Thermalbauten. Vichy, Baden-Baden, Marienbad und Montecatini waren die prestigeträchtigen Reiseziele der Jahrhundertwende.

Geld und Adel ade - die verspielten Palasthotels und Fürstenvillen sind heute Dekoration für den Badebetrieb auf Krankenschein, das ehemalige Prachtgebäude mit dem deutschen Namen "Kursaal" ist zur Billigspielhölle mit Videogames verkommen. Der moderne Kirchenbau der Santa Maria Assunta an der zentralen Piazza del Popolo fügt sich problemlos ins neue Erscheinungsbild der Stadt. Praktisch jedes zweite Haus beherbergt eine *Pensione*, insgesamt sind es über 400.

Die Zeit um die Jahrhundertwende, die *Belle époque*, war die Glanzzeit von Montecatini. Gelder aus der Mailänder Finanzwelt flossen in die "Thermen-Aktiengesellschaft" - neue Mineralquellen wurden erschlossen, und ein Bauboom veränderte das Gesicht des Ortes. Europäische Prominenz aus Politik, Adel und Kunst kam zur Kur, aber nicht allein der Gesundheit zuliebe. Hier wurden geschäftliche Beziehungen geknüpft und politische Intrigen gesponnen. Rauschende Feste und heimliche Liebesabenteuer sorgten für den nötigen Klatsch.

Gerechterweise muß man erwähnen, daß auch der Mittelstand vertreten war: Die "2.-Klasse-Thermen" *La Salute* und *Redi* waren erschwinglich. Für eine kleine arme Minderheit wurden sogar *Bibite gratuite* ausgegeben.

- *Telefonvorwahl*: 0572
- *Information*: **A.P.T.-Büro**, Viale Verdi 66,. Geöffnet Montag - Samstag 9-12.30 Uhr und 16-19 Uhr, Sonntag 9-12 Uhr. Tel. 772244.
- *Verbindung*: **Eisenbahn**: Der Ort liegt an der Strecke Florenz - Viareggio bzw. Pisa. Die **Stazione Centrale** befindet sich bei der Piazza Italia im Osten der Stadt. **Bus**: gute Verbindung nach nach Lucca, Pistoia und Florenz. Die Busse starten vom großen Terminal an der Via E. Toti (parallel zur Bahnlinie).
- *Fahrradverleih*: Lesertip, Viele Hotels stellen ihren Gästen kostenlos ein Fahrrad zur Verfügung. Falls in Ihrem Hotel dieser Service nicht angeboten wird, können Sie einen Drahtesel (oder ein Tandem) im Parco Termale leihen. April - Oktober, täglich geöffnet (Juli/August sogar bis 24 Uhr!), November - März nur an Sonn- und Feiertagen. (Frank Köhnlein, Stuttgart)

## *Übernachten/Camping*

Vom 5-Stern-Palast bis zur 1-Stern-Unterkunft ist alles zu haben. Viele Hotels sind nur von Frühjahr bis Spätherbst geöffnet. Die meisten kleinen Pensionen führen ein Restaurant mit Hausmannskost und begnügen sich mit 2 Sternen. Hier bietet sich Halbpension an, zumal Speiselokale in der Stadt rar und in der Regel überteuert sind.

***** **Grand Hotel e la Pace**, Via della Torretta 1/A, DZ 220-350 DM. Den pas- senden Pelz ab 5000 DM können Sie bei "Barni" im Seitenflügel des Hotels erste-

hen. Geöffnet April - Oktober. Tel. 75801.
*** **Corallo**, Viale Cavallotti 116, DZ mit Dusche/WC 70-110 DM, ohne 60-90 DM. Gutgeführtes Mittelklassehotel. Gepflegte Lobby mit Möglichkeit, im Freien zu sitzen. Ganzjährig geöffnet. Tel. 78288.
** **Hotel Nicol**, Viale Cavallotti 44, DZ 45-75 DM. "Ein Juwel im Hoteldschungel Montecatinis. Neues, sehr sauberes Hotel im Zentrum mit familiärer Atmosphäre - und tollem Essen. Zwei Fernsehräume und eigene Parkplätze. Das junge Besitzerpaar ist rührend um die Gäste bemüht. Kostenloser Fahrradverleih Voranmeldung empfehlenswert." (Leserbrief). Geöffnet März - ca. Ende Oktober. Tel. 767963.
** **Splendid**, Via Mazzini 36, DZ mit Dusche/WC 45-65 DM. Zimmer ok, das Warmwasser besser vor der Buchung kontrollieren. Restaurant mit Hausmanns-

kost, in die ein Schuß Innovationsfreudigkeit eingeht. Geöffnet Mitte Januar - Mitte Dezember. Tel. 70148.

**Camping Belsito**, knapp nördlich von Montecatini Alto (von hier aus: an der Kreuzung Richtung Pistoia wählen). 100 Stellplätze und einige Bungalows. Sehr nüchterne Anlage mit wenig Schatten, teils von Kurgästen belegt. Absolut großartig hingegen ist die Lage im Grünen! Ganzjährig geöffnet. Tel. 67396.

• *Essen*: **Ristorante Bistro**, Via Trieste 9/a. "Das Individuelle hat seinen Preis! Dafür aber ausgezeichnetes Essen in einer gemütlichen Atmosphäre." (Lesertip)

**Ristorante/Pizzeria Bolognese**, Corso Matteotti 90. "Mittelprächtiges Essen, serviert von launischer Bedienung - dafür aber auch im Freien. Preise gemäßigt." (Leserbrief). Montag geschlossen.

## Sehenswertes

In der großen Parkanlage läßt sich wunderbar lustwandeln. Die wichtigsten Thermalbauten entstanden bereits Ende des 18. Jh. unter der Regentschaft des aufgeklärten Habsburger *Erzherzogs Leopold*, der von 1765 bis 1790 die Toscana regierte. Für eine einfache Trinkkur, zahlt man hier in der Regel 15.000 Lire. Der Eintritt lohnt sich für den Gesunden allenfalls in der architektonisch beeindruckenden Tettuccio-Therme: von klassischer Musik umspielt mit dem Glas in der Hand durch die Säle schlendern oder die Zeitung lesen, nachfüllen, entspannen...

**Therme Excelsior**: Ein Prunkstück im Liberty-Stil. Anfang dieses Jahrhunderts erbaut, war die Therme ursprünglich als Café und Kasino geplant. Mitte der 60er Jahre wurde sie durch einen Erweiterungsbau ziemlich verunstaltet.

**Therme Leopoldine**: Nur noch der zentrale Säulengang aus dem Jahre 1775 ist original. Seit den Umbauten im Jahre 1920 wirkt der Bau wie eine Legionärskaserne Cäsars.

**Therme Tettuccio**: Sie ist eindeutig die Perle von Montecatinis Thermalbädern - ein luftig-heller Travertinbau aus dem Jahr 1920 in einem barock anmutenden neoklassischen Stil. Im Inneren an der Ostseite ist die ursprüngliche Fassade aus dem Jahre 1781 zu sehen.

# Umgebung

▶ **Montecatini Alto**: Mit der Drahtseilbahn erreicht man nach einer 10minütigen atemberaubenden Fahrt das Oberdorf von Montecatini, das mit einer äußerst pittoresken Piazza aufwartet.

*Fahrtzeiten*: 10-19.30 h, jeweils zur vollen und halben Stunde (mittags nur zur vollen Stunde). Preis: ca. 3 DM für einfache Fahrt, ca. 5,50 DM für Hin- und Rückfahrt.

▶ **Monsummano**: Knapp 2 km südlich von Montecatini liegt dieser Thermalort, vor allem durch seine zwei Thermalgrotten bekannt.

*Grotta Giusti*: Zur Thermalgrotte am östlichen Ortsende gehört ein 4-Stern-Hotel. In der von der Natur geschaffenen Sauna steigen die Temperaturen, je weiter man in die Höhle eindringt. Im *Purgatorio* (Fegefeuer) läßt man die heißen schwefligen Dämpfe wie in einer Sauna auf sich einwirken. Noch etwas tiefer im Berg liegt die "Hölle", mit 35,2 Grad Celsius und einer Luftfeuchtigkeit von 90%. Auch ein kleiner unterirdischer Thermalsee ist zu bewundern. Bademöglichkeit leider nur in Wannen.

*Öffnungszeiten*: April - Oktober, 10-18 Uhr (13-15 Uhr Mittagspause), Sonntag geschlossen. Der Besuch ist nur mit der Kur-Tageskarte möglich - und diese kostet stolze 50 DM!

*Grotta Parlanti*: Sie liegt am westlichen Ortsende und ist im Besitz eines 3-Stern-Hotels. In der großräumigen vulkanischen Höhle herrschen konstant 32° Temperatur und 80-90%ige Luftfeuchtigkeit.

Öffnungszeiten: April - Oktober 8-12 Uhr und 15-18 Uhr. Die schnelle Besichtigung ist gratis (an der Bar nachfragen), der eintägige Kuraufenthalt - man sitzt im langen weißen Kurkleid in der Höhle und trinkt Parlanti-Mineralwasser - kostet auch hier 50 DM.

# Pescia

**Die vom gleichnamigen Fluß in zwei Teile zerschnittene Stadt ist vor allem durch ihren Blumenmarkt bekannt; er ist der größte Europas außerhalb Hollands.**

Täglich kommen am frühen Morgen rund 3 Millionen(!) Blumen auf den Markt. Gewächshäuser, Baumschulen und Blumenfelder umgeben weiträumig das Städtchen.

Neben der Blumenvermarktung spielt die Papierindustrie des Pescia-Tals eine größere Rolle, ebenso die Ledergerberei. Eingegangen hingegen ist der traditionelle Industriezweig der Seidenspinnerei.

- *Telefonvorwahl*: 0572
- *Verbindung*: **Bahn**: Pescia liegt an der Strecke Florenz-Viareggio bzw. Pisa. Der Bahnhof befindet sich im Süden des Orts.
**Bus**: Über 2 Dutzend Fahrten täglich nach Montecatini, Pistoia, Florenz und Lucca; rund 7 Fahrten (sonntags weniger) nach Collodi. Abfahrt an der Piazza 20 Settembre (am Fluß).
- *Übernachten*: **\*\*\* Hotel dei Fiori**, Via VIII Settembre 10, DZ knapp 100 DM. 1992 totalrenoviertes, sauberes Mittelklassehotel. Tel. 477871.
**\*\*\* Villa della Rosa**, Via di Castellare 4, DZ 85-100 DM. Tel. 451301.

## Sehenswertes

Die zentrale **Piazza Mazzini** ist lang und schmal und an ihren Längsseiten von eleganten Geschäften und zahlreichen Cafés gesäumt. Im Norden steht der wappenverzierte **Palazzo dei Vicari**, der noch heute als Rathaus Verwendung findet. Im Süden schließt die **Capella Madonna di Piè di Piazza** den Platz. Die in der Mitte des 15. Jh. erbaute Gebetskapelle ist besonders ihrer goldverzierten, geschnitzten Holzdecke wegen sehenswert: Das mittlere Paneel zeigt die Madonna, das linke Petrus, das rechte Paulus.

## Pescia 225

*Gipsköpfe am laufenden Meter – Gipsoteca in Pescia*

**Kirche San Francesco**: Sie befindet sich an der gleichnamigen Piazza auf der linken Flußseite. Franziskus persönlich kam 1211 in Pescia vorbei und ließ hier über einer Kapelle ein Kloster errichten. Die Kirche zeigt ein ziemlich uneinheitliches Inneres, dem Bau aus dem 13. Jh. wurde später links eine barocke Marienkapelle angefügt. Schmuckstück der Kirche ist eine Altartafel aus dem Jahr 1235 in der dritten Seitenkapelle der rechten Seite. Sie stammt von *Bonaventura Berlinghieri* und zählt zu den frühesten Franziskus-Darstellungen. Sechs Geschichten aus seinem Leben umrahmen den Heiligen und verleihen dem Werk einen volkstümlichen Charakter.

**Gipsoteca Libera Andreotti**: Der Palazzo della Podestà aus dem 13. Jh. ist heute Sitz eines Museums mit Werken des Bildhauers *Libero Andreotti* (1875-1933). Insgesamt 230 Arbeiten des in Pescia geborenen und in Paris gestorbenen Künstlers sind hier versammelt. In der ersten Etage dominieren weibliche Gipsbüsten, Vorstudien zu den ausdrucksstarken Figuren, die in der zweiten Etage ein Zeugnis von der sprühenden Schaffenskraft Andreottis geben.

*Öffnungszeiten*: April - November Mittwoch und Freitag sowie am letzten Sonntag des Monats 16-19 Uhr, Samstag 10-13 Uhr. Dezember - März Freitag und letzter Sonntag des Monats 15-18 Uhr, Samstag 10-13 Uhr. Eintritt frei.

## Svizzera Pesciatina

Die Pesciatiner Schweiz mit ihren Laub- und Nadelwäldern gehört zu den unbekanntesten Regionen der Toscana. Allenfalls ein paar Sonntagsausflügler aus dem nahen Pistoia verirren sich in diese schöne Gegend, vor allem im Oktober, wenn Kastanien gesammelt werden. Die Dörfer mit ihren charakteristischen zinnenbewehrten Kirchtürmen leiden unter Bevölkerungsschwund. Das Immobiliengeschäft mit den verlassenen Häusern steckt hier noch in den Kinderschuhen.

**Rundfahrt:** Man verläßt Pescia im Norden und fährt das Pescia-Tal hoch. Bald hat man die Papierfabriken hinter sich gelassen und befindet sich in bewaldeter Höhe. Wer nach ca. 4 km bei der Straßengabelung das Haupttal verläßt, sieht bald **San Quirico** am Hang kleben, ein steiniges Nest mit einem wuchtigen Campanile. In der einzigen Bar des Orts sitzen die Männer beim Rotwein und überlegen, wie sie das nächste Jahr über die Runden bringen.

Knapp hinter San Quirico weist rechts ein Schild nach **Castelvecchio**, das Dorf steht auf einem Felssporn über dem Pescia-Tal. Noch bevor man es erreicht, steht links eine bemerkenswerte, leicht baufällige, romanische Kirche. Ein Reihe furchterregender Fratzen starrt auf den von der Landschaft romantisch gestimmten Besucher herunter.

Das Dörfchen **Pontito**, am nördlichsten Punkt unserer Rundfahrt, schmiegt sich terrassenförmig an den Berg. Von jedem dem Hang entlanglaufenden Sträßchen ziehen sich Treppengassen zum nächst höheren hinauf - nichts für Stöckelschuhe.

Über **Lanciole** erreicht man wieder das Pescia-Tal, spätestens erkennbar an einer alten Papierfabrik, hinter deren vollautomatisierter Absperrschranke zusätzlich schnatternde Gänse den Eindringling abwehren.

Ein großartiges Panorama bietet **Vellano**, der Hauptort der Pesciatiner Schweiz: Blick über die bewaldeten Hügel und hinunter aufs Tal, aus dem der Rauch versteckter Papierfabriken emporsteigt.

Weiter führt die Rundfahrt nach **Montecadino**. Noch vor dem Ort, mitten im Kastanienwald befindet sich ein Wildschweingehege - nicht als touristische Attraktion gedacht, sondern eine zum Verzehr bestimmte Aufzucht.

Als letztes erreicht man das mittelalterliche **Cozzile**, ein überaus romantischer Ort, auf einem Felsvorsprung gelegen. Am äußersten Punkt, bei der Kirche San Jacopo, hat man eine phantastische Aussicht auf die Ebene von Montecatini.

Unterhalb von Cozzile gabelt sich die Straße - links nach Montecatini, rechts nach Borgo a Buggiano und über die Straße Nr. 435 zurück nach Pescia

<u>Übernachten</u>: * **Fedora**, in Vellano, DZ ohne Bad ca. 40 DM. Restaurant und große Panorama-Terrasse. Tel. 0572/405517.

# Collodi

Hier, auf halbem Weg nach Lucca, in einem engen Seitental, befinden sich das Spielzeugdorf des Pinocchio (Parco di Pinocchio) sowie eine der schönsten Gartenanlagen der Toscana.

▶ **Parco di Pinocchio**: Der freche Lausbub, dem beim Lügen die Nase wächst, ist weltberühmt. Eigentlich wollte der Journalist Carlo Lorenzini damit lediglich seine Spielschulden begleichen, ganz beiläufig schuf er einen Klassiker. In den Jahren 1881 bis 1883 publizierte er unter dem Pseudonym *Carlo Collodi* - Collodi war der Geburtsort seiner Mutter - verschiedene Geschichten mit einer Holzfigur namens Pinocchio als Helden. 1883 erschienen diese dann gesammelt unter dem Titel *Le avventure di Pinocchio*.

*Überall im Park stehen Figuren aus den Abenteuergeschichten Pinocchios*

Als "Zäpfchen Kerns Abenteuer" wurde 1905 Pinocchio auch den deutschen Kindern bekannt, 1913 erschien eine noch heute erhältliche Übertragung mit dem Titel "Die Geschichte vom hölzernen Bengele" (als könnte man deutschen Kindern den wunderschönen Namen Pinocchio nicht zumuten).

Um dem Autor ein Denkmal zu setzen, plante das Städtchen in der 50er Jahren, eine Parkanlage einzurichten. Zu diesem Zweck wurde ein nationaler Wettbewerb ausgerufen, an dem 84 Künstler teilnahmen. Man kann ruhig sagen, daß die Parkanlage für Pinocchio (entworfen von den Architekten *Baldi* und *de Luigi*) genauso phantasievoll und abenteuerlich ist, wie es das Leben des nicht erziehbaren Kerlchens war.

Man trifft hier auf Freunde und Feinde Pinocchios: Gepetto, im Bauch des "großen Walfisches" mit Getränk und Konservenbüchse am Tisch sitzend, oder den Kater und die Füchsin im "Gasthaus zum roten Krebs". Man sollte nicht versäumen, den Rücken des Katers genauer zu betrachten, da hängt etwas, was nicht dazugehört! Pinocchio zum Eselchen verzaubert und andere Episoden des Buches sind als kindergroße Bronzestatuen dargestellt; auch "Pinocchios Dorf" und das "Große

Puppentheater" fehlen nicht. Die mit dem ersten Preis gekrönten Werke von *Emilio Greco* "Pinocchio und die Fee" und der "Mosaikenplatz" von *Venturio Venturi* verdienen besondere Beachtung. Im "Wort- und Figurenlaboratorium" sind alle Werke Collodis ausgestellt.

*Öffnungszeiten*: täglich 8.30 Uhr - Sonnenuntergang, Eintritt: Erwachsene ca. 9 DM; Kinder ca. 5 DM.

▶ **Giardino Garzoni**: ein Park in steiler Hanglage, darüber auf der Kuppe ein Schloß. Im bereits 1652 in der heutigen Form angelegten Garten gehen strenge Symmetrie und Phantasie ein interessantes Wechselspiel ein. In der Mitte führt eine durch Wasserspiele unterbrochene Treppe hinauf - unterwegs imitierte Tropfsteingrotten und bröckelnde, überlebensgroße Tonfiguren, Helden kämpfen mit Ungeheuern, die Jagdgöttin um Bacchus. Fast wie ein Puzzle mutet der Teil direkt unterhalb des Schlosses an - Brücken und Treppen in einem dichten Bambushain.

1994 konnten dank Unterstützung der EU umfangreiche Restaurationsarbeiten in Angriff genommen werden. Insbesondere das verzwickte Labyrinth ist mit den Jahrhunderten etwas aus der Form geraten. Nach der Herstellung des ursprünglichen Zustandes dürfen Sie sich wieder hoffnunglos verirren.

*Öffnungszeiten*: Sie sollen nach den Restaurationsarbeiten neu festgelegt werden. Man darf davon ausgehen, daß der Garten im Sommer ca. 9-19 Uhr geöffnet ist. Eintritt ca. 10 DM. Das barocke Schloß zu besichtigen kostet ca. 5 DM extra.

# Lucca

*Die konservative Bischofsstadt, abgeschirmt durch einen mächtigen Festungsring, bewahrt eine beschauliche Art, wie sie sonst in keiner anderen toscanischen Stadt zu finden ist.*

**"Der kleine Vatikan in der Toscana"** wird Lucca gerne genannt. 99 Kirchen und Kapellen stehen in dieser mittelalterlichen Schatztruhe, wenn auch ein großer Teil der klerikalen Bauten schon lange als Boutique oder Pizzeria zweckentfremdet ist.

Industrie und Tourismus spielen in der Handels- und Verwaltungsstadt nur eine untergeordnete Rolle, die Tradition dominiert. Bereits 1369 wurde der Stadt vom Kaiser eine Universität genehmigt - aber man wollte keine, bis heute nicht; zwei Priesterseminare waren genug... Auch heute noch gelten die Lucchesen als konservativ, fleißig und sparsam. Mit Ausnahme von Lucca sind alle Bürgermeister und Spitzen der toscanischen Kommunalbehörden Linke. Die Stadt hat 90.000 Einwohner, ein Drittel davon wohnt in der Altstadt.

Man kann es der kommunalen Regierung anlasten, sicher aber fehlt auch das Geld: Tatsache ist, daß Lucca einen sehr verfallenen Eindruck macht. Der architektonisch heruntergekommene Zustand der Stadt läßt sich am besten vom Torre Guinige aus einsehen: kaum ein Dach, das nicht der Sanierung bedürfte.

## Geschichte

Der Name der Stadt leitet sich ab vom etruskischen *Luk*, was soviel wie "Sumpf" bedeutet. Das Schwemmland des Serchio wurde erst später durch künstliche Kanäle entwässert. 180 v. Chr. wurde hier eine römische Kolonie gegründet. Das schachbrettartige Straßenmuster aus dieser Zeit ist bis heute erhalten geblieben.

Im 13. und 14. Jh. war Lucca unter der Herrschaft von *Castruccio Castracani* zu einer gefürchteten Wirtschaftsmacht aufgestiegen. Der Handel mit den hier hergestellten blumengemusterten, schweren Seidenbrokatstoffen florierte. Aristokratengewänder und Stoffe für Polstermöbel wurden daraus zugeschnitten. 1369 erkaufte sich Lucca von Kaiser *Heinrich IV.* für 300.000 Gulden die Rechte einer freien Stadtrepublik. Der Kaiser mußte sich verpflichten, innerhalb der Mauern keinen Palast und im Umkreis von 10 km keine Burg zu errichten. Ansonsten hielt man sich papstfreundlich und stand unter dem Schutz des spanischen Hofs.

# 230 Von Florenz nach Lucca

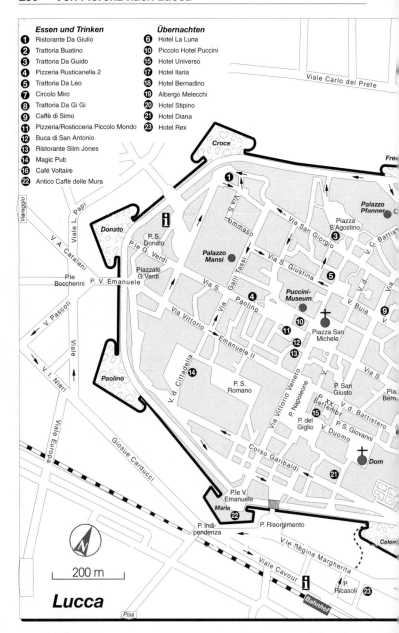

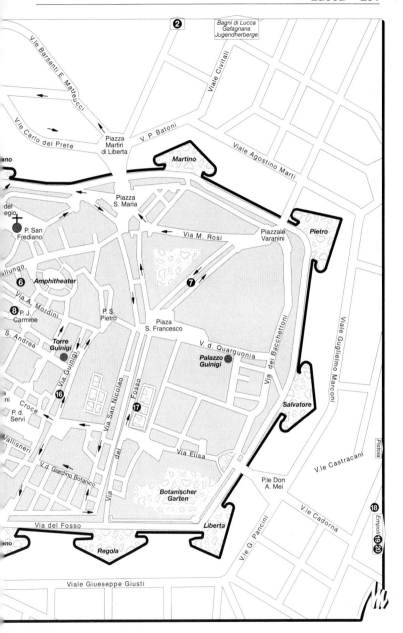

## Mittelalterliche Wahl-Lotterie

Der Wahlmodus für die Lucchesser Stadtregierung im 13. Jh. ist bemerkenswert: Die Bürger der einzelnen Stadtbezirke versammelten sich, und es wurden Lose verteilt. Treffer waren mit der Aufschrift *elector consiliarii* (Wähler des Rates) beschriftet. Der glückliche Besitzer eines solchen Loses konnte also einen Mann seiner Wahl zum Ratsmitglied benennen.

Rückblickend hätte das wirtschaftlich mächtige Lucca ebensogut wie Florenz die Führungsrolle in der Toscana übernehmen können. Florenz setzte sich durch, aber Lucca blieb - nicht zuletzt auch seiner mächtigen Stadtmauern wegen - als einzige Stadt der Toscana unabhängig.

1805 wurde die Stadt durch die Truppen *Napoleons* besetzt, der seine Schwester *Elisa Bacciocchi* zur Herrscherin über das Fürstentum Lucca erhob, die daraus ein Musterländchen nach französischem Vorbild machen wollte. 1814, nach Napoleons Niederlage bei Leipzig, mußte Elisa Lucca wieder verlassen. Der Wiener Kongreß schlug die Stadt der ehemaligen Königin von Etrurien zu. Aber erst 1817 trat *Marie Louise von Bourbon* ihre Herrschaft über das Herzogtum an, die bis zu ihrem Tod 1842 dauerte. Ihr Sohn *Karl Ludwig* verkaufte Lucca 1847 für eine Jahresrente von 1,2 Millionen Franc an den Großherzog der Toscana.

- *Telefonvorwahl*: 0583
- *Information*: **Centro Accoglienza Turistica**, Piazzale G. Verdi. Luccas größtes Informationsbüro. Auch Verleih von einfachen Fahrrädern. Geöffnet 9-14 Uhr. Tel 53592.

**A.P.T.-Büro**, Viale Cavour 123. Geöffnet Montag - Freitag 9.30-12.30 Uhr und 16-19 Uhr, Samstag 9.30-12.30 Uhr.

- *Verbindungen*: **Eisenbahn** - liegt an der Linie Florenz - Viareggio. Eine Nebenbahn führt durch die Garfagnana nach Aulla und trifft dort auf die Strecke Parma - Genova.

**Busse**: Mit LAZZI nach Pisa, Viareggio, Carrara... Die Busse starten beim Informationsbüro an der Piazzale G. Verdi.

- *Fahrradverleih*: **Cicli Barbetti**, Via Anfiteatro 23. Einfache Räder, Mountainbikes, Tandems. Auch Reparaturwerkstatt. Sympathischer Laden. Im Winter geschlossen. Tel. 954444.

**Cicli Bizarri**, Piazza S. Maria 32. Eine Fahrradhandlung und Reparaturwerkstatt, die nebenbei auch einen Verleih unterhält. Tel. 46031.

Verleih von einfachen Rädern (ca. 2,50 DM pro Stunde) beim **Centro Accoglienza Turistica** (siehe Information).

- *Treffpunkte*: Man trifft sich an der Piazza Michele, auf der Via Fillungo und Via Roma.
- *Einkaufen*: Das beste **Olivenöl** der Toscana stammt aus der Provinz Lucca. Klar, von hellgelber, fast grünlicher Farbe. Es ist nicht sehr "fett" und nur wenig säuerlich.

**Pasticceria Taddeucci**, altehrwürdige Feinbäckerei an der Piazza Michele. Hier gibt es das beste "Buccellato" - ein Anisbrot, das nicht jedermann mundet und erst nach einigen Tagen, wenn es leicht spröde ist, sein Aroma entfaltet. Es ist ein traditionelles Geschenk der Paten an ihre Firmlinge. In der Regel wird es nicht "trocken" gegessen, sondern in Milch mit Ei getunkt und anschließend in Öl gebacken. Auch Schichttorten werden aus Buccellato hergestellt.

**Fotostudio Ghilardi**, Via Mordini 8. Fotomaterial und alte Fotos aus Lucca. Die Lucca-Fotografien in diesem Buch stammen von Ghilardi.

# Lucca 233

- *Feste*: **Fest der heiligen Zita** (siehe auch Sehenswertes: Kirche San Frediano) am 21./22. April mit großem Blumenmarkt.

**Festa di Santa Croce**, ein großes Fest im September mit Umzügen in Kostümen des 17. und 18. Jh. Höhepunkt der Feier ist der Abend des 13. September. Die Fenster werden mit Kerzen dekoriert, und spätabends erstrahlt die Stadtmauer im Glanz eines prächtigen Feuerwerks (beim Bollwerk Paolina).

**Kunsthandwerks-, Trödel- und Antiquitätenmarkt**: jedes dritte Wochenende im Monat auf der Piazza San Martino, der Piazza S. Giovanni, der Piazza S. Antelminelli und in den angrenzenden Straßen.

**Kirchweih mit Markt**: am 14. Sept. (S. Croce) und am 21. Sept. (S. Matteo); letzterer ist besonders interessant: auch Pferde für die Jagd werden verkauft.

## *Übernachten*

Trotz zahlreicher Hotels ist es oft schwierig, ein Zimmer zu bekommen - auch in der Nebensaison! Zimmer in allen Preisklassen sind oft im Pflegezustand unbefriedigend. Eine Überlegung wert: auf das riesige Hotelangebot in Montecatini zurückgreifen und Tagesausflüge nach Lucca zu unternehmen.

Lucca hat keinen Camping, immerhin aber eine Jugendherberge. Camper finden den nächstgelegenen Platz in Torre del Lago, ca. 10 km entfernt (s. Torre del Lago).

\*\*\* **Universo (15)**, Piazza Puccini 1, DZ 140-260 DM, ca. 90 DM für eines der wenigen Zimmer ohne Dusche. Parkplatz in unmittelbarer Nähe. Tel. 493678.

\*\*\* **La Luna (6)**, Corte Compagni 12, DZ 110-160 DM. Viel Platz im Zimmer, oft ein Schreibtisch mit Extralampe. Viele der Zimmer in einer gegenüberliegenden Dependance. Beschränkte Parkmöglichkeit vorm Haus. Tel. 493634.

\*\*\* **Rex (23)**, Piazza Ricasoli 19, DZ ca. 125 DM. In einem luftigen Bürgerhaus, mit geräumigen Gängen und ebensolchen Zimmern. 1990 eröffnet und immer noch top in Schuß. Liegt direkt am Bahnhofsvorplatz, trotzdem relativ wenig Verkehr. Tel 955443.

\*\*\* **Piccolo Hotel Puccini (10)**, Via di Poggio 9, DZ ca. 100 DM. In einem Altstadthaus. Wurde gerade umgebaut und zeigt seither 3 Sterne. Tel. 55421.

\*\* **Bernardino (18)**, Via di Tiglio 109, DZ mit Dusche/WC ca. 90 DM, wenig interessante Lage und überteuert - dann lieber gleich ein paar Eingänge weiter ins "Stipino". Tel. 953356.

\*\* **Ilaria (17)**, Via Del Fosso 20, DZ mit Dusche/WC ca. 80 DM. Am "Kanal" der Altstadt gelegen - im Mittelalter verlief hier die Stadtmauer, an die noch die nahe Porta S. Gervasio erinnert. Schön sind die Zimmer nach hinten: Blick in den riesigen Park der Villa Bottini. Gemeinschaftsterrasse im 1. Geschoß. Ohne Vorbuchung keine Chance. Tel. 497558.

\*\* **Diana (21)**, Via del Molinetto 11, DZ mit Dusche/WC 60-90 DM. Familienpension mit 9 Zimmern. Weiße Schleiflackmöbel, renovierte Badezimmer. Eines der wenigen Hotels in Lucca das seinen Preis wirklich wert ist. Tel 492202.

\*\* **Stipino (20)**, Via Romana 95, DZ mit Dusche/WC/TV 60-85 DM, ohne 55-65 DM. Freundlichkeit wird hier groß geschrieben, der Kunde ist König. Zuvorkommender Service vom Schuhglanztüchlein im gepflegten Zimmer bis zum Regenschirm, den der Verfasser unaufgefordert ausgeliehen bekam. Hoteleigener Parkplatz. Für den überaus angenehmen Umgang mit dem Kunden nimmt man die 5 Minuten Spaziergang bis zum Stadttor gern in Kauf. Tel. 495077.

\* **Melecchi (19)**, Via Romana 37, DZ ca. 45 DM, Dusche/WC auf Etage. Ein Dach überm Kopf nach ziemlich mürrischem Empfang. Tel. 950234.

Billige Unterkunft auch über der **Trattoria Buatina** (siehe Essen).

- *Außerhalb*: Einfachste Ausweichmöglichkeit, wenn Lucca ausgebucht ist: aus dem riesigen Hotelreservoir von Montecatini schöpfen! Nachstehend einige Landhotels, weitere siehe unter Pisa.

# Von Florenz nach Lucca

- *Richtung Montecatini*: **\*\*\* Hambros il Parco**, Via Pesciatina 197, Lunata (ca. 4,5 km in Richtung Mointecatini), DZ 90-130 DM. Ländlicher Luxus in einem kleinen Park. Das kleine Landhaus wurde anfangs der 60er Jahre umgebaut. Ein architektonischer Leckerbissen ist das nachträglich eingefügte Treppenhaus - es schraubt sich - immer nur Segmente sichtbar - zum zweiten Obergeschoß hinauf. Sehr geräumige Zimmer mit Dusche. Tel. 935396.
**\*\*\* Country**, Via Pesciatina 874, Gragnano (vom vorgenannten Hotel ca. 5 km weiter in Richtung Montecatini, an der Ortsausfahrt von Gragnano), DZ 90-120 DM. Futuristisch gestylter Stahlbetonbau mit Pool im Garten. Tel. 434404.
**Antica Casa dei Rassicurati**, Via della Collegiata 2, Montecarlo, DZ ca. 90 DM, Frühstück inklusive. In einem renovierten Palast des inmitten des Siedlungsbreis zwischen Lucca und Montecatini gelegenen mittelalterlichen Bergstädtchens sind 8 Zimmer zu vermieten. Tel 228901.
- *Richtung Pisa*: **\*\*\* Villa Rinascimento**, Via del Cimitero, Santa Maria del Giudice (ca. 9 km auf der SS 12 Richtung Pisa bis kurz vor S. Giuliano Terme), DZ ca. 110 DM. Der Padrone hat sich sehr viel Arbeit damit gemacht, die Türen der alten Landvilla im Originalzustand zu erhalten. Damit die massiven Türschläge den Gast nicht stören, haben die meisten Zimmer eine kleine Diele mit seperater Tür zum Schlafgemach. Auch in der Gartenanlage wurde Hand angelegt: Ein Swimmingpool steht zur Verfügung. Die Frau des Patrons ist Holländerin. Geöffnet März - Mitte November, 20. Dezember - 10 Januar. Tel 378292.

- *Richtung Viareggio* **\*\* Villa Casanova**, Via di Casanova, Balbano (5 km außerhalb bei Balbano; auf der N 439 Richtung Viareggio, in Ponte S. Pietro gleich nach der Serchio-Brücke links Richtung Nozzanoca), DZ mit Bad ca. 95 DM, ohne ca. 85 DM. Tolle Lage - einsam in einem kleinen Seitental des Fiume Serchio, im Hintergrund die dicht bewaldeten Ausläufer der Alpi Apuani. Im mächtigen, 3-geschossigen Herrenhaus (Lift!) und zwei Nebengebäuden, die vor 30 Jahren noch die Kuhhirten und Landarbeiter beherbergten, sind insgesamt 40 rustikale Gästezimmer eingerichtet. Sofern im Herrenhaus gelegen, sind sie verschwenderisch groß und mit wertvollen antiken Betten und Mobiliar (z. T. 17. Jh.) ausgestattet. Wie wäre es z. B. mit Zimmer Nr 2, der ehemaligen Sakristei der Hauskapelle, nur durch eine verschlossene Tür vom Gotteshaus abgetrennt?
Die Rezeption ist in der ehemaligen Schloßküche untergebracht, und Padrone Capparoni - gastfreundlich, fast schon leutselig - macht dem Neuankommenden gleich auf die Abendmahlzeiten aufmerksam. Die Pasta, das Brot, der einfache Landwein, sowie das zarte Rindfleisch stammen fast ausnahmslos aus eigener Produktion (85 ha Landwirtschaft).
Für sportliche Gäste sind ein Tenniscourt und ein Pool vorhanden. Tel 548429.
- *Jugendherberge*: **Ostello Il Serchio**, Via del Brennero 673, Salicchi (etwas außerhalb der Stadt, vom Bahnhof per Bus Nr. 7 erreichbar), Übernachtung mit Frühstück ca. 15 DM pro Person. Anmeldung 16.30-23 Uhr, um Mitternacht wird geschlossen. Geöffnet 10. März - 10. Oktober.Tel. 341811.

## *Essen / Trinken*

Es gibt wenige Lokale; die empfehlenswerten sind oft schon am frühen Abend voll.

**Buca di San Antonio (12)**, Via della Cervia 3. Das gehobene Restaurant in Lucca. Die rustikalen Deckenbalken biegen sich vor lauter Kupfergeschirr. Menü ca. 45 DM, Festpreismenüs für ca. 25 DM, für das Gebotene preiswert. Sonntagabend und Montag geschlossen.
**Antico Caffè delle Mura (22)**, Piazza Emanuele, direkt auf dem Stadtwall. Ein ehemaliger Prachtbau aus dem Jahr 1885, gediegene Inneneinrichtung. Restaurant mit "Gartenwirtschaft" und gehobenen Preisen.
**Ristorante Da Giulio (1)**, Via delle Conce 45. Seit einigen Jahren bereits der "Renner" in Lucca. Auf zwei Ebenen können 200 Gäste verköstigt werden, trotzdem

sind oft schon am frühen Abend alle Tische besetzt. Hier wird die traditionell schwere Luccheser Küche gepflegt. Mit der Vorspeise (Suppe) kommt eine Flasche Olivenöl zum Nachwürzen auf den Tisch. Menü ca. 30 DM - für das Gebotene preiswert. Sonntag/Montag geschlossen.

**Trattoria Da Leo (5)**, Via Tegrimi 1. Geräumiges Lokal mit regionaler Küche. Menü ca. 25 DM. Sonntag geschlossen.

**Trattoria Da Gi Gi (8)**, Piazza del Carmine. Preiswert, einfach und voll. Gerne von Handwerkern und Handelsvertretern besucht. Viele Meeresgerichte, empfehlenswerte Vorspeise: "Riso con pesce". Menü komplett mit Wein und Nachtisch ca. 25 DM.

**Trattoria Da Guido (3)**, Via Cesare Battisti 28. Hausmannskost zu Niedrigstpreisen, vorne mit TV, im Hinterzimmer kriegt man immerhin nur den Ton mit. Die Wirte Bernardo und Leo Barsetti sind nicht mehr die jüngsten, ebenso die meisten Gäste. Touristen sieht man selten. Dennoch gibt's eine deutschsprachige Speisekarte - aus dem Jahr 1991. Sehr sympathisch.

**Pizzeria Rusticanella 2 (4)**, Via S. Paolino 32. Pizzen frisch aus dem Holzofen (ab 7 DM), auch zum Mitnehmen, kein Coperto. Kleiner Nebenraum.

**Trattoria Buatina (2)**, Via Borgo Giannotti 508 (zu Fuß 5 Minuten von der Stadtmauer). "Typisch toscanische Gerichte. Die Speisekarten werden jeden Tag neu von Hand geschrieben und enthalten keine Preise - doch keine Sorge: Das Restaurant ist wirklich günstig. Das Publikum ist extrem gemischt. Es scheint, als träfen sich hier alle Luccheser, vom einfachsten Arbeiter bis zum wohlhabenden Bankbesitzer. Nur Touristen haben wir hier nicht angetroffen.
*Übernachtungen* in sehr einfachen Zimmern, Bad und WC auf dem Flur, sind für ca. 25 DM pro Person möglich. Tel. 343207.

**Ristorante Slim (13) Joes**, Corte Campana 3. *Lesertip*: "Hier haben wir ganz vorzügliche, frische Nudelgerichte gesehen, es werden aber auch sog. Hamburger angeboten, die jedoch ein vollständiges Mahl mit Gemüse, Fleisch und Brot darstellen. Das Lokal war gut besucht, die Preise sind im mittleren Niveau anzusiedeln; so zahlt man für ein Fleischgericht ca. 14 DM, Nudelgerichte liegen bei 9-10 DM und die sehr lecker aussehenden sog. Hamburger ebenfalls bei 9-10 DM" (J.M. Auerbach, Leimen).

**Pizzeria/Rosticceria Piccolo Mondo (11)**, Piazza dei Cocomeri 5. Self Service. Pizzen und exzellente Hühnchen vom Holzgrill. Donnerstag sowie Freitagabend geschlossen.

**Gelateria Veneta**, Via Vittorio Veneto 74. Seit 1927 die beste Eisdiele Luccas.

• *Cafés / Kneipen*

**Caffè Di Simo (9)**, Via Fillungo 58. Aus der Zeit der Jahrhundertwende - hier trafen sich Komponisten und Literaten (Giacomo Puccini, Giovanni Pascoli u. a.). Mehrere Räume (zum ungestörten Schachspiel), an den Wänden zeitgenössische Gemälde und Lithographien. Terrassencafé.

**Magic Pub (14)**, Via della Cittadella. Etwas im touristischen Abseits; nachts Snacks und Pizzen, Bier (auch Warsteiner) und Gespräche - prima Atmosphäre.

**Circolo Miro (7)**, Via del Fosso 215. Hinter dem mit Miro-Bildern dekorierten Eingang verbirgt sich ein angenehmes Lokal, ebenso wie das vorgenannte abseits des touristischen Geschehens. Dienstag und Donnerstag finden oft Konzerte (vorwiegend lateinamerikanische Folklore

*Nostalgischer Glanz im Caffè Di Simo*

und Jazz) statt, dann erhöhte Preise fürs erste Getränk. Empfehlenswerte Nachtkneipe (bis 2 Uhr geöffnet).

**Café Voltaire (16)**, Via Angelo Custode 7. Kleine, runde Kaffeehaustischchen aus Granit, fast großstädtisch kühl.

## Sehenswertes

**Die Stadt als Ganzes** - machen Sie einen Rundgang auf dem Stadtwall (4 km Umfang), um sich einen Überblick zu verschaffen. Unter den schattigen Platanen spielen Kinder, auf den Bänken hocken die Alten, und abends treffen sich hier gerne die Pärchen. Einmal pro Jahr findet auf der Luccheser Stadtmauer ein Radrennen statt.

▶ **Stadtmauer:** Ein mächtiger Verteidigungswall aus Lehm, eingefaßt von einer 12 Meter hohen Ziegelsteinmauer. In seinem heutigen Umfang entstand der Wall Mitte des 15. Jh. Sein parkähnliches Aussehen erhielt das Festungswerk erst im letzten Jahrhundert. Der unterirdische Teil ist ein durchdachtes System mit Pulverkammern, Verbindunggängen, Zisternen und kleinen versteckten Ausgängen. Von letzteren aus startete die Kavallerie zu Blitzangriffen, um gleich darauf in einem anderen, rasch geöffneten Gang wieder zu verschwinden. Die Mauer machte Lucca früher oft zur Arche Noah: Sie bewahrte die Stadt vor Überschwemmungen. Bei Hochwasser wurden alle Tore geschlossen und kleinere undichte Stellen mit Matratzen abgedichtet.

Oberhalb des Paolina-Bollwerks unterhält das *Centro Internazionale per lo Studio della Cerchia Urbana* (C.I.S.C.U.) eine Dependence. Es handelt sich um eine private Stiftung zur Erforschung und Erhaltung der Verteidigungsanlage. Hier präsentiert Signore Castore Diavorträge und macht Führungen in den Untergrund der Festungsanlage.

*Öffnungszeiten*: 9-12 Uhr, Sonntag geschlossen.

▶ **Torre Guinigi:** Der 44 m hohe Backsteinturm aus dem 14. Jh. ist das Wahrzeichen von Lucca. Er gehört zu einer Handvoll Palästen, die die Guinigi ihr eigen nannten. Es lohnt sich, den Turm zu besteigen. Nach 230 Stufen ist man oben bei den sieben Steineichen angelangt: großartiger Blick auf die Stadtanlage. Eher bedenklich stimmen die zahlreichen sanierungsbedürftigen Dächer.

*Öffnungszeiten*: Sommer 9-19.30 Uhr; Winter 10-16.30 Uhr, Okt. 10-18 Uhr. Eintritt ca 5 DM.

▶ **Palazzo Guinigi:** Die ehemalige Landvilla der Guinigi ist heute ein nationales Museum. Bei Baubeginn (Anfang 15. Jh.) lag das Grundstück noch vor den Toren der Stadt und präsentierte einen gepflegten Park.

Im Erdgeschoß des langgestreckten, nüchternen Backsteinbaus sind römische Skulpturen und etruskische Fundstücke zu sehen, bemerkenswert ist ein Grabrelief mit Gastmahlszene aus dem 2. Jh. v. Chr. Im Obergeschoß ist eine Gemäldesammlung untergebracht, u. a. mit Werken von *Fra Bartolomeo*.

*Öffnungszeiten*: 9-14 Uhr, Montag geschlossen. Eintritt ca. 4 DM.

**Lucca** 237

*Der Wall der Stadtbefestigung ist seit langem für den Verkehr gesperrt*

▶ **Palazzo Mansi** *(Pinacoteca Nazionale)*: In den prunktvollen Sälen des Palastes aus dem 17. Jh. wurde eine staatliche Gemäldesammlung eingerichtet. Werke *Tintorettos* sind hier zu finden, daneben aber auch Utensilien Napoleons.

Beeindruckend ist das aus dem 18. Jh. stammende Schlafgemach Luciala

Mansis, der Gemahlin des wohlhabenden Patriziers. Der Raum ist reich ausgestattet mit Brokat und einem üppig vergoldeten Barockbett. Die berüchtigte, schöne Dame soll ihre Seele dem Teufel verkauft haben, um ihre Jugend zu erhalten und auch noch im Alter ihr männerverschleißendes Unwesen treiben zu können. In ihre Landvilla Caturellio habe sie die arglosen Liebhaber gelockt, um sie nach vollbrachter Liebesmüh kaltzumachen, heißt es. Ob aus Leidenschaft oder um die Spuren ihres erregenden Geschlechtslebens zu vertuschen, haben die Historiker noch zu klären.

*Öffnungszeiten*: 9-19 Uhr, Sonntag 9-14 Uhr, Montag geschlossen. Eintritt ca. 8 DM.

▶ **Palazzo Pfanner** (*Esposizione Permanente Costumi*): Der 1667 erbaute Palast zeigt eine extravagante Treppenkonstruktion und einen bildschönen, nicht restaurierten Lustgarten. Zum Springbrunnen führt der Weg an einer Galerie von Statuen entlang, die den Besucher für einige Minuten den Prunk vergangener Zeiten fühlen läßt.

Im ersten Stockwerk des Palastes ist eine Sammlung von Trachten und Kostümen (18. - 20. Jh.) untergebracht, die die hohe Qualität der berühmten lucchesischen Brokat- und Seidenstoffproduktion dokumentiert.

*Öffnungszeiten*: Ungewiß. Trotz allen Versprechungen war der Palazzo auch 1994 noch geschlossen.

▶ **Puccini-Museum** (*Casa Puccini*): Das Geburtshaus von *Giacomo Puccini* ist eher eine Wallfahrtsstätte für Spezialisten: Notenblätter des Maestros, der Steinway-Flügel, auf dem er "Turandot" komponierte, Kostümentwürfe für Puccini-Opern.

*Öffnungszeiten*: April - September 10-13 Uhr und 15-18 Uhr, Oktober - März 11-13 Uhr und 15-17 Uhr. Eintritt ca. 3 DM.

▶ **Amphitheater:** Als im Mittelalter der Raum in der Altstadt nicht mehr ausreichte, wurde der Mauerring erweitert und die Ruine des römischen Amphitheaters mit Wohnhäusern umbaut. An Stelle des gewohnten Bildes einer antiken Theaterruine zeigt sich heute dem Besucher ein anmutiger ovaler Platz, rundum von Häusern gesäumt und nur durch einen der vier Torbögen zu betreten.

▶ **Botanischer Garten:** eine grüne Oase innerhalb der Stadtmauern. Ursprünglich verlief hier der zweite Verteidigungsring, als Überrest ist ein Hügel aus weißen Steinen geblieben. Gleich daneben befand sich der *Friedhof der Geächteten*: Gesetzesbrecher und staatsgefährdende Elemente wurden hier unter die Erde gebracht.

*Öffnungszeiten*: Sommer 9-12 Uhr und 15.30-18.30 Uhr. Eintritt frei.

## Die Kirchen von Lucca

Es lag an der Tradition der reichen Kaufleute, daß auf so engem Raum so viele Kirchen und Kirchlein entstanden. Üblicherweise übernahm der älteste Sohn das Geschäft, der Drittgeborene sollte zum Militär und den Zweitgeborenen steckte man ins Kloster. Für ihn stiftete die Familie eine Kirche. Bereits im 8. Jh. entstanden unter Bischof *Frediano* zahlreiche romanische Kirchen, auf deren Grundmauern viele der heutigen Gotteshäuser stehen.
*Öffnungzeiten der Kirchen*: 8-12 Uhr und 15.30-18 Uhr.

▶ **Dom San Martino**: Sein heutiges Aussehen bekam der Dom zwischen dem 12. und dem 15. Jh., sein gotisches Inneres gegen Ende der Bauzeit. Die Fassade ist eine Mischung aus drei zierlichen Säulengalerien im oberen Teil und einer mächtigen romanischen Vorhalle. Fast jede der Säulen zeigt ein anderes Muster, dadurch wird der verspielte Charakter der Galerien noch unterstrichen. Die Vorhalle ist der einzige übriggebliebene romanische Teil des Bauwerks und zeigt einige bemerkenswerte Skulptierungen, u. a. ein kreisförmig angelegtes Labyrinth am rechten Stützpfeiler.

**Inneres**: Der Sarkophag der *Ilaria del Carretto* gehört zu den Meisterwerken des sienesischen Bildhauers *Jacopo della Quercia*. Schlafend liegt Ilaria da, ihr Lieblingshund hält Totenwache und wärmt ihre Füße. Sie war die zweite von insgesamt fünf Frauen des fürchterlichen *Paolo Guinigi* und starb im Wochenbett. Dreißig Jahre lang übte der Despot seine Macht über Lucca aus. Dann wurde er dank einer Verschwörung im Krieg gegen Florenz gefangengenommen. Er starb 1432 im Gefängnis von Padua.
Im linken Kirchenschiff fällt ein oktagonales, marmornes Tempelchen auf, das sog. *Volto Santo*. Die Legende will, daß das hier verwahrte Kreuz im Morgenland vom Heiligen Nikodemus geschnitzt wurde. Auf einer leeren Barke wurde es über das Meer an die Küste bei Luni getrieben. Dort stand zum Glück ein Karren, mit zwei ungezähmten jungen Ochsen vorgespannt. Ohne Kutscher ging's schnurstracks nach Lucca. Am 13. Sept. wird das Kruzifix in einer Prozession durch die Stadt getragen.
Weitere Kunstwerke: Bemerkenswert die von Leben sprühende Abendmahlszene von *Tintoretto* mit stillender Mutter im Vordergrund, zu sehen in einem Seitenaltar rechts.

▶ **San Michele in Foro**: Die zierlich geschmückte Kirche entstand im Gegensatz zum bischöflichen Dom im Auftrag der Bürgerschaft. Ursprünglich stand hier das römische Forum, deshalb der Zusatz im Namen. Erbaut wurde San Michele im 13. und 14. Jh. Die Fassade ist mit viel Phantasie durchgestaltet. Mit ihren vier Säulengalerien übertrifft sie den Dom noch an Verspieltheit. Die Marmoreinlegearbeiten zeigen arabische Muster - Hunde bei der Jagd, Bären und Federvieh. Die Köpfe an den Kapitellen wurden im letzten Jahrhundert durch staatstragende Häupter der Neuzeit ersetzt. Es finden sich die Konterfeis Napoleons III., Garibaldis und Cavours, des ersten italienischen Ministerpräsidenten.

Auf der Piazza San Michele steht ein Denkmal für *Francesco Burlamacchi*, einen Sohn der Stadt, der als Anhänger der Thesen Savanarolas gegen die absolutistische Alleinherschaft der Medici opponierte. 1548 wurde er in Mailand enthauptet.

▶ **San Frediano:** Der streng romanische Bau prunkt mit einem schillernden Fassadenmosaik am Giebel. Es zeigt Christi Himmelfahrt mit Jesus als Regenten auf dem Thron. Gegründet wurde die Kirche im 6. Jh. vom heiligen *Fredianus*, einem irischen Priester, der zum Bischof von Lucca ernannt wurde.

**Inneres:** San Frediano wurde zur Kirche der reichen Kaufleute, einige ließen sich in aufwendig ausgestatteten Nebenkapellen eine letzte Ruhestatt errichten. In einer der Seitenkapellen rechts findet sich ein wunderschöner romanischer Brunnen (12. Jh.), an dem mehrere Künstler arbeiteten; ein Relief am Becken zeigt die Soldaten des Pharao bei der Durchquerung des Roten Meers.

Hinter dem Taufbrunnen befindet sich die *Kapelle der Heiligen Zita*, die mumifiziert im Glasschrein aufgebahrt liegt. Zita war Hausangestellte einer reichen Luccheser Familie und verteilte heimlich Brot aus der Speisekammer an Bedürftige. Eines Tages waren keine Vorräte mehr da, nur noch Rosen waren zu verschenken. In solch heiklen Situationen pflegen Wunder zu geschehen: Die Blumen verwandelten sich unverzüglich in Brot. Dafür danken die Luccheser noch heute der Heiligen - mit einem großen Blumenmarkt, jährlich am 21./22. April.

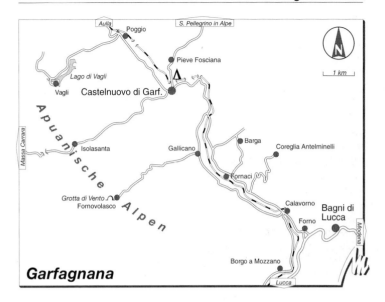

# Garfagnana

Ein fruchtbares Tal mit unzähligen kleinen Ortschaften: auf der westlichen Seite der Naturpark der Apuanischen Alpen mit Gipfeln bis knapp 2000 m, auf der östlichen das ebenso hohe Garfagnana-Gebirge.

Seit einiger Zeit werden große Anstrengungen unternommen, diese beiden Bergketten für Wanderer zu erschließen. Das obere Serchio-Tal ist relativ einfach zu erreichen, und *Castelnuovo di Garfagnana* entwickelt sich allmählich zu einem kleinen Zentrum für Wanderfreunde.

Wer keinerlei sportliche Absichten hegt, der kann - eigenes Fahrzeug vorausgesetzt - von Lucca aus eine kleine *Rundfahrt* planen: durchs untere Serchio-Tal nach Bagni di Lucca, von da ins obere Serchio-Tal bis Castelnuovo, dann in die Apuanischen Alpen. Hinter der Paßhöhe hat man die imposanten Marmorbrüche von Carrara vor sich liegen.

## Bagni di Lucca

Der Kurort am Eingang zur Garfagnana war einst der berühmteste Europas. Seit dem Mittelalter werden die eisenhaltigen Thermen (zwischen 37 und 54 Grad) therapeutisch genutzt.

## 242 Garfagnana

*Efeuberankte Hängebrücke über den Lima*

Den großen Aufschwung erfuhr Bagni di Lucca im Ersten Kaiserreich. Napoleons Lieblingsschwester *Pauline* war Stammgast, und auch die Kaisermutter *Laetizia* flüchtete oft aus der römischen Hitze hierher. Eine weitere Schwester Napoleons, *Elisa*, war Großherzogin der Toscana und Fürstin von Lucca in Personalunion und hatte sich ebenfalls den Bäderort als Sommerresidenz auserkoren. Der russische Prinz *Nikolaus Demidoff*, dessen Sohn sich eine Nichte des Kaisers geangelt hatte oder - was wahrscheinlicher ist - mit ihr verheiratet wurde, stiftete ein Kurhaus.

*"Ich habe nie ein reizenderes Tal gesehen, besonders wenn man von der Terrasse des oberen Bades, wo die ernstgrünen Zypressen stehen, ins Dorf hinabschaut. Man sieht dort die Brücke, die über ein Flüßchen führt, welches Lima heißt, und das Dorf in zwei Teile durchschneidend, an beiden Enden in mäßigen Wasserfällen, über Felsenstücke dahinstürzt, und ein Geräusch hervorbringt, als wolle es die angenehmsten Dinge sagen und könne vor dem allseitig plaudernden Echo nicht zu Worten kommen."*

So schrieb *Heinrich Heine* 1829 in seinem Reisebild *Die Bäder von Lucca*, einem übrigens kaum lesenswerten Aufsatz, in dem der große Spötter den Lyriker *August von Platen* mit Schlägen unter die Gürtellinie attackierte.

Elf Jahre zuvor war der englische Dichter *Percy Shelley* mit seiner damals 19jährigen Ehefrau *Mary* (die in diesem zarten Alter eben ihren Schauerroman *Frankenstein* publiziert hatte) in den "Bädern von Lucca" aufgekreuzt, und als Heine hier weilte, war die touristische Eroberung der Toscana durch die Engländer bereits in vollem Gange.

Der geschichtsträchtige Kurort übte auf die Ladies and Gentlemen eine besondere Anziehungskraft aus. Therapeutische Motive spielten weniger eine Rolle als das frische Klima, und die Gäste aus dem Norden brauchten auch den ihnen so bekannten Nebel nicht zu vermissen. Sonntagsmaler und Schmetterlingsjäger, Aristokraten unterschiedlichen Grades, Neureiche und Romantiker zogen in die noblen Hotels ein,

## Bagni di Lucca 243

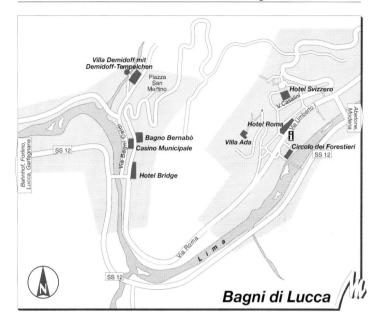

Five-o'clock-tea und Picknick waren angesagt. Gegen den Widerstand der Kurie drückten die Gäste sogar den Bau einer eigenen anglikanischen Kirche durch.

Anfang des 20. Jh. ging es dann im wörtlichen Sinne bergab. Der mondäne Tourismus verließ die angestammten Luft- und Thermalkurorte und suchte seine Vergnügungen am Strand. Die neuen Glanzlichter hießen Rapallo, Viareggio, Ischia und Capri. Bagni di Lucca geriet in Vergessenheit.

Dem heutigen Besucher präsentiert sich der einstige Kurort von Weltrang als stilles Dorf. An seine glorreiche Zeit erinnern noch Parkanlagen, alte Villen mit verzierten Fassaden und zahlreiche Gedenktafeln mit Namen der illustren Gäste. Doch was Heinrich Heine gesagt hat, gilt noch immer - bis auf die Sache mit dem angenehmen Geplauder der Wasserfälle. Das hat man seit der Erfindung des Dieselmotors wohl kaum mehr gehört.

- *Telefonvorwahl*: 0583.
- *Information*: Im Zentrum des oberen Ortsteils. Tel. 87946.
- *Verbindung*: **Zug**, Bagni di Lucca liegt an der Bahnlinie, die von Lucca durchs Serchio-Tal bis Aulla führt. Der Bahnhof ist etwas außerhalb, im Ortsteil Fornoli.

**Bus**, Direktverbindung ins Serchio-Tal nach Castelnuovo. Nach Lucca wesentlich komplizierter: erst ins Serchio-Tal nach Calavorno, dort meistens lange Wartezeiten, bis der Bus der Linie Castelnuovo - Lucca erscheint.

# 244  Garfagnana

## Übernachten

\*\*\* **Bridge**, Piazza Ponte a Serraglio 5/A. DZ mit Bad ca. 70 DM. Mutige Neueröffnung Ende der 80er Jahre. Saubere Modernität. Tel. 805324.

\*\* **Svizzero**, Via C. Casalini 30 (direkt hinter dem Park mit dem exotischen Türmchen, schlecht ausgeschildert). DZ mit Bad 65-75 DM, ohne 50-60 DM. Schneeweiße Villa in ruhiger Lage. Nur von Mai bis September geöffnet. Tel. 805315.

\* **Roma**, Via Umberto I 110, Hauptstraße). DZ mit Bad 65 DM, ohne 55 DM. Ältlich, aber mit Charme. Hoteleigener Parkplatz. Renato, der Sohn des Besitzers, ist ein eifriger Sammler von Bildern, Artikeln und skurrilen Geschichten aus der glorreichen Zeit nicht nur des Kurortes, sondern auch der Hausgeschichte - und obendrein ein guter Erzähler. Puccini hat hier genächtigt, und im hübschen Hotelgärtchen traf gelegentlich die schöne Pauline Bonaparte ein. Tel. 87278.

## Sehenswertes

Einen ausgedehnten Spaziergang soll man sich - wenn das Wetter mitspielt - nicht entgehen lassen. Der Ort ist größer, als man denkt, und hügelig. Trotzdem: das Auto stehen lassen. Das morbide Flair des Orts erschließt sich nur dem Fußgänger.

Von den vier Bädern, die an der Therme teilhaben, ist die **Villa Ada** im oberen Ortsteil zweifellos das schmuckste Gebäude. Die Villa mit den vorgebauten Türmchen und dem riesigen Park verströmt am ehesten noch die Aura des goldenen Zeitalters von Bagni di Lucca. Von den zahlreichen Therapiemethoden wird hier insbesondere die Trinkkur favorisiert.

Ebenfalls an die glorreichen Tempi passati erinnert der Bau des **Circolo dei Forestieri**, dem Namen nach ein Treffpunkt der Ausländer - vermutlich der nichtenglischen Ausländer, denn die Ladies und Gentlemen bevorzugten ihre eigenen Clubs. Hier rollte noch bis 1953 die Roulettekugel.

Gleich hinter diesem noch heute beeindruckenden Gebäude überquert eine schmale **Hängebrücke** die Lima.

Wer im unteren Ortsteil linkerhand das ansteigende Sträßchen hochgeht, stößt auf halber Höhe auf das halb verrottete **Bagno Bernabò**. Es ist - im Innern renoviert - noch in Betrieb. Spezialität: Hautkosmetik, Ekzem- und Pilzbehandlung. Vielleicht nutzt's. *Pauline*, Napoleons Lieblingsschwester, die hier zur Kur zu gehen pflegte, soll jedenfalls bildhübsch gewesen sein.

Die Straße führt weiter zur **Piazza San Martino**, dem höchsten Punkt des Orts. *"Auf diesem heiteren Hügel wohnte Heinrich Heine im Herbst 1828"* meldet eine Gedenktafel, und der Dichter muß tatsächlich hier in der Nähe gestanden haben, sonst hätte er das eingangs zitierte Stimmungsbild kaum einfangen können. Am Platz befindet sich ein moderner Kurkomplex, bestehend aus dem *Stabilimento Jean Varraud* und dem *Casa Boccella*, Bagni di Luccas größtes Therapiezentrum.

Wer im unteren Ortsteil dem Schild *Stazione* folgend die Straße parallel zum Bach einschlägt, sieht rechts das **Casino Municipale**. Früher

*Die elegante, fünfbögige Teufelsbrücke wurde im 11. Jh. konstruiert*

nannte sich der Bau stolz *Reale Casino*, und die europäische High-Society des 19. Jh. fand hier Gelegenheit, ihr Geld zu verspielen. Im Winter 1837/38 fand im Casino eine Weltpremiere statt: Der erlauchten Klientel wurde das sogenannte moderne Roulette vorgestellt, bei dem nicht mehr ein senkrecht stehendes Zahlenrad über das Schicksal der Hasardeure entschied, sondern die auf einer horizontalen Scheibe rollende Elfenbeinkugel.

Heute ist das Gebäude mit seinen reichen Stuckarbeiten ziemlich heruntergekommen. Das italienische Kulturministerium hat jedoch eine Restaurierung versprochen, und eine lokale Vereinigung macht sich für die Wiedereröffnung der geschichtsträchtigen Örtlichkeit stark. Vermutlich wird noch in diesem Jahrtausend wieder auf Rot oder Schwarz gesetzt werden dürfen.

Geht man die Straße weiter, findet man linkerhand den Weg zur **Villa Demidoff** - ein häßliches Gebäude. Das einstige Kurbad dienst heute als Ausbildungsstätte für Masseusen und Masseure

Von der Villa gelangt man über eine kleine Brücke zum **Demidoff-Tempelchen**. Der anmutige Rundbau mit dem neo-antiken Portikus stammt aus napoleonischer Zeit - ein von der Geschichte liegengelassenes Juwel.

▶ **Ponte delle Catene:** Im Ortsteil *Fornoli*. Einheimische Witzbolde behaupten, sie hätte der berühmten Brooklyn Bridge in New York als Modell gedient. Trotzdem: Die Kettenbrücke aus der Mitte des 19. Jh. ist ein überaus imposantes Bauwerk.

▶ **Ponte del Diavolo** *(Ponto della Maddalena)*: Noch spektakulärer ist zweifellos die "Teufelsbrücke", die bei *Borgo a Mozzano* (ca. 3 km südlich von Bagni di Lucca an der Straße nach Lucca) in unterschiedlich großen Bögen den aufgestauten *Serchio* überspannt. Das kühne Bauwerk hat allen Fährnissen der Geschichte getrotzt. Vielleicht nennt man es deshalb ein Werk des Teufels. Ganz intakt ist die Brücke dennoch nicht geblieben: Respektlose Eisenbahningenieure haben die alten Häuser auf der Westseite abgerissen und einen zusätzlichen Bogen konstruiert, damit die Züge ungehindert ins obere Serchio-Tal gelangen können.

## Coreglia Antelminelli

Das Bergdörfchen, mit 595 m ü. M. in luftiger Lage, beherbergt mit dem **Gipsfiguren- und Emigrationsmuseum** (ausgeschildert: Museo Civico) ein kleines Juwel. Die Herstellung von Gipsfiguren war im Serchio-Tal seit dem 17. Jh. verbreitet, und Coreglia Antelminelli war das Zentrum dieses Kunsthandwerks. In der Regel kümmerten sich die Produzenten selber um den Verkauf. Die *Figurinai* zogen mit ihren Geschöpfen von Stadt zu Stadt, um diese loszuschlagen. Viele der fahrenden bzw. zu Fuß gehenden Händler landeten so in der Emigration. An sie erinnert im oberen Teil des Dorfes eine Statue - natürlich aus Gips.

Das Museum zeigt über 1000 Exponate, vor allem aus dem 18. und 19. Jh.: griechische Büsten, Totenmasken, Statuetten, religiöse Objekte, Gipstiere für die gute Stube etc. Die Nachfrage regelte das Angebot: Produziert wurde, was Absatz versprach.

In einem eigens fürs Museum eingerichteten Atelier werden die verschiedenen Arbeitsmethoden erläutert.

*Öffnungszeiten*: Montag - Samstag 8-13 Uhr; Juni -September zusätzlich Sonntag 10-13 Uhr und 16-19 Uhr. Eintritt: 2,50 DM.

## Barga

Ein alter Ort, an den Abhängen der Garfagnana gelegen. Am besten parkt man das Fahrzeug am Großparkplatz an der Straße und geht dann durch den mittelalterlichen Torbogen. Linkerhand führt eine enge, dunkle Gasse durchs Centro storico, rechts führt ein Weg hoch zum Dom mit seinem zinnenbewehrten Turm. Vom Vorplatz des Doms aus genießt man ein großartiges Panorama auf das Tal und die dahinter sich erhebenden Apuanischen Alpen. Schmuckstück im Inneren ist eine reich skulptierte Marmorkanzel aus dem 13. h. Sie ruht auf vier Säulen, von denen drei auf figürliche Darstellungen abgestützt sind. Am eindrucksvollsten unter ihnen ist vielleicht der Kampf eines Löwen mit einem Mann, der dem Raubtier ins Maul greift, als handelte es sich um eine zahnärztliche Untersuchung.

Die Bevölkerung von Barga hat größtenteils das steinerne Mittelalterstädtchen verlassen und sich im neuen Ortsteil *Barga Giardino* unter sonnigeren Lebensbedingungen eingerichtet.

- *Essen:* ** **Alpino**, Via Mordini 16 (direkt an der zentralen Straßenkreuzung in Barga Guardino), DZ mit Dusche/WC 65-100 DM, ohne 45-85 DM (Zimmer vorher anschauen!). Die Küche bietet Spezialitäten aus der Region, aber auch Pizzen. Der Bar ist eine Vinothek angeschlossen - die Liebhaberei des Besitzers, der die kostbaren Tropfen auch gerne kommentiert. Tel. 0583/723336.

## Garfagnana für Aktivurlauber

Der Strand ist fern, und da das Serchio-Tal mit seinen zahlreichen Nebentälern auch keine hochkarätige Kulturgüter birgt, ist die Garfagnana eine vom Toscana-Tourismus liegengelassene Region. Keine Autobahn, nicht einmal eine bequeme Nationalstraße ist vorhanden, die den Fremdenverkehr begünstigen könnte. Dank ihrer abgeschiedenen Lage ist die Garfagnana ein Flecken unversehrter Natur geblieben. Die lokalen Behörden favorisieren einen sanften Tourismus: Wandern, Reiten, Kajak oder Mountainbike-Touren. Interessierten vermitteln wir folgende Adressen:

**Wandern/Trekking**: Wanderkarten verkaufen die Informationsbüros, ebenso ist dort ein Faltblatt mit einem Vorschlag für eine 10tägige Trekking-Rundtour erhältlich: von Castelnuovo in die Apuanischen Alpen, dann auf alten Maultierpfaden vorbei an zahlreichen Dörfern hinüber in die Apenninen der Garfagnana, in der letzten Etappe vom Höhendorf *San Pellegrino in Alpe* zurück nach Castelnuovo. Das Faltblatt gibt auch exakte Angaben zu Übernachtungsmöglichkeiten in Berghütten.

**Mountainbike**: Wenn Sie wollen, können Sie den Parcours nehmen, auf dem 1991 die Mountainbike-Weltmeisterschaft ausgetragen wurde. Diese und andere Touren schlägt der lokale Mountainbike-Club vor, der auch einen Verleih von Bergdrahteseln unterhält. Daneben vermietet auch das Centro Ippotrekking in Vagli Sotto (siehe Reiten) Mountainbikes.
**Mountain Bike Club Garfagnana**, Castelnuovo, Ortsteil Piano Pieve (ca. 2 km nördlich von Castelnuovo). Tel. 0583/62217.
**Reiten**: Einen Vorgeschmack gibt eine in den Informationsbüros erhältliche, einschlägige Karte (mit Angaben von Tierärzten und Hufschmieden). Für Kurse oder 1 bis 4tägige Ausritte wende man sich an eine der folgenden Adressen:
Centro Ippotrekking, Vagli Sotto. Tel. 0583/664197.
**Azienda Agrituristica La Garfagnana**, Castelnuovo, Ortsteil Le Prade (ca. 5 km nördlich von Castelnuovo). Tel. 0583/68705.
**Bootsfahrten/Kajak**: Der *Lago di Vagli* ist ein Stausee, Wildwasserfreaks sind hier also fehl am Platz. Romantikern hingegen sei die Fahrt an den felsigen Ufern entlang empfohlen. Gelegentlich stößt man auf recht einsame Buchten.
Cooperativa Il Lago, Vagli Sotto. Boots- und Kajakverleih. Tel. 0583/664057.

## Garfagnana

### Grotta del Vento

Eine Formen- und Farbenpracht, die ihresgleichen sucht. Flüsse, kleine Seen und "Siphons", in denen das Wasser verschwindet. Die Grotte ist die Tourismusattraktion Nummer eins in den Apuanischen Alpen, zumindest in der Hauptsaison sollte man deshalb einen Besuch an Wochenenden vermeiden.

Die Natur arbeitet, wenn auch im Schneckentempo, weiter: Bleiben die Stalagmiten hier ewig weiß, oder nehmen sie einst Farben wie dort drüben an? Wie lange dauert es, bis hinter diesem Riß sich eine neue Höhle auftut?

Die Grotta del Vento ist gut erschlossen. Der Besucher hat die Wahl zwischen drei Rundgängen: Der kürzeste dauert eine Stunde und ist bequem (keine Steigungen), der längste drei Stunden und führt tiefer in die Märchenlandschaft hinunter.

- *Anfahrt*: Von Gallicano (vis-à-vis Barga), führt eine Straße in die Apuanische Alpen. Nach 12 km findet man beim Ort Fornovolasco die Grotte (alles gut ausgeschildert).
- *Öffnungszeiten*: von April bis Oktober, täglich ab 10 Uhr, letzte Führung für den kürzesten Rundgang 18 Uhr.

### Castelnuovo di Garfagnana

Hauptort der Garfagnana und Zentrum des Wander-Tourismus. Die Lage ist günstig, von Castelnuovo aus führen zahlreiche Sträßchen beidseits des Tals ins Gebirge, Bahn- und Busreisende kommen problemlos hierher.

Dominert wird das Städtchen von einer wiederaufgebauten mittelalterlichen Festung. Wie beinahe die ganze Altstadt war auch sie im Zweiten Weltkrieg zerstört worden. Die gelungene Restaurierung wurde vom Lions Club finanziert. Von 1522 bis 1525 wohnte hier der Renaissance-Dichter *Ludovico Ariost*, heute ist der Bau Sitz der Stadtverwaltung. An die Festung schließt sich der überaus lebendige Stadtkern an.

- *Telefonvorwahl*: 0583
- *Information*: **A.P.T.-Büro**, direkt oberhalb der Burg. Tel. 644354.
**Parco Apuano - Centro Accoglienza e Visita**, ein paar Schritt weiter. Das Informationsbüro des Nationalparks - zugleich auch Ausstellungs- und Verkaufslokal des regionalen Handwerks - bietet dieselben Informationen wie das A.P.T.-Büro und noch einige mehr. Generelle Auskünfte über den Park und über Wander- und Reitangebote. Verkauf von *Wanderkarten* 1:25000 (Apuanische Alpen, 2 Blätter) und 1:50000 (Carfagnana).
**Camping La Piella** (Lage siehe Camping). Der Camping unterhält ein gut bestücktes Informationsbüro (Wandern, Trekking, Reiten, Mountainbike-Touren), das auch Wanderkarten verkauft. Der Besitzer kennt die Region wie seine Hosentasche und gibt auch gerne persönliche Ratschläge. Tel. 63013.
- *Verbindung*: **Bahn**: Castelnuovo liegt an der Strecke, die von Lucca aus durch das Serchio-Tal nach Aulla führt und dort auf die Linie La Spezia - Parma trifft. Der Bahnhof befindet sich nördlich des Zentrums, auf der anderen Seite des Flusses.
**Bus**: Mehrere Verbindungen täglich nach Lucca, 4x täglich über Barga nach Bagni di Lucca.

## Übernachten/Essen/Camping/Agriturismo

**\*\* Da Carlino**, Via Garibaldi 15 (im Ortszentrum, an der Straße von Lucca nach Aulla), DZ mit Bad/WC/TV ca. 100 DM, gepflegte Zimmer. Schöne Terrasse mit Blick auf den Serchio, dessen Forellen im hoteleigenen Restaurant serviert werden. Tel. 644270.

**\* Aquila d'Oro**, Vicolo al Serchio (in einem Gäßchen beim zentralen Platz), DZ ca 45 DM, Dusche und WC auf Etage. Heikle Seelen tun gut daran, die Zimmer vorher zu inspizieren. Äußerst bescheiden bzw. etwas heruntergekommen, jedoch freundlicher Familienbetrieb. Mamma hat das Sagen, die Töchter schmeißen den Betrieb, die Enkelin saust durchs Haus. Im kleinen Restaurant kommt der Wein gleich in der Korbflasche auf den Tisch. Hausfraukost - die Männer arbeiten auswärts. In der Saison sind die Zimmer schnell ausgebucht. Tel. 62259.

**Camping/Agriturismo La Piella**, im Ortsteil La Piella. Ca. 7 km Fahrt, erst in Richtung Pieve Fosciana, dann ausgeschildert. (Für die Rückfahrt nach Castelnuovo, verrät Ihnen der Besitzer - falls Sie nicht gerade ein Wohnmobil kutschieren - einen Schleichweg von nur 1 km Länge!) Auf einem Teil des auf einem Hügel über Castelnuovo gelegenen Besitzes wird Landwirtschaft und Viehzucht betrieben, ein anderer Teil des idyllischen Wald- und Wiesengeländes ist den Campern reserviert. Nichtcamper finden Unterkunft im "Country Motel", Zimmer je nach Ausstattung 50-120 DM, oder im Bungalow (Vermietung nur wochenweise). Zum Camping gehören ein Restaurant mit preiswerter Tageskarte sowie ein gut bestücktes Informationsbüro (siehe "Information"). Ganzjährig geöffnet. Tel. 63013.

# Lago di Vagli

Der in die bewaldeten Ausläufer der Apuanischen Alpen eingebettete Stausee (40 qkm) bietet die einzige nennenswerte Bademöglichkeit in der Garfagnana. Einen guten Einstieg findet man an der Nordseite, östlich der Straßenbrücke, die einen Arm des Sees überquert.

Falls Sie einen Garfagnana-Urlaub für den Sommer des Jahres 2004 planen, dann sei Ihnen schon jetzt verraten, daß Sie auf das Bad im Lago di Vagli verzichten müssen. Als Entschädigung wird Ihnen ein großartiges Spektakel versprochen: Sie dürfen durch ein versunkenes Dorf spazieren.

<u>Übernachten:</u> **\*\* Le Alpi**, Vagli Sotto, am Norduferr des Sees, DZ ca. 90 DM, alle Zimmer mit Dusche. Ruhige Lage. Restaurant angeschlossen. Tel. 0583/664057.

## Ein gespenstisch schöner Ort: Fabbrica di Careggine

Alle zehn Jahre, das letzte Mal 1994, das nächste Mal also 2004, wird der Lago di Vagli zu Wartungszwecken entleert. Dann tauchen auf dem Grund die gespenstischen Ruinen von *Fabbrica di Careggine* auf: die einschiffige San-Teodoro-Kirche mit ihrem viereckigen Campanile, knapp zwei Dutzend dachloser Häuser und eine Befestigungsmauer entlang einem Rinnsal, das ehemals ein beachtlicher Fluß war. Das Spektakel zieht jeweils Tausende von Touristen an. Nach der vollständigen Austrocknung des Seegrundes kann man sich auf den einzigartigen Dorfspaziergang begeben.

Der Ort wurde im 13. Jh. von Eisenschmieden gegründet, die aus Brescia eingewandert waren. Noch im 18. Jh. genoß die Schmiedekunst von Fabbrica di Careggine am herzöglichen Hof von Modena so hohes Ansehen, daß die Einwohner sowohl von Steuern als auch von der Militärdienstpflicht befreit wurden.

Mit der Errichtung des Staudamms 1947 mußten die Bewohner von Fabbrica di Careggine ihr Dorf verlassen. Die meisten fanden in Vagli Sotto ein neues Domizil. Und alle zehn Jahre spazieren sie gedankenversunken durch ihr Heimatdorf, das wie ihre Jugend verschwunden ist. Ein Foto vom Dorf, aufgenommen im Herbst 1994 finden Sie im Einleitungsteil.

*Bilderbuchlandschaft bei Viareggio: Hinter dem extrem breiten Sandstrand und einer Schwemmlandzone erhebt sich das Apuanische Gebirge*

# Versilia
# Apuanische Riviera

Die Versilia umfaßt das Gebiet um Viareggio, im Norden schließt sich die Apuanische Riviera an. Beide Landstriche sind klimatisch privilegiert – kalte Nordwinde werden durch die fast 2000 m hohen Apuanischen Alpen abgeschirmt. Im Winter betragen die Durchschnittstemperaturen ca. 10 Grad Celsius!

Der Tourismus entwickelte sich denn auch sehr früh. Bereits Anfang des letzten Jahrhunderts wurde hier das Bad im Meer als Therapie empfohlen und - das erste Spielcasino errichtet. Adel und Geldbürger kamen zuhauf und es entstanden jene altehrwürdigen Luxushotels und Villen, die heute noch den Badeorten ihr exklusives Ambiente geben.

Die schachbrettartig angelegten Küstenorte gehen meist nahtlos ineinander über - eine Art Rimini mit historischem Flair. Zwischen Promenade und Meer die unzähligen Badeanstalten der Hotels - es gibt wenig frei zugängliche Plätze. Entlang der Küste verläuft eine vierspurige "Autopromenade" - im Sommer ein absolutes Chaos, im Winter alles wie ausgestorben. Wer dann mit dem Wagen die Riviera entlang fährt, bekommt leicht das Gefühl, im Kino zu sitzen - die Landschaft zieht wie im Film vorbei.

▶ **Baden**: Wie auf einer Perlenkette reihen sich Badeanstalten der Küste entlang. In der billigsten C-Kategorie kostet der Eintritt ca. 18 DM (für 4 Personen) pro Tag, inklusive zwei Liegestühle und ein Sonnenschirm.

Freie Strände gibt es südlich von Viareggio sowie bei Carrara, des weiteren kurze Abschnitte zwischen Cinquale und Vittoria Apuana (Forte dei Marmi) und in Motrone (Marina di Pietrasanta).

▶ **Wandern** in den Apuanischen Alpen: heller Dolomitfels und schattige Kastanienwälder beherrschen das Bild. Gebirgsfreaks kommen hier voll auf ihre Kosten. Mehrtägige Wanderrouten können zusammengestellt werden - z. B. von Stazzema bis zu den Marmorbrüchen von Carrara. Die Wege sind gut markiert und 5 Hütten des Alpenvereins (meist ganzjährig geöffnet) bieten Logis. Ein spezieller Wanderführer existiert nur in italienischer Sprache. Einige Routen werden in Toscanawanderführern von den Verlagen Scheuble & Baumgartner (komplette Durchquerung der Apuanische Alpen), DuMont und Nelles beschrieben. Wanderkarte: *Alpi Apuane* von Multigraphic, Florenz, Maßstab 1:25.000.

Spaziergängern sei die gut gegliederte Wanderbroschüre *Versilia Alpi Apuane* empfohlen, in der Frau L. Bisanti neunzehn Ausflugsziele und Kurzwanderungen beschrieben hat. Sie bekommen das Heft in den Informationsbüros.

# Viareggio

Aus dem einst trostlosen Fischernest im malariaverseuchtem Sumpfland entstand im letzten Jahrhundert ein mondäner Badeort. Maria Luisa von Bourbon, Großherzogin von Lucca, gab die Strände frei, und die luccesischen Kaufmannsfamilien bauten sich hier ihre Sommerhäuser. Die Sümpfe wurden entwässert, ein größerer Hafen entstand. Jugendstil und klassizistische Prunkfassaden der Jahrhundertwende prägen heute die Strandpromenade.

Für die 60.000 Einwohner gibt es, abgesehen vom Tourismus, nur wenig Beschäftigungsmöglichkeiten. Eine kleine Werft, bekannt für den Bau von Luxusjachten, bekommt in neuester Zeit die Zahlungsschwäche der Ölmagnaten zu spüren, die hier Stammkunden sind.

# Versilia 253

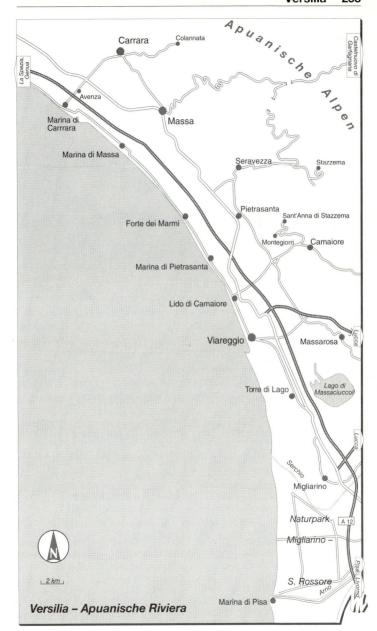

## 254 Versilia

*Im Hangar Carnevale warten die Pappfiguren ungeduldig auf ihren Auftritt*

Bekannt ist der **Karneval von Viareggio,** der erstmals 1873 stattfand und heute nach dem venezianischen der berühmteste ganz Italiens ist. Riesige, hydraulisch gesteuerte Pappfiguren bestimmen das Bild des Umzugs - politische Satire monumental. Die Karnevals-Hallen (*Hangar Carnevale*) an der Via Marco Polo im Norden der Stadt können während der Sommermonate besichtigt werden. Der Bau der Figuren hat sich zu einem eigenen Handwerkszweig entwickelt. Inzwischen stellen die *Carristi* auch Bühnendekorationen und Effekte für Kinofilme her.

- *Telefonvorwahl*: 0584
- *Information*: **A.P.T.-Büro**, Viale Carducci 10 (Strandpromenade), Tel. 962233.
- *Verbindung*: Bahnhof im Zentrum. Liegt an der Hauptlinie Genua - Rom. Nebenstrecke nach Lucca/Florenz.

### Übernachten / Camping

- *Übernachten*: In Viareggio gibt es die meisten 1-Stern-Hotels der Versilia (ca. 70!). Meist in ehemaligen Privatvillen eingerichtet, bieten sie etwas nostalgischen Glanz inklusive Familienatmosphäre. Die meisten findet man um die Pineta di Ponente, dem Stadtpark von Viareggio, und in deren Seitenstraßen.

**\*\*\* Royal**, Viale Carducci 44 (Strandpromenade), im Liberty-Stil zu Beginn dieses Jahrhunderts erbaut. Die beiden oberen Stockwerke kamen erst in den 30er Jahren hinzu. Das markante Luxushotel mit den beiden Dachtürmchen war jahrelang das Aushängeschild des Badeortes. 107 Zimmer, inkl. der beiden extravaganten Türmchenzimmer stehen für 250-300 DM pro Nacht dem Betuchten zur Verfügung. Tel. 45151.

**\* Villa Cley**, Via Leonardo da Vinci 24 (gleich ums Eck beim Turismus-Büro), DZ ohne Dusche ca. 60 DM, mit Dusche ca. 75 DM. Im Hinterhof kleiner Garten mit Hausrestaurant. , Tel 30968.

**Camping**: Neun Plätze in der Macchia Lucchese, ca. 2 km südlich des Orts, die meisten geöffnet von April bis September. Preise: 2 Pers., Zelt, Auto ca. 30 DM.

## Viareggio

*Torre del Lago – im kleinen Park sinniert die Statue von Giacomo Puccini*

Lesertip: "Ich mußte viel herumfahren, um einen schönen Campingplatz zu finden. Gefunden habe ich dann etwas südlich von Viareggio einen, der nicht so riesig groß war. Die meisten sind richtige Wohnanlagen mit vielen feststehenden Wägen und noch wenig Bäumen. Ich war auf dem **Campingplatz Paradiso**. Er ist der von Viareggio am nächsten gelegene und befindet sich in einem ehemaligen Pinienhain des nachbarlichen herzoglichen Schloßes..." M. Lüder, Rielasingen.
Tolle Lage im fast undurchdringlichen Gestrüpp der oben erwähnten Macchia Lucchese. Unverbaute Strandlandschaft. Geöffnet April - September. Tel. 392005.

### Essen

Außer den vielen Fastfood-Theken an der Strandpromenade gehören die meisten Restaurants zur gehobenen Preisklasse.
**Vecchia Viareggio**, die Calzone ist gewaltig und kaum zu schaffen. Rohkostsalate mit Öl-Essig-Soße zum Eintauchen, Mo geschl. Via Regia 106.
**Rosticceria La Campana**: Pizza, Hähnchen, Fisch. Via Antonio Fratti 33, Ecke Via F. Cavallotti.

**Baden:** Zu den freien Badestränden südlich des Ortes verkehren während der Saison halbstündlich Busse. Firma CLAP, Abfahrt: Piazza d'Azeglio. Auskünfte unter Tel. 53704.

**Bootsausflüge:** lohnenswerte Tour durch die alten Entwässerungskanäle zum Lago Massaciuccoli. Preis ca. 10.000 Lira, Dauer ca. 2 Std., Abfahrtszeiten 10 h und 15 h, in der Hauptsaison auch 17.45 h. Auskünfte im A.P.T.-Büro (siehe Information).

## Lago di Massaciuccoli

**Den schönsten Blick auf den See genießt man von der Villa des Opernkomponisten Puccini in Torre del Lago. Fast alpenländisch: Auf der glatten Wasseroberfläche spiegelt sich das Apuanische Gebirge.**

Der seichte See (max. 4½ Meter tief) ist von einem dichten Schilfgürtel umsäumt. Seit Jagdverbot besteht, nistet hier eine Vielzahl von Wasservögeln. Zum Baden ist der Lago di Massaciuccoli deshalb, aber auch seiner Wasserqualität wegen, nicht empfehlenswert. Ganzjährig im Angebot: Seerundfahrten mit Ausflugsbooten.

▶ **Torre del Lago:** In der hübschen zweigeschossigen **Villa Puccini** lebte der Opernkomponist *Giacomo Puccini* (1858 - 1924), Sohn des Domkapellmeisters von Lucca. Heute ist im Gebäude ein Museum untergebracht. Hier sind des Komponisten liebste Instrumente ausgestellt - nach dem Klavier waren es seine Jagdflinten, mit denen er den Vögeln nachstellte. In einem umgebauten, kapellenartigen Raum liegt der Maestro neben Gemahlin Elvira und Sohn Tonio begraben.
*Öffnungszeiten:* 10-12.30 und 15-17.30 Uhr, Montag geschlossen.

- *Festival*: **Festival Pucciniano**: Opernfestspiele zu Ehren des Maestros auf einer Freiluftbühne am Seeufer, jeweils im Juli.
- *Camping*: **Del Lago**, am Seeufer, neben den alten Betriebsgebäuden einer ehemaligen Torfstecherei. Ganzjährig geöffnet. Tel. 0584/359702. Weitere Plätze siehe Viareggio.

### *Die Küste zwischen Viareggio und der Arnomündung bei Pisa:*

▶ **Naturpark Migliarino-San Rossore:** Von Torre del Lago bis zur Arno-Mündung erstreckt sich ein 10 000 Hektar großes Naturschutzreservat. Das Schwemmgebiet nördlich des Serchio, die *Macchia di Migliarino*, ist ein urwüchsiges Marschland mit Pinienhainen, Macchia und Sumpfgebieten. Wildenten und Bleßhühner sind hier zu Hause, durchs Unterholz trottet gelegentlich ein Wildschwein.

Im Gebiet zwischen Serchio und Arno findet man in *San Rossore* den Sommersitz des italienischen Staatspräsidenten. Der angrenzende Park ist nur an Sonntagen zu besichtigen.

Der Küstenstreifen wird durch Abwässer des Arno arg in Mitleidenschaft gezogen. Starke Winde im Sommer (*Libeccio*) treiben die verschmutzte Gischt landeinwärts und damit auch die besonders aggressiven Tenside der Waschmittel. Dank ihnen gelingt es dem Salz, durch die schützende Harzschicht in die Kiefernadeln einzudringen. An einigen meernahen Stellen sieht man nur noch tote Baumstümpfe in den Himmel ragen. Nur 10% aller toscanischen Orte haben eine Kanalisation mit Klärwerk!

Einige Abschnitte des Naturparks Migliarino San Rossore dürfen nur mit vorheriger Genehmigung der Parkverwaltung betreten werden (Consorzio del Parco, Via Cesare Battisti No. 10, 56100 Pisa).

# Camaiore

**Ein ruhiges Städtchen im Hinterland der Versilia-Küste. Der Baderummel spielt sich in einer Entfernung von 10 Kilometern, in Lido di Camaiore ab. Gegen Abend, wenn Strandmüdigkeit sich breit macht, finden sich dann einige gebräunte oder von der Sonne verbrannte Badegäste innerhalb der mittelalterlichen Mauern.**

Der Putz bröckelt hie und da, doch das stört den Müßiggänger kaum. Fast zwangsläufig gelangt er zur Porta Lombricese, einem Stadttor mit einem halb zerstörten Fresko, und zur im Zentrum etwas eingezwängten Kollegiatskirche Santa Maria Assunta, einem teilweise restaurierten romanischen Bauwerk aus dem 13. Jh. In der Regel steht der Besucher vor verschlossener Pforte. Noch älter ist die kleine Kirche San Michele (11. Jh.) an der Piazza Diaz, auch sie meist geschlossen. Das kleine Museo d'Arte Sacra daneben ist immerhin gelegentlich geöffnet (Mitte Juni - Mitte September Dienstag und Samstag 16-18 Uhr, außerhalb der Saison Samstag 10-12 Uhr), doch nur für Spezialisten interessant. Bestimmt offen hingegen sind die Bars an der zentralen Geschäftsstraße, in der weder Supermärkte noch Luxus-Boutiquen Tante Emma vertrieben haben.

- *Telefonvorwahl*: 0584
- *Übernachten:* ** **Conca Verde**, außerhalb des Orts, DZ mit Dusche/WC 85 DM. Dem einzigen Hotel von Camaiore gilt unsere unbedingte Empfehlung. Einladende Lage im Grünen, Speiseterrasse, lauschige Parkanlage mit Kinderspielplatz. Das Restaurant ist nur Juli/August geöffnet, außerhalb der Saison läßt's sich im Park wunderbar picknicken. Anfahrt: Am südöstlichen Stadtausgang der Beschilderung "Badia" folgen, an der romanischen Abtei (Badia) vorbei, dann bei einer Osteria rechts hoch. Tel. 989686.
- *Feste*: **Tappeti di segatura**: Zum Fronleichnamsfest (2. Donnerstag nach Pfingsten) werden auf den Straßen im Zentrum mit gefärbten Sägespänen religiöse Motive gelegt - und später zertrampelt.

## Lido di Camaiore

Das arme Hinterlandstädtchen Camaiore verfügt über ein einziges Hotel, die reiche Badesiedlung Lido di Camaiore weist deren über 120 auf. Vom halbmondänen *Grand Hotel* an der Küstenstraße bis zur familiär geführten 1-Stern-Pension in einer der Nebenstraßen ist alles zu haben. Am Strand reihen sich vielfarbig, aber doch monoton die Badeanstalten, im Süden bis zum Kanal. Dahinter setzt Viareggio dasselbe Muster fort.

- *Telefonvorwahl*: 0584
- *Information*: **A.P.T.-Büro**, Viale Cristoforo/Ecke Piazza P. Umberto. Trotz allem Rummel bewahren die Angestellten ein freundliches Gesicht. Tel. 617397.
- *Übernachten/Camping*: **Hotels** gibt's im

Überfluß, die billigeren meist in Seitengassen versteckt. Viele beschränken allerdings ihre Öffnungszeit auf die Monate Juni - September. Der **Camping Versilia Mare** ist der einzige von Lido di Camaiore und kann nicht empfohlen werden: vom "Mare" keine Spur, klein und doch durchparzelliert wie ein Großparkplatz.

## Sant'Anna die Stazzema

Das Bergdörfchen hütet düstere Erinnerungen. Gleich am Eingang findet sich eine kleine Gedenkkapelle, daneben eine Tafel: *Anna Padrini, 23.7.-12.8.1944.* Das 20 Tage alte Mädchen war das jüngste Opfer eines beispiellosen Gemetzels, angerichtet von deutschen Truppenteilen und der Waffen-SS im Morgengrauen des 12. August 1944. Insgesamt 130 Männer, Frauen und Kinder wurden zusammengetrieben und in der Dorfkirche erschossen, dann mit Benzin übergossen und verbrannt. Gleich darauf wurden weitere 430 Menschen ermordet. Geschichtlicher Hintergrund dieses Massenmords: Obwohl Italien dem ehemaligen Bündnispartner bereits den Krieg erklärt hatte, vermochten die Nazis den nördlichen Teil des Landes bis zur sog. Gotenlinie (siehe Geschichte, Die Diktatur Mussolinis) zu halten. Ihre letzte Rückzugsfront verlief bei Sant'Anna, und hier waren die italienischen Partisanen besonders aktiv. Unmittelbarer Anlaß des Massakers war möglicherweise ein am 29. Juli in der Dorfkirche angeschlagenes Plakat mit dem Aufruf zum Widerstand. Die Männer sollten sich mit Jagdgewehren oder Heugabeln bewaffnen, Alte, Frauen und Kinder zu Hause zu bleiben und passiven Widerstand leisten.

Zwei Wochen nach dem Blutbad von Sant'Anna lief die Operation "Olive" der Amerikaner an, die wesentlich zur Kapitulation der deutschen Streitkräfte in Italien (April 1945) beitrug.

Postscriptum zur Geschichte: Der Kommandant der deutschen Truppen in Italien, der im Juni 1944 per Verfügung das standrechtliche Erschießen bzw. Erhängen italienischer Partisanen anordnete, hieß *Albert Kesselring*. Er wurde 1947 von einem britischen Militärgericht zum Tode verurteilt, dann zu lebenslänglichem Zuchthaus begnadigt und schließlich 1952 freigelassen. Daraufhin war ihm ein ruhiger Lebensabend in der Bundesrepublik beschieden, den er unter anderem dazu verwandte, uns seine

*Blick auf den Monte Gabberi, darunter das Bergdorf Farnocchia*

Erinnerungen unter dem heroischen Titel "Soldat bis zum letzten Tag" zu hinterlassen. Die letzte Stunde schlug ihm im Jahr 1960.

Sant'Anna di Stazzema ist heute ein friedliches Bauerndorf, die Häuser sind längst wiederaufgebaut. Ein kleines Museum mit Schautafeln aber hält die Erinnerung an den 12. August 1944 wach. Von ihm führt ein 10minütiger Weg durch den Wald hinauf zur weithin sichtbaren Gedenkstätte, unter der die Opfer des Massakers begraben liegen. Die Reliefs an den 15 Stationen dieses Kreuzwegs erzählen parallel zur Passionsgeschichte Christi diejenige der Bevölkerung von Sant'Anna.

• *Anfahrt*: Von Camaiore oder Pietrasanta bis zum Dorf Monteggiori. Von dort aus kurvt sich ein ca. 7 km langes Alpensträßchen bis Sant'Anna di Stazzema.

• *Öffnungszeiten* des **Museo storico regionale della resistenza**: Dienstag - Donnerstag und Samstag 9-12 Uhr, Sonntag 15-18 Uhr. Eintritt frei.

# Pietrasanta

**Während Carrara hauptsächlich auf die Gewinnung und den Export von Rohmarmor spezialisiert ist, entstand in Pietrasanta ein vielfältiges, künstlerisch-industrielles Zentrum zur Veredelung des zarten Steins.**

Pietrasanta ist eine der wenigen strategisch geplanten Stadtgründungen der Toscana. Der Stadtvogt von Lucca *Guiscardo da Pietrasanta* gab 1255 der Anlage ihren Namen. Im Mittelpunkt steht die *Piazza del Duomo* mit einigen Straßencafés und der hübschen Fassade der dreischiffigen Kirche San Martino (13. Jh.). Den Berghang hinauf ziehen sich die alte Befestigungsmauer und grüne Olivenhaine.

Ein 10minütiger Spaziergang führt hinauf zur langobardischen Stadtbefestigung *Rocca di Sala*. Nach ungefähr einem Drittel des Weges hält man rechts, der einsturzgefährdeten Mauer entlang (Durchgang verboten). Ein großes Teilstück der hohen Festungsmauer wurde bei einem Sturm im Sommer 1991 flachge-

# Versilia

legt. Von oben genießt man einen schönen Blick auf die rechtwinkelig angelegte Altstadt.

Sehenswert ist auch das *archäologische Museum* im *Palazzo Morani* mit einer beeindruckenden Sammlung von Renaissance-Keramiken.

An der Peripherie von Pietrasanta haben sich viele Ateliers und Marmorfabriken niedergelassen. Die bekanntesten sind *Sem* und *Tommasi*, letztere fertigt auch Bronzeskulpturen an. Kleine "Kopierbetriebe" zum Reinschauen findet man im Ortszentrum. Hier werden Engelchen, Brunnen, Gartenbänke usw. als Serienware hergestellt. Man trifft auf amerikanische, deutsche und englische Handwerker - sie alle haben es geschafft, eine Praktikantenstelle in einem der kleinen Ateliers zu ergattern. Es lockt nicht nur die seit Generationen vererbte Geschicklichkeit im Umgang mit dem Stein, die Preise tun ein übriges. Ein Kilo Marmor kostet in Pietrasanta frei Haus ca. 7 DM, in den Vereinigten Staaten etwa das Achtfache.

- *Telefonvorwahl*: 0584
- *Verbindung*: **Bahn**: Regelmäßige Verbindungen nach Pisa, Livorno und La Spezia. Der Bahnhof liegt unweit vom Dom, knapp unterhalb der Porta Pisana
- *Einkaufen*: **Eurasium di M.G. Fialdini**, Via Aurelia (= N 1). Erstaunliche Auswahl an verarbeitetem Marmor in verschiedensten Farben und Formen. Preiswerter Laden, leider keine Einzelanfertigungen. (Lesertip)
**Onyx Florence**, Via Aurelia 59 (= N 1). Außergewöhnlich schicker, dafür auch teurer Laden für Marmorprodukte. Auf Wunsch auch Einzelanfertigung. (Lesertip)

## Übernachten

** **Stipino**, Via Provinciale 50 (5 Minuten nördlich des Zentrums), DZ 70/95 DM. Geräumige Zimmer mit TV, einfachem Badezimmer oder Dusche. Vorm Haus ziemlich viel Verkehr, doch Schallschluckfenster sind vorhanden. Tel 71448.

** **Italia**, Via Oberdan 9 (Durchgangsstraße, Nähe Bahnhof), DZ 70/90 DM, ohne Dusche etwas billiger. Einfaches Hotel. Tel 70175.

## Essen

**Restaurant Il Vaticano**, Via del Marzocco 132 (Zentrum). Hübsch renovierte Gewölbe. Hauptgerichte um die 15.000 Lire, z. B. Robespierre - dünne Roastbeefscheiben in Olivenöl.
**Trattoria Lo Sprocco**, Via Padre E. Barsanti 22 (Zentrum). Geräumig und rustikal. Kaninchenbraten mit würziger Soße oder Stockfisch im Lauchbett. Mittwoch geschl.
Namenlose, aber empfehlenswerte **Rosticceria**, Via G. Mazzini 23 (Fußgängerzone).
*Außerhalb*: **Ristorante La Terrazza**, in Capriglia, einem malerisch in den Bergen gelegenem Dorf (ca. 5 km nordöstlich). Berauschende Aussicht auf die Küste,
relativ preiswert.
**Ristorante Wagener**. *Anfahrt*: Ca. 1 km auf der Straße No. 439 Richtung Lucca, beim Friedhof links abbiegen nach Valdicastello/Due Ponti. Sie finden das Lokal am Ortsende rechts, oberhalb der Brücke. Wohnzimmeratmosphäre in einem feudalen Landhaus. Chefin spricht Englisch. Meist nur 2 bis 3 Hauptgerichte zur Auswahl. Montag geschlossen.
**Ristorante Da Beppino**, auf halben Weg zum Wagener, kurz nach der Pieve S. Giovanni rechts. Ruhige Lage im Grünen. Spezialitäten vom Grill, Menü ca. 30 DM. Montag geschlossen.

**Stazzema:** Ein beliebter Ausflugsort: Das einsame, malerische Bergdorf ist von üppig grünen Kastanienwäldern umgeben, im Südosten erblickt man den mächtigen Dolomitgipfel des *Monte Matanna* (1317 m).

- *Anfahrt*: Von Pietrasanta erst Richtung Norden bis Seravezza, von da weg ausgeschildert.
- *Übernachten/Essen*: **Procinto**, DZ ca. 75 DM, teils ohne Dusche. Üppige Mahlzeiten. Tel. 0584/777004.

## Marina di Pietrasanta

Sicherlich nicht so mondän wie das benachbarte Forte dei Marmi, wo Fiat-Chef Agnelli eine pompöse Villa sein eigen nennt, dafür aber mit einem vielfältigen Kulturangebot.

In *La Versiliana*, der 100 Hektar großen grünen Oase am Ortsausgang Richtung Forte dei Marmi, finden während der ganzen Saison Theater-, Operetten- und Ballettaufführungen statt. In der neben der Parkvilla gelegenen *Fabrica dei Pinoli* (der ehemaligen Pinienkern-Mühle) werden Skulpturen, Malerei und Fotografie augestellt. Das *Literatencafé* ist Treffpunkt der Prominenz aus Kultur und Politik.

- *Telefonvorwahl*: 0584
- *Information*: Via Donizetti 14 (Ortsteil Tonfano), Tel. 20331.
- *Übernachten*: Fast ebenso viele Möglichkeiten wie in Viareggio oder Lido di Camaiore, darunter:

*** **Gemma del Mare**, Via Leonardo da Vinci 158 (Ortsteil Tonfano), Halbpension ca. 100 DM. Sehr gepflegtes Haus in ruhiger Lage, großer Kieferngarten. Deutsche sind hier die Hauptklientel. Tel. 745403.

** **Elizabeth**, Via Tagliamento 36 (Ortsteil Tonfano), DZ mit Dusche/WC 80/100 DM. Strandnah und trotzdem relativ ruhig. Tel 20453

- *Essen:* **Da Riccá**, Viale Carducci 112 (Ortsteil Fiumetto). Empfehlenswert sind die Tortellini sowie der Riso alla marinara.

# Massa

Die Zwillingsstadt von Carrara, doch weniger bekannt als diese. Mittelalterliche Romantik sucht man vergebens, im Zweiten Weltkrieg wurde Massa, das direkt hinter der sog. Gotenlinie (siehe Geschichte, Die Diktatur Mussolinis) lag, arg gebeutelt. Das heutige Stadtbild ist vom Wiederaufbau bestimmt.

Massa ist nicht wie Carrara mit Marmor, Bildhauerschulen und Ateliers gesegnet, Massa beherbergt die Provinzregierung - und damit läßt sich weniger Reklame machen. Immerhin dürfen die Beamten im schönsten Gebäude der Stadt arbeiten (falls sie dies tun): im *Palazzo Cybo Malaspina*, der die Ostseite der zentralen *Piazza degli Aranci* ziert. Der mit einem zweistöckigen Säulengang eingerahmte Innenhof ist als Parkplatz den Funktionären reserviert. Im hintern Teil des Palastes findet sich eine recht eigenartige, *Il Grotesco* geheißene Grotte: manieristischer Barock, wo das Auge hinschaut, im Hintergrund thront Neptun mit dem Dreizack.

Ein schnurgerader, leicht getreppter Weg führt hoch zur weithin sichtbaren mittelalterlichen Burg des Herrschergeschlechts der Malaspina (*Castello Malaspina*). Wegen Renovierungsarbeiten ist sie mindestens bis 1996 nicht zugänglich. Der kurze Spaziergang ist trotzdem nicht zu verschmähen; er bietet ein Panorama über die Stadt und die herrlich im Grünen gelegene *Villa Massoni* (Privatbesitz).

- *Telefonvorwahl*: 0585
- *Information*: Siehe Marina di Massa.
- *Verbindung*: **Bahn**: Gute Verbindungen nach Pisa, Livorno und Genua, täglich mehrmals nach Florenz und einmal nach Rom. Busse vom im südlichen Ortsteil gelegenen Bahnhof ins Zentrum.
- *Übernachten*: ** **Annunziata**, Via Villafranca 4, DZ mit Dusche/WC ohne Frühstück ca. 80 DM. Relativ zentrale Lage, Zimmer bescheiden, noch bescheidener sind die Betten. Unsere Empfehlung an die überaus freundliche Wirtefamilie: warmer Teppich auf den gekachelten Boden. Um 24 Uhr wird geschlossen, aber um die Zeit ist in der Stadt sowieso tote Hose. Tel. 41023.
- **Jugendherberge**: siehe Marina di Massa.
- *Essen*: **Trattoria da Andrea**, Via Circonvallazione 9 (Zentrum). Preiswerte Hausmannskost im Hinterstübchen. Andrea ist ein ebenso fröhlicher wie geselliger Wirt. Seine Familie und ein paar Stammkunden füllen meist das halbe Lokal. Der Bianco Vergine della Valdichiana, ein leicht quirliger Weißwein der Region, kommt unaufgefordert auf den Tisch.

## Marina di Massa

Der Badeort ist von Massa durch Industriezone und Autobahn abgetrennt. Mit seinem langen Sandstrand und den unzähligen Hotels unterscheidet er sich nicht wesentlich von den Tourismuszentren der Versilia-Küste; allenfalls geht es etwas weniger schick zu als im benachbarten Forte dei Marmi, will heißen: die Miete für Chaiselongue und Sonnenschirm ist etwas billiger.

- *Telefonvorwahl*: 0585
- *Information*: **A.P.T.-Büro**, Viale Vespucci 23 (Küstenstraße, neben Hotel Tirreno). Wer eine Übernachtung sucht, bekommt hier einen Ortsplan mit Hotelverzeichnis in die Hand gedrückt. Tel. 240063.
- *Verbindung*: **Bus**: Von der zentralen Piazza Betti Verbindungen zum Bahnhof von Massa und in die Stadt.
- *Jugendherberge*: **Ostello della Gioventù**, Viale delle Pinete 89 (Ortsteil Partaccia, fast schon in Marina di Carrara), Übernachtung mit Frühstück ca. 14 DM/Person. An einem unbebauten Stück Küste, direkt am felsigen Strand gelegen. Busse fast stündlich ab Bahnhof Marina di Massa oder von Carrara Avenza mit Bus Richtung Hafen (Fahrer Bescheid sagen), von hier ca. 400 m zu Fuß. Geöffnet Mitte März - Ende September. Voranmeldung nötig. Tel. 780034.
- *Essen*: **Ristorante/Pizzeria Laurence**, Viale Vespucci 52 (Küstenstraße). Wenn schon ins Strandrestaurant, dann hier. Etwas weniger schick als die anderen, dafür preiswerter. Traditionelle toscanische Küche, Fisch, Pizzen und Focacce (Doppeldecker-Pizzen).

# Carrara

Die Stadt am "Milchbach". Wegen der zahlreichen Marmorsägereien, die das Wasser des Carrione als Kühlmittel und zum Spülen benutzen, fließt ein meist milchiger Bach mitten durch Carrara.

Im Ortsbild mischt sich ein klein wenig Mittelalter mit pompösem Neoklassizismus. Letzteren hat Carrara der Verwandtschaft Napoleons zu verdanken, die hier im frühen 19. Jh. das Sagen hatte.

Neben der Marmorverarbeitung hat die Verwaltungs- und Arbeiterstadt auch eine politische Tradition. Anarchisten agierten bereits im 19. Jh. unter den Marmorarbeitern, am 1. Mai halten sie noch heute ihre eigene Demonstration ab, und die Rathausfraktionen beratschlagen noch immer, ob sie *Breschi*, der 1844 König Umberto I. erschoß, nicht doch ein Denkmal setzen sollen. Doch auch in Carrara ändern sich die Zeiten: 1994 kandidierte bei der Bürgermeisterwahl zwar noch ein Anarchist, aber auf der Liste von Silvio Berlusconis *Forza Italia!*

**Feste/Veranstaltungen:** *Kongreß der Bildhauer.* Alle zwei Jahre (das nächste Mal im Mai 1996) verwandelt sich die Piazza Alberica in ein riesiges offenes Atelier. 20 bis 30 Bildhauer aus der ganzen Welt treffen sich hier und modellieren um die Wette. Die einzelnen Arbeitsgänge lassen sich hautnah verfolgen.

- *Telefonvorwahl*: 0585
- *Information*: siehe Marina di Carrara.

**Informationsbüro des Naturparks der Apuanischen Alpen,** am oberen Ortsausgang von Castelpoggio, 7 km nördlich von Carrara. Auskünfte für Wanderer, Kartenmaterial, Broschüren über Flora und Fauna. Nur Juli/August geöffnet, Dienstag - Donnerstag 10-12.30 Uhr und 16.30-19.30 Uhr, Samstag/Sonntag 10-12.30 Uhr.

- *Verbindungen*: Nächster Bahnhof in **Carrara Avenza** (zwischen Carrara und Marina di Carrara). Busse alle 10 Min.

## Übernachten/Essen

Preiswerte Hotels zu finden, ist schwierig, das Gebotene scheint mehr auf den Geschäftsreisenden in Sachen Marmor abgestimmt. Größer ist die Auswahl im Küstenort Marina di Carrara.

** **Da Roberto**, Via Apuana 5 (am Rand der Altstadt, neben dem Milchbach), DZ mit Dusche ca. 70 DM, ohne ca. 50 DM. Leider an der Straße, trotzdem beliebt und oft ausgebucht. Tel. 70634.

Ausweichmöglichkeiten im Nachbarort **Carrara Avenza** (beim Bahnhof):

** **Da Sergio**, Via Provinciale 180, DZ ca. 90 DM, alle Zimmer mit Dusche. Tel. 858938.

* **Da Maurin**, Via Fiorino 2, DZ ohne Dusche ca. 70 DM. Tel. 859385.

**Jugendherberge**: siehe Marina di Massa.

- *Essen*: **Soldaini Foods**, Via Mazzini 11. Lokal der gehobenen Preisklasse, Menü ca. 60 DM. Montag geschlossen.

**Ristorante Capinera**, Via Ulivi 6. Preiswert und einfach, Menü ca. 30 DM. Hier hocken mittags die Arbeiter im Blaumann. Samstag geschlossen. Gegenüber ein interessanter Junk-shop, alte Fotos.

**Bar Jolly**, Via Don Minzoni 23. Kleine Mittagsmenüs.

## Sehenswertes

▶ **Dom**: Er ist eingezwängt in den ältesten Teil von Carrara. Viel Marmor stand für den Bau nicht zur Verfügung, denn das angehäufte Kapital der Marmorbarone blieb nie in dieser Stadt. Der Bau entstand im 11. - 14. Jh., im unteren Teil klassisch pisanischer Stil und Rundbögen, im oberen Teil gotische Spitzbögen und eine bemerkenswert filigran skulptierte, übergroße Rosette.

Eine originelle Augenweide am Domplatz ist die *Fontana del Gigante* (Hünenbrunnen) aus dem 15. Jh. Auf zwei wasserspeienden Fischköpfen posiert der Genueser Admiral Andrea Doria. Geschaffen wurde der Brunnen von *Baccio Bandinelli*, allerdings nur unvollständig: Der leichtfüßige Künstler floh, nachdem er seinen Vorschuß aufgebraucht hatte.

▶ **Accademia di Belle Arti**: Etwas oberhalb der zentralen Piazza Alberica an der Piazza Accademia. Der Bau erinnert an eine phantastisch-verspielte Riesensandburg und war einst das Prinzenpalais. Napoleons Schwester *Elisa Bacciocchi* vermachte 1805 den Palast der Kunstakademie. Daneben erstreckt sich zur Erholung der Kunststudenten eine angenehm schattige Parkanlage.

▶ **Bildhauerschule** (*Istituto Professionale di Stato per l'Industria e l'Artigianato del Marmo*), Via Pietro Tacca 36. Die schwerpunktmäßig künstlerische Ausbildung dauert 3 Jahre. Die angebotenen Fachrichtungen führen zu vier verschiedenen Berufen: Steinmetz, Modellierer, Bildhauer, Ornamentist. Die meisten Schüler verlassen nach ihrer Ausbildung Italien, in den Vereinigten Staaten und anderen Ländern werden höhere Honorare bezahlt. Ausländer können sich auch für kürzere 6 Monate dauernde Kurse einschreiben.

Mit chirurgischen Preßlufthämmerchen übt sich der Schüler zuerst in der Gestaltung von Reliefs und Details wie Augen, Ohren und Gliedmaßen. Erst später werden ganze Statuen in Angriff genommen. Am Anfang steht das Gipsmodell, an ihm wird immer wieder mit dem Zirkel Maß genommen und auf das Original im Maßstab 1:4 bis 1:20 übertragen.

### Carrara-Marmor in der Deutschen Bank

Berühmte Künstler fertigen nur ein verkleinertes Modell, meist aus Gips oder Holz. Den Handwerkern (oder soll man sagen: Künstlern) von Carrara bleibt dann die monatelange Fein- und Kleinarbeit am Marmorstein überlassen.

Ein guter Kunde in Carrara war der 1994 gestorbene, bekannte Schweizer Architekt und Bildhauer *Max Bill*. Von ihm stammt auch die angeblich größte Marmorskulptur der Welt. Sie steht in der Deutschen Bank von Frankfurt und bringt 400 Tonnen auf die Waage. Das

## Carrara 265

*Im gleißenden Sonnenlicht wirken die Marmorfelsen wie Eis*

*Atelier SGF Scultura* in Carrara (Ortsteil Torano) war drei Jahre lang mit der Ausführung beschäftigt. Wie sagt doch Karl Valentin: Kunst ist schön, macht aber viel Arbeit.

**266 Versilia**

▶ **Marmormuseum** *(Museo del Marmo)*, unterhalb von Carrara beim Stadion (gegenüber der Fina-Tankstelle) an der Viale XX Settembre. Im Vorgarten, zwischen mächtigen modernen Marmorskulpturen, ist neben einem "steinzeitlichen" Güterwaggon auch ein uralter Dampftraktor zu sehen, der später zur Straßenwalze umgebaut wurde. Im Gebäude selbst führt eine Dokumentation von der geologischen Entstehungsgeschichte bis zur heutigen Förderung und Nutzung des Marmors. In einer zweiten Abteilung, der sogenannten *Marmoteca*, werden anhand von 310 Steintafeln die unterschiedlichen Farben und Musterungen von Marmor und Granit dargestellt. Am interessantesten ist vielleicht die umfangreiche Fotoausstellung am Ende des Rundgangs. Viele Fotos, unter anderem auch von *Bessi* (siehe unten), geben einen Einblick in den Marmorabbau von Beginn dieses Jahrhunderts bis heute.
*Öffnungszeiten*: 9.30-12.30 Uhr und 15.30-18.30 Uhr, So geschlossen. Eintritt: ca. 5 DM.

▶ **Professor Nicole** an der Piazza XXVII Aprile. Er führt das bekannteste Atelier in Carrara. Wenn Sie nicht gerade der 20ste Besucher an diesem Tag sind, schauen Sie einfach mal rein, er kann sehr informativ und gesprächig werden.

▶ **Foto Bessi**, in der Passage neben der Piazza Mateotti. Der alte Herr verstarb 1986, seine Tochter Adriana führt seitdem den Laden weiter. Schon zu seiner Jugendzeit, als unten im Hafen von Marina di Carrara noch Motorsegler anlegten, zog es ihn mit der Kamera in die Steinbrüche. Sein Fotoarchiv birgt eine schier unüberschaubare Fülle von historisch wertvollem Material. Die Fotos über Carrara in diesem Buch stammen von *Bessi*.

# Die Marmorbrüche

Michelangelo war oft hier, um sich einen Block auszusuchen - zuletzt im Jahre 1525. Seitdem hat sich vieles geändert. Im Zuge der Industriellen Revolution wurde 1876 eine Bahnlinie zu den Brüchen gebaut, deren Brücken und Tunnels noch heute stehen.

Auf den alten Bahntrassen schleichen heute LKWs mit 30-Tonnen-Blöcken auf dem Rücken den Berg hinunter. Auch eine Drahtseilbahn tat eine Weile gute Dienste. Der Transport der marmornen Ungeheuer - früher mit Ochsengespannen, heute mit dem Einsatz moderner Techniken - war stets sehr gefährlich.

Die weißen Abraumhalden der Marmorbrüche liegen an steilen Berghängen, die mit dichten Kastanienwäldern bewachsen sind. Während an der Küste noch die Sonnenstrahlen wärmen, stecken die Berge meist schon im diffusen Dunst, und es ist herbstlich kühl.

## Die Marmorbrüche 267

*Wenige Sekunden vor einer Sprengung*

Die meisten Marmorbrüche - in der Regel als numerierte *Cave* ausgeschildert - findet man im Carrione-Tal bei *Miseglia* und *Colonnata*.

▶ **Cave di Frantiscritti:** Weniger bekannt als das Souvenirdorf Colonnata, dafür ist die Arbeit in den Marmorbrüchen hier hautnah erlebbar.

## 268    Versilia

Unbedingt einen Besuch verdient das 1987 gegründete kleine **Freilichtmuseum von Walter Danesi**. Der Eintritt ist gratis. Wenn Sie Glück haben, treffen Sie auf den Museumsgründer oder dessen Tochter und kommen so in den Genuß einer überaus kompetenten Führung. Urzeitlich anmutende Preßlufthämmer, monströse Sägen und allerlei andere rostige Ungetüme, an denen ein Jean Tinguely seine helle Freude gehabt hätte. Neben Bergschuhen und Werkzeugen erinnern in Marmor gemeißelte Souvenirs an frühere Zeiten wie die beiden vor einen schwer beladenen Wagen gespannten Stiere "Pon Pon" und "Tinco".

*Anfahrt*: In Carrara erst der Beschilderung Colonnata folgen, dann nach Miseglia, von dort weg ausgeschildert. Für den Rückweg nach Carrara empfehlen wir die alte Eisenbahntrasse, ein abenteuerliches Sträßchen, das oberhalb des Museums rechts abzweigt und durch enge Tunnels (kein Gegenverkehr!) an weiteren Marmorbrüchen vorbeiführt.

▶ **Colonnata:** Das 532 m über der Küste gelegen Arbeiterdorf ist ein beliebtes Ausflugsziel, an der Straße haben sich einige Souvenirläden niedergelassen.

Schon die Römer holten sich in Colonnata ihren Marmor, wie ein Grabstein aus dem 1. Jh. v. Chr. beweist. Im obersten Teil des Dorfes, zwischen der frisch gestrichenen Kirche und halbzerfallenen Gemäuern, steht ein modernes Denkmal für die *Cavatori*, die Arbeiter in den Marmorbrüchen. Auf zwei übermannshohen Relieftafeln wird die traditionelle Abbaumethode illustriert. Unten am Dorfplatz stehen die alten und jüngeren Veteranen aus den Steinbrüchen herum, plauschen, gehen weiter: jeder zweite hinkt.

Das Fest **Sagra del Lardo:** Vor einigen Jahren wurde das **Speckfest** ins Leben gerufen. Es wird jährlich am 24. August, dem Bartholomäus-Tag, veranstaltet. Der Speck, der in Marmorwannen reift, schmeckt herzhaft, seine Art der Herstellung stammt aus der Zeit des Mittelalters. Damals waren harte Zeiten angesagt, Marmor war nicht mehr begehrt, die Familien hungerten. Per Dekret wurde Schweinezucht und Gemüseanbau angeordnet: Jede Familie mußte 400 Kohlköpfe, 100 Knoblauchstauden und 1000 Möhren anbauen, und in den Kastanienwäldern gab's reichlich Futter für die Schweine.

- *Verbindung*: täglich mehrere Busse von Carrara nach Colonnata.
- *Essen*: **Restaurant Da Venanzio**. Klein und für die ausgezeichnete Küche preiswert (Menü ca. 40 DM). Aber Freundlichkeit sollte man von dem Signore Wirt nicht erwarten. Donnerstag und Sonntagnachmittag geschlossen.

## Marina di Carrara

Von all den Badeorten der Versilia und der Apuanischen Riviera der am wenigsten attraktive. Die Industrie ist nah und der Strand, wo er öffentlich ist, ziemlich verdreckt.

- *Telefonvorwahl*: 0585
- *Information*: **A.P.T.-Büro**, Piazza Menconi 5b. Tel. 632218.

- *Übernachten* \*\* **Margherita**, Via Venezia 10, DZ mit Dusche ca. 90 DM. Tel. 785972.
\*\* **Anna**, Via Venezia 2, DZ mit Dusche ca. 90 DM, in der Vor- und Nachsaison billiger. Tel. 780208.

Je ein **Camping**platz pro Ortausgang, beide direkt an der Küste.

### Der Marmorabbau

Über eine Million Tonnen des kristallisierten Kalks werden zur Zeit jährlich abgebaut, und die Vorräte sollen sich noch auf Millionen von Kubikmetern belaufen. Einfach und wirksam war die Abbau-Methode der alten Römer: Dicht nebeneinanderliegend bohrte man etwa 20 cm tiefe Löcher in den Stein, in die trockenes Feigenholz hineingetrieben wurde, das man einige Tage wässerte. Durch die Kraft des quellenden Holzes wurden die Blöcke aus dem Gestein herausgebrochen. In späteren Jahrhunderten nutzte man die Erfindung des Schießpulvers, dabei wurde aber oftmals zu viel des wertvollen Steins durch Risse beschädigt. Sprengstoff verwendet man jedoch auch noch heute, um neue Bruchstellen zugänglich zu machen.

Erst Ende des letzten Jahrhunderts revolutionierte eine neuartige Sägetechnik den Abbau: Mit 5 - 6 m/Sek. wird ein endloses, auf Rollen gelagertes stählernes Sägeblatt durch die Schnittfuge gezogen. Wasser und Kieselsand, die währenddessen eingespült werden, dienen als Schleifmittel.

*Auf der "Wunderwiese" am Rand der Altstadt konzentrieren sich die bemerkenswertesten Bauwerke der Stadt: die Taufkapelle, der Dom und im Hintergrund der wohl berühmteste Turm*

# PISA (105.000 Einw.)

**Die Stadt ist nicht so fein herausgeputzt wie Florenz oder Siena. In der Altstadt bröckeln die Hausfassaden, an denen anscheinend seit Generationen nichts mehr verändert wurde. Kleine Gäßchen, die wie Tunnels zwischen den Häusern hindurchführen. Außer dem Schiefen Turm gibt es noch einige andere schräge Bauwerke auf dem sandigen Schwemmlandboden Pisas.**

Die Touristenfluten, die per Bus meist nur für einen Nachmittag kommen, sieht man in der Altstadt kaum. Dort, zu beiden Seiten des Arno-Ufers, ist Italien noch typisch: täglich betriebsamer Gemüsemarkt im Metzgerviertel. Abends, wenn die Buden abgebaut sind, tratschen die "Mammas" im Kreis zusammengerückter Stühle. Dabei geht es oft recht hitzig zu.

Pisa besitzt eine große Universität mit 40.000 Studenten. Gegründet wurde sie 1343 und ist damit eine der ältesten des Landes. Daneben gibt es die von *Napoleon* gegründete *Scuola Normale Superiore* an der Piazza dei Cavalieri, eine naturwissenschaftliche Elite-Universität.

Die *Piazza dei Miracoli*, die sogenannte "Wiese der Wunder", liegt am Rande der Altstadt. Dort stehen sie, *die* Sehenswürdigkeiten von Pisa: der Schiefe Turm, der Dom und das Baptisterium, umgeben von der alten Festungsmauer auf einer grünen, gepflegten Wiese.

Der interessanteste Teil der *Altstadt* mit seinen Bogengängen, Lebensmittelständen und Metzgereien befindet sich westlich neben dem Borgo Stretto um die Gassen *Omobono* und *Cavalca*.

Die *südliche Stadthälfte*, Richtung Bahnhof, wird von den Einheimischen gerne Mezzogiorno genannt. Von der *Loggia di Banchi*, der mächtigen Loggia am Fluß, in der ehemals Seide- und Wollmarkt abgehalten wurde, zieht sich der etwas schäbig wirkende Corso Italia bis zur Piazza Emanuelle. Hier ist die Flaniermeile der Youngsters, und in den Seitengäßchen haben in den letzten Jahren etliche "Szenelokale" vom Kino bis zum Irish Pub eröffnet.

Im Vergleich zu anderen toscanischen Städten ist Pisa bei der Ansiedelung neuer Industrie leer ausgegangen. Textil-, Glas- und metallverarbeitende Industrie, Branchen, die hier ansässig waren, gingen wärend der letzten 20 Jahre oft bankrott. Neue Impulse durch die große Naturwissenschaftliche Fakultät und den einzigen nennenswerten Flughafen der Toscana gab es wenige. Es wird nun versucht, zusammen mit Livorno einen neuen Wirtschaftsraum zu gestalten. Geplant ist zuerst eine Schnellbahnverbindung mit der Hafenstadt. Vom Tourismus, speziell von den Stippvisitentouristen, kann und will die Stadt nicht leben. Florenz, Touristenmagnet Nr. 1 und ebenso Staubsauger für regionale Fördermittel, macht es Pisa eben nicht leicht.

## Geschichte

Wie der gewaltige Domplatz vor der Stadt mit seinen berühmten Bauten (Schiefer Turm, Dom, Baptisterium, Friedhof Campo Santo) schon vermuten läßt: Pisa war im Mittelalter eine der mächtigsten Städte Italiens! Ihr Einfluß reichte weit über die Grenzen der Toscana hinaus, bis nach Afrika, bis zu den Balearen. Eine bis an die Zähne bewaffnete Stadtrepublik, die genug Mittel hatte, bedeutende Baumeister und Künstler zu beschäftigen, die mit hunderten von Schiffen das Mittelmeer durchkreuzte, überall eroberte und Tochterstädte gründete - das war Pisa! Das heutige ruhige Städtchen hat damit nichts mehr gemeinsam.

Schon in der römischen Zeit war Pisa eine emporstrebende Stadt (die römischen und griechischen in den Dom eingebauten Säulen bezeugen es). Damals lag Pisa noch am Meer, und es konnte bedeutende Handelskontakte knüpfen.

Doch der große Aufstieg der Stadt begann mit den jahrhundertelangen Kämpfen gegen die *Sarazenen*, die immer wieder weite Gebiete des

## 272 Pisa

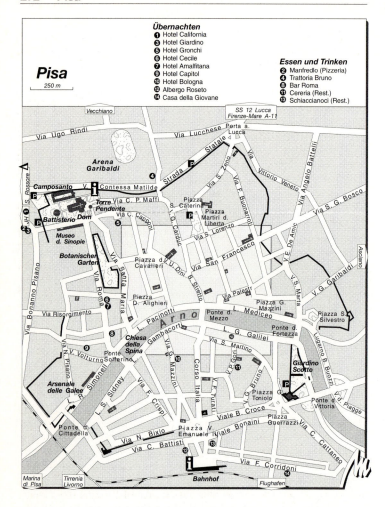

Mittelmeeres unsicher machten. 1025 gelang es den Pisanern, die Sarazenen aus *Sardinien* zu vertreiben.

Doch das war nur der Anfang: 1030 - 1050 folgten die *Einnahme von Karthago*, dann die Eroberung von *Korsika* und *Elba*. 1063 vernichteten die Pisaner die gesamte ägyptische Flotte bei Palermo und nahmen 1078 die ägyptische Hauptstadt Mehdia ein.

## Pisa / Geschichte

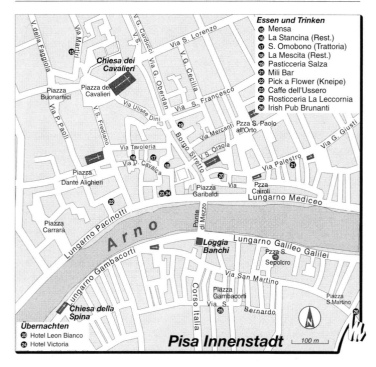

Auch an den großen *Kreuzzügen* nach Palästina, zu denen der Papst aufgerufen hatte und von denen sich mancher reichen Gewinn versprach, nahm Pisa mehrmals mit starken Kräften teil. Die Stadt konnte sich dabei gewaltige Reichtümer und nebenbei auch noch Kolonien im Nahen Osten aneignen. Der Legende nach schafften die Pisaner damals 500 Schiffsladungen heilige Erde aus Palästina auf ihren Friedhof, damit die Einwohner künftig in geweihter Erde begraben werden konnten; daher auch die Bezeichnung "*Miracoli*".

Die Krönung der zahlreichen Eroberungen allerdings bildete im Jahre 1114 die *Einnahme der Balearen* mit 300 Schiffen und 45.000 Soldaten; Zahlen, die die Stärke Pisas verdeutlichen.

Pisa waren damit der Neid und die Feindschaft von Genua und Florenz sicher! Die Stadt war in diesen Jahrhunderten ständig kaisertreu, also *ghibellinisch* gewesen. Die großen Konkurrenten Genua und Florenz waren *guelfisch* - papsttreu - gesinnt. Nach diesem enormen Machtgewinn Pisas konnte es folglich nicht lange dauern, bis sich die Städte in erbitterten Kämpfen einander die Köpfe einschlugen. Aber erst durch den endgültigen Untergang des kaiserlichen Hohenstauferreiches in Italien verlor auch Pisa seinen Einfluß. Praktisch auf sich allein gestellt, mußte es der erdrückenden Übermacht der guelfischen Städte weichen, die sich zu einem Bündnis zusammengeschlossen hatten.

## Das Pendel des G.

Er wurde 1564 in Pisa geboren. Beim Gebet im Dom beobachtete er den Kirchendiener, der mit der Leiter zum Leuchter hinaufstieg, um die Öllampen anzuzünden. Die Pendelbewegungen des schweren gußeisernen Leuchters brachten ihn ins Grübeln - so erzählt es die Legende. Er erfaßte die Gesetzmäßigkeit der Pendelbewegung und machte vom Schiefen Turm aus seine Experimente über den freien Fall. Er wies nach, daß jeder Gegenstand, unabhängig von seinem Gewicht dieselbe Fallbeschleunigung erfährt (genau 9,9 m/s$^{2)}$. Mit dem Teleskop, einer von ihm entwickelten Konstruktion, beobachtete er den Nachthimmel und entdeckte die vier Trabanten des Jupiter - er nannte sie nach seinem Gönner in Florenz *Medicheische Sterne*. 1632 veröffentlichte er sein Werk *Dialog über die Maximalen Systeme*, was ihm die katholische Kirche sehr übel nahm. Er begründete darin - wie sein Kollege *Kopernikus* - die Theorie, daß die Erde Kugelform habe und sich in einer Umlaufbahn um die Sonne befinde. Er wurde gezwungen, seine Theorie zu widerrufen und starb verbittert und erblindet im Jahre 1642.

Noch etwas Bemerkenswertes: Erst 1979 wurde er von der Kirche offiziell rehabilitiert - die Rede ist von *Galileo Galilei*.

Zur Erinnerung an den großen Denker wurde in Pisa das Institut *Domus Galileiana* gegründet. Dort sind viele Erinnerungsstücke und auch einige seiner Manuskripte aufbewahrt.

1284 wurde die pisanische Flotte in der Nähe von Livorno von den Genuesen vernichtend geschlagen. Die Hälfte der Soldaten starb im Kampf, die anderen wurden gefangengenommen. In Pisa kamen daraufhin die Guelfen unter dem *Graf Ugolino* an die Macht, wurden aber 1288 noch einmal gestürzt. Ugolino wurde mit seinen Angehörigen in den Turm geworfen und verhungerte. (*Dante* hat das in seiner *Göttlichen Komödie* im 33. Gesang geschildert). Doch die Niederlage der Ghibellinen war nicht aufzuhalten, und auch Kaiser *Heinrich VII.* konnte das Blatt nicht mehr wenden. Er starb überraschend an der Malaria, noch bevor er die alte Kaisermacht in Italien stabilisieren konnte. Begraben ist er im Dom von Pisa.

Nach seinem Tod ging alles drunter und drüber. Fremde Machthaber wechselten einander im Stadtregiment ab, die letzten Ländereien außerhalb des Stadtbereiches gingen verloren. Und als Gipfelpunkt dieser

## Pisa / Information

Entwicklung fiel Pisa im Oktober 1406 durch Verrat des eigenen Anführers in die Hände der Erzrivalin Florenz: Die seit langem belagerte Stadt wurde genommen, der Verräter bekam eine fürstliche "Pension" und konnte sich fortan zur Ruhe setzen.

Pisas Schicksal war besiegelt, aus der einstigen Machtmetropole war eine ruhige Kleinstadt geworden. Vom Überfluß vergangener Tage ist wenig geblieben, gekommen sind dafür die nicht abreißenden Touristenströme, die den Turm bewundern, weil er schief ist...

- *Telefonvorwahl*: 050

- *Information*: an der *"Wunderwiese"*, 8 - 14 h, 14.30 - 17.30 h. So u. Feiertage 9.30 - 12.30. Tel. 560.464
Am *Bahnhof*, 8 - 20 h, So 9 - 13 h. Tel. 42291. Öffnungszeiten: 9 - 12.30 h und 15 - 17 h, im Sommer 9 - 19 h.

- *Parken*: in der Innenstadt meist Anwohnerparkplätze. Öffentliche Parkplätze: Largo Cocco Griffi (neben Wunderwiese) od. Piazza S. Catarina sind oft überfüllt. Parkgebühren ca. L. 1500 pro Stunde (von 8 - 20 h).

- *Verbindungen*: **Hauptbahnhof** ca. 1 km außerhalb vom alten Zentrum (ca. 2 km bis zur "Wunderwiese").
**Weiterer Bahnhof**: S. Rossore (siehe auch unter Camping).
Liegt an der Hauptlinie Genua - Rom. Zugverbindung nach Lucca, Viareggio. Nach Florenz etwa alle 30 Min. Zugverbindung.
**Busse**: an der Piazza S. Antonio. Mit **Lazzi** nach Florenz, Lucca, Arezzo, Montecatini, La Spezia. **A.P.T.**-Busse speziell für die nähere Region von Pisa.
**Flughafen**: kleiner internationaler Airport Mit Allitalia, und auch Lufthansa je 1x täglich non stop nach Frankfurt. Flüge nach Wien, Zürich, München, Düsseldorf, Hamburg täglich via Mailand.

- *Fotos*: **Gianfranco Pellegrini** - von ihm stammen einige der Fotos über Pisa (auch der Innentitel mit Marktszene). Er hat in Pisa einen kleinen Fotoshop. Adresse: "Pisa Story", Via L'Arancio 42.

- *Märkte*: Gemüsemarkt um die Piazza Omobono. In der **Via Buonarroti** mittwochs und samstags Kleidung und andere "nützliche" Gegenstände.
**Antiquitätenmarkt**: Jeden zweiten Samtag und Sonntag im Monat an der Piazza XX Settembre.

- *Telefonieren*: am Bahnhof (24 Std. geöffnet) und im Info-Büro (siehe oben).

## Übernachten

**** **California Park Hotel (1)**, fast ein kleines Feriendorf - farbige, kleine Bungalows, die verstreut in einem grünen Park liegen. In jedem der Häuschen (insgesamt 75 in Fertigbauweise) sind fünf Zimmer untergebracht. Großer Swimming Pool (10 m lang). Preis für das DZ ca. 150 DM. Adresse: Via Aurelia, Kilometer 338 (Nähe Autobahnausfahrt Pisa-Nord. Entfernung zum Zentrum ca. 3 km), Tel. 890.726.

*** **Hotel Royal-Victoria (23)**, direkt am Arno-Ufer in der Altstadt. Vor längerer Zeit beste Adresse von Pisa. Heute zählt das Hotel eher zur Mittelklasse. Viel Raum in den Gängen und Zimmern. Alleine die Badezimmer sind teilweise so geräumig wie ein übliches Hotelzimmer. Schwere massive Holzmöbel mit vielen Rundungen, kalkweiße, ungeschmückte Wände - viktorianisch kühl? Das DZ ohne Bad ca. 80 DM, mit Bad ca. 130 DM. Adresse: Lungarno Pacinotti 12, Tel. 502 130.

*** **Capitol (9)**, ruhige Lage, 10 Min. zu Fuß von der Altstadt in einem Neubauviertel. Gepflegte u. geräumige Zimmer. Auch ein Lift und einige Parkplätze sind vorhanden. DZ ca. 120 DM. Via E. Fermi 13, Tel. 49597.

** **Bologna (10)**, ein richtiges Hotel, mit "Separee" zum Briefeschreiben, Fernsehsaal, Lift, und einer Rezeption, die was her macht. Aber wie bei allen ** Sterne-Hotels in Pisa so üblich ist eine Grundrenovierung überfällig. Für Autofahrer ganz lohnenswert - die Parkmöglichkeit hinterm Haus. Adresse: Auf der Bahnhofsseite der Altstadt, nicht weit vom Fluß. Das DZ für 100 DM. Via Mazzini 57, Tel 24 449.

** **Cecile (6)**, Nicht weit vom Dom in der Via Roma 54. Funktionell und einfach. Parkmöglichkeit neben Hotel auf sicherem Grund (5000 extra), DZ mit Du. ca. 100 DM

** **Amalfitana (7)**, gleich neben dem oben genannten. Top renoviert, mit Lift und Klimaanlage. Deshalb auch in der Nebensaison oft ausgebucht. DZ. ca. 90 DM. Via Roma 44, Tel. 29000.

** **Roseto (12)**, nur ein Eck vom Bahnhof. Einige Zimmer zu den Gärten hinter dem Haus für ungestörten Schlaf, aber auch sonst nicht allzu laut. Freundliche Wirtin, alles ist in Schuß - Grundrenovierung 1995. Das DZ mit Dusche ca. 80 DM, ohne ca. 60 DM. Adresse: Via P. Mascagni 24, Tel. 42.596

* **Gronchi (5)**, riesige und saubere Zimmer mit Waschgelegenheit im Raum. Freundlicher Inhaber, der das Hotel seit 1957 führt. Auch die Lage, nur 100 m vom Schiefen Turm, ist optimal. Relativ ruhige Seitengasse, besonders die Zimmer zum Garten sind beschaulich. DZ ca. 40 DM. Piazza Arcivescovado 1, Tel. 561823.

* **Pension Giardino (3)**, gleich neben der "Wunderwiese". Liegt in einem Hinterhaus, deshalb relativ ruhig. Wegen der zentralen Lage meist schon am frühen Vormittag ausgebucht. DZ mit Dusche ca. 50 DM, ohne ca. 40 DM. Adresse: Via C. Cammeo 3, Tel. 562.101.

* **Hotel Leon Biancov (20)**, altes, verwinkeltes Haus an der hübschen, aber oft recht lauten Piazza del Pozzetto neben dem Arno. Große, muffige Zimmer, die fast schon antik wirken (Möbel). Einige Zimmer mit Balkon zum Platz. DZ mit Waschgelegenheit ca. 60 DM, mit Dusche 100 DM. Adresse: Piazza del Pozzetto 6, Tel. 45.003.

• *Jugendherbergen*: Madonna del 'Acqua (JH), in einem ehemaligen Kloster vor den Toren der Stadt. Zum Einkaufen großer Supermarkt nicht weit zu Fuß. Wie der Name schon vermuten läßt im sumpfigen Pisaner Umland (Entwässerungskanäle und Stechmücken). Pro Person ca. 18 DM, es gibt auch einige Doppelzimmer für 40 DM. Frühstück L. 2000. Abends erst ab 18 h geöffnet! Bus Nr. 3 ab Bahnhof od. Wunderwiese (Via Bianchi). Tel. 890622.

**Casa della Giovane (14)**, ein katholischer Verein mit Strahlenmadonna an der Rezeption. Nur für Mädchen, Übernachtung mit Frühstück ca. 25 DM. Adresse: Nähe Bahnhof, Via Corridoni 29, Tel. 227 32.

• *Camping*: **Torre Pendente**, am Stadtrand, nahe dem Schiefen Turm, relativ klein und wenig Bäume. Hübsche, schattige Laube mit Frühstücks- und Imbißmöglichkeit. *Preise*: 2 Pers., Auto, Zelt ca. 30 DM, warme Dusche 50 Pfg. extra. Öffnungszeiten: meist Anfang April - 30. Sept. Adresse: ca. 1 km vom Schiefen Turm entfernt, am Stadtrand, Viale delle Cascine 86. Mit Bus No. 5 ab Hauptbahnhof (letzter Bus um 22.30 h).

Wer mit der Bahn anreist, kann bis **San Rossore** weiterfahren, liegt an der Strecke Pisa - Lucca (Viareggio), Schnellzüge halten hier nicht.

**Ausweichplatz** ebenso im Badeort **Marina di Pisa**, ca. 12 km außerhalb. Dort mehr Schatten und nur etwa 200 m vom Meer entfernt.

• *Außerhalb*: beide Hotels an der alten N 12 nach Lucca. Die "neue" N 12 r führt geradlinig durch einen Tunnel durch die Pisaner Berge. Sie müssen in Giuliano Terme links abbiegen.

*** **Villa di Corliano**, ein alter Palast inmitten eines 6 Hektar großen Parks. Was ihn liebenswert macht: der unaufdringliche Glanz. In den Salons und riesigen Schlafgemächern herrliche Wandgemälde. Wertvolle Möbel, alles original. Das Anwesen liegt am Fuße des Mt. Pisano - schöner Blick auf die Ebene. Inhaber ist Sn. Ferdinando Agostini della Seta. Doppelzimmer mit Badezimmer ca. 130 DM, Adresse: Ca. 2 km außerhalb von S. Giuliano rechts an der N 12. Tel. 818.193. Das Hotel, in dem schon öfters Feinschmecker-Kochkurse für deutsche Toscana-Fans abgehalten wurden, hat seit einigen Jahren in einem Nebengebäude ein eigenes Restaurant. Sergio heißt es und ist ein "Filialbetrieb" des gleichnamigen Lokals in Pisa. Mi Ruhetag.

## Pisa / Information

**Casetta delle Selve**, ein einfaches, sauber renoviertes Bauernhaus hoch oben am Berghang (abenteuerlich-steile Anfahrt). Die liebenswürdige Witwa Nicla Menchi umhegt Sie hier. Die geräumigen 6 Zimmer sind durchgängig in einer Farbe gehalten, und man schläft unter handgearbeiteten Kaschmir-Decken. An den Wänden Gemälde aus der Hand der Patronin. Alle Zimmer mit eigenem Bad, wenn auch bei einigen das zugehörige Bad am Gang gegenüber angesiedelt ist. Das DZ ca. 90 DM. *Adresse*: Von oben beschriebenen Villa di Corliano einige Kilometer weiter Richtung Lucca. In Pugnano rechts abbiegen. Tel. 850.359. Reservierung empfohlen.

**Cantino**: Ehemaliger Bauernhof an den Hängen der Pisaner Berge. Von Molina di Quosa führt eine enge Serpentinenstraße ca. 2 km den Berg hinauf (ausgeschildert). Von der Außenterrasse toller Ausblick. Relativ preiswert, es werden auch 4 Fremdenzimmer vermietet. Mo geschl.

## *Essen & Trinken*

Die lokale Küche legt eine radikale Vorliebe für Spaghetti in phantastischen Variationen an den Tag. Frischgeborene(!) Aale am Teller, dem Nudelgericht täuschend ähnlich. *Cèe alla pisana* heißt die Spezialiät, was soviel wie blinde Aale bedeutet. Sie werden in Öl, Salbei und Knoblauch ausgebacken und anschließend noch mit Parmesan gepudert. Wer es probieren möchte - *Trattoria Bruno* in der Via Bianchi 12, eines der wenigen Lokale mit *Cèe* auf der Karte, auch sonst empfehlenswert.

**Schiaccianoci (13)**, klein, unscheinbar. Traditionelle Küche, gute Meeresgerichte, z. B. Risotto mit Tintenfisch (ganz schwarz von der eigenen Tinte). Auch hausgemachte Tagliatelle. Menü um die 50 DM. Via Vespucci 104 (Nähe Bahnhof), sonntags geschlossen.

**Cereria (11)**, einfache Einrichtung und mittlerweile reich mit Bildern dekorierte Wände. Was auf den Tisch kommt, ist gelungen, besonders der Fischliebhaber kommt auf seine Kosten. Exzellent auch die Fischsuppe. Für das Gebotene fast preiswert, Menü ca. 30 DM. Auch die Lage ist erwähnenswert - grüner Hinterhof hinter dem Teatro Redini. Adresse: Via Gori 33 (Nähe Bahnhof). Di geschlossen.

**Rosticceria La Leccornia (25)**, große Auswahl an vegetarischen Eintöpfen, Hähnchen etc. Die Wirtsleute haben vorm Laden auf dem Gambacorti Platz zwei Reihen Tische und Stühle aufgestellt - wenn man so will aus der Rosticceria ein Self-Service gemacht. Adresse: südlich des Arno, Via S. Bernardo 41 (parallele Straße zur V. San Martino).

**Manfredo (2)**, aus Süditalien stammt er, und er macht ausgezeichnete Holzofenpizza. Auch die teueren Hauptgerichte wie Fisch im Römertopf wird der Fischliebhaber schätzen. Nähe Schiefer Turm, Via C. Cammeo 43.

● *im Marktviertel*

**La Mescita (18)**, gutbürgerliches Lokal am Markt. Diverse Festpreismenüs ab ca. 30 DM (auch vegetarisch). Samstagmittag, So und im August geschl. Via Cavalca 2.

**Tavola Calda La Stanzina (16)**, der Speisesaal eine gemütliche Wohnhöhle. Zu Mittag gibt es nur ein Tagesgericht. Am Abend bietet die Speisekarte diverse Fisch- u. Fleischgerichte mit sizilianischer Zubereitung. Spezialität ist aber auch das ungarische Gulasch, allerdings mit etwas Curry. Via Cavalca 30 (beim Markt). Di geschlossen.

**S. Omobono (17)**, ein paar Häuser weiter vom La Stanzina. Hier gibt es eher traditionelle Küche. Eine Trattoria, wie man sich in einem Marktviertel vorstellt.

**Bar Roma (8)**, eine Cafébar, mit kleinem Restaurant. So etwas schlichtes, einfaches und preiswertes wünscht man sich öfters. Auch vorm Lokal, am schmalen Gehsteig einige Tische. Ein Primo kostet ca. L. 3000, Coperto ca. L. 1000, Via Roma 24, So geschl.

**Uni-Mensa (15)**, Essenkarten nur mittags erhältlich, sonst Studenten fragen, ob eine übrig ist. *Adresse*: Via Martiri. Öffnungszeiten: 12 - 14 h, 19 - 21 h.

- *Cafés / Bars*

**Caffè dell' Ussero (23** Zum Husaren), traditionelles Caféhaus, gegründet 1794. Abgesehen von eingerahmten historischen Zeitungsausschnitten und Radierungen an der Wand, hat es die Ausstrahlung eines provinziellen Opernhauscafés. Süße Spezialität: Torta coi Bischeri, mit Schokoladenpulver, Rosinen und Pinienkernen. Adresse: Am Lungarno Pacinotti (Arnoufer) Nr. 27.

**Pasticceria Salza (19)**, traditionelle Feinbäckerei von Pisa. Im alten Zentrum von Pisa (Arcadengänge), Via Borgo Stretto 44. Noch ein paar Häuser weiter das **Lo Sfizio**, aufwendig ausgestattete "American Bar".

**Biananti (26)**, ein richtiger Irish Pub mit dem Unterschied, daß es hier erst um 23 h richtig voll wird. Am südl. Flußufer, Piazza S. Martino.

**Pick a Flower (22)**, freundliche Neonkneipe in einem kühlen Palazzo-Gewölbe, auch zum Draußensitzen. Gute Snacks wie Salate und Antipasti. Via Serafini 14.

**Milli Bar (21)**, hier ist abends wohl am meisten geboten. An Wochenenden Pianojazz oder italienischer Folk. Angenehme Räumlichkeiten - historische Rundbögen und Säulen wie in einem mittelalterlichen Arsenal. In der Via Palestro 39 (neben Teatro Verde).

## Sehenswertes

*Eintrittspreise*: Für die wichtigsten Monumente gibt es keine Einzelkarten. Das Sammelticket für vier Sehenswürdigkeiten kostet L. 15.000, das für zwei L. 10.000 und gilt zur freien Auswahl für: Dom, Camposanto, Battistero, Museo dell'Opera del Duomo und das Museo delle Sinopie.

*Stadtrundfahrten* mit der Pferdedroschke: Durch die Altstadt und am Arno-Ufer entlang. Besonders in den Abendstunden, wenn sich die Stadt beruhigt hat, ein erinnerungsreiches Erlebnis. Preis ca. 100 DM, Fahrtdauer ca. 30 Min. Abfahrt von der "Wunderwiese".

**Schiefer Turm und Dom** sind bekannt - aber nicht vergessen: Pisa besitzt eine hübsche Altstadt. Natürlich ist der Schiefe Turm die Hauptattraktion, und wir wollen gleich damit beginnen. Er steht auf der *Piazza dei Miracoli*, der großzügig angelegten "*Wunderwiese*", und mit ihm eine Reihe anderer imposanter Bauwerke.

Noch einmal zur *Piazza dei Miracoli*: Sie verwandelt sich in der Hauptsaison in eine Volkswiese mit Eisverkäufern und einem einzigen Getümmel auf dem grünen Rasen. An der Straße ein Souvenirladen neben dem anderen. Neben viel Ramsch gibt es auch hübsche Arbeiten aus *Onyx*, einer Marmorart: Aschenbecher, Schmuckdöschen und Schachspiele.

### Der schiefe Glockenturm

Einmal ganz abgesehen von seiner Neigung, gilt er als der schönste Turm Italiens und ist stark von der *islamischen* Baukunst beeinflußt. 1173 begann *Bonanno Pisano* den Bau, der schon von Anfang an seine absonderliche Neigung zeigte. Doch allem Hohngelächter der umliegenden reichen Städte zum Trotz, wurde verbissen weitergebaut. Die Neigung von 4,54 m vergrößerte sich pro Jahr um ca. 0,7 Millimeter. Wissenschaftler haben einen maximalen möglichen Überhang von 4,74 m berechnet. Demnach wäre der Turm im Jahre 2194 umgestürzt.

## Pisa / Sehenswertes

*Der Schiefe Turm – für vier Jahre eine einzige Baustelle*

Bonanno erlebte die Fertigstellung nicht mehr und liegt begraben, zu Füßen seines Lebenswerkes von 56 Metern Höhe und einer Mauerdicke von 4 Metern im unteren Teil.

### Die Stabilisierung einer absonderlichen Neigung

Nachdem schon in den 30er Jahren der gescheiterte Versuch unternommen wurde, durch Einspritzen von Beton ins Erdreich die nur 4 m tiefen Fundamente zu stabilisieren, begann 1991 ein erneutes Experiment. Bereits seit diesem Jahr ist das Bauwerk für Besucher gesperrt, und keiner konnte den herrlich schiefen Blick von der Spitze genießen. Durch hunderte von Probebohrungen wurde der schwammige Untergrund sondiert. Durch die Anbringung von Gegengewichten, 600 Tonnen Blei (!), die man an der Nordwestseite des Turmes hochschichtete, wurde das Bauwerk inzwischen um 25 mm aufgerichtet. Jetzt soll durch gespannte Stahlseile im Erdboden das Fundament fixiert werden. Bei Redaktionsschluß wurde die Erde gerade mit Hilfe von flüssigem Stickstoff tiefgefroren, um im gefestigten Erdreich die Stahlseile anzubringen.

Trotzdem meinen einige Fachleute, daß das baldiges Abtragen und Wiederaufbauen nach dem ägyptischen Vorbild Abu Simbel die einzig vernünftige Lösung wäre. Wie hätten Sie's denn dann gerne - schief oder gerade?

Wenn das Experiment klappt, wird der Turm ab 1996 wieder begehbar. Allerdings ist geplant, halbstündlich nur 20 Besucher einzulassen. Wie der hohe Andrang bewältigt werden soll, ohne kilometerlange Schlangen anstehender Touristen zu provozieren, ist den Verantwortlichen noch nicht ganz klar. Auch werden dann die Galerien, die vorher ohne Absperrungen begehrbar waren, geschlossen. Es wird nur noch ein Aufstieg im Turm zur oberen Plattform möglich sein.

## Der Dom

Die Vorderseite wurde von *Rainaldus* in der ersten Hälfte des 12. Jh.s gebaut, er hatte dabei das Bild eines römischen Tempels vor Augen. Im unteren Teil wirkt das Ganze eher orientalisch. Wo Lang- und Querschiff sich kreuzen, befindet sich das *Tor des San Rainieri*, das einzige, das von den ehemals vier antiken Toren übrig geblieben ist. Es ist stark byzantinisch beeinflußt und von hübscher Einfachheit. Dargestellt sind die Geburt Christi, die Flucht nach Ägypten und die Kreuzigung Christi.

Die *Kanzel* von *Giovanni Pisano:* Es ist das großartigste Kunstwerk des Doms. Mit seiner realistischen Darstellungsweise gilt Giovanni als Wegbereiter der Renaissance. Er ist der Sohn von Nicola Pisano, dessen Gegenstück im benachbarten Baptisterium steht. Der obere Teil der Kanzel besteht aus neun Reliefteilen mit Themen aus dem Neuen Testament. Die Säulen der Kanzel ruhen auf einschüchternden christlichen Symbolen - ein Löwe, Sinnbild der göttlichen Kraft der Kirche, frißt heidnische Esel.

*Öffnungszeiten*: 1. März - 30 Sept. 10 - 19.40 h, Sonntags 13 - 19.40 h; Winter: 7.45 - 13 h, 19.40 h, 15 h bis Sonnenuntergang

## Das Baptisterium

Auf der grünen Wiese die *größte Taufkapelle* der christlichen Welt. *Diotisalvi* begann 1153 mit dem Bau. In ihm sind romanische, gotische (Außenfassade), byzantinische (die inneren Säulen) und sizilianische Bauweise vereint.

Das kühle Innere wird beherrscht vom Taufbecken, *Bigarelli* dekorierte es - achteckig - mit einer Statue Johannes des Täufers in der Mitte. In das große Becken wurden früher die Erwachsenen eingetaucht, in die kleinen Becken die Kinder.

Daneben steht die *Kanzel* von *Nicola Pisano* (1201 - 1278), einem der größten Bildhauer seiner Zeit. Sein Stil scheint bereits nach neuen künstlerischen Wegen zu suchen und sich in seiner naturalistischen

**Pisa / Sehenswertes** 281

*Campo Santo – Grabstätte mit Jerusalemer Erde*

Lebendigkeit von der verklärenden Idealisierung der Gotik zu lösen (Beispiele hierfür sein *Herkules* oder die drei säulentragenden Löwen unter der Kanzel).
*Öffnungzeiten*: 8 - 19.40 h, Winter 9 - 16.40 h.

## Campo Santo

Der Bau des langgestreckten marmorummauerten **Monumentalfriedhofs** wurde von *Giovanni di Simone* 1278 begonnen. Viele berühmte Pisaner fanden hier, in der heiligen Jerusalemer Erde, ihre Grabstätte.
1944 wurde er in Brand gebombt, und das herabfließende Blei der Dächer richtete einen immensen Schaden an. Vor allem die Fresken, die den *Campo Santo* so berühmt gemacht hatten, wurden zu einem großen Teil zerstört. Eine einzigartige Restaurierungsarbeit wurde in die Wege geleitet, und so kann der Besucher heute den Monumentalfriedhof wieder in seiner ursprünglichen Gestalt bewundern.
Bekannt die Skulptur der *Jungfrau des Lächelns* von G. Pisano - eine familiäre Mutter-Kind-Darstellung, fast losgelöst von jeder idealisierenden Religiösität.
Aufrührerisch das Kolossalgemälde *Triumph des Todes*. Die Collage eines von Seuchen und Korruption geplagten Volkes im 14. Jh. Nach außen hin zeigte sich die Kirche sehr konservativ, innen war sie völlig korrumpiert. Im unteren Teil ein Leichenberg aus Nonnen, Pfarrern und Bischöfen. Ihnen entschlüpfen die Seelen - Teufelchen und Engel

kämpfen um sie. Daneben die höfische Gesellschaft, genießerisch auf der Jagd und ohne sich der Hinfälligkeit des Lebens bewußt zu sein. Ein Eremit spricht zu den Rittern über die Vielfalt des Lebens, und er deutet mit dem Finger zu den Leichen.

Rundum findet man römische Sarkophage, einen Saal mit Rötelzeichnungen und einen weiteren Saal mit einer Schwarz-Weiß-Dokumentation der Fresken.

*Öffnungszeiten*: 8 - 19.40 h, Winter 9 - 16.40 h.

## Dom-Museum  *(Il Museo dell'Opera del Duomo a Pisa)*

In dem ehemaligen Dominikaner-Kloster und späteren Klausurkloster der Kapuzinernonnen sind Kunstwerke und Schätze des Domes ausgestellt. Das restaurierte Gebäude grenzt an die Piazza Miracoli. Im Parterre befindet sich der interessanteste Teil des Museums mit Skulpturen aus dem 11. bis 16. Jh. Sie spiegeln die verschiedenen Kunstrichtungen der Pisanischen Seerepublik wieder.

*Öffnungszeiten*: 8 - 19.40 h, Winter 9 - 16.40 h.

Im **ersten Raum** Fassadenornamente, die im 19. Jh. von der Kathedrale und vom Glockenturm entfernt wurden und islamischen Einfluß zeigen. Sie stammen zum Teil aus der Werkstatt von *Rainaldo* und *Gugliemo* (12. Jh.).

Interessant ist das *Hippogryph* (Flügelpferd) aus Bronze mit arabischer Gravur Es ist ein seltenes Werk aus der kurzen arabischen Kunstperiode der *Fatimiden* (ca. 11. Jh.) und wurde als Beutegut von einem Feldzug mit nach Hause gebracht. Als eine Art Siegestrophäe schmückte es bis 1828 die Dachspitze über der Hauptapsis. Dort ist heute eine Kopie plaziert.

Von einem burgundischen Künstler stammt das im selben Raum aufgestellte, außergewöhnlich farbige Holz-Kruzifix. Ein Überbleibsel einer Skulpturengruppe, die im 16. Jh. dem Brand zum Opfer fiel.

In den folgenden Räumen (**Raum 2, 4 und im Portico**) sind einige Werke von *Nicola* und *Giovanni Pisano* (13. Jh.) gesammelt. Giovannis Originalskulpturen aus dem Baptisterium sind stilvoll plaziert, die verwitterten Statuen in halbkreisförmigen Reihen aufgestellt. Durch die gelungene Beleuchtung und Gruppierung der Figuren kommt Leben in das pastellfarbene Gewölbe.

Im **Raum 3** sind zwei Modelle der Kathedrale aus dem 19. Jh. (aus Holz und aus Alabaster) ausgestellt. Zwei weitere Werke, die *Madonna Heinrichs VII.* und *Madonna del Colloquio* von Giovanni Pisano sind im **Raum 5** zu bewundern. Die *Madonna Heinrichs VII.* bildete zusammen mit der Skulptur *Pisa auf Knien* und der (inzwischen verlorengegangenen) *Statue Heinrichs VII.* eine 3-teilige allegorische Komposition. Die oben erwähnte *Sprechende Madonna* erhielt ihren Namen wegen der lebendigen Mimik ihres Gesichtes, das den Eindruck erweckt, als würde sie mit dem Kind, das sie in ihren Armen hält, ein Gespräch führen.

Im **Raum 6** sind Werke von *Tino Camaino*, einem der bedeutendsten Bildhauer des 14. Jh.s, ausgestellt. Der Künstler war in Siena und Pisa, aber auch in Florenz und Neapel tätig. Tinos berühmtestes Werk in Pisa war das Mausoleum für Heinrich VII. Zwei Skulpturen dieses Grabmals, *Mariä Empfängnis* und der *Engel* sind in hier zu sehen. Besonders erwähnenswert auch die monumentalen Statuen Heinrichs VII. und seines Rates. Es ist nicht mit Sicherheit erwiesen, ob diese Gruppe tatsächlich zum Mausoleum gehörte. Ein weiteres wichtiges Werk von Tino ist der *Grabaltar des Heiligen Raineri* (des Schutzpatrons der Stadt).

Die in **Raum 7** präsentierten erzbischöflichen Gräber stammen aus der Werkstatt *Nino Pisanos* (zweite Häfte des 14. Jhs). Im **Raum 8** sind Skulpturen aus dem 15. und 16. Jh. zusammengestellt, darunter Werke der florentinischen Meister *Andrea di Francesco Guardi* und *Stagio Stagi*.

Die beiden nächstfolgenden Räume (**Raum 9 und 10**) bergen die kostbaren Schätze der Kathedrale, darunter wertvolle Goldschmiedearbeiten und Juwelen. Im vorderen Raum strahlt *Giovanni Pisanos Madonna mit dem Kind* aus Elfenbein, zweifellos das faszinierendste Objekt in dieser Sammlung. Diese auffallend grazile Skulptur wurde ursprünglich in einem Tabernakel über dem Hauptaltar aufbewahrt. Ungewöhnlich schön auch die zwei blauen Truhen mit Goldverzierungen aus dem französischen Limoges. In der kleineren der beiden wurde einst ein Stück des Mantels des Heiligen Raineri aufbewahrt.

Im **Raum 11 und 12** sind Gemälde und Skulpturen aus dem 16. und 17. Jh. gesammelt. Diese Kunstwerke mit biblischen Themen waren früher in der Kathedrale zu finden.

Im letzten Saal des Erdgeschosses (**Raum 13**) werden Intarsienarbeiten der alten Holzdekoration der Kathedrale gezeigt (aus dem 15. und 16. Jh.).

Im **Obergeschoß** hat eine Sammlung mittelalterlicher Schriften Platz gefunden, darunter auch einige aufwendig illustrierte liturgische Bücher aus dem 14. und 15. Jh. In den folgenden drei Räumen werden modernere Kirchenschätze (ab dem 15. Jh.) aufbewahrt.

**Raum 19** ist *Carlo Lasinio* gewidmet. In der ersten Hälfte des vorigen Jahrhunderts entdeckte er den Friedhof Camposanto und leistete Entscheidendes für seine erfolgreiche Restaurierung sowie für den Aufbau des Museums mit seiner archäologischen Abteilung.

In den letzten drei Räumen ägyptische, keltische und römische Skulpturen, darunter der ausdrucksvolle Kopf von Julius Cäsar.

## Weitere Sehenswürdigkeiten

▶ **Kirche Santa Maria Della Spina:** Dieser über und über mit Tabernakeln, Engelchen und Heiligen dekorierte Bau aus der Schule *G. Pisanos* steht am Arno-Ufer. Bis 1871 lag die Kirche tiefer, doch drohte der Fluß, sie zu zerstören. So wurde sie verlegt und Stein für Stein an ihrem heutigen Platz wiederaufgebaut (gelegen am Lungarno Gambacorti).

▶ **Museo delle Sinopie:** Hier findet man die Entwürfe (*Rötelzeichnungen*) der Fresken des Campo Santo. Der Begriff Sinopie für Rötelzeichnungen ergab sich wegen *Sinope*, einer Stadt in der heutigen Türkei, die wegen ihrer Erdfarben berühmt war. Bei der Restaurierung wurde eine Technik angewendet, die die Zeichnungen - meist vom Meister selbst ausgeführt - freilegte. Adresse: neben dem Domplatz, gegenüber dem Baptisterium.

▶ **Piazza dei Cavalieri:** Dieser Platz - ausnahmsweise einmal ohne Straßencafé - war früher das Zentrum und ist in seinem Stil durch und durch von der Renaissance geprägt. Hier steht der völlig bemalte **Palast der Cavalieri**, von *Vasari* erneuert. Früher befand sich hier die Militärschule der Ritter, heute ist er Sitz der Scuola Normale Superiore.
Neben dem Palast die Kirche **Santo Stefano dei Cavalieri**, die nach Plänen von *Vasari* entstand. An der Kirchenrückseite ein Kunstwerk von *Donatello* - der *San Rossore*.

▶ **Das Nationalmuseum von S. Matteo:** Für speziell Interessierte eines der interessantesten der Toscana. Schon alleine wegen der Werke von *Giovanni* und *Nicola Pisano* lohnt sich ein Besuch. Außerdem findet man pisanische primitive Kunst, eine Reihe von Altarbildern aus dem 14. und 15. Jh., eine Sammlung von Werken flämischer Meister und Werke aus dem Florenz des 17. Jh.s, alte Choralbücher, Statuen und Statuetten. Berühmt sind Pisanos *Mädchen im Tanz ohne Kopf* und *die alte Madonna mit dem Kinde aus San Martino*.
*Adresse*: Nicht weit vom Arno-Ufer, im alten Kloster San Matteo.
<u>Öffnungszeiten</u>: 9 - 19 h, Mo geschlossen, So Eintritt L. 8.000.

▶ **Das alte Arsenal:** Liegt etwas außerhalb vom Zentrum am Arno. In den fabrikähnlichen Hallen wurden die Galeeren vor ihrer Fahrt in den Orient repariert. Heute steht nur noch ein kleiner Teil des Gebäudekomplexes, der gegen feindliche Angriffe mit dicken Mauern und Türmen versehen war. Ein Besuch lohnt sich: Hier finden wechselnde Ausstellungen und Dokumentationen statt.

*Wer nun von Kunst und Kultur genug hat, kann sich in eine der zwei grünen Oasen von Pisa zurückziehen:*

*Ein seltener Anblick – die Kirche Santa Maria Della Spina im Schnee*

## Gärten und Parks

**Der Scotto-Garten** *(Giardino Scotto)* im Südosten der Stadt. 1440 bauten hier die neuen Herren von Pisa, die Florentiner, eine Zitadelle. Geblieben ist die alte Bastion. Später erwarben die blaublütigen *Scotto* das Gelände, heute eine öffentliche Anlage der Stadt.

Noch üppiger der **Botanische Garten**, unweit vom Schiefen Turm, mit meterhohen Palmen und anderen exotischen Gewächsen. 1543 von *Cosimo I.* in Auftrag gegeben, ist er der *älteste Botanik-Garten der Welt*. *Adresse*: Via Luca Ghini 5.
*Öffnungszeiten*: Mo - Fr 8 - 12.30, 14 - 17 h.; Sa 8 - 12 h.

▶ **Ein Spaziergang am Arno**: schöne Route entlang der Viale delle Spiagge. Hier, am Ufer des Arno, befand sich bis zur Jahrhundertwende die öffentliche Badeanstalt von Pisa. Schöne, üppig grüne Uferpromenade, beginnend etwa auf der Höhe des Ponte della Vittoria. Hier gleich am Eck das *Café Salvini* am Arnoufer mit Terrasse zum Fluß.
Nach zwei Kilometern auf der Uferpromenade hat man das *Café Lilli* erreicht, ein beliebter Treff am Abend und an Sonntagnachmittagen.
Auf halbem Weg dorthin die Kirche *S. Michele degli Scalzi*. Ihr Turm ragt mindestens ebenso schräg in den Himmel wie ihr berühmter Verwandter auf der Wunderwiese. Das Dach versuchte man durch keilförmig aufgemauerte Ziegelsteinschichten zu nivellieren.

## Feste und Veranstaltungen

**La Luminaria**: Der Brauch stammt aus dem 14. Jh. – zu Ehren des Heiligen Rainer werden in den Fenstern der Stadtpaläste längs des Arno Öllampen entzündet. Eine beeindruckende Szenerie und viel Gedränge. Die besten Plätze auf der Flußmauer. Datum: 16. Juni.

**Regatta San Rainieris**: findet am Nachmittag des **17. Juni** statt. Die Rudermannschaften der verschiedenen Stadtteile kämpfen auf einer zwei Kilometer langen Strecke um den Sieg.

**Il Gioco della Ponte**: Auf der Ponte di Mezzo kämpfen Bewohner des Mezzogiorno (südlicher Stadtteil von Pisa) gegen die des Tramontana im Norden. Man kämpft um die Brücke und trägt alte Rüstungen und Waffen. Dabei geht es um Ruhm und Ehre, wie schön! Am letzten Sonntag im Juni.

### Was haben Sie entdeckt?

Bitte schreiben Sie uns, wenn Sie Kritik, Anregungen, Verbesserungen oder Empfehlungen haben. Wo war Ihre Lieblingstrattoria, in welchem Hotel haben Sie sich wohlgefühlt, welchen Campingplatz würden Sie wieder besuchen?

Verlag Michael Müller
Stichwort Toscana
Gerberei 19
91054 Erlangen

# Etruskische Riviera

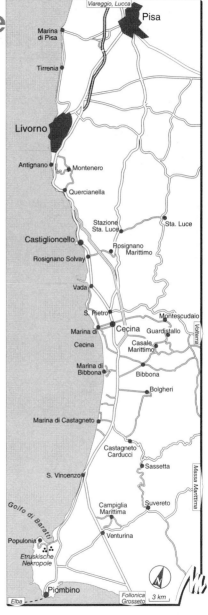

Im allgemeinen wird behauptet, der Küstenabschnitt von Marina di Pisa bis Piombino sei noch relativ ruhig. Doch wird derjenige, der hier wirklich Ruhe sucht, sie nur außerhalb der Hauptreisezeit finden. Besonders während der italienischen Sommerferien ist hier viel Rummel: An den Straßen und vor vielen Strandbädern blenden die Reihen parkender Autos. Es bereitet Schwierigkeiten, ein Hotelzimmer zu finden, und viele Strände sind heillos überfüllt.

Natürlich kann man auch schöne Plätze finden, sofern man einen längeren Fußmarsch zu einer schwer zugänglichen Bucht an einer Steilküste auf sich nimmt. Die Strände bestehen zum größten Teil aus Sand, doch dazwischen liegen immer wieder Steilküsten mit Kieselstränden. Angenehm ist der breite Pinienstreifen, der sich direkt hinter dem Strand entlangzieht, daneben findet man überhaupt viel Grün, Sonnenblumenfelder und blühende Büsche.

In der Mehrzahl sind hier Italiener unterwegs, Nordeuropäer trifft man seltener; und wer nicht gerade im August unterwegs ist, kann hier eine schöne Küstenregion genießen.

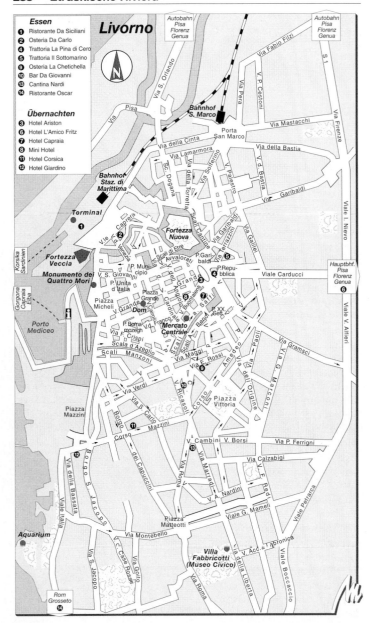

Ihren Namen hat die Küste zwischen Livorno und Piombino von den zahlreichen Funden aus der Etruskerzeit. Nach 2000 Jahren der Unterdrückung hat man dieses alte, äußerst kreative Volk rehabilitiert, das von den Römern mit Stumpf und Stiel ausgerottet wurde.

Die etruskische Küste ist abwechslungsreich. Sandstrände, Felsen und Klippen wechseln mit jahrhundertealten Pinienwäldern, die in jüngster Zeit zunehmend geschützt werden. Das Klima ist das ganze Jahr über angenehm und vor allem sehr mild.

# Livorno (ca. 180.000 Einw.)

Wer von Norden kommend Livorno ansteuert, ist geneigt, die nach Florenz zweitgrößte Stadt der Toscana links (bzw. rechts) liegen zu lassen. Kilometerlange Raffinerieanlagen säumen die Küste und zeugen von der Bedeutung des Hafens. Er ist jedoch nicht nur Umschlagplatz für Öl und andere Handelsgüter, sondern auch Stützpunkt für die Fähren zu den Inseln Korsika, Sardinien, Sizilien und nach Afrika.

Das Ambiente des Hafens manifestiert sich auch im Stadtbild. Abends und an Wochenenden flanieren Matrosen durch die Straßen, und nirgendwo in Norditalien findet man so viele fahrende Händler, meist Afrikaner, die jeden Morgen mit neuem Optimismus ihre Ware, die eigentlich keiner kaufen will, auf dem Gehsteig ausbreiten.

Livorno ist vielleicht die bunteste und lebhafteste Stadt der Toscana. Ohne den geringsten Anflug von Langeweile kann man stundenlang an den Auslagen der Geschäfte vorbeischlendern und zwischendurch in einer der unzähligen Bars ein Gläschen trinken. Mit ihren paar Kanälen macht die Altstadt zwar noch kein Venedig aus, doch tragen diese eindeutig zum angenehmen Stadtbild bei. Die Innenstadt ist verkehrsberuhigt; es ist deshalb empfehlenswert, die Blechkiste rechtzeitig stehen zu lassen und das gut ausgebaute Bussystem zu benutzen.

## Geschichte

Livorno ist verglichen mit anderen toscanischen Städten noch jung. Seine Gründung geht ins Mittelalter zurück, der heutige Name wurde erst im 10. Jh. erwähnt. Um 1190 wurde die erste Befestigungsanlage gebaut, das kleine Fischer- und Bauerndorf entwickelte sich aber erst, als es unter die Herrschaft von Florenz fiel. Die Florentiner ahnten, daß Livorno eine lohnende Investition für die Zukunft sein könnte. Die Medici ließen die Sümpfe entwässern und drängten damit die Malaria zurück. Dann begannen sie mit dem systematischen Ausbau von Hafen und Stadt als Stützpunkt für ihre Handels- und Kriegsmarine.

# Etruskische Riviera

Das Jahr 1593 war in der Entwicklung der Stadt ein wichtiger Markstein. Mit der Garantie von demokratischen Freiheiten öffnete sich Livorno den Flüchtlingsströmen: Geächtete, Verfolgte, Flüchtlinge und Piraten aus aller Welt siedelten sich an. Heute erinnert noch der Name *Scali del Refugio* an diese Epoche, und der aufmerksame Beobachter findet an diesem Sträßchen ein Haus mit einer sonderlichen lateinischen Inschrift, die besagt, daß man hier Flüchtlingen, Waisen und vagabundierenden Kindern "Mores" beigebracht habe.

In der Renaissance wuchs die Stadt ebenso wie der Hafen. In dieser Zeit wurde nach dem Plan einer *Città Ideale* ein fünfeckiger Mauerring, die *Fortezza Nuova*, zum Schutze Livornos hochgezogen.

Im Zweiten Weltkrieg wurde Livorno fast zur Hälfte zerstört; heute hat sich die Stadt von den Kriegsschäden wieder erholt und zu einem Geschäfts- und Einkaufszentrum mit moderner Atmosphäre gewandelt.

- *Telefonvorwahl*: 0586
- *Information*: **A.P.T.-Büro**, Piazza Cavour 6, in der 2. Etage. Unscheinbar und deshalb auch selten besucht. Auf Kundschaft ist man hier nicht eingestellt. Tel. 899111.
Die beiden **Uffici Informazioni Turistiche**, eines am Fährhafen (Tel. 210331), das andere am Porto Mediceo (Tel. 895320), sind nur in der Hauptsaison geöffnet.
- *Verbindung*: **Bahn**: Sehr gute Verbindungen nach Genua und Rom sowie über Pisa nach Florenz. Bummelzüge der etruskischen Riviera entlang (Richtung Grosseto). Der Hauptbahnhof befindet sich ca. 1½ km östlich der Altstadt, am Ende der Viale Carducci.
**Fähren**: Für Verbindungen nach Korsika, Sardinien, Sizilien: Auskunft bei den Fährgesellschaften am Terminal bei der Stazione Marittima. Für Inselfahrten zum toskanischen Archipel (Gorgona, Capraia, Elba): Auskunft am Fährhafen am Porto Mediceo.
- *Parken*: am besten bereits am Rand der Altstadt (einige bewachte Parkplätze vorhanden). Wer im Zentrum in einem Hotel nächtigt, bekommt vom Besitzer für die Dauer seines Aufenthalts eine für bestimmte Straßenzüge gültige Parkgenehmigung ausgehändigt
- *Einkaufen*: Bei schönem Wetter findet im Freien vor dem Mercato Centrale (siehe Sehenswertes) ein wild in alle Seitengassen wuchernder **Flohmarkt** statt.
Berüchtigt ist der **Mercato Americano** oder auch bric-a-brac an der Piazza XX Settembre, der einst aus einem Schwarzmarkt entstand und heute ein kunterbunter Nepp- und Schnickschnackverkauf ist. Werktags 9 - 19 Uhr geöffnet, Montag nur nachmittags.
**Wochenmarkt**: in der Via Trieste in Bahnhofsnähe, am Freitag vormittag.
- *Feste*: **Palio Marinaro**, jedes Jahr am 3. Juli. Ruderwettkampf, bei dem die einzelnen Stadtteile jeweils durch ein mit 6 Männern bestücktes Boot vertreten sind. Er wird zur Erinnerung an die Hafenlotsen, die *Risicatori*, veranstaltet. Die "Männer des Risikos" brachten Schiffe bei schwerer See in den Hafen.

## *Übernachten/Camping*

** **Corsica (12)**, Corso Mazzini 148, DZ mit Dusche/WC ca. 85 DM. Renovierte Zimmer. Eigener Parkplatz im Hinterhof, den der freundliche Besitzer zu einem hübschen, ruhigen Garten umgestaltet hat, in dem sich vorzüglich frühstücken läßt. Wegen Hafennähe an Wochenenden oft von Korsika- und Sardinienfahrern ausgebucht. Unsere Empfehlung! Tel. 882280.

** **Mini Hotel (8)**, Via Buontalenti 57, DZ mit Dusche/WC/TV ca. 85 DM. Das Mini beziehen wir nicht auf die Anzahl Zimmer, sondern auf deren Größe. Zentrale Lage. Tel. 887282.

** **Giardino (13)**, Piazza Mazzini 85, DZ mit Dusche ca. 70 DM, ohne Dusche ca. 55 DM. Gute Mittelklasseunterkunft an einer der Hauptverkehrsstraßen, trotzdem relativ ruhige Zimmer. Zu Fuß kann man die Innenstadt wie auch den Hafen in nur 10 Minuten erreichen. Eigener Parkplatz direkt im Innenhof. Tel. 806330.
* **L'Amico Fritz (6)**, Viale Carducci 180, DZ mit Dusche ca. 60 DM, ohne Dusche ca. 45 DM. Beim Bahnhof. Tel. 401149.
* **Ariston (3)**, Piazza della Repubblica 11, DZ mit Dusche ca. 55 DM, ohne ca. 40 DM. Zentrale, jedoch laute Lage. Tel. 880149.
* **Capraia (7)**, Via del Fante 25, DZ mit Waschbecken ca. 45 DM, Dusche/WC auf Etage. Etwas muffelig, doch sauber. Große, hohe Zimmer (auch 3-Bett-Zimmer). Zentrale Lage, sehr freundlicher Wirt. Tel. 888582.
**Camping**, siehe Antignano.

*Essen*

**Osteria Da Carlo (2)**, Viale Caprera 43/45, gilt als das Fischrestaurant der Stadt, relativ klein. Reservierung wird empfohlen. Sonntag geschlossen.
**Osteria La Chetichella (10)**, Via Ernesto Rossi 18, mit zwei steinernen Ohren an der Außenmauer. Ähnlich wie da Carlo, jedoch stärker von der Cucina nuova inspirierte Gerichte.
**Trattoria La Pina di Cero (4)**, Piazza della Repubblica (Nordseite). Durchschnittsküche à la carte, Pizzen oder Facoccine. Einladende, ruhige Atmosphäre. Fehlt einzig der das Essen abrundende Kaffee, bzw. die Kaffeemaschine.
**Trattoria Il Sottomarino (5)**, Via Terrazzini 48. Volksnahes, lautes und preiswertes Lokal, auch für größere Gruppen geeignet. Keine Karte, der Wirt macht das Angebot in verständlichem Italienisch deutlich: natürlich Fisch. Dieser schaut den Kunden schon beim Eingang aus der Vitrine an. Der Grappa zum Schluß kommt gleich als Flasche auf den Tisch. Unsere Empfehlung. Donnerstag, Sonntagabend und im Juli geschlossen.
**Ristorante Oscar (15)**, Via Franchini 78, südlich der Stadt, auf halbem Weg nach Antignano. Gute Auswahl an Fisch, nicht zu teuer. Kleines, aber hübsch eingerichetetes Lokal. Montag geschlossen.
**Ristorante Da Siciliani (1)**, ein kleines, unscheinbares Gebäude im Hafengelände, hinter der Fortezza Vecchia. Die Einrichtung ist einfach, auch das Publikum; für Hafenarbeiter wie Touristen wird ein sehr gutes und preiswertes Menü serviert.
**Cantina Nardi (14)**, Via Leonardo Cambini 8. Empfehlenswerte Weinkellerei mit ausgezeichneten Tropfen. Die Küche bietet leckere hausgemachte Kost, ist aber nicht gerade billig.
**Bar Da Giovanni (11)**, Via Ricasoli 129; Spezialität: die besten Paninis der Stadt. Unbedingt mal einen Blick in das enge Stehlokal werfen, überall hängen Würste und Käse herunter: von der Decke, an den Wänden, hinter der Theke. Donnerstag Ruhetag.

# Sehenswertes

▶ **Via Grande**: wichtige Verkehrsader und zugleich einer der gesellschaftlichen Mittelpunkte der Stadt - einige elegante Geschäfte in den Arkadengängen.

▶ **Fortezza Vecchia**: die älteste Festung Livornos gleich am Porto Mediceo. Sie kann in den Sommermonaten besichtigt werden.

▶ **Fortezza Nuova**: Sie wurde im 16. Jh. erbaut und ist fast rundum mit einem Wassergraben (*Fosso Reale*) umgeben. Das Innere der ehemaligen Festung ist heute die größte Grünfläche der Altstadt: Picknicken, Fußball spielen (ohne Tore) oder einfach den vom Asphalt geplagten

## Etruskische Riviera

*Am Hafen, das von Giovanni Bandini geschaffene Denkmal Quattro Mori*

Füßen eine Ruhepause gewähren. Zugang über die *Scala Fortezza Nuova* im Süden. Um 19.30 Uhr wird das Gelände abgesperrt.

▶ **Dom:** an der Piazza Grande. Er wurde 1594 begonnen und 1606 fertiggestellt - mit Marmorvorhalle. Im Krieg wurde der Bau weitgehend zerstört, dann wiederaufgebaut. Der majestätische Innenraum mit Deckengemälden und Altarbildern aus dem 17. - 18. Jh. wirkt wenig überzeugend.

▶ **Monumento dei Quattro Mori:** an der Piazza Micheli. Es ist das Wahrzeichen Livornos, geschaffen im Jahre 1595 zu Ehren Ferdinands I., des Großmeisters des Kreuzzugsordens des Hl. Stephan, der die türkischen Piraten besiegte. Die vier in Bronze gegossenen, angeketteten Mohren wurden erst 30 Jahre später angebracht, und sollen Seeräuber darstellen. 1000 Gefangene und Sklaven hielt sich der Großfürst für seine 3 Galeeren als Ruderkräfte.

▶ **Piazza della Repubblica:** früherer Aufmarsch- und Exerzierplatz, der noch immer als solcher wirkt - überdimensional, rechteckig und autofrei.

▶ **Piazza della Vittoria:** Das Siegesdenkmal im Verein mit der wiederaufgebauten Kirche Santa Maria del Soccorso beherrscht den Platz. Im Kircheninneren nichts Sehenswertes. Beidseitig des Gebäudes hübsche Parkanlage, eine der wenigen Grünflächen im Zentrum.

▶ **Mercato Centrale:** Via del Cardinale/Via Buontalenti. Die ockerfarbene, riesige Markthalle im klassizistischen Stil wurde 1894 errichtet.

Hier wird alles angeboten, was in der mediterranen Küche Verwendung findet, vor allem natürlich Fisch.

*Öffnungszeiten:* Dienstag - Samstag 9-13 Uhr.

▶ **Museo Civico "Giovanni Fattori":** Via della Libertà 30. Das in der schmucken *Villa Fabbricotti* mitten in einem angenehmen Park gelegene Museum verdient den Besuch. Neben prähistorischen und antiken Funden sowie Grabbeigaben ist eine außerordentlich sehenswerte Sammlung toscanischer Kunst (*Fattori, Lega, Botticelli*) zu sehen.

*Öffnungszeiten:* täglich 10-13 Uhr, Donnerstag und Samstag auch 16-19 Uhr, Montag geschlossen.

▶ **Acquario Comunale "D. Cestoni":** Viale Italia (Terrazza Mascagni). Interessante Sammlung von Meerestieren und Pflanzen des Mittelmeeres sowie eine naturhistorische Ausstellung.

*Öffnungszeiten:* täglich 10-12 Uhr und 16-19 Uhr (November - Januar 14-17 Uhr), Montag geschlossen.

# Küste südlich von Livorno

**Zu Beginn zeigt sich die Küste wie aus dem Bilderbuch: Kies und Fels wechseln sich ab, dazwischen immer wieder kleine Sandbuchten, die jedoch oft schwer zugänglich sind. Die grün bewaldeten Hügel reichen meist bis ans Meer.**

Das Meer ist hier ideal zum Baden und Schnorcheln, aber leider verläuft die stark befahrene SS 1 parallel zur Küste. Zahlreiche Parkstreifen, fliegende Händler, Bars, Restaurants und immer wieder gut abgeschottete, neu errichtete Feriensiedlungen. Die alten Fischerdörfer entwickelten sich zu reinen Sommersitzen, vor allem für inländische Urlauber. Erst ab *Vada* gewinnt der weite, flach zum Meer hin verlaufende Sandstrand wieder die Oberhand.

▶ **Antignano:** Man verläßt Livorno entlang den wenig attraktiven Hafenanlagen im Süden und findet bald den etwas mondäneren Teil eines verblichenen Seebades der Jahrhundertwende. Die hübschen Villen mit ihren Türmchen und Erkern im maurischen Stil sind zum Teil eingestürzt, meist aber hübsch renoviert.

● **Camping Miramare**, Via del Littorale 220, südlich von Antignano an der Via Aurelia (SS 1). Schmaler, langestreckter Platz zwischen der Straße, der Eisenbahnlinie und dem Meer; durch die Straßenlage sehr laut. Warme Dusche, Waschmaschinen, Imbiß. Campingeigener, felsiger Strand mit aufgeschütteter Mole. Bessere Badestellen findet man etwas weiter südlich. In der Hauptsaison sind die 190 Stellplätze schnell ausgebucht, viele Dauercamper. Geöffnet Mitte April - September. Tel. 580402.

▶ **Montenero:** Einige Kilometer landeinwärts von Antignano, in den *Colline Livornese*.

Zum Ort gehört eine bedeutende Klosteranlage auf 193 m Höhe, die größtenteils aus dem 18. Jh. stammt und später einige Anbauten erfahren hat. Von hier aus schweift der Blick weit über die Küste, an klaren Tagen sogar bis hinüber nach Korsika. Die Wallfahrtskirche, das *Santuario della Madonna di Montenero*, im 14. Jh. der Schutzpatronin der Toscana geweiht, konnte erst Mitte des 16. Jh. vollendet werden. Die Innenausstattung bietet eine barocke Vielfalt, die man dem unscheinbaren Bau nicht zugetraut hätte.

Vom Ort führt ein kleines Bähnchen (*Funicolare*) zum Kloster hoch, ca. 1 DM kostet die einfache Fahrt; der echte Pilger geht natürlich zu Fuß.

- *Camping*: **Il Cresto**, an der Straße, die von Montenero in südlicher Richtung nach Quercianella führt, mit Bar und Pizzeria (Mi geschlossen). Hübsche Lage in einem Pinienhain, schattig. Der Platz wirkt noch etwas neu und improvisiert. Vorteilhaft ist vor allem die Lage abseits der Hauptverkehrsader. Ca. 3 km vom Strand entfernt. Geöffnet Juni - September.
- *Essen*: **Ristorante Il Fiorentino**, Via Delle Carrozze 22 (am zentralen Dorfplatz). "Wir haben in der Vorsaison (Anfang April) um Quercianella kein geöffnetes Restaurant gefunden. Nach langem Suchen fanden wir in Montenero ein hübsches Restaurant. Neben Spezialitäten der Region ißt man dort auch 'normale' italienische Gerichte sehr gut und preiswert." *Lesertip* von Ralph Blaes, Saarbrücken. Donnerstag geschlossen.

▶ **Quercianella:** Ein kleiner Badeort, etwas abseits der Küstenstraße gelegen, mit vielen neuen Residenzen, ohne alten Kern. Im Zentrum Restaurants und einige Hotels. Gebadet wird in einer kleinen, mit Kies aufgeschütteten Bucht. Dahinter Badekabinen und kleine Strandbars. Im Ort sind wenig Ausländer anzutreffen.

Es lohnt sich, im Süden des Orts von der SS 1 abzubiegen und die Küstenstraße über Castiglioncello nach Rosignano-Solvay zu nehmen. Man entdeckt auf diesem Weg ein paar lauschige Plätzchen zum Baden. Außerhalb der Saison ist diese Landstraße wie ausgestorben, ansonsten muß man sich hier auf Stop-and-go-Verkehr einstellen.

- *Feste*: **Fest der Heiligen Anna**. Es wird am 26. Juli mit einem Feurwerk über dem Meer begangen.
- *Übernachten*: * **Villa Verde**, Via G. Pascoli 32, DZ mit Dusche/WC ca. 65 DM. Ein alter Bau direkt am Meer, in der Nähe der kleinen Hafenbucht. Tel. 0586/491027.

## Castiglioncello

Der Ort ist auf Touristen eingestellt. Mit Souvenirläden, vielen Restaurants und Hotels ist Castiglioncello die größte Badestation an der etruskischen Riviera. Manchen schreckt das touristische Ambiente ab - die Strände sind schmal, so daß die Sonnenschirme und Liegestühle dicht an dicht stehen.

Zu Beginn dieses Jahrhunderts war dieses kleine Kap mit seinem dichten Pinienbewuchs und dem altem Küstenwachturm ein elegantes Seebad.

Der Turm ist heute Bestandteil einer luxuriösen Ferien-Residenz und nicht zu besteigen. Doch an der felsigen Küste findet man immer wieder hübsche kleine Buchten mit rötlich leuchtendem Sand.

- *Information* Tourismus-Büro am zentralen Platz an der Durchgangsstraße. Nur saisonal geöffnet. Tel. 0586/752017.

- *Verbindung:* **Bahn**: Am Bahnhof im Ortszentrum hält der Bummelzug von Livorno nach Grosseto.

▸ **Rosignano-Solvay**: Der reizlose Ort schließt sich fast nahtlos an Castiglioncello an. Hier regieren die Chemie-Manager. Vom Baden raten wir dringend ab, da die Fabriken einiges an giftigen Abwässern ins Meer leiten.

## Rosignano Marittimo

Hübsche Altstadt, die pittoresk am Berg klebt, dominiert von einer Zitadelle, deren älteste Teile aus dem 9. Jh. stammen und in der noch heute einige Dutzend Familien wohnen.

Das kleine archäologische Museum im *Palazzo Bombardieri* präsentiert in der Hauptsache eine Sammlung hellenistischer, etruskischer und römischer Funde aus der Umgebung. Prunkstück ist eine fein skulptierte Alabasterurne aus dem 2. Jh. v. Chr., vermutlich in den Produktionsstätten Volterras gefertigt.

*Öffnungszeiten*: **Museo Civico Archeologico**: Juli/August täglich 17.30-23.30 Uhr; September - Juni Dienstag - Samstag 9-13 Uhr, Sonntag 16-19 Uhr, Montag geschlossen. (Für diese etwas ungewohnten Öffnungszeiten übernehmen wir selbstverständlich keine Gewähr.)

- *Essen*: **Ristorante Pizzeria L'Incontro**, 6 km außerhalb, erst auf der SS 206 Richtung Norden, dann Abzweig zur Stazione Santa Luce. Kurz nach dem Bahnhof steht das relativ unscheinbare Gehöft. Das kleine Lokal im weiß gekalkten Gewölbe mit Veranda ist ein Familienbetrieb. Sehr gute Holzofenpizzen und gute Schiacciatini (2 Pizzaböden mit Schinken und Käse gefüllt). Menü ca. 15 bis 20 DM.

## Vada

Eine kleine Hafenanlage und ein winziges Straßendorf an der alten SS 1, das durch Hotels, Appartementhäuser und Ferienwohnungen um ein Vielfaches gewachsen ist. Die Landschaft ist hier flach, Schilfgürtel umsäumen die Küste. Der dichte Wald reicht teilweise bis zum Strand.

Zwischen Vada und Marina di Cecina liegen ein halbes Dutzend Campingplätze, fast alle am Meer und von der Hauptverkehrsstraße und der stark frequentierten Eisenbahnlinie ein gutes Stück entfernt. Man erreicht sie über eine geteerte Landstraße, die etwa 200 Meter hinter dem Strand der Küste entlangführt. Hier wird kräftig gebaut und die Landschaft langsam, aber sicher völlig umgekrempelt.

Bei Nordwind macht sich - vor allem in Meeresnähe - die Chemie von Rosignano-Solvay in der Nase bemerkbar.

**Tripesce**, Via Cavalleggeri 88, ca. 270 Stellplätze, unter Schweizer Leitung. Schattendächer zwischen den mageren Bäumen, Restaurant mit Terrassenbar,

Lebensmittelgeschäft. Alles etwas zu sehr durchgestylt. In der Hauptsaison wegen der vielen Dauercamper meist als erster ausgebucht. Doch - so schreibt uns ein Leser - lohnt es sich, auch wenn "completo" steht, nachzufragen: Für kleinere Zelte ist meistens noch Platz. Geöffnet ca. April - Oktober. Tel. 0586/788167.
**Campo dei Fiori**, ganz in der Nähe des vorgenannten, ca. 400 Stellplätze und damit einer der größten in der Gegend. Etwas landeinwärts, dafür schattiger als die anderen. Doch meist sind die Schattenplätze von Dauercampern belegt. Der Durchreisende mit dem kleinen Zelt wird notfalls in den Camping sportivo, d. h. auf die offene Wiese geschickt. Restaurant und Swimmingpool. Geöffnet Mai - September. Tel. 0586/770323.
**Rada Etrusca**, Via Cavalleggeri 77, ca. 340 linear angeordnete Stellplätze. Weniger komfortabel eingerichtet und billiger als die anderen. Schatten ist auch hier rar, und Dauercamper finden sich hier ebenfalls. Direkt am Meer. Geöffnet April - September. Tel. 0586/788344.

## Marina di Cecina

Ab hier beginnt die Küste wieder grüner zu werden, weite Pinienwälder säumen die Schwemmlandküste.

Der Ort selbst ist ein typisch italienisches Fremdenverkehrszentrum, der Strand mit Liegestühlen und Sonnenschirmen gut gefüllt. An der kleinen Flußmündung der *Cecina* befindet sich der Yachthafen mit 650 Liegeplätzen und etwa 20 Hotelbauten. Die Mündung des Flusses ist so stark versandet, daß man fast hindurchwaten kann. An Wochenenden treffen sich die Einheimischen zum Grundfischen: Ein handliches Netz, an dessen Saum Bleistücke befestigt sind, wird ins Meer geschleudert und langsam wieder an Land gezogen.

Südlich des Orts erstreckt sich ein längerer Sandstrand, der nicht ganz so überfüllt ist wie der Ortstrand mit seinen Hotelgästen.

- *Telefonvorwahl*: 0586
- *Information*: Largo Fratelli Cairoli 17 Ortszentrum). Tel. 620678.
- *Verbindung* **Bus**se nach Cecina. Dort trifft man auf die Eisenbahnlinie Livorno - Grosseto.
- *Übernachten/Camping* In der Viale della Vittoria existieren mehrere Herbergen nebeneinander:
- \*\*\* **Stella Marina**, Viale della Vittoria 159 (am südlichen Ende des Strands), DZ ca. 100 DM. Tel. 620393.
- \*\* **Miramare**, Via della Vittoria 29, DZ ca. 80 DM. Tel. 620295.
- \*\* **Azzurra**, Via della Vittoria 3 (am nördlichen Ende des Strands), DZ ca. 70 DM.

Sympathisch. Tel. 620595.
Campingplätze findet man vor allem südlich des Ortes, meist klinisch sauber angelegte Feriendomizile in Strandnähe, die insgesamt ca. 3000 Urlaubern Erholung bieten:
**Le Gorette**, Via Campilunghi, ca. 350 Stellplätze. Der edelste aller Campings von Marina di Cecina ist mit Swimmingpool und Tenniscourt ausgestattet. Geöffnet Mitte April - September. Tel. 622460.
**Bocca di Cecina**, Via Guado alle Vacche 2. Mit dem vorgenannten vergleichbar, allerdings ohne Swimmingpool. Tel. 621326.

## Cecina

Der Ort entstand aus der Siedlung *Bocca di Cecina*, an der Stelle einer römischen Pferdewechselstation an der Via Aurelia. Seine erste

Bedeutung hatte Cecina als See-Zollamt. Dank der Landwirtschaft und später der Lebensmittelindustrie wuchs der Ort rasch im Schachbrettmuster der Straßenzüge heran.

Im Hinterland von Cecina trifft man häufig auf kleine Hinweisschilder zu versteckten Weinbauern, die neben *Montescudaio-Weinen* (siehe Kasten) auch Honig und anderes verkaufen. Man kann nach Unterkunft und Campingmöglichkeiten fragen, denn viele kleinere Betriebe sind in den *Agriturismo-Katalogen* nicht verzeichnet.

- *Essen*: **Ristorante Robin Hood**, zwischen Cecina und Casale Marittimo. "Trotz des nicht typischen Namens befindet sich hier eines der besten toscanischen Restaurants, welches mit hervorragenden Weinen und einer sehr guten Küche aufwarten kann. Spezialität: Wildschweingerichte" (Nils Engelhardt, Krefeld). Anfahrt: Vom Weg nach Casale Marittimo rechts abzweigen zur Appartementanlage "La Casetta", durch dieselbe hindurch, und man ist da.
- *Camping*: **Camping/Résidence Montescudaio**, 2 km von Cecina in Richtung Guardistallo. Eine recht luxuriöse und schattige Ferienanlage, in der sich der bescheidene Camper ziemlich verloren vorkommt. Eigenes Einkaufszentrum, Swimmingpool, Tenniscourt, Trimmpfad, Diskothek und Viedeospiele gehören zur Ausstattung. Vermietung von Bungalows und Wohnwagen. Wer nicht durch ein schmutziges Auto auffallen möchte, findet einen Autowaschplatz vor. Das Ferienparadies liegt 5 km vom Meer entfernt. Geöffnet Mai - September. Tel. 0586/683477.

# Casale Marittimo

Nur wenige Kilometer vom Baderummel entfernt, auf einem Hügel im Hinterland von Cecina, liegt dieses idyllische Städtchen. Das Fahrzeug läßt man am besten bei der *Kirche San Andrea* stehen; diese ist weiter nicht sehenswert, die farbenfrohen Fresken aus dem Jahr 1988 eines einheimischen Künstlers werden kaum Kunstgeschichte schreiben. Besser man begibt sich gleich auf einen Spaziergang durch den alten Stadtkern. Im Torbogen der *Via del Castello* sind zwei interessante Marmortafeln angebracht. Die eine verweist auf die Einführung der Dezimalmaße für Öl und Wein, die andere auf den Beitritt der Toscana zur konstitutionellen Monarchie im Jahr 1860 - mit den exakten Resultaten des Plebiszits. Auf dem Platz unterhalb des Castellos spielt sich das öffentliche Leben ab: ein paar Geschäfte, Bars und ein Zeitungsladen.

Auf dem Weg nach Casale Marittimo weist gelegentlich ein Straßenschild auf eine *Fattoria* hin. Wer dem Wink Folge leistet, findet sich bald auf einem der wenigen Weingüter des Montescudaio-Gebiets. Das Anbaugebiet ist klein, doch die D.O.C.-Weine - strohgelb der Montescudaio Bianco, rubinrot der Montescudaio Rosso - sind eine Degustation wert. Der Ausflug nach Casale Marittimo läßt sich angenehm zur Rundtour durch das Weingebiet gestalten: über zwei weitere hübsche Städtchen, **Guardistella** und **Montescudaio**, das dem Tropfen den Namen gegeben hat, zurück nach Cecina.

## Etruskische Riviera

### Übernachten/Essen

**L'Erba Voglio**, Via Roma 6, DZ mit Dusche 75 DM (auch Nutzung als 3-Bett-Zimmer möglich). Sehr idyllische Lage. Hervorragendes und obendrein preiswertes Restaurant mit regionaler Küche und Kräutern aus dem eigenen Garten. Von der Speiseterrasse genießt man einen großartigen Ausblick über die hügelige Landschaft bis zum Meer. Der Wirt spricht auch Deutsch (siehe oben, Sprachkurse). Restaurant montags geschlossen. Tel. 0586/652384.
**Pizzeria La Pergola**, "die beste Pizza, die wir je gegessen haben und das zu äußerst geringen Preisen." (Lesertip)
**Enoteca Vecchio Frantoio**, kleine Häppchen, guter Schinken und hervorragende Weine.

### Sprachkurse

Der Besitzer des Hotels L'Erba Voglio (siehe unten) führt 14tägige Sprachkurse in Italienisch für Anfänger und Fortgeschrittene durch. Noè Bianconi arbeitete jahrelang als Italienischlehrer in Frankfurt, spricht also ein hervorragendes Deutsch und verfügt über pädagogische Erfahrung. Die Kurse können auch mit Unterkunft und Frühstück oder mit Halbpension gebucht werden. Auskunft und Anmeldung in Deutschland: Verein für Arbeitsorientierte Erwachsenenbildung, Eichendorffstr. 1, 60320 Frankfurt, Tel. 069/5604162, bzw. bei einer der Zweigstellen des Vereins in Essen oder Fulda.
Für Arbeitnehmer in Hessen: Die Italienischkurse in Casale Marittimo sind als Bildungsurlaub anerkannt!

▶ **Marina di Bibbona:** Belebter Badeort mit einem alten Fort, das in den Feriensiedlungen etwas untergeht. Der Hauptbadestrand ist lang und ca. 15 m breit. Hier stehen auch einige Imbißbuden. Weitere Bademöglichkeiten findet man sowohl nördlich als auch südlich des Orts. Restaurants im Ort.

- *Übernachten*: **\*\*\* Varo**, Via del Forte 1, DZ mit Balkon ca. 90 DM, in der Hauptsaison doppelt so teuer. Ungünstige Lage, viel Verkehr. Tel. 0586/600500.
**\*\* Flora**, Via del Mare 12, (Hauptstraße, die parallel zum Meer verläuft), DZ ca. 80 DM, Vollpension während der Hauptsaison Pflicht (ca. 160 DM), Tel. 0586/600015.
**\*\* Nina**, Via del Forte 7, DZ mit Dusche und Balkon ca. 80 DM, ohne Dusche ca. 60 DM. Schlichter, leicht steriler Bau. Tel. 600039.
- *Camping*: Campingplätze ausreichend vorhanden.

▶ **Bolgheri:** etwas südlich von Marina di Bibbona zweigt von der SS 1 landeinwärts eine schnurgerade Zypressenallee nach Bolgheri ab. Der Ort bietet einen in sich wunderschön abgeschlossenen Kern, der um die Burg des grausamen pisanischen Herrschers *Gherardesca* entstand. Berühmt wurde Bolgheri durch den Dichter und Nobelpreisträger (1906) *Giosuè Carducci*, der hier seine Jugendjahre verbrachte und Hymnen auf die Zypressen anstimmte.

▶ **Marina di Castagneto:** Eine Badesiedlung ähnlich wie Marina die Bibbona, doch weniger verbaut. Dem Ort vorgelagert ist ein langer Sandstrand, öffentlich zugänglich im südlichen Teil und beim kleinen Fort.

- *Übernachten/Camping* **\* Miramare**, Via del Tirreno 21, DZ mit Dusche ca. 60 DM, ohne ca. 50 DM, in der Hauptsaion leicht teurer. Zentrale Lage und direkt am Meer, deshalb oft ausgebucht. Tel. 0565/744031.
**Camping Belmare**, Via del Forte 1, über

500 Stellplätze. Nicht protzig, aber Restaurant und Lebensmittelladen vorhanden. Viele einheimische Dauercamper. Wenig Schattenplätze. Strandzugang. Geöffnet April - ca. Ende September. Tel. 0565/744092.

**Continental Camping**, Via 1° Maggio, gleich neben dem vorgenannten und zieht mit diesem in puncto Größe und Komfort gleich. Strandzugang. Geöffnet April - ca. Ende September. Tel. 0565/744014.

## Castagnetto Carducci

Inmitten immergrüner Macchia liegt das Städtchen malerisch auf seinem Hügel. Am unteren Ende der Geschäftsstraße, hinter dem Restaurant *Belvedere*, führt eine Passage zu einer Parkanlage mit Kinderspielplatz, gleichzeitig eine großartige Aussichtsplattform: phantastischer Blick über das hügelige Land bis zum Meer hinunter.

• *Übernachten/Essen/Camping* \*\*\* **Zi' Martino**, knapp unterhalb des Orts, bei der Abzweigung nach Bolgheri, DZ ca. 90 DM. Das frühere Restaurant mit Pergola-Romantik ist nach seiner Totalrenovierung zu einer motelähnlichen Unterkunft mutiert, die man eher an einem amerikanischen Highway erwartet hätte. Geblieben ist die freundliche Wirtefamilie und die gute Küche: Tortellina grattamacco di Castagneto und Pappardelle al'coniglio (Nudeln mit würzig Gehacktem). Menü ca. 35 DM. Restaurant Montag geschlossen. Tel. 0565/766000.

\* **Bambolo**, an der Straße, die von der SS 20 nach Castagneto Carducci hochführt (nicht zu verwechseln mit dem schicken Residenz-Hotel "Nuovo Bambolo"!), DZ mit Dusche ca. 65 DM, ohne ca. 55 DM. Preiswertes Restaurant. Tel. 0565/775055.

außerhalb: \*\* **Hotel La Selva**, Via delle Fornaci 32 in Sassetta, ca. 6 km von Castagneto Carducci, 1 km vor Sassetta. DZ mit Bad ca. 80 DM, ohne ca. 55 DM. Restaurant. Das Hotel liegt überaus hübsch an einer Bergnase mitten im Grünen. Wer Ruhe vor dem Küstenrummel sucht, liegt hier goldrichtig. Tel. 0565/794239.

**Camping Le Pianacce**, erst Straße nach Bolgheri, dann ausgeschildert. Ca. 110 Stellplätze. Schönster Camping weit und breit. Bewaldetes, terrassiertes Gelände. Swimmingpool und Tenniscourt. Sehr ruhige Lage, die mit Radio- und Fernsehverbot zusätzlich unterstrichen wird. Das Hinweisschild "camping climatico" an der Straße meint natürlich nicht, daß Klimaanlagen in den Bäumen hängen, auch nicht in den Bungalows, die wie Weltraumkapseln im Wald liegen, sondern ganz einfach, daß man hier gute Waldluft atmen kann. Geöffnet April - September. Tel. 0565/763667.

## San Vincenzo

Das Dorf liegt am Südende der bei Rosignano beginnenden flachen Schwemmlandzone, die Hügel reichen schon fast an die Küste. Daß der 3 km lange Sandstrand gute Bademöglichkeiten bietet, hat auch die Tourismusindustrie gemerkt - und zugeschlagen. Das einst um einen mittelalterlichen Wehrturm gruppierte Dorf hat sich zu einer zersiedelten Hotel- und Ferienhauslandschaft gewandelt. Die Einwohner haben Arbeitsplätze in der Gastronomie oder als Ladenbesitzer in der Fußgängerzone gefunden. Die Kalksteinbrüche, früher fast ausschließlicher Arbeitgeber, werden dennoch weiter betrieben.

Die schönsten Badegelegenheiten findet man südlich des Orts. Der 5 km lange Piniengürtel (*Parco Naturale di Rimigliano*) versteckt einen ebenso langen Sandstrand - viele Zugänge, z. T. Picknickplätze, Tischchen und Toiletten.

- *Telefonvorwahl*: 0565
- *Information*: Via B. Alliata (Zentrum), Tel. 701533.
- *Verbindung*: **Bahn**: Im Bahnhof (Zentrum) halten die Bummelzüge der Linie Livorno - Grosseto. **Bus**: Verbindungen nach Campiglia Marittima und Piombino
- *Feste*: am 30. Juli und am 15. August findet eine **Segelregatta** statt, die vom Hafen mit seinen 500 Anlegeplätzen startet. Im Februar wird mit riesigen Pappmachéfiguren der **Karneval** gefeiert.

## Übernachten/Camping

Insgesamt gibt es in San Vincenzo ca. 20 Hotels, die meisten bewegen sich in der oberen Mittelklasse. Für Ferienwohnungen wende man sich an das Informationsbüro.

\*\*\* **Villa Marcella**, Via Palombo 1, im Norden des Orts, DZ 100-130 DM, eigener Strand. Tel. 701646.

\*\*\* **Il Delfino** Via C. Columbo 15, DZ 80-120 DM. Doppelhhäusige Anlage am Strand. Tel. 701179.

\*\*\* **Nazionale**, Via Vittorio Emanuele II 132, DZ mit Bad 90-100 DM. Älteres Haus in der Fußgängerzone, sämtliche Zimmer sind jedoch renoviert. Das Restaurant serviert auch Pizzen vom Holzofen. Ein Katzensprung zum Strand. Tel. 701567.

\*\* **Il Mulinaccio**, Via Caldanelle 2, 5 km südlich von San Vincenzoin Richtung Piombino, neben dem Camping Park Albatros, DZ mit Dusche ca. 100 DM. Landhaus in idyllisch-ruhiger Lage, zu Fuß 5 Minuten zum Strand.

**Camping Park Albatros**, 5 km südlich von San Vincenzo in Richtung Piombino. Relativ teures Riesengelände mit 800 Stellplätzen und Bungalows. 5 Minuten zum Strand. Geöffnet Juni - ca. Mitte September. Tel. 701018.

# Populonia

**Populonia gliedert sich in eine Oberstadt (Populonia Alta) und eine Ansiedlung direkt am Golfo di Baratti - eine friedliche Bucht mit relativ seichtem Gewässer, in der nur kleine Boote anlegen können.**

Im Golf von Baratti wurde 1908 unter Metallschlacken die bedeutende etruskische Totenstadt *Pupluna* entdeckt, deren Ursprünge bis in die Eisenzeit des 9. Jh. v. Chr. zurückreichen. Pupluna ist die einzige etruskische Stadt, die direkt am Meer entstanden ist. Es war eine regelrechte Industriestadt mit Bronze- und Kupferhütten; die Etrusker holten die Eisenerze von der Insel Elba, um sie hier zu schmelzen und u. a. zu Münzen zu prägen.

▶ **Ausgrabungsgelände**: Die Reste der einstigen Metropole, an der Zufahrt zur Siedlung an der Bucht von Baratti in einem umzäunten Areal gelegen, können in den Sommermonaten besichtigt werden. Die Grabkammern (8.-1. Jh. v. Chr.) aus exakt aneinandergepaßten Tuffsteinen zeigen meist einen rechteckigen Grundriß. Am spektakuärsten ist die *Tomba dei Carrei*: Das teilweise freigelegte, riesige Grab wurde zugänglich gemacht in der Hoffnung, mit den Einnahmen (Trinkgeld) weitere Grabungsarbeiten finanzieren zu können.

*Am Golf von Baratti findet man ein herrliches Stück unverbauter Küstenlandschaft*

Einige Grabhügel wurden erst während des Zweiten Weltkrieges freigelegt, als die meterhohe Schlackeschicht zur nochmaligen Verhüttung abgeräumt wurde; mit der Technik der Etrusker konnte das Erz nur zu 50 Prozent ausgebeutet werden.

• <u>Führungen</u>: Das Gelände ist abgesperrt. In der Regel muß man abwarten, bis genügend Interessenten zusammen sind, dann taucht der Führer von selber auf. Im gegenteiligen Fall begebe man sich auf die Suche nach ihm, er hält sich oft neben der Kapelle am Strand auf. "E gratùito", sagt der freundliche Mann zum Abschied - und lehnt selbstverständlich ein Trinkgeld nicht ab.

**Baden:** Der *Golfo di Baratti* ist eine traumhafte Badebucht mit feinem, gelbbräunlichem Sandstrand. Ausgedehnte Wiesen bieten viel Platz zum Sonnen, Ballspielen, Frisbee oder Badminton. Durch die relativ flache Uferzone erwärmt sich das Wasser schnell, so daß man bereits früh im Jahr ein Bad wagen kann. Vermeiden Sie aber einen Besuch an Wochenenden im Hochsommer. Dann nämlich ist das Gelände so voll wie der Petersplatz in Rom, wenn der Papst seinen Ostersegen erteilt, und verzweifelte Polizisten kämpfen gegen die Flut der Blechkarossen an.

▶ **Populonia Alta:** Die Oberstadt liegt auf einem 180 m hohen Hügel über dem *Golfo di Baratti*. Der Ort wirkt verlassen, aber an Sonn- und Feiertagen strömen Scharen von italienischen Familien hierher, und die paar Souvenirshops machen Geschäfte.

Der Verfall der römischen Stadt begann bereits 79 v. Chr., als der Ort

## 302 Etruskische Riviera

*Populonia Alta – das Festungsdorf war bereits von den Etruskern besiedelt*

im Krieg gegen Rom von Sulla vernichtet wurde. Die Reste einer im 14. Jh. errichteten Burg, der *Rocca*, zeugen noch von einer zumindest strategischen Bedeutung Populonias im Mittelalter. Das heutige Dorf besteht nur noch aus einer Hauptstraße, mit zwei Häuserzeilen zu beiden Seiten, einer parallelen Straße dazu und der dominierenden mittelalterlichen Festungsanlage mit ihrem wuchtigen Turm, auf den sehr enge und äußerst steile Holztreppen hinaufführen. Von hier aus hat man einen herrlich Blick über den Golfo di Baratti und übers offene Meer bis nach Elba.

Ein kleines **etruskisches Museum** - eine Privatsammlung - ist an der unteren Dorfstraße zu besichtigen: vor allem Grabbeigaben aus der Nekropole von Populonia, Blei- und Bronzearbeiten, aber auch von den Etruskern importierte attische Keramik.

*Öffnungszeiten*: In der Saison täglich, ansonsten wenn der Besitzer potentielle Gäste erspäht. Eintritt: 3 DM.

- *Verbindung:* **Busse** von der Baratti-Bucht nach Piombino.
- *Übernachten/Camping* \* **Alba**, noch vor dem Ausgrabungsgelände rechts, DZ ca. 70 DM. Ein rotes Haus mit Anbauten, versteckt zwischen Bäumen und Büschen und nahe am Meer. Großartige Lage und absolut preiswert, doch leider kein Geheimtip mehr: oft ausgebucht. Tel. 0565/29521.

Einige Zimmer (ca. 70 DM) vermietet auch das **Restaurant Canessa**, an der Bucht, letztes Haus hinter dem Hafen; ebenfalls oft ausgebucht. Tel. 0565/29530.
Ansonsten bleiben noch ein paar **Privatunterkünfte**, zu denen man sich durchfragen muß. Am besten den Wärter der Ausgrabungsstätte oder in der Bar La Pergola fragen.

**Camping Comunale Sant'Albinia**, Via della Principessa, in Richtung San Vincenzo, knapp nach dem Abzweig nach Piombino. 100 Stellplätze. Wenig reizvolles Gelände, aber Meeresnähe (5 Minuten zu Fuß). Geöffnet Juni - Mitte September. Tel. 0565/29389.

## Essen

**Restaurant Canessa**, an der Bucht, letztes Haus hinter dem Hafen. Hauptsächlich Fischgerichte. Der Speiseraum wirkt klinisch-kühl, doch die rundum verglaste Front bietet eine versöhnliche Aussicht auf das Meer und die kleine Bucht. Montag geschlossen.

**Bar La Pergola**, neben dem Bootshafen. Familienbetrieb, einfache Küche und Spezialitäten aus dem Meer. Man bekommt auch kleine Snacks wie Pannini und Toasts. Mehr Atmosphäre als das vorgenannte und nicht so teuer.

**Ristorante Il Lucumone**, in der Oberstadt. Zwei kleine Räume, familiär-feierlich betischt. Keine große Auswahl, aber gute regionale Küche.

# Campiglia Marittima

Das schmucke Städtchen mittelalterlicher Prägung ist heute ein Zentrum der Agrarwirtschaft und der Kleinindustrie, die sich in der unmittelbaren Umgebung angesiedelt hat.

Sehenswert ist der *Palazzo Pretorio* aus dem 15.-16. Jh., dessen Fassade mit den Wappen der damaligen Stadtvorsteher geschmückt ist. Die Innenstadt ist am Morgen für den Autoverkehr gesperrt, das Auto läßt man also besser gleich am Ortseingang stehen.

Unterhalb des Orts steht inmitten des Friedhofs auf einem Sockel von Grabplatten die *Kirche S. Giovanni* aus dem 12. Jh. An ihrem Portal sind noch Überreste romanischer Reliefs auszumachen.

- *Verbindung*: Busse nach San Vincenzo und Piombino.
- *Essen*: Drei Lokale wetteifern hier, um in den Veronelli-Führer aufgenommen zu werden: **La Tavernetta** (an der zentralen Piazza), **La Margherita** und **Pizzica** am unteren Ortsausgang. In letzterem zerreißt sich Schlemmermäulchen Veronelli den werten Gourmethals vor lauter Überschwenglichkeit. Wir müssen ihm zustimmen: Die Panzotti alla noci (gefüllte Teigtaschen in Nußsauce), Gamberoni alla Pizzicio (Garnelen, Steinpilze nach Art des Hauses), die Spaghetti nach Piratenart und die schwarzen Curry-Teigwaren sind ein Gedicht - und nicht mal übderteuert.

▸ **Venturina**: Das Städtchen selber ist ohne Reize - abgesehen von der großartigen Pasticceria in der *Via Dante*, die für jeden Schlemmeranlaß der Umgebung die passenden Dolci liefert. Auch wem nicht der Sinn nach solchen Kalorienbomben steht: Allein die Auslagen sind sehenswert.

Vor allem aber sind es die **Thermalbäder**, die einen Zwischenstopp in Venturina lohnen - keine großen Kurkomplexe, eher bescheidene Gelegenheiten, unabhängig von der Meerestemperatur doch noch dem Badevergnügen frönen zu können.

Wer der Beschilderung "Calidario" folgt, gelangt hinter dem Stadion zum *Laghetto terminale*, einem 36° warmen Open-air-Becken mit Kiesel-

**304    Etruskische Riviera**

grund. Der Eintritt beträgt ca. 15 DM, Umkleidekabinen und Liegestühle sind im Preis mit drin.

Etwas nördlich des Orts, direkt an der Straße nach Livorno, lädt die *Terme Valle del Sole* ein. Rheumatiker begeben sich in das Kurhaus; wer einfach ein warmes Bad (32°) nehmen will, findet im Garten der Pizzeria ein großes Schwimmbecken, dessen phantastische Rutsche Kinderherzen höher schlagen läßt. Auch hier kostet der Eintritt inklusive Umkleidekabinen und Liegestühle ca. 15 DM. Nebenbei: Die Pizzeria, die von außen eher einer Sportgaststätte gleicht, soll Sie nicht abschrecken: hervorragende Pizzen!

- *Übernachten*: \* **Terme di Caldana** (Hotel Caldana Terme), Via Aurelia Nord 16, gleich neben der Terme Valle del Sole, DZ ca. 50 DM, Dusche/WC meist auf Etage. Freundlicher Familienbetrieb, saubere Zimmer und dankenswerterweise Moskitoschutz hinter den Fenstern. Ruhige Lage (etwas abseits der SS 1). Ein Pfad durch die kleine Parkanlage führt direkt zur Terme Valle del Sole. Tel. 0565/851400.

# Piombino

**Hauptfährhafen nach Elba und bedeutendes Zentrum der Schwerindustrie - im Hafenviertel qualmen die Schlote der Hochöfen.**

Der Ort liegt am Südende einer hügeligen Halbinsel, die erst durch Ablagerungen des Flusses Corina mit dem Festland verbunden wurde. Auch heute noch findet man hinter diesem Vorgebirge eine sumpfige Ebene, die einst *Leonardo da Vinci* zu Plänen für den Bau von Entwässerungsanlagen inspirierte.

Die Metallurgie hat Tradition in Piombino. Am Hafen von *Falesia* - dem Vorgänger des heutigen Handels- und Industriehafens - verarbeiteten im 5. Jahrundert die Römer das Eisenerz Elbas. Im ausgehenden 18. Jh. siedelten sich hier Kleinbetriebe an, die Industrielle Revolution brachte dann die Großanlagen - die im Zweiten Weltkrieg den Anlaß lieferten, die Stadt weitgehend zu zerstören.

Die kleine **Altstadt** liegt auf einem Plateau, das zum Meer hin abfällt, und ist einen Streifzug durchaus wert. Fähren nach Elba verkehren fast stündlich, also läßt sich die Ortsbesichtigung mühelos dazwischenschalten.

Von der *Piazza Giovanni Bovio*, auf einer kleinen Landzunge gelegen, genießt man eine wundervolle Aussicht über das Meer - nicht nur auf stinkende Hüttenwerke und stampfende Fähren.

Knapp oberhalb der Piazza steht der *Palazzo Comunale*, durchbrochen von der Via Sant'Antonio. Das Gebäude datiert aus dem 15. Jh. und wurde 1935 zum vorläufig letzten Mal restauriert.

Unweit davon findet man die *Kirche Sant'Antimo*. Sie wurde 1377 erbaut und derart oft umgestaltet, daß vom Orginalbau nur noch der Spitzbogen an der Fassade erhalten ist. Der Innenraum, der in zwei ungleiche

Schiffe unterteilt ist, enthält zwei Gräber aus dem 14. und 15. Jh.
Vom Palazzo Comunale führt die Hauptgasse, der Corso Vittorio Emanuele II, zum *Torrione*, einem wuchtigen Befestigungsturm aus pisanischer Zeit. Dahinter beginnt das moderne Piombino.

- *Telefonvorwahl*: 0565
- *Information*: **A.P.T.-Büro**, am Hafen. Tel. 224432.
- *Verbindung*: **Bahn**, mit der Stichbahn zum Bahnhof von Campiglia Marittima, von dort problemlos nach Livorno, Pisa, Grosseto und Rom.
**Bus**: Verbindung nach San Vincenzo, zur Baratti-Bucht, nach Follonica und weiter nach Massa Marittima. Auskunft und Abfahrt bei **ATM**, Via Leonardo da Vinci.
**Fähren nach Elba**: siehe Elba, Anreise.

## Übernachten/Camping/Essen

** **Roma**, Via San Francesco 43, DZ mit Dusche 45-80 DM, einige Zimmer ohne Dusche. Zimmer nicht sehr geräumig. Kleines Stadthaus in relativ ruhiger Seitenstraße, nahe dem Zentrum. Tel. 31395.

** **Il Piave**, Piazza Nicolini, gegenüber dem Bahnhof (daher auch eher etwas für ruhelose Geister), schlichte DZ mit Dusche für ca. 55 DM. Tel. 33050.

* **Moderno**, Corso Italia 44, nahe beim Bahnhof, DZ mit Dusche 70-90 DM, ohne Dusche wesentlich billiger. Wohl um den Namen zu legitimieren, bekam das Haus 1994 einen frischen Innenanstrich. Mit Restaurant. Tel. 33204.

- *Camping*: Einen stadtnahen Campingplatz sucht man vergebens. Wer Piombino nur als Sprungbrett nach Elba benutzt, sucht sich besser gleich ein Hotel. Badefreuden garantiert einzig der **Sant'Albinia** (siehe Populonia), obendrein ist dieser auch der stadtnächste. An der Verbindungsstraße nach Follonica findet man in nachstehender Reihenfolge weitere Plätze:
**Orizzonte**, ca. 370 Stellplätze, 800 Meter vom Meer entfernt. Eher eine verlotterte Bungalow-Siedlung mit Camping-Möglichkeit. Hinter dem Busch ragen die rotweiß gestreiften Schlote der Industrie in den Himmel. Tel. 28007.
**Riotorto**, eindeutig der angenehmste Platz der Umgebung. Ca. 100 Stellplätze. Großer und kleiner Swimmingpool, Tenniscourt, viel Schatten und freundliches Personal. Ca. 1 km vom Meer entfernt. Geöffnet Juni - September. Tel. 21008.

- *Essen* **Trattoria Le Alpi**, Corso Vittorio Emanuele II 38 (in der Altstdat). Große Auswahl an Fischgerichten.
**Trattoria Il Gambero**, Via Carducci 14. Kleines, sauberes Restaurant in Bahnhofsnähe.

▶ **Umgebung**: Östlich von Piombino beginnt der 40 km lange *Golfo di Follonica*, dessen feiner Sand aber wider Erwarten nicht zum Baden einlädt - Industrieanlagen prägen das Bild.

## Insel Elba siehe Seite 333

*Piombino: Parkplatz der Comune 100 m vom Fährhafen entfernt. Kostet 5000 Lire pro Tag. Für Tagesausflüge günstiger das Auto abzustellen und auf der Insel ein Auto oder Moped zu mieten.*

# Maremma

Eine der ärmsten Regionen der Toscana. Landwirtschaft, Bergbau und seit einigen Jahrzehnten der Tourismus bilden die wichtigsten wirtschaftlichen Faktoren dieses Landstrichs.

Die Maremma war Teil des etruskischen Stammlandes. Die Etrusker machten sich den Erzreichtum dieser Gegend zunutze und bauten schöne und reiche Städte, mit Mauern und Festungen. Die Römer besannen sich auf die fruchtbaren Böden, machten diese durch Entwässerungssysteme urbar und so die Maremma zur Kornkammer der Toscana. Zu ihrer Zeit war der Küstenstrich vom heutigen Livorno bis nach Tarquinia eine blühende Gegend. Mit dem Niedergang Roms verwilderte die Maremma, das kunstvoll angelegte Entwässerungssystem verfiel, das Land versumpfte und die Malaria wütete. In den späteren feudalistischen Großbetrieben wurde auf den sauren ertragsschwachen Böden extensive Weidewirtschaft betrieben. Leibeigenschaft und die Verarmung der Landbevölkerung waren der ideale Nährboden für Räuberbanden nach Robin-Hood-Manier, die in der zweiten Hälfte des letzten Jahrhunderts die Gegend verunsicherten. Herausragender Brigant war der Räuber *Tiburzi* (mehr darüber unter *Capálbio*).

Entlang des gesamten Küstenstreifens der Maremma wechseln lange Sandstrände mit felsigen Vorsprüngen und Sanddünen ab. Im Hinterland immergrüne Vegetation - Korkeichen, Pinien und wuchernde Macchia.

## Follónica

Eine Industriestadt (vor allem Zuckerfabriken) und zugleich ein Badeort. Auch hier sieht man nur allzudeutlich, daß die Toscana nicht mehr überall von der Landwirtschaft geprägt ist. Bereits im 19. Jh. wurde unter der Herrschaft der Großherzöge der Toscana eine Eisenhütte angelegt, und heute noch befindet sich in Follónica die Verwaltung der im Hinterland gelegenen Gruben der *Colline Metallifere*.

Von Norden kommend, erblickt man hinter Baustellen und Neubauten die moderne Silhouette des stark auf den Fremdenverkehr zugeschnittenen Ortes. Im Stadtzentrum dagegen ist der Charakter des alten, lebendigen Geschäfts- und Handelszentrums zu spüren - vor allem um die Pfarrkirche mit ihrem massiven gußeisernen Portal herum. Die zentrale Promenade wurde mit Hilfe gut plazierter Blumenkübel verkehrsberuhigt. Wer den Trubel liebt und sucht, ist hier in den Sommermonaten gut aufgehoben.

## Follónica 307

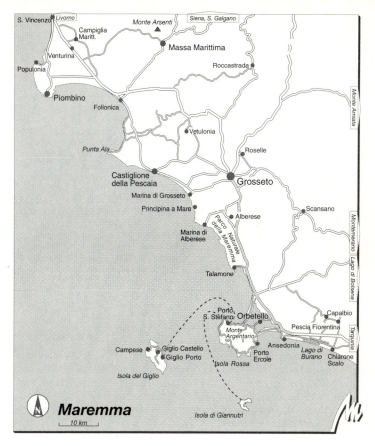

- *Telefonvorwahl*: 0566
- *Information*: Palazzo Tre Palme, Viale Italia (am Strand). Tel. 40177.
- *Verbindung:* **Bahn**: Gute Verbindung nach Livorno und Grosseto.
- *Einkaufen*: **Markt** am Samstag rund um die Kirche, sonst täglich im modernen Mercato coperto.

**Wein**: Vini Morris, Via C.Verdi 22. Kleine Kelterei, die auch Faßwein verkauft.
**Brot**: Il Fornaio, Via Santini. Große Auswahl an pane integrale.
**Schinken** und **Käse**: F. Ciullini, Via Guigliel-

mo Marconi. Von der Decke hängen verlokkende Schinken, das Stück ca. 200 DM, natürlich auch scheibenweise im Verkauf.
**Pasticceria**: Paggi, Via della Repubblica 1. Kleine Sünden, oft mit Marzipan.

- *Feste*: **Carnevale Maremmano** im Februar. Maskenumzug und Karnevalskarren, ursprünglich ein spielerischer Wettstreit der 5 Stadtteile (Kirche, Zentrum, Neubauzone, Senzuno und Golf).

**Jazzfest** im Juli/August.
**Fuochi d'artificio**, am 15. August. Feuerwerk am Strand, mit Musik untermalt.

## Maremma

### Übernachten/Camping/Essen

Jede Menge Möglichkeiten und in jeder Preislage. In den meisten Hotels bestehen beträchtliche saisonale Preisschwankungen.

**\*\*\* Piccolo Mondo**, Viale Carducci 2, am Strand auf Pfählen gebaut. DZ 60-130 DM. Tel. 40361.

**\*\*\* Parrini**, Viale Italia 103, DZ 60-100 DM, ebenfalls am Strand gelegen. Tel. 40293.

**\*\* Miramare**, Viale Italia 84, DZ 50-80 DM, einige billiger Zimmer ohne Bad. Ebenfalls am Strand gelegen. Tel. 41521.

• *Camping*: **Pineta del Golfo**, Viale Europa 3, am Ortsausgang nach Punta Ala. Relativ kleiner schattiger Platz mit eigenem Strand. Fast nur von einheimischen Urlaubern belegt. In der Hochsaison sehr voll und hektischer Betrieb. Ca. 100 Stellplätze. Geöffnet Mai - September. Tel. 53369.

**Camping Tahiti**, Via Italia 320, an der Ausfallstraße zur SS 1. Größer (ca. 250 Stellplätze) und komfortabler als der vorgenannte. Geöffnet Mitte Mai - September. Tel. 60255.

**Camping Pappasole**, vom Camping Tahiti noch ein Stück in Richtung Piombino, ca. 500 Stellplätze und 500 Meter vom Meer entfernt. Monströse Anlage mit Vergnügungspark und mehreren Tenniscourts. Geöffnet April - Mitte Oktober. Tel. 0565/20420 (Vorwahl Piombino).

• *Essen*: **Pizzeria L'Arca**, Viale Carducci. Auf dem Pfahlbau hoch über dem Wasser kann man im Freien sitzen und bekommt eine ganz anständige Pizza serviert.

**Steak House Santorino**, Piazza Maggio. Das Essen ist besser als der Name des Hauses vermuten läßt.

**Pesciera Tuttomare**, Via Manzoni. Wie der Name sagt, alles, was das Meer hergibt.

**Ristorante Il Cacciatore**, Via Bicocchi 25, ebenfalls Fisch.

# Massa Marittima

Von Follónica führt die alte Strada Massetana nach Massa Marittima, das von einem fast 400 m hohen Berg über die Niedere Maremma wacht. Massa gewann als Stadt erst an Bedeutung, nachdem Populonia im 8. Jh. von den Sarazenen zerstört worden war. Um 840 zog sich auch der Bischof aus Populonia in die gesündere malariafreie "Höhenluft" Massas zurück.

Die Stadt erlebte ihre Blütezeit im 12. und 13. Jh. unter der Herrschaft der Pisaner, als sie zum Zentrum des toscanischen Erzbergbaus avancierte. Im Mittelalter besaß Massa ein blühendes Gemeinwesen mit eigener Gesetzgebung. Im *Codex Minerarius Massetanus* waren die noch heute gültigen Rechtsbegriffe von Eigentum an Boden und Bodenschätzen definiert.

Das "Juwel der mittelalterlichen Toscana" zeigt eine auffällige Zweiteilung: in der Unterstadt, der *Città Vecchia*, findet sich pures romanisches Mittelalter, die Oberstadt, die *Città Nuova*, weist gotische Einflüsse auf.

Seit die Erzminen geschlossen sind, ist die Zukunft Massas ungewiß. Die Bewohner hoffen, daß der Tourismus eine neue Lebensgrundlage bringt und die zunehmende Überalterung der Stadt auffangen kann.

## Massa Marittima

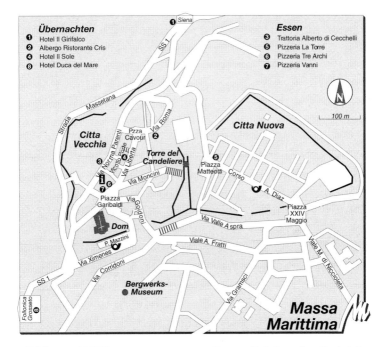

**Übernachten**
1. Hotel Il Girifalco
2. Albergo Ristorante Cris
4. Hotel Il Sole
8. Hotel Duca del Mare

**Essen**
3. Trattoria Alberto di Cecchelli
5. Pizzeria La Torre
6. Pizzeria Tre Archi
7. Pizzeria Vanni

- *Telefonvorwahl*: 0566
- *Information*: Via Norma Parenti 22. Mit Informationen über die Stadt und ihre Museen gutdotiertes Büro mit freundlichem, teils deutschsprachigem Personal.
- *Verbindung*: **Bus** von Follónica (mehrmals täglich). Auch Verbindungen nach Siena und Grosseto.
- *Parken*: Die Città Vecchia ist verkehrsberuhigt. Ein größerer Parkplatz befindet sich direkt am Eingang zu ihr, unterhalb des Doms.
- *Einkaufen*: **Galleria del Minerale** und **La Piccola Miniera**, in der Vicolo Porte 1 bzw. 25. Hier sind die verschiedenen Gesteine ausgestellt, die aus den Minen zu Tage gefördert wurden. Beeindrukkend die flouresziereneden Minerale in allen Farben und ein kleiner Bergwerksstollen. Das Haus wurde vor einem Stolleneingang erbaut, in den man vom hinteren Teil des Gebäudes einige Meter hinabsteigen kann.
- *Feste*: **Balestro del Girifalco**, am Sonntag nach dem 20. Mai sowie am 2. Sonntag im August. Wettkampf im Armbrustschießen, bei dem die Mannschaften der drei Stadtviertel gegeneinander antreten. Anschließend Umzug in mittelalterlichen Kostümen und Waffen.

## Übernachten

Es gibt in Massa Marittima nur vier Übernachtungsmöglichkeiten:

\*\*\* **Il Sole (4)**, Via della Liberta 43, DZ 85 DM, alle Zimmer mit Dusche/WC. 1989 eröffnet und seither die Nummer Eins in der Stadt. Tel. 901971.

\*\* **Il Girifalco (1)**, Via Massetana Nord 25 (Ausfallstraße nach Siena), DZ 50-70 DM. Familienbetrieb mit Terrasse und eigenem Parkplatz. Die Zimmer wirken wie das ganze Hotel kühl, sind aber geschmackvoll möbiliert und haben alle Dusche und WC. Vom Hotel aus erreicht man die Altstadt zu Fuß in nur 5 Min. Tel. 902177.

**\*\* Duca del Mare (8)** in der Via Massetana Sud 25 (Ausfallstraße nach Follónica), selbe Preise wie das vorgenannte. Tel. 902284.

**\* Cris (2)** (auch **Albergo Balestiere** genannt), Via degli Albizzeschi, gleich an der Piazza Cavour. Die Herberge ist etwas schwer zu finden. Der Eingang befindet sich in der Via Cappelluni, gleich ums Eck. Einfacher: im dank der Reklame schnell gefundenen Restaurant durch zwei Speisesäle hindurch zur Rezeption. DZ ca 35 DM, bescheidene Zimmer, Dusche und WC auf Etage. Es empfiehlt sich Halbpension für ca. 55 DM pro Person. Für den Besitzer zählt das Restaurant eindeutig mehr als das Hotel und zahlt sich wohl auch besser aus. Im Familienbetrieb sind Eß- und Schlafzeiten geregelt. Nachtschwärmer erkundigen sich am besten vorher nach der Schließzeit. Tel. 903830.

• *Camping*: Direkt bei Massa Marittima gibt es keine Möglichkeit. Man muß auf die zahlreichen Plätze an der Küste um Follonica ausweichen, die ca. 20 km entfernt sind.

*Essen*

**Ristorante Cris (2)**, Via degli Albizzeschi. Hier werden typisch Maremmen-Gerichte wie Wildschwein nach Frühlingsart oder vom Spieß, Gnocchi mit frischen Kräutern und Tortellini mit Pilzen serviert. Die Preise sind etwas gehoben, das Hauptgericht um 25 DM. Gute Küche, etwas steif serviert.

**Trattoria Alberto di Cecchelli (3)**, Via Parenti 35, gleich unterhalb der Piazza Garibaldi, bietet vor allem die typischen Teigwaren an. Das Menü ab 35 DM. Das Lokal hat nur wenig Plätze und ist schon recht früh am Abend voll. Im Sommer kann man allerdings auch auf der kleinen Gartenterasse speisen. Donnerstag geschlossen.

**Pizzeria Tre Archi (6)** an der Piazza Garibaldi. Das Lokal ist in einem nachempfundenen Gewölbekeller untergebracht, mit Mobiliar im Kaffehausstil und lauter Hitparadenmusik; große Auswahl an Pizzen. Im Sommer wird auch auf der Piazza serviert.

**Pizzeria Vanni (7)**, an der Piazza Garibaldi. In der Bar, die auch einige Tische draußen auf der Piazza aufgestellt hat, gibt es fast alles von Käse zu Wurst bis zu Süßem.
Zur Pizzeria geht es durch die Bar in zwei Nebenräume. Das Lokal ist geprägt durch die lebhafte Herzlichkeit der gesamten Familie, die von frühmorgens bis spätabends auf den Beinen ist. Egal wie oft man an der Bar vorbeikommt, stets tönt ein freundliches "Buongiorno" herüber. Der etwas bauchlastige Signore mit kurzen Höschen, Schürze und neckischem Mützchen auf der kahlen Stirn, bäckt hervorragende Holzofenpizzen, die es in zwei Größen gibt. Daneben werden auch Spaghetti und andere Primi Piatti serviert.

**Pizzeria La Torre (5)** an der Piazza Giacomo Matteotti. Unter den Arkadenbögen sitzen und das Treiben auf dem Platz beobachten. Diverse Paste, z. B. Spaghetti alle vongole, ab 15 DM; Pizzen ab 8 DM.

## Sehenswertes

**Piazza Garibaldi:** Sie ist das malerische Zentrum der **Città Vecchia** und das vollkommene Beispiel der Harmonie des Asymmetrischen. Kaum ein Besucher wird sich seiner fast magischen Anziehungskraft entziehen können. Man setze sich einmal auf die Stufen, die zum Dom hinaufführen und lasse die mittelalterliche Szenerie auf sich einwirken. Die Zeit vergeht im Nu - man sitzt, schaut, findet schnell Gesprächspartner, und schon werden die Scheinwerfer eingeschaltet, die zusammen mit den warmen, sanften Farben der Abendsonne die Piazza und den Dom in eine behagliche Atmosphäre hüllen.

Der Platz wird von dem romanischen, um 1230 in Travertin erbauten *Palazzo Pretorio* und dem *Palazzo Comunale*, einem von Sienesen geschaffenen Palast mit zweistöckigen Arkadengängen, eingerahmt. Etwas weiter unten schließt sich der kleiner *Palazzo del Podestà* an.

Das untere Ende des schräg abfallenden Platzes dominiert der **Duomo S. Cerbone**. Der Bau der frühromanischen Kirche datiert aus dem 11. Jh., im 13. Jh. kamen bei der Erweiterung gotische Elemente hinzu. Die Fassade ist in warmem Goldbraun gehalten und durch Blendbögen, die mit Rhomben und Kreisen verziert sind, dekoriert. Am Ende der geschmackvoll gegliederten Längsseite erhebt sich der mächtige Glockenturm.

Für eine eingehende Betrachtung des Dominneren liegt ein deutschsprachiges Faltblatt als Führer auf. Besondere Sehenswürdigkeiten sind neben zahlreichen Fresken und Freskenresten ein größeres vorromanisches Flachrelief mit einer Gruppe von Heiligen an der Rückwand und im rechten Seitenschiff ein aus Travertin gehauenes Taufbecken von *Giroldo da Como*. Die Treppe links vom Hochaltar führt hinunter in eine Kapelle mit elf Apostelstatuen aus dem 14. Jh.

Der schönste Zugang zur **Città Nuova** führt von der zentralen Via della Liberta über eine steile Treppengasse zur *Fortezza dei Senesi*. Die Festung am Eingang zur "Neustadt" - im Zuge eines Krankenhausbaus teilweise abgerissen - ist durch einen wuchtigen Brückenbogen, dem *Arco dei Senesi*, mit dem Uhrturm (*Torre del Candeliere*) verbunden. Letzterer kann übrigens bestiegen werden.

*Öffnungszeiten*: **Torre del Candeliere**: Dienstag - Sonntag 9-11 Uhr und 15.30-17 Uhr. Eintritt: 2,50 DM.

Wer die Hauptstraße der Città Nuova entlanggeht, werfe noch einen Blick auf die große romanische *Kirche San Pietro all'Orto* (12. Jh.). Derzeit wird sie vom Hauptamt der Post in Beschlag genommen, eine Restauration ist jedoch geplant. Ihr schließt sich direkt der Kreuzgang eines Augustinerklosters aus dem 15. Jh.an, den man von der *Kirche San Agostino* aus erreicht.

**Museo della Miniera** (Bergwerksmuseum): In einer ehemaligen Mine wurde ein 700 m langer Stollen zum Bergwerksmuseum umfunktioniert. In diesem auch im Sommer sehr kühlen Schacht dokumentieren altertümliche Werkzeuge und Maschinen die Geschichte des Bergbaus. Daneben ist eine große Mineraliensammlung zu besichtigen.

Der Besuch des Museums ist nur mit Führung möglich. Der Eingang befindet sich in der Via Corridoni.

*Öffnungszeiten*: Sommer 10-12.30 Uhr und 15.30-19 Uhr; Winter 10-12 Uhr und 15-16 Uhr. Februar und an Montagen geschlossen.

## Vetulonia

Der malerische Ort, auf einem Hügel im Hinterland zwischen Follónica und Grosseto, war im 6. Jh. v. Chr. aufgrund seiner Bodenschätze eine bedeutende etruskische Stadt. Die Bruna, die heute kanalisiert östlich des Orts vorbeizieht, drang damals nicht mehr bis zur Bucht durch und bildete einen größeren See. Erst mit der Versumpfung des Sees, der Vetulonia mit dem Meer verbunden hatte, erfolgte der Niedergang der ehemals so bedeutenden Stadt. Nach ihrer Zerstörung im 10. Jh. durch die Sarazenen errichteten die Bewohner auf den Trümmern das heutige Bergdorf.

Die Piazza des Dorfes ist bei einem Bummel durch die Gassen nicht zu verfehlen. Hier ist auch die einzige Bar des Orts. Durch sie hindurch gelangt man in den Gewölbekeller der *Taverna Etrusca*, wo einfache Gerichte angeboten werden (Donnerstag geschlossen).

**Sehenswertes:** Ein kleines *Museum* am Ortseingang zeigt Funde aus etruskischer, römischer und hellenistischer Zeit (geöffnet 9.30-12.30 und 15.30-18.30 Uhr, Montag geschlossen).

Ein Dorfspaziergang führt zur *Mura dell'Arce* mit ihren riesigen polygonalen Steinblöcken. Sie gehört zu den wenigen Überresten der Stadtmauer aus dem 6. Jh.

Etwa 3 km nördlich des Dorfes befindet sich eine *Ausgrabungsstätte* mit Gräbern aus dem 8. bis zum 2. Jh. v. Chr. Das außergewöhnlichste unter ihnen ist die *Tomba del Diavolino*, ein etruskisches Kuppelgrab.

*Übernachten*: einige Privatzimmer, zu denen man sich durchfragen muß. An der Bar und in der Taverna Etrusca erteilt man bereitwillig Auskunft.

## Punta Ala

**In pinienbeschatteten Gärten liegen Villen und Appartements versteckt, vier Hotels prunken mit vier Sternen, die übrigen beiden mit dreien - ein exklusives Touristenzentrum der gehobenen Klasse.**

Eine Immobiliengesellschaft kaufte das landschaftlich reizvolle, auf der Spitze einer schmalen Landzunge gelegene Areal 1955 einer italienischen Großgrundbesitzerfamilie ab und hat seither alle Fäden in der Hand.

Der großzügige Yachthafen bietet 900 Anlegeplätze, die Hafenpromenade allerdings ist nur mit Plastikkarte zugänglich und macht den Eindruck gediegener Clubatmosphäre. Die Gäste von Punta Ala sind zumeist gut betuchte Italiener; bei Polo, Golf oder Tennis kann man sich standesgemäß betätigen. Daß auch einige prominente italienische Politiker hier ihr Sommerdomizil aufgeschlagen haben, spürt man an den häufigen Personenkontrollen an den Zufahrtsstraßen.

• *Camping*: **Punta Ala** steht unter Leitung des Touristikunternehmens Solemar. Das riesige Areal von 30 ha hat 1550 Stellplätze. Bei einer Belegzahl von 3-4 Personen pro Platz kann man sich vorstellen, in welchen Größenordnungen die

Massen in der Hauptreisezeit auftreten. Geöffnet April - Oktober. Tel.0564/922294.
**Baia Verde**, nicht viel kleiner als der vorgenannte. Eigener Sandstrand und Supermärktchen; schön und einer der teuersten der ganzen Maremma. Geöffnet April - Oktober. Tel.0564/922298.

# Castiglione della Pescaia

Das Fischerstädtchen an der Bruna-Mündung ist unumstritten der schönste Badeort der Maremma. Im Sommer herrscht italienischer Familientrubel an der Strandpromenade, und auf der N 322, die fast unmittelbar am Strand entlangführt, rollt schier unaufhörlich der Verkehr.

Wer jedoch in der Vor- oder Nachsaison unterwegs ist, kann in Castiglione mit einem geruhsamen und angenehmen Aufenthalt rechnen.

Nicht versäumen sollte man den kurzen, romantischen Spaziergang durch das mittelalterliche Castiglione hoch zur *Rocca Aragonese*. Der Weg führt an der Kirche Santa Giulia vorbei, deren altes Holzportal mit verrosteten Nägeln und Eisenbeschlag noch zur Hälfte erhalten ist. Spätestens hier, kaum fünf Minuten vom geschäftigen Ortszentrum entfernt, hat man vom modernen Badeort Abschied genommen und taucht ins Mittelalter ein. Das Kastell selber, eine Pisanerfestung aus dem 14. Jh. mit wuchtigen Türmen, ist in Privatbesitz.

**Baden**: Beidseitig der Bruna-Mündung erstreckt sich ein langer Sandstrand. Wer auf Sonnenschirm und Liegestuhl verzichten will, findet zwischen den gebührenpflichtigen Strandbädern mehrere freie Zugänge zum Meer.

Richtung Süden zieht sich kerzengerade die *Strada delle Collacchie* (N 322) durch die *Pineta del Tombolo*, parallel dazu ein Fahrradweg. Zwischen dichtem Buschwerk und Stacheldraht führen nur wenige passierbare Feldwege ans Meer, wo ein naturbelassener (also allerlei Angeschwemmtes), heller Sandstrand lockt. Bessere Zugänge findet man erst wieder knapp vor Marina di Grosseto. Über Campingplätze in der Pineta siehe unter Marina di Grosseto.

- *Telefonvorwahl*: 0564
- *Information*: **A.P.T.-Büro** an der Piazza Garibaldi, zuständig auch für das luxuriöse Tourismus-Zentrum von Punta Ala. Tel. 933678.

*Übernachten/Camping*

\*\*\* **Piccolo Hotel**, Via Montecristo (südliche Flußseite), DZ ca. 150 DM. Kleines, gepflegtes Haus mit 20 Zimmern. Tel. 937081.

\*\*\* **Roma**, Via Cristoforo Colombo 14, direkt am Hafen, das DZ mit Bad ca. 90 DM und damit vergleichsweise billig. Tel. 933542.

\*\*\* **Mirella**, Via Sardegna (südliche Flußseite), DZ mit Bad ca. 80 DM. Ruhige, familiäre Atmosphäre. Tel. 933068.

\*\* **Iris**, Piazza O. Moni 5 (Ortszentrum), DZ mit Bad etwa 75 DM. Tel. 933639.

**  Gli Archi**, Via Montebello 28 (Ortszentrum), DZ mit Bad ca. 75 DM, Tel. 933083.

* **La Portaccia**, Via San Benedetto Po 35, knapp hinter dem Hotel Gli Archi, DZ ca. 50 DM, Dusche/WC auf Etage. Kleine, sehr bescheiden eingerichtete Zimmer. Die freundliche Besitzer unterhalten im Erdgeschoß eine Paninothek. Tel. 933825.

* **Bologna**, Piazza Garibaldi 8, DZ ca. 45 DM, Dusche/WC auf Etage. Billighotel am Hafen mit TV-Dauerberieselung im klitzekleinen Aufenthaltsraum bei der Rezeption. Tel. 933746.

**Camping**: Komfortable und relativ teure Einrichtungen findet man ca. 5 km nördlich im Ortsteil Le Rocchette. Billiger und ebensoweit vom Ortszentrum entfernt sind die Plätze in der Pineta del Tombolo, knapp vor Marina di Grosseto; letztere siehe unter Marina di Grosseto.

*Essen & Trinken*

**Ristorante Pierbacco**, im Ortskern. Von den Fischrestaurants Castigliones das beste und - seit das Lokal 1994 von Veronelli ausgezeichnet wurde - etwas teurer als die anderen. Mittwoch geschlossen.

**Ristorante Il Fagiano**, Nähe Hotel Roma. Der Fasan steht zwar im Namen, auf den Teller kommt aber auch hier in der Regel der Fisch. Vorzüglich! Mittwoch geschlossen.

**Enoteca Bar Porrini**, im Ortskern. Geräumige Bar mit riesigem Sortiment an toscanischen Weinen, das Degustierglas zu 2 DM. Oder entscheiden Sie sich für eine Grappa? - 120 verschiedene stehen zur Auswahl.

# Marina di Grosseto

Der Ort liegt nur 11 km von der Provinzhauptstadt Grosseto entfernt in der Mitte einer Bucht, die im Norden von Hügeln und im Süden von der Mündung des *Ombrone* begrenzt wird.

Derzeit bestimmen Baustellen das Bild. Der Bürgermeister von Grosseto, der von der ehemals kommunistischen Partei gestellt wird, hat sich den Wandel von Marina di Grosseto zur modernsten Badestation der Maremma in den Kopf gesetzt. Ein neuer Hafen mit 1400 Anlegestellen und ein Kongreßzentrum sollen zum künftigen Erscheinungsbild dazugehören.

Wer ungestört von Strandbädern, Baumaschinen und dem Anblick halbfertiger Baustellen dem Badegenuß frönen will, findet hinter dem Piniengürtel am Ortsausgang Richtung Castiglione einen breiten feinkörnigen Strand.

*Übernachten/Camping*

\*\*\* **Lola Piccolo Hotel**, Via XXIV Maggio 39, DZ mit Bad je nach Saison 60-115 DM. Kleines gemütliches Hotel mit eigenem Strand. Im hoteleigenen Restaurant läßt's sich auch vorzüglich speisen. Tel. 0564/34402.

\*\*\* **Rosmarina**, Via delle Colonie 33/35, DZ mit Bad je nach Saison 70-110 DM. Gehört mit zum gleichnamigen Camping. Ebenfalls hoteleigenes Restaurant. Tel. 0564/34408.

**Camping Rosmarina**, Via delle Colonie 37, am nördlichen Ortsende in der Pineta del Tombolo. Eine relativ neue und propere Anlage mit 70 schattigen Stellplätzen in unmittelbarer Strandnähe und guten sanitären Anlagen. Störend sind die Tiefflieger, die gerne über die Bucht hinwegdonnern; hinter Grosseto liegt ein Militärflugplatz. Bar und Pizzeria (gut und preiswert), der Hauswein schmeckt hervorragend. Geöffnet Mitte Mai - Mitte September. Tel. 0564/36319.

**Camping Il Sole**, Via Cavalleggeri, im Pinienwald, südlich der Mündung des

San-Rocco-Kanals. Insgesamt ein sehr einladendes Gelände mit 360 Stellplätzen, allerdings ziemlich weit vom Strand entfernt, und die oben erwähnten Tiefflieger sind auch hier zu vernehmen. Geöffnet Mai - Mitte September. Tel. 0564/34344.
**Camping Le Marze**, Via della Collacchie (N 322). Im Pinienhain zwischen Marina di Grosseto und Castiglione gelegen. Wunderbar einsame Lage unweit vom Strand. 590 Stellplätze. Unsere Empfehlung! Geöffnet Juni - September. Tel. 0564/35501.
**Camping Etruria**, Via della Collacchie (N 322), 3,5 km hinter dem vorgenannten und etwas näher beim Strand, hält aber in puncto Komfort und Ambiente dem Vergleich mit diesem nicht stand. Geöffnet Mitte April - September. Tel. 0564/933483.

▶ **Principine a Mare:** Eine moderne Siedlung im Pinienhain südlich von Marina di Grosseto. Wer hier nicht ein Häuschen sein eigen nennt, kann getrost auf den Besuch verzichten, zumal der Strand nicht sonderlich attraktiv ist.

# Grosseto

An ihrer Peripherie zeigt sich die Hauptstadt der Maremma dem Reisenden als eine gesichtslose, geschäftige Großstadt. Wer sich jedoch durch die Außenbezirke geplagt und alle Staus überstanden hat, trifft auf eine kleine, gepflegte Altstadt, die einen Großteil des Straßenverkehrs vor die mediceischen Festungsmauern verbannt hat.

Grosseto ist wie andere Städte der Umgebung aus einer Etruskersiedlung hervorgegangen. Bedeutung erlangte der Ort, nachdem 1138 der Bischofssitz aus dem nahegelegenen Roselle hierher verlegt wurde. Nach der Eroberung durch die Sieneser kam Grosseto 1559 an das Herzogtum Toscana. Aber auch noch um 1750 zählte die Stadt nicht mehr als 700 Einwohner, da das malariaverseuchte Umland ein Wirtschafts- und Bevölkerungswachstum unmöglich machte. Erst im 20. Jh. mit der Entdeckung des DDT als hochwirksamem Insektizid konnten Entsumpfungspläne und Entseuchung erfolgreich durchgeführt werden. Der Zweite Weltkrieg brachte dann einen neuen Rückschlag, große Teile der Stadt wurden dem Erdboden gleichgemacht. Heute ist Grosseto das wirtschaftliche, politische und kulturelle Zentrum der gleichnamigen Provinz, die ungefähr mit dem Gebiet der Maremma identisch ist.

• _Telefonvorwahl_: 0564
• _Information_: **A.P.T.-Büro**, Via Monterosa 206, im modernen "Villagio Europa", im Norden der Stadt. Freundlicher Empfang und kompetente Auskünfte. Materialien über den Naturpark der Maremma. Tel. 454510.
**Ufficio Turistico Comune di Grosseto**, Corso Carducci (Altstadt), nur Mai bis September von 9-13 Uhr geöffnet. Tel. 488207.
• _Verbindung_: **Bahn**: Züge nach Livorno, Rom sowie ins Landesinnere nach Siena. **Bus**: Verbindung praktisch in alle Städte der Provinz, z. B. nach Massa Marittima, aber auch nach Siena.
• _Markt_: Donnerstags auf der Piazza del Mercato (Altstadt).

# Maremma

*Castiglione della Pescaia – Altstadt mit dem Charakter eines sympathischen Fischerdorfes*

## Übernachten/Camping

\*\*\* **Leon d'Oro**, Via San Martino 46 (an der Innenseite des Stadtwalls), DZ saisonabhängig 60-120 DM. Tel. 22128.

\*\*\* **Maremma**, Via Fulceri Paolucci de Calboli 11, selbe Preise wie obiges. Hat nichts (oder nichts mehr) mit dem gleichnamigen Restaurant an derselben Straße zu tun. Etwas unwirscher Empfang. Tel. 22293.

\*\*\* **San Lorenzo**, Via Piave 22 (knapp außerhalb der Altstadt), DZ 55-110 DM, alle Zimmer mit Dusche/WC. Tel. 27918.

\* **Mulinacci**, Via Mazzini 78 (Altstadt), DZ mit Dusche/WC 40-60 DM, ohne 35-50 DM. Tel. 28419.

**Camping**: Die nächsten Campingplätze liegen in Marina di Grosseto, siehe dort.

## Essen

**Ristorante La Maremma**, Via Fulceri Paolucci de Calboli 5 (Altstadt). Alteingesessenes Familienrestaurant. Der Padrone sitzt am Tisch und gabelt seine Spaghetti. Bei Bedarf mischt er sich in den Service ein und gibt dem Ober Anweisungen, was er zu tun oder zu lassen hat. Sollten Sie jemand von Rang sein, werden Sie auch artig mit einem "Diener" begrüßt. Alle Speisen sind nach Art der Maremma zubereitet. Vorschlag: Tortellini di Ricotta und hinterher Wildschwein.

**Ristorante Il Vecchie Usanze**, Via Scansanese 400 (im Osten der Stadt). Hier steht die Acqua Cotta, die typische Arme-Leute-Suppe, noch auf dem Speiseplan.

**Ristorante/Birreria Il Mago di Oz**, außerhalb, an der Straße nach Marina di Grosseto. Hervorragende Pizze, Marke Wagenrad. Wegen des kleinen Wildgeheges und den Ponys wird die familienfreundliche Gastwirtschaft an Wochenenden gerne von Grossetianern aufgesucht.

## Sehenswertes

▶ **Stadtmauer**: Sie wurde Ende des 16. Jh. im Auftrag der Medici erbaut. Der Wall umschließt, ähnlich wie in Lucca, die Altstadt in Form eines Sechsecks, was Grosseto den Beinamen *Piccola Lucca* eingebracht hat. Unter Leopold II., dem letzten Großherzog der Toscana, wurde 1835 die Befestigungsanlage zu Promenaden und Gärten umgestaltet. Bei einem Rundgang auf der Mauer stößt man im Nordosten der Anlage auf die **Fortezza Medicea**, ein Bau aus dem 16. Jh. mit trutzigen Mauern, der von toscanischen Häftlingen in 19 Jahren Bauzeit errichtet wurde.

▶ **Piazza Dante Alighieri**: Sie ist der schönste Platz der Altstadt. Im angrenzenden *Palazzo degli Aldobrandeschi*, dem imposantesten mittelalterlichen Bauwerk Grossetos, residiert heute die Provinzregierung. Die Marmorstatue auf dem Platz wurde 1846 zu Ehren Leopolds II. errichtet. Gekleidet wie ein alter Römer zertritt er drei Schlangen, die die Malaria symbolisieren, unter der die Maremma jahrhundertelang zu leiden hatte.

▶ **Dom San Lorenzo**: Er wurde um 1300 vom Sieneser Architekten *Sozzo di Rustichino* im gotischen Stil auf den Resten einer lombardischen Kirche erbaut und später mehrmals umgestaltet. Zuletzt wurde Mitte des 19. Jh. die Fassade neoromanisiert. Das Portal ist reich dekoriert und fällt wegen seiner gestreiften Fassade aus rotem und weißem Marmor auf. Sehenswert im Innern sind ein großes Taufbecken von *Antonio di Ghino* (1470) sowie ein Altarbild von *Matteo di Giovanni* (15. Jh.).

▶ **Kirche San Francesco**: Der schlichte Backsteinbau an der Piazza Indipendenza stammt aus dem 13. Jh. und bewahrt in seinem Innern ein Holzkruzifix und Freskenreste aus dem 14. Jh. auf.

▶ **Museo Archeologico e d'Arte della Maremma** an der Piazza Baccarini. In der Eingangshalle befindet sich die frühgeschichtliche Abteilung mit Funden aus prähistorischer, etruskischer und römischer Zeit: Grabbeigaben, Vasen aus Roselle, Vetulonia und anderen Fundorten. Im 2. Stock ist das Diözesanmuseum untergebracht mit Silberschmiedearbeiten und Gemälden, z. B. das "Weltgericht" von *Guido da Siena* aus der 2. Hälfte des 13. Jh.

Nach Renovationsarbeiten ist eine Wiedereröffnung 1995 vorgesehen (voraussichtlich Mittwoch geschlossen).

# Roselle

Der auf einem etwa 300 m hohen Hügel gelegene Ort war eine der bedeutendsten Städte der etruskischen Epoche. Im 7. Jh. v. Chr. noch lag Roselle am See, den die Bruna gebildet hatte (siehe Vetulonia).

## Maremma

*Roselle – Ausgrabungen einer römischen Stadt (Teilansicht des Forums)*

**Den Etruskern folgten die Römer, die hier eine blühende Stadt unterhielten.**

Erst die Verlandung leitete den wirtschaftlichen Niedergang ein. In den küstennahen Sumpfgebieten breitete sich in den folgenden Jahrhunderten die Malaria aus, und als 1138 der Bischofssitz offiziell nach Grosseto verlegt wurde, führte dies schließlich zur endgültigen Entvölkerung Roselles.

Umfangreiche Ausgrabungen brachten vor allem die Überreste einer römischen Stadt mit Forum, Straßen, Basiliken, Thermen und einem kleinen Amphitheater hervor - eine sehr beeindruckende Anlage. Jedoch auch die unter der Römerstadt verborgene Etruskersiedlung mit Wohnhäusern und Werkstätten wurde inzwischen ans Tageslicht befördert.

Eines der imposantesten Zeugnisse der etruskischen Zeit ist die über 3 km lange Stadtmauer aus riesigen polygonalen Steinblöcken. Mit drei freigelegten Toren und einer Höhe von bis zu 5 m ist sie weitgehend erhalten. Allerdings sind derzeit wegen Restaurierungsarbeiten nur einige Meter der etruskischen Ummauerung zu besichtigen (beim Eingang ins Ausgrabungsgelände).

- *Öffnungszeiten*: Mai - September 7.30-20.30 Uhr; März - April und Oktober 8.15-19.30 Uhr; November - Februar 9-17.30 Uhr. Der Eintritt ist gratis; ab 5 Personen sind Führungen möglich (ca. 4 DM).
- *Anfahrt*: Von Grosseto erst auf die "Autostrada" Richtung Siena, Ausfahrt Roselle. Vom heutigen Dorf Roselle aus der Ausschilderung "parco archeologico" folgen. Bereits an der Zufahrt zum Eingang des Ausgrabungsgeländes sind links einige etruskische Gräber zu sehen (Halteverbot!).

*Weiße Maremma-Rinder*

# Alberese /
## Parco Naturale della Maremma

Begrenzt durch die Via Aurelia im Osten und das Tyrrhenische Meer im Westen erstreckt sich über 70 Quadratkilometer rund um die Monti dell'Uccellina der "Parco Naturale della Maremma".

Am Rand des Naturparks, der ein letztes großes Rückzugsgebiet für freilebende Maremma-Rinder, Pferde, Rehe, Wildschweine und Flamingos ist, liegt der kleine Ort *Alberese* und das ihm vorgelagerte *Marina di Alberese*.

Nur lange beschwerliche Fußwege führen ins Innere der dichten Pinienwälder des Parks und zur Ruine des *Klosters San Rabano*, das schon Dante in der "Göttlichen Komödie" erwähnte.

Etwa 2 km von der Klosterruine entfernt ragen die Überreste des *Torre della Bella Marsilia* aus dem Boden, um den sich eine der berühmtesten Legenden der Maremma rankt: Im Jahre 1543 entführte der aus Algier kommende türkische Admiral Cheireddin Barbarossa, dessen Piratenzüge den ganzen christlichen Mittelmeerraum in Furcht und Schrecken versetzten, die schöne Rossellana, jüngste Tochter des Burgherrn Marsili. Sie wurde Favoritin des türkischen Sultans Suleiman II.

Ihr Sohn, Sultan Selim II., machte 1571 Geschichte, als er mit seiner osmanischen Flotte die Seeschlacht von Lepanto verlor.

▶ **Marina di Albarese:** Damit die Ruhe der hier weidenden Pferde und Maremma-Rinder nicht über Gebühr gestört wird, ist die einzige Zufahrt nach Marina di Alberese mit einer Barriere versehen, die sich automatisch schließt, sobald 250 Fahrzeuge sie passiert haben. Der ca. 15 km lange naturbelassene Strand ist zum Baden wenig geeignet, allerlei Angeschwemmtes kommt einem zwischen die Beine.

Die einzige Parkmöglichkeit ist gebührenpflichtig. Gratis dafür und der einzige sinnvolle Grund hierher zu kommen, ist eine ca. 3stündige Wanderung zu den Sumpfgebieten linksseitig der Ombrone-Mündung. Fischreiher, Kormorane und Möwen fühlen sich hier wohl.

## Information/Wanderungen/Führungen

Das **Centro Visite di Alberese**, am Ortsrand von Albarese gelegen. Hier werden alle erdenklichen Informationen für Besucher gegeben (Länge und Schwierigkeitsgrad der Wanderwege sowie deren besondere Attraktionen), und hier bekommt man die für die interessantesten Rundgänge notwendigen Eintrittskarten. Tel. 0564/407098.

**Wanderwege:** Unterschieden wird grundsätzlich zwischen der Sommersaison (Mitte Juni - September) und dem Rest des Jahres. Außerhalb der Sommersaison ist ein Besuch interessanter, da dann dem Publikum mehr Wanderwege zugänglich sind. Insgesamt stehen von Albarese aus 7 Touren (3-6 Stunden) zur Auswahl, weitere 2 vom südlichen Küstenort Talamone aus. Die interessanteren Touren sind kostenpflichtig (ca. 5 DM) und beginnen im Weiler Pratini. Wer die 9 km bis dorthin nicht zu Fuß gehen will, kann sich - wir raten es an - mit dem Bus (ca. 2 DM) dorthin fahren lassen. Das eigene Fahrzeug läßt man am besten auf dem Großparkplatz beim Centro Visite di Alberese stehen.

**Führungen** beginnen meist morgens um 7.30 Uhr, Voranmeldung im Centro Visite di Alberese ist erforderlich. Verschiedene Führungen (2-6 Stunden) sind im Angebot. Pro Stunde kostet der Spezialist ca. 25 DM.

## Übernachten /Essen/Feste

- *Übernachten/Camping*: In und um Alberese gibt es zum Glück weder Hotels noch Campinganlagen. Man kann jedoch auf das große Angebot in und um Grosseto (Marina di Grosseto) und Talamone zurückgreifen.
- *Essen*: Albareses einziges Angebot, sich vor der Wanderung im Park zu stärken, ist eine Pizzeria in der Via delle Fante 24.
- *Feste*. 1.-3. Mai und am 15. August: **Torneo dei Butteri**, an dem die Butteri, die Nachfahren der Maremma-Cowboys, ihre Kunststückchen vorführen.

17. August: **Reiterprozession** von Alberese nach Marina di Alberese.

Letzter Sonntag im April: **Merca del bestiame brodo**. Junge Butteri fangen junge Stiere, packen sie bei den Hörnern und legen sie aufs Kreuz. Hilflos, am Boden festgehalten, bekommt das Tier das Zeichen der "Regione Toscana" ins Fell gebrannt.

# Talamone

Das hübsche Fischerdorf liegt einsam auf einer Halbinsel an den südlichen Ausläufern der Monti dell'Uccellina. An sommerlichen Wochenenden ist die 5000-Seelen-Gemeinde ein von italienischen Ausflüglern heiß umkämpfter Fleck - wie schon in früheren Zeiten. Etrusker, Gallier, Römer, Umbrier und Venetier stritten sich um den Ort.

Der Name des Ortes geht der Sage nach auf *Telamon*, einen der Argonauten zurück. Nach seiner Rückkehr aus Kolchis soll Telamon hier gestorben sein, und der große Hügel, auf dem Talamone heute liegt, sei nichts anderes als die dem Helden errichtete Grabstätte.

Soweit die Mythologie; erwiesen ist jedoch, daß auf dem Hügel am Ortsende das etruskische *Tlamu* lag, bei dessen Ausgrabung einige Terrakotten und Grabbeigaben aus dem 6.-5. Jh. v. Chr. gefunden wurden.

In der Burg von Talamone, die wegen ihres grauen Steins bei der Anfahrt wie ein riesiger Betonklotz anmutet, ist ein **Naturhistorisches Museum** untergebracht. Unter anderem ist hier auch eine topographische Dokumentation des Naturschutzparkes Monti dell'Uccellina.

*Öffnungszeiten*: im Prinzip 8.30-11.30 Uhr und 16-19 Uhr. Wer sicher gehen will, fragt erst beim Centro Visite del Parco (siehe Albarese / Parco Naturale della Maremma) nach.

Zum Baden ist das stets windige Talamone wenig geeignet. Der Felsstrand lädt kaum zum Verweilen ein.

## Übernachten/Camping

**** **Telamonio**, Piazza Garibaldi 4, DZ 100-240 DM, je nach Saison. Das Erscheinungsbild ist nicht gerade einladend, auch nicht die Preise. Geöffnet April-Oktober, Tel.0564/887008.

*** **Capo d'Uomo**, Via Cala di Forno (am Vorgebirge oberhalb des Orts), DZ 130-150 DM. Komfortabel. Von der eigenen Sonnenterrasse läßt sich der Blick auf die Burg und das Meer genießen. Geöffnet April - Mitte Oktober. Tel. 0564/887077.

**Village Camping Talamone**, Via Talamone, 1 km vor dem Ort. 350 wenig schattige Stellplätze und Bungalows, die so gut wie eben möglich in den Hang integriert wurden. Geöffnet April - September. Tel. 0564/887026.

Mehr als ein halbes Dutzend Campingplätze findet man weiter, im schmalen Pinienwaldstreifen zwischen der Via Aurelia. Sie haben alle einen Zugang zum schmalen Sandstrand. Am besten gefallen unter ihnen hat der **Camping Gabbiano**: Wer sich von den verglasten Buschhäuschen der Rezeption nicht abschrecken läßt, findet wunderschöne, schattige Plätze vor. Grillmöglichkeit, Bistro und Lebensmittelladen. 200 Stellplätze. Geöffnet April - September. Tel. 0564/870202.

## Essen

**Ristorante Da Flavia**, Via Garibaldi. Bekannt für Fisch und Meeresfrüchte, gehobene Preise. Dienstag geschlossen.

**Trattoria La Buca**, Nähe Via Garibaldi, in einem kleinen Seitengäßchen. Rustikale Atmosphäre. Montag geschlossen.

# Monte Argentario

**Die Halbinsel war einst wie Giglio und Giannutri eine Insel. Durch angeschwemmte Sandablagerungen bildeten sich aber mit der Zeit drei schmale Verbindungen zum Fetland und zwischen die Lagune von Orbetello.**

Der Argentario ist ein felsiges Vorgebirge, seine macchiabewachsenen Hänge bestimmen das Aussehen dieses südlichsten Teils der Maremma. Leider ist der Baumbestand 1981 einem Brand zum Opfer gefallen, eine Rundfahrt um das Felsmassiv lohnt dennoch. Die Küste bietet abwechslungsreiche Ausblicke auf kleine Inseln, einsame Sandbuchten, die jedoch meist sehr schwer erreichbar sind, da die Küste zur Meerseite hin steil abfällt. Versteckt in die Hänge gebauten Villen wie *California* oder *Visione* sind deutliche Zeichen dafür, daß der Argentario vor allem Urlaubsziel gutbetuchter Gäste aus Rom, Pisa und Florenz ist.

Die 26 km lange Route auf der kurvenreichen *Strada panoramica* ist nicht durchgehend geteert und erfordert ein geländegängiges Fahrzeug. Wer mit einem "normalen" PKW unterwegs ist, dem sei folgende kürzere Rundfahrt im Westen der Halbinsel empfohlen: in Porto San Stefano im Gegenuhrzeigersinn auf die Panoramastrecke mit ihrem Ausblick über Macchia und versteckte Villen auf die Küste. Nach 10 km führt eine Straße übers Landesinnere zurück an den Ausgangspunkt, vorbei an mehreren Hangaren, in denen teure Jachten wie gestrandete Fische in der Landschaft liegen. Sie warten auf ihre Reparatur oder auch nur auf frische Tünche.

## Porto San Stefano

Der Hauptort des Argentario liegt an einem schönen Naturhafen. Am langgezogenen Kai machen Fischerboote und schnittige Luxusjachten fest. Auch die Fähren zu den Inseln Giglio und Giannutri legen hier ab. Seit sich vor rund 35 Jahren Susanna Agnelli, die Schwester des Fiat-Bosses, in Porto San Stefano ihre Sommerresidenz bauen ließ, hat sich der Ort zu einem exklusiven Refugium der italienischen Großverdiener entwickelt. Man ist fast geneigt, dies zu begrüßen, denn der Massentourismus, wie er nördlich und südlich des Argentario vorherrscht, ist der Halbinsel erspart geblieben. Keine tristen Feriensiedlungen und keine Hotelburgen sind hier anzutreffen, überfüllte Strände sind unbekannt. Rucksacktouristen dürften sich angesichts der gesalzen Preise eher fehl am Platz fühlen.

*Monte Argentario – ein an vielen Stellen nur dürftig mit Macchia bedeckter Felskopf*

- *Telefonvorwahl*: 0564
- *Information*: **A.P.T.-Büro**, Corso Umberto 55, im 1. Stock über der Post. Vermittlung von Zimmern auf dem Monte Argentario und der Isola del Giglio. Tel. 814208.
- *Fisch / Markt*: In der Pescheria Enzo Raffaella gibt's täglich fangfrischen Fisch von der Makrele bis zum über 2 m langen Schwertfisch. Jeden Dienstag Wochenmarkt auf dem Parkplatz direkt am Hafen.
- *Feste*: **Palio Marinaro** am 15. August, ein Seeturnier in historischen Trachten zur Erinnerung des Angriffs der Sarazenen auf Porto S. Stefano.

## *Übernachten/Essen*

**\*\*\* Filippo II**, Via Poggio Calvello (1,5 km außerhalb von Porto S. Stefano auf einer bewaldeten kleinen Landzunge direkt am Meer), DZ 80-170 DM, je nach Saison. Sehr schönes Panorama, Privatstrand und kleiner Landungssteg. Geöffnet April - September. Tel. 812640.

**\*\*\* Belvedere**, Via Fortino 51, DZ 70-150 DM. Kleine Hotelpension in Hanglage, umgeben von Oliven- und Pinienbäumen sowie hübschen Bungalows. Ohne Restaurant. Geöffnet April - Oktober. Tel. 812634.

**\* Week End**, Via Martiri d'Ungheria 3 (im Zentrum dem Schild "Panoramica" folgen), DZ 45-75 DM, alle Zimmer mit Bad. Nette Pension inmitten der Altstadt. Familiäre, sehr wohnliche Atmosphäre und Küche nach Hausfrauenart. Ganzjährig geöffnet, Tel. 812580.

- *Essen*: Jede Menge Fischrestaurants und Trattorien rund um den Hafen. Gut gefallen hat das **Ristorante Da Lorenzo**: Piazzale Facchinetti, Fisch und alles andere Meeresgetier wird hier nicht nur frisch, sondern auch einfallsreich zubereitet.

# Porto Ercole

An der Ostküste des Monte d'Argentario liegt der zweite wichtige Ort der Halbinsel. Beidseitig eingefaßt von spanischen Festungsanlagen, die einst die Bucht kontrollierten, wirkt Porto Ercole noch idyllischer als Porto San Stefano. Auch hier dümpeln im Hafen nicht wenige Nobeljachten. Von ihm führen steile Treppen hinauf zur südlichen Festung, dann geht es weiter auf einem schmalen Weg an den kleinen Gärten der Dorfbewohner vorbei zum Leuchtturm. Der Weg ist passagenweise anstrengend, aber die tolle Aussicht beim Leuchtturm versöhnt!

Beide Festungsanlagen sind heute von betuchten Mietern und Besitzern in Beschlag genommen. Wer hier keinen Wohnsitz vorzuweisen hat, muß draußen bleiben. Es sei denn, man besorge sich im Rathaus eine Besuchserlaubnis; der Verfasser hat dies sein lassen und sich - nicht ganz ohne Neid - mit dem Anblick des imposanten Mauerwerks begnügt.

In der *Kirche Sant'Erasmo* wurden die sterblichen Überreste des berühmten Barockmalers Caravaggio beigesetzt. Der geniale, aber auch gewalttätige Künstler war am 31. Juli 1610 am Strand von Feniglia bei Porto Ercole unter mysteriösen Umständen im Alter von 36 Jahren gestorben. Caravaggio war auf der Rückreise nach Rom, das er vier Jahre zuvor fluchtartig hatte verlassen müssen, weil er einen Mann im Streit erschlagen hatte.

*Fischhändler mit Gardinen*

**Baden:** Ein überaus schöner Sandstrand befindet sich am Tómbolo di Feniglia. Die Straße bis zur Absperrung beim Camping Feniglia fahren!

- <u>Übernachten/Camping</u> **** **Il Pellicano**, Località Scarbatello (etwas außerhalb von Porto Ercole, an der Strada panoramica), DZ in der Nebensaison ab 220 DM, in der Hauptsaison ab 400 DM. Das luxuriöseste Hotel am Monte d'Argentario. Eigene Badebucht versteht sich von selbst. Tel. 0564/833801.
*** **Stella Marina**, Lungomare A. Doria 30, DZ 80-130 DM. Kleines, gepflegtes Albergo direkt an der Hafenpromenade. Auf der Hotelterrasse läßt's sich mit herrlichem Blick auf Stadt und Meer frühstücken. Tel. 0564/833123.
**Camping comunale Feniglia**, auf dem Tómbolo di Feniglia, der südlichsten der drei Landverbindungen. Sehr bescheidene Einrichtung, aber einladende Plätzchen. Hinter dem Pinienhain beginnt gleich der Sandstrand. 140 Stellplätze. Geöffnet nach offiziellen Angaben April - Mitte September, doch haben wir anfangs Mai einen geschlossenen Camping vorgefunden. Tel. 0564/831090.

# Isola del Giglio (1700 Einw.)

Die *Insel der Lilie*, hier gedeien über 700 verschiedene Pflanzenarten, ist nach Elba die zweitgrößte Insel des toscanischen Archipels. Eigentlich ist die Insel einziger großer Fels im Meer. Nur 2 km sind es vom Hafen, Giglio Porto, wo die Fähren aus Porto San Stefano ihre Ladung an Menschen und Autos ausspucken, bis hinauf zu Giglio Castello, doch die Straße überwindet mit engen Serpentinen über 400 Höhenmeter. Der Ort, der einen herrlichen Ausblick auf das Tyrrhenische Meer und

# 326  Maremma

*Malerisch – der Strand von Campese*

bei gutem Wetter bis Montecristo bietet, ist mit einem Labyrinth von engen Gassen durchzogen. Noch steiler geht es von Castello hinab nach *Campese*, das an einer schönen Bucht mit langgezogenem Sandstrand liegt, überragt von einem Rundturm der Medici aus dem 18. Jh.

- *Fährverbindungen*: Drei Reedereien verkehren zwischen Porto San Stefano und Giglio Porto. In der Saison ca. 8 Hin- und Rück-fahrten täglich, Fahrtdauer ca. 1 Stunde. Es werden zwar auch Autos mitgenommen, aber besser in Porto San Stefano zurücklassen. Auf der Insel pendeln in kurzen Abständen Busse zwischen den 3 Orten. Wer in der Hochsaison mit dem Auto übersetzen will, sollte unbedingt vorbestellen: **Toremar**, Tel. 0564/814615 oder **Maregiglio**, Tel. 0564/81292. Die 1stündige Überfahrt kostet hin und zurück pro Person ca. 14 DM, für das Auto ca. 100 DM.
- *Vorwahl*: 0564
- *Adressen*: **Assoziatione Operatori Turistici**, Isola del Giglio, Tel. 0564-806177.
- *Liegeplätze f. Jachten*: der Hafen ist für Gastyachten weiter ausgebaut worden.
- *Sport*: mehrere Tauchschulen haben sich auf der Insel etabliert.

## Übernachten/Camping

Es gibt mittlerweile über 550 Hotelbetten, der Campingplatz hat 400 Plätze

**Hermitage Pardini** inmitten der noch völlig unberührten Macchia liegt dieses Hotel, welches nur zu Fuß oder per Boot zu erreichen ist. Ein Zentrum für Naturfreunde, Vogelbeobachter, Aqarellmaler...

\*\*\* **Il Saraceno** eines der schönsten Hotels der Giglios ist das in Giglio Porto direkt am Meer hinter dem Hafen. Es ist terrassen- förmig in den Fels gebaut. 48 komfortable Zimmer mit allen Extras DM ca. 95 bis 120 DM. Tel. 809006.

\*\*\* **Demos Hotel**, in Giglio Porto, mit eigenem Strand, 52 Zimmer mit allen Extras, DZ ca. 90 bis 155 DM Tel. 809319.

\*\*\* **Castello Monticello**, Giglio Porto, Via Provinciale, DZ ca. 110 DM. Schönes und komfortables Haus. Hoteleigener Tennis-

platz. Restaurant mit Fischspezialitäten. Geöffnet April - Oktober. Tel. 809252.
**\*\* La Pergola**, Giglio Porto, Via Thaon de Revel 30, DZ ca. 85 DM, alle Zimmer mit Bad. Kleine Pension in Hafennähe. Tel. 809051.
**\*\*\* Campese**, Campese, Via della Torre 18, DZ 130 DM. Liegt direkt am Sandstrand. Geöffnet April - September. Tel. 804003.
**\*\* Giardino delle Palme**, Campese, Via della Torre, DZ 60-90 DM, alle Zimmer mit Bad. Kleines Haus im Palmengarten. Geöffnet Juni - September. Tel. 804037.
**Camping Baia del Sole**, an der Straße kurz vor Campese. Einziger Campingplatz der Insel und im Hochsommer meist restlos belegt. Der kleine Platz ist schön terrassenförmig angelegt, bietet aber wenig Schatten. Die Sanitäranlagen verdienen eine Überholung. Fünf kleine Holzbungalows stehen zum Mietpreis von ca. 45 DM pro Tag (in der Regel nur wochenweise) auf dem Gelände. Ganzjährig geöffnet. Tel. 804036.

## Essen

**Trattoria da Tony**, Campese. Direkt beim Medici-Rundturm. Besonders gut schmeckt hier Fisch.
**Trattoria da Beatrice**, Campese. Kleiner Familienbetrieb mit nur 10 Tischen, die meisten im Freien unter dem idyllischen Vordach. Wenig Auswahl, dafür ist alles hausgemacht. Pasta bis ca. 10 DM, Secondo bis ca. 20 DM.

## Feste

**Cuccagna a Mare** am 10. August in Giglio Porto: Ein Wettbewerb, bei dem ein Fähnchen erreicht werden muß, das an der Spitze eines mit Fett beschmierten, hoch aus dem Wasser ragenden Pfahls verfestigt ist.
**Palio dei somari** am 15.September in Giglio Castello: Mit einer Prozession und Tänzen wird an das 2000 Mann starke nordafrikanische Seeräuberheer erinnert, das 1799 Giglio überfallen wollte. Als man damals den als Reliquie verehrten Arm des heiligen Mamiliano den Angreifern entgegentrug, kam ein Wind auf und trieb die "Turchi" zurück ins Meer. Noch heute sind in der Kirche von Castello die erbeuteten Waffen der Piraten zu sehen.

## Montecristo und Giannutri

Die beiden kleinen Inseln Montecristo und Giannutri gehören wie Elba und Giglio zum Toscanischen Archipel, einer Inselgruppe, die der Maremma vorgelagert ist.
**Montecristo**, die kleinste der toscanischen Inseln, verdankt seine Berühmtheit der Literatur. *Alexandre Dumas* (der Ältere), so heißt es, sei zu seinem Roman "Der Graf von Montecristo" durch einen in Livorno lebenden französischen Kaufmann angeregt worden. Dieser hatte ihm von dem geheimnisvollen Felsbrocken 29 Meilen westlich von Giglio erzählt und Dumas so einen idealen Schauplatz für seine abenteuerliche Phantasien geliefert. Auf dem von Meer und Sonne zerfurchten Granitfelsen hatten sich Eremiten und Piraten getummelt, bis 1889 ein echter Graf, *Marchese Carlo Ginori*, kam und die Insel mietete. Ginori war ein Exzentriker: Er fuhr das erste Auto in Italien, umsegelte mit seiner Jacht die Welt und schenkte schließlich Montecristo dem italienischen König Vittorio Emmanuele III., nachdem dieser sich bei einem Jagdausflug in die Insel verliebt hatte.
Seine Unwirtlichkeit hat Montecristo bis heute vor Besiedlung oder

Tourismus bewahrt. Seit 1971 ist das Eiland Naturschutzreservat. Es ist verboten, die Insel zu betreten; Boote dürfen sich nur auf eine Distanz von höchstens 500 m nähern. Einzig ein Ehepaar wohnt auf der Insel. Dieses wacht über den Frieden der Natur und führt die jährlich rund 1000 Besucher, die es geschafft haben, bei der Forstbehörde in Follónica eine Erlaubnis zu ergattern, über die Insel.

Auch **Giannutri** hat eine Besonderheit. Als einzige der toscanischen Inseln ist sie in Privatbesitz. Für die halbmondförmigen 2,6 Quadratkilometer im Tyrrhenischen Meer war dies ein Glücksfall, denn nur einige Villen, ein paar zu mietende Häuschen und zwei Restaurant liegen in der Macchia versteckt. Ansonsten blieb die Insel vom Tourismus verschont.

Etwa 100 n. Chr. errichteten reiche römische Familie auf der "Dianum" genannten Insel prächtige Sommerresidenzen. Überreste bei *Cala Maestra* (Villa, Wohnungen der Diener, Thermen und Lagerhaus) wurden jüngst freigelegt und können in den Sommermonaten besichtigt werden. Boote fahren dann täglich sowohl von Porto San Stefano als auch von Giglio Porto nach Giannutri.

# Orbetello

**Ein lebendiges Städtchen, auf dem mittleren der drei schmalen Landstreifen gelegen, die den Monte d'Argentario mit dem Festland verbinden.**

Orbetello wurde bereits im 8. Jh. v. Chr. von den Etruskern besiedelt und blieb wegen des Fischreichtums und der Salzgewinnung auch für die Römer und Sienesen interessant. Mitte des 16. Jh. wurde der Ort von den Spaniern zum Flottenstützpunkt ausgebaut. Aus dieser Zeit stammt auch die *Stadtmauer* mit ihren drei Torbauten, durch die man heute noch in den Ort gelangt, sowie der *Palazzo di Spagna*, der mit seinem wuchtigen Glockenturm die Piazza Garibaldi ziert.

Der *Dom* mit seinem eindrucksvollen gotischen Portal ist 1376 auf den Grundmauern einer älteren Kirche errichtet worden. Noch früher stand an dieser Stelle vermutlich ein römischer Tempel.

Das *Etruskisch-römische Museum* (Antiquarium Civico) im Palazzo Pretorio an der Via Ricasoli zeigt in der Umgebung Orbetellos gefundene Grabbeigaben, Urnen, Keramiken und Bronzestatuen.

▶ **Rifugio Faunistico Orbetello**: Der Naturpark des WWF schützt die schönsten Teile der Lagune von Orbetello. Dort sind seltene Vogelarten, Flamingos und Reiher anzutreffen. Während der Wintermonate (September - April) werden Führungen angeboten, jeweils Donnerstag und Sonntag 10-14 Uhr.

• *Telefonvorwahl*: 0564 • *Information*: gegenüber dem Dom. Tel. 860560.

- *Markt*: Freitag an der Hauptstraße.
- *Übernachten*: Orbetello stellt nur wenig Übernachtungsmöglichkeiten zur Verfügung. Ein großes Angebot Campingplätzen findet man nördlich der Lagune (siehe Talamone).

\*\*\* **Sole**, Via Colombo 2 (Fußgängerzone), DZ je nach Saison 80-150 DM. Tel. 860410.

\*\*\* **I Presidi**, Via Mura di Levante 34 (an der Promenade zur Lagune), DZ je nach Saison 60-140 DM. Tel. 867601.

\* **Piccolo Parigi**, Corso Italia 159 (Fußgängerzone), DZ mit Bad 35-75 DM (je nach Saison), ohne Bad nicht wesentlich billiger. Klein und einfach. Tel. 867233.

- *Essen*: Wem es in Orbetello zu sehr von Touristen wimmelt, der findet im **Ristorante Lo Scoglio** an der Via Maremmana 159 (einige Kilometer Richtung Grosseto), ein ruhiges Plätzchen. "Zu akzeptablen Preisen eine große Auswahl an Fischgerichten. Uns hatten es besonders die Nudeln mit Lachs in Whiskysoße sowie die Scholle in Milch angetan." (Leserbrief)

# Ansedonia

**Der südlichste Badeort der Maremma ist eher eine Ansammlung eleganter Villen, die sich gut versteckt hinter Gartenmauern auf einem Vorgebirgshang der felsigen Halbinsel verteilen. Ein Ortszentrum ist nicht auszumachen.**

Ansedonia liegt über der 273 v. Chr. von den Römern gegründeten Stadt Cosa. Im frühen Mittelalter eroberten die Franken die Stadt und gaben sie den Benediktinern zum Lehen. Ende des 10. Jh. tauchten als Eroberer die Sarazenen auf, 1330 die Sieneser, die Cosa zerstörten. Die Reste der römischen Kolonie können ca. 200 m oberhalb des Orts besichtigt werden (siehe *Museo Nazionale di Cosa*).

Am Strand von Ansedonia befindet sich hinter dem mittelalterlichen Puccini-Turm (der Komponist lebte hier kurze Zeit) der einstige *Hafen* Cosas und die *Tagliata Etrusca*, ein technisches Meisterwerk etruskischer Ingenieure: ein in den Felsen geschlagener Kanal, der den Hin- und Rückfluß des Wassers aus dem Hafenbecken sichern sollte, damit dieses nicht versandete. Über einen kleinen Steg des parallel zum Meer verlaufenden Kanals kommt man zum Eingang einer engen, tiefen und dunklen Felsschlucht. Die *Sparco della Regina* ist eine teils natürliche, teils von Menschenhand erweiterte Felsspalte von 260 m Länge, deren Funktion weitgehend ungeklärt ist. Die Legende erzählt lediglich, daß diese Spalte von den Etruskern gehauen wurde, damit die Königin ungestört auf das Meer blicken oder ihren Feinden entfliehen konnte.

**Museo Nazionale di Cosa**, knapp oberhalb von Ansedonia: Aufregender als das Museum mit den Funden von Cosa und der Dokumentation über die Grabungsarbeiten ist der Spaziergang im uralten Olivenhain dahinter. Beeindruckende Überreste der römischen Siedlung sind hie und da zu sehen: Festungsmauern aus riesigen, fugenlos aufeinandergesetzten Kalksteinblöcken, die Porta Romana, das Forum, eine Villa sowie verschiedene Wohnhäuser.

*Öffnungszeiten*: 9-14 Uhr, Mo geschlossen. Eintritt frei

**330    Maremma**

▶ **Lago di Burano** *(Rifugio Faunistico di Lago di Burano):* Der Burano-See ist Teil eines großen, mit dem Meer verbundenen Sumpfgebietes und steht als Naturschutzgebiet unter der Obhut des WWF. Er ist eines der letzten Refugien der Maremma, das vor allem Wasservögeln einen Lebensraum bietet. Aufgrund des Vogelzugs ist das Gebiet nur im Winterhalbjahr mit Führer begehbar. Am besten wendet man sich an den Bauernhof gegenüber der Stazione Capálbio, wo man schon von weitem von Katzen empfangen und von Hunden in den Hof begleitet wird.

*Anfahrt:* Man erreicht den Lago di Burano über die Via Aurelia (Richtung Tarquinia) oder direkt von Ansedonia auf einer schmalen Straße in Küstennähe.

• *Reiten:* Unweit vom Camping Chiarone (siehe unten), beim Ristorante/Albergo La Torricella (an der SS 1), liegt die **Yellow Rose Ranch**, wo man Pferde mieten und Reitstunden nehmen kann.

• *Übernachten/Camping:* **\*\* Le Rocce**, Ansedonia, Via delle Mimose 130 (etwas oberhalb der Tagliata Etrusca), DZ mit Bad ca. 50 DM. Im Grünen versteckte kleine Villa. Nur saisonal geöffnet. Tel. 0564/881275.

**\*\* La Palma**, beim Bahnhof von Chiarone Scalo, DZ je nach Saison 40-80 DM mit Bad, 30-70 DM ohne Bad. Ristorante-Pizzeria angeschlossen. Knapp 500 m zum Meer mit seinem wunderschönen Sandstrand, preisgünstig, ruhige Lage, freundlicher Empfang - also: unsere Empfehlung. Tel. 890341.

**Camping Chiarone**, etwa 10 km östlich von Ansedonia beim Weiler Chiarone Scalo. Direkt an einem weiten, weißen Sandstrand. Ein überaus gut organisierter Platz mit Bar, Pizzeria, Minimarkt, Tennis, Segelschule und einem Spielplatz. Über 200 Stellplätze, teilweise mit Sonnendach. Geöffnet Mai - Mitte September. Tel. 0564/890101.

## Capálbio

Fernab vom großen Tourismus und doch in Küstennähe hat sich Capálbio von der touristischen Entwicklung nicht überrollen lassen. Eine guterhaltene Stadtmauer umgibt das auf einer Hügelkette gelegene, gepflegte mittelalterliche Städtchen. Bessergestellte Römer haben das Kleinod entdeckt und die alten Häuser liebevoll renoviert.

Capálbio ist ein beschaulicher Ort geblieben, der Ruhe verspricht. Dies war nicht immer so. Vor gut 100 Jahren war hier *Domenico Tiburzi* aktiv, ein Sozialbandit, dessen Konterfei in jeder anständigen Wirtschaftsdes Orts an der Wand prangt (siehe unten).

Das *Castello dei Collacchioni,* das den Ort überragt, beherbergte einige Male den Komponisten Giacomo Puccini. Es gehört zu den wenigen Schlössern der Maremma, die besichtigt werden können - vorausgesetzt, man meldet seinen Besuch vorher bei den kommunalen Behörden (Tel. 0564/896022) an.

• *Übernachten:* **\*\*\* Il Bargello**, Via Circonvallazione 24 (unterhalb der Stadtmauer), DZ mit Bad 45-80 DM. Im Ort ist das Bargello nur als Restaurant ausgeschildert. Von diesem aus genießt man einen großartigen Blich ins Grüne. Tel. 0564/896020.

**\*\* La Mimosa**, Via Torino (im Borgo Bassa Carige, ca. 4 km unterhalb des Ortkerns, ausgeschildert), DZ mit Bad ca. 80 DM. Kleine, aber saubere Zimmer. Mit der Wortkargheit der Wirtsleute hat man sich spätestens beim ausgezeichneten Wildschweinbraten, der im angeschlossenen Restaurant serviert wird, versöhnt. Tel. 0564/890220.

## Der Robin Hood von Capálbio

In den engen Gäßchen und Treppchen, die immer wieder überraschende Ausblicke auf die Küste und das grüne hügelige Hinterland zulassen, atmet noch das Flair des ehemaligen Räubernestes. Die Geschichte spielt in der zweiten Hälfte des letzten Jahrhunderts.

Die Bewohner Capálbios gewährten dem *Briganten Domenico Tiburzi* Unterschlupf, als er wieder einmal auf der Flucht vor der Justiz war. Seine Karriere hatte er begonnen, als er bei einem Heudiebstahl ertappt wurde und daraufhin den Aufseher erschoß. Ein Jahr später gefaßt, glückte ihm nach einem weiteren Jahr ein Ausbruchversuch, bei dem er den Gefängnisaufseher mit einer Sense bedrohte. Tiburzi wurde bald zu einem italienischen Robin Hood, der den Armen gab, was er den Reichen nahm. Erst nach einer 25jährigen Hetzjagd wurde er, verraten von eigenen Bandenmitgliedern, wieder aufgespürt. Am 23. Oktober 1896 starb er im Alter von 60 Jahren bei einer Schießerei mit Carabinieris aus Marsiliana und Capálbio. Sein Leichnam wurde zur Abschreckung der Bevölkerung an einen Schandpfahl gebunden und seine Augen mit Holzstöckchen offengehalten. Doch selbst im Tod sollte Tiburzi noch Probleme machen: Die Bevölkerung wollte ihn als einen der Ihren in geweihter Erde begraben, wogegen sich die Behörden vehement wehrten. Dem Pfarrer von Capálbio gelang es schließlich, den Streit salomonisch zu schlichten, indem er die Friedhofsmauer durchbrach und den Rumpf des Räubers innerhalb des Friedhofgeländes, den (gefährlicheren) Rest aber außerhalb begrub. Er vergaß dabei nicht, eine Zypresse zu Füßen Tiburzis zu pflanzen, die - so der Glaube - seinen unruhigen Geist einfangen soll.

**Privatzimmer**: Kurz vor dem Ortskern, noch vor dem Parkplatz prangt an der Straße das Schild "Camere". Signora Maria Bassi vermietet hier ein paar Zimmer im unteren Stockwerk ihres Hauses, teilweise mit Balkon. DZ mit Dusche und WC auf der Etage ca. 50 DM, ein großes Dreibettzimmer mit Dusche und WC ca. 70 DM. Tel. 0564/896043.

• *Camping*: Empfehlenswert ist der **Camping Chiarone**. Siehe Ansedonia.

• *Essen/Trinken*: **Ristorante La Porta**, Via Vittorio Emanuele 2. An der Wand hängen die Jagdtrophäen, im offenen Holzkamin der Gaststube wird das Wildschwein gegrillt. Man kann auch in die Küche sehen und die Zubereitung der Speisen mitverfolgen. Neben Wildschweinvariationen gibt es hier die traditionelle maremmanische Küche mit der Acqua Cotta, einer scharf gewürzten Zwiebelsuppe mit Brot, Staudensellerie und Ei. Zu fortgeschrittener Stunde serviert Francesco gelegentlich auch einen "Grappa Forte" aus eigener Produktion - nach dem lukullischen Mahl wärmstens zu empfehlen.

**Ristorante Toscana**, ebenfalls in der Via Vittorio Emanuelle. Etwas günstiger als La Porta, aber ohne dessen reichhaltige Auswahl an Wildschweingerichten.

**Bar Le Mura**, im unteren Teil des Ortskerns, mit Ausgang zur Stadtmauer. Hier läßt's sich himmlisch beim Cappuccino lümmeln.

*Eine buntbemalte Stadt aus Phantasiefiguren*

## Giardino dei Tarocchi

Auf einem kleinen Hügel, etwa 10 km von Capálbio entfernt. Zu den Orakeln zählt eine gewaltige Sphinx, auf einer Brust eine Blume, auf der anderen ein Herz. *Niki de Saint-Phalle*, berühmt durch ihre "Nanas" (riesige, zumindest für Männer oft bedrohlich wirkende buntbemalte, weibliche Polyester-Skulpuren) stellte hier zusammen mit befreundeten Künstlern (darunter auch ihr inzwischen verstorbener Lebensgefährte *Jean Tinguely*) - auf 22 Stationen verteilt - ein plastisches Tarot-Spiel aus überlebensgroßen Figuren mitten in die Maremma-Landschaft. Mit den Arbeiten wurde bereits 1979 begonnen, im Sommer 1994 wurde die Eröffnung des Giardino dei Tarocchi gefeiert.

Mancher mag sich fragen, warum dieses spektakuläre Open-air-Museum der Polyester-Kunst gerade hier, in den kunstweltfernen Hügeln der Maremma steht. Zum einen fand sich im Herausgeber der liberalen Tageszeitung *La Repubblica* ein mutiger Mäzen, der das Gelände zur Verfügung stellte (gleich daneben nennt er ein Wochenendhaus sein eigen), zum anderen ist die Maremma - wie *Loel Zwecker* in der *Süddeutschen Zeitung* schreibt - "die Region der Etrusker, die nicht nur für das auffällige, emanzipierte Auftreten ihrer Frauen bekannt waren, sondern auch für ihre magisch-skurrile 'religiöse' Kunst." Vorläufig lassen sich die schrillen Figuren leider nur Juli/August aus der Nähe zu betrachten.

- *Öffnungszeiten*: Juli/August, 15-20 Uhr. In den restlichen 10 Monaten des Jahres muß man sich mit einem ziemlich distanzierten Blick von der Straße aus begnügen.
- *Anfahrt*: Der Park ist nicht ganz einfach zu finden und vorläufig noch nicht ausgeschildert. Von Capálbio aus Richtung Pescia Fiorentina, dort rechts nach Garavicchio abbiegen. Nach ca. 1,5 km sieht man rechts auf dem Hügel die Skulpturen.

Einfacher ist die Anfahrt von der Via Aurelia aus: Ausfahrt Chiarino Scala, Richtung Pescia Fiorentina. Knapp nach dem Abzweig nach Carige den Hügel links beachten. Im Sonnenlicht glitzern die Kunstwerke.

# Elba (30.000 Bewohner)

Bis zu 1000 m hohe, kahle Granitgipfel hat das bergige Eiland, zum Teil üppige Vegetation in den Küstenregionen - alte Kastanienwälder mit dichtem Unterholz; felsige Küsten mit vielen kleinen Buchten, teils mit langen Sandstränden, aber auch mit Kiesel - und kristallklares Wasser!

Als wir das erste Mal nach Elba kamen, waren wir positiv überrascht. Wegen des großen Bekanntheitsgrades von Elba dachten wir, eine Art Costa del Sol vorzufinden. Klar, die Insel lebt hauptsächlich vom Tourismus, aber Unterkunft gibt's durchwegs in kleinen, ein- bis zweigeschossigen Hotels - meist noch überragt von Pinien. Die Touristen-Bauten liegen weit verstreut an den Berghängen der Badebuchten, große Grünflächen liegen dazwischen. Einsame Buchten sind nur zu Fuß oder mit dem eigenen Boot zu entdecken.

Am wenigsten erschlossen sind der Westteil der Insel, die Küste nordöstlich von Portoferraio bis zum Capo Vita und die Ostseite des Südzipfels. Diese Küstenabschnitte bestehen hauptsächlich aus schroffer Felslandschaft; Pinienbestand meist nur in den Buchten.

Elba ist ca. 30 km lang und 18 km breit, mit einer Küstenlänge von ca. 150 km. Die Bevölkerung ist eine Mischung verschiedener Einwanderungsströme vom Festland, die Gegensätze sind allerdings längst verwischt. *Portoferraio* ist ursprünglich toscanisch, *Marciana* korsisch, und im herben Bergdorf *Capoliveri* siedelten einst Neapolitaner. Im letztgenannten finden sich noch einige Überbleibsel vom ehemaligen Brauchtum der Neapolitaner bei den Volksfesten.

Während die toscanische Küste fast ausschließlich von Italienern besucht wird, trifft sich auf Elba ein internationales Ferienvolk: viele Deutsche, aber auch Engländer, Holländer und Schweizer.

# Geschichte

Elba ist berühmt geworden, zahlreiche Bücher sind über die Vergangenheit der Insel geschrieben worden und der "Gebildete" weiß auch sofort, um wen sie sich hauptsächlich drehen... Für Napoleon sicher bedauerlich, daß er sein großes europäisches Reich in den Wind schreiben mußte und nach Elba strafversetzt wurde, um dort noch ein bißchen Miniaturkaiser zu spielen - doch für viele seiner Zeitgenossen war es eine Erleichterung.

Aber auch in der Antike war Elba von nicht zu unterschätzender Bedeutung für militärische Strategen - hier lagen schließlich die wichtigsten Eisenvorkommen des Mittelmeeres.

Schon die *Etrusker*, die frühen geschichtsträchtigen Eroberer Italiens, bauten hier Erz ab, das bis zu 70 % Eisen enthält, und konnten so unter anderem ihre Soldaten zufriedenstellend ausrüsten.

Auch die *Griechen*, die sich hier, wie überall im Mittelmeer, ansiedelten, hielten sich an den wertvollen Bodenschätzen schadlos, ebenso natürlich die *Römer*, die schließlich ein Weltreich bei der Stange halten mußten.

Schon in den Jahrhunderten vor Christus hatte sich die Insel in einen einzigen rauchenden Schmelzofen verwandelt, was man auch weithin sehen konnte. Die Griechen nannten das Eiland damals *Aethalia*, was etwa "Erde der tausend Feuer" oder "verrußte Insel" bedeutet. Reste dieser regen Eisenproduktion findet man immer wieder (z. B. Teile von Öfen, Schlacke etc.).

Archäologische Überreste sind übrigens außer den Eisenschlacken nur wenige vorhanden, aus römischer Zeit allerdings erwähnenswert: eine Luxusvilla mit heizbaren Badezimmern bei Le Grotte (oberhalb des damaligen *Fabricia*) gegenüber von Portoferraio.

Als schließlich das Römische Reich unter den anstürmenden Germanenhorden im 5. Jh. n. Chr. zusammenbrach, verließen die Römer die Insel - es kamen die *Langobarden*, die keinen Stein auf dem anderen ließen, sowie die Zeit des Christentums und mit ihr eine teilweise sehr "handgreifliche" Frömmigkeit.

### Heiliger Mamilianus, seibeiuns!

Er lebte einsam und friedlich auf der kleinen Nachbarinsel Montecristo. Und als er im Jahre des Herrn 465 sein Ende herannahen fühlte, entzündete er ein großes Feuer, um den Menschen auf den umliegenden Inseln zu signalisieren, daß er ein christliches Begräbnis wünsche. Dies wurde ihm auch gewährt, allerdings nicht unbedingt so, wie er es sich vorgestellt hatte.

Als nämlich die Bewohner von Elba gleichzeitig mit denen der Insel Giglio beim Leichnam des Heiligen eingetroffen waren, entbrannte ein heftiger Streit, wer ihn denn nun mit nach Hause nehmen dürfe. Im Verlauf der Auseinandersetzung löste sich das Problem auf salomonische Weise, die sterbliche Hülle des Einsiedlers wurde beim erbitterten Kampf der Möchtegern-Bestatter gleich in mehrere Stücke zerrissen, und jede Insel erhielt so ein Teil des Verehrten. Ein drittes wurde anscheinend im Eifer des Gefechts vergessen, es soll später in der Arnomündung bei Pisa angeschwemmt worden sein.

## Geschichte 335

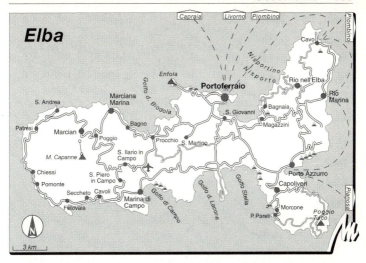

In den folgenden Jahrhunderten wechselte Elba oft den Besitzer: Sarazenen, die Stadtrepubliken Pisa und Genua, Spanien und vor allem Piraten hatten ein Auge auf die kleine Insel geworfen. Im 16. Jh. überfiel der türkische Pirat Cheireddin Barbarossa immer wieder die Bewohner und richtete mit seinen Mannen grausame Blutbäder an.

Als wirksames pädagogisches Mittel, aus ihren unartigen Bälgern brave und folgsame Kinder zu machen, galt seitdem bei den Müttern die emotionslose Ankündigung: "Wenn Du nicht lieb bist, kommt der Barbarossa und holt dich".

Einzige Möglichkeit, sich vor den Überfällen zu schützen, waren kleine, gesicherte Bergfestungen, z. B. die Burg Volterraio, deren Ruine heute noch zu besichtigen ist (auf einem steilen Felsen südwestlich von Rio nell' Elba). Etwa 1020 erbaut, ist sie die größte dieser Burgen auf Elba. Sie wurde niemals eingenommen und zerfiel erst im Lauf der Jahrhunderte.

Später mischten sich natürlich auch die *Medici*, die damals bereits die ganze Toscana beherrschten, in die Auseinandersetzungen ein. *Cosimo di Medici*, der letzte bedeutende Sproß dieser Familie, beschloß, Portoferraio ganz neu aufzubauen und zu befestigen. Die Stadt erhielt den bedeutungsschwangeren Namen *Cosmopolis* (etwa "Weltstadt"). Die neu errichteten militärischen Bauwerke dieser Zeit sind teilweise bis heute erhalten geblieben: die beiden Festungen über der Stadt - *Forte Stella* (Sternfeste) und *Forte Falcone* (Falkenfeste) sowie die Mauern, die sich bis in die Stadt hinunterziehen. Von dem Gebäude aus, das heute das Telefonamt beherbergt, sollen Cosimo und sein Architekt

## 336  Elba

damals die Bauarbeiten überwacht haben (Casa del Duca am Fuß des Colle Reciso).
Die Piraten konnten nun der Stadt nichts mehr anhaben, und so wurden fortan die weiten Küsten Elbas ihre bevorzugten Landungsgebiete - Grund dafür, daß die Küsten jahrhundertelang nicht erschlossen wurden. Erst im Zeitalter des Massentourismus änderte sich das.
1802 kam die Insel ganz in die Hand der Franzosen, damit war sie erstmals nach über 200 Jahren wieder ungeteilt (vorher waren Spanier, Deutsche, Italiener u. a. gleichermaßen vertreten gewesen). Damit war der Ring frei für das wenig ruhmreiche Intermezzo des großen Kaisers Napoleon auf der kleinen Insel.

### Napoleon auf Elba

Je höher man steigt, desto tiefer kann man fallen - der Satz klingt banaler, als er ist. Jedenfalls gilt er für den Beherrscher fast ganz Europas, der nach dem katastrophalen Rußlandfeldzug 1812 den Hut nehmen mußte und als Entschädigung die Herrschaftsgewalt über ganz (!) Elba zugestanden bekam - für einen Ex-Kaiser durchaus angemessen. Gerade 300 Tage hielt sich der kleingewachsene Franzose hier auf - eine Zeit, von der die Insel heute noch zehrt.
Als Napoleon am 4. Mai 1814 seinen kaiserlichen Fuß auf die Insel setzte, hatte man schnell die Kellerschlüssel des Bürgermeisters vergolden lassen und überreichte sie dem neuen Chef anstelle der nicht vorhandenen Stadtschlüssel. Nach der Schreckensfahrt von Paris durch die Provence, die Napoleon nur in Verkleidung überstehen konnte, da etliche Mordanschläge auf ihn geplant waren, war die Stimmung auf Elba glücklicherweise freundlich. So konnte der Kaiser in gewohntem Elan daran gehen, den kleinen Inselstaat nach seinen Vorstellungen zu verändern: Straßenbau, Import von Nutzpflanzen, Intensivierung des Handels, Erzabbau.
Probleme gab es allerdings mit den Finanzen. Ludwig XVII. von Frankreich war zwar durch einen Vertrag verpflichtet, ihm jährlich zwei Millionen Francs zu zahlen - doch Papier ist geduldig. Das Privatvermögen Napoleons war nicht auf einem Schweizer Nummernkonto deponiert, deshalb nur noch teilweise greifbar und obendrein arg zusammengeschmolzen. Doch Bonaparte fühlte sich prächtig und wie Gott in Frankreich. So hielt er sich einen kleinen Hofstaat mit Kammerdienern, Beamten, 30 Kutschen, 100 Pferden und über 700 Soldaten, und wenn er ausritt, begleiteten ihn prachtvolle Reiter. Außerdem liebte er es, Goldmünzen unters Volk zu streuen, ein charmantes Hobby, von dem er nur ungern Abstand nahm.
Nach und nach sammelten sich die Veteranen aus früheren Feldzügen

## Geschichte 337

wieder um ihn, und auch sie wollten aus der Staatskasse Elbas ernährt werden.

Als schließlich das Gerücht durchsickerte, daß man auf dem Wiener Kongreß die Verbannung des Kaiser i. R. auf eine weiter entfernte Insel plane, fällte Napoleon den folgenschweren Entschluß, es noch einmal zu versuchen: Am 26. Februar 1815 verließ er Elba mit Kurs auf Frankreich, bald schlossen sich ihm getreue Soldaten und Offiziere an, die ihre ruhmreiche Zeit unter seinem Kommando nicht vergessen hatten. Noch einmal zitterte das alte Europa, bis schließlich, 100 Tage später, bei Waterloo die Entscheidungsschlacht ausgetragen wurde. Napoleon wurde ein zweites Mal verbannt, diesmal nach St. Helena, wo er sechs Jahre später starb. Der Historiker Ferdinand Gregorovius, der im 19. Jh. Italien durchwanderte, notierte: *"Gestehen wir es, das Bild Napoleons auf Elba erhebt uns nicht allzusehr. (...) Die Geschichte zerbrach ihn wie ein Rohr, das ein rollendes Rad zerknickt."*

## Auf Napoleons Spuren

Wer heute auf Elba den Spuren des Großen folgen will, der kann das tun. Er kann z. B. auf den Sattel zwischen Forte Stella und Forte Falcone hinaufgehen und die **Villa dei Mulini** besichtigen, die Stadtwohnung des "Kaisers". Im Garten des kleinen Palazzo wird gerne sein Lieblingsplatz gezeigt, eine Steinbank an einem kleinen Mäuerchen, wo der Fels über 100 m steil abfällt. Hier soll er oft stundenlang gesessen und gebrütet haben. Der Blick geht von hier weit übers Meer, im Westen fast bis nach Korsika, wo Napoleon geboren wurde.

Doch die Zimmer der Stadtwohnung wurden ihm bald zu klein und zu dunkel, und so suchte er einen hellen, ruhigen Platz für seine Sommerresidenz. Er fand ihn im Tal von **San Martino** (siehe Portoferraio, Umgebung). Nachdem er den Platz mit dem Geld seiner Schwester erworben hatte, ließ er sich hier sein neues "Versailles" aufbauen.

Der einsame Platz der **Madonna del Monte** im Westen der Insel ist noch zu erwähnen (siehe Marciana, Umgebung). Auch bei diesem Kirchlein soll der Kaiser wehmütig den herrlichen Blick bis zu seiner Heimatinsel Korsika genossen haben.

## Karten/Literatur/Zeitschriften/Zeitungen

Eine recht brauchbare **Kompass-Karte** *Isola d'Elba* im Maßstab 1:30.000 gibt es vor Ort bzw. im deutschen Buchhandel. Sehr detailliert sind darauf Schotterstraßen und auch Wanderrouten eingezeichnet.

Vernon Bartlett, *Elba*, Prestel-Verlag, München 1969. Hauptsächlich Geschichte Elbas mit Schwerpunkt Napoleon.

> **Elba-Spiegel**, herausgegeben vom Tourist-Inform-Center Elba, Elvira Korf. Deutschsprachige Urlauberzeitschrift mit hilfreichen (Hintergrund-) Informationen über die Insel. Erscheint einmal pro Jahr. Für 3000 Lire in den Reisebüros und an Kiosken erhältlich.

Henky Henschel, *Capoliveri, Porträt eines schwierigen Freundes*, Dürr Verlag, München 1982. Erhältlich in den Buchhandlungen von Portoferraio. Ein reich bebilderter Erzählband über das harte Leben im Bergdorf Capoliveri.

Vom selben Autor erschien 1984 im Heyne-Verlag "Auf dem Zahnfleisch durch Eden". Hier beschreibt Henschel seine ersten Jahre auf der Insel.

Pierangela Pellizza Piras, **Kochbuch der Insel Elba**, Lecco 1982. Ein erinnerungsreiches Mitbringsel und sehr nützlich für Selbstversorger (übersetzt von Elvira Korf).

Die Redaktion des Elba-Spiegels hat auch einen deutschsprachigen Videofilm (VHS, 35 Min.) über Elba herausgebracht. Für 47.000 Lire in jeder Buchhandlung auf der Insel erhältlich.

**Lisola**, deutschsprachige Wochenzeitschrift (Informationen, Sport, Kultur), für deren Überleben wir hier die Daumen drücken wollen. Im Juni 1991 erschien eine Sonderausgabe mit hervorragenden Aufsätzen der kürzlich verstorbenen italienischen Schriftstellerin Journalistin und Elba-Kennerin Maria Teresa Cirri Bresciani.

**ProntoElba**, zweisprachige (it./dt.), monatlich erscheinende Informationszeitung für Touristen. Vor allem Reklame, aber auch Veranstaltungskalender, Schiff- und Busfahrpläne. Erhältlich für 2000 Lire an Kiosken oder gratis in besseren Hotels.

Für Italienischkundige: Die italienischen Tageszeitungen *Il Tirreno* und *La Nazione* haben einen Elba-Regionalteil.

*Fast stündlich Fährverbindung mit dem Festland*

## Telefonieren

▶ **Nach Elba**: Die Insel gehört zum Telefonbezirk Piombino. Die Vorwahl ist 0039/565 vom Ausland aus, 0565 vom italienischen Festland (ausgenommen Telefonbezirk Piombino) aus.

▶ **Von Elba** in die BRD 0049, in die Schweiz 0041, nach Österreich 0043. Auslandsgespräche werden nicht von der Post aus, sondern vom *Posto telefonico pubblico* aus (oft in einer Bar untergebracht) geführt.

Nachstehend einige Adressen

**Capoliveri**: Via Cavour 4
**Cavo**: Bar Pierolli
**Lacona**: Pizzeria Elbolanda
**Marina di Campo**: Ufficio telefonico, Via Roma

**Porto Azzurro**: Calata Matteotti 15
**Portoferraio**: Bar Aurora, Piazza Repùbblica; Bar Certosa, Corso Cavour; Bar Residence, am Hafen
**Rio Marina**: Bar Astra, Via Amedeo 8

# Anreise

▶ **Eisenbahnverbindung** nach Piombino: Umsteigebahnhof an der Hauptstrecke Genua - Rom ist *Campiglia Marittima*. Von dort mehrmals täglich Zugverbindung nach Piombino (14 km).

▶ **Mit dem Schiff**: Hauptfährhafen am Festland ist das ca. 10 km von der Insel entfernte *Piombino*. Von hier geht fast stündlich eine Autofähre nach *Portoferraio*, dem Hauptort von Elba. Fahrzeit ca. 1 Stunde.

# Elba

Schneller, aber weniger reizvoll ist die Überfahrt mit dem Tragflächenboot *(aliscafo)*: ca. 30 Minuten.

Zwei Schiffahrtsgesellschaften, die staatliche *Toremar* (Fähren und Tragflächenboote) und die private *Navarma*, bedienen die Strecke nach Elba:

**Toremar**: 57025 Piombino, Piazzale Premuda 13, Tel. 0565/31100, Fax 35294. Erste Abfahrt Richtung Elba ca. 6 Uhr, letzte ca. 20.50 Uhr (vom 16. Juni bis 30 September jeweils noch eine Fähre um 22.15 Uhr) *Rückfahrt*: 57037 Portoferraio, Calata Italia 22, Tel. 0565/918080, Telex 590018.

**Navarma**: 57025 Piombino, Piazzale Premuda, Tel. 0565/221212.
Vertretung in Deutschland: Seetours International GmbH & Co. KG, Seilerstr. 23, 60313 Frankfurt, Tel. 069/1333260. Erste Abfahrt nach Portoferraio: ca. 6.00 Uhr, letzte: ca. 21.40 Uhr.
*Rückfahrt*: 57037 Portoferraio, Viale Elba 4, Tel. 0565/918101.

**Elba Ferries**, eine relativ neue Fährlinie, die zur Zeit keine eigenen Büros unterhält und durch Reisebüros vertreten wird. Auskünfte: Portoferraio Tel. 930676, Piombino Tel. 220956.

**Weitere Fährverbindungen** (mit Toremar): Piombino - Rio Marina - Porto Azzurro, Piombino - Cavo.
Die Verbindung von Livorno-Portoferraio wird nur noch vom 12.11 - 31.12 angeboten.

• *Preise*:
Zwischen den drei Gesellschaften besteht keine nennenswerte Preisdifferenz. Die Überfahrt (einfach) pro Person ca. 10 DM, mit dem Tragflügelboot ca. 18 DM.
**Autos**: abhängig von der Fahrzeuglänge, 3,51 - 4 m: ca. 50 DM, 4,01 - 4,50 m: ca. 60 DM, über 4,50 m: ca. 75 DM.
**Motorrad**: Überfahrt ca. 16 - 22 DM.
**Fahrrad**: ca. 10 DM.

**Buchen:** Wer mit dem eigenen Wagen anreist, sollte im Juli/August und an Wochenenden in der Vor- bzw. Nachsaison auf jeden Fall vorbuchen. Ostern und Pfingsten sind die Fahrzeugstellplätze schon Wochen (!) vor dem Abfahrtstermin vergeben. Generell ist anzuraten, den Ankunftstag möglichst nicht auf einen Samstag zu legen, weil den die meisten ausländischen Reiseunternehmen bereits für sich gebucht haben. Am bequemsten ist es natürlich, über ein Reisebüro reservieren zu lassen.
**Wichtig:** Man sollte eine Stunde vor der Abfahrtszeit am entsprechenden Fährbüro sein, sonst wird der Platz anderweitig vergeben!

▶ **Anreise per Flugzeug:** Nördlich von Marina di Campo, beim Ort La Pila befindet sich ein kleiner Flugplatz für Maschinen bis zu 4 Tonnen (Startbahnlänge 800 m).

Der Miniflughafen verfügt über eine Zollstelle, ein paar Charterbüros, eine Bar, einen Kiosk... und zwei alte Kicker, die mitten in der Wartehalle aufgestellt sind. Ein Hotel und ein Restaurant sind angeschlossen. Flugplatzauskünfte: Tel. 976011.

• *Auslandsflüge*:
**Deutschland**, Euroflug Frenzel ab Freiburg (0761/508686). Von Anfang Mai - 24.9. inkl. Rückflug 980 DM. Flugmaschine: Beechking R200 (8 Pers.).
IFS Internationaler Flugservice, von Mai bis Ende September ab München. Jeden Samstag 10.30 Uhr (Ankunft 13 Uhr). incl. Rückflug ca. 795 DM. Zu buchen über Volotour-Reisen München, Tel. 089/399838. Flugmaschine: Metroliner bzw. ATR 42.
**Schweiz**, Servair Zürich (Tel. 0041/1/3420633), in der Saison jeden Samstag nach Elba. Sunshine Aviation ab Lugano.
**Rheintalflug**, Flüge ab Altenrhein, jeden Samstag, Auskünfte über die Zentrale in Bregenz (Österreich) Tel. 0043/557/448800.

Inlandsflüge: täglicher Linienverkehr Pisa - Elba - Pisa (ab Pisa Direktflüge nach München/Frankfurt). Gelegentliche Verbindungen nach Florenz, Bologna, Milano, Rom. Entweder mit Transavio (Flugmaschine: zweimotoriger Turbopropeller vom Typ Beechcraft King-Air) oder Air Capitol.
Autovermietung am Flughafen von Elba: Avis, Reisebüro Taglione, Loc. La Pila, Tel 977150.

# Unterwegs auf Elba

▶ **Busverbindungen:** Busbüro ATL an der Viale Elba (Querstraße zur Hochhauspassage am Hafen von Portoferraio). Busfahrpläne (*orario*) sind dort erhältlich oder auch in einer Vitrine einzusehen. Überdies publizieren auch die italienischen Tageszeitungen *Il Tirreno* und *Nazione* in ihrem Elba-Teil täglich die Abfahrtszeiten.
Verbindungen zu allen größeren Orten mehrmals täglich. Hierfür Tikkets vorher beim ATL bzw. in den jeweiligen genannten Orten (meist Tabacchi-Bar) kaufen.
Hinweis: Nach 19.30 Uhr fahren von Portoferraio keine Busse mehr ab. Deshalb: Abfahrtszeiten der Fähre von Piombino darauf abstimmen!

▶ **Autovermietung:** Praktisch alle Reisebüros der Insel vermitteln auch Autos. Einige Adressen:

Portoferraio: Reisebüro TESI, Calata Italia 8-10, Tel. 93022; **Porto Azzurro**: AVIS, im Büro "Arrighi", Banchina 4 Novembre (am Hafen) Tel. 95000; **Capoliveri**: Della Lucia, Via Mellini 9, Tel. 935117. Antonio Paolini, Via Pietro Gori 6, Tel 968454.; **Marina di Campo**: CIPAT, Via Mascagni, Tel 977766.
Preise: z. B. Fiat Panda ab ca. 75 DM pro Tag + ca. 20 DM für Vollkasko, Benzin extra. Mindestalter 21 Jahre, Kaution 300 DM.
• *Motorräder/Vespas/Mofas/Fahrräder:*
**Portoferraio**: Chiappi Marino, Calata Italia 30 (Vespas, Mofas und Autos); Brandi, Via Manganaro 11; Effepi Moto, Viale Teseo Tesei (Motorräder). **Porto Azzurro**, Rent Ghiaie, Viale Italia 48 (selbe Konditionen wie die Zentrale in Portoferraio); **Lacona**: Motorclub Elba.
Der größte Vermieter ist **TWN**, mit Agenturen in Portoferraio (Viale Elba 32/Busbahnhof), Porto Azzurro, Lacona, Marina di Campo und Marciana Marina. Hier können Sie sich sogar ein Mobiltelefon für 30 DM pro Tag mieten. In der Nebensaison diverse Rabatte in Verbindung mit Jugendherbergsausweis, Fährtickets bzw. Eisenbahnfahrkarten.
Preise in der Nebensaison (nicht 1.8 - 28.8), Tag/Woche: Fahrrad 20/75 DM, Mountain Bike 27/120 DM, Roller 46/200 DM.

## Camping

Auf Elba gibt es insgesamt 29 Plätze. Die meisten sind klein und direkt am Meer gelegen. Die Preise bewegen sich bei den generell gut ausgestatteten Anlagen für 2 Personen, Zelt und Auto um die 30-40 DM.
Wegen ihrer langen Sandstränden bevorzugte Camping-Gegenden sind die Buchten von *Lacona* und *Marina di Campo*.
Wer Nachtleben und Abwechslung liebt, sucht die Campingplätze von *Porto Azzurro* auf. Ruhigere Plätze findet man auf der Halbinsel *Enfola*

oder etwas abseits des Strands von *Ottone* (bei Magazzini). An der wenig erschlossenen Westküste sucht man Campingplätze vergebens.
Die meisten Plätze haben nur zwischen April/Mai und Sept./Okt. geöffnet. Zwei haben ganzjährig geöffnet: *La Foce*, der auch Miniappartements vermietet (am Sandstrand östlich von Marina di Campo), sowie *Sole e Mare* in Nisporto.

**Rucksackreisende ohne Zelt** werden von den Campingplatzbesitzern im allgemeinen mit einem bedauernden Achselzucken abgewiesen! In einem Fall wurde von einem ahnungslosen Neuankömmling außer der Übernachtungsgebühr auch noch Autostellplatz und Zelt abkassiert!

**Wildcampen:** Wegen Brandgefahr und des Müllproblems verboten! Nicht selten werden Bußgelder in Höhe von ca. 20 DM erhoben.

# Freizeit & Sport

- **Free Climbing:** Für das Klettern ohne Seil und Haken gibt es inzwischen auch auf Elba einen Club: Elba free climbing club, Renato Bardi, Loc. Antiche Saline, Portoferraio, Tel. 917140.

- **Golf:** Ca. 7,5 km südöstlich von Portoferraio (Abzweig von der Straße nach Porto Azzurro) gibt es einen Golfplatz mit 9 Löchern. Er gehört zum jetzt geschlossenen 1.-Klasse-Hotel Acquabona. Spielen darf jeder, Schläger und Bälle können gemietet werden.

- **Reiten:** *Portoferraio*, im Ortsteil Picchiaie (etwas außerhalb, an der Straße nach Porto Azzurro): Ranch Antonio, ruhig und abseits gelegen mit herrlichem Ausblick. 5 Doppelzimmer mit Frühstück zu vermieten (pro Person ca. 50 DM). Im Stall stehen 15 Maremma-Pferde, der 1½stündige Ausritt kommt auf ca. 30 DM. Tel. 933132.
  *Fattoria Il Fortino del Buraccio*, Buraccio. *Fattoria Le Ripalte*, Capoliveri-Punta Calamita, Tel. 968322. *Blandi*, Barbarossa-Porto Azzurro, Tel. 95087. *Lando*, Capoliveri-Carene, Tel. 968721. *Locanda dell'Amicizia*, Seccheto Vallebuia, Tel. 987051.

- **Segeln:** Die Insel Elba ist ein nahezu perfekter Ausgangspunkt für Segeltörns im Tyrrhenischen Meer: Mehrere Charterflotten sind hier genauso beheimatet, wie deutschsprachige Segelschulen. Elba verfügt aber auch über gut ausgestattete und sichere Häfen mit allen Einrichtungen. Dem erfahrenen Hochseesegler bieten sich Törns zu den kleineren Toscanischen Inseln Giglio und Capraia an. Auch die Halbinsel Argentario mit den Häfen St. Stefano, Porto Ercole und Cala Galera sind lohnenswerte **Törnziele**. Bei guter Wetterlage reizt aber die meisten Skipper ein Törn nach *Korsika*. Nur etwa 40 Seemeilen entfernt warten die Häfen Bastia und Macinaggio auf die Segler aus Elba, wo

## Freizeit & Sport 343

*Die Strände der Insel sind fast alle appetitlich sauber*

mit Pastis und korsischem Wein eine gelungene Überfahrt zu feiern ist. Seit einigen Jahren brauch der Wassersportler keine Zollformalitäten für Italien und Frankreich mehr über sich ergehen zu lassen. Somit steht einem Elba-Korsika-Törn fast nichts mehr im Wege: Die Charteryachten sind nach italienischer Rina ausgerüstet, d.h. alle erforderliche Sicherheits- und Navigationsausrüstung ist an Bord; auch deutschsprachige nautische Literatur und Seekarten. Vorraussetzung sind natürlich der amtliche Sportbootführerschein und im eigenen Interesse eine größere Erfahrung in Umgang mit Hochseeyachten. Denn dieses Segelrevier sollte auch im Hochsommer nicht unterschätzt werden: Plötzliche, ohne Vorwarnung auftretende *Mistral* und *Sciroccowinde* in Sturmstärke können auftreten, und unerfahrene Segler in große Schwierigkeiten bringen. Wem die nötige Erfahrung fehlt, sollte sich lieber auf einer Yacht mit Skipper einmieten; oder man bucht direkt bei einer der Segelschulen einen Ausbildungstörn. Erfahrene Schiffsführer kennen die Gefahren, vermitteln das Segelhandwerk und laufen natürlich auch einsame Buchten und Ankerplätze an, die der Laie nicht kennt. Zu empfehlen ist das Frühjahr und der Herbst: Im Juli und August ist es fast unmöglich in den zahlreichen Häfen gute Liegeplätze zu finden.

Für **Jollensegler** bieten sich in Elba mehrere geschützte Buchten mit Sandstränden an. Hier wehen auch in den manchmal sehr windarmen Sommermonaten erfrischende thermische Winde, die für unsere Jollensegler herrlichen Segelspaß bedeuten. An den meisten Sträden sind

## Elba

Surfbrett und Jollenverleihe; leider werden auch immer häufiger Motorboote und Waterbikes verliehen, sehr zum leidwesen der um Ruhe und Erholung bedachten Urlauber. Die größeren Strände verfügen über abgeteilte Zonen für Schwimmer. Schmale Bojen- gassen sind für die Jollensegler zwischen diesen Zonen zwecks Anlandung vorgesehen. Schwimmwesten sind obligatorisch.

Die alten **Stadthäfen** von Portoferraio, Porto Azzurro und Marciana Marina sind nicht nur für die Landurlauber ein malerischer Anziehungspunkt: Oft total mit Yachten überfüllt, muß der fremde Skipper erst einmal lernen, mit den "italienischen Verhältnissen" klar zu kommen. Es gibt hier keine Hafenmeister, die Plätze zuweisen; es gilt das Recht des zuerst Kommenden. Auch wird hier mit Anker rückwärts angelegt. Für Nord und Ostseesegler kein leichtes Manöver.

Häfen: Stadthafen Portoferraio, 2 Marinas und Bootswerften sind an der gleichnamigen Bucht gelegen, Cavo, Rio Marina, Porto Azzurro, Marina di Campo und Marciana Marina. In diesen Häfen gibt es öffentliche Liegeplätze und auch kostenpflichtige Steganlagen.

• *Segelschulen*: auf Elba sind alle deutschsprachig und bieten DSV Segelscheinkurse für Jollen und Seesegeln an. Auch können auf Anfrage Jollen und Yachten gemietet werden.
**DHH Yachtschule**, Grotte del Paradiso, Portoferraio. DHH, Postfach 130268, 20102 Hamburg.
**Segelzentrum Elba**, Bagnaia. Sürther Hauptstr. 211. 50999 Köln.
**Segel Club Elba**, Magazzini. Postf. 300327, 51413 Bergisch-Gladb.
**Segelschule Procchio**, Proccio. Amselweg 11, 53844 Troisdorf.

• *Charterfirmen*:
**Sun Charter**: Portoferraio, 9 Janneau Yachten, 11 bis 14m, 2900 bis 6500 DM/Wo.
**Yachting Aloa**: Portoferraio, 6 versch. Yachten, 11 bis 13m, 3200 bis 6500 DM/Wo.
**Tirrenia Yachtservice**: Portoferraio, 10 versch. Yachten, 9 bis 14 m, 1950 bis 4950 DM/Wo.
**Time Charter**: Portoferraio, 6 versch. Yachten, 11 bis 13m, 2200 bis 7500 DM/Wo.
Einige Buchungsadressen:
**Brenneisen Charter**, Gottenheimerstr. 19, 79224 Umkirch.
**Bodingbauer Yachtcharter**, Zapfweg 18, 81241 München.
**Sun Charter**, Am Gries 17c, 82515 Wolfratshausen.
Segeltörns mit Skipper und kombiniertem Bungalowaufenthalt:
**Unterwegs Reisen**, Humboldtstr. 19, 38106 Braunschweig.

▶ **Sprachkurse:** Zweiwöchige Sprachkurse (für verschiedene Sprachniveaus) und auch Intensivkurse (160 Stunden in knapp 8 Wochen) führt das Studio *Fiore Blu* von Dr. Monika Lustig in Capoliveri durch. Das Studio vermittelt seinen Gästen auch Privatzimmer, Hotelzimmer, kleine Wohnungen oder ein Haus im Grunen. Adresse: Via Tito Sperl 11, 57031 Capoliveri, Tel. 968381.

Die Sprachschule *Centro Fiorenza* veranstaltet im 4-Stern-Hotel La Perla in Procchio zweiwöchige Kurse. Mehr darüber bei Centro Fiorenza, Via S. Spirito 14, 50125 Firenze, Tel. 055/2398274.

- **Surfen:** Den o.g. Segelschulen sind auch Surfschulen angeschlossen. Es gibt jedoch noch wesentlich mehr Surfschulen, darunter auch solche mit provisorisch errichteten Buden am Strand - ein besserer Bretterverleih!
- **Tauchen:** Zwei deutschsprachige, qualifizierte Tauchschulen, die zur Erlangung der Brevets führen, liegen in Schweizer Händen:
  Subex, **Barbarossa-Bucht**. René Galster, Tel. 95628. Adresse in der Schweiz: Bettenstr. 31, CH-4123 Allschwil, Tel. 0041/61/630782.
  Spiro Sub, Camping del Mare, **Marina di Campo**. Pitt Gsell, Tel. 976102. Adresse in der Schweiz: Postfach, CH-4000 Basel 5.

  Die Unterwasserjagd mit Preßluftflaschen ist verboten! Ohne Flaschen dürfen max. 5 kg Meerestiere erlegt werden.

  **Flaschenfüllungen:** an den genannten Tauchschulen wie auch an folgenden Stellen: *Portoferraio*: Lady Jane, Via Carducci; Caccia e Pesca, Via Manganaro 10; Carpani Sport Market. *Porto Azzurro*: Tankstelle; *Capo Enfola*: Campingplatz. *Lacona*: Sporting Club Lacona (am Strand). *Marina di Campo*: Ferramenta Tesci, Piazza V. Emanuele 14.
- **Tennis:** Sehr viele Hotels haben eigene Tenniscourts. Die Plätze werden, wenn nicht gerade von Hotelgästen belegt, auch an Fremde vermietet. Öffentliche Tennisplätze: *Portoferraio*: Campo Sportivo, oder im Ortsteil San Martino: Oasi Sacro Cuore; *Magazzini*: Fabrizio Galletti; *Rio nell'Elba*: Campo Sportivo; *Porto Azzurro*: Campo Sportivo; *Marina di Campo*: Ortsteil La Serra; *Marciana Marina*: hinter der Strandpromenade; *Procchio*: Centro Sportivo.
- **Wandern:** Sehr reizvolle Bergwanderwege an vielen Stellen der Insel. In den letzten Jahren wurden etliche Wanderwege neu markiert. Eine entsprechende Wanderkarte über den westlichen Teil der Insel war sofort vergriffen. Ein brauchbarer deutschsprachiger Wanderführer ist in den Inselbuchhandlungen erhältlich. Hier ein paar Tips:
  - Hinauf zur Festung Volterraio, siehe Rio nell'Elba, Umgebung.
  - Von Capoliveri auf den Monte Calamita, siehe Capoliveri, Umgebung.
  - Aufstieg zum Monte Capanne (1019 m), siehe Marciana, Umgebung.
  - Zur Madonna del Monte, siehe Marciana, Umgebung (und von dort weiter an die Westküste).
- **Wasserski:** Verleih am Strand von Lacona, in der Bar da Mario, Marina di Campo und in der Segelschule Procchio.

# Essen & Trinken

**Natürlich gibt es viel Fisch. In jedem Hafenort sieht man morgens die Fischkutter mit vollen Körben zurückkehren.**

Gefangen wird an den felsigen Küsten Elbas eine große Vielfalt an Fischen, von *Aringhe* (Heringe) bis *Zerri* (Zerro-Fische). Hummer gibt es

# 346 Elba

*Urlaubsträume – Strandrestaurant Da Piedro in der Innamorata-Bucht*

von Mai bis Juni. Alle Besucher können mit dem hier angelandeten Fisch jedoch nicht verköstigt werden. Zum Teil kommt er per Luftfracht via Rom aus Argentinien oder aus der Tiefkühltruhe.

Das Essen in den Restaurants ist nicht billig. Für den "Einheitspreis" von ca. 35 DM pro Menü ist es schwierig, etwas Angemessenes zu bekommen. Nach typisch elbanischen Gerichten sucht man lange.

Wer ein eigenes Appartement mit Kochgelegenheit zur Verfügung hat, kommt sicherlich preiswerter weg. Doch ist auch der Einkauf von Lebensmitteln, Obst und Gemüse auf Elba teurer als auf dem italienischen Festland.

## Die Weine Elbas

Die Weinhersteller machen darauf aufmerksam, daß auch Weine von außerhalb (z. B. Sizilien) auf Elba abgefüllt werden und auf dem Etikett den Vermerk tragen: *Imbottigliato all'Elba*. Echt sollten in jedem Falle folgende Etiketten sein:

**Elba Bianco** *(Procanico):* trockener Weißwein, gelbliche Farbe. Zu Vorspeisen und Fischgerichten; gekühlt trinken.

**Elba Rosso** *(Sangioveto):* trockener Rotwein. Vor allem zu Fleischgerichten; temperiert trinken.

**Aleatico**: schwerer, süßer Wein von dunkelroter Farbe. Wird als Dessertwein getrunken.

**Moscato:** Schwerer, süßer Wein, bernsteinfarben. Als Aperitifwein oder zum Dessert.

**Weingüter:** Folgende Weingüter geben Kostproben und verkaufen originale Elba-Weine:

*Azienda Agricola La Chiusa di Giuliana Foresi*, **Magazzini**
*Azienda Agricola Sapere T.A.*, **Porto Azzurro**, Ortsteil Mola. ("Bezüglich der elbanischen Weingüter habe ich das Gefühl, daß insbesondere bei der Azienda Agricola Sapere man sehr auf den Tourismus setzt, die Preise erschienen mir recht hoch", schreibt uns ein aufmerksamer Leser.)
*Azienda Agricola Mola*, **Capoliveri**;
*Le Due Valli*, **Marciana** (Empfehlung des oben zitierten Lesers; die Due-Valli-Weine sind in zahlreichen elbanischen Restaurants vertreten.);
*Podere la Pianella*: **Procchio**.

**Grappa:** Der italienische Nationalschnaps wird natürlich auch auf Elba gebrannt. Verkauft werden sowohl einjährige als auch mindestens dreijährige *(stravecchia)*. *Grappa dell'Elba S.A.S.*, Distilleria Grappe, *Poggio* (zwischen Marciana Marina und Poggio). Verkauft werden hier auch Weine aus dem Marciana-Gebiet.

### Wochenmarkt

Er zieht unter der Woche von Ort zu Ort: Kleidung, Schuhe, Haushaltswaren sowie Obst und Gemüse. Stets von 8-13 Uhr.

**Montag:** Rio Marina,
**Dienstag:** Marciana Marina und Rio nell'Elba,
**Mittwoch:** Marina di Campo und Cavo,
**Donnerstag:** Procchio und Capoliveri,
**Freitag:** Portoferraio,
**Samstag:** Porto Azzurro,

# Portoferraio

Hübsche Inselhauptstadt und wichtigste Anlaufstelle der Fähren und Segelschiffe. Trotz vielseitiger Unterkunfts-, Ausgeh- und Einkaufsmöglichkeiten lohnt sich ein längerer Aufenthalt wegen des städtischen Charakters nicht für jeden.

Vor allem nicht im Juli/August: Entlang den überfüllten Cafés an der Hafenpromenade das typische Bild der Endlich-ans-Ziel-Gelangten bei ihrem ersten Cappuccino. Darunter mischen sich wehmütig die Abreisenden, die sich die Zeit bis zur Abfahrt der Fähre noch etwas versüßen möchten. Auf den Hauptstraßen viel Getöse von hektischen Autofahrern. Nach diesem ersten Eindruck kann die Überraschung nur angenehm sein, wenn man durch den großen Torbogen hindurch das Altstadtviertel aufsucht.

• *Information*: Azienda di Promozione Turistica (A.P.T.), Calata Italia 26, 1. Etage. Allgemeine Informationen über Elba. Geöffnet: 7.30 - 13.30 und 16-18 00 Uhr, sonntags geschlossen, Tel. 914671.

# Elba

- *Fährbüros*: Toremar und Navarma haben ihre Fahrkartenschalter beide an der Calata Italia.
- *Hotelreservierungen*: Associazione Albergatori Elbani (Vereinigung der Hotelbesitzer Elbas), Calata Italia 20 (Ilva-Reisebüro). Hier werden Reservierungen für die ganze Insel entgegengenommen und freie Zimmer vermittelt. Tel. 914754 oder 915555.
- *Einkaufen*: Für Selbstverpfleger größter **Supermarkt** COOP, in der Viale Tesei, die vom Fährhafen stadtauswärts führt.
**Täglicher Markt** (mercato coperto) in den Markthallen der Altstadt. Obst, Gemüse, Fisch von 9-13 Uhr.
**Naturkostladen** Le Erbe, Via Garibaldi 37; Erbavoglia in der Calata Mazzini.

## Übernachten

Die angegebenen Preise gelten für die Hochsaison. Wie auch in den meisten anderen Hotels der Insel sind die Zimmer außerhalb der Hauptsaison (August) 30 - 50 % billiger zu haben.
Für Privatzimmer - holen Sie sich im Informationsbüro das komplette Verzeichnis von angebotenen Privatzimmer und Appartements der Insel Elba (mit Preisangaben).

\*\*\* **Massimo**, Calata Italia 23, DZ 180 DM inkl. Frühstück, am Fährhafen. Bräuchte einmal eine Grundrenovierung. Fragen Sie nach den Preis, Vorsaison bis zu 50 % billiger. Tel. 914766.

\*\*\* **Touring (3)**, Via Roma 13 (oberhalb der Piazza della Repùbblica), DZ ca. 110 DM. Nicht Badegäste, sondern Stadtbummler profitieren von der zentralen Lage. Kleine Zimmer mit Dusche/WC und TV in renoviertem Bau mit Lift. Tel. 915851.

\*\* **Ape Elbana (4)**, das älteste Hotel Elbas, mitten im alten Zentrum an der Piazza della Repùbblica. DZ mit Bad um die 90 DM, ohne etwas preiswerter. Die Zimmer sind in diesem alten, verschachtelten Haus meist sehr geräumig. Einfache Stahlrohrbettgestelle, hohe übertünchte Holzdecken. Überwachsene Terrasse. Tel. 914245.

\*\* **Nobel Hotel**, Via Manganaro 72 (Verlängerung der Via Carducci). DZ ca. 80 DM. Der Name trügt. Bescheidene Zimmer an der Hauptausfallstraße. Tel. 915217.

- *Außerhalb*

\*\*\* **Acquamarina**, verdient eigentlich ein extra Sternchen. Im Ortsteil Padulella, ca. 1 km vom Zentrum, hinter dem Ghiaie-Strand. DZ mit Bad ca. 150 DM. Der Geschmack und die Liebe zum Detail zeigen sich schon in den Gängen - eine Galerie alter und neuerer Ölgemälde entfaltet das Ambiente eines Privathauses. Zimmer modern und geschmackvoll eingerichtet. Ruhige Lage, geräumige Zimmer mit Balkon und schönem Blick auf die grüne Bucht (5 Min. Fußweg zur Sandbuch). Tel. 914057.

## Camping

Die Campingplätze liegen etwas außerhalb, die schönsten westlich um das Capo d'Enfola. Pflanzenliebhabern sei Rosselba le Palme bei Magazini/Ottono auf der anderen Seite der Bucht von Portoferraio empfohlen. Siehe folgendes Kapitel Portoferraio/Umgebung.

## Essen

**Stella Marina (2)**, am großen Platz am Hafen ("Kiosk"). Spezialitäten aus Ligurien, große Auswahl an leckeren Antipasti (Selbstbedienung), gehobene Preise.

**Il Castagnacciaio**, Via Mercato Vecchio (Gäßchen parallel zur Piazza Repùbblica, unterhalb dieser). Die preiswerteste Pizzeria am Ort - Pizze für ca. 7 DM. Kleiner Verkaufsraum mit heißem Pizzabackofen. Stühle auf einer kleinen Holzveranda in der engen Gasse davor. Beliebtes Lokal und deshalb stets überfüllt.

**Il Buchino**, am Ende der Piazza Cavour, in der Via Corta zwischen zwei Hauswänden (überdacht und im Freien). Gute Salate als Hauptgericht, z. B. Käsesalat, Thunfischsalat, preiswert. Wenig Auswahl an Fisch.

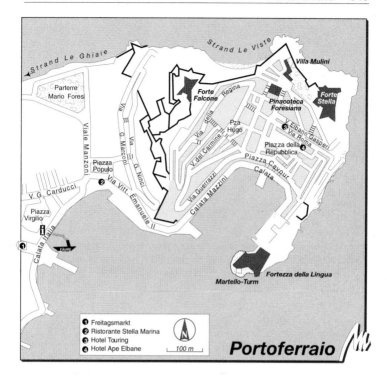

**Il Giappone**, gleich neben dem obengenannten und wie dieses Straßenbestuhlung. Neapolitanische Küche.

• *Außerhalb*: **Da Panino**, Ortsteil Carpani, hinter dem Kreisel rechts fahren (ca. 1,5 km außerhalb), Via Carpani 203. Rustikale Trattoria, die das ganze Jahr geöffnet hat. Kaum Touristen, obwohl es ein nach deutschem Maßstab "gemütliches Lokal" ist. Spezialitäten vom Holzkohlegrill und lokale Küche. Montag geschlossen.

▶ **Baden:** Portoferraio ist nicht gerade ein Badeort. Der *Hauptstrand Le Ghiaie* der sich an der Nordküste westlich der Stadt befindet, heißt zu Deutsch Die Kiesel, und so ist es denn auch. Abends ist die breite Promenade Youngster Treff.

Nicht viel attraktiver ist der kleine Strand *Le Viste* (Sand und Kiesel), zu erreichen über einen steilen Fußweg unweit der Villa dei Mulini.

## Sehenswertes

**Mediceische Festungsanlagen** *(Fortezze medicee)*: Sie stammen aus der Mitte des 16. Jh., als *Cosimo di Medici*, letzter bedeutender Sproß des florentinischen Patrizier- bzw. Bankiergeschlechts sich anschickte,

*Cosmopolis* zu gründen (siehe Elba, Geschichte). Die *Forte Stella*, eine der beiden dominierenden Festungen, ist noch immer ein Wohnbezirk. Auswärtige müssen ca. 2,50 DM Eintritt bezahlen. Der Besuch lohnt jedoch kaum - ein paar schöne Aussichtspunkte auf Portoferraio und den Golf, mehr nicht. Empfohlen hingegen sei der Spaziergang durch die Treppengassen der Oberstadt.

**Villa dei Mulini** *(Museo napoleonico)*: Napoleons einstiges Wohnhaus in bester Lage in der Oberstadt ist heute ein Museum. Einige Gemälde aus dem Ersten Kaiserreich und Stiche von Portoferraio. Im Schlafzimmer überdacht ein hellblau-goldener Baldachin das Kopfende des kaiserlichen Betts, und in der Bibliothek stehen Boccaccios *Decamerone* und Rousseaus *Nouvelle Heloïse* - sinnenfrohe Novellen fürs Exil.
*Öffnungszeiten*: Mo - Sa 9-19 Uhr; Sonn-/Feiertage 9-13 Uhr; Eintritt: 6 DM.
Die Eintrittskarte ist auch für den Besuch der Villa San Martino (siehe Portoferraio/Umgebung) gültig, sofern dieser am selben Tag erfolgt.

**Pinacoteca Foresiana**: Im ursprünglichen Franziskanerkloster aus dem 16. Jh. und späteren Kaserne ist seit einigen Jahren die Privatsammlung von Mario Foresi untergebracht. Zu sehen sind hübsche Möbel aus dem letzten Jahrhundert, Gemälde und Radierungen. Geöffnet 9.30 - 12.30 h. Juli/August auch von 18 - 24 h.

**Archäologisches Museum**: Es befindet sich in der *Fortezza della Lingua* mit dem wuchtigen *Martello-Turm* am östlichen Hafenende. Das großzügig auf zwei Etagen verteilte Museum beherbergt u. a. Funde aus der nahegelegenen römischen Villa *Le Grotte*, etruskische Souvenirs und zahlreiche Amphoren, die schönsten von ihnen sind im oberen Stockwerk im Sand unter Arkaden ausgestellt und effektvoll beleuchtet.
Ein großes Lob der Ausstellungsregie: übersichtliche Schautafeln, Einzelnumerierung der Exponate, gute Ausleuchtung und ausführliche Erklärungen - letztere leider nur auf Italienisch.
*Öffnungszeiten*: Montag - Samstag 9.30-23.30 Uhr (!), Sonntag 19.30-23.30 Uhr. Winter 9.30 - 12.30 Uhr.

## Portoferraio/Umgebung

*(Landeinwärts)*

**Museo di Italo Bolano**: Gleich nach dem Abzweig von der Straße nach Procchio zur Villa di San Martino weist ein gelbes Schild zu diesem Freilichtmuseum, in dem u. a. bemalte Keramikkacheln des bekannten zeitgenössischen Künstlers Bolano zu sehen sind.
*Öffnungszeiten*: Juli/August 10-12.30 und 16-19.30 Uhr, Sonntag geschlossen. Eintritt frei.

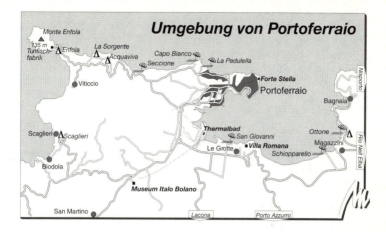

## Terra e Mano

Die Töpferwerkstatt von Iskra und Oreste. Die beiden Kunstkeramiker haben vor über 15 Jahren den Absprung von Deutschland gewagt und leben mittlerweile von ihren Gebrauchs- und Kunstkeramiken, die, wie sie selbst sagen, stark von ihren persönlichen Eindrücken auf Elba beeinflußt sind. Oreste: "Elba meine Trauminsel! Steine, Meer, Felder, Weinberge, wuchernde, duftende Macchia, da fühl' ich mich zu Hause, meinem Ursprung nah. Und aus diesem archaischen Grund entstehen Keramiken und Skulpturen, immer offen, fragmentarisch." Seit einigen Jahren veranstalten sie im Sommer auch *Ferienseminare*. Der Wochenkurs mit Unterkunft im Haus oder in der Nachbarschaft kostet pro Woche ca. 600 DM.

*Adresse*: Casa Castiglioncello, Località San Martino, 57037 Portoferraio, Tel. 930473. Die Stichstraße zum Museo di Italo Bolano nehmen, dann aber rechts leicht ansteigend den Schotterweg hoch.

Kontaktadresse in Deutschland: Michael Skuppin, Urbanstr. 51, 10967 Berlin, Tel. 030/6939351.

## Die Villa Napoleons von San Martino

*Öffnungszeiten* (für Villa und Galerie): 9-17 Uhr, So 9-13.00 Uhr; Eintritt: 6 DM. Die Eintrittskarte ist auch für den Besuch der Villa dei Mulini (siehe Portoferraio) gültig, sofern dieser am selben Tag erfolgt.

Hier oben auf einem Felshügel ca. 6 km südwestlich von Portoferraio grübelte der abgesetzte Kaiser wohl nächtelang über seine Niederlagen und seine Geldnöte. Der Rundgang durch Vorzimmer, Schlafzimmer und Badezimmer wirkt etwas dürftig. Vom ehemaligen kaiserlichen Luxus ist heute nicht mehr viel zu verspüren. Beim Mobiliar handelt es sich größtenteils um Imitationen, da fast der ganze Besitz von den Erben verkauft wurde. Die einzige Überraschung ist das Speisezimmer, der etwas kitschige sog. ägyptische Saal: antikisierende Trompel'Oeil-Gemälde, gemalte ägyptische Skulpturen und an der linken Wand den beschwörenden Spruch "Ubicumque felix Napoleon" (Napoleon ist überall glücklich!). Vom Garten der Villa aus hat man einen fürstlichen (oder kaiserlichen) Blick über die Insel bis aufs Meer.

Auffallender als die Villa von San Martino ist das ihr vorgelagerte Gebäude, die **Galerie Demidoff**, benannt nach einem Verwandten Napoleons, der diese klassizistische "Ruhmeshalle" erbauen ließ. An der Fassade prangt als einziger Schmuck ein skulptiertes Band aus "N"s (für Napoleon) und Bienenwappen (für die fleißigen Elbaner). Innen wird mit Büchern und alten Stichen dem Kaiserkult gefrönt. Prunkstück ist die von *Antonio Canova* aus weißem Marmor gearbeitete *Galatea*, für die Napoleons Lieblingsschwester Paolina - sie wohnte mit ihm in der Villa San Martino - persönlich Modell saß.

Heute bietet die Galerie Demidoff gelegentlich den feierlichen Rahmen für klassische Konzerte.

• *Übernachten*: Gleich daneben befindet sich das **Park Hotel**, dessen Luxus sämtliche kaiserlichen Einrichtungen in den Schatten stellt. Vermutlich würde Napoleon heute lieber hier als in seiner Villa nächtigen: schöne Villa mit ausgiebigem Garten, Doppelzimmer nicht unter 300 DM. Tel. 918502.

## Capo d'Enfola *(westl. v. Portoferraio)*

Ein Badeausflug von Portoferraio: sauberer, glasklarer Kiesstrand am Ende der Straße, Camper finden ein ideales Terrain. Die alte Thunfischfabrik wird restauriert und soll irgendwann als *Museo del Mare* wiedereröffnet werden. Im abschließenden, mit Wald und Macchia bewachsenen Cap liegen einige Villen versteckt. In der Nachbarbucht von **Viticcio** findet man nebst wenigen Hotels nur einen winzigen Kiesstrand und ein paar Felsen, die zum Sonnenbad einladen.

• *Übernachten/Camping/Essen*:
** **Scoglio Bianco**, in Viticcio. Nur Halbpension, ca. 90 DM pro Person. Hübsch gelegen, schöner Innengarten und Restaurant mit Blick aufs Meer, in das die Sonne allabendlich abtaucht. Tel. 939036.
**Camping Aquaviva**, ca. 7 km westlich von Portoferraio in Richtung der Halbinsel Enfola: Bescheidener Camping mit wenig Schatten, es sei denn, man stellt sein Zelt unter einen der Baldachine, die eigentlich den Autos zugedacht sind. Einfache sanitäre Einrichtung. Sehr schmale, von Felsen umrahmte Kiesbucht.
**Camping Sorgente**, wenig weiter in Richtung Enfola. Hier werden auch Bungalows vermietet. Es soll nicht verschwiegen werden, daß der deutschsprachige

Besitzer in der Nebensaison eine am späten Abend angekommene Radlerin wieder wegschickte, weil sie kein Zelt dabei hatte. Die Abgewiesene fand im Camping d'Enfola ein wohlbehütetes und ausgezeichnetes Strandquartier.

**Camping d'Enfola**, am Ende der Straße. Terrassenförmig an einen Hang gebaut, direkt bei der Badebucht von Enfola.

Die im Camping Sorgente verschmähte Radlerin schreibt uns: "Ich schlief prächtig nach den ausgestandenen Strapazen - daher mag's vielleicht subjektiv sein, wenn ich diesen Platz als den schönsten der Insel empfehlen kann. Tauchzentrum angeschlossen, Flaschenfüllstation, Tauchlehrgänge, Vermietung." Tel. 939001.

**Ristorante Emanuel**, am Ende der Straße. Ein freundliches Strandrestaurant unter schattigen Bäumen mit ausgezeichneter Küche (auch kleine Gerichte) und exquisitem Longdrink-Angebot (Veronelli läßt grüßen).

## San Giovanni Terme *(östlich v. Portoferraio)*

Hier gibt es eine seltene Form von Lagunenschlamm, der aus den ehemaligen Salinen kommt und sich mit den Mineralsalzen und organischen Bestandteilen des Meerwassers langsam auf den Innenwänden der Sammelbecken niedergeschlagen hat. Seine Besonderheit ist die natürliche Anreicherung von Eisen und Schwefel, da über 40 Jahre hinweg die Schlacken der Eisenerz-Hochöfen abgelagert wurden. Der Schlamm ist von sehr dunkler Farbe, weich und geschmeidig, fast fettig in seiner Substanz, und läßt sich leicht auftragen.

In der Thermalbadeanstalt von S. Giovanni wird er, nachdem er eine Weile in Wannen mit konzentriertem Salzwasser geruht hat, zu Heilzwecken in Form von Bädern und Inhalationen verwendet (bei Hauterkrankungen, Gicht, Erkrankungen im Hals-, Nasen-, Ohrenbereich). Das Thermalbad vermittelt auch Unterkünfte in Hotels und Pensionen in Verbindung mit einer Kur. Tel. 914680.

Im Kräuterladen werden Kosmetikartikel auf Meeresalgenbasis verkauft.

• *Öffnungszeiten*: In der Zeit vom 20.4.-31.10. täglich von 8.30-12.30 Uhr und 16-19 Uhr.

• *Übernachten*: An den Thermalanlagen, das neue **\*\*\*\* Airone Residential Hotel**, moderne Appartements, von denen 36 im Badezimmer Thermaleinrichtungen für Fangotherapie und Wassermassage haben. Zwei Swimmingpools mit Meerwasser, Privatstrand, Tennisplätze, Kinderspielplatz und ein 8000 qm großer Garten. DZ ca. 250 DM. Tel. 929111.

• *Essen*: **Pizzeria 2001**, im alten Ortskern von S. Giovanni. Ausgezeichnete Pizze und obendrein preiswert und freundlich!
**La Rada**, bietet gute einheimische Küche, wenn nur die Bedienung etwas freundlicher wäre. Das Restaurant liegt in Panoramalage am kleinen Hafen von S. Giovanni; herrlicher Blick auf die Bucht und hinüber nach Portoferraio.

## Le Grotte

Vor der kleinen Ortschaft auf der Anhöhe wurden vor 20 Jahren Reste einer römischen Landvilla aus der Zeit des Augustus (200 v. Ch.) ausgegraben. Die Mauerfundamente lassen eine Rekonstruktion der ehemals luxuriösen Anlage zu: Wohnräume, Räume der Dienstboten und Vorratskammern. Außerdem findet sich ein Wasserbecken mit einem

*Blick von San Giovanni auf Portoferraio*

Zulaufbecken in der Mitte - war es einst eine Badeanlage oder diente es der Fischzucht? Einige Teile des Mauerwerks sind auffallend schön: quaderförmig gehauene Steine, dunkelgrüner Serpentit und grauweißer Kalk wurden abwechselnd neben- und aufeinandergesetzt. Vom Areal aus genießt man einen phantastischen Rundblick.

*** **Garden**, von der Ausgrabungsstätte über eine bewaldete Zufahrt zu erreichen. DZ ca. 150 DM. In einem riesigen Park mit uralten Bäumen und direkt am Meer (Privatstrand) gelegen. Tel. 933043. Dem Hotel angeschlossen ist die **Deutsche Yachtschule (DHH) le Grotte**. Grundkurse, A, BR, BK-Scheine, Windsurfen und Hochseetörns. Anfragen über Rosemarie Uhlmann, Tel. 933329, bzw. Rothenbaumchaussee 58, 20148 Hamburg 13, Tel. 040/44114250.

## Magazzini

Beschauliche kleine Bucht mit einem 200 m langen Kiesstrand, stark mit angeschwemmten Wasserpflanzen durchsetzt. Nur wenige Häuser. An der Mole das Albergo Mare - Bar und preiswertes Restaurant (mittags Self-Service). Davor die Terrasse, von der man bei Sonnenuntergang die Rückkehr der Segelboote der heimischen Segelschule genießen kann.

Sehenswert im eigentlichen Ort, etwas landeinwärts, ist die Kirche **Santo Stefano** in unmittelbarer Nähe des gleichnamigen Hotels. Noch sehr gut erhalten und mit reicher Ornamentik (Blütenblätter, Adler, Pferde, Köpfe von Fabelwesen) versehen, erinnert sie an die Epoche der pisanischen Herrschaft vom 11.-14. Jh. Typisches Erkennungsmerkmal der damaligen Bauweise ist die halbkreisförmige Apsis.

**Weingut** des bekannten Qualitätsweins *La Chiusa di Magazzini*. Imposante Herrschaftsgebäude (18. Jh.) inmitten der Plantage, die sich hinter einer hohen Mauer verbirgt. Besitzerin ist Giuliana Foresi.

▶ **Baden:** Sehr schöne Bademöglichkeit in der Nachbarbucht beim Hotel Villa Ottone. Ein Spazierpfad führt von der Straße die Klippen entlang hinunter zum Strand.

- *Übernachten*: **** **Fabricia,** wenige Kilometer vor Magazzini. DZ ca. 300 DM. Großes Schwimmbad, 2 Tennisplätze, 50 m zum eigenen Strand und sehr ruhig zwischen Wein- und Gemüsefeldern gelegen. Tel. 933181.

  *** **Mare**, auf einem schattigen Hang mit Blick zum Meer, DZ ca.130 DM. Die ehemals preiswert-schlichten Holzbaracken wurden durch ein neues, gediegenes Hotelgebäude ersetzt. Tel. 933069.

  * **Santo Stefano**, ca. 1 km landeinwärts des Orts. DZ ohne Bad ca. 50 DM. Kleines Hotel mit Restaurant in einer ehemaligen Klosteranlage. Gute und preiswerte Küche. Tischreservierung ist zu empfehlen! Tel. 933161.

  **Villa Mandorli**, in den hohen Räumen der alten Villa sind drei 1-Zimmer-Appartements zu vermieten. Die Schlafstätten sind als Hochbett integriert. Je nach Saison 500 - 700 DM pro Woche. Toller Blick auf die Bucht von Portoferraio. Arischa Knauer freut sich auf Ihren Besuch. Tel. 933560.

- *Camping*: **Rosselba le Palme**, inmitten eines 2 ha großen ehemaligen botanischen Gartens. Viele exotische Gewächse aus der ganzen Welt spenden hier Schatten. An der Rezeption ist eine Beschreibung der interessantesten Pflanzen erhältlich. Etwa auf halbem Weg zwischen Magazzini und Bagnaia. Großes, sehr schönes Schwimmbecken mit Kinderbecken, Tennisplätze. Mehrere Bungalow-Hütten mit Platz für ca. 4 Personen zu mieten. 10 Min. zum Strand "Ottone". Preise: Für eine Person mit Auto und Zelt ca. 25 DM pro Tag. Geöffnet von Mai bis Ende September. Tel. 933101.

- *Essen*: Neben dem bereits erwähnten **Hotel Santo Stefano** gibt es noch eine preiswerte und gute Pizzeria:

  **La Carreta**, im Sommer sind dort die Plätze begehrt. Richtung Portoferraio, links an der Straße.

  **La Curva**, etwa auf halben Weg zwischen Le Grotte und Magazzini steht in einer steilen Rechtskurve ein kleiner Gebäudekomplex. Darin vereinen sich Tabacchi- und Lebensmittelladen, Bar und ein Restaurant mit guter Küche. Wir haben sie in guter Erinnerung, die "Kurvenbar"!

- *Segeln*: **Segelschule des Segelclubs Elba**, geleitet von Christian Renner. Alle Scheine, 10 Optimisten, 30 Jollen, 7 Yachten für Törns mit Skipper. Anschrift: Magazzini, 57037 Portoferraio, Tel. 933288. BRD: Im Schlag 11, D-51413 Bergisch-Gladbach 1, Tel. 02204/68703.

## Bagnaia

Gemütliches ehemaliges Fischerdorf, sehr hübsch in einer kleinen Bucht gelegen. Der ursprünglich stille Charakter des Orts hat sich durch die neu errichtete riesige Feriensiedlung knapp oberhalb des Dorfes stark verändert.

- *Übernachten/Essen*: *** **La Feluca**, etwas oberhalb vom Ort in Hanglage. DZ mit Dusche (und z. T. mit Balkon) ca. 90 DM. Im Garten ein Swimmingpool. Gepflegt und komfortabel, jedoch nicht unnötig touristisch aufgepeppt - das rote Landhaus paßt zur ländlichen Umgebung. Geführt wird es von zwei sympathischen Brüdern, Paolo und Alberto. 10 Min. zu Fuß vom Strand entfernt. Tel. 961084.

- *Segeln/Surfen*: Am nördlichen Ende des Strands - das **Segel-Zentrum Elba**. Geleitet wird es von Gereon und Sabine Verweyen. Auch diese seit über 10 Jahren bestehende Schule ist von der Kapazität und Qualität her zu empfehlen.

Solide Ausbildung auf Hochseeyachten für BR- und BK-Ausbildung, Schulung von Grund- und DSV-A-Schein sowohl für Charter als auch für Törns; Kindersegeln. Angeschlossen: Windsurfschule, DSV Grund- und Surfscheine.
Das Zentrum organisiert auch Tauchkurse, Reitausflüge, Grillparties etc.

**Verleih** von Booten, Surfbrettern und Mofas! Kursbeginn der 1wöchigen Kurse immer montags (An- und Abreise sonntags).
Adresse: "Segel-Zentrum Elba", Gerion Verweyen, 57037 Portoferraio/Bagnaia, Tel. 961090. BRD-Adresse: Sürther Hauptstr. 212, 50999 Köl, Tel. 02236/65505.

▶ **Nisporto:** ca. 5 km nördlich von Bagnaia, über eine Schotterpiste erreichbar. Neben dem nachgenannten Camping findet man noch das Residenzhotel *Nisporting*.

**Camping Sole e Mare**: wohlorganisiertes, schattiges Gelände, vor allem von italienischen Familien bevorzugt. Kleine Kiesbucht. Ganzjährig geöffnet. Tel. 934907.

▶ **Nisportino:** von Nisporto aus weitere 5 km Schotterpiste. Kleiner Kiesstrand. Keine Bars und mittlerweile auch kein Campingplatz mehr, nur noch ein Residenzhotel mit ein paar uniformen Bungalows.

# Rio nell'Elba

**Eines der charakteristischen Bergdörfchen, die sich ihre Ursprünglichkeit bewahrt haben. Der weite Ausblick, den man von hier oben genießt, war im Mittelalter oft lebensnotwendig, wenn es darum ging, nahende Feinde frühzeitig zu erspähen.**

Rio hat von allen Gemeinden der Insel die stärkste Abwanderung erfahren. Die Schließung der unrentabel gewordenen Eisenerzminen der Umgebung hat diese beschleunigt. Waren es Ende des 18. Jh. noch 5.000 Einwohner, so sind es heute nur noch 900 - meist alte Menschen.

Ein Ausflug nach Rio nell'Elba lohnt sich allein schon wegen des mittelalterlichen Kerns mit der schönen *Piazza del Popolo* und der wuchtig-gedrungenen Kirche daneben. Die erhabene Lage bildet einen reizvollen Gegensatz zu den umliegenden Badeorten.

Am 1. Sonntag im Juli findet das traditionelle Dorffest statt mit Wettspielen, Tanz und Wein, Würstchen und Brot.

• *Übernachten*: Rio verfügt über keine Hotels oder Pensionen. Private **Ferienwohnungen** vermittelt Frau Veronika Krömer, Via Aspasia Pazzaglia 39, Tel. 939173.

• *Essen*: La Cipolla, am Hauptplatz mit dem Brunnen, typische Trattoria mit guten Fischgerichten.

▶ **Castello Volterraio** (394 m): Von Rio nell'Elba führt eine asphaltierte Straße (Via Volterraio) in Serpentinen den Berg hinauf, von der man zum Castello Volterraio hinaufgehen kann.

Die erste Burg auf diesem großartigen Aussichtspunkt wird den Etruskern zugeschrieben, später nutzten die Römer die strategische Lage. Pisaner erspähten von hier aus die feindlichen Sarazener, und noch im

*Rio nell'Elba – ursprünglich und besuchenswert*

18. Jh. funktionierte die Burg als Kommunikationszentrale, die die Blinksignale von Portoferraio über das Inselchen Palmaiola zur italienischen Küste und weiter bis nach Florenz vermittelte. Der heutige Besucher findet nur noch Ruinen vor, aber der einzigartige Ausblick und die herrlichen Sonnenuntergänge lohnen den kurzen Aufstieg.

Der ca. 30minütige Aufstieg beginnt bei dem ehemaligen Schafstall, der sich ca. 1,5 km unterhalb des "Passes" rechts an der Straße nach Magazzini befindet.

**Kloster Santa Caterina:** Etwas nördlich des Ortes, am Hang des Monte Serra, liegt dieses seit vielen Jahren verlassene Kloster. Ein von dem deutschen Künstler Hans-Georg Berger gegründeter Verein kümmert sich seit 1990 um den Erhalt der Gemäuer.

# Rio Marina

**Kleiner Hafenort - touristisch weniger bedeutsam. In der Umgebung wurde Eisenerz abgebaut und im Hafen auf die Schiffe verladen.**

Im Jahr 1982 feierte Rio Marina sein 100jähriges Bestehen. 1882 löste sich die Ortschaft, die durch den Verwaltungssitz des Eisenbergwerks und des Hafens sehr schnell an Bedeutung gewonnen hatte, von Rio nell'Elba und wurde eine eigene Gemeinde. Das entstandene Konkurrenzverhältnis zwischen den beiden Orten steigerte sich bis zur Feindseligkeit, so daß man untereinander nicht mehr heiratete und bei religiösen

# Elba

*Stillgelegte Eisenerzverladebrücke bei Rio Marina*

Festen mit Steinen bewarf. Am 16.8. feiert man in Rio Marina das Fest des San Rocco.

- *Information*: Reisebüro **Forti**, Via Palestro. Zimmervermittlung, Autovermietung etc. Tel. 962392.
- *Übernachten/Camping*: **\*\*\* Rio**, Via Palestro 31, DZ ca. 120 DM, Frühstück inklusive. Billiger ist die Übernachtung im Mehrbettzimmer (Halbpension Pflicht). Gepflegte Mittelklasse in Strandnähe. Tel. 962722.
**Camping Canapai**, südlich von Rio Marina, in der in der Bucht von Ortano. Bescheidene, schattige Terrassenanlage in der Einsamkeit. Stromanschlüsse vorhanden. 10 Fußminuten zum Meer. Tel. 939165.

- *Essen:* **La Canocchia**, Via Palestro 3. Zwei kleine Speiseräume im Souterrain, gemütlich. Bekannt für gegrillten Fisch. Montags Ruhetag.
**La Cantinetta**, kleine Trattoria an der Marktstraße mit guter cucina casalinga.

- *Pasticceria*: **Muti & Lupi**, Via Palestro 13. Als lokale Spezialität gilt die "briaca", zu Deutsch "die Betrunkene" - ein Mürbeteiggebäck, zu dessen Ingredienzen neben Pinienkernen, Rosinen und Nüssen vor allem der Süßwein Aleatico gehört.

## Sehenswertes

**Mineralienmuseum:** im 3. Geschoß des Municipio-Gebäudes. Hier sind sämtliche auf Elba gefundene Mineralienarten - 150 an der Zahl - aufbewahrt. Unter ihnen der *Ilvait*, den es nur auf Elba gibt.
*Öffnungszeiten*: 9-12 und 15-18 Uhr, So 9-12 Uhr.

**Eisenbergwerke:** etwa 1 km außerhalb Rio Marinas, Richtung Cavo, links der Zugang zum ehemaligen Tagebau.
*Besichtigung* (auch zum "Steineklopfen") Samstag und Sonntag von 8-11 Uhr (Einlaß bis 9 Uhr) gegen ca. 4 DM Gebühr und Vorlage des Personalausweises (nur Kinder

ab 8 Jahre). Bei telefonischer Voranmeldung (Mineralienmuseum, Tel. 962747) auch an anderen Tagen möglich.

**Baden:** An der Hafenmole führt eine Treppe zu einem kleinen, weißen Kieselstrand hinunter. Bei genauerem Hinschauen entdeckt man eine Vielfalt von bunten Steinchen bzw. glattgewaschenen Glasscherben. Wenig besuchte Strände unterhalb der Steilküste nördlich von Rio Marina.

## Cavo

Einer der ältesten Badeorte auf Elba, mit einigen prächtigen Villen aus der Jahrhundertwende.

Mehrheitlich sind es aber bescheidene Privathäuser, die das Bild bestimmen. Der Ausflug in den Nordostzipfel Elbas läßt sich mit einer hübschen Wanderung zum *Capo Castello* und weiter zum *Capo Vita* verbinden - Strandkiefern, soweit das Auge reicht.

Dem Ort vorgelagert sind ein kleiner Hafen und und ein mit Kiesel durchsetzter Sandstrand.

• *Übernachten/Camping*: \*\*\* **Pierolli**, am Hafen, DZ ca. 120 DM. Drei Sterne, ein Restaurant und eine hübsche, schattige Bar. Tel. 931188.
\*\*\* **Maristella**, gleich neben dem obengenannten und ebenso teuer. Restaurant angeschlossen. Tel. 949859.
\*\* **Ginevra**, im Ort. DZ ca. 80 DM, Tel. 949845.
**Camping Paguro's**, im Bacchetti-Tal, beim Ortseingang links abbiegen. Viel Schatten, ca. 500 m vom Strand entfernt. Geöffnet vom 1. April bis zum 30. September. Tel. 949966.
• *Bars*: **Mokambo-Bar**, bei Paolo Conte, dem italienischen Chansonnier mit der rauchigen Stimme, bleibt die Mocambo-Bar Poesie, in Cavo ist sie hand- und trinkfeste Wirklichkeit. Im farbenfrohen Bau mit der Neonreklame gibt's nicht nur ein großes Whiskey- und Bierangebot, sondern auch hausgemachtes Eis und leckere Snacks.

# Porto Azzurro

Der hübscheste Hafenort der Insel. Im Hafenbecken liegen außer den schweren Motoryachten auch einige Fischkutter. Der ca. 150 m lange Sandstrand im Ort ist weniger schön, meist überfüllt und außerdem direkt an der Durchgangsstraße.

Entlang des Hafenbeckens die breite Avenida mit der Piazza, hier finden sich Straßencafés und Restaurants dicht nebeneinander, und knallige Reklametafeln schaffen zusätzlich Verwirrung.

Dahinter das Centro storico - das alte Viertel mit seinen zwei- bis dreigeschossigen Häusern aus dem 17. und 18. Jh., heute Fußgängerbereich für die flanierenden Touristenströme. Straßenhändler, Schnellporträtisten und Zukunftsdeuter finden sich abendlich ein, die Geschäfte bleiben lange geöffnet. Die Häuser wurden oft in Eigentumswohnungen

# Elba

aufgeteilt, was zu kuriosen Fassaden führte - der erste Stock erstrahlt in frischer Farbe, während das restliche Gebäude den Eindruck des Verfalls zeigt. Die Quadratmeterpreise kommen denen einer deutschen Großstadtlage nahe - bis zu 4000 DM pro Quadratmeter Wohnfläche werden gezahlt.

- *Information/Reisebüros*: Das kleine, private **Reisebüro Mantica** am Hauptplatz vom Hafen organisiert Bootsausflüge an die Costa dei Gabbiani (siehe Capoliveri/Umgebung), vermittelt Hotelzimmer, unterhält eine Wechselstube und verkauft auch Fahrkarten der Fährgesellschaft Navarma. Geöffnet: 9-12.30 Uhr, 16-19 Uhr; Sonntag geschlossen. Tel. 95351. **Reisebüro Arrighi**, Banchina IV Novembre (südöstliches Ende der Hafenpromenade). Hotelvermittlung und Bootsausflüge Tel. 95000.
- *Parken*: Hafenpromenade und Centro storico sind autofrei oder mit Parkverbot belegt. Der große Parkplatz am Viale Italia (Hauptstraße) ist stets randvoll. Nicht lange rumkurven, besser die Straße in Richtung Barbarossa-Bucht wählen und an dieser die erste freie Gelegenheit wahrnehmen.

## Übernachten

\*\*\* **Cala di Mola**, ca. 1 km außerhalb, oberhalb der Mola-Bucht. DZ mit Frühstück ca. 150 DM. 44 geräumige Zimmer mit großem Balkon und eigenem Eingang - wie in einem kleinen Reihenhaus. Hübsche, großzügige Anlage mit viel Grün dazwischen. Schöner Blick auf die Mola-Bucht. Im oberen Teil der Anlage Appartements, die kleinen ab 110 DM. Tel. 95225.
\*\*\* **Belmare**, am südöstlichen Ende der Hafenpromenade. DZ mit Bad ca. 100 DM. Tel. 95012.
\*\*\* **Blumarine**, Via J. F. Kennedy. Angenehmes Haus in einer ruhigen Seitenstraße gelegen. Die relativ kleinen Zimmer mit Balkon kosten ca. 100 DM, Tel. 95129.
\*\*\* **Due Torri**, Via XXV Aprile (Nebenstraße des Viale Italia). DZ mit Bad ca. 70 DM. Gepflegte Mittelklasse. Tel. 95132.
\*\* **Villa Italia**, Viale Italia. DZ ca. 70 DM. Für Porto Azzurro eine der preisgünstigsten Übernachtungsmöglichkeiten. Direkt an der Hauptstraße und meist ausgebucht. Tel. 95119.
\*\* **Arrighi**, am westlichen Hafenende. DZ ca. 70 DM. Wegen des Preises und der Lage sind die 18 Zimmer trotz Straßenlärm schnell ausgebucht. Tel. 95315.
- *Außerhalb*: siehe weiter unten bei Umgebung/Naregno.
- *Camping*: Siehe weiter unten bei Umgebung: Barbarossa- und Reale-Bucht.

## Essen/Trinken

**Il Delfino Verde**, in den Hafen hineingebauter Pfahlbau, tolles Panorama. Bekannt ist das Lokal wegen seiner Fischsuppe (Cacciucco) - ein "riesiger" Berg von Weißfischen, red mulleds mit einer tomatigen Sauce (die leider aufgewärmt war). Die berühmte Vorspeise ist für ca. 30 DM zu haben. Aber auch für durchschnittliche Gerichte sind die Preise hier happig.
**La Caravella**, gleich daneben und ebenfalls über Wasser, ebenfalls gehobenes Preisniveau.
**L'Etrusco**, Eroi della Resistenza 27 (am Ende des kleinen Parkplatzes im Ort). Vielleicht das empfehlenswerteste Lokal. Auch exzellente knusprige Pizzen. Innenraum klimatisiert, man kann aber auch draußen sitzen. Relativ preiswert.
**Pizzeria La Taverna**, Piazza Matteotti 19 (Hafenplatz). Spezialität dieses auch bei Einheimischen sehr beliebten Lokals sind die Schiaccine - heiße Fladenbrote mit Eingeklemmtem.
**Rosticceria d'Alarcon**, am Hafen. Self-Service, d.h. man stellt sein Menü zusammen, setzt sich an die Hafenpromenade und wartet, bis die "Bedienung" an den Tisch kommt, um mitzuteilen, daß der Teller abgeholt werden kann, den sie ebensogut hätte bringen können. mäßige Qualität zu niedrigen Preisen.

# Porto Azzurro 361

*Porto Azzurro – die mit niedrigen Palmen bestandene Promenade am Hafen*

**La Bella Napoli**, stadtauswärts Richtung Capoliveri. Exzellente Pizzateile - vom Blech frisch auf die Hand.

**Pub Cutty Sark**, Piazza Mercato 25 (Centro storico). Benannt nach dem legendären Segelschulschiff der Briten, Anlaufstelle für junge Leute und Junggebliebene - gute Kontaktbörse! Verdient ein Extrasternchen, weil's ein Lichtblick ist in der nächtlichen Kneipenszene. Das Zweier-Gespann hinter dem Tresen versteht es mit viel Charme, die Gäste in Schwung zu versetzen. Es gibt Pils vom Faß, verschiedene Snacks und gute Musik. Dienstag Ruhetag.

**Sottoscala Pub**, Centro Storico. Kleine Kellerkneipe mit großem Bierangebot, auch Schneider Weizen und Erdinger Weiße.

**La Casa del Gelato**, am Hafen. Beliebte Eisdiele. Kleine, mittlere und gigantische Eiswaffeln. Anstehen lohnt sich!

## Sehenswertes

**Festung**: Höchste Erhebung von Porto Azzurro ist die von den Spaniern 1603 erbaute Burg, in der sich heute das drittgrößte Gefängnis Italiens befindet (2500 Insassen!). Bis zum inneren Mauerring ist sie öffentlich zugänglich. Beim Kontrollposten ein kleiner Shop: Andenken aus Muschelschalen, kleine Schaukelpferdchen - hergestellt von den Strafgefangenen.

**Kapelle Madonna di Monserrato**, in Richtung Rio nell' Elba, nach 1½ km Abzweigung links. Die Kapelle wurde im 17. Jh. von den Spaniern erbaut und ist heute ein Wallfahrtsort. Ein eindringlicher Platz, unbeschreiblich schön gelegen, den man mit eigenen Augen sehen und vor allem auf sich wirken lassen muß.

*Laghetto di Terranera – smaragdgrüne Badelagune mit Süßwasser*

Kurz davor ein ehemaliges Kloster mit einem noch bewirtschafteten Klostergarten. In den Monaten Juli und August auch Restaurantbetrieb. "Sehr zu empfehlen", wie uns ein Exil-Deutscher erzählte.

## Buchten und Strände der Umgebung

▶ **Barbarossa-Bucht**, ca. 1 km nordöstlich von Porto Azzurro ist vor allem bei Campern und Wassersportlern sehr beliebt. Sowohl Sand- als auch Kiesstrand. Hier soll der gefürchtete Pirat Barbarossa an Land gegangen sein.

**Camping Barbarossa**, größeres, schattiges Gelände am Strand. Die Windsurf-Schule wird vom italienischen Vizemeister 1982 geleitet, dem ein deutschsprachiger Assistent zur Verfügung steht.
**Camping Arrighi**, gleich daneben und alles in allem dem obigen Platz vergleichbar. Tel. 95568.
**Camping Gabbiano**, nicht direkt am Meer. Klein, bescheiden und schattig. Angeschlossen ist die **Pension Barbarossa** mit wenigen Zimmern.

▶ Etwas weiter östlich davon findet man die wesentlich ruhigere **Reale-Bucht**. Strand mit kleinen Kieselsteinen, Felsen zu beiden Seiten.
**Camping Reale**. Kleiner, schattiger Campingplatz am Meer. In der **Residence Reale** kann man Mini-Appartements mieten. Die Studios bestehen aus einem Zimmer mit 3-4 Schlafgelegenheiten, Küche, Bad und Balkon zum Meer. Tel. 95678.

### Laghetto di Terranera

Geht man vom Camping Reale den Strand entlang, kommt man (wenn man die Verbotsschilder ignoriert) zu der ehemaligen Mine *Miniera Terra Nera*. Tolle Farbenpalette: schwarzer, glitzernder Sand auf roter Erde, dazu die Grünschattierungen der Pinien und des Schilfs! An der Mine vorbei, in der nächsten Bucht liegt der ovale Süßwassersee **Laghetto di Terranera**, getrennt vom Meer durch einen schmalen Strandstreifen. Er ist giftgrün, kühl und erfrischend, ersetzt nach einem Bad im Meer wundervoll die Dusche.

Dahinter, in den Bergen, stehen die halbverfallenen Häuser der abgewanderten, weil arbeitslos gewordenen Bergarbeiter. Und aus den alten Stollen ringsum schallt das unermüdliche Hämmern nach den schillernden Gesteinen (Hämatit, Pyrit und seltener auch Magnetit).

▶ **Mola-Bucht** (aus Richtung Portoferraio kommend, kurz vor Ortsanfang) ist zum Baden nicht geeignet, sie wächst immer mehr mit Wasserpflanzen und Seegras zu. Es ist geplant, hier einen Yachthafen anzulegen.

▶ **Naregno-Bucht**, gegenüber von Porto Azzurro ist entweder mit dem eigenen Wagen oder per Badeboot (im Sommer alle 30 Min., Fahrzeit 10 Min.) erreichbar. Der nicht besonders einladende, bis zu 20 m breite Kies-Sand-Strand ist allerdings nur im hintersten Teil hotelfrei.

Naregno kann - wenn in Porto Azzurro alle Zimmer ausgebucht sind - als Lösung des Übernachtungsproblems in Erwägung gezogen werden. Einige der hier ansässigen Hotels verlangen Halbpension (allerdings oft preiswert). Ruhige Lage ist gewährleistet.

• *Übernachten*: **Villa Rodriguez**, Familienpension mit 36 Zimmern. Halbpension (70-95 DM pro Person) ist zwar Pflicht, bei der vorzüglichen Küche aber lohnenswert. Zimmer im alten Gebäude, oder in einem neueren Bau dahinter (große Balkons). Der schattige Palmenvorgarten schafft Bilderbuchstimmung. Hoteleigener Strand. Tel. 968423.

# Capoliveri

Malerisches Bergdorf, 170 m über dem Meer. Der Name des Dorfes leitet sich ab vom lateinischen "Caput Liberum", denn hier war einst ein Verbannungsort römischer Schuldner und Gesetzesbrecher, die sich innerhalb der Mauern frei bewegen durften. Heute ist Capoliveri fest in touristischer Hand, viele Deutsche und Römer haben sich hier ein Haus zugelegt.

Ursprünglich bestand der Ort aus ca. zwanzig Häusern mit dazugehörigem Grundstück. Über Generationen wurde an die jeweiligen Elternhäuser angebaut. So entstanden die winklig ineinanderverschachtelten Häuser und Treppengäßchen (*vicolo* genannt), die den Charme Capoliveris ausmachen.

Die **Piazza Matteotti** soll unterkellert sein. An der Piazza stand ursprünglich eine Kirche; von deren Kellergewölben aus führten unterirdische Fluchtwege zum Meer. Sie sollen noch gut erhalten sein, doch wurden die Eingänge zugemauert.

Die Capoliveresen waren auf der Insel bekannt für ihre Gewalttätigkeit, ihre Härte und die Ausübung der Blutrache und daher stets gefürchtet. Sie besaßen auch den Mut, sich der Fiskalpolitik Napoleons zu verweigern; mit Steinwürfen jagten sie die kaiserlichen Steuereintreiber den Berg hinunter.

Gelebt hatten sie seit jeher vom Abbau des Eisenerzes. Der Wandel setzte (wie in anderen Inseldörfern auch) vor ca. 15 Jahren ein, als das Minensterben begann und das Bergarbeiterdorf sich zum Urlaubszentrum entwickelte.

Heute befinden sich 50 % der Häuser in deutschem Besitz.

Ein junger Einheimischer klagte uns sein Leid: "Während der Sommermonate ist hier die Hölle los, volle Kneipen, viele Mädchen. Im Winter stülpt sich *tristezza* über das Dorf - sogar die Cafés haben geschlossen. Man zählt 3000 Einwohner, davon sind 1000 im Greisenalter, 500 Kinder, der Rest ist verheiratet".

### Henky Henschel

Bis vor wenigen Jahren Wahl-Capoliverese, schrieb er in seinem Fotoband *Capoliveri - Portrait eines schwierigen Freundes* über die Veränderungen im Dorf - aus der Warte des Fremden und Beobachters. Da klingt viel Bedauern, ja Trauer über Verlorengegangenes durch. Eine empfehlenswerte Urlaubslektüre, die nachdenklich stimmt. 1982 erhielt Henky Henschel dafür den Literaturpreis von Elba. Der Titel seines zweiten Werks bringt seine persönlichen Erfahrungen vor Ort und auch die bitteren Lehren, die er ziehen mußte, als er es mit alternativer Landwirtschaft versuchte, auf einen Nenner: *Auf dem Zahnfleisch durch Eden - wohin einer kommt, wenn er geht".* Ein weiterer sentimentaler Band - *Abschied von Capoliveri* - ist in den Buchhandlungen erhältlich.

1991: Henky Henschel hat sich mittlerweile nach Guatemala verzogen. Am Vorsatz, ein Buch über die mittelamerikanische Bananenrc publik zu schreiben, hindert ihn das pralle Leben - dunkle Schönheiten und Drinks. In der Süddeutschen Zeitung sind gelegentlich Kurzgeschichten aus seiner Feder zu lesen und 1994 erschien beim Piper Verlag der Roman *Die Häutung* - Bukowski läßt grüßen.

- *Information*: Reisebüro T. Della Lucia, Via Mellini 9. Hotel- und Ferienwohnungsvermittlung. Tel. 935117, Fax 935184.
- *Übernachten/Camping*: siehe "Buchten in der Umgebung von Capoliveri" weiter unten.

## Essen

In der "Hauptstraße" findet man eine ausgezeichnete Rosticceria. Probieren Sie einmal den Gemüsereis.

**Da Marina**, Via della Fortezza. Hier sitzt man wahrhaftig im Herzen von Capoliveri. Genau an dieser Stelle befand sich die im Mittelalter erbaute "Fortezza" mit ihren 4 Wachtürmen. Heute spannt sich zwischen den Überresten der Festungsmauern die Terrasse des Restaurants. Spezialität sind Filets vom Holzkohlengrill.

**Pizzeria Forno Vecchio**, Vicolo Galliano (eines der Seitengäßchen links der Hauptstraße, ein paar Meter weiter als das völlig überteuerte Schicki-Micki-Lokal "Il Chiasso"). Ein klitzekleiner Familienbetrieb, nur wenige Tische. Freundliche Bedienung, saftige Pizzen und nicht teuer.
"Kaum jemand, der sich in diesem kleinen Restaurant nicht sofort wohlfühlt. Alles ist sehr unkompliziert. So wird auf einer großen Serviette, auf der Capoliveri zu einem Teil aufgedruckt ist, gegessen. Viele versuchten schon ihr Talent beim Zeichnen und vollendeten das Städtchen mit ein paar Bleistiftstrichen oder zeichneten etwas ganz Neues hinzu. Liebevoll hat der Wirt die besten Bilder eingerahmt und im Restaurant aufgehängt. Auch uns wurde, als wir Interesse zeigten, sofort ein Glas mit bunten Stiften gegeben, mit der freundlichen Geste des Wirts, doch auch mal unser Glück zu versuchen." (Leserbrief von Uta Kurz und Ralf Schulze, Aalen).

**Il Rostro**, Via Circonvallazione (Umgehungsstraße). Ausgezeichnete Küche zu akzeptablen Preisen. (Empfehlung einer langjährigen Wahl-Elbanerin).

**S. Petronilla**, etwas unterhalb der Stadt und ruhig gelegen (nach dem Ortsschild an der Tankstelle links die Straße hinunter). Leichte, perfekt zubereitete Kost. Spezialitäten sind: Carpaccio als Vorspeise; als Hauptgericht z. B. geschnetzelte Kalbsleber oder auch Fisch vom Grill. Von der überdachten Terrasse freier Blick auf die Mola-Bucht, Porto Azzurro und die Bucht von Naregno.

**Mickey Mouse**, an der Straße nach Porto Azzurro, die Hinweistafel mit der berühmten Figur ist kaum zu übersehen - bei der Weggabelung rechts und dann durch das Tor. Im Nadelholz gelegenes Landhaus. Terrasse mit Blick bis zum Meer.
"Es handelt sich um ein recht einfaches Lokal, mehr eine Pizzeria mit ganz hervorragenden Pizzen und sehr appetitlich aussehenden Fleischgerichten zu zivilen Preisen. Ein einfaches, schon etwas auf den Tourismus zugeschnittenes rustikales Lokal mit freundlicher und flotter Bedienung, wir haben hier sehr viele Familien mit Kindern essen sehen." (Leserbrief)

- *Nachtleben*: Musikclub **Sugar Reef**, knapp 1 km außerhalb an der Straße nach Morcone. Eine der raren Nachtunterhalter der Insel. Breites Programm, während der Saison täglich Live-Bands (kein Eintritt!).
Direkt neben dem Club die **Disco Deco**.

## Buchten in der Umgebung von Capoliveri

▶ **Punta Perla** und **Capo Stracoligno** (4 km nordöstlich von Capoliveri) rahmen eine kleine Sandbucht mit Pizzeria ein (Zufahrt Richtung Capo Stracoligno), die wesentlich hübscher ist als der Naregno-Strand gegenüber von Porto Azzurro.

Die Punta Perla ist mehr oder weniger in Privatbesitz. Das gilt auch für das *Forte Focardo*, eine sternenförmig ummauerte spanische Festung mitten

*Innamorata-Bucht – nicht nur wegen dem Wirt Piedro gerne besucht*

im Ginstergestrüpp. Der Juwel dient dem Leuchtturmwächter als Wohnung. *Bootsverleih:* Easy Boat, am Strand. Motor- und Tretboote.

▶ **Morcone-Bucht**: südlich von Capoliveri. Eine wunderschöne Bucht mit Sandstrand, Camping und einigen dezenten Residenz-Hotels.

**La Scogliera**, das erste Haus links bei der Einfahrt nach Morcone. Unscheinbar und ohne jede Hinweistafel. Frau Kaufmann, eine gebürtige Deutsche, die seit 40 Jahren auf Elba wohnt und das Hotel leitet, braucht keine Reklame. Sie zählt auf ihre Stammkundschaft und ist oft langfristig ausgebucht. Das DZ, inklusive Bad, Kühlschrank, Terrasse oder Balkon mit Meeresblick kostet ca. 90 DM. Hoteleigener Sandstrand. Tel. 968424. (Lesertip)

**Camping Croce del Sud**, deutsche Leitung, viel Grün. Geöffnet Anfang April bis Mitte Oktober. Tel. 968640.

▶ **Innamorata-Bucht**, die Bucht der Verliebten, der unglücklich Verliebten müßte man sagen. Die Sage erzählt, daß eine Jungfrau, weil sie ihren Allerliebsten nicht ehelichen durfte, hier vom Felsen ins Meer sprang. Jedes Jahr am 14. Juli wird diese Szene nachgespielt.
• *Essen*: **Da Piedro**, improvisiert wirkende Terrasse in hübscher Lage oberhalb des Strandes. Kollegial, aber nicht aufdringlich bedient der Wirt Piedro seine Gäste. Das Essen ist vorzüglich, die Preise normal.

▶ **Zuccale- und Barabarca-Bucht**: zwei hübsche, durch Felsen getrennte kleine Sandbuchten, die nur zu Fuß zu erreichen sind. Am Ende der Schotterpiste ein bewachter Parkplatz (1 DM). Von hier 5 Min. Abstieg - rechts zur einen und links zur anderen.

▶ **Lido-Bucht:** Enge Sträßchen und etliche Campingplätze führen in der Saison oft zu einem kleinen Verkehrschaos.

Camping Europa: ziemlich groß, in der östlichen Ecke. Terrassenförmig angelegt, schattig. Geöffnet von April bis Oktober. Tel. 940121. In unmittelbarer Nähe davon sind die etwas billigeren **Camping Lido** und der kleine **Camping Le Calanchiole**, letzterer vermietet auch Miniappartements.

## Monte Calamita *(413 m)*

Der Eisenberg hat schon manchen Yachtbesitzer in Ver(w)irrung gebracht. Die magnetische Ausstrahlung des Bergs ist so stark, daß die Kompaßnadeln verrückt spielen, wenn sie die Halbinsel passieren. Selbst Eisennägel sollen aus Schiffskörpern herausgezogen worden sein, ein möglicher Grund für viele Schiffshavarien, die sich tatsächlich vor dem Calamita zugetragen haben.

Wirtschaftlich ausgebeutet wird der Berg schon seit 1851. Im Verlauf der Jahre völlig umgegraben, wurde er danach wieder aufgeforstet. Lohnenswert kann es sein, auf den Abraumhalden nach den glitzernden Mineralien zu schürfen; vielerlei Arten stecken in dieser Fundgrube. Auf Elba finden sich ca. 150 verschiedene kristallisierte Mineralien. Gemessen an der kleinen Insel eine geologische Sensation!

Von Capoliveri führt eine breite, gut befahrbare Schotterpiste an der Steilküste entlang. Nach etwa 5 km erreicht man das Erzbergwerk: rot leuchtende, aufgerissene Erde.

Zu einem **Badestrand** führt ca. 200 m nach der Mine rechts eine schmale Straße hinunter. Eine Schranke macht das Passieren mit dem Auto unmöglich. Hauptsächlich Italiener lassen hier ihren Wagen stehen und machen sich zu Fuß auf den Weg zum 2 km entfernten Strand.

## Costa dei Gabbiani *(Möwenküste)*

Fährt man von den Minen des Monte Calamita die Schotterstraße noch ca. 3 km weiter, kommt man in das Zentrum eines Feriendorfs und "Naturreservats", das sich bis zum südöstlichen Ende der Insel erstreckt. Die bewaldete Hochebene ist in Besitz der Gesellschaft *Vallorita Immobiliare S.p.a.* Darüber hinaus wird Landwirtschaft betrieben - Bienenzucht, Pferde- und Ziegenhaltung sowie die Kontrolle der Nistplätze der Möwen. Am 12 km langen Küstenstreifen liegen in kleinen Buchten z. T. menschenleere Strände, da sie den wenigen Feriengästen nur auf Privatwegen zugänglich sind. Traumhaft die steile Felswand an der **Punta dei Ripalti**: hier, am südlichsten Zipfel, nisten die Königsmöwen zu Tausenden.

Die Gäste, meist aus Verona, verteilen sich auf die weitverstreut liegenden Gutshöfe, Villen und einige neu errichtete 1 bis 2 stöckigen **Appartementhäuser** (unterschiedliche Kapazitäten und Preiskategorien). Zusätzlich zur "privacy" des eigenen Domizils bieten sich ein **Restaurant** in einem ehemaligen Weinkeller (Villa delle Ripalte), eine **Bar** in der Calanova-Bucht sowie Tennisplatz, Schwimmbad und Reitpferde an. Leider gibt es keinen Campingplatz!

*Direktion*: Costa dei Gabbiani, Fattoria delle Ripalte, 57031 Capoliveri, Tel. 968402.
*Verwaltung*: Vallorita, Stradone San Fermo 11, 37121 Verona, Tel. 045/38698.

Wem es zu mühselig ist, sich zu Fuß zur Möwenküste aufzumachen, kann die Reise in einem Boot von Porto Azzurro aus machen. Man umfährt die Ostspitze der Insel und hält an einem Strand unterhalb der Calamita-Mine. Dauer: ca. 3 Stunden (hin und zurück).

Interessenten wenden sich an eines der beiden Reisebüros von Porto Azzurro (siehe dort).

# Lacona-Bucht

**Große, seicht abfallende Sandbucht mit Pinienwäldchen an beiden Flanken. Im Sommer findet man eine richtige Zelt- und Caravansiedlung vor, sechs Campingplätze erstrecken sich zu beiden Seiten der Bucht.**

Rummel liegt hier fern, die meisten machen es sich in den schattigen Pinienhainen der Campingplätze gemütlich. Baugenehmigungen sind rar, nur wenige Hotels und Pizzerias haben sich etabliert.

In der Hauptsaison allerdings herrscht am Strand Hochbetrieb. Die kleinen Restaurants und Tavernen sind dann abendlich ebenso voll wie das Strandbad Bagno Lacona mit dem angeschlossenen Verleih von Motor- und Tretbooten, Segelbooten und Surfbrettern.

**Baden:** gute Ausweichmöglichkeit bietet die **Margidore-Bucht**. Östlich des Capo Stella liegt diese kleine Kiesbucht, begrenzt von den Steilufern des weit ins Meer reichenden Kaps und einem Felsenriff. Das Wasser wird hier im Gegensatz zur Hauptbucht schnell tief. Kaum besuchter Strand, man läßt das Auto oben an der Straße stehen und läuft einen Schotterweg zur Bucht hinunter. Auch ein beliebter Liegeplatz von Segelbooten.

• *Übernachten/Camping*:

\*\*\* **Capodistella**, hübsche Lage, oberhalb der Bucht im Wald (Ostende). Halbpension ca. 100 DM pro Person. Gutausgestattete Zimmer. Hübsch unauffällig - die Balkons sind im Dach abgesenkt, man kann deswegen im Sitzen den Fernblick nicht genießen. Auch ein Pool ist vorhanden. Tel. 964052.

\*\*\* **Lacona**, riesiger, moderner Bau mit 155 DZ und 26 Mini-Appartements, Swimming-Pool im großen Garten. DZ ca. 230 DM. Während der Hauptsaison ist Halbpension Pflicht. Tel. 964054.

\*\* **Giardino**, DZ ca. 80 DM. 32 Zimmer, ebenfalls mit großem Garten; kein Swimming-Pool, dafür eine Boccia-Bahn - sympathisch! Tel. 964059.

**Mini-Hotel**: 20 kleine Appartements für 2 - 4 Personen (ca. 50-100 DM). Unter deutscher Leitung (Karin), ruhig am Berghang, tolle Aussicht auf die Bucht. Ca. 1,5 km vom Strand entfernt. Tel. 964041, Fax 964278.

## Lacona-Bucht 369

*Lacona – Traumbucht mit langen Sandstrand, leider kein Geheimtip*

**Camping Stella Mare**, in bester Lage, auf der dichtbewaldeten Landzunge am östlichen Buchtende. Viel Schatten durch Pinien und Eukalyptusbäume, ordentliche sanitäre Einrichtungen. Restaurant und Lebensmittelladen. Auch Appartement-Vermietung. Geöffnet von April bis September. Tel. 964007.
**Tallinucci**, direkt am Strand gelegen. Pinien und Eukalyptusbäume. Auch Appartement-Vermietung. Gute sanitäre Anlagen. Ruhig, von Familien bevorzugt. Geöffnet von April bis Oktober. Tel. 964069.
**Valle S. Maria**, ebenfalls direkt am Strand. Geöffnet von letzter Märzwoche bis Ende Oktober. Tel. 964188.
**Lacona Pineta**, in einem Pinienhain. Kleiner Supermarkt und Bar. Im Mai, Juni und September kostenloser und bewachter Abstellplatz für Surfbretter, Schlauch- und Motorboote bis 500 kg. Geöffnet von April bis Oktober. Tel. 964322.
**Laconella**, auf dem Hügel, der westlich die Bucht abschließt. Hier weht auch an heißen Tagen meist eine erfrischendes Brise. Etwas dünner Schatten unter den Eukalyptusbäumen und noch jungen Pinien. Vom Platz führt (3Min.) ein Weg zu einer tollen, sandigen Bucht - weniger Betrieb als in der Lacona-Bucht. Tel. 964228.
• *Essen:* mehrere Trattorias. Es ist schwierig, einzelne hervorzuheben, Pächter wechseln öfters und alles geht schnell schnell.
**Tre Archi**, guter Fisch, die Inhaber kochen.
**Sole Mare**, Wirtin ist Österreicherin - der Mann kocht. Gute Vengole Verace - Mießmuscheln mit Knoblauch und Petersilie.
**Da Ledo**, guter Fisch, von Gästen empfohlen.
**Puccini**, laute Erlebnisgastronomie.
**Pirata**, riesige Portionen und üppige Salate, hier kommt schon ab 18.30 h das Abendmenü auf den Tisch.

# Marina di Campo

Der älteste und größte Ferienort der Insel besitzt auch den längsten Sandstrand (ca. 1,5 km lang). Die Bucht, an deren westlichem Ende der Hafen und das alte Zentrum des Ortes liegen, wurde etwa zur Hälfte mit niedrigen Hotels bebaut. Am anderen Ende finden sich Camping-Plätze.

"Machen Sie eine fantastische Entdeckungsreise zu den Meeresbewohnern der Insel Elba" wirbt das **Aquarium/Disco M 2** um Besucher. Es ist ein überraschend vielfältiges Auqarium mit Fischen, Krebsen, ja sogar Katzenhaien. Öffnungszeiten: 9-13 Uhr und 16-22.30 Uhr, Eintritt ca. 5 DM. Abends ist in den Räumlichkeiten Disco-Live angesagt.

- *Information*: **Azienda di Promozione Turistica (A.P.T)**, Piazza dei Granatieri. Offizielles Informationsbüro mit freundlichem Personal - bei der Einfahrt von Osten, bzw. Norden nicht zu übersehen - am großen Parkplatz.

- *Sportmöglichkeiten*: sehr umfangreiches Angebot. Besondere Erwähnung verdient *Pit Gsell*, der den hier ansässigen Schweizer Tauchclub **Spiro Sub** leitet. Ausflüge in die unberührte Unterwasserwelt. Unter anderem zur muschelbewachsenen Madonnenstatue, die in 12 m Tiefe in der Nähe von Marina di Campo vor der "Scoglio della triglia" liegt. Die Statue wurde vor ca. 15 Jahren von den Fischern am Grund verankert, um ihnen auf See Glück zu bringen.

*Mountainbikes:* Vermietung bei **Biko's Bikes**, Via Pisa 3. Tel. 976194.

## Übernachten/Camping

\*\*\* **Meridiana**, Via degli Etruschi 59, DZ 110-170 DM. sehr gut geführtes Hotel, die Tochter des Hauses ist meist persönlich an der Rezeption. Eines der wenigen in dieser Preisklasse ohne Pensionspflicht. Tel. 976308.

\*\*\* **Tre Colonne**, Via G. Fattori 6 - nicht am "Hotelstrand", sondern im südlichen Dorfzentrum. Im Prinzip (Ausnahmen werden gelegentlich gemacht) nur Halbpension, je nach Saison ca. 90-120 DM pro Person. Sehr gehobene Mittelklasse. Großes Schwimmbassin im Vorgarten, rundum Stühle, nachts erleuchtet - es fehlt nur noch das Sekttischchen am Bassinrand zum perfekten Hollywood-Eindruck. Tel. 976320.

\*\*\* **Lilly Hotel**, Via degli Etruschi. Halbpension ist Pflicht, pro Person 95-110 DM. Modernes Mittelklassehotel, 50 m zum großen Sandstrand. Tel. 976026.

\*\* **Thomas**, Via degli Etruschi. DZ mit Dusche Halpension 50-80 DM pro Person. Vorgarten mit Parkmöglichkeit. Angeschlossen ist noch ein zweiter Bau auf der anderen Seite der Straße. Entfernung zum Strand ca. 50 m. Die Ehefrau des Inhabers kommt aus Deutschland. Leser A.v.H. schrieb uns dazu "im Hotel, außer auf den Zimmern, Rauchverbot". Tel. 976870.

\*\* **Elba**, Via Mascagni 51, DZ ca. 90 DM. Alle Zimmer mit Dusche. Nettes, kleines Hotel an der Hauptstraße, etwas zurückgesetzt. Hübsche Terrasse (zur Straße). Kleines Restaurant angeschlossen. Tel. 976224.

\* **Lido**, Via Mascagni 29, DZ ca. 60 DM. Zentral, an der Durchgangsstraße, bescheidene Zimmer. Tel. 976040.

**Camping La Foce**, östliches Buchtende. Gepflegter Platz in gestandenem Grün, direkt am Meer. Ganzjährig geöffnet! Tel. 976456.

**Camping del Mare**, östliches Buchtende. Nicht ganz so hübsch wie der obengenannte, dafür etwas billiger. Geöffnet von

*Torre di San Giovanni – von hier tolle Aussicht auf die Bucht von Marina di Campo*

April bis Oktober. Tel. 976273.
**Camping Dell'Isola**, östliches Buchtende, vom Meer etwas entfernt. Sehr gepflegter Platz mit etwas Grasnarbe und vielen schattigen Stellplätzen. Hier werden auch kleine Bungalows vermietet. Geöffnet von Mai bis September. Tel. 976048.

## Essen

**La Triglia**, Via Roma 58. Restaurant mit gutem Ruf - sauber, klein, etwas kühl und modern. Täglich wechselnde Tagesgerichte, guter Meeressalat mit viel Tintenfisch für ca. 13 DM, Cacciucco (Fischsuppe), Pilzspezialitäten, Nudelgerichte mit Fischsaucen. Donnerstags geschl.
**Bologna**, Via Bologna. Sehr gutes Lokal in jugendlicher Aufmachung. Daneben die gleichnamige Pizzeria. Man sitzt unter Segeltüchern im Freien, kein Coperto.
**Rosticceria Mazzarri**, Via Roma (Nähe Hafen). Hier bekommt man eine gute Portion Lasagne für ca. 8 DM, leckere Salate etc.
**Bar Paolo**: Etwa in der Mitte der Bucht, an dem kleinen Park zum Strand, findet man den kleinen Kiosk unter mächtigen alten Pinien. Bei "Mamma Lucia", wie die liebenswerte Wirtin auch gern genannt wird, bekommen Sie eine Suppe oder auch ein ganzes Menü zu akzeptablen Preisen.

● *Außerhalb*
**Da Gianni**, liegt direkt neben dem Abfertigungsgebäude des Flugplatzes. Viele Spezialitäten, z. B. Riso di mare al forno. Teiggerichte werden selbst hergestellt. Guter Service, Festpreismenü für ca. 30 DM (preiswert!). Donnerstags geschlossen.
**La Cantina**, an der Durchgangsstraße, dem Da Gianni gegenüber. Klein, bekannt für seine vorzüglichen Vorspeisen.

## Marina di Campo/Umgebung

▶ **Sant'Ilario in Campo**: Ein stilles und schmuckes Bergdörfchen abseits des Tourismusrummels, wenige Kilometer nordwestlich von Marina di Campo. Ein Ausflugstip für alle, die das Bedürfnis verspüren, sich vom Strandleben zu erholen. Zudem gibt's zwei Pizzerias im Ort.
La Cava, exellente Küche mit gehobener Casalinga, lecker der Schafskäse.

▶ **Torre di San Giovanni**: Unweit von Sant'Ilario erhebt sich an der Straße nach Poggio die wohl imposanteste Turmruine der Insel. Vermutlich handelt es sich bei dem inmitten von Ginster und Dornengestrüpp auf einem kolossalen Felsblock errichteten Bau um einen Wachtturm aus dem frühen Mittelalter. Zumindest der großartige Ausblick auf die Campo-Ebene spricht dafür. Aber so genau weiß das keiner - so unzugänglich der Torre, so unbekannt seine Geschichte.

## Cavoli

Grober Sandstrand von glatten Felsen umschlossen. Wie so oft ist er teilweise für Hotelgäste reserviert, mit orange- und gelbgestreiften Sonnenschirmen zur rechten und grünen zur linken Seite, im Mittelteil grün-orange Streifen. Die "Baduhia's Club-Bar" am Strand war eher ärgerlich: der teuerste Cappuccino und das Essen auf Plastiktellern! Hier tummelt sich die Jugend in raffiniert geschnittenen Bademoden.
• *Übernachten*: *** **Bahia**, DZ ca. 160 DM. Für gehobenere Ansprüche. Moderner Bau, 100 m zum reservierten Strand. Tel. 987055. ** **La Conchiglia**, direkt am Strand, DZ mit Bad ca. 80 DM. 20 Zimmer. Restaurant angeschlossen (Halbpension). Tel. 987010.

## Seccheto

Weniger überlaufen und insgesamt hübscher als Cavoli ist Seccheto. Immerhin sind hier noch die Konturen eines Dorfes auszumachen: Kleiner Supermarkt, Metzgerei und Bars. Empfohlen sei die *Bar da Bruno* an der Durchgangsstraße mit ihrem offensichtlich stets gutgelaunten Wirt. Baden kann man entweder am Sand- oder Felsstrand vor Ort, oder man fährt etwas weiter in Richtung Westen, läßt das Auto oben an der Straße stehen und findet den Weg hinunter zu einsamen felsigen Plätzchen.

• *Übernachten*: *** **Da Italo**, DZ ca. 100 DM. Gehobene Mittelklasse (alle Zimmer mit TV) in einem hübschen Haus, ca. 50 m zum Strand. Tel. 987012.
** **Da Fine**, meerabgewandte Straßenseite, DZ ca. 85 DM. Gegen allen äußeren Anschein kann das Hotel empfohlen werden: freundlicher Familienbetrieb, ausgezeichnetes Restaurant. Strandnäher, aber nicht unbedingt schöner ist die **Dépendance da Fine**, ein motelähnlicher, zweigeschoßiger Kasten, in dem die Gäste untergebracht werden, wenn das Stammhotel ausgebucht ist. Tel. 987017.

*Die Küste zwischen Pomonte und Chiessi – bizzare Steilhänge mit vereinzelten Stränden*

## Fetováia

Ein hübscher Sandstrand, zur Westseite hin durch eine Landzunge geschützt, in Küstennähe und im bewaldeten Hinterland vereinzelt Häuser, zwei Hotels und einige Pensionen - mehr nicht.

- *Übernachten*: \*\*\* **Montemerlo**, im oberen, ruhigen Dorfteil gelegen, DZ mit Bad ca. 110 DM. Tel. 988051.
- \*\* **Da Alma**, bei der Ortseinfahrt, DZ mit Bad ca. 90 DM. Tel. 988040.
- \*\* **Anna**, in unmittelbarer Nähe des Montemerlo und in puncto Komfort mit diesem vergleichbar, DZ ca. 100 DM. Tel. 988032.

## Pomonte

Eine größere Siedlung an der sonst recht einsamen und unwirtlichen Westküste. Schöner als der grobe Kiesstrand im Ortszentrum ist der weite Felsstrand im westlichen Teil.

Wer hier auf den Bus warten muß, kann dies in der *Bar Katiuscia* tun: Die große Schattenterrasse ist der Treffpunkt der Einheimischen und der Bus hält direkt davor.

- *Übernachten*: \*\*\* **Villa Mare**, im westlichen Ortsteil, direkt am Anfang des Felsstrandes. DZ ca. 110 DM. Modernes Hotel in für den Badeurlaub traumhafter Lage. Tel. 906301.
- \*\*\* **Da Sardi**, DZ ca. 80 DM. Sehr gepflegt, einige Zimmer mit Balkon. Das rote Haus mit seiner wunderbar begrünten Terrasse hat Atmosphäre. Tel. 906045.
- \*\* **L'Ogliera**, an der Durchgangsstraße, DZ ca. 90 DM. Eindeutig weniger attraktiv als die beiden vorgenannten. Tel. 906210.

## Chiessi

Der westlichste Ort der Insel ist hinsichtlich der touristischen Infrastruktur der am wenigsten entwickelte. Kiesstrand, beidseitig eingerahmt von flach abfallenden Felsen, auf denen sich unter aufgespanntem Sonnenschirm (selber mitbringen) herrlich leben läßt. Im Hintergrund erhebt sich das stellenweise mit ein wenig Macchia bewachsene, größtenteils aber kahle Gebirge des *Campo alle Serre*.
*Übernachten:* * **Aurora**, an der Durchgangsstraße, DZ ca. 60 DM, in der Saison nur Halbpension. Angenehme Bar. Tel. 906129.

## Sant Andrea

Die üppige Vegetation im Verbund mit einem traumhaft schönen Felsstrand, mit 150 m langen Sandstreifen, an der Nordwestspitze der Insel ist ein gefundenes Fressen für Tourismus-Promotoren. Der von ihnen propagierte Individualurlaub findet hier mittlerweile massenhaft statt. Von der einst einsamen und schönen Natur ist immerhin die Schönheit übriggeblieben. Daran haben weder die vielen Privatbauten noch die fast ebensovielen Hotels, unter denen man - eine Rarität auf Elba - auch vergleichsweise billige findet, etwas zu ändern vermocht.

• *Übernachten*: \*\*\* **Galo Nero**, an der Steilküste, inmitten üppiger Vegetation. Familiäre Atmosphäre. Pool und Tennisplatz vorhanden. DZ ca. 110 DM. Tel. 908017.
\*\*\* **Barsalini**, am Ende der Straße nach Capo San Andrea, DZ ca. 120 DM. Komfortabel und strandnah. Tel. 908013.

\* **Oleandro**, etwas östlich des Kaps, auf einer kleinen Anhöhe, DZ ca. 80 DM. Abgelegen inmitten der üppigen Vegetation. 15 Fußminuten vom Strand. Tel. 908088.
\* **Bambù**, an der Straße nach Capo San Andrea, DZ ca. 75 DM, wenige Zimmer. Tel. 908012.

# Marciana

**Marciana, in den üppigen Kastanienwäldern der nördlichen Abhänge des Monte Capanne gelegen, ist von rauher Schönheit. Fernab vom Küstenrummel präsentiert sich hier ein Stück ursprüngliches Elba.**

Am besten läßt man das Auto unterhalb des Orts stehen und betritt Marciana durch die mittelalterliche *Porta di Lorena*. Unzählige Treppen, verwinkelte Gäßchen und Mini-Piazzas geben ein düsteres Bild, das gelegentlich durch Oleander und freundliche Blumen in den kleinen Vorgärten und Hauseingängen etwas aufgehellt wird. Und mit Bestimmtheit führt auch der planloseste Spaziergang zur alten Festung, die den Ort dominiert und die von einer früher größeren Bedeutung Zeugnis ablegt.
**Bar La Porta**, bei der Porta di Lorena. Spezialität sind hier die Bruschette (gebackene Brötchen), belegt mit Knoblauch, Räucherlachs, Steinpilzen, etc. Nebenbei: die Auswahl an Bieren, teils recht exotischen (z.B. Biére du Démon, das 20%ige Teufelsbier aus der Boxer-Brauerei, Lausanne), ist beachtlich.

*Von der Seilbahn – Blick auf Marciana*

**Festung** *(fortezza):* Sie stammt aus der pisanischen Epoche (12. Jh.) - eine viertürmige Anlage, deren einstigen Glanz man aus den Ruinen noch herauslesen kann. Das baufällige Werk ist teilweise abgesichert, so daß im Juli/August hier ungefährdet Open-air-Konzerte (klassische Musik) stattfinden können.

**Archäologisches Museum:** Funde aus der Umgebung, Frühgeschichte (Bronze), aus der etruskischen und römischen Zeit - Schädel und Vasen. Nicht sehr aufregend - eher ein liebevolles Lokalmuseum.
*Öffnungszeiten:* 9.30-12.30 Uhr und 16.30-19.30 Uhr. Eintritt: 4 DM.

## Umgebung

▶ **Madonna del Monte:** Eine Wallfahrtskirche (16. Jh.) in aller Abgeschiedenheit. Es ist weniger die Kirche selbst, als vielmehr der Aufstieg, teils durch Kastanienhaine, an den 14 Wegkapellchen (Passionsstationen Christi) vorbei und die hübsche Lage, die den Spaziergang lohnen. *Napoleon* übrigens liebte diese stille Örtlichkeit. Konnte er doch von hier aus nicht nur auf die benachbarten Inseln Capraia und Gorgona und auf das italienische Festland schauen, sondern bei klarem Wetter auch auf seine Heimatinsel Korsika. Hier traf er sich (im Sommer 1814 und in aller Heimlichkeit) mit seiner Geliebten *Maria Walewska*, einer polnischen Gräfin, die bereits einige Jahre zuvor *Alexandre Walewski* gebar, einen illegitimen Bonaparte-Sproß, der im kaiserlichen Stammbaum keine Aufnahme fand, es im Zweiten Kaiserreich jedoch bis zum

Außenminister brachte. *Aufstieg:* von der pisanischen Festung von Marciana aus gut ausgeschildert. Ca. 45 Minuten.

## Monte Capanne

Der höchste Berg Elbas (1018 m). Ganz oben sind Sende- und Radaranlagen installiert. In unmittelbarer Nähe eine auf den Granit gegossene Betonterrasse, damit der Helikopter der Reparateure Halt findet. Der Gipfelstürmer stört sich nicht am technischen Gerät, er berauscht sich am phantastischen Blick über die Insel, bei klaren Verhältnissen über das gesamte toscanische Archipel bis nach Korsika auf der einen, zum italienischen Festland auf der anderen Seite.

Der **Aufstieg zu Fuß** dauert etwa 3 Std. und beginnt im Bergdorf *Poggio*. Nach einer knappen Stunde erreicht man einen größeren Weg, der parallel zum Bergmassiv verläuft. Auf diesem in Richtung Westen weitergehen. Die Abzweigung zur Bergspitze ist mit zwei roten Pfeilen markiert (zusammen mit der gelben Hauptmarkierung auf einem Fels zum Berg hin angebracht). Beim weiteren Aufstieg kommt man an einer Steinhütte vorbei, die früher von Hirten benutzt wurde. Das letzte Drittel ist am anstrengendsten - viel Geröll. **Wichtig**: gute Schuhe, um keine Blasen zu riskieren!

Eine bequemere Variante bietet die **Seilbahn** (*cabinovia*) von Marciana aus. Die Stehkäfige (nicht schaukeln!) schaffen die Strecke in 15 Minuten. Die Fahrt auf den Gipfel und zurück kostet ca. 15 DM.

Vom 10. April bis Ende September, 10-12 Uhr und 14.30-17.30 Uhr. Im Juli/August letzte Talfahrt um 18.30 Uhr!

# Poggio

Ein von Wäldern umgebener Ort, etwas kleiner als Marciana, aber nicht minder romantisch. Die Dorfkirche stammt aus dem 13. Jh. und steht auf den Fundamenten einer früheren Festung. An ihr vorbei, über Gassen und Treppen findet der Spaziergänger unweigerlich zu *Simon's Bar* an einem angesichts der sonst engen Bauverhältnisse riesigen Platz. Die Windrose am Boden stimmt, was die Bezeichnung der Winde anbetrifft, die Länderzuordnung (Griechenland im Nordnordosten) hingegen will nicht so recht einleuchten.

Ungefähr 500 m außerhalb des Orts, in Richtung Marciana, sprudelt die **Fonte die Napoleone**, das inseleigene Mineralwasser, das von hier aus in zahlreiche elbanische Restaurants den Weg findet. Einheimische und Durchreisende füllen das bekömmliche Wasser am Straßenrand literweise ab - gratis, kühl und gesund.

# Marciana Marina 377

*Frisches Mineralwasser aus der Fonte di Napoleone*

**Botanischer Garten,** am Weg zum Monte Perone. Auf dem kleinen Gelände einer ehemaligen Baumschule wurde der Garten mit den typischen Gewächsen der elbanischen Macchia bepflanzt. Anhand der kleinen Namensschilder gewinnt man einen guten Überblick.

- *Übernachten/Essen*: ** **Monte Capanne**, an der Durchgangsstraße, DZ ca. 70 DM. Für jeweils zwei Zimmer steht ein Bad mit WC zur Verfügung. Nicht luxuriös, aber geräumig. Idyllischer Garten mit Bar daneben. Dörfliche Grandezza, zuvorkommendes Personal. Alles in allem eine überaus angenehme und obendrein preiswerte Alternative zu den Hotels am Küstenort Marciana Marina. Tel. 99083.

**Ristorante Monte Capanne**, im obengenannten Haus. Vorzügliche Küche, serviert mit einer Höflichkeit, hinter der man Wiener Schule vermuten könnte.
**Ristorante Publius**, im unteren Ortsteil. Teures Publikum bei exellenten Speisen. Bekanntes Feinschmecker-Lokal der Insel. Über der Glut im Kamin braten Pilze, Geflügel, Wildschwein und Fisch. Köstliche Nachspeisen.

## Marciana Marina

Schönes, geschlossenes Ortsbild, im Zentrum die *Piazza Vittorio Emanuele*, rundum von Häusern und einer Kirche gesäumt. Eine lange Uferpromenade mit vielen Bars, Restaurants und kleinen Läden zieht sich ca. 1 km bis zum Hafen am anderen Ende der Bucht hin. Er wird von dem zylinderförmigen *Torre pisana* (Pisanerturm) überragt, der im 12. Jh. als Wachtturm gegen die Sarazenen erbaut wurde und in diesem Jahrhundert dem elbanischen Schriftsteller *Raffaello Brignetti* als Wohnsitz diente. Für den Künstler übrigens kein ungewohntes Zuhause, war er doch als Sohn des Leuchtturmwärters von Forte Focardo

# 378 Elba

(bei Porto Azzurro) in einer vergleichbaren Wohnlage aufgewachsen. Daneben der Strand *La Fenicia*: große, glatte Kieselsteine - mit einer Luftmatratze kann man es hier ganz gut aushalten. Eine Alternative findet man etwas östlich davon: kleiner poröser Felsstrand.

Der Ort ist auch ein gutes "Basislager" für Wandertouren auf dem Monte Capanne.

• *Information*: Reisebüro **ABV Agenzia Brauntour Viaggi**. Organisiert Reitausflüge, Tauchgänge und Wanderungen. Auch Trips mit einem Glasboden-Boot zur Beobachtung der Unterwasserwelt werden angeboten. Via Mentana 2, Tel. 996873, Fax 996824.

• *Übernachten*: \*\*\* **Marinella**, Viale Margherita 38, DZ 80-140 DM, je nach Saison. Gehobene Mittelklasse an der Uferpromenade (westlicher Teil des Hafens). Großer Swimmingpool und Tenniscourt. Tel. 99018.
\*\*\* **Yacht Club**, Via Moro. Gut ausgestattete und geräumige Zimmer, in einer Seitengasse der Promenade. Die meisten Zimmer ohne Balkon, dafür sorgt eine Klimaanlage für kühle Frischluft. Üppiges Frühstück mit frischem Obstsalat. Tel. 904422.
\*\* **Imperia**, Viale Amedeo, DZ ca. 90 DM. Modernes, kleines Mittelklassehotel in zentraler Lage. Tel. 99082.
\*\* **Villa Maria**, Piazza Vito Sanzo 2, DZ ca. 90 DM. Freundliches, familiär geführtes Hotel in ruhiger Lage. Nur wenige Zimmer. Tel. 99020.

• *Essen*: **First Love**, vielgelobt, gute Pizzen, vielfältiges Antipasto (Self-service) und guter Service. Man sitzt in der engen Gasse entlang der Hauswand. Via G. Pussol.
**Gallinaccio**, günstige Pizzen, auch diverse Salate. An der Hafenpromenade.
Excellentes, selbstgemachtes Eis bei **La Perla**.

• *Feste und Veranstaltungen*: Am 12. August illustres Fest mit Feuerwerk zu Ehren der Santa Chiara. Der Ort im Festschmuck: Entlang der Hafenmauer stehen Kerzen, und mit Lampions beleuchtete Fischerboote fahren aufs Meer hinaus.

• *Tauchen*: Die italienische Tauchschule **Elba Diving Center** vermietet nebenher Taucherausrüstungen und Unterwasserkameras und ist um Flaschenfüllungen besorgt. Ganzjährig geöffnet.

## Procchio

Ein Ort ohne Vergangenheit - im grünen Tal verstreut liegen einige Pensionen und Hotels. "Zentrum" des Dorfes ist die Durchgangsstraße mit Café-Bars, Andenkenläden und Pizzerien zu beiden Seiten. Schöne Kulisse im Hintergrund: die auslaufenden Berghänge des Monte Capanne.

Herrlicher Sandstrand, ca. 1 km lang und bis zu 20 m breit. Am linken Ende der Bucht bizarre Felsformationen - hier läßt sich's gut schnorcheln. Etwas längeren Atem braucht man, wenn man zu dem gesunkenen römischen Handelsschiff vordringen will, das seit gut 1800 Jahren ca. 50 m vor der Küste liegt.

In der hübschen *Spartaia-Bucht*, etwas westlich des Orts, bräunt sich vor allem die Klientel des *Hotels Désirée*.

• *Übernachten*: Hauptsächlich in Hotels der gehobenen Kategorie, nur wenige Pensionen im Ort. Kein Campingplatz!

• *Essen*: **Da Renzo**, an der Hauptstraße gegenüber der Tankstelle. Große Auswahl an Gerichten, die man auf Elba sonst selten bekommt (z. B. Kaninchen). Der Besitzer wirbt übrigens mit dem Slogan: "Napoleon hat hier nie gegessen!" (Die republikanisch-aufmüpfige Werbung findet man noch in zwei weiteren Restaurants der Insel.)

## Die Bucht von Biódola

Die große Biódola-Bucht mit ihrem breiten Sandstrand - verständlicherweise sehr begehrte Liegeplätze - ist mehr oder weniger den Luxus-Hotels vorbehalten. Das *Biódola* und an der Westseite das *Hermitage* beanspruchen einen großen Teil der Bucht für sich; die Lautsprecherdurchsagen für die teuren Gäste muß sich leider jeder mit anhören.

In der Mitte des Strandes hat sich eine Windsurfschule (italienisch) eingerichtet, die auch Bretter verleiht. Ein kurzer Fußweg in Richtung Osten über die Klippen führt nach **Scaglieri**. Durch eine vorspringende Felsnase hat sich hier eine winzige Bucht gebildet, die ruhiger und schöner als die Hauptbucht ist.

• *Übernachten/Camping*:
*** **Danila**, Scaglieri-Bucht, DZ ca. 110 DM. Rückwärtig in einem schönen Garten gelegen. Tel. 969915.
*** **Casa Rosa**, hübsche Lage 5 Min. oberhalb des Luxushotels. Halbpension ist leider Pflicht, pro Person ca. 100 DM. Geräumige Zimmer, die meisten mit eigenen Zugang von außen. Pool vorhanden. Tel. 969919.
**Camping Scaglieri**, schöne und schattige, terrassenförmige Anlage. Vom untersten Teil ein Katzensprung (über die Straße) ins Meer. Ein appetitlicher Pool ist auch vorhanden. Mit 32jähriger Geschichte einer der ältesten Campingplätze der Insel. Frau Trude aus Meran hat alles im Griff und verbürgt sich für Nachtruhe.

• *Essen* **Da Luciano**, Scaglieri-Bucht. Reizendes kleines Restaurant und Bar mit einer schattigen Terrasse direkt am Meer.
**Due Pini**, gleich daneben (Dienstag Ruhetag).
**Il Forno**, Oberhalb der Scaglieri-Bucht, vor dem Campingplatz Scaglieri. Sehr zu empfehlendes Fischrestaurant. Der Besitzer ist selbst Fischer und fährt noch täglich hinaus aufs Meer.
**Piccolo-Bar**, Scaglieri-Bucht, Strandbar. Badekabinen, Sonnenschirm- Liegestuhl- und Tretbootverleih.

# Insel Capraia

**Der Schulatlas zeigt nur einen kleinen Fleck zwischen Italien, Korsika und Elba. Das ca. 19 qkm große Capraia gehört zu den Inseln des Toscanischen Archipels, und war bis 1986 eine der streng bewachten Gefängnisinseln Italiens.**

Als nach Schließung des Gefängnisses eine touristische Erschließung bevorstand, erklärte man Capraia zum Naturpark. Somit wurde eine einmalige Naturlandschaft erhalten, die sich durch viele endemische Pflanzen und Tierarten auszeichnet.

Der Besucher findet hier eine italienische Variante des sanften Tourismus vor: Größere bauliche Veränderungen dürfen nicht mehr durchgeführt werden, und so platzen im Sommer der einzige Campingplatz, die wenigen Hotels, Pensionen und Appartements aus allen Nähten.

Der Fischerhafen ist dicht belegt mit Yachten aus Elba oder Korsika, die 3 Tauchschulen fahren ihre Gäste pausenlos auf See hinaus und die 2mal täglich eintreffende Fähre aus Livorno bringt zusätzlich noch Tagesbesucher auf die Insel.

Trotzdem ist Capraia auf jeden Fall einen Besuch wert; nur nicht in der Ferienzeit. Schroff ins Meer abfallende Steilküsten, kristallklares Wasser und die herbe Wildheit dieser mediterranen Landschaftsform zeichnen die Insel aus. Es gibt fast keine Strände, so daß der Badewillige durchaus alpinistische Fähigkeiten zum Erreichen des Meeres an den Tag legen muß. Der Besuch der ehemaligen Gefängnisgebäude ruft daher Assoziationen mit dem bekannten Roman Papillion beim Betrachter hervor: Von dieser Insel war eine Flucht kaum möglich.

Die Insel hat nur ca. 300 Einwohner. Die Häuser stehen am Hafen und in einem Bergdorf, etwa 2 km entfernt, wohin auch die einzigste Straße der Insel führt.

Für Naturliebhaber, Wanderer, Taucher und natürlich für ruhesuchende Urlauber ist Capraia noch so etwas wie ein kleines Paradies, ein Naturpark im Meer.

## Capraia-Info

**Geographie**: 19 qkm groß, 8 km lang, 4 km breit, 27 km Küstenlinie, größtenteils aus schwer zugänglicher Steilküste. Die Berge sind 300 bis 400 m hoch. Die Quellen und der Gebirgssee sind ausgetrocknet.

**Anreise**: von Livorno aus mit Torremar zweimal täglich, etwa 2 Stunden, Preis ca. 20 DM. (keine PKW )

**Unterkünfte**: findet man bei keinem Reiseveranstalter. Die fast 200 Betten in Hotels, Herbergen, Pensionen und Appartements können über die Cooperativa Parco Naturale, Via Assunzione, 57032 Capraia/Livorno gebucht werden, genau so wie Plätze auf dem modernen Campingplatz. Tel. 0586-905071.

**Preise**: sind etwas höher als in Elba und der Toscana.

**Restaurants**, eine Pizzeria, eine Eisdiele und mehrere Bars sind vorhanden. Einheimische Fischgerichte sind sehr zu empfehlen!

Und noch ein Tip: Während der italienischen Ferien von Mitte Juli bis Ende August, dem Ferragosto, ist Capraia hoffnungslos ausgebucht.

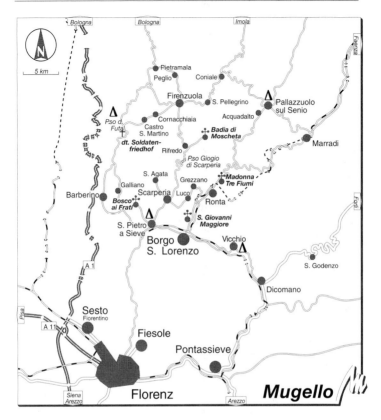

# Mugello

Der Mugello, der Vorgarten von Florenz, die unrasierte Toscana, wird vom Tourismus stiefmütterlich behandelt - zu Unrecht. Durch das waldreiche Gebiet der nördlichen Toscana zieht sich unverkennbar und landschaftsbestimmend der Gebirgskamm des Apennin. Und wenn im Mugello der Nebel aufkommt, dann sieht man die sprichwörtliche Hand vor den Augen nicht mehr.

Der Mugello ist das Land der einfachen Leute, der Wald- und Bergarbeiter, der Handwerker und Bauern, die diese unbequeme Gegend seit Jahrhunderten bewohnen und bearbeiten. Der Mugello war nie überbevölkert, im Gegenteil: verlassene Dörfer zeugen eher von Resignation

## 382  Nordöstliche Toscana

und Aufgabe. Der schleichende, aber stetige Bevölkerungsrückgang hält bis heute an.

In diese legendenumsponnene Wald- und Berglandschaft hat die Herrscherfamilie der Medici ihren Hofarchitekten *Michelozzo Michelozzi* geschickt, um geeignete Orte für Sommerresidenzen auszuspähen. Klar, denn auch denen war es zu heiß im hochsommerlichen florentinischen Stadtkessel. Ende des 15. Jh. entstanden im Mugello zwei noble Landsitze, das *Castello del Trebbio* und die *Villa di Cafaggiolo*, die vorwiegend von Cosimo dem Älteren bewohnt wurden. Später machte es der Stadtadel aus Florenz den Medici nach; so entstanden zahlreiche Villen mit weiten Landgütern, die immer noch als "Fattorias" betrieben werden. Großflächig werden in den Tiefebenen Zuckerrüben und Tabak, am Hang Olivenkulturen angebaut. Die Bau-Tradition wird fortgesetzt, heute sind es neureiche Florentiner, die das Landhaus (*Casa colonica*) für die Sommerfrische schätzen.

Auch die Kunstgeschichte kommt nicht ohne den Mugello aus: *Giotto* und *Beato Angelico* kamen in dieser unwirtlichen Gegend zur Welt und haben es trotzdem zu etwas gebracht. *Dante*, der Dichtervater der Nation, schmiedete einige seiner Verse angesichts der landschaftlichen Schönheit des Mugello.

Wer weiß schon, daß der berühmte graue Sandstein (*Pietra serena*), mit dem die Plätze und Straßen von Florenz gepflastert sind, vorwiegend an den Ufern des Santerno abgebaut wurde.

Was den Reiz dieser herben Gegend ausmacht? Das ist die immer wieder unerwartet sich ausbreitende liebliche Landschaft mit ihren Feldern und Hainen, die friedlichen Winkel am Rande der Wälder und Berge, mit ihren Zypressen und Riesenkastanien.

▶ **Verbindungen:** Im Westen begrenzt die A 1 den Mugello, in diesem Streckenabschnitt (Bologna - Florenz) als unfallreiche Tunnelautobahn bekannt. Die Verbindung unter den größeren Dörfern des Mugello besorgen im wesentlichen vier Straßen und eine Eisenbahnlinie: Die alte Via Bolognese (SS 65) führt über den Futa-Paß (903 m), drei weitere Staatsstraßen verbinden Imola (über den Giogo-Paß, 882 m), Faenza (über Colla di Casaglia, 913 m) und Forli (über Pontasieve) mit Florenz. Der alte Nahverkehrszug (Sievetal-Linie) schlängelt sich in 2 ½ Stunden von Florenz über Borgo San Lorenzo nach Faenza und schwankt dabei über zahlreiche Schluchten.

• *Eisenbahn*: Der Nahverkehrszug Florenz-Faenza hält an 15 Kleinbahnhöfen, darunter Vicchio, Borgo San Lorenzo und Ronta. Ein Mugello-Bummelzug fährt in Florenz morgens um 6.40 Uhr, ein weiterer um 11.30 Uhr ab. Um 18.14 Uhr startet in entgegengesetzter Richtung der letzte Zug in Faenza. Für Tagesausflüge von Florenz aus ist die Eisenbahn ein geeignetes Verkehrsmittel.

• *Bus*: Die Gesellschaft *Sita* bedient die Region von Florenz aus.

# Borgo San Lorenzo *(15.200 Einw.)*

Die mittelalterliche Kleinstadt liegt im Herzen des Mugello und ist heute das Verwaltungszentrum der gesamten Provinz. Das Schicksal von Borgo S. Lorenzo war es, die Herrschaft des übermächtigen Florenz ertragen zu müssen. Mitte des 14. Jh. wurde ein Festungswall um die Stadt gezogen, von dem nur noch die Porta Fiorentina und die Porta dell'Orologio sowie einige Mauerreste übriggeblieben sind.

Große Sehenswürdigkeiten bietet Borgo San Lorenzo nicht. Zu den schönsten Bauten zählt der wappengeschmückte **Palazzo del Podestà** an der Piazza Garibaldi. Die **Kirche San Lorenzo**, deren Ursprünge ins 10. Jh. zurückreichen, sticht vor allem wegen ihres polygonalen, aus Ziegelstein gemauerten, romanisch-lombardischen Glockenturms ins Auge, er stammt aus dem 13. Jh. Ein Erdbeben fügte 1919 der Kirche, dem angrenzenden Oratorium und dem Rathaus erhebliche Schäden zu, die jedoch längst behoben sind.

Im Osten des Orts steht die **Villa Pecori-Giraldi** mit einer heruntergekommenen Parkanlage - heute der kulturelle Mittelpunkt von Borgo. Im Hochsommer wird hier ein Freilichtkino aufgebaut. Einmal wöchentlich, im Wechsel mit den anderen Mugello-Städtchen, wird kostenlos ein Film gezeigt - ein folkloristisches Ereignis mit lärmenden Kindern, schnarchenden Großvätern und Zwischenrufern.

- *Telefonvorwahl*: 055
- *Information*: im Haus der **Comunità Montana Zona E**, Via P. Togliatti 45 (beim Park der Villa Pecori-Giraldi). Hotelliste für den gesamten Mugello sowie eine wirklich brauchbare Trekking-Karte. Geöffnet Montag - Freitag 9-13 Uhr. Tel. 8495346.
- *Führungen*: **Liberty-Rundfahrt**: An 27 ausgewählten Orten in der Stadt und der Umgebung werden Arbeiten aus der Chini-Keramikmanufaktur (1906-44) gezeigt. Mai bis September; Abfahrt Sonntag um 15.30 Uhr am Rathaus (municipio). Weitere Auskünfte unter Tel. 8457197.
- *Märkte*: **Fiera agricola mugellana**, am letzten Wochende im Mai: Agrar- und Viehmarkt.
**Wochenmarkt**: Dienstagmorgen.
- *Übernachten*: Borgo San Lorenzo verzeichnet nur ein einziges Hotel:
\* **Degli Artisti**, Piazza Romagnoli 1 (im Zentrum), DZ ab ca. 50 DM. Unterkunft für schmale Geldbeutel. Das gleichnamige Restaurant (Mittwoch geschlossen) gehört nicht zum Hotel. Tel. 8459041.
*Außerhalb*: \*\*\* **Villa Ebe**, im Weiler *Ferracciano* (ca. 3 km entfernt, erst Richtung San Piero a Sieve, dann rechts abzweigen), DZ ca. 100 DM, in der Nachsaison erheblich billiger. Stattliche Villa mit Park, teures Restaurant. Tel. 8457507.

▶ Auf dem Weg nach Ronta lohnt sich ein Abstecher zur **Kirche San Giovanni Maggiore**, noch vor dem Weiler Panicaglia. Die Kirchenfenster stammen aus der bereits erwähnten Chini-Keramik- und Buntglasmanufaktur (siehe Info-Teil, Führungen).

## Ronta

Ronta hat sich seit den 80er Jahren zu einem beliebten Kurort entwikkelt. Das Städtchen zieht sich an der Durchgangsstraße entlang und ist mit zahlreichen Palazzi gespickt. Am Ortsausgang befindet sich ein öffentliches Schwimmbad. Der winzige Bahnhof an der Strecke Florenz-Faenza, längst angekündigt durch die mehrbogigen Eisenbahnbrücken an der Straße nach Ronta, liegt oberhalb des Dorfes.

*Übernachten:* Vier Hotels mit je drei Sternen zeugen von der Prosperität des kleinen Kurorts, das preiswerteste unter ihnen: **\*\*\* La Rosa**, Via Faentina 105, DZ ca. 100 DM. Kein unnötiger 3-Stern-Schnickschnack, dafür geräumige Zimmer mit ebenso geräumigem Bad. Gepflegt. Mit Restaurant. Tel. 055/8403010.

▶ **Madonna dei Tre Fiumi:** knapp oberhalb von Ronta an der Via Faentina, die direkt am örtlichen Oratorium (16. Jh.) vorbeiführt. Im ehemaligen Armenhaus des Dorfes befindet sich heute ein Drei-Sterne-Hotel mit Restaurant, Bar und Lebensmittelladen. Lassen Sie sich hier belegte Panini einpacken, wenn Sie den Wanderweg zum *Monte Giuvignana* (972 m) versuchen wollen. Hinter der Brücke links ist eine Quelle - Trinkwasser für unterwegs abfüllen! - dann immer die Schotterstraße weiter, bis der Pfad Nr. 34 links im Kastanienwald verschwindet. Rauf und runter ca. 4 Stunden - es lohnt sich wegen der einzigartigen Aussicht!

**\*\*\* Tre Fiumi**, DZ ca. 100 DM. Restaurant Dienstag geschlossen. Tel. 055/8403197.

Die Via Faentina führt weiter über den höchsten befahrbaren Paß des Mugello, den *Passo Sambuca* (1061 m), nach Palazzuolo sul Sènio.

▶ **Luco:** Im ehemaligen Kloster der Kamaldulenserinnen aus dem 12. Jh. hat 1871 das *Ospedale del Mugello* seine Tätigkeit aufgenommen. Die Klosterkirche San Pietro zierte ein Tafelbild von *Andrea del Sarto*. Es hängt heute im Palazzo Pitti in Florenz; in Luco müssen Sie sich mit einer Kopie begnügen.

*Anfahrt:* In Pulicciano (südlicher Ortsteil von Ronta) in westlicher Richtung abzweigen. Nach ca. 2 km hat man Luco erreicht.

▶ **Grezzano:** An der öden Piazza von Grezzano steht das Hinweisschild zum *Casa d'Erci*, einem Heimatmuseum; draußen und drinnen sind zahlreiche Gerätschaften ausgestellt, die an örtliche Agrar- und Handwerkstraditionen vergangener Zeiten erinnern (Öffnungszeiten: Sonntag 15-19 Uhr). Hier beginnt auch ein einstündiger Rundgang durch eine von Naturfreunden angelegte Mugello-Flora.

Die 1963 restaurierte Kirche San Stefano (11. Jh.), birgt einen Terrakotta-Tabernakel aus der Della-Robbia-Schule sowie einen weiteren Tabernakel aus "Pietra serena".

*Anfahrt:* Von Luco auf einer engen, kurvenreichen Straße knapp 2 km in Richtung Nordosten.
*Essen:* **Ristorante/Pizzeria La Bottega**, deftige Küche, dazu Mugello-Wein. Montag Ruhetag.

**Wandertip**: An der Kirche von Grezzano vorbei, die Straße ca. 2 km weiter bis ans Ende (Weiler Marzano) fahren. Knapp davor beginnt der Pfad Nr. 40 zum *Giogo-Paß* (882 m) durch Laubwälder und über Steinklippen. Hin und zurück ca. 4 Stunden.

Wem das zu wenig ist: Ein gekennzeichneter Höhenwanderweg, der die Apennin-Pässe miteinander verbindet, führt am Giogo-Paß vorbei. In Richtung Futa-Paß geht es über Stock und Stein, in Richtung Colla di Casaglia läuft man auf einer Forststraße.

*Übernachten/Essen*: \* **Giogo**, auf der Paßhöhe, einfache DZ für ca. 60 DM. Das Restaurant serviert zu moderaten Preisen authentische Mugello-Küche (z. B. Tortelli di patate mit Ragout und danach Wildspezialitäten). Tel. 055/846051.

# San Piero a Sieve

Keine andere Provinzstadt war dem Hause Medici so treu wie San Piero a Sieve. Bereits im 14. Jh. vertrieben die Medici ihre Rivalen, die Ubaldini, aus San Piero. Auf den stadtnahen Ruinen der zerstörten Ubaldini-Festungen ließen sie ihre Sommerresidenzen - *Trebbio* und *Cafaggiolo* - errichten. Das Schicksal wollte es, daß der Meuchelmörder von Lorenzino dei Medici in San Piero a Sieve zur Welt kam.

Die letzte architektonische Heldentat der Medici war der Bau der gewaltigen **Zitadelle San Martino** oberhalb der Stadt. Die labyrinthartige Anlage war über einen Kilometer lang und wurde um 1600 fertiggestellt. Die Bevölkerung wurde aufgerufen, im Innern Häuser zu errichten. Zahlreiche Waffen- und Munitionskammern wurden angelegt. Die Lothringer hielten diesen Militär-Komplex aus der Renaissance für unnütz und begannen mit seiner Abrüstung. Auf den Mauerresten trotzen heute Zypressenreihen dem Feind.

• *Führungen*: Juni - Sept., Samstag und Sonntag. Auskunft unter Tel. 055/8458793.

Ein weiteres Relikt aus der Medici-Zeit ist die **Villa Adami** unterhalb der Festungsanlage. Der gelbe Bau mit seinem wuchtigen Turm wurde 1805 von den Erben der letzten Medici-Abkömmlinge an Privat verkauft. Über der oberen Fensterreihe sind sechs Tierköpfe aus Terrakotta angebracht.

An der Straße nach Florenz liegt linkerhand die **Kirche San Pietro**. Ihr Schmuckstück ist ein sechseckiges, marmornes Taufbecken von *Luca Della Robbia*.

• *Camping*: **Mugello Verde**, nicht zu verfehlen, überall Riesen-Plakate. Eine moderne Camping-Maschine mit Bungalows (ca. 70 DM pro Tag), Restaurant, Schwimmbad etc. - für das ganze Mugello-Gebiet konzipiert. Ganzjährig geöffnet. Tel. 055/848511.

▶ **Castello del Trebbio**: Nicht weit von San Piero a Sieve, auf einer Hügelkuppe, liegt das Medici-Schloß Castello del Trebbio, das *Michelozzo* um 1430 auf den Ruinen einer Festung errichtete. Das Schloß, heute in Privatbesitz, hat einen italienischen Garten mit gepflastertem Säulengang. Die Schloßgeschichte erzählt, daß der Seefahrer *Amerigo Vespucci* hier kurz als Medici-Gast weilte. Auch wenn man von den heutigen Besitzern nicht wie damals Amerigo Vespucci behandelt wird - der sicherlich den schönen Panoramablick vom Turm aus genießen durfte - lohnt sich ein Besuch. Man kann sich jedenfalls am verschlossenen Gittertor die Nase plattdrücken und das Medici-Wappen über dem Eingangs-Portal erkennen.

*Anfahrt:* Von San Piero aus erst Richtung Florenz, dann rechts in Richtung Bologna abzweigen; nach knapp 1 km führt links eine Schotterstraße hoch zum Schloß.

▶ **Villa di Cafaggiolo**: Direkt an der Hauptstraße zwischen San Piero a Sieve und Barberino liegt die Villa di Cafaggiolo. Wie das Trebbio-Schloß ist auch diese Renaissance-Villa aus dem Jahr 1450 ein Werk des Medici-Architekten *Michelozzo*. Hier vertrieb sich der Hof im Sommer die Zeit, in den Gärten oder auf Jagdausflügen. Früher hatte die Villa einen zweiten massiven Turm, der den Festungscharakter noch deutlicher zum Ausdruck brachte. Um 1900 ließen die damaligen Besitzer die Innendekoration "auswechseln", woran sich die Chini-Keramikmanufaktur aus Borgo San Lorenzo beteiligte. Heute heißt es schlicht - wenn man danach fragt - die Villa gehöre einer römischen Gesellschaft; Besichtigung nach Absprache (Tel. 055/8458793).

In den Stallungen und Wirtschaftsgebäuden war im 16. Jh. eine bedeutende Keramik-Brennerei eingerichtet, bekannt als *Fattorini*-Werkstätten.

▶ **Bosco ai Frati**: Das Kloster ist über 1000 Jahre alt und war vermutlich die erste christliche Klostergemeinschaft in der Toscana; heute Franziskaner-Kloster. *Michelozzo* war auch hier im Auftrag der Medici aktiv. Er vergrößerte die Kirche erheblich und baute den Wohnzellenbereich aus. Der gewaltige, vergoldete Hauptaltar aus Holz von 1626 birgt das Medici-Wappen: die Schildkröte mit den 6 Kugeln. Das Holzkreuz von *Donatello* ist wohl das kostbarste Stück im Kloster.

*Öffnungszeiten*: im Prinzip täglich. Besser erkundigt sich man unter Tel. 848111.

*Anfahrt*: wegen neu entstandenen und noch auf keiner Karte verzeichneten Straßen um den Ort Galliano nicht ganz einfach. Von San Piero aus: erst Richtung Florenz, dann Bologna, dann Galliano. Vor Galliano führt rechts eine Asphaltstraße (Beschilderung "B.a.F.") weg - an deren Ende links weiter.

## Scarperia

Wer schon in Florenz war und den Palazzo Vecchio ohne Baugerüste bewundern durfte, dem kommt der **Palazzo del Vicario** in Scarperia bekannt vor. Tatsächlich wirkt der wappenverzierte Bau aus dem Jahr 1306 wie eine Miniaturausgabe des gleichaltrigen, berühmten Florentiner Rathauses.

Gegenüber dem Palazzo steht das **Oratorium della Madonna di Piazza**. Hier wurden einst die Staatskommissare vereidigt.

*Messerschmied in Scarperia*

Im 14. Jh., als die neue Handelsstraße über den Giogo-Paß nach Norditalien entstand, kamen Reichtum und Macht nach Scarperia. 1542 zerstörte ein fürchterliches Erdbeben die blühende Handelsstadt und begrub 150 Menschen unter Schutt und Asche. Im 18. Jh. drängte die neue Nord-Süd-Verbindung über den Futa-Paß Scarperia ins politische Abseits.

Eine jahrhundertealte Tradition in Scarperia ist das Handwerk der Messerschmiede. Eine museale Kollektion von Scarperia-Messern findet man in der *Bottega del Coltellinaio* an der Via Solferino. Eindeutig lebendiger geht es in den noch bestehenden Ateliers zu, z. B. bei *Il Giglio* zu (siehe Einkaufen).

- *Einkaufen*: **Coltelleria Il Giglio**, Piazza Clasio. Alle Arten von Messern, von Bubenträumen bis zum Küchenutensil. An der Werkbank hämmert und schleift der Messerschmied, während seine Frau die Kunden bedient.
**Wochenmarkt**: Freitagmorgen.
- *Veranstaltungen*: **Manifestazione del Diotto**, am letzten Sonntag im August und den ersten drei Septemberwochen: Messer- und Schmiedeeisen-Markt, gekrönt von einem folkloristischen Umzug am 8. September.
**Scarperia infiorata**, am letzten Sonntag im Mai: Der Altstadtkern wird ein einziges Blumenbeet.

**Autodromo Internazionale del Mugello**: Östlich der Stadt liegt das Paradies der Formel-1-Piloten. Mehrmals jährlich jagen dröhnende Motoren um die Runden. Hohe Betonmauern schützen die Ohren derer, die dem Spektakel nichts abgewinnen können.

**Oratorio della Madonna del Vivaio**: Auf dem Weg nach Sant' Agata steht im Zypressenwäldchen unterhalb der Stadtmauer ein monumentaler Rundturm. Die für ein Oratorium unbescheidene Konstruktion wünschte sich im 18. Jh. *Gian Gastone dei Medici*, einer der letzten Sprößlinge des einst allmächtigen Florentiner Finanzgeschlechts.

## Sant' Agata

Ein mittelalterliches Dorf, inmitten einer fleißig bewirtschafteten Tiefebene gelegen. An der nüchternen Außenmauer der romanischen **Kirche Sant'Agata** prangt als einziges Dekor ein kleines Mosaik - ein Schachbrett mit 8 mal 8 Feldern, aus weißem Kalkstein und grünem Schiefer gesetzt. Schmuckstück im Innern ist ein oktagonales Taufbekken aus hellem Sandstein, eingezäunt von einer feinziselierten Balustrade mit teils arabesken Mustern.

Das ehrliche Handwerk ehrt Sant' Agata auf eine besondere Weise: Das **Teatrino degli automi meccanici** ( = mechanisches Puppentheaterchen) zeigt Situationen aus dem Alltag der Handwerker. *"Bevete piu Vino"* (Trinkt mehr Wein), schlägt die Miniatur-Dorfkneipe vor. Nur Sonntag geöffnet.

## Firenzuola

Die alte rechteckige Einfassung der Stadt ist noch deutlich zu erkennen. Die Bogengänge entlang der Durchgangsstraße lassen auf ein früheres reges Markttreiben schließen - aber es fehlt ihnen die Patina. Das Straßenpflaster im Zentrum ist hübsch gesetzt - und wirkt fast staubfrei. Spätestens beim Anblick einer Betonkirche aus den 60er Jahren wird dem Besucher klar, daß hier etwas passiert sein muß. Tatsächlich wurde der Stadtkern bei einem Bombenangriff am 12.9.1944 praktisch vollständig zerstört.

Die beiden Stadttore, die Porta Fiorentina und die Porta Bolognese, sind nach Restaurierungsarbeiten wieder in guter Verfassung.

- *Übernachten/Essen*: **\* I Caccatori**, Piazza Agnolo 5 (zentraler Platz), DZ ca. 65 DM. Einfache Zimmer, typische Küche (Tortelli mit verschiedenen Soßen, Wildgerichte). Tel. 055/819098.
**Bar Zecchini**, direkt neben dem Caccatori. Hier versammelt sich abends die Dorfjugend und diskutiert lautstark über Juve, Inter und Milan. Im Sommer sitzt man lange unter den Arkaden. Freitag/Samstag/Sonntag ab 19 Uhr gibt's Primi Piatti, Pasta und Pizzen.
- *Veranstaltungen*: **Sagra del Fungo Prugnolo**, letzes Wochenende im Mai: folkloristisches Fest mit Pilzspezialitäten.

▶ **Badia di Moscheta:** Die Abteikirche aus dem 11. Jh. hatte ihre Blütezeit im 13. Jh., später wurde sie von den Lothringern geplündert. Seitdem ist sie - übertrieben gesagt - der Witterung ausgesetzt. Trotzdem: ein ganz angenehmer Ausflug.

*Anfahrt*: Straße Richtung Scarperia. Nach knapp 9 km beim Örtchen Rifredo links abzweigen, vorbei am Weiler Osteto, wo ein Tischler in uralter Werkstatt anzutreffen ist, der noch mit Vorrichtungen und Werkzeugen aus dem vergangenen Jahrhundert arbeitet.

*Pietra-Serena-Fabrik in Firenzuola*

▶ **Pietramala:** Wir empfehlen den Weg über *Peglio* (von Firenzuola direkt in nördliche Richtung, teilweise Schotterstraße). Man gerät in eine sanfte Hügellandschaft in imposanter Bergkessellage. Bei Pietramala steht die gewaltige *Kirche San Lorenzo* ziemlich verloren in der Landschaft, ein Bau aus dem 19. Jh. mit klassisch griechischem Grundriß.

## Cimitero Militare Tedesco

Die Friedhofskapelle gleicht dem Bug eines Eisbrechers, daneben flattert Schwarz-Rot-Gold im Wind. Ein 2 km langes Mäuerchen zieht sich spiralförmig zur Kapelle hoch und terrassiert so leicht das Gelände, in das fast 16.000 Sandsteinplatten eingelassen sind. Jede von ihnen erinnert an zwei gefallene Soldaten der Nazi-Armee. Der Volksbund Deutsche Kriegsgräberfürsorge ist um ein gepflegtes Erscheinungsbild des größten deutschen Friedhofs auf italienischem Boden (30.713 Tote) bemüht. Gelegentlich halten Angehörige Gedenkgottesdienste in der Kapelle ab.

Die Todesdaten liegen ausnahmslos zwischen Juli 1944 und April 1945. Am Futa-Paß verlief die sog. Gotenlinie (siehe Geschichte, Die Diktatur Mussolinis), die von den Deutschen noch verteidigt wurde, als der Krieg schon längst verloren war. Gegen sie agierten im Mugello mehrere Partisanengruppen, von deren Vertrautheit mit der Region die Alliierten bei ihrer Offensive dann profitierten.

> *Anfahrt:* von Firenzuola Richtung Futa-Paß. Der Friedhof befindet sich auf der Paßhöhe.
> *Camping/Essen:* **Camping Lo Stale**, gleich neben dem Soldatenfriedhof. Gepflegtes Wiesengelände. Im Ristorante **Al Postiglione** daneben essen Camper, Friedhofsbesucher und Durchreisende, die auf der Paßhöhe einen Halt einlegen wollen. Tel. 055/815297.

## Von Firenzuola nach Palazzuolo sul Senio

Erst führt die Straße (Nr. 610) am Wildbach *Santerno* entlang, an dessen Ufern riesige Schwenkkräne stehen. An den steinigen Hängen wird *Pietra serena* abgebaut - der feinkörnige, graue Sandstein, mit dem die Plätze und Straßen von Florenz gepflastert sind. In der italienischen Sakral- und Profanarchitektur wurde Pietra Serena häufig zur Hervorhebung und Absetzung bestimmter Architekturteile verwendet. Früher wurden ganze Bergdörfer aus Pietra serena errichtet. Der Beruf des *Scalpellino*, des Steinhauers, hat hier Tradition. Die künstlerische Bearbeitung des grauen Steins ist noch heute verbreitet.

An den ausgewaschenen Ufern des Santerno und seiner Nebenflüsse haben sich zahlreiche Bassins gebildet. Im Hochsommer herrscht reger Badebetrieb. Man kämpft um die besten Plätze und ist sich einig: Die Sonne verschwindet viel zu früh hinter den Bergen.

▶ **S. Pellegrino** am Santerno hat noch etwas Vergangenheit bewahrt. Im Dorf trifft man Korbflechter an. Die kleine Kirche am Ortsende war früher eine einfache Kapelle. Den Weg zum Friedhof säumen 14 Steinpfeiler, in die Terrakottaplatten eingelassen sind, die den Kreuzweg darstellen. Ein Stück weiter führt eine Hängebrücke zur Mühle *Valtellere*, in der - wie in früheren Zeiten - Kastanienmehl vom Mahlstein rieselt. Daraus wird dann der Castagnaccio-Kuchen gebacken.

• *Übernachten/Essen*: * **Jolanda**, am Ortsausgang (das großzügige Haus macht einzig mit einem "Bar Segafredo"-Schild auf sich aufmerksam), DZ ca. 80 DM. Zimmer mit rustikalen Bauernmöbeln eingerichtet. Viel wichtiger als das Schlafen jedoch ist hier das Essen! Das vielbesuchte Restaurant serviert klassische Mugello-Küche (selbstgemachte Nudeln und Tortelli mit kräftigen Fleischsoßen, Wild und Süßspeisen). Die Spezialität für zwischendurch ist die "Ficatolla", fritiertes Brot, je nach Geschmack mit Käse, Schinken oder Wurst. "An 'guten' Wochenenden", sagt die Dame des Hauses, "verbrauchen wir täglich ca. 300 kg Mehl allein für unsere Ficatolla-Kundon!" Geöffnet März - Dezember. Tel. 055/815265.

Knapp hinter San Pellegrino führt links ein Fußweg hoch ins verlassene Dorf **Brento Sanico** (628 m ), das man in einer knappen halben Stunde erreicht. Dort waren bis in die 60er Jahre dieses Jahrhunderts noch

Nutzholzbauer und Köhler am Werk. Der Tabernakel - aus Pietra serena natürlich - der ebenfalls aufgegebenen Dorfkirche steht jetzt in der Kirche von San Pellegrino.

Bei **Coniale**, kurz nach der dreibogigen Steinbrücke (beliebte Badestelle am Santerno), zweigt die Straße nach Palazzuolo ab. Man fährt durch eine steinige, doch abwechslungsreiche Landschaft - Schiefer und Pietra serena - mit einzigartigen Panoramen.

## Palazzuolo sul Senio

Im wahrsten Sinne des Wortes eine friedliche Stadt: Palazzuolo hatte zu keinem Zeitpunkt seiner Geschichte eine strategische Bedeutung. Die Stadt besitzt weder Festungen noch Verteidigungsmauern. Die Medici waren hier nur "verwaltungspolitisch" anwesend. Bauern und Marketender aus der Umgebung versammelten sich über Jahrhunderte auf dem Markplatz.

Der **Palazzo dei Capitani** mit den eingelassenen Wappen der lokalen Notabilität sieht auf den ersten Blick eher wie eine Kirche aus. Er beherbergt *Museo della Civiltà Contadina ed Artigiana*. Hier ist die örtliche Bauern- und Handwerksgeschichte ausführlich dokumentiert. Gerätschaften, Werkzeuge, Haushaltsgegenstände, Fotografien u. v. m. zeugen von einem friedlichen und arbeitsamen Leben. An der Bilderwand sprechen Arbeitssituationen und -methoden für sich. Achten Sie auf die Schuhe in der Vitrine!

- *Öffungszeiten*: Juli/August täglich 16-19 Uhr; September - Dezember, Sonntag 15-18 Uhr.
- *Veranstaltungen*: **Ottobre Palazzuolese**, an den Oktobersonntagen: folkloristische Feste mit Kastanienspeisen und Waldfrüchten.
- *Übernachten/Essen*: \* **Biagi**, Via Roma 53 (Ortskern, Straße nach Faenza), DZ ca. 70 DM, einige mit Dusche. Einladender Innenhof mit Rebendach. Das freundliche, ältere Wirtepaar darf 1997 die 100-jährige Familientradition des Hotels feiern. Cucina Casalinga. Tel. 055/8046064.
- *Camping*: **Visano**, an der Straße nach Coloniale, kurz nach dem Abzweig nach Visano. Sanitär eher bescheiden, aber hübsch terrassierte Lage im Mischwald. Stromanschlüsse vorhanden und daher relativ viele Wohnwagen. Einige Grillplätze (mit Holzstößen daneben), Boccia-Bahn, Snackbar. Geöffnet ca. Mai - September und an Oktober-Wochenenden. Tel. 055/8046106.

▶ **Aquadalto**: knapp 1,5 km von Palazzuolo entfernt, an der Straße nach Borgo San Lorenzo. Direkt an der Straße liegt die mehrfach umgebaute *Wallfahrtskirche Santa Maria della Neve*, ihr angeschlossen ist ein Franziskanerkloster aus dem Jahr 1744, heute von Nonnen in Beschlag genommen. Für den Durchreisenden interessanter ist der Panini-Laden direkt gegenüber der Parkbucht.

Die Straße führt weiter zum *Sambuca-Paß* (1061 m) hoch und stößt dann bei Colla di Casaglia auf die Nr. 302, über die man Borgo San Lorenzo erreicht.

# Vicchio

*Giotto-Denkmal*

Der Ort ist die "Kunstmetropole" des Mugello. Hier erblickten die begnadeten Meister *Giotto* und *Beato Angelico* das Licht der Welt. *Cellini* wohnte vorübergehend in Vicchio (1559-1571), zog aber weg, nachdem er knapp ein Giftattentat überlebt hatte.

1748, so die Stadtchronik, war Vicchio zur Bedeutungslosigkeit geschrumpft, nur noch 360 Einwohner waren registriert. Heute sind es wieder über 6.000.

Die Perle der Stadt ist das **Museo Beato Angelico** an der Viale Beato Angelico 7. Der 1991 eröffnete Neubau beherbergt ein Museum der sakralen Kunst. Ausstellungen moderner Kunst sind vorgesehen. Einlaß (vorläufig noch) mit dem Personal der Gemeindebibiliothek absprechen: Biblioteca comunale Tel. 055/8497026.

An Giotto erinnert im Stadtzentrum ein überlebensgroßes Bronze-Standbild aus dem Jahr 1901, an Cellini eine Gedenktafel an seinem Wohnhaus, das - man sehe sich die rückwärtige Seite an - ganz komfortabel gewesen sein muß.

Falls es geöffnet ist: Besuchen Sie das unscheinbare **Oratorium der Arciconfraterniza della Misericordia** neben dem Cellini-Haus. In einer Vitrine, wie sie üblicherweise zur Ausstellung körperlicher Überreste von Lokalheiligen verwendet wird, ist ein äußerst hagerer Leichnam Christi zu sehen - eine ausdrucksstarke Wachsskulptur aus dem Jahr 1798.

- *Veranstaltungen:* **Mostra Artigianato**: letzte 10 Augusttage, Kunsthandwerksmarkt.
- *Einkaufen:* **Casa del Prosciutto**, bei der Brücke in Ponte a Vicchio. Eine Mischung aus Lebensmittelladen, Tabakgeschäft und Osteria. Saftige Schinken hängen von der Decke. Die Paninis verzehrt man entweder im gemütlichen Nebenraum, wo die Kinder des Wirts über Bänke und Tische springen, oder am betischten Flußufer. Die Bar an der anderen Seite der Brücke bietet hausgemachten Salami an.
- *Camping:* **Pagliano**, unterhalb des Orts, am Fluß. Schöne Lage, leider wenig Schatten. Großes Schwimmbad. Tel. 055/8448301.

▶ **Lago di Montelleri**: ein kleiner Kunstsee mit Parkanlage, unmittelbar im Norden des Orts.

▶ In **Vespignano**, dem vermuteten Geburtsort Giottos steht das *Casa di Giotto*. Eine von der Kunstakademie in Florenz erarbeitete Ausstellung dokumentiert Leben und Werk des Künstlers.
*Öffnungszeiten*: Dienstag, Donnerstag, Samstag, Sonntag 15-19 Uhr.

Nicht weit von Vespignano - Hinweisschilder - überquert der *Ponte di Ragnaia* die Ensa. Auf dieser Brücke sind sich *Cimabue* und *Giotto* begegnet, letzterer zeichnete gerade ein Schaf aus seiner Herde auf einen Stein - berichteten Augenzeugen!

## San Godenzo

Der Ort ist wegen der gleichnamigen Abteikirche bekannt. Sie wurde 1028 auf dem Grab des heilige Gaudenzio errichtet, der hier im 7. Jh. ein Eremitendasein führte, und ist ein bemerkenswertes Beispiel romanischer Basilika-Architektur - vergleichbar mit dem Dom zu Fiesole und San Miniato al Monte in Florenz.

Am 8.6.1302 fand in San Godenzo so etwas wie eine Verschwörung statt. Die Ghibellinen berieten gemeinsam mit den weißen Guelfen über einen Angriff auf Florenz; zu den Anwesenden zählte auch *Dante*, der kurz zuvor von den papsttreuen schwarzen Guelfen verbannt und zum Tode verurteilt worden war.

In San Godenzo, im Schatten der Berge und am Fuß des Muraglione-Passes, sollte man einen doppelten Espresso trinken bevor man ins Unbekannte weiterfährt - denn unser Mugello-Service endet hier.

# Von Florenz nach Arezzo

## Valdarno  *(Tal des Arno)*

Zwischen Florenz und Arezzo erstreckt sich die breite hügelige Talebene des Arno, eingegrenzt von der hohen Bergkette des Pratomagno (1600 m) und den Chianti-Bergen (800 m).

Gegen Ende des Mittelalters war das fruchtbare Ackerland Austragungsplatz der blutigen Streitigkeiten zwischen dem guelfischen Florenz und dem ghibellinischen Arezzo.

Heute sind die Ende des 13. Jh. am Oberlauf des Arno entstandenen Städte *Figline, S. Giovanni* und *Montevarchi* typische Industrieorte: schmutzig, schnellgewachsen, mit tristen Arbeitervierteln. Der wichtigste Industriezweig ist der Abbau von Braunkohle - Energiespender für die Kraftwerke der staatlichen Elektrizitätsgesellschaft ENEL und die seit 1870 hier angesiedelten Stahlwerke. Das Etikett des Arno, "Kloake der Toscana", kommt nicht von ungefähr!

Das riesige Gebiet des Braunkohle-Tagebaus befindet sich bei Cavriglia - bereits von weitem erblickt man die hohen Rauchsäulen der Kraftwerke. Da die Braunkohlelager bald erschöpft sind, sollen die Kraftwerke auf Steinkohle umgerüstet werden. Die Kraftwerksbetreiber liegen deshalb im Streit mit der Lega Ambiente (vergleichbar mit den Grünen). Noch sind die Förderanlagen aktiv, die die Landschaft zerfurchen und aushöhlen.

## San Giovanni

Von den Städten im Industriegebiet des Valdarno ist San Giovanni die lebendigste. Im Zentrum der schachbrettartig angelegten Stadt überrascht eine großzügige Piazza, umsäumt von mehr oder weniger sanierungsbedürftigen Gebäuden. Mitten auf dem Platz steht der **Palazzo Comunale.** *Arnolfo di Campio*, der Baumeister des Palazzo Vecchio in Florenz, hat sich hier eine weniger trutzige Architektur einfallen lassen. Mit seinen Arkaden auf allen vier Seiten wirkt der Palazzo offen, und hätten ihm nicht zahlreiche Florentiner Herrscher ihren Familienstempel auf die Mauer gedrückt, würde man ihn eher für eine Markthalle halten.

Am westlichen Ende des Platzes steht die großkupplige **Basilika Santa Maria delle Grazie**, ein recht uneinheitlicher Bau, in dem eine kleines Museum (Eintritt gratis) untergebracht ist. Prunkstück der Gemälde-

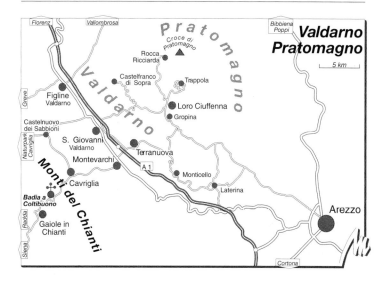

sammlung ist die mit einer Alarmanlage gesicherte "Verkündigung" von *Beato Angelico*. Das Bild hing bis vor kurzem noch im *Kloster von Montecarlo* südlich von San Giovanni, das - seit es als Rehabilitationszentrum für ehemalige Drogenabhängige dient - der Öffentlichkeit nicht mehr zugänglich ist.

- *Verbindung*: **Eisenbahn:** problemlos nach Florenz und Arezzo.
- *Markt*: Samstagmorgen, rund um den Palazzo Comunale.
- *Essen*: Ein namenloses Ristorante am zentralen Platz serviert Menüs für ca. 20 DM, auch à la carte nicht teuer - gut und preiswert.

## Naturpark Cavriglia

Oberhalb von Cavriglia, tief in den Chianti-Bergen, liegt der Naturpark Cavriglia, geschützt von Kastanien- und Eichenwäldern.

Um nicht falsche Erwartungen zu erwecken - das 600 Hektar große Gelände ist ein gut organisierter Freizeitpark mit halbfreier Wildbahn für einige exotische Tiere. Früher gehörten noch Nilpferde und Wölfe zum zoologischen Bestand, heute weiden in den Gehegen vornehmlich Antilopen und amerikanische Bisons. Lamas trotten über die Straße und beachten den Besucher kaum, das berühmte Spucken haben sie sich längst abgewöhnt. Zum Freizeitangebot gehören Tennisplätze, eine Riesenrutschbahn für Kinder, eine Boccia-Bahn, Picknickstellen mit Grillplätzen, Cafeteria, Restaurant...

- *Anfahrt*: Von Cavriglia nach Castelnuovo dei Sabbioni, dann Richtung Radda. Der Park befindet sich auf der Kammhöhe der Chianti-Berge.
- *Eintritt*: Kostenlos, sofern das Auto vor dem Eingang bleibt (unser Ratschlag), andernfalls ca. 4 DM für den PKW.
- *Übernachten*: Im Hotel des Parks gibt's 20 Zimmer mit Bad (2-3 Betten) und 9 Zimmer mit Dusche/WC auf Etage. Im Sommer laufen hier (und im Feriendorf Campo Solare) Ökologie-Veranstaltungen. Geöffnet April - Oktober. Tel. 055/967418.

**Feriendorf Campo Solare**, etwas unterhalb des Parkes an der Straße ins Valdarno gelegen. Schlichte Bungalows, mit fließend warmem Wasser und Strom. Tel. 055/967419.

**Camping Piano Orlando**, knapp oberhalb des Parkes (Richtung Radda) gelegen. Einladendes, schattiges Gelände in luftiger Höhe, abseits der Straße. Auch Bungalows (für 4 Personen ca. 500 DM/Woche). Offiziell geöffnet ca. April - September.

Auch außerhalb der Öffnungsperiode darf man sein Zelt aufs Gelände stellen. Der Wächter des Campingplatzes, ein überaus freundliches Unikum, hat sich ganzjährig in einer kleinen Hütte vor dem Eingang eingerichtet. In seiner winzigen Küche bereitet er allerhand Gourmandisen zu und träumt von der noch raffinierteren chinesischen Küche. Als Erinnerung an eine kulinarische Reise ins Reich der Mitte hält er eine Schnapsflasche aufbewahrt, in der als besonderer Geschmacksveredler eine tote Schlange liegt.

# Pratomagno

*Östlich des Arnotales erhebt sich das bewaldete Pratomagno-Gebirge mit dem Croce di Pratomagno als höchstem Punkt.*

## Loro Ciuffenna

Das Dorf liegt am Fuße der Pratomagno-Berge. Sorgfältig bewirtschaftete Felder mit Getreide, Gemüse, Tabak, Wein und Oliven wechseln sich ab. Der strenge Frost des Winters 1985, der hier viel Flurschaden angerichtet hat, scheint vergessen zu sein. Die verstümmelten Olivenbäume, damals bis auf die Stümpfe gestutzt, haben ihre alte Form fast wieder erreicht. Im November ist Erntezeit. Die Oliven werden handgepflückt oder von den Ästen gekämmt.

Hervorstechendes Gebäude an der kleinen Dorf-Piazza ist eine stattliche Loggia mit Büsten von Giuseppe Garibaldi und König Vittorio Emanuele II. In die Wand sind zahlreiche Gedenktafeln eingemauert. Unweit der Loggia befindet sich die Werkstatt eines Kunstschmieds - einige seiner Objekte, entlang der ansteigenden Straße ausgestellt, zeigen den Weg. In dem kleinen Ausstellungsraum sind Deckenleuchter, Kerzenhalter, Stuhl- und Sesselgestelle, sogar Volieren zu sehen.

Die labyrinthartig angelegten Gäßchen des alten Dorfkerns führen zu einer alten Bogenbrücke über den Wildbach Ciuffenna, der hier eine Schlucht in den Fels gegraben hat. Unmittelbar hinter dem Dorf erhebt sich das dicht bewaldete, in den oberen Lagen kahle Pratomagno-Gebirge, das schöne Möglichkeiten für ausgedehnte Wanderungen bietet.

## Pratomagno Berge 397

- *Verbindungen*: Autobahnausfahrt S. Giovanni Valdarno, weiter über Terranuova.
**Bus**: Täglich mehrere Busse nach Arezzo und S. Giovanni; einmal wöchentlich fährt ein Bus nach Florenz.
**Eisenbahn**: nächster Bahnhof in S. Giovanni Valdarno, an der Strecke Florenz - Arezzo.
- *Übernachten/Essen*: **Locanda La Torre**, Via Dante Alighieri 20 (nach dem Torbogen rechts), DZ ca. 50 DM, Dusche auf Etage. Familiäre Pension und Trattoria (Dienstag geschlossen) mitten im Dorf. Die Wirtsleute sind darauf eingestellt, abends für ihre Gäste zu kochen. Während der Hauptsaison muß man Glück haben, um noch ein Zimmer zu bekommen! Tel. 055/972032.
**Cooperativa/Trattoria Paterna**, im Weiler Paterna (5,5 km Richtung Arezzo, dann Schotterstraße rechts ab, weitere 700 m), DZ im Hauptgebäude ca. 60 DM, Gästehäuschen mit 5 bzw. 2 Betten, 80 DM am Tag; Menü ca. 40 DM. Tel. 055/977514. (weiteres siehe Rahmentext unten).
**Osteria Canto del Maggio**, außerhalb, ca. 2 km Richtung Terranuova, dann rechts nach La Penna Vecchia abbiegen. Gute toscanische Küche, zwei kleine Säle für 20 bzw. 8 Personen in einem historischen Gebäude aus dem 16. Jh., Menü ca. 40 DM. Geöffnet Donnerstag - Sonntag, mittags und abends.
- *Camping*: Der nächste Campingplatz liegt auf baumloser Höhe, unterhalb des Gipfels des **Monte Lori** (1348 m), Anfahrt über Anciolina. Schöner Fernblick! In den kalten Nächten wärmt man sich am Feuerchen. Nur im Sommer geöffnet.

---

### Cooperativa/Trattoria Paterna

Die wenig konventionelle Trattoria ist nur abends geöffnet, Dienstag ist Ruhetag. Man sitzt in der Gaststube oder draußen am Hof. Kein Tisch muß einem Trupp von Nachkömmlingen Platz machen; wer kommt, verbringt den ganzen Abend hier. Voranmeldung wird angeraten, denn die Gästezahl ist auf 40 Personen begrenzt.
In der Küche wird fast ausschließlich Eigenproduziertes verwendet. Erst genießt man eine Reihe liebevoll und frisch zubereiteter Gerichte, z. B. rohe Gemüsestifte, die in eine Essig-Olivenöl-Sauce getunkt werden, dann Tagliatelle, Kaninchenbraten und noch ofenwarmen Ricotta-Käsekuchen, zur Abrundung schließlich einen ausgezeichneten Vin Santo oder einen Grappa. Nach dem Essen rückt man die Tische etwas näher zusammen - man kennt sich oder lernt sich kennen.
Der Trattoria angeschlossen ist ein kleiner Laden mit Honig, Marmeladen, geräuchertem Schinken, Käse und eigenem Wein (DOCG-Qualität).
In erster Linie betreibt die 5köpfige Gemeinschaft biologische Landwirtschaft. Leute, die Interesse an Bienenzucht und Landwirtschaft haben, oder die im Herbst bei der Weinernte mithelfen wollen, sind gerne gesehen. Trotz der hartnäckigen Bienenparasiten und erneuter Frostschäden 1991 hat sich die Cooperativa weiterentwickelt und wurde ausgebaut. Ein ehemaliger Heuschober und ein Geräteschuppen sind zu beheizten Gästehäuschen mit Küche, Bad und 5 bzw. 2 Betten umgebaut worden, im Hauptgebäude sind zwei Doppelzimmer entstanden. Auf dem Gelände darf gecampt werden, mehr als 5 Zelte haben jedoch nicht Platz. Adresse: Cooperativa Agricola Valdarno, Loc. Paterna, Terranuova Bracciolini (AR), Tel. 055/977514.

---

▶ **Gropina:** Liegt etwas oberhalb von Loro Ciuffena - leicht zu Fuß zu erreichen. Liebenswürdiges Nest im Blätterwald mit einer romanischen Kirche und einem Weingut. Hier gibt es Chianti di Gropina (DOC) und Bienenhonig.

## Trappola

Das Dörfchen, ein paar Kilometer nördlich von Loro Ciuffena, liegt bereits im felsigen Gebirge. Überwiegend bejahrte Männer zeigen sich in den Gassen. Die kommunale Unità Sanitaria unterhält hier ein Ferienheim für Behinderte und Alte sowie zwei weitere Ferienhäuser. Im Ort findet man einen Lebensmittelladen und ein Restaurant mit Terrasse. Vom Kirchenvorplatz genießt man einen herrlichen Blick aufs Arno-Tal, Steinbänke unter Riesentannen laden zum Ausruhen ein.

*Wanderungen*: Kurz nach Trappola endet die Straße im Wald. Von hier aus kann man in einer Stunde zum **Rifugio Seraio** (Nr. 24) wandern und in zwei Stunden auf einer Panoramastraße zu den **Tre Fonti** (Nr. 23).

## Rocca Ricciarda

Von Loro Ciuffena klettert am Wildbach Ciuffena entlang eine Straße den Berg hinauf. Einige Staubecken bieten unterwegs ausgezeichnete Bademöglichkeiten. Nach ca. 8 km endet die Straße vor dem idyllischen Bergdorf Rocca Ricciarda. Grau ist der Felsen und grau ist der Bruchstein der Häuser, einzig die Topfpflanzen davor bringen etwas Farbe ins Bild. Kurz nach dem Ortseingang, rechts, stellt der über 80jährige, aber immer noch rüstige *Santi Biagini* seine skurrilen Holzskulpturen aus. Außer Pinocchio- und Waldschraten fertigt der passionierte Holzsammler und -schnitzer auch Gebrauchsgegenstände.

- *Essen*: Die wenigen verbliebenen Dorfbewohner, die hier in fast 1000 m Höhe auch überwintern, loben die einfache Küche der **Osteria La Rocca**, gleich am Ortseingang. Von hier schöner Blick auf das Gipfelkreuz des Pratomagno (1600 m). Dienstag geschlossen, im Winter nur Samstag/Sonntag geöffnet.
- *Wanderungen*: Vom tiefer gelegenen Dorf **Grifone** aus führt ein Weg nach **Rocca Ricciarda** hinauf, von dort aus weiter zum **Gipfelkreuz des Pratomagno** (ca. 3 Std., weiß/rote Markierung, Nr. 21 A).

# Arezzo

**Moderne Zweckbauten und Wohnsilos an der Peripherie: Die Stadt ist weit in die hügelige Landschaft hineingewachsen, ihr mittelalterlicher Kern jedoch - trotz schwerer Bombardierung durch die Alliierten im Zweiten Weltkrieg - ist zum größten Teil noch gut erhalten.**

Vom einstigen Kastell am höchsten Punkt Arezzos stehen nur noch die Festungsmauern. Sie umschließen einen ungepflegten Park mit einer kitschig-nationalistischen Skulptur, einem beliebten Ziel der Spraydosen-Attentäter. Leider sind deren Signaturen künstlerisch auch nicht wertvoller als das besprühte Objekt. Am besten, man mißachtet diese miserable Kunstdebatte und genießt hier den einzigartigen Blick über die Stadt.

# Arezzo 399

*Die Piazza Grande - ein architektonisches Juwel*

In den Kirchen von Arezzo - so sagt man spöttisch - beten die Mütter für einen stabilen Goldkurs. Denn Arezzo ist als internationale Goldmetropole und reichste Stadt der Toscana berühmt-berüchtigt. An der Peripherie haben sich etliche goldverarbeitende Betriebe angesiedelt. Zwei mächtige Familien kontrollieren das glänzende Gewerbe, das in ganz Europa und in den USA verkauft.

## Geschichte

Arezzo ist weniger durch geschichtsträchtige Großtaten bekannt als vielmehr durch eines der wichtigsten, wenn nicht sogar des bedeutendsten Werks der Malerei des 15. Jh.: *Piero della Francesca* hat der Nachwelt einen umfangreichen Freskenzyklus hinterlassen, der die Geschichte des Kreuzes Christi darstellt. In einzigartiger Weise hat er in diesem Meisterwerk die mathematischen und perspektivischen Kenntnisse seiner Zeit verarbeitet. Lange Zeit verkannt, ist Piero della Francesca erst nach dem Zweiten Weltkrieg in den Blickpunkt der Kunstgeschichtler gerückt. Heute sieht man in ihm den "klassischsten" Meister des 15. Jh. (mehr darüber siehe Sehenswertes, Kirche San Francesco).

In etruskischer Zeit war Arezzo Mitglied des mächtigen *Zwölfstädtebundes*. Jahrhunderte später, in der römischen Epoche, als Hannibal "ante portas" stand, diente die Stadt als Lager für die römischen Legio-

# Von Florenz nach Arezzo

närsheere. Im Mittelalter geriet Arezzo in den Einflußbereich des mächtigen Florenz.

Übrigens lebte hier neben dem humanistischen Dichter *Petrarca* und dem Architekten *Vasari* auch *Guido von Arezzo* (990-1050), der die Notenschrift und die Tonleiter in die europäische Musik einführte. Eine Marmortafel an seinem Geburts- und Wohnhaus am oberen Ende der Via Cesalpino erinnert an ihn.

- *Telefonvorwahl*: 0575
- *Information*: **A.P.T.-Büro**, Piazza Risorgimento 116. Öffnungszeiten: Montag - Freitag 9-12.30 Uhr und 16-18 Uhr, Samstag 9-12.30 Uhr. Tel. 23952.
Zweites Informationsbüro am Bahnhofsvorplatz (Öffnungszeiten wie oben).
- *Verbindungen*: **Bahn**: Arezzo liegt an der Haupteisenbahnlinie Florenz - Rom. Gute Verbindung auch nach Perugia (Umsteigen in Teróntola).
**Busse** nach Cortona, Città di Castello, Gubbio, Siena; Busterminal neben dem Bahnhof.
- *Feste/Veranstaltungen*: **Giostra del Saracino**, am 1. Sonntag im September. Ein historisches Ritterturnier, bei dem lanzenbewehrte Reiter in mittelalterlichen Kostümen das Schild einer Holzpuppe zu treffen versuchen. Da die Puppe drehbar aufgehängt ist und eine "Geisel" drei Bleikugeln hält, die den Reiter aus dem Sattel werfen können, ist das Spektakel sehr spannend. Die jeweils zwei Mann starken Rittermannschaften rekrutieren sich aus vier verschiedenen Stadtteilen.
**Fiera antiquaria**, am 1. Sonntag eines jeden Monats. Großer Antiquitätenmarkt auf der Piazza Grande.

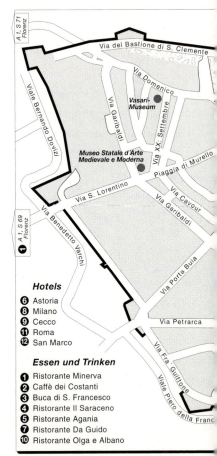

**Hotels**
- ⑥ Astoria
- ⑧ Milano
- ⑨ Cecco
- ⑪ Roma
- ⑫ San Marco

**Essen und Trinken**
- ① Ristorante Minerva
- ② Caffè dei Costanti
- ③ Buca di S. Francesco
- ④ Ristorante Il Saraceno
- ⑤ Ristorante Agania
- ⑦ Ristorante Da Guido
- ⑩ Ristorante Olga e Albano

- *Treffpunkte*: Abends (vor allem samstags) trifft sich halb Arezzo im unteren Teil des Corso Italia, während oben an der grandiosen Piazza Grande Ruhe herrscht.

## Übernachten

\*\*\* **Milano (8)**, Via Madonna del Prato 83, DZ mit Bad ca. 120 DM. Das Hotel hat mit einer kompletten Renovierung 2 Sterne gewonnen. Alles blitzblank, und für 1995 ist ein Restaurant versprochen. Ruhige Lage in einer Seitenstraße. Tel. 26836.

\*\* **Astoria (6)**, Via Guido Monaco 54, DZ mit Dusche ca. 90 DM, ohne ca. 70 DM. Geräumige Zimmer und weite Flure schaffen eine einladende Atmosphäre. Das Auto kann man für ca. 15 DM im benachbarten Parkhaus nächtigen lassen. Billigere (nachts

# Arezzo

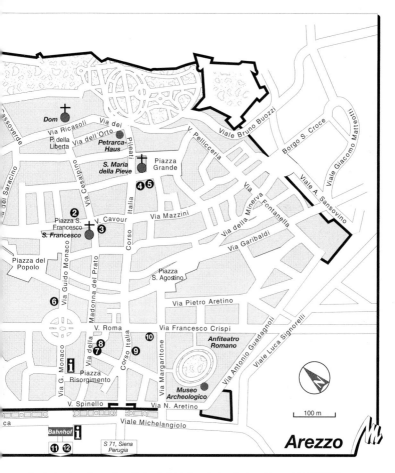

kostenlose), unbewachte Parkmöglichkeiten verrät die Hotelrezeption. Tel. 24361.
** **Cecco (9)**, Corso Italia 215, DZ mit Bad ca. 85 DM, ohne ca. 65 DM. In der Fußgängerzone gelegen. Der moderne Bau sollte einen nicht unbedingt abschrecken. Die Zimmer sind sauber bis steril. Restaurant im Haus mit akzeptablen Menüpreisen. Tel. 20986.

* **San Marco (12)**, Via Verga 4, DZ mit Bad ca. 80 DM, ohne 60 DM. Etwas außerhalb des Zentrums gelegen, dafür keine Parkprobleme. Tel. 903322.
* **Roma (11)**, Via Veneto 46, DZ mit Bad ca. 70 DM, ohne ca. 55 DM. "Nicht das sauberste in Arezzo, aber noch erträglich. Der Besitzer betreibt im Nebeneingang ein Lebensmittelgeschäft." (Leserbrief). Tel. 902494.

• _Jugendherberge_, "Villa Severi", Via Monache 41 (ca. 3 km vom Bahnhof entfernt). Neu eingerichtete Jugendherberge, leider etwas außerhalb. Tel. 25815.

## Essen

**Buca di San Francesco (3)**, Piazza San Francesco 1. Durch ein unscheinbares, schmiedeeisernes Türchen steigt man in den Keller hinunter. Lokale Spezialitäten in mittelalterlicher Umgebung. Preise etwas über dem Durchschnitt, üppiges Menü ca. 60 DM. Montagabend und Dienstag geschlossen, Betriebsferien im Juli.

**Minerva (1)**, Via Fiorentina 2/6 (Ausfallstraße zur A 1). Oft empfohlenes Feinschmeckerlokal. Gespeist wird auf einem Dachgarten. Betriebsferien in der ersten Augusthälfte.

**Agania (5)**, Via Mazzini. Die Bezeichnung Osteria ist etwas tiefgestochen. Angenehme Atmosphäre und guter Service. Regionale Küche. Beliebt, also auch belebt.

**Il Saraceno (4)**, Via Mazzini 6/A. Durchschnittliche Küche zu billigen Preisen und wohl deshalb bei Studenten und Schülern beliebt. Für noch jüngere steht sogar ein Kindersitz zur Verfügung. Lockeres Publikum. Menüs ab 20 DM.

**Da Guido (7)**, Via Madonna del Prato 85. "Traditionell-schlicht möblierte Trattoria mit vielen Einheimischen. Familienbetrieb. Unbedingt das Kaninchen (coniglio) probieren." (Leserbrief). Hausmannskost zu durchschnittlichen Preisen. Sonntag geschlossen.

**Olga e Albano (10)**, Via Crispi 32. Beim Rosso zieht's einem den Mund zusammen, möge der Wirt eine andere Quelle auftun. Die Pizza schmeckt auch nicht besonders, und der Nachbar gab das Steak zweimal zurück, um es dann doch auf dem Teller liegenzulassen. Obendrein fehlt's an Freundlichkeit. Neenee!

**Pizzeria/Birreria Dal Cacio**, Via Niccolò Aretini (in der Stadtmauer). Klein und meist voll. Wenn man einen Platz ergattert hat, kann man hier bei Pizza und Bier einen ungezwungenen Abend verbringen.

**Caffè dei Costanti**, Piazza S. Franscesco. Das Café der Stadt: Hier trifft sich alles vom bücherschleppenden Schüler bis zur Signora im Pelz.

• *Außerhalb*: **La Giostra**, in Pieve al Bagnoro (ca. 10 km außerhalb, Richtung Sancepolcro, links abbiegen bei Stoppe d'Arca). Nüchternes, modernes Ausflugslokal. Sehr preiswerte, traditionelle toscanische Küche, Menü für ca. 30 DM. Mittwoch geschlossen, im August Betriebsferien.

## Sehenswertes

**Piazza Grande:** Umgeben von einer Vielzahl historischer Bauten, ist sie der architektonisch zentrale Punkt der Stadt. An der Oberseite des abschüssigen Platzes stehen die *Loggien von Vasari* aus dem 16. Jh., gegenüber die Paläste der *Lappoli* und *Cofani*, an der Stirnseite der mit einem "gedrechselten" Säulendekor fast barock wirkende *Palast der Laienbruderschaft*, daneben der *Palazzo del Tribunale* mit der kegelförmigen Freitreppe und die Chorseite der *Kirche Santa Maria della Pieve*.

**Kirche San Francesco:** Der schlichte Bau aus grobem Stein blieb unvollendet. Im Chor befindet sich das weltbekannte Fresko "Storia della Croce" (Geschichte des Kreuzes) von *Piero della Francesca*. Er schuf dieses großartige Werk zwischen 1452 und 1466. Die Bildfolgen erzählen die Legende vom Holz, aus dem später das Kreuz Christi gezimmert wird: Adam ist gestorben, sein Sohn pflanzt einen Zweig vom Baum der Erkenntnis in den Mund seines Vaters - der Erzengel Michael hatte ihm diesen Ratschlag gegeben. Der ausgewachsene Baum wird von Salomon gefällt, der damit eine Brücke bauen läßt. Als die Königin von Saba auf einer Reise nach Jerusalem diese Brücke überquert, bemerkt sie die schicksalshafte Bedeutung des Holzes; Salomon läßt es daraufhin in einen Sumpf werfen.

**Kirche Santa Maria della Pieve**: Die Kirche aus dem 13. Jh. zeigt eine überwältigende Fassade. Mit ihren unzähligen Säulen - man sollte sich Zeit nehmen, sie einzeln zu betrachten - macht sie einen äußerst fragilen Eindruck. Der "Glockenturm der hundert Löcher", wie er im Volk wegen seinen vielen Doppelbogen-Öffnungen heißt, wirkt im Vergleich mit der Fassade - trotz seines Namens - fast massiv. Die Säulenpracht wird über dem Eingang und an der Chorseite (der Piazza Grande zugewandt) fortgesetzt.

Im Inneren ist ein mehrteiliges Altarbild von *Pietro Lorenzetti* zu sehen, der sog. "Altar von Arezzo" aus dem Jahr 1320. Um den dreistufigen Mittelteil ("Maria mit Kind", "Verkündigung", "Mariae Himmelfahrt") gruppiert sich symmetrisch, ebenfalls auf drei Stufen, eine Reihe Heiliger. Die sehr eindrücklichen Charakterdarstellungen versetzen den Laien ins Staunen, während der Fachmann sich wundert, daß dieses Meisterwerk Pietro Lorenzettis nicht längst schon den Weg ins Museum genommen hat.

Etwas mulmig kann's einem in der Krypta werden: Sie verwahrt einen Reliquienschrank mit Knochen aretinischer Märtyrer und in einem schauerlich beleuchteten Glassarg das Skelett eines Kamaldulensermönchs aus dem 15. Jh.

**Dom**: Der gotische Bau in exponierter Lage ist eher enttäuschend. Die riesige, im 19. Jh. angebaute Seitenkapelle verstört den Besucher geradezu, zumal er von einem schmiedeeisernen Gitter auf Distanz gehalten wird. Im Dom liegen die sterblichen Überreste von Papst *Gregor X.*, der die Kirche mit der Erfindung der noch heute gültigen Konklave beglückte: Seit 1274 werden bei einer Papstwahl die Kardinäle gemeinsam in einen Raum (Konklave) gesperrt, den sie erst verlassen dürfen, wenn sie sich über die Person des neuen Papsts einig sind. "*Habemus Papam*" wird dann auf Lateinisch kundgetan, und auf dem Petersplatz in Rom beeilen sich die Souvenirhändler, ihr Sortiment auszuwechseln.

Mit der Einführung der Konklave wollte Gregor X. den Entscheidungsprozeß bei der Papstwahl beschleunigen. Falls es hinter geschlossenen Türen immer noch zu lang dauerte, war als verschärfendes Mittel Speiseentzug vorgesehen.

**Museo Statale d'Arte Medievale e Moderna**: Der Zusatz "e Moderna" ist irreführend. Damit sind ein paar zweitklassige Gemälde aus dem 19. Jh. gemeint. Ansonsten ist das Museum aber durchaus einen Besuch wert.

*Innenhof:* Die Santa Maria della Pieve hat nicht mehr alle Säulen - ungefähr ein Dutzend sind hier ausgestellt.

*Saal 1:* Altarbilder aus dem 13. und 14. Jh., Hauptmotive: Madonna mit Kind und Franz von Assisi.

## Von Florenz nach Arezzo

*Saal 2:* Hier fällt ein eigenartiges Gemälde aus dem 14. Jh. auf. Es stammt von *Niccolò di Pietro Gerini* und versinnbildlicht das Leiden Christi: Fragmente schweben im Raum - Hände in Unschuld, ein Messer, ein Ohr.

*Saal 3:* Fresken aus der Schule von *Spinello Aretino* (14./15. Jh.). U. a. sind in einer dreiteiligen Sequenz zwei Märtyrer zu sehen, die erst als Gefangene dem König vorgeführt, dann enthauptet und schließlich von den Christen aufgebahrt werden.

*Saal 4:* Schmiedeeiserne Waffensammlung.

*Saal 5:* Großfresken von *Luca Signorelli.*

*Saal 6:* bunte *Della-Robbia*-Terrakotten. Majolika-Teller, z. T. Exemplare aus dem umbrischen Deruta, wo die Tradition heute noch fortbesteht.

*Großer Gang:* Hier befindet sich eine der großen Attraktionen des Museums, *Vasaris* "Gastmahl von Esther und Ahasver" (1548). Mit den Ausmaßen von 7,12 m auf 2,85 m gilt das Werk als das großflächigste Gemälde des Cinquecento. Der vielbeschäftigte Vasari stellte es in nur 42 Tagen fertig.

*Obergeschoß:* Es war längere Zeit geschlossen, und 1994 ließ sich hier noch kein Ausstellungskonzept erkennen. Vom 19. Jh. ("moderne Kunst") gelangt man ins 16. und 17. Jh. zurück, und damit auch wieder zu Vasari, von dem u. a. eine "Allegorie der unbefleckten Empfängnis" zu sehen ist. Das Thema bereitete ihm offensichtlich Kopfzerbrechen: Das ausgestellte Bild ist einer von sechs Versuchen, das Unmögliche zu begreifen.

*Öffnungszeiten*: 9-19 Uhr. Eintritt ca. 8 DM.

**Museo Archeologico**: Das Museum befindet sich im *Anfiteatro romano* und besitzt eine stattliche Sammlung von etruskischen und römischen Funden aus der aretinischen Umgebung. Etwas für Spezialisten.
*Öffnungszeiten*: 9-13 Uhr.

**Vasari-Museum:** *Giorgio Vasari*, mehr als Architekt denn als Maler berühmt und Biograph der Künstler seiner Zeit, wurde 1511 in Arezzo geboren. Sein Wohnhaus ist heute ein Museum und vermittelt einen guten Eindruck in sein malerisches Werk, das stark dem Manierismus zuneigt. Man bekommt mehrere Säle zu sehen, meist von Vasari selbst ausgestaltet. Die *Sala del Camino* strotzt vor allegorischen Darstellungen, die *Sala della Fame e delle Arte* - nicht weniger allegorisch - ist Vasaris Hommage an Kunst und Wissenschaft.
*Öffnungszeiten*: 9-19 Uhr. Klingeln, Eintritt frei.

**Petrarca-Haus:** Der Humanist und Poet *Petrarca* kam 1304 in Arezzo zur Welt. Sein Geburtshaus, 1944 zerbombt und später wieder aufgebaut, steht knapp unterhalb des Doms, in der Via dell' Orto 28. Es ist zu besichtigen, die Petrarca-Akademie hat hier eine umfangreiche Bibliothek untergebracht.

Mitten auf der Straße steht der *Tofano-Brunnen*, benannt nach einem

# Cortona

reichen Herrn, der ebenso trunk- wie eifersüchtig war und dem seine Frau böse mitspielte. Welche Rolle der Brunnen dabei spielte, erfahren sie bei Bocaccio, Decamerone, 7. Tag, 4. Geschichte...

## Cortona

**Einer der hübschesten Bergorte der Toscana: Von der meist dunstigen Höhe eines 600 m hohen Bergkegels aus "bewacht" Cortona das Chianatal. In der Via Iannelli mit ihren überhängenden Häusern aus dem 13./14 Jh. zeigt sich der Ort am ursprünglichsten.**

Einer gernverbreiteten Legende nach, die durch die Verwechslung der Pythagoras-Stadt *Croton* mit *Cortona* zustande kam, ist Cortona die "Mutter Trojas und die Großmutter Roms". Dardanus, der Sohn des Zeus, gründete demnach Cortona, um anschließend via Dardanellen nach Kleinasien zu ziehen und dort Troja zu gründen.

- *Telefonvorwahl*: 0575
- *Information*: **A.P.T.-Büro**, Via Nazionali 72, Tel. 630352.
- *Verbindungen*: **Eisenbahn**: Bahnlinie Florenz-Arezzo-Rom. Der Bahnhof Camucia-Cortona befindet sich ca. 4 km vom Zentrum entfernt; von 6-21 Uhr fährt alle 30 Minuten ein Bus zur Altstadt hinauf. 10 km südlich von Cortona liegt der Umsteigebahnhof Teróntola (Abzweig nach Perugia).
**Bus**: 8mal täglich (Sonntag 4mal) Verbindung nach Arezzo.
- *Feste*: **Sagra della Bistecca** (Beefsteak-Kirchweih) am 15. August: Die besten Chiana-Rinder werden geschlachtet, um dann gegrillt in Festtagslaune verspeist zu werden.
- *Übernachten*: **** **San Michele**, Via Guelfa 15, DZ ca. 130 DM. 70 komfortable Zimmer in einem alten Stadtpalast. Tel 604348.
*** **San Luca**, Piazza Garibaldi 2 (an der südlichen Stadtmauer, bei der Hauptzufahrt), DZ ca. 110 DM - die Hälfte der Zimmer mit Blick auf die weite Talebene. Tel 630460.

** **Italia**, Via Ghibellina 5 (bei der Piazza Repubblica), DZ mit Dusche/WC ca. 90 DM. Tel 603264.
* **Athens**, Via S. Antonio, DZ ab 60 DM. Hübsche Lage im oberen Teil der Altstadt - schöner Ausblick! Geräumige Zimmer, einige mit 4 Betten vollgestellt. Im Sommer und Herbst meist von amerikanischen Kunststudenten belegt. Tel. 603008.
- *Jugendherberge* **Ostello per la Goiventù "San Marco"**, Via Maffei 57 (an der südlichen Stadtmauer), Übernachtung mit Frühstück ca. 15 DM/Person. Ca. 20 Leute pro Schlafraum. In einem ehemaligen Kloster, hübsch renoviert. Geöffnet März - Mitte Oktober. Tel 601392.
- *Essen*: **La Loggetta**, gleich neben der Piazza Repubblica. Cortonas Nobelrestaurant.
**Trattoria dell'Amico**, Via Dardano 12 (oberhalb der Piazza Signorelli). Kleines, einfaches Lokal, durchschnittliche Preise.
**Pizzeria Fufluns**, Via Ghibellina 3 (bei der Piazza Repubblica). Eines der preiswertesten Möglichkeiten im Ort.

### Sehenswertes

**Museo dell'Accademia Etrusca**, im imposanten Casali-Palast an der Piazza Signorelli Ein hübsch aufbereitetes Regionalmuseum, in dem einige wertvolle Stücke aus etruskischer Zeit - Cortona war Mitglied des mächtigen etruskischen Zwölfstädtebunds - zu finden sind. In der Mitte des ersten Raumes hängt der einzige erhaltene etruskische Bronze-Leuchter (57 kg!), er stammt aus dem 5. Jh. v. Chr. und ist mit Satyrn und Sirenen verziert. In der Mitte prangt der Kopf von Gorgone - einer mythologischen Figur der Etrusker, welche das Gute und Böse symbolisiert.

*Öffnungszeiten*: April - September, 10-13 Uhr und 16-19 Uhr; Oktober bis März, 9-13 Uhr und 15-17 Uhr; Montag geschlossen. Eintritt ca. 5 DM.

**Chiesa del Gesù**, an der westlichen Stadtmauer gegenüber der nicht sonderlich interessanten Kathedrale. Im oberen Teil der zweigeschossigen Kirche ist das **Museo Diocesano** mit einer überaus bemerkenswerten Gemäldesammlung untergebracht. Von *Pietro Lorenzetti* ist eine "Thronende Madonna mit Kind und Engeln" (ca. 1315) zu sehen, von *Beato Angelico* eine "Verkündigung". Besonders stark vertreten sind der um 1450 in Cortona geborene *Luca Signorelli* und seine Schule; eines der ausdrucksstärksten Bilder des Meisters ist die "Kreuzabnahme".

*Öffnungszeiten*: April - September, 9-13 Uhr und 15-18.30 Uhr; Oktober bis März, 9-13 Uhr und 15-17 Uhr; Montag geschlossen. Eintritt ca. 5 DM.

**Medici-Festung**: Ihre noch beeindruckenden Überreste stehen an der höchsten Stelle des Cortona-Hügels (ca. 700m). Der kurze Spaziergang hinauf führt am **Santuario di Santa Margherita** vorbei, einem neo-romanischen Bau aus der 2. Hälfte des 19. Jh. Hier liegt in einem kostbaren Silberschrein die Patronin der Stadt begraben.

## Umgebung

▶ **Chiesa di Santa Maria al Calcinaio**: bei der Auffahrt nach Cortona kaum zu übersehen, etwas unterhalb der Straße. Die Kirche mit der auf einem oktagonalen Turm ruhenden mächtigen Kuppel wurde 1485-1513 errichtet und gilt als Schulbeispiel der Renaissance-Architektur. Der massive Bau mit nur drei Rosettenfenstern ist im Innern unerwartet hell, da durch die Turmfenster Oberlicht hereinströmt.

▶ **Convento delle Celle**: ca. 4 km oberhalb von Cortona. In einer üppig grünen Bergfalte liegt dieses alte Franziskanerkloster am Rande eines felsigen Gebirgsbach. Es wurde 1211 von *Franz von Assisi* persönlich gegründet und hat seinen einfachen Charakter bis heute erhalten. Derzeit beherbergt es 18 Mönche.

# Valtiberina *(oberes Tibertal)*

Abgesehen von der Talregion ist das Valtiberina eine dünnbesiedelte Landschaft - eine Wald- und Weidegegend, in der alte Traditionen wie die Spitzenklöppelkunst, die Holzschnitzerei, das Gold- und Silberhandwerk noch fortleben. Das Valtiberina hat aber auch zwei große Maler hervorgebracht: Piero della Francesca und Michelangelo Buonarroti.

Heute ist das obere Tibertal um eine Attraktion reicher: Nördlich von Anghiari ist ein großer Stausee entstanden. Der mächtige Wall aus verdichtetem Lehm ist inzwischen fertiggestellt. Lehm hat gegenüber Spannbetonkonstruktionen den Vorteil, sich bei Erdbeben zu verformen, ohne zu bersten. Es ist bisher das größte Projekt dieser Art in Europa. Später soll das Wasser durch einen 30 km langen Tunnel in das Arnotal hinübergeleitet werden, zur Bewässerung der Felder und für die Trinkwasserversorgung von Arezzo.

## Monterchi

Der mittelalterliche Ort mit seinem oberen und unteren Stadtring und dem antiken Namen Mons Herculis war in etruskisch-römischer Zeit dem Herkules-Kult gewidmet.

Heute wird Monterchi vor allem wegen der "Madonna del Prato" von *Piero della Francesca* aufgesucht. Die Darstellungsweise der Muttergottes ist für die italienische Malerei ungewöhnlich: Maria ist eine junge Frau, die - sichtbar schwanger - in stillem Ernst der Geburt ihres Sohnes entgegensieht.

Das berühmte Fresko wurde 1993 restauriert und 1994 in einer Sonderausstellung im Schulhaus gezeigt. Ob es ab 1995 wieder seinen angestammten Platz in der etwas außerhalb Monterchis gelegenen Friedhofskapelle einnehmen wird, war bei unserer letzten Recherche noch nicht entschieden.

*Essen*: In einer namenlosen **Osteria** am unteren Stadtring kann man zu Mittag essen. Für ca. 15 DM ißt und trinkt man einfach, aber gut.

## Anghiari

**Die mittelalterliche Kleinstadt am felsigen Talhang bietet einen großartigen Ausblick auf das hier weite Becken des oberen Tibertals. Die Hauptstraße führt wie eine Sprungschanze geradlinig den Berghang hinunter.**

Der Ort wurde von Kamaldulenser-Mönchen gegründet Die Mönche entwässerten im 12. Jh. das sumpfige Tal und leiteten den Tiber nach Sansepolcro um.

Ein Spaziergang durch die Gassen ist unbedingt zu empfehlen. Am wappenverzierten *Palazzo Comunale* bröckelt der Putz. In einem Winkel des alten Stadtkerns liegt die mittelalterliche *Chiesa S. Agostino* versteckt. Sie ist zwischen 13 und 15 Uhr geschlossen. Es wurde in letzter Zeit viel gestohlen, sogar Fresken sind angehämmert worden, eine Flügeltür aus der Sakristei ist verschwunden. Auf dem Antiquitätenmarkt in Arezzo werden die Stücke angeboten, vermutet das Mütterchen, das die Kirchentür pünktlich auf- und zuschließt.

Vom terrassenförmig angelegten Hauptplatz gelangt man durch eine wuchtig überwölbte Passage (19. Jh.) zur Piazza IV Novembre, dominiert vom Stadttheater und einer kitschigen "Barock"kapelle zum Gedenken an die Opfer des 1. Weltkrieges. Etwas unterhalb davon, in der Via Mazzini, produziert seit der Mitte des 19. Jh. die Tuchweberei *Busatti*. Die Stoffe werden in Sansepolcro verkauft.

Im *Palazzo Taglieschi* befindet sich das **Museo Statale**. Beim Rundgang durch die teils möblierten Räume, die vorwiegend Stücke aus der römischen Epoche und dem Mittelalter beherbergen, wird man aus Sicherheitsgründen begleitet.

*Öffnungszeiten*: 9-19 Uhr. Eintritt frei, klingeln.

- *Übernachten*: ** La Meridiana, Piazza IV Novembre, DZ mit Bad ca. 70 DM. Geräumige, modern eingerichtete Zimmer. Tel. 0575/788102.
- *Essen*: Ristorante Da Alighero, Via Garibaldi (Seitengasse zum Hauptplatz). Der Wirt stammt aus der Stadt, die Wirtin aus Deutschland. Klein, rustikal, familiär. Hausgemachte Spaghetti mit Pilzsauce. Dienstag geschlossen.
**Locanda Castel di Sorci**, ca. 3 km außerhalb, in Richtung Monterchi. Der Landgasthof ist seit Jahren weit und breit wegen seinen riesigen Portionen zu geringen Preisen bekannt. Im Sommer und an Wochenenden herrscht Massenbetrieb. Junge, freundliche Mitarbeiter. Montag Ruhetag.

## Sansepolcro

**Der Name bedeutet soviel wie "heiliges Grab" und geht auf zwei Pilger zurück, die - mit Reliquien aus dem Grab Christi im Gepäck - von einer Reise aus Palästina zurückkehrten.**

Der größte Ort des Valtiberina liegt auf den ersten Blick etwas zersiedelt in der Tiber-Ebene. Erst, wenn man durch eines der sieben

# Sansepolcro

Stadttore in den mittelalterlichen Stadtkern vordrungen ist, zeigt Sansepolcro seine etwas brüchigen Reize.

Im Zentrum der von einer Mauer eingefaßten, viereckigen Altstadt liegt die Piazza Torre di Berta, etwas oberhalb befinden sich die Kathedrale und daneben der Palazzo delle Laudi mit seinen hohen Arkaden. Im Teatro Dante, einem klassischen Theaterbau aus dem 18. Jh. an der Via XX Settembre, treten heute Sylvester Stallone und Arnold Schwarzenegger auf - zweidimensional. Andere einst ansehnliche Renaissance- und Barockbauten haben den Sprung in die Moderne nicht geschafft - Erdbeben und der Zweite Weltkrieg haben deutliche Spuren hinterlassen.

**Museo Civico**: Die gesamte Kirchenkunst von Sansepocro ist hier versammelt - neben dem Schatz der Kathedrale vor allem auch die von verschiedenenen Kirchen abgenommenen Fresken.

Das Museum lohnt allein schon wegen *Piero della Francesca* einen Besuch. Der "Mitbegründer" der italienischen Renaissance wurde um 1416 in Sansepolcro geboren. Drei Fresken und ein Altarbild des Meisters haben den Weg ins Museum genommen. Am eindrucksvollsten ist die "Auferstehung Christi" - weiche Farbgebung, realistische Landschaftsdarstellung. Daneben sind Arbeiten seiner Schüler *Matteo di Giovanni* und *Raffaellino dal Colle* zu sehen. Ebenfalls von Piero della Francesco inspiriert sind die bemerkenswerten, perspektivisch gestalteten Intarsien eines Chorgestühls. Von *Luca Signorelli* besitzt das Museum eine beidseitig bemalte Prozessionsstandarte.

*Öffnungszeiten*: Juni - September, 9-13.30 Uhr und 14.30-19.30 Uhr; Oktober - Mai, 9.30-13 Uhr und 14.30-18 Uhr. Eintritt ca. 7 DM.

- *Telefonvorwahl*: 0575
- *Information*: Piazza Garibaldi (oberhalb der Kathedrale). Öffnungszeiten: offiziell 9.30-12.30 und 15.30-18.30 Uhr, man verlasse sich nicht darauf.
- *Parken*: Gratis-Parkplatz unterhalb der Porta Romana, an der südöstlichen Stadtmauer, ansonsten fast überall gebührenpflichtig.
- *Veranstaltungen*: Am 2. Sonntag im September findet auf der Piazza Torre di Berta der traditionelle **Palio della Balestra** (Wettstreit der Armbrustschützen) statt. In der Via Pacioli 18, an der Piazza S. Chiara, befindet sich die Armbrustwerkstatt von Signore Procelli. Wenn das Tor offen ist, sollte man ihm einen Augenblick zusehen. Er ist ein sanfter Riese, der so schnell niemanden aus der Werkstatt schmeißt.

- *Übernachten/Essen*: \*\*\* **Fiorentina**, Via Luca Pacioli 60 (Nebenstraße zur Via XX Settembre), DZ mit Bad ca. 80 DM, ohne ca. 55 DM. Gepflegte, moderne Zimmer. In der ersten Etage stilvoll eingerichtetes Restaurant. Tel. 740350.

\*\* **Da Ventura**, Via Aggiunti 30 (obere Parallelstraße zur Via XX Settembre), DZ mit Bad 80 DM. Im Vergleich zum vorgenannten alles etwas ältlicher, jedoch ausgezeichnetes Restaurant mit Menüs ab 25 DM, à la carte wesentlich teurer. Samstag geschlossen. Tel. 742560.

**Osteria Tacconi Gia della Palma**, Via XX Settembre 166. Fürs schnelle Häppchen oder ein Glas Roten (600 Lire). Ausgezeichnet schmeckt der hausgemachte Vinsanto aus dem Fäßchen über der Theke.

## Caprese

Ein kleiner Weiler, einsam auf einer Hügelkuppe gelegen. Hier wurde *Michelangelo* am 6. März 1475 geboren, sein Vater war als Statthalter von Florenz hierher versetzt worden. Im unteren Geschoß des Geburtshauses sind Kopien und Fotos seiner wichtigsten Werke ausgestellt. Im ersten Stock illustriert eine Fotodokumentation den Werdegang des Meisters. Einige Arbeiten von Florentiner Malern des 17. Jh. zeigen Michelangelo in schillernden Farben als beinahe göttliches Wesen.
*Öffnungszeiten*: 9.30-12.30 und 15.30-18.30 Uhr (mit Führung).
*Camping*: **Michelangelo**, ca. 1,4 km außerhalb, Richtung Anghiari. Einfacher Platz in schöner Lage.

▶ *Von Caprese aus schlängelt sich ein Sträßchen Richtung Norden hoch zur Franziskaner-Einsiedelei La Verna (siehe Casentino).*

# Casentino

**Das junge Arno-Tal des Casentino, so sagt der Volksmund, ist heiterer, grüner und heller als das benachbarte Tiber-Tal, weil es von den Menschen mit Bescheidenheit und Klugheit bewirtschaftet wurde.**

In der Nähe von Poppi, dem Hauptort des Casentino, beendete eine blutige Schlacht die jahrhundertelangen Kämpfe zwischen Guelfen und Ghibellinen. Im Mittelalter zogen sich religiöse Querdenker ins schlecht zugängliche Bergland zwischen Tiber und Arno zurück und gründeten Einsiedeleien.

## Bibbiena

Die ursprünglich etruskische Stadt ist auf einem sanften Hügel gelegen. Den alten Kern bildet die Piazza Tarlati mit Glockenturm und kleiner Loggia. Von der Dachterrasse daneben hat man einen weiten Blick - bis auf das benachbarte Poppi. Unten im Tal liegt das moderne Bibbiena, das sich zu einem Handelszentrum des Casentino entwickelt hat.
Der überall ausgeschilderte Herrschaftspalast der *Dovizi* aus dem 16. Jh. befindet sich in Privatbesitz; seine Türen sind seit über 30 Jahren verschlossen.

- *Telefonvorwahl*: 0575
- *Verbindung*: **Bahn**: Züge nach Arezzo, in nördliche Richtung bis zur Endstation Pratovecchio-Stia gelegentlich durch Busse ersetzt. **Busse** vom Bahnhof ins mittelalterliche Borgo.
- *Übernachten/Essen/Trinken*: **\*\*\* Borgo Antico**, Via B. Doivizi 18, DZ 70-100 DM. Restauriertes Altstadthaus, professionell geführt. Bibbienas erste Adresse. Tel. 536445.
**\*\*\* Brogi**, Piazza Mazzoni 7 (im untersten Teil der Altstadt), DZ, DZ ca. 80 DM. Die Zimmer sind billig eingerichtet; Eisschrank, TV und Haartrockner täuschen darüber hinweg, funktionierten aber im-

merhin - im Gegensatz zur Dusche, aus der nur ein dünnes, kaltes Rinnsal rieselte. Kinderfreundlicher Familienbetrieb, in dem es gelegentlich ziemlich chaotisch zugeht. Das Essen ist zufriedenstellend. Ein großes Plus des Hauses ist die Fahrrad- und Mofavermietung. Tel. 536308.
**Mon Ami**, Via 28 Agosto 15 (Altstadt). Restaurant und Pizzeria zugleich. Für ca. 20 DM gab es bis 1994 ein gutes Menü mit Espresso bei laufendem TV. Ob die Totalrenovierung für die Saison 1995 am Billigkonzept gerüttelt hat, haben wir noch nicht in Erfahrung gebracht.
**Babylonia Pub**, Via Giuseppe Borghi 68 (Altstadt). Hinter dunkler Verglasung eine modernistische Einrichtung fürs späte Bier (bis 1 Uhr, wochenends bis 2 Uhr geöffnet).

## Einsiedelei La Verna

Der heilige *Franz von Assisi* bekam vom Grafen *Orlando dei Catani* den trostlosen Berg La Verna zum Geschenk und baute sich dort eine Einsiedelei - steinig wie die berühmtere Eremitage von Assisi und ebenso verschachtelt, aber größer als diese. Der stille Ort ist noch immer von Franziskanermönchen bewohnt.

Zwischen zwei Felsblöcken liegt die *Grotte*, die der Heilige als Zelle benutzte. Ein wenig bequemes Eisenbett diente ihm als Nachtlager. Ein kleines Schild versucht die Touristen davon abzuhalten, ihre Unterschrift im Felsen zu hinterlassen: "Wenn du glaubst, bete! Wenn du nicht glaubst, bewundere. Wenn du blöd bist, kritzle deinen Namen in die Mauer!" - Es gibt augenscheinlich viele, die sich für blöd halten.

Die *Stigmatisierungskapelle* - Franz von Assisi erhielt auf La Verna die für eine Heiligsprechung zwar nicht notwendige, aber doch nützliche Stigmatisierung - zeigt ein prunkvolles Chorgestühl und einen *Andrea della Robbia* zugeschriebenen gekreuzigten Christus aus Terrakotta über dem Altar.

In der heutigen *Bonaventura-Kapelle* wohnte im 13. Jh. zeitweise der gleichnamige Ordensgeneral der Franziskaner. Man darf annehmen, daß er nicht von allzu großer Statur gewesen ist; andernfalls stieß er sich bestimmt jedes Mal den Kopf am Gemäuer an, bevor er in sein asketisches Bett fand.

Die *Antonius-Kapelle* war 1230 das Zimmer des berühmten Heiligen aus Padua, der für einige Monate hier zu Besuch weilte.

An einer als *Precipizio* (Abgrund) bezeichneten Stelle soll der Teufel versucht haben, den heiligen Franz den Felsen hinunterzustoßen - natürlich ohne Erfolg.

Schließlich betrachte man den großen Zyklus im nach einer Seite hin offenen *Wandelgang* - ein religiöser "Comic-Strip" zur Erbauung: Christus erscheint Franz; im Wald von La Verna bekehrt Franz einen Banditen namens Lupo (= Wolf) zum Bruder Agnello (= Lamm); Franz kommt in La Verna an, und wird von den Vögeln begrüßt; Franz bekommt vom Grafen Orlando dei Catani den Berg geschenkt; Franz predigt in Anwesenheit des Sultans von Ägypten etc...

*Öffnungszeiten*: 6-20.30 Uhr.

La Verna ist ein beliebter Pilgerort. Dies hat die angenehme Nebenerscheinung, daß man sowohl einen großen Parkplatz als auch ein Ausflugslokal vorfindet. Im Wald kann man übrigens wunderschöne Spaziergänge unternehmen. Die Gegend ist für ihre mineralhaltigen Trinkwasservorkommen bekannt - die Wege zu den verschiedenen Quellen sind ausgeschildert.

*Camping*: **La Verna**, bei Chiusi della Verna. Im Laubwald, klein, modern, mit Swimmingpool. Geöffnet Mitte Juni - Mitte September. Tel. 0575/599243.

## Rundfahrt durchs obere Casentino

Bibbiena ist ein idealer Ausgangspunkt für eine wunderschöne Rundfahrt durch die bewaldeten Höhen des Appennin. Bei schönem Wetter lohnt ein Ausflug nach **Badia Prataglia**, einer Sommerfrische auf 850 m Höhe. In den Gebäuden der ehemaligen Abtei residiert heute das Landwirtschafts- und Forstministerium. Ein kleines Informationsbüro hält Vorschläge bereit für Wanderungen in den wasserreichen Wäldern.

- *Information*: neben der Abtei. Geöffnet 9-13 Uhr, Montag geschlossen.
- *Übernachten*: Ein halbes Dutzend 2-Sterne-Hotels im Ort, darunter:

**\*\* La Torre**, Via Sassopiano, DZ mit Dusche/WC ca. 70 DM. Tel. 0575/559005.

**\*\* Giardino**, Via Nazionale 15, DZ mit Dusche/WC ca. 70 DM, ohne ca. 45 DM.

Von der Straße nach Badia Prataglia zweigt knapp 10 km nach Bibbiena links ein Sträßchen nach **Serravalle** ab. Das Dorf ist nicht ganz so hoch gelegen wie Badia Prataglia, aber ebenso geeignet für Wanderungen, v. a. in den nahen Naturpark von Camaldoli.

- *Übernachten*: **\*\* Italia Nuova**, Via Coselschi 54, DZ mit Bad ca. 80 DM, ohne ca. 60 DM. Geöffnet April - September. Tel. 0575/519180.

Wenn das Hotel ausgebucht oder geschlossen ist, gibt ein Hinweisschild "camere" am Ortsausgang Grund, nicht alle Hoffnung fahren zu lassen.

Von Serravalle führt die Straße weiter nach **Camaldoli**; wie schon der Name verrät, handelt es sich beim Ort um eine Gründung der Kamaldulenser-Mönche. Sehenswert ist vor allem die Apotheke aus dem 16. Jh. mit ihren kunstvollen, handgeschnitzten Regalen. Bis ins letzte Jahrhundert war sie Teil eines großen Krankenhauses, das die umliegenden Dörfer versorgte. Ein wenig oberhalb liegt das etwas düstere Kloster aus romanischer Zeit.

- *Übernachten/Camping*: In beiden nachgenannten Hotels werden im Sommer vor allem Gäste, die an theologischen Workshops teilnehmen, untergebracht:
**\* La Foresta**, Via Camaldoli 5, DZ mit Bad ca. 60 DM, ohne ca. 55 DM. Tel. 0575/556015.

**\* Camaldoli**, Via Camaldoli 13, DZ ca. 55 DM, Dusche/WC auf Flur. Tel. 0575/556019.

**Camping Fonte del Menchino**, direkt hinter dem Kloster, in Richtung Eremo. Bescheiden, aber sehr schöne Lage. Geöffnet Juni - September. Tel. 0575/556157.

▶ **Eremo di Camaldoli:** Diese Abtei der Kamaldulenser-Mönche liegt eingebettet in eine herrliche, dichtbewaldete Berglandschaft auf 1111 m

Höhe, knapp 3 km oberhalb von Camaldoli. Im Jahre 1012 wurde sie als Einsiedelei vom heiligen Romuald gegründet. Fast 50 Mönche leben noch hier und in den beiden Einsiedeleien einige Kilometer bergauf. Nur noch zu Messen und anderen Festlichkeiten wird die typische, weiße Kutte angelegt.

*Öffnungszeiten*: 8.30-11.15 und 15-18 Uhr, Sonntag 8.30-11.45 und 12-12.30 Uhr.
*Verbindung*: **Busse** von Bibbiena aus 2x täglich.

# Poppi

In Poppi, das erkennt man schon von weitem, konzentriert sich alles auf das zinnenbewehrte, mittelalterliche Schloß der Grafen Guidi, die einst die Region beherrschten. *Arnolfo di Cambio*, der Erbauer des Florentiner Doms, hat sich an diesem Monument ausgetobt und es bis zur heutigen Größe vollendet. Die "Festung" beherbergt kostbar ausgestattete Räume, eine Kapelle und eine Bibliothek.

*Öffnungszeiten*: 9.30-12.30 Uhr und 14-17 Uhr.

Auf dem großen Platz vor dem Schloß, der Piazza della Repubblica, herrscht im Sommer viel Betrieb; hier lebt das Dorf am Abend. Etwas unterhalb beginnt die alte Dorfstraße, beidseitig von Arkaden gesäumt.

- *Verbindung:* **Bahn**: Züge nach Bibbiena u. Arezzo, in nördliche Richtung bis zur Endstation Pratovecchio-Stia. Der Bahnhof befindet sich unterhalb des Orts, in Ponte a Poppi.
- *Übernachten/Essen*: ** **Casentino**, Piazza della Repubblica 6 (gegenüber dem Castello, im ehemaligen Wirtschaftsgebäude des Schlosses), DZ mit Bad 55-70 DM. 32 stilvolle DZ mit Holzdecke, alten Bauernmöbeln und Bad. Das Restaurant befindet sich im alten Pferdestall des Schlosses und ist für seine gute Qualität bekannt. Im Sommer wird im Hof und unter der Pergola gegessen, Vollpension (ca. 70 DM pro Person) empfohlen. Tel. 0575/529090.

**Poppi-Zoo**: Im ganzen Casentino hat der Privat-Zoo seine Hinweisschilder aufgestellt. Im Holzhüttchen am Eingang fanden wir dann aber keine Seele, die sich um Kasse und Eintritt gekümmert hätte. Also sind wir einfach ins Wäldchen hineinspaziert, um da zu sehen: Braunbären, Elche, Büffel, Hirsche, Maremma-Rinder, Hasen, Fasanen, Ziegen, Mäusebussarde...

*Öffnungszeiten*: keine festen Zeiten, im Prinzip ganzjährig. Eintritt (sofern jemand an der Kasse ist): ca. 7 DM, 3 bis 11jährige Kinder ca. 5 DM.

*Anfahrt*: von Ponte a Poppi in Richtung Camaldoli, nach 1 km rechts hoch (ausgeschildert).

## Castel San Niccolò

Die Burgruine mit dem winzigen Oberdorf überragt die Ortschaft Strada. Eine alte, schmale Pflastersteinbrücke führt über den Arno und verbindet Ober- mit Unterdorf.

Die Burg ist in Privatbesitz. Giovanni Biondi, ein Lehrer aus Strada, hat sie vor zehn Jahren für "wenig Geld" - so sagen die Dorfbewohner - gekauft. Nachmittags ist er oft zur Hundefütterung und Gartenpflege auf seinem Anwesen; dann läßt er eine Besichtigung gerne zu. An der Innenrestaurierung ist die Gemeindekasse beteiligt, denn die Burg steht unter Denkmalschutz.

Am Gemäuer der über 1000 Jahre alten Langobardenburg, so die Burglegende, befindet sich ein Handabdruck des Teufels! Die kleine Kapelle war früher das Burggefängnis.

Wer sehen will, wie die Burg früher aussah, kann dies am Haus Nr. 93 tun, neben der kleinen Dorfkapelle am Aufgang zur Burg. Über der rechten Eingangstür befindet sich eine alte Steinzeichnung, daneben zwei Wappen.

Im Unterdorf **Strada** sind der Dorfplatz mit der offenen Markthalle und die perfekt restaurierte romanische *Kirche San Martino* an der Durchgangsstraße die einzigen Sehenswürdigkeiten.

# Chianti-Gebiet

*Hier, im Bauch der Toscana zwischen Florenz und Siena, liegt das Anbaugebiet des Chianti Classico.*

**Malerische Weinbauerndörfer, weiches Landschaftsbild und - für die Toscana typisch - nach ein paar Hügelkuppen der Horizont. Ölbäume, grünschwarze Zypressenreihen, etwas Ackerbau. Und natürlich viel Wein, oft riesige glattgebürstete Flächen - gut für hohe Hektarerträge und rationelle Bewirtschaftung. Viele der Fattorias (Weingüter) können besucht werden.**

Es gibt dort Probierstuben und gegen Bezahlung manchmal sogar eine ordentliche Brotzeit. Der Weinkenner sagt nie, wenn ein Wein schmeckt und ein anderer weniger gut ist - er hüllt sich in Neutralität. Er versucht, den Wein zu deuten. Reifte der Tropfen in einem Eichenfaß oder in einem V2A-Edelstahlbehälter mit Eichenholzsägespänen? ist hier die Frage. Bei Lagerung in Eichenholzfässern ist nicht nur das Holz geschmacksbildend, sondern auch der Luftaustausch durch das "poröse" Holz - dadurch werden Oxidationsprozesse in Gang gesetzt und der Geschmack verfeinert. Der Kellermeister entscheidet, wann der Wein aus dem Faß muß und wann durch Zugabe von Schwefel der Reifungsprozeß gestoppt werden soll. Weinherstellung wird gesteuert, aber nicht durch Johnny den Chemiker, der den ganzen Tag mit Laboranalysen beschäftigt ist und bei einem bestimmten Säurewertspiegel auf die chemische Bremse tritt.

Seit der etruskischen Zeit wird hier Wein angebaut und seit ca. 600 Jahren der "Chianti", ein Verschnitt aus 4 verschiedenen Rebsorten.

## Chianti-Gebiet

Hauptsorte ist die rote *Sangiovese*, bis zu 30 % werden die weißen Trauben *Trebbiano* und *Malavasia* beigemischt.

Die Region des "einfachen" Chiantis erstreckt sich von Pistoia im Norden bis Arezzo im Südosten der Toscana. Der *Chianti Classico* kommt aus dem Kernland zwischen Florenz und Siena. Hier haben sich die Winzer 1924 im *Consorzio del Vino Chianti Classico* zusammengeschlossen und sich ein Kontrollorgan geschaffen, das über die Qualität ihrer Weine wacht. Erkennungszeichen dieser Genossenschaft ist der **Schwarze Hahn**.

Die 1967 eingeführte DOC-Norm (*Denominazione di Origine Controllata* - kontrollierte Ursprungsbezeichnung) soll für Qualität sorgen. Dasselbe gilt für die DOCG-Norm (DOC + *garantita*), deren Vorschriften 1996 neu festgelegt werden sollen. Mindestens zwei Jahre muß der Wein gelagert werden. Nach 3 Jahren erhält er das Prädikat *Riserva*.

Einige der im Chianti abgefüllten Spitzenweine tragen allerdings nicht das Gütesiegel des Schwarzen Hahns. Die traditionelle Firma *Antinori* (siehe San Casciano) z. B. vertraut auf ihren Weltruf (mit Recht) und kann mit ihrem Marktanteil locker auf die genossenschaftliche Unterstützung verzichten. Ob die Einsparung von Abgaben dabei eine Rolle spielt (pro Flasche müssen ca. 5 Pfennig an die kontrollierende Genossenschaft abgeführt werden) mag dahingestellt bleiben.

Einige wenige Kellereien halten nichts vom Verschnitt verschiedener Rebsorten und produzieren 100%ige Sangiovese-Rotweine. Vemehrt wird auch "biologisch" angebaut, ein renommierter Schweizer Önologe (Weinbaufachmann) und Gastronom experimentiert sogar auf der Basis der anthroposophischen Lehre. Die Trauben der normalen Weine hingegen werden bis zu 20x pro Jahr gespritzt. Folge der Überdüngung: giftiges Nitrat im Grundwasser.

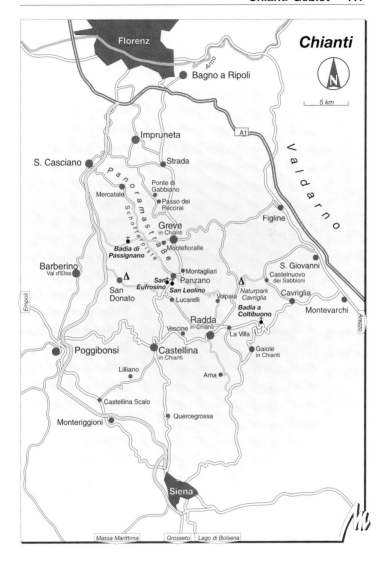

## Die Legende vom Schwarzen Hahn

Nach der Legende benutzten die Florentiner Bürger das arme Federvieh zu einem perfiden, aber offenbar wirksamen Trick. Wegen einer Grenzstreitigkeit vereinbarten die Stadtoberen von Siena und Florenz folgenden Kompromiß: Beim ersten Hahnenschrei sollte jeweils ein Reiter in Richtung der gegnerischen Stadt losgaloppieren, und an der Stelle, wo sich beide träfen, sollte für alle Zeit die Grenze verlaufen.

Während die Sienesen ihren Gockel nach allen Regeln der Kunst verwöhnten, ließen die Florentiner ihren schwarzen Hahn tagelang Hunger leiden. Natürlich krähte, wie geplant, das verstörte Tier in der Schicksalsnacht viel zu früh, so daß es dem Florentiner Boten ein leichtes war, seinen Kontrahenten schon kurz vor den Stadttoren von Siena aufzuhalten und damit eine Grenzziehung festzulegen, die in der Tat bis heute gültig ist.

# San Casciano *(16.000 Einwohner)*

Am Rande des Chianti gelegen und nur 20 Autominuten von Florenz entfernt - San Casciano bietet eine ideale Wohnlage für Florentiner, nicht so teuer wie Fiesole und keine Industrie wie in Scandicci oder Sesto Fiorentino.

Das Städtchen ist vorrangig ein Zentrum der Agrarwirtschaft und für Touristen nicht sonderlich attraktiv. Doch befinden sich in der Umgebung einige interessante Weingüter und Restaurants, in denen es sich hervorragend speisen läßt.

- *Telefonvorwahl*: 055
- *Verbindung*: **Auto**: an der Superstrada Florenz-Siena, erste Ausfahrt nach Certosa.
**Bus**: Mit der Firma SITA direkt ins Zentrum von Florenz.
Wochenmarkt: Montagvormittag
- *Übernachten/Camping*: ** **Minisoggiorno**, Via Leonardo da Vinci 5 (am Ortsausgang Richtung Empoli), DZ mit Bad ca. 70 DM, fast alle mit Balkon. Familiär geführtes, ruhiges Hotel. nach Auskunft von Einheimischen das einzige empfehlenswerte im Ort. Tel. 820732.
**Camping Semifonte**, in Barberino Val d'Elsa (15 km in Richtung Siena). Im Chianti-Gebiet sind Campingplätze rar. Dieser hier liegt ziemlich genau auf halber Strecke zwischen Florenz und Siena und kann für Selbstfahrer in Betracht kommen. Gepflegtes, terrassiertes Wiesengelände, wenig Schatten. Swimmingpool. Zum Essen ins Ortszentrum (300 m). Geöffnet Mitte März - Ende Oktober. Tel. 8075454.
- *Jugendherberge*: **Ostello del Chianti**, in Tavernelle (13 km in Richtung Siena). Übernachtung mit Frühstück ca. 12 DM/Person, ebenso billig ein Abendessen. Modernes Haus. Geöffnet März - Oktober. reservierung empfohlen. Tel. 8077009.

- *Essen*: **Cantinetta del Nonno**, Via IV Novembre. Nicht gerade der Ort für den Familienausflug. Vorne werden Wurstwaren und Käse verkauft, im Hinterstübchen sitzen vorwiegend Arbeiter zu Tisch. Wer's mag: Die Kutteln alla fiorentina schmecken hier ausgezeichnet.

Einige sehr gute Lokale findet man in der Umgebung, darunter:

**Tavernetta Albergaccio**, in S. Andrea in Percussina (ca. 4 km außerhalb, Richtung Florenz, knapp außerhalb von S. Casciano Richtung Spedaletto, hinter diesem Ort rechts abzweigen). Die uralte Osteria mit hauseigener Kellerei ist berühmt, weil im 16. Jh. Machiavelli hier verkehrte, der sich in das gegenüberliegende Haus zurückgezogen hatte. Unbestritten ist die Qualität des Essens, unbestritten zu hoch sind die Preise. Nur Flaschenweine. Reservierung empfohlen. Tel. 828471.

Weitere Lokale siehe **Mercatale**.

## Die Tropfen des Hauses Antinori

summieren sich jährlich auf knapp 10 Millionen Liter Chianti Classico. Damit ist das vor über 600 Jahren gegründete Unternehmen "Marchesi L. e P. Antinori" die Nummer Eins der Chianti-Produzenten. Die Güter befinden sich vor allem in der Umgebung von Mercatale und San Casciano, aber auch beim Kloster Badia di Passignano. Nebenbei besitzt Antinori Weinberge bei Orvieto und auch im Ausland (im ehemaligen Jugoslawien und in Ungarn), doch machen die Chianti-Weine noch immer 80% der Produktion und den guten Ruf des Hauses aus. Heute ist die Firma eine GmbH im Familienbesitz. An den Schalthebeln der Macht sitzt Piero Antinori, der mit seinem Önologenteam über die Qualität der Weine wacht. Ungefähr 70% der Gesamtproduktion nehmen den Weg ins Ausland, Hauptabnehmer sind die USA, Japan und Deutschland.

In den gigantischen Produktionsanlagen von San Casciano (am Ortsausgang nach Empoli) werden die Arbeitsgänge weitgehend vom Rechner gesteuert und von Automaten verrichtet - von der Reinigung der Flaschen über die Abfüllung bis zum Aufkleben des berühmten Etiketts und der Verpackung von je sechs Flaschen pro Karton. Selbst die Gabelstapler sind mit einem Computer ausgerüstet, in den der Fahrer eingibt, wieviele Kartons welcher Marke und welchen Jahrgangs er wo deponiert hat.

Leider läßt das renommierte Haus keine Besichtigung zu. Einzig für professionelle Importeure und von ihnen angeheuerte LKWs öffnet sich das videoüberwachte Tor. Wer nicht dazugehört, hat die Möglichkeit, sich in der COOP von San Casciano mit Antinori-Flaschen einzudecken oder in der Antinori-Vinothek von Florenz (siehe Florenz, Einkaufen) zu degustieren.

# Mercatale

Der mittelalterliche Marktflecken - nur 5 km von San Casciano entfernt - liegt bereits mitten in den Weinbergen. Am zentralen Platz, der einst dem Warenumschlag diente, laden heute zwei Cafés zum Cappuccino ein. Am Ortsrand zeigt eine neue Siedlung Wachstum an, doch trübt dies den Gesamteindruck kaum. In der Umgebung liegen einige interessante Weingüter und vorzügliche Restaurants.

- *Telefonvorwahl*: 055
- *Markt*: Donnerstagvormittag, nicht mehr auf dem großen Platz, sondern - etwas bescheidener - auf einem kleinen Platz knapp davor, der sonst als Parkplatz dient.
- *Wein*: **Fattoria Le Corti** (nicht zu verwechseln mit der Fattoria Corti Anichini südöstlich von Greve). Zum Schloß führt - auf halbem Weg nach San Casciano - eine hübsche Zypressenallee. Die ist allerdings den noblen Corsini reserviert, die den Besitz seit 1427 innehaben. Normalsterbliche Weineinkäufer finden knapp hinter der Kuppe links eine Zufahrt. Sehr gute und preiswerte Weine sowie Olivenöl. Montag geschlossen.
**Castello di Gabbiano**, knapp 3 km von Mercatale entfernt (das Dorf oberhalb des großen Platzes verlassen). Ein anmutiges Schlößchen, dessen Weingut floriert, wie die dahinter versteckten Produktionsanlagen zeigen. "Hier kann man einen hervorragenden 'Chianti Classico Riserva' (ca. 13 DM) bekommen... Mein Lieblingsweingut wegen der sehr guten Weine zu günstigen Preisen." (Leserbrief von Claudius Mierswa, Troisdorf)
- *Übernachten*: **\* Paradise**, am Dorfplatz, DZ mit Bad 60-90 DM; zwei der Zimmer haben sogar eine Kochnische. Das kleine Albergo wird von einer sehr freundlichen, älteren Dame geführt. Zum Frühstück sucht man die benachbarte Bar auf, die auch weiterweiß, wenn auf Klingeln an der Hoteltür keine Reaktion erfolgt. Unsere Empfehlung. Tel. 821327.
- *Agriturismo*: **Salvadonica**, Richtung San Casciano, hinter der Shell-Tankstelle links hoch. Ein klitzekleines restauriertes Borgo aus dem 15. Jh. Neue Bauten sind geschickt ins alte Gemäuer eingepaßt. Hauseigener Wein und hauseigenes Olivenöl. Einladender Swimmingpool. Die Idylle hat ihren Preis: für 2 Personen 900-1000 DM pro Woche, je nach Saison. Tel. 055/8218039.
- *Essen*: **La Biscondola**, auf halber Strecke nach San Casciano, etwas abseits der Straße. Sehr empfehlenswertes Restaurant, vor allem wenn der große Garten betischt ist. Toscanische Spezialitäten, angenehmes Ambiente. Montag u. Dienstagmittag sowie im Oktober geschl.
**Trattoria die Gabbiano**, in Ponte Gabbiano (Mercatale oberhalb des großen Platzes verlassen, immer geradeaus bis man auf die Straße Greve-Impruneta, die sog. Chiantigiana, trifft). Großes Lokal mit ausgezeichneter Küche und obendrein preiswert. Toscanische Spezialitäten (Ribollito, Bistecca alla fiorentina). Nicht schick, sondern eher laut und fröhlich - gute Atmosphäre.

---

**"Off the beaten track"** *(abseits der ausgetretenen Pfade)*
Alternativ zur Hauptroute Florenz - Greve (Chiantigiana) gibt es die landschaftlich interessantere Höhenroute von San Casciano über Mercatale nach Panzano - ein sehr alter Fahrweg, der schon von den Etruskern benutzt wurde. Teilweise ist die Straße nicht geteert und recht holprig.

**Mercatale 421**

*La Cantinetta di Rignana – ein lohnenswertes Ausflugsziel*

Auf etwa halber Wegstrecke zwischen Mercatale und Panzano sollte man den kurzen Abstecher zum Kloster **Badia a Passignano** nicht auslassen. Hinter seinen hohen Mauern wirkt dieses im Jahre 1049 gegründete Kloster der Vallombrosaner wie eine Festung. Eine hübsche Zypressenallee führt am bewaldeten Klostergarten vorbei hoch zu den meist verschlossenen Toren. Heute leben hier ungefähr 15 Schwestern eines Ordens aus Volterra. Die Weingüter des Klosters sind größtenteils im Besitz der weltbekannten Firma Antinori.

*Essen:* **La Scuderia**, direkt gegenüber dem Kloster. Das kleine empfehlenswerte Restaurant serviert Hausmannskost zu akzeptablen Preisen und Pizzen. Einige Tische auch im einladenden Garten. Donnerstag geschlossen, an Wochenenden wird Tischreservierung empfohlen. Tel. 055/8071623.

**La Cantinetta di Rignana**, über eine Schotterstraße knapp oberhalb des Klosters erreichbar, ca. 3 km. Wie man sich einen kleinen Landgasthof im Chianti vorstellt: Auf einfachen Bänken sitzt man im Schatten dichter Bäume auf einer Terrasse mit toller Aussicht. Normale Preise, Essen o.k. Nebenan im Bauernhof werden auch Zimmer vermietet. Dienstag Ruhetag.

Wer genug von Naturstraßen geschüttelt worden ist, kann vom Kloster aus auf einem bequemen Asphaltsträßchen talabwärts nach Sambuca fahren.

# Greve *(11.200 Einwohner)*

Das Zentrum des Chianti Classico ist nicht so alt wie die anderen Dörfer, hat aber städtischen Charakter. Hübsch ist die zentrale Piazza Matteotti, auf der jeden Samstag ein überaus attraktiver Markt abgehalten wird.

Mitten auf dem Platz thront die Statue von Giovanni Verrazzano. Der Seefahrer, dessen Familiensitz nordwestlich von Greve liegt, erreichte 1524 die Hudson-Mündung an der amerikanischen Ostküste. In New York erinnert heute die Verrazzano-Bridge zwischen Brooklyn und State Island an ihn.

Die 170 Bauern der hiesigen Genossenschaft gehören zu den größten Chianti-Produzenten. Auf zusammen 850 ha reifen die Trauben für 2,5 Millionen Flaschen Wein! Entsprechend groß ist die Auswahl in den Enotecas von Greve, z. B. in der *Enoteca del Chianti Classico "Gallo Nero"* (Mittwoch geschlossen) am oberen Ende der Piazza Matteotti. Im hintersten Raum stehen die ältesten und kostbarsten Jahrgänge. Wie wäre es z. B. mit einem Jahrgang 1892 (für 350 DM) als Geburtstagsgeschenk?

---

**Irreführung**
ist im Chianti oft die Beschilderung! Die angegebene Richtung stimmt in der Regel, doch wird oft auf Distanzangaben verzichtet. So befindet sich der in Greve ausgeschilderte Campingplatz im Valdarno, 16 km von Greve entfernt; zum Hotel Omero, 6 km nördlich von Greve, weist bereits ein Schild auf dem Dorfplatz von Panzano. Weitere ärgerliche Beispiele fänden sich noch viele. Wahrscheinlich nimmt dieser Humbug erst ein Ende, wenn jedes Hotel im Chianti in jedem Dorf des Chianti sein Schild aufgestellt hat und so die Beschilderung als Überschilderung ad absurdum geführt ist...

---

- *Telefonvorwahl*: 055
- *Information*: im Palazzo della Torre, am östlichen Ufer des Greve-Baches. Geöffnet 10-13 Uhr und 16-18 Uhr.
- *Parken*: Großparkplatz direkt hinter der Brücke über den Greve-Bach, gratis.
- *Markt*: **Weinmesse**, 12.-15. September: Treffpunkt der internationalen Wein-Einkäufer.
**Mercatino delle Cose del Passato**, Ostermontag: Großer Trödel- und Secondhand-Markt auf der Piazza Matteotti.
**Wochenmarkt**: Samstag auf der Piazza Matteotti.
- *Übernachten*: \*\*\* **Del Chianti**, Piazza Matteotti 86, DZ mit Bad ca. 140 DM und damit - trotz Klimaanlage - überteuert. Tel. 853763.
\*\*\* **Giovanni da Verrazzano**, Piazza Matteotti 28, DZ mit Bad ca. 100 DM, ohne ca. 80 DM. "Aber das Überragende an diesem Haus ist die Küche, ich habe in meinem ganzen Urlaub nicht besser gegessen" R Möller, Augsburg. Tel. 853189.
*Außerhalb*: \*\* **Omero**, Passo dei Pecorai, ca. 7 km im Nordwesten von Greve (Richtung Castelgreve), DZ mit Bad ca. 80 DM und damit preisgünstig, sofern man sich von der Straßenlage nicht abschrecken läßt. Vermietet werden auch sehr schöne

Appartements (100 DM für 2 Personen pro Tag). Der Besitzer ist sehr gesprächig und hat ein paar homerische Weisheiten in Sachen Tourismus parat. Z. B. ist er draufgekommen, daß die Gäste nicht ins Chianti kommen, um im Hotelzimmer RAI Uno zu schauen, sondern lieber an der Bar noch einen heben.

Im nüchtern gekachelten Restaurant findet man eine große Auswahl an einfachen, preisgünstigen Gerichten, z. B. toscanischer Bratschinken, mit Spinat gefüllte Ravioli etc., dazu gute Weine - 30.000 Flaschen zählt der hauseigene Keller an der gegenüberliegenden Straßenseite. Tel. 850716.

• *Camping*: **Camping Norcenni Girasole**, Via Norcenni 7, Figline (im Valdarno, 16 km von Greve entfernt). Großer, ruhig gelegener Platz mit Club-Charakter: 2 Tennisplätze (Flutlicht), Schwimmbecken, Bar und Self-Service-Restaurant. Besonderheit ist eine täglich organisierte Busfahrt in die nähere Umgebung (Arezzo, Firenze, Enoteca von Greve), mit Zelt 2 Personen ca. 25 DM (ohne Auto). 2 km vom Ortszentrum von Figline entfernt. Ganzjährig geöffnet. Adresse: Tel. 959666.

• *Essen*: **Giovanni da Verrazzano**, siehe gleichnamiges Hotel. Speiseterrasse über dem Platz. Montag geschlossen.

**Bottega del Moro**, gegen Ortsausgang Richtung Panzano. Die teilweise langen Holztische sind sehr einladend, die Speiseauswahl ist jedoch gering und die Preise relativ hoch. Also: Karte studieren.

**Bar/Pizzeria Gallo Nero**, an der Durchfahrtsstraße, im Zentrum. Schmackhafte Pizzen, daneben anspruchslose andere Gerichte. Der billige Tafelwein ist nicht gerade eine Reklame für die Chianti-Classico-Hauptstadt.

*Außerhalb*: **La Castellana**, im Weiler Montefioralle, ca. 1 km westlich von Greve. Die Besonderheit des toscanischen Restaurants: Es gibt täglich nur 1 Festmenü, dieses aber mit 12 kleinen Gängen. Für das Gebotene preiswert, komplett 45 DM. Vermeiden Sie Lacrima di Montefioralle (= Träne von Montefioralle), ein Grappa mit Meerrettich verstärkt - wirklich zum Heulen. Dienstag Ruhetag. Sonntag auch Mittagstisch.

▶ **Wandern:** Ein sehr schöner Spaziergang mit Blick auf die Weinlandschaft führt vom *Stift Convertoie* (mit der sehenswerten Kirche San Silvestro) nach Greve. Wenn man aus Greve kommt, muß man von der Straße nach Figline nach 2-3 km links bei einem verfallenen Bauernhof abbiegen (*Il Chiesino*), parken und noch ein kleines Stück von der Straße weg den Berg hinuntergehen.

Geht man später die Straße nach Greve zurück, so muß man nach ca. 1 km rechts in die frühere Landstraße (ungepflastert) einbiegen. Der Ausblick lohnt sich. Natürlich kann man den Weg auch in umgekehrter Richtung gehen. (Lesertip von Silvia Dallmann, Mülheim/Ruhr).

# Panzano

Das malerische Festungsdorf erhebt sich auf einer Hügelkuppe, an der Stelle, wo der alte etruskische Fahrweg von San Casciano (siehe Kasten "Off the beaten track") auf die Chiantigiana trifft. Fast gradlinig führt die Dorfstraße hoch zur *Chiesa Santa Maria*, einem wuchtig gemauerten Bau aus der Jahrhundertwende. Dahinter sind noch gut erhaltene Teile der Befestigungsmauer zu sehen, dann folgt ein dichter Hain mit uralten, schrumpeligen und bereits mehrfach "verarzteten" Steineichen.

Bereits zu Beginn des 13. Jh. fiel Panzano unter die Herrschaft der

## Chianti-Gebiet

Florentiner und war danach als Vorposten noch bis ins 16. Jh. ein oft zerstörtes Kriegsziel. Die imposante Burg aus dem 12. Jh. mit ihren hübschen Ecktürmen ist nicht zu besichtigen. Ein Österreicher hat hier seinen Traum vom schöneren Wohnen realisiert.

> **Kunsthandwerk: Pro Arte**, in Lucarelli (ca. 4 km von Panzano entfernt, erst Richtung Castellina, dann nach Radda abzweigen). Der Laden von Renata und Federico - zwei hier heimisch gewordene Schweizer - ist außergewöhnlich.
> Die traditionelle Florentiner Keramik - weißer Grund, Hauptfarbe blau - haben sie vielleicht schon woanders gesehen. Die anderen Produkte aus der Terrakotta-Werkstatt jedoch, von der farbigen Grimasse bis zum frostbeständigen, dekorativen Blumenkübel, sind durchaus eigenständige Schöpfungen. Bewundernswert sind auch die edlen handgemachten Schuhe aus Rindsleder - elegant bis rustikal, wie Sie's möchten, auch Sonderanfertigungen. Schmuck verschiedener Herstellungsart wird angeboten, und schließlich seien auch noch die von Federico aus Olivenholz geschnitzten Salatbestecke erwähnt. Mittwoch geschlossen.

- *Wein*: Ungefähr ein halbes Dutzend Vinotheken, darunter eine namenlose im letzten Haus an der Dorfstraße, direkt vor der Chiesa Santa Maria, mit einer hübschen Panorama-Terrasse an der Rückseite: Mittelgroßes Angebot an Gallo-Nero-Weinen, kleine, empfehlenswerte Snacks für den Magen und wechselnde Kunstausstellungen fürs Auge.
Gute und preiswerte Weine findet man auch bei der **Fattoria Montagliari**, siehe Essen.
- *Übernachten*: \*\*\* **Villa Sangiovese**, Piazza Bucciarelli 5 (Dorfplatz an der Chiantigiana), DZ 120-180 DM. Herrenhaus mit 19 Gästezimmern und Garten mit schöner Aussicht übers Umland. Der Chef ist Schweizer. Restaurant Mittwoch geschlossen. Tel 055/852461.
*Außerhalb*: "...in der Via S. Leolino Nr 15, vermietet der Familie Silvana e Vittorio **Chiti** ein Privatzimmer (DZ). Aber dieses Zimmer schießt wirklich den Vogel ab, König Ludwig hätte nicht besser nächtigen können. Ein top-renoviertes Bad ist selbstverständlich auch dabei. Preis: 50.000 Lire. Tel 055/852131." (Lesertip R. Möller, Augsburg). Das Haus liegt im Ortsteil San Leolino, an der Straße zur gleichnamigen Kirche (siehe unten).
- *Essen:* **Il Vescovino**, knapp vor der Chiesa Santa Maria. Hübsche, noch nicht ganz zugewachsene Terrasse mit großartigem Blick in die Chianti-Landschaft. Dezente Stimmung, raffinierte Küche, gehobene Preise.
**Circolo 20 Luglio**, am Dorfplatz an der Chaintigiana. Winzige Pizzeria, gerade 12 Personen finden gleichzeitig darin Platz. Gute Pizza und preiswerte Salate, abends ziemlich lange offen.
*Außerhalb*: **Del Montagliari**, an der Straße nach Greve, knapp nach dem Abzweig zum Weiler Montagliari. Weingut mit Trattoria inmitten des Gehöfts, im Sommer Außenbestuhlung. Hier läßt's sich zu leicht gehobenen Preisen vorzüglich speisen. Als Primo seien die "Ravioli in salsa di rucola" empfohlen, weiter kann's dann mit Lamm oder Truthahn gehen.

## Panzano / Umgebung

Im Nebenhaus können **Weine** degustiert und gekauft werden, der edle "Riserva Montagliari" oder der preiswertere "La Quercia", den man gelegentlich auch in Florentiner Trattorien sieht - beide mit dem Gallo-Nero-Etikett versehen. Auch Olivenöl wird verkauft - von einem für Weine, Essig und Spirituosen zuständigen staatlich geprüften deutschen Lebensmittelchemiker für unverfälscht befunden, wie ein ausgestelltes Zeugnis bestätigt.

**Besuchenswert:** Zwei Kirchen in der Nähe von Panzano lohnen alleine schon wegen ihrer Lage einen Besuch. Beide stehen im Zusammenhang mit dem heiligen *Eufrosino*, von dem man recht wenig weiß. Der Legende nach soll er - aus Persien vetrieben - von Paulus persönlich gesandt worden sein, um im Chianti das Christentum zu verkünden. Wahrscheinlich wurde er jedoch erst in einer 2. Christianisierungsphase im 7. Jh. von Rom hierher geschickt, um die neu eingewanderten Langobarden zu taufen.

▶ **San Leolino a Panzano**, ca. 1,5 km nach dem Ortsausgang Richtung Castellina, links oben am Hügel gelegen. Eine mit Ornamenten verzierte Sandsteinplatte vor dem Hauptaltar deutet auf eine vorromanische Gründung um das 8./9. Jh. hin. 1508 wurde die Kirche mit den 17 dazugehörenden Bauernhöfen dem Hospital Santa Maria Nuova in Florenz übertragen, dessen Wappen, ein Krückstock, an den Fenstergittern eingearbeitet ist. Aus dieser Zeit stammen auch der ungewohnt breite fünfbogige Portikus und der zierliche Glockengiebel.
Die Kirche ist leider nur sehr unregelmäßig geöffnet, mit Sicherheit Montag 10-12 Uhr und Donnerstag 15-17 Uhr. Im Inneren sind einige bemerkenswerte Gemälde aus dem 12. bis 15. Jh. aufbewahrt, nach einem Kunstraub im Jahr 1979 wiederaufgefunden und teilweise restauriert. In einer Nische des linken Schiffes befindet sich eine sehr realistische, bemalte Terrakotta-Büste Eufrosinos, des Chianti-Heiligen. Sie stammt aus dem 18. Jh. und wurde früher im Oratorium (siehe unten) verehrt. Zum Abschluß geht man rechts vorne durch die Türe und wirft einen Blick auf den schmucken kleinen, ziegelbedeckten Kreuzgang.

▶ **Oratorium des heiligen Eufrosino**, etwas unterhalb des Abzweigs nach San Leolino führt rechts ein Schotterweg hinunter. Das romantische, etwas von Bäumen versteckte Oratorium ist auf den ersten Blick von den Bauerngehöften kaum unterscheidbar. Erst der Anblick des neulich ausgebesserten seitlichen Portikus' verschafft Gewißheit, daß man sich vor einem sakralen Bau befindet. Hier soll der Chianti-Heilige seinen Lebensabend - angeblich wurde er fast 90 Jahre alt - verbracht haben. Auf seinem Grab wurde später das Oratorium errichtet. Wegen

Baufälligkeit ist es schon seit längerer Zeit geschlossen. Eine Wiedereröffnung ist nicht vorgesehen: "Eufrosino - wen kümmert denn der Heilige heute noch", meint der benachbarte Weinbauer. Er selber habe sich vor allem um seinen Weinberg zu kümmern.

Zum Pilgerziel wurde das Oratorium vor allem wegen der Quelle daneben, der man Heil- und Wunderkräfte nachsagte. Sie befand sich direkt unterhalb des Altars des früheren romanischen Baus. Der Priester konnte so das wundertätige Wasser schöpfen und in einer Zeremonie an die Gläubigen verteilen. Heute ist über der Quelle ein kleines Kapellchen errichtet, dessen gläserne Türe nur am 1. Sonntag im Mai, am 1. Sonntag im September und am 3. November, dem Todestag des Heiligen, aufgeschlossen wird. Vermutlich wird aber auch die große Zisterne beim Portikus vom selben heiligen Wasser gespeist.

Unweit vom Oratorium steht ein weiteres Heiligtum zu Ehren Eufrosinos, das Tempelchen **Fontino di Sant'Eufrosino**, in dem früher eine Sandsteinbüste des Heiligen aufgestellt war. Auch hier sprudelte einst eine Heilung versprechende Quelle. Deren Wasser haben vor allem die Zypressen abbekommen, die das Heiligtum einrahmen. Wegen des dichten Brombeergestrüpps ist das Fontino fast nicht zu finden. Wer's dennoch versuchen will: im Tal zur linken Seites des Oratoriums, ca. 5 Minuten zu Fuß. Falls man, was in dieser Gegend durchaus möglich ist, im Schlamm stecken bleibt, tröstet eine Flasche profanen Chianti-Weins am besten über die erfolglose Pilgerschaft zum heiligen Wasser hinweg.

## San Donato

Ein teilweise nicht asphaltiertes Sträßchen zweigt 4 km südlich von Panzano von der Chiantigiana ab und führt über die Berge nach San Donato; bequemer ist das Mittelalterstädtchen über die Superstrada Florenz - Siena zu erreichen.

Wie Panzano lag das ebenfalls befestigte San Donato in der "heißen" Zone zwischen Florenz und Siena und hatte im Mittelalter unter deren kriegerischen Auseinandersetzungen um die Vorherrschaft im Chianti besonders stark zu leiden. Immerhin sind hier aber auch zwei Friedensverträge (1176 und 1255) zwischen den beiden Stadtrepubliken geschlossen worden.

Man hat erkannt, daß das hübsch ummauerte mittelalterliche Borgo Pflege verdient und 1994 Gassen und Häuser ausgebessert. Hat die verkehrsgünstige Lage in den 70er Jahren die Bautätigkeit unterhalb des Dorfes begünstigt, so gilt es heute wieder als schick, innerhalb der mittelalterlichen Mauern zu wohnen.

Für eine Besichtigung läßt man das Fahrzeug am besten bei der *Chiesa San Donato*, knapp unterhalb des Ortkerns stehen. Die dreischiffige

*Herbststimmung in Castellina*

romanische Kirche ist noch sehr gut erhalten, der Campanile erinnert mit seiner trutzigen Bauform an weniger friedliche Zeiten.

- *Essen*: **Antica Trattoria La Toppa**, Via del Giglio 43 (Ortskern). Angenehme Atmosphäre, preiswerte und gute Küche, u. a. Spareribs und natürlich Bistecca alla fiorentina. Deutschsprachige Karte. "Prendere una toppa" kann man mit "sich betrinken" übersetzen. Ob der Name des Lokals darauf zurückzuführen ist, ist ungewiß. Der Gallo Nero, der hier als Hauswein serviert wird, ist jedenfalls dafür zu schade. Montag geschlossen.

# Castellina in Chianti *(2700 Einw.)*

Der Ort, im lange umstrittenen Grenzgebiet zwischen Florenz und Siena gelegen, hatte häufig wechselnde Besatzer zu ertragen. Gut erhalten aus dieser Zeit ist die alte Burganlage, die heute die Gemeindeverwaltung beherbergt.

In den Sommermonaten ist die Burg dem Besucher zugänglich, oft sind Kunstausstellungen zu sehen. Die Gemeindekirche unterhalb des Burgplatzes ist ein "Neubau", im Inneren wird ein Fresko der ursprünglichen Kirche San Salvatore aufbewahrt. Nicht weit davon, parallel zur Fußgängerzone, findet man die tunnelartige Via delle Volte, sie ist ein Teil der Stadtbefestigung, in welche die Häuser integriert sind. Von hier aus werden die Lagerkeller bestückt. Das dominanteste

## Chianti-Gebiet

Bauwerk des Dorfes jedoch ist eine Futtermittelfabrik mit riesigen Silos. Auf einem Hügel vor dem Ort (oberhalb des Hotels Colombaia) liegt ein *Monte Calvario* genanntes **etruskisches Schachtgrab** mit vier Eingängen in den 4 Himmelsrichtungen zu den Grabkammern. Die meisten der gefundenen Grabbeigaben (2.-1. Jh. v. Chr.) fanden den Weg ins Archäologische Museum von Siena. Gleich am Eingang des Geländes steht ein grünes Kästchen, das auf Knopfdruck für Beleuchtung der Grabkammern sorgt.

Einem Nachfahren Michelangelos, *Filippo Buonarotti*, verdanken wir die Überlieferung der Entdeckungsgeschichte: *"Gegenüber dieser Stadt ist ein kleiner Hügel, wo im Jahre des Herren 1507, am 29. Januar, ein gewisser Lando Reben anbaute und dabei, indem er mit dem Eisenpfahl ein Loch machte, um die Reben einzupflanzen, mit dem Pfahl auf ein altes Grab der Etrusker stieß, und aus dem Loch entstieg ein Modergestank, und der Straße zugewandt fanden sie einen mit Kalksteinplatten verschlossenen Eingang, und der Raum war kreuzförmig."*

- *Telefonvorwahl*: 0577
- *Information*: **Colline Verdi**, Reisebüro, Wechselstube und Appartementvermittlung in einem. Hier können Sie nachfragen, falls Sie keine Unterkunft finden. In einer Broschüre werden neben Hotels auch Weingüter vorgestellt, die auf Besucher eingestellt sind. Öffnungszeiten: 9-13 Uhr und 15-19.30 Uhr, Sonntag 10-12.30 Uhr und 15-17.30 Uhr; im Winter nur vormittags. Tel. 740620.

## Übernachten

Außer den nachstehenden Hotels finden sich einige Luxushotels und Appartements in der Umgebung. Auskünfte bei "Colline Verdi", siehe Information.

**\*\*\*\* Villa Casalecchi**, ca. 1,5 km außerhalb, etwas abseits der Straße nach Siena, DZ 240-300 DM. Für Leute, die gerne exklusiv nächtigen. Sehr ruhige Lage, mitten im Wald. Das 200 Jahre alte Gutsherrenhaus ist luxuriös mit Stilmöbeln ausgestattet, Holztäfelungen an den Decken. Familiäre Atmosphäre, großer Park mit Schwimmbad. Tel. 740240.

**\*\*\* Salivolpi**, 1 km in Richtung San Donato, DZ mit Bad ca. 110 DM. Top-renovierter alter Bauernhof, geschmackvoll eingerichtet, ruhig gelegen. Garten mit kleinem Swimming-Pool. Die Tochter spricht etwas Deutsch. Tel. 740484.

**\*\*\* Il Colombaio**, an der Chiantigiana (Ortsrand), DZ mit Bad ca. 100 DM. Tel. 740444.

**Pensione San Martino**, gegenüber dem Albergo Salivolpi, DZ ca. 70 DM. Relativ neu, die meisten Zimmer mit eigenem Bad Auch eine Gemeinschaftsküche ist vorhanden! Tel. 740902.

*Außerhalb*: **\*\*\* Belvedere di S. Leonino**, ca. 7 km außerhalb, erst Richtung Siena, nach ca. 6 km der Beschilderung folgend rechts abbiegen, DZ ca. 120 DM. Großzügig renoviertes Bauernhaus aus dem 15. Jh., herrliche Umgebung, auch hier Pool vorhanden. Tel. 740887.

*Appartements*: **Podere di Siepi**, ca. 7 km außerhalb, erst Richtung Poggibonsi, dann links abzweigen. Insgesamt 4 Apppartements für je 4 Personen, Preis pro Woche ca. 1300 DM. Tel. 743007

- *Camping*: **Luxor Quies**, siehe Monteriggioni. Anfahrt von Castellina aus: erst Richtung Siena, nach ca. 6 km rechts nach San Leonino abzweigen, weiter bis Lornano, von da weg noch ein Stück Schotterpiste.

## Essen

Probieren Sie zum Essen einen guten Wein aus dem südlichen Chianti. Folgende Kellereien haben einen exzellenten Ruf: *Lilliano, Aiola, Cavalieri del Castello*.

**La Torre**, gleich oben neben der Burg, gehobenes Mittelklasserestaurant (Menü ca. 40 DM). Die Küche hat einige Spezialitäten zu bieten (z. B. Risotto und diverse Pasti). Ein empfehlenswertes Lokal. Freitag und 1.-10. September geschlossen.

**Albergaccio di Castellina**, neben dem Hotel Salivolpi (siehe oben). Sehr feine, leichte "Hausmannskost". So kommt der sonst meist deftig-schwere Wildschweinbraten in dünnen Scheiben mit leichter Soße auf den Tisch. Menü inkl. Wein ca. 50 DM.

**Pizzeria Il Fondaccio**, in der Fußgängerzone, schön zum Draußensitzen.

**Mariani**, an der Durchfahrtsstraße. Eine einfache Trattoria. Von der kleinen überdachten Terrasse aus hat man einen großartigen Blick ins Umland. Der Wirt mag allerdings keine Jungtouristen in Jeans (das sind die, die sich oft nur ein Primo bestellen). Spezialität sind kleine mit Käse und Schinken gefüllte Kalbsrouladen (Involtini alla Mariani). Menü ca. 30 DM. Dienstag geschlossen.

**Rosticceria** in der Via Ferruccio (Fußgängerzone, schräg gegenüber der Kirche), angeschlossen an einen Lebensmittelladen.

*Außerhalb*: **Pestello**, ca. 6 km außerhalb, an der Straße nach Poggibonsi. Besonders an Wochenenden, wenn die Florentiner in Scharen einfallen, ist trotz der gehobenen Preise (ca. 50 DM) kaum ein Platz zu bekommen. Stilvolle, mittelalterliche Räumlichkeiten. Sehr gute Vorspeisen, z. B. Tagliatelle alla boscaiola, gute Grillgerichte vom offenen Kamin. Mittwoch geschlossen.

**Valle Chiara**. "Zwischen Lilliano und Quercegrossa, im Weiler Lago Quornia, befindet sich ein gutes, günstiges Restaurant, eine Hauptmahlzeit zu 30 DM ist gut möglich", schrieb uns Leserin R. Herzog. Montag geschlossen.

# Radda *(1600 Einw.)*

**Radda ist vielleicht der einnehmendste Ort des Chianti. Mitten im ummauerten Städtchen befindet sich ein kleiner Marktplatz und das Rathaus aus dem 15. Jh. mit einer rustikalen Loggia.**

Über dem Portal sind die Familienwappen der Podesta angebracht, die hier regierten. Dem Rathaus gegenüber plätschert in einer Nische ein hübscher Brunnen, daneben steht die fast dörflich anmutende Kirche San Nicola. Bei einem längerem Aufenthalt kann man von Radda aus herrliche Ausflüge ins Umland machen.

Die erste urkundliche Erwähnung Raddas datiert aus dem Jahr 1002. Im Jahr 1415 erhielt der Ort die höchste Gerichtsbarkeit im Chianti. Als Papst Sixtus IV. im 16. Jh. die Florentiner bekriegte, wurde das Städtchen arg in Mitleidenschaft gezogen und vieles an Bausubstanz zerstört. Doch das mittelalterliche Ortsbild ist erhalten geblieben.

- *Telefonvorwahl*: 0577
- *Handweberei*: Podere Canvalle, in La Villa. In einem alten Gebäude (15. Jh.), idyllisch oberhalb von Radda gelegen, webt Signora Lele Verzili seit 15 Jahren schlichte, in ihrer Wirkung sehr elegante Schals und Tücher (75% Mohair, 25% Seide); 2- oder 3farbiges Fischgrätmuster, aber auch uni - schöne Farbenauswahl! Auf dem Grundstück auch gute Ferienmöglichkeit (siehe Agriturismo).
- *Wein*: **Castello di Ama**, ca. 8 km südlich

# Chianti-Gebiet

von Radda (den Ort Richtung Castellina verlassen, nach knapp 1 km links abzweigen (von da weg ausgeschildert). "Eines der namhaftesten Weingüter des Chianti. Dementsprechend gut, aber auch teuer sind die Spitzenweine wie z. B. Chianti Classico aus den Spitzenlagen und die Spitzenerzeugnisse des Hauses: Vigna L'Apparitat (Merlot) und Vigna Il Chiuso (Pinot Nero)." (Leser Claudius Mierswa, Troisdorf)
Für Minderbegüterte stehen auch einige billige Weine zur Auswahl.
**Fattoria di Monte Vertini,** knapp 2 km hinter dem Ortsteil La Villa links hoch. Interessant ist die Fattoria auch wegen der alten Requisiten der Weinherstellung, die hier zu einem kleinen "Chianti-Museum" zusammengetragen wurden. Klaus Sempf, ein ehemaliger Kunststudent weiß viele Details recht wortreich zu erläutern. Er ist hier der Kellermeister und produziert als rechte Hand seines Mailänder Chefs den "Pergole Torte", einen vollmundigen "Veilchen-Wein". Er wird nach biologischen Regeln angebaut - kein Kunstdünger, aber das Spritzen läßt sich doch nicht ganz vermeiden. Preis pro Flasche: ca. 40 DM. Voranmeldung erwünscht. Tel. 738009.

## *Ü*bernachten

An Hochpreisigem kein Mangel, nichts in der Mittelklasse.
**\*\*\*\* Vignale**, Via Pianigiani 9 (Ortsausgang Richtung Castellina), DZ 200-300 DM. Stilvoll renoviertes Herrenhaus, Pool im Garten. Tel. 738300.
**\* Il Girarrosto**, Via Roma 41 (Ortskern), DZ ca. 50 DM, Dusche/WC meist auf Etage. Sympathischer kleiner Familienbetrieb. Im angeschlossenen Restaurant (Mittwoch geschlossen) warme Speisen meist nur auf Vorbestellung und qualitativ eher mäßig. Tel. 738010.
**Privatzimmer**: im *Zeitschriftenladen* schräg gegenüber dem Hotel Il Girarrosto nachfragen. Ebenfalls Zimmervermittlung über den *Mini-Market* am anderen Ende der Via Roma. Im Haus nebenan vermietet die Familie Giavannino im zweiten Stock 3 Zimmer mit Bad (bei einem überm Gang, aber exklusiv für das eine Zimmer).
*Außerhalb*: **\*\*\*\* Vescine**, in Vescine, auf halber Strecke nach Castellino, DZ ca. 180-300 DM. Luxusrenoviertes Landgut mit 55 Betten. Tel. 741144.
• *Agriturismo*: **Podere Canvalle**, in La Villa. Auf dem Grundstück, umgeben von 6 ha Wein und Oliven, steht ein renovierter mittelalterlicher Turm, der als Feriendomizil ausgestattet wurde: Im Erdgeschoß befindet sich die Küche mit Kamin. Über eine Wendeltreppe erreicht man die beiden oberen Stockwerke - bestehend aus jeweils einem Raum mit 2 Betten; Vermietung nur wochenweise (ab Samstag). Die Besitzerin ist übrigens eine begnadete Handweberin (siehe oben, Handweberei), und ihr Sohn betreibt das ganz in der Nähe liegende Restaurant Le Vigne (siehe Essen). Tel. 738321.
**Fattoria di Monte Vertine**, knapp 2 km hinter dem Ortsteil La Villa links hoch. Hier sind einige hübsch eingerichtete Apartements zu vermieten. Die Fattoria besitzt ein kleines "Chianti-Museum" und produziert hervorragende Weine (siehe oben, Wein). Tel. 738009.

## *E*ssen

**Ristorante Vignale** im gleichnamigen Hotel (siehe oben). Hervorragende Küche und gepflegte Atmosphäre. Aber 80 DM für ein Menü entspricht nicht jedem Reisebudget.
**Le Vigne,** knapp außerhalb des Orts, Abzweig von der Straße nach Villa. Mäßige Preise, angenehme Atmosphäre. Ist schon so bekannt, daß ohne Reservierung kaum ein Platz zu bekommen ist. Spezialitäten sind das Kaninchen in Woincoßo, und als Nachtisch "dulcis in fundo", der berühmte Käsekuchen. Dienstag geschlossen. Tel. 738640.
**Pizzeria Da Michele,** im Keller des Dorfkinos. Stark frequentiert, Wartezeiten von 45 Min. sind keine Seltenheit. Riesige Pizze auf dünnem Teig, die besten der

Gegend. Montag Ruhetag.
Außerhalb: **La Villa Miranda**, in La Villa. Der nächste Tip mit ursprünglichem Folklorekolorit, touristisch anziehend wie die Lorelei für den Schiffer und entpuppt sich im nachhinein als Bauernfängerei - mit Preisen, die dem Edellokal Vignale wenig nachstehen.
**Antica Casa Domine**, ca. 2,5 km entfernt, Abzweig von der Straße nach Montevarchi. Inmitten von Weinbergen gelegen, auch ideal zum Draußensitzen - besonders abends, beim traumhaften Sonnenuntergang. Harald Willis, in Florenz aufgewachsener Sohn eines Kunsthistorikers, seine Frau und ein einheimischer Koch, der sich in Florenz die Meriten geholt hat, führen das Lokal. Besonders empfehlenswert: Penne alla Carrettiera als Primo, und das schmackhafte, mit toscanischen Gewürzen gerollte Agnello al Forno als Hauptgericht. Gehobene Mittelklasse, üppiges Menü inkl. Wein ca. 40 DM. Geöffnet März - November, Mittwoch geschl.

# Volpaia

Das kleine Borgo, auf einem Bergrücken oberhalb von Radda gelegen, ist ein Juwel - pures Mittelalter. Neben der wuchtigen Burg aus dem 12. Jh. sticht ein weiterer Bau ins Auge: die *Commenda San Eufrosino*, eine burgähnliche, turmlose Kirche aus dem 15. Jh., seit 1932 eine Kommende (kirchliche Pfründe ohne kirchliche Amtspflichten). Heute wird das Gebäude für Ausstellungen und Kulturveranstaltungen genutzt.

Wer in der Panini-Bar "La Bottega" sitzt, dem Treffpunkt für Touristen und Einheimische auf dem Dorfplatz, übersieht mit Sicherheit die älteste Kirche Volpaias. Sie hat schon im 14. Jh. als Gotteshaus ausgedient. An beide Längsseiten wurden Häuser angebaut; in einem ist heute die genannte Bar untergebracht.

• *Wein*: In der Vinothek des Schlosses wird der "Castello di Volpaia" verkauft, ein eleganter Tropfen mit Gallo-Nero-Etikett - ca. 10 DM die Flasche.

• *Appartements/Agriturismo*: **Signora Vergelli**, im ersten Haus links bei der Einfahrt ins Dorf (ein handbemaltes Schild am Haus weist auf Honigverkauf hin). Vermietet werden ein 4er- und ein 2er-Appartement im mittelalterlichen Kern, in zwei verschiedenen Häusern. Nur wochenweise. Tel. 0577/738382.

**Kellerei Castello di Volpaia**, direkt neben der "Commenda". Vermietet wird ein 6er-Appartement, ebenfalls im mittelalterlichen Borgo und ebenfalls nur wochenweise. Tel. 0577/738066.

**Podere Terreno**, ca. 1,5 km vor Volpaia rechts das Schotterstäßchen hinunter. Ein hübsch verschacheltes Gehöft in absolut ruhiger Lage mit 6 DZ, alle mit Bad. Im Weiher des Guts darf gebadet werden. In Anbetracht der freundlichen Wirtsleute und der ausgezeichneten Küche empfehlen wir Halbpension. Neben dem Chianti Classico (Gallo Nero) des Weinguts werden auch Olivenöl und Honig verkauft. In der Saison Mindestaufenthalt von 3 Tagen erforderlich, außerhalb auch einfache Übernachtung möglich. Tel. 0577/738312.

**Podere Pruneto**, Abzweig von der Straße nach Volpaia an derselben Stelle wie fürs vorgenannte, jedoch in entgegengesetzte Richtung. Großes, schön hergerichtetes DZ ohne Bad im Dachgeschoß. Kein Essen, jedoch die Möglichkeit, sich am Chianti Classico (Gallo Nero) des Guts zu erlaben. Tel. 0577/738013.

## Gaiole

Der in einer Talsenke an der Straße ins Valdarno gelegene Ort ist ein alter Marktflecken und noch heute ein Zentrum der Landwirtschaft. Ähnlich wie in Mercatale geht auch hier die Hauptstraße (Via Ricasoli) in einen länglichen Platz über, auf dem einst Markt abgehalten wurde. Schöne Bauten sucht man vergebens, aber auch keine häßlichen Neubauten verunstalten das Ortszentrum. An einer Fassade haben sogar noch die verwitterten Reste einer Kampflosung Mussolinis überlebt. Allenfalls ist die Häuserzeile, deren Balkone über den Wildbach hängen, ein Foto wert. Ansonsten ist Gaiole ziemlich zersiedelt, am Hang zeugen Einfamilienhäuschen von relativem Wohlstand. Der Tourismus beschränkt sich auf einige renommierte Weinschlösser der Umgebung.

- *Wein*: **Enoteca Montagnani**, Via Baccio Bandinelli (Zentrum). Von den ortsansässigen Vinotheken die beste. Gute und teure Gallo-Nero-Produkte. Hier sind praktisch alle Weingüter der Umgebung vertreten; als besonders hervorragend gelten die Tropfen aus dem Castello di Ama, aus dem Castello di Cacchiano und der Badia a Coltibuono.
**Castello di Meleto**, ca. 3 km entfernt, Abzweig von der Straße nach Siena. Ein wunderschönes Kastell, das in den kriegerischen Auseinandersetzungen zwischen Florenz und Siena heiß umstritten war. Der Chianti Classico (Gallo Nero) der Fattoria ist gut und mit 8 DM/Flasche nicht teuer.

- *Übernachten*: Für den schmalen Geldbeutel keine Chance!
**\*\*\*\* Castello di Spaltenna**, knapp 1 km außerhalb, Abzweig von der Straße nach Vertine. DZ 220-350 DM. Wenn schon ein Luxusaufenthalt, dann hier. Beim Castello handelt es sich um einen wuchtigen Komplex aus Pfarrkirche (Pieve) und Klostergebäuden. Anstelle asketischer Mönche bewohnen heute betuchte Touristen aus aller Herren Länder die Zellen. Voranmeldung erforderlich. Tel. 0577/749483.
**\*\*\*\* Park Hotel Cavrchione Tuscanorum**, 1 km außerhalb, an der Straße nach Vertine. DZ ca. 200 DM. Swimmingpool. Geöffnet Mitte März - Oktober. Voranmeldung erforderlich. Tel. 0577/749550.

## Umgebung

▶ **Badia a Coltibuono:** Das Bergkloster an der Grenze zum Valdarno ist allein schon wegen seiner zauberhaften Lage einen Ausflug wert. Meist weht hier oben eine leichte Brise, der alte, tiefgrüne Zedernwald bewirkt zusätzliche Frische.

Die Benediktinerabtei aus dem Jahr 930 ist heute im Besitz eines Mailänder Zeitungsverlegers und Weinliebhabers. Der eigenproduzierte Chianti kann in der Klosterschenke probiert werden.

Die Klosterkirche in Form eines lateinischen Kreuzes lohnt einen Blick einzig wegen der strengen romanischen Architektur.

- *Anfahrt*: Von Gaiole in Richtung Montevarchi, nach knapp 5 km links abzweigen, nach ein paar hundert Metern hat man die Abtei erreicht.
- *Essen*: **Ristorante Badia a Coltibuono**. Das Ausflugslokal neben dem Kloster führt eine exzellente Chianti-Küche, die allerdings nicht ganz billig ist. An Wochenenden herrscht viel Trubel, mit etwas Glück bekommt man einen Tisch auf dem schattigen Hof zugewiesen. Tischreservierung wird angeraten. Tel. 0577/949424.

# Siena

Ruhig, beschaulich. Rotbraune Backsteinbauten, enge schummrige Straßenschluchten, die gekrümmt den Hügelprofilen folgen, auf denen Siena erbaut wurde. Durch und durch mittelalterlich, wie früher nur für Fußgänger und Pferdekutschen zugänglich.

Die Stadt wucherte nicht in das grüne Hügelland der Umgebung. Ihre Einwohnerzahl hat sich seit ihrer Blütezeit nicht erheblich verändert. Nebenbei bemerkt - *Giana Nannini* kommt aus Siena, ihre Eltern haben hier eine Konditoreikette.

Die Silhouette von Siena wird geprägt durch die vollständig erhaltene Stadtmauer und den 102 m (!) hohen **Torre del Mangia**, den Rathausturm (Höhe inkl. Krone und Blitzableiter; andere Quellen sprechen von 87 m, vermutlich gemessen bis zur Plattform). Zu Füßen des Turms liegt muschelförmig der **Campo**, Italiens berühmtester mittelalterlicher Platz. Fast sämtliche Paläste und Gebäude wurden aus Backstein erbaut. Im Gegensatz dazu steht der grelle, mit Marmor verkleidete **Dom**, das Prunkstück von Siena. Auffällig sind auch die vielen geschmiedeten Ösen an den Häuserwänden - fast schon kleine Kunstwerke aus Eisen, an die ehemals die Pferde angebunden wurden.

Siena ist ein einziges Ausstellungsstück der italienischen Gotik, die jedoch mit der himmelwärts strebenden nordischen Gotik, wie sie z. B. der Kölner Dom zeigt, wenig gemeinsam hat.

Seit der Blütezeit im 14. Jh. und insbesondere nach der Eroberung durch Florenz (1559) entstanden keine herausragenden Bauwerke mehr. Für kunsthistorisch Interessierte ein unschätzbarer Vorteil: der mittelalterliche Baustil ist unversehrt erhalten geblieben.

## Geschichte

Eine der mächtigen mittelalterlichen Stadtrepubliken und damit die große Konkurrentin von Florenz. In den Jahrhunderten der zermürbenden Kämpfe zwischen Ghibellinen und Guelfen (Kaiser- bzw. Papstanhänger, siehe auch Toscana/Geschichte) versuchte Siena, oft mit letzter Kraft, seine Freiheit und Unabhängigkeit zu bewahren, bis es schließlich im Jahre 1555 vor der geballten Militärmacht Kaiser Karls V. die Waffen strecken mußte. Seitdem ist es ruhig geworden in Siena, doch die ganze Stadtanlage, die Bauten und Kunstwerke weisen noch auf die große Zeit der Stadtrepublik zurück.

Auch Siena wurde - wie viele Städte der Toscana - von den Etruskern gegründet (ca. 300 v. Chr.), doch war es damals ohne große Bedeutung. In römischer Zeit dagegen scheint sich schon ein gewisser Unabhängigkeitsdrang bemerkbar gemacht zu haben. So berichtet ein Senator empört, er sei von den Einwohnern Sienas verprügelt worden (überliefert von Tacitus)! Übrigens erzählt die Sage, daß die Stadt von einem Sohn des Remus, des legendären Rom-Erbauers, gegründet worden sei. Die Wölfin mit ihren säugenden Kleinen (das alte Symbol der Stadt Rom) ziert auch das Wappen Sienas. Während der grausamen Christenverfolgungen unter Kaiser *Diokletian* (303-311) hatte auch Siena seinen Märtyrer - den Heiligen *Ansanus*, der die Stadt missioniert hatte.

Im 12. Jh. begannen die erbitterten Kämpfe um die Unabhängigkeit, und anfangs ging Siena gestärkt daraus hervor: Im Kampf gegen den Bischof von Volterra eroberten die Sieneser 1137 die bedeutenden Silberminen von Montieri und schufen sich damit die Grundlage ihrer Macht. Siena wurde Münzprägestelle und zentrale Anlaufstätte für Geldgeschäfte aller Art. Die Stadt wurde damit reich und stark - das bekam auch die Florentiner Stadtrepublik empfindlich zu spüren. Siena war nun ebenfalls eine unabhängige Stadtrepublik geworden, allerdings kaisertreu, während es die Florentiner dagegen mit dem Papst hielten (für den sie auch seine gesamten Geldgeschäfte abwickelten). Dieser fundamentale Gegensatz, der die ober- und mittelitalienische Geschichte bis ins Hochmittelalter bestimmte, brachte erbarmungslose Kämpfe zwischen den beiden Republiken mit sich. Hineingerissen in die großen politischen und militärischen Auseinandersetzungen der Zeit, versuchten beide Kommunen, sich ein Stück vom großen toscanischen Kuchen zu sichern, und erweiterten ständig ihre Gebiete.

Der 4. September 1260 ging in die Stadtgeschichte ein. An diesem Tag brachten die Sieneser in den Felsen des Monteaperti Florenz eine vernichtende Niederlage bei - ein ungeheurer Triumph. Tausende gefangener Florentiner wurden im Freudentaumel durch Siena getrieben. Das Opfer des Patriziers *Salimbeni*, der seine gesamten Geldmittel für die An-

## Geschichte 435

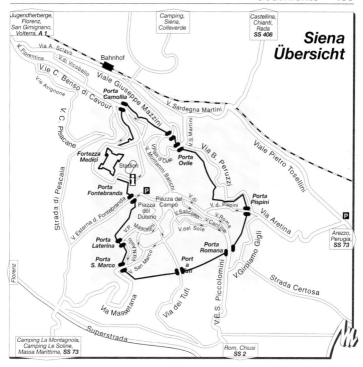

werbung von Söldnern einsetzte, um Siena zu retten, hatte sich gelohnt.
Damals stieg das Selbstbewußtsein der Sieneser ins Unermeßliche. Sinnbild dafür wurde der geplante Bau des Doms, der, hätte man ihn vollendet, der größte Kirchenbau der Welt geworden wäre! Die Stadt muß in ihrem Reichtum förmlich erstickt sein; den Abglanz davon sieht man noch heute auf Schritt und Tritt. Im 14. und 15. Jh. beschäftigte Siena viele Architekten und Maler; ihre Werke sind größtenteils erhalten.

Doch 1348 brach die Pest in der Stadt aus. Die furchtbare Seuche, die in den schlechten hygienischen Verhältnissen der damaligen Städte einen guten Nährboden fand, raffte zwei Drittel der Bevölkerung Sienas hinweg. Von diesem schweren Schlag erholte sich die Stadt nie mehr ganz. Die Feinde der Stadt nutzten die Schwäche sofort aus, allen voran Kaiser *Karl IV.*, dem die unabhängigen Stadtrepubliken in Italien schon lange ein Dorn im Auge waren. 1355 schürte er einen Volksaufstand in Siena, danach kam die Stadt nicht mehr zur Ruhe. Kämpfe der mächtigen Adelsgeschlechter untereinander, Kämpfe gegen die umliegenden Städte und Kämpfe gegen den Kaiser wechselten einander ab.

## 436 Siena

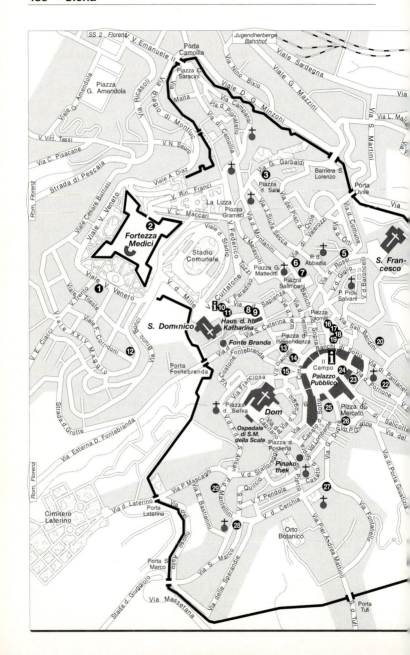

# Siena

## Hotels

1. Villa Liberty
4. Moderno
6. Cannon d'Oro
8. Bernini
12. Lea
13. La Perla
16. La Toscana
17. Centrale
18. Tre Donzelle
19. Piccolo Hotel Etruria
25. Garibaldi
29. Palazzo Ravizza

## Essen und Trinken

2. Enoteca Italiana
3. Ristorante L'Officina
5. Caffè 115
7. Rosticceria Vitti
9. Osteria La Chiacchiera
10. Ristorante Rusticchetto
11. Caffè Novo
14. Ristorante S. Catarina da Bagoga
15. Ristorante Mugolone
20. Mensa
21. Ristorante Cane e Gatto
22. Ristorante Grotta del Gallo Nero
23. Ristorante La Torre
24. Ristorante Il Barbero
26. Ristorante Papei
27. Mensa
28. La Vecchia Osteria da Gatto & Ciccio

200 m

Der Schlußakt folgt 1555; Kaiser Karl V., der mächtige katholische Herrscher des "Heiligen Römischen Reiches deutscher Nation" zieht gegen die Stadt, *Cosimo de Medici* von Florenz ist mit dabei. Nach einjähriger Belagerung fällt Siena, die kaiserlichen Truppen marschieren ein - das ist das Ende der freien Stadt. Cosimo I. erhält von Karl die ganze Toscana als Herrschaftsgebiet - Siena ist mit einverleibt. Über 700 sienesische Familien, das war mehr als die Hälfte der Bevölkerung, wanderten nach Montalcino aus. Die Contrada della Tartuca erinnert jährlich am 25. März mit einem 30 km langen Marsch nach Montalcino daran.

Als nach dem Tod des letzten Medici 1737 die Lothringer die Macht übernahmen, verlor Florenz an Gewicht. Siena nutzte die Situation für einen wirtschaftlichen Aufschwung. Die alten Handelsfamilien erstarkten, das Bankwesen wurde wieder aufgebaut. Auch eine neue Straße nach Rom, die *Lauretana*, wurde gebaut.

1865 war Siena die erste Stadt Italiens, die per Volksentscheid dem neuen Königreich beitrat.

## Die Stadtheiligen von Siena

Mitten im düsteren Kriegsgeschehen des 14. und 15. Jh. hat Siena zwei Heilige hervorgebracht, deren Lebensdaten sich aneinanderreihen: *Katharina* (1347-80) und *Bernhardin* (1380-1444).

Die Heilige Katharina machte Geschichte, als sie in eindringlichen Briefen Papst *Gregor XI.* beschwor, aus Avignon nach Rom zurückzukehren. Der Papst hörte auf ihren Rat, und das Exil in Avignon war damit beendet. Aus ihren überlieferten Zitaten kann auf eine innigste Hingabe, fast schon Liebe zu Jesus geschlossen werden: "er war mein Bräutigam und ich war seine Braut", "möge er mich küssen mit Seinen Lippen". Sie verfiel oft in eine tiefe Trance und mußte mit Nadelstichen in die Wirklichkeit zurückgeholt werden. Katharina ist eine der größten Heiligen Italiens. Ihr Wohnhaus in Siena ist zu besichtigen (siehe Sehenswertes).

Der heilige Bernhardin, der "Apostel Italiens", verteilte sein großes Vermögen an die Armen; sein Vorbild war Franz von Assisi, in dessen Orden er dann auch eintrat. Wegen seiner großen Beredsamkeit wurde Bernhardin bald in ganz Italien berühmt: "Erstens klar sprechen, zweitens kurz sprechen, drittens schön sprechen!" war seine Devise. Überall predigte er (oft – entgegen seiner eigenen Devise – bis zu fünf Stunden lang), seine Zuhörer gingen in die Tausende. Um seinen Namen ranken sich zahllose Legenden. So soll eines Tages ein Kartenmaler zu ihm gekommen sein, der sich bitter beklagte, weil Bernhard immer gegen das Kartenspielen predige. Er müsse verhungern, wenn das so weitergehe. Daraufhin riet ihm Bernhard, in Zukunft Jesusbilder zu malen – und siehe da, der Mann konnte auch davon leben...

## Adressen 439

### Information/Verbindungen

- *Telefonvorwahl:* 0577
- *Information:* **A.P.T.-Büro**, Il Campo 56.
*Öffnungszeiten:* Sommer, 8.30-19.30 Uhr, Sonntag geschlossen; Winter, 9-13 Uhr und 15.30-19 Uhr, Samstagnachmittag und Sonntag geschlossen. Tel. 280551. Das Hauptbüro befindet sich nur 100 m davon entfernt in der Via di Città 43 (gegenüber der Buchhandlung). Hier werden die Touristen jedoch nur widerwillig bedient. Tel. 42209.
**Zimmervermittlung:** "Siena Hotel Promotion", Piazza S. Domenico. Öffnungszeiten: Sommer, 9-20 Uhr; Winter, 9-19 Uhr; Sonntag geschlossen. Tel. 288084.

- *Verbindungen:* **Eisenbahn:** Siena liegt an einer Nebenstrecke: Florenz Empoli - Poggibonsi - Siena. Daneben auch mehrmals täglich Züge nach Orvieto (umsteigen in Chiusi). Der Bahnhof liegt 2 km außerhalb, regelmäßige Busverbindung. Bahninformation: täglich 7.30-20 Uhr. Gepäckaufbewahrung rund um die Uhr geöffnet.
**Busse** (ab Piazza S. Domenico): ungefähr stündlich nach Florenz, San Gimignano (umsteigen in Poggibonsi) und Volterra (über Colle Val d`Elsa), 4 x täglich nach Arezzo, 2 x täglich nach Rom.
**Stadtbusse** fahren ab Piazza A. Gramsci.

### Adressen

- *Bücher/Zeitschriften:* **Libreria Bassi**, Via di Città, gegenüber der Loggia. Auch einige deutsche und englische Bücher.
**Libreria Senese**, Via di Città 64. Auch englische Literatur.
- *Einkaufen:* **Consorzio Agrario**, Via Pianigiani 9. Alles, was die Sieneser Erde hergibt: Wein, Olivenöl, Honig etc. Hier ist der Dachverband der Produzenten.
**Enoteca Italiana**, Fortezza Medicea. Über 600 verschiedene italienische Qualitätsweine. Siehe auch "Essen, Kneipen".
- *Italienischkurse für Ausländer:* **Università per Stranieri di Siena**, Piazzetta Grassi 2 (Studentensekretariat und Information). 3-monatige Grund- und Aufbaukurse für Lernwillige aller Nationalitäten mit Hochschulreifezeugnis und einem Mindestalter von 18 Jahren. Zimmervermittlung möglich, Kosten ca. 600 DM monatlich. Tel. 0577/49260.

- *Markt:* **Lebensmittelmarkt** täglich an der Piazza del Mercato.
**Kleider etc.** jeden Mittwoch bei der Festung von der Viale XXV Aprile bis hoch zur Piazza La Lizza.
**Flohmarkt** jeden 3. Sonntag im Kreuzgang von S. Domenico.
- *Reisebüro:* Dem Informationsbüro am Campo angeschlossen.
- *Telefonieren:* **SIP**, Via dei Termini 36. Öffnungszeiten: Sommer, 7-24 Uhr; Winter, 7-22 Uhr.
**SIP**, Via Pantaneto 44. Öffnungszeiten: Sommer 7.30-24 Uhr; Winter 7.30-22 Uhr.
**SIP**, Via C. Angioleri 55.
- *Wäscherei:* **Lavanderia Olandesina**, Via Malta (nähe Porta Camollia).
**Lavanderia Franca**, Via di Vallerozzi 46 (Nähe Porta Ovile).

### Konzerte / Musik

Im Sommer veranstaltet die Musikakademie vor allem **klassische Konzerte** im Palazzo Chigi-Saracini und auf verschiedenen Plätzen der Stadt - Mozart, Bach, Strawinsky, Mussorgski... Genaueres erfährt man im Touristenbüro.

Nationales **Jazz-Musik-Seminar**, Ende Juli bis Anfang August: Vorträge, Workshops, Konzerte, Jamsessions etc. Die Konzerte finden oft in den Gärten der Contrade-Häuser statt.

### Autos & Parken

Die Altstadt ist für den öffentlichen Verkehr gesperrt. Nur Taxis und Leute mit Sondergenehmigung dürfen einige wenige Straßenzüge benutzen, aber auch Touristen mit einer Hotelreservierung in der Tasche.

# 440  Siena

Nur wenige **freie Parkplätze** unterhalb der Fortezza di Medici - meistens belegt. Auch die **gebührenpflichtigen Plätze** im und um das Stadio Comunale sind oft dicht belegt, insbesondere am Mittwoch, dem Markttag. Viele weitere kleine gebührenpflichtige Plätze sind um die Altstadt verteilt. Die Nummern der Parkplätze sind in der Innenstadt ausgeschildert, so daß man sein Auto schnell wiederfindet. Kosten: Alle blau umrandeten Parkflächen sind von 8-20 h gebührenpflichtig und bewacht - pro angefangene Stunde ca. 1000 Lire (Sonntag gratis).

"**Großparkplätze**": Außer den oben beschriebenen besitzt die Stadt noch einige weiter entfernte Parkplätze. Sie sind kostenlos, unbewacht, und mit einem Shuttle-Bus, **Pollicino** genannt, ans Zentrum angebunden. Die Pollicini verkehren im 15-Minuten-Takt von 7-24 Uhr, Sonntags nur alle 30 Minuten. Fahrpreis ca. 1000 Lire.

**Due Ponti**: Viale Pietro Tosellini (im Osten der Stadt). Pollicino Linea B, Haltestelle im Zentrum: Logge del Papa (hinter dem Campo).

**Cerciaia/Coroncina**: Cassia Roma (SS 2, ziemlich weit im Süden). Pollicino *Linea A*, Haltestelle im Zentrum: zwischen Rathaus und Markthalle.

**Strada Comunale di Certosa**, verläuft entlang dieser Straße (außerhalb der Porta Romana). Pollicino *Linea C*.

## Das Stadtfest Palio

Das größte Fest in Siena ist der Palio, ein Pferderennen, dessen Tradition ins 13. Jh. zurückreicht. Es findet jährlich am 2. Juli und am 16. August auf dem Campo statt.

Wild entschlossen, das Seidenbanner (Palio) zu gewinnen, bekommen Pferde und Reiter die Peitschenhiebe zu spüren. 10 der insgesamt 17 "Contrade" (siehe unten) kämpfen darum. Das Fiese dabei: Die Reiter behindern den Gegner durch Peitschenhiebe aufs feindliche Pferd. Besonders in der Rathauskurve zeigt sich, welchem Stadtteil am wenigsten der Sieg gegönnt wird. Die professionellen "Rodeo-Künstler" werden von den Contrade eingekauft und kommen meist aus der Maremma.

Die Teilnehmer tragen Kostüme aus dem 15. Jh., jedes Stadtviertel hat sein eigenes Symbol - Giraffe, Schildkröte, Schnecke etc. Jeweils zwei Pagen, Oberpagen und der Duce (Herzog) stehen stellvertretend für die Stadtteile.

Obgleich das Wettrennen auf den ungesattelten Pferden nur 70-80 Sekunden dauert, ist es von komplizierten Zeremonien umrahmt, die schon vier Tage vorher beginnen. Zwischen 17 und 19 Uhr abends findet das Rennen statt, dem der **Corteo Storico** vorangeht, ein festlicher Umzug in Kostümen aus dem Siena des 15. Jh. Vorne gehen die Steuereintreiber, es folgen der Träger des städtischen Wappens und die Musiker, die verschiedenen Bannerträger... und zum Schluß der reichverzierte von riesigen Maremma-Bullen gezogene Kriegswagen, der das Banner der Stadtverwaltung, den "Palio" trägt. Nach dem Rennen werden die Sieger gefeiert. Einige Wochen danach, im September, findet ein abendlicher Festschmaus der Sieger unter freiem Himmel statt, der bis tief in die Nacht dauert - das glückliche Siegerpferd ist auch mit von der Partie!

Nachdem schon der WWF und

Brigitte Bardot erfolglos wegen vermeintlicher Tierquälerei gegen das Pferderennen gestritten hatten, sorgte 1991 der bekannte Filmregisseur Federico Fellini für einen Eklat. Nachdem ihm - wie jedem anderen Filmteam auch - Aufnahmen vom Rathausturm herab aus Sicherheitsgründen verwehrt wurden, erklärte der Maestro in einer Pressemitteilung die Bürger der Stadt und insbesondere den Bürgermeister für verrückt. Letzterer konterte mit einer Verleumdungsklage - und schnitt sich damit ins eigene Fleisch, denn der hochkarätige Regisseur wollte die Aufnahmen als Teil eines Werbefilms über die Toscana verwenden. Inzwischen ist Fellini gestorben.

## **Contradas** - die Viertel einer Stadt

So werden in Siena die einzelnen Stadtteile genannt. 17 sind es, und sie haben ein ausgeprägtes Gemeinschaftsgefühl. Eine Contrada besitzt ihre eigene Kirche, ihr eigenes Museum und seit 20 Jahren sogar ihren eigenen, modernistisch angehauchten Brunnen. Sie erfüllt nicht nur die Funktionen eines Freizeitclubs, sondern kümmert sich auch um Altenhilfe oder um die Organisation eines Kindergartens. Traditionell erwirbt man die Mitgliedschaft des Geburtsortes. Seit jedoch die Frauenklinik im Gebiet der Contrada della Selva ihren Betrieb aufgenommen hat und Hausgeburten die Ausnahme sind, darf es auch das Haus sein, in dem der neugeborene Sieneser bzw. die neugeborene Sienesin zu Hause ist.

Der "Underdog" war lange die Contrada del Oca (Gans) vom Stadtteil Fontebranda. Sie hatte die Farben der Nationalflagge in ihrem Banner und wurde unter Mussolini stark protegiert. Ähnlich ging es der Contrada dell' Acquila, die mit ihrem Habsburger Doppeladler ihr Fähnchen in den Wind hing...

*Museo di Contrada*: Jede Contrada hat ihr eigenes Museum, in dem Erinnerungsstücke, Trophäen, Uniformen und vieles mehr gezeigt werden. Oft werden an den Wänden historische Szenen nachgestellt, in denen die Contrada treibende Kraft war, z. B. "Fenstersturz der schlechten Regierung" zu dem die Contrada Bruco (Raupe) entscheidend beitrug. Die Öffnungszeiten sind unterschiedlich. Während einige Museen sonntags zwischen 10 und 12 Uhr zu besichtigen sind, vergeben andere nur nach Voranmeldung einen Besuchstermin.

## 442 Siena

### Übernachten

Fast alle Hotels liegen innerhalb der Stadtmauer. Trotz der zentralen Lage sind sie relativ ruhig, da die Altstadt autofrei ist.
Mit einer Hotelreservierung, die Sie bei der "Siena Hotel Promotion" (siehe Information) bekommen, dürfen Sie Ihr Gepäck zur Unterkunft fahren. Ob dies wegen der vielen Fußgänger, Einbahnstraßen und völlig gesperrten Straßen sinnvoll ist, müssen Sie selbst entscheiden. Am bequemsten ist natürlich das Taxi (ca. 15 DM).

\*\*\* **Palazzo Ravizza (29)**, Erste-Klasse-Pension, Pian dei Mantellini 34, DZ mit Dusche ca. 140-200 DM, ohne 100-150 DM. Alte Stadtvilla (17. Jh.) mit Terrassengarten hinter dem Haus - schöner Blick über die Mauer. Tel. 280462.

\*\*\* **Villa Liberty (1)**, Viale V. Veneto 11, DZ mit Bad 100-150 DM inkl. Frühstück. Top renovierte Villa im italienischen Jugendstil. Die Böden wurden aufwendig mit Marmor (in den Gängen) und Parkett (im Zimmer) neu gelegt. Blick auf die Fortezza Medici, Garten ums Haus. Tel. 44966.

\*\*\* **Moderno (4)**, Via Baldassarre Peruzzi 19, DZ mit Bad 60-110 DM, ohne unwesentlich billiger. Mit 56 Zimmern zählt es zu den größten Hotels der Stadt. "Moderno" wirkt der Backsteinbau mit. Da das Hotel knapp außerhalb der Mauer liegt, sind Anfahrt und Parkmöglichkeiten weniger prekär. Kehrseite der Medaille: Straßenlärm in den Zimmern nach vorne. Tel. 288453.

\*\*\* **La Toscana (16)**, Via C. Angiolieri 12, DZ mit Bad 75-100 DM, ohne 55-75 DM. Ca. 50 Zimmer über mehrere Stockwerke verteilt. Hübsche Holzmöbel. Von den oberen Zimmern Blick über das Dächergewirr. Tel. 46097.

\*\* **Lea (12)**, Viale XXIV Maggio 10, DZ 60-100 DM, alle mit Bad. Alte, gepflegte Villa in ruhiger Lage, kleiner Garten ums Haus. Einige Zimmer mit schönem Blick auf die Altstadt mit Dom. Tel. 283207.

\*\* **Centrale (17)**, Via Cecco Angiolieri 26, DZ mit Bad ca. 100 DM, ohne Bad ca. 75 DM. Helle Zimmer im 3. Stock (kein Lift). Mit seinen 7 Zimmern eines der kleinsten Hotels, dafür sind aber die meisten Zimmer groß, haben Telefon und Minibar. Tel 280379.

\*\* **Piccolo Hotel Etruria (19)**, Via Donzelle 3, DZ ca. 90 DM. Renoviert, den Namen gewechselt und einen Stern dazugewonnen. Sympathisch, wenn auch etwas eng. Das preiswerte Restaurant wird gerne von Rucksacklern besucht. Tel. 288088.

\*\* **Cannon d'Oro (6)**, Via Montanini 28, DZ mit Bad 50-90 DM, ohne 40-70 DM. Altes, verwinkeltes Haus mit vielen Zimmern. Gänge und Räume weiß und ohne jeglichen Schmuck. Tel. 44321.

\* **La Perla (13)**, Via delle Terme 25, DZ ca. 80 DM. 13 Zimmer, alle mit Dusche, konnten in der "engen Perle" untergebracht werden. Wenn auch die Dusche/WC-Zellen kaum mehr Platz bieten als diejenigen im Flugzeug, so erfüllen sie trotzdem Ihren Zweck. Am hübschesten ist das "Turmzimmer", zu erreichen über eine 3 Stockwerk hohe Wendeltreppe (Lift geplant). Tel. 47144.

\* **Tre Donzelle (18)**, Via Donzelle 5, DZ mit Dusche ca. 70 DM, ohne 50 DM. Großzügiges Altstadthaus, sauber. Tel. 280358.

\* **Bernini (8)**, Via della Sapienza 15, DZ 40-70 DM, Dusche/WC auf Etage. "Absolut familiäre Pension. Zur Not werden Gäste in den Stockbetten der Kinder einquartiert, Alessandro und Gattin nehmen wirklich alles locker. In der Hochsaison laufend "completo"! Einige Zimmer mit phantastischem Blick auf den Dom und den Torre del Mangia. Super-Terrasse mit Panorama. Reservierung sehr zu empfehlen." (Lesertip von Frank Köhnlein, Stuttgart). Tel. 289047.

\* **Garibaldi (25)**, Via Giovanni Dupré 18, DZ mit Waschgelegenheit ca. 60 DM, Durchgangszimmer mit zwei Betten ab ca. 45 DM. Kleines Haus. Die Rezeption im kleinen Restaurant. Dort auch billige Menüs für ca. 20 DM. Tel. 284204.

### Hotels im Grünen

\*\*\*\* **Villa Scacciapensieri**, Via Scacciapensieri 24 ( ca. 3 km außerhalb, in der Nähe des Camping-Platzes Siena Colleverde), DZ 280-400 DM (!). Hübsch re-

## Übernachten / Essen

staurierte Landvilla umgeben von einem Park. Zimmer recht geräumig, alle mit einem kleinen Balkon. Im Erdgeschoß eine düstere, rustikale Bar und das Restaurant. Kleiner, nierenförmiger Swimmingpool und ein Tennisplatz. Tel. 41441.

*** **Villa Terraia**, Via dell' Ascarello 13 (ebenfalls Richtung Camping-Platz, dann Richtung Pontignano/Brolio), DZ mit Dusche/WC ca. 120 DM. Altes Landhaus, hübsche Lage inmitten von Weingärten und Olivenhainen. Tel. 221108.

### *Jugendherberge/Camping*

- *Jugendherberge*: **Guidoriccio**, Via Fiorentina 89, im Ortsteil Stellino (ca. 3 km außerhalb, vom Bahnhof mit Bus Nr. 8, 10 oder von der Piazza Gramsci mit Nr. 15 erreichbar). Übernachtung mit Frühstück ca. 20 DM/Person, eine Mahlzeit 14 DM, ca. 110 Betten. Die nach dem Reiter auf dem berühmten Gemälde von Simone Martini (im Palazzo Pubblico) benannte Jugendherberge liegt leider an einer Hauptverkehrsstraße. Zusätzlichen Lärm verursachen Spielautomaten und TV im Aufenthaltsraum! Tel. 52212.
- *Camping*: **Siena Colleverde**, Strada di Scacciapensieri 47, Bus Nr. 8 ab der Piazza Gramsci. Tip für Fußgänger: Gleich nach der Eisenbahnbrücke rechts die Einbahnstraße (Via Marziale) hochgehen, auch wenn die Beschilderung nach rechts weist. (knapp 1 km Wegersparnis!). Preise: 2 Pers., Auto, Zelt ca. 20 DM. Mit zusätzlichen 3 DM darf man den Swimmingpool benutzen.

Wie der Name schon vermuten läßt, liegt das Gelände auf einem grünen Hügel mit vielen Bäumen. Wenn der Platz überfüllt ist - während der Hauptreisezeit die Regel - muß man mit weniger begrünten Flächen vorlieb nehmen. In der Kantine preisgünstiges Menü. Geöffnet letzte Märzwoche - erste Novemberwoche. Tel. 280044.

*Außerhalb*: **La Montagnola**, in Sovicille, ca. 12 km südwestlich von Siena, erst 8 km entlang der SS 73 (Richtung Roccastrada). Neu angelegter Platz im schattigen Wald. Gepflegte Sanitäranlagen, absolute Ruhe. Mehrere Leser waren von dem Platz begeistert. Geöffnet April - September. Tel 0577/314473.

**Le Soline**, in Casciano di Murlo, ca. 23 km südlich von Siena (Richtung Grosseto, nach 20 km bei Fontazzi links nach Casciano di Murlo abzweigen, dann ausgeschildert). Geöffnet März - erste Novemberwoche. Tel. 0557/817410.

**Luxor Quies** siehe Monteriggioni. Anfahrt von Siena: Superstrada nach Florenz bei Le Badesse-Nord verlassen, weiter nach Lornano, dann links den Schildern folgen.

### *Essen*

Gutes Essen in vielen der Trattorias, preislich allerdings wenig erfreulich: Menüs unter 30 DM sind selten. Zum Nachtisch den *Panforte* probieren - ein schwerer Kuchen mit Mandeln und kandierten Früchten (gibt's auch in vielen Caféhäusern). Als Hauptgericht servieren einige Restaurants *Bollito di manzo*, (gekochtes Rindfleisch in einer Sauce aus Olivenöl mit grünen Kapern) - schmeckt bestimmt jedem, der Fleisch nicht gern trocken ißt!

Wer vor der Kulisse des Campo speisen möchte: Im Restaurant *Il Campo* hat die schöne Aussicht allerdings seinen Preis.

**Mugolone (15)**, Via dei Pellegrini 8. Gutbürgerliches, alteingeführtes Speiselokal, flotte Bedienung. Viele Einheimische und Handelsreisende, besonders beim Mittagstisch. Festpreismenüs ab ca. 40 DM. Für Leute, die großen Appetit haben: Risotto alla Boscaiola - mit Pilzen und Erbsen, sehr deftig. Donnerstag geschlossen.

**Cane e Gatto (21)**, Via Pagliaresi 6. Wer sich einen Luxus leisten möchte, der es sicher auch wert ist, sollte dieses kleine, einfache Lokal mit nur 8 Tischen besuchen. 2 Stunden sollte man für die "Dinner Party" schon einplanen. Täglich nur ein Menü zur Auswahl, 6 Minigänge werden serviert, alles vom Feinsten,

# 444 Siena

Menü ca. 60 DM. Donnerstag geschlossen.

**S. Caterina da Bagoga (14)**, Via della Galluzza 26. Hübsch dekoriertes Kellergewölbe, es kann auch draußen in der schmalen Gasse gespeist werden. Die Gerichte basieren auf alter sienesischer Küche und französischer Leichtkost. Empfehlenswert: Scaloppine alla Grotta, zwei kleine Schnitzelstücke, die mit einem leichten Molkenkäse und Spinat überbacken sind. Weitere Spezialitäten: Reis mit Trüffel, Hähnchen in Sahne oder Bier und Kaninchen in Champagner. Menü ca. 35 DM.

**La Torre (23)**, Via di Salicotto 7. Billige Trattoria in zentraler Lage. Menü für ca. 25 DM, auch à la carte unterdurchschnittliche Preise. Eine raffinierte Küche darf man allerdings nicht erwarten.

**Osteria La Chiacchiera (9)**, Costa S. Antonio 4. Unkompliziert, man kann auch nur ein "Secondo" zu sich nehmen. Ursprünglich mehr auf studentisches Publikum zugeschnitten, wird die Osteria inzwischen auch gerne von Familien besucht. An den großen Tischen findet man schnell Kontakt zum Tischnachbarn. Preiswert. In der Nebensaison Dienstag geschlossen.

**Grotta del Gallo Nero (22)**, Via del Porrione 67. Hübsch renovierte Innenräume. Hier kann man auch schnell ein Primo mit einem Teller Salat zu sich nehmen, ohne vom Wirt schief angeschaut zu werden. Montag geschlossen.

**La Vecchia Osteria da Gatto & Ciccio (28)**, Via S. Marco 8. Wenn die Speisen nicht so ölig wären, ein exzellenter Tip, z. B. Rindsroulade mit Bratwurst gefüllt. Menü ca. 20 DM.

**Papei (26)**, Piazza del Mercato. Das Aroma, das am Sonntagmorgen aus der Küche strömt, läßt Gutes ahnen, man wird nicht enttäuscht sein. Preise "gut bürgerlich", das Menü zu 40 DM. Montag geschlossen.

**Locanda Garibaldi**, Via G. Dupré 18. Eines der preiswertesten Lokale in Siena, dementsprechend proppenvoll. Hier auch Zimmervermietung, siehe Hotels. Samstag geschlossen.

**Rusticchetto (10)**, Via della Sapienzia 43. Bar und Billigküche mit der Ambiente einer Bahnhofsgaststätte. Vermutlich deshalb findet man hier immer Platz. Schade - denn aus der Lage ließe sich was machen.

**Rosticceria Vitti (7)**, Via dei Montanini 16. Gegrillte Hähnchenteile etc. zum Mitnehmen, auch eine kleine Bar vorhanden.

• *Fast Food*: **Il Barbero (24)**, Il Campo. Ein geschmackvoll eingerichtetes Self-Service-Restaurant. Die Essenqualität des zur Craamst-Cooperative gehörenden Lokals ist mäßig. Hier kann man allenfalls ein schnelles Primo zu sich nehmen.

• *Uni-Mensen*: In beiden Mensen großer Andrang, ca. 20 Min. anstehen.
**Via S. Agata** 1 (27). Gäste zahlen ca. 12 DM, Mittagessen bis 14 Uhr, abends 18.45 - 21 Uhr geöffnet.
**Via S. Bandini** 47 (20). Studentenausweis war nicht notwendig, ebenfalls ca. 12 DM für das einfache Menü, das sich auch aufstocken läßt.

• *Kneipen*: **Caffè Novo (11)**, Via Camporegio. Renovierte Kellerbar, weit verzweigte Räumlichkeiten, hell und gemütlich. Das Lokal ist ein Gemeinschaftunternehmen mehrerer Leute, vielleicht bedient Sie Lisa, eine Exstudentin der Medizin mit Studienjahren in Marburg, Perugia, Ancona und Florenz. Vom Eingang aus macht man die besten Fotoaufnahmen vom Dom. Dienstag geschlossen.

**L'Officina (3)**, Piazza del Sale 3a. Öfters Life-Musik, viele verschiedene Biersorten.

**Caffè 115 (5)**, Via dei Rossi 115. Gemütlich - viel Holz, Spiegel, fast wie ein English pub, für Bayern gibt's Maßkrüge.

**Enoteca Italiana (2)**, Fortezza Medicea. - Eigentlich ein Muß, diese großzügig angelegte Weinprobierstube in den mächtigen Gewölben der Fortezza zu besuchen. Sie können den Wein glas- oder flaschenweise (ca. 14 DM) probieren, aber auch zum Mitnehmen kaufen. Über 600 verschiedene Qualitätsweine Italiens zur Auswahl! Geöffnet 15.30-24 Uhr.

• *Außerhalb*: **Fontebecci**, Via Fiorentina 133 (Nähe Einfahrt zur Superstrada nach Florenz, gegenüber der Tankstelle). Empfehlenswert, weil für wenig Geld Köstlichkeiten geboten werden. Probieren Sie z. B. "Agnello alla pastora". Donnerstag geschlossen.

**Eden**, in Costalpino (an der Straßengabel SS 73 (nach Roccastrada)/SS 223 (nach

*Der Brunnen "Fonte Gaia" (fröhliche Quelle) auf dem Campo ist eine Kopie – Teile des Originals sind im Rathaus zu besichtigen*

Grosseto). Angenehmes Restaurant mit überdachtem Vorbau. Spezialität des Hauses sind Fische, abends werden aber auch Pizzen gebacken. Die Cozze abruzzese haben wir nicht probiert. Durchschnittliche Preise. Montag geschlossen.

**Pizzeria Il Jolly**, Via Fiorentina 13, Ortsteil Stellino (nur 5 Min. zu Fuß von der Jugendherberge entfernt). Wird auch von Einheimischen gern besucht. Sehr gut schmeckt die Pizza Jolly für 9 DM: dünner Teig, viel Käse und dick belegt mit Pilzen, Schinken, Knoblauchwurst, Artischocken, Spiegelei. Montag Ruhetag.

# Sehenswertes

## Il Campo

"Il Campo", einer der schönsten Plätze Italiens, erhielt 1347 sein heutiges Gesicht. Das vorgegebene Landschaftsprofil blieb erhalten - muschelförmig in der Senke der drei Hügel, auf denen Siena erbaut wurde. Der Campo war und ist Mittelpunkt des öffentlichen Lebens. Rundum zeigt sich eine einzigartige Kulisse von mittelalterlichen Palästen, die heute Restaurants und Cafés beherbergen. In den kühlen Abendstunden herrscht oft eine berauschende Szenerie - spontane Aktionen, Gaudi, Straßenmusik.

Der Brunnen am Platz heißt *Fonte Gaia* - fröhliche Quelle - und trägt seinen Namen, weil man sich Anfang des 15. Jh. so sehr freute, daß das Wasser nach einem 25 km langen Weg über ein Aquädukt hier hervor-

# Siena

sprudelte! Die Reliefs sind Kopien, die Originale befinden sich im Palazzo Pubblico.

Wer den Campo und sein Leben aus kontemplativer Distanz betrachten will, findet ein kleines Café mit Balkon zum Platz, Zugang Via di Città 33.

▸ **Palazzo Sansedoni**: Er liegt vom Palazzo Pubblico aus gesehen an der rechten Seite des Campo - einer von vielen Paläste am Platz, aber auffallend schön und aufwendig gestaltet. Früher besaß er noch einen Turm, fast so hoch wie der Torre del Mangia. Im Inneren sind einige Kunstwerke aufbewahrt, doch ist der Palazzo nicht zu besichtigen.

*Der Torre del Mangia (Rathausturm) – mit 102 m Höhe alles überragend*

## Palazzo Pubblico

Das Rathaus mit seinem mächtigen Turm ist gotisch, mit dem Bau wurde Ende des 13. Jh. begonnen. 1327 stand der Mittelteil und der untere linke Teil. Bis 1860 folgten der Erker und die obere Fensterreihe.

Mit seinen schlichten Verzierungen, den Zinnen und sienesischen Bögen über den Fenstern diente er vielen später erbauten Palästen als Vorbild.

▸ **Torre del Mangia**: Der schlanke, 102 m hohe Glockenturm des Palazzo Pubblico wurde nach dem Glöckner *Mangiaguadagni* benannt, einer legendären Gestalt. Besteigen Sie den Turm - schwindelerregende Aussicht erwartet Sie - und über dem Kopf eine tonnenschwere Bronzeglocke!
Öffnungszeiten: 10-16 Uhr (im Sommer länger, im Winter kürzer). Es werden jeweils 30 Personen eingelassen. Besonders zu Stoßzeiten steht man u. U. eine Stunde lang an, obwohl ein Schild die Besucher ermahnt, sich nicht länger als 20 Minuten auf dem Turm aufzuhalten. Am besten nutzt man die Siesta, wenn andere sich die Bäuche vollschlagen. Eintritt ca. 4 DM.

▸ **Museo Civico** (Städtisches Museum): Alle Säle des Museums im Palazzo im einzelnen zu beschreiben, würde einen ganzen Band füllen. Um einen Einblick in den damaligen Zeitgeist zu bekommen, und auch der vielen Fresken wegen, lohnt sich hier ein Besuch.

Aus dem reichen Angebot einige Anregungen:

**Saal 10** *(Saal der Balia und der Prioren)*: Fresken aus dem frühen 15. Jh., darunter Episoden aus dem Leben Papst *Alexanders III.* - ein erbitterter Gegner des Kaisers und Verbündeter der lombardischen Städte. Die Fresken vermitteln einen plastischen Einblick in Moral und Gesellschaft der Renaissance.

**Saal 12** (Sala del Concistoro): Die außerordentlich hell wirkenden Fresken an der in regelmäßige Felder aufgeteilten Decke stammen von *Domenico Beccafumi*, dem bedeutendsten sienesischen Vertreter des Manierismus. Dargestellt sind die Tugenden des bürgerlichen Lebens.

**Saal 14**: Die Kapelle ist vollständig mit Fresken von *Taddeo di Bartolo* ausgeschmückt. Im Vorraum sind heidnische Gottheiten und die politische Prominenz des antiken Roms dargestellt.

**Saal 16** *(Mappamondo - Saal des Erdballs)*: Hier ist das berühmte Fresko "Guido Riccio da Fogliano belagert das Schloß Montemassi" von *Simone Martini* zu sehen. Das märchenhaft anmutende Bild, auf dem Roß und Reiter dank der einheitlichen Kleidung zu einer Einheit verschmelzen, ist ein Bestseller unter den Postkartenmotiven Sienas. Ebenfalls von Martini ist eine *Maestà*, ein Frühwerk aus dem Jahr 1315.

**Saal 17** *(Sala della Pace - Saal des Friedens)*: Dies ist der öffentliche Sitzungsraum der "Regierung der Neun" aus der Blütezeit Sienas (1292-1355). Allegorien von *Ambrogio Lorenzetti* stellen *"die gute und die schlechte Regierung"* dar: In den Farben der Stadt (Schwarz/Weiß) gekleidet, thront der gute Herrscher inmitten der Tugenden (Frieden, Stärke, Gerechtigkeit, Großmut... meist dargestellt durch Frauengestalten), Harmonie, Frohsinn und Wohlstand sind die Folgen seiner Regentschaft. An der gegenüberliegenden Wand die "schlechte Regierung": Hier herrschen Gier und Tyrannei, Grausamkeit und Betrug. Die Gerechtigkeit liegt in Ketten, und in den Gassen verhaften Landsknechte ehrbare Bürger. Das Böse ist - ach wäre es doch heute auch noch so - selbst für den Laien unschwer erkenntlich: es hat Hörner und schielt...

• *Öffnungszeiten*: Mitte März - Mitte November sowie 27.-31. Dezember Montag - Samstag 9-18.15 Uhr und Sonntag 9.30-12.45, Mitte November - Mitte März 9.30-12.45 Uhr. Eintritt ca. 6 DM.

# Dom

**Er ist Sienas ganzer Stolz - wegen seiner aufwendigen gotischen Zuckerbäckerfassade nicht zu Unrecht - und kann ohne weiteres mit dem Florentiner Dom konkurrieren.**

Erst wird man von der Fassade aus hellem Marmor regelrecht geblendet, dann verliert sich das Auge in vielen feinen Details. Vor allem im oberen Teil ist der Dom mit Ornamenten, Statuen, Mosaiken und Schnitzereien überladen. Im unteren Teil ist die Fassade wie der Glok-

## Siena

*Der Dom Santa Maria steht an der höchsten Stelle der Stadt (346 Meter)*

kenturm zebragestreift (Inkrustation).

Früher stand an der Stelle des Doms eine Kapelle, doch als Siena im 13. Jh. zu großem Wohlstand kam, wollte man ein gewaltiges Werk zu Ehren der heiligen Maria errichten. Teile des alten Baus wurden abgerissen, das neue Werk wurde in Angriff genommen, doch bald erschien auch dieses - vor allem im Vergleich zum Florentiner Dom - zu klein. Der bisher gebaute Teil sollte nun das Querschiff bilden, das riesige Längsschiff sollte folgen... *Lando Di Pietro* und die Brüder *Agostino* machten sich um das Jahr 1339 ans Werk. Pest und Wirtschaftskrise zwangen jedoch 1348 zur Aufgabe der Arbeiten. Erst 1376 vervollständigte *Giovanni di Cecco* den oberen Teil der Fassade. Die Glasmosaike wurden erst im 19. Jh. angebracht.

Wer vom gigantischen, gescheiterten Vorhaben einen Eindruck bekommen will, betrete das Domareal vom Baptisterium her: Das wunderschöne gotische Portal ist Teil des nicht vollendeten Bauwerks. Die Piazza Jacopo della Quercia ist Teil des Längsschiffs, die Mauer mit dem Eingang zum Dommuseum die linke Seitenwand.

▶ Das **Innere** ist unterteilt von Säulen in gestreiftem Dekor, vom Deckengewölbe leuchten aufgemalte Sterne. Über den Säulen reihen sich chronologisch in U-Form die päpstlichen Häupter von Siricius (384-399) bis Marinus II. (942-946). Auffallend schön ist die mit Flachreliefs mit Motiven aus dem Leben Jesu geschmückte Marmorkanzel von *Nicola Pisano*, deren Säulen auf 2 weiblichen und 2 männlichen Löwen ruhen. Sie entstand 1268 und zählt zu den Hauptwerken Pisanos.

**Apsis**: Neben dem Altar von Peruzzi gibt es hier noch einige andere Sehenswürdigkeiten: Im oberen Teil der Wandfresken hat *Beccafumi* "Mariä Himmelfahrt" dargestellt. Das außerordentlich hübsche, neunteilige Fenster ist eine Arbeit aus dem 13. Jh. Das Chorgestühl schließlich datiert aus dem 14. Jh., die großartigen Intarsien von *Liberale Da Verona* (16. Jh.) wurden erst Anfang des 19. Jh. eingefügt.

- **Capella del Voto:** Die Kapelle an der rechten Seite wurde erst im 17. Jh. angebaut - zur Erinnerung an ein Gelübde der Stadt vor der Schlacht von Monteaperti. Die Sieneser gewannen gegen die Florentiner und schlossen messerscharf, daß Maria auf ihrer Seite gestanden haben muß. Wer einmal hilft, mag weiter helfen, und so verehren gläubige Sieneser heute die **Madonna del Voto**, das Mittelstück einer verloren gegangenen Mariendarstellung aus dem 13. Jh. Opferkerzen qualmen, die Wand rechts vor der Kapelle ist mit Votivgaben zugedeckt, auch zwei dankbare Motorradfahrer haben ihren Helm hier an den Nagel gehängt.

- **Libreria Piccolomini** (Dombibliothek): Sie befindet sich links in einem Nebenraum des Doms. Unter den dekorativ bemalten Gewölbebögen stellen farbenprächtige Fresken von *Pinturicchio* zehn Episoden aus dem Leben Pius' II. dar. An der Decke werden Grotesken aus der römischen Mythologie erzählt. Der Raum wurde im Auftrag des Erzbischofs von Siena, Kardinal *Francesco Todeschini Piccolomini,* eingerichtet. Er war der Neffe von Pius II. und besetzte später als Pius III. selber ein Jahr lang den Papststuhl.

Pius II. (Enea Silvio Piccolomini) wurde als Sproß einer großen sienesischen Adelsfamilie in Corsignano (heute: Pienza) geboren. Er war ein lebenslustiger Renaissancemensch, Gelehrter und Diplomat, vielleicht auch der größte Geograph seiner Zeit; Kolumbus bewunderte ihn. Erst nachdem er seine Jugend in vollen Zügen genossen hatte, wurde er Priester. Als Papst plante er einen Kreuzzug gegen die Türken, die ihr Reich bereits bis auf den Balkan ausgedehnt hatten. Wartend auf die Verbündeten, die nie ankamen, starb er in Ancona.

Über dem Eingang der Bibliothek ist die Krönung Pius III. zu sehen. Im Gewölbe prangt das Wappen der Piccolomini, ein Kreuz mit fünf Halbmonden. Zweck des ganzen Aufwands: Die Bibliothek sollte die umfangreiche, mehrsprachige Sammlung Pius II. beherbergen. Dazu kam es nicht, weil der Auftraggeber vorher verstarb und die wertvollen Werke in die vatikanische Bibliothek wanderten. So beschränkt sich der Bestand noch heute auf die domeigenen Choralbücher aus dem 15. Jh.

*Öffnungszeiten*: in der Saison 9-19.15 Uhr. Eintritt: 2,50 DM (oder Sammelkarte: Libreria Piccolomini/Dommuseum/Baptisterium für ca. 9 DM).

## 5000 Jahre Menschheitsgeschichte

Einmalig ist der Domboden mit seinen 52 Bildern von Künstlern aus dem 14. bis 16. Jh. Bei den älteren Teilen erzeugen eingeritzte, mit Teer gefüllte Fugen das Bild. Die neueren Bildwerke sind wertvolle Einlegearbeiten aus verschiedenfarbigem Marmor. Erzählt werden 5000 Jahre Menschheitsgeschichte, von den Ägyptern bis zum neuen Testament. Um den "Marmorteppich" zu schützen wurde ein Groß-

## 450　Siena

> teil mit Holzplatten abgedeckt. Früher wurde die Abdeckung jährlich für 4 Wochen entfernt, doch allzuoft mißachteten die Besuchermassen die Absperrungen. So müssen wir jetzt warten, bis man einen geeigneten Schutz, vielleicht einen Glasboden, installiert hat.

Die Inschrift am Haupteingang ermahnt den Besucher, daß er den "keuschen, der Jungfrau geweihten Tempel" betritt.

Das **erste Feld** zeigt Hermes Trismegistos, er reicht zwei Figuren ein Buch. Hermes, ein ägyptischer Mystiker und Philosoph, galt in der Renaissance als Zeitgenosse und Lehrer Moses'. Er war eine Wiederentdeckung der Renaissance, wurde aber selten dargestellt. Seine Werke wurden erst im 15. Jh. vom Griechischen ins Lateinische übersetzt. Er beschrieb darin eine Naturreligion, eine Art Vorchristentum mit aufregenden magischen Elementen, was gut zum Zeitgeist des 15. Jh. paßte. Auf der Inschrift zu seiner Rechten ist ein Zitat von ihm.

Das folgende Feld zeigt die sienesische Wölfin im Kreis der Wappenzeichen der verbündeten Städte (19. Jh., nach einem Original des 14. Jh.). Der römische Kaiseradler stammt ebenfalls aus dem 19. Jh. nach einem Original aus dem 14. Jh.

Das **letzte Feld** im Hauptschiff stammt von Pinturicchio eine Allegorie des Berges der Weisheit. Eine Gruppe wohlhabender Leute nimmt - allen Schlangen und Eidechsen trotzend - den steilen, felsigen Weg zum Berg der Weisheit auf sich. Die nackte Fortuna hat sie auf eine Insel gebracht - sie steht mit einem Fuß auf ihrem Boot, mit dem anderen auf einer Kugel und hält mit ihrer Linken das Segel hoch. Oben am Gipfel thront die Weisheit mit griechischen Philosophen zu ihren Seiten. Sokrates reicht sie die Palme, Krates ein Buch, während dieser Reichtümer ins Meer schüttet. Eine Inschrift unterstreicht: Der Pfad der Tugend ist beschwerlich, doch winkt als Lohn das höchste Gut - der Seelenfriede.

In den **Seitenschiffen** sind die Sibyllen dargestellt, die Christi Kommen ankündigen: weiße Frauengestalten auf schwarzem Hintergrund. Von den zehn Feldern sind nur die sechs mittleren nicht abgedeckt.

*Hermes Trismegistos*

▶ **Dommuseum** *(Opera Metropolitana):* Der Eingang zum Museum ist Teil des "neuen Doms", der unvollendet blieb. Neben Meßgewändern, Gold- und Schmiedearbeiten sind einige Skulpturen von *Pisano* zu bewundern. Im Erdgeschoß befinden sich die Originalfiguren der Domfassade. Im 1. Stock wird das wichtigste Werk der Sieneser Schule aufbewahrt, die "Maestà" von *Duccio di Buoninsegna*. Das Gemälde entstand 1308-1311 und schmückte einst den Hochaltar. Im 15. Jh. wurde es bei der "Renaissancierung" des Doms entfernt.

Vom 3. Stock führt eine Treppe hinauf zur *Facciatone*, der großen Fassade des unvollendeten Domschiffes. Von hier hat man einen phantastischen Blick auf die Stadt.

*Öffnungszeiten*: 9-19.30 Uhr, im Winter nur bis 13.30 Uhr. Eintritt ca. 5 DM (oder Sammelkarte: Libreria Piccolomini/Dommuseum/Baptisterium für ca. 9 DM).

▶ **Baptisterium** *(San Giovanni Battista):* Es liegt im Unterbau des Doms, wurde 1382 fertiggestellt und ist in seinem Stil dem Dom ähnlich. Drei Portale führen in das Innere mit Kreuzgewölbe, unterteilt in drei Schiffe. Die Fresken in der Apsis und im Gewölbe stammen von *Il Vecchietto* und seinen Schülern (16. Jh.).

Das unbestrittene Prunkstück des Baptisteriums ist das Taufbecken (15. Jh.) mit Szenen aus dem Leben Johannes des Täufers. Mehrere Künstler haben an den Bronzereliefs gearbeitet, unter ihnen die bekanntesten ihrer Zeit: *Donatello, Lorenzo Ghiberti* und *Jacopo della Quercia*.

*Öffnungszeiten*: 9-18 Uhr. Eintritt 3 DM (oder Sammelkarte: Libreria Piccolomini/Dommuseum/Baptisterium für ca. 9 DM).

## Pinakothek *(Pinacoteca Nazionale)*

Die rund 700 Bilder vermitteln einen guten Überblick über die toscanische und speziell über die sienesische Malerei des 13. bis 16. Jh. Der Rundgang beginnt in der zweiten Etage.

Vom frühesten Meister Sienas, von *Duccio di Buoninsegna*, ist die "Madonna dei Francescani" (teilweise zerstört) zu sehen. Den Namen hat das Bild wegen den drei knieenden Franziskanermönchen erhalten, die, beschützt vom weiten Mantel der thronenden Maria, im Gebet verharren - eine sehr eindrucksvolle Komposition.

Der Saal 6 zeigt eine ganze Reihe Madonnen mit Kind, darunter auch einige von *Simone Martini*, der - anfänglich stark von Duccio beeinflußt - später zu einem dekorativeren Stil gefunden hat, wie der berühmte "Guido Riccio" im Palazzo Pubblico zeigt.

Ebenso berühmt wie Simone waren in der ersten Hälfte des 14. Jh. die Brüder *Pietro* und *Ambrogio Lorenzetti*. Von Pietro, der ausschließlich religiöse Bilder malte, ist u. a. der "Karmeliter-Altar" zu sehen, ein großflächiges Gemälde in Gold- und Grüntönen. In der Predella (Sockel) wird die Ankunft des Patriarchen von Jerusalem im Karmeliterkloster gezeigt, im Hintergrund eine Landschaft mit Eremitenhöhlen. Ambrogio ist u. a. mit einer ausdrucksstarken "Beweinung Christi" und einer "Verkündigung" vertreten. Bei letzterem Bild achte man auch auf den Fußboden: Der Künstler hält sich streng an die damals noch nicht formulierten Gesetze der Zentralperspektive. Vermutlich ebenfalls von Ambrogio stammt die "Città sul Mare", ein Miniaturbild, das ein wunderbar märchenhaftes Städtchen mit Festung, Ziegeldächern und Geschlechtertürmen zeigt.

*Giovanni di Paolo* vertritt das 15. Jh., im Saal 14 ist sein "Weltgericht" mit böse quälenden Teufelchen zu sehen.

Den Reigen sienesischer Künstler schließt sich in der ersten Etage, in den Sälen 28 bis 30.

*Öffnungszeiten*: Montag - Samstag 8.30-13.30 Uhr, Sonntag 8-13 Uhr. Eintritt ca. 8 DM.

## *Weitere Sehenswürdigkeiten in der Stadt*

▶ **Ospedale di Santa Maria della Scala:** Der mächtige Palast gegenüber dem Hauptportal des Domes ist eines der ältesten kirchlichen Hospize Europas. Im Mittelalter war ein Hospiz nicht nur ein Ort der Krankenpflege, hier wurden auch Almosen verteilt, Alte versorgt und sogar Findelkinder aufgenommen, die dann zum Prior, Schuster, Bäcker oder Schreiner ausgebildet wurden.

Sehenswert ist der **Pilgersaal** (Sala dei Pelegrini), der mit recht realistisch wirkenden weltlichen Motiven ausgemalt ist. Sie zeigen alltägliche Szenen des Krankenhauses. Die meisten der Fresken wurden im 15. Jh. von *Domenico di Bartolo* gemalt, dessen Stil stark an Masaccio erinnert. Der Saal ist nur nach telefonischer Anmeldung zu besichtigen (Tel. 299410), da das Ospedale noch immer als Krankenhaus dient.

Es ist geplant, das Gebäude in ein Museum zu transformieren bzw. es der Pinakothek anzugliedern, um die Fresken wieder zugänglich zu machen. Vom Standpunkt des Kunstinteressierten aus ist dies natürlich zu begrüßen, allerdings fände damit auch die tausendjährige Tradition des Hauses als Krankenstation ein Ende.

▶ **Basilika San Domenico:** Der hohe gotische Bau aus dem 13. Jh. (im 15. Jh. erweitert) wirkt mit seiner kahlen Backsteinfassade beinahe modern im Vergleich zum mittelalterlichen Siena. Ein Besuch ist besonders in den Morgenstunden lohnenswert, wenn durch die blau- und rotbemalten Glasfenster über dem Hauptaltar das Licht hereinflutet. Sehenswert ist die **Capella di Santa Caterina** mit *Sodomas* "Die Ohn-

*Der Flohmarkt im Kreuzgang von San Domenico findet jeden 3. Sonntag im Monat statt*

macht der Heiligen Katharina" (die Heilige wird rechtzeitig aufgefangen). In der **Capella delle Volte** ist eine weitere Darstellung der Katharina zu sehen: Die in Blau gekleidete Heilige mit einem Blumenzweig richtet den Blick auf eine vor ihr kniende Gläubige. Das Fresko stammt von *Andrea Vanni*, der Sienas Stadtheilige persönlich gekannt hat, die Gesichtszüge gelten als authentisch.

Das Haupt der Heiligen wird in einer Seitenkapelle rechts aufbewahrt, daneben weitere Reliquien, u. a. ein in Silber gefaßter Finger von ihr - so war das eben damals üblich.

▶ **Chiesa San Francesco**: Die Kirche gehört zum Sieneser Franziskanerkloster, dessen weitere Gebäude zu einem großen Teil von der Uni genutzt werden; angehende Juristen und Nationalökonomen schleppen Lehrbücher durch den Kreuzgang.

Das zebragestreifte Innere der Kirche ist groß und ziemlich kahl. In zwei Chorkapellen sind Fresken der Brüder *Lorenzetti* erhalten. Allerdings ist das Gold abgeblättert und nur noch die rote Grundierung zu sehen, was jedoch die Deutlichkeit der Darstellungen nicht wesentlich beeinträchtigt. Man betrachtet z. B. in der zweiten Kapelle links die Figuren in Ambrogio Lorenzettis "Gelübde des Heiligen Ludwig": Vor dem Papst kniend spricht Ludwig das Gelübde. Er wird in den Franziskanerorden eintreten und so seinem Bruder Robert den Weg zum

Königsthron von Neapel freimachen. Kontemplativ das Kinn auf die Hand gestützt, verfolgt Robert die Szene, neben ihm Kardinäle, im Hintergrund das neugierige Publikum.

In einer Nebenkapelle wird das "fortdauernde eucharistische Wunder" verehrt. Es handelt sich um 223 Hostien, die am 14. August 1730 geweiht und am folgenden Tag gestohlen wurden. Drei Tage später fand man sie in einem verstaubten Opferstock. Da man sie den Gläubigen als Speise nicht mehr zumuten mochte, aber auch nicht einfach wegwerfen konnte (schließlich waren sie geweiht), bewahrte man die Hostien einfach auf. Sie sollen noch heute allen chemischen Verfallsprozessen trotzen und frisch sein, zum letzten Mal von wissenschaftlicher Seite im Jahr 1914 bestätigt. Jet-Papst *Johannes Paul II.*, der sich in seinen Dekreten oft mit der Gegenwart schwertut, meinte 1980 angesichts der verehrten Hostien tief bewegt: "Hier ist die Gegenwart augenscheinlich."

▶ **Haus der Heiligen Katharina**: Hier wurde Katharina (siehe Geschichte) als 25. (!) Kind eines Färbers geboren.

Das "Haus" ist ein richtiger kleiner Komplex geworden, mit Pilgerunterkünften und kleinem Kloster. Besonders schön ist der Eingangsbereich mit seinem doppelten Portikus.

*Öffnungszeiten*: unklar, 12.30 bis 15.30 Uhr geschlossen.

▶ **Fortezza Medicea**: Die Stadtfestung, westlich der Altstadt gelegen, ist wegen ihrer Lage einen Spaziergang wert. Die Verteidigungsanlage wurde 1560 von *Cosimo I.* in Auftrag gegeben und an der Stelle erbaut, an der die Florentiner nach dem Sieg über die Sieneser ihr Hauptquartier aufschlugen. Sie ist noch immer das Symbol der Niederlage und wird vielleicht deshalb von den Sienesern gelegentlich auch Forte Santa Barbara genannt - nach der Schutzheiligen der Artillerie.

Der Spaziergang zur Fortezza läßt sich wunderbar mit einer Weinprobe in der *Enoteca Italiana* (siehe Essen, Kneipen) abschließen.

An die Festung schließt sich im Nordosten die **Lizza** (Turnierplatz) an, eine Parkanlage mit altem Baumbestand und einem Reiterstandbild Garibaldis.

▶ **Fonte Branda**: "Bei Nacht den alten Brunnen Fonte Branda besuchen, liegt genau unterhalb von S. Domenico an der Via Fontebranda. Großes Bassin unter uralten Gewölben, gefüllt mit glasklarem Wasser, in dem dicke Karpfen schwimmen. Romantisch beleuchtet. An der Fassade lachende Löwen. Auf dem Weg zu S. Domenico die steile Straße nach rechts hinuntergehen." (Lesertip von Florian Schiel, München).

Anm. d. Redaktion: Unterhalb des Brunnens, zu beiden Seiten des "Tales" stehen noch die alten Waschhäuser, die bis 1950 voll genutzt wurden. Hier läuft zur Zeit ein städtisches Programm zur Restaurierung.

## weitere Sehenswürdigkeiten 455

- **Palazzo Chigi-Saracini**, am Campo, Eingang an der Via di Città: Der Palast ist heute Sitz der weltbekannten Musikschule von Siena. In den Sälen, in denen viele Konzerte stattfinden, hat sich ein kleiner Kunstschatz angesammelt: *Botticelli*, *Pinturicchio*, *Sodoma* und viele andere sind hier vertreten. (Eintritt nur mit Sondergenehmigung).

- **Palazzo Salimbeni**, am gleichnamigen Platz: Hier wurde 1472 das erste Geldinstitut, *Monte dei Paschi*, gegründet. Siena war berühmt für seine stabile Währung - Fürsten und Kardinäle kamen hier zum Pumpen vorbei. Im 19. Jh. wurde der Palast umgebaut und erhielt sein heutiges "gotisches" Aussehen.

*Fonte Branda – ein ruhiger und erfrischender Ort abseits des Gewühls*

### Was haben Sie entdeckt?

Bitte schreiben Sie uns, wenn Sie Kritik, Anregungen, Verbesserungen oder Empfehlungen haben. Wo war Ihre Lieblingstrattoria, in welchem Hotel haben Sie sich wohlgefühlt, welchen Campingplatz würden Sie wieder besuchen?

Verlag Michael Müller
Stichwort Toscana
Gerberei 19
91054 Erlangen

# Westlich von Siena

## Castello di Monteriggioni

Schon der Blick von der Superstrada Florenz-Siena macht neugierig: Mitten aus den Weinbergen ragt märchenhaft eine Mauer mit Türmen in regelmäßigen Abständen heraus. Beim Besuch dann erweist sich das 1203 zur Verteidigung Sienas errichtete Kastell als ein hochkarätiges, mittelalterliches Schmuckstück. Die Rundmauer (570 m) mit ihren 14 Wehrtürmen ist komplett erhalten. Im Inneren findet der Besucher eine winzige Dorfgemeinschaft vor, die sich daran gewöhnt hat, daß Touristen um die paar Häuser streifen. Um den Hauptplatz mit dem Dorfbrunnen gruppieren sich ein Lebensmittelladen, ein Bioladen mit allerhand Kräutern in der Vitrine, ein Souvenirshop, eine Bar, die Kirche und zwei Restaurants - das "Castello" und das "Pozzo" - die beide eine sehr gute, aber auch recht teure Küche pflegen.

• *Übernachten/Camping*: **** **Monteriggioni**, Via 1° Maggio, DZ ca. 250 DM. Einzige Übernachtungsmöglichkeit innerhalb der Mauer. Tel. 0577/305011.
**Camping Luxor Quies**, Loc. Trasqua. Nah und doch nicht ganz einfach zu finden: von Monteriggioni erst auf der Landstraße ein Stück Richtung Siena, dann Abzweig Richtung Busano - Lornano, nach der Unterquerung der Superstrada links weg (ausgeschildert). Der relativ preiswerte Platz (mit Swimmingpool) liegt abgelegen auf einer dicht bewaldeten Hügelkuppe und gehört zum Areal der Fattoria di Trasqua, die einen Chianti Gallo Nero produziert. Ausgezeichneter Ausgangspunkt für Ausflüge nach Siena, San Gimignano und Volterra. Geöffnet Juni - Mitte September. Tel. 0577/743047.
• *Appartements*: Das Weingut **Fattoria di Monteriggioni** vermietet möblierte Ferienwohnungen für mindestens eine Woche. Tel. 0577/304081.

## Colle di Val d'Elsa

**Die Oberstadt ist zweiteilig und zieht sich auf einem Bergrücken über dem Elsa-Tal in die Länge. Obwohl die Superstrada direkt an Colle vorbeiführt, trifft man in den romantischen Gassen der Altstadt auf erstaunlich wenig Touristen, die Mehrzahl scheint sich mit einem Blick von der Straße aus zu begnügen - selbst schuld!**

Colle hat sich im frühen Mittelalter lange Zeit als selbständige Kommune neben den mächtigen Städten Florenz, Siena und Volterra halten können. Die Florentiner, die im 16. Jh. fast die gesamte Toscana unter Kontrolle bekamen, gestanden der Stadt 1592 den Status einer *Città nobile* mit einer eigenen Diözese zu. Die Paläste aus dem 16. und 17. Jh., die Burg und die Kathedrale erinnern den Besucher auf Schritt und Tritt an Colles vergangene Größe.

## Colle di Val d'Elsa 457

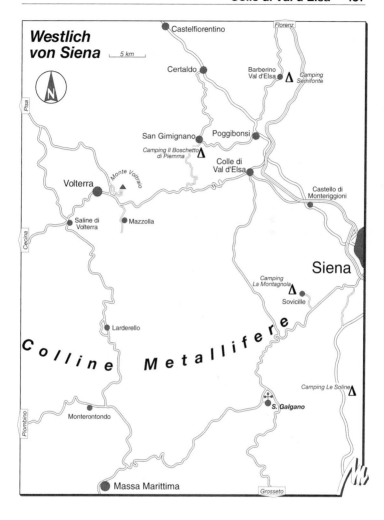

Daß der Ort noch heute 17.000 Einwohner zählt, hat er vor allem der Neustadt in der Ebene zu verdanken. Um das kleine Zentrum aus dem 19. Jh. hat sich etwas Industrie angesiedelt.

- *Telefonvorwahl*: 0577
- *Information*: Die Schilder trügen: In der Oberstadt gibt's kein Info-Büro. Als hilfsbereit hat sich das **Reisebüro**

# 458  Westlich von Siena

**Arnolfo** an der gleichnamigen Piazza in der Unterstadt erwiesen. Auch Verkauf von Bustickets. Geöffnet 6.30-19.30 Uhr, Sonntag geschlossen.

• *Verbindung*: **Bus**: täglich ca. 30x nach Siena, ca. 25x nach Florenz, 5x nach Volterra und 5x nach San Gimignano (umsteigen in Poggibonsi). Abfahrt an der zentralen Piazza Arnolfo in der Unterstadt.

• *Parken*: An der Umgehungsstraße Florenz - Volterra befindet sich ein kleiner Parkplatz; von da 2 Minuten zu Fuß in die Oberstadt. In der Saison ist der Platz bestimmt voll, vielleicht wird der gleich daneben 1994 in Angriff genommene unterirdische Parkplatz noch 1995 eröffnet. Ansonsten läßt man sein Gefährt in der Unterstadt stehen und erreicht von da aus am einfachsten über die "Costa" das alte Colle.

• *Fahrradverleih/Mofas*: **Mario Antichi**, Via F. Livini 1 (Unterstadt, Ortsausgang Richtung Florenz). Verleiht auch Mountainbikes.

• *Einkaufen*: Das traditionelle, lokale Handwerk ist die Herstellung von **Kristallwaren**. Einschlägige Boutiquen mit gehobenen Preisen findet man v. a. in der Oberstadt.

• *Wochenmarkt*: Freitag 8-13 Uhr auf der Piazza Arnolfo, der Piazza B. Scala und der Via Oberdan (alle Unterstadt). Hier bekommt man vom Korsett über Töpfe, Kinderspielzeug, Süßwaren, Obst und Fisch bis zum Einmachglas wirklich alles.

• *Schwimmbad*: Eines der wenigen Schwimmbäder in der Toscana! Zwei große Becken, ein Sprungturm (3,5 m und 10 m), eine Rollschuhbahn und eine riesige Liegewiese. Geöffnet Juni - September 9-20 Uhr. Knapp außerhalb des Orts. Anfahrt: erst Straße Richtung Siena, dann der Beschilderung folgen.

## *Übernachten/Essen*

**\*\*\* La Vecchia Cartiera**, Via Oberdan 5, DZ ca. 110 DM (Unterstadt, Nähe Piazza Arnolfo). Colles erste Adresse, in einer umgebauten Papierfabrik. Alle Zimmer blitzsauber mit TV, einige mit tollem Blick auf die Oberstadt. Tel. 921107.

**\*\*\* Arnolfo**, Via F. Campana 8 (Oberstadt), DZ ca. 100 DM. Einziges Hotel in der Altstadt. Steht in puncto Sauberkeit und Service dem vorgenannten in nichts nach. Tel. 922020.

**\*\* Il Nazionale**, Via Garibaldi 20 (Unterstadt, Nähe Piazza Arnolfo), DZ mit Bad ca. 95 DM, ohne ca. 75 DM. Teilweise etwas lichtarme, aber saubere Zimmer. Sehr freundliche Rezeption. Tel. 920039.

**\* Olimpia**, Via A. Diaz 5 (Unterstadt, Straße Richtung Grosseto), DZ mit Bad ca. 70 DM, ohne ca. 45 DM. Tel. 921662.

**Pensione Centrale**, Straße nach Florenz, am Ortsrand, 3 Zimmer à 3 Betten zum Festpreis von je 50 DM. Am besten erkundigt man sich bei der Bar Centrale (siehe Bars/Caffès).

• *Essen*: **Arnolfo**, im gleichnamige Hotel (siehe oben). Raffinierte Küche in eleganten Räumlichkeiten. Kreditkarte oder praller Geldbeutel erforderlich. Dienstag geschlossen, ebenso 10. Januar - 10. Februar und erste Augustwoche.

**Cantina della Fortuna**, Vicolo delle Fontanelle (Oberstadt, Nähe Piazza S. Caterina). Schick und etwas teuer. Vinothek mit auserlesenen Tropfen.

**Vittorio**, Via dei Bagni 8 (Unterstadt, Nähe Piazza Arnolfo). Mehrere Fischspezialitäten und über 20 verschiedene Pizzen erschweren die Auswahl, die Spaghetti allo scarpaio sind etwas für Kräuter-Freaks.

**Marechiaro**, Via Gracco del Secco 86 (Oberstadt, Nähe Porta Nuova). Viele Einheimische essen in dieser Trattoria. Die Penne alla boscaiola sind hervorragend, als Secondo z. B. Pizzaiola (Kalbfleisch in säuerlicher Tomatensauce) oder eines der vielen Fischgerichte - und als Beilage Melanzane al funghetto (kalte Auberginen in Olivenöl, gegrillt).

• *Bars/Cafés*: **Tea-Room Sapia**, Via del Castello (Oberstadt). Hier beendet man den Tag in Colle. Auf der großen Terrasse unter dem riesigen Sonnensegel trinkt man sich bei gedämpfter Musik durch die unzähligen Teesorten. Es gibt aber auch Longdrinks, Cocktails, Eis etc. Auch kleine Gerichte werden angeboten, z. B. Lasagne mit Auberginen und Zuc-

*Palazzo Campana als Eingang zum Castello*

chini, Crêpes mit Ricotta und Spinat sowie verschiedene Salate. Mittwoch geschlossen, sonst bis 2 Uhr (!) geöffnet.

**Caffè Garibaldi**, Piazza Arnolfo (Unterstadt). Sehr sonnig und daher sehr touristisch. Touristisch sind auch die Preise, und die Bedienung kann sehr schnoddrig sein. Es gibt dennoch einen Grund, sich hier hinzusetzen: Die Auswahl an süßem Backwerk ist unglaublich.

**Bar Centrale**, Via Giuseppe Mazzini, (Unterstadt, Nähe Piazza Arnolfo). Hier geht es bedeutend italienischer zu, besonders am Freitagmorgen, wenn Markt abgehalten wird. Der Wirt ist ein Original. Trägt er noch immer die rote Fliege?

## Sehenswertes

▶ Das Industrie-Zeitalter ist weniger schmuck als das Mittelalter, dennoch kann man in der **Unterstadt** zumindest zwei Sehenswürdigkeiten aufsuchen:

**Chiesa Sant'Agostino**, in der Nähe der ehemaligen Cartiera di Mezzo (heute Hotel La Vecchia Cartiera): Die außen sehr schlichte Kirche wurde im 13./14. Jh. erbaut und 1521 restauriert. Der neugotische Glockenturm kam 1900 hinzu.

Im Inneren ist rechts eine Madonna mit Kind von *Taddeo di Bartolo* zu sehen sowie eine Darstellung des Martyriums der Katharina von Alexandria, der Schutzheiligen der Philosophen, aber auch der Papierhersteller (was es nicht alles gibt...). Auch die ganz in Marmor gehaltene Bertini-Kapelle (16. Jh.) verdient Beachtung.

**Filiale der Bank Monte dei Paschi di Siena**: Das architektonisch umstrittene Werk in unmittelbarer Nähe zur Piazza Arnolfo wurde 1983 vom Architekten *Michelucci* entworfen. Ob die Konstruktion aus roten

## Westlich von Siena

Stahlträgern und Plexiglas in das alte Industriestädtchen der Papierherstellung paßt, muß jeder selber entscheiden. Mutig steht die Konstruktion im Herzen von Colle allemal.

▶ Zur **Oberstadt** führen von der Piazza Arnolfo aus zwei Wege: Über die Via Garibaldi und ihre Verlängerung, die Via Matteotti gelangt man exakt an die Schnittstelle der beiden Altstadtviertel "Borgo" und "Castello". Romantischer, ruhiger und kürzer ist der Weg über die Via San Sebastiano die breite, sog. Costa hoch, die zum Bollwerk an der Ostseite (Stadtteil Castello) führt.

**Campana-Brücke**: Sie trennt die beiden Altstadtteile. An der Stelle der ehemaligen Zugbrücke verbindet heute eine steinerne Brücke Castello und Borgo. Durch den gewaltigen Torbogen im Palazzo Campana - ein Palast aus dem 16. Jh. mit großen Fenstern, Säulen und sogar einem Balkon - gelangt man ins Castello.

**Domplatz**: Der Dom selber, erbaut 1603-1630 ist nicht sonderlich aufregend. Einzig die Renaissance-Kanzel verdient Beachtung - eine hübsche, auf vier Säulen ruhende Marmorarbeit.

Das **Archäologische Museum** daneben zeigt in seinen drei sehr schön gestalteten Stockwerken vor allem Funde aus verschiedenen etruskischen Nekropolen sowie einige Fresken aus dem 13. und 14. Jh. Im Erdgeschoß sind sechs Gefängniszellen zu besichtigen, die noch anfangs des 20. Jh. als solche Verwendung fanden.

Öffnungszeiten: Sommer, Dienstag - Freitag 16-18 Uhr, Samstag/Sonntag 10-12 Uhr und 16.30-19 Uhr; Winter, Dienstag - Freitag 15.30-17.30 Uhr, Samstag/Sonntag 10-12 Uhr und 15.30-18.30 Uhr. Eintritt: 3 DM.

**Teatro dei Varii**, Via del Castello 64: Die vier großflächig verglasten Bögen der Fassaden werden von achteckigen Säulen gestützt und lockern so die gesamte Architektur auf, das obere Stockwerk zeigt zwei hübsche, zweibogige Fensteröffnungen. Das Gebäude diente einst als Ratssitz der freien Gemeinde, dann zeitweilig als Krankenhaus. Wenn möglich: einen Blick ins Innere des Theaters werfen - eindrucksvoll!

**Chiesa Santa Caterina**, am gleichnamigen, 1987 restaurierten Platz des Borgo-Viertels. Sie stammt aus dem 15. Jh. und zeigt als hauptsächliches Schmuckstück aus dieser Zeit ein prächtiges, farbiges Fenster. In einem Nebengebäude zur linken Seite (*Compagnia della Croce*) ist über dem Altar eine wunderschöne, bemalte Terrakotta-Gruppe zu sehen: "Die Klagen über den Leib Christi" von *Zaccaria Zacchi* (17. Jh.).

**Porta Nova**: Ganz im Westen schließt ein Torbogen mit zwei wuchtigen Wachtürmen das Borgo ab - Militärarchitektur aus dem 15. Jh.

**Kloster San Francesco**, knapp außerhalb der Stadt, in der Nähe der Porta Nuova. Eine zehnbogige Brücke führt über das Tal zum Franziskanerkloster aus dem 12./13. Jh. Das Kloster selber hat nichts Atemberaubendes, doch der kleine Vorplatz mit den Zypressen ist ein herrliches Fleckchen zum Ausruhen oder Picknicken und bietet obendrein einen schönen Blick auf die gesamte Oberstadt.

# San Gimignano

*La Città delle belle Torri*

**Die besterhaltene mittelalterliche Stadt der Toscana! Schon von weitem wirkt San Gimignano wie ein Miniatur-Manhattan - schlanke, hochaufragende Türme (bis 54 m) beherrschen das Stadtbild. Die reichen Handelsgeschlechter wetteiferten miteinander durch die Höhe ihrer Geschlechtertürme. Nur das Rathaus durfte kein Turm überragen. Dagegen nimmt sich der mittlelalterliche Kirchenbau eher bescheiden aus.**

Turmbauten waren auch in den anderen toscanischen Städten des Mittelalters dominierend. Daß sie hier erhalten blieben, ist der Vorherrschaft von Florenz zu verdanken. Schon 1353 verlor San Gimignano seine Unabhängigkeit und wurde vom Florentiner *Podestà* regiert. Dadurch blieben der Stadt die blutigen Auseinandersetzungen zwischen papsttreuen Großbürgern und dem alteingesessenen, kaisertreuen Adel erspart, die vielen anderen Stadtbildern so abträglich waren.

Die Türme - Wohnsitz der in der Stadt ansässigen Adelsfamilien - waren weniger zum Schutz vor äußeren Feinden gedacht, vielmehr dienten sie der Sicherheit der eigenen Großfamilie bei den oft blutigen Fehden der rivalisierenden Geschlechter. Ein weiterer Grund zum Bau der Wohntürme war der Platzmangel innerhalb der Stadtbefestigung.

In San Gimignano kann man sich wohlfühlen, besonders nach Einbruch der Dämmerung, wenn die Massen mit den Reisebussen wieder in Richtung Florenz abgefahren sind. Die Altstadt zeigt ein Gemisch aus verschiedenen Baumaterialien - hier rötlicher Klinker, dort Tuffstein. Da die meisten Fassaden seit einigen Jahrzehnten wieder unverputzt zu

## Westlich von Siena

bewundern sind, erkennt man, was in vergangenen Jahrhunderten alles umgebaut wurde. Daß es in San Gimignano früher verschwenderischer zuging, zeigen nachträglich zugemauerte Fenster und verkleinerte Toreingänge.

Für den Philosophen *Pietro M. Toesca* (siehe weiter unten, Cooperativa Nuovi Quaderni) ist San Gimignano eine "utopische" Stadt - weil sie beispielhaft ist für einen in der Vergangenheit für die Zukunft gebauten Lebensraum: Heute leben wie damals rund 1.200 Einwohner in der baulich nahezu unveränderten, autofreien Altstadt!

- *Telefonvorwahl*: 0577
- *Information*: **A.P.T-Büro**, Piazza del Duomo. Nebst allgemeiner Information auch Verkauf von Bustickets, Geldwechsel (auch Euroschecks) und Möglichkeit zu telefonieren. Geöffnet 9.30-12.30 Uhr und 14.30-18.00 Uhr, im Sommer bis 18.30 Uhr. Tel. 940088.
- *Zimmervermittlung*: **Associazione Strutture Extralberghiere**, Piazza dell'Erbe 10 (oberhalb des Domplatzes). Vermittlung von Privatzimmern, Appartements und Agriturismus-Betrieben in San Gimignano. Überaus freundlich und hilfsbereit. Tel. 942194.
**Siena Hotels Promotions**, bei der Porta S. Giovanni. Vermittlung von Hotels in der ganzen Provinz Siena, also auch in San Gimignano. Tel. 94008.
- *Anreise/Verbindung*: Wer aus Richtung Poggibonsi mit dem Auto anreist, kann ca. 6 km vor S. Gimignano von der Teerstraße abbiegen und sich die letzten Kilometern auf einer als "Strada Ecologica" beschilderten Staubstraße dem Ziel nähern. Am Weg liegen zwei Fattorie mit Appartement- bzw. Zimmer-Vermietung: **Pino Cortennano** (einige Appartements im Nebengebäude) und **Torre Terza** (2 Zimmer mit Kochgelegenheit).
**Bus**: Gute Verbindung nach Poggibonsi, dort umsteigen nach Florenz, Siena, Volterra oder Colle di Val d'Elsa.
- *Galerien*: **Galleria Continua**, Via della Rocca 1 (knapp oberhalb des Doms). Die kleine Galerie hat ein ambitioniertes Programm. Strömungen der zeitgenössischen, italienischen Kunst - für die einen ein Genuß, für andere ein Ärgernis, wieder andere verstehen Bahnhof. Die Galerie arbeitet in einem Pool mit geistesverwandten Galerien anderer italienischer Städte zusammen.

## Übernachten

Unter 3 Sternen läuft in San Gimignano nichts!

**\*\*\* L'Antico Pozzo (3)**, Via San Matteo 87, DZ 120-140 DM, Suite 170 DM. Hübsch restauriertes Stadthaus aus dem 15. Jh., jedes Zimmer ist anders eingerichtet, alle sehr einladend. In Nr. 14 schlafen Sie unter einem blütenweißen Baldachin. In der ersten Etage liegt ein sehr schöner "Innenhof", in dem auch gefrühstückt werden kann.
In den alten Brunnen, der dem Hotel den Namen gab sollen - so die Legende - einst widerspenstige Jungfrauen, die den Feudalherren das "ius primae noctis" (das Recht der ersten Nacht bzw. der Entjungferung) verweigerten, gesperrt worden sein - 3 Tage und 3 Nächte lang. Keine Legende ist, daß der heutige Frühstücksraum im 18. Jh. ein Tanzsaal war, in dem rauschende Feste gegeben wurden. Tel. 942014.

**\*\*\* La Cisterna (5)**, Piazza della Cisterna 24, DZ 100-130 DM. Sehr schöne Lage. Die meisten Zimmer gehen nach hinten, oft mit Balkon und Blick über die Dächer von San Gimignano ins toscanische Umland. Im Haus auch ein empfehlenswertes Restaurant. Tel. 940328.

**\*\*\* Bel Soggiorno (7)**, Via S. Giovanni 91, DZ 90-120 DM. Tel. 940376.

**\*\*\* Graziano (10)**, Via Matteotti 39/A (10 Fußminuten von der Alstadt entfernt), DZ ca. 100 DM. Über dem gleichnamigen Restaurant werden 6 gemütliche, neu eingerichtete Zimmer vermietet, jedes mit hübschem Bad und eigenem Balkon. Schräg gegenüber in einer Dependance

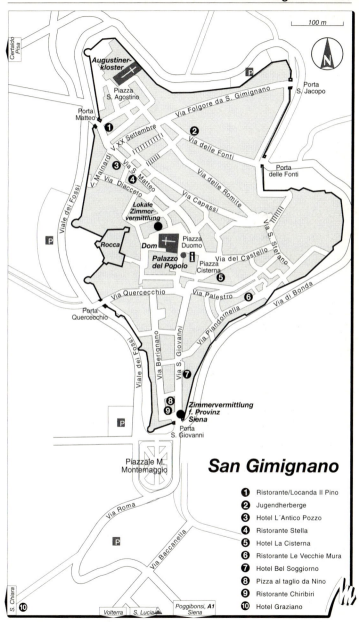

weitere 6 Zimmer mit Blick auf S. Gimignano. Auch das *Restaurant* ist empfehlenswert: "Selten haben wir zu einem so günstigen Preis so gut gegessen. Vorspeisen zwischen 5 und 10 DM, Hauptspeisen zwischen 10 und 25 DM. Ebenfalls suchen die nur abends erhältlichen Pizzen ihresgleichen. Sie sind in einem Holzkohleofen gebacken und die teuerste, belegt mit frischem Lachs, ist mit 10 DM wohl auch sehr billig." (Leser Thomas Kummer, Mannheim). Bleibt noch zu erwähnen, daß der Wirt und sein junges Personal überaus freundlich sind. Tel 940101.

Einige Restaurants vermieten auch Zimmer (DZ mit Dusche/WC auf Etage in der Regel um die 60 DM), an der Via S. Matteo die **Locanda Il Pino** und das Restaurant **La Stella**, an der Via Piandornella das Restaurant **Le Vecchie Mura** Weitere Möglichkeiten siehe Information.

Auch im **Kloster Sant'Agostino** werden Zimmer vermietet. Zu zweit zahlt man ca. 35 DM. In der Kirche den Mönch im Souvenirshop ansprechen.

● *Jugendherberge*: (2) Via delle Fonti 1, Übernachtung mit Frühstück ca. 20 DM pro Person. 75 Betten in einem denkmalgeschützten geräumigen Haus. Geöffnet März - Mitte November. Tel. 941991.

● *Camping*: * **Il Boschetto di Piemma**, Ca. 2,5 km außerhalb in Richtung S. Lucia (neben dem Fußballplatz). Cafébar am Platz. Geöffnet April - Mitte Oktober. Tel. 940352.

*Essen*

Weinspezialität von S. Gimignano ist der *Vernaccia*, ein trockener Weißwein, dessen Geschmack mit dem von Stachelbeeren und Äpfeln verglichen wird. Der Feinschmecker-Papst Martin IV. pflegte sein Lieblingsgericht - gebratene Aale - vorher in Vernaccia-Wein einlegen zu lassen.

**Le Vecchie Mura (6)**, Via Piandornella 15. In einem liebevoll restaurierten Gewölbebau. Festpreismenüs, ohne Nachtisch aber inkl. Wein, für ca. 25 DM; leckere Salate (z. B. Artischocken). Dienstag Ruhetag.

**Chiribiri (9)**, Piazza della Madonna 1. Die kleine Trattoria eine halbe Etage unter der Erde serviert in angenehmer Atmosphäre eine gute Küche zu vernünftigen Preisen. Exzellente Vorspeise: Ravioli di ricotte in salsa rosa (2 Riesenravioli in einer Tomaten/Rahm-Sauce). Mittwoch geschl.

**Pizza al Taglio da Nino (8)**, Via S. Giovanni 38. Pizzastücke für ca. 3 DM, frisch vom Ofen an die Stehbar. "Man sollte sich weder vom (einem Schnellimbiß ähnlichen) Äußeren abschrecken lassen noch auf die reichlich belegte Schnittpizza beschränken. Der Koch zeigt seine Fähigkeiten noch besser bei Nudeln mit Kräutern und Sahne, bei Rindfleisch in Weinsoße oder dem eingedickten Gemüseeintopf 'Ribollito'". (Ingrid Rottenkolber/ Rudolf Gebhardt, München). Mittwoch geschl.

## Sehenswertes

### Plätze in der Altstadt

▶ **Piazza della Cisterna**: Zusammen mit dem Domplatz, der nebenan liegt, bildet dieser Platz das Zentrum von San Gimignano. Mit seiner dreieckigen Grundform, dem gewölbten Profil und den riesigen Hausfassaden stellt er ein Stück Mittelalter in reinster Form dar. Die Zisterne in der Mitte des Platzes datiert aus dem Jahr 1273.

▶ **Piazza del Duomo**: Hier sind die vielfältigen Bauformen hübsch vertrackt - bogenförmige Loggia, Treppen, der Dom und der hoch aufragende Turmkoloß. Tagsüber wird auf dem Platz ein Gemüsemarkt abgehalten.

Für die Funktion einer Loggia gilt auch heute noch, was Baumeister

*Alberti* im 16. Jh. schrieb: *"Abgesehen davon, daß sie der Stadt zur Zierde gereichen, gewähren sie außerordentlichen Nutzen, Schutz vor der Hitze und den Sonnenstrahlen. Es ist ein Ort, wo bejahrte Männer sitzend oder im Gespräch auf- und abgehend den Tag hinbringen können. Die Anwesenheit der Älteren würde zugleich die ausgelassene Jugend zügeln und sie von losen Streichen zurückhalten".*

▶ **Palazzo del Popolo**: Der Bürgermeisterpalast, links oben an der Piazza del Duomo, mit seinem 54 m hohen Turm wurde 1310 fertiggestellt und ist neben dem Dom das am meisten besuchte Bauwerk der Stadt. In den Obergeschossen befindet sich das Städtische Museum. Auf eine Besteigung des Turms sollte man trotz des hohen Eintrittsgeldes (ca. 6 DM!) nicht verzichten, der Blick über die Stadt ist phantastisch.

Ein architektonischer Leckerbissen ist der Innenhof des Palazzo mit seinem überdachten Treppenaufgang, seinen Rundbögen und ausgebleichten Wandfresken. Fast alle Motive symbolisieren die Justiz - immer auf der Seite der Wahrheit, das Unrecht bestrafend. Hier wurde im Mittelalter öffentlich Recht gesprochen. Ob es dabei immer mit rechten Dingen zuging, sei dahingestellt. Das Fresko mit dem Heiligen Ivo (Schutzpatron der Advokaten) wurde schon im 16. Jh. mit dem Spruch verunziert *"Ich verspreche, daß du siegen wirst, wenn du dich mit dem Beutel beeilst".* Darunter halten zwei Putten (Engelchen) das Wappen Machiavellis.

▶ **Städtisches Museum**: In den nüchternen, kahlen Sälen des 1. Obergeschoßes sind Fresken untergebracht, u. a. von *Benozzo Gozzoli*. Im sog. Dante-Saal ist die "Maestà" bemerkenswert; sie stammt von *Lippo Memmi*, einem Schüler, Mitarbeiter und Schwager Simone Martinis, des großen sienesischen Künstlers des 14. Jh. Im Nebenzimmer, dem "geheimen Sitzungssaal", ist ein wertvolles Gestühl zu sehen.
In den oberen Stockwerken wird die Pinakothek fortgesetzt. Besonders beeindruckend sind hier zwei Rundbilder von *Filippino Lippi*, die "Verkündigung" und der "Engel" - schöne Farbgebung und bei der "Verkündigung" eine im flämischen Stil gemalte Landschaft.
Im Rückgebäude findet man den Eingang zu einer kleinen *etruskischen Sammlung* mit Fundstücken aus der Gegend von San Gimignano: Öl- und Weinamphoren, Urnen aus dem 2. und 3. Jh. v. Chr. ...
*Öffnungszeiten*: April - September 9.30-19.30 Uhr; März und Oktober 9.30-17.30 Uhr; November - Februar 9.30-13.30 Uhr und 14.30-16.30 Uhr; Montag geschlossen. Eintritt ca. 6 DM.

## Der Dom

Das außen schmucklose romanische Bauwerk aus dem 12. Jh. ist innen über und über mit Wandfresken bemalt.

**Linkes Seitenschiff:** Szenen des Alten Testaments, sehr realistische Darstellungsweise von *Bartolo di Fredi*, einem Schüler Ambrogio Lorenzettis. Die Bilderzyklus beginnt mit der Erschaffung des Universums. Nach den Pflanzen und Tieren folgt Adam und schließlich - im 4. Bild ganz plastisch aus seiner Rippe hervorsteigend - Eva. Etwas aus dem Rahmen fällt der "Durchzug durchs Rote Meer" (4. Bild der unteren Reihe): Das Heer des Pharaos strudelt ertrinkend auf der Bildfläche.

**Rückwand:** Oben eine grandiose Darstellung des "Jüngsten Gerichts" von *Taddeo di Bartolo*, beeindruckend ist vor allem die Höllenseite. Die Details kann man besser auf den Postkarten der Kioske erkennen: "Die Unmäßigen", "die Unzucht", viel Mord und Totschlag, gierige Teufel. Die öffentlichen Hinrichtungen und Torturen der damaligen Zeit bildeten die Vorlage für Taddeo di Bartolo. Über dem Eingang ist ein großflächiges Fresko von *Benozzo Gozzoli* zu sehen, das "Martyrium des Heiligen Sebastian", der im Pfeilhagel stirbt.

**Rechtes Seitenschiff:** Szenen aus dem Neuen Testament von *Barna di Siena*. Die letzten Bilder wurden erst Mitte des 14. Jh. fertiggestellt, allerdings nicht mehr vom Meister selber - er verunglückte tödlich bei einen Sturz von seinem Arbeitsgerüst.

**Kapelle Santa Fina:** am Ende des rechten Seitenschiffs. Im Renaissance-Stil angebaut, bricht sie völlig mit dem Rest der Kirche. Die Hochkultur dieser Epoche zeigt sich in den Wandfresken von *Ghirlandaio:* Die Gesichtszüge mit ihrer individuellen Mimik verraten Porträtmalerei. Für den Besuch der Kapelle wird ein Eintritt von ca. 3 DM erhoben.

## Augustinerkloster

Der Spaziergang durchs mittelalterliche San Gimignano endet beim Augustinerkloster aus dem 13. Jh. im Norden der Stadt. Die ziemlich schmucklose, einschiffige Kirche bietet eine einzige nennenswerte Sehenswürdigkeit: den großartigen Bilderzyklus von *Benozzo Gozzoli* und seinen Schülern. Er befindet sich im Chor und erzählt in 17 Szenen die Biographie des heiligen Augustinus (354-430) - zu lesen von links unten nach rechts oben:

Im ersten Bild (linke Wand, unten links) bringen die Eltern den kleinen Augustinus in die Schule. Die Szene spielt in Tagaste (im heutigen Algerien). Im Vordergrund wird gerade einem ungezogenen Schüler der Hintern versohlt. Im nächsten Bild studiert der zukünftige Heilige bereits an der Universität von Karthago. Es folgen die Übersiedlung nach Italien, der Rhetorik-Unterricht in Rom, das Treffen beim Kaiser Theodosius mit Ambrosius (neben Augustinus der zweite große Kirchenlehrer der Epoche), der ihn drei Bilder später taufen wird. Im zwölften Bild (rechte Wand, Mitte links) wird die Parabel von der

## San Gimignano 467

Unzulänglichkeit des menschlichen Verstandes erzählt: Augustinus ist am Meeresufer und versucht das vertrackte Problem der Heiligen Dreieinigkeit zu verstehen. Da erscheint ihm Jesus als Kind, das mit einem Löffel sich daran macht, das gesamte Meer in sein Eimerchen zu füllen - Augustinus begreift, daß der menschliche Verstand nicht ausreicht, die unendliche Weisheit Gottes zu erfassen. Die Geschichte gilt bei guten Katholiken übrigens noch heute als Antwort, wenn der Verstand den Glauben in Gefahr bringt. Später segnet Augustinus als Bischof von Hippo Regius (wieder in Nordafrika) die Gläubigen, das letzte Bild (rechte Wand, oben) zeigt die Begräbnisfeierlichkeiten.

Zum Abschied werfe man noch einen Blick in den hübschen, gepflegten Kreuzgang. Wer bleiben möchte, kann bei den Mönchen um ein Zimmer nachfragen.

### Cooperativa Nuovi Quaderni

An der Straße nach Certaldo, ca. 6 km hinter San Gimignano, weist ein verwittertes, gelbes Holzschild links ins Gelände: *Freie Universität der Cooperativa Nuovi Quaderni - Free Pancole University*. Neugierig, was es damit auf sich hat, schwenkten wir in den Feldweg ein, der wenig später auf einem recht trostlos wirkenden Gehöft endete. Vorbei an ausgedienten Fahrzeugen und einem hochragenden "Kunstobjekt" gelangten wir ins notdürftig hergerichtete Wohnhaus und trafen dort eine vielköpfige Familie beim Gemüsesäubern an.

Unsere anfänglichen Zweifel, ob wir hier tatsächlich in einer "Universität" angelangt waren, verflogen spätestens bei einem Rundgang durch den Werkstatt- und Theaterbereich. Aber auch auch die kräfteraubende Gratwanderung, auf der sich die Kooperative seit 15 Jahren bewegt, wurde uns deutlich: der Versuch, die Qualität hoch und die Kosten niedrig zu halten - und gleichzeitig zu überleben.

Zur Vorgeschichte: Professor *Pietro M. Toesca* lehrte bis Ende der 70er Jahre Philosophie an der Universität von Parma. Dann quittierte er seinen Job und zog gemeinsam mit seiner Frau - damals noch Gymnasiallehrerin - und den Kindern (in schöner Orgelpfeifenfolge) in die Toscana, um hier seine Idee einer freien Landuniversität zu verwirklichen. Vorrangig ist die Verbindung von Kopfarbeit und Handwerk.

Für "Studenten" gestaltet sich der Lehrplan folgendermaßen: Ein Tag ist in vier Abschnitte geteilt - zwei gelten der manuellen Tätigkeit und zwei den geistigen Studien. In Gruppen von maximal 15 Teilnehmern (viele kommen übrigens aus dem Ausland) können folgende Werkstätten/Kurse besucht werden:

**Tischler- und Schreinerwerkstatt**: Sie ist ausgerüstet mit einer Drechselbank, einer Kreissäge, Schnitzwerkzeugen etc. zur Herstellung von Möbelstücken und dem Bau von Theaterrequisiten. Außerdem werden Restaurierungsarbeiten durchgeführt.

**Druckwerkstatt**: eine Augenweide! Es wird an einer vorindustriellen Handdruckmaschine (18. Jh., Marke "Heidelberg") und einer Buchdruckmaschine gelernt und gearbeitet. Daneben steht eine 200 Jahre alte Stanzmaschine (jedes "Museum für Industriekultur" würde sich die Finger danach lecken). Druck von Plakaten, Büchern und der regelmäßig herausgegebenen Zeitschrift *"Il Tamburo di Latta"* (Die Blechtrommel).

**Maskenbau und Anfertigung von Theaterkostümen**: Es werden u. a. Ledermasken und Kostüme der *Commedia dell' Arte* (15. - 17. Jh.) originalgetreu hergestellt. Typische Charaktere sind Harlekin (Venedig), Pantalone (Venedig), Pulcinella (Neapel). Für die Masken werden erst Formen aus Holz geschnitzt, die

anschließend mit einem nassen Stück Leder straff überzogen werden, das nach dem Trocknungsprozeß abgelöst wird.
**Theater**: Workshops in einem sehr schönen Theaterraum und Straßentheater.
**Italienischkurse**: Vom ersten Tag an gibt Frau Toesca Italienischunterricht.
**Sonderveranstaltungen**: unter Leitung von eingeladenen Fachleuten und Künstlern (z. B. *Carlo Boso* vom Piccolo Teatro Milano oder *Dario Fo).*
Kurse von Ostern bis Herbst. Dauer: in der Regel 2 Wochen. Unterbringung in einem kleinen Gästehaus. Kosten: Unterkunft, Verpflegung und Kurs ca. 50 DM pro Tag. Adresse: Cooperativa Nuovi Quaderni, Free Pancole Country University, Pancole 57, 53037 San Gimignano (SI), Tel. 0577/955026.

# Certaldo

Ganz aus rotem Ziegelstein gebaut, thront das befestigte, mittelalterliche Städtchen auf einem Hügel, während unten im Tal das moderne Neu-Certaldo den schweren Durchgangsverkehr erduldet.

In der Obertadt dominiert der alte **Palazzo Pretorio** aus dem 12. Jh. Außen bringen die Familienwappen vergangener Nobilitäten etwas Abwechslung in das monotone Ziegelrot, innen sind einige restaurierte Fresken zu bewundern. Seit die Stadtverwaltung nach Neu-Certaldo umgezogen ist, wird der Palast vor allem für Ausstellungen genutzt.

Certaldo ist bekannt wegen *Giovanni Boccaccio* (1313-1375), der hier seine letzten Lebensjahre verbrachte. Er war der neuen Philosophie seiner Zeit, dem Humanismus, verpflichtet und machte nebenbei gerne die Doppelmoral der Kirche lächerlich. Zu Lebzeiten war er zumeist ein armer Mann, der sich mit den verschiedensten Tätigkeiten über Wasser hielt - eine Zeitlang war er Gesandter in Mailand und Avignon, wo die meisten seiner Werke entstanden. Sein "Decamerone" (von Pier Paolo Pasolini verfilmt), eine Sammlung von 100 überlieferten oder bei Gesprächen erlauschten Geschichten, wurde zum Wegbereiter für die europäische Novellendichtung. Hintergrund und Rahmenhandlung dieses streckenweise frivolen Werks ist die große Pestepidemie von 1348, die in der Toscana über die Hälfte der Bevölkerung dahinraffte.

Das **Wohnhaus Boccaccios** (Via Boccaccio 18) kann besichtigt werden. An den Wänden im Erdgeschoß hängen Illustrationen aus dem "Decamerone", im Obergeschoß hat das *Internationale Zentrum für Boccaccio-Studien* seinen Sitz.

Eine Steinplatte im Fußboden der Kirche **SS. Jacopo e Fillippo** zeigt Boccaccios Grab an. Ein größeres Grabmahl aus dem 16. Jh. wurde 1783 zerstört - vermutlich von frommen Eiferern, die den "Gotteslästerer" im geheiligten Raum nicht länger ertrugen, möglicherweise aber auch von der Kirchenverwaltung selbst.

Rechts vom Eingang betrachte man noch den Tabernakel mit einigen arg lädierten Fresken *Benozzo Gozzolis*. Er heißt noch heute der "Tabernakel der Hingerichteten", weil einst die zum Tode Verurteilten hier noch einen letzten religiösen Zuspruch mit auf den Weg bekamen.

- *Übernachten*: **\*\*\* Il Castello**, Via G. della Rena 6 (am unteren Ende der Via Boccaccio), DZ ca. 100 DM. In einem uralten Palast. Die Zimmer zur Altstadt sind besser als die mit Ausblick ins Val d'Elsa mit seinem entfernten Straßenlärm. Altmodische, aber sympathische Zimmereinrichtung. Wenn die Zimmer geräumig wären, wie der 4 m breite Flur anfänglich hoffen läßt, wären wir erst recht zufrieden gewesen. Restaurant angeschlossen. Wie sagt so schön der Hotelprospekt: "Romana Marcori pflegt die traditionelle toscanische Küche" - und ebenso die Blütenpracht auf der Schloßterrasse. Tel 0571/668250.

**\*\* Del Vicario**, Via Rivellino 3 (rechts vom Palazzo Pretorio), DZ mit Bad ca. 85 DM, ohne etwas billiger. Wenige Zimmer über einer historischen Osteria, die einst zum kleinen Klosterkomplex San Tommaso gehörte, von dem noch die kleine Kirche nebenan (heruntergekommene Fresken) erhalten ist. Tel. 0571/668228.

**\*\* La Speranza**, Borgo Garibladi 80 (an der Durchgangsstraße in der "Neustadt"), DZ mit Bad ca. 80 DM, ohne ca. 65 DM. Re-

*Der Palazzo Pretorio – das auf einem Hang gelegene Rathaus*

staurant angeschlossen. Tel 0571/668014.

- *Essen*: **La Cantina**, Borgo Garibaldi 24 (an der Durchgangsstraße in der "Neustadt"). In den beiden einfachenGasträumen werden preiswerte Holzofenpizzen serviert. Durch die großen Fensterflächen dröhnt der Verkehr, aber das stört das junge männliche Publikum überhaupt nicht.

# Volterra (12.600 Einw.)

*Die Stadt der Etrusker und des Alabasters, düster und durch und durch mittelalterlich.*

Schon weit vor dem Ort beginnt eine waldlose, sanfte Hügellandschaft. Soweit man schauen kann, leuchten die Farben der Getreidefelder: im Frühling sattes Grün, den Sommer über schimmerndes Gelb und im Herbst die warmen Grautöne der umgepflügten, großklumpigen Erde.

Unterhalb am Hang liegen versprenkelt einige Bauerngehöfte. Volter-

## Westlich von Siena

ra ist sehenswert, weil es, ähnlich wie Siena und San Gimignano, einen durchwegs mittelalterlichen Charakter besitzt. Wichtige Erwerbsquelle der Stadt ist der *Alabaster*, ein weicher Stein, der hier schon von den Etruskern zu Urnen, Vasen u. a. verarbeitet wurde. Heute verkaufen hier viele Läden Kitsch und Geschmackvolles.

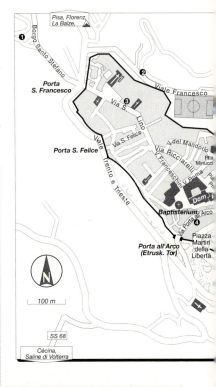

### Alabaster

Der Stein besteht aus kristallisiertem Kalziumsulfat, ist etwas weicher als Marmor und läßt sich dadurch sehr gut bearbeiten. Er kann elfenbeinähnlich, fast durchsichtig sein, hat aber meist eine unruhige Einfärbung, die vom Schwarzen bis ins Gelbe reicht. Die eiförmigen Alabasterblöcke werden im Umkreis von 30 km um Volterra (z. B. bei Santa Luce und Castellina Marittima) unter Tage aus dem kalkigen Gestein herausgeschlagen. 600 Leute sind noch heute mit der Förderung und Verarbeitung des Minerals beschäftigt, meist in Kleinbetrieben mit durchschnittlich drei Familienangehörigen.

Das künstlerische Einzelstück ist heute wegen des hohen Preises weniger stark gefragt - hauptsächlich werden Dekorations- und Einrichtungsgegenstände in Serie hergestellt. Die Konkurrenz der Kunststoffindustrie ist auch hier stark zu spüren. Nachahmungen aus Kunstharzen mit dem Fantasienamen "Alabastrite" können sehr preisgünstig hergestellt werden. Auch Speckstein wird oft für Alabaster gehalten.

Der Laden von *Rossi* hat wohl die größte Auswahl (der Chef, Piero Fiumi, spricht gut deutsch). In der Werkstatt unterhalb der Ausstellungsräume wird auch heute noch produziert - über museale Transmissonsriemen werden die Drechsel- und Bohrmaschinen angetrieben. Im Sommer meist auch an Wochenenden zu besichtigen.

**Scuola Bottega per l'Alabastro**: für künstlerisch Interessierte werden Wochenkurse zur Bearbeitung des Minerals angeboten. An den

## Volterra   471

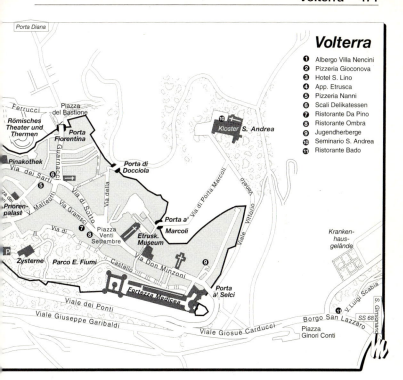

### Volterra

1. Albergo Villa Nencini
2. Pizzeria Gioconova
3. Hotel S. Lino
4. App. Etrusca
5. Pizzeria Nanni
6. Scali Delikatessen
7. Ristorante Da Pino
8. Ristorante Ombra
9. Jugendherberge
10. Seminario S. Andrea
11. Ristorante Bado

Vormittagen wird in Werkstätten gebohrt und geschnitzt, am Nachmittag werden meist Ausflüge unternommen. Kosten des Kurses ca. 300 DM. Informationen bei Societa' Cooperativa Artieri Alabastro, Piazza dei Priori 5, Tel 87590.

- *Information*: Via G. Turazza, Tel. 86.150. Auch Verkauf von Busfahrkarten, geöffnet 9 - 12.30 h, 15.30 - 18.30 h.
- *Parken*: Die Wegweiser ins Zentrum leitet den Besucher direkt in ein Parkhaus.
- *Telefonvorwahl*: 0588
- *Verbindungen*: Umsteigeverbindung über Colle Val d' Elsa nach Siena, S. Gimignano, Florenz; über Lardarello nach Massa Marittima; über Pontedera nach Pisa.
- *Bahnhof*: Nächste Bahnstation **Saline di Volterra**. Früher führte von hier eine Zahnradbahn bis in die "Oberstadt". Von hier fahren Züge zur Küste nach Cecina.

# 472　Westlich von Siena

## Übernachten

\*\*\* **Villa Nencini (1)**, dem rustikalen Gebäude aus unverputzten Steinquadern sieht man seine großbäuerliche Vergangenheit nicht an. Liegt außerhalb der Stadtmauer, sehr ruhig. Von den 15 Zimmern weiter Blick ins Umland (ausgenommen die Billigzimmer im Souterrain ohne Dusche). Zu Fuß ins Zentrum ca. 10 Min., Swimmingpool im Garten. 1993 wird ein Anbau mit weiteren 25 Zimmer fertig. Adresse: Borgo S. Stefano 55, Tel. 86386. DZ mit Bad ca. 110 DM, ohne 70 DM.

\*\*\* **Nazionale**, ein Albergo mit guter Tradition, und das seit 1890. Zentral, in der Altstadt, einige Zimmer mit Balkon. Im Hausrestaurant gute Küche. Via dei Marchesi, Tel. 86284.

\*\*\*\* **Hotel Lino (3)**, ehemaliges Kloster mit 44 Zimmern. Innen renoviert - die Zimmer einfach mit Holz ausgekleidet, etwas eng. Pool vorhanden DZ ca. 130 DM. Adresse: Via S. Lino 40, Tel. 85250.

**Jugendherberge:** 5 Min. etwas außerhalb, Via del Poggetto, Tel. 85577, pro Person ca. 19 DM. Geöffnet März bis Ende Sept.

**Casa per Ferie Seminario S. Andrea (10)**, im ersten Stock des Klosters, am breiten Flur, der um den Kreuzgang herumführt, liegen die einfachen, aber geräumigen Zimmer ohne Bad. Die Luxusausführungen mit Zentralheizung und Blick auf Le Balze haben eines. Das Ganze erinnert an ein katholisches Schulinternat. DZ ohne Bad ca. 40 DM, mit um die 50 DM. Viale Vittorio Veneto 2, Tel. 86028.

• _Appartements_: **L'Etrusca (4)**, ziemlich geräumig, Kochgelegenheit in kleiner Diele. Hübsche Dachterrasse. Für 2 Pers. ca. 80 DM. In der Altstadt, nicht weit von der Porta all'Arco, Via Porta all'Arco 37-41, Tel 84073.

**il Portone**, insgesamt 7 Mini-Appartements. Tolle Lage ca. 1 km unterhalb des Stadtkerns, direkt neben dem Stadttor Diana. Via Porta Diana 28, Tel 87813.

• _Camping_: Bei **Balze**, ca. 1 km außerhalb bei den Steinbrüchen. Der städtische Platz ist relativ klein und hat wenig Schatten, aber gute Aussicht, eigener Swimming-Pool. Auch Bungalows zu vermieten: für 4 Personen ca. 60 DM/Tag, für 6 Personen ca. 75 DM/Tag. Adresse: Via di Mandringa 15, Tel. 87880.

## Agriturismo

**San Lorenzo**, der bekannteste "Tedesco" in Volterra heißt Volker Piasta, er macht für deutsche Gruppen Stadtführungen, hat ein profundes Buch über Volterra geschrieben ("_Volterra kennenlernen_" Pacini Editore) und nennt eines der interessantesten Landhäuser von Volterra sein eigen. 3 km außerhalb, auf halbem Weg von Volterra zum sagenumwobenen Monte Voltraio - einem steilen, dicht bewaldeten Lehmkopf, der bis zum 13. Jh einer Stadt größer als dem damaligen Volterra Platz gab.

Aber zitieren wir Volker Piasta aus seinem Stadtführer über das Anwesen: "Das Wohngebäude zählt mit seinen verschachtelten Dächern und dem kleinen Glockentürmchen zu den reizvollsten alten Landhäusern Volterras. Die gleichnamige romanische Kirche wurde noch vor 1300 gebaut und im Abgaberegister (DECIMA) von 1302 zum ersten Mal dokumentiert. Im Laufe der folgenden Jahrhunderte, besonders in der Mitte des 18. Jh.s, wurden Ställe und Wohngebäude um die Kirche herum errichtet, so daß sie heute integraler Bestandteil des Komplexes ist. Von An- und Überbauten abgesehen, weist sie noch die alten romanischen Strukturen auf...".

Sieben top renovierte Appartements haben Volker und Anna an Gäste zu vermieten. Die ehemalige Kapelle ist heute ein gemeinsam genutzer Raum. Adresse: Podere San Lorenzo, 56048 Volterra, Tel. 39080/Fax 90.

**Orgiaglia**, besonders erwähnenswert für Pferdefreunde. Mit den robust und gutmütig wirkenden Tieren des Hofes lassen sich weite Ausritte in die einsame Umgebung unternehmen. Ein Schwimmbad und Tennisplatz fehlen hier auch nicht. 6 Doppelzimmer und 6 Wohnungen sind im Haupthaus und in Nebenhäusern zu vermieten.

Adresse: Auf dem Weg nach Colle di Val d'Elsa biegt man nach ca. 19 km, kurz vor Castel S. Gimignano, rechts ab. Ponsano di Volterra, Tel. 35029.

# Volterra 473

*Volterra – mittelalterliche Atmosphäre und das älteste Rathaus der Toscana*

## Essen

**Ombra della Sera v (8)**, sehr gutes, aber deftiges Wildschweinragout (wenn es frisch gemacht ist) in einer leichten Olivenölsoße und Gewürzen. Liebevoll angemachter Salat mit Fenchel (je nach Jahreszeit)! Menü ca. 35 DM. Adresse: Via Gramsci 70.

**Etruria**, hervorragende Nudelgerichte, Spezialität des Hauses ist "coniglio con Olive" (Kaninchen in Oliven). Menü ca. 45 DM. Sa geschlossen. Adresse: Piazza del Priori.

**Bado** (11), nur Mittagstisch, eine gepflegte Trattoria mit vielen Wildgerichten und eigenem Wein. Spezialitäten: Trippa (riesige Portion), Penne Boscaiola und Pappardelle di Lepre. Menü ca. 35 DM. Ca. 200 m außerhalb der Stadtmauern Richtung Siena: Borgo San Lazzero.

**Lo Sgherro**, zwei saubere, kleine Hinterzimmer, die man durch die Cafébar erreicht. Trotz der versteckten Lage hat man sich auf ausländische Gäste vom nicht weit entfernten Campingplatz schon eingestellt - es existiert eine deutsche Speisekarte. Je nach Saison häufig Wildgerichte. Menü ca. 25 DM. Adresse: Borgo di S. Giusto 74 (Richtung Le Balze), Montag geschlossen.

**Pizzeria da Nanni (5)**, in der Via Prigione 40. Klein und heiß, fast originell - man sitzt neben dem Backofen an zwei langen Tischreihen. An Öl wird nicht gespart. Alles-inclusiv-Preise. Mo geschl.

**Pizzeria Gioconovo (2)**, modern und sauber, jüngeres Publikum, außerhalb der Mauer nicht weit von der Porta S. Francesco, oft nur abends geöffnet. Viale Ferrucci 33.

**Self-Service Taverna do Priori**, Via Matteotti 17. Für 20 DM kann man manchmal gut essen. Freundlicher Service, viele Sitzplätze, nicht ungemütlich, Mittwoch Ruhetag.

Preiswerte Mittagessen für jedermann in der Kantine des Krankenhauses - ein komplettes Menü für 10 DM. Die Kantine befindet sich gleich am Anfang des Krankenhausgeländes.

**Kaffeerösterei**: frischgerösteter Kaffee und verschiedene Teesorten. In der Via Gramsci.

## 474  Westlich von Siena

- *Feinkost*: Die lokalen Molkereierzeugnisse bekommt man im Feinkostladen "Da Pina", Via Gramsci 64; beliebt ist auch das im Holzofen gebackene Graubrot aus dem Dorf Montegemoli.
- *Außerhalb*: Gute und preiswerte Pilz- und Wildgerichte im Dorf **Mazzolla** - ca. 5 km Richtung Siena, dann rechts abbiegen. Das hübsche Dorf mit seinen gerade 80 Einwohnern liegt einsam am Rande des riesigen Staatsforstes Berignone - einem Jagdparadies. Das Dorfgasthaus **Albana** am "Hauptplatz" dient gleichzeitig als Ankaufstelle für Pilze und für erlegtes Wild der Freizeitjäger (-und der Wilderer wie der Volksmund munkelt), sowie als Cafébar und Tante-Emma-Laden. Di Ruhetag.

In der Umgebung gibt es übrigens gut markierte Wanderwege - die Broschüre zu den Kurzwanderungen sollte im Info-Büro Volterra vorrätig sein "Itinerari Turistici nelle Foreste di Berignone e Monterufoli".

- *Richtung Saline di Volterra*: Die meisten Trattorie in einer Reihe finden sich an der Straße SS 68 nach Cecina: zuerst, noch am unteren Hang des Volterraberges, das Ristorante **A Biscondola** mit schönem Ausblick und guter, rustikaler toskanischer Küche. Einige Kilometer weiter am Ortseingang rechts von Saline di Volterra das Ristorante **Il Vecchio Mulino**, hier schon recht gehobene Küche mit Menüs um die 40-50 DM. Dafür läßt sich aber der Wirt auch einmalige Spezialitäten einfallen, z.B. "gefüllte Mehlsäcke".

Am Ortsende von Saline di Volterra rechts die besten Pizzen der Gegend in der Pizzeria **La Vecchia Pizzeria** (Mo geschl.).

**Africa**, hier bieten die beiden Schwestern Eva und Lorella gute preiswerte Küche und dazu einen freundlichen Service (So geschl.). Der Gasthof liegt im Zentrum von Saline di Volterra und hat auch 11 Zimmer zu vermieten (Doppel ca. 60 DM), Tel 44193.

- *Lesertip*: "Um gut und relativ günstig zu speisen, empfielt es sich, von Volterra auf der Straße No 68 Richtung San Gimignano zu fahren. Nach ca. 10 km Richtung Gambassi Terme abbiegen. Nach weiteren ca. 10 km an einer Straßengabelung wiederum auf S. Gimignano zu. Kurz nach dem Abzweig steht auf einer Anhöhe etwas oberhalb der Straße die Casa al Chino, zu der eine Zypressenallee hinaufführt. Beschilderung ca. 150 m vorher auf der Straße", M. Richter, München.

## Sehenswertes

In den Museen gibt es Sammelkarten, die für alle Sehenswürigkeiten der Stadt Eintritt gewähren. Einzelkarte 10.000, Familienkarte 20.000 Lit.

▶ **Piazza dei Priori**, das Zentrum der Stadt. Ein düsterer, mittelalterlicher Hauptplatz, gesäumt von den hohen Palazzi. Bemerkenswerterweise trifft sich die einheimische Jugend nicht hier, sondern drängt sich allabendlich in eine benachbarte enge Gasse - die Via Matteotti.

Der mächtigste Bau am Platz ist der **Palazzo dei Priori** vom Anfang des 13. Jh.s., übrigens das *älteste Rathaus der Toscana*. Der Bau diente später einigen anderen Palastbauten als Vorbild, u. a. dem Palazzo Vecchio in Florenz. Der Turm obenauf ist später anstatt einer Holzkonstruktion entstanden. Am Vormittag ist der Ratssaal im 1. Stock zu besichtigen.

▶ **Dom**: nicht weit vom Platz steht der Dom aus dem 12. Jh., der in den folgenden Jahrhunderten im Stil Pisas umgebaut wurde.

Sehenswert ist vor allem die *Kanzel*, deren vier Granitsäulen von einem Bullen, 2 Löwen und einem Phantasieungeheuer getragen werden. Im rechten Querschiff ein bedeutendes Werk der Bildhauerkunst - die bemalte und vergoldete *Kreuzabnahme* von einem unbekannten Künstler. Links in der zweiten Seitenkapelle die *Verkündigung*, ein großformatiges Renaissancegemälde.

Gegenüber des Doms steht die wegen Baufälligkeit geschlossene **Taufkapelle** mit dem berühmten Taufbecken von *Sansovino*.

▶ **Parco Archeologico E. Fiumi**: eine erholsame, grüne Oase neben der Fortezza Medicea. Unter schattigen Bäumen kann man die Aussicht über Volterra richtig genießen. Hier oben befand sich der älteste Siedlungskern der Stadt und die Römer legten unterhalb des kleinen Türmchens eine riesige Zisterne (Fassungsvermögen 3000 qm) am. Am Eingang zur Viale dei Ponti ein geruhsamer Gartenkiosk mit Tischen.

▶ Die Burg **Fortezza Medicea**, heute ein Gefängis, ließ Lorenzo de Medici Ende des 15. Jh. errichten, nachdem 1472, im sogenannten Alaunkrieg Volterra den kürzeren zog. Ziel der Gebietsausweitung der Medici waren die neu entdeckten Alaunminen bei Castel des Sasso, die sich auf Volterraner Gebiet befanden.

## Museo Etrusco Guarnacci

Eines der interessantesten etruskischen Museen. Die nach dem Gründer (1761) Mario Guarnacci benannte Sammlung zeigt einen Querschnitt durch die jahrtausendealten Überreste der Geschichte.

Velathri, das heutige Volterra, spielte im Zwölfstädtebund der etruskischen Fürstentümer (Lukumonien) wegen seiner zentralen Lage und der Kupfervorkommen eine wichtige Rolle. Später kam Elba mit seinen wichtigen Eisenerzminen noch dazu, und im 4. Jh. v. Chr. wurde der 7,3 km lange Mauerring um Volterra fertiggebaut, der 25.000 Einwohnern Schutz bot. Aber nur noch bis 298 v. Chr. konnte die etruskische Stadt ihrem mächtig gewordenen Konkurrenten Rom standhalten...

Im Erdgeschoß zuerst Fundstücke der Vilanova-Kultur, 800 Jahre vor Christus. Dann am Durchgang zur Urnenabteilung drei interessante Vitrinen. Prächtiger Goldschmuck und die Imitation eines Metallschöpfgefäßes aus Ton, bei dem sogar die Nieten gefälscht wurden. Auf dem Sockel des Schöpfers erinnert die Inschrift stark an Buchstaben aus dem griechischen Alphabet, die übersetzt wohl heißt: »Mich hat Venel Vhlakunaie geschenkt«. Ein Großteil der Ausstellung zeigt Grabbeigaben, Urnen und Sarkophage - gefertigt aus Tuff oder Alabaster. Die erschreckend realistisch wirkenden Szenen auf den Särgen wurden meist in Kleinserien hergestellt und zeigen nicht den eigentlichen Toten. Oft wird die Beerdigungsszene dargestellt: Der Sterbende auf dem Pferd, begleitet von seinen Freunden und der Familie. Die Frauen halten als Symbol Granatapfel, Ei oder Klappspiegel in der Hand (Fruchtbarkeit u. Schönheit).

Bekanntestes Stück ist die Urne des A. Caecina "Reise eines Paares ins Jenseits" mit der lateinischen Inschrift auf dem Urnendeckel "Der Ver-

## Westlich von Siena

*Wieder dem Abgrund nahe - die Kirche San Giusto - im 18. Jh. als Ersatz für den "abgerutschten" Vorgänger errichtet*

storbene wurde nur 12 Jahre alt".

*1. Stock:* Er zeigt die interessantesten Ausstellungsstücke der Sammlung, die "Urne des Ehepaares" aus Terrakotta mit abgeklärten, nicht verhärmten Gesichtszügen. Es sind wahrscheinlich die realistischen Abbilder der Toten.

Im Saal XXII die schmale, 57 cm hohe Bronzestatuette *Ombra della Sera* (Abendschatten), ein Werk aus dem 3. Jh. v. Chr. Es handelt sich um eine Votivfigur, die nicht als Einzelstück gefertigt wurde.

Im *2. Stock* sind die Ausstellungsstücke chronologisch zusammengefaßt. In einer Vitrine sind die rekonstruierten Werkzeuge der Etrusker ausgestellt. Anhand der Bearbeitungsspuren an den Fundgegenständen wurde mit Phantasie und Kriminalistik das dazu passende Werkzeug "erdacht".

*Öffnungszeiten*: 9.30 - 13.00, 15.00 - 18.30, im Winter nur 9 - 14 h. Adresse: Via Don Minzoni.

▸ **Pinakothek** (Palazzo Minucci-Solaini): interessante kleine Gemäldegalerie in einem herrlich restaurierten Renaissance-Palast. Besonders in den oberen Ausstellungsräumen beeindruckende Werke von *Pietro de Witte* - lebensgroße Figuren mit einem mimischen Ausdruck, der denkwürdig bleibt: Wahnsinn, Verzweiflung, Trauer, Besonnenheit. Das berühmteste Werk der Ausstellung ist die Kreuzabnahme von Rosso Fiorentino ("der Rothaarige aus Florenz"). Der Künstler hat sich wahrscheinlich im Hl. Johannes, der sich weinend vom Kreuz abwendet portraitiert. Adresse: Via Sarti 1. *Öffnungszeiten*: 9.30 - 13, 15 - 18.30 h.

▸ **Auch die Römer hinterließen ihre Spuren.** Im Norden liegen die Reste eines römischen Theaters. Es wurde im 1. Jh., zur Zeit des Kaisers Augustus erbaut.

Ebenso bauten sie die Porta all'Arco, das alte etruskischen Stadttor um.

▸ Die **Porta all'Arco** bildete einen Teil der Stadtmauer aus dem 4. Jh. v. Chr.! Es hat seinen guten Grund, warum dies das einzige erhaltene Stadttor ist: Die Bürger Volterras bewahrten es vor der Sprengung

*Unter der kargen Hügellandschaft des Colline Metallifere finden sich hauptsächlich Kupfererze*

durch deutsche Truppen, indem sie den ganzen Torbogen mit Steinen ausfüllten. Von hier hat man einen herrlichen Blick auf das Umland.

Weitere Reste der Etrusker findet man bei **Balze**, den Abgründen neben dem Campingplatz. Mit ihrer ockerbraunen und grauen Färbung erinnern sie etwas an Roussillon in Südfrankreich. Durch den Regen wird hier immer mehr Erdreich weggespült, ein Teil der etruskischen Stadtmauer und eine mittelalterliche Kapelle stürzten bereits hinunter.

Auf einem Hügel, nur ca. 20 m vom Abgrund entfernt, steht die Abtei der Camaldoleser-Mönche. Das ehemals prächtige Kloster wurde 1130 errichtet und nach einem Erdbeben 1864 von den Mönchen, wie sich heute zeigt, grundlos, ohne Gottvertrauen fluchtartig verlassen. Die meisten Mauern stehen noch und sind völlig von Efeu überwuchert. Heute eine beeindruckende Ruine, die zur Zeit renoviert wird.

# Colline Metallifere

Die Bergkette zwischen Massa Marittima und Siena - ein wellenförmiges Gebilde aus rostig roter Erde und grüner Macchia mit vulkanischen Aktivitäten. Die höchste Erhebung ist die l'Aia dei Diavoli (Tenne des Teufels) mit 875 m.

# 478  Westlich von Siena

*Larderello – der heiße Dampf wird durch lange Rohrleitungen zu den Turbinen geleitet*

Es waren Thermalquellen am Meeresboden, um die sich die Erze ablagerten. Das Gebiet lieferte bereits den Etruskern und Römern wertvolle Erze zur Eisen-, Silber- und Kupfergewinnung, aber auch Kohle zum Betreiben der Schmelzöfen. Später wurden die Gruben von den Pisanern weiterbetrieben und waren eine der wichtigsten wirtschaftlichen Grundlagen ihrer Machtstellung während des 12. Jh.s. Aber die Erzflöze sind inzwischen erschöpft. Im 19 Jh. begann man Borsalze aus den Dampfquellen zu destillieren.

## Larderello

Mächtige Kühltürme und glänzende dicke Rohrleitungen, Dampfwolken und Gestank versetzen einen unvermittelt in eine Industrielandschaft. Dampf aus dem Bauch der Erde treibt hier Turbinen zur Stromerzeugung an - insgesamt 35, bis zu 700 m tiefe Bohrlöcher führen den 160 - 260 Grad heißen Dampf nach oben. Italien war das erste Land welches die Erdwärme zur Energiegewinnung nutzte. Heute werden 2 % (= 650 MW) des Stromes damit erzeugt. Auch eine riesige, 40 ha große Treibhausanlage zur Blumenzucht wird am Fuße des Mt. Amiata damit beheizt.

Im Zentrum des "Teufelsschoßes " steht die in den 50er Jahren gebaute modernistische Kirche von Michelucci (auch der Bahnhof von Florenz stammt von ihm) und das *Museo della Geotermia Larderello*. Die Ausstellung zeigt in bemerkenswerter Weise die Anfänge der Industriekultur. Veranschaulichen doch die Exponate die Entwicklung vom etruskischen Thermalbad zur wichtigen Borsalz-Gewinnungsanlage während des letzten Jahrhunderts. Geöffnet ist das Museum tägl. von 8 - 17 h.

Der Übergang vom Thermalbad zur Chemieanlage war fließend. Als erster begann der Drogist Umberto Höfer das Borsalz als "Homberger Beruhigungssalz" zu vermarkten. Erst später fand das Salz zur Emaillierung und als Stahlveredler Verwendung. Hier fanden sich günstige Voraussetzungen, um dem Dampf die Borsäure zu entziehen - war doch die Prozeßwärme eine kostenlose Dreingabe der Natur. Seit den 50er Jahren werden allerdings keine chemischen Grundstoffe mehr gewonnen.

<u>Übernachten</u>: in Castelnuovo di Val di Cecina das **Albergo-Ristorante Castano**.

# Monte Rotondo

Über enge Serpentinen, die durch eine herrlich grüne Mittelgebirgslandschaft führen, erreicht man dieses kleine Bergnest, das für seine Messerschmiede bekannt war. Einige üben auch heute noch ihr traditionelles Handwerk aus. Geich an der Durchgangsstraße eine Werkstatt – hier gibts vom "Bärentöter" bis zum zierlichen Klappmesser für die Dame jegliche Größen.

Ihrem vulkanischen Ursprung verdankt die Region, daß das italienische Stromversorgungsunternehmen ENEL hier zwei große Erdwärmekraftwerke mit gigantischen Kühltürmen errichtet hat. Durch das ganze Tal schlängeln sich silbrig glänzende Metallrohre. Wie ein großes Spinnennetz legen sich diese futuristischen Gebilde über das Tal. Aus einigen Hundert Bohrlöchern wird der heiße Dampf zu den Kraftwerken geleitet..

# Südliche Toscana

## Die Abtei San Galgano

**Etwas abseits der Strecke Siena - Massa Marittima steht diese Ruine wie im Traum versunken auf einer grünen Wiese.**

Als eine der ersten Kirchen Italiens im gotischen Baustil wurde sie von französischen Mönchen des Zisterzienser-Ordens erbaut. Jahrhundertelang wurde mit ihr Schindluder getrieben - ein gewissenloser Abt verschacherte sogar das Bleidach der Abtei, was den Verfall des Gewölbes bedeutete. Nach und nach trugen die Bauern der Umgebung Steine vom Mauerwerk ab, um sich damit ihre Häuser zu bauen - erst in jüngster Zeit wurden die Außenmauern der Ruine wieder vollständig aufgerichtet. Für das Kirchendach und die Fenstergläser hat es nicht gereicht. Und statt eines feierlichen Altars ein nacktes Steinbänklein...

Die **Kirche Monte Siepi** ist zu besichtigen - sehenswert ihre gestreifte Kuppel im Inneren und im Seitenflügel Freskensynopien mit den Originalen!

Im angrenzenden Klostertrakt lebt seit kurzer Zeit eine religiöse Gemeinschaft von jungen Männern, genannt *Comunità Incontro*. Es sind ehemalige Drogenabhängige, die nach selbst aufgestellten, strengen Regeln allein, ohne Aufsicht leben. Die Schirmherrschaft hat ein aufgeschlossener Pater übernommen. Die Jugendlichen betreiben Gartenbau, einen kleinen Andenken- und Postkartenshop und zeigen sich für die Pflege der Abtei verantwortlich. Öffnungszeiten der Abtei: 6.30 Uhr bis zum Einbruch der Dunkelheit.

---

### Der Heilige Galgano

Ein Zeitgenosse des Heiligen Francesco mit ähnlichem Werdegang: Aus reichem Adelsgeschlecht stammend, trat er mit jungen Jahren aus dem Ritterstand aus, um sich 1180 auf den Berg *Monte Siepi* in die Einsamkeit zu begeben. Seine Entscheidung gegen Gewalt und Wohlstand symbolisierte sein in einen Felsspalt gerammtes Schwert - es sollte ihm fortan nur noch als Kreuz zum Gebet dienen. Kurz nach seinem Tod erbaute man an der Stelle seiner Behausung und des Felsens mit dem Schwert eine runde *romanische Kirche*. Mönche des Zisterzienser-Ordens siedelten sich an. Der Orden vergrößerte sich so sehr, daß nach einigen Um- und Anbauten auf dem 1 km unterhalb liegenden Gelände die große Abtei errichtet wurde. Der Klosterkomplex bestand aus Skriptorium, Refektorium und Nebengebäuden.

*Ruine der Zisterzienser-Abtei San Galgano*

# Die Lehmhügel - Crete

*Eine fast herbe Hügellandschaft, keine Wälder, nur ab und zu unterbrechen Zypressenreihen und Weingärten die gleichförmigen Getreidefelder.*

Eine Landschaft, ausgeblutet und vom feudalen Großgrundbesitz geprägt; bis in die 60er Jahre hielt sich hier die Halbpacht, und erst wegen der starken Abwanderungsrate der Bauern in die Industriegegenden wurde sie abgeschafft. Noch bis in die 80er Jahre waren die Alphabetisierungskurse gut besucht.

Dünn besiedelt und nur von wenigen Touristen besucht, lockt dieser Landstrich mit anderen Reizen: *Montepulciano* mit seiner Kleinstadt-Eleganz; *Chiusi*, erbaut auf den Überresten einer legendären Etruskerstadt; *Pienza* mit seiner Renaissance-Architektur; *Montalcino* mit edlen Weinen und die Umgebung des *Monte Amiata* mit heißen Quellen.

Von Siena führt die SS 2 nach Süden Richtung Rom. Sie folgt in etwa dem alten Verlauf der Via Cassia und des alten Pilgerpfades Via Francigena.

## Monte Oliveto Maggiore

Eines der wichtigsten Benediktinerklöster des Landes, ein wuchtiger Ziegelsteinbau inmitten einer grünen Zypressen-Oase. Gegründet 1313 von drei sienesischen Adeligen, die sich vom städtischen Wohlleben verabschiedeten, um hier in der Einsamkeit ihr Leben als Eremiten zu beenden. Der *Olivetaner-Orden*, den sie gründeten, war ein reformierter Ableger der Benediktiner (siehe Kasten *Madonna della Stella*, S.605), und wurde bereits sechs Jahre nach seiner Entstehung vom Papst anerkannt. Bis zum 15. Jh. entwickelte sich das Kloster zu einem wichtigen religiösen Zentrum - gefördert von Papst Pius II., der mit Ambrogio Piccolomini einen Verwandten unter den Gründern hatte.

In der mächtigen barockisierten Klosterkirche wertvolles Chorgestühl mit feinen Einlegearbeiten. Der kunstvolle Höhepunkt des Besuchs ist allerdings der **Kreuzgang** mit seinen 36 Freskenszenen, die das Leben des Hl. Benedikt illustrieren. Die ersten neun von *Luca Signorelli* zeigen das Gespür des Künstlers für Anatomie. Die anderen schuf *Il Sodoma*, ein Meister der sinnlichen Farbenpracht. An der Südseite stellen einige seiner Szenen Florentius dar, ein vom Teufel besessener Priester, der versuchte, das gute Werk Benedikts zu zerstören. Nach einem mißlungenen Giftanschlag griff Florentius der Legende nach zu härteren Mitteln: Er schickte Prostituierte ins Kloster, um die Mönche vom rechten Weg abzubringen.

## Monte Oliveto Maggiore 483

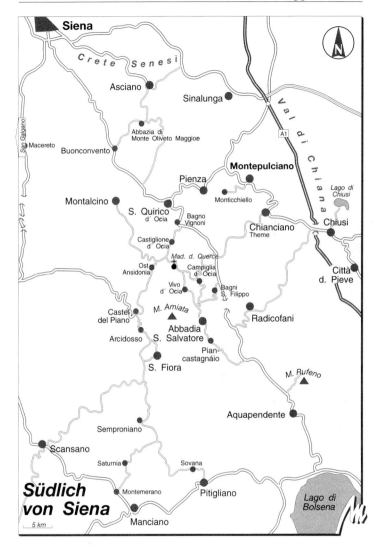

Sodoma hat sich selbst in der Episode "Wie der Hl. Bedenikt das kaputte Sieb repariert" verewigt: Er ist die linke Gestalt mit den weißen Handschuhen; daneben eines seiner Haustiere, ein zahmer Dachs.

Vom Kreuzgang führt eine Treppe hinauf zur 40.000 Bände umfassenden *Bibliothek*, die seit dem dreisten Diebstahl von Chorbüchern im Jahre 1975 für Besucher gesperrt ist. Die Mönche unterhalten hier auch ein Institut zur Restaurierung alter Werke.

Die *Klosterapotheke* verkauft das Allheilmittel Flora di Monte Oliveto, ein selbstgebrannter Likör.

- *Übernachten/Essen*: **Restaurant/Café La Torre** am Torhaus. Das Pilger-Hospiz der Abtei ist meist ausgebucht. Um Tagestouristen abzuschrecken, werden 10 Mindestübernachtungen verlangt.

\*\* **Roma** im Nachbarort **Buonconvento** bietet eine preiswerte Übernachtungsmöglichkeit. Das Hotel liegt an der Hauptstraße des "mittelalterlichen" Zentrums, Tel. 0577/806021.

# Montalcino

**Die grünen Weinberge um Montalcino beleben das Landschaftsbild der gleichförmigen, von Hügeln und Getreidekulturen geprägten Crete. Hier auf dem steinigen Boden gedeihen die Trauben für den roten Brunello - ein Nobelwein, von dem mehr als die Hälfte exportiert wird.**

Der Ort selbst, auf einem schmalen Hügel gelegen und umschlossen von Verteidigungsanlagen, ist mittelalterlich und provinziell zugleich. An der Piazza del Popolo steht das handtuchschmale Rathaus, mehr Platz hatte man beim Bau einfach nicht zur Verfügung. Schauen Sie am Platz auch mal in die *Fiaschetteria Italiana* hinein: Das 1888 eröffnete Café mit seinen roten Plüschsesseln und Spiegelwänden könnte auch in Paris stehen.

### Brunello-Wein

Dieser kräftige Rotwein wird auf einer Fläche von 1400 Hektar angebaut. Er wird aus der gleichnamigen Rebsorte gewonnen, einem Abkömmling der Sangiovese-Grosso-Traube. Um ihren Wein Brunello nennen zu dürfen, werden den Weinbauern strenge Auflagen gemacht - so darf der Ertrag pro Hektar nicht mehr als 80 Doppelzentner betragen, und vier Jahre muß er in einem Eichenfaß reifen, bevor er in den Handel gelangt. Und um den Wein noch begehrenswerter zu machen, haben Marketingstrategen dem Brunello zusätzliche aphrodisierende Wirkung zugeschrieben.

Die Ausstellung im Rathaus widmet dem edlen Tropfen ganze zwei Stockwerke. Sie ist allerdings nur eine Nabelschau der verschiedensten Hersteller mit ihren edel verpackten Produkten.

Am obersten Punkt der Stadt liegt die Festung, ein symbolträchtiger Ort: Hier kämpfte 1559 die letzte freie, demokratisch regierte Stadt der Toscana um ihre Unabhänigkeit, bevor sie der absolutistisch regierende Medici *Cosimo I.* unterwarf.

- *Information*: Costa del Municipio 8, Piazza del Popolo, rechts neben dem Rathaus. Tel. 0577/849331. 9.30 - 13 h, 15.30 - 19 h.

*Pro Loco*, ein weiteres Informationsbüro, meist von Schülern besetzt. Der Raum ist vollgehängt mit Malereien einheimischer Künstler. Via Mazzini 33, Tel 848242.

- *Übernachten*: *** **Il Giglio**, Via Salomi 48, DZ ca. 100 DM. Gepflegte Zimmer mit TV und Telefon, die Rückfront mit Ausblick. Tel. 848167.

** **Giardino**, Piazza Cavour 4 (Bushaltestelle), DZ ca. 70 DM, mit ca. 85 DM. Einfache, meist geräumige Zimmer ohne Bad, Der Wirt Mario Caselli ist ein Weinkenner. Tel. 848257.

*** **Al Brunello di Montalcino**, Loc. Bellaria, (ca. 1 km außerhalb Richtung Grosseto), DZ ca. 140 DM. Ein 1989 neuerbautes Hotel, Tel. 849304.

- *Privatzimmer*: Fragen Sie im Tourist Office, ob noch Zimmer frei sind. Von folgenden Familien werden Zimmer vermietet: Casali, Via Spagni 3; Farnetani Mafalda, Piazza del Popolo; Anna, Via S. Saloni 23; DZ um die 60 DM.

- *Essen*: **Poggio Antico**, Feinschmeckerlokal, außerhalb in I Poggi, Richtung Buonconvento. Menü um die 60 DM. Montag geschlossen.

**Il Giardino da Alberto**, ordentliches Mittelklasserestaurant an der Piazza Cavour. Wird nicht zusammen mit dem gleichnamigen Hotel bewirtschaftet. Mittwoch geschlossen.

**Pizzeria Il Dado**, Via Mazzini 18.

**Trattoria Sciame**, Via Ricasoli 23. Wahrscheinlich die besten Menüs in der preiswerten Klasse. Dienstag geschlossen.

**Fattoria dei Barbi**, (ca. 4 km außerhalb, an der Straße nach Sant'Antimo). "Essen auf dem Bauernhof". Oft ganze Busladungen. Geführt von einer Engländerin, aber nach toscanischer Art gewürzt. Menü ca. 35 DM. Dienstagabend und Mittwoch geschlossen. Tel. 848277.

- *Disco*: Open Air Disco 14 km südwestlich von Montalcino, im Dorf Camigliano. Geöffnet an Samstagen im Sommer.

**Feste:** *Drosselfest*, am letzten Sonntag im Oktober. Es geht auf die herbstliche Drosseljagd zurück, von dem die Jäger mit Beutetieren beladen zurückkamen und mächtige Gelage veranstalteten. Auch heute noch steht neben dem folkloristischen Bogenschießen ein gastronomisches Bankett im Mittelpunkt der Veranstaltung. Viele kleine Buden mit Weinausschank und Snacks innerhalb der Burg.

# Kloster Sant'Antimo

*Unterhalb des kleinen Dorfes Castelnuovo, 10 km südlich von Montalcino, steht dieses hübsche Beispiel romanischer Baukunst.*

"Wenn die Menschen nicht sprechen, dann sollen die Steine schreien". Die Steine schrien ganze 530 Jahre, bis wieder Mönche nach Sant'Antimo zurückkehrten. Eindrucksvoll die gregorianischen Gesänge der Padres, die mehrmals am Tag damit ihre Messen und Andachten untermalen.

Die Benediktinerabtei wurde bereits im 8. Jh. gegründet, und in den folgenden Jahrhunderten stetig erweitert. Die mächtige Kirche, im 12. Jh. aus cremefarbenem Travertin errichtet, ist ein üppiges Beispiel des

## Südliche Toscana

*Sant'Antimo – eines der mächtigsten Klöster des Mittelalters*

italo-romanischen Baustils. Sie wurde nie ganz fertiggestellt, da der aufwendige Bau wahrscheinlich den finanziellen Rahmen der Abtei überstieg.

Das schmale Hauptschiff beindruckt durch seine graziöse Höhe von 20 m, eingefaßt von Säulen, deren Kapitelle mit ausdrucksstarker Ornamentik verziert sind. Berühmt ist das zweite auf der rechten Seite, "Daniel in der Löwengrube". Es wird dem *Meisters von Cabestany*, einem Bildhauer aus dem französichen Languedoc zugeschrieben.

Rechts vom Chor befindet sich die *karolingische Kapelle*, einer der wenigen Überbleibsel aus der Gründerzeit (8. Jh.) - heute Sakristei.

Vom 10. bis zum 12. Jh. wurde das Gebiet Montalcinos bis zur Maremma von den Äbten des Klosters regiert. Sie waren Feudalherren und kaiserliche Beamte in einem und trieben deshalb auch die Steuern ein. Der Niedergang begann mit dem erwachten Machtstreben von Siena, welches im Jahre 1200 Monalcino an sich riß. Im Laufe der folgenden Jahrzehnte schrumpfte der Besitz des Kloster auf ein Fünftel.

Erst 1979 kam mit Hilfe von fünf Prämonstratensermönchen (Hl. Norbert) wieder kirchliches Leben in die Abtei. Inzwischen leben die aus der Normandie und der Bretagne stammenden Mönche in einem Nebengebäude.

• *Literatur:* In der Kirche ist ein außergewöhnlich guter Führer in deutscher Sprache über das Kloster erhältlich (ca. 20 DM).

• *Verbindungen:* Es gibt 2x tägl. Busverbindung mit Montalcino. • *Essen:* im Dorf, **Bassomondo**.

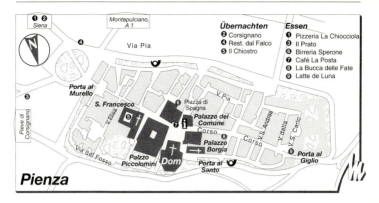

# Pienza

*Die erste am Reißbrett geschaffene Stadt der Toscana.*

Sie entstand auf Wunsch von Papst Pius II. und wurde in seinem Geburtsort, dem vorher Corsignano genannten Dörfchen, errichtet. In nur zwei Jahren Bauzeit sollte die Stadt zur "Perle der Renaissance" werden. Doch Pius starb noch vor der Vollendung dieses gigantischen Projektes.

In Pienza wurde seit der Antike erstmals wieder versucht, die Ideale der Humanisten städtebaulich umzusetzen. Mit dem Bau von Rathaus, Palast und Kathedrale wurde der Baumeister *Il Rosselino* beauftragt. Ferner wurde den Kardinälen befohlen, hier einen Palast zu bauen, aber nicht jeder hatte das Geld dazu.

Im Wohnviertel innerhalb der Stadtmauern residierten die Beamten und Militärs. Am Stadtrand entstand eine Siedlung fürs Volk, die allerdings im Zweiten Weltkrieg fast vollständig zerstört wurde. Die Prominenz residierte an der Piazza; für die Bauwerke ist der Platz allerdings ein wenig klein geraten, obwohl durch die optische Täuschung der "aus dem Winkel" gedrehten Grundrisse Größe vorgetäuscht wird. Man hat den Eindruck, in einem Museum zu sitzen. Der Betrachter kann den Blick schlecht irgendwo fixieren - das "Herz der Toscana" hat eine unruhige Mitte.

Die **Kathedrale**, deren Fassade im Renaissancestil gehalten ist, besitzt eine gotische Innenausstattung. Im Mauerwerk sind große Risse sichtbar, die durch das Absinken der Grundmauern im vorderen Teil aufgrund einer unterirdischen Wasserader entstanden sind. Seit rund 500 Jahren sinkt dieser Teil kontinuierlich, bislang etwa 30 cm. Durch aufwendige Baumaßnahmen konnte das Gebäude bisher stabil gehalten werden. Das Wasser setzt seine bedrohliche Tätigkeit jedoch fort, und so werden die Risse auch in Zukunft dafür sorgen, daß den Restauratoren die Arbeit nicht ausgeht.

**Palazzo Piccolomini**: Im Stil des Florentinischen Palazzo Ruccellai gehalten, mit Kreuzgang und Hängegärten, von denen sich eine tolle Aussicht auf das Orcia-Tal bis zum Monte Amiata bietet. Die erste Etage mit Speisesaal, Waffenraum und kleiner Bibliothek ist zu besichtigen. Gleich links vom Eingang das Musikzimmer, in dem vergilbte Fotos der letzten adeligen Bewohner stehen. Das Ganze wirkt authentisch - löchrige Postermöbel, abgewohnt, speckig. 1962 verstarb der letzte Piccolomini, seitdem ist der Palast unbewohnt.

*Öffnungszeiten*: 10 - 12.30 Uhr und 15 - 18 Uhr, Montag geschlossen.

**Caffè la Posta**, Pontifexplatz. Süße Köstlichkeiten aus der Gegend. Angesichts der zahlreichen Touristen, die sich hier herumtreiben, sind die Preise noch relativ zivil.

---

**Pius II. im Jahre 1459 bei einem Besuch in Corsignano (Pienza)**

"Über Corsignano, jetzt Pienza. - Von Darteano reiste der Papst weiter nach Corsignano. Über dem Tal der Orcia erhebt sich ein Hügel, dessen Kamm eine schmale, 1000 Schritt lange Plattform bildet. Dort, wo man im Winter gegen die aufgehende Sonne blickt, liegt ein kleiner, wenig bekannter Ort mit gesunder Luft, gutem Wein und guter Nahrung. Wer von Siena nach Rom reist und nach dem Kastell San Quirico in Richtung Radicofani abbiegt, kommt an Corsignano vorbei: Linker Hand sieht man, 3000 Schritt von der Hauptstraße entfernt, den sanft ansteigenden Hügel.

Der größte Teil des Ortes gehörte früher den Piccolomini, und Silvio, Pius' Vater, hatte hier seine angestammten Güter. Hier wurde Pius geboren, und hier verbrachte er die Jahre seiner Jugend. Bei seiner Rückkehr hoffte er auf ein freudiges Wiedersehen mit der Heimat und mit früheren Gefährten. Aber das Gegenteil traf ein. Fast alle Jugendfreunde waren gestorben, und wer noch lebte, war so alt, daß er das Haus nicht verlassen konnte. Nur wenige zeigten sich. Die Gesichter entstellt, die Kräfte verbraucht, erschienen sie als Vorboten des Todes. Wie in einem Spiegel erkannte der Papst an sich selbst die Zeichen des Alters. Wenn schon die Kinder derer, die er als Knabe verlassen hatte, alt geworden waren: wie hätte er sich selbst nicht als Greis fühlen sollen, der bald sterben muß?"

(Andreas Tönnesmann, Pienza, Städtebau und Humanismus,
Hirmer Verlag, München 1990).

# Pienza 489

*Von der Terrasse des Palazzo Piccolomini hat man einen phantastischen Ausblick*

- *Information*: Piazza Pio II. Tel. 0578/748502. 10-12.30, 14-18.30 h.
- *Übernachten*: \*\*\* **Il Chiostro**, im ehemaligen Kloster S. Francesco hat 1993 diese Nobelherberge ihre Tore geöffnet. Von Ausstattung u. den geräumigen Zimmern (ca. 20 qm) her, hätte es eigentlich ein extra Sternchen verdient. Einzig die Klimaanlage fehlt dazu. DZ ca. 160 DM. Corso Rossellino 26, Tel. 748400.

\*\*\* **Corsignano**, moderner Bau, 3 Min. außerhalb der Altstadt. DZ ca. 100 DM, Tel. 0578/748501.

**Restaurant Dal Falco**, ziemlich neue, aber etwas enge Zimmer in einem Nebengebäude. DZ ca. 80 DM.

- *Essen*: **Latte de Luna**, Via San Carlo 2-4. Täglich wechselnde Tagesgerichte, typisch toscanisch. Auch gerne von Einheimischen besucht. Benannt nach einer Erosionszone vor der Stadt, die wegen ihrer weißen Erde "Milch des Mondes" genannt wird. Dienstag geschlossen.

**Il Prato**, nettes Restaurant vor dem Stadttor, mit Tischen am Platz. Bekannt ist es wegen seines Risottos mit Brennnesselspinat und des knusprigüberbackenen Gemüses "Panata".

**La Bucca delle Fate**, alteingesessenes Lokal im alten Zentrum, feine Hausmannskost. Klassisch-schöne Einrichtung im weiß gekalkten Gewölbe. Menü ca. 40 DM.

**Pizzeria La Chiocciola**, 300 m außerhalb, an der Straße Richtung Siena (linke Seite). Montag geschl.

**Birreria Sperone**, im Zentrum. Kleine Snacks, Bier vom Faß.

---

**Fiera del Cacio (Käse-Messe) am ersten Sonntag im September**
Das Käsefest der Stadt mit Tradition: Seit alters gilt Pienza als die "Hauptstadt des Schafskäses". Die aromatischen Gräser der Wiesen in der Umgebung ermöglichten eine qualitativ hochwertige Schafzucht. Die

Bauern lebten in der sogenannten "Mezzadria", d. h. in Halbpacht. Die Familien wohnten ziemlich isoliert voneinander, so daß die verschiedenen Käsesorten untereinander nicht vermischt wurden. Deshalb gibt es bis heute eine riesige Auswahl der typischen pientinischen "Caciotta". Einmal im Jahr trafen sich die Käseerzeuger auf der Herbstmesse in Pienza, wo die Produkte ausgestellt und verkauft wurden.

Liebhaber von italienischen Spezialitäten können im Geschäft des Versandhausunternehmens "Club delle Fattorie" (gleich links nach dem Toreingang) eine Mitgliedskarte ausfüllen - der bunte Katalog wird Ihnen zugeschickt.

## Monticchiello

**Ein kleines Dorf, malerisch von einer Wehrmauer umgeben und herausgeputzt wie ein Museum. Monticchiello wirkt wie ein Bilderbuchdorf aus gelben Travertin-Legosteinen.**

Das Dorf war einer der "sterbenden Orte", die infolge der Landflucht zu Beginn der 60er Jahre von ihren Bewohnern verlassen wurden. Von den ursprünglich 800 Einwohner blieben gerade 300 übrig, bis 1967 das *Teatro povero*, das sog. "*Arme Theater*" neuen Optimismus und auch ein neues Gemeinschaftsgefühl aufkommen ließ.

Seither wird in der zweiten Julihälfte ein von den Einwohnern selbst geschriebenes und dargestelltes volkstümliches Drama aufgeführt, es beinhaltet meist aktuelle Themen aus der Ortsgeschichte und "Bauernkultur".

Am 6. April 1944 war der Ort Schauplatz des Widerstands gegen die deutschen Besatzer: Etwa 70 Partisanen leisteten einer 450 Mann starken Militäreinheit Widerstand. Letztere mußte zunächst das Feld räumen, kehrte aber mit Verstärkung zurück und drohte, als sich die Partisanen zurückgezogen hatten, alle Einwohner des Ortes zu erschießen. Dank des Verhandlungsgeschicks des Pfarrers und der deutschen Frau eines Grundbesitzers konnte ein Blutbad verhindert werden.

- *Essen:* **Trattoria al Morana**, Menü ca. 30 DM, auch Gerichte aus biologischem Anbau; gute und einzige Kneipe am Ort.

# Montepulciano *(4.000 Einw.)*

**Steil auf einem Hügel erbaut, liegt Montepulciano am Rande des Chiana-Tales. Der Ort ist bis heute über die Grenzen der alten Stadtmauer nicht hinausgewuchert - ein Stück ländliches Mittelalter, vermischt mit dem Renaissancestil der Adelspaläste.**

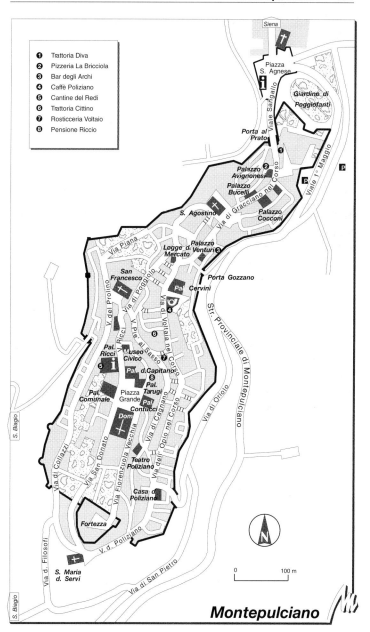

## 492    Südliche Toscana

*In den Sockel des Palazzo Bucelli sind etruskische Ascheurnen und römische Inschriften eingemauert*

Montepulciano galt als beliebter Ruhesitz für Kaufleute aus Florenz und Siena, denen die städtische Konkurrenz zu schaffen machte und die sich hier ein Landgut aus Kirchenbesitz erwarben. Die Einwohner werden "Poliziani" genannt und auch der bekannteste Sohn der Stadt nannte sich *Angelo Poliziano*, ein Humanist und Dichter, der am Hof in Florenz Lorenzo de'Medicis Söhne unterrichtete. Als zweitwichtigstes Verwaltungszentrum der Provinz Siena wohnen hier heute noch viele Beamte, Richter etc.

### Wein aus Montepulciano

**Der Berühmte:** *Vino Nobile di Montepulciano* - nur Adelshäuser durften ihn ursprünglich in ihren Kellern keltern. Ein kleines Gebiet um die Stadt ist zum Anbau zugelassen, der Ertrag pro Hektar darf nicht über 56 Hektoliter liegen. Außerdem werden nur die besseren Lagen und Jahrgänge aus dieser kleinen Anbauzone in Holzfässern 2-3 Jahre zum Vino Nobile vergoren. Probierstube z.B. im **Contucci Palast** an der Piazza Grande.

**Der Verkannte:** *Cantina del Redi*, den Namen borgte man sich beim ersten italienischen Freß-&-Sauf-Kritiker (1626-1698). Hier werden die Spitzenweine der Erzeugergenossenschaft Vecchia Cantina gelagert und angeboten. Vom Innenhof der alten Bibliothek führt eine Treppe hinunter zum Weinkeller des Ricci-Palastes, des ersten und ältesten

# Montepulciano

der Stadt. Ein riesiges, labyrinthhaftes Weinlager erwartet einen, dessen edle Ausdünstungen einen erwartungsfroh der Degustation am unteren Eingang entgegenstreben lassen.

- *Information*: Hauptbüro in der Oberstadt - Via Ricci 9, Tel. 0578/757442 od. 758687. Während der Saison hat auch ein kleines Büro am Parkplatz Piazza S. Agnese geöffnet (neben der Café-Bar).
Eine weitere Info-Quelle ist die **Cooperativa Il Sasso**. Der dortige Sekretär Claus Wohlfart hilft weiter, wenn das Info-Büro geschlossen ist. Adresse weiter unten bei Sprachschule.
- *Stadtbusse*: Wem's zu heiß ist - alle 15 Min. fahren von der Via Sangallo kleine Busse hoch zur Piazza Grande (7-20 Uhr). Preis 1000 Lit, Ticket vorher beim Tabacci besorgen.
- *Verbindungen*: 10 km vom Minibahnhof an der Strecke Siena-Chiusi, nur Lokalzüge halten hier, Buszubringer.
Busse der häufig befahrenen Strecke Siena-Chiusi stoppen hier. Auch einige Direktbusse nach Florenz.

- *Feste und Veranstaltungen*: Der deutsche Komponist Hans Werner Henze veranstaltet mit tatkräftiger Unterstützung der Bevölkerung seit 1976 ein Festival der modernen Klassik. Bekannte Künstler geben Workshops, weniger bekannte haben die Chance, vor einem größeren Publikum aufzutreten. Während dieser beiden Wochen (2. Julihälfte) platzt die Stadt beinahe aus den Nähten.

**Stadtfest** am letzten Augustsonntag: Bei dem Wettstreit "Bravio" geht es darum, leere Weinfässer so schnell wie möglich die steile Dorfstraße hochzurollen.

- *Sprachschule*: **Cooperativa Il Sasso**, Via dell'Opio nel Corso 3, Tel. 0578/758311. Besonders gefragt sind die Wochenkurse mit Ausflügen, Preis ca. 500 DM. Auch Ferienhäuser werden vermittelt.

## Übernachten/Essen & Trinken

\*\*\* **Il Borghetto**, Borgo Buio 7, DZ ca. 130 DM. Das komfortabelste Etablissement im Ort, Tel. 757535.

\*\*\* **Hotel Panoramico**, Via di Villa Bianca 8 (ca. 3,5 km außerhalb, Richtung Chianciano), DZ ca. 100 DM. Kleines, gepflegtes Hotel in Toplage auf einem Hügel. Geräumige Zimmer mit guter Ausstattung. Tel. 798398.

\*\*\* **Hotel Marzocco**, Piazza Savonarola 18, DZ mit Bad ca. 90 DM, ohne ca. 60 DM. Einige hübsch renovierte Zimmer, z. T. mit Balkon und Aussicht. Tel. 757262.

\*\* **La Terrazza**, Via Piè al Sasso 16, (ganz oben im Dorf, neben dem Duomo), DZ ca. 80 DM. Die Zimmer in dem alten Palast sind meist geräumig, auch kleiner Garten. Tel. 757440.

**Meublé Il Riccio**, Via Talosa 21 (ganz oben neben der Mosaikschule), DZ ca. 80 DM. 5 modern eingerichtete Zimmer, zwei davon mit schwindelerregendem Blick aufs Umland. Alle Zimmer mit eigenem Kühlschrank. Tel. 757713.

- *Essen*: **Trattoria Diva (1)**, Via di Gracciano nel Corso 36 ( nicht weit von der Porta al Prato entfernt). Normale Preise, hausgemachte Spaghetti und andere Teigwaren. Durch die geöffnete Küchentür sieht man, wie's gemacht wird.

**Da Bruno**, Via dell' Opio nel Corso. Eine gemütliche Eßkneipe mit guter toscanischer Küche und einem Original von Wirt ...

**Trattoria Cittino**, Vicolo della Via Nuova 2 ("Hauptstraße"). Das einzige preiswerte Restaurant, ein TV im Speiseraum sorgt für Unterhaltung. Spezialität ist eine Soße aus Bratwurstbrät mit Sahne und Pilzen. Hier werden auch einige DZ ohne Bad für ca. 50 DM vermietet.

**Pizzeria Briciola (2)**, Vicolo delle Cantine (gleich nach dem Stadttor rechts). Schöne Räume, etwas laut, Jugendtreff.

**Rosticceria di Voltaia**, Piazza Grande 11. Einfach und schnell, oft ist ein Primo genug. Auch Tische.

**Café Poliziano**, im Liberty-Stil der 20er Jahre. Erstrahlt seit der Renovation 1993 in neuem Glanz.

**Bar degli Archi**, Borgo Buio. Im Neon-Stil. Erst abends um 23 Uhr wird es knackig voll.

*Spezialisten der Disziplin "Weinfässer rollen" am Ziel*

## Sehenswertes

Kurz nach dem unteren Toreingang befindet sich der **Palazzo Bucelli** (Nr. 73); sein Gebäudesockel ist fast vollständig mit Bruchstücken etruskischer Grabmäler verziert. Etwas weiter, über der **Piazza Michelozzo**, schlägt der in weißen Blech gewandete Commedia-dell'Arte-Clown *Pulcinella* die Stunden. Es heißt, ein verbannter neapolitanischer Bischof hinterließ das Glockenspiel der Stadt zum Dank dafür, daß er mehrere erfüllte Jahre hier verbringen durfte.

**Teatro Poliziano**: Eine hübsch renovierte Miniaturausgabe der Mailänder Scala. Jede der hier ansässigen Adelsfamilien besitzt eine eigene Loge. Viele öffentliche Veranstaltungen vom Neujahrsfest bis zum Fasnachtsball finden hier statt. Im Sommer oft Proben - schauen Sie mal rein.

**Piazza Grande**: An dem von Palästen und Rathaus umgebenen Hauptplatz in der Oberstadt dominiert als neuestes Bauwerk der **Dom** - eine rohe Backsteinfassade und ein unförmiger, bauklotzartiger Turm. Zur Zeit der Hochrenaissance (1564-1680), einer Phase des wirtschaftlichen Niedergangs, begonnen, wurde er nie fertiggestellt. Teile der Innenausstattung stammen noch aus der Vorläuferkirche, die Seitenaltäre sind den geldklammen Stiftern gewidmet.

In einer Seitengasse haben drei alte Mosaikleger ihre kleinen Werkstätten - viel Hübsches und auch manch Kitschiges. Dieser aussterbenden

Zunft soll durch eine Kunsthochschule das Überleben gesichert werden.

**Museo Civico:** Eine Reflektion des Kunstsinnes des Stifters (Mitte 19. Jh.). Zwei große Säle mit Gemälden, u. a. *Filippo Lippis*; im Eingangsbereich dominiert eine ganze Wand mit rotbefrackten Kardinälen. Via Ricci 10.

**San Biagio:** Außerhalb der Mauern, am Fuße des Stadthügels, steht die honigfarbene Kirche aus Travertin. Der Bau der Pilgerkirche wurde von Antonio da Sangallo 1518 nach griechischem Vorbild begonnen - der Grundriß ein gleichschenkeliges Kreuz, an den Türmen griechische Kapitelle. Bemerkenswert auch die freistehenden und doch in den Grundriß integrierten Türme. Neben der Kirche die *Canonica* - das Pfarrhaus.

## Chianciano Terme

**Vom alten Zentrum ziehen sich die Hotelbauten etwa drei Kilometer an einem sanften Talhang entlang nach Süden.**

Die Heilquellen müssen schon den Etruskern bekannt gewesen sein. In der Neuzeit wurden sie erst um die Jahrhundertwende wiederentdeckt, als die noblen Hotelpaläste *Bagni* und *Grand Hotel* erbaut wurden. Das eine ein etwas heruntergewirtschaftetes 3-Sterne-Hotel, das andere hat seit 1987 seine Pforten geschlossen.

Den richtigen Boom erlebte der Kurort erst nach dem Zweiten Weltkrieg, besonders in den 60er Jahren. 250 Hotels mit 13.000 Betten wurden insgesamt erbaut! Wirklich einen Besuch wert sind die beiden üppigen Kurparks:

**Agua Santas Park:** Hier werden Trink-Kuren gegen Leber- und Magenbeschwerden verabreicht. Bis 12 Uhr kostet der Eintritt 10 DM inkl. Heilwasser (auf nüchternen Magen!). Ab 16 Uhr zum Spazierengehen kostenlos.

**Parco dei Fucoli:** Üppig grün und gepflegt, 2 bis 3x pro Woche Kurkonzerte und Tanzveranstaltungen.

# Chiusi (10.000 Einw.)

*Am landwirtschaftlich intensiv genutzten Südrand des Valdichiana, Oliven- und Weinanbau an den Hängen. Besuchenswert das Etruskische Museum.*

Der auf einem kleinen Hügel erbaute Ort war Königssitz von Re Porsenna, dem wohl mächtigsten Führer der etruskischen Konföderation. Nach den Aufzeichnungen von Plinius dem Älteren (gestorben 79 v. Chr.), einem der ersten römischen Geschichtsschreiber, soll Porsena im Jahre 507/506 v. Chr. Rom erobert und tributpflichtig gemacht haben.

## 496  Südliche Toscana

*Fast schon futuristisch anmutend - das Grabmal des Etruskerfürsten Porsena, das sich der Legende nach tief unter der Stadt befinden soll*

Die Etrusker hatten den Römern auch verboten, Eisen zu benutzen. Plinius zitiert aus den Aufzeichnungen eines gewissen Terenzio Varone, nach denen sich unterhalb von Chiusi das mächtige pyramidenförmige Grab des Herrschers befinden soll. Seine letzte Ruhestätte sei ein goldener Wagen, der von 12 goldenen Pferden gezogen wird, ferner sollen - die Gier potentieller Grabräuber steigt auf den Siedepunkt - ein goldenes Huhn sowie 5000 ebensolche Küken dabei sein. Hobbyforscher und Räuber machten sich mit Schlauchbooten in dem labyrinthartigen unterirdischen Kanalsystem, das sogar zwei kleine Seen beherbergt, auf die Suche. Gesichert ist, daß ein Teil der Stollen zu Verteidigungszwecken erbaut wurde, die Krieger konnten auf diesem Wege die Stadt verlassen und dem Feind in den Rücken fallen.

Der Tourismus (nur zwei Hotels am Ort) hat für Chiusi nur geringe wirtschaftliche Bedeutung. Arbeitsplätze schaffen der Schlachthof, die Lederverarbeitung (Schuhe) und eine Möbelfabrik.

Die "Neustadt" Chiusi Scala befindet sich 3 km östlich der Altstadt.

- *Information*: **Pro Loco**, Via Porsenna 67. Öffnungszeiten: 10-13 Uhr und 16-19 Uhr; So 10-13 Uhr. Tel. 0578/227667.
- *Verbindungen*: Chiusi iegt an der Bahnlinie Arezzo - Orvieto/Rom. Auch die Autobahn A 1 führt, keine 3 km entfernt, am Ort vorbei.
- *Feste und Veranstaltungen*: Am 3. Juli das **Kirchweihfest** zu Ehren der Hl. Mustiola, einer römischen Prinzessin und Märtyrerin. Ihre Überreste befinden sich im Dom. Abends beeindruckendes Feuerwerk am See. Ein **Schweinerennen** findet am dem 8. September nächstliegenden Samstag in Scalo statt.

**Weinfest**: letzte Woche im September.

## Übernachten

\*\*\* **La Fattoria**, DZ ca. 100 DM. Mit Restaurant, etwas exklusiv, fast am See, mit Blick darauf. Tel. 21407.

\*\*\* **La Sfinge**, Via Marconi 2, DZ ca. 100 DM. Das einzige Hotel im Zentrum. Gastfreundliche Wirtsleute, gepflegte, meist geräumige Zimmer. Tel. 20157.

*In Bahnhofsnähe* - Chiusi Scala - einige weitere z. B. \*\*\* **Centrale**, Piazza Dante 3, Tel. 20118. \* **La Rosetta**, gepflegtes 1-Sterne-Hotel, Via Mameli 57, Tel. 20077.\* **I Longobardi**, Via Leonardo da Vinci, Tel. 20115.

- *Camping*: Direkt am See und ganzjährig geöffnet **Pesce d'Oro**, Tel. 21403.

**La Fattoria**, etwas besser ausgestattet, auf halben Weg zum See.

## Essen

Eine Spezialität, die auf die Etrusker zurückgehen soll, ist der *Pesce Brustico*. Über offenem Feuer (getrocknetes Schilf vom See) wird der nicht ausgenommene Fisch mit Schuppen und Schwanz fast schwarz gebraten, erst vor dem Servieren geputzt und mit Zitrone, Öl, Salz und Pfeffer gewürzt.

**La solita Zuppa**, Via Porsenna 21. Auf deutsch soviel wie "heute schon wieder die selbe Suppe"; hier wird modern aufgemachte traditionelle Küche serviert. Die Suppen als Vorspeise findet man sonst selten in Restaurants. Dienstag geschlossen.

**Capannino**, Via Bonci 28. Gute Pizzen, relativ preiswert. Man kann hübsch im Wein überrankten Hintergarten sitzen.

**Rosticceria** gegenüber des Tourist-Büros. Für Snacks.

- *Am See*: **Da Gino**, Via Cabina Lago 42. Ein Ausflugslokal mit weit über 100 Sitzplätzen. Wenn nicht gerade alle von Hochzeitsgästen und Ausflüglern besetzt sind, kann es angenehm sein. Hausmannskost, bekannt auch wegen seines Pesce Brustico. Mittwoch geschlossen.

**Pesce d'Oro**, etwas teurer und eleganter. Sehr gute Vorspeisen und Paste. Auch Privatzimmer, Tel. 21403.

## Sehenswertes

**Etruskisches Museum:** Hier bekommt man einen hervorragenden Einblick in die hohe Lebenskultur der Etrusker. Der rege Handels- und Ideenaustausch mit Griechenland zeigt sich deutlich an den Motiven auf einigen Vasen. Ausgestellt sind Toilettenartikel (Kämme), Waffen und

## Südliche Toscana

*Hinter der klassizistischen Fassade verbirgt sich eine der größten Sammlungen etruskischer Funde Italiens*

viele Sarkophage aus Alabaster - reich mit Reliefs verziert. Häufiges Motiv ist eine Opferschale. Adresse: Via Porsenna.

Im Eintrittspreis des Museums (4000 Lit) ist auch der Besuch der Tomba della Pellegrina und Leone inbegriffen. Fragen Sie den Museumswärter, er begleitet Sie dorthin, bzw. weiß, ob ein Kollege schon bei den Gräbern ist.

*Öffnungszeiten*: Montag - Samstag 9-13.45 Uhr (August - September auch am Nachmittag); Sonntag 9-14.45 Uhr.

*Daher vergingen die etruskischen Städte so vollständig wie Blumen. Nur die Gräber - die Wurzeln - lagen unter der Erde.*
D. H. Lawrence, Etruskische Stätten.

**Etruskische Gräber**: Drei bedeutende etruskische Gräber finden sich auf halbem Weg zum See. Sie sind meist geschlossen. Fragen Sie im Etruskischen Museum, ob gerade eine Führung stattfindet.
*Tomba della Scimmia*: Das verblichene Gesicht eines Affenmenschen war hier als Wandmalerei zu bestaunen. Seit über 10 Jahren nicht mehr der Öffentlichkeit zugänglich.
*Tomba della Pellegrina*, *Tomba del Leone*: Hier sind Urnen, Sarkophage und Höhlenmalereien zu bewundern.

**Dom**: ursprünglich erbaut im 6. Jh. und damit der älteste der Toscana. Aus dieser Epoche stammen allerdings nur noch die ursprünglich römischen Säulen, die das Mittelschiff abstützen. Im 12. und 19. Jh. wurden umfangreiche Modernisierungen vorgenommen.

**Katakomben** *Santa Mustiola* und *Santa Catarina*: Im 17. Jh. entdeckten Mönche beim Graben eines Brunnen die "Unterstadt" aus dem 2./3. Jh. Hier finden sich Grabstätten der Urchristen, die noch nach etruskischem Ritus bestattet wurden. Inzwischen gibt es Sommer für ca. 6 DM 1stündige Rundgänge um 11 Uhr und um 16.30 Uhr. Treffpunkt ist das Museum im Dom. Einstieg über die Zisterne unter dem Dom.

## Lago di Chiusi

5 km nördlich liegt der kleine See mit etwa 1,5 km Durchmesser. Ruderboote können gemietet werden. Obwohl das Seewasser, das für die Trinkwasserversorgung entnommen wird, stark mit Nitraten und landwirtschaftlichen Chemikalien verseucht ist (1992 wurde Chiusi deshalb aus Tankwagen mit Trinkwasser versorgt), sollte das Baden eigentlich unbedenklich sein.

# Monte Amiata

*"La Montagna" – weithin sichtbar und bis spät ins Frühjahr hinein mit Schnee bedeckt.*

**Der Gebirgszug um den 1734 Meter hohen erloschenen Vulkan bietet ein Kontrastprogramm zu den Kunst- und Kulturoasen der nördlichen Toscana. Dünnbesiedelte Landschaft, über weite Strecken einsame Kastanien- und Buchenwälder und heiße Thermalquellen lohnen den Besuch.**

Der Gipfel ist auch mit dem Wagen erreichbar. Hier oben hat man natürlich eine phantastische Aussicht und Erfrischungsmöglichkeiten in einer Bar. Das stählerne Kreuz ließ Papst Pius XII. 1946 errichten.

Die Orte rund um den Berg liegen alle auf 600-800 m Höhe, wo eine wasserundurchlässige Bodenschicht die viele Quellen entspringen läßt.

Wirtschaftlich liegt das Gebiet nach der Schließung der Quecksilberminen im Abseits. Neue Impulse verspricht die verstärkte Nutzung der Erdwärme durch Kraftwerke und als Nebenprodukt die Beheizung riesiger 30 ha großer Glashäuser zur Blumenzucht durch die Abwärme bei Piancastagnaio.

## Sportmöglichkeiten

▶ **Wandern:** Das Schöne an diesem Wandergebiet ist, daß man sich je nach Kondition und Laune seine individuelle Route zusammenstellen kann. Nachteilig für Wanderfreaks: Die Aussicht wird meist durch den Wald eingeschränkt, und alles wirkt etwas stark organisiert - Markierungen und Wegweiser zuhauf.

Es gibt einen rot-weiß-rot markierten **Rundwanderweg** (*Anello della Montagna*) um den Berg, der sich meist zwischen 900 und 1300 Höhenmetern bewegt. Er ist als erholsame, 29 km lange Zweitageswanderung gedacht. Der Rundweg ist auch gut in Etappen zu schaffen, er führt an zahlreichen Hütten und Rastplätzen vorbei. Eine komfortable Übernachtungsmöglichkeit nach der ersten Etappe bietet ein kleines Hotel im Ort *Castel del Piano*. Anstrengend wird es erst, wenn man einen Abstecher zum Gipfel plant, da geht es steil bergan. Teilweise sind auf wenigen Kilometern 700 Meter Höhenunterschied zu bewältigen.

Seit kurzem breiten auch die **Drachen- und Gleitschirmflieger** ihre Schwingen über den Tälern des Monte Amiata aus.

▶ **Mountainbike:** Vielleicht die beste Art des sportlichen Freizeitvergnügens. Die Umrundung des Berges, z. T. auf Wegen, aber auch auf Teersträßchen, ist in einem guten halben Tag zu schaffen.

▶ **Skifahren:** 15 Skilifte ab 1300 Metern Höhe verhelfen zu Abfahrten verschiedener Schwierigkeitsgrade. Es bestehen auch ausreichende Möglichkeiten zum Langlauf mit vielen Kilometern gespurten Loipen. Die milden, schneearmen Winter der letzten Jahre lassen aber auch in Zukunft kaum ausreichende Schneefälle erwarten.

▶ **Camping:** Campingplätze sind in dieser Gegend recht dünn gesät: Der ganzjährig geöffnete *Amiata* am Rand von **Castel del Piano** sowie ein weiterer *Monticello Amiata*, liegen ca. 10 km von **Arcidosso** entfernt. Geöffnet vom 15. Juni - 15. September.

## Abbadia San Salvatore

**Die seit dem Mittelalter ausgebeuteten Quecksilberminen der alten Bergarbeiterstadt wurden in den siebziger Jahren geschlossen. Seither sank die Bevölkerung von ehemals 9.000 auf 7.000 Einwohner.**

Vor diesem Hintergrund ist es verständlich, daß noch heute die Stadtbevölkerung zu 80 % kommunistisch wählt. Die Kommunisten kämpften zudem schon früher für eine Verbesserung der Arbeitsbedingungen (sehr niedrige Lebenserwartung wegen des Quecksilbers) und für neue Arbeitsplätze. 1947, nach dem Anschlag auf den KP-Chef Togliatti, besetzten Arbeiter den Ort, worauf es zu heftigen Auseinandersetzungen mit der Polizei kam.

● *Telefonvorwahl*. 0577
● *Information*: Via Mentana 97/1.OG. Tel. 0577/778608. Hier ist eine gut aufgemachte 24seitige DIN-A-4-Broschüre in deutscher Sprache erhältlich, die neben einem nützlichen Stadtplan auch Informationen über Kurzwanderungen um den Ort enthält.

● *Übernachten/Essen*: An Hotels besteht kein Mangel.
\*\*\* **Aurora**, Via Piscinello 51, DZ ca. 90 DM. Hübsche Lage am Ortsrand, Terrasse zum Wald. Tel. 778173.
\*\*\* **Parco Erosa**, DZ 70-150 DM. Das Haus zeigt fast Tiroler Stil, auch innen viel

Holzverkleidung. Gut ausgestattete Zimmer. Tel. 776326.

**Albergo/Ristorante Cesaretti**, Via Trento 37, (100 m schräg gegenüber der Agip-Tankstelle, Ortsausgang Richtung Siena). DZ ohne Bad ca. 50 DM. Beliebt und preiswert, exzellente Casalinga. Meist 4-5 Gerichte zur Auswahl. Tel. 778198.

**Ristorenate Il Gatto & La Volpe**, Via della Pace 44. Eine einfache Trattoria neben dem Fußballstadion. Im Vorraum eine kleine Bar, daneben das einfache, familiäre Speisezimmer.

▶ Am Ortsrand, eingezwängt zwischen später gebauten Häusern, liegt das Kloster **Abbadia San Salvatore**. Es war im Mittelalter ein bedeutendes Zentrum weltlicher Macht. Ausgestattet mit päpstlichen Privilegien beherrschten die Äbte das Gebiet bis zur Küste beim Monte Argentario. Im Jahre 1036 ließ Abt *Winizzone* die Klosterkirche im romanischen Zisterzienserstil erbauen. Hier zeigen Fresken aus dem 17. Jh. einige Episoden aus dem Leben des Langobardenkönigs Rachis, dem der Legende nach die Gründung des Klosters im 6. Jh. zugeschrieben wird. Ein Überbleibsel aus der Gründerzeit des Klosters stellt die *Krypta* aus dem 6. - 7. Jh. dar. Die ursprüngliche Klosterkirche ist mit zylindrischen, verzierten Säulen unterteilt - man vermutet, daß der Gründer ein Langobarde aus dem Friaul war, der diesen Stil aus der Schule von Ravenna in den Süden mitbrachte.

## Santa Fiora *(3000 Einw.)*

Der hübscheste Ort am Monte Amiata - Mittelalter inmitten üppigen Grüns. Man betritt ihn durch einen Durchgang im Palazzo del Conte, der heute die Gemeindeverwaltung beherbergt. Viele Hauseingänge im hinteren Gassengewirr (Via del Fondaccio) sind mit reliefgeschmückten Lavabalken eingefaßt. In der kleinen Kirche Santa Fiora e Lucilla finden sich hübsche Terrakottareliefs von *Andrea della Robbia*.

**La Peschiera**: Im Tal, im ehemaligen Park des Grafen Sforza di Santa Fioro, befindet sich die Quelle des Flusses Fiora. Im 15. Jh. ließ der Graf das kühle Quellwasser aufstauen, um mit einer Fischzucht die Tafelrunde zu bereichern. Im klaren Wasser wimmelt es auch heute noch von Forellen. Die schwarze Schwänin Kleopatra ist seit 1992 verwitwet. Gleich rechts neben dem Eingang ein schattiger Biergarten. Geöffnet in der Saison täglich, sonst nur Samstag/Sonntag. Eintritt ca. 1,50 DM.

• *Information*: Piazza Garibaldi, gegenüber dem Rathaus. Tel. 0564/977124.

• *Übernachten*: Zu beiden Seiten des *Fosso del Carro*, den eine hohe Brücke überspannt befinden sich die beiden Hotels des Ortes:

**\*\* Fiora**, Via Roma 8. Ein mächtiger Neo-Renaissance-Bau, der kürzlich renoviert wurde. Tel. 0564/977043.

**\*\* Eden**, Via Roma 1. Gut geführt, etwas kleinräumiger, mit Lift. Tel. 0564/977033.

• *Essen*: **Barilotto**, typische Gerichte: Pici ai funghi, Pappardelle alla lepre, Acqua cotta.

## 502   Südliche Toscana

*Santa Fiora – La Peschiera, erfrischende Oase mit Schwänen*

### David Lazarretti – Terrorist Gottes

Im Dorf befindet sich das Grab von *David Lazarretti* (1834-78) - ein "Rebell Gottes", dessen angestrebter Gottesstaat auf einer fanatischen Mischung von Gottesfurcht und Sozialismus basierte. Schon als Vierzehnjähriger hatte er Visionen, und empfing auch später regelmäßig Offenbarungen göttlicher Art. Von Beruf Fuhrmann, gründete er nach einigen Eremitenjahren 1872 die christliche Bruderschaft *Giurisdavidici,* die sich den Wahlspruch "Lang lebe die Republik, Gott und die Freiheit" auf das Banner schrieb. Bei Arcidosso errichtete sie eine landwirtschaftlich geprägte klösterliche Gemeinschaft sowie eine Kirche am Monte Labbro, deren Ruine noch heute Pilgerziel einiger Anhänger ist. Lazzarretti kämpfte für eine Landreform und wurde 1878 während eines Protestmarsches am Ortseingang von Arcidosso von Carabinieri erschossen.

Noch heute gibt es diese ungewöhnliche christliche Gemeinschaft, die von Regierung und Klerus mit ziemlich dubiosen Mitteln bekämpft wird (Verzögerung von Straßenbau etc.). Jedes Jahr in der Nacht vom 14. August wird zur Erinnerung an den Gründer auf dem Monte Labbro ein großes Holzfeuer entzündet.

*Fosso Bianco – warmes Badewasser und Sinterablagerungen in weißestem Weiß*

## Casteldelpiano

Auf der Westseite des Bergmassivs auf einer Hochebene gelegen, die sich zum Norden hin, dem **Fondo del Lupo** öffnet, einem sanften Abhang, der nahtlos in die Wein- und Olivengärten der Talregion übergeht.
Der kleine geschäftige Ort wurde Anfang dieses Jahrhunderts mit weitläufigen Plätzen und schattigen Baumalleen neu angelegt. Nur im innersten Kern erinnern enge Gassen an die mittelalterliche Vergangenheit.

- *Telefonvorwahl*: 0564
- *Information*: Via Marconi 9, Tel. 955284.
- *Übernachten/Camping*: **Camping Residence Amiata**, Via Roma 15 (2 km außerhalb, Richtung Santa Fiora). Der ehemalige Bauernhof hat sich zu einem kleinen Touristenzentrum gemausert. Im alten Gutshaus und einem moderneren dreigeschossigen Nebengebäude werden Appartements mit seperater Wohnküche und z. T großen Balkons vermietet, in der Hauptsaison für 2 Personen ca. 70 DM pro Tag, Mindestverweildauer 2 Tage. Behindertengerecht.
Die Stellplätze des Campingplatzes sind groß und relativ schattig. Preis: 2 Personen/Auto/Zelt in der Hauptsaison ca. 30 DM. Pizzeria und Mini-Market vorhanden. Ganzjährig geöffnet. Tel. 0564/955107.

## Bagni San Filippo

Ein paar Häuser und ein altertümliches Kurhotel bilden den kleinen Weiler, der schon fast unten im Formone-Tal liegt.

▶ **Fosso Bianco**: Der weiße Wasserfall im kleinen Tal ist eine Naturattraktion. Unterhalb davon natürliche Becken mit verlockend milchiggrünem Badewasser. Das Mineralwasser ist, nachdem es die hohe Felswand aus Sinterablagerungen heruntergerieselt ist, immer noch lauwarm. Unter der Woche verirren sich wenig Badegäste in diese Oase. Im Winter 1993/94 brach ein großer Teil der Galerie ab. Seitdem sorgen Absperrungen für Distanz, Baden ist aber noch möglich.

**Fußweg** von der Straße aus ca. 7 Min.: Am oberen Ortsausgang weist ein Schild den Weg ins Tal. Den Bach überqueren und immer links halten - später ein kleiner Trampelpfad, nochmals halblinks.

▶ **Grotte des heiligen Filippo**: eine Einsiedelei im Felsen, in den San Filippo flüchtete, um einer Papstwahl zu entgehen. Am 22. und 23. August pilgern Gläubige aus der Umgebung hierher. Außerhalb, abseits der schmalen Straße nach Campiglia d'Orcia.

• *Übernachten*: ** **Terme San Filippo**, die geräumigen Zimmer sind sehr einfach ausgestattet und hauptsächlich mit Kurgästen belegt. Das Thermalbad kann auch von Nichthotelgästen benutzt werden (18DM). Tel. 0577/872982.

In der Bar gegenüber werden einige Appartements vermietet.

## Radicofani

**Ein einsames Bergnest mit zwei empfehlenswerten Restaurants. Die dominante Burg, die über dem Ort auf der Bergspitze thront, wurde erst im letzten Jahrhundert wiederaufgebaut.**

Der aus Siena vertriebene *Ghino di Tacco* machte sich Ende des 13. Jh. die strategisch wichtige Lage zunutze und arbeitete als Raubritter, um seinen von den Sienesern hingerichteten Vater zu rächen. Er ging in die Literatur ein (Dante, Boccaccio) und wurde vom Volk als Robin Hood des Monte Amiata verehrt. Er plünderte nur die Reichen aus, arme Schlucker wurden schon mal mit einer Brotzeit gestärkt auf die Weiterreise geschickt. Besonders amüsant ist die Episode mit dem fettleibigen Abt von Cluny, der erst nach einer wochenlangen Abmagerungskur, gegen entsprechendes Honorar, laufengelassen wurde.

Radicofani lag an der Via Cassia, der wichtigsten Verbindung von Rom nach Norditalien und Frankreich. 300 m unterhalb des Ortes, an der Straße nach Chiusi, steht der **Palazzo La Posta**, Poststation und Zollhaus an der ehemaligen Grenze zwischen dem Großherzogtum Toscana und dem Kirchenstaat. Es ist ein imposanter Bau aus dem 17. Jh. mit zwei mächtigen, übereinanderliegenden Loggien, der heute verlassen und verwahrlost vor sich hinschlummert. Einst war der Palazzo das beliebteste Hotel am langen Weg von Siena nach Rom, in dem viele Berühmtheiten abstiegen.

• *Essen*: **La Grotta**, mitten im Dorf, hübsch auch zum Draußensitzen. Bekannt wegen seiner Wild- und Fleischgerichte. Gute Suppen, z.B. mit Pilzen oder porcini. Auch die Nachspeisen sind nicht zu verachten. Dienstag geschlossen.

**Il Pama**, gleich am Ortseingang links. Großer Garten, sehr bemühter Familien-

*Thermalbad mit Badeverbot - in dem 3000 Jahre alten Becken ist seit 1989 das Baden verboten*

betrieb. So preiswert und gut ist man selten: ein komplettes Meeresmenü inkl. Getränk ca. 30 DM.

• *Übernachten*: **La Torre**, Via Matteotti 7, DZ mit Bad ca. 70 DM. Tel. 0577/55943; **Eni**, Loc. Contignano, selber Preis. Tel. 0577/52025.

## Bagno Vignoni

*Nur vier Kilometer von San Quirico entfernt liegt der kleine Ort mit der Badewanne als Dorfplatz.*

Das 3000 Jahre alte Thermalbad - Etrusker und Römer waren schon hier - besteht aus ein paar Häusern und einigen Edelherbergen. Mittelpunkt ist ein großes Bassin mit ca. 40 Grad warmem Thermalwasser, in dem seit 1989 das Baden verboten ist. Es sind elf starke Quellen, die für Bassin und Kuranlagen gefaßt wurden.

Etwas oberhalb des Ortes liegt die **Burg Vignoni**, von der allerdings mit Ausnahme des Turmes nicht viel übrig geblieben ist.

**Bagno pubblico:** In den Becken des Albergo Posta; das Wasser rauscht mit 45 Grad in den Pool, die Beckentemperatur liegt bei ca. 30 Grad. *Badezeiten*: 9-13 Uhr und 14.30-18 Uhr. Eintritt ca. 20 DM (!), Kinder 15 DM (!). Kostenlose "Fußbäder" unterhalb des Parkplatzs.

• *Essen/Übernachten*: \*\*\* **Le Terme**, im ehemaligen Piccolomini-Palast mitten im Dorf, am alten Badebecken. DZ ca. 100 DM, in der Saison ist Halbpension Pflicht. Tel. 0577/887150.

\*\*\* **Albergo Posta**, DZ ca. 80 DM, Samstag/Sonntag ist Halbpension Pflicht. Ein recht angenehmer Aufenthalt in gepflegter Atmosphäre. Die Küche der Familie Marcucci ist hervorragend, besonders empfehlenswert die Zwiebelcremesuppe und diverse Fischgerichte.

* **Le Roche**, in Castiglione d'Orcia. Einfaches Hotel im Nachbardorf.

# Manciano

**Auf einem sanften Hügel (444 m), die Häuser dicht gedrängt und gekrönt vom 1424 errichteten Sienesischen Kastell, erstreckt sich die Kleinstadt Manciano. Ihre exponierte Lage erlaubt einen herrlichen Rundblick vom Monte Amiata bis zum See Bolsena und zur 25 km entfernten Küste.**

Der Tourismus spielt in dem 5000 Einwohner zählenden Ort noch keine große Rolle, selbst im August bleiben die Einheimischen weitgehend unter sich. Nur einige Römer haben ihre rustikal ausgebauten Ferienwohnungen hier. Die Bevölkerung lebt weitgehend noch von der Landwirtschaft und kleinen verarbeitenden Betrieben am moderneren Stadtrand.

Im Castello befindet sich heute die Stadtverwaltung. *Das Museo di Preistoria e della Protostoria della valle del Fiora* zeigt prähistorische Funde, die im Tal des Flusses Fiora gemacht wurden; Via Corsini 5, (montags geschlossen).

**Sprachferien**: Seit einigen Jahren veranstaltet in Manciano das *Centro di Cultura Italiana* aus Bologna in den Sommermonaten Feriensprachkurse für Italienisch. Neben dem eigentlichen Sprachstudium wird auch ein abwechslungsreiches Begleitprogramm angeboten, das zu etruskischen Ausgrabungsstätten führt oder Gelegenheit zum Probieren des toscanischen Weins gibt. Der zweiwöchige Kurs kostet ca. 550 DM ohne Übernachtung. Quartiere bei Familien oder in Ferienwohnungen werden vermittelt. Adresse der Schule: Via XX Settembre 79, 58014 Manciano (GR), Tel. 0564/ 629382; Informationen sind in Deutschland erhältlich beim Centro di Cultura Italiana, Iglauer Str.89, 89518 Heidenheim, Tel. 07321/48459.

- *Information*: Ufficio Turistico di Manciano, geöffnet 9-12.30 Uhr, auch an Wochenenden. Tel. 0564/629218.
- *Übernachten*: Manciano bietet relativ wenige Unterkunftsmöglichkeiten in Hotels und Pensionen. Nach Privatquartieren oder Ferienwohnungen fragt man am besten in der Bar Centrale, Via Marsala 27.

** **Miravalle**, ruhige Lage am Ortsrand Richtung Vulci. DZ ca. 60 DM. Nette Inhaber. Tel. 0564/620245.

*** **Boscaccio**, Via Paride Pascucci 9, DZ mit Bad ca. 100 DM, Tel. 0564/620283.

*** **Rossi**, Via Antonio Gramsci 3, zentral am Kreisverkehr im unteren Ortsteil gelegen, DZ ca. 70 DM. Tel. 0564/629248.

- *Essen*: Spezialität des Ortes ist *Ciaffagnone*, eine Crêpe, bestreut mit geriebenem Schafskäse.

**Ristorante Il Rifugio**, Via Trieste 9. Das Lokal heißt nicht nur "Zuflucht", sondern ist in der Tat mit seiner angenehmen Atmosphäre und guten Küche, z. B. Wildschwein- und Steinpilzgerichte, eine kulinarische Zufluchtsstätte.

**Trattoria da Paolino**, Via Marsala. Spartanisches Lokal aus einer Art Kantine der nebenan liegenden Bank "Monte dei Paschi di Siena" entstanden. Es gibt keine Karte, die Gerichte wechseln täglich.

**Pizzeria Gorimbo**, Piazza della Pace. Hier soll es die beste Pizza in Mancino geben.

▶ **Einsiedelei von Poggio Conte:** An der Stelle, wo die Straße von *Manciano* nach *Canino* den Fluß Fiora überquert, befindet sich, nur zu Fuß und mit einem Führer erreichbar, versteckt hinter einem dichten Vorhang üppiger Vegetation, eine archäologische Besonderheit, der sogenannte "Romitorio del Poggio Conte". Es handelt sich um eine Einsiedelei aus dem 12. bis 13. Jh. Die Eremiten, die sich an diese abgelegene Stelle zurückzogen, trieben nicht nur ihre Mönchszellen in das Tuffgestein, sondern auch eine ganze Kapelle, die sie mit gotischem Gewölbe und großflächiger Wandmalerei ausstatteten. Die eindrucksvollen Apostelbilder befinden sich heute im Museo Civico der Stadt Ischia di Castro.

*My cave is my castle - Eingang zu einer der Mönchszellen der Einsiedelei von Poggio Conte*

## Montemerano

**Auf halber Strecke zwischen Manciano und den Thermen von Saturnia kommt man durch den pittoresken Ort Montemerano.**

In mehreren Bögen führt eine kleine Straße hinauf zum alten Ortskern rund um das Kastell, dessen enge Gassen nur zu Fuß oder von einem kleinen Fiat 500 passiert werden können.

Daß der gehobene Tourismus in Montemerano eine wichtige Rolle spielt, lassen schon die großen dunklen Limousinen mit römischen Kennzeichen sowie die zahlreichen Feinkostläden und Restaurants der gehobeneren Kategorie erkennen. Die kühle Brise, die selbst im Hochsommer über den steilen Bergrücken weht, macht den Aufenthalt in Montemerano für viele Großstädter zur angenehmen Alternative zum Urlaub an der überfüllten Küste. In der Bar am Eingang zur Altstadt kann man unter herrlichen alten Bäumen sitzen und sich mit dem eisgekühlten, selbstgezogenen Wein erfrischen.

Sehenswert ist die romanische Pfarrkirche San Giorgio, sie enthält einige Fresken aus dem 15. Jh., Meisterwerke der Sienesischen Schule.

Für Freunde alter oder rustikaler Möbel gibt es in einigen Antiquitätenläden viel zu sehen. In den zahlreichen Feinkostläden lassen sich köstliche regionale Spezialitäten wie veredelte Weine, Olivenöle, Weinessige und Käse kaufen und probieren. In der **Enoteca Perfacco** (Piazza Solferino 2), die Erik Banti auch als Restaurant in einer alten Olivenmühle eingerichtet hat, sollte man unbedingt den weitgehend unbekannten Rotwein Morellino di Scansano versuchen. Er wird in der näheren Umgebung angebaut und zeichnet sich durch seinen kräftigen, fruchtigen Geschmack aus.

- *Feste*: Fest des San Giorgio, im April.
- *Übernachten*: \*\*\* **L'Oliveto**, Via E. Fermi, DZ mit Bad ab 90 DM. Tel. 0564/602849. Für Romantiker gibt es auch die Möglichkeit, eine Ferienwohnung in der **Burg von Montemerano** zu mieten. Die Wohnungen sind sehr groß, jedoch etwas renovierungsbedürftig, Preis pro Tag für zwei Personen etwa 90 DM.
- *Essen*: **Ristorante da Caino**, Via della Chiesa 4. Eines der besten aber auch teuersten Restaurants der Maremma. Gäste sollen eigens aus Rom anreisen, um hier zu speisen. Für ein opulentes Menü am Abend müssen aber schon etwa 150 Mark pro Person eingeplant werden. Tel. 0564/602817.
**L'Antico Frantoio**, Piazza Solferino 2. In einer alten Olivenmühle hat der Weinproduzent Erik Banti ein schönes Restaurant untergebracht. Zu dem eigenen Wein werden vor allem regionale Spezialitäten serviert. Ebenfalls gehobenes Niveau in Qualität und Preis, aber günstiger als Caino. Geöffnet abends, an Sonn- und Feiertagen auch mittags. Tel. 0564/602615.
**Ristorante la Cascia da Peppino**, liegt direkt an der Ortsdurchfahrt in einem Eckhaus. Essen ist einfach und gut. Dienstag geschlossen.

# Saturnia

Spricht man von Saturnia, denkt man zu allererst an die Schwefelquellen und den traumhaften Wasserfall. Von den schon seit der Antike bekannten Thermen schwärmte kein geringerer als Dante in seiner "Göttlichen Komödie". Wegen der konstanten Wassertemperatur (37 Grad) dauert die Saison das ganze Jahr; besonders übers Wochenende kommen die Römer in Scharen.

Von Manciano kommend, sieht man bereits links unten im Tal neben einer halbverfallenen Mühle den Wasserfall. An einer Rechtskurve, ca. 1,5 km vor dem Städtchen Saturnia, weist dann ein leicht übersehbares, gelbes Hinweisschild zu den **Cascate del Mulino**. Dort stürzt das Wasser mit immenser Wucht die Felswand herunter, sammelt sich in Strudeln in einer runden Naturbadewanne und fällt aus einer halboffenen Grotte wieder in die Tiefe, wo sich in stufenformigen, natürlichen Sinterbecken die Badenden aalen (zu jeder Tages- und Nachtzeit).

Neben der kräftigen Wassermassage haben die Thermen auch eine Vielzahl von Heilwirkungen (Rheuma, Bronchitis, Arthrosen u. v. m.). Manche Besucher kratzen die lehmigen, schwefelhaltigen Ablagerungen von den Felswänden und reiben sich Gesicht und Oberkörper damit

## Saturnia 509

*Badevergnügen besonderer Art: Von der Cascate del Mulino stürzt das 37 Grad warme Wasser zur Freude der Badenden in die natürlichen Sinterbecken*

ein. Daran denken, vorher den Schmuck abzulegen, er läuft sonst im Wasser schwarz an!

Der Ursprung Saturnias verliert sich in grauer Vorzeit, genauer gesagt, in der Eisenzeit, noch bevor der Ort zur etruskischen Stadt *Aurinia* wurde. In voretruskischer Zeit war Saturnia auf zyklopischen Mauern gebaut, über die sich später die römischen und schließlich die mittelalterlichen Bauten lagerten.

**Castello Aldobrandesco**: Es ist in Privatbesitz und daher nicht zu besichtigen. Unterhalb davon die **Porta Romana**, ein gut erhaltenes etruskisches Stadttor, durch das eine römische Straße, die *Via Clodia*, hinunter zur alten Mühle führt (geht später in einen Trampelpfad über). Hinter der Boccia-Bahn auf der Piazza Venuto ist man noch dabei, Reste der römischen Stadt auszugraben.

**Thermalbad:** Auf halbem Weg nach Saturnia liegt rechts in einer gepflegten Parkanlage das eigentliche Thermalbad mit großem Schwimmbecken, Liegewiesen, Tennisplätzen und Duschen. Es gehört zum 1.-Klasse-Kurhotel Saturnia, kann aber auch von Nicht-Hotelgästen besucht werden (Eintritt: ca. 18 DM).

• *Verbindungen:* Mit dem **Bus** nach Saturnia über Manciano. In Manciano umsteigen, vorher am Zeitungskiosk an der Haltestelle eine Busfahrkarte nach Saturnia kaufen (Achtung: Die Haltestelle ist nicht als solche beschildert; der Bus hält hinter dem Kiosk an der Tankstelle). Wenn man dem Fahrer vorher Bescheid gibt, hält er an den Thermen, ansonsten fährt er hinauf nach Saturnia.

• *Übernachten*: **\*\*\*\* Terme di Saturnia**, das Kurhotel, ca. 2 km außerhalb an den Quellen (die im Schwimmbassin entspringen) gelegen. DZ ca. 360 DM. Die Preisliste der medizinischen Anwendungen ist ellenlang und umfasst alles von der ärztlichen Visite für 50 DM bis zum Diätprogramm für 400 DM. Tel. 0564/601061.

\*\*\* **Villa Clodia** (Hotel Garni), Via Italia 43, DZ mit Dusche und Frühstück ca. 120 DM. Renovierte Villa, piekssauber, geschmackvoll eingerichtet, ruhige Lage, sehr schönes Gartenareal mit Swimmingpool. Tel. 0564/601212.

\*\* **Saturnia di Mader Rosemarie**, Via Mazzini 4 (neben der Trattoria Saturnia), DZ mit Dusche 75 DM. Saubere, einfache Zimmer. Tel. 0564/601007.

• *Essen:* **Da Michele**, Piazza Venuto. Empfehlenswertes Speiselokal der gehobenen Kategorie, ausgezeichnete toscanische Küche, gemütliche Räume mit offenen Kaminen.

**Trattoria Saturnia**, preiswerter und legerer als im "Michele", aber durchaus akzeptabel. Die Inhaberin offeriert einen Weißwein aus eigenem Anbau mit erdigem Geschmack. Hier gibt's auch die Zuppa Acqua Cotta, reichhaltiger, als der Name vermuten läßt.

# Pitigliano

Mitten aus dem Tal ragt ein gewaltiger steiler Tuffsteinfelsen, obenauf die Stadt. Man meint, sie nur mit riesigen Leitern erklimmen zu können. Aus der Ferne wirken die mittelalterlichen Häuser wie ein Wildwuchs des Felsens.

Erst in den letzten Jahren konnte der langsam bröckelnde Stadtfels, in dem die Etrusker eine Nekropole einrichteten, mit Stahlklammern gesichert werden. Die in den Felsen gehauenen Keller unterhalb der Stadt werden heute noch zur Weinlagerung, als Ställe und Werkstätten benutzt. Es gibt kaum eine Familie in Pitigliano, die nicht ihren Weinkeller im Etruskergrab besäße.

In den engen, von keinem Auto zu befahrenden Gassen sitzen alte Frauen auf den Stufen ihrer Häuser beim Sticken. Bemerkenswert ist die Tatsache, daß hier einst eine nicht unbedeutende jüdische Gemeinde zu Hause war. Um 1880 waren 10% der 3000 Einwohner von Pitigliano Juden - sehr viel, wenn man bedenkt, daß Juden in Italien damals (und auch heute) nur 0,1 % der Bevölkerung ausmachten. Es gab jüdische Bibliotheken, Schulen, eine *Synagoge*, die in den letzten Jahren wieder hergerichtet wurde, und einen *Koscher-Ofen*, der in einem in den Fels gehauenen Kellergewölbe unterhalb der Stadt steht. Hier wurden einmal im Jahr die traditionellen Backwaren für das Passah-Fest gebakken. Ein meist verschlossenes, stilles Zeugnis der jüdischen Vergangenheit ist der verwaiste Friedhof, der außerhalb der Stadt auf einem wunderschönen Hügel liegt (Richtung Manciano - Orbetello, links oberhalb der großen Brücke im Tal).

## Pitigliano 511

*Pitigliano – ein Wildwuchs des Felsens*

**Sehenswertes:** Der zinnengeschmückte **Palazzo Orsini** überragt die Piazza della Repubblica inmitten der Altstadt. Der Palast der römischen Adelsfamilie Orsini, zu deren Grafschaft Pitigliano gehörte, wurde in den letzten Jahren des 14. Jh. erbaut. 1547 wurde er bei einem Volksaufstand geplündert. Ein kleines Provinzmuseum wurde in einigen Räumen eingerichtet (Öffnungszeiten: 9-13 Uhr und 15-18 Uhr, Sonntagnachmittag geschlossen).

Das **Museo della Civaltà Giubonnai** befindet sich im Kellerlabyrinth unterhalb der Festung. Die Sammlung über Brauchtum und traditionelle Landwirtschaft ist noch im Aufbau begriffen. Auch existieren noch keine festen Öffnungszeiten. Erkundigen Sie sich im Touristenbüro nach Führungen.

- *Telefonvorwahl:* 0564
- *Information:* Via Roma (gegenüber der Bar Centrale). Nur im Sommer geöffnet. Tel. 615243.
- *Verbindungen:* Per Bus nach: Grosseto (via Manciano), Orbetello, Sovana, Rom, Viterbo. Abfahrt und Fahrpläne an der Piazza Petruccioli.
- *Kommunales Thermalbad:* ungefähr 4 km außerhalb von Pitigliano in Richtung Orvieto, im grünbewaldeten Valle Orientina. Die natürliche Wassertemperatur beträgt ca. 30 °C. Das Schwimmbecken befindet sich in einer recht unattraktiven Halle, man kann aber im Freien liegen. Geöffnet Dienstag - Samstag 9-12 Uhr und 15-19 Uhr, Sonntag 9-12 Uhr, Montag geschlossen.
- *Tennis:* Unmittelbar vor dem Schwimmbad ein öffentlicher Tennisplatz.
- *Weine:* Nicht zu verachten sind die typischen Weine Pitiglianos: *Rosso Rubino, Aleatico, Bianco Amabile* und vor allem der *Bianco di Pitigliano*, ein leichter, trokkener Weißwein.

Eine Besonderheit sind die **koscheren Weine**, die mit einem Zertifikat des Oberrabbiners von Livorno versehen

## 512   Südliche Toscana

sind. Man bekommt einen weißen, und den roten Rosso della Piccola Gerusalemme. Beide Weine sollen frei von Konservierungsstoffen (Schwefel) sein.
Die Weine probiert und kauft man am besten in der Cantina Cooperativa von Pitigliano (an der Ausfallstraße nach Bolsena), geöffnet Montag - Freitag 10-18 Uhr. Ein weiterer Verkaufsraum in der Via S. Chiara ist regelrecht in den Fels gehauen. Zum Wein unbedingt auch den köstlichen Pecorino-Käse probieren.

## Übernachten

** **Corano**, Etwas außerhalb, Richtung Manciano, kurz nach Madonna delle Grazie. DZ ca. 80 DM. Modernes Hotel mit Pool. Tel. 616112.
** **Albergo Guastini**, Via Petruccioli 4 (gleich am ersten Platz, wenn man in den Ort hineinkommt), . DZ mit Bad ca. 90 DM, ohne Bad 70 DM. Halpension ist manchmal Pflicht. Die Zimmer sind sehr geräumig, liegen aber wunderschön direkt am Hang, toller Blick auf das Tal und die Altstadt. Tel. 616065.
** **Valle Orientina**, ca. 4 km außerhalb, Richtung Lago di Bolsena (neben dem Thermalbad). Geräumige Zimmer mit Bad ca. 90 DM. Schöne, ruhige Lage im bewaldeten Orientina-Tal.
Hier im Hotel oder beim Bademeister kann man auch den Weg zu den etruskischen Grabkammern erfragen, die sich weiter hinten im Tal befinden. Tel. 616611.

## Essen

**Del Corso**, Via Roma 53. Gute Casalinga, bekannt das Hühnchen in grüner Soße. Montag geschlossen.

**Casalinga**, Via Cavour. Kleine Trattoria direkt im Centro Storico. Die Hausfrau steht selbst am Herd, um die zahlreichen Wildspezialitäten der Umgebung zuzubereiten.

# Sovana   *(190 Einw.)*

**Eine Museumsstadt aus braunrotem Tuffstein. Früher Hauptsitz der Adelsfamilie der Aldobrandeschi, die große Teile der Südtoscana und Teile des nördlichen Latiums ihr Eigen nannten.**

Im kleinen, herausgeputzten Städtchen, das zwischen den Felsenschluchten der Flüsse Folonia und Calesina liegt, fühlt man sich beinahe ins Mittelalter oder in die Tage der Römer und Etrusker zurückversetzt. Der östliche Ortseingang wird von der gewaltigen Burgruine "Rocca Aldobrandeschi" beherrscht, neben der die kleinen Häuser Sovanas wie Spielzeug erscheinen. Die Burg war Schauplatz vieler Auseinandersetzungen zwischen Siena und Pitigliano. Die sorgfältig restaurierten Ziegelbauten des Ortes reihen sich an einer langezogenen Straße auf. Ihr warmes Rotbraun findet sich sogar im Straßenbelag wieder, dessen Ziegel ein endloses Zickzack-Ornament bilden. Sovana war um 1021 der Geburtsort des Mönches Hildebrand, der als Reformpapst Gregor VII. den Kampf mit dem deutschen Kaisertum aufnahm und dem büßenden Kaiser Heinrich IV. vor der Burg Canossa die Absolution erteilte.

Im liebevoll restaurierten **Palazzo Pretorio** (12. Jh.) schmücken freigelegte Fresken die Räumlichkeiten. Neben dem *Informationsbüro* zeigt

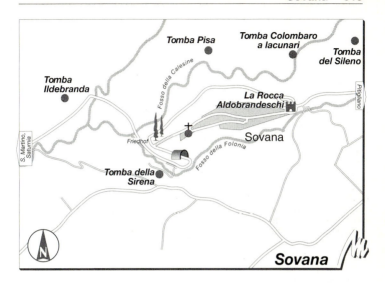

eine Dokumentation (Eintritt) die Sehenswürdigkeiten der Umgebung.

An der Piazza befindet sich die **Kirche Santa Maria** aus dem 13. Jh., mit einem einmaligen frühromanischen Altarbaldachin (8./9. Jh.) aus weißem Marmor. Der mit Weinranken, Tauben und Pfauen verzierte Baldachin wird von Säulen getragen. Obenauf sitzt eine achteckige Pyramide. Neben der Kirche am Platz ein erfrischender Brunnen mit Trinkwasser.

Am westlichen Ortsende findet man den **Dom Pietro e Paolo** aus dem 11 Jh. Papst Gregor VII. stiftete dieses Bauwerk seiner Heimatstadt. Besonders imposant: das Seitenportal mit frühromanischer Ornamentik (geschlossen 13-15 Uhr).

### Die etruskischen Grabmäler

Sovana ist berühmt für seine etruskischen und römischen Nekropolen, die teilweise bis auf das 7. Jh.v.Chr. zurückgehen. Die Grabmäler liegen rund um Sovana verstreut, sind aber gut zu Fuß auf beschilderten Wegen zu erreichen.

Die **Tomba Ildebranda**, (3.-2. Jh. v. Chr.), benannt nach Hildebrand, dem späteren Papst Gregor VII., gilt wegen der zwölf sie umgebenden Säulen und ihres reich verzierten Frieses als eine der wichtigsten. Die "Tomba Pisa", benannt nach ihren Entdeckern vom Archäologischen Institut der Universität Pisa, wurde vom 3.-1. Jh. v. Chr. als Grabkammer benutzt. Die **Tomba della Sirena** (3.-2. Jh. v. Chr.) wird von einem

# 514  Südliche Toscana

*Die mächtige Tomba Ildebranda*

kleinen Raum gebildet, dessen Vorderseite geheimnisvolle Inschriften zeigt und, wenn auch undeutlicher, mit der Figur einer Sirene und seitlich mit zwei geflügelten Figuren dekoriert ist. Die Innenwände der **Tomba Colombaro a lacunari** (3.-2. Jh. v. Chr.) sind mit kleinen wabenförmigen Urnennischen dicht besetzt, die später wohl von Tauben als Nistplätze benutzt wurden. Daher auch der Name, der soviel heißt wie "Nistkästen der Tauben". Die **Tomba del Sileno** ist schließlich eine der wenigen, in der die Grabbeigaben noch in unberührtem Zustand gefunden wurden.

• *Einkaufen*: Kleine Kunsthandwerk- und Anitiquitätenläden bieten reichlich Gelegenheit zum Stöbern

• *Übernachten*: **\*\* Taverna Etrusca**, Piazza del Pretorio (gegenüber dem Palazzo Comunale), DZ mit Bad ca. 70 DM. Kleines gepflegtes Albergo im Zentrum. Tel. 0564/616183.

• *Essen*: **Taverna Etrusca**, im gleichnamigen Hotel. Das Restaurant bietet nicht nur für Übernachtungsgäste alle typischen Gerichte der Maremma zu gemässigten Preisen, z. B. Bistecca alla griglia mit lauwarmen weißen Bohnen.

**Pizzeria Il Sileno**, Via del Duomo. Kleine Pizzeria und Trattoria mit gemütlicher Terrasse auf der Gartenseite des Hauses.

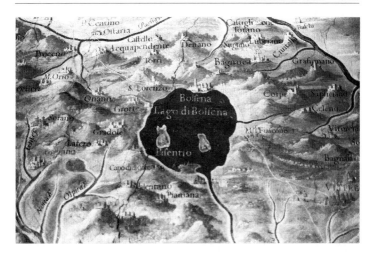

*Kartographisches Fresko im Vatikan*

# Lago di Bolsena *(Region Latium)*

**Der Vulkansee, in einen Hügelkranz eingebettet, ist noch ein Kleinod im Gesamtbild der verschmutzten Binnengewässer. Er ist fast so groß wie der Lago Trasimeno, doch vom Tourismus etwas weniger berührt.**

Der See mit seinem glasklaren Wasser ist fast kreisrund und hat eine Fläche von 114 qkm; seine tiefste Stelle liegt bei 151 m. Seine Ufer gehen flach ins Wasser, erst nach 20 m fällt der Grund steil ab. Am Ufer entlang wechseln sich Streifen von schmalen, dunklen Sandstränden ab mit wildwuchernder Wasserflora. Hinzu kommt ein - noch - ungestörtes biologisches Gleichgewicht mit einem ausgesprochenen Fischreichtum: Hier gibt es neben Aalen auch Hechte, Schleien, Forellen, Barsche, Karpfen und Felchen. Neben der Landwirtschaft und dem Weinbau ist der Fischfang für die Uferbewohner noch immer wichtigster Erwerbszweig.

Es gibt keine Asphaltstraße, die in Ufernähe rings um den See führt. Zwischen den Ortschaften gibt es jedoch unzählige, zum See abzweigende "Holperwege", die von den Gemüsebauern mit ihren landwirtschaftlichen Fahrzeugen genutzt werden.

Es gab inzwischen diverse Pressemeldungen, wonach der See bereits am "umkippen" sei. Das wäre tragisch, denn bei dem geringen Wasseraustausch des abflußlosen Kratersees würde die Selbstreinigung viele

Jahrzehnte dauern. Im Moment wird ein Kläranlagenprojekt beendet. Da die Umweltschützer das berüchtigte Schneckentempo der italienischen Bürokratie beschleunigen wollten, versuchten sie mit allen zur Verfügung stehenden Mitteln, das Baden demonstrativ verbieten zu lassen. Sie erreichten dadurch kurzfristige Badeverbote, allerdings ergaben staatliche Wasserproben (noch) keine gesundheitlichen Bedenken.

Ist es unnötig oder vermessen, darauf hinzuweisen, daß man auch als Fremder verantwortungsbewußt mit dieser Kostbarkeit umgehen sollte?

Die ersten menschlichen Spuren fand man in Form von steinzeitlichen Pfahlbauten, die durch einen weiteren Ausbruch der Vulkane zerstört wurden. Später entstanden etruskische Siedlungen, von denen *Bisenzio* in der Nähe des heutigen Capodimonte wohl die größte war. Außer einigen Gräberresten ist jedoch nichts erhalten. Allerdings wurden etliche andere Funde gemacht, die auf eine relativ zivilisierte und auch friedliche Kultur der Etrusker am Bolsena-See schließen lassen. Eine ihrer besonderen Errungenschaften waren Schuhe, die sogar ins alte Griechenland exportiert wurden.

280 v. Chr. kamen die Römer und zerstörten die Zivilisation der Etrusker. 573 widerfuhr dem etruskisch-römischen Bolsena dasselbe Schicksal, und knapp zwei Jahrhunderte später wurde das Gebiet lombardisch. Die weitere Geschichte ist eng mit dem Papsttum verbunden.

### Ein See vulkanischen Ursprungs

Vor Hunderttausenden von Jahren waren hier wahrscheinlich vier Vulkane tätig, mit beinahe 100 über das ganze Gebiet verstreuten kleinen Kratern. Diese spuckten soviel Schlacke und Lava aus, daß ein unterirdischer Hohlraum entstand, der die oben abgelagerten Massen nicht mehr tragen konnte. Das Ganze implodierte und erlosch nach Jahrtausenden. Langsam füllte sich dieses Loch nun mit Wasser, bis der See mit seinem einzigen Abfluß entstand. Spuren dieser längst vergangenen Zeit findet man noch in der Nähe von Bolsena in Form der "geschleuderten Steine" - Prismen, die wie Pfeile in den Hügel geschossen sind. Auch der rote *Lapillo*, der hier abgebaut wird (Tennisplatzbelag!), weist auf die vulkanische Vergangenheit hin.

# Bolsena

Die Monaldeschi-Burg aus dem 15. Jh. überragt mit ihren hohen Türmen den Ort. Unter ihr drängt sich der mittelalterliche Kern der Stadt mit engen Gassen, steilen Treppen und schönen Torbögen.

Zum See hin breitet sich "Neu-Bolsena" aus. Den Lago selbst erreicht man von Bolsenas Hauptplatz aus, der *Piazza Matteotti*, über eine gradlinig verlaufende Allee - am Ende ein platanenbestandener Platz mit Zierbrunnen. An der Uferpromenade mit dem kleinem Hafen reihen sich Cafés, Bars, Hotels und Pensionen.

- *Telefonvorwahl*: 0761.
- *Information*: Ufficio Turistico, Piazza Matteotti. Nur im Sommer geöffnet, von ca. 10-13 Uhr und 16-19 Uhr. Tel. 799923. Das ganzjährig geöffnete Touristenbüro in **Viterbo** bietet Informationsmaterial über die ganze Region.
- *Verbindungen*: Nächste größere **Bahnstation** ist Orvieto (Linie Rom-Florenz). **Busse**: 2x täglich ein Bus nach Orvieto (6.45 und 14.50 Uhr) und zurück (13.45 und 17.15 Uhr), nach Viterbo 13x täglich. Ab Viterbo stündliche Verbindung nach Rom.

**Regionalbusse** nach Montefiascone, Grádoli, Marta (in Montefiascone umsteigen).
- *Seerundfahrt*: Sowohl von Bolsena als auch von Capodimonte aus kann man eine Seerundfahrt starten. Sie führt an den Inseln **Bisentina** und **Martana** vorbei, die sich in Privatbesitz befinden. Abfahrt Bolsena: 9.00, 10.00, 15.30, 16.30, 17.30 Uhr. *Preis*: zwischen 7,50 DM und 10 DM, je nach Saison. Information: Navigazione Turistica, an der Uferpromenade. Tel. 98213.
- *Wäscherei*: **Tintoria**, Via Marconi 11.

# 518 Bolsena-See

Saubere Wäsche innerhalb von 1-2 Tagen. Umsonst und kommunikativer wäscht man seine Sachen am **öffentlichen Waschbrunnen**, wo noch viele Frauen ihren Waschtag abhalten. Am Ortsausgang Richtung Grádoli links, gleich unterhalb der Straße.
- *Markt*: Jeden Dienstagmorgen bis ca. 13 Uhr auf der Piazza Matteotti.
- *Fahrradverleih*: Via Gramsci 43. Ca. 10 DM pro Tag.
- *Ferienhausvermittlung*: **Agenzia Immobiliare House**, Corso della Repubblica 50. Vermittlung von Appartements und Ferienhäusern (Bauernhäuser, Villen und Landsitze). Tel. 799761.

**Agenzia Immobiliare Domizil**, Piazza Matteotti 26. Vermittlung von Ferienwohnungen und Landhäusern. In der Agentur arbeitet eine Deutsche, die sich in der Gegend hervorragend auskennt. Tel. 798444.

## Übernachten

\*\*\* **Columbus**, Via del Lago. DZ mit Bad ca. 140 DM, in der Nebensaison um 50% billiger. Bolsenas erste Adresse. Riesige, vollklimatisierte Zimmer mit Balkon nach hinten, kleinere (zum selben Preis) zur Allee hin. Tel. 799009.

\*\*\* **Loriana**, Viale Cadorna 33 (an der Uferpromenade, am Ende der Allee links). DZ mit Dusche ca. 90 DM. Moderner Backsteinbau, doch schöne, geräumige Zimmer, z. T. mit Dachterrasse oder Balkon. Garten vorhanden. Tel. 799272.

\*\*\* **Le Naiadi**, Via Guadetto 1 (vom obengenannten aus ca. 800 m weiter entlang dem Ufer, direkt am See gelegen. DZ ca. 90 DM, Halbpension ca. 75 DM pro Person. Selber Besitzer wie Hotel Loriana, etwas moderner als dieses und mit kleineren Zimmern ohne Balkons. Sehr ruhige Lage, kleiner Garten, Tel. 799017.

\*\* **Nazionale**, Via Gramsci 50, DZ 60-80 DM, alle Zimmer renoviert und mit Dusche/WC. Direkt an der zentralen Straßenkreuzung von Bolsena gelegen. Geräuschpegelkontrolle empfohlen. Tel. 799006.

\* **Eden**, ca. 1 km in nordwestlicher Richtung, direkt am See. DZ ca. 50 DM. Wenig idyllischer zweistöckiger Kasten. Tel. 799015.

**Pensione La Colonna**, Viale Colombo (am Ende der Allee zum See rechts, dann die erste Straße wieder rechts). DZ ca. 50 DM. Ein ehemaliges Internat in kommunalem Besitz, das sehr einfache, aber saubere Zimmer vermietet. Wiese und Kinderspielplatz. Die Bar betisckt den Innenhof. Unsere Empfehlung für den schmalen Geldbeutel. Tel. 798001.

- *Agriturismo*: Noch vor dem Ort (von Grádoli kommend) weist ein unscheinbares Schild darauf hin. Ein Weg führt ca. 1,5 km den Berg hinauf. Erst im Juni geöffnet, es werden auch Ferienwohnungen vermietet.

- *Camping*: Der stadtnächste ist der **Pineta** (mit Restaurant) am nördlichen Ende der Seepromenade, im Sommer allerdings schnell ausgebucht.

Mehrere Plätze entlang der Asphaltstraße Richtung Grádoli - alle am Seeufer. Darunter der **Chez-Vous**, ein hübscher kleiner Platz mit vielen schattenspendenden Bäumen und eigenem schmalen Strand. Das Ganze wirkt etwas improvisiert und hat nicht so tolle sanitäre Anlagen wie der benachbarte Platz. Die Inhaberin hat auch einige "Bungalows" mit Kochnische, Dusche und mehreren Schlafgelegenheiten zu vermieten - eine preiswerte Alternative, vor allem, wenn man zu mehreren anreist.

## Essen

**Ristorante Sirenetta**, unter den Gartenrestaurants am See das empfehlenswerteste.

**Trattoria da Picchietto**, Via Porta Fiorentina (Fortsetzung des Corso Cavour). Gutbesuchtes Restaurant mit einer schönen, weinüberwucherten Gartenlaube. Man ißt leckere Spezialitäten: Pizzaiola - ein Fischgericht mit Tomatensoße - und Goregone, Fisch vom See in einer süßlichen, würzigen Soße.

**Trattoria di Angela e Piero**, Via della Rena (außerhalb von Bolsena, am Ortsausgang Richtung Grádoli rechts hochfahren). Betischung im großen Garten mit

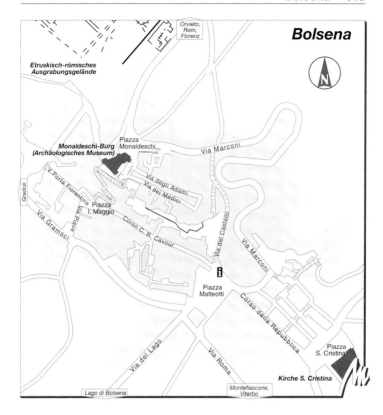

Seeblick. Früher hatten Piero und Angela eine billige und einfache Trattoria in der Stadt unten. Die Neueröffnung 1994 in ruhiger Lage mit Landluft ist vielleicht nicht mehr ganz so billig, hat dafür in puncto Ambiente gewonnen. Dienstag geschlossen.

**Vinothek Circolo dai Marinai**, Corso Cavour (gleich nach dem Torbogen). Eine unprätentiöse Weinspelunke, Treffpunkt der Veteranen und regelmäßigen Weintrinker, früher von den Matrosen des Lago, heute von Jugendlichen aus dem Dorf in gemeinsamer Regie geführt. Der Weiße wird vom Faß gezapft, das Glas für 50 Pf. Speisekarte am Abend. Überdachter Hinterhof.

## Sehenswertes

**Kirche Santa Cristina** (*Chiesa dei Miracoli*): Der Schutzpatronin Bolsenas zu Ehren wurde dieser ungewöhnliche Kirchenkomplex errichtet. Drei verschiedene Epochen spiegeln sich darin: Romanik, Renaissance und Barock. Hier wurde im Jahr 304 die erst 12jährige Märtyrerin von ihren Glaubensgenossen bestattet. Die Tochter des heidnischen Stadtpräfekten

Urbanus war zum Christentum übergetreten und sollte deshalb mit einem schweren Stein am Hals im See ertränkt werden. Der Mord jedoch mißlang, da der Stein auf wundersame Weise auf dem Wasser schwamm. Also stieg Cristina auf den Stein und kehrte unversehrt ans Ufer zurück. Nach langer Folterung starb sie schließlich an einem mitten durchs Herz geschossenen Pfeil.

Vorne links im Kirchenschiff findet man die farbig bemalte, gold-blaugewandete Holzstatue der Heiligen. Die *Wunderkapelle mit der Grotte* - sie schließt sich links an - ist der älteste Teil des Kirchenbaus; früher war sie in das unterirdische Gewirr der Katakomben integriert, später trennte man diesen Bereich ab. In der Mitte der "Altar des Wunders", auf dessen Frontseite eine Steinplatte mit den angeblichen Fußabdrükken der Heiligen eingelassen ist. Als Station zwischen Kirche und Wunderkapelle ist eine moderne Kapelle eingerichtet worden. Sie gedenkt des berühmten Eucharistie-Wunders von Bolsena (siehe Kasten).

Am 24. Juli findet jedes Jahr das groß gefeierte *Santa-Cristina-Fest* in Bolsena statt, wo unter anderem die "Mysterien" der Heiligen aufgeführt werden.

### Das Wunder von Bolsena

Die Geschichte soll sich im Jahr 1264 zugetragen haben. Ein böhmischer Priester, geplagt von heftigen Glaubenskonflikten, pilgerte nach Rom in der Hoffnung, daß ihm hier eine Festigung seines Glaubens widerfahren würde. Er war bereits wieder auf seinem Weg nach Hause, als er in Bolsena Zwischenstation machte, um in der Krypta der Santa Cristina eine Messe abzuhalten.

Da geschah das Wunder, das der katholischen Kirche einen neuen Feiertag bescheren sollte: Es tropfte plötzlich Blut aus der Hostie auf das Priesterhemd und auf den Steinboden. Papst *Urban V.*, der sich zu dieser Zeit in Orvieto aufhielt, veranlaßte die sofortige Überführung des Beweisstücks. Es wurde der Entschluß gefaßt, in Orvieto einen Dom zu bauen, der dieses heilige Kleidungsstück (*Korporale*) bis heute in einem kostbaren Reliquiar verschlossen hält. Zweimal im Jahr wird der Schrein geöffnet und das Korporale des böhmischen Priesters der Öffentlichkeit gezeigt: am Osternachmittag und an Fronleichnam - jenem Feiertag, der eigens wegen dieses Wunders eingeführt wurde.

Der Maler *Raffael* nahm das Wunder von Bolsena zum Thema für eines seiner reifsten Werke: Das Fresko *Die Messe von Bolsena* aus dem Jahr 1512 ist in den Vatikanischen Stanzen zu sehen.

*Blick von der Bolsena-Burg auf den See*

▶ **Archäologisches Museum** (*Museo Territoriale del Lago di Bolsena*): In der *Monaldeschi-Burg*. Ein kleines Museum mit Funden aus der Umgebung. Anschauliche Tafeln zur Entstehung des Lago. Im Eintritt inbegriffen ist auch der Weg hoch zu den Zinnen, von wo sich ein herrliches Panorama auftut.
*Öffnungszeiten*: 9.30-13 Uhr und 15.30-20 Uhr, Montag geschlossen.

▶ **Etruskisch-römisches Ausgrabungsgelände**: Etwas oberhalb der Stadt (Straße nach Todi, Schild *Volsinii Novi*) haben französische Archäologen großartige Überreste einer Siedlung ans Tageslicht gebracht. Reste des römischen Bolsena und der noch älteren *Volsinii Novi*, das hier nach der Zerstörung der *"Volsinii veteres"* (Orvieto) von den überlebenden Etruskern errichtet wurde.
Die Grabungen sind fast abgeschlossen. Entdeckt wurde eine ca. 4 km lange Einfriedungsmauer, eine Basilika, Thermen und das Justizgebäude, ferner viele Fresken und Mosaike.

## Grotte di Castro

**Nah am See und doch weit ab vom Badetourismus.**

Immerhin hat der wachsende Bolsena-Tourismus die kommunalen Behörden von Grotte aus ihrem Schlummer gerissen. Das auf einen Felssporn gebaute Mittelalterstädtchen betreibt neuerdings intensive PR-Arbeit: Angeboten werden dem Besucher ein "itinerario medievale", ein "percorso rinascemente" sowie ein "percorso panoramico". Wir empfehlen für einen Stadtrundgang den ersten der drei Vorschläge. Er führt durch eine romantische mittelalterliche Gasse zur barock überladenen *Basilika San Giovanni*. Zu hoch darf man allerdings die Erwartungen nicht stecken, Grotte ist nicht gerade ein Juwel des Mittelalters.

Im Lauf seiner Geschichte wurde Grotte di Castro immer wieder in Schutt und Asche gelegt: Die ursprünglich etruskische Siedlung wurde erst von den Römern ausgemerzt, dann von den Langobarden und schließlich von den Sarazenen. Die Überlebenden mußten sich immer wieder in die natürlichen Höhlen oder gar in die etruskischen Gräber am Fuß der Ortschaft (daher auch ihr Name!) flüchten.

An der Straße nach Bolsena, ca. 1 km nach dem Ortsausgang, sieht man links die schwarzen Löcher von Taubenschlägen aus den Tuffbergen herausstarren. Der überdachte Brunnen am Parkplatz stammt aus römischer Zeit. Aus einer Quelle fließt das Wasser (nicht trinkbar!) in rechteckig angelegte Becken, wo es sich im Spiel von Licht und Schatten auf dem Mauerwerk widerspiegelt. Noch vor wenigen Jahren war die Örtlichkeit ein Kommunikationszentrum fleißiger Waschfrauen; heute sieht man eher Männer, die hier ihre Limousine schrubben.

## Grádoli

**Schläfriges Weinbauernnest, am ehesten bekannt seiner Weine wegen - dem lieblichen Grechetto und dem würzigen Aleatico.**

Sitz des Rathauses ist der majestätische, dreigeschossige *Farnese Palast* (entworfen von *Antonio da Sangallo dem Jüngeren*). Die Wände im Inneren verzieren alte Wandmalereien; sie zeigen blutige Schlachten gegen die päpstliche Vorherrschaft. In der obersten Etage soll ein *Heimatmuseum* entstehen. Bei unseren letzten Recherchen war dieses Projekt noch immer nicht fertiggestellt.

### Kriegsveteranen lieben's naturtrüb

*Circolo dei Combattenti*, der "Verein der Kriegsveteranen", ist heutzutage eher ein Deckname für die Stammkneipe der alten Männer. Hier verbringen die Dorfältesten von Grádoli die meisten Stunden des Tages, vertieft ins Kartenspiel oder lebhaft debattierend. Der herbe, ungefilterte Wein sorgt für Stimmung. Die Frauen scheinen sich an der Abwesenheit ihrer Ehemänner wenig zu stören - im Gegenteil: Heiter sitzen sie in Grüppchen vor der Haustür und stricken und schwatzen... Beim Brunnen an der Piazza durch den Torbogen hindurch; recht unscheinbar an der rechten Häuserfront hängt über dem Eingang des *Circolo* ein ovales Schild.

*Grádoli – Bar Centrale*

Die Naturstraße von *Grádoli* nach *Capodimonte* an der Westseite des Sees entlang ist - Traktoren ausgenommen - für jedes Gefährt eine wahre Tortur, bei Regengüssen sei von der Fahrt ganz abgeraten. Die Gegend wird landwirtschaftlich genutzt. Unterwegs zwei bescheidene Campingplätze, zum Bade aber lädt der See hier nicht: Das Ufer ist über weite Strecken verschilft.

• *Einkaufen*: **Cantina Sociale**, an der Hauptstraße. In der landwirtschaftlichen Genossenschaft von Grádoli kann man Erzeugnisse der umliegenden Bauern kaufen: Weiß- und Rotwein (leicht und trocken), den roten fruchtigen Dessertwein "Aleatico di Grádoli" (Vorsicht: 18 %!), hervorragendes Olivenöl und frisches Gemüse je nach Jahreszeit.

## Cività di Bagnorégio

Ein unvergeßlicher Anblick und fotogen: Erbaut auf einem rötlich-gelben Tuffsteinplateau (ähnlich wie Orvieto oder Pitigliano), ragt Cività wie ein Adlerhorst aus einer von der Erosion zerklüfteten Vulkanlandschaft empor.

Wie im Mittelalter läßt sich der winzige Ort auch heute nur zu Fuß über eine auf hohen Pfeilern laufende, steile Brücke vom neueren **Bagnorégio** aus erreichen - die alte Brücke wurde im Zweiten Weltkrieg von den Deutschen zerstört. An den Rändern des verwinkelt gebauten Häuserkerns öffnet sich ein ungeahnt bizarrer Blick über die Vulkanlandschaft bis hin zum Apennin.

Wir laufen durch die Gäßchen - meist unbewohnte, verriegelte Häuser.

Wie mögen die Familien hier früher gelebt haben, auf dieser in den Himmel verlagerten Insel? Übriggeblieben sind nur wenige alte Menschen, kaum zwei Dutzend, die im Sommer von den Touristen beschäftigt werden: Ein betagter Signore betreibt einen Ansichtskarten- und Souvenirladen, ein anderer schenkt Wein aus in der Osteria. In der Basilika beeilt sich eine Signora mit aufgehaltener Hand, die Namen der Heiligen, die es hier zu sehen gibt, herunterzuleiern, eine andere führt uns durch das *Piccolo Museo* im linken Nebengebäude der Kirche. Museum? - eher ein Kuriositäten-Kabinett, eine wild zusammengewürfelte, bescheidene Sammlung: Tonscherben, abgebrochene Henkel, verstaubte Haushaltsgegenstände, aber auch ein auf Pergament geschriebenes Liederblatt mit gregorianischen Gesängen aus dem 12. Jh. sowie ein gut erhaltenes Fresko der Madonna di S. Pantoleone aus peruginischer Schule aus dem 16. Jh.

## Montefiascone

**Oben am Kraterrand gelegen, mit tollem Blick auf den See (Aussichtspunkt Belvedere). Das Bild von Montefiascone wird geprägt von der riesigen Kuppel der St. Margarethen-Kathedrale und dem verfallenen Papstpalast am höchsten Punkt dieses durchaus lebendigen und besuchenswerten Ortes.**

Montefiascone lag zur Zeit des römischen Imperiums an der *Via Cassia*. Doch es waren die Päpste, die dem Ort für Jahrhunderte eine neue Bedeutung verliehen. *Urban IV.* ließ die Burg auf dem Hügel (*Rocca dei Papi*) erbauen - heute erstreckt sich an ihrer Stelle eine gepflegte Grünanlage. Man erreicht sie von der zentralen *Piazza V. Emanuele* aus über eine Treppe. In die Amtszeit desselben Papstes (1261-64) fällt auch der Bau der *Flavianskirche* im unteren Ortsteil.

- *Telefonvorwahl*: 0761.
- *Information*: **Pro Loco**, Via Verentana 4 . Tel. 86040.
- *Übernachten/Camping*: ** **Antica Caffé Italia**, Piazzale Roma 9/10, DZ mit Dusche/WC ca. 80 DM. Am Rand der Altstadt gelegen. Tel. 826058.

  **Camping Amalasunta**, unten am See, ca. 5 km vom Ort entfernt. Geöffnet: Juni - Sept.
- *Essen*: **Ristorante Dante**, am oberen Dorfplatz, eines der wenigen Lokale, die den "Est! Est! Est!" aus eigener Produktion verkaufen. Die zwei freundlichen Hausmütter kochen hinter einer Glasvitrine im Gastraum. Ruhiges Hinterzimmer mit weißen Tischdecken. Es gibt selbstgemachte Nudeln und Fisch vom See, die Flasche Wein für ca. 10 DM. Was der 1994 in Angriff genommene Umbau für Veränderungen bringt, war bei der letzten Recherche noch nicht auszumachen.

### Sehenswertes

**St. Margarethen-Kathedrale:** Der Grundriß des Kirchenschiffs ist fast identisch mit demjenigen der riesigen Kuppel. Einzig der Altarbereich bildet eine kleine Apsis. Die Krypta aus dem Jahr 1483 wird *Bramante*, dem großen Baumeister der Renaissance, zugeschrieben.

**Flavianskirche**: Die Kirche besteht aus zwei Teilen, einer unteren, verwinkelten Kirche und obenauf einem weiteren Gotteshaus mit *Matronäum* (Empore für Frauen).

Man findet die Flavianskirche im unteren Teil des Dorfes an der Straße nach Bolsena (oder: von der zentralen *Piazza Vittorio Emanuele* aus die Geschäftsstraße hinunter und durch den Torbogen).

> **Himmlisches Tröpfchen**
> Über einen gewissen *Johannes Fugger*, der in der Flavianskirche von Montefiascone seine letzte Ruhe fand, erzählt man sich ein besonderes Histörchen: Der gute Mann war ein deutscher Prälat, der mit *Heinrich V.* in Sachen Investiturstreit nach Italien reiste. Doch galt sein Interesse offenbar weniger den Staatsgeschäften als dem Wein, den er über alles liebte. Zu diesem Zweck hatte er eigens einen Diener abgestellt, der ihm vorausreiste und überall dort, wo er einen guten Tropfen fand, "Est!" an die Türe schrieb. In Montefiascone allerdings las Johannes Fugger an der Pforte eines Hauses gleich ein emphatisches "Est! Est! Est!" - er blieb und verfiel prompt und rettungslos dem vergorenen Traubensaft. Seine Grabinschrift weiß zu berichten, daß sein Tod kein ganz natürlicher war, und seitdem trägt die würzige Essenz um Montefiascone den stolzen Namem "EST! EST! EST!"

**Marta**: Noch ein richtiges Fischer- und Bauerndorf, die Häuser mit schmiedeeisernen Balkonen. Die breite, kerzengerade Hauptstraße verläuft parallel zum Ufer. Am Dorfstrand liegt eine Armada von 50 Fischerbooten. Hier sitzen die Fischer im Schatten der Bäume, flicken Netze und bessern die Fischreusen aus.

• *Essen*: **Trattoria E. Egidio**, Via Garibaldi 80. Kahler Speisesaal mit blendend weißen, gestärkten Tischdecken. Reichhaltige und preiswerte Menüs.

• *Markt*: Täglich Fischmarkt in der Halle kurz hinter der Brücke (Ortsausgang Richtung Montefiascone).

## Capodimonte

Der Ort drängt sich auf einen in den See hinausragenden Felsen, oben thront die gewaltige Burg aus dem 15. Jh., ein Sommersitz der ausgestorbenen, papsttreuen Adelsfamilie *Farnese* aus Orvieto und Ziel häufiger Besuche aus geistlichen Kreisen.

Am westlichen Ortsrand beginnt eine schöne Baumallee, die in einen breiten

Sandstrand übergeht. Für die hübsche Lage erstaunlich wenig Tourismus.

● *Übernachten/Camping*: ** **Riva Blu**, Via R. Margherita 7 (am Ende der obengenannten Baumallee), DZ mit Dusche/WC ca. 80 DM. Kein eigentliches Hotel. Vielmehr vermietet das gleichnamige Restaurant Zimmer in einem nahegelegenen Haus. Die Zimmer sind korrekt, wenn auch von eindimensionalem Geschmack geprägt: Das Blümchenmuster an der Decke ist identisch mit dem der Vorhänge und setzt sich an der Wand und sogar am Kleiderschrank fort. Mit etwas Glück finden Sie sogar ein Teddybärchen auf dem Kopfkissen vor. Donnerstag ist das Restaurant (große Pizzen, Fisch und als Weißer ein Est! Est! Est!) geschlossen und damit auch die Zimmervermittlung. Tel. 0761/870255.

**Camping Bisenzio**, ca. 5 km westlich des Orts, direkt am See. Bescheiden.

▸ **Insel Bisentina**: Sie liegt zum Greifen nah, ist jedoch in Privatbesitz - ein zauberhaftes Stückchen Erde, ein Wildpark mit seltener Vogelwelt und üppigen Pflanzen. Inmitten des Eilands zwei Tempelchen von *Antonio da Sangallo d. J.* und eine Kirche.

## Lago di Bolsena / weitere Umgebung

### Monte Rufeno *(743 m)*

Ein Naturpark im oberen *Paglia-Tal*, ca. 15 km nördlich des Bolsena-Sees. Das ca. 3000 Hektar große Waldgebiet, Pinien-, Eichen- und Kastanienwälder wechseln sich ab, bietet optimale Wandermöglichkeiten. Im Unterholz Wiesel, Füchse, braune Gabelweihen ...

Fünf Wanderrouten stehen zur Auswahl:

▸ **Il Felceto**: 1,6 km, 2 Std., leicht, orange Markierung.
▸ **Sasseto**: 2 km, 2 Std., leicht, nur mit Führer begehbar, da in Privatbesitz.
▸ **Monte Rufeno**: 3,5 km, 6 Std., mittelschwer, gelbe Markierung.
▸ **Acquachiara**: 9,5 km, 8 Std., schwer, rote Markierung, mit Schluchten und einigen Kletterparts, jedoch nicht riskant.

● *Organisierte Wanderungen/Reiten*: Die **Cooperativa ELCE** führt Gruppenwanderungen durch; eine Gruppe mit max. 25 Personen kostet 18 DM pro Stunde. Im Frühsommer sind auch Ausritte möglich. Coop. ELCE, Vicolo Viola 25, Acquapendente (im Gemeindepalast). Tel. 0763/ 74585.

● *Übernachten*: Im Reservat gibt es eine Hütte mit Küche und Duschen. Anmeldung und allgemeine Informationen bei der **Cooperativa ELCE** (s. o.).

● *Camping*: Innerhalb des Reservats. Kleiner und preiswerter Platz.

# Umbrien

"Das grüne Herz Italiens" nennen die Einheimischen diese Provinz. Sie ist nicht so reich an Kunstschätzen wie die Nachbarprovinz Toscana, an mittelalterlichen Kleinstädten mit Charme aber besteht kein Mangel.

Das "Aussteigerparadies", das die Toscana nach dem Zweiten Weltkrieg für Künstler war, ist nun verstärkt Umbrien geworden. Die Touristenzahlen halten sich hier noch in Grenzen, die Preise sind korrekt, und die Einheimischen verlieren noch leichter ein freundliches Lächeln.

## Geschichte

Alle Wege führen nach Rom - schon im Altertum gelangte man von Norden kommend am besten über die umbrische Straße dorthin. Die bedeutendste war die *Via Flaminia*, benannt nach ihrem Planer, dem Römer *Flaminius*, der 217 v. Chr. in der verheerenden Niederlage der Römer gegen die Karthager *Hannibal* am Trasimenischen See sein Leben gelassen hatte (siehe Lago Trasimeno, Kasten). Dieser war von Afrika aus nach Spanien vorgedrungen, hatte Südfrankreich durchquert und war in Eilmärschen über die Alpen gekommen. Als Hannibal daraufhin in Umbrien einfiel, mußte er vor den verschlossenen Toren Spoletos und Assisis haltmachen und nach Osten ausweichen.

Als die römische Herrschaft 600 Jahre später zerbrach, überfluteten Germanenstämme das Land. Goten, Langobarden, vor allem aber auch die byzantinischen Truppen aus Ostrom, dem heutigen Istanbul, verwüsteten die Region. *Totila*, einer der letzten legendären Gotenkönige nahm Perugia ein und stellte sich dem greisen, buckligen Feldherrn *Narses* bei Gualdo Tadino in den Weg. Totila fiel und wurde hier begraben.

Später gehörte Umbrien zum Exarchat von Ravenna, also zu den italienischen Besitzungen Ostroms. (Das Oströmische Reich war nach dem Zusammenbruch Westroms im östlichen Mittelmeer als Führungsmacht bestehen geblieben.) Mit der *Pippinschen Schenkung* traten jedoch die Franken diese Gebiete an den Papst ab und leiteten damit eine Kooperation von Kaiser- und Papsttum ein, die die abendländische Politik im frühen Mittelalter beherrschen sollte. Ober- und Mittelitalien wurden in das römische Reich miteinbezogen. In den folgenden Jahrhunderten zogen deutsche Kaiser und Könige auf ihren Romzügen durch umbrisches Gebiet. *Barbarossa* ließ Spoleto in Brand stecken, zornig über die Römer, die ihn überfallen hatten.

Deutsche Feudalherren ließen sich nieder, der Haß gegen sie trieb die

Umbrier in die Arme der Kirche. Fortan hielten sich hier gerne Päpste auf, besonders Perugia wurde zum beliebten Refugium für den hohen Klerus. 1305 wählte das Konklave von Perugia einen Franzosen zum Papst und führte damit Avignon als alternativen Papstsitz in die Geschichte ein.

Auch in Umbrien kam die Zeit der freien Städte. Auch hier reckten sich die Geschlechtertürme der reichen Kaufmannsfamilien in den Himmel. Je reicher und grausamer eine Sippe war, desto mehr Macht wurde ihr zugestanden.

Die *Baglioni* von Perugia aber mußten 1540 dran glauben: Der damalige Papst *Paul III.* eroberte die Stadt und ließ die überlebenden Baglioni hinrichten. Zur Sicherung seiner Macht ließ er eine wehrhafte Burg über der Stadt erbauen, die *Rocca Paolina* (siehe Perugia, Geschichte).

Die damit buchstäblich "zementierte" Herrschaft der Kurie wurde jahrhundertelang geduldet, bis im 19. Jh. auch in Umbrien der Wille zur nationalen Einigung Italiens übermächtig wurde und die Bewohner der Region der Kirche den Kampf ansagten: 1859 wurde ein Aufstand in Perugia von der päpstlichen Schweizer Garde blutig niedergeschlagen, aber schon ein Jahr später, im September 1860, mußte sich die Besatzung der Rocca Paolina nach einem erbitterten Gefecht den Umbriern ergeben. Damit war auch Umbrien Teil des italienischen Nationalstaates geworden.

Bis heute ist in der Bevölkerung das Unbehagen gegen die Politik des Klerus lebendig geblieben; Umbrien gehört zu den "roten" Regionen Italiens, etwa die Hälfte der Bevölkerung wählt links. Im Nord-Süd-Gefälle Italiens nimmt die Region eine Zwitterstellung ein: Umbrien ist der reiche Norden des armen Südens bzw. der arme Süden des reichen Nordens, wie es der "Corriere dell'Umbria" nach der Veröffentlichung der neuesten Wirtschaftsdaten 1994 treffend formulierte.

# Città di Castello

**Das mittelalterliche Städtchen ist das Handels- und Industriezentrum des oberen Tibertals.**

Uns gefiel es hier auf Anhieb - überschaubar und lebendig ist die Kleinstadt, vieles ist in Bewegung. Es treibt einen regelrecht durch die Straßen und Gassen, auf die Piazza, in die eine oder andere Bar.

Daneben bieten sich einige bemerkenswerte Sehenswürdigkeiten zum Innehalten an, z. B. die *Städtische Pinakothek*.

- *Telefonvorwahl*: 075
- *Information*: Azienda Promozione Turistica (A.P.T.), Via Raffaele di Cesare (Ausfallstraße nach Fano). Tel. 8554817.
- *Verbindungen*: **Bus**verbindung nach Arezzo (Linie CAT oder Baschetti). Busbahnhof: Piazza Garibaldi.
- *Einkaufen*: **Wochenmarkt**: Donnerstag und Samstag.

**Trödelmarkt** (Fiera del Rigattiere), Piazza

## Città di Castello

Matteotti: Jeden 3. Sonntag im Monat, Secondhand-Kleidung, Gebrauchtwaren und Bücher.

**Webmanufaktur Tela Umbra**, Via S. Antonio 3 (im 1. Stock). Ein in dieser Art nur noch seltener Familienbetrieb. Neben dem Verkaufsraum arbeiten ausschließlich Frauen an 16 Handwebstühlen. Sie verarbeiten reines Leinen zu feinen Tischdecken, Servietten und Handtüchern - kostbare und teure Ware.

**Klein-Schreinereien** gibt es noch etliche in der Stadt. Oft befinden sie sich in fensterlosen Kellergewölben mit nur künstlicher Beleuchtung. Dort werden antike Möbel restauriert und nachgebaut.

**Töpferwerkstatt**: Laboratorio Ceramica Tifernate, Via Plinio il Giovane. Auch ohne Kaufabsichten: Das Atelier ist einen Besuch wert.

• *Feste/Veranstaltungen*: **"Buchmesse"** im März/April: Ausstellung über das traditionelle Graphik-, Lithographie- und Druckereiwesen der Region.

**Internationales Kammermusikfestival** im August/September. **Internationale Pferdeschau** Ende September.

**Fiera di S. Florido**, 14.-16. November: bunter Jahrmarkt zu Ehren des St. Florido, des Schutzpatrons der Stadt.

**Mostra Mercato del Tartufo** im November: eine Messe der Trüffeln und anderer Waldfrüchte. In einer großen Halle werden die im oberen Tibertal weit verbreiteten weißen Trüffeln und andere Pilz- bzw. Trüffelsorten aus umbrischen Wäldern angeboten - frisch geerntet, getrocknet oder in bauchigen Gläsern in Olivenöl eingelegt. Schlaraffenland-Verhältnisse - doch muß, wer sich durch die Trüffelknollen-Berge essen will, schon ein kleines Vermögen dafür hinlegen. Fünf der sechs eßbaren Trüffelsorten werden allein in Umbrien geerntet!

• *Höhlenführungen*: **Club Alpino Italiano** (CAI) und Gruppo Speleo Valtiberina. Kontaktadresse: Consigil Sergio, Via della Tina 14, Tel. 8556788.

### Übernachten/Camping

\*\*\*\* **Tiferno**, Piazza R. Sanzio 13 (Piazza San Francesco). Gehobene Preisklasse mit entsprechendem Komfort, DZ mit Bad ca. 150 DM. Zentrale Lage in einem restaurierten Stadtpalast. Tel. 8550331.

\*\*\* **Le Mura**, Via Borgo Farinario, DZ ca. 120 DM. Geschmackvoller Neubau mit zwei Konferenzsälen und deutschkundigem Manager. Die große Mosaikwand im Innern ist übrigens das Werk einer Gruppe von Mongoloiden. Tel. 8521070.

\*\* **Umbria**, Via dei Galanti (Seitenstraße zur Via S. Antonio), DZ ca. 80 DM. Kleine Zimmer, aber alle mit Dusche/WC. Pension in einem modernisierten Altbau. Im Zentrum, in einer unbefahrenen Seitenstraße gelegen. Hoteleigener Parkplatz gleich ums Eck. Tel. 8554925.

**Camping La Montesca**, ca. 4 km westlich, an der kurvenreichen und steilen Straße nach Monte S. Maria. Liegt an einem Berghang mit freiem Blick hinunter auf die Stadt. Schöner, terrassenförmig angelegter Platz mit Schwimmbecken, Feuerstelle, Bar, Laden und den üblichen sanitären Einrichtungen.
Inmitten des direkt angrenzenden öffentlichen Parks steht zwischen uralten Laubbäumen die **Villa Montesca**, in der ein Kunsthandwerkerzentrum entstehen soll. Der Park wird abends geschlossen. Busverbindungen in die Stadt - der letzte fährt allerdings bereits um 19.30 Uhr zum Campingplatz zurück. 50 Stellplätze. Geöffnet Mai - September. Tel. 8558566.

### Essen/Trinken

**Ristorante La Carabiniera** (früher: Collesi), Via San Florido. Restaurant mit langer Familientradition. So schlicht und einfach, daß es schon wieder gemütlich ist. Umbrisch-märkische Küche. Hausgemachte Pasta, Fleisch alla brace. Auf jeden Fall preiswert. Samstag Ruhetag.

**Enoteca Altotiberina**, Piazza Gabriotti. Erlesenes Angebot an DOC-Weinen der Gegend. Gleicher Besitzer wie von "Ai

Giardini"; Mittags bietet die Küche der Enoteca im stimmungsvollen Kellergewölbe ein einfaches Gericht an (z. B. Taglioni mit Bohnen, Gnocchi, Polenta oder Risotto mit Pilzen), für dessen Zubereitung nur frische einheimische Produkte und reines Olivenöl verwendet wird, abends auch Pizzen. Dienstag geschlossen.

**Gelateria/Birreria/Pizzeria Ai Giardini Pubblici**, Piazza Gabriotti. Kommt man vom Großparkplatz über die Rolltreppen in die Innenstadt, läuft man quasi dran vorbei. Relativ neues Lokal in jugendlicher Aufmachung. Große, dickbelegte Pizze zwischen 6 und 8 DM. Täglich nur ein Menu typisch einheimischer Küche (20 DM), dafür Dutzende von Biersorten (das man sich auch mal selber holen muß). Im Keller die Gelateria. Hauptsächlich junges Publikum. 15 - 1 Uhr geöffnet. Montag geschlossen.

**Spaghetteria/Pizzeria Adriano Due**, Piazza Che Guevara (an der Viale Diaz). Großes Buffet mit verschiedenen Antipasti (Selbstbedienung). Neben den zahlreichen Teiggerichten und Pizze auch eine ansehnliche Speisekarte mit Fleisch- und Fischgerichten. Mittwochabend geschl.

Die beiden Lokale **Trattoria della Torre** und **Trattoria del Cacciatore**, beide in der Innenstadt, verdienen den Namen Trattoria nicht mehr. Erstere ist zur Trinkerspelunke heruntergekommen, letztere serviert immerhin noch Würstchen.

**Caffè Appennino**, Piazza Garibaldi. Lebendige Bar, Freitag- und Samstagnacht bis in die Puppen geöffnet bzw. Freitagmorgen bis Sonntagmorgen durchgehend, wie die übermüdete Bedienung seufzt.

## Sehenswertes

**Torre civica**: Der Turm an der Piazza Gabriotti, gegenüber dem Dom mit seinem freistehenden runden Campanile und von ungefähr derselben Höhe, stammt aus dem 13. Jh. Der schier endlose Aufstieg - auf den Zwischenetagen befinden sich ehemalige Kerkerräume - lohnt den verlorenen Atem. Oben angelangt, hat man eine großartige Aussicht über die Ziegeldächer von Città di Castello. Aus der Vogelperspektive erkennt man klar den Umfang des historischen Stadtkerns.
*Öffnungszeiten*: 10-13 Uhr, 15.30-18.30 Uhr, Montag geschlossen. Eintritt: 60 Pf.

**Städtische Pinakothek**: Sie befindet sich im Palazzo Vitelli alla Cannoniera (nicht zu verwechseln mit anderen Palazzi Vitelli in der Stadt!) und wurde im 15. Jh. von *Antonio da Sangallo il Giovane* erbaut; die dem Innenhof zugewandte Fassade ist mit prächtigen Wandmalereien versehen.
Werke von *Antonio Vivarini* und *Luca Signorelli* ("Martyrium des Hl. Sebastian"), Fresken aus Sienischer Schule und ungewöhnliche Darstellungen der Madonna mit Kind - z. B. eine blonde Madonna mit kurzgeschnittenem Haar, eine dunkelhäutige Madonna mit Kind sowie eine asiatische Variante. Am beeindruckendsten ist neben fotografischen Reproduktionen in riesigen Originalformaten eine beidseitig bemalte Standarte von *Raffael*, der in seinen jungen Jahren in Città di Castello tätig war (1500-1504). Sie ist jedoch stark beschädigt: Aus Unwissenheit über ihren künstlerischen Wert wurde sie lange Zeit als provisorischer Ersatz für zerbrochene Fensterscheiben zweckentfremdet und war demzufolge jeder Witterung ausgesetzt.
*Öffnungszeiten*: 10-13 Uhr, 15-18.30 Uhr, Montag geschlossen. Eintritt: 7 DM.

## Città di Castello 531

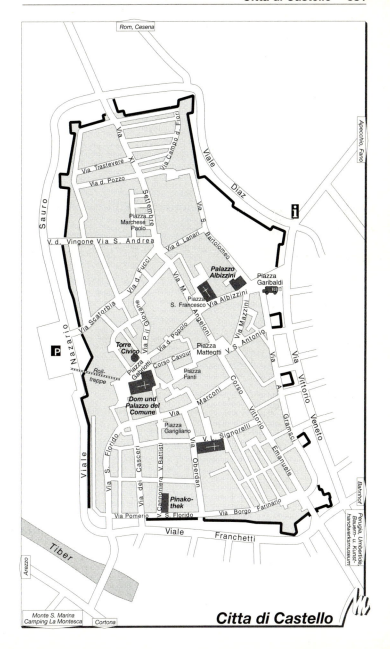

Eine lohnenswerte Kunstausstellung ganz anderer Art ist im **Palazzo Albizzini** (Via Albizzini) zu sehen. Dort hat *Burri* (geb. 1915 in Città di Castello), der berühmte Künstler und Bürger der Stadt, eine fast vollständige Kollektion seiner Werke der Öffentlichkeit zugänglich gemacht. Charakteristische Merkmale für Burris Plastiken sind die auf Weiß, Schwarz und Rot basierende Farbenpalette und die ungewöhnliche Wahl der Materialien: Säcke, Lumpen, einzelne Kleidungsstücke, angekohlte Hölzer, Metalle und Plastikfolien. Ausstellungen Burris fanden inzwischen bereits auf der ganzen Welt Beachtung, darunter auch auf der Documenta II in Kassel und 1980 zusammen mit Beuys im Haus der Kunst in München.
*Öffnungszeiten*: 10-12 und 15-18 Uhr, Montag geschlossen. Eintritt: 7 DM.

**Bauern- und Kunsthandwerksmuseum** (*Centro delle Tradizioni Popolari*)*:* Knapp außerhalb von Città di Castello an der Straße nach Perugia. Ein überaus sehenswertes Museum, in dem allerlei aus dem regionalen, rustikalen Leben des oberen Tibertals zusammengetragen ist: Weinpressen, Ölmühlen, mittelalterliche Rasiermesser und andere Mordinstrumente, urzeitliche Mäusefallen, Webstühle, Spinnstühle, Ehebett mit Großmutters Pyjama etc. etc. In der ersten Etage eine bäuerliche Kantine, in der sich Brueghel wohlgefühlt hätte. Kompetente Führung, allerdings nur in italienischer Sprache.
*Öffnungszeiten*: 9.30-12.30 und 15.30-18 Uhr. Montag geschlossen. Eintritt frei.

Im gleichen Gebäudekomplex befindet sich auch eine *vogelkundliche Ausstellung* und eine *Sammlung von Modelleisenbahnen*.
*Öffnungszeiten*: 15-17 Uhr, Samstag und Sonntag geschlossen.

# Gubbio *(32.000 Einw.)*

**Langgestreckt an den Hügeln des Monte Ingino, bildet die Stadt selbst bei näherer Betrachtung eine seltene Geschlossenheit: mittelalterliche Bauten und dunkle Pflastersteingassen, keinerlei Verunstaltungen durch moderne Architektur. Oben auf dem Monte thront, abends effektvoll angestrahlt, die Basilika S. Ubaldo.**

In Gubbio liegt - gelegentliche Erdbeben haben daran nichts geändert - noch jeder Stein auf dem anderen. Ein verschlafenes Städtchen, sobald die Touristen es verlassen haben. In den Sommermonaten kommen sie zwar zuhauf und durchstreifen die Gassen, doch meist nur für einige Stunden.
Neuzeitliche Gebäude - Wohnblocks, Tankstellen und eine Zementfabrik - mußten sich außerhalb der historischen Mauern ansiedeln.

Berühmt ist Gubbio für sein Kunsthandwerk. Überall in den Gassen stößt man auf kleine Läden mit den handgemalten Keramiken, so daß man sie bald übersieht. Einzigartig ist dagegen der *Mastro Giorgio da*

# Gubbio

*Gubbio*, ein wundervoll bemalter Zierteller aus dem Jahr 1528 mit reflektierendem Goldrelief. Er ist im Weinmuseum von Torgiano (siehe Perugia, Umgebung) ausgestellt und stellt die Lehrzeit des jungen Bacchus unter den Fittichen des Teufels dar.

- *Telefonvorwahl*: 075
- *Telefonieren*: **SIP**, Via della Repubblica 13 (9-13.30 und 15.30-18 Uhr).
- *Information*: **A.P.T.-Büro**, Piazza Oderisi. Geöffnet Montag-Freitag 8.15-13.45 Uhr, 15.30-18.30 Uhr (Winter 15-18 Uhr); Samstag 9-13 Uhr, 15.30-18.30 Uhr (Winter 15-18 Uhr); Sonntag 9.30-12.30 Uhr. Tel. 9273693.

**Easy Gubbio**, Via della Repubblica 11-13. Das Büro wird vom "Gruppo Operatori Turistici Eugubini" (G.O.T.E) unterhalten und hat ein wesentlich besseres Informationsangebot als das offizielle A.P.T.-Büro. Da bei Easy Gubbio gleichzeitig die Kasse für den videoüberwachten Parkplatz am Stadteingang untergebracht ist, bleibt der Informationsschalter täglich von 8-22 Uhr geöffnet. Tel. 9220066.

- *Verbindungen*: Täglich **Busse** nach Perugia, Città di Castello (umsteigen in Umbértide), Assisi, und über Fossato (Bahnlinie Rom - Ancona) nach Gualdo Tadino. Werktags früh am Morgen auch nach Florenz und Rom. Fahrkarten und Auskunft: Via della Repubblica 15. Abfahrt: Piazza 40 Martiri (an der Loggia dei Tiratori).
- *Organisierte Ausflüge in die Umgebung*: Großes Angebot bei **Easy Gubbio** (siehe Information). Auch Mountainbike-Ausflüge, Höhlenbesuche und Trüffeltouren.
- *Einkaufen*: **Markt**: jeden Dienstag.

**Antiquitätenmarkt**: jeden 2. Sonntag im Monat in der Via Baldassini.

**Kunsthandwerk/Keramik**: kleine Keramikläden zieren praktisch jede größere Gasse der Stadt. Beim "Consorzio Artigianato Artistico" im Palazzo dei Consoli findet man etwas mehr als das übliche Angebot.

**Spezialitäten/Trüffeln**: *La Buca del Tartufo*, Via XX Settembre 33. Regionale Leckereien.

*Der Palazzo Consoli – das Wahrzeichen der Stadt*

- *Feste/Veranstaltungen*: **Wettlauf der Ceri**: Gubbios spektakulärstes Stadtfest. Siehe Kasten.

**Palio della Balestra**, am letzten Sonntag im Mai. Dieses folkloristische Wettspiel von Armbrustschützen wird begleitet von Damen, Rittern und Pagen in schönen mittelalterlichen Trachten, von Posaunenklängen und Fahnenschwenkern.

**Trüffelmesse**, Ende Oktober/Anfang November. Die kostbaren weißen Trüffeln (tartufi bianchi) stehen im Mittelpunkt dieser gastronomischen Messe auf der Piazza 40 Martiri. Die Köche Gubbios wetteifern um die beste Trüffelküche, die mit der "goldenen Trüffel" ausgezeichnet wird. Neuerdings findet im Rahmen der Messe auch ein Wettbewerb unter den Trüffelhunden statt. Siegerehrung für die beste Spürnase.

**Theater**, Mitte Juli bis Mitte August. Das römische Theater zu Füßen der Stadt bietet einen stimmungsvollen Rahmen für etliche klassische Theateraufführungen.

## 534 Umbrien / Nord

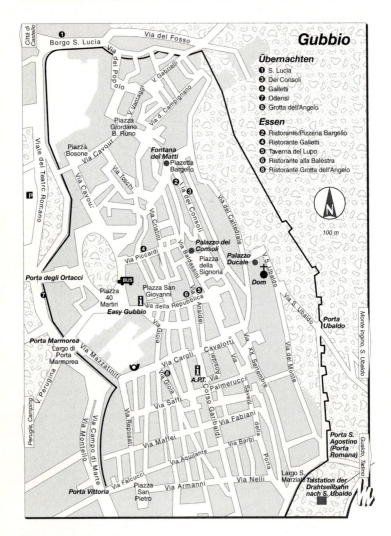

### Gubbio

#### Übernachten
1. S. Lucia
3. Dei Consoli
4. Galletti
7. Oderisi
8. Grotta dell'Angelo

#### Essen
2. Ristorante/Pizzeria Bargello
4. Ristorante Galletti
5. Taverna del Lupo
6. Ristorante alla Balestra
8. Ristorante Grotta dell'Angelo

### Übernachten/Camping

**\*\* Dei Consoli**, Via dei Consoli 59. DZ (alle Zimmer mit Dusche) ca. 70 DM. Zentrale Lage im Centro storico. Mit Restaurant. Der Geschlechterturm, der sich hinter dem Hotel erhebt, ist leider nicht zu besichtigen. Tel. 9273335.

**\*\* Grotta dell'Angelo**, Via Gioia 47. DZ mit Bad ca. 70 DM. Mit Restaurant, Tel. 9271747.

**\*\* Oderisi**, Via Mazzatinti 2. DZ mit Bad

# Gubbio 535

ca. 70 DM. An der Stadtmauer bei der Piazza 40 Martiri gelegen. Angenehmer Familienbetrieb. Zimmer zur Straße etwas lärmig. Tel. 9273747.

**\* Galletti**, Via Piccardi 1. DZ mit Bad 70 DM, ohne Bad 60 DM. Tel. 9277753.

Notfalls kann man auch im **Nonnenkloster S. Lucia**, Borgo S. Lucia 12, anklopfen. Zimmer mit Dusche (kalt) 35 DM pro Person. Frühe Zubettgehzeiten - variieren zwischen 21 und 22 Uhr.

**Camping Villa Ortoguidone**, nur wenige Kilometer vom Zentrum entfernt, an der Straße nach Perugia. Der Camping ist dem gleichnamigen Agriturismo-Betrieb (siehe unten) angeschlossen. Schattenfrei, dafür Swimmingpool. 14 Stellplätze. Geöffnet April - September. Tel. 9272037.

**Camping Città di Gubbio**, gleich neben dem vorgenannten und gehört zum selben Betrieb. Ebensowenig Schatten, aber etwas billiger. Das Zweiklassensystem gründet im Swimmingpool. Wer sein Zelt hier aufschlägt, zahlt halbtags 5 DM für den Sprung ins Wasser beim Nachbarn. 100 Stellplätze. Geöffnet April - September. Tel. 9272037.

Für **Wohnmobile** ist ein Parkplatz vor dem Teatro Romano vorgesehen. In der angrenzenden Parkanlage wird freies Campieren geduldet.

• *Agriturismo*: **Agriturismo Ortoguidone**, bei den obengenannten Campingplätzen. Gepflegtes Landhaus. Zwei Appartements mit Bad und Küche (je nach Saison 80-120 DM/Tag) sowie zwei DZ mit Bad. Ganzjährig geöffnet. Vom 1. Juli bis zum 31. August wird nur wochenweise vermietet. Dem Haus angeschlossen sind zwei Campingplätze (siehe oben). Die Besitzer rühmen sich der erholsamen Ruhe - Kinder im allgemeinen nicht erwünscht! Also, wer keine Kinder mag: Tel. 075/9272037.

**Agriturismo Il Gabbiano**, Valle di Chiáscio (von der Straße nach Perugia nach ca. 10 km links abzweigen). 6 Appartements (nur wochenweise) im Convento die Chiáscio, einem kleinen ehemaligen Kloster. Einsame Lage, eine einladende Wiese und ein Swimmingpool - Ruhe garantiert! Tel. 920271.

**Alcatraz**, Informationen über dieses einmalige Agriturismo-Projekt siehe Perugia/Umgebung. Von Gubbio aus: erst Richtung Perugia, dann in Mengara rechts ab über die wenig befahrene, asphaltierte Panoramastraße nach S. Cristina.

## *Essen*

**Taverna del Lupo**, Via Ansidei 21. Benannt nach dem legendären Wolf, den der heilige Franz in Gubbio gezähmt haben soll. Ein Restaurant mit typisch eugubinischer Küche: Polenta mit Bohnen und Knoblauchwurst, dicke Linsen- und Gemüsesuppen, gemischte Fleischspieße. Die Lasagne alla taverna ist mit frischen Pilzen und Schinken gefüllt. Ein charakteristisches Menü kostet ca. 60 DM. Montag geschlossen.

**Ristorante alla Balestra**, Via della Repubblica 41. Vorzügliche regionale Küche, in der die Trüffeln natürlich nicht fehlen. Exquisites Angebot an Vorspeisen. Großer Garten. Dienstag geschlossen.

**Ristorante/Pizzeria Bargello**, Via dei Consoli 36. Gutgeführtes Restaurant mit freundlicher Bewirtung. Besonders erwähnenswert das Trüffelmenu im Spätherbst, bei dem man, von der Tagliatelle angefangen, übers Schnitzel bis hin zum Dessert, alles getrüffelt ißt (50 DM). Normales Menu oder Pizza erschwinglich. Montag geschlossen.

**Ristorante Grotta dell'Angelo**, im gleichnamigen Hotel (s. o.). Hübsch gelegen, mit einem großen Garten, einfache, traditionelle Gerichte zu erschwinglichen Preisen und deshalb gerne von Familien besucht. Gefüllte Täubchen (pigione ripieno), große Grillplatten und leckere Canneloni al forno. Dienstag geschlossen.

**Ristorante Galletti**, im gleichnamigen Hotel (s. o.). Einfaches Menu für ca. 25 DM, Dachterrasse. Freitag geschlossen.

### Der Wettlauf der Ceri

Jedes Jahr am 15. Mai, dem Todestag des Schutzpatrons S. Ubaldo, feiert die ganze Stadt dieses berühmte traditionelle Spektakel. Jeder "Cero" (Kerze) ist eine acht Zentner schwere Holzkonstruktion, die auf Bahren befestigt und von den "Cerioli" geschultert wird. Ganz oben auf dieses Holzgerüst werden die Statuen der Heiligen gestellt: die des S. Ubaldo auf die Trage der Zunft der Maurer, die des S. Giorgio auf die der Handwerker und Kaufleute, der Abt S. Antonio schließlich wird von den Bauern getragen.

Die Ceri sind das Jahr über in der Kirche S. Ubaldo auf dem Monte Ingino aufbewahrt. Alljährlich ziehen die Statuenträger am ersten Sonntag im Mai bei Sonnenaufgang die zwei Kilometer zur Kirche hinauf und holen die Ceri in die Stadt zurück.

Am 15. Mai werden sie dann im Festzug durch Gubbio getragen und am späten Nachmittag zwischen dem Spalier der jubelnden Menschenmengen trotz ihres Gewichts im schnellen Stapellauf (8 ½ Min.!) durch die steilen Gassen auf den Berg zurückgebracht, wobei auf dem Weg zwei kurze Rastpausen eingelegt werden. (Ein Spaziergänger braucht dafür ca. 1 Std.). Dann ruhen sie wieder für ein Jahr in der Basilika S. Ubaldo.

Am Tag des Wettlaufs der Ceri ist die Stadt komplett aus dem Häuschen; die Straßen, Bars und Weinkeller, wo oft umsonst ausgeschenkt wird, sind brechend voll.

## Sehenswertes

**Palazzo dei Consoli**: Erbaut in der ersten Hälfte des 14. Jh. von *Gattapone*. Der wuchtige Bau mit hohen Stützpfeilern, Zinnen und einer eleganten Freitreppe zum Eingangsportal ist das Wahrzeichen Gubbios. Er ist Teil eines größeren Komplexes von Palästen, in deren Mitte sich die **Piazza della Signoria** (*Piazza Grande*) erstreckt. Angesichts der starken Hanglage der Stadt ist allein schon die weitläufige Piazza ein architektonisches Meisterwerk. Im Innern des Palazzo herrscht Schlichtheit - schmucklose, ungeheuer viel Raum bietende Säle.

**Städtische Pinakothek** und das **Archäologische Museum** (im Palazzo dei Consoli): In letzterem sind die *eugubinischen Bronzetafeln* (2. Jh. v. Chr.) zu sehen. Sie enthalten das Ritual einer Feier, auf die das heutige Fest der Ceri (siehe Kasten) zurückgeführt wird.

*Öffnungszeiten*: 9-12.30 Uhr und 13.30-18 Uhr, Montag geschlossen. Eintritt: ca. 4 DM.

Etwas oberhalb des Palazzo dei Consoli befindet sich der **Palazzo Ducale** mit einem hübschen rechteckigen Innenhof und ihm gegenüber der **Dom**. Der relativ schlichte Bau stammt aus dem 14. Jh. Über dem Eingangsportal ein kreisrundes Fenster, umgeben von den vier Evangelisten mit ihren Tiersymbolen. Leider sind die Steinreliefs ziemlich heruntergekommen. Am deutlichsten ist noch der Lukas symbolisierende Stier (links unten) zu erkennen.

An der **Fontana dei Matti** (Brunnen der Verrückten) an der Piazzetta Largo del Bargello können Sie die Bürgerschaft von Gubbio erwerben: Sie brauchen lediglich dreimal um den Brunnen zu laufen und dabei "sono pazzo" zu rufen, was soviel heißt wie "ich bin verrückt".

**Kirche und Kloster San Secondo**, außerhalb der Stadtmauer, an der Straße nach Arezzo. Die Anlage mit dem unscheinbaren Eingang geht auf das 13. Jh. zurück. Besonders sehenswert ist die gotische Apsis der Klosterkirche. (Leserbrief)

**Römisches Theater**, außerhalb der Stadtmauer, im Südwesten. Es stammt aus dem 1. Jh. und hat einen Durchmesser von rund 70 Metern. Die Anlage, die heute als Schauplatz für klassische Aufführungen dient, ist ziemlich kaputtsaniert. Obwohl das Theater als eines der größten und am besten erhaltenen ganz Umbriens gilt, will bei diesem Flickwerk keine klassisch-römische Stimmung aufkommen. (Leserbrief)

**Basilika San Ubaldo**: Sie ist längst nicht so sehenswert, wie ihre Lage knapp unterhalb des Gipfels des Monte Ingino vermuten läßt. Der Komplex ist ziemlich heruntergekommen. Im Kircheninnern liegt der gläserne Sarg mit dem mumifizierten Körper des Stadtheiligen - ein eher makabrer Anblick.

Empfehlenswert hingegen ist der Spaziergang zur Basilika hoch (von der Porta S. Ubaldo, oberhalb des Doms, das Zickzack-Sträßchen hinauf). Er kann nach der mittelalterlichen Enge eine erholsame Abwechslung sein. Zwei Ausflugslokale mit schöner Aussicht auf den umbrischen und den märkischen Apennin bieten einen zusätzlichen Anreiz. Schon Dante wußte die luftige Örtlichkeit zu schätzen, wie eine Gedenktafel mit einem Zitat aus der *Divina Commèdia* erinnert.

Bequeme nehmen die **Drahtseilbahn** (Funivia). Die Talstation befindet östlich der Stadtummauerung (Nähe Porta di S. Agostino). In sechs Minuten schwebt man hinauf zur Basilika. Werktags 9.30-19 Uhr, sonntags 9-19.30 Uhr; im Winter erste Bergfahrt später, letzte Talfahrt früher. Einfache Fahrt 3,50 DM, hin und zurück 6 DM.

# Monte Cucco

Mächtig erstreckt sich das Bergmassiv des Monte Cucco an der Ostflanke des Apennins, in der landschaftlich beeindruckensten Gegend Umbriens: dichte Buchenwälder, karstige Weiden mit wilden Pferdeherden, tiefe Felsenschluchten und ein hinreißender Panoramablick auf sanfte, abgerundete Berge und weite Täler - ein Eldorado für Drachenflieger, Alpinisten, Wanderer und nicht zuletzt auch für die Speläologen und "Höhlenfreaks", denn das Berginnere birgt eine der weitläufigsten Höhlen Europas.

Stützpunkte für Unternehmungen rund um den Monte Cucco sind das mittelalterliche Dörfchen *Costacciaro* und das durch vom Bergtourismus belebte *Sigillo*. Auch *Scheggia* kann als Basis in Betracht gezogen werden.

## Sport am Monte Cucco

- **Wanderungen**: Dreißig gut markierte Wanderrouten gibt es rund um den Monte Cucco. Im Winter werden zwei **Langlaufloipen** unterhalten. Eine genaue Karte (1 : 16.000) mit ausführlicher Beschreibung des Gebiets (in Italienisch) ist im *Centro Nazionale di Speleologia* in Costacciaro, aber auch bei den Informationsstellen in Gubbio sowie im Albergo "Monte Cucco di Tobia" im Val di Ranco erhältlich.

- **Höhlen**: Das Zentrum für Speläologie in Costacciaro macht Gruppenführungen. Eine Tour in der Grotte von Monte Cucco dauert etwa einen halben Tag, Fußweg zum Höhleneingang und zurück eingerechnet.

- **Kletterführungen** durch die Felsenschlucht des *Rio Freddo* (= Kalter Fluß): sehr reizvoll, mehr als 20 Wasserfälle in dieser tief ausgewaschenen, 4 km langen Schlucht. Nur mit Seilsicherung. Dauer: ca. 3½ Stunden, auch ganztägige Führungen.

- **Drachenfliegen/Paraglide**: Wer möchte hier nicht wie ein Vogel die Flügel spreizen und losfliegen können! Der Monte Cucco ist Italiens Drachenflugplatz Nummer Eins. Zwei Startplätze, je nach Windrichtung: Der Nordstartplatz *(I Piani)* mit Landeplatz Bastia und der Südstartplatz *(Pian di Monte)* mit Landung in Scirca.

**Centro Di Volo Libero Monte Cucco**, Villa Scirca, 06028 Sigillo (PG). Anlaufstelle für Luftabenteurer. Auch Übernachtungsmöglichkeit (ca. 15 DM pro Bett). Kurse in Paraglide. Tel. 9177185 oder 9170628.
**Mountainbike**: Auch eine Möglichkeit, das Monte-Cucco-Massiv zu erkunden. Spezielle Radwege gibt es jedoch noch nicht.
**Arte & Natura**, bei der Rezeption des Schwimmbades von Costacciaro. Verleih von Mountainbikes, ca 25 DM pro Tag, 120 DM pro Woche. Auch Kinderräder und Kindersitze. Tel. 9170618.

## Monte Cucco 539

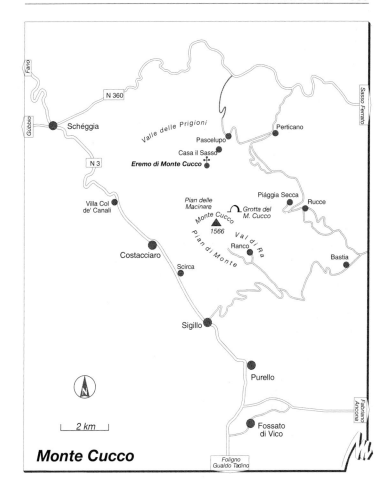

*Information/Verbindung*

- *Telefonvorwahl*: 075
- **Centro Nazionale Di Speleologia**, Via Galeazzi 3, 06021 Costacciaro (PG). Für Wanderer, Kletterer und Höhlengänger die zentrale Informationsstelle im Gebiet. Überaus kompetentes und freundliches Personal. Auch Übernachtungen sind im Centro möglich (siehe weiter unten). Geöffnet: Von Juni bis September, im Winter telefonische Auskunft. Tel. 9170236.

**Zug**: Sehr umständlich. Von Perugia nach Foligno, dort umsteigen in Richtung Ancona, bis Fossato di Vico. Von da aus mit dem Bus weiter nach Sigillo, bzw. Costacciaro.

**Bus** von Perugia (Piazza Partigiani) oder Gubbio nach Costacciaro bzw. nach Sigillo.

## Übernachten/Camping

**\*\* La Pineta**, in Scheggia, ca. 700 m oberhalb des Dorfes, DZ mit Dusche/WC ca. 65 DM. Renoviert. Wunderschöne Lage im Pinienhain. Im Restaurant werden regionale Spezialitäten angeboten. Tel. 9259142.

**Dal Lepre** (keine Klassifizierung), in Sigillo, Via Livio Fazi 21-23, DZ mit Dusche ca. 65 DM, auch einige 4-Bett-Zimmer sind vorhanden, oft aber ohne Waschbecken. Teils schöne, geräumige Zimmer. Beliebter Treffpunkt der Drachenflieger. Das Restaurant serviert tagsüber Pizzen, abends durchschnittliche, billige Menüs. Der Hase (lepre) steht zwar nicht auf der Karte, dafür können Sie Penne alla wodka goutieren. Tel 917733.

**Centro Nazionale di Speleologia**, in Costacciaro, Via Galeazzi 3. Das Zentrum bietet in sehr schönen Räumlichkeiten Betten für ca. 50 Personen (im Herbergsstil). Pro Nacht ca. 20 DM. Abendessen für ca. 18 DM. Aufenthaltsraum und Teeküche für Selbstversorger. Im Sommer Voranmeldung dringend empfohlen. Tel. 9170236.

**\*\* Monte Cucco da Tobia**, im Val di Ranco (1566 m). DZ ca. 65 DM, ohne Dusche ca. 55 DM. Die Wirtsleute sprechen auch Deutsch. Cucina casalinga;

### Albergo Monte Cucco da Tobia

Wir verbrachten einen halben Tag in der kleinen Gaststube. Draußen war's kalt, die Wolken hingen herunter, es fegte der erste Regen seit Monaten. Nachsaison. Die Zeit verging jedoch rasch, denn jeder der Familie wußte etwas von der Gegend zu erzählen: Sohn Alberto, selbst Drachenflieger und Speläologe, gab in fließendem Deutsch fachkundige Auskunft. Seine deutsche Frau, die, wie sie erklärte, einem schönen Spaziergang mehr abgewinnen könne als dem Gekraxel in der dunklen, feuchten Höhlenwelt, übersetzte uns die eifrigen Worte des alten Signore.

Ihm waren die geschichtlichen Ereignisse der Region mitteilenswerter. Mit dem Finger auf der Landkarte folgte er den Fluchtwegen und Verstecken italienischer Partisanen hinauf zum Monte Testagrossa und machte uns aufmerksam auf die römischen Ruinen und Ausgrabungen bei Sasso Baldo und unterhalb des Berges Nofegge.

Die Frage, was es denn mit dem Fest des "Focaraccio" in Sigillo auf sich habe, wußte keiner so recht zu beantworten. Es wurde die Großmutter geholt, denn in kirchlichen Fragen, da kenne sie sich am besten aus. So erfuhr ich, daß es das Fest zu Ehren der Heiligen Madonna ist, deren Statue man einst von der Kapelle in Sigillo in die große Kirche von Loreto umsiedelte, weil man diese für einen würdigeren Ort hielt. Die Legende erzählt, daß eines Nachts die Madonna als brennende Statue den Weg zurück zu ihrer Kapelle gesucht hätte. Seitdem feiert man jedes Jahr am 9. Dezember das "Focaraccio"; überall in Sigillo brennen Feuer, um der Heiligen "heimzuleuchten". Später in der Nacht geht man dann zum gemütlichen Teil über, Vino wird ausgeschenkt und in der Feuersglut werden Würstchen gebraten.

die Nudelgerichte waren selbstgemacht und lecker. Im Speisesaal ein mächtiger Baum, dessen Krone durchs Dach ragt. Im Albergo werden auch Fackeln für Besucher der Grotta di Monte Cucco verkauft. Weiteres über diesen freundlichen Ort siehe nachstehenden Kasten. Im Winter geschlossen. Tel. 9177194.

\* **Capelloni**, im Val di Ranco, DZ mit Dusche 60 DM, ohne 40 DM. Auch Restaurant. Die Alternative zum vorgenannten, allerdings ohne dessen Charme. Tel. 9177131.

**Camping Rio Verde**, Località la Fornace, 3 km außerhalb von Costacciaro. Liegt ganz versteckt in einer bewaldeten Flußebene (alter Fichten- und Pinienbestand). Es können auch Zimmer gemietet werden (DZ ca. 60 DM). 50 Stellplätze. Geöffnet April - Oktober. Tel. 9170138.

In unmittelbarer Nachbarschaft des Platzes liegt der Übungsplatz der **Drachenflugschule** *Delta Flying*.

*Essen/Picknick*

**Restaurant La Locanda**, am Fuß von Costacciaro, gegenüber vom Schwimmbad (Zufahrt vom südlichen Ortsausgang her). Gute Nudel- und Fleischgerichte. Spezialitäten: Tagliatelle alla Patriotica (bunte Bandnudeln mit Champignons, Erbsen, schwarzen und weißen Trüffeln in Sahnesoße), Lammfleisch oder gemischte Spieße vom Grill. Menu ca. 35 DM. Montag Ruhetag.

Am Monte Cucco gibt es im **Val di Ranco** und auf der **Pian delle Macinare** jeweils eine große Wiese mit Wasserquelle, Tischen und Bänken zum Picknicken. Kostenlos!

## Costacciaro

Das einzige kompakte mittelalterliche Dorf in dieser unwirtlichen Gegend, direkt an der *Via Flamina* gelegen, der bedeutendsten antiken Verbindungsstraße zwischen Rom und der Adria. Vermutlich liegen noch viele Zeugnisse aus der Zeit des Römischen Imperiums entlang der Straße verschüttet: Tempel, Heiligtümer, Thermen, Tavernen, Stallungen zum Wechseln der Pferde, einfache Häuser.

Das **Castello von Costacciaro** stammt aus dem frühen Mittelalter; urkundlich wird es erst 1250 erwähnt, als es von den Eugubinern als militärischer Stützpunkt genutzt wurde, um die Grenzen des ausgedehnten Territoriums von Gubbio zu verteidigen. Die Wirtschaft Gubbios basierte schon damals hauptsächlich auf Kunsthandwerk und Landwirtschaft, und die Via Flaminia stellte jahrhundertelang den einzigen Handelsweg nach Rom dar.

In der **Kirche S. Francesco** mit dem angrenzenden Franziskaner-Kloster (gegr. 1253) liegt in einem gläsernen Sarg die mumifizierte Leiche von *Beato Tommaso*. Der Schutzpatron von Costacciaro (1262-1337) war der Begründer des Eremo di Monte Cucco. Das Fest zu seinen Ehren findet jedes Jahr am ersten Sonntag im September statt.

## Rundwanderweg am Monte Cucco

Ein Beispiel der vielen markierten Wandermöglichkeiten: an der Nordseite des Monte Cucco - vorbei am **Eremo di Monte Cucco**. Dauer: ca. 4 Std.; Ausgangspunkt: *Casa Il Sasso*. (Das auf der Karte verzeichnete

Refugio bei Casa Il Sasso ist nur als Notunterkunft geeignet.)

**Wegbeschreibung:** Der Beginn der Wanderung führt rechts am ersten Haus vorbei - anfangs eben am Fluß entlang, dann leicht ansteigender Pfad durch die Felsenschlucht *Valle delle Prigioni*. Ca. 30 m müssen wir in gebückter Haltung einen engen Felsentunnel passieren und laufen dann weiter durch den Wald. An der Stelle, wo sich der Weg in die Wanderweg Nr. 22 und Nr. 5 gabelt, biegen wir beim Brunnen und Wasserreservoir links in den WW Nr. 5 ein. Dann steigt der Pfad stetig an durch einen Wald und später über Wiesen, bis wir auf eine breite Schotterstraße treffen. Die letzte Etappe auf WW Nr. 4 führt zum Teil steil abwärts am **Eremo di Monte Cucco** vorbei zurück zum Ausgangspunkt.

*Anfahrt zum Casa Il Sasso:* **Variante 1**, von Scheggia aus: Richtung Sassoferrato, nach ca. 3 km bei der Klosterkirche S. Emiliano (10. Jh., kann man besichtigen, wenn man im angrenzenden Wohnhaus um den Schlüssel bittet!) rechts ab in Richtung Pascelupo. Kurz hinter Pascelupo das Auto stehen lassen und einen Schotterweg hinunter zu zwei leerstehenden Häusern (= Casa Il Sasso) am Rio Freddo gehen.

**Variante 2**, von Sigillo aus: auf die Panoramastraße, die in Richtung Val di Ranco führt. Kurz unterhalb des Sendeturms rechts abbiegen in eine Schotterstraße Richtung Bastia (kein Hinweisschild). Durch die Ortschaften Bastia, Rucce, Piggia Secca und Perticano. Kurz unterhalb von Pascelupo lassen wir das Auto stehen - dann wie Variante 1.

### Geschichte der Einsiedelei von Monte Cucco

Nach dem Tod des Eremiten *Beato Tommaso* diente das Eremo den Herzögen von Urbino als Jagdquartier. Um 1500, als das Mönchstum von S. Romualdo immer mehr verlotterte und seine Glaubhaftigkeit verlor, besann sich *B. Paolo Giustiniani* - aus einer reichen venezianischen Familie stammend - auf die Notwendigkeit, zu den Ursprüngen des Glaubens zurückzukehren, und erhielt von Papst *Leo X.* die Erlaubnis, die eremitische Tradition wieder aufleben zu lassen.

Die Chroniken berichten, daß im Lauf der Jahrhunderte die Einsiedelei auch von Österreichern, Spaniern, Franzosen und hauptsächlich Polen bewohnt wurde, die aus einem Mönchskloster in der Nähe von Krakau stammten.

Seit 1925 steht das Eremo leer, die Mönche wurden in ihre Heimat zurückberufen. Der verlassene Gebäudekomplex brannte ab, verfiel zur Ruine; erst in den letzten Jahren geht man daran, ihn wieder originalgetreu aufzurichten und bewohnbar zu machen - für Mönche!

## Grotta di Monte Cucco  *(1390 m)*

Der bis heute erforschte Teil der Höhle hat eine Ausdehnung von 24,3 Kilometern und eine Tiefe von 945 Metern. Der horizontale und zugleich schönste Abschnitt ist etwa einen Kilometer weit mit einer Taschenlampe oder Fackel begehbar. Höhlenerfahrung sollte man aber mitbringen.

Am Eingang führen in die Wand geschlagene Eisenhaken 27 m senkrecht in die Tiefe! Unten angekommen, gelangt man über große Versturzblöcke zu einer Reihe von Sälen mit wundervollen Tropfsteingebilden - zuerst in den *Saal der Kathedrale*, der wegen seiner Dimension und der spitz zulaufenden Kuppel an eine gotische Kirche erinnert. An der Stelle, wo der *Saal Margherita* in einen Gang mit mehreren kleinen Seen mündet, endet der touristische Teil. Für Speläologen offenbart sich die Höhle jedoch viel komplexer und weitläufiger - wobei noch längst nicht alles erforscht ist. Jedes Jahr werden neue Schächte und Galerien entdeckt.

Für diese Höhlenbegehung sollte man schwindelfrei und zumindest in halbwegs sportlicher Verfassung sein. Eine starke Lampe ist unabdingbar. Fackeln sind im *Albergo Monte Cucco da Tobia* erhältlich. Gutes Schuhwerk mit rutschfester Sohle! Geöffnet ist die Höhle ganzjährig.

• *Wegbeschreibung zum Höhleneingang*: Der Haupteingang befindet sich in 1390 m Höhe auf der Wanderroute Nr. 2. Man läßt das Auto auf dem **Pian di Monte** (bei der Paragliding-Startrampe "Decollo Sud") stehen und geht die alte Straße bis zum Ende. Danach folgt man einem leicht ansteigenden Weg, der, wenn man aus dem Wald herauskommt, fast eben weiterführt. Noch weitere 100 m einen steilen Bergabhang entlang und man erreicht die große Öffnung der Höhle.

Für weitere Möglichkeiten mit den Ausgangspunkten Val di Ranco oder Casa Il Sasso konsultiere man die einschlägige Wanderkarte.

# Fabriano  *(Region Marken)*

Die einstige "Papierstadt" ist heute ein Industrieort mit ca. 30.000 Einwohnern, gelegen in einer weiten Talebene - im Westen begrenzt vom Massiv des Monte Cucco, im Osten vom Monte S. Vicino und seinen Ausläufern.

Im Mittelalter war Fabriano eine sehr bedeutende Stadt, denn hier wurde das Handwerk der Papierherstellung in Europa geboren und weiterentwickelt (13. Jh.). Das technische Know-how dazu brachten Rückkehrer der Kreuzzüge aus Vorderasien mit. Durch neue Herstellungsmethoden, u. a. die Verwendung von Tiergelatine, wurde die Qualität des Papiers erheblich verbesssert. Tintenfestigkeit war kein Problem mehr, und mit der Erfindung des Wasserzeichens wurde das

Papier damals so gut wie fälschungssicher. Der Handel erstreckte sich bald weit über die Grenzen Italiens hinaus.

Von den einst 40 florierenden Betrieben Fabrianos besteht heute nur noch die Firma *Miliani* - unübersehbar, wenn man von Osten kommend in die Stadt fährt. Ihre Produktion konzentriert sich im wesentlichen auf hochwertiges Zeichen- und Aquarellpapier sowie auf die Fertigung internationaler Banknoten mit Wasserzeichen.

Der Besuch des Papier-Museums ist sehr zu empfehlen!

Auch in kultureller Hinsicht war die Stadt von Bedeutung - ihre Schule für Malerei (*Istituto d'Arte*, Via Seraloggia) gehörte einst zu den meist besuchten Italiens. Der Maler *Gentile da Fabriano* (1370-1427) beeinflußte zahlreiche italienische Künstler, die in Venedig, Perugia, Orvieto, Siena, Florenz und Rom tätig waren.

- *Telefonvorwahl*: 0732
- *Information*: Piazza Comunale 42. Geöffnet 9-13 Uhr und 15-19 Uhr. Tel. 629690.
- Verbindung: **Bahn**: sehr gute Verbindung nach Ascona; täglich 9 Züge nach Rom.
- **Bus**: täglich mehrere Fahrten über San Vittorio Terme zur Frasassi-Grotte und weiter nach Genga.
- *Markt*: Jeden Samstag auf der Piazza Garibaldi, auch Piazza del Mercato genannt.

## Übernachten / Essen

Es ist nicht einfach, ein günstiges Zimmer zu finden. Von den fünf Hotels der Stadt zeigen zwei 4 Sterne und zwei 3 Sterne. Letztere Kategorie ist obendrein oft von Gastarbeitern und Spesenrittern ausgebucht.

\*\*\* **Mastro Marino**, Piazzale XX Septembre 34, gegenüber vom Bahnhof. DZ mit Dusche/WC ca. 100 DM. Gehobenes Mittelklasse-Hotel. Tel. 5382.

\* **Maria**, Via Castelli, DZ mit Dusche/WC ca. 50 DM. Nur im Sommer geöffnet. Tel. 3265.

- *Agriturismo*: **Agriturismo Contadina**, wenige Kilometer außerhalb der Stadt auf einem kleinen Hügel. Campingmöglichkeit in bewußt klein gehaltenem Rahmen. Geöffnet von Mai bis Oktober. Tel. 3182.

- *Essen*: **Trattoria Marchegiana**, Piazza Cairoli 1 (in der Verlängerung des Corso Repubblica). Traditionelle märkische Küche in hübschem Raum.

**Ristorante Mastro Marino**, im gleichnamigen Hotel (Adresse s. o.). Das Restaurant wurde uns als sehr gut und verhältnismäßig preiswert empfohlen. Sonntags geschl.

**Taverna da Ivo**, Via Veneto 16. Gutbesuchtes Restaurant, dazu Laufkundschaft - es gibt Essen auch zum Mitnehmen. Spezialität sind verschiedene Fleischgerichte vom Holzkohlengrill. Samstag geschlossen.

### Wein

Hier, in der Region Marken, sollten Sie sich den leichten, spritzigen *Verdicchio* nicht entgehen lassen!

Der "klassische" *Verdicchio dei Castelli di Jesi* (D.O.C.) in der typischen grünen Amphorenflasche darf sich zu den besten italienischen Weißweinen zählen. Er wird von Trauben eines begrenzten Anbaugebiets nordwestlich von Jesi (Provinz Ancona) gewonnen.

Gutsortierte Weinhandlung: *Cantina Cooperativa*, Corso Cavour 92.

## Sehenswertes

**Altstadt**: Mittelalterlicher Kern und Zentrum des kommunalen Lebens ist die nach oben spitz zulaufende *Piazza del Comune* - umgeben von architektonisch beeindruckenden Bauwerken. Die Szenerie wird im unteren Teil vom *Palazzo del Podestà* (12. Jh.) mit seinem riesigen Torbogen abgeschlossen. Die *Loggiato S. Francesco* ist ein langer Bogengang, von dem aus man das Geschehen auf der Piazza gut überschauen kann. Gegenüber steht der *Palazzo Vescovile* (Bischofssitz), und hinter diesem, vom Platz aus nicht sichtbar, erhebt sich in Ziegelstein gebaut die *Kathedrale*.

**Papiermuseum** (*Museo della Carta et della Filigrana*), Largo Fratelli Spacca, untergebracht im Klosterbau *S. Domenico* (13. Jh.). Das Museum - 1985 eröffnet - präsentiert die sieben Jahrhunderte alte Tradition der Papiermanufaktur von Fabriano, u. a. eine sorgfältige Auswahl von Originalobjekten (Holzbottiche, Papierpressen, Metallsiebe etc.) sowie eine Ausstellung über die Geschichte der Wasserzeichen. Wenn man Glück hat, kann man den geschickten Händen eines Meisters beim Papierschöpfen zuschauen - und es selbst einmal versuchen.
*Öffnungszeiten:* 9-12 Uhr und 15-18 Uhr, Sonntag 9-12.30 Uhr. Montag geschlossen.

**Städtische Pinakothek**, im Palazzo Vescovile an der Piazza del Comune. Sie enthält zahlreiche Werke der sog. Fabrianeser Schule aus dem 14. und 15. Jh.
*Öffnungszeiten:* Dienstag - Samstag 9 - 12 Uhr, Sonntag 10 - 12.30 Uhr. Montag geschlossen.

# Fabriano/Umgebung

## Eremo S. Silvestro

In den Bergen um Fabriano liegen viele Einsiedeleien, die alle zur Zeit des Heiligen Franziskus entstanden sind. Heute stehen die meisten davon leer oder sind verfallen. Im Eremo S. Silvestro hingegen leben noch Benediktinermönche. Sie haben sich darauf spezialisiert, alte Bücher zu restaurieren. Ein Besuch ist nur nach telefonischer Voranmeldung möglich. Tel. 0732/21631.
*Anfahrt:* Aus Umbrien kommend: noch vor dem Zentrum Fabrianos, direkt vor den Parkanlagen (giardini pubblici), rechts hoch. Nach 2 km hat man den Ort Colle Paganello erreicht. Von da weg sind es noch weitere 6 km bis zu Eremitage, die man schon von weitem sieht und nach einer langen Schlaufe von hinten erreicht.

## San Vittore Terme

Den kleinen Thermalort schmückt eine in rein marchesisch-romanischem Baustil errichtete Kirche aus dem 11. Jh.
Vor allem aber ist San Vittore ein Zentrum der Höhlenfreaks.

Schnellimbisse und Souvenirbuden sind zu Dauereinrichtungen geworden. Ein Informationspavillon gibt alle erdenklichen Auskünfte für Speläologen. Hier werden auch die Eintrittskarten für die Grotta Grande del Vento verkauft. Für Spezialisten werden mehrstündige Touren mit Begleitung angeboten. Auf dem Budenareal ist zusätzlich eine Tafel angebracht, auf der die 18 Höhlen der Umgebung mit jeweiligen Markierungen und Aufstiegszeiten vermerkt sind.

Das schwefelhaltige Wasser der Quelle von San Vittore kann man im modernen Thermal-Schwimmbad (geöffnet von April bis Dezember) testen bzw. als Kurgast im *Hotel Terme di S. Vittore*.

*Übernachten/Camping*

\*\*\* **Terme di San Vittore**, DZ ca. 70 DM und damit für das Angebot erstaunlich billig. Moderne Zimmer, teils mit Balkon. Eigenes Open-Air-Thermalbad, eine hübsche Parkanlage und selbstverständlich ein Kurangebot (Dampfbad, Massage, Fango etc.). Geöffnet Mai - November. Tel. 0732/90012.

\*\* **Frasassi**, in Genga Stazione, knapp unterhalb von San Vittore, DZ mit Dusche/WC ca. 65 DM. Auch hier werden etliche Kuren angeboten, u. a. Nikotinentzug. Das Restaurant serviert getrüffelte Spezialitäten. Tel. 0732/90094.

**Minicamping S. Elia**, in S. Elia, einem kleinen Dorf, ca. 12 km von S. Vittore entfernt. *Anfahrt*: auf der SS 76 Richtung Ancona, Ausfahrt Serra S. Quirico, dann der Beschilderung S. Elia folgen. Die Besitzer vermieten auch 2 Appartements mit Küche und Bad. Campinggelände geöffnet Juni - Mitte September. Tel. 0732/74057.

● *Essen*: Von den drei Restaurants eines zu empfehlen, ist problematisch. Die Preise sind wegen den Kurgästen und Touristen hoch, die Speisesäle riesig und ungemütlich. Im **La Scaletta** sitzt man noch am angenehmsten.

## Grotta Grande del Vento

Unmittelbar nach San Vittore beginnt die **Frasassi-Schlucht**, und hier befindet sich zwischen senkrecht aufragenden Felswänden der Eingang zur Grotta Grande del Vento, des größten unterirdisch verlaufenden Höhlenkomplexes der Marken (13 km Ausdehnung), der attraktivsten Schau-Höhle Italiens. 1,5 Kilometer sind für Touristen erschlossen, der Rest kann nur mit einer Sondergenehmigung begangen werden.

Wer das klotzige Eingangsportal und den nackten Stollengang hinter sich gelassen hat, betritt eine riesige Halle von 180 m Länge, 120 m Breite und fast 200 m Höhe, bei deren Anblick einem erstmal die Luft wegbleibt. Eine Märchenlandschaft aus Stalagmiten und Stalaktiten, die an Kunstwerke von Zuckerbäckern und Eiskonditoren erinnern, nur ungleich schöner und gigantischer - in Jahrtausenden wundervoll gewachsene Naturdenkmäler! Die Zeit scheint hier stehengeblieben zu sein. Und doch: es tropft unaufhörlich.

Die Führung dauert ungefähr eine Stunde. Wir raten von einem Besuch an Sonn- und Feiertagen ab, denn dann gerät man in einen Ameisenhaufen von Touristen.

- *Verbindung*: **Bus**: Täglich 5 Fahrten nach Fabriano bzw. zum Bahnhof Genga Stazione an der Strecke Rom - Ancona.
- *Eintritt*: Je nach Saison 10-17 DM, Kinder unter 14 Jahren die Hälfte, Kinder unter 6 Jahren gratis. Die Eintrittskarte bei den Buden am Parkplatz kaufen. Hier ist auch ein Bildband (3sprachig) erhältlich, der neben ausgezeichneten Fotographien Aufschluß über den geologischen Ursprung der Höhle gibt.
- *Führungen* (obligatorisch): März-Juni und Oktober 9.30-18 Uhr, alle 90 Minuten. Juni-August 8-18.30 Uhr, alle 10 Minuten. November-Februar: Führungen jeweils um 11 und um 15 Uhr.
3mal pro Tag (in der Hauptsaison öfter) deutschsprachige Führung.
- *Sondergenehmigungen für Speläologen*: Consorzio Frasassi, Genga. Tel. 0732/973039.

## Genga

Der Marktflecken (nicht zu verwechseln mit Genga-Stazione im Tal) steht am oberen Ausgang der Frasassi-Schlucht.

Der große, ländliche *Palazzo* - seit dem Mittelalter jahrhundertelang im Besitz der Grafen von Genga - wird derzeit zu einem kleinen Teil von der Gemeinde genutzt, der größere Teil ist eine Baustelle, auf der nicht einmal die Arbeiter wissen, worauf ihr Tun hinausläuft. Es sieht so aus, als ob das Vorhaben, hier ein Hotel der Spitzenklasse zu errichten, doch zu hoch gegriffen war.

In der Pfarrkirche sind ein Triptychon von *Da Fabriano* und Werke aus seiner Schule (15. Jh.) zu sehen.

Von Genga aus bietet sich ein schöner Spaziergang ins Naturschutzgebiet **Valle Scapuccia** an: 3 km weiter in nördlicher Richtung fahren, bis - direkt in einer Rechtskurve - ein kleiner Wegaltar zu sehen ist. Hier das Auto parken. Dahinter, etwas versteckt von Bäumen und Gebüsch, gähnt eine große dunkle Felsspalte - scheinbar der Eingang einer Höhle. Dahinter öffnet sich unvermutet ein zauberhafter Talkessel, der von hohen zerklüfteten Felsen eingeschlossen ist. Ein Fußweg führt erst am glasklaren Bach entlang und nach ungefähr 1½ Stunden zurück zum Eingang. Tip: Decke, Wein und Picknickkorb mitnehmen!

## Gualdo Tadino

Am Stadtrand fallen einige Keramikfabriken auf, der größte Industriezweig Gualdo Tadinos. Das auf einem Hügel thronende Städtchen - im unteren Teil noch vom mittelalterlichen Wall umgeben - geht auf eine Siedlung der Umbrer zurück. Von dieser "Gründerzeit" wie auch von der späteren römischen Besiedlung ist heute nichts mehr zu sehen - der Staufer *Friedrich II.* hatte den Ort Mitte des 13. Jh. vollständig zerstört.

Im Zentrum - auf der Kuppe des Hügels - liegt die *Piazza Martiri della Libertà*, deren Namen an die Bürger von Gualdo erinnert, die von den Nazis hier öffentlich hingerichtet wurden. Auf der einen Seite des Platzes die *Kathedrale* (ohne besonderes Interesse), auf der anderen - weniger auffällig - die Kirche *San Francesco*, in der heute die lokale *Pinakothek* untergebracht ist.

Viel ist nicht los in Gualdo. Im Sommer wird das Städtchen gelegentlich von Wanderern besucht, meistens aber bleiben die Einheimischen unter sich. Die kurze Besichtigung des Orts endet fast unweigerlich im *Caffè Apennino*, außen hübsche Keramikfliesen, innen kommode Bestuhlung. Das Café eignet sich auch hervorragend zum Frühstücken.

- *Verbindung*: **Bahn:** Gualdo Tadino liegt an der Strecke Rom - Ascona. Gute Verbindung nach Foligno und Fabriano, gelegentlich auch Züge bis nach Rom bzw. Ancona. Der Bahnhof befindet sich 1 km unterhalb des Ortes.
**Bus:** mindestens ein halbes Dutzend Fahrten pro Tag nach Gubbio.
- *Übernachten/Camping*: ** **Gigiotto**, Via Morone 5 (gleich hinter der Kathedrale). DZ mit Dusche/WC ca. 75 DM, ohne ca. 50 DM. Ruhiges Mittelklasse-Hotel, wenn nicht gerade die Glocken der Kathedrale zum Gebet rufen. Tel. 075/912283.

**Camping La Valle**, siehe Nocera Umbra.
- *Essen*: **Ristorante Gigiotto**, im o. g. Hotel. Vorzügliches Lokal. Die Bedienung - lange Röcke mit Schürzchen die Damen, schwarz-weiß die Herren, hat Stil. Der Apéro des Hauses ist eine Selbstverständlichkeit. Die Salatsauce wird am Tisch gemischt, die Modifikationsvorschläge des Kunden werden berücksichtigt. Als Vorspeise empfiehlt man Melanzane a fette (mit Schnittlauch belegte, gebratene Auberginenscheiben) - und dann geht's quer durch die regionale Küche (z. B. Getrüffeltes) bis zum Grappa.

Nordöstlich von Gualdo Tadino führt ein enges Sträßchen zum knapp über 1000 m hoch gelegenen Weiler **Valsorda**. Man befindet sich mitten in einer alpinen Region, in der sich Nadelholz und Wiesen abwechseln - ein ideales Wandergebiet. Allerdings lassen die Markierungen (Wege von 2 bis 6 Stunden) zu wünschen übrig, eine gute Karte ist hilfreich.

- *Übernachten/Camping*: *** **Stella**, DZ ca. 100 DM. Nur im Sommer geöffnet. Tel. 075/913282. **Camping Valsorda**. Bescheiden, aber sehr schöne Lage am Waldrand. 40 Stellplätze. Geöffnet Juni - September. Außerhalb der Saison wird wildes Zelten geduldet. Tel. 075/913261. Im Sommer auch Übernachtung in der Berghütte (Rifugio) möglich.

## Nocera Umbra

Città delle acque (Stadt der Wasser) nennt sich dieses Städtchen, das wie Gualdo Tadino eine vorrömische umbrische Siedlung ist und im 13. Jh. zerstört wurde. Der Slogan Noceras spielt auf die nahen Thermalquellen an, und es scheint, als ob diese und das ortseigene Mineralwasser Marke "Sorgente Flaminia" das einzige sind, was der Ort zu bieten hat.

Im Gegensatz zum nahen Gualdo spielt sich das Leben hier vornehmlich draußen vor dem Tor ab - vor der *Porta Vecchia*; der historische Kern dagegen ist baulich ziemlich heruntergekommen.

Ein Spaziergang lohnt aber trotzdem. Man steigt die enge Hauptgasse, die sich stolz *Corso Vittorio Emanuele* nennt, hinauf, von der beidseits noch engere Gassen und Treppen abgehen, die einen ziemlich düsteren Eindruck vermitteln. Hell wird's erst oben auf der überraschend gro-

## Nocera Umbra 549

ßen gepflasterten *Piazza Caprera*. Von hier führt der Weg weiter - an einer Gedenktafel vorbei, die in kräftigen Worten an den heldenhaften Widerstand gegen die Nazibarbarei erinnert - zum *Dom*. Daneben steht der *Campanaccio*, ein Wachturm aus dem 11. Jh. Dahinter fällt der Felsen steil ab. Dem Besucher bleibt nichts übrig, als den herrlichen Ausblick ins Hinterland zu genießen und dann den Rückweg in die Unterstadt anzutreten.

Die **Bagni di Nocera** findet man ca. 5 km außerhalb des Orts (kurz nach dem nördlichen Ortsausgang Abzweig rechts): eine kleine, ausgediente Kuranlage in den Hügeln. Ein römisches Konsortium kaufte 1994 den Komplex auf und plant seither zusammen mit einem schweizerischen Ärzteteam eine Neueröffnung.

• *Übernachten/Camping*: **Flaminio**, Piazza Medaglia d'Oro 1 (Durchgangsstraße, Ortseingang), DZ mit Dusche/WC ca. 80 DM. Modernisiert. Angeschlossen ein kleines Spezialitätenrestaurant. Tel. 0742/818883.

**Camping La Valle**, ca. 6 km in Richtung Gualdo Tadino, 1,2 km abseits der Straße. Sehr bescheidenes, aber mitten im Grünen gelegenes Terrain. 30 Stellplätze. Ganzjährig geöffnet. Tel. 0742/810329.

• *Essen:* **Ristorante di Piazza Grande**, Piazza Caprera. Neueröffnung 1993 mit regionalen Spezialitäten und oft römischer Kundschaft. Menüs für ca. 20 DM.

**Trattoria/Pizzeria Portici**, gleich nach dem historischen Stadteingang rechts, unter den mittelalterlichen Arkaden.

**Restaurant Cantina della Villa**, direkt neben dem Camping La Valle.

# Lago Trasimeno

130 km südlich von Florenz gelegen, inmitten des grünen Hügellandes von Nordumbrien. Er ist immerhin 128 qkm groß, aber relativ seicht (nur 6 - 7 m tief), daher zum Baden und Angeln nur bedingt geeignet, da sich besonders im Sommer das Wasser zu sehr erwärmt ("umkippt") und nicht selten tote Fische am Strand liegen.

Das war nicht immer so. Noch im 16. Jh. berichtete ein päpstlicher Abgesandter nach Rom: "Hier gibt es Schleien, Hechte, Weißfische, Rundfische, Aale und Rotaugen in so großer Zahl, daß man nicht nur das Umland und die benachbarten Provinzen versorgt, sondern auch nach Rom und Pesaro liefert... Der Seegrund ist gleichmäßig von weißem Sand bedeckt, nicht der geringste Schlamm, daher die hohe Qualität der Fische."

Der heute so niedrige Wasserstand des Lago Trasimeno ist die Folge von wiederholten menschlichen Eingriffen. Bereits die Römer errichteten unterirdische Abflüsse und Deiche, um die häufigen Überschwemmungen zu verhindern. Vom 15. bis Ende des 19. Jh. wurden weitere Arbeiten vorgenommen: Zwei Zuflüsse wurden in den Tiber umgeleitet, ein weiterer unterirdischer Abflußkanal wurde gegraben. Mit diesen Baumaßnahmen bekam man das Problem der Überschwemmungen in den Griff. Allerdings wirkt sich heute die Absenkung des Wasserpegels erheblich auf die Tier- und Pflanzenwelt aus. In Rom hat man schon lange keinen Fisch aus dem Lago mehr gesehen...

Im Lago liegen drei Inseln, die *Isola Polvese*, die *Isola Maggiore* und die *Isola Minore*. Die ersten beiden werden regelmäßig von kleinen Dampfern angefahren.

▶ **Baden:** In den Sommermonaten steigt die Wassertemperatur bis auf 25°, Badegelegenheiten findet man vor allem an der Ost- und der Nordseite des Sees sowie in Castiglione. Aber Vorsicht: Nach der Sage soll eine Seejungfrau sich in den Prinzen Trasimenus verliebt und ihn zu sich in die Tiefe gezogen haben!

### "Drei Tage färbte der Bach sich rot"

Noch im Halbdunkel der Sommernacht, vor dem Morgen des 23. Juni 217 v. Chr., machten sich die Legionen des römischen Konsuls *Flaminius* auf den Weg. Mehr als 20.000 Mann waren es, ein für damalige Zeiten gigantisches Heer. Schwerbewaffnet marschierten die Truppen im Nordwesten des Lago Trasimeno in Richtung *Tuoro* auf, wo sie das Lager *Hannibals* vermuteten. Und richtig: Bereits von weitem sichtbar, auf den Anhöhen des heutigen Friedhofs, hatten die Römer die Lagerfeuer der phönizischen Söldner ausgemacht. Flaminius gab den Befehl, auf der anderen Talseite, Richtung *Sanguineto*, Stellung zu beziehen und sich auf den Kampf vorzubereiten.

Die Schlacht begann - doch anders, als es Flaminius sich vorgestellt hatte: Völlig unerwartet stürzten sich plötzlich von allen Seiten die Truppen Hannibals auf das riesige römische Heer, dessen Schlachtordnung, hoffnungslos eingekesselt, sich in panischem Chaos auflöste, teils nach Norden Richtung Sanguineto, teils nach Süden in das sumpfige Gelände des Sees. Nur einem kleinen Teil gelang in einem verzweifelten Vorstoß der Durchbruch zum phönizischen Hauptlager bei Tuoro und zur Flucht aus der tödlichen Umklammerung in die nordöstlichen Hügel. Der Rest - und dies waren wohl 15.000 Mann - war dem Tod geweiht; der Großteil wurde beim heutigen Sanguineto ("Ort des Blutes") niedergemacht, viele wurden in das sumpfige Gebiet des Trasimeno getrieben und ertranken. Auch Konsul Flaminius mußte sein Leben lassen - wo, wurde nie entdeckt.

Dem Massensterben ("nur" etwa 1500 Leben soll der Preis für Hannibals Söldner gewesen sein) folgte eine Tage andauernde Bestattungsaktion, von Hannibal angeordnet, um die Götter nicht zu erzürnen und um Epidemien zu vermeiden. Die verstümmelten Leiber wurden verbrannt und verscharrt - nicht unterschiedslos natürlich, wie Grabbeigaben für die Bessergestellten beweisen.

Auch wenn die moderne Wissenschaft in der Erkenntnis menschlichen Lebens nicht selten versagt, die Diagnose seiner Überreste ist hieb- und stichfest: Die C-14-Analyse einiger Schutthügel von *Ustrinen* (Verbrennungshöhlen) zwischen Tuoro und Sanguineto erlaubt zweifelsfrei die Zuordnung in das 3. Jh. v. Chr. (H. C.)

## 552 Lago Trasimeno

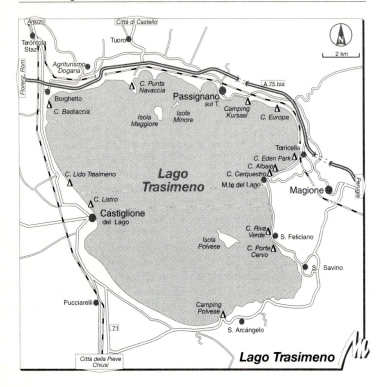

• *Information*: Das ganze Jahr über in Castiglione del Lago und Passignano (Details siehe dort). Während der Sommermonate auch in San Feliciano und Tuoro (an den Anlegeplätzen der Schiffahrtsgesellschaft).

• *Verbindung*: **Autostrada (A1)**, von Norden kommend: Ausfahrt Val di Chiana, dann Schnellstraße Richtung Perugia; von Süden kommend: Ausfahrt Chiusi-Chianciano Terme.
**Bahn**: Linie Florenz-Rom: Bahnstation Castiglione di Lago direkt am See.
Zum Nordufer: in Teróntola umsteigen in den Zug nach Perugia (Abzweig der Hauptstrecke Florenz-Rom): Bahnstationen in Tuoro und Passignano.
**Bus**: Relativ häufige Verbindung zwischen Passignano und Castiglione; seltener verkehren Busse am Süd- und Ostufer.

• *Camping*: Es gibt insgesamt 14 Campingplätze am Seeufer (siehe Karte), die alle von April bis September geöffnet sind. Als einziger ist der Eden-Park in Torricella fast ganzjährig geöffnet.

# Castiglione del Lago

Das auf einem Kalkhügel an der Westseite des Sees gelegene Castiglione ist ein äußerst malerischer Ort. Um den mittelalterlichen Kern, geprägt vom Palast der Herzöge *della Corgna*, zieht sich eine hohe Befestigungsmauer. Die *Via Vittorio Emanuele*, eine schmale Gasse, ist Zentrum, Treff und Marktplatz zugleich.

- *Telefonvorwahl*: 075
- *Information*: **A.P.T.-Büro**, Piazza Mazzini 10 (am Ende der Via V. Emanuele gegenüber der rottürmigen Kirche). *Keine direkte Zimmervermittlung; das Büro führt aber eine Liste mit privaten Vermietern rund um den See. Geöffnet* Montag - Freitag 8-13.30 Uhr und 15-19.30 Uhr, Samstag 8.30-13 Uhr, Sonntag geschlossen. Tel. 9652484.
- *Verbindung*: Bahn: täglich mehrere Züge nach Chiusi und Arezzo, einmal täglich direkt nach Rom. Der Bahnhof befindet sich 2½ km außerhalb des Orts.
- *Markt*: Mittwoch.
- *Feste*: **Tulpenfest** am 1. oder 2. Sonntag im April, seit über 20 Jahren Tradition in Castiglione. Ein mit Tulpen geschmückter Wagenzug, begleitet von folkloristischen Gruppen, zieht durch die Altstadt.
**Internationales Drachensteigen**: Ende April.

## Übernachten/Camping

**\*\*\* La Torre**, Via Vittorio Emanuele 50, DZ mit Dusche/WC ca. 80 DM. Das mitten im historischen Kern gelegene Hotel wurde 1991 eröffnet. Modern, sehr sauber und für den Komfort (alle Zimmer mit TV, einige sogar mit Eisschrank) überaus preiswert. Allerdings sind die 8 Zimmer schnell ausgebucht. Tel. 951666.

**\*\* Miralago**, Piazza Mazzini 6. DZ mit Bad 100 DM und damit eindeutig überteuert. Besteht seit 60 Jahren und ist das älteste Hotel am Ort. Mitten im Zentrum, macht einen gediegen-biederen Eindruck. Zimmer zum Teil mit Seeblick. Tel. 951157.

**\*\* Fazzuoli**, Piazza Marconi 11, DZ ca. 75 DM. Kleines, modernes Hotel unterhalb des alten Ortes. Zimmer mit Radio, Bad und kleinem Balkon. Die Hoteldirektion vermittelt auch Appartements für 3 - 4 Personen (mit Kochgelegenheit), die ca. 100 m vom Bootssteg entfernt liegen. Tel. 951112.

**\* Santa Lucia**, Via B. Vuozzi 84 (1,5 km außerhalb des Orts, Richtung Bahnhof), DZ ca. 70 DM, alle Zimmer mit Dusche/WC. Neuer Backsteinquader in unattraktiver Lage. Tel. 9652492.

**Camping Listro**, knapp 1 km außerhalb, direkt am Seeufer mit großen Bäumen und eigenem Strand. Blauweiß gestreifter Sichtschutz zum Dorf hin. Bei unserem letzten Besuch machte der Camping einen ziemlich verwahrlosten Eindruck. 100 Stellplätze. Geöffnet von April bis September. Tel. 951193.

**Camping Lido Trasimeno**, etwas weiter nördlich als der vorgenannte und noch bescheidener als dieser. Doch fanden wir hier einen gepflegten Strand vor. Pizzeria. 65 Stellplätze. Geöffnet April - September. Tel. 954120.

## Essen

**Ristorante La Cantina**, Via Vittorio Emanuele 89. Im kühlen Gewölbe des neuen Restaurants ißt man bei gutem Service und freundlicher Atmosphäre vorzüglich u. relativ preiswert. Große Auswahl auch an lokalen Fischgerichten wie Schleien, Karpfen etc., große Portionen. Auch Pizzen. Für ein Hauptgericht mit Vorspeise inkl. Wein zahlten wir ca. 35 DM. Montag geschlossen.

**Ristorante Miralago**, im gleichnamigen Hotel (s. o.). Spezialitäten des Restaurants: "Spaghetti al fumo", mit einem

Sugo aus passiertem Räucherbauch, Tomaten und Sahne zubereitet, und "Carne in cartoccio" - Kalbfleisch mit frischen Pilzen, Schinken, Gemüse und Sahne in Alufolie gebacken. Menü ab 20 DM.

Terrassengarten mit schönem Seeblick.
**Ristorante L'Acquario**, Via Vittorio Emanuele 69. Hauptsächlich von ausländischen Touristen besucht. Kleine Portionen, für das Gebotene ärgerlich teuer (Menü für ca. 25 DM).

**Baden:** Der Sandstrand beginnt gleich nördlich des Orts. Das Wasser ist extrem seicht, nach 20 Metern kann man noch immer stehen. Nach dem Camping Listro folgt ein kleines, dünnes Wäldchen mit einer Steinpromenade. Hier sitzen die Angler. Südlich des alten Stadtkerns setzt sich der Strand mehrere hundert Meter fort. Nur am Wochenende, wenn die ganze Familie in der Sonne schmort, ist er überlaufen. Zwischen Teerstraße - wenig befahren, am Wochenende gesperrt - und Strand erstreckt sich eine niedrige Allee, die in der glühenden Mittagshitze etwas Schatten spendet.

# Castiglione del Lago / Umgebung

## Città della Pieve

Landeinwärts, etwa 25 km von Castiglione entfernt an der Straße nach Orvieto, liegt Città della Pieve, der alte Bischofssitz der trasimenischen Region. Die gesamte Altstadt besteht aus roten Ziegelsteinbauten, ein ungewohntes und überaus eindrucksvolles Bild, das allein schon den Besuch lohnt.

In Città della Pieve wurde 1445 *Pietro Vannucci* geboren, der unter dem Namen *Perugino* Kunstgeschichte machte. Er war der große Meister der umbrischen Schule und Lehrer Raffaels, des Klassikers der Hochrenaissance.

Perugino-Werke sind nicht nur im *Dom* (Altar), sondern auch in der *Kirche Santa Maria dei Servi* ("Kreuzabnahme", restauriertes Fresko) sowie im *Oratorium Santa Maria dei Bianchi* ("Anbetung der heiligen drei Könige", Fresko) zu sehen. Die Besichtigung der Werke läßt sich ideal mit einem kleinen Stadtrundgang verbinden, aber aufgepaßt: von 12.30-15.30 Uhr macht der Meister Siesta, bzw. sämtliche Kirchen sind dann geschlossen.

Der Spaziergang durch die Altstadt führt an einigen prächtigen Palazzi vorbei (meist 17./18. Jh.) - alle im selben roten Ziegelstein gehalten. Der imposanteste unter ihnen ist zweifellos der vierstöckige *Palazzo Caetani della Fargna* an der Via Garibaldi, in dem heute die Stadtregierung sitzt. Wer genug lang ziellos durch die Gassen streift, findet auch die *Via Bacidonne*, angeblich die engste Gasse ganz Italiens. Der Name bedeutet "Küß die Frauen" - und bezieht sich darauf, daß der Macho hier seine Chance hat - denn ein Ausweichen läßt das enge Gäßchen nicht zu. Daß die Initiative vom Mann auszugehen hat - na ja...

*Information*: Piazza Giacomo Mateotti (links vom Dom). Öffnungszeiten: 8.30-12.30 Uhr und 16-18.30 Uhr, Samstagnachmittag und Sonntag geschlossen.

## Isola Maggiore

**Die einzige bewohnte der drei Inseln im Lago Trasimeno ist von Castiglione aus nach ca. 20minütiger Überfahrt erreicht - ein dicht mit Grün bewachsener Hügel.**

An der Anlegestelle liegt das einzige Dorf, eine Reihe von einfachen Steinhäusern. Jedes hat seinen eigenen kleinen Kanal bis vor die Haustür - Autos gibt es hier natürlich keine. Vor den Häusern sitzen die Männer und flicken Fischreusen. Die Frauen fertigen Klöppelarbeiten, die im kleinen Pavillon am Landungssteg verkauft werden. Ein Bildhauer hat sich an der Dorfstraße eine Werkstatt eingerichtet und kreiert abstrakte Tier- und doppelköpfige Menschenschädel.

Nicht weit von der Kapelle beim Landungssteg findet man eine Hütte, in der im Jahre 1213 der Heilige Franz von Assisi 42 Tage lang gebetet haben soll. Oberhalb des Ortes, sehr malerisch in einem kleinen Zypressenhain, steht die **Capella dello Sbarco** mit ihrem doppelten Glockenturm. Olivenbäume, blühende Sträucher und die Kräuter und Harze des Waldes verströmen einen angenehmen, würzigen Geruch.

Ein schattiger **Fußweg** führt rund um die Insel zu einem alten **Kloster**, vor dessen Mauern die naturliebenden Mönche Palmen und andere efeuumrankte Bäume gepflanzt haben; hier an der Nordseite ist die Insel besonders üppig grün. Das Kloster kann nicht besichtigt werden. Dafür gibt's unterhalb eine alte Werft zu sehen - zwei museumsreife Holzboote mit Dampfmaschinen modern vor sich hin. Hier endet der Fußweg.

Wem's nicht zu heiß wird, der kann in die "höheren" Regionen der Insel wandern und die *Kirche S. Michele Arcangelo* besuchen, der sich der Dorffriedhof anschließt: die Gräber der Armen nur mit einer Nummer auf dem Sandhügel, die der Bessergestellten als aufwendige Familiengruften gestaltet. An der Friedhofsmauer gibt's frisches Wasser.

- *Überfahrt*: Ab Castiglione von April bis Oktober 8x pro Tag, von 9 - 18.00 Uhr; ab Passignano noch häufiger (7-19 Uhr), seltener ab San Feliciano und Tuoro. Im Winter eingeschränkter Fahrbetrieb.
- *Übernachten*: ** **Albergo da Sauro** am Ende der Dorfstraße. DZ mit Bad ca. 75 DM, Frühstück inklusive. 12 Zimmer. Im Erdgeschoß hübscher, sauberer Speisesaal mit Terrasse, bekannt für gute Fischgerichte. Tel. 075/826168.

**Baden:** Um die Insel zieht sich ein breiter Schilfgürtel. Baden kann man an einigen Stellen, wo Felsen dem oft alles überwuchernden Schilf keine Chance bieten. Die besten Plätze findet man in der Nähe des Dorfes.

## Isola Polvese

**Die größte Insel (54 ha) im Lago, aber weniger romantisch als die Isola Maggiore, abgesehen von einigen Stellen, wie der efeuüberwucherten Burg am nördlichen Zipfel.**

Am Wochenende ist viel Betrieb, der Weg zur "Spiaggia" überlaufen - Perugia liegt nah. Am 100 m langen Sandstrand mit seinen schattenspendenden Buchen merkt man noch nichts von der kargen Trockenheit, die im Inselinneren herrscht. Eine Vielzahl verschiedener Wasservögel findet hier ungestörte Brutstätten.

Verläßt man den Grünstreifen entlang dem Ufer, gelangt man über Waldwege ins Landesinnere - trockenes, dünn mit Olivenbäumen bepflanztes Hügelland. In der Mitte der Insel protzt ein monströser, relativ neuer Bauernhof - ein ursprünglich privates Großprojekt, das, nachdem es sich als unrentabel erwiesen hatte, mitsamt der Insel vom Eigentümer an den Staat verkauft wurde.

Etwas oberhalb davon befinden sich eine Bar und ein Restaurant und darunter - inmitten von Maisfeldern und einigen Obstgärten - die alte *Burg* mit ihrem efeubewachsenen Turm - ein Hauch von Schottland. Der Weg zurück zum Landungssteg führt an einer Ölmühle vorbei.

*Überfahrt*: ab Passignano (im Sommer 2mal täglich) und San Feliciano.

---

### Caffè Universal

Auf halbem Weg von Castiglione nach San Feliciano liegt kurz hinter dem Weiler San Arcangelo dieses Straßenlokal: eine Snackbar, einladende Bestuhlung im freundlichen Hain und ein großzügiger Name: Caffè Universal.

Daß Maria die beste *Torta calda* (Fladenbrot) der Welt bäckt, behauptet nicht nur die große Werbetafel an der Straße, sondern auch der Autor. In der Backstube hinter der Bar wird unaufhörlich gearbeitet. Neben dem Mehltrog knetet Maria riesige Teigfladen, die dann - zwischen zwei Holzscheiben gepreßt - übers Feuer gelegt werden. Sie werden heiß serviert - als Einlage Schinken, Käse, fritierte Fische - vorzüglich!

Marias Mann, "il mago della torta", wie er auf einem Porträt an der Wand bezeichnet wird, ist mit dem Ausbau der Empfangsstrukturen beschäftigt. Dazu gehört ein Großparkplatz für Busse sowie eine Erweiterung des Picknickgeländes und ein Tanzboden. Schließlich kommen an sommerlichen Wochenenden oft bis 3000 Besucher ins "Caffè".

Zu erwähnen bleibt der Sohn des Hauses. Sein Beitrag sind die zahlreichen Karikaturen italienischer Gegenwartspolitiker, die den kleinen Gastraum zieren. Er bemüht sich, mit seiner Galerie up to date zu sein - bei den häufigen Regierungswechseln in Rom bestimmt kein leichter Job.

# San Feliciano

Vor dem Ort steht das Schilf in großen Bündeln zum Trocknen auf den "Feldern". An der Straße liegt eine Werkstatt, in der dann aus dem Schilf Matten geflochten werden. In der Macchia verstecken sich zahlreiche Villen Marke Kulturschande und neue Appartementburgen. Sehr verträumt hingegen ist der kleine Hafen, das Wasser reicht zum Teil bis zur Straße. Südlich des Orts läßt sich leicht nachvollziehen, welche Ausmaße der Lago Trasimeno einst einnahm und wie er zusehends verlandete und verschilfte.

Vielleicht aus der Sorge heraus, daß die Tage des Fischereigewerbes am Lago gezählt sein könnten, wurde in der Via Lungo Lago (Uferpromenade) ein **Fischereimuseum** (Museo della Pesca del Lago Trasimeno) eingerichtet.
*Öffnungszeiten*: April - September 10-12.30 Uhr und 17-19 Uhr, Montag geschlossen; Oktober - März Dienstag, Donnerstag und Samstag 9.30-12.30 Uhr und 14.30-16.30 Uhr.

## Übernachten / Essen

\* **Da Settimo**, Via Lungo Lago 1 (bei der Schiffsanlegestelle). DZ mit Dusche/WC ca. 70 DM, ohne ca. 50 DM, Frühstück inklusive. Das Haus ist vor allem wegen seines Restaurants bekannt (s. u.). Tel. 075/849104.
**Camping Porto Cervo**, am südlichen Ortsrand - genügend Schatten, klein und gepflegt, direkt am See gelegen! 35 Stellplätze. Geöffnet April - September. Tel. 075/849304.
• *Essen*: **Ristorante Da Settimio**, im gleichnamigen Albergo (s. o.). Im geräumigen Speisesaal zeigt sich die Leidenschaft des Wirtes - die Wände hängen voll mit ausgestopftem Federvieh vom See. Viele Fischgerichte frisch aus dem See (z. B. Goregone, Aal). Beliebt die fritierten Fische (Portion ca. 30 DM), auch die Fischsuppe ist nicht zu verachten. Donnerstags geschlossen.
**Ristorante Da Massimo**, ca. 1½ km südlich des Ortskerns dem Schild mit dem großen Wal links hoch folgen. "Ob Pizza oder See- und Meeresgetier, hier findet man alles. Zwar ist die Speisekarte nicht übermäßig umfassend, dafür aber die Portionen. Geschmacklich waren wir mit der Zubereitung der Fischgerichte zufrieden." (Leserin Susanne Pfennig, Forchheim). Sehr schöne Speiseterrasse in großartiger, ruhiger Lage. Montag geschl.
**Pizzeria/Ristorante Spiaggia del Giramondo**, ca. 500 m außerhalb, in nördlicher Richtung. Moderner Pavillon mit wenig einladender Außenansicht, innen aber vom italienisch-deutschen Wirtepaar gemütlich eingerichtet. "Die Preise sind zivil (abgesehen vom Bier, Einschub des durstigen Autors). Das Speisenangebot: hausgemachte Tagliatelle mit verschiedenen, teils ausgefallenen Saucen (z. B. Trüffelsauce), über 20 verschiedene Pizzen, wechselnde Fleischgerichte... diverse Nachspeisen (hervorragendes Tiramisu). Es gibt einen guten offenen Wein vom Faß. Sehr angenehm ist, daß man nicht, wie ja sonst üblich, ein komplettes Menu bestellen muß, sondern auch einfach nur einen Teller Nudeln essen kann." (Leserin Beate Rumpf, Kassel).
Zur Pizzeria gehört ein gepflegter, pinienbestandener Rasen mit kleinem Strand. Geöffnet April - September. An April- und Maidienstagen geschlossen.
**Ristorante Riva del Sole**, knapp nach dem vorgenannten, an der gegenüberliegenden Straßenseite. Fischrestaurant; neben frischem Fisch aus dem See auch Meeresfisch und Muscheln. Etwas teurer als im "Da Settimio". Freundliche Terrasse mit Pergola. Dienstag geschlossen.

## Monte del Lago

Ein pittoresker kleiner Ort mit kaum mehr als einem Dutzend Häuser, die sich auf einem Hügel über dem See zusammendrängen. Die Hinweistafel am Ortseingang, daß die Straße nach 75 m endet, sollte man ernst nehmen und das Fahrzeug auf dem Parkplatz vor dem wuchtigen, polygonalen Wachturm stehen lassen.

- *Einkaufen*: **Frisches Olivenöl** bei der Azienda Agricola Fratelli Palombardo.
- *Übernachten/Camping*: **\*\* Panoramaico (Da Santino)**, im Dorfkern. DZ mit Dusche/-WC ca. 75 DM. Schmuck und schnuckelig. Absolut ruhige Lage. Zimmer mit Blick aufs Meer. Mit kleinem Restaurant und Bar. Tel. 075/8400188.

**Campingplätze** findet man nördlich von Monte del Lago. Die beste Bademöglichkeit fanden wir beim zwischen Straße und See eingezwängten Camping Albaia.

## Torricella

Ein wenig aufregender Ort an der Stelle, wo Auto- und Eisenbahn von Perugia kommend auf den Lago treffen. Ein paar Häuser dem Meer entlang und ein äußerst einladender Campingplatz.

*Camping*: **Camping Eden Park**, kleiner sauberer Platz, familiäre Atmosphäre. Während der Hauptsaison (Juli/August) sind PKW auf dem Platz nur begrenzt zugelassen. 40 Stellplätze. Einziger fast ganzjährig geöffneter Campingplatz am See (im Oktober Ruhepause!). Tel. 075/843320.

## Passignano sul Trasimeno

Passignano verdankt seine bewegte Vergangenheit der günstigen Lage an der Hauptverkehrsstraße, die Umbrien mit der Toscana verbindet. Der einstige Fischerort war im Mittelalter ein Zankapfel zwischen Arezzo und Perugia, das letztlich die Herrschaft über das Gebiet des Lago Trasimeno errang. Für die Einwohner Passignanos bedeutete dies vor allem häufige Plünderungen, Brände, Schlachten.

Der alte mittelalterliche Kern auf einem vorgelagerten Hügel überragt das moderne Zentrum am Seeufer. Von diesem aus führen steile Treppen in das alte Passignano hinauf, überragt von seinen drei Türmen, die ebenso ramponiert sind wie zahlreiche Häuser in der Oberstadt. An vielen Stellen wird das Mauerwerk, das unter der Geschichte (ein Bombardement im Zweiten Weltkrieg inbegriffen) so sehr gelitten hat, mit neuen Ziegelsteinen ausgebessert - unschönes Flickwerk, aber besser als gar nichts

Einzig in ihrem untersten Teil, bei der Piazza Garibaldi, hat sich die Altstadt ein paar lebendige Nischen in den Felsen schlagen können. Hier schlägt das Herz des Seetourismus, der sich beidseits der Stadt am Ufer entlang breitmacht.

## Passignano sul Trasimeno 559

*Passignano sul Trasimeno - der mittelalterliche Kern überragt das moderne Zentrum am Seeufer*

- *Telefonvorwahl*: 075.
- *Information*: **Pro-Loco**, Via Roma 36 (Durchgangsstraße, nördlich des Zentrums). Das lokale Informationsbüro ist vor allem Wanderern eine Hilfe: Routenvorschläge, Wanderkarte. Geöffnet im Sommer täglich von 9.30-12 Uhr und 16-19 Uhr (außer Donnerstag- und Sonntagnachmittag); im Winter Montag - Freitag 9.30-12 Uhr und 15-18 Uhr, Samstag 9-12 Uhr. Tel. 827635.
- *Verbindung*: **Auto**: Passignano liegt unmittelbar an der Schnellstraße, die von der A 1 (Autostrada del Sole) nach Perugia führt.
**Bahn**: gute Verbindungen nach Perugia und Assisi-S. Maria degli Angeli (Eisenbahnstrecke Terentola - Foligno).
**Bus**: in beide Richtungen am See entlang. Häufiger wird die Nordstrecke (nach Castiglione del Lago) gefahren.
- *Markt*: Samstag.
- *Deutschsprachige Zeitungen*: in der **Bar Centrale** (Piazza Garibaldi), auch für Nichtleser ein angenehmer Aufenthaltsort.
- *Fest*: Meist am letzten Julisonntag findet der traditionelle **Palio delle Barche** statt. Der "Wettlauf der Boote" wird von den vier traditionellen Stadtteilen ausgetragen und macht seinem Namen alle Ehre: Die mittlere der drei Etappen führt quer durch die Altstadt, die Ruderboote werden geschultert und im flotten Lauf durch die Straßen getragen.

- *Übernachten*: \*\*\* **Lido**, Via Roma 1, DZ ca. 100-120 DM, je nachdem, ob Balkone zur Straßen- oder zur Seeseite. Restaurant mit Pfahlbauer-Seeterrasse. Tel. 827219.
\*\* **Trasimeno**, Via Roma 16/A (Seestraße), DZ mit Dusche/WC ca. 80 DM. Relativ neues Hotel, von der Hauptstraße etwas zurückgesetzt und daher ruhig. Auch "erdbebensicher", wie der Hotelprospekt vermerkt. Mit hoteleigenem Parkplatz. Freundliches Besitzer, der sich rund um den Lago Trasimeno hervorragend auskennt. Tel. 829355.
\* **Del Pescatore**, Via San Bernardino 5 Nähe (Piazza Garibaldi). DZ mit Dusche ca. 65 DM. Bescheidene Zimmer in schöner Altstadtlage. Tel. 827165.

- *Essen*: **Trattoria del Pescatore**, gehört zum o. g. Albergo. Hübsche Plätze unter dem dichten Blätterdach, das die Gasse überspannt. Fischspezialitäten vom Lago.

*Nicht nur für Kenner der Bildhauerei interessant - der moderne Skulpturenpark Campo del Sole*

## Tuoro

Als *Hannibals* Truppen hier in der Nähe die Römer hinmetzelten (siehe Kasten "Drei Tage färbte der Bach sich rot"), war der Ort - obwohl vermutlich besiedelt - noch nicht aktenkundig. Und später, im Mittelalter, erging es Tuoro ähnlich wie dem benachbarten Passignano: Arezzo und Umbrien stritten sich um das Gebiet.

Das Centro storico - auf einem Hügel etwas abseits des Sees - bietet nicht viel: etwas Geschäftsleben und einige Bars rund um die zentrale *Piazza Municipio*. Wer mittelalterliche Romantik sucht, wird enttäuscht sein.

Neben dem Landungssteg wurde Mitte der 80er Jahre der **Campo del Sole** eröffnet, ein moderner Skulpturenpark mit "Kolumnen" in- und ausländischer Künstler - ein Ort der Beschaulichkeit und Besinnlichkeit. Der verwendete Stein stammt ausnahmslos aus der Umgebung von Tuoro. Die Anlage mit den Skulpturen, die oft Assoziationen zu Grabstellen der Frühgeschichte, Menhiren oder Obelisken wecken, kann auch als Gedenkstätte interpretiert werden: Hier ließen vor über 2200 Jahren in der Schlacht am Lago Trasimeno Tausende von Römern ihr Leben.

- *Information*: Pro-Loco, am Landungssteg. Kleines Büro der lokalen Tourismus-Promotoren, nur Juni - August geöffnet.
- *Camping*: **Camping Punta Navaccia**, beim Landungssteg. Gut ausgestattetes großes Gelände mit Aussicht auf die Isola Maggiore und die Isola Minore. Gleich daneben ein moderner Komplex

mit Ristorante, Pizzeria, Bar, Diskothek. Über 250 Stellplätze. Geöffnet April - September. Tel. 075/826357.

- *Agriturismo*: **Dogana**, ca. 2 km in Richtung Borghetto. 14 Appartements, mit 4 Betten ca. 100 DM/Tag, mit 6 Betten ca. 150 DM/Tag. Ein Schild weist darauf hin, daß an diesem Zollhaus schon Michelangelo, Galilei, Goethe, Lord Byron und Stendhal die Pferde gewechselt haben. Hübsche Lage in teils bewaldetem Gebiet über dem See. Reitausflüge, aber auch idealer Stützpunkt für Wanderer. Tel. 075/8230158.

- *Essen:* **Ristorante Paradiso (Vecchio Mulino)**, an der Durchgangsstraße, knapp westlich des Abzweigs zum Strand. Ein altes Landhaus (ehemalige Mühle) mit Atmosphäre. Wer sich nicht durch die Spezialitätenkarte hindurchessen will, kann sich im Nebensaal eine große Pizza bestellen. Montag geschlossen.

**Due Lune-Pub**, östlich von Tuoro der Beschilderung ins Landesinnere folgen, bei der ersten Gabelung rechts. Landhaus im Grünen mit einladendem Garten. Restaurant und Birreria im englischen Pub-Stil. Leckere Panini. Montag geschlossen.

# Borghetto

Eine kleine Häuseransammlung mit einem alten Wachturm am Nordwesteck des Lago Trasimeno. Ein Fischerdorf, aber nicht aus dem Bilderbuch. Netze und Reusen sind in der Nähe des kleinen Landungstegs zu Haufen gestapelt. Hier wird gearbeitet, die Badetouristen rauschen auf der Schnellstraße vorbei.

- *Übernachten/Camping*: * **Albergo Tana del Pescatore**, Dorfzentrum. Einzelzimmer mit Dusche für ca. 50 DM. Angeschlossen ist ein Restaurant mit Fischspezialitäten. Familiär und sehr sympathisch. Tel. 075/8230194.

**Camping Badiaccia**, nördlicher Ortsausgang. Großes Gelände mit Seestrand und Bootsanlegeplatz (auch Bootsverleih!). Der früher heruntergekommene Camping hat 1993 ein neues Management bekommen - zu seinem Vorteil. Ausreichend Schatten, teils Schattendächer, saubere sanitäre Anlagen mit Warmduschen. Grillmöglichkeit. Swimmingpool, Minigolf und schöner Kinderspielplatz. Im Spielsalon drängen sich Kicker, Ping-pong, Billard und Videospiele. Sehr gefallen hat die Terrassenbar, auf der im Sommer kleine Gerichte serviert werden. Der Camping gehört zu den schönsten am See und war 1994 noch fast ein Geheimtip. Sehr freundliches Personal, z. T. auch englischsprachig. 150 Stellplätze. Geöffnet April - September. Tel. 057/954147.

# Perugia

Die Hauptstadt Umbriens präsentiert sich mit ihren 150.000 Einwohnern als moderne Stadt im uralten Kleid. Dicht gedrängt stehen die Häuser des historischen Zentrums auf einer 500 m hohen Hügelgruppe: viel treppauf, treppab, tiefe Straßenschluchten, düstere Gassen. Ganz oben lockt die ausladende, sonnige Piazza IV Novembre mit dem Fonte Maggiore als Schmuckstück; sie geht über in die Flanierzone des Corso Vannucci mit seinen noblen Läden und Straßencafés. Am anderen Ende des Corso, an der Piazza Italia, tut sich ein weiter Blick ins Tibertal auf.

Perugia ist lebendig, jugendlich und dank den ausländischen Studenten international gefärbt. Die Stadt besitzt eine der ältesten Universitäten Italiens und darüber hinaus die *Università per Stranieri*, in der ausländische Studienanfänger ein Sprachexamen ablegen - das sind viele, denn in Italien existiert kein Numerus clausus. Während der Sommersemesterferien belegen zusätzlich mehrere tausend Gäste Kurse in italienischer Sprache und Etruskologie.

Unten im Tal liegt die schnell gewachsene Trabantenstadt **San Sisto**: Wohnsilos, neue Industrieanlagen und die bekannte Schokoladenfabrik *La Perugina* (Herstellerin der in jeder italienischen Bar ausgestellten Pralinen *Baci di Perugia*).

Durch die vor Jahrhunderten gebaute Altstadt zwängte sich bis vor kurzem noch erbarmungslos der Verkehr. Wer nicht gerade einen "Cinquecento" fuhr, dem konnte es passieren, daß er im Einbahnstraßen-Labyrinth der Altstadt, zwischen Häuserwänden links und Häuserwänden rechts, steckenblieb - dahinter ein hupender Stau.

Heute ist der Individualverkehr teilweise aus der Innenstadt verbannt, und wer nicht riskieren will, für sein im Halteverbot abgestelltes Auto eine hohe "multa" zu bezahlen oder gar abgeschleppt zu werden, der gebrauche seine Beine oder öffentliche Verkehrsmittel! Vom Großparkplatz an der *Piazza Partigiani* führt eine Rolltreppe (*scala mobile*) durch's dunkle unterirdische Mittelalter hinauf in die Fußgängerzone des *Corso Vannucci* (Eingang von oben: Piazza Italia, rechts neben dem Palast).

## Geschichte

Der heutige friedliche Eindruck überdeckt eine blutige Vergangenheit: Oft ist Perugia im Laufe seiner Geschichte belagert worden, erbitterte Kämpfe zwischen verfeindeten Adelsfamilien fanden in den Straßen statt. Auch die wenig frommen Päpste mischten bei diesem Treiben munter mit.

## Perugia 563

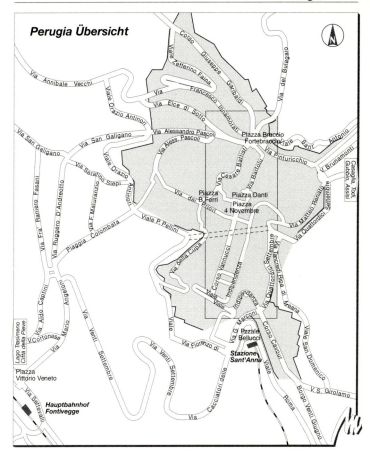

Reste von mächtigen Mauern und Toren aus etruskischer Zeit stehen noch. *Perusia* gehörte im Altertum zum starken *Zwölfstädtebund* der Etrusker. Zahlreiche Ausgrabungen in und um Perugia dokumentieren die Bedeutung des etruskischen Orts. Doch um 310 v. Chr. fiel die Stadt in die Hände der Römer, die damals ihren Aufstieg zur späteren Weltmacht begannen.

Im Bürgerkrieg, der nach der Ermordung *Caesars* (44 v. Chr.) zwischen den Konsuln *Marc Anton* und *Oktavian* (dem späteren Kaiser *Augustus*) ausbrach, stand Perugia auf Seiten Marc Antons. Sieben Monate lang belagerte Oktavian die Stadt, bis Hunger die Einwohner zur Aufgabe zwang. Doch als die Soldaten die Plünderung beginnen wollten, stand die Stadt plötzlich in Flammen. Dem Feind sollte nichts in die Hände fallen; schon damals also war die Politik der verbrannten Erde gängige Praxis.

Wiederaufgebaut erhielt der Ort den Namen *Augusta Perusa*. In der Zeit der germanischen Völkerwanderung (4./5. Jh. n. Chr.) wurde die Stadt wieder belagert, diesmal von den Ostgoten - diesmal nicht sieben Monate, sondern sieben Jahre lang (530-37). 537 nahm sie der oströmische Feldherr *Belisar* ein, 547 eroberte sie das Gotenheer unter König *Totila* zurück und zerstörte sie völlig. Fünf Jahre später erschienen erneut die Oströmer auf dem Plan, diesmal unter *Narses*, und entschieden das ostgotisch-oströmische Gezänk zugunsten von Byzanz, mußten sich jedoch ab 568 mit den Langobarden auseinandersetzen, die ihre Eroberungszüge auf Umbrien ausdehnten.

Seit dem 11. Jh. war Perugia ein freier Stadtstaat - wohlwollend geduldet von den Päpsten, die sich in unruhigen Zeiten gerne hierher zurückzogen und große Kirchenversammlungen abhielten. Hier starb auch Papst *Martin IV.*, nachdem er bei einem Gelage zu viele Aale aus dem See von Bolsena verdrückt hatte...

Im 15. Jh. lag die Stadt mehr oder weniger im Bürgerkrieg, den die beiden ansässigen Adelsgeschlechter, die *Oddi* und die *Baglioni*, entfacht hatten. Jahrelang war es immer wieder zu Scharmützeln gekommen, 1491 fanden die ersten Straßenschlachten statt, in deren Verlauf die Baglioni ihre toten Gegner in demonstrativer Weise weithin sichtbar am Palazzo Pubblico aufzuhängen pflegten.

1500, anläßlich der Hochzeit des *Astorre Baglione*, kulminierte die Blutfehde dann in einem makabren Finale: Vor dem Dom San Lorenzo (gegenüber dem Palazzo Pubblico) fielen die beiden Familien und deren Anhänger übereinander her. Nach zeitgenössischen Berichten stapelten sich auf dem Platz die Leichen - die beiden maßgeblichen Adelsgeschlechter der Stadt hatten sich gegenseitig ausgerottet. Der Dom, meterhoch mit Blut besprizt, soll zur Sühne später gänzlich mit Wein abgewaschen worden sein.

Als Papst *Paul III.* 1540 die Macht über die Stadt an sich riß (was ihm nicht schwer fiel, nachdem die führenden adligen Köpfe sich gegenseitig ausgelöscht hatten), ließ er eine kraftstrotzende Festung, die berüchtigte *Rocca Paolina*, mitten in die Stadt der neuen Untertanen setzen. Und da er es damit sehr eilig hatte, schütteten die Bauleute einfach ein ganzes Wohnviertel zu und errichteten darüber die neue Burg.

Der seither unterirdische Stadtteil ist erhalten und kann heute besichtigt werden. Nach äußerst schwierigen Ausgrabungen (es befindet sich die heutige Stadt darüber) hat man hier eine echte Rarität zugänglich machen können: praktisch unversehrte mittelalterliche Straßen und Häuser, konserviert unter der Papstfestung!

## Perugia 565

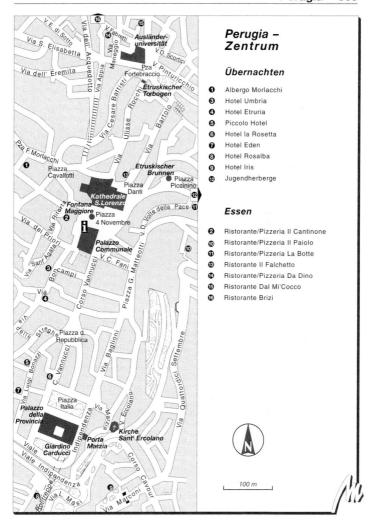

## Perugia – Zentrum

### Übernachten

- ❶ Albergo Morlacchi
- ❸ Hotel Umbria
- ❹ Hotel Etruria
- ❺ Piccolo Hotel
- ❻ Hotel la Rosetta
- ❼ Hotel Eden
- ❽ Hotel Rosalba
- ❾ Hotel Iris
- ⓬ Jugendherberge

### Essen

- ❷ Ristorante/Pizzeria Il Cantinone
- ❿ Ristorante/Pizzeria Il Paiolo
- ⓫ Ristorante/Pizzeria La Botte
- ⓭ Ristorante Il Falchetto
- ⓮ Ristorante/Pizzeria Da Dino
- ⓯ Ristorante Dal Mi'Cocco
- ⓰ Ristorante Brizi

Mit der päpstlichen Machtübernahme aber verlor die Stadt ihre Unabhängigkeit. Die Kirche hatte fortan das Sagen, und sie konnte ihren Einfluß bis ins 19. Jh. erhalten. Erst im Zuge der nationalen Einigung Italiens wurden die Machtpositionen des Vatikans hinweggefegt, 1860 eroberten die Bürger den verhaßten Papstzwinger über der Stadt. Die Besatzung der Burg, papsttreue Iren, kämpfte bis zum letzten Mann.

# 566 Umbrien / Mitte

- <u>Telefonvorwahl</u>: 075
- <u>Information</u>: **A.P.T.-Büro**, Piazza IV Novembre. Ausführliches Informationsmaterial über Perugia und Umgebung. Öffnungszeiten: 8.30 - 13.30 Uhr, 16-19 Uhr; Sonntag und Feiertage 9 - 13 Uhr. Tel. 5723327.
Weiteres Info-Büro am Hauptbahnhof. Öffnungszeiten: 8.30 - 13.30 Uhr.
- <u>Verbindungen</u>: **Bahn**: Züge nach Spoleto, Terni, Rom. Mit Umsteigen in Terentóla nach Orvieto und - z. T. ebenfalls mit Umsteigen in Teróntola - 11mal täglich nach Arezzo und Florenz. Häufige Busverbindung ins Zentrum. Der Hauptbahnhof Fontivegge liegt an der Piazza V. Veneto, ca. 1 km außerhalb der Stadtmauer im Süden; von da weg problemlos mit Stadtbussen ins Zentrum.
**Bus**: Empfiehlt sich für allem für Fahrten nach Assisi (ca. 8mal täglich) und nach Gubbio (ca. 10mal täglich).
Fahrpläne im Info-Büro erhältlich. Eine elektronische Fahrplanauskunft befindet sich am oberen Ausgang der Rolltreppe unter den Arkaden des Palazzo della Provincia, eine weitere am Busterminal an der Piazza dei Partigiani.
- <u>Parken</u>: Hotels geben ihren Gästen in der Regel eine Parkgenehmigung für ein begrenztes Revier. Damit ist man vor Strafzetteln und Abschleppwagen sicher, nicht aber vor Radio-Dieben. Ansonsten ist es sträflicher Unsinn, in die Innenstadt zu fahren, und dieser wird sinnvollerweise auch bestraft! Direkt außerhalb der Stadtmauer wurden an verschiedenen Stellen Parkplätze angelegt, teils unbewacht und gebührenfrei, mehrheitlich bewacht gegen Gebühren (meistens ca. 10 DM/Tag). Einige Plätze sind rund um die Uhr bewacht, andere nur von 6 bis 22 Uhr. Empfehlenswert ist der Parkplatz an der **Piazza Partigiani** (24-Stunden-Bewachung, 10 DM/Tag) im Süden, da man von hier aus mit der Rolltreppe bequem ins Zentrum gelangt.
- <u>Feste/Veranstaltungen</u>: **Estate a Perugia**, Jazz- und Theatervorführungen in Perugia, Torgiano und Deruta. Von Ende Juli bis Ende September täglich bis zu zwei Aufführungen. In Perugia an der Piazza della Repubblica und in den Giardini del Frontone (im Südostzipfel der Stadtmauerung, bei der Porta S. Pietro). Eintritt frei.
**Umbria Jazz** - das bekannteste Jazzfestival Italiens. Jedes Jahr im Juli. Eröffnungskonzert in Terni, alle anderen Abende in Perugia auf verschiedenen Bühnen und Plätzen, z. T. freier Eintritt.
**Rockin'Umbria** - seit 1986 jährlich in der letzten Juniwoche stattfindendes Rockfestival mit Nebenschauplätzen in Umbertide und Città di Castello. Kein Festival der großen Stars, sondern eher noch unbekannter Gruppen. Auf verschiedenen Bühnen und Plätzen in der Stadt.
**Fiera dei Morti**: Anfang November. Bunter Jahrmarkt am Stadion (Richtung Lago di Trasimeno).
- <u>Märkte</u>: **Mercato Coperto**, Piazza Matteotti. Von Montag bis Samstag (7.30-13.00 Uhr), Donnerstag geschlossen, Freitag Fischmarkt. Auf 3 Etagen Verkauf von Kleidern und Schuhen, Lebensmitteln, Obst, Gemüse, Fleisch und Geflügel.
**Wochenmarkt**, Scala di Sant'Ercolano (bei der gleichnamigen Kirche an der Via Marzia), Dienstag und Samstag (bis 13.00 Uhr): Kleider, Schuhe, Kurzwaren, Wolle und Stoffe, Pflanzen und auch Gemüse.

## *A*dressen

- <u>Buchhandlungen:</u> **Internationale Zeitungen** gegenüber der Ausländeruniversität, Piazza Fortebraccio.
**Libreria Altra**, Via Ulisse Rocchi 3. In der "anderen Bücherei" findet man Italienischbücher für die Sprachkurse, eine Auswahl an englischen Büchern, Reiseführern etc.
**Topographische Karten** Maßstab 1:25000 gibt's bei Eliografica, Via delle Streghe (Nähe Piazza della Repubblica). Sie sind zwar oft nicht mehr auf dem neuesten Stand, trotzdem sehr hilfreich für Wanderungen in der näheren und weiteren Umgebung Perugias.
- <u>Reisebüro</u>: **Studentenreisedienst**, Via del Roscetto 21 (hinter der Piazza Piccinino). Vermittlung von Pensionen in den Städten Rom, Mailand, Venedig, Neapel etc.
- <u>Schwimmbäder</u>: **Städtisches Bad**, Piaggia Colombata (westlich der Stadtmauer,

**Perugia** 567

Nähe Porta S. Susanna). Montag bis Samstag 11.30-19 Uhr, Sonntag 9-19 Uhr; Eintritt ca. 5 DM pro Person.
**Parco Lacugnano**, etwas außerhalb, vom Bahnhof in Richtung Lago Trasimeno (Bus Nr. 36 ab Piazza Matteotti). Empfehlenswerter als das vorgenannte. Das Schwimmbad liegt in einer parkähnlichen Anlage. Hier auch jeden Abend Openair-Disco. Eintritt ca. 5 DM. Leider nur von Juni bis September geöffnet.

• *Telefonieren*: Mit Zähler und Rückrufmöglichkeit im **Hauptpostamt**, Piazza Matteotti (bis 23.45 Uhr!) und am **Corso Cavour**, Ecke Via Marconi (bis 22 Uhr). Mit Telefon-Card: **SIP**, am Corso Vannucci (bis 22 Uhr).

• *Wäscherei*: **Lavanderia Etrusca**, Via Ulisse Rocchi 81 (Nähe Ausländer-Uni) oder am **Corso Garibaldi** gegenüber der Kirche. Letztere ist die einzige, die nicht nur Dry-cleaning betreibt.

• *Wein*: **Enoteca Provinciale**, Via Ulisse Rocchi. DOC-Weine sämtlicher umbrischer Anbaugebiete (auch zum Probieren): Altotiberino, Torgiano, Trasimeno, Perugia, Montefalco und Orvieto.

## *Übernachten*

**\*\*\*\* La Rosetta (6)**, Piazza Italia 19. DZ ohne Bad ca. 100 DM, mit Bad von 170 bis fast 250 DM. Zentral gelegen, mit romantischem Eingang - ein alter efeuumrankter Innenhof mit kleinen Palmen. Hier wird auch das Abendessen eingenommen (gute Küche.). Die insgesamt 100 Zimmer verteilen sich im Altbau und einem modernen Seitenflügel. Tel. 5720841.

**\*\* Iris (9),** Via Marconi 37 (etwas oberhalb des Parkplatzes Piazza Partigiani); über Rolltreppen (Scale Mobili) ist die Piazza Italia bequem zu erreichen. DZ mit Bad ca. 90 DM, ohne ca. 70 DM. Viele Zimmer mit schönem Ausblick, große Terrasse vor dem Haus. Tel. 5720259.

**\*\* Rosalba (8)**, Via del Circo 7, ebenfalls außerhalb der Stadtmauer und noch näher an der Rolltreppe zur Piazza Italia. DZ mit Dusche/WC ca. 85 DM. Das rostrotorange Haus ist ein ausgesprochen freundlicher Familienbetrieb. Tel. 5728285.

**\*\* Morlacchi (1)**, Via Leopoldo Tiberi 2 (Nähe Piazza Cavallotti), DZ mit Dusche/WC ca. 80 DM. Hilfsbereite Mamma an der Rezeption. Tel. 5720319.

**\*\* Umbria (3)**, Via Boncambi 37 (über eine Treppe vom Corso Vannucci aus zu erreichen) DZ mit WC und Dusche ca. 80 DM, ohne ca. 60 DM. Relativ ruhig im Zentrum gelegen, grenzt das Hotel an eine schmale, halbdunkle Fußgängerzone und an einen Innenhof. Die 18 Zimmer sind einfach und mit modernen Möbeln eingerichtet. Klein und familiär. Tel. 5721203.

**\*\* Eden (7)**, Via Cesare Caporali 9 (Nähe Hotel La Rosetta, unterhalb der Piazza Italia), in der 3. Etage, DZ ca. 75 DM. Mit der kürzlich erfolgten Totalrenovierung hat das Hotel einen Stern gewonnen - und verdient. Angenehm eingerichtete Zimmer verschiedener Größe, alle mit Dusche/WC, die meisten mit TV. Freundlicher Empfang. Tel. 5728102.

**\*\* Stella** in Casaglia, ca. 4 km außerhalb der Stadt, DZ mit Dusche/WC ca. 60 DM, ohne ca. 50 DM. Der freundliche Betrieb ist eine gute Alternative, falls in Perugia alles ausgebucht ist. Angeschlossen ist ein Restaurant, in welchem man vorzüglich speist. Hoteleigener Parkplatz. Der Bus nach Perugia hält direkt vor dem Haus. Für Selbstfahrer: Die Stadt über die Via XIV Settembre in Richtung Gubbio/Cesena verlassen. Der erste Ort im Grünen ist Casaglia. Von der Superstrada Todi - Cesena aus: Ausfahrt Ponte Valleceppi, dann Richtung Perugia. Tel. 6920089.

**\* Piccolo Hotel**, Via Bonazzi 25 (unterhalb der Piazza Repubblica), DZ mit Dusche/WC ca. 70 DM, ohne ca. 50 DM. In einer der dunkelsten Gassen der Stadt. Die Zimmer sind zwar in der 1. Etage gelegen, trotzdem: Garantiert kein Morgenlicht. Tel. 5722987.

**\* Etruria (4)**, Via della Luna 21, DZ ca. 60 DM, Dusche und WC au Etage. Bescheidene Zimmer in zentraler Lage. Tel. 5723730.

• *Private Jugendherberge*, **Ostello della Gioventù**, Via Bontempi 13 (bei der Piazza Piccinino, Nähe Dom). Übernachtung ca. 15 DM. Ca. 100 Betten, Küche mit Kochmöglichkeit zur Selbstverpflegung ist vorhanden. Aufenthalt auf 4 Wochen begrenzt. Tagsüber zwischen 9.30 und 16 Uhr geschlossen. Tel. 5722880.

## 568 Umbrien / Mitte

## Camping

Zwei Plätze ca. 8 km außerhalb, oberhalb von Fontana (westlich der Stadt, Richtung Lago Trasimeno). Beide in sehr schöner Lage, von viel Grün umgeben, an den Hängen des "Dreifaltigkeitshügels" (Colle della Trinità). Busverbindung: Nr. 36 ab Piazza Italia. Bus fährt nur bis Olmo; von dort noch ca. 2 - 3 km zu Fuß.

**Paradise d'Eté**, Strada Fontana 29, ca. 3,5 km bergauf. 50 Stellplätze. Ganzjährig geöffnet. Tel. 5172117.

**Il Rocolo**, Strada della Trinità 1, ca. 300 m oberhalb der Hauptstraße. 100 Stellplätze. Geöffnet Juni - Mitte September. Tel. 5178550.

## Essen

**Ristorante Il Falchetto (13)**, Via Bartolo 20 (hinter der Kathedrale S. Lorenzo). Vielleicht das empfehlenswerteste Lokal der Stadt. In einigen anderen Restaurants, wo es preiswert aussah, sind wir öfter reingefallen. Hier gibt es eine reiche Auswahl an vorzüglichen Spezialitäten - u. a. leckere Vorspeisen, z. B. Fischsalat mit kleinen Kraken, Muscheln etc. Das Menü kommt auf ca. 35 DM. Montag geschlossen.

**Ristorante/Pizzeria La Botte (11)**, Via Volte della Pace 33 (hinterm Dom rechts). Das Restaurant liegt in einem Kellergewölbe. Zur Auswahl einige Festpreismenüs zu ca. 15 DM (drei Gänge plus Nachtisch oder Wein). Dabei ißt man lecker und wird satt. Aber auch das Menu a la carte ist preiswert. Sonntags geschlossen.

**Ristorante Brizi (16)**, Via Fabretti 75 (leicht zu finden, rechts hinter der Ausländeruni). Kleines, gemütliches Restaurant, das von Peruginern wie Ausländern gleichermaßen gerne besucht wird. Spezialität: verschieden gefülltes Gemüse zur Vorspeise, Gegrilltes vom Kamin und als Beilage gerösteter Champignon-Spieß. Nicht teuer. Dienstag Ruhetag.

**Ristorante Dal Mi'Cocco (15)**, Corso Garibaldi 12. Groß, relativ neu, mit rustikalem Touch. Hier werden ausschließlich traditionelle, zum Teil wiederentdeckte Peruginer Gerichte serviert. Das Tagesmenü besteht aus 4 reichlichen Gängen, die kaum zu bewältigen sind. Dazu bekommt man warmes, selbstgebackenes Brot gereicht oder "la Schiacciata", eine spezielle Zwiebelpizza auf trasimenische Art und einen guten roten Tischwein. Zu bemäkeln ist lediglich, daß das Essen, wie so oft, lauwarm serviert wird. Menü mit Getränken (Wein, Vinsanto und Café) 30 DM. Junges, studentisches Publikum. Reservation empfohlen. Montag Ruhetag.

**Ristorante/Pizzeria Il Paiolo (10)**, Via Augusta 11. Etwas teurer, aber auch besser als der Durschschnitt. Im großen Gewölbekeller werden Pizzen vom Holzfeuer serviert, die Pizza Norciana mit hauchdünnen Scheibchen getrüffelt. Regionale Küche à la carte. Großes Wein-, Bier- und Grappaangebot. Gepflegter Service. Mittwoch geschlossen.

**Ristorante/Pizzeria Il Cantinone (2)**, Via Ritorta 6 (vor dem Dom hinunter). Gemütliche Atmosphäre im Kellergewölbe. Aufmerksamer, unaufdringlicher Service. Durchschnittliche Preise. Die Portionen sind nicht groß, Heißhungrigen sei deshalb ein Antipasto empfohlen. Dienstag geschl.

**Ristorante/Pizzeria Da Dino (14)**, Via del Maneggio 19 (direkt hinter der Ausländeruni). Wen spät nachts noch der Hunger plagen sollte, der sucht dieses Lokal auf - bis 4 Uhr morgens geöffnet. Sonntag geschlossen.

● *Mensen*: Es gibt mehrere. Auch für Nicht-Studenten ist die **Mensa Comunale** zugänglich. Sie liegt etwas verstookt in einer kleinen Seitenstraße zwischen der Piazza IV Novembre und der Piazza Cavallotti. Menü ca. 9 DM. Nur mittags von 11-14 Uhr geöffnet, an Sonn- und Feiertagen geschlossen.

## Cafés / Kneipen

**Patisserie Sandri**, Corso Vannucci 32. In den Auslagen der alteingesessenen Konditorei (seit 1860) liegen die besten (und teuersten) "Dolci" der Stadt. Auch von innen ist das Café eine Augenweide: polierte Mahagoni-Regale, gefüllt mit Pralinenschachteln und unzähligen Spirituosen. Hinter Glasvitrinen lagern unwiderstehliche kleine Berge von Teegebäck und Pralinen. Besonders schön die Malereien am Deckengewölbe (aus der Schule Brugnolis). Liebenswürdige Bedienung von etwas betagten "Pinguinen" mit roten Jacketts und Fliegen. Ein Café mit Stil - leider so schmal, daß es kaum Sitzmöglichkeiten gibt. Montag geschlossen.

**Paninoteca Papaia**, Via dei Priori 7. Große Panini nach Wahl, Crepes, Milchshakes und andere kleine Köstlichkeiten. Tagsüber angenehm ruhig, so daß man ungestört frühstücken und Zeitung lesen kann - abends drängelt sich die Schickeria. Sonntag Ruhetag.

## Sehenswertes

Natürlich die Stadt als Ganzes mit ihren mittelalterlichen Toren, Palästen, Kirchen, Gassen, Treppen und Bogengängen - jeder Stadtrundgang verheißt neue Entdeckungen im romantischen mittelalterlichen Gewirr der Gassen und Treppen.

Wer Perugia richtig kennenlernen will, sollte sich den illustrierten *Kunstführer* besorgen, der für knappe 10 DM an jeder Straßenecke zu haben ist, sowie den offiziellen *Stadtplan*, auf dem auch das kleinste Gäßchen verzeichnet ist.

Großartige Kunstwerke wurden, mit Ausnahme der Malereien von *Perugino*, in Perugia wenige geschaffen. Die Stadt war die meiste Zeit damit beschäftigt, die umliegenden Gemeinden und Burgherren unter dem Joch zu halten und sich gegen übermächtige Feinde zu verteidigen. Viele Baudenkmäler wurden deshalb nie fertiggestellt.

▶ **Kathedrale San Lorenzo** (Dom): ein gutes Beispiel für die typische halbfertige Bauart, die man in Perugia häufig antrifft. Von 1345 bis 1490 (!) wurde am Kirchenbau gewerkelt. Die Fassade sollte ursprünglich vollständig mit Marmor verkleidet werden. Außer einem kümmerlichen Anfang rechts vom Eingang wurde nichts daraus. Im kahl wirkenden Innern ist u. a. eine fein geschnitzte Holzkanzel zu bewundern. Sie wurde eigens für den heiligen Bernardin von Siena gebaut, der von hier aus 1425 Perugias Bürger segnete.

▶ **Fontana Maggiore**: Der prächtige Marmorbrunnen vor der Kathedrale, der sich vom dunkelgrauen Stadtbild abhebt, wurde 1275 vom Architekten *Fra Bevignante* entworfen. Gekrönt wird er von drei bronzegegossenen Wasserträgerinnen. Künstlerisch wertvoll sind besonders die 24 Skulpturen am oberen Becken, welche schicksalsentscheidende Persönlichkeiten der Stadt, Heilige sowie Nymphen des Trasimenischen Sees darstellen. Der untere Teil ist in 50 Felder aufgeglie-

dert und mit Darstellungen aus der Bibel, aus der Literatur (Äsop) sowie Symbolen für die Wissenschaften etc. geschmückt - die fein gearbeiteten Steinreliefs verlocken das Auge zur Entdeckungsreise, und gerne würde man über die Umzäunung klettern, um alles noch genauer zu sehen.
Der Brunnen wurde 1948/49 und wiederum 1982/83 einer gründlichen Restaurierung unterzogen. Experten entdeckten jedoch noch immer klitzekleine Risse im Gestein der unteren Reliefreihe sowie in der krönenden Bronzestatue. Damit das einmalige Kunstwerk ein jederzeit mögliches leichtes Erdbeben übersteht, wurde 1991 beschlossen, eine dritte Restaurierung, mit den neuesten Techniken in Angriff zu nehmen. 1994 war der Brunnen mit einem Dach geschützt und eingegittert, die Arbeiten sollen 1996 abgeschlossen sein.

### Gehn wir doch Tauben vergiften im Park

So sang mit schwarzem Humor Georg Kreisler. Den Perugnern ist in Sachen Tauben mittlerweile jeder Humor abhanden gekommen:
Tauben gibt's in Perugia viele - viel zu viele, wie angesichts der verkoteten Plätze nicht nur die Stadtverwaltung meint. Also erkärte man im Rathaus vor 3 Jahren den von allen Dächern gurrenden "Piccioni" den Krieg. Vorläufig verzichtet man noch auf den von Kreisler favorisierten Einsatz der C-Waffe zugunsten einer eher mechanischen Kriegsführung: Die Taubennester werden systematisch mit Eisendraht unzugänglich gemacht. Und natürlich wird im "Guerra ai piccioni" Feind-Unterstützung geahndet. So flatterte einer älteren Signora, die beim Füttern von Tauben ertappt wurde, hinterher ein Bußgeldbescheid über 50.000 Lire (ca. 50 DM) ins Haus.
Die tierliebende Gesetzesbrecherin fand bei den Grünen Verständnis. Deren Pressesprecher beschwerte sich ob solch repressiver Politik beim Bürgermeister und wies auch gleich auf die humaneren Vorschläge seiner Partei hin: Sterilisation, Sensoren, welche die Tauben vertreiben sollen, oder die Deportation ihrer Nester an die Stadtperipherie...
Wie der Taubenkrieg von Perugia ausgeht, steht noch offen. Sie dürfen sich weiterhin ärgern, wenn Ihnen etwas Schmutzigweißes auf die Frisur klatscht, Sie dürfen dem Missetäter sogar ungestraft den Hals umdrehen, falls sie ihn erwischen. Nur füttern dürfen Sie ihn nicht.

▶ **Palazzo Comunale** (Palazzo dei Priori): ein beeindruckender, kolossaler Bau gegenüber der Kathedrale. Bemerkenswert ist die Fassade zum Corso Vannucci, 120 Meter lang, unterbrochen von einem reich verzierten Rundbogenportal. Eine großherzige Inschrift begrüßt den Fremden: "*Entra pure, movi securo*" (Tritt ein und bewege dich frei).

*etruskischer Torbogen*

Gebaut wurde der Palast 1297 - 1423. Auch innen wurde - im Gegensatz zum Bau der Kathedrale - wenig gespart. Den Beweis dafür tritt die **Sala dei Notari** (über eine Außentreppe vom Platz aus zu erreichen) an, in der einst die Volksversammlung tagte: ein prunkvoller, riesiger Saal mit reich verzierten Deckenbögen und Freskenmotiven aus dem Alten Testament.

*Öffnungszeiten* (Sala dei Notari): 9-13 und 16-20 Uhr. Eintritt frei.

▸ **Umbrische National-Galerie** (*Galleria Nazionale dell'Umbria*): im 2. Stock des Palazzo Comunale. Hier ist die umfangreichste Sammlung umbrischer Kunst untergebracht. Während im 15. Jahrhundert in Florenz die Renaissance erblühte, befand sich in Umbrien die Malerei noch im mystischen Mittelalter. Die größten Meister der Zeit waren *Piero della Francesca, Benozzo Gozzoli* (Saal 7) und *Pietro Vannucci*, heute unter dem Namen *Perugino* bekannt, der Vorgänger und Lehrer von Raffael. Jugendwerke von Perugino sind im Saal 13 ausgestellt; seine Hauptwerke finden sich im Saal 15, desgleichen auch Arbeiten seines Schülers *Pinturicchio*.

*Öffnungszeiten*: Montag - Samstag 8.45-13.45 Uhr und 15-19 Uhr, Sonntag 9-13 Uhr. Eintritt: ca. 10 DM.

▸ **Etruskischer Brunnen**: In der Nähe des Doms, auf der malerischen *Piazza Piccinino*, steht der vermutlich älteste Brunnen Perugias. Er ist etruskischen Ursprungs (4.-3. Jh. v. Chr.), ca. 40 m tief und wird von kräftigen Wasseradern gespeist. In antiker Zeit wurde das Wasserschöpfen durch an ein Seil geknüpfte Eimer durchgeführt. Der Brunnen zeigt deshalb an der Innenseite der Steinblöcke (Tuffgestein) starke Schleifspuren. Die Einfassung des Brunnens stammt aus dem 16. Jh. Eingang zur unterirdischen Besichtigung: Piazza Danti 18.

▸ **Etruskischer Torbogen**: Bei der Piazza Fortebraccio steht Perugias wuchtigstes Zeugnis der Etruskerzeit. Von zwei mächtigen Wachtürmen flankiert - den einen krönt eine Loggia aus dem 16. Jh., wirkt das Tor wie ein enger Schlitz in der Stadtbefestigung. Die Inschrift über dem Torbogen AUGUSTA PERUSIA ließ der römische Konsul *Octavian* (der spätere Kaiser *Augustus*) anbringen, der nach siebenmonatiger Belagerung 40 v. Chr. die Stadt einnahm.

▸ **Piazza Italia**: Sie befindet sich am Südende des Corso Vannucci und bildet dadurch das Gegenstück zur Piazza IV Novembre. Der Platz wird dominiert vom **Palazzo della Provincia** (*Palazzo della Prefettura*) aus dem 19. Jh. Dahinter befindet sich der **Giardino Carducci**, eine schmale Parkanlage benannt nach dem italienischen Lyriker und Nobelpreisträger von 1906, *Giosuè Carducci*, der sich hier zu seinen schönsten Gedichten inspirieren ließ. Kein Wunder, die Aussicht ist phantastisch:

unten der Stadtteil San Pietro mit dem *Corso Cavour* als Hauptschlagader und der *Basilika San Pietro* am Ende, im Hintergrund der Monte Subasio und an dessen Fuß die hellen Häuser Assisis.

▸ **Via Bagliona Sotterranea**: Ausgegraben und restauriert wurde der unterirdische Stadtteil (siehe Kasten) zwischen 1932 und 1965. Während der Sommermonate finden hier des öfteren Theater- und Musikveranstaltungen statt - ein denkwürdiger Rahmen. Da die unterirdischen Räume oft als Galerie für hochkarätige Kunstausstellungen genutzt werden, ist ihre Besichtigung oft nur bedingt möglich und mit einem teuren Eintritt für die Ausstellung verbunden.

Eingang über die Rolltreppe von der Piazza Italia, rechts neben dem Palazzo della Provincia. Direkt vor dem Eingang veranschaulicht ein Plan die verschiedenen Entwicklungsphasen: Zuschüttung des Geländes um die mittelalterlichen Palastruinen und Bau der Festung *Rocca Paolina* im 16. Jh., Sprengung dieser Festung im 19. Jh. und vorläufig endgültige Neugestaltung zur *Piazza Italia* im 20. Jh.

Ein weiterer Eingang zum unterirdischen Stadtteil befindet sich bei der *Porta Marzia*, einem etruskischen Stadttor (3. Jh. v. Chr.), das beim Bau der Festung Rocca Paolina (s. o.) kurzerhand miteingemauert wurde.

### Kurzgeschichte einer Festungsanlage

Unter der Piazza Italia liegt ein Labyrinth von Straßen und Wohnhäusern. Schon im 14. Jh. errichtete der bekannte Zitadellenbauer *Matteo Gattapone* an dieser Stelle eine der mächtigsten Festungen Italiens. Zerstört wurde sie 1375 nicht von Feinden, sondern von den Bürgern Perugias. 150 Jahre später symbolisierten hohe Türme auf den Patrizierhäusern Einfluß und Wohlstand der Kaufmannsfamilien.

Bereits 1540 hatte die bürgerliche Herrschaft wieder ein Ende, die päpstliche Miliz eroberte die Stadt und zerstörte sie größtenteils. Der oberste Kirchenfürst schüttete den Stadtteil um die halbzerstörten Palastruinen der Baglioni-Familie - diese war nach einer jahrelangen Blutfehde praktisch ausgerottet (siehe Geschichte) - einfach zu und ließ darauf die Festung *Rocca Paolina* errichten.

Als endlich im 19. Jh. die nationale Unabhängigkeit erreicht war, machte sich die Bevölkerung über das verhaßte Monument päpstlicher Macht her und sprengte es kurzerhand in die Luft.

1870 wurde an der Stelle des Forts der *Palazzo della Provincia* errichtet, der auch heute noch an der Piazza Italia zu bewundern ist.

▶ **Kirche Sant'Ercolano**: an der Via Marzia, unterhalb der Piazza Italia. Sie sieht eher wie ein gigantisches Grabmal aus, und das ist die Kirche in erster Linie tatsächlich. Im Inneren hingegen dominiert barocke Üppigkeit. Unter dem Hochaltar werden die sterblichen Überreste des Bischofs *Ercolano* aufbewahrt. Dieser führte im 6. Jh. den Widerstand gegen die gotischen Belagerer an und wurde dafür vom siegreichen *Totila* in grausamster Weise hingerichtet. Sant'Ercolano ist heute der Schutzpatron Perugias.

▶ **Ipogeo dei Volumni**: Dieses größte etruskische Grab Umbriens wurde 1840 bei Straßenbauarbeiten entdeckt. Es birgt in ca. 10 Metern Tiefe neun Grabkammern mit sieben Urnen der damals vermutlich sehr einflußreichen und wohlhabenden Familie *Volumni*. Wie ein Wohnhaus ist es gebaut, mit einem spitz zulaufenden Dach. Das Eingangsportal ist aus Travertin (Tuffgestein), ansonsten wurde meist Sandstein verwendet. Im oberen Ausstellungsbereich stehen über 100 steinerne Urnen und Grabbeigaben aus 39 Gräbern der Umgebung. Auf den Deckeln der Urnen sind die Verstorbenen in liegender Haltung dargestellt. Wo und auf welche Weise das Etruskervolk seine Toten verbrannte, ist bis heute unbekannt.
*Öffnungszeiten:* werktags 9-17 Uhr (Sommer 18 Uhr), Sonn- und Feiertage 9-13 Uhr.
*Anfahrt:* Das Volumni-Grab liegt nicht gerade idyllisch - mitten an einer Durchgangsstraße von Ponte S. Giovanni, einem Verkehrsknotenpunkt bei Perugia. Mit dem Wagen auf der Schnellstraße in Richtung Assisi, Ausfahrt Ponte S. Giovanni.

### Die Ausländeruniversität

Die populärste Uni im ganzen Land für alle, die Italienisch lernen wollen. Das ganze Jahr über (außer im Januar) werden ein-, zwei- und dreimonatige Kurse angeboten. Der Unterricht umfaßt 20 Wochenstunden.
Im Juli, August und September findet jeweils ein 4wöchiger Intensivkurs statt. Möglichkeiten, seine frischen Sprachkenntnisse anzuwenden, gibt es gerade in Perugia zur Genüge. Es sei denn, man unterliegt der Verlockung, sich vorwiegend im Kreis deutscher Studenten zu bewegen.
*Kosten:* Im Vergleich zu anderen Unistädten Italiens liegen die Preise der Sprachkurse in Perugia mit am niedrigsten: ca. 250 DM pro Monat; Intensivkurs ca. 460 DM. Für Unterkunft in Familien, kirchlichen Häusern oder kleinen Wohnungen muß zusätzlich mit 150-300 DM gerechnet werden.
*Information und Anmeldeformulare:* Università Italiana per Stranieri, Palazzo Gallenge, Piazza Fortebraccio, 66100 Perugia - Italia.

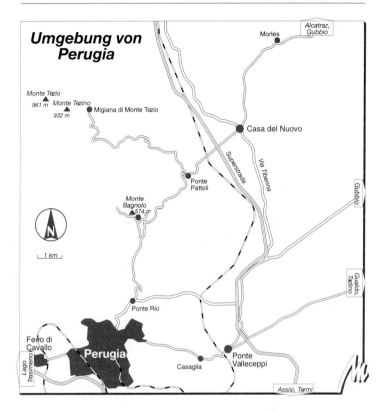

# Perugia/Umgebung

## Monte Tézio

Sehr reizvoll ist eine Wanderung auf den Monte Tézio, dessen Gipfel (961 m) in ca. 2 Stunden von *Migiana di Monte Tézio* aus (10 km nördlich von Perugia) zu erreichen ist. Man stellt das Gefährt in Migiana ab - eine Weiterfahrt auf den Schotterpisten ist nicht ratsam - und macht sich zu Fuß auf den Weg: am schönen *Castello Migiane* vorbei, dann hinauf zur Nordostseite des kargen *Monte Tezino* (mit Gipfelkreuz), auf dem meist ein kräftiger Wind bläst. Direkt unter dem Gipfelkreuz ist in der steilen und brüchigen (!) Felswand eine kleine Höhle - "Teufelshöhle" genannt, weil sich darin der Klauenabdruck des Teufels befinden soll. Angesichts der Tatsache, daß auf der Suche danach schon jemand tödlich abgestürzt ist, wollten wir es diesmal nicht so genau wissen. Vom Gipfelkreuz des Monte Tezino geht es durch eine kleine Senke hinüber zum Gipfel des *Monte Tézio*.

Ein etwas kürzerer Aufstieg (ca. 1½ Stunde) führt von Migiana aus - erst Richtung Castello, dann auf Wildschweinpfaden über Fels und Distelwiesen - von Osten her direkt auf den Gipfel des Monte Tézio.

Bei klarer Wetterlage bietet sich ein herrlicher Panoramablick nach Perugia, zum Lago Trasimeno und, auf der anderen Seite, zum Monte Subasio und zum Monte Cucco.

- *Anfahrt*: Nach Migiana di Tézio: Von Perugia auf die Schnellstraße Richtung Umbértide - Cesena. Diese bei Ponte Páttoli verlassen. Von hier aus sind es noch ca. 5 km Fahrt nach Migiane di Monte Tézio.
- *Karte*: Kompass-Karte 1: 50.000, Blatt Nr. 663 (Perugia - Deruta).
- *Agriturismo*: **Fattoria Cresta Verde**, 7 km außerhalb von Perugia. Zufahrt: Perugia über die Ausländeruniversität (Etrusker-Tor) verlassen, über Ponte Rio hinauf bis Montelaguardia. Oberhalb dieses Orts an der ersten Kreuzung in Richtung Montebagnolo abbiegen. Ganz oben auf dem einzigen Pinienhügel liegt die "Cresta Verde".

In einem liebevoll renovierten Bauernhaus mit 20 Hektar Land und vielen Streicheltieren vermieten Max und Jutta in familiärer Atmosphäre einige Zimmer mit Frühstück, Halb- oder Vollpension. Auch zwei Appartements für 3 oder 4 Personen sind vorhanden. DZ mit Bad und Vollpension ca. 70 DM pro Person, inkl. Wein, Wasser und Kaffee zu den Mahlzeiten. Reichhaltiges Frühstück, phantasievolle italienische Küche, eigene Produkte. Und natürlich verraten Ihnen Max und Jutta auch, wie sie vom Bauernhof aus herrliche Wanderungen und Mountainbike-Touren unternehmen können, z. B. in ca. 2 Stunden zum Fuß des Monte Tézio. Danach zur Erfrischung ins hauseigene, kleine Schwimmbad. Ganzjährig geöffnet. Tel. 075/5899438.

## Alcatraz

In traumhafter Lage hoch oben in den Bergen von Santa Cristina, ca. 15 km nördlich von Perugia, befindet sich eines der farbigsten Agriturismo-Projekte. *Alcatraz* wurde 1980 als "Freie Universität" von *Jacopo Fo* (Sohn des berühmten Theatermachers *Dario Fo* und dessen Lebensgefährtin *Franca Rame*) gegründet. Heute redet die Belegschaft (20 Personen arbeiten hier) etwas bescheidener von "Kursen". Das Angebot hierfür ist so bunt wie das Gemälde von Dario Fo am Eingang: Theatertherapie, Englisch, thailändische Massage, isometrische Gymnastik, Comiczeichnen, Ausflüge zu etruskischen Stätten, Trekking zu Pferd, mediterrane Küche - dies nur ein Auszug aus dem Kursprogramm 1993/94...

Alcatraz funktioniert aber auch als Agriturismo-Betrieb, selbst wenn dieser Begriff der Einzigartigkeit des Unternehmens nicht gerecht wird. Auf dem 300 Hektar (!) großen hügelig-waldigen Gelände läßt es sich wunderbar leben. In einer Waldlichtung lockt ein großes Schwimmbad, gefüllt mit frischem Quellwasser. Besonders für Kinder

> **Das Grundgesetz von Alcatraz**
> 1. Das Leben ist schön - aber die Spaghetti könnten noch besser sein.
> 2. Gewalt ist sinnlos, vor allem aber anstrengend.
> 3. Wenn man dir eine Ohrfeige gibt, versuche ihr auszuweichen.
> 4. Das Universum liebt den, der schläft.
> 5. Einheit macht stark, allein langweilt man sich.
> 6. Auch die Ameisen haben ihre Rechte.
>
> (frei übersetzt vom Autor, der wie eine Ameise arbeitet und also auch sein Recht hat)

und Jugendliche werden didaktische Führungen durch die Natur (Bäume und Wiesen, Wiederaufforstung, Olivenkulturen etc.) veranstaltet - mit dem Alcatraz-Didaktik-Bus. Im Alcatraz-Reitstall werden Kurse und Ausritte angeboten. Und nicht zu vergessen die Küche mit ausgezeichneter natürlicher Kost. Menü mit mehreren kleinen Gängen für ca. 30 DM, dazu hervorragende Landweine.

- <u>Anfahrt</u>: von Perugia auf der Schnellstraße in Richtung Cesena, Ausfahrt Ponte Páttoli, dann in nordöstliche Richtung weiter bis Casa del Diavolo; von da weg der Beschilderung "Alcatraz S. Cristina, Ass. culturale" folgen.
- <u>Preise</u>: Das Paradies hat seinen Preis. In der Hauptsaison ist nur Vollpension möglich, in der Nebensaison auch Halbpension oder nur Übernachtung. Vollpension mit DZ im Hauptgebäude ca. 100 DM/Person, im einsam im Wald versteckten Bungalow etwas billiger, im Mini-Appartement sowie im mittelalterlichen Turm (ca. 3 km vom Hauptgebäude entfernt) etwas teurer. In der Nebensaison ca. 10% billiger. Komfortabel allemal. Benutzung des Schwimmbades sowie didaktische Führungen durchs Gelände sind im Preis inbegriffen. Ganzjährig geöffnet. Keine Campingmöglichkeit! Telefonische Voranmeldung ist angebracht. Tel. 075/920255.

# Torgiano

**Kleines, aber berühmtes Zentrum des umbrischen Weinanbaus zwischen Perugia und Todi. Die Verbesserung der Weinqualität und die Steigerung der Erträge in den letzten drei Jahrzehnten hat der kleine Ort dem Sachverstand des Gutsbesitzers Giorgio Lungarotti zu verdanken. Erst 1960 gründete die Familie Lungarotti in Torgiano ihre Weinkellerei.**

Aus dem Torgiano-Gebiet kommen sehr unterschiedliche Weine. Der bekannteste ist der rote Torgiano - *Rubesco* genannt, der in dieser Gegend bereits seit über 100 Jahren gekeltert wird. Überregionale Bedeutung erlangte er erst im Jahr 1968, als Torgiano zum D.O.C.-Gebiet erklärt wurde, einer der seltenen Fälle in Italien, in dem Lage und Ortsbezeichnung identisch sind und sich überdies im Alleinbesitz eines Gutes befinden.

Die Reben des Rubesco wachsen auf einem ca. 200 Hektar großen Anbaugebiet. Wesentlicher Klimafaktor sind die trockenen Winde. Der *Torgiano Rubesco* zählt zu den Verschnittweinen; er wird nach klassischer Methode aus verschiedenen Rebsorten gekeltert, weiß und rot gemischt. Hauptbestandteil ist mit 50 bis 70% die Sangiovese-Traube. Dazu kommen die Trauben Canaiolo, Trebbiano, Toscano, Ciliegiolo und Montepulciano.

Beim Kauf sollte man darauf achten, daß der Rotwein die Bezeichnung "Riserva" trägt. Dann hat er 12% Alkohol und wurde mindestens drei Jahre gelagert. Weitere Weine der Cantina Lungarotti: der weiße, spritzige Tafelwein Buffaloro, die guten Tischweine Castell (rosé) und Torre di Giano (weiß), ein Vinsanto sowie der seltene sherryähnliche, trockene Aperitifwein Solleone.

Die starke Exportorientierung des Weinguts (50% gehen ins Ausland) und der Weintourismus brachten mehr als nur bescheidenen Wohlstand in den Ort. Die rund um den historischen Ortskern angesiedelten modernen Eigenheime zeugen davon.

Die hochmoderne Cantina mit ihren über 60 Beschäftigten liegt etwas außerhalb und kann besichtigt werden.

- *Anfahrt*: Abzweig von der Superstrada in Richtung Todi, Terni.
- *Übernachten*: ***** (!) **Hotel Le Tre Vaselle**, Via Garibaldi 48 (beim Weinmuseum ums Eck), DZ 220-300 DM. Das Luxushotel, in einem alten Castello untergebracht, ist vor allem wegen seines Restaurants berühmt. Highlights der umbrischen Küche in gediegener Atmosphäre, zu Höchstpreisen serviert. Tel. 075/9880447.

** **Hotel SI.RO**, Via G. Bruno 16 (unterer Ortsteil). DZ mit Bad ca. 80 DM, Frühstück inklusive. Tel. 075/982010.

### Weinmuseum

Mitten in Torgiano, im Palazzo Baglioni, errichtete 1974 die promovierte Kunsthistorikerin *Maria Grazia Lungarotti* ein Weinmuseum, das mittlerweile zu den schönsten Europas zählt. Die 14 Ausstellungsräume enthalten eine sorgfältige und wertvolle Sammlung, die die Geschichte des italienischen Weinbaus und seine tief verwurzelten Traditionen von der vorrömischen Zeit bis heute belegt. Das Museum ist unterteilt in die Gebiete Archäologie, Geschichte, Technik, Kunst und Mythologie.

*Öffnungszeiten:* ganzjährig geöffnet, im Sommer von 8-13 Uhr und 15-20 Uhr. Kein Ruhetag. Eintritt ca. 4 DM.

## Deruta

Umbriens Hochburg der Kachelkunst! Majolika-Kacheln haben in Deruta eine Traditon, die bis ins 14. Jh. zurückreicht. Im Centro storico, das sonst ohne besonderen Reiz ist, findet man neben zahlreichen einschlägigen Läden auch das *Museo delle Maioliche*, in dem einige besonders hübsche Exemplare (u. a. Votivkacheln) aus einheimischer Produktion ausgestellt sind.

Wer sich nicht für dieses Museum mit seinen ungewissen Öffnungszeiten interessiert, vielleicht aber ein Souvenir kaufen will, braucht nicht unbedingt in den Ortskern hoch zu fahren. An der *Via Tiberina*, an der Durchgangsstraße unten, reihen sich Keramikstände, -geschäfte und -fabriken.

Übrigens: *Majoliche* ist in Italien der übliche Begriff für Fayencen, da diese Kunst über *Mallorca* nach Italien gelangte. Im Alpen-Nordraum ist der Begriff *Fayencen* heimisch geworden, weil man die begehrte Keramik aus der oberitalienischen Keramikstadt *Faenza* einführte.

*Anfahrt:* Deruta liegt direkt an der Superstrada in Richtung Todi, Terni.

# Assisi

Hellrot liegt die Stadt an den Hängen des Monte Subasio. Den besten Blick hat man von unten, bei der Anfahrt von S. Maria degli Angeli aus. Über der Stadt thront die mittelalterliche Rocca Maggiore und vor ihr, über riesigen Stützpfeilern der Franziskanerkonvent mit der doppelten Basilika.

Vor fast 800 Jahren gründete der sympathische Franz den später nach ihm benannten Franziskanerorden. Dem Heiligen verdankt die Stadt ihre heutige Größe und einige Kirchen aus dem roten Subasiostein, die zu seinen Ehren gebaut wurden. Den mystisch-religiösen Hauch wird man in Assisi nicht so leicht los, der heilige Franziskus empfängt in seiner Gruft den katholischen Tourismus busladungsweise.

Der Bildungsreisende Goethe hingegen ließ sich vom Franziskus-Kult wenig beirren. Über seinen Besuch in Assisi notierte

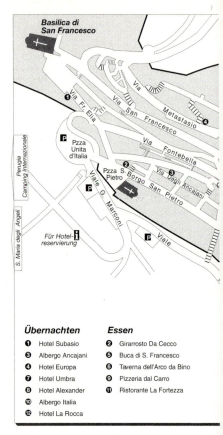

### Übernachten
❶ Hotel Subasio
❸ Albergo Ancajani
❹ Hotel Europa
❼ Hotel Umbra
❽ Hotel Alexander
❿ Albergo Italia
⓬ Hotel La Rocca

### Essen
❷ Girarrosto Da Cecco
❺ Buca di S. Francesco
❻ Taverna dell'Arco da Bino
❾ Pizzeria dal Carro
⓫ Ristorante La Fortezza

er: "Die ungeheuren Substruktionen der babylonisch übereinandergetürmten Kirchen, wo der heilige Franziskus ruht, ließ ich links, mit Abneigung. Dann fragte ich einen hübschen Jungen nach der Maria della Minerva. Endlich gelangten wir in die eigentliche alte Stadt: und siehe, das löblichste Werk stand vor meinen Augen, das erste vollständige Denkmal der alten Zeit, das ich erblickte. Ein bescheidener Tempel, wie er sich für eine so kleine Stadt schickte, und doch so vollkommen, so schön gedacht, daß er überall glänzen würde. An der Fassade konnte ich mich nicht satt sehen."

Der Geheimrat, immun gegen allen katholischen Weihrauch, mit seinem Winckelmann unter dem Arm auf der Suche nach Zeugnissen der heidnischen Antike - was für ein erhaben-skurriles Bild gäbe er im heutigen Assisi ab!

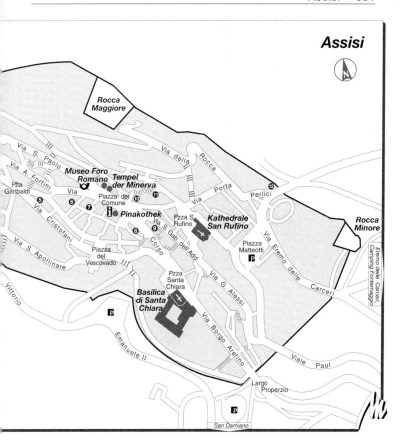

## Geschichte

Vor und nach dem Hl. Franz hat die Stadt kaum Schlagzeilen gemacht. In römischer Zeit stand hier eine wohlhabende Kleinstadt, Überrest dieser Epoche ist der schöne Minervatempel auf der Piazza del Comune. Nach dem Zusammenbruch des Weströmischen Reiches mußte wie Perugia auch Assisi zuerst mit dem Anstrum der Goten fertig werden. Im Mittelalter dann waren die beiden Städte in erbitterte Auseinandersetzungen verwickelt, Perugia auf der Seite der Guelfen (Papstanhänger), Assisi auf derjenigen der Ghibellinen (Kaisertreue). Ruhe kehrte erst im 16. Jh. ein, als Rom in ganz Umbrien seine Vorherrschaft gesichert hatte.

## Umbrien / Mitte

Heute lebt Assisi vom Pilgertourismus. Jährlich kommen mehr Besucher in die Stadt des Hl. Franziskus, als ganz Umbrien an Einwohnern zählt. An 3. Stelle, nach Rom und Padua, liegt der Besucherstrom.

### Franz von Assisi

In einem der Kriegszüge gegen das benachbarte Perugia zog auch der junge *Franziskus di Bernardone* mit. 1182 geboren, war er stets einer der zügellosesten, reichsten jungen Männer der Kleinstadt gewesen, schmiß mit Geld um sich und hatte dementsprechend viele Fans, männliche wie weibliche. Doch beim Kampf um Perugia wurde er gefangengenommen und mußte ein Jahr im Gefängnis verbringen. Heimgekehrt, erkrankte er schwer, und wieder gesund, war er ein anderer Mensch geworden. Er löste sich von seinem jugendlichen Treiben, entsagte allem irdischen Reichtum und verbrachte sein weiteres Leben in Armut und Enthaltsamkeit. Als Laienprediger zog er jahrelang durch ganz Italien und versuchte, in der Mundart des jeweiligen Landstriches (und nicht mit Kirchenlatein) der Bevölkerung näher zu kommen.

Er kämpfte für die Gleichheit der Menschen und sah im Reichtum ein Hindernis für ein glückliches Leben - auch nach dem Tod. Damit schloß er an Traditionen des Urchristentums an und führte ähnlich "ketzerische" Reden gegen die verweltlichte Kirche wie die *Albigenser* in Südfrankreich.

Seine hinreißenden Predigten fanden bald viele Anhänger, und 1209 bestätigt Papst *Innozenz III.* die Regeln des Franziskanerordens der *Frati Minori* (Minoriten). Vermutlich wollte die Kurie Franz von Assisi als Vermittler zwischen der Kirche und dem unzufriedenen Volk benützen. Er war auch ein Gegner der in dieser Zeit häufig unternommenen Kreuzzüge ins "Heilige Land". Er begab sich sogar selbst einmal auf Vermittlerreise nach Jerusalem.

1226 starb Franziskus, seine Anhänger gingen damals bereits in die Tausende. Zwei Jahre später bereits wurde er heiliggesprochen, gleichzeitig begann man mit dem Bau der *Basilica di San Francesco*.

Die weiter unten im Text erwähnte Freskenreihe *Giottos* (siehe Sehenswertes, Basilica di San Francesco) gibt die einschneidendsten Punkte seiner Vita wieder.

- *Telefonvorwahl:* 075
- *Information:* **A.P.T.-Büro**, Piazza del Comune 12. Öffnungszeiten: 9-13 Uhr und 16-19 Uhr. Tel. 812534.

Um **Hotelreservationen** kümmert sich das Consorzio Albergatori (Ufficio Informazioni), das an der Einfahrt (von Perugia her) am rechten Straßenrand eine Ba-

racke unterhält. Öffnungszeiten: 10-13 Uhr und 14.30-19.30 Uhr, im Winter reduziert. Tel. 816566.
- *Verbindung*: Der **Bahnhof** liegt ca. 4 km weiter unten im Tal, in S. Maria degli Angeli, Bahnverbindung nach Perugia. **Busverbindung** zum Bahnhof ca. alle 10 - 40 Min. (Bushaltestellen Piazza Matteotti, Largo Properzio und Piazza Unità d'Italia).
- *Parkplätze*: Es gibt mehrere Parkplätze unterhalb der Stadt, zum Teil auch gebührenfrei. Deshalb sollte man gar nicht erst versuchen, mit dem Auto ins Zentrum vorzudringen. Dort kreuzen nämlich in schöner Regelmäßigkeit Abschleppfahrzeuge auf. Vom unteren Parkplatz fährt ein Pendelbus ins Zentrum.
- *Reisebüro*: Tourist Office Stoppini, Piazza S. Chiara 4, Tel. 812597.
- *Feste und Veranstaltungen*: Religiöse Feiertage sind oft besonders festliche Anlässe. An Ostern z. B. finden nicht nur lange Prozessionen, sondern auch Schauspiele statt. Der Mai (erster Donnerstag bis Samstag) wird mit der **Festa di Calendimaggio** begrüßt - alles macht sich fein, geht gut essen, und die Stadt wird mit Fahnen und Tingeltangel geschmückt. Wettspiele zwischen Ober- und Unterstadt, Umzüge in historischen Gewändern, Musik und Tanz. Nachts ist die Wiese vor S. Francesco voll mit kleinen, flackernden Öllichtern. Außerdem finden klassische Konzerte statt (Orgel). Information über die in der Stadt ausgehängten Plakate.

*"Typische" Impression aus der Stadt des Heiligen Franz*

## Übernachten/Camping

Insgesamt zählt Assisi ca. 80 Hotels, vor allem der unteren Kategorien. Das ist viel, doch an Feiertagen, wenn besonders viele Pilger nach Assisi kommen, oft nicht genug. Wer in Assisi kein Zimmer mehr findet, sucht am besten in S. Maria degli Angeli, in Bastia oder versucht sein Glück bei einem der "Zimmer frei"-Schilder auf dem Weg dorthin. Wer mit dem eigenen Fahrzeug unterwegs ist, kann auch eine Übernachtung in Spello (siehe dort) in Erwägung ziehen. Wer sich der Mühe der Hotelsuche nicht selber unterziehen will, fragt bei der Zimmervermittlung des *Consorzio Albergatori* nach (siehe Information).

**\*\*\*\* Subasio (1)**, Via Frate Elia 2, DZ mit Bad ca. 200-300 DM. Hat schon so berühmte Leute beherbergt wie Marlene Dietrich und Charlie Chaplin. Es steht direkt neben der Unterkirche des hl. Franz, und man kann auf der weinüberwucherten Terrasse ausgezeichnet speisen. Tel. 812206.

**\*\*\* Umbra (7)**, Via degli Archi 6 (unterhalb der Piazza del Comune), DZ ca. 120 DM, z. T. ohne Bad (diese aber auch nicht billiger). Sehr zentrale Lage. Insgesamt 28 Zimmer, zum Teil mit kleinem Balkon und Blick auf die Stadt. Tel. 812240.

**\*\* Alexander (8)**, Piazzetta Chiesa Nuova 6 (unterhalb der Piazza del Comune), DZ mit Dusche/WC ca. 80 DM. Im Haus daneben wurde der hl. Franz geboren. Vielleicht tröstet dies über die asketisch kleinen (aber gepflegten!) Zimmer hinweg. Tel. 816190.

**\*\* Europa (4)**, Via Metastasio 2, DZ ohne

# Umbrien / Mitte

Bad 55 DM, mit Bad 80 DM. Auf 5 Stockwerken verteilen sich die 60 Zimmer des Hotels. Schöner Garten mit herrlichem Ausblick. Tel. 812412.

**Ancajani (3)**, Via degli Ancajani 16, DZ mit Bad ca. 70 DM. Von Ordensschwestern geführtes Haus in sehr ruhiger Lage. Gepflegt, schöne Duschräume. Mit Restaurant. Tel. 815128.

* **Italia (10)**, Vicolo della Fortezza 2 (direkt oberhalb der Piazza del Comune), DZ ohne Dusche ca. 45 DM, mit Dusche ca. 70 DM. Wegen der zentralen Lage sehr schnell ausgebucht. Freundliche Besitzer. Tel. 812625.

* **La Rocca (12)**, Via Porta Perlici 27, DZ ohne Dusche ca. 50 DM, mit Dusche ca. 60 DM. Meist hübsche Zimmer. Das Duschen kostet extra (wie so oft in der unteren Preisklasse). Oft sind Schulklassen zu Besuch. Tel. 816467.

**Jugendherberge "Fontemaggio"**: Ca. 2 km außerhalb, Straße in Richtung Eremo delle Carceri, gleich neben dem Campingplatz Fontemaggio. Übernachtung ca. 12 DM, kein IYHF-Ausweis nötig. Tel. 813636.

**Camping Fontemaggio**, Adresse wie Jugendherberge. Schöne Hanglage mit Blick ins Tal, größtenteils schattig, terrassenförmig angelegt. Preiswertes Restaurant (siehe unter Essen). 250 Stellplätze. Ganzjährig geöffnet. Tel. 813636.

**Camping Internazionale**, ca. 2 km außerhalb an der Straße nach Perugia. Viele Wohnwagen, wenig Schatten, Straßenlärm. Kann mit dem vorgenannten in keiner Weise konkurrieren, zumal auch die Rezeption an Freundlichkeit zu wünschen übrig läßt. Ca. 200 Stellplätze. Geöffnet ca. April - September. Tel. 813710.

## Essen

Eine Spezialität Assisis: *Palombaccia alla ghiotta*. Die Wildtaube wird mit einer Schinkenscheibe bedeckt am Spieß gebraten. Dabei wird sie ständig mit einem Gemisch aus Olivenöl und Rotwein eingepinselt.

**Buca di San Francesco (5)**, Via Brizi 1 (Nähe Piazzetta Garibaldi). Eines der besten Lokale in Assisi, für das Gebotene preiswert. Es liegt im Souterrain eines alten Palastes (12. Jh.). Spezialitäten sind Agnello alla brace, Filetto al Rubesco di Torgiano, Asce francescano... Bei einem mittleren Menü kommt man auf knapp 45 DM. Montags geschlossen.

**Taverna dell'Arco da Bino (6)**, Via S. Gregorio 8 (unterhalb der Via Portica). Hier gibt es solides, leckeres Essen in der Atmosphäre des 14. Jh. Deckengewölbe und Steinwände. Das Menü ist auf einige Spezialitäten begrenzt und kommt auf ca. 30 DM pro Person. Dienstags geschl.

**Ristorante La Fortezza (11)**, Vicolo della Fortezza 2b (oberhalb der Piazza del Comune). Auch wenn diese Zeilen nicht viel wert sind. Ißt man nur das Hauptgericht, reichen ca. 15 DM. Donnerstags geschl.

**Girarrosto, Da Cecco (2)**, Piazza S. Pietro 8. Bietet eine typische und sehr schmackhafte Küche. Spezialität: Faraona alla Cecco (Perlhuhn in Weißwein) und ausgezeichnete Cannelloni. Ein besseres Menü kostet um die 25 DM, Touristenmenü bereits für 20 DM. Gleich neben der Eingangstür das Wahrzeichen des Lokals: ein sprechender greiser Papagei, der schon bedenklich Federn läßt. Mittwochs geschlossen.

**Pizzeria Dal Carro (9)**, Vicolo Nepis 2 (zwischen Piazza del Comune und S. Chiara). Preisgünstig und zentral. Wenn man sich einmal mit dem hellen Saal angefreundet hat, in dem jeder und jede jeden und jede sieht, läßt's sich hier ganz gut speisen. Geeignet auch für größere Gruppen (Biertische). Fröhliche Bewirtung.

**Ristorante La Stalla**, neben dem Camping Fontemaggio. Sehr empfehlenswert, äußerst preiswert, wird auch gerne von Einheimischen besucht. Im Sommer sitzt man in einem schattigen Garten, Selbstbedienung am großen Salatbuffet, Holzkohlengrill. Während der kühlen Monate sehr behaglich in einem ehemaligen Stall, die Speisen werden vor den Augen des Gastes in der Glut des Kaminfeuers zubereitet: dicke Bohnen, Polenta, geschmolzener Käse mit Honig in Pfännchen (Coccio), Fleischspieße, Steaks und als Beilagen Kartoffeln und geschmorte Zwiebeln aus der Glut, heiße Knoblauchbrote oder Pizzafladen. Komplettes, umfangreiches Menü ca. 25 DM. Montags und im Mai geschlossen.

Die besten **Pasticcerie** findet man in der Via Portica: Mandelkrokantteilchen, Früchtebrot und "Brustengolo", eine Kuchenspezialität Assisis vom Blech, bestehend aus Maismehl, Honig und Rosinen. Die Preisangaben beziehen sich meistens auf ein Etto, d. h. 100 Gramm.

## Sehenswertes

### Basilica di San Francesco

Sie besteht aus zwei Kirchen, die übereinandergebaut wurden. Obwohl dieser aufwendige Bau dem Prinzip der Armut, das Franz predigte, widersprach, bestand *Fra Elia*, einer der frühen Gefolgsleute des Heiligen und angeblich Architekt der Basilika, auf der Errichtung des Doppelbaus im franziskanischen Stil. Die Grundsteinlegung fand 1228 statt, ein Tag nach der Heiligsprechung des Franz von Assisi.

Die **Oberkirche** war für Andachten geplant, ist reinste Gotik und birgt in ihrem Inneren Fresken der berühmten Maler *Cimabue* und *Giotto*. Cimabues Werke sind zum Teil in sehr schlechtem Zustand, doch eines, die "Kreuzigung", strahlt noch viel von seiner ursprünglichen Schönheit aus. Eine Reihe von 27 Fresken wird zum Teil Giotto zugeschrieben, doch wirken sie im Vergleich zu seinen anderen Werken etwas zu surrealistisch. Die Predigt des hl. Franz zu den Vögeln in der Nähe des Eingangs hingegen ist mit Sicherheit Giottos Werk. Außerdem findet man schöne Arbeiten von *Pietro Lorenzetti* ("Madonna mit Kind", "Jesus verläßt das Kreuz").

Franziskaner arbeiten hier in italienischer, deutscher, französischer, polnischer, ja sogar japanischer Sprache als Kunstführer für die Pilger- und Touristengruppen und leuchten immer wieder mit Taschenlampen (oder vielmehr: Scheinwerfern) einzelne Stellen der Fresken an. Nicht übersehen sollte man darob das *Chorgestühl* aus dem 15. Jh.: sehr schöne Intarsienarbeiten, im Mittelteil Porträts hoher kirchlicher Würdenträger in den Rückenlehnen.

Die **Unterkirche** ist romanisch und war als Krypta gedacht. Dieser Bau, wesentlicher dunkler als die Oberkirche, ist vollständig mit Fresken ausgeschmückt. Auch hier werden einige Fresken *Cimabue* und einige *Giotto* zugeschrieben. Bemerkenswert ist die *Cappella di Sant'Antonio di Padova*. Die Episoden aus dem Leben des Heiligen entstanden erst im 17. Jh. und zeigen den "Fortschritt" in der Malerei: mehr Bewegung, plastische Darstellung und - nackte Beine.

Von der Mitte des Längsschiffs führen zwei Treppen hinunter zur *Krypta*. Gebetsgemurmel empfängt den Besucher beim Eintritt, so daß es ihm, je nach Veranlagung, mystisch oder mulmig zumute wird. Hier wurde 1230 der heilige Franziskus beigesetzt. Auf Veranlassung der päpstlichen Kurie wurden die Gebeine 1820 nochmals ausgegraben und deren Authentizität päpstlich bescheinigt, eine weitere päpstliche Echtheitsurkunde der Gebeine wurde 1978 ausgestellt. Die heutige schlichte Ausgestaltung der Krypta stammt aus den Jahren 1926-30.

### Basilica di Santa Chiara

Neben Franziskus führt die zweite Stadtheilige von Assisi fast ein Schattendasein. Die ihr geweihte Basilika hat keine so großen Kunstwerke vorzuweisen wie der Franziskanerkonvent - eine stille, andachtsvolle Atmosphäre herrscht hier vor.

In einer Nebenkapelle hängt eine der meistverehrten Franziskus-Reliquien: das *Christuskreuz*, das mit Franz gesprochen und ihm den Auftrag übermittelt haben soll, die Kirche wieder auf den richtigen Weg zu führen. Hinter doppeltem Gitter sind die Gewänder der Hl. Klara sowie das Gebetbuch Franziskus' zu sehen, und gelegentlich steckt durch die Absperrung eine rundum verhüllte Klarissin dem neugierigen Besucher verstohlen ein Heiligenbildchen zu.

Die *Krypta* wurde neu gestaltet, und dies ist den 1850 gefundenen Überresten der Heiligen bekommen. War Santa Chiara noch bis in die 80er Jahre - wie in italienischen Kirchen üblich - als vom Verwesungsprozeß dunkel gewordene Mumie zu sehen, so wird sie heute "clean", als wächserne Gestalt im Glasschrein präsentiert.

### Klara von Assisi

Begeistert vom Prediger Franz verläßt sie eines Nachts im Jahr 1212 heimlich ihr wohlbehütetes Zuhause und taucht in der Porziuncola von S. Maria degli Angeli auf, wo Franz und seine Anhänger sich meist aufhalten. Sie läßt sich als Zeichen ihrer Absage an die Herrlichkeiten der Welt von Franz ihre wunderschönen Haare abschneiden und übernimmt die franziskanischen Lebensregeln. Die Tochter aus gu-

tem Hause wird zur Mutter des Klarissinnenordens, des weiblichen Zweigs der Franziskaner.
Wie Franz wird auch Klara von Assisi kurze Zeit nach ihrem Tod heiliggesprochen.

▸ **Kathedrale San Rufino**: Der Dom zu Ehren des ersten Bischofs von Assisi, der im 3. Jh. als Märtyrer starb, stammt aus dem 12. Jh. Seine romanische Fassade verdient sowohl wegen der Skulpturen über dem Hauptportal als auch wegen ihrer Rosetten Beachtung. Im Inneren dominiert der barocke Stil, da der gesamte Komplex im 16. Jh. umgestaltet wurde und im 17. Jh. eine teilweise neue Ausssttatung bekam.
Das Gewölbe der *Krypta* verdient es, saniert zu werden, und wer diese Absicht unterstützt, zahlt die 2,50 DM Eintritt gerne. Im Geviert über dem Sarkophag, in dem der Hl. Rufinus begraben lag, sind noch Freskenreste auszumachen. Es handelt sich um die vier Evangelisten mit ihren Symbolen: Johannes mit dem Adler, Markus mit dem Löwen, Matthäus mit dem Engel und Lukas mit dem Stier (dieser gleicht im vorliegenden Fall jedoch eher einem Raubtier.) Vom Ende der Krypta führt ein Kanal zu einer *römischen Zisterne* aus dem 1. Jh. n. Chr. Ein komfortablerer Zugang zu diesem antiken Wasserreservoir findet sich in der Kathedrale, hinter dem Haupteingang links.

▸ **Tempel der Minerva**: inmitten der mittelalterlichen Bauten an der *Piazza del Comune*. Neben dem Bürgerturm aus dem frühen 14. Jh. wirkt der kleine antike Tempel, von dem Goethe so begeistert war (siehe oben), leicht deplaziert. Der schmucke Heidentempel mit seinen sechs korinthischen Säulen wurde vermutlich bereits im 16. Jh. christianisiert - zur *Santa Maria Sopra Minerva*, der kleinen Barockkirche, wie sie sich dem Besucher heute präsentiert.

▸ **Museo Foro Romano**: Eingang Via Portica. Das Museum liegt unterhalb der Piazza del Comune. Ein Info-Blatt (auch deutschsprachig) ist sehr hilfreich zum Verständnis der Anlage des römischen Forums. Der hintere Teil (unter dem Minerva-Tempel gelegen) ist seit 1994 wieder zugänglich. Wichtigstes Ausstellungsstück des Museums ist eine große Grabinschrift. Ansonsten sind einige Sarkophage, zahlreiche Statuenfragmente und Grabstelen in liebloser Anreihung und unkommentiert entlang der unterirdischen Straße plaziert.
*Öffnungszeiten*: Mitte März - September 10-13 Uhr und 15-19 Uhr; Oktober - Mitte März 10-13.30 Uhr und 14.30-17 Uhr. Eintritt: ca. 4,50 DM. Sammelkarte für Foro Romano, Pinakothek und Rocca Maggiore: ca. 10 DM.

▸ **Rocca Maggiore**: Die markante Burg befindet sich am höchsten Punkt der noch sehr gut erhaltenen Befestigungsmauern aus dem späten 12. Jh.

Sie wurde auf Geheiß von *Friedrich Barbarossa* errichtet, von späteren Herrschern jedoch mehrfach umgebaut. 1458 wurde der zwölfeckige Turm hinzugefügt und durch eine Mauer mit der Rocca verbunden. In dieser Mauer verläuft ein fast 100 Meter langer Verbindungsgang, der noch heute so lichtarm wie damals ist. Schon hier empfiehlt sich eine Taschenlampe, erst recht dann für den Aufstieg im stockdunklen Turm. Oben wird der abenteurliche Maulwurfsgang mit einer phantastischen Aussicht gekrönt: bei klarem Wetter bis Perugia und Spoleto.

Nach umfangreichen Restaurierungsarbeiten vermittelt die Rocca heute einen einmaligen Einblick in eine mittelalterliche Festungsanlage. Der Wehrturm mit seinen 5 Stockwerken ist begehbar. Im Burghof steht eine Guillotine; wer's noch schauerlicher mag, der besucht das Foltermuseum (s. u.).

Öffnungszeiten: 10 Uhr - Sonnenuntergang. Eintritt: ca. 5 DM. Sammelkarte für Rocca Maggiore, Foro Romano, Pinakothek. ca. 10 DM. In beiden Fällen ist der Eintritt in das nachstehende Foltermuseum nicht inbegriffen.

▶ **Museum für Folterinstrumente:** Was der Mensch dem Menschen alles antun kann! Das im großen Turm der Rocca Maggiore untergebrachte Museum gibt einen aufschlußreichen Einblick in die technischen Errungenschaften des mittelalterlichen Homo sapiens auf dem Gebiet der langsamen Tötung von Artgenossen bzw. in die Methoden mittelalterlicher Wahrheitsfindung. Zu den Schmuckstücken der Sammlung gehört ein hohler, künstlicher Stier, in dessen Innern der Delinquent geschoben wurde. Darunter wurde gefeuert, der Rauch und die Todesschreie drangen vereint aus den Nüstern des Biests. Die sog. Eiserne Jungfrau von Nürnberg ist ein Schrank mit den erotischen Formen einer Coca-Cola-Flasche, nicht für die Garderobe, sondern für Menschen. In den Innenwänden stecken Nägel, die sich beim Schließen der Tür ins Opfer bohren. Kochkessel nach Kannibalenart, ein Stuhl mit nagelstrotzender Sitzfläche aus der Zeit der Inquisition und dergleichen mehr dokumentieren die Ausgeburten der menschlichen Phantasie.

*Öffnungszeiten*: Sie richten sich nach der Rocca Maggiore (s. o.). Eintritt: ca. 5 DM.

▶ **Pinakothek:** Das kleine Museum an der Piazza del Comune beschränkt sich auf eine Sammlung religiöser Malerei aus dem 14. bis 16. Jh., größtenteils aus der Region. Viel Platz für die Schüler von Giotto, der Meister fehlt.

*Öffnungszeiten*: Mitte März - September 10-13 Uhr und 15-19 Uhr; Oktober - Mitte März 10-13.30 Uhr und 14.30-17 Uhr. Eintritt: ca. 4,50 DM. Sammelkarte für Pinakothek, Foro Romano und Rocca Maggiore: ca. 10 DM.

*Eremo delle Carceri – idyllisch am Hang des Monte Subasio gelegen*

## Assisi/Umgebung

▶ **Eremo delle Carceri** *(Einsiedelei):* Ein Kleinod in idyllischer Lage - 3,5 km von Assisi bergauf im Bergeinschnitt - viel Grün und Eichenwälder. Ursprünglich war die verschachtelt gebaute Eremitage für 12 Padres angelegt, heute leben nur noch drei das ganze Jahr über in dem eng aufgeteilten Bau. Im Garten davor steht der "Vogelbaum" - eine uralte, morsch gewordene Steineiche, die an die Gespräche des Heiligen mit den Vögeln erinnert. Und tatsächlich hat sich im Eremo eine Kolonie weißer Tauben angesiedelt.
Der Wald ums Eremo bietet schöne Wandermöglichkeiten; hier liegen viele Grotten versteckt, einst Behausungen von Einsiedlern.
*Öffnungszeiten:* 6 - 21 Uhr, im Winter von 7 - 19 Uhr.

▶ **San Damiano**: Die etwas unterhalb von Assisi gelegene Kirche spielt in den Biographien der Heiligen von Assisi - Franz und Klara - eine große Rolle und ist deshalb Ziel zahlreicher Pilger.
Hier soll Christus vom Kreuz aus Franziskus aufgefordert haben, die Kirche wieder auf den rechten Weg zurückzuführen. Eine Kopie des Kreuzes ist vor Ort, das Original in der Basilika Santa Chiara zu besichtigen. San Damiano war aber vor allem das Zentrum der Hl. Klara und ihrer Anhängerinnen; die Heilige, die über 40 Jahre hier gelebt haben soll, starb im Jahr 1253.
Wer mehr an Kunstgeschichte als an katholischer Legendenbildung

## Umbrien / Mitte

*Blick auf die legendenumwobene Porziuncola*

interessiert ist, kommt vielleicht im Kellergewölbe auf seine Kosten. Die spätmittelalterlichen Fresken dort sind restauriert.

▶ **San Masseo**: auf halber Höhe zwischen Assisi und S. Maria degli Angeli. Hier lebt ein Pater des Franziskanerordens mit seinen jungen Anhängern weitgehend autark: eigene Landwirtschaft, Gartenbau und Backstube. Sie praktizieren den "franziskanischen Geist", der auf einer einfachen Lebensform basiert und - ähnlich wie in Taizé (Frankreich) - auf völligem Schweigen. Männer und Frauen, die diese religiöse Lebensweise kennenlernen möchten, sind willkommen - in der Regel für drei Wochen.

▶ **Basilica Santa Maria degli Angeli**: Ein monumentales Bauwerk, halb Renaissance, halb Barock erhebt sich wuchtig im Talgrund im Ort S. Maria degli Angeli (übrigens Partnerstadt von Los Angeles). 1569 wurde der Bau begonnen und erst 100 Jahre später fertiggestellt. Was man heute besichtigt, stammt zum größten Teil aus der Zeit des Wiederaufbaus, nachdem ein Erdbeben 1832 große Schäden anrichtete. Im Inneren des mächtigen Hallenbaus steht das buntbemalte Kapellchen *Porziuncola* (= kleine Portion). Das Heiligtum wurde der Legende nach im 4. Jh. von vier heimgekehrten Jerusalem-Pilgern erbaut. Später war es ein beliebter Aufenthaltsort des Hl. Franz.

Damals noch von Wald umgeben, entstanden um die Kapelle die ersten Klosterzellen des neu gegründeten Franziskanerordens. Erst später wurde die Basilika um die Kapelle erbaut.

Auch der *Rosengarten* im Innenhof des Klosters ist einen Besuch wert: viele Blumen und an den Wänden geschmackvolle Freskenmalereien in leichten Farben und - durch die Ritzung der Umrisse - mit sehr plastischer Wirkung.

## San Gregorio

Von einem Graben umgeben und von einer Rundmauer eng umschlossen, betritt man durch einen Torbogen ein gänzlich verlassenes Dorf. Mit seinen dicht zusammengedrängten mittelalterlichen Häusern wirkt es idyllisch und gespenstisch zugleich - so als befände es sich gerade in einem 100 Jahre dauernden Dornröschenschlaf. Das Stückchen Gartenland, der Waschbrunnen, der Holzbackofen und die Lagerhäuser für den heute noch gekelterten herben Rotwein von S. Gregorio dokumentieren die Lebensverhältnisse einer auf engem Raum lebenden Dorfgemeinschaft, die über die Jahrhunderte hinweg bis vor kurzer Zeit bestanden hat. Denn bis 1984, dem Jahr des großen Erdbebens, lebten hier noch fünf Familien. In traurigen Not-Containern außerhalb ihres Dorfes untergebracht, warten sie noch immer (seit mittlerweile über elf Jahren!) auf das, was sie längst nicht mehr glauben: Daß die von italienischen Ministerien versprochene Beseitigung der Schäden in die Tat umgesetzt wird.

- *Anfahrt*: Von Assisi Richtung Petrignano; knapp vor diesem Ort ist S. Gregorio ausgeschildert.
- *Übernachten/Essen*: \*\*\* **Castello S. Gregorio**, DZ ca. 100 DM. Etwas oberhalb der Ortschaft findet man mitten im Wald dieses verwunschene Schlößchen mit vier Ecktürmen. Der Betrieb scheint zu florieren, und so haben die Besitzer dem romantischen Castello einen potthäßlichen Glasanbau verpaßt, um mehr Klientel unterzubringen! Tel. 075/8038009.

**Trattoria Da Boccione**, von Petrignano kommend knapp vor S. Gregorio. Im Sommer Tische im Freien, ansonsten sitzt man bei gedämpftem Licht in einem ehemaligen Stallungsgebäude. Nettes, älteres Ehepaar, das nach jahrelanger Führung eines Restaurants in Rom nun die ländliche Ruhe bevorzugt. Großes Buffet mit zahlreichen Antipasti zur eigenen Bedienung, traditionelle, deftige Fleischgerichte wie z. B. Osso Buco oder Hammelbraten, zudem Pizza und Dolci ganz nach Laune der Chefin. Menü ca. 40 DM. Für einen Teller Antipasto, eine Pizza und ein Dessert genügen auch 20 DM. Montag geschlossen.

# Zwischen Assisi und Spoleto

## Spello

Das Städtchen, aus demselben hellen Stein des Monte Subasio gebaut wie Assisi, ist alten umbrischen Ursprungs.

In den letzten Jahren hat sich Spello schmucker gemacht. Die jahrelangen Renovierungsarbeiten in fast sämtlichen Kirchen sind inzwischen abgeschlossen. Einige Vinotheken und Souvenirläden haben Einzug ge-

# Umbrien / Mitte

*Treppe oder Zahnradbahn?*

halten, und das 1992 eröffnete 4-Sterne-Hotel in der Altstadt macht auch was her. Offensichtlich profitiert man vom nahen Assisi-Tourismus.

**Geschichte**: Die Römer unterhielten in Spello eine kleine Kolonie (*Hispellum*), und im Mittelalter war Spello wie die meisten Orte Umbriens in die päpstlich-kaiserlichen Auseinandersetzungen verwickelt. Das 15. und auch fast das ganze 16. Jh. hindurch war es das peruginische Geschlecht der *Baglioni* (siehe Perugia, Geschichte), das hier regierte. Aus dieser Zeit stammt auch die einzige nennenswerte kunsthistorische Sehenswürdigkeit Spellos, die von *Pinturicchio* ausgestaltete *Baglioni-Kapelle* in der *Kirche Santa Maria Maggiore*.

- *Telefonvorwahl*: 0742
- *Information*: Pro Spello, Piazza Giacomo Matteotti.
- *Übernachten/Camping*: **** **Palazzo Bocci**, Via Cavour 17, DZ ca. 180 DM. Das Edellokal "Il Molino" (s. u.) gegenüber gibt's schon länger. Dessen Besitzer hat dem Palazzo Bocci eine Totalrenovierung verpaßt und sich dabei nicht lumpen lassen. Geräumige und geschmackvoll eingerichtete Zimmer. Zur Ausstattung gehören nicht nur Klimaanlage, Minibar und Haartrockner, sondern auch ein Safe, in dem Sie Ihre Juwelen einschließen können. Alles gediegen, die Diener im Livrée. Traumhafte Dachterrasse in der 1. Etage. Tel. 301021.

** **Julia**, Via S. Angelo 22 (unterer Ortsteil), DZ mit Dusche/WC ca. 100 DM. Familienbetrieb, dessen Kundschaft meistens aus kleineren Gruppen von Assisi-Pilgern besteht, die dort keine Unterkunft mehr gefunden haben. Tel. 651174.

** **Il Cacciatore**, Via Giulia 42 (oberer Ortsteil), DZ mit Dusche/WC ca. 90 M. Etwas mühsamer Aufstieg, dafür einladende, helle Zimmer. Tel. 651141.

**Camping Umbria**, ca. 1,5 km außerhalb. Vom unteren Stadttor (Porta Consolare) aus der Beschilderung folgen. Bescheidenes Gelände. 60 Stellplätze. Geöffnet April - September. Tel. 651772.

- *Essen*: **Ristorante Il Mulino**, Piazza Matteotti. Teures umbrisches Spezialitätenrestaurant. Dienstag geschlossen.

**Ristorante Il Cacciatore**, Adresse siehe gleichnamiges Albergo. Großer Speisesaal, auch von Einheimischen frequentiert. Spezialität Faraona alla ghiotta (Perlhuhn). Montag geschlossen.

## Sehenswertes

**Altstadt**: Auch wenn Spello keine kunsthistorische Schatztruhe ist - der Besucher wird nicht enttäuscht sein. Einige überaus malerische mittelalterliche Treppengassen (im oberen Stadtteil) demonstrieren wie nirgendwo sonst in Umbrien ihre Funktionalität: breite Wasser- oder Abwasserrinnen beidseitig des Wegs.

Vorschlag für den Stadtbesuch: Fahrzeug unten stehen lassen, durch die Porta Consolare und dann die Hauptgasse (Via Cavour) zur Piazza Matteotti hochgehen. Auf dem Weg begegnet man rechts der **Kirche Santa Maria Maggiore** mit der berühmten Baglioni-Kapelle von *Pinturicchio*. Um sich - von einer Glaswand auf Abstand gehalten - das Verkündigungsgemälde anzusehen, muß man allerdings erst für die Beleuchtung zahlen.

Ein weiteres Pinturicchio-Gemälde befindet sich in der **Franziskaner-Kirche S. Andrea** ("Madonna mit Heiligen"). An der rechten Kirchenwand ist zudem ein Fresko (Madonna mit Kind) zu besichtigen, das auf den Mauern einer früheren Kirche freigelegt wurde.

Oberhalb der Piazza Matteotti führt links die Via Cateni zum **Palazzo dei Cateni** aus dem 17. Jh. mit einer beachtenswerten holzgearbeiteten Loggia. Von der Piazza dei Cappuccini, dem höchsten Punkt der Stadt, hat man einen Ausblick auf die Spoleto-Ebene wie auch nach Assisi und S. Maria degli Angeli. Auf dem Rückweg findet man auf der Höhe der Kirche S. Andrea die Via Torri di Properzio. Sie führt zur **Porta Venere** aus römischer Zeit, flankiert von zwei zwölfeckigen Türmen.

# Foligno

**Hier hat das moderne Italien die mittelalterliche Ummauerung schon längst gesprengt.**

Der Ort breitet sich in der Ebene nach allen Seiten aus - eine prosperierende Kleinstadt mit knapp über 50.000 Einwohnern.

In Foligno liegt richtig, wer nach den großen Touristenorten und den schmucken Mittelalterstädtchen Umbriens einfach wieder einmal in die stinknormale italienische Realität eintauchen will: Shopping ohne Souvenir-Schnickschnack, Abgasgestank, lärmende Schülergruppen... Zu sehen gibt es wenig; vielleicht macht man an der zentralen *Piazza della Repubblica* einen Halt, schaut sich den *Palazzo Comunale* in seinem klassizistischen Look an oder läßt den Blick über die eigenartig uneinheitliche Fassade der *Kathedrale San Feliciano* wandern. Hie und da entdeckt man beim Streifzug durchs Centro storico bröckelnde Fassaden von Palazzi, die bessere Zeiten gesehen haben.

- *Telefonvorwahl*: 0742
- *Information*: A.P.T.-Büro bei der Porta Romana (Südeingang zum Centro storico). Geöffnet 8-13.30 Uhr und 14.30-20 Uhr.
- *Übernachten*: ** **Bolognese**, Via Istituto Denti 12 (Nebengasse zum Corso Cavour, Nähe Porta Romana), DZ ohne Dusche ca. 55 DM, mit ca. 75 DM. Ruhige Lage. Tel. 352350.

**Ostello della Gioventù (Jugendherberge)**, Piazza S. Giacomo (im Norden des Centro storico, von der Piazza della Repubblica aus die Via XX Settembre nehmen). Bettstatt inkl. Frühstück für ca. 12 DM, Dusche kostet extra. Geöffnet März - Oktober. Tel. 352882.

● *Café*: **Gran Caffè Sassovivo**, Corso Cavour. Großräumiges und lebhaftes Café an der Hauptgeschäftsstraße.

## Bevagna

**Das mittelalterliche Städtchen ist in eine weiche Hügellandschaft eingebettet und nimmt den Besucher auf Anhieb für sich ein. Die Piazza Filippo Silvestri ist nach der Piazza del Popolo von Todi vielleicht der harmonischste mittelalterliche Platz Umbriens. Um den asymetrischen Platz mit dem oktagonalen Brunnen gruppieren sich drei Kirchen und der Palazzo dei Consoli mit einer fotogenen Freitreppe.**

Ursprünglich eine frühe umbrische Siedlung, erfuhr Bevagna im 1. Jh. v. Chr. unter den Römern, die den Ort *Mevania* nannten, eine Aufwertung. Aus dieser Zeit sind noch die Mauern des *Teatro Romano* sowie das großartige Mosaik der *Thermen* zu sehen: Darstellungen von Seetieren, unter anderem Tintenfische und ein großer Hummer. Den Schlüssel für den Zugang zu den Thermen erhält man im Nachbarhaus (Nr. 2).

Wer im Mai unterwegs ist, sollte es nicht versäumen, die Mauern des römischen Theaters aufzusuchen. Sie sind vollkommen ins Stadtbild integriert, allein die halbrunde Form verrät noch die antike Vergangenheit. Hinter den Eingängen tun sich große Ateliers auf, in denen mittelalterliche Papierpressen (aus Fabriano), Glasbläseröfen und anderes altes Gerät gewartet und getestet wird - die Vorbereitungen auf den **Mercato delle Gaite** laufen auf vollen Touren. In der zweiten Junihälfte ist es dann soweit. Eine Woche lang lebt in ganz Bevagna das Mittelalter wieder auf. Wer etwas auf sich hält, zeigt sich im nach historischen Vorlagen selbstgeschneiderten Kostüm auf dem Marktplatz, wo zwischen mittelalterlichen Handwerksbuden für einmal nicht Gemüse, Wurst, Käse und importierte Textilwaren feilgeboten werden, sondern geflochtene Körbe, getöpferte Weinkrüge und frisch geschöpftes Büttenpapier.

## Montefalco

**Auch wenn ein Falkenberg keine Adlerhorst ist: Vom Hochplateau von Montefalco (473 m) hat man einen großartigen Blick auf die Ebene zwischen Foligno und Spoleto, so daß die Rede vom "Balkon Umbriens" durchaus zutreffend ist.**

Seit der totalen Zerstörung der Stadt unter *Friedrich II.* im 13. Jh. und dem darauffolgenden Wiederaufbau hat Montefalco viele Herren gekannt, erst die weltlichen von Spoleto und Foligno, ab dem 15. Jh. bis zur nationalen Einigung dann die kirchlichen.

## Zwischen Assisi und Spoleto 595

Der Spaziergang durch das komplett ummauerte Städtchen führt fast zwangsläufig von der zentralen Piazza del Comune zur *Porta S. Agostino*, dem eindrucksvollsten Stadttor Montefalcones, mit einem wuchtigen zinnenbewehrten Wachturm; das Fresko an der Decke des Torbogens ist leider nicht mehr zu erkennen.

Noch vor dem Tor steht rechts die *Kirche S. Agostino*, ein gotischer Bau, in dem einige Fresken der umbrisch-sienesischen Schule (14.-16. Jh.) zu sehen sind. Eine etwas makabre Besonderheit dieser Kirche sind zweifellos die ausgestellten Toten. Rechts im Glassarg die prunkvoll gewandeten Skelette zweier Damen, die als *Beata Chiarella* und *Beata Illuminata* verehrt werden. An der gegenüberliegenden Wand in sitzend-schlafender Haltung und in ein einfaches Pilgergewand gekleidet, ein männliches Skelett mit dem Namen *Beato Pellegrino* (Glücklicher Pilger). Auf Italienisch wird auf einem Beiblatt seine wundersame Geschichte erklärt. So soll dieser unbekannte Mann eine lange Wanderung unternommen haben, um die beiden Damen an der gegenüberliegenden Wand anzubeten. Vermutlich hat ihn im Gebet eine Herzattacke erlitten - keiner weiß es genau. Jedenfalls wurde er am Morgen tot in der Kirche aufgefunden, exakt in der Haltung, in der er für die heutigen Pilger ausgestellt ist.

Hauptattraktion Montefalcones ist die zum Museum erklärte **Kirche S. Francesco**. Der Freskenzyklus in der Apsis, Stationen aus dem Leben des Heiligen Franziskus von *Benozzo Gozzoli*, einem Schüler Fra Angelicos, ist das Prunkstück der Kirche: leuchtende Farben, darunter ein Band mit Franziskanerporträts. Auch die weiteren Fresken in der Kirche sind allesamt gut ausgeleuchtet; ein kleines Informationsblatt führt durch die Themen, so daß auch der Laie nicht allzu hilflos dasteht.

Die kleine *archäologische Sammlung* im Kellergeschoß ist wenig interessant, die *kommunale Pinakothek* in der ersten Etage mit ihren sakralen Gemälden (13.-16. Jh.) ist immerhin liebevoll aufbereitet.

*Öffnungszeiten*: 10-13 Uhr und 15-18 Uhr (Juli/August: 16-19 Uhr), Montag geschlossen; Eintritt: ca. 6,50 DM.

*Übernachten/Essen*: ** **Ringhiera Umbra**, Via. G. Mameli 20 (zwischen Kirche S. Agostino und Porta S. Agostino), DZ mit Bad ca. 80 DM, ohne ca. 55 DM. Freundlicher Familienbetrieb. Im Restaurant kann man billig und gut (Menu turistico) oder teuer und gut (à la carte) speisen. Tel. 0742/79166.

## Trevi

**Steil auf einen Hügel gebaut, thront das Städtchen über der Straße zwischen Foligno und Spoleto. Wer von mittelalterlicher Romantik noch nicht gesättigt ist, legt hier einen Stopp ein - aber auch wer nach all den mittelalterlichen Eindrücken das Bedürfnis nach Moderne hat: Das Trevi Flash Art Museum ist einzigartig.**

Viel ist nicht los in Trevi. Von der Piazza Mazzini, wo im *Circolo di Lettura* - der Name scheint zu verpflichten - die Einheimischen sich der ausgiebigen Zeitungslektüre hingeben, geht's über steile Gassen und Treppen durch die größtenteils zwangsläufig autofreie Altstadt. Am höchsten Punkt steht die Renaissance-Kirche *Madonna delle Lacrime*. Sie birgt ein Fresko von *Perugino* ("Anbetung der heiligen drei Könige").

Das 1993 gegründete **Trevi Flash Art Museum** O*f* C*o*N*t*E*m*P*o*R*a*R*y* A*r*T sollte nicht verpassen, wer sich für italienische Gegenwartskunst interessiert. Flash art war einer der zentralen Begriffe der 14. Biennale von Venedig, und so stand diese Kunstrichtung Pate bei der Eröffnung des Museums. Dokumentationen über Flash art findet man an der mit Computern hochgerüsteten Rezeption. Das Ausstellungsprogramm in den strahlend weißen Räumen weist auf eine professionelle Leitung des Unternehmens hin. Das Museum gibt ein eigenes Informationsblatt heraus und zusammen mit internationalen Museen auch Kataloge.
*Öffnungszeiten*: 11-13 Uhr und 14-18.30 Uhr, Montag geschlossen. Eintritt 3,50 DM.

▸ **Tempel von Clitunno**: Etwa 5 km südlich von Trevi, an der Straße nach Spoleto. Über das antike Tempelchen weiß man recht wenig. Möglicherweise stammt die Kultstätte aus dem 4. Jh. n. Chr., vielleicht ist sie aber auch ein paar hundert Jahre jünger. Von späterem christlichen Einfluß zeugen die ziemlich heruntergekommenen Fresken über dem Steinaltar.
*Öffnungszeiten*: Dienstag - Freitag 9-12 Uhr und 16-19 Uhr (Winter 15-18 Uhr), Sonntag 9-12 Uhr, Montag geschlossen.

▸ **Quelle von Clitunno** (*Fonti del Clitunno):* etwa 1 km südlich des Tempelchens, ebenfalls direkt an der Straße. Reisebusse pflegen hier eine Ruhepause einzulegen. In der Antike war die Quelle ein Heiligtum, heute ist ein kleines Biotop um den Teich entstanden. Einzig der unüberhörbare Verkehrslärm verhindert das Aufkommen romantischer Gefühle. Das klare Wasser fließt übrigens weiter in Richtung des antiken Tempelchens, betreibt dort eine Mühle und ergießt sich später wie alle umbrischen Gewässer in den Tiber.
*Öffnungszeiten*: täglich 9-12 Uhr und 14-17.30 Uhr; Eintritt: knapp über 1 DM.

*Der mächtige Viadukt Ponte delle Torri versorgt Spoleto schon seit 700 Jahren mit Wasser*

# Spoleto *(ca. 40.000 Einw.)*

Pures Mittelalter zeigt sich hier gepaart mit der netten Seite der Moderne - Kunstgalerien, Schnickschnack-Läden und, an Plätzen und Straßenecken, monströse Bronzeskulpturen. Jeden Sommer lockt das "Festival dei Due Mondi", das Festival der Zwei Welten, das gleichzeitig in Charleston, South Carolina, stattfindet, ins umbrische Spoleto. Vierzehn Tage lang genießen die Fans ein gigantisches Angebot von Theater, Musik und Tanz.

Hübsch breitet sich die mittelalterliche Stadt am Rande des breiten Valle Spoletana auf einem Hügelrücken aus, obenauf die alte Burg, die noch bis in die 80er Jahre als Gefängnis diente, zuletzt als Hochsicherheitsstrakt für Mitglieder der linksradikalen *Brigate Rosse*. Darunter gruppieren sich, aus düsterem schwarzgrauem Stein die Kirchen und Häuser der Altstadt. Zahlreiche steinerne Bogen überspannen die engen Treppengäßchen und stützen das uralte Gemäuer.

Spoleto wurde wie Assisi ca. 800 v. Chr. gegründet, 295 v. Chr. schloß man mit den Römern ein Bündnis. Nachdem 217 die römischen Truppen am Trasimenischen See von *Hannibal* vernichtend geschlagen worden waren (siehe Lago Trasimeno, Kasten), setzten die Spoletaner dem

## 598 Umbrien / Süd

Eindringling erbitterten Widerstand entgegen, der daraufhin versuchte, Rom von Süden her anzugreifen.
Im 12. Jh. wurde die Stadt, die traditionell papstfreundlich war, von *Friedrich Barbarossa* zerstört. Trotzdem hielt sie an ihrer Treue zum Vatikan fest und stand bis zur nationalen Einigung praktisch immer auf der Seite des Kirchenstaates.
Heute treffen sich in Spoleto alljährlich Historiker aus dem ganzen Kontinent, um die europäische Geschichte des Mittelalters zu erforchen; ohne die Scheuklappen der traditionellen, national borniertenen Geschichtsschreibung soll mit Hilfe intensiver Quellenstudien ein neues, objektiveres Geschichtsbild entwickelt werden.

- *Telefonvorwahl*: 0743
- *Information*: **A.P.T.-Büro**, Piazza della Libertà 7. Hier werden auch die künstlerisch wertvollen Festivalposters angeboten (ca. 35-50 DM). Geöffnet Montag-Freitag 9-13 Uhr und 16.30-19.30 Uhr; Samstag/Sonntag 10-13 Uhr und 16.30-19.30 Uhr. Tel. 49890.
- *Verbindung*: **Bahn**, Spoleto liegt an der häufig befahrenen Strecke Rom - Ancona, auch Züge nach Perugia (ca. 10mal tägl.). Ein halbes Dutzend Züge nach Orvieto (Umsteigen in Orte).
**Busse** nach Assisi und Perugia.
- *Parken*: In der Altstadt gebührenpflichtig, sofern man überhaupt einen Platz findet. Hotels geben ihren Kunden eine Berechtigung, gültig für eine bestimmte Zone.

## *Ü*bernachten/*C*amping

\*\*\* **Charleston (1)**, Piazza Collicola 10. DZ 80-110 DM. Kleine, gepflegte Zimmer mit Mini-Bar und TV. Die hoteleigene Sauna kostet extra und wird auch von hotelfremden Gästen benutzt. Parkmöglichkeit am kleinen Platz davor. Tel. 220052.

\*\*\* **Nuovo Hotel Clitunno (2)**, Piazza Sordini 6. Zimmer mit Bad gleich teuer wie im Charleston, ohne ca. 20 DM billiger. Renovierter Bau in ebenfalls sehr zentraler Altstadtlage. Von einigen, im rückwärtigen Teil des Gebäudes gelegenen Zimmern hübscher Ausblick. Tel. 223340.

\*\*\* **Parco Ipost (10)**, ca. 8 km vom Zentrum entfernt auf dem Monteluco di Spoleto. DZ ca. 100 DM. Ruhige Lage, Blick ins Tal nur vom obersten der vier Stockwerke. Eigene Pferde zum Ausreiten. Tel. 223441.

\*\* **Aurora (3)**, Via Apollinare 3 (praktisch gegenüber dem Tourismus-Büro). DZ mit Bad ca. 85 DM. Modern eingerichtet, im Flur Dauerausstellung mit Festivalplakaten. Kleiner eigener Parkplatz direkt vor dem Eingang. Tel. 220315.

\*\* **Dell'Angelo (5)**, Via Arco di Druso 25, in der Nähe des Marktes. DZ mit Bad ca. 85 DM. Tel. 222385.

\*\* **Anfiteatro (8)**, Via dell'Anfiteatro 14. DZ mit Bad ca. 75 DM, ohne ca. 55 DM. Tel. 49853.

**Camping Monteluco (9)**, gleich hinter der Kirche S. Pietro. Tolle Lage, terrassenförmig am Hang, viel Schatten. Neben dem Platz eine Pizzeria. Nur 35 Stellplätze! Geöffnet April - September. Tel. 220358.

**Camping Il Girasole**, ca. 10 km nördlich, bei Petrognano di Spoleto (Richtung Castel Ritaldi). 70 Stellplätze. Geöffnet April - September. Tel. 51335.

- *Agriturismo*: **Azienda Bartoli**, von Spoleto schmales Serpentinensträßchen Richtung Monteluco di Spoleto (8 km). Von dort etwa weitere 6 km Schotterpiste (ausgeschildert). Pro Nacht und Person ca. 35 DM. In über 1000 m Höhe und völlig abgelegen in der Einsamkeit der umbrischen Bergwelt. Die Familie Bartoli bewirtschaftet der ca. 60 ha großen Bergbauernhof extensiv mit Milchschafen zur Käsegewinnung und einigen Kühen. Vermietet werden 6 renovierte Zimmer mit eigenem Bad. Schöner Ausblick. Tel. 220058.

## Spoleto

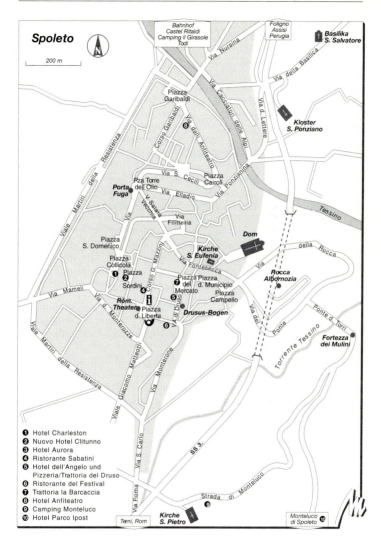

❶ Hotel Charleston
❷ Nuovo Hotel Clitunno
❸ Hotel Aurora
❹ Ristorante Sabatini
❺ Hotel dell'Angelo und Pizzeria/Trattoria del Druso
❻ Ristorante del Festival
❼ Trattoria la Barcaccia
❽ Hotel Anfiteatro
❾ Camping Monteluco
❿ Hotel Parco Ipost

*Essen*

Viele Altstadtrestaurants bieten ein Menu turistico an, gelegentlich inklusive ein Viertel Wein, gelegentlich Servizio compreso, gelegentlich auch nicht. Langes Rechnen lohnt nicht, in der Regel kommt man summa sumarum auf ca. 20 DM. Kaffee und Grappa natürlich extra.

*Hauptfassade und Campanile des romanischen Doms Santa Maria Assunta*

**Ristorante Sabatini (4)**, Corso Mazzini 56. Fürs große Portemonnaie. Dezente Atmosphäre. Montag geschlossen.

**Trattoria La Barcaccia (7)**, Piazza Fratelli Bandiera (hinter der Piazza del Mercato). Preislich etwas über dem Durschnitt, dafür in wunderbar ruhiger Lage. Geräumiger Speisesaal, dekoriert mit Festival-Plakaten, und eine hübsche, überdachte Terrasse. Spoletanische Spezialitäten à la carte. Dienstag geschl.

**Ristorante del Festival (6)**, Via Brignone 8 (oberhalb der Piazza della Libertà). Menü ca. 20 DM, Pizze oder à la carte. Angenehmes Lokal und freundliches Personal, so daß man ohne weiteres einen ganzen Abend verbringen kann. Freitag geschl.

**Pizzeria/Trattoria Al Druso (5)**, Via Arco di Druso 25 (beim Drususbogen, im Erdgeschoß des Hotel dell'Angelo). Menus für ca. 20 DM. Montag geschl.

## Sehenswertes

▶ **Altstadt:** Gleich neben der zentralen *Piazza della Libertà* befindet sich das *Römische Theater*, das beim "Festival dei Due Mondi" für Theateraufführungen und Konzerte genutzt wird. Etwas oberhalb der Piazza, in der *Via Arco di Druso*, präsentieren sich Bauten aus den vergangenen zwei Jahrtausenden: Auf den noch sichtbaren Grundmauern eines heidnischen Tempels (2. Jh. v. Chr.) ruht die Kirche *Sant' Ansano* mit der freskengeschmückten *Krypta Sant' Isacco*. Der mächtige *römische Triumphbogen*, der an dieser Stelle die Straße überspannt, wurde im Jahre 23 zum Gedenken an die beiden Konsuln *Drusus* und *Germanicus* errichtet. Beide waren Söhne des Kaisers *Tiberius* und kämpften siegreich gegen die Germanen am Rhein.

Unweit davon findet man die *Piazza del Mercato* mit einem auffallend schönen Brunnen aus dem 18. Jh. - das pulsierende Herz des Centro storico.

Am Ende des *Corso G. Mazzini* führt ein Sträßchen in den unteren Teil der Stadt, durch die *Porta Fuga* mit dem *Torre dell'Olio* (beide aus dem 13. Jh.), letzterer überragt vom *Palazzo dei Vigili*, zum *Corso Garibaldi*, der Hauptgeschäftsader Spoletos - ein schöner Spaziergang für den Flaneur ohne feste Absichten.

▶ **Dom** *(Santa Maria Assunta):* Der weitläufige Vorplatz war der politische Versammlungsort der Gemeinde. Daß in Umbrien eine "pluralistische" Meinungsbildung bereits im Mittelalter öffentlich gepflegt wurde, zeigen die zu beiden Seiten der Kirchenfassade angeordneten Kanzeln - pro und contra. Auf der einen Seite stand der regierende Podestà (Bürgermeister), auf der anderen Kanzel die Opposition. Und eine Inschrift in einer der Fenstereinfassungen vermeldet bedauernd: "Die ganze Welt ist ein großes Babylon".

Der romanische Kirchenbau wurde im 12. Jh. begonnen. Für die Vorhalle und den Turm wurden zahlreiche römische Steinquader verwendet. Dann waren die Geldmittel ausgegangen, erst wesentlich später wurde der obere Teil im gotischen Stil angebaut.

Das Innere "modernisierte" man 1640 in üppigem Barock. Vor allem die beiden Seitenkapellen der Apsis legen davon Zeugnis ab. Aus alter Zeit geblieben ist ein hübscher Mosaikfußboden (vermutlich aus alten römischen Villen gerettet bzw. gestohlen) sowie - heute hinter Sicherheitsglas - ein restauriertes Holzkreuz aus dem 12. Jh. in kräftigen Farbtönen. In der Kapelle gegenüber ist ein Fresko von *Pinturicchio* (Maria mit Kind, Johannes der Täufer, Lorenzo) zu sehen. An sie schließt sich eine weitere Kapelle an, komplett mit Fresken ausgeschmückt und separatem Ausgang zum Portikus.

▶ **Kirche San Eufemia:** Knapp oberhalb des Doms, der früheren Bischofsresidenz zugehörig, findet sich diese kleine romanische Kirche aus dem 12. Jh. mit dreiteiliger Apsis. Interessant ist die seltene zweigeschoßige Architektur, der obere Arkadengang war den Frauen reserviert. Mehrere Säulen aus römischer Zeit sind in den Bau integriert. Die beiden Fresken an den Säulen vorne rechts stammen vermutlich aus dem 15. Jh.

▶ **Kloster San Ponziano:** Ponzianus, der Stadtheilige von Spoleto, wurde im Jahr 175 enthauptet; der kopflose Körper des Märtyrers ruht im holländischen Utrecht. Das nach ihm benannte Kloster ist ein ziemlich verwitterter Komplex, bestehend aus Kirche (12. Jh.), Augustinermonasterium (in dem noch 18 Mönche wohnen) und ein paar Häusern. Die Kirche ist - wenn nicht gerade Messe gefeiert wird - meist geschlossen. Es lohnt sich jedoch, im Haus links davon nach dem Schlüssel zu fragen oder das Angebot der möglicherweise herbeieilenden Führung anzunehmen.

Interessant ist nicht die barocke Kirchenausstattung, sondern vielmehr die Krypta: ein Gewölbe mit korinthischen Säulen sowie zwei kegelförmig zulaufenden Spitzsäulen aus grünem Marmor und zahlreichen Fresken aus dem 13.-15. Jh., die allerdings der Restaurierung bedürfen.

▶ **Basilika San Salvatore:** Von verschiedenen Kunsthistorikern nicht unwidersprochen, zählt dieser Bau zu den ältesten Kirchen Umbriens und steht als architektonisches Vorbild später entstandener Gotteshäuser. Kaiser *Konstantin* ließ 313 die Basilika errichten, als Baumaterial wurden die Steinquader römischer Sommerhäuser benutzt; später kamen syrische Mönche und vollendeten den Bau. Eine kurze, schnurgerade Allee mit alten Steineichen auf der einen Seite (sie wurden im Jahre 1225 gepflanzt!) führt am Friedhof entlang zur kleinen Basilika.

Die Fassade: Oben, in den beiden Dreiecken, gewahrt man das Kreuz, das als Initiale "C" für Constantin interpretiert worden ist. Das mittlere Fenster ist ein Kreisbogen mit einer für Europa einmaligen Ornamentik - anscheinend ein Werk der syrischen Mönche.

Das Innere macht einen äußerst kahlen Eindruck. Die Säulen - im ionischen und korinthischen Stil - stammen allesamt aus römischen Villen. Die Fresken in der Apsis datieren aus der Zeit vor dem 14. Jh.

▶ **Rocca Albornoziana:** Die mittelalterliche Burganlage auf dem höchsten Punkt der Stadt. Im 14. Jh. eine wichtige Bastion der im Exil von Avignon residierenden Päpste, fand sie bis in die jüngste Zeit als Gefängnis Verwendung, in einem Hochsicherheitstrakt waren sowohl Mitglieder der Brigate Rosse als auch Mafiosi eingekerkert.

Nach mehrjährigen Renovierungsarbeiten wurde die Anlage 1992 als historisches Monument der Öffentlichkeit zugänglich gemacht, war aber 1994 wegen weiterer Renovierungsarbeiten schon wieder geschlossen.

▶ **Ponte delle Torri:** Dieser mächtige Viadukt, der westlich der Altstadt das üppig-grüne Tessino-Tal überspannt, wurde von Goethe als "das zweite Werk der Menschheit" gepriesen. Der Bau der 230 m langen und 80 m hohen Brücke wurde im Jahre 1250 begonnen und erst ein Jahrhundert später beendet. Zu ihrem Namen kam die "Brücke der Türme" aufgrund der mittleren drei Pfeiler, die nicht massiv gemauert, sondern mit Räumen für die Stadtwache ausgestattet wurden. Auf der anderen Seite des Viadukts steht die **Fortezza dei Mulini** - Verteidigungsturm und Mühle zugleich. Das Wasser brachte mittels zweier mächtiger Rückhaltebecken das Mühlrad in Schwung und wurde anschließend in die Stadt geleitet.

---

### Die heiligen Wälder des Monteluco

Der üppig-grüne, dicht mit Steineichen besetzte und trüffelverdächtige Hügel oberhalb der Mühle galt den "Heiden" als heilig. Hier fand man den Gesetzesstein der *Lex Spoletina mit einer Inschrift aus dem 3. Jh.: "Es ist verboten, Holz zu schlagen. Ohne Schaden anzurichten, darf nur am Feiertag des Zeus geschlagen werden. Wer mit Absicht Schaden*

> *anrichtet, muß dem Gott einen Ochsen opfern und dem Rektor der Stadt 300 Sesterzen zahlen".* Der Stein ist im Stadtmuseum zu besichtigen.

▶ **Kirche S. Pietro**: spätromanisches Juwel aus dem 13. Jh. mit einem phantasiereichen Reliefdekor an der Fassade. Man findet die Kirche am Fuß des Berges S. Giuliano, am Ortsende Richtung Terni.

Einige Details der berühmten Fassade: oben links das Jüngste Gericht - der heilige Petrus schlägt dem Teufel, der betrügerisch versucht, die Seelenwaage zu seinen Gunsten zu manipulieren, den Himmelsschlüssel auf den Kopf. Unten links macht sich ein Löwe daran, einen Soldaten zu verspeisen. In der Mitte rechts stellt sich ein schlauer Fuchs tot und lockt so zwei Raben an. Auf der rechten Hälfte sind einige Szenen aus dem Neuen Testament dargestellt. Die Motive sind oft schwierig zu deuten, nur einige Symbole wie der Löwe (Gott oder das Volk Juda), Drache und Schlange (Symbol der Sünde), Soldat (Elend und Übermacht) geben Anhaltspunkte zur Interpretation.

Das Innere der Kirche ist in der Regel nicht zugänglich. Am ehesten noch an Sonntagen, wenn Hochzeitsfeiern veranstaltet werden, hat man eine Chance. Doch im Vergleich mit der großartigen Fassade ist die größtenteils barocke Ausstattung wenig interessant; auch die kümmerlichen Freskenreste vermögen nicht zu überzeugen.

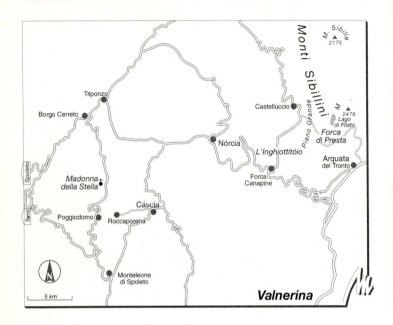

# Das Valnerina

Von Spoleto aus gelangt man auf der kurvenreichen, landschaftlich abwechslungsvollen SS 395 in das wildromantische Nera-Tal. Von der Nera stammt der Name "Valnerina" ab, mit dem heute der Südostzipfel Umbriens mit Cáscia und Nórcia als einzige größere Orten bezeichnet wird.

Der Fluß entspringt dem gewaltigen Gebirgsmassiv der Sibillinischen Berge im Nordosten und hat einige Nebentäler, so daß man mit dem eigenen Fahrzeug das Valnerina auf verschiedenen Routen erforschen kann. Große Teile des Valnerina gehören zum seit längerem geplanten Naturpark *Coscerno-Aspra*, dessen Realisierung aber auch 1994 auf sich warten ließ.

## Monteleone di Spoleto

Auf einem der zahlreichen Hügel, ca. 35 km südöstlich von Spoleto, erhebt sich der "Löwenberg" mit seinen 700 Einwohnern.

Die Bevölkerung ist überaltert, bzw. die Entvölkerung schreitet voran.

Die Jungen hält kaum etwas an diesem abgeschiedenen Ort, Arbeitsplätze sind rar. Und bei den paar sonntäglichen Ausflüglern, läßt sich nicht einmal eine Bar eröffnen, geschweige denn ein Hotel.

Ein kurzer Spaziergang durch den freundlichen, mittelalterlichen Ort: durch die *Porta Spoletone* hoch zum *Torre dell'Orologio e Mercato* (14. Jh.) und weiter zur *Kirche San Francesco*. Letztere hat ein hübsch verziertes gotisches Steinportal, im Inneren sind einige Fresken aus dem 14. Jh. zu sehen.

1902 entdeckte ein Bauer unter den Grundmauern seines Hauses eine *Biga* (zweispänniger antiker Triumphwagen), die in das 8. Jh. v. Chr. datiert wird. Ohne zu wissen, welchen Schatz er da gehoben hatte, überließ er die Biga zu einem Spottpreis einem florentinischen Antiquitätenhändler. Dieser hatte mehr Ahnung von der Beziehung zwischen Kunst und Kommerz und verkaufte das Objekt mit viel Gewinn weiter an das New Yorker Metropolitan Museum. Dort steht die Biga von Monteleone noch heute.

Doch brauchen Sie nicht nach Amerika zu fliegen, um die Biga zu sehen - vorausgesetzt, Sie nehmen vorlieb mit einer originalgetreuen Kopie. Sie steht in der Kirche *San Gilberto* (unterhalb der Franziskanerkirche) und ist so schön wie das Original: mit Metallplättchen versehen und reich mit Reliefs aus der griechischen Mythologie verziert, die Naben enden in Löwenköpfen.

Eine kleine Dokumentation über den sensationellen Fund sowie über prähistorische und etruskische Ausgrabungen in der unmittelbaren Umgebung umrahmen die mitten im Kirchenschiff stehende Biga.

*Öffnungszeiten*: Juli/August. In den anderen 10 Monaten in der Bar unterhalb des Uhrturms nach dem Besitzer des Schlüssels fragen.

*Übernachten*: Im Dorf werden einige Zimmer vermietet. Auch hier weiß der freundliche Besitzer in der Bar unterhalb des Uhrturms zu helfen.

## Madonna della Stella

In der Einsiedelei Madonna della Stella, in der noch bis 1953 franziskanische Eremiten lebten, findet man Fresken aus der Gründerzeit des Benediktinerordens. Der heilige *Benedikt* wurde 480 n. Chr. in Nórcia geboren, lebte später in Rom und flüchtete dann von dort zurück in die Nähe seiner Heimatstadt, wo er in einer Höhle 35 Jahre lang ein Einsiedlerleben führte. Er starb 543.

Im Jahr 529 gründete er mit Madonna della Stella das erste "Benediktinerkloster". Gemäß dem Leitspruch seines *Ordens Ora et labora* waren die Benediktinermönche die ersten, die geistliches und weltliches Leben verbanden. Ihrer Arbeit verdankt man u. a. die Kultivierung des Valnerina. Sie erfanden das System der *Marcita:* Der Boden wird mit Hilfe von unterirdisch verlaufenden Bewässerungsadern das ganze Jahr feucht und fruchtbar gehalten, was bis zu sechs Grasschnitte pro Jahr erlaubt. Im Winter wird die letzte Ernte stehengelassen, so daß das Heu verfault *(marcire* = verfaulen) und zu Humus wird. Die durch die Marcita fast immer grünen saftigen Felder findet man nur in der Gegend um Nórcia und in der Lombardei.

*Anfahrt:* von Monteleone di Spoleto auf einer kleinen Straße nach Norden in Richtung Borgo Cerreto; ca. 6 km nach dem Örtchen Poggiodomo führt links eine Schotterstraße (knapp 2 km) zur Einsiedelei.

# Cáscia

Einst römische Befestigung und im Mittelalter selbständige Republik mit eigener Münzprägung, steht Cáscia heute im Zeichen der Heiligen Rita. In puncto Pilgerscharen ist Cáscia nach Assisi die Nummer Zwei in Umbrien. Im Unterschied zur Franziskus-Stadt gibt es jedoch hier weder ein mittelalterliches Stadtbild noch nennenswerte kunsthistorische Sehenswürdigkeiten.

Im Zentrum steht die Basilika zu Ehren der Stadtheiligen, ein Bau aus den Jahren 1937-47, dessen geschmacklose Mischung aus faschistischer Architektur und klassizistischen Elementen die Pilger nicht zu stören scheint. Numerierte Großparkplätze, etliche mehrsternige Hotels, Souvenirläden mit unzähligen Miniatur-Ritas - wer nicht der Schutzpatronin der Hausfrauen wegen hierhergekommen ist, fühlt sich rasch fehl am Platz.

### Rita – Schutzpatronin der Hausfrauen

Geboren wurde Rita 1381 im oberhalb von Cáscia gelegenen Ort *Roccaporena*. Mit 15 Jahren zwangsverheiratet, machte sie die Hölle auf Erden durch: der Mann ein Rohling und Alkoholiker, ihre Söhne verschwendungssüchtige Taugenichtse. Der Mann fiel einem Mord zum Opfer, nachdem er kurz zuvor angeblich seinen Lebenswandel bitter bereut hatte und trocken geworden war. Bald darauf - wohl als Folge einer Blutrache - ereilte die Söhne dasselbe Schicksal.

Die vom Unglück geschlagene Witwe suchte ihren Schmerz im Gebet zu lindern und erreichte die Aufnahme in das Augustinerkloster von Cáscia, in dem sie den Rest ihres Lebens verbrachte. Im Jahr 1442 fiel ihr während des Karfreitagsgebets ein Dorn aus dem Kranz des Erlösers auf die Stirn - eine etwas ungewöhnliche Form der Stigmatisierung. Schon bald nach ihrem Tod im Jahre 1457 wuchs sich Ritas

Ansehen beim Volk zur Verehrung aus. Die päpstlichen Instanzen ließen bis 1628 mit der Seligsprechung auf sich warten, am 24. Mai 1900 erfolgte schließlich - nicht zuletzt auf Druck der pilgernden Öffentlichkeit - die Heiligsprechung.

Jährlich am 21./22. Mai werden Feierlichkeiten zu Ehren der Heiligen Rita abgehalten, die ihres ehelichen Martyriums wegen zur Schutzheiligen der Hausfrauen geworden ist.

- *Telefonvorwahl*: 0743
- *Information*: **A.P.T.-Büro**, Piazza Garibaldi 1 (Ortszentrum, unterhalb der Basilika). Geöffnet täglich von 8-13 Uhr und 15-19 Uhr. Tel. 71147.
- *Verbindung*: Busse nach Nórcia, Monteleone und Roccaporena.
- *Übernachten*: ** **Centrale**, Piazza Garibaldi 16, DZ ca. 75 DM. Das Hotel liegt wie es heißt und ist im Gegensatz zu den Kästen am Ortsrand für die Busladungen von Pilgern zu klein. Tel. 76736.

## Sehenswertes

**Basilica di Santa Rita**: Sehenswert ist der in der Mussolini-Zeit begonnene und 1947 vollendete zweigeschossige Monumentalbau nur für Pilger und für jene, die eine unstillbare Neugier auf eine Mischung aus faschistischer Architektur, moderner Kirchenmalerei, Kitsch und Kult haben.

In der in byzantinischer Kreuzform konzipierten Oberkirche wird gezeigt, wozu moderne Freskenmalerei imstande ist. Im linken Flügel - für die Pilger auf Distanz gehalten - Santa Rita.

In der Unterkirche mit ihrer kalten, marmornen Nüchternheit wird ein sog. Eucharistie-Wunder verehrt, wie es in der katholischen Kirchengeschichte häufiger vorkommt. Die Geschichte soll sich zu Beginn des 14. Jh. zugetragen haben: Ein Landpfarrer wird an ein Krankenlager gerufen. Er steckt eine Hostie in seine Bibel und zieht los. Beim Kranken angekommen, öffnet er die Bibel - die Hostie ist blutdurchtränkt. Der Landpfarrer überreicht den Corpus Christi dem Augustinermönch *Beato Simone*, der ihn nach Cáscia bringt. Die blutige Hostie ist ausgestellt, ganz im Geschmack der Örtlichkeit bzw. im geschmacklosen Glanz einer Edelboutique.

# Nórcia

Im Schutz der Sibillinischen Berge und eingebettet in eine weite Hochebene liegt Nórcia, eine Stadt uralten Ursprungs (1500 v. Chr.), deren historisches Zentrum von einer noch rundum intakten Stadtmauer umfaßt wird.

In der Bergwelt von Nórcia kursieren noch viele mündlich überlieferte

# 608 Umbrien / Süd

*Den Liebhabern deftiger Hausmannskost haben Nórcias Spezialitätengeschäfte einiges zu bieten, z. B. Coglioni di mulo*

Hexengeschichten, mit denen die Bevölkerung verhaftet ist, genauso, wie sie ihren heiligen Benedikt verehrt. Dieser verbrachte hier seine Jugend und begründete später das abendländische Mönchstum. Er ist der Schutzpatron von Nórcia.

Nichtsdestoweniger wurde Nórcia immer wieder von Erdbeben heimgesucht. Das letzte schwere Beben 1979 beschädigte fast alle Häuser; noch heute leben Menschen in sogenannten *case prefabricate*, provisorischen Fertighäusern.

● *Telefonvorwahl*: 0743
● *Verbindung*: **Busse** nach Cáscia, Castelluccio, Terni, Roma, Perugia, Spoleto, Foligno, S. Maria degli Angeli (Assisi).
● *Übernachten*: \*\*\* **Della Posta**, Via Cesare Battisti 12 (Nähe Castellino), DZ ca. 110 DM, in der Nebensaison billiger. Beim eisernen Ritter, der das Portal bewacht, ahnt man noch nichts von der Größe des Hauses. Dieses zieht sich über mehrere Speisesäle nach hinten. Das Hotel wird seit 4 Generationen von derselben Familie geführt. Kommoden, Sessel, Schränke und gelegentlich auch die Betten sind gepflegte Antiquitäten. Der Besitzer beweist Geschmack. Wenn schon eine 3-Sterne-Unterkunft, dann diese. Tel. 817434.
\*\* **Da Benito**, Via Marconi 4 (zentrale Lage), DZ mit Bad ca. 75 DM. Tel. 816670.
\* **Monastero S. Antonio**, Via delle Vergini 13 (zwischen Porta S. Giovanni und Porta Palatina), DZ mit Bad ca. 60 DM. Tel. 816520.

## *Essen/Trinken*

In dieser abgelegenen Ecke Umbriens lernt man die traditionelle Küche von ihrer besten Seite kennen. Eines der berühmtesten Gerichte sind die *Lenticchie di Castelluccio*. Die kleinen grünen Linsen werden in einer Höhe von 1400 m angebaut; kurze Garzeit, viel Geschmack und frei von chemischen Rückständen, denn diese Linsenart wird von keinem Schädling befallen.
Bekanntlich kommen auch die besten Würste aus Nórcia (große Schweinezucht). Die kurzen, feisten *Norcini* werden in einem speziellen Pökel- und Räucherverfahren hergestellt. *Norcineria* nennen sich denn auch die Wurstwarenläden in ganz Mittelitalien. Dazu frische Forellen aus dem Sordo-Fluß und aus den Wäldern die edlen schwarzen Trüffeln. Frischgeerntet (Januar/Februar) kostet ein Kilo ca. 1.000 DM!
Jährlich am letzten Wochenende im Februar findet eine Verkaufsmesse der

schwarzen Trüffel (aber auch anderer typischen Produkte der Umgebung) statt.

**Trattoria Dal Francese**, Via Riguardati 16 (zwischen Palazzo Comunale und Basilica di S. Benedetto hoch). Feinschmeckerlokal mit Empfehlungen von Veronelli (1994), von Pirelli (1994), vom Autor (1994) sowie von einer freundlichen Leserin (auch 1994). Ausgesuchte Trüffelgerichte.

**Ristorante Posta**, im gleichnamigen Hotel (siehe oben). Hier bekommt man wundervolle Trüffelgerichte und andere Spezialitäten vorgesetzt. Als Vorspeise empfehlen wir "Pasta e lenticchie", als Hauptgang lockt - allerdings teuer! - eine "Piccata al tartufo". Für Feinschmecker ohne Geldsorgen.

**Taverna II Focolare dal Boscaiolo**, Via Bandiera 9 (Nähe Piazza Veneto). Focolore heißt der häusliche Herd, und so ist es: einfache Hausmannskost.

**Birreria/Paninoteca Sturm und Drang**, Corso Sertorio 32. Hinter den gotischen Schriftzügen stürmt und drängt nichts. Und wenn Sie meinen, daß man hier die Sprache Goethes versteht, liegen Sie auch daneben.

## Sehenswertes

**Piazza San Benedetto:** Der kreisrunde Platz mit dem Standbild des Stadtheiligen ist das Zentrum Nórcias. Auf der einen Seite steht *La Castellina*, ein schmuckes, quadratisches Kastellchen mit vorspringenden Ecktürmen, dessen Eingang von zwei freundlich blickenden Löwen bewacht wird. Es stammt aus dem 16. Jh. und soll dereinst als lokalhistorisches Museum Verwendung finden.

Nicht minder freundlich gesonnen scheinen die beiden Löwen, die auf der anderen Seite der Piazza auf den *Palazzo Comunale* (13. Jh., mehrfach umgebaut und kürzlich restauriert) mit seiner hübschen Freitreppe aufpassen.

Gleich daneben steht Nórcias touristische Attraktion Nummer Eins, die *Basilica di San Benedetto*, an sie anschließend der *Palazzo Vescovile*.

**Basilica di San Benedetto:** Die Kirche stammt aus dem 14. Jh., wurde aber seither mehrere Male umgebaut. Sehenswert ist vor allem die gotische Fassade. Links und rechts über dem Portal in zwei Nischen der heilige Benedikt sowie seine ebenfalls heiliggesprochene Zwillingsschwester *Scholastica*; über dem Portal eine feingearbeitete Rosette, umrahmt von den Symbolen der vier Evangelisten.

Im Innern lohnt die *Unterkirche* einen Besuch. An dieser Stelle wurden 480 die heiligen Zwillinge geboren, und ihnen zu Ehren errichtete man hier im 6. Jh. - auf römischen Fundamenten aus dem 1. Jh. n. Chr. - eine kleine Kapelle. Im 14. Jh. führte der Bau der Oberkirche zur teilweisen Zerstörung der kleinen Anlage. Die noch vorhandenen Fresken werden derzeit einer Restaurierung unterzogen.

# Hochebene um Castelluccio

Über eine steile Bergstraße erreicht man dieses wunderschöne 30 qkm große Wiesen-Plateau, umrahmt von den Sibillinen mit ihren 72 Berggipfeln. Mit über 2500 m Höhe ist dies nach dem Gran Sasso-Maiella das höchste Gebirge des Apennins.

Der riesige weiße Fleck auf der Landkarte unterteilt sich in das sogenannte *Piano Grande*, das *Piano Piccolo* und das *Piano Perduto* - sie bildeten in der letzten Eiszeit einen einzigen See, der später austrocknete.

Im Südosten erstreckt sich quer durch die Hochebene der sumpfige **Fosse di Mergari** - eine Erdspalte von 2½ km Länge, 30 m Breite und 10 m Tiefe. Hier sammeln sich im Frühjahr die Wassermengen und verschwinden in einem trichterförmigen Abflußloch (*Inghiottitoio*), etwa auf halber Strecke zwischen Castelluccio und Forca Canapine von der Straße aus sehr gut sichtbar. Speläologen drangen durch den Eingang des Abflußsystems, da darunter eine Höhle vermutet wurde. Erfolglose Suche! Wasserfärbungen ergaben jedoch, daß das verschwundene Wasser bei Nórcia wieder zum Vorschein kommt.

In der Nähe des Fosso di Mergari zeichnen sich in der Vegetation seltsame konzentrische Kreise ab. Dort im Morast wächst *Carex Buxbaumii* - eine Pflanze, die vor kaum 10 Jahren entdeckt wurde und ein Relikt aus der letzten Eiszeit ist.

▸ **Wanderungen und Bergtouren:** Wer Lust auf lange Wanderungen hat, findet in der Umgebung von Castelluccio Möglichkeiten zur Genüge. Über die ganze Bergkette verteilt gibt es *Rifugi*, allerdings in unterschiedlich gutem Zustand. Möglichkeiten für Touren von drei bis vier Tagen.

- *Information*: Im **Rifugio di Forca di Presta** (bewirtschaftetes "Basislager") oder direkt beim **CAI** in Perugia (Kontaktperson: Francesco Porzi, Via della Gabbia 9, 00100 Perugia, Tel. 075/41106).
- *Berg- und Wanderführer*: "Monti Sibillini" von M. Calbani, Alberico Alesi beim CAI Ascoli Piceno. Umfangreich und informativ - nur in italienischer Sprache erhältlich.
- *Wanderkarten*: **Monte Vettore**, Carta dei Sentieri, Maßstab 1:25000. Nur zur Orientierung! - Die Nummern der auf der Karte verzeichneten Routen stimmen nur noch teilweise mit den tatsächlichen überein. Francesco Porzi (CAI Perugia) ist mit vollem Eifer dabei, in seiner Freizeit die Wege auf umbrischer Seite neu zu markieren und zu numerieren. Wenn die Verantwortlichen der Region Marken nicht mitziehen, so meinte er, wird er eben auch die märkische Seite ablaufen.

**Kompaß Karte (Nr. 666)**, Monti Sibillini, Maßstab 1:50000. Beim Kauf der Karte darauf achten, daß ein Zusatzblatt mit dem aktuellen Stand der Neu-Markierungen beigefügt ist.

## Castelluccio

**Am nördlichsten Punkt des Piano Grande erhebt sich auf einem Berghügel das romantisch-rauhe Castelluccio.**

Es ist vielleicht das höchste und unzugänglichste Dorf im Apennin mit endlos langen Wintern, die von November bis März dauern. Nicht selten werden die Bewohner von Schneestürmen eingeschneit und von der Außenwelt abgeschnitten.

Im Juni jedoch verwandeln die berühmten violetten Linsenblüten an den Berghängen und die blühenden Wiesen die Hochebene in ein Blumenmeer. Aus diesem Grund findet jedes Jahr in Castelluccio am 2. Sonntag im Juni das Fest der *Fiorita* statt, eines der schönsten traditionellen Feste Umbriens. Die Häuser werden geschmückt und auf den Hausmauern die schriftlich festgehaltenen "Untaten" einzelner Dorfbewohner von den Blumen überdeckt.

---

### Verhexte Gegend

Die vielen Sagen und Legenden von Zauberfrauen, Hexen und Dämoninnen, die um die Sibillinen und das Valnerina kreisen, werden heute noch von den alten Schäfern überliefert, damit sie nicht in Vergessenheit geraten.

Da ist einmal der Lago di Pilato am Monte Vettore (2.478 m), in dem angeblich der Leichnam *Pontius Pilatus'* versenkt wurde. Am Ufer des kleinen Sees ließen die Zauberinnen ihre Becher weihen.

In der Nähe des "Monte Sibilla" gibt es außerdem auf 2.200 m Höhe eine Grotte, in die die Zauberin Sybilla verbannt wurde, weil sie gotteslästerlich dagegen protestierte, daß sie nicht zur Mutter Gottes ernannt worden war. 1843 inspirierte diese Grotte den Komponisten *Richard Wagner* für seinen Venusberg im Tannhäuser.

---

Ende Juni ist auch die Zeit für die Hirten und Schafe, ihre Winterquartiere zu verlassen und auf langen Wegen über die Berge ihre Lagerplätze auf dem Piano Grande und Piano Piccolo zu erreichen.

- *Drachenfliegen*: Castelluccio ist ein beliebtes Ziel für Drachenflieger. Informationen und Sitz der Drachenflugschule: **Hotel Canapine** in Forca Canapine (siehe unten).
- *Übernachten/Essen*: **\*\* Sibilla**, Via Pianogrande 2, DZ mit Bad ca. 80 DM. Einzige Möglichkeit in Castelluccio. Mit Restaurant und Bar. 0743/870113.

    **\*\* Canapine**, in Forca Canapine (11 km südlich von Castelluccio), DZ mit Bad ca. 85 DM. Tel. 0743/816508.

    **Rifugio Forca di Presta,** an der Südostseite der Hochebene, bewirtschaftete Berghütte. Tel. 0736/99278.

# Terni *(ca. 120.000 Einw.)*

Zwar ist Terni nach Perugia die zweitgrößte Stadt Umbriens, doch große Sehenswürdigkeiten findet man hier nicht. Ganz gleich, von welcher Seite man sich der Stadt nähert: Industrieanlagen und Wohnsiedlungen bestimmen das Bild schon bei der Einfahrt.

Bereits im 19. Jh. wurde die Stadt planmäßig industrialisiert. Eisen- und Stahlproduktion sollten in Umbrien Arbeitsplätze schaffen. Im 20. Jh. wuchs sich Terni zu einer der größten Rüstungsschmieden Italiens aus und war deshalb im 2. Weltkrieg eines der vorrangigsten Ziele der alliierten Bombardements. Von August 1943 bis Juni 1944 wurden über 100 Angriffe geflogen - mit dem Resultat, daß nicht nur militärische und zivile Produktionsanlagen ausgeschaltet wurden, sondern auch die historische Bausubstanz draufging.

Die weitgehende Zerstörung der Produktionsanlagen begünstigte in gewisser Weise den wirtschaftlichen Neuanfang, und so findet man anstelle eines italienischen Manchester aus dem 19. Jh. heute eine moderne Industriestadt vor. Einige Industriebauten, die die alliierten Angriffe überstanden haben, sind vielleicht für den von Interesse, der das Zeitalter der industriellen Revolution unter musealen Aspekten zu würdigen weiß. Die zerbombten Palazzi im Zentrum hingegen wurden größtenteils durch Neubauten ersetzt, denen wohl niemand etwas abgewinnen kann.

- *Telefonvorwahl*: 0744
- *Information*: **A.P.T.-Büro**, Viale Cesare Battisti 5 (vom Bahnhof Richtung Zentrum bis zur Piazza Tacito, dann rechts). Geöffnet Montag - Samstag 9-13 Uhr und 14-17 Uhr. Tel. 423047.
- *Verbindungen*: Hervorragende **Bahn**verbindung nach Rom, Florenz, Orvieto (Umsteigen in Orte), Spoleto und Foligno. **Busse** nach Todi und Amélia.
- *Übernachten/Camping*: \*\*\* **De Paris**, Viale della Stazione 52 (vom Bahnhof Richtung Innenstadt. DZ mit Bad 80-100 DM. Tel. 58047.

**Camping** siehe Terni/Umgebung, Cascate delle Marmore und Lago di Piediluco.

## Terni/Umgebung

▶ **Carsulae:** Die Ausgrabungen der römischen Stadt an der Via Flaminia haben zwar kein Pompeji zu Tage gefördert, die Gesamtanlage ist aber durchaus beeindruckend. Eine kleine Hinweistafel hilft dem Besucher bei der Orientierung in den Mauerresten: Basilika, Thermen, öffentliche Gebäude, Zisterne, Amphitheater, Theater. Hinter dem romanischen Kirchlein am Straßenrand kann man einen Spaziergang auf der originalen Via Flaminia machen.

*Carsulae – Überreste der römischen Stadt an der Via Flaminia*

- *Anfahrt*: Von Terni auf der Schnellstraße in Richtung Todi - Perugia. Bei San Gémini Fonte, einer kleinen Heilquelle (in Hotelbesitz) rechts abzweigen. Wer mit dem Auto bis Carsulae fahren und die Stoßdämpfer schonen will, schenkt der ersten Ausschilderung keine Beachtung und fährt am Hotelpark entlang hoch und oben dann links. Spaziergänger folgen der Beschilderung (Abzweig von der Hauptstraße knapp nach dem Hotel) und erreichen die Ausgrabungsstätte nach 10 Minuten.

▶ **Cascate delle Marmore:** Die Kaskaden, in einer grünen, kühlen Oase gelegen, bieten ein einmaliges Schauspiel: In drei Stufen stürzt das Wasser 165 Meter tief ins Tal hinab. Im Jahre 271 v. Chr. wurde das eigenwillige Projekt von Menschenhand geschaffen, der *Cavo-Curiano-Kanal* leitete das Wasser des Velino hierher, um Überschwemmungen zu verhindern.

Vom obersten Aussichtspunkt bietet sich ein schöner Blick auf die *Cascate* und den kleinen See darunter, alles eingebettet in grünwuchernde Botanik. Von hier führt ein kurzer Wanderweg den steilen Abhang entlang zum Fuß des Wasserfalls. Überall tropft es von den Felsen, schmale Bäche rauschen ins Tal. Auf halbem Weg ein Tunnel im Fels: Nebelschwaden und erfrischend kühle Luft wehen heraus. Der Tunnel endet an einem Balkon direkt unterhalb des Wasserfalls. Wenn die Wassermassen sich voller Kraft ins Tal ergießen, steht man hier inmitten

## Umbrien / Süd

*Voller Strahl*

- *Schleusen-Öffnungszeiten*: Die Öffnung der Schleusen wird jeweils 15 Minuten, 10 Minuten und 5 Minuten vorher von einer nicht zu überhörenden Sirene angekündigt. Spätestens dann vom Wasserspiegel weg!!! Die Öffnungszeiten übers Jahr hinweg folgen einem sehr ausgeklügelten System:

**Mitte März - April**: Montag - Freitag 12-12.30 Uhr und 15.30-16 Uhr, Samstag 11-12.30 Uhr und 16-21 Uhr, Sonntag 10.30-12.30 Uhr und 15-20 Uhr.

**Mai**: Montag - Freitag 12-12.30 Uhr und 15.30-16 Uhr, Samstag 11-12.30 Uhr und 16-21 Uhr, Sonntag 10-13 Uhr und 15-21.30 Uhr.

**Juni**: Montag - Freitag 15-16.30 Uhr, Samstag 11-12.30 Uhr und 16-21 Uhr, Sonntag 10-13 Uhr und 15-21.30 Uhr.

**Juli/August**: Montag - Freitag 11-12.30

aufspritzender Gischt - und wird klitschnaß. Ein erfrischendes Erlebnis!

Unterhalb des Hauptbeckens liegen noch mehrere kleine Wasserfälle, von denen das glasklare, kalte Wasser in die tiefer gelegenen Bassins strömt. Wird der künstliche Wasserzufluß abgedreht, kann man hier ein kühles Bad nehmen. Wenn die Schleusen wieder geöffnet werden, verwandeln sich die schmalen Rinnsale in eine tosende, wirbelnde und gischtaufspritzende Masse.

Uhr und 17-18.30 Uhr, Samstag 11-12.30 Uhr und 16-21 Uhr, Sonntag 10-13 Uhr und 15-21.30 Uhr.

**September**: Montag - Freitag 15-16.30 Uhr, Samstag 11-12.30 Uhr und 16-21 Uhr, Sonntag 10.30-12.30 Uhr und 15-20 Uhr.

**Oktober**: Samstag 11-12.30 Uhr und 16-21 Uhr, Sonntag 10.30-12.30 Uhr und 15-20 Uhr.

**November - Mitte März**: Sonntag 15-16 Uhr.

- *Anfahrt/Verbindung*: Von Terni führt die Straße in Richtung Rieti erst in ein Tal hinein und dann in Serpentinen den Berg hinauf. Im Tal ein Wasserkraftwerk und der Gestank von Industrie. Mittendrin - sehr malerisch - das Dorf **Papigno** auf einer Hügelkuppe gelegen. Nach wenigen Kilometern erreicht man den kleinen Ort **Marmore**, in dessen unmittelbarer Nähe das Schauspiel gegeben wird.

**Busse** von Terni.

- *Camping*: **Marmore**, in Marmore, am Ortsausgang Richtung Rieti, sehr ruhig mitten im Wald. Dahinter ein Grillplatz, der besonders am Wochenende beliebtes Ausflugsziel der Städter aus Terni ist. 65 Stellplätze. Geöffnet Juni - September. Tel. 0744/67198.

▶ **Lago di Piediluco**: Die Lage zwischen teils bewaldeten Hügeln ist idyllisch. Zum Baden aber bietet der vielarmige Lago an der Grenze zum Latium wenig Zugänge. Dies ist weiter nicht schlimm, denn das

Wasser will auch im Sommer nicht recht warm werden. Eine Bootsfahrt hingegen kann ganz romantisch sein - auch ohne Mondschein. Fischen ist prinzipiell gestattet, einzig der Königsbarsch genießt jährlich seine temporäre Schonzeit.

Ein enges Sträßchen (Ausschilderung: *Eco*) führt ein Stück am Südufer des Sees entlang. Es endet in einem angenehmen Picknickplatz. Berühmt ist die Stelle vor allem wegen des Echos, das man hier empfängt. Aber machen Sie Ihre Urschrei-Therapie nicht gerade zur Siesta-Zeit!

Einziger Ort am See ist **Piediluco**, ein kleines langgestrecktes Nest, eher eine logistische Basis für Ausflüge ins Umland als eine kulturhistorische Fundgrube. Die *Kirche San Francesco* mit einer hübschen Treppe an ihrer Längsseite zur Straße hin zeigt einige Fresken im Chor, deren Reinigung 1994 angegangen wurde.

- *Verbindung*: **Busse** ab Terni über Marmore.
- *Bootsverleih*: Vermietung von Ruderbooten in Piediluco sowie im Camping Il Lago (s. u.).
- *Übernachten/Camping*: **\*\* Lido**, Piazza Bonanni 2 (Zentrum), DZ ca. 80 DM. Unprätentiöser Kasten am See. Tel. 0744/368354.
**Pensione Il Grottino**, Corso Salvati 61 (Zentrum), DZ mit Dusche ca. 60 DM. Eher ein preiswertes Restaurant mit ein paar Zimmern als ein Hotelbetrieb. Ohne Seeblick, dafür angenehme Familienatmosphäre. Tel. 0744/368156.
**Camping Il Lago**, 2,5 km östlich von Piediluco, am See. Großes Terrain mit 150 Stellplätzen in schöner Lage. Einige Schattendächer ersetzen die mangelnden Bäume. Ausreichend sanitäre Anlagen, Heißdusche kostet extra. Verleih von Ruderbooten. Steg direkt beim Camping. Geöffnet Mitte April - September. Tel. 0744/369195.

# Narni

**Auf einem Bergrücken über der Nera drängen sich Kirchen, Palazzi und Häuser des mittelalterlichen Narni. Zahlreiche Verstrebungen und Brückenbögen zwischen den Häusern - letztere gelegentlich sogar bewohnt - halten die steinerne Architektur zusammen. Am Fluß unten stehen als Zeugnis römischer Brückenarchitektur die malerischen Überreste des Ponte d'Augusto aus dem Jahr 27 v. Chr.**

Unweit davon überspannt auf hohen Pfeilern eine neue Betonbrücke die Nera, auf der der Verkehr nach *Narni Scalo* rollt - eine unansehnliche Industriesiedlung mit der *Elettrocarbonium s.p.a.* als hauptsächlichem Arbeitgeber.

Daß bereits das Mammut durch die narnesische Gegend gestampft ist, bezeugen zahlreiche Funde von Stoßzähnen in der Umgebung. Die menschliche Siedlungsgeschichte ist erst ab den Umbrern nachgewiesen. Ihnen folgten im 3. Jh. v. Chr. die Römer, die hier eine Kolonie für Kriegsveteranen gründeten. Im frühen Mittelalter, als Papst und Kaiser um Macht und Einfluß in Umbrien rangen, galt Narni als sicherer

Stützpunkt der Papsttreuen. Eine mittlere Katastrophe vermerkt die Stadtchronik für das Jahr 1527, als eine Truppe desolater Landsknechte an die Gastfreundschaft der Narnesen appellierte. Diese jedoch drohten, die Eindringlinge in die Nera zu werfen, was ihnen offensichtlich nicht gelang. Die Stadt wurde geplündert. Eine weitere Dezimierung der Bevölkerung besorgte dann die Pest.

Narni bleibt weiterhin dem Kirchenstaat verbunden, bis auch der Papst den Prozeß der nationalen Einigung nicht mehr aufhalten konnte. Mit dem neuen Italien hielt auch die Industrialisierung in Narni Scalo Einzug.

### Il centro d'Italia

Neueste Forschungen haben ergeben, daß Narni exakt in der Mitte Italiens liegt. Mit welchen Methoden der Mittelpunkt einer unregelmäßigen Fläche ermittelt wird, entzieht sich der Kenntnis des Verfassers. Die Narnesen haben die Nachricht gelassen aufgenommen: Wenn schon nicht der Nabel der Welt, dann immerhin des Stiefels ...

- *Telefonvorwahl*: 0744
- *Information*: **Pro Narni** im Palazzo Comunale, Piazza dei Priori. Tel. 715362.
- *Verbindung*: Bahn: gute Verbindung nach Terni, gelegentlich halten auch die Züge der Strecke Rom - Ancona. Der Bahnhof liegt in Narni Scalo; von Busse nach Narni.
- *Märkte*: **Trödelmarkt** (Mercato del rigattiere) auf der Piazza dei Priori, jeweils am 3. Wochenende des Monats (Samstag 16-22 Uhr, Sonntag 9-22 Uhr).
- *Feste*: **Corsa all'Anello**, 2. Sonntag im Mai. Ein Wettkampf, bei dem jeder der drei Stadtteile einen Reiter stellt. Drei aufgehängte, kleine Ringe müssen von den galoppierenden Reitern mit einem Speer "geangelt" werden. Tempo ist ebenso gefragt wie Geschicklichkeit. Im Stadtteil des Siegers wird darauf bis in die Nacht gefeiert. Dem Festtag geht eine Woche internationaler Folkloreveranstaltungen voran. 1994 war der Fanfarenzug Hockenheim e.V., Germania, mit von der Partie.
- *Übernachten*: **** **Dei Priori**, Vicolo del Comune 4, DZ ca 140 DM und damit billig für den gebotenen Komfort (Kühlschrank, Zimmerservice). Unauffällig in der Altstadt gelegen. Tel. 726843.
** **Ponte d'Augusto**, Via Tuderte 301, Narni Scalo (an der Straße nach Terni), DZ mit Bad ca. 75 DM. Gepflegte Zimmer. Restaurant mit preiswerter Hausmannskost und TV-Berieselung. Tel. 750635.

### Sehenswertes

**Dom**: Narni hat keinen Platz für große freistehende Kirchenbauten, und so fällt der Dom mit seinem gedrungenen Turm dem Besucher, der meist von der Piazza Garibaldi her kommt, kaum auf. Die Kirche ist vierschiffig, wobei das vierte Schiff - durch Arkaden abgetrennt - erst später hinzugefügt wurde. Insgesamt wirkt sie im Inneren sehr heterogen. Die nur teilweise erhaltenen Fresken vermögen nicht zu überzeugen.

**Piazza dei Priori:** Oberhalb des Doms mündet die Via Garibaldi in eine langgestreckte Piazza, an deren Ende ein unauffälliger, kleiner bronzener Brunnen aus dem Jahr 1303 steht.

Die Ostseite des Platzes dominiert der *Palazzo dei Priori* mit einer großen Loggia und einer hübschen, kleinen Steinkanzel. Von ihr aus schrie im Mittelalter der städtische Ausrufer die neuesten Nachrichten (und Befehle) in die Stadt.

Gegenüber steht der *Palazzo Comunale* mit beachtenswürdigen Basisreliefs über dem Nebeneingang, u. a. die Darstellung eines Ritterturniers. Im Ratssaal (1. Etage) ist über dem Präsidentensitz *Ghirlandaios* "Krönung Mariens" zu sehen. Den Schlüssel dazu bekommt man mitsamt Begleitung (damit den Ratsherren kein Mikro abhanden kommt) in der 2. Etage.

**Kirche San Francesco:** oberhalb der Piazza dei Priori, etwas versteckt. Fresken aus dem 15. und 16. Jh. schmückten einst die Rundsäulen im Innern der Kirche. Heute sind nur noch Reste davon zu sehen, doch mit ihren kräftigen Farbtönen durchaus beeindruckend.

### Narni/Umgebung

▶ **Amélia:** Ein umbrisches Städtchen, dessen Gründung auf 1134 v. Chr. datiert wird - gelegen auf einer Kuppe in der Hügellandschaft westlich von Narni. Der noch intakte mittelalterliche Kern ist einen Besuch wert.

Ein Unikum sind die Reste der frühesten *Stadtummauerung*, vermutlich aus dem 7. Jh. v. Chr.: riesige polygonale Steinblöcke, mörtellos aneinandergefügt. Einen besonders eindrucksvollen Abschnitt findet, wer bei der *Porta Romana* (Zufahrt von Narni) links den Fußweg der Mauer entlang einschlägt.

*Anfahrt:* In Narni Scalo auf die N 205 in Richtung Westen (ausgeschildert).

# Todi  (17.000 Einw.)

**Auf einem Hügel über dem Tiber erhebt sich diese uralte umbrische Stadt, deren zentrale Piazza del Popolo mit Recht zu den schönsten mittelalterlichen Plätzen Italiens gezählt wird. Die Szenerie dort ist filmreif, und in der Tat: Elizabeth Taylor ist als Kleopatra die breite Treppe des Palazzo del Popolo hinuntergestiegen.**

Auch abgesehen von dieser einzigartigen Kulisse ist Todi ein überaus attraktives Städtchen. Die Geschichte hat einige Spuren hinterlassen. Wer durch die *Porta Romana* (mittelalterlich) die Via Matteotti hinaufgeht, stößt auf die *Porta Catena* (römisch), dann auf die *Porta Marzia* (etruskisch) und hat somit - wenn auch gegen die Chronologie - einen schnellen geschichtlichen Parcours hinter sich gebracht. Oben an der

## 618 Umbrien / Süd

*Die Piazza del Popolo – einer der schönsten mittelalterlichen Plätze Italiens*

Piazza del Popolo angelangt, legt man am besten eine Verschnauf- oder Kaffeepause ein, bevor man die weiteren Sehenswürdigkeiten aufsucht.

Über die Gründungsgeschichte von Todi weiß man herzlich wenig, die Stadt dürfte etwa 3000 Jahre alt sein. Die Römer gestanden ihr - offensichtlich ihrer Treue wegen - einen besonderen Status (eigenes Münzrecht) zu. Im 12. und 13. Jh. war Todi eine eigenständige Kommune. Wie in den meisten umbrischen Städten kämpften auch hier Guelfen und Ghibellinen um die Macht. Rom war nah, und so gelangte die Stadt mehr und mehr unter päpstlichen Einfluß und wurde schließlich ganz in den Kirchenstaat integriert. Im Kampf um die nationale Einigung aber wechselte Todi dann mit wehenden Fahnen die Front - *Garibaldi* fand hier glühende Anhänger.

Im Jahr 1992 schrieb ein amerikanischer Journalist eine enthusiastische Reportage, in welcher er Todi als die schönste Stadt ganz Italiens pries. Die Stadtverwaltung scheint davon Wind bekommen zu haben und will nun dem unverhofften Ruf gerecht werden. 1994 war die Altstadt weitgehend eine einzige Baustelle. Zahlreiche Gassen wurden neu gepflastert (Kopfstein), Häuserfassaden gewaschen und neu verputzt - und ganz nebenbei förderten die Arbeiter an der Via dei Condotti ein römisches Mosaik zu Tage.

Noch hält sich aber der Tourismus in Grenzen. Es sind meist Reisebusse, die von Perugia aus einen Tagesauflug hierher machen. Dieser führt in der Regel auf die berühmte Piazza und - wegen der bequemen Park-

# Todi

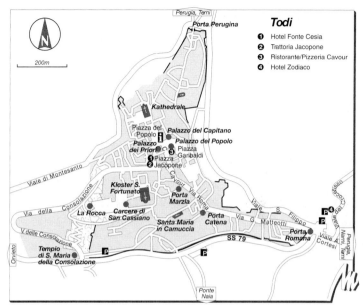

❶ Hotel Fonte Cesia
❷ Trattoria Jacopone
❸ Ristorante/Pizzeria Cavour
❹ Hotel Zodiaco

möglichkeit - zum *Tempio di S. Maria della Consolazione.* Wer sich nicht gerade an diesen Orten aufhält, kann - nach Abschluß der Straßenarbeiten - ungestört in die mittelalterliche Romantik abdriften.

- *Telefonvorwahl*: 075
- *Information*: **Pro Todi**, im Palazzo del Popolo. Geöffnet Montag - Freitag 9-13 Uhr und 15.30-18.30 Uhr, Samstag 9.30-12.30 Uhr. Tel. 8942526.
- *Verbindung*: Die **Bahn** (Linie Perugia - Terni) fährt nicht auf den Hügel, hält aber an dessen Fuß. Von den beiden Stationen wählt man besser Ponte Naia, da von hier aus oft Busse in die Innenstadt (Piazza Jacopone) fahren.

Etwas näher ins Zentrum fahren **Busse** von Perugia und Orvieto aus. Haltestelle ist der Parkplatz beim Tempio di S. Maria della Consolazione.

- *Parken*: Im Mittelalter hat man daran nicht gedacht. Mühe und vermutlich auch Ärger erspart sich, wer die wenigen Parkmöglichkeiten im Centro storico den Einheimischen überläßt und das Gefährt entweder in der Nähe der Porta Roma oder beim Tempio di S. Maria della Consolazione parkt.
- *Feste/Veranstaltungen*: **Todi Festival**, jährlich Ende August/Anfang September. Relativ junges, aber ziemlich ambitioniertes Festival (Theater, Film, Ballett, klassische Musik, Jazz, Ausstellungen). Exakte Auskünfte im Festival-Büro zwischen der Piazza del Popolo und der Piazza Jacopone.

## *Übernachten/Camping/Essen*

**\*\*\*\* Fonte Cesia**, Via Lorenzo Leoni 3, DZ ca. 240 DM, Frühstück inklusive. Neueröffnung 1994, erstes und bisher einziges Hotel in der Altstadt. Tel. 8943737.

**\*\* Zodiaco**, Via del Crocefisso 23. DZ mit Bad ca. 80 DM, ohne ca. 60 DM. Das Hotel hat keine besonderen Reize, aber als billigstes von Todi ist es begehrt und die Zimmer sind entsprechend schnell vergeben. Restaurant angeschlossen. Tel. 8942625.

Zwei **Camping**plätze findet man am Lago di Corbara (siehe Orvieto).

**Ristorante/Pizzeria Cavour**, Corso Cavour 23. Bei Einheimischen und Touristen gleichermaßen beliebtes Restaurant. Sowohl Pizzen als auch à la carte zu vernünftigen Preisen. Nicht nur das Bier wird hier vom Faß gezapft, sondern - eine Seltenheit - auch der leicht perlende, frische Prosecco!

**Trattoria Jacopone**, Piazza Jacopone 3. Kleines, sehr gemütliches Lokal mit einigen regionalen Spezialitäten. Wenig teurer als das Cavour.

## Sehenswertes

▶ **Piazza del Popolo**: Am schönsten ist das Erlebnis, wenn man den längeren Aufstieg von der *Porta Romana* her wählt. Einfach immer der Hauptgasse entlang. Erst heißt sie *Via Matteotti*, dann *Via Romana*, dann *Corso Cavour*. Oben tut sich dann unvermittelt die spektakuläre Piazza auf: am Kopfende die *Kathedrale* mit einer breiten Treppe, ihr gegenüber der **Palazzo dei Priori** (größtenteils 13./14. Jh.), heute Verwaltungsgebäude, und ums Eck der **Palazzo del Popolo** mit der eingangs erwähnten filmreifen Treppe zur Piazza, im Innern eine Pinakothek, die seit Jahren wegen Restaurierungsarbeiten geschlossen ist. Er stammt ebenso wie der angebaute **Palazzo del Capitano** aus dem 13. Jh. Es ist vor allem das Gesamtbild dieser drei Paläste, von denen keiner den anderen in den Schatten stellt (und die man gemeinsam vor das Objektiv bekommt), das der wunderschönen Piazza den Stempel aufdrückt. Von der *Piazza Garibaldi*, die sich seitlich an den Palazzo del Popolo anschließt, hat man eine überraschend schöne Aussicht auf das Umland im Nordosten.

▶ **Kathedrale**: Ihr Gründungsdatum ist ungewiß. Vermutlich stammt der Bau aus dem 11. Jh., einige Quellen deuten aber auch auf einen früheren Bau aus dem 9. Jh. hin. Im Jahr 1190 wurden große Teile durch einen Brand zerstört, der Wiederaufbau erfolgte im lombardischen Stil. Erneute Änderungen fallen ins 16. Jh., vor allem an der Fassade.

Zu den Schmuckstücken im Innern gehört zweifellos das Chorgestühl (1530) mit seinen Intarsien - ein schier unbegrenzter Bilderreichtum. An der rechten Kirchenwand verdient ein Altarbild aus dem 13. Jh. Beachtung: *Maria mit Jesuskind*, eine Holzmalerei mit der Besonderheit, daß der Marienkopf skulptiert ist und sich dadurch vom Rest des Gemäldes im wörtlichen Sinne "abhebt".

In der *Krypta*, einer kompletten Unterkirche, ist eine etwas chaotisch präsentierte Sammlung archäologischer Funde untergebracht.

▶ **Kloster San Fortunato**: Der breit angelegte Treppenaufgang läßt Erwartungen aufkommen, die nicht unbedingt erfüllt werden. An der Fassade besticht einzig das hübsche gotische Portal, der Rest wurde nie vollendet. Im Innern überrascht die Helligkeit. Das Spiel mit dem Lichteinfall - die gotischen Architekten entwickelten darin eine Meisterschaft - wird hier exemplarisch vorgeführt.

In der Krypta ruht der um 1230 in Todi geborene Jacobus de Benedictis, *Jacopone da Todi* genannt, einer der ersten Anhänger Franz von Assisi. Papst *Bonifaz VIII.* mit seinen Ambitionen auf weltliche Herrschaft war in den Augen Jacopones der personifizierte Antichrist, und so darf es nicht verwundern, daß der Franziskanerbruder bald im Kerker landete. 1303 wurde der Papst seinerseits von den Franzosen gefangengenommen und starb kurz danach, und im selben Jahr noch veranlaßte der neue Papst die Freilassung Jacopones. Berühmt geworden ist Jacopone da Todi vor allem als Verfasser von Satiren und geistlicher Poesie. Er gilt als einer der frühesten Vertreter der italienischsprachigen Literatur, die sich zu dieser Zeit neben der üblichen lateinischsprachigen zu entwickeln begann.

Wer rechts der Kirche die Klostermauer entlanggeht, sieht im Garten einen eigentümlichen kleinen Steinbau, auf dessen Dach längst Gras gewachsen ist. Es handelt sich um eine römische Zisterne, die später in ein Kirchlein umgebaut wurde. Im Volksmund heißt der Bau **Carcere di San Cassiano**. Die Legende erzählt, daß zu Beginn des 4. Jh. *S. Cassiano*, der Bischof von Todi, hier eingekerkert und dann von seinen eigenen Schülern umgebracht wurde.

▶ **La Rocca**: Weiter an der Klostermauer entlang, gelangt man zur Südwestecke des Stadthügels - ein idealer Platz für Militärarchitekten. Eine erste Burg wurde 1373 errichtet, aber bereits neun Jahre später vom Volk gestürmt und zerstört. Eine zweite hatte immerhin ungefähr hundert Jahre Bestand. Heute ist davon praktisch nichts mehr zu sehen. Die Grünfläche dient den Jugendlichen als Fußballfeld, im kleinen Pinienhain davor läßt's sich wunderbar picknicken, und der Kinderspielplatz ist wohl der einzige von ganz Todi.

▶ **Tempio di S. Maria della Consolazione**: Ein Bauwerk der Renaissance und zweifellos eines der faszinierendsten der Epoche. Schon von außen wirkt die byzantinisch inspirierte Kirche großartig: über dem Mittelbau eine wuchtige Kuppel, vier kurze Apsiden, drei polygonal, die vierte halbrund. Hundert Jahre lang (1508-1607) wurde an diesem gedrungenen "Tempel" gearbeitet. Ob der berühmte Renaissance-Architekt *Bramante* am Bau beteiligt war oder zumindest die Pläne vorgab, ist in Fachkreisen umstritten.

In drei der Apsiden wurden jeweils vier Apostelstatuen gestellt. Sie stammen aus dem Ende des 17. Jh. und wirken etwas zu mächtig. In den Altar aus polychromem Marmor ist ein kleines Fresko eingelassen, das der Kirche den Namen gegeben hat. Wie in den meisten klassischen Renaissancebauten findet der Betrachter auch hier den idealen Standpunkt, der ihn - dem Weltbild der Renaissance entsprechend - in den Mittelpunkt des Geschehens versetzt: Wer sich exakt in der Mitte der

Kirche befindet, sieht über sich in der Kuppel eine Taube, und vor sich das Fresko im Altar - in einer Linie mit den Gekreuzigten.

▶ **Kirche Santa Maria in Camuccia**: Die kleine romanische Kirche, bestehend aus Ober- und Unterkirche, war einst eine dominikanische Klosteranlage. Heute ist ihre einzige Sehenswürdigkeit die sog. *Sedes Sapientiae*, eine überaus fein geschnitzte Holzstatue, die Maria mit Kind darstellt.

Den Wert des Kunstwerks wußten offensichtlich auch einige zwielichtige Gestalten zu schätzen. Im Dezember 1988 wurde die Statue geraubt. Die Polizei von Perugia, die den Fall bearbeitete, wurde im April 1991 fündig - in einer Garage. Nach Restaurierungsarbeiten in Rom soll die Sedes Sapientiae wieder an ihren angestammten Ort zurückgebracht werden - sie wird dann hinter Sicherheitsglas zu besichtigen sein.

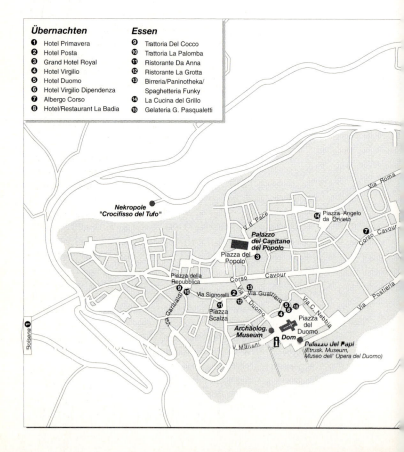

# Orvieto

**Auf der Autostrada del Sole kommend, ragt die Stadt auf dem hohen Tuffsteinblock schon von weitem plastisch aus der Landschaft. Meist scheint hier die Sonne - selbst wenn im Frühsommer oder im Herbst das Paglia-Tal von einer dicken Nebelschicht bedeckt ist. Die Stadt mit ihren Türmen, Kirchen und dem Dom erscheint dann wie ein mächtiges Schiff, das lautlos auf schäumenden Wogen dahingleitet. Ein bizarrer Anblick!**

Wegen seiner exponierten Lage war Orvieto stets eine natürliche Festung und deshalb nie von einer Stadtmauer umgeben. Die mittelalterliche Altstadt mit ihren gewundenen, schmalen Gassen ist gut erhalten. Hinter Mauern und geschlossenen Portalen verbergen sich oft schöne Gärten und Innenhöfe.

Die Auslagen der kleinen Lebensmittelläden zeigen die Spezialitäten aus der Umgebung: geräucherte Schinken, kleine Salamis, Käse (*caciotta* und *scarmorze*), Olivenöl, getrocknete Waldpilze...

Von den Weinbergen rechts und links des Paglia-Flusses stammt der vorzügliche *Orvieto Classico*, ein strohgelber Weißwein, der in den Tuffkellern unterhalb der Stadt reift. Unbedingt probieren!

Diese seit der Etruskerzeit gegrabenen Vorratsgrotten bereiten der Stadt immer größere Sorgen: In Schlechtwetterperioden verwandeln sich die Stollen in unterirdische Wasserläufe, die bereits gefährliche Erdrutsche am Sockel des Tuffklotzes und oben an den Plateaurändern ausgelöst haben.

In vielen Schaufensterauslagen, Restaurants und auf den Plätzen der Altstadt begegnet man den Holzobjekten des Künstlers

*Gualvierio Michelangeli*, auf den die Stadt mächtig stolz ist. Die kleine Seitengasse *Via Albani* (Nähe Dom) gestaltete er mit schwarzgebeizten Holzpferden, Bänken und ausgesägten Baumplatten, die sich verspielt zwischen echten Bäumchen an den Hausfassaden hochranken. Das Gäßchen für Kinder und Liebespärchen! Hier ist auch der etwas enttäuschende Kunsthandwerksladen Michelangelis - viel Schnickschnack, der sich halt gut verkaufen läßt.

## Geschichte

Zahlreiche Ausgrabungsstätten deuten auf vorchristliche Ursprünge hin. Historiker hegen neuerdings die Ansicht, daß auf dem Tuffblock die alte etruskische Stadt *Volsinii* lag. Eine neuere etruskische Siedlung desselben Namens wurde bei Bolsena entdeckt. Aus diesem neuen *Volsinii* leitet sich der Name *Bolsena* ab, während *Orvieto* auf die lateinische *urbs vetus* (= alte Stadt) zurückführt.

Nach dem Untergang Westroms fielen die Goten in Orvieto ein, ließen sich die Stadt einmal von den Byzantinern abnehmen, eroberten sie zurück, um sie dann 596 endgültig an die Langobarden zu verlieren.

Im Mittelalter wurde Orvieto zur selbständigen Kommune, aber die Auseinandersetzung zwischen den kaisertreuen Ghibellinen und den Rom verbundenen Guelfen tobte auch hier. Die Anhänger des Papstes siegten, und im 14. Jh. wurde Orvieto dem Kirchenstaat einverleibt, konnte aber seine kommunale Selbständigkeit weitgehend beibehalten.

Im 19. Jh. ging's dann noch einmal chaotisch zu: *Napoleon* machte dem Kirchenstaat ein Ende, der Wiener Kongreß stellte ihn wieder her, Orvieto wurde erst dem nahen Viterbo zugeschlagen und dann unabhängig, bis es 1860 schließlich in den italienischen Nationalstaat integriert wurde.

- *Telefonvorwahl*: 0763
- *Information*: **A.P.T.-Büro**, Piazza del Duomo 24. Ein netter Laden, Kultur-Infos auch über Kopfhörer. Geöffnet Montag - Freitag 10-14 Uhr und 16- 19 Uhr, Samstag 10-13 Uhr und 16-19 Uhr, Sonntag 10-12 Uhr und 16-18 Uhr. Tel. 41772.
- *Verbindungen*: **Bahn**: direkte Anschlüsse nach Rom, Bologna, Mailand, Florenz, indirekte nach Perugia und Assisi (umsteigen in Teróntola), nach Terni und Spoleto (umsteigen in Orte), nach Siena (umsteigen in Chiusi). Der Bahnhof liegt in der Neustadt Orvieto Scalo unten im Tal. Er ist durch eine moderne **Drahtseilbahn** mit der Altstadt auf dem Tuffblock verbunden. Von der Berg-Station sind es zu Fuß 10 Minuten ins Zentrum zum Dom. Wem der Weg zu beschwerlich oder das Gepäck zuviel ist, der nimmt für die kurze Strecke den **Stadtbus**. **Busse**, nach Bolsena 2mal tägl. um 13.10 Uhr und 18.00 Uhr, seltsamerweise fährt jedoch nach 16 Uhr von Bolsena kein Bus mehr zurück. Nach Todi einmal tägl. um 13.30 Uhr; Rückfahrt von Todi aus erst am nächsten Morgen um 6.00 Uhr; wer sich das nicht antun möchte, verläßt sich auf's Trampen.
- *Parken*: Es gibt einige kleinere Parkplätze in Orvieto. Doch ist es sinnvoller - vor allem in der Saison - den Großparkplatz am Bahnhof zu benutzen und mit der Drahtseilbahn hochzufahren.
- *Telefonieren*: Corso Cavour 11a, Telefoncenter für Münzen und Telefon-Cards, letztere werden im Tourist-Info verkauft.
- *Markt*: Jeden Donnerstag- und Samstagvormittag auf der Piazza del Popolo.

## Orvieto

## Übernachten/Camping

Am Domplatz links hinten führt Guiseppe Pasqualetti eine **Gelateria**. 1994 gewann er bei einem landesweiten Eiskonditorwettbewerb in Venedig den 2. Preis. Besonders gut die diversen Fruchteissorten und das Schokoladeneis.

**\*\*\*\* La Badia**, in ländlicher Ruhe unterhalb der Stadt, von der südlichen Umgehungsstraße her einfach zu finden (nachts angestrahlt). DZ von 200 DM aufwärts, für ca. 400 DM/Tag hat man sein eigenes Appartement. Die luxuriösen Hotelzimmer waren einst karge Zellen der Benediktinermönche; Blick auf weite Olivenhaine oder auf die zum Greifen nahe Altstadt Orvietos. Tel. 90359.

**\*\*\* Grand Hotel Reale (3)**, Piazza del Popolo 25, DZ ohne Dusche ca. 80 DM, mit ca. 120 DM, teurer sind die Appartements im Hotel.
Eines der ältesten Hotels der Stadt: Es befindet sich im Palast des Conte Bracci, genau gegenüber vom Palazzo del Capitano del Popolo. Der Vater des Besitzers, Prosperini, kaufte kurz nach Ende des 2. Weltkriegs das leerstehende Palastgebäude der verarmten Grafen Bracci und verwandelte es in ein Grandhotel mit Prunksälen, vergoldeten Stuckdecken und Marmortreppen. In ganz Italien versuchte der Kunstliebhaber Prosperini die Originalmöbel wieder aufzutreiben - dabei fand er auch viele andere kostbare Kunstobjekte!
In der Suite im ersten Stock schlief in seinen jungen Jahren König Umbert I. (Italiens "Mai-König", mit einer Regierungszeit von nur einem Monat, denn am 18. 6. 1946 war's endgültig vorbei mit der Monarchie), im Badezimmer eine aus einem einzigem Marmorblock gehauene Wanne, venezianische Möbel im Speisesaal. Die kleine Kapelle im Haus wird von der Familie Prosperini heute noch genutzt, Hotelgäste dürfen sie aber besichtigen.
Das "Reale" birgt das lebendige Flair vergangener Tage, hat viel zu erzählen an Familien-, Zeit- und Kunstgeschichte; Der alte Glanz müßte jedoch neu aufpoliert werden. Einen Stern hat das Hotel eingebüßt; es bedürfte einer gründlicher Renovierung, um mit den modernen Luxus-Hotels Schritt halten zu können. Tel. 41247.

**\*\*\* Virgilio (4)**, Piazza del Duomo 5, DZ mit Bad 100-140 DM. Neues, kleines Hotel mit ebenso kleinen Zimmern. Tel. 41882.

**\*\*\* Primavera (1)**, Strada dell'Arcone 2/6, DZ mit Bad 80-110 DM, auch Appartements. Große, saubere Zimmer. Bleibt man nachts länger aus, bekommt man ohne weiteres den Schlüssel ausgehändigt. Parkplatz im Hof. Restaurant angeschlossen. Tel. 41781.

**\*\* Corso (7)**, Corso Cavour 343. DZ ca. 85 DM, wenige Zimmer, alle mit Dusche, aber ziemlich dunkel. Tel. 42020.

**\*\* Duomo (5)**, Via di Maurizio 7, DZ ohne Dusche ca. 55 DM, mit Dusche ca. 80 DM. Zentrale Lage und doch ruhig. Hinter dem kleinen Vorgarten mit Palme und Goldfischteich ein angenehm freundlicher Empfang. Unsere Empfehlung. Tel. 41887.

**\* Posta (1)**, Via Luca Signorelli 18, DZ mit Dusche ca. 80 DM, ohne ca. 60DM. Kleiner Stadtpalast mit hübscher Lobby. In viele Zimmer wurde nachträglich eine Badezimmer eingebaut. Für Autofahrer wegen der Einbahnstraßen schwierig zu finden. Tel. 41909.

**\* Virgilio Dipendenza**, Via delle Scalette. DZ mit Dusche ca. 85 DM. Anmeldung beim 3-Stern-Hotel Virgilio. Die Dependance mit ihren einfachen Zimmmern ist praktisch um's Eck, bei der Treppe. Tel. 41882.

**Camping Orvieto**, 16 km in Richtung Todi, am Lago di Corbara, einem Stausee. Wiesengelände 30 m über dem See, mit Schwimmbad, Bar und Restaurant. 65 Stellplätze. Ganzjährig geöffnet. Tel. 0744/950240.

**Camping Scacco Matto**, gleich neben dem vorgenannten. Sehr kleines Gelände im Mischwald, Terrassen bis zum See hinunter, der zum Baden aber nicht geeignet ist, da der Tiber zuviel Dreck anschwemmt. Im Gegensatz zum Camping Orvieto in Sachen sanitäre Anlagen wesentlich bescheidener. Pizzeria mit Terrasse und Garten. Es werden auch einige Zimmer (DZ ca. 60 DM, Etagendusche) vermietet) Ganzjährig geöffnet! Tel. 0744/950163.

# Umbrien / Süd

## Essen

**Restauant La Badia (8)**, im gleichnamigen Hotel (s. o.). Spitzenrestraurant in sehr stimmungsvoller Klosteranlage (8. Jh.). Hier pflegt man nicht zu essen, sondern zu speisen (und das vorzüglich!), wobei Geld keine Rolle spielen darf. Eigene Hausmarke: "Orvieto Classico Badia". Mittwoch Ruhetag.

**La Cucina del Grillo (14)**, Piazza Angelo da Orvieto 7. Deftiger Wildschweinbraten ist hier ab dem Sommer auf der Speisekarte zu finden. Man kann auch draußen sitzen, allerdings nur auf der auch als Parkplatz benutzten Piazza. Samstag geschlossen.

**Trattoria La Palomba (10)**, Via Cipriano Manente 16. Kleines, schlicht möbliertes Lokal, holzgetäfelte Wände. Spezialität: verschiedene Braten, geschmort in Marsala, Weißwein oder Kräutern. Die Bedienung war freundlich, die Preise angenehm. Mittwoch Ruhetag.

**Trattoria Del Cocco (9)**, Via Garibaldi 4-6. Gleich neben "Palomba" und keinesfalls schlechter, bietet die Spezialität "Bistecca Cocco", ein kräftiges Stück Fleisch in Pilzsoße. Freitag geschlossen.

**Trattoria La Grotta (12)**, Via Luca Signorelli 5. "Preise angemessen, angeboten werden Spezialitäten des Hauses, Wildschwein, Trüffel (zur Saison) und gute Weine zu erschwinglichen Preisen. Die Schau ist der Chef, der fast mit jedem ein Schwätzchen hält." (Lesertip). Montag geschlossen.

**Ristorante Da Anna (11)**, Piazza Scalza 2. Liebevolles und obendrein preiswertes Restaurant, etwas versteckt gelegen. Keine besonders angepriesene Spezialitäten, aber die Ravioli (Ricotta- oder Spinatfüllung) mit Salbeiblättern könnte man durchaus dazu erklären. Familiäre Atmosphäre: "Die Tochter serviert zwischen den Schulaufgaben Lasagne, der kleine Filius radelt rasant durch das Restaurant, der Opa sitzt sinnentleert am Tisch etc." (Lesertip). Abends werden auch Pizzen gebacken. Freitag geschlossen.

**Birreria/Paninoteca/Spaghetteria Funky (13)**, Via Gualtiero 7 (Weg: Via Del Duomo bis zur "Bar Duomo", dann rechts durch den Torbogen) - zum Ausklang des Abends! Wie der Name schon vermuten läßt, viel Funk- und Jazzmusik. Gelegentlich Live-Konzerte in kleinem Rahmen. Verschiedene Biersorten und frisch zubereitete (überbackene) Panini und kleine Gerichte. Geöffnet 12-14.30 Uhr und 20-2 Uhr. Sonntag geschlossen.

## Sehenswertes

▶ **Dom:** Der Dom von Orvieto mit seinen aus schwarzem Basalt und grau-gelbem Kalkstein gestreiften Außenmauern und einer reichverzierten Front in Form eines dreiteiligen Altarbildes gilt zu Recht als einer der schönsten in ganz Italien. Gotischer Baustil, jedoch mit außergewöhnlichen "Stilbrüchen", denn zig Umgestaltungen wurden während seines Baus (von 1290 bis 1600!) vorgenommen: weniger mystischfromm, sondern bunt und glänzend. *La nuvola d'oro* - die Wolke aus Gold - heißt dieses Prunkstück denn auch im Volksmund. Der über drei Jahrhunderte dauernde Bau soll 33 Architekten, 90 Mosaikmacher, 152 Bildhauer und 68 Maler beschäftigt haben.

In den Steinfriesen an der Fassade verliert sich der Blick des eiligen Besuchers schnell. Man muß sich Zeit nehmen für diese plastische Bilderbibel von der Schöpfungsgeschichte (Eva wird förmlich aus der Rippe Adamas hervorgezaubert) bis zum Jüngsten Gericht, wo die ewig

*Die Sockelzone des Doms ist mit zahlreichen Reliefs versehen*

Verdammten mit Schlangen und Drachen zu kämpfen haben. Auch der nicht Bibelfeste wird von der Vielfalt der Darstellungen fasziniert sein. Die Türen des Hauptportals sind aus Bronze und ersetzen seit 1970 die alten Holztüren. Die Reliefs stammen von *Emilio Greco*, einem sizilianischen Künstler, dem es gelungen ist, sein Werk in die gotische Fassade zu integrieren, ohne daß es störend wirkt.

Die zweite Überraschung wird nach Abschluß der Restaurationsarbeiten die **Brizio-Kapelle** im Innern des Doms (rechts vorne) sein. Der Freskenzyklus von *Luca Signorelli* über die letzten Dinge ist ein Meisterwerk. Die Auferstehung des Fleisches ist in aller Fleischlichkeit dargestellt, das Inferno der Verdammten, in dem ein beflügelter Teufel eine Sünderin durch die Lüfte fliegt, ist eine Hommage an Dante, der wie Vergil, Homer und weitere Klassiker der Antike als Porträt im Werk Signorellis einen Platz gefunden hat.

Voraussichtlich jedoch werden die erwähnten Restaurationsarbeiten noch bis zur Jahrtausendwende dauern, und die in jedem Souvenir-Shop erhältlichen Signorelli-Reproduktionen sind ein höchst unbefriedigender Ersatz für das Original.

Gegenüber der Brizio-Kapelle befindet sich die **Kapelle des Korporale**. Hier wird das vom "Wunder von Bolsena" blutbefleckte Priesterhemd aufbewahrt, das - wenn es denn nicht nur katholische Legende ist - zum Bau des Doms von Orvieto führte (siehe Bolsena, Kasten). Zweimal jährlich - am Osternachmittag und an Fronleichnam - wird der Reliquienschrein für die Augen der Gläubigen geöffnet.

Bevor man den Dom verläßt, werfe man noch einen Blick auf den **Taufbrunnen** mit dem Tempelchen aus weißem Marmor aus dem Anfang des 15. Jahrunderts, der auf acht Löwen ruht.

▶ **Etruskisches Museum** (*Museo Emilio Greco*, im *Palazzo dei Papi):* Neben Grabbeigaben der umliegenden Nekropolen *Porano, Settecamini* und *Crocifisso del Tufo* (Spiegel, Schmuck, Gefäße aus Bronze, Eisen und Ton) sind zwei sehr interessante Rekonstruktionen der Nekropole *Settecamini* in ihrer natürlichen Größe zu sehen. Wandmalereien zeigen charakteristische Kulturereignisse der etruskischen Zeit: ein Festbankett und eine Beerdigungszeremonie. Auf Farbfotos sind die verschiedenen Etappen der Ausgrabungsarbeiten festgehalten, u. a. der Fund des ersten menschlichen Skeletts in diesem Ausgrabungsfeld (am 1. 8. 1985). Nach seiner Restaurierung soll es dem Museum übergeben werden.
*Öffnungszeiten*: April - September 10.30-13 Uhr und 15-19 Uhr, Oktober - März 10.30-13 Uhr und 14-18 Uhr; Montag geschlossen. Eintritt: ca. 6 DM.

▶ **Museo dell'Opera del Duomo:** im Vorderflügel des baulich unvollendeten, mit seiner monumentale Freitreppe aber dennoch beeindruckenden *Palazzo dei Papi*. Hier ist in ziemlich willkürlicher Anordnung eine Sammlung früher mittelalterlicher Kunst aufbewahrt. Die Kostbarkeiten: In der Mitte des Saals befinden sich Teile eines Flügelaltars (Polyptichon) von *Simone Martini* (1280-1344). Auf der rechten Seite ein von *Signorelli* mit einem Selbstbildnis bemalter Ziegel - ein Geschenk an seinen damaligen Geldgeber. Weiterhin sind Skulpturen Sieneser Künstler und verschiedene Madonnenbilder zu sehen.
Ist das Museum während der Öffnungszeiten geschlossen, so rate ich, etwas auffällig davor auf und ab zu gehen. Es kommt dann schon jemand mit nettem Grinsen aus der nächsten Bar (bei jungen Damen beeilt er sich etwas mehr). 1994 aber war gar nichts zu machen - *restauro*.

▶ **Archäologisches Museum** (*Museo Claudio Faina, gegenüber vom Dom):* Ursprünglich waren die archäologischen Funde im Privatbesitz des Grafen *Mauro Faina* in Perugia. Nach seinem Tod wurden sie durch die *Stiftung Faina* nach Orvieto gebracht und durch weitere Funde aus umliegenden Totenstätten erweitert. Trinkgefäße, versilberte Vasen, Skulpturen aus gebranntem Ton, sehr schöne griechische Amphoren - Zeugnisse des lebhaften Handels zwischen Etruskern und Griechen
*Öffnungszeiten*: 9-13 und 14.30-16.30 Uhr (Winter), 9-13 und 15 -18.30 Uhr (Sommer). Montag geschlossen. *Eintritt*: ca. 4 DM.

▶ **Palazzo del Capitano del Popolo:** An der *Piazza del Popolo*, dem größten Platz der Stadt, ragt dieser freistehende zinnenbewehrte Tuffstein-Palast in den Himmel. Eine Bildstörung verursachen einzig die seit

### Drahtseilbahn mit Wasserkraft

Oberhalb vom Pozzo S. Patrizio stand noch bis in die 80er Jahre das verlassene Gebäude der Bergstation der im Jahr 1968 stillgelegten wasserbetriebenen(!) Drahtseilbahn (Funicolare). Über 8 Jahrzehnte hinweg hatten die zwei Gondeln Personen von der Talstation hinauf in die Stadt befördert und von der Stadt zum Bahnhof hinuntergebracht. Jede Gondel besaß einen im Boden eingelassenen großen Wasserbehälter, der - je nach Anzahl der zu befördernden Personen (maximal 20) - mit Wasser aus der höher gelegenen und Orvieto versorgenden Tione-Quelle gefüllt wurde. Immer soviel, daß das Gewicht der Gondeln im Gleichgewicht lag und sie sich selber zogen. Vor jeder Fahrt informierte sich das Bahnpersonal telefonisch über die Anzahl der Personen, worauf oben die entsprechende Wassermenge zugeführt und nach der Ankunft unten im Tal wieder in den Bach abgelassen wurde - optimal!
Die Kommune hatte das Projekt irgendwann an eine Privatperson verkauft, die später Bankrott ging.

---

Jahren anhaltenden Bauarbeiten an der Piazza und die Autofahrer, die hier meist vergeblich einen Parkplatz suchen. Erbaut wurde der Palast mit der erdgeschoßigen Loggia und dem seitlichen Treppenaufgang Mitte des 12. Jh. als Residenz des päpstlichen Vertreters in Orvieto. Später stellte ihn die Kirche dem *Capitano* (Stadthauptmann) zur Verfügung.

▶ **Brunnen des Heiligen Patrick** *(Pozzo di San Patrizio):* Eine genial durchdachte Brunnenkonstruktion! Papst *Clemens VII.*, der nach der Plünderung Roms 1527 in Orvieto Zuflucht gesucht hatte, ließ einen Quellbrunnen graben, um im Falle einer Belagerung der Stadt die *Festung Albornoz* mit ausreichend Trinkwasser versorgen zu können. Als Architekt und Baumeister beauftragte er *Antonio Sangallo*. Zehn Jahre dauerte es, bis die Bürger der Stadt den tiefen Schacht ausgehoben und die Rundmauern mit Lehm und Ziegelsteinen sowie Tuffsteinblöcken hochgemauert hatten. Umsonst, denn der Papst segnete noch vor seiner Fertigstellung (1534) das Zeitliche, und der Brunnen wurde in seiner eigentlichen Funktion nie genutzt.

Er ist fast 62 m tief und 13,4 m breit. Von den beiden Eingängen führen zwei übereinanderliegende Spiralen mit jeweils 248 abgeflachten Stufen hinab zur Quelle. Die Treppengänge sind so angelegt, daß sie einander nicht berühren. Nur durch einen kleinen Steg am Grund des Brunnenschachts knapp über dem Wasserspiegel sind sie miteinander verbunden - die zum Wasserholen vorgesehenen Esel (heute sind's die Touristen) sollten sich beim Ab- und Aufstieg nicht behindern.

Seinen Namen erhielt der Brunnen von St. Patrick, der in einer dem Brunnenschacht vergleichbaren tiefen Höhle auf einer Insel bei Irland lebte. An der Außenmauer ist zweimal die lateinische Inschrift angebracht: QUOD NATURA MUNIMENTO INVIDERAT INDUSTRIA ADIECIT (*was die Natur dem Ort vorenthielt, hat ihm regsamer Fleiß verliehen*).

*Öffnungszeiten*: April - September 9.30-19 Uhr; Oktober - März 10-18 Uhr; Eintritt ca. 6 DM.

▶ **Nekropole Crocifisso del Tufo**: Die etruskische Totenstadt wurde 1830 bei Straßenbauarbeiten entdeckt. Die in einer Reihe ausgerichteten Kammergräber sind aus Tuffsteinblöcken gehauen. Über jedem Eingang der rechteckig angelegten Grabzellen ist in der von rechts nach links laufenden etruskischen Schrift der Name des Toten eingemeißelt. Die Grabfunde sind im Archäologischen Museum ausgestellt.

*Öffnungszeiten*: 9 Uhr bis eine Stunde vor Sonnenuntergang; Eintritt frei.
*Anfahrt*: Die Nekropole liegt auf halber Höhe an der Straße zwischen der Stadt und dem Bahnhof. Gut beschilderter Weg - mit Auto oder Bus leicht zu erreichen (Buslinie 1 ab Dom).

## Was haben Sie entdeckt?

Bitte schreiben Sie uns, wenn Sie Kritik, Anregungen, Verbesserungen oder Empfehlungen haben. Wo war Ihre Lieblingstrattoria, in welchem Hotel haben Sie sich wohlgefühlt, welchen Campingplatz würden Sie wieder besuchen?

Verlag Michael Müller
Stichwort Toscana
Gerberei 19
91054 Erlangen

# Bestellung

☐ Ich möchte gerne unverbindlich das aktuelle Verlagsprogramm mit den Neuerscheinungen übersandt haben.

Alle unsere Titel sind im Buchhandel lieferbar, bitte bestellen Sie dort. Falls sich kein Buchladen in Ihrer Nähe befindet, liefern wir auch direkt.

## Bitte schicken Sie mir

Preisangaben in DM

- ... Altmühltal 29.80
- ... Amsterdam 26.80
- ... Andalusien 32.80
- ... Apulien 29.80
- ... Baltische Länder 39.80
- ... Berlin 29.80
- ... Bodensee 29.80
- ... Bretagne 36.80
- ... Donau (deutsche) ca. 29.80
- ... England 36.80
- ... Fränkische Schweiz 29.80
- ... Gomera 29.80
- ... Griechenland/Gesamt 39.80
- ... Griechische Inseln 39.80

Mit der Eisenbahn durch Europa

- ... Gesamt 29.80
- ... Mitte/Süd 32.80
- ... Skandinavien/Dänemark (Zone B + Dänemark) 22.80
- ... Frankreich/Benelux/Großbritannien/Irland (Zone E/A) 26,80
- ... Irland ca. 36.80
- ... Italien-Gesamt 42
- ... Italienische Riviera 29.80
- ... Karpathos 24.80
- ... Katalonien 26.80
- ... Korfu/Ionische Inseln 29.80
- ... Korsika 36.80
- ... Kos 29.80
- ... Kreta 39.80
- ... Kreta Info-Karten 16.80
- ... Kykladen 36.80
- ... La Palma 29.80
- ... La Palma Info-Karte ca. 12.80
- ... Lanzarote 32.80 DM
- ... Lesbos 29.80
- ... Niederlande 36.80
- ... Nord/Mittelgriechenland 39.80
- ... Nordspanien 32.80
- ... Norwegen ca. 39.80
- ... Nürnberg 24.80
- ... Oberitalien 32.80
- ... Peloponnes 36.80
- ... Polen 39.80
- ... Portugal 36.80
- ... Rhodos & Dodekanes 32.80
- ... Rom/Latium 32.80
- ... Samos/Chios/Lesbos 34.80
- ... Sardinien 32.80
- ... Sauerland 29.80
- ... Schottland ca. 36.80
- ... Sizilien 34.80
- ... Slowenien/Istrien 29.80
- ... Spanien-Gesamt 39.80
- ... Südwestfrankreich 36.80
- ... Teneriffa ca. 29.80
- ... Toscana 39.80
- ... Tschechische und Slowakische Republik 39.80
- ... Türkei-Gesamt 39.80
- ... Türkei-der Osten 34.80
- ... Ungarn 36.80
- ... Zypern 32.80

Ausschneiden, auf eine Postkarte kleben oder in einen Briefumschlag stecken und ab geht die Post (Absender nicht vergessen)! Zustellung postwendend und portofrei, gegen Rechnung

Michael Müller Verlag, Gerberei 19, 91054 Erlangen

# *Verlagsprogramm*

## Mit der Eisenbahn durch Europa

*von Eberhard Fohrer:*
Unsere Reihe bietet maßgeschneiderte Bücher für Bahnfahrer in Europa (Interrail, Euro-Domino, Bahnpässe). In den regional (und neuerdings auch nach den 1994 eingerichteten Zonen) gegliederten Büchern sind die schönsten Bahnlinien, Städte, günstige Übernachtungsmöglichkeiten, preiswerte und gute Lokale, Sehenswürdigkeiten und Routen enthalten. Die Reihe umfaßt bisher folgende Titel:

- **Europa-Gesamt,** 724 Seiten.
- **Europa Mitte / Süd,** 560 Seiten.
- **Skandinavien/Dänemark** (Zone B+Dänemark) 204 Seiten.
- **Frankreich/Benelux/GB/Irland** (Zone A/E), 348 Seiten

## NORWEGEN

**Neu**

Nordkap und Fjorde, vielleicht noch Ibsen, Grieg oder der Friedens-Nobelpreis und, natürlich, die leidige Walfang-Politik – sonst noch was im Land der Fjorde? Überall naturverliebte Wanderer und skiverrückte Loipenläufer sonst noch wer im Eldorado der Outdoor-Fans? Jenseits von Klischees und Superlativen stellen wir die Heimat von Telemark-Schwung und Büroklammer vor. Wo man/frau radfahren oder wandern kann, wann welche Fähre verkehrt, und wo die preiswertesten "hytta" zu finden sind – das und vieles mehr verrät dieses Norwegenbuch.

Koch, Hans-Peter; ca. 550 Seiten.

## GROSSBRITANNIEN

### England

Hohe Kliffs bei Dover, endlose Sandstrände im Süden. Im Inland wechseln sanfte Hügel und Täler mit weiten Weide- und Heideflächen, dazwischen zwängen sich kleine, urige Dörfer mit schlichten Steinkirchen und alten Fachwerkhäusern. Im Süden Cornwall - die englische Riviera mit subtropischer Pflanzenwelt, zerklüfteter Steilküste und pittoresken Hafenstädten. London: europäische Metropole und ethnischer Schmelztiegel, Parks und Paläste, Kirchen und Museen, die roten Doppeldeckerbusse - und ein vielfältiges Kultur- und Nachtleben.

Zeutschner, Michael; 576 Seiten.

### Schottland

**Neu**

Zu Besuch bei den Volksbarden Scott und Burns und den Schlössern der Lowlands. Bottlenose-Delphine, die nichts mit Whiskeyflaschen zu tun haben. Traumstrände auf den Hebrideninseln Barra und Lewis, Wanderungen durch einsame Heidelandschaften. Mystische Kultstätten und die Steingräber der Könige. Puffins in der atemberaubenden Klippenszenerie entlang der Westküste. Dazu die Orkney- und Shetlandinseln – wo die Sonne nicht mehr untergeht und der Whiskey aus Wikingerhelmen geschlürft wird.

Neumeier, Andreas; ca. 500 Seiten.

## IRLAND

**Neu**

Ist die "grüne Insel" wirklich ein Patchwork unverdorbener Landschaften? Hat jedes Dorf einen Pub? Was blieb von den Kelten? Diesen und anderen Fragen ist unser Autor nachgegangen. Er hat dabei die düsteren Hinterhöfe Dublins genauso erkundet wie die halsbrecherischen Klippen am Atlantik, neue Wanderwege und alte Wasserstraßen aufgespürt, Betten getestet, Speisen gekostet, Fahrpläne studiert, die irische Gemütslage am Tresen und anhand von Gay Byrne's "Late Night Show" erkundet – damit Sie die guten Erfahrungen teilen können und die schlechten nicht selbst machen müssen.

Braun, Ralph-Raymond; ca. 500 Seiten.

## NIEDERLANDE

### Niederlande
Wasser ist das dominierende Element - unzählige Kanäle, Flüsse und Wasserläufe durchkreuzen die weiten Ebenen. Im Sommer wird auf jeder Wasserfläche gesurft, gesegelt oder gerudert. Die Badestrände am Meer reichen von der belgischen bis zur deutschen Grenze. Aber auch die Städte, allen voran Amsterdam, sind ein Muß - entlang der zahllosen Grachten ziehen sich lange Reihen von bilderbuchreifen Patrizierhäusern aus dem 17. und 18. Jh.
**Sievers, Dirk; 576 Seiten.**

### Amsterdam
Ein detaillierter Führer durch sämtliche Viertel der jugendlichsten Hauptstadt Europas mit einer Fülle praktischer Tips: Grachten und Märkte, Museen und Galerien, Hotels und Restaurants, Theater, Konzertsäle, Discos, Bars . . . Alles über die holländische Kultur von Hieronymus Bosch bis zum Jenever, dem holländischen Gin.
**Dunford / Holland; 244 Seiten.**

## PORTUGAL

Im Norden wildromantische Gebirgslandschaft mit saftig grünen Wiesen und das einsame Gebiet **Neu** "Tras-os-Montes" (hinter den Bergen). In Zentralportugal lockt die nostalgische Weltstadt Lissabon und an der rauhen Westküste unzählige Strände. Nur im äußersten Süden, am schmalen Küstenstreifen der Algarve, konzentriert sich der internationale Tourismus.
**Müller, Michael; 396 Seiten.**

## FRANKREICH

### Bretagne
Meerumspülte und sagenumwobene Granit-Halbinsel, die man für das Ende der Welt hielt - Hinkelsteine, Kirchenkunst und 4000 km Küste. Wo einst die Druiden ihre Zaubertränke brauten, locken heute moderne Badeorte und kilometerlange Strände. Rund 500 Seiten prall gefüllt mit handfesten Informationen und wunderschönen Geschichten über Dolmen und Menhire, Kirchen, Kapellen und Calvaires von Mont St. Michel bis La Baule . . .
**Grashäuser / Schäffer; 636 Seiten**

### Korsika
Die "Insel der Schönheit": von traumhaften Badebuchten hinauf zu entlegenen Hochtälern. Kastanienwälder, Korkeichen und eine wild duftende Macchia. Geschichte und Geschichten von der Menhir-Kultur bis zur Gegenwart. Vorschläge zu aufregend schönen Wanderungen - und natürlich eine Fülle praktischer Tips: Hotels, Campingplätze, Restaurants etc.
**Schmid, M. X.; 396 Seiten.**

### Südwestfrankreich
Atlantikküste und Pyrenäen -
im Gleitflug entlang der höchsten Düne Europas, endlose Sandstrände, kleine Städte mit großer Geschichte. La Rochelle, Bordeaux, Biarritz und das Baskenland. Viele Ausflüge ins Hinterland und in die Pyrenäen.
**Schmid, M. X.; 384 Seiten.**

## Katalonien
Eine selbstbewußte Nation im Nordosten Spaniens, mit eigener Sprache und Kultur.
Die schönsten Winkel der Costa Dorada, Wandern in den Pyrenäen, Entdeckungstouren im unberührten Ebro-Delta; griechische und römische Ausgrabungsstätten, romanische Kirchen und gotische Klöster. Und natürlich die schillernde Metropole Barcelona.
**Schröder, Thomas; 288 Seiten.**

# KANARISCHE INSELN

## Gomera
Das immergrüne Paradies vor der Küste Afrikas - Lorbeerwälder und bizarre Schluchten! Niveauvoller Winterurlaub neben Palmen und Bananenhainen auf der abwechslungsreichsten Kanarischen Insel. Die schönsten Wanderungen, die preiswertesten Residencias, die besten Bars und Strände.
**Zeutschner / Burghold / Igel; 250 Seiten.**

## La Palma
"La Isla Verde", die grüne Insel! Bislang vom Massentourismus übersehen, gilt La Palma, drittkleinste und westlichste der Kanarischen Inseln, als Geheimtip für Wanderer und Individualreisende. Höchste Zeit also für einen Trip zu den Lorbeerurwäldern und einem der größten Vulkankrater; an menschenleere, vulkansandige Badebuchten und in noch gesunde Pinienwälder.
**Koch, Hans-Peter / Börjes, Irene; 324 Seiten.**

## La Palma Info-Karte   Neu
Die Straße zur Hauptstadt kann niemand verfehlen, aber mit dem Weg zu den Höhlen der Ureinwohner ist das schon schwieriger. Die La Palma Info-Karte macht noch lange nicht Schluß wo herkömmliche Straßenkarten aufhören. Die Karte enthält auf Vorder- und Rückseite ausführliche Textteile zu den wichtigsten Sehenswürdigkeiten, beschreibt Wanderungen, etc.
**Börjes, Irene / Ladik, Judit**

## Lanzarote   Neu
Die nordöstlichste Kanarische Insel weist eindrucksvolle Zeugnisse des Vulkanismus auf – eine Mondlandschaft mit über 300 Vulkanen. Ausflüge z.B. in die Feuerberge verdeutlichen dem Besucher eindrucksvoll die Wirkungskraft vulkanischer Tätigkeit. Berühmt und beliebt ist die Insel aber vor allem wegen ihrer kilometerlangen schwarz-, aber auch weiß- und goldsandigen Strände.
**Fohrer, Eberhard; 452 Seiten.**

## Teneriffa   Neu
Spaziergang über den Wolken, ganz allein inmitten von 1000 Blüten und summenden Bienen oder lieber ein Bad im schäumenden Atlantik? Mit dem Reisehandbuch von Irene Börjes findet man sie noch, die stillen Ecken auf der klassischen Urlauberinsel Teneriffa, die kleinen Orte, wo in unscheinbaren Lokalen das deftige Essen der Bauern oder frischer Fisch auf den Tisch kommt. Das Buch ist vollgepackt mit Informationen über die Insel und ihre Menschen.
**Börjes, Irene; ca. 300 Seiten.**

# SPANIEN

## Spanien
Ein faszinierendes Reiseland mit vielen Gesichtern: endlose Atlantikstrände und hochalpine Bergwelt, gotische Kathedralen und maurische Burgen, Paella in Valencia oder Austern in Vigo. Zahllose wertvolle Tips zu Badeplätzen, Verkehrsmitteln und Tapa-Bars, zu Paradores, Hostals und Campingplätzen, zu urbanen Abenteuern in Barcelona und Madrid; dazu detaillierte Infos über Sehenswürdigkeiten und Hintergründe. Von der Costa Brava bis Galizien: ganz Spanien im Griff.
**Schröder, Thomas; 684 Seiten.**

## Andalusien
Flamenco und Stierkampf, Sonne am Meer und Schnee auf der Sierra, menschenleere Wüsten und weiße Dörfer. Orient in Sevilla, Cordoba und Granada. Schloßquartiere und Landgasthöfe, Landrovertour am Guadalquivir und Streifzug durch die Alhambra, Gazpacho in Ronda und Sherry in Jerez: detailliertes Tips zu Hotels, Camping, Restaurants und Verkehrsmitteln; zuverlässige Infos über die einsamsten Badeplätze, die reizvollsten Wanderungen und Autotouren, zu Sehenswürdigkeiten und Geschichte.
**Schröder, Thomas; 396 Seiten.**

## Nordspanien
Von den sanften Buchten des Baskenlandes bis zu den tiefen Rías Galiciens: Das "grüne Spanien" ist anders. In unserem Reisehandbuch finden Sie Entdeckungstips für jeden Geschmack: elegante Seebäder an der Küste, Naturparks im Hochgebirge, uralte Kirchlein am Jakobsweg, steinzeitliche Zeichnungen in Tropfsteinhöhlen. Und natürlich alle praktischen Informationen: Übernachten im familiären Hostal und im Burgparador, Reisen mit Auto, Mietwagen, Bus und der längsten Schmalspurbahn Europas, Apfelweinbars in Asturien und Austernstränden in Vigo, das Nachtleben der Großstädte, Fiestas und Ferias und und und...
**Schröder, Thomas; 384 Seiten.**

# GRIECHENLAND

## Griechenland Gesamt
Eine konzentrierte Zusammenfassung unserer Griechenlandreihe. In seiner Informationsfülle bestechend. Gesamtes Festland, Peloponnes und über 65 Inseln! Flächendeckend zahllose Tips, die sich schnell bezahlt machen: günstige Hotels, lohnende Tavernen, Nachtleben, Sehenswürdigkeiten, Ausgrabungen u. v. m.
**Fohrer / Kanzler / Siebenhaar; 726 Seiten.**

## Griechische Inseln
Inseln wie Sand am Meer - Nördliche und Südliche Sporaden, Ionische und Saronische Inseln, Dodekanes, Kykladen, Kreta und mehr. 75 griechische Inseln in einem Band vom Norden bis tief in den Süden! Alles Notwendige und viel Wissenswertes: Übernachten, Baden, Camping, Wandern, Tavernen, Klöster, Bootstrips, Sport, Ausflüge ins unberührte Hinterland.
**Fohrer / Kanzler / Siebenhaar; 660 Seiten.**

## Kykladen
Mittelpunkt der griechischen Inselwelt: Mykonos, Paros, Naxos, Santorini und 21 weitere Inseln. Die schönsten Strände, Tavernen, die nicht jeder kennt, preiswerte Pensionen und Hotels. Vulkane, Klöster, Eselspfade - vom Rummel in die Einsamkeit.
**Fohrer, Eberhard; 576 Seiten.**

## Peloponnes
Alles zum "Herzen" Griechenlands und der umliegenden Inselwelt. Kilometerlange Sandstrände bei Killini, die weltberühmten Ausgrabungen von Olympia und Mykene, das Theater von Epidauros, die karge Halbinsel "Mani", Mistra - die verfallene Klosterstadt, die Inseln Kephallonia, Ithaka, Zakynthos, Lefkas, Hydra, Spetse, Ägina und und und.
**Siebenhaar, H.-P.; 516 Seiten.**

## Korfu und Ionische Inseln
Griechenland mal anders - italienisches Flair und griechische Lebensart. Viele praktische Tips zu den grünen Inseln vor der Westküste Griechenlands. Korfu, Kephallonia, Zakynthos, Ithaka und die winzigen Eilande im Umkreis - bis auf Korfu noch abseits der Touristenströme.
**Kanzler P./ Siebenhaar H. P.; 288 Seiten.**

## Kreta
Schluchten, Meer, Palmenstrand. Über 600 Seiten Information und Hintergründe - die schönsten Strände, versteckte Fischerdörfer, minoische Paläste, byzantinische Fresken, familiäre Pensionen. Außerdem jede Menge detaillierte Wanderrouten. Ein unentbehrlicher Begleiter, der sich schnell bezahlt macht.
**Fohrer, Eberhard; 672 Seiten.**

## Kreta Info-Karten
Unsere Kreta-Info-Karten enthalten auf 3 Blättern (West, Mitte u. Ost) alles Wissenswerte zu Straßen, Routen, Stränden, Campingplätzen, etc. sowie im Textteil (auch auf der Kartenrückseite) relevante Sehenswürdigkeiten, empfehlenswerte Hotels, Restaurants u. v. m. Integrierte Stadt- und Ausgrabungspläne runden das gleichermaßen sehens- wie lesenswerte *Kretakompendium* ab.
**Fohrer, Eberhard / Ladik, Judit; 3 Info-Karten.**

## Kos
Eine attraktive, einladende Insel, die für jeden Geschmack etwas zu bieten hat: weite Sandstrände, klares Wasser, gut erhaltene Sehenswürdigkeiten, winzige Bergdörfer sowie viel Kultur - von Hippokrates bis zu den alten Römern. Das durchgehend vierfarbig gestaltete Buch enthält jede Menge Tips auch abseits ausgetretener Touristenpfade.
**Naundorf, Frank / Greiner, Yvonne; 256 Seiten.**

## Samos, Chios, Lesbos
Inseln für Individualisten - reich an Landschaft, Kultur und Architektur. Unser Buch, aktuell, vielseitig und genau recherchiert, führt Sie an unverbaute Strände, zu versteckten Sehenswürdigkeiten u. auf reizvolle Wanderungen, bringt Ihnen Mythologie, Geschichte und Alltagsleben der Inseln nahe und erleichtert mit einer Fülle praktischer Informationen die Reisepraxis.
**Schröder, Thomas; 444 Seiten.**

## Nord- und Mittel-Griechenland
Reisehandbuch mit vielen praktischen Tips zum griechischen Festland. Baden auf Chalkidiki, Bergwandern auf dem Olymp, Meteora-Klöster zwischen Himmel und Erde, das Orakel von Delphi . . . Athen, die Millionenstadt. Dazu die vorgelagerten Inseln: Korfu, Skiathos, Thassos, Samothraki, Limnos u. v. m.
**Kanzler, Peter / Neumeier, Andreas; 610 Seiten.**

## Rhodos & Dodekanes
Aktuelle Informationen zu einer der schönsten Ecken Griechenlands. In der unendlichen azurblauen Weite der Südägäis zwischen Kreta und der türkischen Küste liegen ein Dutzend Inseln: Rhodos - mittelalterliche Gäßchen zwischen wuchtigen Burgmauern; Kos - ein schwimmender Garten; Kalymnos - das Schwammtaucherparadies.
**Kanzler, P. / Siebenhaar H.-P., 324 Seiten.**

## Karpathos `Neu`
Die Außenseiterin! Zwischen Rhodos und Kreta liegt die Oase, die ohne den Tourismus groß geworden ist. Wenige, aber motivierte Besucher kommen – und entdecken eine der abwechslungsreichsten Inseln der Ägäis! Abgesehen von der Region um die Hauptstadt Pighadia, ist Karpathos noch nahezu frei von jeglicher touristischer Ausuferung. Das Buch enthält viele Wandervorschläge nebst nachvollziehbaren Skizzen.
**Schwab, Antje / Schwab, Gunther; ca. 220 Seiten.**

## Lesbos `Neu`
Die drittgrößte Insel Griechenlands bietet entsprechend weiten Raum für Entdeckungen. Landschaftlich sehr vielfältig, gilt Lesbos als bevorzugtes Reiseziel für Individualisten. Der Titel ist durchgehend vierfarbig gestaltet und enthält 20 ausgesuchte Wandervorschläge.
**Schröder, Thomas; 256 Seiten.**

## ITALIEN

### Italien
Gelato, Cappuccino, Campari . . . Viele praktische Tips für jeden, der den Stiefel bereist, ausführlich und aktuell: Kneipen, Ristoranti, Übernachtungsmöglichkeiten, Camping, Sehenswürdigkeiten, Badeurlaub - vom hektischen Mailand bis zum faszinierenden Palermo, Surfen am Gardasee, Camping am Gargano, endlose Sandstrände an Adria und Tyrrhenischem Meer und Mittelalter in der Toscana.
**Fohrer, Eberhard; 742 Seiten.**

### Oberitalien
Südtirol, die oberitalienischen Seen, die historischen Städte der Poebene, Riviera, Adria und Venedig. Jede Menge handfester Tips: Wandern in Cinque Terre, Bummeln in Venedig, Mode in Mailand, Surfen am Gardasee, Opernfestspiele in Verona, Schlemmen in Bologna... Ein praktisches Reisehandbuch für das Land zwischen Alpen und Mittelmeer.
**Fohrer, Eberhard; 384 Seiten.**

### Toscana
Toscana, Umbrien, Elba - ein nützliches Reisebuch zur vielfältigsten Region Italiens. Zahllose praktische Tips zu Unterkunft, Ristoranti, Sehenswertem, Kunst und Kultur . . . Florenz, Siena, Perugia - Chianti kosten in Castellina, Filetto im Chiana-Tal, Michelangelo und die Medici-Gräber.
**Müller, Michael; 540 Seiten.**

### Rom
Umfassender Reiseführer über die Weltstadt und ihre Provinz (Latium) - zahlreiche Tips zu Sehenswürdigkeiten aus der ganzen Geschichte bis heute. Außerdem Café Greco, Eis bei "Giolitti", die Gärten von Tivoli . . . Restaurants / Hotels / Nachtleben, Bekanntes und Verstecktes, kleine Orte wie vor 100 Jahren . . .
**Hemmie, Hagen; 488 Seiten.**

### Sardinien
Eine Insel zum Entdecken - kilometerlange Sandstrände, meerumspülte Felsbuchten, uralte Korkeichenwälder, winzige Bergnester . . . Eine Fülle praktischer Hinweise zu Übernachten, Essen, Baden, Sehenswertem, außerdem viele Hintergrundinformationen, Geschichte und Geschichten u. v. m.
**Fohrer, Eberhard; 580 Seiten.**

### Apulien
Ein detaillierter Führer zum äußersten Südosten des Stiefels. Abwechslungsreich die Landschaft von der Ebene des Tavoliere um Foggia bis hin zum felsigen - im Innern über 1000 m hohen - Gargano, dem Sporn des Stiefels, oder der langgezogenen Stiefelferse, dem Salento, weithin flach und steinig, trotzdem ungewöhnlich und keinesfalls uninteressant. Badeurlaub vom Feinsten an den weißen Sandstränden des Gargano, Bummeln in Lecce und viel Geschichte in Castel del Monte.
**Machatschek, Michael; 336 Seiten.**

### Sizilien
Italiens südlichste Ecke - Sommer von April bis November! Griechische Tempel und normannische Kathedralen, lange Strände und malerische Schluchten. Wertvolle Tips zu Camping, Hotels, Restaurants und Fortbewegung, reichlich Infos zu Geschichte und Sehenswürdigkeiten. Sightseeing in Palermo, Vulkanbesteigung auf Stromboli, Baden im Nationalpark Zingaro. Unentbehrlich für Sizilien-Entdecker.
**Schröder, Thomas; 468 Seiten.**

### Italienische Riviera/ Cinque Terre `Neu`
Die italienische Riviera – 300 Küstenkilometer – zwischen der französischen Cote d´Azur und der toscanischen Versilia: seit über 100 Jahren ein Zauberwort. Ob Baden an der Blumenriviera, Wandern in der dramatischen Küstenlandschaft der Cinque Terre oder Ausflüge zu den mittelalterlichen Bergdörfern des ligurischen Hinterlandes – der Titel bietet hierzu alle notwendigen Informationen.
**Machatschek, Michael; ca. 300 Seiten.**

## SÜDOSTEUROPA

### Slowenien & Istrien `Neu`
Ob Wandern in den Julischen Alpen und den Karawanken, Badeurlaub an den ausgedehnten Stränden der Istrischen Halbinsel, flanieren in Ljubljana oder ein Besuch der weltberühmten Grottensysteme von Skocjan und Postojna – das Buch bietet jede Menge brandneuer Informationen für Reisende jeglicher Couleur.
**Marr-Bieger, Lore; ca. 350 Seiten.**

# OSTEUROPA

## Baltische Länder
Jahrelang versteckt hinter dem Eisernen Vorhang, eröffnet sich nun ein völlig neues und abenteuerliches Reiseziel, in dem es noch viel zu entdecken gibt. Das Baltikum – menschenleere Strände entlang der Bernsteinküste. Mystischen Höhlen, dichten Wäldern und glasklaren Seen stehen alte Ordensburgen und die wiederaufblühenden baltischen Metropolen gegenüber. Ein gelungener Wechsel zwischen wilder nordischer Natur und einer Reise in das Zeitalter der Hanse und Kreuzritter.
**Marenbach, Claudia; 552 Seiten.**

## Polen
Die hohen Gipfel der Tatra, die beschaulichen Masurischen Seen und die urwüchsige Bialowiezer Heide lohnen einen Besuch, und abseits der ausgetretenen Pfade birgt Polen noch viele Überraschungen.
Am Kreuzungspunkt zwischen Ost und West war Polen oft das turbulente Kernland Europas. Jahrhunderte von Invasionen und Auswanderung haben ihre Spuren hinterlassen, aber trotz der Schrecken der jüngsten Vergangenheit hat Polen seinen Sinn fürs Feiern und seine traditionelle Gastfreundschaft bewahrt.
**Salter M. / McLachlan G.; 506 Seiten.**

## Ungarn
Alles über Land und Leute - nicht nur Budapest und Plattensee. Für den Reisenden akribisch recherchiert und detailliert beschrieben: Übernachten, Essen, Sehenswertes, Shopping, Kultur, Camping, Wandern, Heilbaden, Reiten usw. Dazu viele Hintergrundstorys zu Interessantem und Kuriosem: Tokajer Weine, Pferdezucht, Donaukraftwerk, Pußtaausflüge...
**Zeutschner, Heiko; 528 Seiten.**

## Tschechische u. Slowakische Republik
Von Westböhmen mit seinen pompösen Kurbädern bis zum Mährischen Karst mit bizarren Felsen, Höhlen und unzähligen Burgen – von der Donau-Niederung in die Hohe Tatra – ist dieses Buch ist hierbei ein nützlicher und unentbehrlicher Begleiter: ob in Prag, Bratislava oder Olomouc . . .
**Humphreys, R; 552 Seiten.**

# ZYPERN

## Zypern
Die drittgrößte Mittelmeerinsel liegt geographisch, ethnisch und politisch an der Schwelle zwischen Orient und Okzident. Bizarr, gegensätzlich und vielseitig präsentiert sich das Eiland auch dem Besucher: Wandern im Pentadaktilos- und Troodosgebirge, Badefreuden an den Stränden des Südens und Flanieren in den englisch geprägten Städten. Das Buch enthält viele praktische Tips zum Reisen im griechischen Süden und türkischen Norden der Insel.
**Braun, Ralph Raymond; 466 Seiten.**

# TÜRKEI

## Türkei - Gesamt
Verlockung des Orients - gut erhaltene Ausgrabungsstätten, einsame Sandstrände und preiswertestes Urlaubsland am Rande Europas. Türkei komplett: Istanbul, gesamte Ägäis- und Mittelmeerküste, Inneranatolien, Kappadokien, Schwarzmeer, Van-See, Ararat und Nemrut-Dagi. Tausende von Adressen und Tips, aktuell und gründlich recherchiert.
**Weber u. a.; 828 Seiten.**

## Türkei - Mittelmeerküste, Kappadokien, Istanbul
Alles Wissenswerte zur "türkischen Riviera" - Übernachten, Essen, Sehenswertes . . . Badeurlaub im Schatten von Kreuzritterburgen und Minaretten. Im Hinterland Ausgrabungen von Weltrang: Ephesus, Troja, Milet. Kleinode in Inneranatolien, Istanbul, an der Südküste.
**Grashäuser / Weber; 636 Seiten.**

## Türkei - der Osten incl. Istanbul
Vom großen Tourismus unberührt: Anatolien mit der unendlichen Weite seines Hochlands und der tiefgrünen Küste des Schwarzen Meeres. Der bergumrahmte Van-See, Erzurum, die orthodoxe Metropole des Ostens, der Bibelberg Ararat oder Trabzon und die alte Kaiserhauptstadt Trapezunt, locken zu einer Entdeckungsreise. Ein zuverlässiger und unterhaltsamer Reisebegleiter.
**Grashäuser / Schmid; 574 Seiten.**

## DEUTSCHLAND

### Fränkische Schweiz
Ursprüngliche Mittelgebirgslandschaft in Oberfranken. Üppiger Mischwald an den Talhängen, dazwischen helle Kalksteinfelsen, versteckte Dörfer, Tropfsteinhöhlen, Burgen, Mühlen und 100 Privatbrauereien (!). Viele Tips zu urigen Kneipen, Wanderungen, Kultur zwischen Heinrich II. und Wagner . . .
Siebenhaar / Müller; 280 Seiten.

### Altmühltal und Fränkisches Seenland
Ein praktisches Reisehandbuch mit vielen Hinweisen zu Kultur und Geschichte des Altmühltals. Tips zum Segeln, Surfen, Wandern, Radeln und Bootfahren. Viele aktuelle Übernachtungstips und Restaurantadressen.
Schrenk, Johann; 342 Seiten.

### Berlin
Das Handbuch zur Weltstadt - für Neuentdecker und Fortgeschrittene. Prall gefüllt mit praktischen Informationen aus Ost und West. Ausführlich, aktuell und unentbehrlich - für Einheimische und Zugereiste.
396 Seiten.

### Sauerland
"Heiko Zeutschner (...) geht ausführlich (...) ans Werk und geht dabei die Details so dicht an, daß er mit seiner interessanten, praktischen und unterhaltsamen Darstellung (...) die Grenzen eines gängigen Reiseführers (...) überschreitet."
Frankfurter Allgemeine Zeitung
"Der zur Zeit beste Urlaubsführer durch die Region...", Einkaufszentrale für öffentliche Bibliotheken
Zeutschner, Heiko; 428 Seiten.

### Bodensee
Alles über den Bodensee - von Meersburg bis Lindau, von Bregenz bis Konstanz. Die schönsten Wandergebiete, Baden, Camping, Sport, Einkaufen, gute Restaurants, preiswert Übernachten (aber auch mit mehr Komfort) u. v. m. Einsame Plätze und Touristenrummel; Hermann Hesse und Graf Zeppelin auf der Spur. . .
Siebenhaar, H.-P.; 350 Seiten.

### Donau  **Neu**
#### Von der Quelle bis nach Passau
Die Donau, der vökerverbindende Strom, der sagenumwobene Fluß der Kelten und Nibelungen. Wie auf einer Perlenkette aufgereit die ehemals freien Reichstädte Ulm und Regensburg, die Domstadt Passau, die Kunstadt Neuburg, Ingolstadt, die "Schanz" und Kelheim mit seiner Walhalla. Das Reisehandbuch enthält alles Wissenswerte über Landschaft, Kultur, Geschichte und Sehenswertes.
Schrenk, Johann; ca. 350 Seiten.

### Nürnberg/Fürth  **Neu**
Nürnberg hat nicht nur innerhalb der Stadtmauern Sehenswertes zu bieten: Das "multikulturelle" Gostenhof, die "bürgerliche" Nordstadt und die "rote" Südstadt sind genauso einen Besuch wert wie die barocken Hesperidengärten in St. Johannis, das Industriedorf Hammer oder die Trabantenstadt Langwasser. Aber auch Fürth, "Nürnbergs kleine Schwester" kommt nicht zu kurz – dabei werden die Sehenswürdigkeiten zwischen Maxbrücke und Hornschuchpromenade ebenso beschrieben wie an die große jüdische Tradition der Stadt erinnert.
Nestmeyer, Ralf; 204 Seiten.

## Jeder macht andere Erfahrungen...

deshalb bitten wir um Ihre Meinung zu den in diesem Reiseführer empfohlenen Adressen. Auch neue Empfehlungen nehmen wir gerne entgegen, um bei der nächsten Vor-Ort-Recherche nachzuhaken. Geben Sie eine Note von 1 bis 3 (die 1 als beste Wertung), unterstreichen Sie die zur Auswahl stehenden Begriffe bzw. geben Sie selbst ein Stichwort. Als Belohnung verlost die **Toscana-Redaktion** unter allen Einsendern 10x je 1 Reisehandbuch Ihrer Wahl aus unserem Programm (der Rechtsweg ist ausgeschlossen).

### Übernachten

| Name (bereits im Buch erwähnt ?) | Ort | Preis in Lire pro DZ |
|---|---|---|
| | | Reisemonat: |

| | | |
|---|---|---|
| Service | | *Raum für weitere Anmerkungen* |
| Sauberkeit | | |
| Preis-Leistung | | |
| Ruhe | | |
| Zimmerqualität Einrichtung | | |
| Raumgröße | | |
| Betten/Matraze | | |
| Fremdsprachen des Personals | | |
| Garten/Terrasse | | |

### Restaurant

| Name (bereits im Buch erwähnt ?) | Ort | Preis f. Vorspeise, Hauptgericht u. Getränk (1 Pers.) |
|---|---|---|
| | | |

| | | |
|---|---|---|
| Qualität | | *Besonderheiten, empfehlenswerte Gerichte:* |
| Preis-Leistung | günstig/o.k./zu teuer | |
| Service | | |
| Ausstattung | | |
| Atmosphäre | gemütlich/langweilig/originell | |

## Camping

| Name (bereits im Buch erwähnt?) | Ort | Preis in Lire f. 2 Pers., Auto + Zelt |
|---|---|---|
|  |  |  |

| Zustand | gepflegt / vernachlässigt | *Raum für weitere Anmerkungen* |
|---|---|---|
| Service |  |  |
| Lage Strandzugang etc. |  |  |
| Schatten |  |  |
| Stellplätze | geräumig / eng |  |
| Sanitär |  |  |
| Warmwasser | extra od. Inklusive |  |
| Publikum jung, familiär etc. |  |  |
| KFZ Stellplatz | außerhalb / am Schlafplatz |  |
| Kinderfreundlichkeit, Betreuung, Spielplätze etc. |  |  |
| Einrichtung | Mini-Markt, Bar, Selbstkocherküche; Wäschewaschraum; Schwimmbad. |  |

## Restaurant

| Name (bereits im Buch erwähnt?) | Ort | Preis f. Vorspeise, Hauptgericht u. Getränk (1 Pers.) in L. |
|---|---|---|
|  |  |  |

| Essensqualität |  | *Besonderheiten, empfehlenswerte Gerichte:* |
|---|---|---|
| Preiswürdigkeit | günstig/o.k./zu teuer |  |
| Service |  |  |
| Ausstattung |  |  |
| Atmosphäre | gemütlich/langweilig/originell |  |

Name: .................................... ................... gewünschtes Buch: ...........................

Straße: ........................................................................................................

 PLZ/Ort: ......................................................................................................

**Michael Müller Verlag, Gerberei 19, 91054 Erlangen, FAX: 09131/207541**

Vielen Dank  thank you  merci  efcharistó  gracias  gracie  tesekkür  dekuji  köszönöm

**Raum für Notizen**

# Etwas Italienisch

Mit ein paar Worten Italienisch kommt man erstaunlich weit - es ist nicht mal schwer, und die Italiener freuen sich auch über gutgemeinte Versuche. Einige Floskeln genügen, um für den Reisenden wichtige Informationen auszukundschaften. Der Übersichtlichkeit halber verzichten wir auf wohlgeformte Sätze und stellen nach dem Baukastensystem die wichtigsten Ausdrücke zusammen. Ein bißchen Mühe und guter Wille lohnen sich wirklich - besonders in abgelegeneren Gegenden, in denen die Italiener nicht auf den "Würstel con Craut"-Tourismus eingestellt sind.

## Aussprache

### Hier nur die Abweichungen von deutscher Aussprache

**c**: vor e und i immer "tsch" wie in rutschen centro (Zentrum) = tschentro, sonst "k" cannelloni = kannelloni

**cc**: wie "c", nur betonter: faccio (ich mache) = fatscho; boccone (Imbiß) = bokkone

**ch**: wie "k" chiuso (geschlossen) = kiuso

**cch**: immer wie ein hartes "k": spicchio (Scheibe) = spickio

**g**: vor e und i "dsch" wie "Django", vor a,o,u als g wie in "gehen" gesprochen; wenn es trotz eines nachfolgenden dunklen Vokals als "dsch" gesprochen werden soll, wird ein i eingefügt, das nicht mitgesprochen wird wie z.B. in Giacomo ("Dschacomo")

**gh**: immer als "g" gesprochen

**gi**: wie in giorno (Tag) = dschorno, immer weich gesprochen

**gl**: wird zu einem Laut, der wie "lj" klingt: z.B. in "la moglie" (Ehefrau), sprich mollje

**gn**: ein Laut, der hinten in der Kehle produziert wird, z.B. in bagno (Bad), sprich bannjo

**h**: wird am Wortanfang nicht mitgesprochen: z.B. hanno (sie haben) = anno und wird sonst nur als Hilfszeichen benutzt, um c und g vor den Konsonanten i und e hart auszusprechen

**qu**: im Gegensatz zum Deutschen ist das u mitzusprechen, z.B. in acqua (Wasser) = akua oder quando (wann) = kuando

**r**: etwas für Fortgeschrittene: Das r wird kräftig gerollt!

**rr**: wird noch kräftiger gerollt

**sp** und **st**: gut norddeutsch immer als zwei Konsonanten sprechen, z.B. specchio (Spiegel) = s-peckio, stella (Stern) = s-tella

**v**: wie das deutsche "w"

**z**: immer weich sprechen wie "sss", z.B. zucchero (Zucker) = sssuckero

Die Betonung liegt meistens auf der vorletzten Silbe, oder sie wird durch einen Akzent angezeigt. Das bedeutet dann, daß der akzentuierte Vokal betont gesprochen wird und nicht, wie nach den gängigen Aussprachregeln, unbetont bleibt oder gar verschluckt wird, z.B. Lucía = Lutschia und nicht Lutscha;

Der Plural läßt sich bei vielen Wörtern sehr einfach bilden; die meisten auf "a" endenden Wörter sind weiblich, die auf "o" oder "e" endenden männlich; bei den weiblichen wird der Plural mit "e" gebildet, bei den männlichen mit "i", also: una ragazza (ein Mädchen), due ragazze; un ragazzo (ein Junge), due ragazzi. Daneben existieren natürlich diverse Ausnahmen, die wir bei Bedarf im Folgenden zusätzlich erwähnen.

# Elementares

|  |  |
|---|---|
| Frau - | *Signora* |
| Herr - | *Signor(e)* |
| Guten Tag, Morgen | *buon giorno* |
| Guten Abend (ab nachmittags!) | *buona sera* |
| Guten Abend/ gute Nacht (ab Einbruch der Dunkelheit) | *buona notte* |
| Auf Wiedersehen | *arrivederci* |
| Hallo/Tschüß | *ciao* |
| Wie geht es Ihnen? | *come sta?/ come va?* |
| Wie geht es dir? | *come stai?* |
| Danke, gut | *molto bene, grazie/ benissimo, grazie* |
| Danke | *grazie/ mille grazie/grazie tanto* |
| Entschuldigen Sie | *(mi) scusi* |
| Entschuldige | *scusami/scusa* |
| Entschuldigung, können Sie mir sagen...? | *Scusi, sa dirmi...?* |
| Entschuldigung, könnten Sie mich durchlassen/ mir erlauben.. (beliebt bei älteren Damen, die sich durch Supermärkte drängen und aller Art eiliger Italiener; ist im Sinne von "ich erlaube mir..." zu gebrauchen) | *permesso..* |
| ja | *si* |
| nein | *no* |
| Ich bedaure, tut mir leid | *mi dispiace* |
| Macht nichts | *fa niente* |
| Bitte! (im Sinne von gern geschehen) | *prego* |
| Bitte (als Einleitung zu einer Frage oder Bestellung) | *per favore...* |
| Sprechen Sie Englisch? | *parla inglese?* |
| deutsch | *tedesco* |
| französisch | *francese* |
| Ich spreche kein Italienisch | *non parlo italiano* |
| ich verstehe nichts | *non capisco niente* |
| Könnten Sie etwas langsamer sprechen? | *Puo parlare un po` lentamente?* |
| Ich suche nach... | *cerco...* |
| okay, geht in Ordnung | *va bene* |
| Ich möchte/ ich hätte gern | *vorrei* (das "ei" wird ausgesprochen wie "ey") |
| Warte/ Warten Sie! | *aspetta/ aspetti!* |
| groß/klein | *grande/piccolo* |
| Es ist heiß | *fa caldo* |
| Es ist kalt | *fa freddo* |
| Geld | *i soldi* |
| ich brauche... | *ho bisogno* |
| ich muß... | *tengo che* |
| in Ordnung | *d`accordo* |
| ist es möglich, daß... | *è possibile ...* |
| mit/ohne | *con/senza* |
| offen/geschlossen | *aperto/chiuso* |
| Toilette | *gabinetto* |
| verboten | *vietato* |
| was bedeutet das? | *che cosa significa* (sprich sinjifika) |
| wie heißt das? | *come si chiama* |
| zahlen | *pagare* |

**Equivoco!**
Eine Art Allheilmittel: "es liegt ein Mißverständnis vor". Wenn etwas schief gelaufen ist, ist dies das Friedensangebot. Ein Versprechen wurde nicht eingehalten? - Nein, nur "Un equivoco"!

# Sprachlexikon

## Fragen

| | |
|---|---|
| Gibt es/ haben Sie...? | c'e ...? *(auszusprechen als tsche)* |
| Was kostet das? | Quanto costa? |
| Gibt es (mehrere) | ci sono? |
| Wann? | quando? |
| Wo? Wo ist? | dove?/ dov'e? |
| Wie?/Wie bitte? | come? |
| Wieviel? | quanto? |
| Was (ist los...)? | cosa? |
| Warum | perché? |

## Smalltalk

**Ecco!**
Hat unendlich viele Bedeutungen. Es ist eine Bestärkung am Ende des Satzes: Also! Na bitte! Voilà... Zweifel sind dann ausgeschlossen.

| | |
|---|---|
| Ich heiße | mi chiamo ... |
| Wie heißt du? | come ti chiami? |
| Wie alt bist du? | quanti anni hai? |
| Das ist aber schön hier | Meraviglioso!/che buono!/buonissimo |
| Von woher kommst du? | Di dove sei tu? |
| Ich bin aus München/Hamburg | Sono di Monaco, Baviera/ di Hamburgo |
| Bis später | a più tardi! |

## Orientierung

| | |
|---|---|
| Wo ist bitte...? | per favore, dov'é..? |
| ... die Bushaltestelle ... | ...la fermata |
| ... der Bahnhof | ...la stazione |
| Stadtplan | la pianta della città |
| rechts | a destra |
| links | a sinistra |
| geradeaus | tutto diritto |
| Können Sie mir den Weg nach ... zeigen? | Sai indicarmi la direzione per..? |
| Ist es weit? | è lontano? |
| Nein, es ist nah | no, è vicino |

## Bus/ Zug/ Fähre

| | | | |
|---|---|---|---|
| Fahrkarte | un biglietto | Gleis | binario |
| Bus, in der Stadt | il bus | Verspätung | ritardo |
| übers Land | il pullman | aussteigen | scendere |
| Zug | il treno | Ausgang | uscita |
| Hin und zurück | andata e ritorno | Eingang | entrada |
| Ein Ticket von X nach Y | un biglietto da X a Y | Wochentag | giorno feriale |
| Wann fährt der nächste? | Quando parte il prossimo? | Feiertag | giorno festivo |
| | | Fähre | traghetto |
| ... der letzte? | ...l'ultimo? | Tragflügelboot | aliscafo |
| Abfahrt | partenza | Deck-Platz | posto ponte |
| | | Schlafsessel | poltrone |
| Ankunft | arrivo | Kabine | cabina |

## Sprachlexikon 645

## Auto/ Motorrad

|  |  |  |  |
|---|---|---|---|
| Auto | macchina | Reifen | le gomme |
| Motorrad | la moto | Kupplung | la frizione |
| Tankstelle | distributore | Lichtmaschine | la dinamo |
| Volltanken | pieno, per favore | Zündung | l'accensione |
| Bleifrei | benzina senza piombo | Vergaser | il carburatore |
| Diesel | gasolio | Mechaniker | il mechanico |
| Panne | guasto | Werkstatt | l'officina |
| Unfall | un incidente | funktioniert nicht | non funziona |
| Bremsen | i freni | | |

## Baden/ Strandleben

|  |  |  |  |
|---|---|---|---|
| Meer | il mare | tief | profondo |
| Strand | la spiaggia | ich gehe schwimmen | faccio il bagno |
| Stein | pietra | | |
| schmutzig | sporco | braungebrannt | bronzata (f)/ bronzato (m) |
| sauber | pulito/netto | | |

**Stabilimenti:** Strandabschnitt mit Eintrittsgebühr und Verleih von Liegestühlen und Sonnenschirmen.

## Bank/ Post/Telefon

|  |  |
|---|---|
| Geldwechsel | il cambio |
| Wo ist eine Bank? | Dov'è una banca |
| ich möchte wechseln | vorrei cambiare |
| ich möchte Reiseschecks einlösen | vorrei cambiare dei traveller's cheques |
| Wie ist der Wechselkurs | Qual'é il cambio? |
| DM | marchi tedeschi |

|  |  |  |  |
|---|---|---|---|
| Post | officino postale | Briefmarke(n) | il francobollo/i francobolli |
| Ein Telegramm aufgeben | spedire un telegramma | Wo ist das Telefon? | Dov' è il telefono? |
| Postkarte | cartolina postale | | |
| Brief | lettera | Ferngespräch | communicazione interurbana |
| Briefpapier | carta di lettera | | |
| Briefkasten | la buca (delle lettere) | | |

## Camping/ Hotel

Haben Sie ein Einzel/Doppelzimmer?
    *c'è una camera singola/doppia?*
Können Sie mir ein Zimmer zeigen?
    *può mostrarme una camera?*
Ich nehme es/wir nehmen es
    *la prenda/la prendiamo*

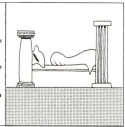

|  |  |  |  |
|---|---|---|---|
| Zelt | *tenda* | Wir haben reserviert | *abbiamo prenotato* |
| kleines Zelt | *canadese* | Schlüssel | *la chiave* |
| Schatten | *ombra* | Vollpension | *pensione (completa)* |
| Schlafsack | *sacco a pelo* | Frühstück | *prima colazione* |
| warme Duschen | *docce calde* | Hochsaison | *alta stagione* |
| gibt es warmes Wasser? | *c'è acqua calda?* | Nebensaison | *bassa stagione* |
| Mit Dusche/Bad | *con doccia/bagno* | Haben Sie nichts billigeres? | *Non ha niente che costa di meno?* |
| Ein ruhiges Zimmer | *una camera tranquilla* | | |

## Zahlen

| Zahl | Italienisch | Zahl | Italienisch |
|---|---|---|---|
| 0 | *zero* | 19 | *diciannove* |
| 1 | *uno* | 20 | *venti* |
| 2 | *due* | 21 | *ventuno* |
| 3 | *tre* | 22 | *ventidue* |
| 4 | *quatro* | 30 | *trenta* |
| 5 | *cinque* | 40 | *quaranta* |
| 6 | *sei* | 50 | *cinquanta* |
| 7 | *sette* | 60 | *sessanta* |
| 8 | *otto* | 70 | *settanta* |
| 9 | *nove* | 80 | *ottanta* |
| 10 | *dieci* | 90 | *novanta* |
| 11 | *undici* | 100 | *cento* |
| 12 | *dodici* | 101 | *centuno* |
| 13 | *tredici* | 102 | *cento e due* |
| 14 | *quattordici* | 200 | *duecento* |
| 15 | *quindici* | 1.000 | *mille* |
| 16 | *sedici* | 2.000 | *duemila* |
| 17 | *diciasette* | 100.000 | *centomila* |
| 18 | *diciotto* | 1.000 000 | *un milione* |

|  |  |
|---|---|
| Der erste | *il primo* |
| zweite | *il secondo* |
| dritte | *il terzo* |
| einmal | *una volta* |
| zweimal | *due volte* |
| halb | *mezzo* |
| ein Viertel | *un quarto di* |
| ein Paar | *un paio di* |
| einige | *alcuni* |

## Maße & Gewichte

| | | | |
|---|---|---|---|
| Ein Liter | *un litro* | 100 Gramm | *un etto* |
| halber Liter | *mezzo litro* | 200 Gramm | *due etti* |
| Viertelliter | *un quarto di un litro* | Kilo | *un chilo, due chili* |
| Gramm | *un grammo* | | (gesprochen wie im Deutschen) |

## Uhr & Kalender

### Uhrzeit

| | |
|---|---|
| Wie spät ist es? | *che or' è?/che ore sono* |
| Mittags (für 12 Uhr gebräuchlich) | *mezzogiorno* |
| Mitternacht | *mezzanotte* |
| Viertel nach | *... è un quarto* |
| Viertel vor | *... meno un quarto* |
| halbe Stunde | *mezz'ora* |

### Tage/Monate/Jahreszeit

| | |
|---|---|
| Ein Tag | *un giorno* |
| Woche | *la settimana* |
| Ein Monat | *un mese* |
| Ein Jahr | *un'anno* |
| Ein halbes Jahr | *mezz'anno* |
| Frühling | *primavera* |
| Sommer | *l'estate* |
| Herbst | *autunno* |
| Winter | *inverno* |

### Wochentage

| | |
|---|---|
| Montag | *lunedì* |
| Dienstag | *martedì* |
| Mittwoch | *mercoledì* |
| Donnerstag | *giovedì* |
| Freitag | *venerdì* |
| Samstag | *sabato* |
| Sonntag | *domenica* |

### Monate

| | |
|---|---|
| Januar | *gennaio* |
| Februar | *febbraio* |
| März | *marzo* |
| April | *aprile* |
| Mai | *maggio* |
| Juni | *giugno* (sprich dschunjo) |
| Juli | *luglio* (sprich luljo) |
| August | *agosto* (Feiertag des 15.8. ferragosto) |
| September | *settembre* |
| Oktober | *ottobre* |
| November | *novembre* |
| Dezember | *dicembre* |

### Gestern, heute, morgen...

| | |
|---|---|
| Heute | *oggi* |
| morgen | *domani* |
| übermorgen | *dopodomani* |
| gestern | *ieri* |
| vorgestern | *l'altro ieri* |
| sofort | *pronto* (dehnbarer Begriff) |
| später | *più tardi* |
| jetzt | *adesso* |
| der Morgen | *la mattina* |
| Mittagszeit | *la siesta* |
| Nachmittag | *il pomeriggio* |
| der Abend | *la sera* |
| die Nacht | *la notte* |

# Einkaufen

| Haben Sie | Ha...? |
|---|---|
| Ich hätte gern... | Vorrei... |
| Etwas davon | un poco di questo |
| Dieses hier | questo qua |
| Dieses da, dort | questo là |
| Was kostet das? | quanto costa questo? |

## Geschäfte

| | |
|---|---|
| Apotheke | la farmacia |
| Backerei | panetteria |
| Buchhandlung | libreria |
| Fischhandlung | pescheria |
| Laden, Geschäft | negozio |
| Metzgerei | macelleria |
| Reinigung (chemische) | lavanderia/ lavasecco |
| Reisebüro | l'uffizio viaggi |
| Touristen- information | informazione turistichi |
| Schreibwaren- laden | cartoleria |
| Supermarkt | alimentari, supermercato |

## Drogerie/Apotheke

| | |
|---|---|
| Seife | il sapone |
| Tampons | i tamponi, i o.b. (sprich ó-bé) |
| Binden | assorbenti |
| Waschmittel | detergente |
| Shampoo | lo shampoo |
| Toilettenpapier | la carta igienica |
| Zahnpasta | la pasta dentifricia |
| Schmerztabletten | qualcosa contro il dolore |
| Kopfschmerzen | mal di testa |
| Abführmittel | un lassativo |
| Sonnenmilch | crema solare |
| Pflaster | cerotto |

## Arzt/ Krankenhaus

| Ich brauche einen Arzt | ho bisogno di un dottore/un medico |
|---|---|

| Hilfe! | soccorso! |
|---|---|
| Erste Hilfe | pronto soccorso |

| | |
|---|---|
| Krankenhaus | ospedale |
| Schmerzen | dolori |
| Ich bin krank | sto male |
| Biß/Stich | puntura |
| Fieber | la febbre |
| Durchfall | diarrea |
| Erkältung | rattreddore |
| Halsschmerzen | mal di collo |
| Bauchweh | mal di stomaco |
| Zahnweh | mal di denti |
| Zahnarzt | dentista |
| verstaucht | lussato |

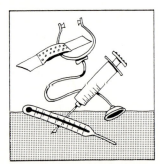

# Im Restaurant

| | |
|---|---|
| Haben Sie einen Tisch für x Personen? | c'è una tavola per x personi? |
| Die Speisekarte, bitte | il menu/la lista, per favore |
| Was kostet das Tagesmenü? | Quanto costa il piatto del giorno? |
| ich möchte gern zahlen | il conto, per favore |

| | |
|---|---|
| ich habe Hunger | ho fame |
| ich habe Durst | ho sete |
| Gabel | la forchetta |
| Messer | il coltello |
| Löffel | il cucciaio |
| Aschenbecher | il portacenere |
| Mittagessen | il pranzo |
| Abendessen | la cena |
| Eine Quittung, bitte | vorrei la ricevuta, per favore |
| Es war sehr gut | era buonissimo |
| Trinkgeld | la mancia |

(läßt man aber ohne großeErklärungen am Tisch liegen)

## Speisekarte

| | |
|---|---|
| coperto/pane e servizio | Extra-Zahlung für Gedeck, Service und Brot |
| antipasto | Vorspeise |
| primo piatto | erster Gang |
| secono piatto | zweiter Gang |
| contorni | Beilagen zum zweiten Gang |
| postre | Nachspeise Süßes (dolci), Obst (frutta) oder Käse (formaggio) |

## Getränke

| | |
|---|---|
| Wasser | acqua |
| Mineralwasser | acqua con gas |
| Wein | vino |
| weiß | bianco |
| rot | rosso |
| Bier | birra |
| hell/dunkel | chiara/scura |
| vom Faß | spina |
| Saft | succo di... |
| Milch | latte |
| heiß | caldo |
| kalt | freddo |
| Kaffee | un caffè |

(das bedeutet espresso)

| | |
|---|---|
| Cappuccino | un cappuccino |

(mit aufgeschäumter Milch, niemals mit Sahne!)

| | |
|---|---|
| Milchkaffee | un caffè latte |
| Kalter Kaffee | un caffè freddo |

... ist was sehr Erfrischendes, wird im Glas mit Eiswürfeln serviert und schmeckt mit viel Zucker

| | |
|---|---|
| Tee | un thè |
| mit Zitrone | con limone |
| Cola | una coca |
| Milkshake | frappè |
| Ein Glas | un bicchiere di |
| Eine Flasche | una bottiglia |

# Speiselexikon

## Diversi - Verschiedenes

| | |
|---|---|
| aceto | *Essig* |
| antipasto | *Vorspeise* |
| bombolone | *Pfannkuchen* |
| brodo | *Brühe* |
| burro | *Butter* |
| frittata | *Omlett* |
| formaggio | *Käse* |
| gnocchi | *kleine Kartoffelklöße* |
| marmellata | *Marmelade* |
| minestra/zuppa | *Suppe* |
| minestrone | *Gemüsesuppe* |
| olio | *Öl* |
| olive | *Oliven* |
| pane | *Brot* |
| panino | *Brötchen (auch belegt zu kaufen)* |
| saccarina | *Süßstoff* |
| salame | *Salami* |
| sapore | *Geschmack* |
| salsiccia | *Frischwurst* |
| uovo/la uova | *Ei/Eier* |
| zabaione | *Wein-Eier-Creme* |
| zucchero | *Zucker* |

## Erbe - Gewürze

| | |
|---|---|
| aglio | *Knoblauch* |
| alloro | *Lorbeer* |
| basilico | *Basilikum* |
| capperi | *Kapern* |
| origano | *Oregano* |
| pepe | *Pfeffer* |
| peperoni | *Paprika* |
| prezzemolo | *Petersilie* |
| rosmarino | *Rosmarin* |
| sale | *Salz* |
| salvia | *Salbei* |
| senape | *Senf* |
| timo | *Thymian* |

## Preparatione - Zubereitung

| | |
|---|---|
| affumicato | *geräuchert* |
| ai ferri | *gegrillt* |
| al forno | *überbacken* |
| alla griglia | *ü. Holzkohlefeuer* |
| alla panna | *mit Sahne* |
| alla pizzaiola | *Tomaten/Knobl.* |
| allo spiedo | *am Spieß* |
| al pomodoro | *mit Tomatensauce* |
| arrosto | *gebraten/geröstet* |
| bollito | *gekocht/gedünstet* |
| casalinga | *hausgemacht nach Hausfrauenart* |
| cotta | *Kompott* |
| cotto | *gekocht* |
| duro | *hart/zäh* |
| fresco | *frisch* |
| fritto | *frittiert* |
| grasso | *fett* |
| in umido | *im Saft geschmort* |
| lesso | *gekocht/gedünstet* |
| morbido | *weich* |
| piccante | *scharf* |
| teneo | *zart* |

## Contorni - Beilagen

| | | | |
|---|---|---|---|
| asparago | Spargel | finocchio | Fenchel |
| barbabietole | Rote Beete | insalata | allg. Salat |
| bietola | Mangold | lattuga | Kopfsalat |
| broccoletti | wilder Blumenkohl | lenticchie | Linsen |
| | | melanzana | Auberginen |
| carciofo | Artischocke | patatas | Kartoffeln |
| carote | Karotten | piselli | Erbsen |
| cavolfiore | Blumenkohl | polenta | Maisbrei |
| cavolo | Kohl | pomodoro | Tomaten |
| cetriolo | Gurke | riso | Reis |
| cicoria | Chicoree | risotto | Reis mit Zutaten |
| cipolla | Zwiebel | sedano | Sellerie |
| fagiolini | grüne Bohnen | spinaci | Spinat |
| fagioli | Bohnen | zucchini | Zucchini |
| funghi | Pilze | | |

## Pasti - Nudeln

| | | | |
|---|---|---|---|
| cannelloni | gefüllte Teigrollen | penne | Röhrennudeln |
| | | tagliatelle | Bandnudeln |
| farfalle | Schleifchen | tortellini | gefüllte Teigtaschen |
| fettuccine | Bandnudeln | | |
| fiselli | kleine Nudeln | tortelloni | große Tortellini |
| lasagne | Schicht-Nudeln | vermicelli | Fadennudeln ("Würmchen") |
| maccheroni | Makkaroni | | |
| pasta | allg. Nudeln | | |

## Pesce e frutti di mare - Fisch & Meeresgetier

*Fisch* allgemein heißt il pesce (sprich pesche; nicht zu verwechseln mit le pesche, sprich peske, dem Plural von Pfirsich)

| | | | |
|---|---|---|---|
| aragosta | Languste | pesce spada | Schwertfisch |
| aringhe | Hering | polpo | Krake |
| baccalà | Stockfisch | razza | Rochen |
| calamari | Tintenfische | salmone | Lachs |
| cozze | Miesmuscheln | sardine | Sardinen |
| dentice | Zahnbrasse | seppia/totano | großer Tintenfisch |
| gamberi | Garnelen | | |
| granchio | Krebs | sgombro | Makrele |
| merluzzo | Schellfisch | sogliola | Seezunge |
| muggine | Meeräsche | tonno | Thunfisch |
| nasello | Seehecht | triglia | Barbe |
| orata | Goldbrasse | trota | Forelle |
| ostriche | Austern | vongole/peoci | Muscheln |

## Carne - Fleisch

| | | | |
|---|---|---|---|
| agnello | *Lamm* | lombatina | *Lendenstück* |
| anitra | *Ente* | maiale | *Schwein* |
| bistecca | *Beafsteak* | maialetto | *Ferkel* |
| capretto | *Zicklein* | manzo | *Rind* |
| cervello | *Hirn* | pernice | *Rebhuhn* |
| cinghiale | *Wildschwein* | piccione | *Taube* |
| coniglio | *Kaninchen* | pollo | *Huhn* |
| fagiano | *Fasan* | polpette | *Fleischklöße* |
| fegato | *Leber* | trippa | *Kutteln* |
| lepre | *Hase* | vitello | *Kalb* |
| lingua | *Zunge* | | |

## Frutta - Obst

| | | | |
|---|---|---|---|
| albicocca | *Aprikose* | limone | *Zitrone* |
| ananasso | *Ananas* | mandarino | *Mandarine* |
| arancia | *Orange* | mela | *Apfel* |
| banana | *Banane* | melone | *Honigmelone* |
| ciliega | *Kirsche* | more | *Brombeeren* |
| cocomero | *Wassermelone* | pera | *Birne* |
| dattero | *Dattel* | pesca (Pl. le pesche, sprich peske) | *Pfirsich* |
| fichi | *Feigen* | | |
| fichi d'india | *Kaktusfeigen* | | |
| fragole | *Erdbeeren* | pompelmo | *Grapefruit* |
| lamponi | *Himbeeren* | uve | *Weintrauben* |

# Sach- und Personenregister

**A**AST, Azienda Autonoma
  Soggiorno e Turismo 60
Agriturismo 70
Alabaster 470
Alaunkrieg 475
Alberti, Battista 123
Aldobrandeschi,
  Adelsfamilie 512
Andreotti 98
Angelico, Beato 392
Anreise 18
Anreiserouten 27
Ansanus, Hl. 434
Apotheken 49
Appartements 69
APT, Azienda di
  Promozione Turistica 60
Arbeiteraufstände 141
Architektur 111
Ärztliche Versorgung 48
Auslandskrankenversicherung 48
Auslandsschutzbrief 20
Autobahnen 24
Autopapiere 20
Autoreisezüge 19

**B**acciocchi, Elisa 232
Badoglio 97
Bahncard 39
Bahnpässe 39
Banken 138
Barbarossa 335
Barock 132
Bartolomeo, Fra 133
Benzingutscheine 27
Berlusconi 99
Bici-Züge 44
Bildhauerei 112
Bildhauerschule 264
Boccaccio, Giovanni 108, 468
Bolano 350
Botschaften 49
Botticelli, Sandro 126
Bourbon, Maria Luisa von 252
Brunelleschi, Filippo 122
Buchhandlung 161

**C**amping 68, 71
Canossa 80
Carducci, Giosuè 298
Cimabue 106
Ciompi-Aufstand 142
Collodi, Carlo 227
Contrada 441
Corsignano 487

**D**ante Alighieri 108
Direttissima 37
Donatello 122
Drachenfliegen 538
Dreibund 95
Dumas, Alexandre 327

**E**intrittspreise 50
Eis 54
Emanuel III. 96
ENIT, Ente Nazionale
  Industrie Turistiche 59
Erdwärme 499
Erste Hilfe 48
Erster Weltkrieg 95
Essen & Trinken 50
Etrusker 75, 102
Eufrosino, Hl. 425
Euroschecks 58

**F**ahrrad 43
Fahrzeugdiebstahl 26
Feiertage 56
Fellini, Federico 441
Ferdinando I. 90
Ferdinand III. 92
Ferienwohnungen 69
Ferragosto 56
Ferrovie dello Stato 36
Filippo, Hl. 504
Finanzen 56
Flash art 595
flieg & spar-Tarif 42
Flugzeug 42
Fo, Dario 576
Folter 588
Fra Angelico 124
Frankenstein 242
Franz von Assisi 582
Franz von Lothringen 90
Freskenmalerei 115
Frieden von St. Germain 95
Frühstück 52
Fugger, Johannes 525

**G**algano, Hl. 480
Garibaldi 94
Geldautomaten 58
Geldwechsel 56
Germanen 78
Geschichte 74
Gettone 67
Gherardesca 298
Ghibellinen 139
Ghiberti, Lorenzo 122
Ghirlandajo, Domenico 126
Giambattista 87
Gian Gastone 90
Giotto 105, 392
Gonfaloniere 141
Gotenlinie 97
Gozzoli, Benozzo 124
Gregorianische Gesänge 485

**H**absburger 90
Hannibal 77, 551
Hauptgerichte 54
Haustiere 59
Heine, Heinrich 242
Heinrich IV. 81
Henschel, Henky 364
Henze, Hans Werner 493
Hildebrand (Ildebrand) 512
Hitler 96
Hochrenaissance 127
Höchstgeschwindigkeit 23
Humanisten 106

**I**nformationen 59
InterRail-Ticket 39
Ital. Staatsbahnen 38

**K**apitalismus 83, 137
Karl der Große 79
Karl VIII. 88
Karneval 254
Karten 60
Katharina, Hl. 438
Klara, Hl. 586

# Sach- und Personenregister

Kommunistische Partei (PCI) 96
Konsulate 49
Kraftstoff 26
Kreditkarten 59
Kursbücher 38

**L**andkarten 60
Lateranverträge 96
Lawrence, D. H. 498
Lazarretti, David 502
Leonardo da Vinci 131, 220
Leopold II. 93
Libeccio 256
Lippi, Fra Filippo 124
Literatur 61
Locarno Abkommen 96

**M**achiavelli 88, 150
Majolika-Kacheln 578
Malaspina 262
Malerei 114
Manierismus 132
Marcita 605
Marini, Marino 216
Marmor 269
Masaccio 120, 124
Medici, 143
  Alessandro 150
  Anna Maria Luisa 151
  Cosimo il Vecchio 144
  Giovanni di Averardo 144
  Giovanni Gastone 151
  Lorenzo, il Magnifico 117, 145
  Piero der Gichtige 145
Mezzadria 90
Michelangelo Buonarroti 127
Michelozzo, Bartolomeo 123
Michelucci, Giovanni 214
Mietfahrzeuge 47
Mitfahrzentralen 42
Monte dei Paschi, Bank 455
Motorrad 22
Mussolini 96
Mustiola, Hl. 497

**N**apoleon 336
Nationalitätskennzeichen 23
Naturalismus 110
Niki de Saint-Phalle 332
Notruf 48

**Ö**ffnungszeiten 62
Orcagna, Andrea 105
Orsini, Adelsfamilie 511

**P**alio, Wettkampf 440
Pannenvorsorge 19
Papiere 64
Papst:Gregor VII 80, 512
  Leo X. 150
  Pius II. 449, 488
Parken 25
Partisanen 97
Pazzi-Verschwörung 145
Petrarca, Francesco 108, 404
Pflanzen 63
Phönizier 76
Piccolomini, Enea Silvio 449, 488
Piero della Francesca 123, 402
Pietra serena 390
Pinocchio 227
Pisano, Andrea 105
Pisano, Nicola 105
Pistole 212
Pitti, Lucca 117
Pontius Pilatus 611
Porsena, Re (etrusk. König) 495
Post 64
Postsparbuch 58
Privatbahnen 38
Pro Loco 60
Promillegrenze 23
Puccini, Giacomo 238, 255
Pulcinella 494

**Q**uercia, Jacopo 105

**R**adio 65
Raffael 132
Rail & Fly 42
Redi, Francesco 492
Reisebüros 65
Renaissance 109
Risorgimento 93, 95
Rita, Hl. 606
Robbia, Lucca della 123
Rosselino, Il 487

**S**alimbeni 434

Salutati 108
Savonarola 87, 147
Schweinerennen 497
Segeln 65, 342
Segelschulen 344
Serchio, Fluß 256
Shelley, Percy 242
SIP 66
Sixtinische Kapelle 115
Skifahren 500
Sprache 66
Sprachführer 62
Sprachkurse 298, 344, 439, 506, 574, 493
SS, Waffen- 258
Stadtbusse 46
Stadtverkehr 25
Straßenhilfsdienst 23
Strom 66
Strozzi, Filippo 117

**T**acco, Ghino di 504
Tankstellen 26
Tauchen 345
Taxi 47
Teatro povero 490
Telefon 66
Tessera 50
Textilmuseum 210
Tiburzi, Domenico 331
Toscanische Spezialitäten 54
Trampen 45
Twenticket 39

**Ü**berlandbusse 46
Übernachten 68
Uccello, Paolo 123

**V**errocchio, Andrea de 126
Vasari, Giorgio 133 404
Verkehrsämter 59
Verkehrsbestimmungen 23
Verkehrsschilder 23
Verrazzano, Giovanni 422
Versicherung (Auto) 20
Via Aurelia 77
Via Cassia 77
Viktor Emanuel (König) 94
Vorspeisen 52
Vorwahlen 68

## Sach- und Personenregister 655

Wagner, Richard 611
SS, Waffen- 258
Wanderführer 62
Wechselkurs 59
Wein 55
  Brunello 484
  Chianti 416

EST! EST! EST! 525
Verdicchio 544
Vernaccia 464
Vino Nobile di
  Montepulciano 492
Winizzone, Apt 501
Wollweber 142

Zeit-Tafel 72
Zoll 71
Zona blu 25
Zünfte 140

*albert magin*

*Vernaccia di San Gimignano*
*Orvieto classico*
*Chianti Colli Senesi*
*Chianti classico -gallo nero-*

gerberei 19
91054 erlangen
tel. 09131 / 5 49 26
fax 20 75 41

*Urlaubserinnerungen*
*aus kontrolliertem ökologischem Anbau verschiedener Regionen*

*mit Wein aus kontrolliertem*
*ökologischem Anbau*
*aus Umbrien und der Toskana*
*Preisliste kostenlos und unverbindlich*

**WEIN • SEKT • CHAMPAGNER**

## Florenz

**Florenz** 74, 84, 97, **153**
Adressen 160
Anreise 158
Apotheken 161
Archäolog. Museum 204
Ärzte 160
Automobilclubs 161
Autoverleih 161
Bahnhof 158
Baptisterium 187
Bargello 190
Boboli-Gärten 192
Certosa 203
Diebstahl 161
Discos 171
Dom 184
Dommuseum 188
Essen & Trinken 168
Fahrräder/Mofas 161
Feste 163
Fiesole 205
Fluggesellschaften 161
Flughafen 161
Forte di Belvedere 193
Galleria dell'Accademia 204
Galleria dell'Arte Moderna 192
Galleria Palatina 192
Gelaterias 170
Geldwechsel 161
Hotels / Pensionen 165
Informationsbüros 155
Jugendherbergen / Studentenwohnheime 167
Klöster und Kirchen 194
Konsulate 161
Loggia dei Lanzi 174
Lokale 170
Märkte 162
Medici-Grabkapellen 188
Mitfahrzentrale 161
Museo di Storia della Scienza 204
Orsanmichele 202
Palazzo Vecchio 176
Pannenhilfe 161
Parkhäuser 160
Parkplätze 160
Piazza della Signoria 173
Piazzale Michelangelo 193
Pitti-Palast 191
Ponte Vecchio 191
Postamt 161
Postleitzahl 155
Reisebüros 161
Reservierungen 165
San Marco 198
San Miniato al Monte 193
Santa Croce 195
Santa Maria del Carmine 202
Santa Maria Novella 200
Santo Spirito 202
Sehenswertes 172
Silbermuseum 192
Studentenreisebüro 161
Supermarkt
Tanzen 171
Taxis 159
Telefonieren
Telefonvorwahl 155
Übernachten 164
Uffizien 177
Veranstaltungen 163, 170
Verkehrsmittel 158
Wein 162
Weitere Museen 204

## Geographisches Register

### A

Abbadia San Salvatore 500
Alberese 319
Alcatraz 576
Amélia 617
Anchiano 220
Anghiari 408
Ansedonia 329
Antignano 293
Apuanische Riviera 251
Aquadalto 391
Arezzo 85, 97, 398
Assisi 580

### B

Badia a Coltibuono 432
Badia a Passignano 421
Badia di Moscheta 388
Badia Pratalia 412
Bagni di Lucca 241
Bagni di Nocera 549
Bagni San Filippo 503
Bagno Vignoni 505
Bagnorégio 523
Barga 246
Bern 32
Bevagna 594
Bibbiena 410
Bisentina, Insel 526
Bolgheri 298
Bologna 33
Bolsena 517
Borghetto 561
Borgo a Mozzano 246
Borgo San Lorenzo 383
Bosco ai Frati 386
Brennerpaß 28
Brento Sanico 390
Buonconvento 484

### C

Calenzano 168
Camaiore 257
Camaldoli 412
Camigliano 485
Campese 326
Campiglia Marittima 303
Capálbio 330
Capodimonte 525
Capraia, Insel 379
Caprese 410
Carrara 263
Carsulae 612
Casale Marittimo 297
Cascate delle Marmore 613
Cáscia 606
Casciano di Murlo 443
Casentino 410
Castagnetto Carducci 299
Castagno 216

## Geographisches Register 657

Castel del Piano 503
Castel San Niccolò 413
Castellina Marittima 470
Castellina in Chianti 427
Castello del Trebbio 385
Castelluccio 611
Castelnuovo 485
Castelnuovo di Garfagnana 248
Castelvecchio 226
Castiglioncello 294
Castiglione del Lago 553
Castiglione della Pescaia 313
Cavriglia, Naturpark 395
Cecina 296
Certaldo 468
Chianciano Terme 495
Chiusi 495
Città della Pieve 554
Città di Castello 528
Cività di Bagnorégio 523
Clitunno 596
Colle di Val d'Elsa 456
Colline Livornese 294
Colline Metallifere 477
Collodi 227
Colonnata 268
Coniale 391
Coreglia Antelminelli 246
Cortona 405
Costacciaro 541
Cozzile 226
Crete 482

### D
Deruta 578

### E
Elba 333
Bagnaia 355
Barbarossa-Bucht 362
Biódola-Bucht 379
Campo alle Serre 374
Capo d'Enfola 352
Capo Stracoligno 365
Capoliveri 363
Castello Volterraio 356
Cavo 359
Cavoli 372
Chiessi 374
Costa dei Gabbiani 367
Fetováia 373
Innamorata-Bucht 366
Lacona-Bucht 368
Laghetto di Terranera 363
Le Grotte 353
Lido-Bucht 367
Madonna di Monserrato 361
Magazzini 354
Marciana 374
Marciana Marina 377
Margidore-Bucht 368
Marina di Campo 370
Mola-Bucht 363
Monte Calamita 367
Monte Capanne 376
Morcone-Bucht 366
Naregno-Bucht, 363
Nisportino 356
Nisporto 356
Poggio 376
Pomonte 373
Porto Azzurro 359
Portoferraio 347
Procchio 378
Punta dei Ripalti 367
Punta Perla 365
Reale-Bucht 362
Rio Marina 357
Rio nell'Elba 356
San Giovanni Terme 353
San Martino 351
Sant'Ilario in Campo 372
Sant Andrea 374
Scaglieri 379
Seccheto 372
Viticcio 352

Eremo di Camaldoli 412
Eremo S. Silvestro 545
Etruskische Riviera 287

### F
Fabriano 543
Felbertauernstraße 29
Fernpaß 30
Fiesole 205
Firenzuola 388
**Florenz 153**
Foligno 593
Follónica 306
Fornoli 245
Fosse di Mergari 610
Frantiscritti 267
Frasassi-Schlucht 546

### G
Gaiole 432
Galluzzo 203
Gardasee 32
Garfagnana 241
Genga 547
Genua 81
Giannutri, Insel 327
Giardino dei Tarocchi 332
Giglio, Insel 325
Giogo-Paß 385
Giuliano Terme 276
Golfo di Baratti 300
Gotthard-Linie 35
Grádoli 522
Greve 422
Grezzano 384
Gropina 397
Grosseto 315
Grotta del Vento 248
Grotta di Monte Cucco 543
Grotta Grande del Vento 546
Grotte di Castro 521
Gualdo Tadino 547
Guardistella 297
Gubbio 532

### I
Innsbruck 28
Isola del Giglio 325
Isola Maggiore 555
Isola Polvese 556

### L
La Verna, Einsiedelei 411
Lago di Bolsena 515
Lago di Burano 330
Lago di Massaciuccoli 256
Lago di Montelleri 392
Lago di Piediluco 614
Lago di Vagli 249
Lanciole 226
Larderello 478
Lido di Camaiore 257
Livorno 95, 96, 288
Loro Ciuffenna 396
Lucca 74, 81, 83, 97, 228
Luco 384

### M
Madonna dei Tre Fiumi 384
Madonna della Stella, Einsiedelei 605

# 658 Geographisches Register

Mailand 96
Malojapaß 30
Manciano 506
Maremma 306
Marina di Pisa 276
Marina di Albarese 320
Marina di Bibbona 298
Marina di Carrara 268
Marina di Castagneto 298
Marina di Cecina 296
Marina di Grosseto 314
Marina di Massa 262
Marina di Pietrasanta 261
Marta 525
Massa 261
Massa Marittima 83, 308
Mazzolla 474
Mercatale 420
Migiana di Monte Tézio 575
Migliarino 256
Miseglia 267
Molina di Quosa 277
Monsummano 223
Montalcino 484
Monte Rotondo 479
Monte Voltraio 472
Monte Amiata 499
Monte Argentario 322
Monte Cucco 538
Monte del Lago 558
Monte Oliveto Maggiore 482
Monte Rufeno 526
Monte Tézio 575
Montecadino 226
Montecatini 221
Montecatini Alto 223
Montecristo, Insel 327, 334
Montefalco 594
Montefiascone 524
Montefioralle 423
Monteleone di Spoleto 604
Montemerano 507
Montenero 294
Montepulciano 490
Monterchi 407
Montoriggioni, Castello 456
Montescudaio 297
Monticchiello 490
Mugello 381

## N
Narni 615

Nocera Umbra 548
Nórcia 607

## O
Orbetello 328
Orvieto 623

## P
Palazzuolo sul Senio 391
Panzano 423
Parco di Pinocchio 227
Parco Naturale della Maremma 319
Passignano sul Trasimeno 558
Pavia 79
Perugia 562
Pescia 224
Piancastagnaio 499
Piediluco 615
Pienza 487
Pietramala 389
Pietrasanta 259
Piombino 304
Pisa 74, 81, 83, 89, 95, 97, **270**
Pistoia 211
Pitigliano 510
Poggio Conte 507
Pontito 226
Poppi 413
Populonia 300
Populonia Alta 301
Porto Ercole 324
Porto San Stefano 322
Prácchia 218
Prato 74, 83, 95, **207**
Pratomagno 396
Principine a Mare 315
Pugnano 277
Punta Ala 312

## Q
Quercianella 294

## R
Radda 429
Radicofani 504
Reschenpaß 30
Rocca Ricciarda 398
Roccaporena 606
Rom 79, 87, 94, 96
Ronta 384
Roselle 317

Rosignano Marittimo 295
Rosignano-Solvay 295

## S
Saline di Volterra 474
Sambuca-Paß 391
Sammommè 217
San Giovanni 394
San Giuliano Terme 276
San Masseo 590
San Quirico 505
San Vincenzo 299
San Casciano 418
San Donato 426
San Feliciano 557
San Galgano 480
San Gimignano 461
San Godenzo 393
San Gregorio 591
San Pellegrino 390
San Piero a Sieve 385
San Quirico 226
San Rossore 256
San Sisto 562
San Vittore Terme 545
Sansepolcro 408
Sant' Agata 388
Santa Maria degli Angeli 590
Sant'Anna di Stazzema 258
Sant'Antimo, Kloster 485
Santa Fiora 501, 502
Saturnia 508
Scarperia 386
Semmering 31
Serravalle 412
Sibillinisches Gebirge 610
Siena 74, 84, **433**
Sovana 512
Sovicille 443
Spello 591
Spoleto 597
St. Bernhard 32
Stazzema 261
Strada 414
Svizzera Pesciatina 226

## T
Talamone 321
Terni 612
Todi 617
Torgiano 577

## Geographisches Register

Torre del Lago 256
Torricella 558
Trappola 398
Trevi 595
Tuoro 560

**U**

Umbrien 527

**V**

Vada 295
Valdarno 394
Valle Scapuccia 547
Valnerina 604
Valsorda 548
Valtiberina 407
Vellano 226
Venedig 81
Venturina 303
Verona 33
Versilia 251
Vespignano 393
Vetulonia 312
Viareggio 252
Vicchio 392
Villa di Cafaggiolo 386
Vinci 219
Volpaia 431
Volterra 76, 86, 469

**Was haben Sie entdeckt?**
Bitte schreiben Sie uns, wenn Sie Kritik, Anregungen, Verbesserungen oder Empfehlungen haben. Wo war Ihre Lieblingstrattoria, in welchem Hotel haben Sie sich wohlgefühlt, welchen Campingplatz würden Sie wieder besuchen?

Verlag Michael Müller
Stichwort Toscana
Gerberei 19
91054 Erlangen

*Die orangen Travel Handbücher: aktuell, kompakt, praktisch und zuverlässig*

*Neuerscheinung 1995*
**Für alle, die auf eigene Faust bis ans andere Ende der Welt reisen.**

*Unsere Titel:*
- Australien
- Bali - Java
- Indonesien
- Japan
- Kalifornien & Westküste USA
- Kenya
- Malaysia - Singapore - Brunei
- Mexico
- Neuseeland
- Südostasien
- Südstaaten USA
- Thailand
- USA
- Vietnam - Kambodscha

**Stefan Loose Verlag • 10967 Berlin (Kreuzberg)**
**Hasenheide 54 • Tel. 030/691 37 89 • Fax 693 01 71**